CL
4.5.8
79.-

Nordrhein-westfälisches Staats- und Verwaltungsrecht

(StVwR NW)

Herausgegeben von
Dieter Grimm und Hans-Jürgen Papier

Bearbeitet von

Norbert Achterberg
Ulrich Battis
Rüdiger Breuer
Christoph Degenhart
Hans-Uwe Erichsen
Dieter Grimm
Werner Hoppe
Walter Krebs
Martin Oldiges
Fritz Ossenbühl
Hans-Jürgen Papier
Franz-Joseph Peine
Klaus Schlaich
Martin Stock

1986
Alfred Metzner Verlag   Frankfurt am Main

Zitiervorschlag: StVwR NW
Zum Beispiel: D. Grimm, Verfassungsrecht, in:
Grimm/Papier, StVwR NW, S. 208

CIP-Kurztitelaufnahme der Deutschen Bibliothek

Nordrhein-westfälisches Staats- und Verwaltungsrecht :
(StVwR NW) / hrsg. von Dieter Grimm u. Hans-Jürgen
Papier. Bearb. von Norbert Achterberg ... — Frankfurt
am Main : Metzner, 1986
  ISBN 3-7875-3406-7
NE: Grimm, Dieter [Hrsg.]; Achterberg, Norbert [Mitverf.];
StVwR NW

Alle Rechte vorbehalten
© Alfred Metzner Verlag, Frankfurt am Main 1986
Satz: Roddert Fotosatz, Mainz
Druck: Druckerei Adelmann, Frankfurt am Main
ISBN 3-7875-3406-7

Vorwort

Das vorliegende Werk ist leicht zu rechtfertigen. Es gibt seit längerem keine Gesamtdarstellung des nordrhein-westfälischen Landesrechts auf aktuellem Stand mehr. Ein Überblick über das Landesrecht ist unter diesen Umständen nur mit beträchtlichem Aufwand zu erlangen, und ein Studienbehelf fehlt gänzlich. Angesichts der Bedeutung, die dem Landesrecht in der gerichtlichen, behördlichen und beruflichen Praxis, aber auch in Studium und Ausbildung zukommt, erscheint das als erheblicher Mangel. Nicht zuletzt beeinträchtigt das Fehlen eines solchen Werks auch die wissenschaftliche Durchdringung des Landesrechts. Daher haben sich die Herausgeber zur Vorlage dieses Bandes entschlossen und dafür die Mitarbeit namhafter Professoren fast sämtlicher Rechtsfakultäten des Landes Nordrhein-Westfalen gewonnen. Der Band versucht alle wichtigen landesrechtlichen Materien auf neuestem Stand vorzustellen, muß sich dabei freilich auf die Grundzüge beschränken, damit ein verträglicher Umfang gewahrt bleibt. Die Herausgeber erhoffen sich von dem Buch eine Erleichterung von Studium und Anwendung des Landesrechts und sind für Anregungen und Kritik jederzeit dankbar.

Bielefeld, im August 1986
                Dieter Grimm
                Hans-Jürgen Papier

Inhalt

Vorwort V
Abkürzungsverzeichnis IX
Autorenverzeichnis XIX

Verfassungsrecht
von Dieter Grimm 1

Verwaltungsorganisation
von Norbert Achterberg 63

Kommunalrecht
von Hans-Uwe Erichsen 105

Beamtenrecht
von Ulrich Battis 198

Polizeirecht
von Martin Oldiges 236

Raumordnungs- und Landesplanungsrecht
von Werner Hoppe 305

Baurecht
von Walter Krebs 379

Straßen- und Wegerecht
von Hans-Jürgen Papier 425

Wasserrecht
von Rüdiger Breuer 478

Umweltschutzrecht
von Christoph Degenhart 533

Inhalt

Öffentliches Wirtschaftsrecht
von Franz-Joseph Peine 568

Schul- und Hochschulrecht
von Fritz Ossenbühl 587

Medienrecht
von Martin Stock 651

Staatskirchenrecht
von Klaus Schlaich 704

Stichwortverzeichnis 747

Abkürzungsverzeichnis

a. A.	anderer Ansicht
aaO.	am angegebenen Ort
AbfG	Gesetz über die Beseitigung von Abfällen (Abfallbeseitigungsgesetz)
ABG	Allgemeines Berggesetz (für die preußischen Staaten)
Abg.	Abgeordneter
abgedr.	abgedruckt
AbgGNWd	Gesetz über die Rechtsverhältnisse der Mitglieder des Landtages Nordrhein-Westfalen (Abgeordnetengesetz)
ABl.	Amtsblatt
abl.	ablehnend
ABl. EKD	Amtsblatt der Evangelischen Kirche in Deutschland
Abs.	Absatz
abw.	abweichend
AE	Alternativentwurf
a. E.	am Ende
a. F.	alte Fassung
AfK	Archiv für Kommunalwissenschaften
AfP	Archiv für Presserecht
AG	Ausführungsgesetz
AGJWG NW	Ausführungsgesetz zum Jugendwohlfahrtsgesetz NW
AgrarR	Agrarrecht. Zeitschrift für das gesamte Recht der Landwirtschaft, der Agrarmärkte und des ländlichen Raumes
AG VwGO	Gesetz zur Ausführung der Verwaltungsgerichtsordnung vom 21. Januar 1960 im Lande Nordrhein-Westfalen
AkKR	Archiv für katholisches Kirchenrecht
allg.	allgemein
ALR	Allgemeines Landrecht für die preußischen Staaten
Alt.	Alternative
a. M.	andere(r) Meinung
Anm.	Anmerkung
AnpG	Anpassungsgesetz
AO	Abgabenordung (Reichsabgabenordnung)
AöR	Archiv des öffentlichen Rechts
ARL	Akademie für Raumforschung und Landesplanung
Art.	Artikel
ASchO	Allgemeine Schulordnung
AtG	Gesetz über die friedliche Verwendung der Kernenergie und den Schutz gegen ihre Gefahren (Atomgesetz)
AtVfV	Verordnung über das Verfahren bei der Genehmigung von Anlagen nach § 7 des Atomgesetzes (Atomrechtliche Verfahrensverordnung)
Aufl.	Auflage
AVwGebO	Allgemeine Verwaltungsgebührenordnung

Abkürzungsverzeichnis

BAG	Bundesarbeitsgericht
BAGE	Entscheidungen des Bundesarbeitsgerichts
BAnz.	Bundesanzeiger
BauNVO	Verordnung über die bauliche Nutzung der Grundstücke (Baunutzungsverordnung)
BauO	Bauordnung für das Land Nordrhein-Westfalen (Landesbauordnung)
BauR	Baurecht
Bay.	Bayern
bay.	bayerisch(e)
Bayer.VerfGH	Bayerischer Verfassungsgerichtshof
BayObLG	Bayerisches Oberstes Landesgericht
BayVBl.	Bayerische Verwaltungsblätter
BB	Der Betriebs-Berater
BBahnG	Bundesbahngesetz
BBauG	Bundesbaugesetz
BBergG	Bundesberggesetz
BBG	Bundesbeamtengesetz
Bd.	Band
BDSG	Bundesdatenschutzgesetz
Bek.	Bekanntmachung
Beschl.	Beschluß
Berl.	Berlin
betr.	betreffend
BFH	Bundesfinanzhof
BGB	Bürgerliches Gesetzbuch
BGBl. I	Bundesgesetzblatt Teil I
BGH	Bundesgerichtshof
BGHZ	Entscheidungen des Bundesgerichtshofs in Zivilsachen
BImSchG	Gesetz zum Schutz vor schädlichen Umwelteinwirkungen durch Luftverunreinigungen, Geräusche, Erschütterungen und ähnliche Vorgänge (Bundes-Immissionsschutzgesetz)
BImSchR	Bundesimmissionsschutzrecht (Entscheidungssammlung)
BJagdG	Bundesjagdgesetz
BK oder BonnK	Kommentar zum Bonner Grundgesetz, 1950 ff. (Loseblattsammlung)
BMBW	Bundesminister(ium) für Bildung und Wissenschaft
BNatSchG	Gesetz über Naturschutz und Landschaftspflege (Bundesnaturschutzgesetz)
BRAO	Bundesrechtsanwaltsordnung
BRaumOrdG	Bundesraumordnungsgesetz
BR-Drucks.	Bundesratsdrucksache
Brem.	Bremen
BRS	Baurechtssammlung
BSeuchenG	Gesetz zur Verhütung und Bekämpfung übertragbarer Krankheiten beim Menschen (Bundes-Seuchengesetz)
BSHG	Bundessozialhilfegesetz
BT-Drucks./BT-Drs.	Bundestagsdrucksache
BVerfG	Bundesverfassungsgericht
BVerfGE	Entscheidungen des Bundesverfassungsgerichts
BVerfGG	Gesetz über das Bundesverfassungsgericht
BVerwGE	Entscheidungen des Bundesverwaltungsgerichts

BW oder BaWü	Baden-Württemberg
BWVBl.	Verwaltungsblätter für Baden-Württemberg
BWVPr	Baden-Württembergische Verwaltungspraxis
bzw.	beziehungsweise
ChemG	Gesetz zum Schutz vor gefährlichen Stoffen (Chemikaliengesetz)
ders.	derselbe
d. h.	das heißt
dies.	dieselben
DIN	Deutsche Industrienorm
Diss.	Dissertation
DJT	Deutscher Juristentag
DÖD	Der öffentliche Dienst
DÖV	Die öffentliche Verwaltung
DSchG	Gesetz zum Schutz und zur Pflege der Denkmäler im Lande Nordrhein-Westfalen (Denkmalschutzgesetz)
DSG NW	Datenschutzgesetz von Nordrhein-Westfalen
DtBt (...) WP.	Deutscher Bundestag (angegebene) Wahlperiode
DUZ	Die Deutsche Universitätszeitung
DVP	Deutsche Versicherungs-Presse (1. 1872 – 71. 1943, dann: Deutsche Versicherung)
DVBl.	Deutsches Verwaltungsblatt
DVGW	Deutscher Verein von Gas- und Wasserfachmännern
E	Entscheidung
ebd. oder ebda.	ebenda
EFG	Gesetz über die Finanzierung der Ersatzschulen (Ersatzschulfinanzgesetz)
EGBGB	Einführungsgesetz zum Bürgerlichen Gesetzbuch
EGGVG	Einführungsgesetz zum Gerichtsverfassungsgesetz
EichG	Gesetz über das Meß- und Eichwesen (Eichgesetz)
EigBetrVO	Eigenbetriebsverordnung
Einl.	Einleitung
Eild LKT	Eildienst des Landkreistages Nordrhein-Westfalen (Zeitschrift)
Eild StT	Eildienst des Städtetages Nordrhein-Westfalen (Zeitschrift)
entspr.	entsprechend
Erg.	Ergebnis
Erl.	Erlaß/Erläuterung(en)
ESVGH	Entscheidungssammlung des Hessischen Verwaltungsgerichtshofs und des Verwaltungsgerichtshofs Baden-Württemberg
etc.	et cetera
EuGRZ	Europäische Grundrecht-Zeitschrift
e.V.	eingetragener Verein
EvKirchVerfG	Preußisches Staatsgesetz betr. die Kirchenverfassungen der evangelischen Landeskirchen v. 8. 4. 1924
EvStL	Evangelisches Staatslexikon, hrsg. von Kunst, Herzog, Schneemelcher, 2. Aufl. 1975
evtl.	eventuell
EWGV	Vertrag zur Gründung der Europäischen Wirtschaftsgemeinschaft

Abkürzungsverzeichnis

f.	folgende
ff.	fortfolgende
FG	Finanzgericht
FHG	Gesetz über die Fachhochschulen im Lande Nordrhein-Westfalen (Fachhochschulgesetz)
FK	Funk-Korrespondenz
FN. oder Fn oder Fußn.	Fußnote
Fnen.	Fußnoten
FreihEntzG	Gesetz über das gerichtliche Verfahren bei Freiheitsentziehungen
FRep	Funk Report
FS	Festschrift
FSHG	Gesetz über den Feuerschutz und die Hilfeleistung bei Unglücksfällen und öffentlichen Notständen
FStrG (BFStrG)	Bundesfernstraßengesetz
GABl.	Gemeinsames Amtsblatt des Kultusministers und des Ministers für Wissenschaft und Forschung des Landes Nordrhein-Westfalen
GastG	Gaststättengesetz
GBl.	Gesetzblatt
GebG	Gebührengesetz
gem.	gemäß
GemABl KM/MWF	Gemeinsames Amtsblatt des Kultusministeriums und des Ministeriums für Wissenschaft und Forschung des Landes Nordrhein-Westfalen
GEP	Gebietsentwicklungspläne
GewArch	Gewerbearchiv
GewO	Gewerbeordnung
GG	Grundgesetz
ggf. oder ggfls.	gegebenenfalls
GGO	Gemeinsame Geschäftsordnung
GKÖD	Gesamtkommentar öffentliches Dienstrecht
GO oder GemO	Gemeindeordnung für das Land Nordrhein-Westfalen
GO	(Gemeindeordnung) Geschäftsordnung
GO LT	Geschäftsordnung des Landtags
GS.NW.	Sammlung des bereinigten Landesrechts Nordrhein-Westfalens
G. v.	Gesetz vom
GVBl.	Gesetz- und Verordnungsblatt
GVG	Gerichtsverfassungsgesetz
GVNW	Gesetz- und Verordnungsblatt für Nordrhein-Westfalen
GWB	Gesetz gegen Wettbewerbsbeschränkungen
Halbs. oder Hs.	Halbsatz
Hamb.	Hamburg
HandwO.	Handwerksordnung
HBO	Hessische Bauordnung
HdbDStR	Handbuch des Deutschen Staatsrechts, herausgegeben von G. Anschütz und R. Thoma, Bd. I 1930, Bd. II 1932
HdbKWP	Handbuch der kommunalen Wissenschaft und Praxis
HdbStKR	Handbuch des Staatskirchenrechts der Bundesrepublik Deutschland
HdbStKirchR	Handbuch des Staatskirchenrechts der Bundesrepublik Deutschland, herausgegeben v. E. Friesenhahn/U. Scheuner 1. und 2. Bd. Berlin 1974 u. 1975

HdbBVfR	Handbuch des Verfassungsrechts der Bundesrepublik Deutschland
HdbWissR	Handbuch des Wissenschaftsrechts
HDW	Handbuch des Deutschen Wasserrechts
HeilBerG	Gesetz über die Kammern, die Berufsausübung, die Weiterbildung und die Berufsgerichtsbarkeit der Ärzte, Apotheker, Tierärzte und Zahnärzte (Heilberufsgesetz)
HFG	Gesetz zur Haushaltsfinanzierung (Haushaltsfinanzierungsgesetz)
Hinw.	Hinweise(n)
HOAI	Verordnung über die Honorare für Leistungen der Architekten und der Ingenieure (Honorarordnung für Architekten und Ingenieure)
HRG	Hochschulrahmengesetz
Hrsg.	Herausgeber
hrsg.	herausgegeben
Hess.	Hessen
Hess. VGH	Hessischer Verwaltungsgerichtshof
H. M. oder h. M.	herrschende Meinung
i. d. F.	in der Fassung
idR	in der Regel
i. e.	im einzelnen
i. e. S.	im engeren Sinne
i. F. d.	im Falle der/des
IHKG	Gesetz über die Industrie- und Handelskammern im Lande Nordrhein-Westfalen
insb.	insbesondere
i. S. d.	im Sinne des/der
i. V. m.	in Verbindung mit
i. w.	im wesentlichen
i. w. S.	im weiteren Sinne
JA	Juristische Arbeitsblätter
JöR	Jahrbuch des öffentlichen Rechts der Gegenwart
jur.	juristisch(e)
Jura	Juristische Ausbildung
JuS	Juristische Schulung
JZ	Juristenzeitung
KAG	Kommunalabgabengesetz für das Land Nordrhein-Westfalen
Kap.	Kapitel
KatSG	Katastrophenschutzgesetz Nordrhein-Westfalen
KathVerm-VerwG	Gesetz über die Verwaltung des katholischen Kirchenvermögens
KHG NW	Krankenhausgesetz des Landes Nordrhein-Westfalen
KiAustrG	Kirchenaustrittsgesetz
KirchE	Entscheidungen in Kirchensachen
KG	Kommanditgesellschaft
KgG NW	Zweites Gesetz zur Ausführung des Gesetzes für Jugendwohlfahrt (Kindergartengesetz)
KMK	Kultusministerkonferenz
KMK-HSchR	Veröffentlichungen der Kultusministerkonferenz – Informationen zum Hochschulrecht
KorrespAbw.	Korrespondenz Abwasser

Abkürzungsverzeichnis

KostO	Gesetz über die Kosten in Angelegenheiten der freiwilligen Gerichtsbarkeit (Kostenordnung)
KritJ	Kritische Justiz
KrO oder KreisO	Kreisordnung
KStZ	Kommunale Steuer-Zeitschrift
KuR	Evangelischer Pressedienst Kirche und Rundfunk
LAbFG	Abfallgesetz für das Land Nordrhein-Westfalen (Landesabfallgesetz)
LABG	Gesetz über die Ausbildung für Lehrämter an öffentlichen Schulen (Lehrerausbildungsgesetz)
LAufnG NW	Gesetz über die Aufnahme von Aussiedlern, Flüchtlingen und Zuwanderern für NRW (Landesaufnahmegesetz)
LBauO	siehe BauO
LBG	Beamtengesetz für das Land Nordrhein-Westfalen (Landesbeamtengesetz)
LD	Landesdrucksache
LEPro	Gesetz zur Landesentwicklung (Landesentwicklungsprogramm)
LEP	Landesentwicklungsplan
LFischG	Fischereigesetz für das Land Nordrhein-Westfalen (Landesfischereigesetz)
LFoG	Forstgesetz für das Land Nordrhein-Westfalen (Landesforstgesetz)
LG	Gesetz zur Sicherung des Naturhaushalts und zur Entwicklung der Landschaft (Landschaftsgesetz)
LImSchG	Gesetz zum Schutz vor Luftverunreinigungen, Geräuschen und ähnlichen Umwelteinwirkungen (Landes-Immissionsschutzgesetz)
LippKiVertr.	Lippischer Kirchenvertrag v. 6. 3. 1958
lit.	littera (= Buchstabe)
LJG	Landesjagdgesetz Nordrhein-Westfalen
LOG	Gesetz über die Organisation der Landesverwaltung (Landesorganisationsgesetz)
LPlG	Landesplanungsgesetz
LPrG	Landespressegesetz
LRHG	Gesetz über den Landesrechnungshof Nordrhein-Westfalen
LStrG	Landesstraßengesetz
lt.	laut
LT-Drucks. oder LT-Drs.	Landtagsdrucksache
LuftVG	Luftverkehrsgesetz
LV oder LVerf.	Landesverfassung
LVG	Landesverwaltungsgericht (bis 31 März 1960)
LVO	Verordnung über die Laufbahnen der Beamten im Lande Nordrhein-Westfalen (Laufbahnverordnung)
LWG	Wassergesetz für das Land Nordrhein-Westfalen (Landeswassergesetz)
m.	mit
m. a. W.	mit anderen Worten
MBO	Musterbauordnung
MinBl. od. MBl.	Ministerialblatt
MBl. NW	Ministerialblatt für das Land Nordrhein-Westfalen
MDR	Monatsschrift für Deutsches Recht
ME	Musterentwurf
m. E.	meines Erachtens

MfLS	Minister für Landes- und Stadtentwicklung
MGNW	Meldegesetz für das Land Nordrhein-Westfalen (Meldegesetz NW)
Mitt. HV	Mitteilungen des Hochschulverbandes
MLS	Ministerium für Landes- und Stadtentwicklung des Landes Nordrhein-Westfalen
MP	Media Perspektiven
MWF	Minister für Wissenschaft und Forschung
m. w. N.	mit weiteren Nachweisen
NachbG	Nachbarrechtsgesetz
Nachw. oder Nw.	Nachweise
NBauO	Niedersächsische Bauordnung
Nds. oder Ns	Niedersachsen
NJW	Neue Juristische Wochenschrift
Nr.	Nummer
NuR	Natur und Recht
NVwZ	Neue Zeitschrift für Verwaltungsrecht
NW oder NRW	Nordrhein-Westfalen
NWFischG	Fischereigesetz für das Land NRW
NW GO	Gemeindeordnung von Nordrhein-Westfalen
NWHeilBerG	Heilberufsgesetz von Nordrhein-Westfalen
NWLFoG	Forstgesetz für das Land Nordrhein-Westfalen (Landesforstgesetz)
NLWPolG	Polizeigesetz für das Land Nordrhein-Westfalen
NWPOG	Gesetz über die Organisation und die Zuständigkeit der Polizei im Lande NRW (Polizeiorganisationsgesetz)
NWVwVfG	Verwaltungsverfahrensgesetz von Nordrhein-Westfalen
o.	oben
OBG NW	Gesetz über Aufbau und Befugnisse der Ordnungsbehörden für NW (Ordnungsbehördengesetz)
OHG	offene Handelsgesellschaft
o. J.	Ohne Jahrgang
OVG	Oberverwaltungsgericht
OVGE	Entscheidungssammlung des (jeweils angegebenen) OVG
OWiG	Gesetz über Ordnungswidrigkeiten
passim.	überall, allenthalben
PBefG	Personenbeförderungsgesetz
PersV	Die Personalvertretung
POG	Gesetz über die Organisation und die Zuständigkeit der Polizei im Lande Nordrhein-Westfalen (Polizeiorganisationsgesetz)
PolG	Polizeigesetz des Landes Nordrhein-Westfalen
Pr.	Preußen, preußisch
PrEG	Gesetz über die Enteignung von Grundeigenthum vom 11. Juni 1874 (Preußisches Enteignungsgesetz)
PrGS	Sammlung des in NRW geltenden preußischen Rechts
	Gesetz-Sammlung für die Kgl. Preußischen Staaten
Pr.Konk.	Preußisches Konkordat
Prot.LT	Protokolle des Landtags
Prot.VA	Protokolle des Verfassungsausschusses

Abkürzungsverzeichnis

PrStKiVertr.	Preußischer Staatskirchenvertrag
Pr. VwBl.	Preußisches Verwaltungsblatt
PVG	Polizeiverwaltungsgesetz
RdErl.	Runderlaß
RdJB	Recht der Jugend und des Bildungswesens
RdL	Recht der Landwirtschaft – Zeitschrift für Landwirtschaftsrecht
Rdn. oder Rdnr. oder RdNR. oder Rn.	Randnummer
RdWWi	Das Recht der Wasserwirtschaft – Veröffentlichungen des Instituts für das Recht der Wasserwirtschaft an der Universität Bonn
rechtswiss.	rechtswissenschaftlich(e)
Reg.	Regierung
RegE	Regierungsentwurf
resp.	respektive (= beziehungsweise)
RGBl.	Reichsgesetzblatt
RGZ	Entscheidungen des Reichsgerichts in Zivilsachen
RhPf	Rheinland-Pfalz
RiA	Das Recht im Amt
RK	Reichskonkordat v. 20. Juli 1933
ROG	Raumordnungsgesetz
Rpfleger	Der deutsche Rechtspfleger
RuF	Rundfunk und Fernsehen
RuS	Recht und Steuern im Gas- und Wasserfach
S.	Saarland, Seite, Satz
s.	siehe
SchFG	Gesetz über die Finanzierung der öffentlichen Schulen (Schulfinanzierungsgesetz)
SchMG	Gesetz über die Mitwirkung im Schulwesen (Schulmitwirkungsgesetz)
SchOG	Schulorganisationsgesetz Erstes Gesetz zur Ordnung des Schulwesens im Lande Nordrhein-Westfalen
SchpflG	Gesetz über die Schulpflicht im Lande Nordrhein-Westfalen (Schulpflichtgesetz)
SchVG	Schulverwaltungsgesetz
SEP-VO	Verordnung zur Schulentwicklungsplanung
SGB	Sozialgesetzbuch
SGV	Sammlung des bereinigten Gesetz- und Verordnungsblattes für das Land Nordrhein-Westfalen
SH	Schleswig-Holstein
SKV	Staats- und Kommunalverwaltung
SMBl.	Sammlung des bereinigten Ministerialblattes für das Land Nordrhein-Westfalen
s. o.	siehe oben
sog.	sogenannte
Sp.	Spalte
SpKG	Gesetz über die Sparkassen sowie über die Girozentralen und Sparkassen- und Giroverbände (Sparkassengesetz)

SprengG	Gesetz über explosionsgefährliche Stoffe (Sprengstoffgesetz)
SS	Sommersemester
str.	streitig
StädteT	Der Städtetag
StBauFG	Gesetz über städtebauliche Sanierungs- und Entwicklungsmaßnahmen in den Gemeinden (Städtebauförderungsgesetz)
Sten.Ber.	Stenographische(r) Bericht(e)
StGB	Strafgesetzbuch
StGH	Staatsgerichtshof
StGR	Städte- und Gemeinderat
StKV	Staats- und Kommunalverwaltung
StPO	Strafprozeßordnung
St.Rspr.	ständige Rechtsprechung
StrWG	Straßen- und Wegegesetz des Landes Nordrhein-Westfalen
StuGB	Städte- und Gemeindebund
StVG	Straßenverkehrsgesetz
StVO	Straßenverkehrsordnung
s. u.	siehe unten
SV	Sachverhalt
s. v. a.	siehe vor allem
TA	Technische Anleitung
teilw.	teilweise
u. a.	und andere, unter anderem
UFITA	Archiv für Urheber-, Film-, Funk- und Theaterrecht
UMG	Gesetz über den Verkehr mit unedlen Metallen
UmsatzstG	Umsatzsteuergesetz
Umwelt-BMI	Umwelt − Mitteilungen des Bundesministers des Innern
u. ö.	und öfter
UPR	Umwelt- und Planungsrecht
Urt.	Urteil
u. U.	unter Umständen
v.	von/vom
VBG	Gesetz über das Verfahren bei Volksbegehren u. Volksentscheid
VBlBW	Verwaltungsblätter für Baden-Württemberg
VDI	Verein Deutscher Ingenieure
Verf.	Verfassung
VerfGH NW	Verfassungsgerichtshof für das Land NRW
VermKatG NW	Gesetz über die Landesvermessung und das Liegenschaftskataster (Vermessungs- und Katastergesetz)
VersG	Gesetz über Versammlungen und Aufzüge (Versammlungsgesetz)
VersR	Versicherungsrecht
VerwArch.	Verwaltungsarchiv
VerwR	Verwaltungsrecht
VerwRdsch	Verwaltungsrundschau
VerwRspr.	Verwaltungsrechtsprechung in Deutschland. Sammlung obergerichtlicher Entscheidungen aus dem Verfassungs- und Verwaltungsrecht
VG	Verwaltungsgericht

Abkürzungsverzeichnis

VGH	Verwaltungsgerichtshof
VGHE (n. F.)	Entscheidungen des Bayerischen Verwaltungsgerichtshofs, neue Folge (Amtliche Entscheidungssammlung)
VGHG	Gesetz über den Verfassungsgerichtshof
vgl.	vergleiche
v. H.	von Hundert
VO	Verordnung
VOB	Verdingungsordnung für Bauleistungen
Vorb.	Vorbemerkung
VR	Verwaltungsrundschau − Zeitschrift für Verwaltung in Praxis und Wissenschaft
VVDStRL	Veröffentlichungen der Vereinigung der deutschen Staatsrechtslehrer
VwGO	Verwaltungsgerichtsordnung
VwVBauO NW	Verwaltungsvorschrift zur Landesbauordnung
VwVfG	Verwaltungsverfahrensgesetz
VwVG	Verwaltungsvollstreckungsgesetz
WaStrG	Bundeswasserstraßengesetz
WDRG	Gesetz über den „Westdeutschen Rundfunk Köln" (WDR-Gesetz)
weit.	weitere(n)
WHG	Gesetz zur Ordnung des Wasserhaushalts (Wasserhaushaltsgesetz)
WissHG	Gesetz über die wissenschaftlichen Hochschulen des Landes Nordrhein-Westfalen
WissR	Wissenschaftsrecht, Wissenschaftsverwaltung, Wissenschaftsförderung
WiVerw	Wirtschaft und Verwaltung. Vierteljahresbeilage zum Gewerbearchiv
WRV	Weimarer Reichsverfassung
WVbG	Gesetz über Wasser- und Bodenverbände
WVVO	Erste Verordnung über Wasser- und Bodenverbände (Erste Wasserverbandverordnung)
zahlr.	zahlreich(e)
z. B.	zum Beispiel
ZBR	Zeitschrift für Beamtenrecht
ZevKR	Zeitschrift für evangelisches Kirchenrecht
ZfBR	Zeitschrift für deutsches und internationales Baurecht
ZfP	Zeitschrift für Politik
ZfU	Zeitschrift für Umweltpolitik
ZfW	Zeitschrift für Wasserrecht
ZHR	Zeitschrift für das gesamte Handelsrecht und Wirtschaftsrecht
ZMR	Zeitschrift für Miet- und Raumrecht
ZParl	Zeitschrift für Parlamentsfragen
ZPO	Zivilprozeßordnung
ZRG	Zeitschrift der Savigny-Stiftung für Rechtsgeschichte
ZRP	Zeitschrift für Rechtspolitik
z. T.	zum Teil
ZUM	Zeitschrift für Urheber- und Medienrecht
zutr.	zutreffend
z. Z.	zur Zeit

Autorenverzeichnis

Achterberg, Dr. Norbert, Professor an der Universität Münster
Battis, Dr. Ulrich, Professor an der Fernuniversität Hagen
Breuer, Dr. Rüdiger, Professor an der Universität Trier
Degenhart, Dr. Christoph, Professor an der Universität Münster
Erichsen, Dr. Hans-Uwe, Professor an der Universität Münster
Grimm, Dr. Dieter, Professor an der Universität Bielefeld
Hoppe, Dr. Werner, Professor an der Universität Münster
Krebs, Dr. Walter, Professor an der Universität Bielefeld
Oldiges, Dr. Martin, Professor an der Universität Bielefeld
Ossenbühl, Dr. Fritz, Professor an der Universität Bonn
Papier, Dr. Hans-Jürgen, Professor an der Universität Bielefeld
Peine, Dr. Franz-Joseph, Professor an der Universität Hannover
Schlaich, Dr. Klaus, Professor an der Universität Bonn
Stock, Dr. Martin, Professor an der Universität Bielefeld

Verfassungsrecht

von Dieter Grimm

Literatur

E. Benda/W. Maihofer/J. Vogel, Handbuch des Verfassungsrechts, Berlin – New York 1984; *B. Dierl/R. Dierl/H.-W. Höffken,* Der Landtag von Nordrhein-Westfalen, Bochum 1982; *Geller-Kleinrahm,* Die Verfassung des Landes Nordrhein-Westfalen (Loseblatt), fortgeführt von U. Kleinrahm u. A. Dickersbach, Göttingen 3. Aufl. (1977), Stand 1982; *K. Hesse,* Grundzüge des Verfassungsrechts für die Bundesrepublik Deutschland, Heidelberg 15. Aufl. (1985); *Landeszentrale* für politische Bildung Nordrhein-Westfalen (Hrsg.), Nordrhein-Westfalen, Eine politische Landeskunde, Köln/Stuttgart/Berlin/Mainz 1984 (zit.: Landeszentrale); *Landeszentrale* für politische Bildung Nordrhein-Westfalen (Hrsg.), Dreißig Jahre Verfassung Nordrhein-Westfalen, Düsseldorf o. J. (zit.: Dreißig Jahre Verfassung); *W. Loschelder/J. Salzwedel,* Verfassungs- und Verwaltungsrecht des Landes Nordrhein-Westfalen, Köln/Berlin 1964; *Th. Maunz/G. Dürig* u.a., Kommentar zum Grundgesetz (Loseblatt), München, Stand 1985 (zit. Maunz-Dürig; *W. Ruckriegel/W. v. d. Groeben/B. Hunsche,* Datenschutz und Datenverarbeitung in Nordrhein-Westfalen, Köln/Berlin/Hannover/Kiel/Mainz/München 1979; *C. Starck/K. Stern* (Hrsg.), Landesverfassungsgerichtsbarkeit Bde. II – III, Baden-Baden, 1983;

Gliederung

I. Zur Bedeutung des Landesverfassungsrechts
II. Die Entstehung des Landes und der Landesverfassung
III. Die Staatsqualität der Länder
IV. Staatszielbestimmungen
   1. Die eingeschränkte Verfassungsautonomie der Länder
   2. Das Demokratieprinzip
   3. Der soziale Rechtsstaat
V. Staatsorgane
   1. Organe und Parteien
   2. Der Landtag
      a) Stellung und Funktion
      b) Wahlrecht
      c) Zusammentreten und Beendigung
      d) Die Abgeordneten
      e) Organisation und Verfahren
   3. Die Landesregierung
      a) Stellung und Funktion
      b) Zustandekommen und Beendigung
      c) Zusammensetzung und Organisation

4. Der Verfassungsgerichtshof
      a) Stellung und Funktion
      b) Zusammensetzung und Verfahren
      c) Bedeutung der Landesverfassungsrechtsprechung
VI. Staatsfunktionen
   1. Gesetzgebung
      a) Parlamentarische Gesetzgebung
      b) Volksgesetzgebung
      c) Verordnungsrecht der Regierung
      d) Notverordnungsrecht
      e) Verfassungsänderung
   2. Verwaltung
   3. Rechtsprechung
   4. Finanzwesen
VII. Grundrechte und Ordnung des Gemeinschaftslebens
   1. Verhältnis von Bundes- und Landesgrundrechten
      a) Rezeption der Bundesgrundrechte
      b) Bedeutung und Umfang der Rezeption
      c) Probleme der Doppelgeltung
      d) Zuständigkeit der Verfassungsgerichte
   2. Grundrecht auf Datenschutz
   3. Familie und Jugend
   4. Erziehung und Bildung, Kunst und Wissenschaft, Religion und Kirchen
   5. Arbeit und Wirtschaft

I. Zur Bedeutung des Landesverfassungsrechts*

Das Landesverfassungsrecht steht ganz im Schatten des Grundgesetzes. Es erfährt weder besondere wissenschaftliche Aufmerksamkeit noch gerät es häufig in gerichtlich ausgetragenen Streit. Die Landesverfassungen entfalten ihre normative Kraft weitgehend unbeachtet und unspektakulär. Dafür lassen sich vor allem zwei Gründe nennen.

Der erste Grund liegt in dem Bedeutungsschwund der Landesgrundrechte nach dem Erlaß des Grundgesetzes. Zwar beließ ihnen das Grundgesetz ihre rechtliche Geltung gem. Art. 142 GG auch dort, wo sie sich mit den Grundrechten der Bundesverfassung deckten, und beschränkte die derogierende Wirkung von Art. 31 GG auf diejenigen Landesgrundrechte, welche dem Grundgesetz widersprachen.[1] Doch ging die Maßstabs-

---

* Der Verf. dankt seinem Mitarbeiter Ass. Helge Rossen für wertvolle Unterstützung bei der Vorbereitung und Ausarbeitung des Beitrags.

1 Aus der Rechtsprechung des BVerfG zum Verhältnis von Bundes- und Landesverfassungsrecht s. v. a. BVerfGE 36, 342, 360 ff., sowie ferner BVerfGE 1, 14, 34; 4, 178, 189; 9, 268, 279; 22, 267, 270 ff.; 24, 367, 390; 27, 44, 55 f.; 34, 9, 20; 40, 296, 319.
Aus der Literatur hierzu s. *Vaulont*, Grundrechte und bundesstaatliches Homogenitätsprinzip, eine Untersuchung zu Art. 142 des Grundgesetzes, 1968; *Milleker*, Kompetenzkonflikt zwischen Bundesverfassungsgericht und einem Landesverfassungsgericht im Rahmen der Verfassungsbeschwerde, in: DVBl. 1969, 129; *Böckenförde/Grawert*, Kollisionsfälle und Geltungs-

funktion schnell auf die Bundesgrundrechte über. Dazu trug vor allem der Umstand bei, daß die Landesverfassungen in der Regel keine allgemeine Verfassungsbeschwerde vorsehen,[2] so daß die unmittelbare Durchsetzung der Grundrechte gegenüber staatlichem Handeln, gleich ob es von Bundes- oder Landesorganen ausgeht, vorwiegend dem Bundesverfassungsgericht zufällt und, da dieses grundsätzlich nur über die Wahrung des Grundgesetzes zu wachen hat, die Landesgrundrechte in den Hintergrund traten. Die nordrhein-westfälische Verfassung als eine derjenigen Verfassungen, die erst nach dem Grundgesetz zustandekamen, verzichtete unter diesen Umständen sogar ganz auf einen eigenen Grundrechtskatalog und erklärte in Art. 4 LV die Grundrechte und staatsbürgerlichen Rechte des Grundgesetzes pauschal zum Bestandteil der Landesverfassung und zu unmittelbar geltendem Landesrecht. Die Landesverfassungen beschränkten sich auf diese Weise in ihrem originären Regelungsgehalt entweder von vornherein auf die Staatsorganisation oder wurden de facto auf sie beschränkt. Staatsorganisationsrecht pflegt aber unauffälliger zu funktionieren als inhaltliche Bindungen der Staatsgewalt. Dafür lassen sich zwei Ursachen nennen. Zum einen besitzt Organisationsrecht einen höheren Notwendigkeitsgrad als Grundrechte. Der Staat bedarf handlungsfähiger Organe, um seine Funktionen erfüllen zu können. Diese müssen in irgendeiner Weise eingerichtet, mit Kompetenzen versehen und in ihrem Verfahren geregelt werden. Fragen dieser Art können nicht unentschieden bleiben. Dagegen ist es durchaus möglich, Inhaltsfragen verfassungsrechtlich offen zu lassen und der politischen Entscheidung vorzubehalten. Wegen dieses Voraussetzungscharakters für staatliches Handeln wird Organisationsrecht in der Regel fragloser eingehalten als inhaltliches Recht. Zum anderen unterscheidet sich Staatsorganisationsrecht von inhaltlichem Recht dadurch, daß es als Formalrecht einer präziseren Formulierung zugänglich ist als jenes. Auf diese Weise entstehen über den Sinn von Organisations- und Verfahrensbestimmungen auch weniger Zweifel und Streitigkeiten, die dann die Öffentlichkeit und die Verfassungsgerichte

---

probleme im Verhältnis von Bundesrecht und Landesverfassung, in: DÖV 1971, 119; *Menger*, Zum Verhältnis von Landesrecht zu inhaltsgleichem Bundesrecht, in: VerwArch. 62 (1971), 75; *v. Mutius*, Zum Verhältnis von gleichlautendem Bundes- und Landesverfassungsrecht, in: VerwArch 66 (1975), 161; *Friesenhahn*, Zur Zuständigkeitsabgrenzung zwischen Bundesverfassungsgerichtsbarkeit und Landesverfassungsgerichtsbarkeit, in: Starck (Hrsg.), Bundesverfassungsgericht und Grundgesetz I, 1976, 748; *Maunz*, Landesverfassungen und Grundgesetz, in: Merten/Morsey (Hrsg.), Dreißig Jahre Grundgesetz, 1979, 87; *v. Ohlshausen*, Landesverfassungsbeschwerde und Bundesrecht, 1980; *Tilch*, Inhaltsgleiches Bundes- und Landesverfassungsrecht als Prüfungsmaßstab, in: Starck/Stern II, 551; *Bethge*, Die Grundrechtssicherung im föderativen Bereich, in: AöR 110 (1985), 169; *Sachs*, Die Grundrechte im Grundgesetz und in den Landesverfassungen, in: DÖV 1985, 469.

2 Als Verfassungsbeschwerde wird hier derjenige Rechtsbehelf verstanden, mit dem der einzelne Bürger die Verletzung eigener Grundrechte vor einem Verfassungsgericht geltend machen kann, vgl. *Schumann*, Verfassungsbeschwerde (Grundrechtsklage) zu den Landesverfassungsgerichten, in: Starck/Stern II, 158 ff. m. w. N. Eine diesem Begriff entsprechende allgemeine Verfassungsbeschwerde kennen nur die Verfassungen von Bayern (Art. 120, 66 LV), Hessen (Art. 131 LV) und Saarland (Art. 97 Nr. 4 LV i. V. m. §§ 9 Nr. 13, 55 – 61 VGHG).

beschäftigen. Auf der Landesebene verstärkt sich dieser Effekt noch dadurch, daß die Landesorganisation wesentlich unkomplizierter ausfällt als die des Bundes. Sie bedarf ja nicht der föderalistischen Binnengliederung mit ihren vertikalen Kompetenzabgrenzungen und zusätzlichen Organen, die sich auf der Bundesebene als besonders konfliktträchtig erwiesen hat. Das Landesverfassungsrecht ist deswegen nicht etwa bedeutungslos. Es bleibt vielmehr gerade in seinem Organisationsteil bestimmend und maßgebend für die Landespolitik, funktioniert aber relativ geräuschlos und konfliktarm und tritt so weniger in Erscheinung.

Der zweite Grund für den Bedeutungsrückgang des Landesverfassungsrechts liegt in der Gewichtsverlagerung, die sich seit Erlaß des Grundgesetzes von den Ländern auf den Bund vollzogen hat.[3] Generell kann man feststellen, daß in der Nachkriegszeit das Verlangen nach einheitlichen Lebensverhältnissen in der Bundesrepublik den Wunsch nach Aufrechterhaltung regionaler oder lokaler Besonderheiten überwogen hat. Dazu trugen der hohe Anteil von Flüchtlingen und Vertriebenen, die allenthalben in landsmannschaftlich recht geschlossene Gebiete eindrangen, sowie die relativ große Mobilität der westdeutschen Bevölkerung nach 1945 stark bei. Vor allem haben aber im Zuge der fortschreitenden Technisierung und Industrialisierung diejenigen Probleme zugenommen, die sich im beschränkten Rahmen eines Landes nicht mehr effektiv lösen lassen, ja zunehmend schon die Möglichkeiten der Nationalstaaten überschreiten und nur noch im internationalen Zusammenwirken bewältigt werden können.[4] Der Umweltschutz ist ein instruktives Beispiel dafür. Diese Entwicklung hat zu einem kontinuierlichen Substanzverlust der Länder geführt. Der Prozeß verlief in mehreren, sich teilweise verzahnenden Etappen. Zunächst schöpfte der Bund die konkurrierenden Gesetzgebungskompetenzen nach Art. 72, 74 GG fast restlos aus, so daß die Länder auf diesem Feld nicht mehr gesetzgebend tätig werden können.[5] In der Folge ließ er sich im Wege der Verfassungsänderung, also mit Zustimmung der Ländermehrheit im Bundesrat, zahlreiche Landesgesetzgebungskompetenzen übertragen. Gut zwei Drittel der 35 Grund-

---

3 Zu dieser Gewichtsverlagerung im Verhältnis von Bund und Ländern s. *Hesse*, Der unitarische Bundesstaat, 1962; *ders.*, Grundzüge, Rdnrn. 220 ff. m. w. N.; *Herzog*, in: Maunz-Dürig, Art. 20 IV Rdnrn. 54 ff., 73, 87 ff.; *Vogel*, Die bundesstaatliche Ordnung des Grundgesetzes, in: Benda/Maihofer/Vogel, 830; *Dierl/Dierl/Höffken*, 1558 ff.; *Ellwein*, Das Regierungssystem der BRD, 5. Auflage (1983), 68 ff.

4 Hierzu etwa *Schneider*, Kooperation, Konkurrenz oder Konfrontation? Entwicklungstendenzen des Föderalismus in der BRD, in: Klönne u. a., Lebendige Verfassung – das Grundgesetz in Perspektive, 1981, 103 ff.; insbes. im Hinblick auf einen „Funktionswandel des Föderalismus"; *Hesse*, Bundesstaatsreform und Grenzen der Verfassungsänderung, in: AöR 98 (1973), 9 ff.; *ders.*, Grundzüge, Rdnrn. 109, 111 ff. zur verfassungsrechtlichen Bedeutung des Überganges staatlicher Ordnungsaufgaben auf zwischenstaatliche Einrichtungen.

5 Nach *Herzog*, in: Maunz-Dürig, Art. 20 IV Rdnr. 55 beschreiben deshalb die Art. 74, 105 Abs. 2 GG im Hinblick auf Art. 72 Abs. 1 GG praktisch lückenlos Materien der Bundesgesetzgebung; zu dieser Entwicklung ferner *Schneider*, aaO. (Anm. 4), 105; *Dierl/Dierl/Höffken*, 1559 ff.

gesetz-Änderungen, die bis jetzt erfolgt sind, betreffen die Kompetenzverteilung zwischen Bund und Ländern. Daneben vollzog sich ein vom Grundgesetz nicht vorgesehener Prozeß der institutionalisierten Selbstkoordinierung der Länder und der Kooperation mit dem Bund, der dazu diente, das Bedürfnis nach übergreifenden Problemlösungen mit der Aufrechterhaltung der dualistischen Kompetenzverteilung zu vereinbaren.[6] Auf diese Weise ließ sich der Machtzuwachs des Bundes gegenüber den Ländern teilweise aufhalten. Doch wirkte sich das nicht zugunsten des einzelnen Landes aus, das, soweit die Kooperation funktioniert, auf Vollzugsaufgaben zurückgeworfen wurde. Schließlich fand, bedingt durch die Wirtschaftskrise von 1966/67, deren Bekämpfung eine stärkere Verzahnung der Wirtschafts- und Finanzpolitik von Bund und Ländern forderte, der kooperative Förderalismus auch förmlich Eingang in das Grundgesetz und löste den auf strikte Kompetenzteilung bedachten dualistischen Föderalismus in wichtigen Bereichen ab.[7] Insgesamt sind nach diesem Prozeß den Ländern als bedeutsame Politikfelder, in denen sie die ungeteilte Regelungskompetenz besitzen, nur noch das Schulrecht, das Kommunalrecht und auch das Polizeirecht verblieben, außerdem das Rundfunkrecht, doch entzieht sich dieses wegen des grenzüberschreitenden Effekts von Funkwellen und Kabelnetzen bereits weitgehend der einzelstaatlichen Regelung. Die Kompensation, die sich die Länder für diesen Substanzverlust verschafft haben, der gesteigerte Einfluß des Bundesrats auf die Bundesgesetzgebung, schlägt ebenfalls nicht auf der Ebene des Landesverfassungsrechts, sondern auf der Bundesebene zu Buche.[8]

Erst jüngst läßt sich eine begrenzte Aufwertung des Landesverfassungsrechts beobachten. Sie hängt damit zusammen, daß angesichts neuartiger Freiheitsbedrohungen und allmählich zutage getretener Schwächen der Parteiendemokratie Reaktionen im Verfassungsrecht gefordert wurden, die auf der Bundesebene bisher trotz aufwendiger Vorarbeiten nicht erfolgt sind. Es geht hier vor allem um Schutzbestimmungen für die Umwelt und gegenüber den modernen Informationstechniken einerseits, um ein plebiszitäres Gegengewicht gegen die Mediatisierung des Volkes durch die politischen Parteien andererseits. Vor plebiszitären Elementen haben sich die Landesverfassungen von Anfang an weniger gescheut als das Grundgesetz. In vielen, so auch in der nordrheinwestfälischen, sind sie bereits enthalten. Bei der Einfügung neuer Staatszielbestimmungen und Grundrechte haben sich die Länder vielfach beweglicher gezeigt als der Bund

---

6 Hierzu *Grawert,* Verwaltungsabkommen zwischen Bund und Ländern in der Bundesrepublik Deutschland, 1967.
7 Die entscheidenden Regelungen finden sich in den Art. 91a, 91b GG (Gemeinschaftsaufgaben von Bund und Ländern) und Art. 104a Abs. 2 (Mischfinanzierung), vgl. hierzu den Überblick bei *Herzog,* in: Maunz/Dürig, Art. 20 IV Rdnrn. 94ff.
8 Hierzu *Dickersbach,* in: Geller-Kleinrahm, Art. 51 Anm. 4c), 5b) und dort Fn. 89; *Heyen,* Der Bundesrat — ein Rat der autonomen Kabinette? in: Staat 21 (1982), 191; zur Weisungsbefugnis des Parlaments gegenüber den Landesvertretern im Bundesrat: *Bullinger,* Die Zuständigkeit der Länder zur Gesetzgebung, in: DÖV 1970, 767 und *Konow,* Zur Funktionsfähigkeit der bundesstaatlichen Verfassungsordnung, in: DÖV 1970, 23ff. (beide verneinend).

und den Erwartungen bereits Rechnung getragen, so Nordrhein-Westfalen 1978 durch die Einfügung eines Datenschutzgrundrechts und 1985 durch die Aufnahme einer Staatszielbestimmung Umweltschutz.

II. Die Entstehung des Landes und der Landesverfassung

Die Länder der Bundesrepublik Deutschland gehen auf Einteilungen der Siegermächte des Zweiten Weltkriegs zurück. Historisch gewachsene Verbindungen und Grenzen haben dabei vielfach keine Rolle gespielt. Auch das heutige Land Nordrhein-Westfalen steht nicht in einer längeren Tradition. Ehe der Nationalsozialismus die Gliederung des Deutschen Reiches in Länder gänzlich beseitigte, gehörte es zum überwiegenden Teil dem Land Preußen an, und zwar aufgeteilt in die beiden Provinzen Westfalen und Rheinland, von dem aber nur der nordrheinische Teil dem heutigen Bundesland eingegliedert wurde. Lediglich Lippe bildete seit alters ein selbständiges Land.[9]

Die Zugehörigkeit des Rheinlands und Westfalens zu Preußen war ein Ergebnis des Wiener Kongresses von 1814/15, hatte also fast 120 Jahre Bestand, nachdem Preußen bis dahin stets eine den Nordosten des Reiches beherrschende Macht gewesen war, die im Westen nur über eine kleine Enklave verfügte. Dem Wiener Kongreß oblag die territoriale Neuordnung Europas und vor allem Deutschlands nach den Wechselfällen, die die Französische Revolution und die Eroberungspolitik Napoleons mit sich gebracht hatten. Das Gebiet des heutigen Nordrhein-Westfalen war von den französischen Ereignissen besonders in Mitleidenschaft gezogen. In der napoleonischen Zeit, nach der Auflösung des Heiligen Römischen Reiches im Jahre 1806, gehörte ein großer Teil des heutigen Bundeslandes zu dem von Napoleons Bruder Jérôme regierten Königreich Westfalen mit der Hauptstadt Kassel, das sich aber weit über die jetzige Landesgrenze nach Nordosten und Osten erstreckte und auch Kurhessen, Osnabrück, Hannover, Braunschweig und die Altmark umfaßte. Das rechtsrheinische Rheinland, das Ruhrgebiet und das Münsterland bildeten das ebenfalls französisch regierte Großherzogtum Berg mit der Hauptstadt Düsseldorf. Die linksrheinischen Gebiete waren bereits 1795 von Frankreich annektiert worden. Dagegen bewahrte Lippe auch in der napoleonischen Zeit seine Selbständigkeit.

Vor den territorialen Umwälzungen im Gefolge der Französischen Revolution, also noch zur Zeit des Heiligen Römischen Reiches, war die Zersplitterung noch stärker.

---

9 Zur Landesgeschichte von Nordrhein-Westfalen s. *Wisplinghoff* u. a., Geschichte des Landes Nordrhein-Westfalen, 1973; *Rothert*, Westfälische Geschichte Bd. 3 (Absolutismus und Aufklärung), 3. Aufl. (1964), 1. Teil Kap. V f.; *Engel,* Politische Geschichte Westfalens, 2. Aufl. (1968), insbes. 222–245; *Braubach*, Vom Westfälischen Frieden bis zum Wiener Kongreß, in: Petri/Droege (Hrsg.), Rheinische Geschichte Bd. 2 (Neuzeit), 1976, 219; *Conrad*, Historische Einleitung, in: Loschelder/Salzwedel, 3 ff.; *Gebhardt*, Handbuch der deutschen Geschichte II, 9. Aufl. (1970), 546 ff.

Die Entstehung des Landes und der Landesverfassung

Erhebliche Teile des heutigen Nordrhein-Westfalen befanden sich in geistlicher Hand, bis sämtliche geistlichen Territorien 1803 säkularisiert wurden, damit diejenigen weltlichen Fürsten, die linksrheinisches Gebiet an Frankreich abtreten mußten, aus Kirchenbesitz entschädigt werden konnten. In die geistlichen Territorien teilten sich das Erzbistum Köln und die Bistümer Münster und Paderborn. Bis in die zweite Hälfte des 18. Jahrhunderts trat aber Bayern als Schutzmacht von Kur-Köln auf, und die Wittelsbacher besetzten den erzbischöflichen Stuhl. Danach ging dieses Recht auf das Haus Habsburg über. Weltliche Herrschaften bildeten linksrheinisch das Herzogtum Jülich, rechtsrheinisch das Herzogtum Berg, die im 17. Jahrhundert zeitweilig preußisch waren und 1777 an Bayern fielen; das Siegerland gehörte zum Fürstentum Nassau; die Grafschaft Ravensberg war seit dem frühen 17. Jahrhundert, Minden seit dem Westfälischen Frieden von 1648, Lingen und Moers seit 1702 preußisch. Lippe sowie einige kleinere Grafschaften besaßen Selbstständigkeit. Dortmund und Aachen waren freie Reichsstände.

Der historische Nachweis soll weder weiter zurück noch weiter ins einzelne gehen. Er zeigt schon jetzt hinreichend, daß das Land eine recht künstliche Schöpfung war, die nicht auf eine politische Tradition oder ein landsmannschaftliches Zusammengehörigkeitsgefühl aufbauen konnte. Die britische Besatzungsmacht hielt sich zunächst an die alte preußische Provinzeinteilung, wobei freilich die Rheinprovinz durch die englisch-französische Zonengrenze zerschnitten wurde, so daß statt des alten Koblenzer Oberpräsidiums ein neues in Düsseldorf errichtet wurde, während das westfälische Oberpräsidium in Münster verblieb. Ferner stellte England die bis zuletzt selbständig gewesenen Länder Lippe und Oldenburg sowie Schaumburg-Lippe und Hamburg, weiter die von Preußen annektierten Länder Hannover, Braunschweig und Schleswig-Holstein als Verwaltungseinheiten wieder her und verlieh ihnen 1946 Landesstatus.[10]

Mit diesem Schritt war die amerikanische Besatzungsmacht in ihrer Zone den Briten schon 1945 vorangegangen, auch um ein Gegengewicht gegen sowjetische Einheitsbestrebungen zu errichten und dem künftigen Deutschland eine föderalistische Struktur zu sichern. Dagegen versuchte Großbritannien die Frage noch länger offenzuhalten. Ungeklärt war vor allem das Schicksal des Ruhrgebiets, das Frankreich gern aus Deutschland herausgelöst, die Sowjetunion am liebsten unter Viermächtestatus gestellt hätte, während in Großbritannien und USA bald erkannt wurde, daß ein künftiges demokratisiertes Deutschland oder gar Westdeutschland ohne das Ruhrgebiet nur schwer lebensfähig gewesen wäre.[11] Die Entscheidung wurde, da sie auf höchster Ebene nicht

---

10 Ein Abriß dieser ersten Phase der Länderbildung in der britischen Besatzungszone findet sich bei *Först*, Die Entstehung des Landes Nordrhein-Westfalen, in: Landeszentrale, 36 ff.; *Wisplinghoff*, aaO. (Anm. 9), 182 f., 186 ff.
11 Die Bedeutung der Auseinandersetzungen um das Rhein-Ruhr-Gebiet als Teil der Vorgeschichte des Landes Nordrhein-Westfalen unterstreicht *Lademacher*, Die nördlichen Rheinlande 1815–1953, in: Petri/Droege, aaO. (Anm. 9), 782 ff.; s. ferner hierzu *Först*, aaO. (Anm. 10), 43 ff.

erreicht worden war, den Außenministern übertragen, die aber ebenfalls keine gemeinsame Lösung fanden. Nachdem auch die Pariser Außenministerkonferenz von 1946 hinsichtlich des Ruhrgebiets ergebnislos verlaufen war, entschloß sich Großbritannien, die politische Neugliederung nicht länger aufzuschieben, und begann dabei mit Nordrhein-Westfalen, um die Diskussion über die Ruhrgebietsfrage zu beenden. Zur Debatte stand erstens ein eigenes Land Ruhrgebiet, das dann freilich die alte Grenze zwischen dem Rheinland und Westfalen gesprengt hätte, zweitens ein Land, das sich aus dem Ruhrgebiet und dem Niederrhein zusammensetzte, und drittens die große Lösung Rheinland-Westfalen. Die Frage war auch in Deutschland, wo ebenfalls Neugliederungsüberlegungen stattfanden, umstritten.[12] Während der rheinische Oberpräsident für einen Zusammenschluß der ehemaligen preußischen Provinzen eintrat, bestanden in Westfalen Bestrebungen, diesen Landesteil politisch selbständig zu machen. Die Londoner Entscheidung fiel schließlich am 6. Juni 1946 zugunsten der sog. großen Lösung, weil sie das Ruhrgebiet am besten in einen umfassenderen Verband integrierte.[13] Am 17. Juli 1946 wurde die Bildung des neuen Landes bekanntgegeben, am 23. August die Aufhebung der preußischen Provinzen verfügt und zugleich die Gründung der Länder Schleswig-Holstein, Hannover und Nordrhein-Westfalen vollzogen. Am 1. November 1946 folgte der Zusammenschluß verschiedener Länder zum Land Niedersachsen, am 21. Januar 1947 der Anschluß Lippes an Nordrhein-Westfalen.

Der Gründung des Landes Nordrhein-Westfalen durch die britische Besatzungsmacht folgte bald die Forderung nach einer Verfassung, deren Ausarbeitung sie aber den deutschen Organen überließ. Diese Organe waren von der Besatzungsmacht sowohl eingerichtet als auch personell besetzt worden. Am 24. Juli 1946 wurde der parteilose westfälische Oberpräsident Amelunxen zum Ministerpräsidenten ernannt. Am 30. August 1946 präsentierte er sein Kabinett, in dem neben mehreren parteilosen Ministern alle Parteien außer der CDU vertreten waren.[14] Am 2. Oktober 1946 konstituierte sich der Landtag, dessen Mitglieder aber nicht gewählt, sondern ebenfalls von der Militärregierung ernannt worden waren.[15] Am 17. November 1946 gab die Militärregierung den Organen durch die Verordnung 57[16] ein vorläufiges Organisationsstatut, in dem sie auch auf alsbaldige Ausarbeitung einer Verfassung drang.

---

12 Zur Diskussion in Deutschland s. *Lademacher,* aaO. (Anm. 11, 789–793; *Först,* aaO. (Anm. 10), 47 ff.
13 Diese große Lösung schien aus britischer Sicht am ehesten geeignet, eine Reihe von innenpolitischen Zielen mit dem außenpolitischen Motiv der Abwehr französischer Separierungstendenzen im Rheinland zu verbinden; s. hierzu *Lademacher,* aaO. (Anm. 11), 794.
14 Die politischen Bedingungen, von denen diese Kabinettsbildung ebenso, wie schon die Ernennung des ersten Ministerpräsidenten beeinflußt wurde, beschreiben *Först,* aaO. (Anm. 10), 50 ff. und *Lademacher,* aaO. (Anm. 11), 797 ff.
15 Einzelheiten hierzu bei *Först,* aaO. (Anm. 10), 53 f.; *Lademacher,* aaO. (Anm. 11), 799 f.
16 ABl. Nr. 15, S. 344.

Die Entstehung des Landes und der Landesverfassung

Die Vorbereitungen setzten umgehend ein. Am 30. November 1946 legte Innenminister Menzel (SPD) dem Kabinett einen Entwurf vor. Am 23. Januar 1947 wurde dem Landtag der Kabinettsentwurf für ein Vorläufiges Landesgrundgesetz zugeleitet.[17] Dieser nahm alsbald die Ausschußberatungen auf, brachte sie aber vor der ersten Landtagswahl am 20. April 1947 nicht mehr zum Abschluß. Im November 1947 ging dem gewählten Landtag ein neuer Verfassungsentwurf zu,[18] der abermals von Menzel stammte, der auch unter dem Ministerpräsidenten Arnold (CDU) das Innenressort behalten hatte.[19] Der Entwurf lief nicht mehr auf eine provisorische Ordnung hinaus, sondern stellte eine Vollverfassung mit Grundrechtsteil und Ordnung des Gemeinschaftslebens dar, sah aber gleichzeitig die Einbettung Nordrhein-Westfalens in einen zu gründenden deutschen Gesamtstaat vor. Der Verfassungsausschuß des Landtags wandte sich jedoch erst im Frühjahr 1948 der Verfassungsfrage zu, die hinter der Bewältigung der Nachkriegsprobleme an Bedeutung zurückstand.[20]

Zu dieser Zeit fiel aber auch die Entscheidung der westlichen Alliierten zur Errichtung eines westdeutschen Teilstaats, nachdem die Gegensätze zur östlichen Besatzungsmacht nicht mehr überbrückbar schienen. Im Sommer 1948 begannen die deutschen Vorarbeiten für die Konstituierung dieses Teilstaats. Am 10. August 1948 trat auf Einladung des bayerischen Ministerpräsidenten der Verfassungskonvent von Herrenchiemsee zusammen, in dem jedes westdeutsche Land durch einen Bevollmächtigten vertreten war, Nordrhein-Westfalen durch Innenminister Menzel, der auch hier den ersten Entwurf vorlegte. Im September 1948 nahm der aus Abgeordneten der Landtage gebildete Parlamentarische Rat die Arbeit an einer westdeutschen Verfassung auf, an der Menzel ebenfalls gewichtigen Anteil hatte.

Nordrhein-Westfalen entschloß sich unter diesen Umständen zur Unterbrechung der eigenen Verfassungsarbeiten, um die Landesverfassung von vornherein an der neuen Bundesverfassung ausrichten zu können. Das Land befaßte sich erst nach der Verabschiedung des Grundgesetzes am 8. Mai 1949 wieder mit der Verfassungsfrage. Der Verfassungsausschuß des Landtages verlangte bis zum 1. Oktober 1949 die Vorlage eines Regierungsentwurfs.[21] Es war wiederum Innenminister Menzel, der eine Kabinettsvorlage erstellte, die nun aber nicht mehr den Beifall des Koalitionspartners CDU fand.

---

17 LD I–50.
18 LD II–166. Neben diesem Entwurf wurde dem Verfassungsausschuß des Landtages auch ein Verfassungsentwurf der KPD (LD II–144) zugeleitet.
19 Dieser Innenminister des ersten Kabinetts Arnold (1947–1950) hat der Gang der Verfassungsgesetzgebung in Nordrhein-Westfalen immer wieder wesentlich beeinflußt und vorangetrieben; s. hierzu *Köhler*, Die Entstehung der Landesverfassung, in: Dreißig Jahre Verfassung, 16f.
20 Die Bevölkerung des Landes brauchte in der unmittelbaren Nachkriegszeit zunächst Nahrungsmittel, Unterkunft, Arbeit und Ausbildung. Demgegenüber mußte die Verfassungsfrage von nachrangiger Bedeutung erscheinen; hierzu *Köhler*, aaO. (Anm. 19), 21f.
21 LD II–1138.

Ministerpräsident Arnold arbeitete vielmehr einen Gegenentwurf aus. Die Differenzen zwischen den beiden Entwürfen lagen vor allem im Schulwesen, wo CDU und Zentrum die Bekenntnisschule forderten, während die übrigen Parteien die christliche Gemeinschaftsschule befürworteten. Unterschiedliche Vorstellungen herrschten aber auch bezüglich der Wirtschaftsordnung, wo der Streit um die gemeinwirtschaftliche oder privatwirtschaftliche Grundstruktur ging. Die Kabinettssitzung vom 29. November 1949, die sich 13 Stunden lang mit der Verfassungsfrage beschäftigte, führte zu keiner Einigung. Daraufhin entschloß sich das Kabinett zur Vorlage beider Entwürfe an den Landtag.[22] Der von der CDU und dem Zentrum unterstützte Arnoldsche Entwurf wurde als Mehrheitsfassung, der von der SPD getragene und von FDP und KPD befürwortete Menzelsche Entwurf als Minderheitsfassung bezeichnet.

Der Landtag, der sich aus 92 Abgeordneten der CDU, 64 der SPD, 28 der KPD, 20 des Zentrums und 12 der FDP zusammensetzte,[23] nahm nach zahlreichen Modifikationen am 6. Juni 1950 den Mehrheitsentwurf an. Schon am 18. Juni 1950 wurde er dem Volk zur Abstimmung vorgelegt, das zugleich mit der Wahl eines neuen Landtags über die Verfassung entschied. CDU und Zentrum riefen zur Annahme, SPD, KPD und FDP zur Ablehnung auf. Volksentscheid und Landtagswahlen hatten unterschiedliche Ergebnisse. Die Verfassungsbefürworter CDU und Zentrum erhielten zusammen 2,8 Millionen oder 44,4% der gültigen Stimmen, die Verfassungsgegner SPD, KPD und FDP zusammen 3,1 Millionen oder 50% der gültigen Stimmen. Indessen sprachen sich 3,6 Millionen oder 57% der Wähler für die Verfassung, 2,2 Millionen oder 35,2% dagegen aus. Fast eine halbe Million Stimmberechtigte hatten ungültige Stimmzettel abgegeben. Es blieben aber noch ca. 850 000 Stimmberechtigte, die zwar nicht den hinter der Verfassungsvorlage stehenden Parteien, wohl aber der Verfassung ihre Stimme gegeben hatten.[24]

Die im Gegensatz zum Grundgesetz unmittelbar vom Volk als verfassungsgebender Gewalt erlassene Verfassung wurde am 28. Juni 1950 ausgefertigt und trat am 11. Juli 1950 in Kraft.[25] Sie steht bis heute in Geltung, ist aber zwölfmal geändert worden, rund dreimal weniger als das Grundgesetz.[26]

---

22 LD II – 1359.
23 Es handelte sich um den ersten, am 20. April 1947 frei gewählten Landtag von Nordrhein-Westfalen. Die Wahl fand auf der Grundlage des am 5. März 1947 noch von dem ernannten Landtag verabschiedeten Landeswahlgesetzes statt.
24 Zu den Ergebnissen von Volksentscheid und Landtagswahl s. *Kleinrahm*, in: Geller-Kleinrahm, Einführung I, 3, 7.
25 Nachdem sie am 10. Juli 1950 im Einvernehmen mit der Alliierten Hochkommission im Gesetz- und Verordnungsblatt des Landes verkündet worden war (GV NW, 127).
26 Zu den Änderungen der Landesverfassung s. den Überblick bei *Kleinrahm*, in: Geller-Kleinrahm, Einführung I.D.

III. Die Staatsqualität der Länder

Gleichviel ob man das Deutsche Reich für untergegangen oder fortbestehend hält, war es jedenfalls seit der bedingungslosen Kapitulation am 8. Mai 1945 nicht mehr handlungsfähig. Die Staatsgewalt in Deutschland wurde von den Siegermächten ausgeübt. Eine deutsche Staatsgewalt entstand erst allmählich wieder mit alliierter Billigung auf der Ebene der Länder. Mit der Gründung der Bundesrepublik im Jahre 1949 wurden die Länder nicht aufgehoben, wohl aber in einen neuen Gesamtstaat eingefügt. Dieser konstituierte sich jedoch als Bundesstaat und hielt damit an der Staatsqualität der Länder fest. Sie mußten zwar einen Teil ihrer Staatsgewalt an den Zentralstaat abtreten, sanken dadurch aber nicht auf den Status von unselbständigen Verwaltungseinheiten zurück, sondern behielten originäre, nicht vom Zentralstaat übertragene Staatsgewalt. Sie sind daher als Staaten zu betrachten, wenn ihre Staatsgewalt auch gegenständlich und funktional durch die dem Zentralstaat übertragenen Rechte begrenzt ist.[27] Davon geht das Grundgesetz aus, wenn es in Art. 30 GG die Erfüllung der Staatsaufgaben grundsätzlich zur Ländersache erklärt, in Art. 74 Nr. 8 GG die Möglichkeit einer Landesstaatsangehörigkeit vorsieht und in Art. 32 Abs. 3 GG den Ländern ein begrenztes Recht zum Abschluß völkerrechtlicher Verträge einräumt.[28]

Gleichwohl war die Frage der Staatlichkeit des neuen Bundeslandes Nordrhein-Westfalen in den Beratungen des Verfassungsausschusses Gegenstand einer heftigen Auseinandersetzung.[29] Dabei standen sich auf der einen Seite die Vertreter einer föderalistischen, auf der anderen Seite die Vertreter einer unitarischen Staatsauffassung gegenüber.[30] Die Kontroverse schlug sich in verschiedenen Formulierungsvorschlägen zu Art. 1 Abs. 1 der zu schaffenden Landesverfassung nieder. Die Mehrheitsvorlage der Regierung und der Formulierungsvorschlag der SPD bezeichneten das Land als „Gliedstaat" bzw. „Glied" der Bundesrepublik Deutschland und vertraten damit das föderalistische Prinzip, die Minderheitsvorlage der Regierung und der Antrag der KPD sahen Nordrhein-Westfalen hingegen als „Bestandteil" bzw. „unlösbaren Bestandteil" der

---

27 In Rechtsprechung und Literatur wird die — wenn auch begrenzte — Staatlichkeit der Länder ganz überwiegend anerkannt; vgl. etwa BVerfGE 1, 14, 34; 4, 178, 189; 4, 250, 290; 6, 309, 360; 11, 77, 88; 13, 53, 77; 22, 267, 270; 34, 9, 20; 36, 342, 360 f.; sowie aus der Literatur *Herzog*, in: Maunz-Dürig, Art. 20 IV Rdnrn. 11 ff., 58 ff.; *Vogel*, aaO. (Anm. 3), 817 f.; *Maunz/Zippelius*, Deutsches Staatsrecht, 26. Aufl. (1985), § 14 II 2; aber auch *Hesse*, Grundzüge, Rdnr. 217, Anm. 1 m.w.N. zur Kritik an der herrschenden „Zweigliedrigkeitslehre".
28 Schließlich setzt auch das Prinzip einer „gewissen Homogenität" des Verfassungsrechts in den Ländern nach Art. 28 Abs. 1 GG (s. BVerfGE 9, 268, 279) deren Verfassungshoheit voraus, welche ihrerseits wiederum ein wesentliches Element verfaßter Staatlichkeit darstellt, vgl. *Werner*, Wesensmerkmale des Homogenitätsprinzips und ihre Ausgestaltung im Bonner Grundgesetz, 1967, 11.
29 Vgl. hierzu Prot. VA 12, 304 ff.; *Dierl/Dierl/Höffken*, 1596 ff.
30 Vgl. Abg. *Kaes* (CDU), Prot. VA 12, 308 einerseits, Abg. Dr. *Middelhauve* (FDP), Prot. VA 2, 55 andererseits.

neuen Republik, tendierten also deutlich zu einer unitarischen Position. Im Hinblick auf die vom Grundgesetz geschaffene klare Rechtslage zur Frage der Staatlichkeit der Länder konnte dieser Streit nicht mehr den Charakter einer echten staatsrechtlichen Auseinandersetzung erlangen. In zutreffender Erkenntnis dessen wollten auch die Vertreter der unitarischen Position mit ihrem Formulierungsvorschlag eine eigene Staatlichkeit des Landes nicht schlechthin verneinen, wohl aber soweit als möglich einschränken.[31] Letztlich setzte sich indessen die Mehrheitsposition der Regierungsvorlage durch, so daß nun in der nordrhein-westfälischen Verfassung — wie im übrigen auch in den Verfassungen fast aller anderen Bundesländer[32] — die eigene Staatlichkeit des Landes in Art. 1 Abs. 1 zum Ausdruck gebracht wird. Nordrhein-Westfalen ist demzufolge ein echter Gliedstaat, nicht nur eine mehr oder weniger selbständige größere Verwaltungskörperschaft der Bundesrepublik Deutschland.[33]

Die in Übereinstimmung mit der Rechtslage nach dem Grundgesetz landesverfassungsrechtlich konstituierte Staatlichkeit des Bundeslandes Nordrhein-Westfalen ist damit jedoch keineswegs jeglicher Gefährdung entzogen. Art. 79 Abs. 3 GG erklärt zwar die „Gliederung des Bundes in Länder", d. h. also die föderalistische Struktur des Bundesstaates, als unveränderlich, garantiert jedoch weder den Gebietsstand noch gar die Existenz der jetzigen Länder.[34] Im Neugliederungsverfahren nach Art. 29 GG oder im Wege einer Verfassungsänderung wäre es also möglich, Veränderungen im Gebietsstand der betroffenen Länder herbeizuführen, welche im Extremfall die Beseitigung ganzer Länder bedeuten könnten. Welche Grenzen einer solchen territorialen Neugliederung des Bundesgebietes aus Art. 79 Abs. 3 GG gezogen sind, ist im einzelnen unklar. Immerhin dürften sie nicht allzu niedrig anzusetzen sein.[35] Bei alledem ist jedoch zu berücksichtigen, daß derzeit weder im Bund noch in den Ländern Neugliederungsbestrebungen bestehen oder in überschaubarer Zukunft zu erwarten sind, die im Erfolgsfall die Schwelle einer Bedrohung echter Landesstaatlichkeit überschreiten könnten. Alle bisherigen Versuche, das ursprünglich im Grundgesetz enthaltene Länderneugliederungsgebot zu erfüllen, sind fehlgeschlagen. Stattdessen wurde Art. 29 GG in eine bloße Veränderungsmöglichkeit umformuliert. Das Fehlen einer grundgesetzlichen Bestandsgarantie zugunsten des Bundeslandes Nordrhein-Westfalen wird deshalb unter dem

---

31 Vgl. wieder Abg. Dr. *Middelhauve,* aaO. (Anm. 30); die politischen Hintergründe der Auseinandersetzung werden erkennbar bei Abg. *Jacobi* (SPD), Prot. VA 12, 312/313.
32 Bayern: Art. 1 LV; Hessen: Art. 64, 65 LV; Rheinland-Pfalz: Art. 74 LV; Bremen, Art. 64 LV; Baden-Württemberg; Art. 23 LV; Niedersachsen: Art. 1 LV.
33 Zu Inhalt und Konsequenzen des Art. 1 Abs. 1 LV im einzelnen s. *Dickersbach* in: Geller-Kleinrahm, Art. 1 Anm. 3a), b) m.w.N.
34 BVerfGE 5, 34, 38.
35 S. hierzu *Maunz,* in Maunz-Dürig, Art. 79 Rdnrn. 33—37; *Schmidt,* Das Verhältnis von Bund und Ländern im demokratischen Bundesstaat des Grundgesetzes, in: AöR 87 (1962), 281; *Tschülve,* Probleme der Gebietsveränderungen im Bundesstaat, 1962, 197f.; *Hesse,* Bundesstaatsreform, 6f.; *Ridder,* in: Azzola u. a., Kommentar zum Grundgesetz für die BRD, Bd. 2 (1984), Art. 79 Rdnrn. 30f.; *Maunz/Zippelius,* aaO. (Anm. 27), § 15 I 4.

Gesichtspunkt der Landesstaatlichkeit in absehbarer Zeit kaum zum Problem werden können.[36]

Eine Gefährdung echter Staatlichkeit in den Ländern resultiert vielmehr aus den bereits erwähnten tatsächlichen Entwicklungen, die in immer stärkerem Umfang eine Überschreitung der Grenzen föderalistischer Aufgabenverteilung erforderlich machen. Diese zunehmende Verdünnung landesstaatlicher Substanz stellt eine Anpassung an außerrechtlich induzierte Zentralisations- und Vereinheitlichungstendenzen dar, und es ist fraglich, welche verfassungsrechtlichen Grenzen hier wirksam gemacht werden können. Art. 79 Abs. 3 GG schützt die Länder zwar davor, auf den Status „hochpotenzierter Selbstverwaltungskörperschaften" zurückgedrängt zu werden.[37] Der insoweit maßgebliche Grenzverlauf läßt sich jedoch nur sehr allgemein umschreiben und dürfte im Einzelfall stets streitig sein. Ein Mindestbestand an Möglichkeiten eigenverantwortlicher Politik in den Ländern muß kompetenziell und haushaltsrechtlich jedoch gewährleistet bleiben.[38]

IV. Staatszielbestimmungen

1. Die eingeschränkte Verfassungsautonomie der Länder

Als Staaten sind die Länder auch verfassungsfähig. In der Gestaltung ihrer Verfassung genießen sie aber keine völlige Freiheit. Föderalistische Staatskonstruktionen werden zwar gerade zur Bewahrung oder Ermöglichung unterschiedlicher Staatsgestaltungen und unterschiedlicher Politik gewählt. Doch macht die relativ enge Koexistenz verschiedener Staaten, wie sie der Bundesstaat im Gegensatz zum Staatenbund[39] vorsieht, ein Mindestmaß an struktureller Homogenität unter den Gliedstaaten und mit dem Zentralstaat nötig.

Das Grundgesetz verpflichtet die Länder daher in Art. 28 Abs. 1 GG auf dieselben Grundprinzipien, die auch für die Bundesrepublik maßgeblich sind. Die Landesverfassungen müssen den Staat republikanisch, demokratisch, rechtsstaatlich und sozialstaatlich einrichten, und zwar, da diese Prinzipien immer noch sehr verschiedener Konkretisierung offenstehen, im Verständnis des Grundgesetzes. Die Landesverfassungen sind also weder darin frei, ob sie diese Prinzipien ihrer eigenen Ordnung zugrundelegen, noch welches grundsätzliche Verständnis sie ihnen verleihen. Die Homogenitätsklausel

---

36 Ebenso *Vogel*, aaO. (Anm. 3), 859 ff. in einem Überblick zur Neugliederungsproblematik.
37 *Maunz*, in: Maunz-Dürig, Art. 79 Rdnr. 33; vgl. auch *Maunz/Zippelius*, aaO. (Anm. 27), § 14 I 2.
38 *Hesse*, Bundesstaatsreform, aaO. (Anm. 4), 6 ff. u. passim; zu den Grenzen zwischen einem – verfassungsrechtlich unzulässigen – „unitarischen Bundesstaat" und einem – verfassungsrechtlich zulässigen – dezentralisierten Einheitsstaat.
39 Zur Typik der Gliederung, bzw. Verbindung von Staatsgebilden s. die Übersicht bei *Maunz/Zippelius*, aaO. (Anm. 27) § 14 I 1.

des Art. 28 GG ist jedoch keine Uniformitätsklausel. Unterhalb des Ob und des grundsätzlichen Wie haben die Länder in der Konkretisierung Spielraum. Die Demokratie muß also, um ein Beispiel zu nennen, keine rein repräsentative, der Rechtsstaat kein lückenloser Justizstaat, der Sozialstaat keine inhaltlich nicht weiter gefüllte Generaldirektive sein.[40]

Angesichts der Vorausfestlegung, die das Grundgesetz für die Landesverfassungen in Art. 28 GG getroffen hat, verzichtet die nordrhein-westfälische Verfassung auf eine Zusammenstellung der Staatszielbestimmungen nach der Art des Art. 20 GG oder der vor dem Erlaß des Grundgesetzes zustandegekommenen Verfassungen. Es gab allerdings Versuche, die vom Grundgesetz vorgeschriebenen Prinzipien auf eine überpositive Grundlage zu stellen und von dort her auch zu relativieren. Dabei ging es um den von CDU und Zentrum unternommenen Versuch, das Land in der Verfassungspräambel auf ein christliches Staatsverständnis festzulegen.[41] Einen ähnlichen Versuch hatte die CDU bereits im Parlamentarischen Rat unternommen, war dort aber ohne Erfolg geblieben. Nun sollte der metaphysische „Urgrund des Rechts" wenigstens in der Landesverfassung anerkannt werden.[42] Gleichzeitig diente der Versuch dazu, die in der Mehrheitsvorlage enthaltene demokratische Grundaussage: „Die Staatsgewalt geht vom Volke aus", als „rein staatsrechtliche Bestimmung" zu bezeichnen, die nur im Rahmen der metarechtlichen Rechtsgrundlage Geltung beanspruchen konnte.[43]

Diesem Bestreben widersetzten sich jedoch die anderen Fraktionen, die, ohne einen religiösen Bezug in der Verfassung völlig abzulehnen, die Präambel doch von jeder konfessionellen Festlegung freihalten wollten. Die schließlich der Verfassung vorangestellte Präambel, die auf einen Kompromißvorschlag der FDP zurückging[44] und nur auf die Zustimmung der KPD verzichten mußte, beruft sich auf die „Verantwortung vor Gott und den Menschen" als Leitmotiv für die Verfassungsgestaltung, vermeidet aber jede Anbindung der folgenden Bestimmungen an naturrechtliche Prämissen. Die Präambel bekennt sich im übrigen zur Verbindung des nordrhein-westfälischen Volkes mit allen Deutschen und unterlegt der Verfassungsgebung den Willen, die Not der Gegenwart gemeinschaftlich zu überwinden, dem inneren und äußeren Frieden zu dienen sowie Freiheit, Gerechtigkeit und Wohlstand für alle zu schaffen.

---

40 Zu Inhalt und Reichweite der Homogenitätsklausel vgl. *Maunz,* in: Maunz-Dürig, Art. 28 Rdnrn. 3, 17ff., 22ff.; *Stern,* in: Bonner Kommentar zum Grundgesetz, Zweitbearbeitung 1966, Art. 28 Rdnrn. 8, 14.
41 Zu der Auseinandersetzung um die Formulierung der Verfassungspräambel s. *Beutler,* Das Staatsbild in den Länderverfassungen nach 1945, 1973, 179ff.
42 Vgl. Abg. *Jöstingmeier* in der Sitzung vom 24. April 1950, Prot. LT, 4225.
43 Abg. *Jöstingmeier,* aaO. (Anm. 42).
44 Prot. VA, 576ff.

2. Das Demokratieprinzip

Kerngehalt des Demokratieprinzips ist die Forderung, daß jeder Akt staatlicher Willensbildung auf eine Willensäußerung des Volkes rückführbar ist, wie immer vermittelt sich diese Rückführung als Entstehungs- und Rechtfertigungszusammenhang im einzelnen auch darstellen mag. Die Landesverfassung nimmt diese Forderung in Art. 2 LV auf. Indessen lassen sich im Vergleich mit der Vorschrift des Art. 20 Abs. 2 Satz 1 GG und einer Vielzahl entsprechender Regelungen anderer Landesverfassungen[45] deutliche Unterschiede feststellen. Art. 2 LV kennt insbesondere keine Staatsgewalt, die sich in allen ihren Erscheinungsformen letztlich auf das Staatsvolk als einzigen Träger zurückbeziehen muß.

Die Entstehungsgeschichte von Art. 2 LV zeigt allerdings, daß die genannten Unterschiede keine Einschränkung des demokratischen Prinzips bzw. des Grundsatzes der Volkssouveränität zum Ausdruck bringen sollten. Die Gesetz gewordene Formulierung entspricht dem Minderheitsvorschlag der Regierungsvorlage, dem im Mehrheitsvorschlag der traditionelle und auch in Art. 20 Abs. 2 Satz 1 GG enthaltene Satz: „Alle Staatsgewalt geht vom Volke aus", gegenüberstand. Diese Begründung der Volkssouveränität stieß jedoch auf den entschiedenen Widerstand einer insbesondere in der CDU und im Zentrum einflußreichen Gruppe, für die alle Staatsgewalt und damit die Rechtsordnung im ganzen letztlich nur aus einer überpositiven, metaphysischen Geltungsgrundlage abgeleitet werden konnte.[46] Die gemeinsame Erfahrung der Pervertierbarkeit einer bloßen Legalordnung, von deren verfassungsrechtlicher Grundlage aus ein staatsrechtlich belangvoller Rekurs auf ein überpositives Geltungsprinzip nicht mehr möglich gewesen war, schlug eine Brücke zwischen dieser Auffassung und der grundsätzlichen Skepsis gegenüber dem Begriff der Staatgewalt, der als Vehikel eines abermaligen staatlichen Absolutheitsanspruchs betrachtet wurde.[47]

Die so begründete Minderheitsposition konnte sich in den Verfassungsberatungen zu Art. 2 LV durchsetzen. Es zeigte sich jedoch in diesen Beratungen ebenfalls, daß zwar die Frage einer metaphysischen Begründung der Staatsgewalt offengehalten und die Skepsis gegenüber diesen Begriff zum Ausdruck gebracht, aber keine Verkürzung des Grundsatzes der Volkssouveränität ausgesprochen werden sollte. Mit Ausnahme der KPD waren sich vielmehr alle Fraktionen darüber einig, daß Träger der Staatsgewalt nur das Volk sein konnte. Der Widerstand der KPD richtete sich dabei nicht gegen den Grundsatz selbst, sondern gegen seine parlamentarisch repräsentative Ausformung, die ihrerseits als Verkürzung der Volkssouveränität betrachtet wurde.[48] Wenn somit die Formulierung des Art. 2 LV das demokratische Prinzip nur in eher vorsichtiger Annähe-

---

45 Vgl. Baden-Württemberg: Art. 25 Abs. 1 LV; Bayern: Art. 2 Abs. 1 LV; Bremen: Art. 66 Abs. 1 LV; Hessen: Art. 70 LV; Niedersachsen: Art. 2 Abs. 1 LV; Rheinland-Pfalz: Art. 74 Abs. 3 LV; Schleswig-Holstein: Art. 2 Abs. 1 Landessatzung.
46 Vgl. Abg. Dr. *Scholtissek* (CDU), Prot. VA 12/318 B.
47 Vgl. Abg. Dr. *Krekeler* (FDP), Prot. VA 12/318 A.
48 Zum Verlauf der Auseinandersetzungen im Verfassungsausschuß s. Prot. VA 12/317 ff.

rung zum Ausdruck bringt, so kann doch kein Zweifel daran bestehen, daß das Land nach den Grundsätzen der Volkssouveränität und der parlamentarisch-repräsentativen Demokratie sowie des Gewaltenteilungsprinzips verfaßt werden sollte. Nach Inkrafttreten des Grundgesetzes können abweichende Ansichten jedenfalls keine Beachtung mehr beanspruchen. Souveränität wird in Art. 20 Abs. 2 Satz 1 GG dem Volk schlechthin zugesprochen, also nicht nur dem Bundes-, sondern ebenso dem Landesvolk.[49] Da dieser Volksbegriff sich innerhalb des Absatzes 2 nicht verschiebt, Satz 2 dieses Absatzes ferner bei Satz 1 anknüpft, wird auch das Gewaltenteilungsprinzip des Art. 3 LV von der Geltung des Art. 20 Abs. 2 GG erfaßt. Ohne daß es der besonderen Transformation über Art. 28 Abs. 1 GG bedürfte, ist mithin Art. 20 Abs. 2 GG in Art. 2 und 3 LV immer mitzulesen.[50]

In den Artikeln 20 Abs. 2 Satz 1 GG und 2 LV wird das Volk als „Staatsorgan" konstituiert. Insoweit sein Tätigwerden im freiheitlichen demokratischen Rechtsstaat durch „Kompetenznormen verfassungsrechtlich begrenzt" ist, umschreibt Art. 2 LV den Umfang „staatsorganschaftlicher" Betätigungsmöglichkeiten des Volkes abschließend.[51] Weitere Formen der Willensbildung, die sich noch im Rahmen der Homogenitätsklausel des Art. 28 Abs. 1 GG halten, müßten im Wege der Verfassungsänderung institutionalisiert werden.[52] Verglichen mit dem Bundesvolk genießt das Landesvolk allerdings umfangreichere Kompetenzen. Die Landesverfassung teilt nicht die ausgeprägte Zurückhaltung des Grundgesetzes gegenüber jeglicher Form plebiszitärer Willensbildung im Staat. Sie eröffnet in den Artikeln 2 und 68 ff. LV vielmehr Möglichkeiten einer direkten Volksbeteiligung am Gesetzgebungsverfahren unter Einschluß der verfassungsändernden Gesetzgebung, welche das Grundgesetz nicht kennt.[53] Dabei fiel

---

49 *Herzog*, in: Maunz-Dürig, Art. 20 II Rdnrn. 100 ff.; *Dickersbach*, in: Geller-Kleinrahm, Art. 2 Anm. 4 m.w.N.
50 Vgl. hierzu BVerfGE 27, 44, 55.
51 Zur Abgrenzung zwischen dem Tätigwerden des Volkes als Staatsorgan und der Bildung der öffentlichen Meinung, bzw. der „Vorformung der politischen Willensbildung des Volkes" s. BVerfGE 8, 104, 112 ff., 115 ff. sowie BVerfGE 13, 54, 84 f.; 60, 175, 201 ff.
Zu Umfang und Bedeutung einer staatsorganschaftlichen Betätigung des Volkes s. *Weber*, Direkte Demokratie im Landesverfassungsrecht, in: DÖV 1985, 178; *Preuß*, Das Landesvolk als Gesetzgeber, in: DVBl. 1985, 710.
52 Ebenso *Dickersbach*, in: Geller-Kleinrahm, Art. 2 Anm. 2 a) m.w.N.
53 Ausweislich Art. 29, 118 GG kennt die Bundesverfassung plebiszitäre Formen staatlicher Willensbildung ausschließlich im Verfahren einer territorialen Umgestaltung des Bundesgebietes. Zu der umstrittenen Möglichkeit einer Ausweitung der Entfaltungsspielräume plebiszitärer Willensbildung durch einfaches Bundesgesetz s. *Bleckmann*, Die Zulässigkeit des Volksentscheides nach dem Grundgesetz, in: JZ 1978, 217 sowie ferner den Abschlußbericht der Enquete-Kommission „Verfassungsreform" des Bundestages, DtBt 7. WP, Drucks. 7/5924, 10 ff. Das Grundgesetz hindert jedoch nicht die Einführung plebiszitärer Willensbildungsformen in die Länderverfassungen. Art. 28 Abs. 1 GG eröffnet insoweit nur einen Rahmen, innerhalb dessen dem Landesrecht Ausgestaltungsspielräume offenstehen, s. hierzu *Herzog*, in: Maunz-Dürig, Art. 20 I Rdnrn. 96 f.; *Dickersbach*, in: Geller-Kleinrahm, Art. 2 Anm. 5.

ins Gewicht, daß Volksbegehren und Volksentscheid in Nordrhein-Westfalen schon vor Erlaß des Grundgesetzes gesetzlich eingeführt waren.[54]

Allerdings herrschten über den Umfang einer direkten Volksbeteiligung am Gesetzgebungsverfahren zunächst Meinungsverschiedenheiten. Die Regierungsvorlage sah einen Volksentscheid nur in dem heute durch Art. 68 Abs. 3 LV erfaßten Fall vor. Die Beratungen des Verfassungsausschusses zeigten jedoch alsbald, daß alle Fraktionen einer sehr viel weitergehenden Beteiligung des Volkes am Gesetzgebungsverfahren positiv gegenüberstanden.[55] Diese Beteiligung sollte sich ursprünglich sogar auf eine Auflösung des Landtags durch Volksbegehren erstrecken, zu dessen Wirksamkeit es der Zustimmung lediglich eines Zehntels aller Stimmberechtigten bedurfte. Mit Blick auf die damit gegebenen Mißbrauchsgefahren lehnte die Mehrheit des Verfassungsausschusses eine solche Regelung jedoch ab, wie sie im übrigen auch weitere Sicherungen in das Verfahren plebiszitärer Willensbildung einbaute, so. z. B. eine Begründungspflicht, thematische Eingrenzungen, die Einschaltung der Landesregierung und des Verfassungsgerichtshofs, das Wirksamkeitsquorum von einem Fünftel aller Stimmberechtigten im Verfahren des Art. 68 Abs. 1 LV, das Erfordernis der Mehrheit der Stimmberechtigten, nicht der Abstimmenden, im Verfahren nach Art. 69 Abs. 2 LV.[56]

Die praktische Bedeutung der plebiszitären Elemente in der Landesverfassung hat sich in der Vergangenheit als vergleichsweise gering erwiesen. Seit Inkrafttreten der Landesverfassung wurden nur zwei Anläufe zu einer unmittelbaren Gesetzgebung unternommen. Das Volksbegehren gegen die Gebietsreform, das sogenannte Wattenscheid-Gesetz, scheiterte 1974 an der Unterschreitung des von Art. 68 Abs. 1 LV geforderten Quorums (nur 6,02% aller Stimmberechtigten unterstützten das Volksbegehren). Im Falle des Volksbegehrens gegen die Einführung der sogenannten „kooperativen Schule" ergab sich demgegenüber ein deutlich anderes Bild. Nachdem sich 1978 fast 30% aller Stimmberechtigten für ein solches Volksbegehren ausgesprochen hatten, hob

---

54 Gesetz über das Verfahren bei Volksbegehren und Volksentscheid v. 27. Juli 1948 (GV NW, 241).
55 Vgl. Prot. VA, 8/215 ff. Auch in den übrigen Landesverfassungen sind — mit Ausnahme der Verfassungen von Hamburg und Niedersachsen sowie der Landessatzung von Schleswig-Holstein — plebiszitäre Elemente enthalten: Baden-Württemberg: Art. 59 f., 64 LV; Bayern: Art. 74 LV; Bremen: Art. 70b; Hessen: Art. 124 LV; Rheinland-Pfalz: Art. 109 Abs. 2 LV; Berlin: ursprünglich Art. 49 LV, seit 1974 dann der weniger weitgehende Art. 39 LV.
56 Die Möglichkeit des Mißbrauchs der Formen plebiszitärer Willensbildung mag einen triftigen Grund für die Einführung entsprechender Sicherungsvorkehrungen darstellen. Gleichwohl sollte die verfassungstheoretische Brisanz dieser Sicherungen nicht unterschätzt werden. Was hier diszipliniert wird, ist genau besehen das Prinzip der Volkssouveränität selbst. Dieser Umstand führt zwar nicht zur Unzulässigkeit einer solchen Disziplinierung schlechthin. Er muß jedoch bei der Feststellung der entsprechenden Zulässigkeitskriterien beachtet werden. Konsequenzen hieraus zieht etwa § 5 Abs. 1 S. 2, Abs. 2 des Gesetzes über Volksbegehren und Volksentscheid in Nordrhein-Westfalen v. 3. August 1951 (GV NW, 103). Hiernach darf die Vorabkontrolle der Zulässigkeit von Volksbegehren nur von einem echten Verfassungsorgan (i. e. Landesregierung, Verfassungsgerichtshof) durchgeführt werden, nicht aber von der Landesverwaltung; vgl. hierzu *Preuß*, aaO. (Anm. 51).

der Landtag auf Vorschlag der Landesregierung das bereits verabschiedete Gesetz zur Einführung dieses Schultyps wieder auf.[57]

Auch wenn direktdemokratische Formen der Beteiligung des Volkes an der staatlichen Willensbildung damit in der nordrhein-westfälischen Verfassungswirklichkeit bislang nur eine geringfügige Rolle spielten, kann doch nicht ausgeschlossen werden, daß plebiszitäre Mitwirkung in Reaktion auf eine häufig konstatierte Krise der Repräsentation[58] künftig größere Bedeutung gewinnen könnte. Zwar sind einer direkt-demokratischen Willensbildung über Volksbegehren und Volksentscheid in vielen und womöglich gerade den politisch hochkontroversen Sachbereichen Grenzen gezogen, die von Rechts wegen nicht überschritten werden können. So müssen etwa bei der Standortplanung umweltbelastender Großvorhaben die Verteilung der Gesetzgebungszuständigkeit zwischen Bund und Ländern ebenso beachtet werden wie die Bedingungen der Realisierbarkeit des planungsrechtlichen Abwägungsgebots.[59] Solche und andere rechtlich zwingenden Vorgaben werden sich jedenfalls im Regelfall als Schranken der Zulässigkeit von Volksbegehren und Volksentscheid auswirken. Dennoch erscheint es damit keineswegs als ausgemacht, daß dem gerade in jüngster Zeit zunehmend geforderten „politischen Selbstbestimmungsrecht des demokratischen Souveräns"[60] stärker zum Durchbruch verholfen werden kann. Insbesondere für den genannten Bereich der Standortplanung liegen entsprechende Vorschläge bereits vor.[61] Die landesverfassungsrechtliche Anerkennung plebiszitärer Formen der politischen Willensbildung könnte in der hier zu eröffnenden Diskussion als rechtspolitisches Argument genutzt werden, das das Grundgesetz nicht, jedenfalls aber nicht in vergleichbarer Deutlichkeit, zur Verfügung stellt.

3. Der soziale Rechtsstaat

Kern des Rechtsstaatsprinzips ist die Gesetzesbindung der öffentlichen Gewalt. Politische Herrschaft soll nicht nach dem Belieben der Herrschenden, sondern auf der Grundlage und im Rahmen von Gesetzen ausgeübt werden. Der Rechtsstaat erweist sich darin als Gegenteil des Willkür- oder Polizeistaats. Das bringt das Grundgesetz in

---

57 Hierzu *Troitzsch*, Volksbegehren und Volksentscheid, 1979, 97 ff.
58 Vgl. etwa *Leibholz*, Strukturprobleme der modernen Demokratie, 3. Aufl. (1967), 98 ff.; *Steiger*, Organisatorische Grundlagen des parlamentarischen Regierungssystems. Eine Untersuchung zur rechtlichen Stellung des deutschen Bundestages, 1973, 157 ff.; *Huber*, Formen direktdemokratischer Staatswillensbildung, in: ZRP 1984, 246 m. w. N.
59 Vgl. § 2 Abs. 2 BRaumOrdG.
60 *Rupp*, Freiheit und Partizipation, in: NJW 1972, 1539.
61 Vgl. *Steinberg*, Standortplanung umweltbelastender Großvorhaben durch Volksbegehren und Volksentscheid?, in: ZRP 1982, 117 f. m.w.N.; vgl. ferner auch die Kontroverse zwischen *Meyer-Abich*, Grundrechtsschutz heute — die rechtspolitische Tragweite der Konflikträchtigkeit technischer Entwicklungen für Staat und Wissenschaft, in: ZRP 1984, 40 und *Wagner*, Grundrechtsschutz und Technologieentwicklung, in: ZRP 1985, 192 ff.

Art. 20 Abs. 3 GG zum Ausdruck, ohne daß in diesem Zusammenhang das Wort Rechtsstaat ausdrücklich verwandt würde. Eine entsprechende Klausel fehlt in der Landesverfassung. Darin ist aber keine inhaltliche Abweichung vom Grundgesetz zu sehen. Art. 28 GG erlaubt den Ländern insoweit keinen Spielraum.[62] Die Landesverfassung geht unausgesprochen vom Rechtsstaatsprinzip aus.[63]

Historische Erfahrungen haben freilich gezeigt, daß die Gesetzesbindung allein nicht hinreicht, das vom Rechtsstaat angestrebte Ziel einer auf personale Freiheit gegründeten Herrschaftsordnung zu verwirklichen. Die Gesetzesbindung vermag dieses Ziel vielmehr nur zu erreichen, wenn das Gesetz selbst wieder an diesen obersten Zielwert der Verfassungsordnung zurückgebunden wird. Das Grundgesetz hat dem entsprochen, indem es sich auf ein materiales und soziales Rechtsstaatsverständnis festlegt. Es reagiert damit auf die historische Erscheinungsform des Rechtsstaats, die formal und bürgerlich war.[64]

Formal bedeutete dabei, daß das Rechtsstaatsprinzip den Gesetzgeber nur zur Einhaltung der Formvorschriften verpflichtete, ihn aber keinen inhaltlichen Bindungen unterwarf. Folglich bezog sich auch die Bindung von Justiz und Verwaltung auf jedes ordnungsgemäß zustandegekommene Gesetz ungeachtet seines Inhalts. Das genügte, solange die politische Kultur und die Gestaltung des Gesetzgebungsverfahrens eine Mindestgewähr für inhaltlich akzeptable Gesetze schufen. Waren diese Voraussetzungen entfallen, konnte das Gesetz selbst zum Vehikel von Unrecht werden, ohne daß vom Boden eines rein formal verstandenen Rechtsstaatsprinzips aus Abwehrmöglichkeiten dagegen bestanden hätten. Der materielle Rechtsstaat des Grundgesetzes bindet das Gesetz deswegen an bestimmte inhaltliche Kriterien, die seine Gerechtigkeit verbürgen sollen und bei Mißachtung ein Gesetz nichtig machen. Diese inhaltlichen Kriterien sind im wesentlichen in den Grundrechten enthalten. Die Bindung des Gesetzgebers an sie ergibt sich aus Art. 1 Abs. 3 und Art. 20 Abs. 3 GG, die Sanktion der Nichtigkeit grundrechtsverletzenden Rechts aus Art. 93 Abs. 1 Nr. 2 GG in Verbindung mit § 76 BVerfGG. Das gilt vermittelt durch Art. 28 GG und Art. 4 Abs. 1 LV auch für Nordrhein-Westfalen.

Der bürgerliche Charakter des ursprünglichen Rechtsstaats zeigte sich daran, daß er auf Freiheit und Eigentum der Einzelnen bezogen war und diese schützte, ohne sich darum zu kümmern, ob auch die tatsächlichen Voraussetzungen des Freiheitsgebrauchs bei allen vorhanden waren. Angesichts der kraß ungleichen Verteilung von Besitz und Bildung, wie sie vor allem das 19. Jahrhundert kennzeichnete, kam der rechtsstaatliche Schutz, obwohl er rechtlich für sämtliche Staatsbürger galt, faktisch zu großen Teilen nur dem Bürgertum zugute, das sich gerade durch die Verfügung über Besitz und Bildung auszeichnete. Dadurch wurden Herrschaftsverhältnisse in der Gesellschaft ermöglicht, die durch die Grundrechte gerade ausgeschlossen werden sollten. Das Grund-

---

[62] *Maunz,* in: Maunz-Dürig, Art. 28 Rdnrn. 22, 26.
[63] *Dickersbach,* in: Geller-Kleinrahm, Art. 2 Anm. 7.
[64] Vgl. hierzu *Böckenförde,* Entstehung und Wandel des Rechtsstaatsprinzips, in: Festschrift für A. Arndt, 1969, 66 ff.; *Benda,* Der soziale Rechtsstaat, in: Benda/Maihofer/Vogel, 477 ff.; *Grimm,* Verfassungsfunktion und Grundgesetzreform, in: AöR 97 (1972), 491 ff.

gesetz hat darauf in Gestalt des sozialen Rechtsstaats reagiert, ohne dem Merkmal „sozial" allerdings eine nähere Konkretisierung zu verleihen. Das Grundgesetz verbietet auf diese Weise nur die Rückkehr zum bürgerlichen Rechtsstaat, überläßt Art und Maß der Verwirklichung des Sozialstaatsgebots aber den politischen Kräften. Auch diese Entscheidung des Grundgesetzes ist für die Landesverfassung gemäß Art. 28 GG verbindlich und bedarf keiner eigenen Übernahme. Eine solche fehlt auch in der Landesverfassung, doch finden sich hier im Gegensatz zum Grundgesetz einige Präzisierungen der unausgesprochen vorhandenen Sozialstaatsklausel, vor allem in dem Abschnitt über Arbeit und Wirtschaft. Dort wird näher auf sie eingegangen.

Zur Sicherung des Rechtsstaats kennt das Grundgesetz verschiedene Vorkehrungen. Die erste ist die Gewaltenteilung. Gewaltenteilung bildet keinen Selbstzweck, sondern erhält ihren Sinn gerade aus der rechtsstaatlichen Freiheitssicherung. Sie soll Machtkonzentrationen verhindern, vor denen die Freiheit keine hinreichende Aussicht auf Bestand mehr hätte, und dadurch, daß sie gesetzgebende, gesetzesausführende und gesetzeskontrollierende Funktionen auseinanderzieht, im Staatsapparat selbst ein System gegenseitiger Mäßigung und Kontrolle schaffen.[65] Die konkrete Gestalt der Gewaltenteilung erscheint demgegenüber sekundär, solange das Prinzip gewahrt ist. Die nordrhein-westfälische Verfassung folgt in Art. 3 LV dem klassischen Muster der Dreiteilung der Gewalten in gesetzgebende, gesetzesausführende und richterliche. Die konkrete Kompetenzverteilung und Zuordnung dieser Gewalten wird im Abschnitt über die Organe dargelegt.

Die zweite Vorkehrung zur Wahrung des Rechtsstaats besteht in der gerichtlichen Kontrolle des Verwaltungshandelns. Das Grundgesetz garantiert sie in Art. 19 Abs. 4 GG. Diese Vorschrift stattet die materiellen Grundrechte mit Durchsetzungsmöglichkeiten aus und nimmt als formelles Grundrecht selbst an der landesrechtlichen Geltung gemäß Art. 4 Abs. 1 LV teil.[66] Die Landesverfassung erweitert die bundesrechtliche Bestimmung aber in einem wichtigen Punkt. Sie enthält nämlich in Art. 74 LV eine institutionelle Garantie der Verwaltungsgerichtsbarkeit mit mindestens zweistufigem Ausbau.[67] Der Verfassungsgesetzgeber nahm diese Vorschrift auf, um bei einer Ersetzung der damals noch geltenden besatzungsrechtlichen Grundlage für die Verwaltungsgerichtsbarkeit, die Verordnung Nr. 65 der Militärregierung, eine Rückkehr von der Generalzuständigkeit zum älteren Enumerationsprinzip zu verhindern. Da die 1960 in Kraft getretene VwGO diesen Weg nicht

---

65 Der Gewaltenteilungsgrundsatz gewinnt hierbei seinen konkreten Inhalt erst in der Ausgestaltung durch die Verfassungsordnung, die ihrerseits in dem verfaßten politischen Prozeß erst zu sich kommt und Wirklichkeit wird, wenn sie ihn als „organisatorisches Grundprinzip der Verfassung" voraussetzen kann. Entfaltet wird dieser Zusammenhang bei *Hesse*, Grundzüge, Rdnrn. 481 ff., 498 m. w. N.

66 *Dickersbach*, in: Geller-Kleinrahm, Art. 4 Anm. 2 c); zur Bedeutung des Art. 19 Abs. 4 GG vgl. *Dürig*, Gesammelte Schriften 1952–1983, 1984, 137 ff.; *Schmidt-Aßmann*, in: Maunz-Dürig, Art. 19 IV Rdnrn. 10, 15, 27; *ders.*, Art. 19 Abs. 4 GG als Teil des Rechtsstaatsprinzips, in: NVwZ 1983, 1.

67 Zum folgenden s. *Dickersbach*, in: Geller-Kleinrahm, Art. 74 Anm. 2 m. w. N.

beschritten hat, ist Art. 74 LV insoweit derzeit ohne Bedeutung, jedoch nicht etwa außer Kraft gesetzt, denn die Aufhebungsvorschrift von § 195 VwGO bezieht sich nicht auf Landesverfassungsrecht, und Art. 31 GG greift nicht ein, weil zwischen § 40 VwGO und Art. 74 LV kein Widerspruch besteht. Er verlegt aber dem Landesgesetzgeber den von § 40 Abs. 1 Satz 2 VwGO eröffneten Weg, öffentlichrechtliche Streitigkeiten des Landesrechts anderen als den Verwaltungsgerichten zuzuweisen, und könnte seine Bedeutung im übrigen bei einer etwaigen Änderung des Bundesrechts zeitigen.

V. Staatsorgane

1. Organe und Parteien

Die Landesverfassung nennt als oberste Staatsorgane den Landtag (Art. 30), die Landesregierung (Art. 51) und den Verfassungsgerichtshof (Art. 75). Die Organstruktur des Landes ist damit einfacher als die des Bundes. Zum einen fehlt, wie auch in allen anderen Bundesländern, ein eigenes Staatsoberhaupt. Staatsoberhäupter ziehen ihre Bedeutung heute meist aus dem Bedürfnis nach Darstellung der nationalen Einheit und parteipolitischen Neutralität des Staates, das Regierung und Parlament, welche das Volk gerade in seiner Pluralität und Gegensätzlichkeit widerspiegeln, nicht befriedigen können. Staatsoberhäupter fungieren daher auch ohne große Kompetenzfülle als Integrationsfaktor und Legitimitätsreserve, ähnlich wie das auch Verfassungsgerichte tun. Nötig sind sie freilich nicht, wie das Beispiel der Vereinigten Staaten erweist, und auf der Ebene der Bundesländer, die zwar Staatscharakter haben, aber nur einen Teil der Staatsgewalt ausüben, können sie sehr wohl entbehrt werden. Die Repräsentation des Landes nach außen fällt vielmehr gem. Art. 57 LV der Landesregierung zu, die diese Funktion auf den Ministerpräsidenten oder ein anderes Regierungsmitglied übertragen kann.[68] Auch sonstige traditionell einem Staatsoberhaupt zustehende Befugnisse wie die Ernennung der Beamten und Richter (Art. 58), die Ausfertigung und Verkündung von Gesetzen (Art. 71), das Begnadigungsrecht (Art. 59) sind in Nordrhein-Westfalen der Landesregierung oder dem Ministerpräsidenten übertragen. Zum anderen fehlt, da die Länder zwar Teile des Bundesstaates, selbst aber nicht wieder föderalistisch untergliedert sind, eine Repräsentanz der Glieder nach Art des Bundesrats auf der Bundesebene. Es gibt in Nordrhein-Westfalen aber auch keinen Bikameralismus, wie ihn etwa Bayern kennt, wo neben dem Landtag noch ein Senat besteht.[69]

---

68 Die Aufgabe der Vertretung des Landes nach außen ist dem Ministerpräsidenten durch Beschluß der Landesregierung v. 3. Februar 1960, veröffentlicht durch Bekanntmachung v. 8. Februar 1960 (GV NW, 13), übertragen worden.
69 Der in der Regierungsvorlage enthaltene Vorschlag, einen „Staatsrat" neben dem Landtag zu institutionalisieren, konnte sich in den Beratungen des Verfassungsausschusses nicht durchsetzen, s. hierzu *Dickersbach*, in: Geller-Kleinrahm, Art. 30 Anm. 1f.

Durch die Verfassung werden die Staatsorgane erst konstituiert und in ihrer Bildung und Zusammensetzung geregelt. Für die auf dieser Grundlage von Fall zu Fall erfolgende personelle Besetzung sind die politischen Parteien von ausschlaggebender Bedeutung.[70] Sie kommen hinter den Staatsorganen als Beschickungsinstanzen und Wirkungskräfte zum Vorschein. Der Landtag setzt sich aus parteigebundenen Abgeordneten zusammen, die Landesregierung ist entlang Parteilinien gebildet. Selbst der Verfassungsgerichtshof wird, soweit der Landtag die Richter wählen darf, über die Parteien besetzt. Dieser Einfluß der Parteien in den Staatsorganen ist eine unausweichliche Folge der repräsentativen Demokratie mit allgemeinem Wahlrecht. Das Volk wird zur Wahl erst fähig, wenn die unermeßliche Zahl unterschiedlicher Überzeugungen und Interessen in der Gesellschaft vorausgeglichen und auf wenige entscheidungsfähige Alternativen reduziert ist. Diese Ausgleichs- und Reduktionsfunktion erfüllen die politischen Parteien, indem sie verwandte Überzeugungen und Interessen sammeln und auf ein gemeinsames, selbst schon wieder im Wege des Kompromisses gefundenes Programm einen. Darin erscheinen sie derzeit durch keine andere Einrichtung ersetzbar. Ihre Bedeutung reicht aber über die Wahl hinaus. Sie sind es auch, die diejenigen Überzeugungen und Interessen, die hinreichenden Rückhalt in der Bevölkerung besitzen, in die Staatsorgane hineintragen und so erst die Wahlentscheidung des Volkes auf der staatlichen Ebene zur Geltung bringen und Souverän und Organe miteinander verbinden.

Obwohl das Staatsorganisationsrecht unter diesen Umständen ohne Berücksichtigung der in den Organen wirkenden politischen Parteien gar nicht verstanden werden kann, erwähnt sie die Landesverfassung nicht. Ihr Wirken wird dadurch aber nicht illegitim oder extrakonstitutionell. Vielmehr sind sie in der Verfassungsentscheidung für die repräsentative Demokratie von vornherein mitgedacht und also auch mitlegitimiert.[71] Insofern bedarf es einer ausdrücklichen Erwähnung in der Verfassung nicht.

Die Parteien können ihre verfassungsrechtliche Funktion der Befähigung des Volkes zur Wahl und der Vermittlung zwischen Staat und Gesellschaft freilich nur erfüllen, wenn einige Zusatzbedingungen erfüllt sind, unter denen die Parteienfreiheit, die Parteiengleichheit und die innere Offenheit der Parteien zu ihrer Basis die wichtigsten sind.[72] Nur wenn die Parteien in Gründung, Programm und Aktion frei sind, können sie die im Volk vorhandenen Überzeugungen, Interessen und Bedürfnisse artikulieren und zur Wahl stellen. Nur wenn sie zu ihrer eigenen Basis offen sind und auch innerorganisatorisch demokratischen Grundsätzen folgen, bleiben sie Hilfseinrichtungen des Volkes und werden vor oligarchischer Abkapselung bewahrt. Nur wenn der Staat sich den Parteien gegenüber neutral verhalten muß und keine bevorzugen oder benachteiligen darf, kann das staatliche Handeln vom Volk seine Richtung empfangen. Da diese

---

70 Zum folgenden s. *Grimm*, in: Benda/Maihofer/Vogel, 319 ff. u. passim.
71 *Grimm*, aaO. (Anm. 70), 325; vgl. auch *Dickersbach*, in: Geller-Kleinrahm, Art. 2 Anm. 10, Art. 30 Anm. 4 b) cc).
72 *Grimm*, aaO. (Anm. 70), 335 ff.

Funktionsvoraussetzungen ebenso notwendig wie gefährdet sind, bedürfen sie verfassungsrechtlicher Garantien. Es ist allerdings unschädlich, daß die Landesverfassung auf solche Garantien verzichtet, denn Art. 21 GG, der diese Garantien enthält, gilt auch für Landesparteien und Landesgliederungen von Parteien.[73] Zur Konkretisierung der dort getroffenen Regelungen hat der Bund aufgrund von Art. 21 Abs. 3 GG die ausschließliche Gesetzgebungskompetenz. Ebenso wie Art. 21 GG gilt daher auch das Parteiengesetz auf der Landesebene.[74]

2. Der Landtag

a) Stellung und Funktion

Der Landtag ist die in Art. 3 Abs. 1 LV genannte Volksvertretung. Er geht auf einen Kreationsakt des Volkes zurück, wie Art. 30 Abs. 1 LV klarmacht, und ist auf diese Weise das einzig unmittelbar demokratisch legitimierte Organ im Land. Alle anderen Organe und Organwalter leiten ihre Legitimation nur vermittelt durch den Landtag vom Volk ab. In diesem Sinn kann man den Landtag als oberstes Staatsorgan betrachten, wenn man berücksichtigt, daß damit keine generelle Überordnung über die anderen Organe verbunden ist, diese vielmehr nach den Grundsätzen der Gewaltenteilung in dem ihnen verfassungsrechtlich zugewiesenen Funktionsbereich autonom bleiben.[75] Vom Landtag als dem einzigen direkt durch das Volk legitimierten Staatsorgan ausgehend verzweigt sich der Legitimationsstrom. Unter den Funktionen des Landtags ragt daher die **Kreationsfunktion** hervor. Er erfüllt sie im wesentlichen durch die Regierungsbildung. Art. 52 LV überträgt ihm die Wahl des Ministerpräsidenten. Von diesem bzw. der Landesregierung gehen dann die meisten weiteren Ernennungen von Amtsträgern aus. Die Kreationsfunktion des Landtags beschränkt sich aber nicht auf den Regierungschef. Er wählt beispielsweise auch einen Teil der Verfassungsrichter (Art. 76 Abs. 1 LV) sowie die Mitglieder des Landesrechnungshofs (Art. 87 Abs. 2 LV). Der Landtag hat ferner die Aufgabe der **Gesetzgebung** und der **Haushaltsfeststellung** (Art. 66 und 81 LV). Sodann obliegt ihm die **Kontrolle** der Regierung. Der Landtag ist zwar nicht das einzige Kontrollorgan, doch besitzt er allein ein umfassendes, weder gegenständlich noch funktional begrenztes Kontrollrecht. Die Sanktion ist freilich auf politische Mittel beschränkt, reicht indes bis zur ultima ratio der Abberufung des Ministerpräsidenten (Art. 61 LV). Schließlich erfüllt der Landtag, großenteils gerade durch oder bei Ausübung seiner Gesetzgebungs-, Haushalts-und Kontrollrechte, eine **Transparenzfunktion**, indem er für den öffentlichen Austrag politischer Gegensätze und die öffentliche

---

73 BVerfGE 1, 208, 227; 4, 375, 378; 6, 367, 375; für Art. 21 Abs. 2 GG s. BVerfGE 2, 1, 76.
74 *Dickersbach*, in: Geller-Kleinrahm, Art. 2 Anm. 10 m.w.N.
75 Vgl. *Dickersbach*, in: Geller-Kleinrahm, Art. 30 Anm. 1 d), aber auch demgegenüber *Jesch*, Gesetz und Verwaltung, 1961, 171.

Darstellung politischer Entscheidungen sorgt und so die Verbindung von Staat und Volk auch zwischen den Wahlen aufrechterhält.[76]

b) Wahlrecht

Der Landtag wird durch Volkswahl gebildet. Wie das Grundgesetz regelt aber auch die nordrhein-westfälische Verfassung nur einen Ausschnitt des Wahlrechts. In Art. 31 LV sind die Wahlgrundsätze, das Wahlalter und der Wahltag bestimmt. Art. 32 LV schließt bestimmte Gruppierungen und Personen von der Teilnahme an der Wahl aus. Art. 33 LV regelt die Wahlprüfung, Art. 34 die Wahlperiode. Dagegen läßt die Landesverfassung die für die Gestalt eines politischen Systems überragend wichtige Frage des **Wahlsystems** offen.[77] Sie ist im Landeswahlgesetz von 1979 geregelt. Wegen ihrer unmittelbaren Bedeutung für Bildung und Zusammensetzung eines obersten Staatsorgans gehört die Regelung des Wahlsystems materiell betrachtet zum Verfassungsrecht. Da sie nach Art. 31 Abs. 4 LV aber dem einfachen Gesetzgeber zur Entscheidung übertragen ist, bildet die im Landeswahlgesetz vorgenommene Regelung keinen Bestandteil der Verfassung im formellen Sinn und nimmt daher auch an deren erhöhter Bestandskraft nicht teil. So wie das Wahlgesetz mit einfacher Mehrheit zustandekommt, kann es auch mit einfacher Mehrheit geändert werden.

Die **Wahlgrundsätze** — Die Landesverfassung übernimmt die Wahlrechtsgrundsätze aus Art. 38 Abs. 1 Satz 1 GG und verändert nur die Reihenfolge der Aufzählung. Ein rechtlicher Unterschied ist damit nicht verbunden, denn die Grundsätze sind problemlos addierbar und werfen keine Zielkonflikte auf, die dann womöglich nach der Rangfolge entschieden werden müßten. Die Wahl ist gemäß Art. 31 Abs. 1 LV allgemein, gleich, unmittelbar, geheim und frei. Das Merkmal „allgemein" schließt aus, daß nur privilegierte Bevölkerungsklassen Wahlrecht genießen. Gleiches Wahlrecht legt jedem Wahlberechtigten auch das gleiche Stimmgewicht bei, und zwar, wie das Bundesverfassungsgericht festgestellt hat, sowohl bezüglich des Zähl- als auch des Erfolgswerts der Stimme.[78] Unmittelbarkeit der Wahl verhindert die Einschiebung eines Zwischengremiums von Wahlmännern, wie sie im 19. Jahrhundert lange üblich war. Geheime Wahl verhindert die öffentliche Stimmabgabe. Damit bildet sie die wichtigste Garantie für den letzten Grundsatz, die Freiheit der Wahl, die jeglichen Druck zugunsten einer bestimmten Wahlentscheidung, jede Nachteilszufügung wegen einer bestimmten Wahlentscheidung, aber auch jede Manipulation der Wählerentscheidung durch den — selbst von einer Partei gesteuerten — Staat verbietet.

---

76 Zu den Funktionen des Landtages s. im übrigen die Übersicht bei *Dickersbach*, in: Geller-Kleinrahm, Art. 30 Anm. 2 c) m. w. N.; zur Kontrollfunktion des Parlaments vgl. *Achterberg*, Grundzüge des Parlamentsrechts, 1971, insbes. 56 ff.
77 Zur Gestaltungsfreiheit der Länder im Bereich des Wahlsystems s. BVerfGE 4, 31, 44 f.; 6, 104, 111 f.
78 St. Rspr., vgl. BVerfGE 34, 81, 100 m. w. N.

Wahlsystem — Das Landeswahlrecht ähnelt in seinem Grundzug dem Bundeswahlrecht, ohne es zu kopieren. Jeder Wähler hat eine Stimme. Er wählt damit in zusammen 151 Einerwahlkreisen Abgeordnete nach Mehrheitswahlrecht. Die so zustandegekommene Zusammensetzung des Landtags ist jedoch nicht die endgültige. Die direkt gewählten Abgeordneten werden vielmehr nach dem Stimmenanteil der Parteien im gesamten Wahlgebiet aus Parteilisten um weitere 50 Abgeordnete ergänzt. Die reguläre Mandatszahl kann aber überschritten werden, wenn eine Partei mehr Direktmandate errungen hat, als ihr nach ihrem Gesamtstimmenanteil zustünden. In diesem Fall wird nach § 33 Abs. 4 LWahlG die Zahl der Sitze soweit erhöht, daß alle Parteien proportional ihrer Wählerstimmen berücksichtigt sind. Man kann also wie beim Bund von einer personalisierten Verhältniswahl sprechen.[79] Ebenfalls wie im Bundeswahlgesetz gibt es eine Sperrklausel für Parteien, die weniger als 5 % der Stimmen erlangt haben.

Ausschluß von der Wahl — Der Gedanke der streitbaren Demokratie, der im Grundgesetz in Art. 9 Abs. 2, 18 und 21 Abs. 2 GG Ausdruck gefunden hat, wird von der Landesverfassung ergänzt. Nach Art. 32 LV dürfen Vereinigungen und Personen, die es unternehmen, die staatsbürgerlichen Freiheiten zu unterdrücken oder gegen Volk, Land und Verfassung Gewalt anzuwenden, nicht an Wahlen und Abstimmungen teilnehmen. Die Vorschrift bezieht sich nicht auf Parteien.[80] Insoweit ist die Regelung des Grundgesetzes abschließend. Bei den Vereinigungen, die sich an Wahlen beteiligen, ohne Partei zu sein, kann es sich, da Wahlbeteiligung dasjenige Merkmal ist, anhand dessen eine Gruppierung sich als Partei erweist,[81] allenfalls noch um ad hoc gebildete Wählervereinigungen handeln, die nicht auf Dauer berechnet sind und deswegen die Parteieigenschaft gem. § 2 Abs. 1 PartG nicht besitzen, ferner um reine Kommunalparteien, in denen das Bundesverfassungsgericht — übrigens nicht unumstritten — keine Parteien sehen will.[82] Auch derartige Vereinigungen unterfallen freilich einer grundgesetzlichen Regelung, nämlich Art. 9 Abs. 2 GG. Danach können Vereinigungen, deren Zweck oder deren Tätigkeit den Strafgesetzen zuwider laufen oder die sich gegen die verfassungsmäßige Ordnung oder gegen den Gedanken der Völkerverständigung richten, verboten werden. Sind sie verboten, ist ihnen auch eine Teilnahme an der Wahl unmöglich. Da der Verbotstatbestand von Art. 9 Abs. 2 GG und der Ausschlußtatbestand von Art. 32 Abs. 1 LV aber nicht gleichlautend formuliert sind, läßt sich nicht ausschließen, daß die landesverfassungsrechtliche Bestimmung Fälle

---

79 Ebenso *Dickersbach*, in: Geller-Kleinrahm, Art. 31 Anm. 5; zu weiteren Einzelheiten des Wahlsystems in Nordrhein-Westfalen s. *Dierl/Dierl/Höffken*, 1236 ff.
80 *Dickersbach*, in: Geller-Kleinrahm, Art. 31 Anm. 2 a) m.w.N. Die Auffassung, Art. 32 LV widerspreche dem Bundesverfassungsrecht und sei deshalb ungültig (so *Maunz*, in: Maunz-Dürig, Art. 21 Rdnr. 100), setzt voraus, daß sich Art. 32 LV auch auf Parteien erstreckt. Sie kann deshalb nicht überzeugen.
81 *Grimm*, in: Benda/Maihofer/Vogel, 337; *Maunz*, in: Maunz/Dürig, Art. 21 Rdnrn. 10, 13.
82 S. BVerfGE 6, 367, 373 f.; ablehnend *Hesse*, Grundzüge, Rdnr. 168; zum Streitstand s. *Maunz*, in: Maunz-Dürig, Art. 21 Rdnr. 20 mit Anm. 2, der reinen Kommunalparteien die (verfassungsrechtliche!) Parteieigenschaft abspricht.

erfaßt, die das Grundgesetz nicht abdeckt.[83] Der Anwendungsbereich ist aber nicht sehr groß. Anträge gemäß Art. 32 LV sind jedenfalls nicht bekannt. Was schließlich die Ausschlußmöglichkeiten einzelner Personen vor der Wahl angeht, so hat sie im Grundgesetz keine Entsprechung. Lediglich auf einfachgesetzlicher Ebene ist der Verlust des Wahlrechts entweder als Nebenstrafe oder als Nebenfolge einer Grundrechtsverwirkung gemäß § 39 Abs. 2 BVerfGG bekannt. Über diese Bestimmungen greift Art. 32 Abs. 1 LV hinaus und besitzt daher neben dem Bundesrecht eigenständige Bedeutung.

Die Entscheidung über das Vorliegen der Voraussetzungen nach Art. 32 Abs. 1 LV steht allein dem Verfassungsgerichtshof zu. Sein Spruch wirkt wie der des Bundesverfassungsgerichts im Fall eines Parteiverbots gemäß Art. 21 Abs. 3 GG konstitutiv.[84] Der Verfassungsgerichtshof kann nur auf Antrag der Landesregierung oder von mindestens 50 Mitgliedern des Landtags tätig werden. Die Antragsberechtigung ist aber keine Antragspflicht. Die Antragstellung liegt also im Ermessen der Antragsberechtigten. Es besteht dann freilich die Möglichkeit, daß die Ausschlußvoraussetzungen vorliegen, aber mangels eines Antrags nicht vom Verfassungsgerichtshof bindend festgestellt sind. Da dessen Spruch konstitutiven Charakter hat, gilt dann wie bei Art. 21 Abs. 2 GG, daß die öffentliche Gewalt aus dem Vorliegen der Voraussetzungen keinerlei nachteilige Rechtsfolgen für Gruppen oder Einzelne ziehen darf.

Wahlprüfung — Die Wahlprüfung ist nach Art. 33 LV Sache des Landtags. Sein Beschluß unterliegt aber der Beschwerde an den Verfassungsgerichtshof.

Wahlperiode — In der Bemessung der Wahlperiode geht Nordrhein-Westfalen einen Sonderweg. Für den Bundestag und alle Landtage mit Ausnahme des saarländischen gilt eine vierjährige Wahlperiode. So verhielt es sich anfangs auch in Nordrhein-Westfalen. Im Jahre 1969 wurde diese Frist aber um ein Jahr verlängert.[85] Die Möglichkeit zur Verfolgung und Durchsetzung politischer Programme ohne Rücksicht auf Wahlkämpfe wird dadurch etwas länger, die Phase gelockerten Rückkopplungszwangs der Regierung an die Bedürfnisse und Interessen des Volkes aber ebenfalls. Die fünfjährige Wahlperiode ist freilich nur der Regelfall. Verkürzungen können sich durch eine vorzeitige Auflösung des Landtags gem. Art. 35 Abs. 1 oder 68 Abs. 3 LV ergeben.

c) Zusammentreten und Beendigung

Nach Art. 37 LV tritt der Landtag spätestens am zwanzigsten Tag nach der Wahl, aber nicht vor Ende der Legislaturperiode des letzten Landtags zusammen. Die neue Legislaturperiode beginnt mit dem erstmaligen Zusammentreten. Es können also parlamentslose Intervalle entstehen, die auf Bundesebene durch die Änderung von Art. 39 Abs. 1 GG inzwischen vermieden sind.

---

83 *Dickersbach*, in: Geller-Kleinrahm, Art. 32 Anm. 2 b).
84 *Dickersbach*, in: Geller-Kleinrahm, Art. 32 Anm. 5.
85 G. v. 16. Juli 1969 (GV NW, 530).

Die Wahlperiode endet im Normalfall mit dem Ablauf der fünf Jahre nach dem erstmaligen Zusammentreten des Landtages oder ausnahmsweise mit seiner vorzeitigen Auflösung. Die vorzeitige Auflösung kann auf zweifache Weise herbeigeführt werden. Zum einen sieht die Landesverfassung in Art. 35 Abs. 1 Satz 1, anders als das Grundgesetz, eine Selbstauflösung des Landtags vor. Dazu ist nach Satz 2 dieser Vorschrift die absolute Mehrheit aller Abgeordneten erforderlich. Das Selbstauflösungsrecht war in den Verfassungsberatungen nicht unumstritten. Der Regierungsentwurf hatte eine Landtagsauflösung durch Volksentscheid vorgesehen, dafür jedoch keine Mehrheit gefunden. Die Auflösung hätte dann nach Art. 68 LV allein von der Landesregierung ausgehen können. Daher entschlossen sich die Verfassungsgeber, Art. 35 LV als Gegengewicht einzufügen.[86] Er ist allerdings bisher nicht praktisch geworden. Zum anderen kann nach Art. 68 Abs. 3 LV die Landesregierung unter bestimmten Voraussetzungen den Landtag auflösen. Diese Möglichkeit besteht, nachdem ein von der Landesregierung eingebrachter Gesetzentwurf vom Landtag abgelehnt, dann aber auf Antrag der Landesregierung vom Volk angenommen worden ist. Auf diese Weise lassen sich Konfliktsituationen auflösen, in denen der Landtag die Regierung zwar nicht stürzt, ihr aber die zur Erfüllung ihrer Funktion für nötig erachteten Gesetze verweigert. Das Volk tritt dann gewissermaßen als Schiedsrichter zwischen die beiden Staatsorgane. Die Landesregierung, die an das Volk appelliert, riskiert freilich ihre Existenz, wenn nämlich der Volksentscheid zu ihren Ungunsten ausgeht. Dagegen erfolgt die Auflösung des Landtags im gegenteiligen Fall nicht automatisch, sondern liegt im politischen Ermessen der Landesregierung. Auch dieser Fall ist bislang nicht praktisch geworden.

d) Die Abgeordneten

Die Rechtsstellung der Abgeordneten wird von der Landesverfassung in Übereinstimmung mit den Grundsätzen der parlamentarischen Repräsentation des Volkes ausgestaltet. Die Abgeordneten stimmen gemäß Art. 30 Abs. 2 LV „nach ihrer freien, nur durch die Rücksicht auf das Volkswohl bestimmten Überzeugung; sie sind an Aufträge nicht gebunden". Nicht der Formulierung, wohl aber dem Sinn nach ist damit dasselbe ausgesagt wie in Art. 38 Abs. 1 Satz 2 GG.[87] Ausgeschlossen wird das imperative Mandat, wie es die ständischen Vertretungen kannten, gegen die sich der moderne Parlamentarismus abgrenzte, und wie es die Rätedemokratien wieder einführten. Das freie Mandat schließt sowohl Weisungen seitens der Wählerschaft als auch seitens der Partei, der der Abgeordnete angehört,[88] aus.

---

86 Vgl. Abgeordneter Dr. *Scholtissek* (CDU), Prot. VA 1/15.
87 *Dickersbach*, in: Geller-Kleinrahm, Art. 30 Anm. 4 a).
88 Zur Problematik des Durchgriffes politischer Parteien auf die ihnen angehörenden Mandatsträger s. in Auseinandersetzung mit der Parteienstaatsdoktrin von Leibholz *Grimm*, in: Benda/Maihofer/Vogel, 332 ff., 352 – 356.

Es ist freilich bekannt, daß das Abstimmungsverhalten der Abgeordneten heute in erheblichem Maß durch ihre Partei oder deren Gliederung im Parlament, die Fraktion, bestimmt wird. Dabei handelt es sich um eine der Folgeerscheinungen der repräsentativen Demokratie, die nur mit Hilfe von Parteien funktionieren kann.[89] Personen mit verwandten Überzeugungen und Interessen finden sich in Parteien zusammen, um Einfluß auf politische Entscheidungen zu nehmen oder womöglich in den Staatsorganen selbst Entscheidungen fällen zu können. Der Weg in politische Positionen führt heute über die Parteien. Auch der Abgeordnete verdankt sein Mandat in der Regel der Nominierung durch eine Partei. Ebenso hat der Wähler bei seiner Wahlentscheidung weniger die Person des einzelnen Kandidaten als dessen Zugehörigkeit zu einer Partei im Auge, für die er als lokaler Repräsentant in Erscheinung tritt. Die Auffassung vom Volkswohl, die Art. 30 Abs. 2 LV zur Leitlinie des Abstimmungsverhaltens im Parlament erhebt, ist unter diesen Umständen im Parteiprogramm vorformuliert. Bei den einzelnen Abstimmungen ist es dem Abgeordneten wegen der großen Zahl der Entscheidungen und der hohen Komplexität der Regelungsmaterie nur in wenigen Bereichen möglich, sich ein eigenes Urteil zu bilden, so daß er sich im übrigen an den Fachleuten seiner Fraktion orientieren muß, wie sich die Fraktion wiederum an ihm orientiert, wenn ein Gegenstand zu beraten ist, für den er als Fachmann gilt. Ohne die parteipolitische Vorstrukturierung der Parlamentsarbeit in den Fraktionen wäre der moderne Parlamentarismus funktionsunfähig.

Das Prinzip des freien Mandats kann diese strukturbedingten Abhängigkeiten nicht auflösen. Es ist also von vornherein als das freie Mandat des parteigebundenen Abgeordneten zu verstehen.[90] In dieser Beschränkung entfaltet es aber immer noch seinen Sinn. Es verhindert nämlich jedenfalls Fremdbestimmungen des Abgeordneten gegen seinen Willen. Der sogenannte Fraktionszwang bindet keinen Abgeordneten rechtlich. Widersetzt er sich dem Fraktionszwang, so macht das weder die Abstimmung ungültig noch kann es ihn sein Mandat während der Legislaturperiode kosten. Als unmittelbar auf das Volk zurückgeführtes steht das Mandat nicht zur Disposition der Partei. Auch Parteiausschlüsse oder Parteiwechsel, ja, entgegen der Ansicht des Bundesverfassungsgerichts nicht einmal ein Parteiverbot, haben Einfluß auf das laufende Mandat. Art. 30 Abs. 2 LV verleiht dem Abgeordneten also eine temporär unangreifbare Position.[91] Das freie Mandat erweist sich damit als ein wichtiges Element innerparteilicher Demokratie, indem es die ohnehin mit einem Informations- und Machtvorsprung ausgestattete Fraktionsführung zwingt, auf den einzelnen Abgeordneten Rücksicht zu nehmen und seine Position bei der Festlegung der Fraktionslinie zu berücksichtigen.[92]

Art. 30 Abs. 2 LV verbietet aber auch Weisungen durch dasjenige Parteigremium, das den Abgeordneten nominiert hat. Diese Freistellung läßt sich freilich nicht mehr als Bedingung

---

89 Zum folgenden *Grimm*, aaO. (Anm. 88), 353 f.
90 *Badura*, in: Bonner Kommentar zum Grundgesetz, Zweitbearbeitung 1966, Art. 38 Rdnr. 70.
91 Vgl. *ders.*, aaO. (Anm. 90), Art. 38 Rdnr. 72.
92 *Grimm*, in: Benda/Maihofer/Vogel, 355.

innerparteilicher Demokratie rechtfertigen, denn sie richtet sich nicht gegen die Parteispitze, sondern gegen die Parteibasis. Auch hier erfüllt Art. 30 Abs. 2 LV aber eine demokratische Funktion. Er verhindert nämlich, daß der Abgeordnete seine Aufmerksamkeit von der Wählerschaft, deren Repräsentant er ist und auf die seine Entscheidungen zurückfallen, auf einen kleinen Kreis von Parteidelegierten umadressiert und damit die Interessen und Bedürfnisse des nicht in Parteien aktiven, größeren Volksteils aus den Augen verliert.[93]

Das freie Mandat wird von der Landesverfassung in einigen Zusatzbestimmungen weiter gegen historisch aufgetretene Gefahren abgesichert. Nach Art. 46 Abs. 1 LV dürfen Abgeordnete an der Übernahme oder Ausübung des Mandats nicht gehindert werden. Insbesondere darf ihnen beruflich dadurch kein Nachteil entstehen. Erst recht sind Kündigungen oder Entlassungen wegen der Übernahme eines Mandates unzulässig. Die Vorschrift entfaltet also Drittwirkung.[94] Art. 46 Abs. 2 Satz 1 LV befreit Abgeordnete, die in Dienst- oder Arbeitsverhältnissen stehen, von der Notwendigkeit, zur Wahrnehmung ihres Mandats Urlaub zu beantragen. Die Ausübung des Mandats gerät auf diese Weise nicht in die Abhängigkeit von Dritten, die durch Urlaubsverweigerung die Volksvertretung beeinträchtigen oder verfälschen könnten. Landtagskandidaten sind von dieser Regelung nicht erfaßt. Doch haben sie gemäß Art. 46 Abs. 2 Satz 2 LV einen Urlaubsanspruch.

Eine weitere Absicherung der Abgeordneten liegt in der Zahlung von Diäten, die dem Grunde nach in Art. 50 LV vorgesehen und durch das Abgeordnetengesetz[95] im einzelnen ausgestaltet sind. Die Diätenzahlung hat ihren rechtfertigenden Grund darin, daß der Kreis der Mandatsbewerber nicht auf die wohlhabenden Schichten beschränkt bleibt. Es kommt hinzu, daß das Abgeordnetenmandat, wie das Bundesverfassungsgericht festgestellt hat, heute zu einer seinen Inhaber voll beanspruchenden Tätigkeit geworden ist, neben der eine regelmäßige Berufsausübung nur noch schwer möglich scheint.[96] Abgeordnetenentschädigung und -altersversorgung sind dann eine notwendige Kompensation im Interesse einer breiten Repräsentation der Bevölkerung im Parlament.

Gleichwohl hat die Diätenregelung dieses Ziel nur unvollkommen erreicht. Die Landtage sind noch wesentlich stärker als der Bundestag Beamtenparlamente. Auch in Nordrhein-Westfalen ist der Anteil der Angehörigen des öffentlichen Dienstes im Parlament ständig gewachsen und liegt heute bei 50%.[97] Das hängt zum Teil mit der Chance für die Angehörigen des öffentlichen Dienstes zusammen, die Bedingungen ihrer eigenen Tätigkeit selbst mit zu formulieren. Vor allem geht es aber darauf zurück, daß

---

93 *Grimm*, aaO. (Anm. 92), 355 f. m. w. N.
94 Zu der sich dann im Hinblick auf Art. 74 Nrn. 1, 12 GG grundsätzlich stellenden Frage der Gesetzgebungszuständigkeit des Bundes s. zutreffend *Dickersbach*, in: Geller-Kleinrahm, Art. 46 Anm. 1 a. E.: wegen der Bedeutung der Vorschrift für die unabhängige Entscheidungsbildung des Abgeordneten gehört sie zu dem der Landeskompetenz unterliegenden Parlamentsrecht.
95 AbgG NW v. 24. April 1979 (GV NW, 238).
96 S. BVerfGE 40, 296, 311, 314 ff.
97 Vgl. zur Entwicklung der Berufsstruktur des Landesparlaments *Dierl/Dierl/Höffken*, 1430 ff., zum öffentlichen Dienst insbes. 1447 ff.

das Abgeordnetengesetz die Risiken der Übernahme eines zeitlich befristeten Mandats, die für die anderen Berufsgruppen auch durch die Diätenzahlungen nicht ausgeschlossen werden, für die Beamten praktisch beseitigt hat.[98] Diese an sich begrüßenswerte Regelung schafft aber auch einige unbeabsichtigte Nebenfolgen, die das Funktionieren des parlamentarischen Systems beeinträchtigen können. Sie wirken sich zum einen auf die Gesetzgebungsqualität aus, weil sich die Perspektive der Abgeordneten auf die staatlichen Eigenbedürfnisse zu verengen droht und weil bestimmte Gruppen in die Versuchung der Selbstbegünstigung kommen. Zum anderen mindern sie die Kontrollfähigkeit des Parlaments, wenn es in einem Beamtenparlament der Staat selbst ist, der sich kontrolliert, statt einer gesellschaftlichen Kontrolle unterworfen zu sein.

Diesen Gefahren versucht Art. 46 Abs. 3 LV zu begegnen, der nachträglich in die Verfassung eingefügt wurde.[99] Er schafft die Möglichkeit, die Wählbarkeit von Angehörigen des öffentlichen Dienstes zu beschränken. Amt und Mandat sollen auf diese Weise getrennt werden. Gemäß §§ 31 ff. AbgG führt das aber nicht zu einer Verringerung der Angehörigen des öffentlichen Dienstes im Parlament, sondern nur zum Ausscheiden der Betroffenen aus dem Amt, freilich unter Wahrung ihrer beamtenrechtlichen Rechte, die lediglich ruhen und nach dem Ende des Mandats wieder aufleben. Damit wird aber nur ein Teil des Problems gelöst, insofern eine unmittelbare Selbstkontrolle verhindert ist, während Interessenlage, Problemperspektive, Erfahrungsbereich und Einstellungsmuster aus dem öffentlichen Dienst erhalten bleiben.

Zu den Sicherungen des freien Mandats zählt es endlich, daß nach Art. 46, 47 und 49 LV die Landtagsabgeordneten Indemnität (Verbot der nachträglichen gerichtlichen oder dienstlichen Verfolgung wegen Abstimmungen oder Äußerungen im Landtag), Immunität (Verbot der Strafverfolgung während der Laufzeit des Mandats ohne Genehmigung des Landtags) und ein Zeugnisverweigerungsrecht genießen.

e) Organisation und Verfahren

Organisation und Verfahren des Landtags sind nur zum kleineren Teil in der Landesverfassung geregelt. Zum größeren Teil beruhen sie auf der vom Landtag autonom gesetzten Geschäftsordnung, die ihre verfassungsrechtliche Grundlage in Art. 38 Abs. 1 Satz 2 LV hat und in der Hierarchie der Rechtsquellen als Satzung einzustufen ist, materiell betrachtet aber als Organisations- und Verfahrensordnung eines obersten Staatsorgans zum Verfassungsrecht zählt.[100] Nach Landesverfassung und Geschäftsordnung gliedert sich der Landtag in das Landtagspräsidium, den Ältestenrat, die Ausschüsse und die

---

98 Vgl. insbes. §§ 31 ff. AbgG NW.
99 G. zur Ergänzung des Art. 46 LV v. 11. Mai 1954 (GV NW, 131); G. v. 25. April 1972 (GV NW, 100).
100 Die Frage der Rechtsnatur der GO ist streitig, s. hierzu mit zahlreichen weiteren Nachweisen *Dickersbach*, in: Geller-Kleinrahm, Art. 38 Anm. 5 c), der selbst die auch hier vertretene, auf *Böckenförde* zurückgehende Einordnung als „Verfassungssatzung" vornimmt.

Fraktionen. Von diesen haben nur das Landtagspräsidium und einzelne Ausschüsse ihre Rechtsgrundlage unmittelbar in der Landesverfassung, während die übrigen auf die Geschäftsordnung zurückgehen.

Landtagspräsidium und Ältestenrat — Nach Art. 38 Abs. 1 Satz 1 LV wählt der Landtag ein Präsidium, das aus dem Präsidenten, dessen Stellvertretern und weiteren Mitgliedern, die die Geschäftsordnung als Schriftführer bezeichnet, besteht.[101] Dem Landtagspräsidenten als Vorsitzenden des Landtagspräsidiums steht die Einberufung des Landtags und die Vertretung des Landes zu, soweit Rechtsgeschäfte und Rechtsstreitigkeiten der Landtagsverwaltung betroffen sind. Die Geschäftsordnung weist ihm Befugnisse bei der Sitzungsleitung zu.[102] Zur Unterstützung des Präsidenten hat die Geschäftsordnung den Ältestenrat eingerichtet. Seine Funktion besteht vornehmlich darin, zwischen den Fraktionen eine Verständigung über den Arbeitsplan des Parlaments und die Tagesordnung von Plenarsitzungen herbeizuführen sowie die Redezeit und die Stellen der Ausschußvorsitzenden zu verteilen.[103]

Die Ausschüsse — Die Landesverfassung sieht in Art. 40 ff. die Einrichtung eines Hauptausschusses und eines Petitionsausschusses vor und ermöglicht die Bildung von Untersuchungsausschüssen. Weitere Ausschüsse sind dadurch aber nicht ausgeschlossen, sondern können vom Landtag aufgrund seiner Geschäftsordnungsautonomie je nach Bedarf eingerichtet werden. Einen Haushalts- und Finanzausschuß, einen Ausschuß für Immunitätsangelegenheiten und einen Geschäftsordnungsausschuß macht die Geschäftsordnung,[104] einen Wahlprüfungsausschuß das Landtagswahlprüfungsgesetz zur Pflicht.[105]

Die Ausschüsse sind die fachlich gegliederten Arbeitseinheiten des Parlaments. Sie bereiten die Gesetzesbeschlüsse des Plenums vor und üben weitgehend die Regierungskontrolle aus. Die verfassungsrechtliche Handhabe dafür bietet Art. 45 Abs. 2 LV, der nicht nur dem Landtag als Ganzem, sondern auch den Ausschüssen das Recht gibt, die Anwesenheit der Mitglieder der Landesregierung zu verlangen. Je mehr sich ein Parlament als selbständige Entscheidungsinstanz, nicht nur als Diskussionsforum für die Austragung der unterschiedlichen Auffassungen von Mehrheit und Minderheit, versteht, desto stärker wird das Gewicht der Ausschüsse. Deutsche Parlamente neigen, anders als etwa das englische Redeparlament, eher dem Typus des Arbeitsparlaments zu und verlagern daher ihre Entscheidungen de facto weitgehend in die Ausschüsse, während das Plenum vielfach nur noch Ratifikationsfunktionen wahrnimmt.[106] Die Transparenzfunktion des Parlaments leidet nicht selten unter dieser Praxis.

101 § 8 Abs. 1 GO LT v. 4. April 1974 i. d. Fassung der Änderung v. 7. Juli 1976.
102 §§ 1, 10 Abs. 1 GO LT 1974. Rechtsstellung und Bedeutung von Präsidium und Präsident erläutert näher *Achterberg*, aaO. (Anm. 76), 17.
103 §§ 19 ff. GO LT 1974.
104 §§ 89 II, III, 91, 115 GO LT 1974.
105 § 8 LWPrüfG v. 20. Nov. 1951 (GV NW, 147).
106 Hierzu *Dierl/Dierl/Höffken*, Der Landtag von Nordrhein-Westfalen, in: Landeszentrale, 87 ff. m. w. N.; *Steffani*, Parlamentarische Demokratie — Zur Problematik von Effizienz, Trans-

Unter den von der Landesverfassung vorgeschriebenen Ausschüssen hat der Hauptausschuß genannte ständige Ausschuß die Rechte des Landtags gegenüber der Landesregierung zu wahren, während der Landtag nicht versammelt ist. Diese Funktion bleibt ihm auch in der parlamentslosen Zeit nach Neuwahlen oder nach der vorzeitigen Auflösung des Landtags und vor dem Zusammentritt des neuen Landtags erhalten. In dieser Zeitspanne besitzt er die Rechte eines Untersuchungsausschusses.

Die Rechte der Untersuchungsausschüsse sind in Art. 41 LV niedergelegt. Untersuchungsausschüsse werden in der Regel zur Aufklärung offenkundig gewordener Mißstände eingesetzt. Dieser Funktion wegen können sie wie Gerichte Beweiserhebungen vornehmen. Untersuchungsausschüsse sind ein wichtiges Kontrollinstrument des Parlaments. Da ein ernsthaftes Interesse an Regierungskontrolle nur bei der Opposition, nicht aber bei der die Regierung tragenden Mehrheit vorausgesetzt werden kann, hängt ihre Wirksamkeit von den Minderheitenrechten ab. Die Landesverfassung trägt dem Rechnung, indem sie in Art. 41 Satz 1 LV bestimmt, daß Untersuchungsausschüsse schon auf Antrag eines Fünftels der gesetzlichen Mitgliederzahl eingesetzt werden müssen.

Die Fraktionen – Fraktionen sind gem. § 16 GO LT Vereinigungen von mindestens 5 % der Mitglieder des Landtags. Überlicherweise erfolgt der Fraktionszusammenschluß nach Parteilinien, doch ist das rechtlich nicht gefordert. Die Fraktionen machen den Parlamentsbetrieb unter den Bedingungen permanenten Entscheidungsdrucks und komplexer Entscheidungsgegenstände erst möglich, indem sie die parlamentarischen Initiativen vorbereiten und das Abstimmungsverhalten der Abgeordneten vorstrukturieren.[107] Ohne diese Vorstrukturierung würde die Notwendigkeit, sich in jeder Entscheidung ein eigenes Urteil zu bilden und für jede Initiative eigens Konsens zu verschaffen, das Zeitbudget des Parlaments überfordern. Ein gewisses Maß an Fraktionsdisziplin ist damit zwangsläufig gegeben.

Für die Besetzung von Landtagsorganen wie des Präsidiums und der Ausschüsse ist die Fraktionsstärke ausschlaggebend. Die Fraktionen erscheinen hier als Nominationsgremien für die Organe des Landtags. Es ist aber strittig, ob sie selbst als Organe des Landtags angesehen werden können.[108] Versteht man unter einem Organ eine Person oder Personengruppe, die im Namen und mit Wirkung für eine Personenmehrheit oder eine juristische Person bindend entscheiden kann, so fehlt den Fraktionen im Gegensatz zum Präsidium und zu den Ausschüssen diese Fähigkeit. Keine Fraktionsentscheidung kann dem Landtag als seine

---

[Fortsetzung Fußnote 106]
parenz und Partizipation, in: ders. (Hrsg.), Parlamentarismus ohne Transparenz, 2. Aufl. (1973), 17 ff.
107 Zur Bedeutung der Fraktionen vgl. BVerfGE 2, 143, 160, 167; 20, 56, 104; 38, 258, 273 f.; 43, 142, 149; 44, 308, 318;
aus der Literatur hierzu s. *Hauenschild*, Wesen und Rechtsnatur der parlamentarischen Fraktionen, 1968; *Henke*, Das Recht der politischen Parteien, 2. Aufl. (1972), 146 ff.
108 Bejahend: *Hauenschild*, aaO. (Anm. 107), 158 ff., 170 m. w. N.; demgegenüber: *Henke*, aaO. (Anm. 107), 147; *Achterberg*, aaO. (Anm. 76), 39 ff.; aus der Rechtsprechung vgl. BVerfGE 1, 208, 229; 27, 44, 51.

eigene Entscheidung zugerechnet werden. Die praktisch wichtigste Konsequenz der Streitfrage, die Parteifähigkeit der Fraktionen im verfassungsgerichtlichen Organstreit, ist freilich ausgetragen: sie können als „andere Beteiligte" im Sinn von Art. 75 Nr. 2 LV i.V.m. § 42 VGHG Organklage erheben, jedoch mangels eigener verfassungsmäßiger Rechte, über die gestritten werden könnte, nur zur Verteidigung der Rechte des Landtags insgesamt, falls die Mehrheit dessen Rechte nicht wahrzunehmen bereit ist.[109]

Verfahren — Nach Art. 42 LV verhandelt der Landtag in der Regel öffentlich. Die Landesverfassung trifft damit eine Strukturentscheidung von größter Wichtigkeit, denn in der Publizität und der durch sie vermittelten Transparenz des politischen Prozesses liegt der wesentliche demokratische Effekt der parlamentarischen Arbeit.[110] Die Öffentlichkeit bewirkt es, daß weder die Exekutive noch die Mehrheit bei politischen Entscheidungen unter sich bleibt. Sie muß sich vielmehr der Auseinandersetzung mit der Minderheit stellen, ihre Absichten rechtfertigen, gegen Kritik verteidigen und im Lichte von Alternativen begründen. In der Regel verleiht diese Notwendigkeit der Minderheit keinen unmittelbaren Einfluß auf den Ausgang der Entscheidungen. Es liegt vielmehr im System begründet, daß die vom Volk beauftragte Mehrheit sich durchsetzen kann. Die Entscheidung wird in den Reihen der Mehrheit hergestellt und in der parlamentarischen Auseinandersetzung nur noch dargestellt. Doch übt die Notwendigkeit zur öffentlichen Rechtfertigung den Zwang zu antizipierender Berücksichtigung der Minderheitsargumente aus, wenn die Mehrheit mit ihren Plänen vor den Augen der Öffentlichkeit bestehen will. Nicht alles, was hinter verschlossenen Türen möglich wäre, ist auch im Lichte der Öffentlichkeit möglich. Durch die öffentliche Diskussion wird aber, vermittelt duch die Medien, deren Recht zur Parlamentsberichterstattung[111] in Art. 43 LV verfassungsrechtlich garantiert ist, auch die Öffentlichkeit erst in den Stand gesetzt, Interessen zu artikulieren sowie Kritik und Anregungen zu äußern, die sich durch die parlamentarisch bedingte Streckung des Entscheidungsverfahrens noch folgenreich machen lassen.

Die parlamentarische Diskussion mündet meist, wenngleich nicht durchweg, in Beschlüsse, die entweder kollektiv verbindlich sein können wie etwa im Gesetzgebungsverfahren oder bloße Willensbekundungen des Parlaments darstellen, die keine rechtlich verbindlichen, sondern nur politische Wirkungen erzeugen. Landtagsbeschlüsse verlangen gemäß Art. 44 Abs. 2 LV die Stimmenmehrheit. Eine dem Art. 121 GG glei-

---

109 *Dickersbach*, in: Geller-Kleinrahm, Art. 38 Anm. 3 c) a. E., Art. 75 Anm. 2 e); vgl. auch zur Stellung der Fraktionen im Organstreitverfahren vor dem BVerfG (§ 13 Nr. 5 i. V. m. 63 BVerfGG) *Ulsamer*, in: Maunz/Schmidt-Bleibtreu/Klein/Ulsamer, Kommentar zum BVerfGG (Loseblatt), Stand 1979, § 64 Rdnr. 20.
110 Vgl. hierzu *Dieterich*, Die Funktion der Öffentlichkeit der Parlamentsverhandlungen im Strukturwandel des Parlamentarismus, 1970, insbes. 51 ff., 113 ff.; *Hereth*, Die Öffentlichkeitsfunktion des Parlaments, in: PVS 11 (1970), 29 ff.; *Grimm*, aaO. (Anm. 64), 513 ff.; *Steiger*, Organisatorische Grundlagen des parlamentarischen Regierungssystems, 1973, 87 ff.
111 Welches den Einsatz mediengemäßer technischer Mittel mitumfaßt, vgl. hierzu *Dickersbach*, in: Geller-Kleinrahm, Art. 42 Anm. 3 m. w. N.

chende Interpretationsregel für den Begriff der Stimmenmehrheit fehlt in der Landesverfassung. Doch geht sie ersichtlich davon aus, daß überall dort, wo keine besonderen Vorschriften bestehen, die Mehrheit der gesetzlichen Mitgliederzahl, also die sogenannte absolute Mehrheit, gemeint ist.[112]

3. Die Landesregierung

a) Stellung und Funktion

Die Landesregierung ist ebenso wie der Landtag ein oberstes Staatsorgan. Im Gegensatz zum Landtag führt sie ihre Existenz zwar nicht unmittelbar auf einen Volksauftrag zurück, sondern wird vom Parlament eingesetzt. Sie ist deswegen aber nicht etwa ein unselbständiges Suborgan des Landtags. Vielmehr genießt sie in dem ihr zugewiesenen Funktionsbereich Unabhängigkeit und politische Handlungsfreiheit.

Der Funktionsbereich der Regierung läßt sich allerdings viel schwerer umschreiben als derjenige des Parlaments.[113] Die Landesverfassung selbst weist der Landesregierung in Art. 3 Abs. 2 LV die „Verwaltung" zu. Das Grundgesetz spricht in Art. 20 Abs. 2 GG von der „vollziehenden Gewalt". In der klassischen Gewaltenteilungslehre erscheint die Regierung gewöhnlich als Exekutive. All diese Begriffe legen den Gedanken einer eher unpolitischen, die Beschlüsse des Parlaments durchführenden Gewalt nahe. Das ist nicht unrichtig, gibt aber die Bedeutung der Regierung im Verfassungssystem nicht vollständig wieder. Die Regierung ist das Aktionszentrum des Staates. Sie bestimmt die politische Richtung und sorgt für ihre Durchsetzung. Selbstverständlich handelt auch das Parlament politisch, aber doch in einer anderen Weise als die Regierung. Da der Staat zahlreiche Aufgaben nur auf der Grundlage eines Gesetzes erfüllen darf, empfängt er insoweit sein Handlungsprogramm vom Parlament. Auch bewilligt es die erforderlichen finanziellen Mittel und überwacht die Programmerfüllung und Mittelverwendung. Indessen geht selbst dort, wo die Regierung ohne parlamentarische Zustimmung nicht tätig werden darf, die Initiative überwiegend von der Regierung selbst aus. Das zeigt sich an dem Umstand, daß 70 bis 80% aller Gesetzentwürfe von der Regierung stammen.[114] Im Landtag geht es demgegenüber eher um die politische Bewertung der Regierungsabsichten und die Schaffung der rechtlichen und finanziellen Voraussetzungen des Regierungshandelns, nicht um die Aufgabenerfüllung selbst. Sehr allgemein und abstrakt kann man sagen, daß die Regierung das zur Verwirklichung der Staatsaufgaben berufene Organ ist, soweit sie nicht anderen Organen ausdrücklich zugewiesen sind. Sie besitzt also eine Art Generalkompetenz zur Erfüllung der Staatsaufgaben, während die

---

112 *Dickersbach*, in: Geller-Kleinrahm, Art. 44 Anm. 2 c) aa).
113 Vgl. hierzu *Scheuner*, Der Bereich der Regierung, in: Festschrift für Rudolf Smend, 1952, 268 ff.; *Frotscher*, Regierung als Rechtsbegriff, 1975; *Ellwein*, aaO. (Anm. 3), 317–327; ders., in: Benda/Maihofer/Vogel, 1133 ff.; *Hesse*, Grundzüge, Rdnrn. 531 ff.
114 *Dierl/Dierl/Höffken*, in: Landeszentrale, 88.

Aufgaben der anderen Organe prinzipiell begrenzt sind. Auch die Staatsaufgaben, auf die damit verwiesen wird, sind aber nicht verfassungsrechtlich vorweg festgelegt. Das Verfassungsrecht räumt bestimmte Kompetenzen ein und zieht dem Staat bestimmte Grenzen, gibt ihm aber keinen abgeschlossenen Aufgabenkatalog vor. Dieser bestimmt sich vielmehr innerhalb der verfassungsrechtlichen Grenzen im politischen Prozeß. Die Tätigkeiten der Landesregierung, die die Landesverfassung in Art. 56 bis 60, 66ff., 71 und 77 LV regelt, sind daher auch nicht abschließend gemeint, sondern nur solche, die verfassungsrechtlicher Regelung besonders bedürftig erscheinen.

Zur Erfüllung ihrer Aufgaben verfügt die Landesregierung über einen umfänglichen Apparat, die Verwaltung, die sie gemäß Art. 77 LV nach ihren Bedürfnissen organisieren darf und deren politische und fachliche Spitze sie bildet. Die Verwaltung fungiert als Instrument der Regierung, selbstverständlich auf der Grundlage und im Rahmen der Gesetze. Das verlangt von ihr Loyalität gegenüber der Regierung als der gerade von der Mehrheit des Volkes beauftragten Gruppierung. Im konkurrenzdemokratischen System muß die Loyalität der Verwaltung freilich gegenüber wechselnden Regierungen gelten. Daraus ergeben sich enge rechtliche Grenzen für den parteipolitischen Einfluß in der Verwaltung. Andernfalls könnte der in der Wahl herbeigeführte politische Wechsel auf der administrativen Ebene schnell unterlaufen werden.

Aus ihrer Aktionsrolle und dem verzweigten und mit hoher Sachkompetenz ausgestatteten Apparat zieht die Regierung ein faktisches Übergewicht über das Parlament. Dieses findet durch die Praxis der Parteiendemokratie noch weitere Verstärkung. Ziel der um die Mehrheit im Volk konkurrierenden politischen Parteien ist ja nicht eigentlich die Erringung von Parlamentssitzen, sondern vermittels einer Mehrheit im Parlament die Regierungsbildung. Die Partei, die dabei Erfolg hat, macht ihre Parteiführung zur Regierung. Die Parlamentsmehrheit versteht sich dann begreiflicherweise nicht als Gegenspieler der Regierung, sondern als deren parlamentarische Basis und Stütze. Das Parlament büßt dadurch keineswegs seine Funktion ein, wird aber in seiner Arbeitsplanung und seinem Entscheidungsverhalten stark von den Vorgaben der Regierung geprägt. Das sind zwangsläufige Folgeerscheinungen der Parteiendemokratie in hochkomplexen Industriegesellschaften, die deswegen nicht vorschnell als Abweichungen von der Verfassung hingestellt werden dürfen.[115]

b) Zustandekommen und Beendigung

Nach Art. 52 Abs. 1 LV wählt der Landtag den Ministerpräsidenten aus dem Kreis der Abgeordneten. Der Ministerpräsident ernennt sodann gemäß Art. 52 Abs. 3 LV die Landesminister, ohne daß diese einer Bestätigung durch den Landtag bedürften. Über ihre Zahl und die Verteilung der Ressorts entscheidet rechtlich allein der Ministerpräsi-

---

[115] Vgl. *Grimm*, in: Benda/Maihofer/Vogel, 360f. m.w.N.; *ders.*, Aktuelle Tendenzen in der Aufteilung gesetzgeberischer Funktionen zwischen Parlament und Regierung, in: ZParl 1970, 448, insbes. 458ff.

dent. Zur Wahl des Ministerpräsidenten bedarf es nach Art. 52 Abs. 1 LV der absoluten Mehrheit der gesetzlichen Mitgliederzahl des Landtags. Erhält im ersten Wahlgang kein Kandidat die erforderliche Mehrheit, so findet nach Art. 52 Abs. 2 LV ein zweiter und erforderlichenfalls ein dritter Wahlgang statt, in dem bereits die absolute Mehrheit der Abstimmenden genügt. Wird auch diese Mehrheit nicht erreicht, so genügt in einer letzten Stichwahl die einfache Mehrheit. Damit ist die Möglichkeit einer Minderheitsregierung eröffnet.[116]

Das Amt des Ministerpräsidenten endet nach Art. 62 Abs. 2 LV regulär mit dem Zusammentreten eines neuen Landtags. Vorzeitig endet es nach Art. 61 LV durch Wahl eines neuen Ministerpräsidenten in der laufenden Legislaturperiode. Wie das Grundgesetz hat sich die Landesverfassung also für das sogenannte konstruktive Mißtrauensvotum entschieden.[117] Ein Mißtrauensvotum des Parlaments, das nicht mit der Wahl eines neuen Ministerpräsidenten verbunden wird, ist als bloße Mißbilligung zwar nicht unstatthaft, führt aber nicht zum Sturz der Regierung. Ferner endet das Amt des Ministerpräsidenten durch Tod oder Rücktritt. Da die Minister ihr Amt der Ernennung durch den Ministerpräsidenten verdanken, endet ihr Amt mit dem Ausscheiden des Ministerpräsidenten. Ein Minister kann aber nach Art. 62 Abs. 1 LV auch aus eigenem Entschluß zurücktreten.

c) Zusammensetzung und Organisation

Die Landesregierung besteht aus dem Ministerpräsidenten und den Ministern. Insgesamt unterscheidet die Landesverfassung also wie das Grundgesetz drei Instanzen, denen jeweils unterschiedliche Kompetenzen zugeordnet sind: die Regierung, den Regierungschef und die übrigen Regierungsmitglieder. Zwischen ihnen sind die Regierungsbefugnisse aufgeteilt. Die Landesverfassung kombiniert bei der Regierungsorganisation also Kollegialprinzip, Ressortprinzip und, wie man sich nach der Terminologie des Grundgesetzes zu sagen angewöhnt hat, Kanzlerprinzip.[118] Die Vorschrift der Artikel 54f. LV sind dabei dem Art. 65 GG nachgebildet. Das Kanzlerprinzip findet vor allem darin Ausdruck, daß der Ministerpräsident die Richtlinien der Politik bestimmt. Diese Richtlinienkompetenz kann als materielle Entsprechung seiner Kabinettsbildungsbefugnis betrachtet werden. Er führt ferner den Vorsitz im Kabinett und hat bei Stimmengleichheit die ausschlaggebende Stimme. Das Ressortprinzip kommt dadurch zur

---

[116] Nach *Friesenhahn,* Parlament und Regierung im modernen Staat, in: VVDStRL 16 (1958), 44f. widerspricht die Möglichkeit der Bildung einer Minderheitsregierung „an sich dem Wesen des parlamentarischen Regierungssystems".

[117] Zu einer Ablösung des Ministerpräsidenten im Wege des Art. 61 Abs. 1 LV kam es am 20. Februar 1956 (MinPräs. Arnold) und am 8. Dezember 1966 (MinPräs. Dr. Meyers), in beiden Fällen als Folge eines Koalitionswechsels der FDP zur SPD.

[118] Vgl. hierzu *Kölble,* Ist Art. 65 GG (Ressortprinzip im Rahmen von Kanzlerrichtlinien und Kabinettsentscheidungen) überholt?, in: DÖV 1973, 1ff.; zu einem darüberhinausgehenden, ungeschriebenen „Solidaritätsprinzip" s. *Böckenförde,* Die Organisationsgewalt im Bereich der Regierung, 1964, 171ff.; zum Problem der „Organisation des Regierens" in hochkomplexen Gesellschaften allgemein vgl. *Grimm,* aaO. (Anm. 64), 525ff.

Geltung, daß jeder Minister innerhalb seines Geschäftsbereichs selbständig und eigenverantwortlich ist. Er unterliegt also weder Weisungen des Ministerpräsidenten, der auf die Richtlinienkompetenz beschränkt ist, noch des Kabinetts. Das Kollegialprinzip äußert sich darin, daß Streitigkeiten zwischen Ministern von der Landesregierung insgesamt zu entscheiden sind. Außerdem ist nur die Landesregierung in ihrer Gesamtheit befugt, Gesetzesvorlagen beim Parlament einzubringen. Kollegial sind ebenfalls Notverordnungen gemäß Art. 60 LV zu beschließen sowie Bedenken gegen Gesetzesbeschlüsse des Landtags gemäß Art. 67 LV zu erheben. Auch die Vertretung des Landes nach außen und die Beamtenernennung steht der Landesregierung zu. Sie kann diese Befugnis aber delegieren.

4. Der Verfassungsgerichtshof

a) Stellung und Funktion

Zu den obersten Staatsorganen zählt schließlich der Verfassungsgerichtshof. Er hat im Streitfall die Einhaltung der Landesverfassung durch die Staatsgewalt zu überprüfen. Verglichen mit dem Bundesverfassungsgericht sind seine Zuständigkeiten allerdings geringer an Zahl. Die Landesverfassung enthält insgesamt sieben Kompetenzzuweisungen von unterschiedlicher Bedeutung. Eine weitere ergibt sich aus dem Grundgesetz. Zusammengefaßt erscheinen sie in § 13 VGHG. Vergleicht man sie mit den Zuständigkeiten des Bundesverfassungsgerichts, so fällt vor allem das Fehlen der allgemeinen Verfassungsbeschwerde auf, die fast 95% des Arbeitsanfalls beim Bundesverfassungsgericht ausmacht.

Im einzelnen besitzt der nordrhein-westfälische Verfassungsgerichtshof folgende Zuständigkeiten:
(1) **Ausschluß von Wahlen und Abstimmungen** (Art. 75 Nr. 1 i.V.m. Art. 32 LV, §§ 13 Nr. 1, 30 ff. VGHG). Antragsberechtigt sind die Landesregierung oder 50 Mitglieder des Landtags. Der Ausschluß setzt eine qualifizierte Mehrheit im Gericht voraus.
(2) **Beschwerden im Wahlprüfungsverfahren** (Art. 75 Nr. 1 i.V.m. Art. 33 LV, §§ 13 Nr. 2, 34 VGHG und dem LWPrüfG). Antragsberechtigt sind alle Wahlberechtigten, jede in einem Wahlkreis mit einem Wahlvorschlag aufgetretene Partei, der Präsident des Landtags, der Landeswahlleiter sowie Abgeordnete, deren Mandat durch die Entscheidung berührt wird. Der Verfassungsgerichtshof kann in dem Verfahren auch die Verfassungsmäßigkeit des Wahlrechts selbst überprüfen.
(3) **Ministeranklagen** (Art. 75 Nr. 1 i.V.m. Art. 63 LV, §§ 13 Nr. 3, 35 ff. VGHG). Antragsberechtigt ist nur der Landtag. Der Antrag auf Erhebung der Anklage muß von mindestens einem Viertel der Abgeordneten gestellt, der Beschluß mit Zwei-Drittel-Mehrheit der anwesenden Abgeordneten gefaßt werden. Gegenstand des Verfahrens ist der Vorwurf vorsätzlicher oder grobfahrlässiger Verletzung der Verfassung oder eines anderen Gesetzes. Als Sanktion greift die Amtsenthebung ein.
(4) **Rechtmäßigkeitskontrolle im Zusammenhang mit Volksbegehren und Volksentscheid** (Art. 68 Abs. 1 S. 6 LV, §§ 13 Nr. 4, 34 VGHG, Gesetz über Volksbegehren

und Volksentscheid). Antragsberechtigt sind bezüglich des rechtmäßigen Zustandekommens des Volksbegehrens die Vertrauenspersonen des Volksbegehrens; bezüglich des Abstimmungsergebnisses beim Volksentscheid gelten die Wahlprüfungsvorschriften.

(5) **Organstreitigkeiten** (Art. 75 Nr. 2 LV, §§ 13 Nr. 5, 41 ff. VGHG). Gegenstand des Verfahrens ist der Umfang der Rechte und Pflichten eines obersten Landesorgans oder anderer Beteiligter, die durch die Verfassung oder die Geschäftsordnung eines obersten Landesorgans mit eigenen Rechten ausgestattet sind. Damit wird zugleich der Kreis der Antragsberechtigten umschrieben. Neben dem Landtag und der Landesregierung kommen beispielsweise in Betracht der Ministerpräsident, die einzelnen Minister, die Ausschüsse und die Fraktionen des Landtags, einzelne Abgeordnete, jeweils soweit der verfassungsrechtliche Status betroffen ist. Das gleiche gilt auch für die politischen Parteien in ihrer Eigenschaft als Mitwirkende an der Volkswillensbildung, wie sie Art. 21 GG umschreibt, nicht dagegen, soweit sie in ihrer Eigenschaft als gesellschaftliche Vereinigungen betroffen sind.[119]

(6) **Abstrakte Normenkontrolle** (Art. 75 Nr. 3 LV, §§ 13 Nr. 6, 45 ff. VGHG). Antragsberechtigt sind die Landesregierung sowie ein Drittel der gesetzlichen Mitglieder des Landtags. Prüfungsgegenstand ist das gesamte Landesrecht, nicht nur förmliche Gesetze, Prüfungsmaßstab wie stets bei der Landesverfassungsgerichtsbarkeit die Landesverfassung. Stellt der Verfassungsgerichtshof einen Widerspruch zwischen der Verfassung und dem unterverfassungsrechtlichen Landesrecht fest, dann führt das zur Nichtigkeit der niederrangigen Norm.

(7) **Konkrete Normenkontrolle** (Art. 100 GG, §§ 13 Nr. 7, 48 ff. VGHG). Die konkrete Normenkontrolle ist in der Landesverfassung nicht eigens geregelt und hat ihre Grundlage allein in Art. 100 GG. Antragsberechtigt sind Gerichte. Halten sie eine Norm, von der die Entscheidung eines Rechtsstreits abhängt, für unvereinbar mit der Landesverfassung, so müssen sie das Verfahren aussetzen und die Frage der Verfassungsmäßigkeit dem Verfassungsgerichtshof zur Entscheidung vorlegen.

(8) **Kommunale Verfassungsbeschwerde** (§§ 13 Nr. 8, 50 VGHG). Antragsberechtigt sind Gemeinden und Gemeindeverbände. Verfahrensgegenstand ist das gesamte Landesrecht, Prüfungsmaßstab das Recht auf kommunale Selbstverwaltung gem. Art. 78 f. LV.

b) Zusammensetzung und Verfahren

Verfassungsgerichte fungieren als Kontrolleure der Politik. Sie vermögen diese Funktion nur aus einer gewissen Distanz gegenüber der Politik zu erfüllen. Gleichwohl können sie als Inhaber höchster Staatsgewalt nicht unpolitisch ins Amt kommen. Unter diesen Umständen gewinnt aber der Kontrollierte Einfluß auf den Kontrolleur. Das daraus entstehende Dilemma ist prinzipiell unlösbar. Es gibt aber Versuche, es abzu-

---

[119] BVerfGE 44, 125, 136 f.; 60, 53, 61 f., jew. m. w. N.

schwächen. Ein solcher ist auch in Nordrhein-Westfalen unternommen worden.[120] Anders als das Grundgesetz sieht die Landesverfassung nicht für sämtliche Verfassungsrichter die Wahl vor. Vielmehr gehören gemäß Art. 76 LV von den sieben Mitgliedern des Verfassungsgerichtshofs drei dem Gericht kraft Amtes und für die Dauer ihres (anderen) Amtes an. Es handelt sich um den Präsidenten des Oberverwaltungsgerichts und die beiden lebensältesten Oberlandesgerichtspräsidenten. Die vier weiteren Richter werden vom Landtag auf sechs Jahre gewählt. Dabei wird eine Zwei-Drittel-Mehrheit angestrebt, im Gegensatz zur Richterwahl beim Bundesverfassungsgericht aber nicht obligatorisch gemacht. Kommt sie nicht zustande, genügt die einfache Mehrheit. Das ist der Konsensfunktion der Verfassung, die die von den politischen Gegnern akzeptierte gemeinsame Grundlage für den Austrag ihrer Meinungsverschiedenheiten und Interessengegensätze bildet, nicht völlig adäquat.[121] Da es beim Landesverfassungsgericht im Gegensatz zum Bundesverfassungsgericht nur um eine nebenamtliche Tätigkeit geht, sieht Art. 76 Abs. 2 LV eine Vertretungsregelung vor. Wiederwahl ist zulässig. Die Verfahrens- und Organisationsregeln im einzelnen enthält das VGHG, das sich eng an das BVerfGG anlehnt.

c) Bedeutung der Landesverfassungsrechtsprechung

Die Landesverfassungsgerichtsbarkeit steht der Verfassungsgerichtsbarkeit des Bundes an Bedeutung weit nach.[122] Das ist eine Folge der eingangs näher geschilderten Bedeutung, die dem Landesverfassungsrecht in der Bundesrepublik zukommt. Die Zahlen machen das deutlich. Während allein die in der amtlichen Sammlung veröffentlichten Entscheidungen des Bundesverfassungsgerichts mittlerweile 70 Bände mit gewöhnlich 25 bis 30 Entscheidungen füllen, sind vom nordrhein-westfälischen Verfassungsgerichtshof seit seiner Entstehung im Jahre 1952 erst an die 60 Entscheidungen publiziert.[123] Der ganz überwiegende Teil erging auf kommunale Verfassungsbeschwerden hin, die meisten davon im Zuge der kommunalen Neugliederung. Den zweitgrößten Anteil nehmen Verfassungsstreitigkeiten aus dem Bereich des Schulrechts ein, das eine der wenigen genuinen landesrechtlichen Materien geblieben ist.

---

120 Zu den entsprechenden Auseinandersetzungen im Verfassungsausschuß sowie zur Entstehungsgeschichte des Art. 76 LV s. *Dickersbach*, in: Geller-Kleinrahm, Art. 76 Anm. 1 m.w.N.
121 Hierzu *Knöpfle*, Richterbestellung und Richterbank bei den Landesverfassungsgerichten, in: Starck/Stern I, 254f. m.w.N.
122 Zur Bedeutung der Landesverfassungsgerichtsbarkeit vgl. *Stern*, Einführung, in: Starck/Stern I, 1ff. m.w.N.
123 Die Entscheidungen des StGH NW sind in dem Anhang der amtlichen Entscheidungssammlung der OVGe von Münster und Lüneburg abgedruckt.

VI. Staatsfunktionen

1. Gesetzgebung

Die landesverfassungsrechtlichen Regelungen der Gesetzgebung unterscheiden sich von denen des Grundgesetzes vor allem dadurch, daß neben dem Parlament auch das Volk als Gesetzgeber in Erscheinung treten kann und daß das parlamentarische Gesetzgebungsrecht nur von einem einzigen Organ wahrgenommen wird. Dagegen gleicht das parlamentarische Gesetzgebungsverfahren und das Verordnungsrecht der Exekutive in den Grundzügen dem grundgesetzlich vorgesehenen.

a) Parlamentarische Gesetzgebung

Gesetzesvorbehalt – Welche Gegenstände der Regelung durch förmliches Gesetz bedürfen, geht nicht vollständig aus der Landesverfassung hervor. Die ausdrücklich genannten Fälle, z.B. in Art. 12 Abs. 7, 76 Abs. 3, 77, 77a LV sind nicht abschließend gemeint. Dem Gesetzesvorbehalt unterliegen vielmehr auch sämtliche Grundrechtsbeschränkungen, und zwar, wie inzwischen unstreitig ist, auch im besonderen Gewaltverhältnis. Das ergibt sich aus den einzelnen Grundrechten selbst und wird nochmals durch Art. 19 Abs. 1 GG klargestellt. Diese Vorschriften gelten gemäß Art. 4 Abs. 1 LV auch in Nordrhein-Westfalen. Die Landesverfassung nimmt über Art. 4 Abs. 1 aber auch an denjenigen Konkretisierungen des Grundrechtsgehalts teil, die sich in Literatur und Judikatur, vor allem in der Rechtsprechung des Bundesverfassungsgerichts, durchsetzen. Hier hat sich der Gesetzesvorbehalt inzwischen über den Eingriffsbereich hinaus ausgeweitet und gilt gegenwärtig im Nicht-Eingriffsbereich jedenfalls für alle **wesentlichen** Entscheidungen mit Grundrechtsbezug.[124] Auf Landesebene hat das vor allem für das Schulrecht Konsequenzen.

Gesetzgebungsverfahren – Das Verfassungsrecht pflegt den Gesetzgebungsprozeß erst ab dem Stadium der förmlichen Gesetzesinitiative zu regeln. Der Initiative gehen freilich wichtige politische Etappen der Gesetzesforderung aus dem gesellschaftlichen, politischen oder administrativen Bereich, der Gesetzesausarbeitung in der Ministerialbürokratie und der Gesetzesabstimmung innerhalb der beteiligten Ressorts und des Kabinetts sowie nach außen mit den betroffenen Gruppen voraus, in denen wesentliche, oft nur noch schwer korrigierbare Vorentscheidungen fallen. Die verfassungsrecht-

---

124 Vgl. BVerfGE 33, 1, 10f.; 34, 165, 192f.; 47, 46, 78ff.; 49, 89, 126ff. m.w.N.; 58, 257, 268ff.; 61, 260, 275.
Zu der hier ausgeformten sog. „Wesentlichkeitstheorie" des BVerfG vgl. etwa *Böckenförde,* Gesetz und gesetzgebende Gewalt, 2. Aufl. (1981), 375ff.; *Kisker,* Neue Aspekte im Streit um den Vorbehalt des Gesetzes, in: NJW 1977, 1313ff; *Kloepfer,* Der Vorbehalt des Gesetzes im Wandel, in: JZ 1984, 689ff.; *Rottmann,* Der Vorbehalt des Gesetzes und die grundrechtlichen Gesetzesvorbehalte, in: EuGRZ 1985, 277ff.

liche Regelung des parlamentarischen Beschlußverfahrens entfaltet aber auch für dieses nicht förmlich geregelte Stadium Vorwirkungen, indem sie die Beteiligten zwingt, ihre Vorhaben so zu gestalten, daß sie die verfassungsrechtlich unerläßliche parlamentarische Zustimmung erlangen können.

Gesetzesinitiative — Gesetzesinitiativen können gemäß Art. 65 LV von der Landesregierung oder den Landtagsabgeordneten ausgehen. Tatsächlich kommen sie zu drei Vierteln von der Regierung.[125] Das ist eine Folge der Führungsrolle, die die Regierung im politischen Prozeß insgesamt, aber vermittelt über die Mehrheitsfraktion auch im parlamentarischen Betrieb einnimmt. Sie hat ihre Ursachen in der Ausweitung und Komplizierung der Staatsaufgaben in der Industriegesellschaft, in der überlegenen Ausstattung der Regierung mit Informationen und Sachverstand und in der Sachlogik der Parteiendemokratie. Dabei handelt es sich um Strukturdaten, die der moderne Parlamentarismus vorfindet und innerhalb derer er seinen Platz suchen muß. Nicht ohne weiteres läßt sich von dem materiellen Übergewicht der Regierung, wie es im Gebrauch des Initiativrechts zum Ausdruck kommt, auf die Überholtheit der parlamentarischen Gesetzgebung schließen.

Gesetzesberatung und -verabschiedung — Der Gesetzesbeschluß liegt nach Art. 66 LV allein beim Landtag. In seiner Beschlußfassung ist er autonom. Das zwingt die Regierung, ihre Gesetzgebungspläne so einzurichten, daß sie auf eine parlamentarische Mehrheit rechnen können. Bei fehlender Rücksicht auf das Parlament droht ein Scheitern der Gesetzgebungspläne. Da im Rechtsstaat nicht ohne Gesetze regiert werden kann, würde auf diese Weise der gesamte Regierungskurs gefährdet. Das Beschlußmonopol verschafft dem Parlament also die Basis, der faktisch überlegenen Regierung gegenüber eine relative Eigenständigkeit zu wahren. In der Praxis führt das bei allen wichtigen Gesetzgebungsvorhaben zu einem frühzeitigen Kontakt zwischen der Regierung und der Fraktionsführung der sogenannten Regierungspartei.

Die Einzelheiten des parlamentarischen Verfahrens sind in der Geschäftsordnung des Landtags geregelt. § 77 Abs. 2 GO LT sieht für die parlamentarische Willensbildung zwei Lesungen vor. In der ersten Lesung geht es um eine Begründung und Grundsatzberatung der Vorlage. Sie endet in der Regel mit der Überweisung an den zuständigen Landtagsausschuß. Im Ausschuß findet eine Detailberatung der Vorlagen statt. Änderungsvorschläge sind meist das Werk der Ausschüsse. Das Ergebnis dieser Beratungen wird gewöhnlich mit einer Beschlußempfehlung dem Landtags-Plenum zugeleitet. Dieses tritt dann in die zweite Lesung ein, die ebenfalls einer Detailberatung gewidmet ist. Erst in der zweiten Lesung können Änderungsanträge behandelt werden. Für Verfassungsänderungen, das Haushaltsgesetz und das Finanzausgleichsgesetz sind drei Lesungen vorgeschrieben; andere Gesetze können auf Antrag in drei Lesungen beraten werden. Die letzte Lesung endet mit der Abstimmung im Plenum.

---

125 *Dierl/Dierl/Höffken*, in Landeszentrale, 88.

Geht man davon aus, daß die Gesetze aus den erwähnten Gründen von der Regierung geprägt werden und im Parlament selten durchgreifende Änderungen erfahren, dann stellt sich die Frage nach dem Nutzen der parlamentarischen Gesetzgebung.[126] Die Antwort muß in denjenigen Leistungen gesucht werden, die in einem rein exekutivischen Gesetzgebungsverfahren nicht erbracht würden. Das ist die öffentliche Diskussion der Gesetzentwürfe zwischen den politischen Konkurrenten unter primär politischem Blickwinkel. Die Mehrheit wird dadurch zu einer argumentativen Auseinandersetzung über ihre Ziele und Absichten gezwungen, die wiederum den Ansatzpunkt für die Einschaltung des Publikums bildet. Das Parlament erobert dadurch zwar nicht die materielle Entscheidung zurück, die in der Sache meist gefallen ist, ehe die parlamentarische Debatte beginnt. Es bildet aber das Forum, auf dem sich vor den Augen der Öffentlichkeit der politische Wettbewerb abspielt und dem Wähler wieder Beurteilungsgrundlagen für seine künftige Wahlentscheidung gibt. In dieser Vermittlungsfunktion ist das Parlament derzeit durch keine andere Instanz ersetzbar. In ihr liegt die Rechtfertigung für das parlamentarische Gesetzgebungsrecht.

Gegenvorstellungen der Regierung – Art. 67 LV verleiht der Landesregierung das Recht, gegen ein vom Landtag verabschiedetes Gesetz Bedenken zu erheben. Eine solche Vorschrift ist dem Grundgesetz fremd. Nur für Haushaltsbeschlüsse des Parlaments gesteht es der Regierung in Art. 113 GG ähnliche Befugnisse zu. Ein dem jetzigen Art. 67 LV ähnliches Vetorecht war im ursprünglichen Verfassungsentwurf einem seinerzeit noch vorgesehenen Staatsrat eingeräumt worden. Nachdem man von der Errichtung eines Staatsrats in den Verfassungsberatungen abgerückt war, ging dieses Recht in abgeschwächter Form auf die Landesregierung über. Macht die Landesregierung von ihrem Recht aus Art. 67 LV Gebrauch, so muß der Landtag erneut über das Gesetz abstimmen. Nach § 82 GO LT geschieht das in einer dritten Lesung. Einer erhöhten Mehrheit bedarf es nicht. Art. 67 LV hat bisher erst einmal Anwendung gefunden.[127]

Ausfertigung und Verkündung – Die vom Landtag verabschiedeten Gesetze sind von der Landesregierung unverzüglich auszufertigen und zu verkünden. Inwieweit sie dabei die Verfassungsmäßigkeit des Gesetzes überprüfen darf, ist umstritten.[128] Richtigerweise wird man annehmen, daß das ordnungsgemäße Zustandekommen des Gesetzes, also die formelle Verfassungsmäßigkeit, überprüfbar ist, die regelmäßig wesentlich schwierigere und kontroversere Frage der materiellen Verfassungsmäßigkeit dagegen nicht. Insoweit ist die Regierung nicht zum Hüter der Verfassung gegenüber der unmit-

---

126 Vgl. *Grimm*, Das Gesetzgebungsverfahren, in: ders. (Hrsg.), Einführung in das Recht, 1985, insbes. 63 ff.
127 Bei der Verabschiedung des Brütereigesetzes v. 20. 12. 1955/24. 5. 1961 (GV NW, 69/GV NW, 216) hat die Landesregierung erfolgreich Bedenken im Hinblick auf Art. 13 GG geltend gemacht, vgl. LD III, 202, 237, 265; Prot. 26. Sitzung des Landtages v. 13. Dezember 1955.
128 Vgl. hierzu *Dickersbach*, in: Geller-Kleinrahm, Art. 71 Anm. 2 b) m.w.N.

telbar demokratisch legitimierten Volksvertretung bestellt. Hat sie Zweifel an der materiellen Verfassungsmäßigkeit, so kann sie diese vor dem Verfassungsgerichtshof klären lassen.

b) Volksgesetzgebung

Die Landesverfassung unterscheidet in Art. 68 Volksbegehren und Volksentscheid. Beim Volksbegehren wird das Volk als Gesetzesinitiator tätig, während der Gesetzesbeschluß beim Landtag verbleibt. Beim Volksentscheid tritt das Volk selbst als Gesetzgeber in Erscheinung.

Gegenstand eines Volksbegehrens nach Art. 68 Abs. 1 LV ist der Erlaß, die Änderung oder die Aufhebung eines Gesetzes, das in der Gesetzgebungskompetenz des Landes liegt. Ausgenommen sind Finanzfragen, Abgabengesetze und Besoldungsordnungen. Dem Volksbegehren muß ein ausgearbeiteter Gesetzentwurf zugrundeliegen. Dieser ist gem. § 2 VBG[129] dem Innenminister zur Zulassung vorzulegen. Er kann ihn nur wegen Fehlens der Voraussetzungen von Art. 68 LV und §§ 1 bis 3 VBG ablehnen. Ablehnende Beschlüsse unterliegen der Überprüfung durch den Verfassungsgerichtshof. Das Volksbegehren ist wirksam, wenn es von mindestens einem Fünftel der Stimmberechtigten unterstützt wird. Das sind derzeit rund 2,4 Millionen. Ein wirksames Volksbegehren muß die Landesregierung gemäß Art. 68 Abs. 2 LV unter Beifügung ihres Standpunkts dem Landtag vorlegen. Der Landtag ist verpflichtet, über den im Wege des Volksbegehrens vorgelegten Gesetzentwurf abzustimmen. Nimmt er ihn an, so erlangt er unter Wahrung der üblichen Form Gesetzeskraft. Lehnt er ihn ab, so ist ein Volksentscheid herbeizuführen.

Ein Volksentscheid kann nach Art. 68 Abs. 3 LV ferner durch die Landesregierung herbeigeführt werden, wenn ein von ihr eingebrachter Gesetzentwurf vom Landtag abgelehnt worden ist. Die Regelung fungiert zugleich als Äquivalent für die wesentlich kompliziertere Notgesetzgebung nach Art. 81 GG. Die Vorlage ist für die Landesregierung aber nicht ganz risikolos. Wird nämlich das Gesetz im Wege des Volksentscheids abgelehnt, so schreibt Art. 68 Abs. 3 Satz 2 LV zwingend den Rücktritt der Regierung vor. Wird es angenommen, so darf die Regierung den Landtag auflösen und Neuwahlen ausschreiben. Im Volksentscheid stimmt das Volk mit einfacher Mehrheit nach den Regeln des Wahlrechts über das Gesetz ab. Die Abstimmung kann nur bejahend oder verneinend sein. Änderungen des Gesetzesentwurfs sind ausgeschlossen. Wie bereits erwähnt, ist die praktische Bedeutung der plebiszitären Elemente in der Landesverfassung bisher vergleichsweise gering gewesen. Seit Inkrafttreten der Landesverfassung wurden nur zwei Versuche einer unmittelbaren Volksgesetzgebung unternommen, einmal

---

[129] Gesetz über das Verfahren bei Volksbegehren und Volksentscheid v. 3. August 1951 (GV NW, 103; 1952, 95); s. auch die DurchführungsVO v. 15. Mai 1952 (GV NW, 93) und die nach §§ 25, 27 Abs. 2 VBG entsprechend anwendbaren Regelungen des Landeswahlgesetzes i.d.F. der Bekanntmachung v. 6. März 1979 (GV NW, 88) und der Landeswahlordnung.

erfolglos im Zusammenhang mit der Gebietsreform, einmal mit indirektem Erfolg im Zusammenhang mit der Einführung der sog. „kooperativen Schule".[130]

c) Verordnungsrecht der Regierung

Was das Verordnungsrecht der Regierung anbelangt, so folgt die Landesverfassung in Art. 70 LV weitgehend der Regelung von Art. 80 GG. Dieser ist wiederum von den Erfahrungen der Endphase der Weimarer Republik und den Anfängen des nationalsozialistischen Regimes geprägt. In der Weimarer Republik hatte das Notverordnungsrecht des Art. 48 WRV dem Parlament den Rückzug aus der Gesetzgebungsverantwortung erleichtert und so die Umwandlung der parlamentarischen Demokratie in eine Präsidialdiktatur begünstigt. Die Selbstausschaltung des Parlaments war dann nach der Machtübernahme der Nationalsozialisten durch das Ermächtigungsgesetz vom 24. März 1933, das die gesamte Gesetzgebungsgewalt einschließlich des Rechts zur Verfassungsänderung auf die Reichsregierung übertrug, besiegelt worden. Im Lichte dieser Erfahrungen lag den Autoren des Grundgesetzes daran, das Parlament an einer Preisgabe seiner Verantwortung zu hindern. Deswegen kam es zu einer starken Beschränkung des Verordnungsrechts im Grundgesetz. Ein originäres Verordnungsrecht der Exekutive ist danach völlig ausgeschlossen, auch für Ausnahmesituationen. Das Verordnungsrecht muß vielmehr in jedem Fall vom Parlament übertragen werden. Dabei ist aber eine Pauschalübertragung nach der Art des Ermächtigungsgesetzes unzulässig. Gemäß Art. 80 GG gibt es vielmehr nur noch begrenzte Ermächtigungen, die Inhalt, Zweck und Ausmaß der Übertragung in dem ermächtigenden Gesetz selbst bestimmen müssen. Diese Regelung übernimmt Art. 70 LV für Nordrhein-Westfalen. Über die Grenzen der Ermächtigung, wie sie in der Schrankentrias von Art. 80 GG bzw. 70 LV bezeichnet sind, hat sich im Laufe der Zeit keine Klarheit ergeben.[131] Die Rechtsprechung des Bundesverfassungsgerichts bleibt weitgehend kasuistisch, läßt aber jedenfalls mit wachsendem zeitlichen Abstand von der Weimarer Republik eine Lockerung der Anforderung erkennen.[132]

d) Notverordnungsrecht

Das Grundgesetz sieht auch im Ausnahmezustand kein Notverordnungsrecht der Regierung vor, sondern richtet nach Art. 53a GG ein Notparlament ein. Anders die Landesverfassung: nach Art. 60 LV tritt in Notfällen ein vereinfachtes Gesetzgebungs-

---

130 Vgl. hierzu o. unter Anm. 57.
131 Vgl. Hierzu *Hasskarl,* Die Rechtsprechung des BVerfG zu Art. 80 Abs. 1 Satz 2 GG, in: AöR 94 (1969), 85 ff.; *Wilke,* Bundesverfassungsgericht und Rechtsverordnungen, in: AöR 98 (1973), 196 ff.; *Lepa,* Verfassungsrechtliche Probleme der Rechtsetzung durch Rechtsverordnung, in: AöR 105 (1980), 337 ff.
132 Vgl. hierzu neben den in Anm. 131 genannten Autoren die Übersichten bei *Dickersbach,* in: Geller-Kleinrahm, Art. 70, Anm. 11 c) und *Hesse,* Grundzüge, Rdnr. 528, jew. m. w. N.

verfahren an die Stelle der parlamentarischen Gesetzgebung. Voraussetzung ist, daß der Landtag durch höhere Gewalt am Zusammentreten gehindert ist und daß dies durch Mehrheitsbeschluß des Landtagspräsidenten und seiner Stellvertreter festgestellt wird. Die Regierung hat dann das Recht zum Erlaß gesetzesvertretender Verordnungen. Die Ermächtigung ist aber in vierfacher Hinsicht begrenzt, zunächst durch den Zweck: die Maßnahmen müssen der Aufrechterhaltung der öffentlichen Ruhe und Ordnung oder der Beseitigung des Notstands dienen; sodann durch ihre Reichweite: sie haben sich im Rahmen der Verfassung zu halten; ferner durch die Zustimmung des Hauptausschusses des Landtages, oder, wenn auch dieser am Zusammentreten verhindert ist, durch die Gegenzeichnung des Landtagspräsidenten; schließlich zeitlich: die Feststellung des Notstands gilt nur für einen Monat und muß dann gegebenenfalls wiederholt werden. Sobald der Landtag wieder in der Lage ist, sich zu versammeln, sind ihm die Notverordnungen zur Genehmigung vorzulegen. Verweigert er die Genehmigung muß die Landesregierung sie unverzüglich außer Kraft setzen.

e) Verfassungsänderung

Auch die Verfassungsänderung ist auf den Weg der Gesetzgebung verwiesen. Sie kann nach Art. 69 Abs. 1 und 2 LV entweder vom Landtag oder vom Volk beschlossen werden. Verfassungsänderungen durch den Landtag bedürfen einer Mehrheit von zwei Dritteln der gesetzlichen Mitgliederzahl. Nur wenn ein Antrag auf Verfassungsänderung nicht diese Mehrheit findet, kann das Vok eingeschaltet werden, und zwar sowohl durch den Landtag als auch durch die Landesregierung. Eine eigene Volksinitiative auf Verfassungsänderungen im Wege des Volksbegehrens ist nicht vorgesehen. Beim Volksentscheid über eine Verfassungsänderung genügt die absolute Mehrheit. Verfassungsänderungen setzen immer eine ausdrückliche Änderung oder Ergänzung des Verfassungstextes voraus. Ebenso will es Art. 79 Abs. 1 GG. Er reagiert damit auf die in der Weimarer Republik anerkannte Praxis der Verfassungsdurchbrechungen. Dagegen folgt die Landesverfassung nicht der Regel des Art. 79 Abs. 3 GG und nimmt keine ihrer Bestimmungen von dem Änderungsrecht aus. Eine materielle Schranke der Verfassungsänderung ergibt sich freilich aus der Homogenitätsklausel des Art. 28 GG.

2. Verwaltung

Die Landesverfassung schreibt in ihren Eingangsbestimmungen (Art. 3 Abs. 2 LV) die Verwaltungsfunktion der Landesregierung sowie den Gemeinden und Gemeindeverbänden als Trägern zu und trifft dann in Art. 77 ff. einige Bestimmungen über die Verwaltungsorganisation und den öffentlichen Dienst. Was unter Verwaltung materiell zu verstehen ist, wird hier ebensowenig dargelegt wie im Grundgesetz, sondern vorausgesetzt. Es entzieht sich auch weitgehend der Definition, nicht anders als die Tätigkeit der

Regierung.[133] Regierung und Verwaltung werden gewöhnlich in dem Begriff der Exekutive zusammengefaßt. Zwischen beiden verläuft aber eine wichtige, wenngleich nicht völlig trennscharfe Grenze. Während die Regierung, teils gemeinsam mit dem Parlament, die politische Zielsetzungskompetenz hat und für ihre Ziele Konsens und Folgebereitschaft beschaffen muß und dafür die politische Verantwortung vor dem Wähler trägt, besitzt die Verwaltung die Zielverwirklichungskompetenz, ist aber von Konsensbeschaffung und politischer Verantwortung entlastet. Daher kann sie auch permanent amtieren, während die politischen Gewalten auswechselbar sein müssen. Funktionsbedingung des Systems ist dann allerdings die parteipolitische Neutralität und Regierungsloyalität der Verwaltung, wie sie Art. 80 Abs. 1 LV vorschreibt.

Insgesamt bleiben die Bestimmungen der Landesverfassung über die Verwaltung spärlich. Art. 77 LV schreibt für die Organisation der Landesverwaltung und die Regelung der Zuständigkeiten die Gesetzesform vor. Die Behördeneinrichtung im einzelnen obliegt dann der Landesregierung oder dem von ihr ermächtigten Minister. Lediglich der Landesbeauftragte für den Datenschutz ist seit 1978 eigens in der Landesverfassung vorgesehen. Art. 77 a LV, der das bestimmt, erweist sich so als organisationsrechtliche Ergänzung zu dem gleichzeitig in die Verfassung eingefügten Datenschutz-Grundrecht des Art. 4 Abs. 2 LV.

Art. 78 LV gewährleistet schließlich die Autonomie der Kommunen, und Art. 79 LV sichert ihnen hinreichende Einnahmen zu. Wegen der Einzelheiten wird auf den Abschnitt über Kommunalrecht verwiesen.

3. Rechtsprechung

Ähnlich zurückhaltend verfährt die Landesverfassung mit der sogenannten dritten Gewalt.[134] Art. 3 Abs. 3 LV weist die Rechtsprechung den Richtern zu und sichert ihre Unabhängigkeit. Diese Unabhängigkeit ist eine Konsequenz des rechtsstaatlichen Systems, demzufolge Herrschaft nicht nach subjektivem Belieben, sondern nur auf der Grundlage und im Rahmen von Gesetzen ausgeübt werden soll. Zwar kommen die Gesetze selbst durch politische Entscheidung zustande und können durch politische Entscheidung auch wieder aufgehoben werden. Die Anwendung des Gesetzes darf aber, wenn das Gesetz gerade als Mittel der Bindung politischer Macht fungiert, selbst nicht mehr politisch gelenkt werden. Auch die Entscheidung über die Bedeutung des Gesetzes im Streitfall muß dann gegen politische Einflußnahmen abgeschirmt werden. Unab-

---

133 Vgl. hierzu *Wolff*, in: Wolff-Bachof, Verwaltungsrecht Bd. 1, 9. Aufl. (1974), § 2.
134 Die Gründe für diese Zurückhaltung der Landesverfassung dürften im wesentlichen in ihrer Entstehungsgeschichte zu suchen sein. Es ist dem VerfA nicht gelungen, über ein „kleines, dürftiges Kapitel" (Abg. *Jacobi*, SPD, Prot. VA, 9/234) hinaus kompromißfähige Regelungen zu finden, welche Bedeutung und Strukturen einer unabhängigen Rechtspflege schon in der LV grundlegend hätten umreißen können; vgl. hierzu *Dickersbach*, in: Geller-Kleinrahm, Art. 72 Anm. 1.

hängigkeit des Richters bedeutet also vor allem Unabhängigkeit von politischen Weisungen, Regierungswechseln, Wahlen etc. Das ist demokratisch erträglich, weil der Richter keine originäre Entscheidungsgewalt besitzt, sondern nur gesetzlichen Vorentscheidungen im Einzelfall zur Durchsetzung verhilft. Insofern erscheint die strikte Gesetzesbindung als Kehrseite der richterlichen Unabhängigkeit. Es muß dann freilich systemgefährdend wirken, wenn die Gesetze in zunehmendem Maße nur noch Scheinbindungen erzeugen und unter den Deckmantel von Zielnormen, Generalklauseln und unbestimmten Rechtsbegriffen dem Richter de facto Gestaltungsmacht übertragen.

Im Organisationsteil der Landesverfassung finden sich dann zur rechtsprechenden Gewalt nur noch wenige Detailregelungen. Art. 72 LV garantiert die Mitwirkung von Laienrichtern nach Maßgabe der Prozeßordnungen. Art. 73 LV überträgt die in Art. 98 Abs. 2 GG für Bundesrichter vorgesehene Richteranklage auch auf die Richter des Landes. Entscheidungsinstanz bleibt aber das Bundesverfassungsgericht. Gegenstand der Richteranklage ist ein Verstoß des Richters gegen die Grundsätze des Grundgesetzes oder die verfassungsmäßige Ordnung des Landes. Das Antragsrecht besitzt die Mehrheit der gesetzlichen Mitgliederzahl des Landtags. Eine Verurteilung setzt eine Zwei-Drittel-Mehrheit im Bundesverfassungsgericht voraus.

Die Sanktion besteht in der Versetzung des Richters in ein anderes Amt oder in den einstweiligen Ruhestand. Bei vorsätzlichem Verstoß kann er auch seines Amtes gänzlich enthoben werden.

Art. 74 LV gibt, wie früher schon erwähnt, eine verfassungsrechtliche Garantie der Verwaltungsgerichtsbarkeit, die das Grundgesetz nicht kennt. Wegen des Verfassungsgerichtshofs wird auf den Abschnitt über die Staatsorganisation verwiesen.[135]

4. Finanzwesen

Die Finanzierung der Staatsaufgaben ist selbst keine Staatsfunktion, wohl aber die Voraussetzung für die Erfüllung der Staatsfunktionen. Die Landesverfassung regelt nur einen Teilbereich dieses Vorgangs, nämlich die Disposition über die vorhandenen Mittel und die dabei zu beobachtende Funktionenteilung zwischen Parlament, Regierung und Kontrollgremien. Grundsätzlich genießen die Länder in der Disposition über ihre Mittel Autonomie. Seit der Grundgesetz-Reform von 1969, die den dualistischen Föderalismus teilweise durch den kooperativen Föderalismus ersetzte, ist aber der Grundsatz unabhängiger Haushaltswirtschaft, wie ihn Art. 109 Abs. 1 GG aufstellt, teilweise durchbrochen. Nach Art. 109 Abs. 3 und 4 GG sind die Länder bei der Gestaltung ihres Finanzwesens an Bundesgrundsätze gebunden.[136]

---

[135] S. o. V. 4.
[136] Vgl. hierzu F. *Klein*, in: Benda/Maihofer/Vogel, 865 f., 890 ff.; *Maunz*, in: Maunz-Dürig, Art. 109 VII Rdnrn. 51–59.

Die Haushaltsverabschiedung steht dem Parlament zu. Die Staatsfinanzen werden vom Volk erwirtschaftet. Daher soll die Volksvertretung über ihre Verwendung befinden. Sie muß sich dabei aber am Landesbedarf orientieren. Art. 81 Abs. 1 LV macht es ihr zur verfassungsrechtlichen Pflicht, für die Deckung dieses Bedarfs durch die Bewilligung der erforderlichen Mittel zu sorgen. Die Pflicht ist freilich rechtlich nicht leicht zu operationalisieren, weil der Begriff des Bedarfs wieder auf eine politische Entscheidung zurückverweist. Von einem Verstoß wird man daher nur dann ausgehen können, wenn für verfassungsrechtlich oder gesetzlich vorgeschriebene Organe oder Tätigkeiten die Mittel verweigert werden.[137]

Die Bedarfsermittlung vollzieht sich von unten nach oben. Die unteren Verwaltungsstellen veranschlagen die von ihnen benötigten Mittel und beantragen sie bei der nächst höheren Stelle, die für ihren Bereich eine Abstimmung der Anforderungen vornimmt, bis schließlich die Landesregierung die Anforderungen zu einem Gesamtplan zusammenstellt. Dieser muß nach Art. 81 Abs. 2 LV vollständig und soll ausgeglichen sein. Aus der Entstehungsweise des Haushaltsplans erklärt es sich, daß, abweichend von der übrigen Gesetzgebung, das Initiativrecht hier allein bei der Regierung liegt. Die Feststellung des Haushaltsplans erfolgt dann durch Parlamentsbeschluß in der Form des Gesetzes. Gleichwohl enthält der Haushaltsplan keine Rechtsnormen. Er ist also nur Gesetz im formellen Sinn[138] und kann folglich auch keine Rechtswirkung im Außenverhältnis zwischen Staat und Bürgern schaffen.

Art. 81 Abs. 3 LV verlangt die Feststellung des Haushaltsplans vor Beginn des Haushaltsjahres. Die Landesverfassung trägt in Art. 82 LV aber dem Umstand Rechnung, daß es häufig nicht gelingt, die Frist des Art. 81 Abs. 3 LV einzuhalten. In diesem Fall darf die Landesregierung vorab solche Ausgaben tätigen, die zur Erfüllung gesetzlicher Aufgaben oder rechtlicher Verpflichtungen nötig sind und Beschaffungen oder Leistungen fortsetzen, für die im Vorjahreshaushalt Mittel bereitgestellt waren. Erweist sich im Laufe eines Haushaltsjahres, daß die beschlossenen Ansätze nicht ausreichen, so besteht nach Art. 81 Abs. 2 LV die Möglichkeit, einen Nachtragshaushalt zu beschließen. Im Fall eines unvorhergesehenen und unabweisbaren Bedürfnisses, das die zeitraubende Aufstellung eines Nachtragshaushalts nicht erlaubt, sind nach Art. 85 LV ausnahmsweise auch außerplanmäßige oder überplanmäßige Ausgaben zulässig, wenn der Finanzminister ihnen zustimmt.[139] Dieser muß aber nachträglich die Genehmigung des Landtags einholen.

Über das Haushaltsgebaren des Landes ist die Landesregierung dem Landtag Rechenschaft schuldig. Sie erfüllt diese Pflicht durch eine im jeweils nächsten Haushaltsjahr fällig werdende Rechnungslegung, die gem. Art. 86 Abs. 1 LV der Finanzminister zu erstellen hat. Die Rechnungsprüfung erfolgt nach Art. 86 Abs. 2 LV durch den Landes-

---

137 Vgl. hierzu *Dickersbach*, in: Geller-Kleinrahm, Art. 81 Anm. 3 m.w.N.
138 A. A. m.w.N. zum Streitstand *Dickersbach*, in: Geller-Kleinrahm, Art. 81 Anm. 5.
139 Vgl. BVerfG v. 25. Mai 1977 mit Anm. Grimm, JZ 1977, 682.

rechnungshof. Gemäß Art. 87 LV ist dieser eine selbständige, nur dem Gesetz unterworfene oberste Landesbehörde.[140] Seine Mitglieder genießen richterliche Unabhängigkeit. Der Rechnungshof berichtet über das Ergebnis seiner Prüfung dem Landtag. Dieser erteilt aufgrund des Berichts der Landesregierung Entlastung.

VII. Grundrechte und Ordnung des Gemeinschaftslebens

1. Verhältnis von Bundes- und Landesgrundrechten

a) Rezeption der Bundesgrundrechte

Der Grundrechtsteil der Landesverfassung von Nordrhein-Westfalen weist eine Besonderheit auf, die sonst nur noch die baden-württembergische Landesverfassung kennt. In Art. 4 Abs. 1 LV werden die Grundrechte und die staatsbürgerlichen Rechte des Grundgesetzes zu unmittelbar geltendem Verfassungsrecht des Landes erklärt. Verglichen mit den zum Teil sehr ausführlichen Grundrechtskatalogen vor allem der vorgrundgesetzlichen Länderverfassungen ist das eine auffällige Abweichung. Sie läßt sich anhand der Entstehungsgeschichte des Art. 4 Abs. 1 LV im wesentlichen auf drei Gründe zurückführen. Zum einen handelt es sich bei Art. 4 Abs. 1 LV um einen Kompromiß zwischen einer eher unitaristischen und einer eher föderalistischen Strömung innerhalb des verfassungsberatenden Landtags. Erstere, vertreten vor allem durch SPD und FDP, wollte das Maß an eigenständig verfaßter Landesstaatlichkeit so gering wie möglich halten und sprach sich deshalb für ein reines Organisationsstatut aus. Letztere hingegen, vertreten durch CDU und Zentrum, strebte eine „Vollverfassung" an, die über Organisation und Funktionen hinaus auch die Ordnungsprinzipien für das Gemeinschaftsleben und die fundamentalen Rechte und Pflichten aller Staatsbürger festlegen sollte.[141] Zum zweiten spielte der Gesichtspunkt eine Rolle, daß die Anpassung eigener Landesgrundrechte an den mittlerweile vorliegenden Grundrechtskatalog des Grundgesetzes nur in zeitaufwendigen Beratungen erwartet werden konnte. Im Hinblick auf den Zeitdruck, unter dem sich die Verfassungsberatungen in Nordrhein-Westfalen nach Inkrafttreten des Grundgesetzes befanden, erschien eine en-bloc-Rezeption des Grundrechtskataloges der Bundesverfassung als naheliegende Lösung. Mit einer solchen Rezeption sollte zum dritten auch einer Möglichkeit Rechnung getragen werden, die sich aus dem vorläufigen „provisorischen" Charakter der Bundesverfassung ergab. Für den Fall, daß das Grundgesetz im Zuge der Herstellung gesamtdeut-

---

140 Die Rechtsstellung des Landesrechnungshofes ist damit verhältnismäßig gut abgesichert, wie etwa im Vergleich mit der Rechtslage nach der hessischen Landesverfassung deutlich wird, s. hierzu W. *Schmidt*, Verfassungsrecht, in: Meyer/Stolleis (Hrsg.), Hessisches Staats- und Verwaltungsrecht, 1983, 38 f.
141 Vgl. Abg. Dr. *Scholtissek* (CDU), Prot. VA 26/668.

scher Einheit eingeschränkt oder aufgehoben werden müßte, war auf diese Weise die Geltung seiner Grundrechte jedenfalls im Land Nordrhein-Westfalen sichergestellt und die Gefahr eines „Grundrechtsvakuums" beseitigt.[142]

b) Bedeutung und Umfang der Rezeption

Seinem entstehungsgeschichtlich begründeten reaktiven und kompromißhaften Charakter entsprechend darf die rechtliche Bedeutung des Art. 4 Abs. 1 LV nicht überschätzt werden. Seine eigenständige rechtliche Funktion besteht darin, geltendes Bundesverfassungsrecht kraft landesverfassungsrechtlich bindender Regelung als unmittelbar geltendes Landesverfassungsrecht für anwendbar zu erklären. Er bewirkt gewissermaßen eine **Verdoppelung** des Grundrechtsschutzes: das jeweils einschlägige Grundrecht soll – ohne Inhaltsverschiebungen im übrigen – innerhalb der Landesgrenzen sowohl als Bundes- wie auch als Landesgrundrecht gelten. Im Hinblick auf diese, soweit ersichtlich nirgends bezweifelte, doppelte Geltung erscheint die Streitfrage dann als nachrangig, ob es sich hierbei um zwei selbständige inhaltsgleiche Grundrechte oder um ein und dasselbe, allerdings doppelt garantierte Grundrecht handelt.[143]

Hinsichtlich des Umfangs, in dem die Bundesgrundrechte in das Landesverfassungsrecht übernommen werden, eröffnet Art. 4 Abs. 1 LV der Rechtsanwendung im Lande keinerlei Spielraum. Er erklärt sie zum „Bestandteil" der Landesverfassung und übernimmt sie damit im Verhältnis uneingeschränkter inhaltlicher Übereinstimmung.[144] Problematisch könnte in diesem Zusammenhang allenfalls sein, daß sich Art. 4 Abs. 1 LV bei der Übernahme auf das Grundgesetz „in der Fassung vom 23. Mai 1949" bezieht. Diese Bezugnahme ließe die Deutung zu, daß nachträgliche Änderungen des Grundgesetzes an der Rezeption nicht teilhaben sollten, die Übernahme also statischen, nicht dynamischen Charakter hätte. Indessen ging es dem Verfassungsgeber nur darum, im Falle einer gänzlichen Aufhebung oder drastischen Einschränkung der Bundesverfassung ein Grundrechtsvakuum zu vermeiden. Dagegen war es nicht seine Absicht, einen einmal übernommenen normativen Grundrechtsbestand einzufrieren. Zweck der Regelung ist vielmehr der Kontaktschluß zum lebendigen Verfassungsrecht des Grundgesetzes in seinem jeweils geltenden Bestand. Das gilt auch für den interpretativen Verfassungswandel einschließlich der Beiträge des Bundesverfassungsgerichts zur Präzisierung und Bedeutungserweiterung der Grundrechte. Nur so können auch Probleme vermieden werden, welche entstehen müßten, wenn Landes- und Bundesverfassungsrecht sich im Zuge der Fortentwicklung der Bundesgrundrechte inhaltlich immer weiter von-

---

142 Hierzu *ders.*, aaO. (Anm. 141) und Innenminister Dr. *Menzel* (CDU), Prot. VA 26/667 ff.
143 Vgl. hierzu OVG Münster als Verfassungsgerichtshof für das Land Nordrhein-Westfalen in VerwRspr 5, 9, 11 ff. einerseits und BVerfGE 22, 267, 271 andererseits; ferner *Dickersbach*, in: Geller-Kleinrahm, Art. 4 Anm. 2 a) m.w.N.; *Tilch*, aaO. (Anm. 1), 552 m.w.N.
144 *Dickersbach*, in: Geller-Kleinrahm, Art. 4 Anm. 2 b) m.w.N.

einander entfernten. Die Rezeption wird man trotz des mißverständlichen Wortlautes von Art. 4 Abs. 1 LV daher als dynamische zu verstehen haben.[145]

c) Probleme der Doppelgeltung

Wegen der durch Art. 4 Abs. 1 LV bewirkten Verdoppelung des Grundrechtsschutzes kann diese Regelung nicht als „juristisch leerlaufende Deklaration" bezeichnet werden.[146] Gerade die Verdoppelung wirft aber auch einige materiellrechtliche und prozessuale Probleme auf, die noch nicht durchweg geklärt sind. Ansätze ergeben sich jedoch aus der thematisch umfassenderen Diskussion des Verhältnisses von Landes- und Bundesverfassungsrecht überhaupt bzw. des Regelungsgehalts von Art. 31 und 142 GG.[147] Dabei steht die Möglichkeit parallel geltender Bundes- und Landesgrundrechte nach der heute herrschenden Auslegung von Art. 142 GG außer Streit.[148] Schwieriger ist dagegen die Frage nach den Konsequenzen einer solchen Parallelgeltung zu beantworten. Dabei müssen zwei Fragenkomplexe und innerhalb dieser wieder verschiedene Konstellationen unterschieden werden. Der erste Komplex betrifft die Bindungswirkung der Grundrechte auf wechselnden Ebenen: die Bindung der Bundesstaatsgewalt an Landesgrundrechte einerseits, die Bindung der Landesstaatsgewalt an Bundesgrundrechte andererseits. Der zweite Komplex betrifft die Durchsetzbarkeit der Grundrechte vor den Verfassungsgerichten, wiederum auf wechselnden Ebenen und mit wechselnden Maßstäben.

Bindungswirkung der Landesgrundrechte für die Bundesstaatsgewalt — Hier muß zwischen dem Bundesgesetzgeber einerseits und der Bundesexekutive und -judikative anderseits differenziert werden. Der Bundes**gesetzgeber** kann nicht an Landesgrundrechte gebunden sein. Das folgt aus Art. 20 Abs. 3 GG, der den Bundesgesetzgeber auf die verfassungsmäßige Ordnung und damit auf die Gesamtheit aller Normen des Grundgesetzes verpflichtet,[149] in Verbindung mit Art. 31, 70ff. GG. Daher kann der Bundesgesetzgeber kein Landesgrundrecht, auch kein parallel geltendes verletzen.[150] Landesgrundrechte vermögen aus sich heraus aber auch nicht die Organe der **Bundesexekutive und -judikative** zu binden. Eine Bindung könnte insoweit also nur vermittelt durch das Grundgesetz eintreten. Eine solche Vermittlung findet aber in Art. 20 Abs. 3 GG statt, der die vollziehende und die rechtsprechende Gewalt an „Gesetz und Recht" bindet, wozu auch das Landesverfassungsrecht gehört. Dessen Geltung wird also

---

145 *Ders.*, Art. 4 Anm. 2d) m. w. N.
146 So aber *Kleinrahm*, in: Loschelder/Salzwedel, 57.
147 S. hierzu die Nachweise unter Anm. 1.
148 Vgl. hierzu BVerfGE 22, 267, 270ff.; 36, 262, 366; *v. Ohlshausen*, aaO. (Anm. 1), 117, 137; *Tilch*, aaO. (Anm. 1), 554ff.; *Dickersbach*, in: Geller-Kleinrahm, Art. 4 Anm. 3 b).
149 *Herzog*, in: Maunz-Dürig, Art. 20 IV Rdnr. 9 m. w. N.
150 *Sachs*, aaO. (Anm. 1), 475.

hier auf die zweite und dritte Gewalt des Bundes erstreckt.[151] Von ihnen kann folglich auch eine Verletzung von Landesverfassungsrecht ausgehen. Freilich muß es sich um Landesverfassungsrecht handeln, das nicht durch Art. 31 GG derogiert ist.

Bindungswirkung der Bundesgrundrechte für die Landesstaatsgewalt — Diese Frage findet ihre Antwort in Art. 1 Abs. 3 GG. Die dort statuierte Bindungswirkung der Bundesgrundrechte gilt für die gesamte auf dem Gebiet der Bundesrepublik tätige Staatsgewalt. Art. 1 Abs. 3 GG durchbricht also die Trennung von Bundes- und Landesstaatlichkeit und erstreckt die Schutzwirkung der Bundesgrundrechte auch auf das Verhältnis des Bürgers zur Landesstaatsgewalt. Daneben besteht freilich ihre Bindung an die Landesgrundrechte unverändert fort.

Durchsetzbarkeit der Grundrechte vor den Verfassungsgerichten — Bundesorgane unterstehen nur dem Grundgesetz (und der Landesverfassung nur, soweit das Grundgesetz dies anordnet). Daraus folgt, daß Bundesorgane, auch wegen Verstoßes gegen Landesgrundrechte, grundsätzlich nicht vor dem Landesverfassungsgericht, sondern nur vor dem Bundesverfassungsgericht zur Rechenschaft gezogen werden können, das aber ggf. Landesverfassungsrecht zum Prüfungsmaßstab machen muß. Umgekehrt darf jedoch das Bundesverfassungsgericht wegen der unmittelbaren Bindungswirkung von Art. 1 Abs. 3 GG für die Landesstaatsgewalt die Akte von Landesorganen an den Bundesgrundrechten messen.

Damit verbleibt als Problemfall das Verfahren vor den **Landesverfassungsgerichten**, wenn sie die Anwendung einfachen **Bundesrechts** am Maßstab der **Landesgrundrechte** beurteilen wollen. Das Problem liegt darin, daß diese Beurteilung nicht ohne weiteres anhand der Landesgrundrechte erfolgen kann. Materiellrechtlich folgt dies aus dem Umstand, daß der Bundesgesetzgeber allein an die Bundesverfassung gebunden ist (Art. 20 Abs. 3 GG), allein in dieser also auch die Maßstäbe der Auslegung einfachen Bundesrechts aufgesucht werden können. Darüberhinaus legt Art. 31 GG — dessen Anwendung Art. 142 GG hier nicht im Wege steht — den Vorrang (auch) des verfassungsmäßigen einfachen Bundesrechts gegenüber jeweils einschlägigen Landesgrundrechten fest. In prozessualer Hinsicht führt dies dazu, daß das angerufene Landesverfassungsgericht in jedem derartigen Fall sich zunächst der Geltung bzw. Anwendbarkeit des ihm allein zur Verfügung stehenden Kontrollmaßstabes der Landesgrundrechte zu vergewissern hat. Es muß also in jedem derartigen Fall die Vorfrage implizit prüfen, ob die Landesgrundrechte durch entgegenstehendes, aber verfassungsmäßiges Bundesrecht verdrängt werden oder ob dies deswegen nicht der Fall ist, weil die im konkreten Fall vollzogene Anwendung einfachen Bundesrechts gegen Bundesgrundrechte verstößt, das einfache Bundesrecht **insoweit** keinen normativen Bestand haben und somit auch entgegenstehende Landesgrundrechte nicht derogieren kann. Kommt das Landesverfas-

---

151 *Ders.,* aaO. (Anm. 1), 475 in Auseinandersetzung mit der Ansicht von *Friesenhahn,* aaO. (Anm. 1), 764, es könnten die Grundrechtsnormen der Landesverfassung nur die Landesorgane binden.

sungsgericht dabei zu dem Schluß, daß die Anwendung einfachen Bundesrechts durch die Landesstaatsgewalt gegen Bundesgrundrechte verstößt, so steht damit zugleich immer auch fest, daß entsprechende parallel geltende Landesgrundrechte verletzt sind und als solche prozessual geltend gemacht werden können.[152]

Das Landesverfassungsgericht prüft also nicht eigentlich Bundesrecht auf seine Übereinstimmung mit dem Grundgesetz, was es nicht darf, sondern es zieht implizit Bundesgrundrechte als Prüfungsmaßstab heran, dies jedoch nur deshalb, um die Anwendbarkeit der Landesgrundrechte in der Hauptfrage feststellen zu können. Insoweit ist die implizite Heranziehung der Bundesverfassung durch das Landesverfassungsgericht also eine überhaupt nicht zu umgehende Notwendigkeit (deren Bestehen im übrigen auch im GG in Art. 100 Abs. 3 mittelbar zum Ausdruck kommt).[153] Nicht auf der Ebene der Normsetzung, wohl aber im Bereich der Normanwendung entfaltet die Übernahme der Bundesgrundrechte in Art. 4 Abs. 1 LV gerade als en-bloc-Rezeption ihre eigenständige Bedeutung. Infolge einer hier normativ festgelegten Parallelgeltung von Landes- und Bundesgrundrechten verletzt die verfassungswidrige Anwendung einfachen Bundesrechts neben dem einschlägigen Bundesgrundrecht immer zugleich auch das jeweilige „Parallelgrundrecht" der Landesverfassung.

d) Zuständigkeit der Verfassungsgerichte

Die in materiellrechtlicher Hinsicht eintretende „Verdoppelung" des Grundrechtsschutzes wirkt sich auch in prozessualer Hinsicht aus. Soweit im Geltungsbereich der Landesverfassung diese Verdoppelung überhaupt zu Zuständigkeitsproblemen führen kann, d. h. also bei der abstrakten Normenkontrolle nach Art. 75 Nr. 3 LV, § 13 Nr. 6 VGHG und der Richtervorlage nach Art. 100 Abs. 1 GG, § 13 Nr. 7 VGHG — wobei für den soeben erörterten Fall der **Anwendung** einfachen Bundesrechts nur letztere in Frage kommen kann — wird von der ganz überwiegenden Meinung in Rechtsprechung und Literatur eine Doppelzuständigkeit von Bundes- und Landesverfassungsgericht mit Wahl- und Kumulationsmöglichkeit des Antragstellers angenommen.[154] Die Doppelspurigkeit der in Betracht kommenden Verfahren und die Möglichkeit divergierender bundes- und landesverfassungsgerichtlicher Entscheidungen stellen den Preis dar, um den allein das föderalistische Prinzip der Abgrenzung von Sphären eigenständig verfaßter Staatlichkeit in Bund und Ländern gewahrt bleiben kann. Allerdings verringert Art. 100 Abs. 1, Abs. 3 GG die Gefahr eines Auseinanderdriftens von Landes- und Bundesverfassungsgericht ganz erheblich,[155] und überdies kann es aufgrund der genannten

---

152 Vgl. hierzu ausführlich v. *Ohlshausen,* aaO. (Anm. 1), 137f., 141f.; a.A. demgegenüber *Tilch,* aaO. (Anm. 1), 565f.
153 v. *Ohlshausen,* aaO. (Anm. 1), 151 ff.; *Bethge,* in: Starck/Stern II, 28 f. m.w.N.
154 Vgl. *Dickersbach,* in: Geller-Kleinrahm, Art. 4 Anm. 3 c) m.w.N. in Fn. 27.
155 *v. Ohlshausen,* aaO. (Anm. 1), 152 ff.; *Tilch,* aaO. (Anm. 1), 559 ff.; zum Gesichtspunkt der Verfahrensökonomie *Groschupf,* in: Starck/Stern II, 98.

Kompetenzvorschriften nur in einem außerordentlich engen Feld überhaupt zu einer echten Doppelspurigkeit des Verfahrens kommen, so daß diese Möglichkeit praktisch kein erhebliches Gewicht erlangen wird.

2. Das Datenschutz-Grundrecht

Art. 4 Abs. 2 LV stellt in der Entwicklung des deutschen Verfassungsrechts ein Novum dar. Durch verfassungsänderndes Gesetz vom 19. Dezember 1978[156] eingefügt, positiviert er erstmals in einer deutschen Verfassung ein besonderes Grundrecht auf Schutz personenbezogener Daten. Es war nun allerdings nicht Zweck dieser Verfassungsänderung, Notwendigkeit und Bedeutung eines modernen Datenschutzes[157] überhaupt erst im Bereich des positiven Verfassungsrechts anzuerkennen. Dem verfassungsändernden Landtag, in dessen Beratungen mehrfach auf die Rechtsprechung des Bundesverfassungsgerichts zum Art. 2 Abs. 1, 1 Abs. 1 GG (Schutz des allgemeinen Persönlichkeitsrechts auch im Bereich der Erhebung und Verarbeitung personenbezogener Daten)[158] sowie das nicht zuletzt in Reaktion hierauf ergangene Bundesdatenschutzgesetz vom 27. Januar 1977[159] Bezug genommen wurde,[160] ging es um mehr. Als „Signal für Bonn"[161] sollte der Bedeutung des Datenschutzes in einem eigenständigen Grundrecht Rechnung getragen werden, dessen Formulierung zugleich verschiedene Lücken des bundesverfassungsrechtlichen Datenschutzes schließen[162] und dessen Konkretisierung in einem Landesdatenschutzgesetz die Mängel des Bundesdatenschutzgesetzes wenigstens zum Teil kompensieren sollte.[163]

Die Formulierung, die das Grundrecht in Art. 4 Abs. 2 LV gefunden hat, wirft allerdings eine ganze Reihe von Problemen auf. Satz 1 verleiht jedermann einen Anspruch

---

156 GV NW, 632.
157 Der Begriff ist mißverständlich. Selbstverständlich geht es hier nicht in erster Linie um den Schutz „der Daten". Insoweit handelt es sich um das Problem der Datensicherung, vgl. § 6 DSG NW und *v. d. Groeben*, in: Ruckriegel u. a., Erl. 3 zu § 6. Das Motiv der Verfassungsänderung war vielmehr der Schutz des Bürgers, dessen „Sozialprofil" mehr oder weniger weitgehend über solche Daten erstellt werden kann; s. hierzu *Ruckriegel*, in: Ruckriegel u. a., Erl. 1 u. 3 zu § 19; *Schwan*, Amtsgeheimnis oder Aktenöffentlichkeit?, 1984, 60.
158 Beginnend bei BVerfGE 27, 1, 6, fortgeführt in BVerfGE 32, 373, 379; 33, 367, 376 ff.; 34, 238, 245 f.; 35, 202, 220; 44, 353, 372 f.; die für die künftige Rechtsentwicklung im Bereich des Datenschutzes zentrale Entscheidung des BVerfG v. 15. Dezember 1983, BVerfGE 65, 1 ff. konnte der Landtag von Nordrhein-Westfalen bei der Beratung des Landesdatenschutzgesetzes und des Art. 4 Abs. 2 LV natürlich noch nicht berücksichtigen.
159 BGBl. I, 201.
160 Vgl. Abg. *Schwarz* (CDU), Prot. LT 8/94, 6335; Abge. *Brunn* (SPD), Prot. LT 8/94, 6337; Abg. *Hein* (SPD), Prot. LT 8/94, 6346.
161 So der Abg. *Schwarz* (CDU), Prot. LT 8/94, 6335 B.
162 Vgl. Abg. Dr. *Fell* (CDU), Prot. LT 8/94, 6341 C.
163 Vgl. Abg. *Hein* (SPD), Prot. LT 8/94, 6346 C; Innenminister Dr. *Hirsch*, Prot. LT 8/94, 6344 A.

auf Schutz seiner personenbezogenen Daten. Damit fällt Art. 4 Abs. 2 LV aus der gewohnten Grundrechtstypik heraus. Die Grundrechte des Grundgesetzes, die sich auf den Einzelnen beziehen, erscheinen regelmäßig als subjektive Abwehrrechte gegen den Staat. Sie gewähren ihrem Träger für bestimmte Sozialbereiche oder Sozialbeziehungen Freiheit und sichern diese durch einen Anspruch, der auf ein Unterlassen des Staates gerichtet ist, nämlich auf das Unterlassen solcher Freiheitsbeschränkungen, die das Grundrecht nicht zuläßt. Rechtsprechung und Lehre haben diese subjektivrechtliche Seite der Grundrechte um eine objektivrechtliche ergänzt.[164] Die Grundrechte fungieren danach auch als Gestaltungsprinzipien für die Sozialordnung. Als solche erlegen sie dem Staat eine Schutzpflicht auf, die zur Folge hat, daß er die Grundrechte nicht nur selbst nicht verletzen darf, sondern auch vor Beeinträchtigungen durch Dritte schützen muß. Diese objektive Schutzpflicht korrespondiert im Gegensatz zu dem subjektiven Abwehrrecht aber nicht mit einem Anspruch des Einzelnen. Ihr Adressat ist vielmehr der Gesetzgeber, der sie durch den Erlaß entsprechender Gesetze zu erfüllen hat, die dann ihrerseits dem Einzelnen freilich Ansprüche einräumen können.

Art. 4 Abs. 2 Satz 1 LV verleiht nun dem Einzelnen unmittelbar einen Anspruch auf Schutz. Dieser richtet sich gegen den Staat, denn nur der Staat ist im Stande, solchen Schutz zu gewähren. Nicht etwa läßt sich dem Wortlaut entnehmen, daß das Grundrecht unmittelbare Drittwirkung entfalten soll.[165] Es zielt vielmehr gerade auf staatlichen Schutz **vor** Dritten. Der Staat soll in Erfüllung des individuellen Schutzanspruchs personenbezogene Daten auch gegen den Zugriff und die Verwendung durch Dritte sichern. Das kann er aber wiederum nur im Wege der Gesetzgebung tun. Das Grundrecht bleibt also auf gesetzgeberische Vermittlung angewiesen. Dafür stehen indessen verschiedene Wege offen, die grundrechtlich nicht mehr vorwegbestimmt sind. Der Gesetzgeber genießt bei der Erfüllung seiner Schutzpflicht also Gestaltungsfreiheit.[166] Der Schutzanspruch ist daher trotz seiner subjektivrechtlichen Formulierung genausowenig wie die objektivrechtliche Seite der klassischen Grundrechte unmittelbar gerichtlich einklagbar.[167]

---

164 Grundlegend insoweit BVerfGE 7, 198, 204ff. (Lüth), vgl. ferner etwa BVerfGE 33, 303, 330ff.; 35, 79, 114ff.; 50, 290, 336f.
Aus der unübersehbaren Literatur vgl. etwa *Häberle*, Grundrechte im Leistungsstaat, in: VVDStRL 30 (1972), 43; *Böckenförde*, Grundrechtstheorie und Grundrechtsinterpretation, in: NJW 1974, 1529; *Willke*, Stand und Kritik der neueren Grundrechtstheorie, 1975; *Rupp*, Vom Wandel der Grundrechte in: AöR 101 (1976), 161; *Grimm*, Grundrechte und soziale Wirklichkeit, in: Hassemer u. a. (Hrsg.), Grundrechte und soziale Wirklichkeit, 1982, 39ff.; *Hesse*, Bestand und Bedeutung, in: Benda/Maihofer/Vogel, 93ff.; *ders.*, Grundzüge, Rdnrn. 293–299; *Schlink*, Freiheit durch Eingriffsabwehr, in: EuGRZ 1984, 457ff.
165 Ebenso *Schwan*, aaO. (Anm. 157), 63f.; skeptisch auch *Kloepfer*, Datenschutz als Grundrecht, 1980, 27f., 32.
166 Zu Grund und Reichweite der staatlichen Entscheidungsfreiheit bei der Erfüllung „objektivrechtlicher" Schutzpflichten vgl. etwa BVerfGE 49, 89, 142; 56, 54, 78, 80ff.; 61, 82, 112ff.
167 Vgl. *Scholz/Pitschas*, Informationelle Selbstbestimmung und staatliche Informationsverantwortung, 1984, 37.

Satz 2 erhöht die Probleme nochmals. Er bestimmt nämlich, daß Eingriffe nur im überwiegenden Allgemeininteresse und auf gesetzlicher Grundlage zulässig sind, enthält also eine Schrankenregelung.[168] Die Schrankenregelung des Satz 2 bezieht sich auf das Recht in Satz 1. Dieses ist dort als Schutzanspruch bezeichnet. Es handelt sich nach dem Wortlaut von Art. 4 Abs. 2 LV um Eingriffe in Ansprüche. Das gibt keinen Sinn. Ansprüche werden erfüllt oder nicht erfüllt. Eingreifen kann man dagegen in einem ausgegrenzten, gegen Dritte, namentlich den Staat, abgeschirmten Freiheitsbereich. Eingriff und Schranke sind die Entsprechung eines subjektiven Abwehrrechts. Es spricht also vieles dafür, daß Art. 4 Abs. 2 LV entgegen dem textlichen Anschein ein herkömmliches Abwehrrecht schaffen und nur die mit einem solchen Abwehrrecht immer auch gegebene objektive Dimension, die den Staat zum Rundum-Schutz der grundrechtlichen Freiheit verpflichtet, besonders hervorheben wollte.[169] Jedenfalls wäre der intendierte Datenschutz auf diese Weise zuverlässiger erreicht als durch eine Leistungsnorm, weil diese erst gesetzgeberisch vermittelt ihren Schutz entfaltet, während das Abwehrrecht den Einzelnen unmittelbar schützt.

Versteht man das Grundrecht aus Art. 4 Abs. 2 LV in dieser Weise, dann sind Schutzbereich und Schranken zu klären. Der Grundrechtsschutz erstreckt sich nach dem Wortlaut auf „personenbezogene Daten". Personenbezogene Daten sind „Einzelangaben über persönliche und sachliche Verhältnisse einer bestimmten oder bestimmbaren Person".[170] Sie heben sich ab von Daten, die nicht einer bestimmten oder bestimmbaren Person zugeordnet werden können, also anonym sind. Verstanden als Freiheitsrecht verleiht Art. 4 Abs. 2 LV dem Einzelnen das Recht, über seine persönlichen Daten selbst zu bestimmen. Es ist seiner Entscheidung anheimgestellt, welche Informationen er wem und wann geben will.[171] Dieses Selbstbestimmungsrecht versieht Art. 4 Abs. 2 Satz 2 LV mit einem qualifizierten Eingriffsvorbehalt. Der Eingriff bedarf, wie bei allen Grundrechten, zunächst einer gesetzlichen Grundlage. Dem Einzelnen dürfen also grundrechtlich geschützte Daten nur abverlangt werden, wenn ein Gesetz dies zuläßt. An dieses Gesetz werden aber zusätzliche Anforderungen gerichtet. Es darf nämlich die Preisgabe personenbezogener Daten nur „in überwiegendem Interesse der Allgemeinheit" fordern. Ausgeschlossen wird damit das Abverlangen von Daten im privaten Interesse.[172] Der Zusatz „überwiegend" bedeutet nicht, daß Daten, zumindest auch, zu privaten Zwecken erhoben werden dürfen, wenn nur ein noch stärkeres Allgemein-

---

168 Zur Bedeutung dieser Schrankenregelung vgl. *Hunsche,* in: Rückriegel u. a., Teil B, Erl. 7 zu Art. 4.
169 Vgl. *Kloepfer,* aaO. (Anm. 165), 32 – 37; ferner – im Hinblick auf das Grundrecht der „informationellen Selbstbestimmung" aus Art. 2 Abs. 1, 1 Abs. 1 GG – *Mückenberger,* Datenschutz als Verfassungsgebot, in: KritJ 1984, 10 zu möglichen objektivrechtlichen Gehalten des Datenschutzgrundrechtes.
170 So die Formulierung in §§ 2 Abs. 1 LDSG, 2 Abs. 1 BDSG.
171 Vgl. BVerfGE 65, 1, 42 f.
172 BVerfGE 65, 1, 48.

interesse ebenfalls motivierend im Spiel ist. Das Tatbestandsmerkmal „überwiegend" bezieht sich vielmehr auf das Spannungsverhältnis zwischen dem Interesse des einzelnen Grundrechtsträgers an Selbstbestimmung über seine Daten und dem Allgemeininteresse an der Kenntnis bestimmter Daten, etwa zur Ermöglichung rationaler Planungen.[173] Nur wenn das Allgemeininteresse am Besitz personenbezogener Daten das Einzelinteresse an der Geheimhaltung der Daten überwiegt, dürfen sie erhoben werden. Zusätzlich greifen, auch ohne daß das ausdrücklich gesagt wird, die Schranken-Schranken der Grundrechte, namentlich der Verhältnismäßigkeitsgrundsatz, ein. Das ergibt sich aus der en-bloc-Rezeption der Bundesgrundrechte, die, wie erläutert, deren jeweiligen Entwicklungsstand in Judikatur und Literatur umfaßt.

Als objektives Gestaltungsprinzip verpflichtet Art. 4 Abs. 2 LV den Staat, personenbezogene Daten auch vor dem Zugriff Dritter zu schützen.[174] Das gilt einmal für die Erlangung von Daten. Zwar kann kein Privatmann einen anderen zur Preisgabe von Daten zwingen. Ein Recht Dritter kommt nur als freiwillig eingeräumtes in Betracht. Das schließt aber indirekte Zwänge beim Vertragsschluß nicht aus, etwa wenn die Gewährung bestimmter Leistungen von der Preisgabe personenbezogener Daten abhängig gemacht wird. Hier hat der Gesetzgeber das meist fehlende Kräftegleichgewicht zwischen den Vertragspartnern durch gesetzliche Vorschriften zu kompensieren. Zum anderen gilt es für die Verwendung vorhandener Daten, die nicht der beliebigen Disposition ihrer Inhaber überlassen bleiben dürfen.

Als Konkretisierung des Grundrechts auf Datenschutz durch den Gesetzgeber kann das gleichzeitig mit der Einfügung des Art. 4 Abs. 2 LV verabschiedete Datenschutzgesetz von Nordrhein-Westfalen angesehen werden.[175] Die Regelungen dieses Landesdatenschutzgesetzes erstrecken sich jedoch nur auf einen begrenzten Ausschnitt des Schutzbereiches von Art. 4 Abs. 2 LV. Lediglich soweit personenbezogene Daten von öffentlichen Stellen in bzw. über Dateien verarbeitet werden,[176] regelt das Landesdatenschutzgesetz laut § 1 Abs. 2 die Modalitäten und Grenzen dieser Verarbeitung. In dem darüber hinausgehenden Bereich, d.h. insbesondere dort, wo Dateien keine Verwendung finden oder innerhalb privatrechtlicher Beziehungen Datenschutzprobleme auftreten, greift auf der Ebene des Landesrechts Art. 4 Abs. 2 LV unmittelbar ein.[177] Insoweit bleibt es also bei den oben angedeuteten Verständnisschwierigkeiten bzw. Auslegungsproblemen. Hier ist einstweilen noch vieles ungeklärt. Die Rechtsprechung hatte bisher erst in einem einzigen Fall Gelegenheit, sich mit Art. 4 Abs. 2 LV auseinanderzusetzen. Es ging um die Frage, ob Meldebehörden andere als die in dem früheren § 36 Abs. 2

---

173 Vgl. BVerfGE 65, 1, 46f.
174 *Schwan*, aaO. (Anm. 157), 64f., 67ff., m.w.N.
175 DSG NW v. 19. Dezember 1978 (GV NW, 640); *Hunsche*, in: Ruckriegel u.a., Teil B, Erl. 5 zu Art. 4.
176 Zum Dateibegriff der Datenschutzgesetze in verfassungsrechtlichem Blickwinkel ausführlich *Scholz/Pitschas*, aaO. (Anm. 167), 143–147 m.w.N.
177 *Hunsche*, in: Ruckriegel u.a., Teil B, Erl. 5 zu Art. 4.

LDSG genannten Daten an Stellen außerhalb des öffentlichen Bereiches nach § 13 Abs. 1 Satz 1 LDSG übermitteln durften oder ob § 36 Abs. 2 in Bezug auf die dort genannten Auskünfte eine abschließende Regelung traf. Das Oberverwaltungsgericht Münster stellte sich in seinem Beschluß vom 4. 4. 1979 auf den zuletzt genannten Standpunkt.[178] Da als Rechtsgrundlage der „erweiterten" Auskunft der Meldebehörden jedoch nur die zuletzt genannte Vorschrift in Betracht kam, fehlte es damit für die Erteilung der begehrten Auskunft an einer einfachgesetzlichen Rechtsgrundlage. Weil sich aus Art. 4 Abs. 2 LV aber das Erfordernis einer **gesetzlichen Grundlage** für die Erteilung dieser Auskunft ergebe, durfte die Meldebehörde die angeforderten Daten im vorliegenden Fall nicht übermitteln.

Art. 4 Abs. 2 LV sollte ein „Signal für Bonn" setzen. Als solches ist es jedenfalls vom Bundesgesetzgeber nicht registriert worden. Auf der Ebene des Bundesverfassungsrechts dürfte seit dem Volkszählungsurteil des Bundesverfassungsgerichts vom 15. Februar 1983[179] der landesverfassungsrechtliche Entwicklungsstand im Bereich des Datenschutzes überholt worden sein. Das in dieser Entscheidung aus Art. 2 Abs. 1, 1 Abs. 1 GG entwickelte und in einer intensiven wissenschaftlichen Diskussion[180] weiter ausgelotete „Grundrecht auf informationelle Selbstbestimmung" als verfassungsrechtliche sedes materiae eines modernen Datenschutzes ist zwar – wie das Bundesverfassungsgericht selbst feststellt[181] und der rechtswissenschaftliche Streitstand bestätigt – noch längst nicht vollständig abgeklärt. Es weist jedoch entschieden klarere Konturen als das Grundrecht aus Art. 4 Abs. 2 LV auf und wird insoweit bei dessen Auslegung zu berücksichtigen sein.

Die Frage ist allerdings, ob in Bezug auf Art. 4 Abs. 2 LV ein solcher Auslegungsaufwand künftig überhaupt noch getrieben wird. Bewirkt Art. 4 Abs. 1 LV eine „dynamische" Übernahme der Bundesgrundrechte in das Landesverfassungsrecht, so ist das Grundrecht auf informationelle Selbstbestimmung aus Art. 2 Abs. 1, 1 Abs. 1 GG, soweit es derzeit entfaltet worden ist, bereits unmittelbar geltender Bestandteil der Landesverfassung geworden. Diese enthält damit genau besehen zwei thematisch sich überdeckende Gewährleistungen: ein textlich benanntes, jedoch außerordentlich unscharf formuliertes Grundrecht auf Datenschutz und das textlich unbenannte, aber insbesondere vom Bundesverfassungsgericht weitaus präziser gefaßte Grundrecht auf „informationelle Selbstbestimmung". Es scheint absehbar, daß Art. 4 Abs. 2 LV in dieser Konkurrenz über kurz oder lang auf den Status eines politischen Bekenntnisses ohne weitergehende verfassungsrechtlich-praktische Bedeutung zurückfallen wird.

---

178 OVGE 34, 10ff.; s. dagegen aber *Hunsche,* in: Ruckriegel u. a., Teil C 2, Erl. 4 zu § 36.
179 BVerfGE 65, 1.
180 Vgl. *Scholz/Pitschas,* aaO. (Anm. 167) und die dort unter Anm. 1 u. 15 genannten Autoren.
181 BVerfGE 65, 1, 44f.

3. Familie und Jugend

Art. 5 und 6 LV stellen Ehe und Familie als die „Grundlagen der menschlichen Gesellschaft" — jedenfalls innerhalb des christlich-abendländischen Kulturkreises — sowie die Jugend unter den besonderen Schutz des Staates. Art. 5 LV kommt im Verhältnis zu Art. 6 Abs. 1 und Abs. 4 GG eine verfassungsrechtlich eigenständige Bedeutung nicht zu: zum einen wird hier der Wortlaut der grundgesetzlichen Regelung weitgehend wiederholt, zum anderen gilt Art. 6 GG über Art. 4 Abs. 1 der Landesverfassung von Nordrhein-Westfalen als Landesgrundrecht neben Art. 5 LV (wobei es hinsichtlich Art. 6 Abs. 1, Abs. 4 GG dieser Übernahme nicht bedurft hätte, da sich dessen Geltungsbereich ohnehin auf das Landesrecht erstreckt).[182] Die im Hinblick auf ihre Entstehungszeit (1950) außerordentlich fortschrittlich anmutende Regelung des Art. 5 Abs. 2 LV (die Hausarbeit der Frau wird der Berufsarbeit „gleichgeachtet") wurde im Verfassungsausschuß vornehmlich als Bekundung einer moralischen Anerkennung, nicht aber als rechtlich folgenreiche Regelung aufgefaßt.[183] Ihr kam in der Verfassungswirklichkeit des Landes Nordrhein-Westfalen — soweit ersichtlich — bislang keine hervorstehende Bedeutung zu. Im Geltungsbereich beider Artikel bestehen endlich umfassende Bundeskompetenzen, die auch bereits in weitem Umfang betätigt worden sind. Ein eigenständiger Betätigungsspielraum des Landesgesetzgebers, innerhalb dessen dieser sich der aus Art. 5 und 6 LV folgenden Regelungsaufgaben entledigen kann, besteht damit praktisch nur noch im Bereich darreichender bzw. leistender Tätigkeit des Staates.[184]

4. Erziehung und Bildung, Kunst und Wissenschaft, Religion und Kirchen

Auch im zweiten Teil des dritten Abschnittes der Landesverfassung konnte der Landesverfassungsgeber auf die einschlägigen Regelungen des inzwischen verabschiedeten Grundgesetzes zurückgreifen. Insbesondere war hier Art. 7 GG zu berücksichtigen, der die Grundzüge des gesamten Schulwesens für Bund und Länder verbindlich festschreibt. Dieser bundesverfassungsrechtlich gezogene Rahmen ließ den Ländern jedoch einen weiten Ausgestaltungsspielraum, der in Nordrhein-Westfalen insbesondere bei der Formulierung des Erziehungszieles (Art. 7) sowie der Ausgestaltung des Elternrechts (Art. 8 LV), der Schularten (Art. 12 LV) und des Religionsunterrichts (Art. 15 LV) ausgeschöpft wurde. Unter Einschluß der Verfassungsänderung vom 5. März 1968[185], durch welche Art. 12 LV mit seinem heute geltenden Inhalt in der Verfassung eingefügt wurde,[186] stellt

---

182 *Dickersbach,* in: Geller-Kleinrahm, Art. 5 Anm. 2 a), 3.
183 Vgl. insoweit Prot. VA 13/340 ff.
184 Hierzu *Dickersbach,* in: Geller-Kleinrahm, Art. 5 Anm. 4, Art. 6 Anm. 2 ff. mit Beispielen.
185 GV NW, 36.
186 Zum Hintergrund dieser Verfassungsänderung s. *Voigt,* in: Landeszentrale, 64 f.

sich das Landesverfassungsrecht im Vergleich mit den einschlägigen bundesverfassungsrechtlichen Regelungen insgesamt als ein weitaus detailfreudigerer und konkreterer Normenkomplex dar. Im einzelnen wird dazu auf das Kapitel „Schulrecht" verwiesen.

Diese Detailfreude läßt sich zum einen darauf zurückführen, daß das Grundgesetz den Ländern gerade im Bereich des Bildungswesens sehr weitgehende Gesetzgebungskompetenzen eröffnet. Zum anderen sind hierbei aber auch Faktoren wirksam geworden, die auf eine fundamentale Weise mit der Entstehung verfaßter Staatlichkeit überhaupt verknüpft sind. Die Ablösung legitimer staatlicher Macht von weltanschaulichen — und das heißt im kontinentaleuropäischen und angelsächsischen Rechtskreis vor allem: von christlich-religiösen — Rechtfertigungsgrundlagen und die allmählich sich vollziehende Einbindung aller Staatlichkeit in eine säkulare Legalordnung mußten in ihren Konsequenzen gerade in den Bereichen von Erziehung und Bildung besonders deutlich werden.[187] Andererseits traf die Forderung, auch in diesem Feld weltanschauliche Neutralität im Wege staatlicher Regelung durchzusetzen, gerade hier auf entschiedenen Widerstand. Seine Träger waren vor allem die Kirchen und Religionsgemeinschaften, die ihren Einfluß auch in den ihnen nahestehenden politischen Gruppierungen, Organisationen und Kräften geltend zu machen versuchten. Die in der „Frühzeit" Nordrhein-Westfalens besonders heftig geführte Auseinandersetzung um die Verankerung eines christlichen Staatsbildes vor allem in den die Erziehung und Bildung betreffenden Artikeln der Landesverfassung erscheint insoweit als Ausprägung eines konstitutionellen Grundproblems von historischer Tragweite.[188]

Die Verfassungsdiskussion im Nachkriegsdeutschland der Jahre 1946 bis 1949 war ferner stark von der Auffassung bestimmt, die Pervertierung der positiven Rechtsordnung in der Zeit des Nationalsozialismus sei nicht zuletzt durch den „Formalismus" der Weimarer Reichsverfassung ermöglicht worden. In Konsequenz dessen erschien die Suche nach materialen („überpositiven") Grundlagen des gesamten positiven Rechts naheliegend und plausibel. Die vor diesem Hintergrund erhobenen Forderungen konnten sich mit konfessionellen Interessen verbinden und flossen so ebenfalls in die Auseinandersetzungen ein. Die ausführlichen Regelungen der Landesverfassung über das Schul- und Bildungswesen sowie die Stellung der Kirchen und Religionsgemeinschaften stellen das Ergebnis dieser Auseinandersetzungen dar. Sie umschreiben insoweit einen Verfas-

---

187 Vgl. hierzu etwa die Entscheidung des OVG Münster, OVGE 29, 310, 314 ff.
188 Es ist im übrigen nicht ausgemacht, daß dieses Problem keine aktuell bedeutsamen verfassungstheoretischen Bezüge mehr aufweist. Wohl wird sich seine Erscheinungsform geändert haben. Heute erscheint es möglicherweise in der Frage, ob und mit welchen Konsequenzen der Verfassung eine „Wertordnung" als „Zivilreligion" (hierzu *Luhmann*, Soziale Aufklärung 3, 1981, 293) imputiert werden kann, bzw. muß. Die Struktur des klassischen Problems wird in einer Kritik des Verhältnisses zwischen Legalordnung und einer diese überlagernden Legitimitätsordnung erkennbar; hierzu *Preuß*, Von den Grenzen der Verfassung und des Gehorsams in der Demokratie, 1984, 216—238. Zur „Wertordnungsjudikatur" des BVerfG vgl. im übrigen umfassend *Goerlich*, Wertordnung und Grundgesetz, 1973.

sungskompromiß: ohne daß es gelungen wäre, die Verfassung in wesentlichen Teilen eindeutig auf ein christliches Staatsbild hin zu zentrieren, fanden christliche Motive dennoch an prominenten Stellen, etwa Art. 7 Abs.1 LV, Eingang in den Verfassungstext.[189] In der aktuellen Verfassungswirklichkeit kommt dieser unter explizit konfessionellen Vorzeichen geführten Auseinandersetzung — soweit ersichtlich — keine Bedeutung mehr zu. Im einzelnen wird auf den Abschnitt „Kirchenrecht" verwiesen.

Die einzige wirklich bedeutende politische Auseinandersetzung im Bereich des Schul- und Bildungswesens nach Inkrafttreten der Landesverfassung fand 1977/1978 um die Einführung der sogenannten „kooperativen Schule" statt.[190] Als Reaktion auf die rückläufigen Schülerzahlen sollten hierbei in dünn besiedelten Gebieten des Landes die Klassenstufen 5 bis 10 der Hauptschulen, Realschulen und Gymnasien nach Maßgabe einer gemeindlichen Bedarfsfeststellung zusammengefaßt werden. Dieses Projekt geriet alsbald in den Strudel der Auseinandersetzungen um die Gesamtschule als Regelschulform, wurde als Vorläufer einer „sozialistischen Einheitsschule" perhorresziert und scheiterte endlich an dem massiven Widerstand eines Großteils der Landesbevölkerung. Diese Auseinandersetzung bietet reichhaltiges Material für Untersuchungen zu den Beziehungen zwischen öffentlicher Meinung, wahlkampforientierter Parteipolitik und Wählerverhalten — spezifisch verfassungsrechtliche Bezüge weist sie nicht auf.

Gerichtliche Entscheidungen im Bereich des Erziehungs- und Schulwesens mit erkennbar verfassungsrechtlichen Einschlägen ergingen nur vereinzelt, sie betrafen im wesentlichen Umfang und Inhalt des „Elternrechts" im Schulwesen sowie das Neutralitäts-, bzw. Paritätsgebot bei der Ausgestaltung des Schulwesens.[191] Auch dazu ergibt sich Näheres aus dem Kapitel „Schulrecht".

5. Arbeit und Wirtschaft

Der vierte Abschnitt des zweiten Teiles der Landesverfassung von Nordrhein-Westfalen enthält keine „Wirtschaftsverfassung" nach dem Vorbild der Art. 151 — 165 der Weimarer Reichsverfassung. Einerseits an den Auftrag des bundesverfassungsrechtlichen Sozialstaatsprinzips gebunden,[192] andererseits behindert durch die bis 1950 voll aufgebrochene Auseinandersetzung um Übernahme, Verständnis und Ausgestaltung der „sozialen Marktwirtschaft" als wirtschaftspolitischem Grundmodell, versuchte der Verfassungsgesetzgeber hier zumindest die Grundlinien einer gerechten Wirtschafts- und Sozialordnung zu umreißen.[193] Dementsprechend enthalten insbesondere die Art. 24,

---

189 Zu alledem *Beutler*, aaO. (Anm. 41), 181 — 187; *Voigt*, in: Landeszentrale, 61 — 66.
190 Hierzu *Troitzsch*, aaO. (Anm. 57), 97 — 103.
191 Vgl. OVGE 16, 128; 20, 73, 76f, 78ff; 29, 310, 314ff; 33, 252; 36, 31.
192 *Beutler*, aaO. (Anm. 41), 187.
193 Vgl. *Dickersbach*, in: Geller-Kleinrahm, Art. 24 Anm. 2.

26 ff. LV außerordentlich ambitionierte Formulierungen, in denen die überragende Bedeutung der menschlichen Arbeitskraft, darüberhinaus das „Wohl des Menschen" in der gesamten Produktionssphäre überhaupt betont, die Überwindung der Objektstellung des Arbeiters im Betrieb angestrebt und die Differenz zwischen gesellschaftlicher Produktion und privater Aneignung jedenfalls im Bereich von Großbetrieben der Grundstoffindustrie und Monopolunternehmen kritisiert wird.

Die genannten Artikel der Landesverfassung von Nordrhein-Westfalen mögen die wirtschaftspolitischen Zielvorstellungen des Verfassungsgesetzgebers eindrucksvoll wiedergeben. Im vierten Jahrzehnt der Verfassungsgeschichte des Landes, im Hinblick auf eine gerade dieses bevölkerungsreichste Bundesland besonders hart treffende anhaltende Massenarbeitslosigkeit betonen diese Artikel in kaum zu überbietender Deutlichkeit eine verfassungsrechtlich übertragene politische Verantwortung des Staates im Wirtschafts- und Sozialbereich. Damit sind zugleich aber auch die Grenzen ihrer verfassungsrechtlichen Wirkungskraft angedeutet. Nach herrschender Auffassung enthalten die Art. 24, 26 bis 29 LV ausschließlich an den Gesetzgeber gerichtete Programmgrundsätze, nicht aber unmittelbar verbindliches und entsprechend einklagbares Recht.[194] Das gilt übrigens ebenso für den neu eingefügten Schutz der natürlichen Lebensgrundlagen und der Umwelt des Art. 29a LV. Verfassungsrechtliche Bedeutung vermögen sie so gesehen nur diesseits der „Grenzen des Wohlfahrtsstaates" erlangen. Sind diese Grenzen jedoch, wie heute verschiedentlich behauptet wird, erreicht oder gar überschritten, geht diese Bedeutung verloren. Programmatisch behauptete Verantwortlichkeit des Staates für gesellschaftliche Verhältnisse kann sinnvoll nur da eingefordert werden, wo die Entwicklung dieser Verhältnisse staatlicherseits noch beeinflußt werden kann. Jedenfalls mit dem herkömmlichen Instrumentarium der Wirtschafts- und Sozialpolitik scheint dies jenseits der Grenzen des Wohlfahrtsstaates nicht mehr der Fall zu sein.

Die rechtliche Bedeutung der Art. 24, 26 ff. LV ist jedoch noch aus einem anderen, weniger spektakulären Grund als verhältnismäßig gering einzustufen. In allen hier erfaßten Bereichen sind dem Bund weitgehende Gesetzgebungskompetenzen eröffnet, die er in außerordentlich weitem Umfang auch ausgefüllt hat. Von der gerade in diesen Bereichen stark angeschwollenen Normenflut des einfachen Bundesrechts werden die thematisch einschlägigen Gesetzgebungsaufträge der Landesverfassung jedenfalls in der täglichen Rechtspraxis überspült. Festen Grund wird ihnen, so steht zu erwarten, wohl nur noch die Verfassungsgeschichte bieten können, vielleicht mögen sie von hier aus dann als „verfassungsutopische" Leuchtfeuer fungieren.

194 S. hierzu die Kommentierung bei *Dickersbach*, in: Geller-Kleinrahm, zu Art. 24, 26 – 29. Hier findet sich in Anm. 5 a), 6 zu Art. 24 auch der Hinweis auf die einzige Ausnahme: nach der Rechtsprechung des BAG entfaltet Art. 24 Abs. 2 Satz 2 LV – Lohngleichheit – unmittelbare Rechtswirkung im Rahmen jeglicher Lohnregelung (Gesetz, Tarif, Individualvertrag).
195 Vgl. *Dickersbach*, in: Geller-Kleinrahm, Art. 24 Anm. 3 d), 4 d), 7; Art. 26 Anm. 3 f); Art. 27 Anm. 5; ebenda Anm. 4 auch zum Verhältnis von Art. 27 Abs. 1 LV zu Art. 15 GG: Unwirksamkeit der landesverfassungsrechtlichen Norm nach Art. 31 GG.

Verwaltungsorganisation

von Norbert Achterberg

Literatur

N. Achterberg, Allgemeines Verwaltungsrecht, 2. Aufl. Heidelberg 1986, §§ 10 ff., S. 175 ff.; *K. F. Arndt,* Verwaltungsorganisation, in: H. Meyer/M. Stolleis: Hessisches Staats- und Verwaltungsrecht, Frankfurt/M. 1983; *E.-W. Böckenförde,* Die Organisationsgewalt im Bereich der Regierung, Berlin 1964; *ders.,* Organ, Organisation, Juristische Person. Kritische Überlegungen zu den Grundbegriffen und der Konstruktionsbasis des staatlichen Organisationsrechts, in: Fortschritte des Verwaltungsrechts, Festschrift für Hans J. Wolff, München 1973, S. 269 ff.; *H. P. Bull,* Allgemeines Verwaltungsrecht, 2. Aufl., Heidelberg 1986, S. 56 ff.; *R. Dreier,* Organlehre, in: Evangelisches Staatslexikon (Hrsg. H. Kunst/R. Herzog/W. Schneemelcher), 2. Aufl., Stuttgart 1975 — im folgenden: EvStL —, Sp. 1699 ff.; *E. Forsthoff,* Lehrbuch des Verwaltungsrechts, 1. Band., Allgemeiner Teil, 10. Aufl., München 1973; *R. Groß,* Organisationsgewalt und Organisationsverordnungen, DÖV 1963, 51 ff.; *K. König,* Entwicklung der inneren Verwaltungsorganisation in der Bundesrepublik Deutschland, 1978; *H. Köstering* (Hrsg.), Die Bundesrepublik Deutschland, Staatshandbuch, Landesausgabe Land Nordrhein-Westfalen, Ausgabe 1986, Köln – Berlin – Bonn – München, 1986; *A. Köttgen/F. Ermacora,* Die Organisationsgewalt, VVDStRL 16, 154 ff., 191 ff.; *H. Maurer,* Allgemeines Verwaltungsrecht, 4. Aufl., München 1985, §§ 21,22 I, II, IV, 23, S. 392 ff.; *F. Mayer,* Organisationsgewalt, EvStL, Sp. 1694 ff.; *F. Mayer/F. Kopp,* Allgemeines Verwaltungsrecht, 5. Aufl., Stuttgart – München – Hannover 1985, §§ 60 ff., S. 515 ff.; *R. Mayntz,* Soziologie der öffentlichen Verwaltung, 2. Aufl., Heidelberg 1982; *B. Nedden,* Verwaltungsorganisation, in: H. Faber/H.-P. Schneider: Niedersächsisches Staats- und Verwaltungsrecht, Frankfurt/M. 1985; *E. Rasch/W. Patzig,* Verwaltungsorganisation und Verwaltungsverfahren, Köln – Berlin – Bonn – München 1962; *W. Rudolf,* Verwaltungsorganisation, in: H.-U. Erichsen/ W. Martens: Allgemeines Verwaltungsrecht, 7. Aufl., Berlin – New York 1986, S. 555 ff.; *E. Schmidt-Aßmann,* Verwaltungsorganisation zwischen parlamentarischer Steuerung und exekutivischer Organisationsgewalt, in: Hamburg, Deutschland, Europa, Festschrift für Hans Peter Ipsen, Tübingen 1977, S. 333 ff.; *F. E. Schnapp:* Zur Dogmatik und Funktion des staatlichen Organisationsrechts, Rechtstheorie 9 (1978), 275 ff.; *ders.,* Grundbegriffe des staatlichen Organisationsrechts, Jura 1980, 68 ff.; *ders.,* Dogmatische Überlegungen zu einer Theorie des Organisationsrechts, AöR 105 (1980), 243 ff.; *ders.,* Ausgewählte Probleme des öffentlichen Organisationsrechts, Jura 1980, 293 ff.; *H. Spanner,* Organisationsgewalt und Organisationsrecht, DÖV 1957, 640 ff.; *W. Weber,* Verwaltungsorganisation, HDSW 11, 276 ff.; *H. J. Wolff,* Organschaft und Juristische Person, 2. Bde., Berlin 1933/1934; *H. J. Wolff/O. Bachof,* Verwaltungsrecht II (Organisations- und Dienstrecht), 4. Aufl., München 1976.

Verwaltungsorganisation

Gliederung

I. Grundbegriffe des Organisationsrechts
  1. Organisationsbefugnis
  2. Organisation, Organ, Organwalter
  3. Zuständigkeit
     a) Sachliche Zuständigkeit
     b) Örtliche Zuständigkeit
     c) Zuständigkeitsveränderungen
     d) Kompetenzkonflikte
  4. Verwaltungsrechtsverhältnisse
     a) Die Rechtsverhältnisse im allgemeinen
     b) Die Verwaltungsrechtsverhältnisse im besonderen
  5. Aufgaben der Verwaltung
  6. Gestaltungsfaktoren der Verwaltung
  7. Zusammenwirken von Verwaltungsbehörden
     a) Mitverwaltung
     b) Amtshilfe
  8. Aufsichtsmaßnahmen
II. Verwaltungsorganisation in Nordrhein-Westfalen
  1. Vorgaben des Bundesrechts
  2. Vorgaben des Landesverfassungsrechts
  3. Verwaltungsformen und Verwaltungsbehörden
     a) Landesverwaltung
        aa) Oberste Landesbehörden
        bb) Obere Landesbehörden
        cc) Mittlere Landesbehörden
        dd) Untere Landesbehörden
        ee) Sonstige Einrichtungen des Landes
     b) Selbstverwaltung
        aa) Kommunale Selbstverwaltung
        bb) Sonstige Selbstverwaltung
     c) Privatrechtsförmige Verwaltung

Anhang

1. Organisationsplan des Innenministers
2. Organisationsplan des Regierungspräsidenten in Münster
3. Organisationsplan der Kreisverwaltung in Coesfeld
4. Verwaltungsgliederungsplan der Stadtverwaltung Münster
5. Dezernatsverteilungsplan der Stadtverwaltung Münster
6. Beteiligungen des Landes Nordrhein-Westfalen an Körperschaften des öffentlichen Rechts und Gesellschaften des Privatrechts

I. Grundbegriffe des Organisationsrechts

1. Organisationsbefugnis

Verwaltungsorganisation setzt eine entsprechende Organisationsbefugnis voraus. Sie wird im Organisationsrecht begründet, als das man denjenigen Komplex von Rechtsvorschriften bezeichnet, der die Schaffung von Organisationen und Organen sowie ihre Ausstattung mit den erforderlichen persönlichen und sächlichen Organisationsmitteln betrifft. Es bildet insofern einen Unterfall des formellen Rechts, das sich auf Schaffung, Strukturierung und Verfahren der Organisationen und ihrer Organe bezieht, während das materielle Recht zum Ziel hat, das Verhalten des Staatsbürgers zu bestimmen.[1] Die Einteilung ist für das Organisationsrecht gleichwohl nur bedingt brauchbar. Denn auch organisationsrechtliche Normen wirken sich auf den Bürger aus, der sich an die zuständigen Organe wenden und sich ihrem Verfahren unterwerfen muß, will er mit seinem rechtlichen Begehren erfolgreich sein.

Die anstelle des Begriffs „Organisationsbefugnis" mitunter verwandte Bezeichnung „Organisationsgewalt"[2] ist deshalb irreführend, weil sie das Mißverständnis erwecken könnte, daß es um eine vierte Staatsfunktion geht, die neben Gesetzgebung, vollziehender Funktion und Rechtsprechung steht. Die Annahme einer solchen stände mit dem geltenden Verfassungsrecht jedoch nicht in Einklang. Denn Art. 3 NWVerf. läßt erkennen, daß auch hier − wie im Grundgesetz − nur von drei Staatsfunktionen, Gesetzgebung, Verwaltung und Rechtsprechung, ausgegangen wird. Nur diese Dreiteilung vermag zu bewirken, daß sämtliche Staatsfunktionen an die Grundrechte gebunden sind, da auch Art. 1 Abs. 3 GG, der gemäß Art. 4 NWVerf. zugleich Bestandteil des nordrhein-westfälischen Verfassungsrecht ist, diese Dreiteilung zugrunde legt. Der Begriff „Organisationsbefugnis" macht gegenüber der Bezeichnung „Organisationsgewalt" deutlich, daß es sich bei ihr nur um eine Kompetenz, nicht aber um eine Funktion im Sinne der Funktionenordnung handelt.[3]

---

1 Ebenso *Forsthoff*, Lehrbuch des Verwaltungsrechts, 1. Bd., Allgemeiner Teil, 10. Aufl., 1973, § 23 2 a, S. 432. − Zutreffend betont aber *Schnapp*, AöR 105 (1980), 246, die Verflechtungen zwischen Organisationsrecht und materiellem Recht.

2 So schon *Zachariä*, Vierzig Bücher vom Staate, 1. Bd., 1820, S. 139 (dazu *Achterberg*, Probleme der Funktionenlehre, 1970, S. 10 ff.), und noch heute *Böckenförde*, Die Organisationsgewalt im Bereich der Regierung, 1964; *Groß*, DVBl. 63,51; *Hamann*, NJW 56, 1; *Köttgen/Ermacora*, Die Ordnungsgewalt, VVDStRL 16, 154, 191; *Mayer*, Organisationsgewalt, EvStL, Sp. 1694; *Rudolf*, Verwaltungsorganisation, in: Erichsen/Martens (Hrsg.), Allgemeines Verwaltungsrecht, 7. Aufl., 1986, § 56 I, S. 567; *Spanner*, DÖV 57, 640; *Wolff/Bachof*, Verwaltungsrecht II, 4. Aufl., 1976, § 78, S. 127 ff.

3 Ebenso *Wolff/Bachof* (Anm. 2), § 78 I a, S. 128. Demgemäß kann *Böckenförde* (Anm. 2), S. 86 f., nicht in seiner These zugestimmt werden, die „Organisationsgewalt" sei Bestandteil der als „ziel- und zweckbestimmte Sozialgestaltung zu begreifenden vollziehenden Funktion", aus der Funktionsnähe der Organisation zu sonstiger Verwaltungstätigkeit folge die „grundsätzliche Zugehörigkeit der Organisation zum Eigenbereich der vollziehenden Gewalt".

Die Organisationsbefugnis steht nicht einer einzigen Staatsfunktion zu, sondern kommt neben der Exekutive auch der Legislative und — beispielsweise bezüglich der Geschäftsverteilung — der Judikative zu.[4] Entgegen der Auffassung des konstitutionellen Staatsrechts, daß die Organisationsbefugnis in der Hand des Monarchen und der ihm unterstellten Exekutive läge,[5] ist unter dem Grundgesetz und der Landesverfassung davon auszugehen, daß jede rechtliche Befugnis ihren Geltungsgrund in der Verfassung finden muß. Infolgedessen muß auch die die Frage der Verteilung der Organisationskompetenzen zwischen den Staatsfunktionen nach den verfassungsrechtlichen Vorschriften beantwortet werden. Für die Organisationsbefugnis der Verwaltung ist bedeutsam, daß sie sich sowohl unmittelbar als auch mittelbar aus der Verfassung, also aus einfachem Gesetz ergeben kann.[6] In keinem Fall aber besteht eine originäre Organisationsbefugnis der Exekutive; der Gesetzesvorbehalt erstreckt sich vielmehr auch auf das Organisationsrecht. Die Annahme eines „Hausguts der Verwaltung", mit welcher der Exekutive mitunter eine eigenständige Organisationsbefugnis eingeräumt wird,[7] ist derartig vage, daß mit ihr nichts auszurichten ist. Gleichwohl ist nicht zu verkennen, daß Organisationsrechtsnormen nicht dieselbe Rechtsnatur zu besitzen brauchen und in der Regel auch nicht besitzen wie diejenigen Rechtsnormen, die das Rechtsverhältnis zwischen der Organisation und einem Organisationsmitglied (dem Staatsbürger) regeln. Auch sie haben zwar Rechtsqualität, weil sie Bestandteile der Rechtsordnung sind. Nach verbreiteter Terminologie werden sie als „Innenrecht" bezeichnet und damit dem „Außenrecht" gegenübergestellt, das die Rechtsbeziehungen zwischen Organisation und Staatsbürger betrifft.[8] Wie im folgenden (s. u. 4.) darzulegen sein wird, ist die Rechtsverhältnisordnung indessen wesentlich komplexer, so daß die pauschalisierende Dichotomie von „Außenrecht" und „Innenrecht" unterbleiben sollte.

b) Die Organisationsbefugnis wird seit *H. J. Wolff* unterteilt in die Organbildungsbefugnis, die Organerrichtungsbefugnis und die Organeinrichtungsbefugnis. In der Verwaltungspraxis können alle drei Unterfälle allerdings ganz oder teilweise ineinander übergehen.

---

4   Der Geschäftsverteilungsplan ist nach *Rudolf* (Anm. 2), § 56 III 1, S. 584, „internes Organisationsrecht" und folgt nach *Wolff/Bachof* (Anm. 2), § 78 III b, S. 136, aus der „inneren Organisationsgewalt". Zur Mißverständlichkeit dieser Bezeichnung *Achterberg*, Allgemeines Verwaltungsrecht, 2. Aufl. 1986, § 13 Anm. 6.
5   Dazu *Rudolf* (Anm. 2), § 56 I, S. 568.
6   In der Terminologie von *Obermayer*, Verwaltungsakt und innerdienstlicher Rechtsakt, 1956, S. 119, „Organisationsgewalt kraft eigenen Rechts" und „delegierte Organisationsgewalt", in derjenigen *Ossenbühl*, Verwaltungsvorschriften und Grundgesetz, 1968, S. 276, „originäre" und „derivative Organisationsgewalt der Exekutive".
7   So *Thoma*, Der Vorbehalt der Legislative und das Prinzip der Gesetzmäßigkeit von Verwaltung und Rechtsprechung, HdbDStR II, S. 221 (228). Kritisch *Achterberg* (Anm. 2), S. 42; *Ossenbühl* (Anm. 6), S. 252 F.; *Rudolf* (Anm. 2), § 56 I, S. 568.
8   S. nur *Ossenbühl* (Anm. 6), S. 145, 362, 436 ff., 482; *Rupp*, Grundfragen der heutigen Verwaltungsrechtslehre, 1965, S. 4 f., 34, 44, 55.

aa) Die **Organbildungsbefugnis**[9] ist die Kompetenz zur abstrakten Schaffung von Organen. Aus dem Gesetzesvorbehalt ergibt sich dabei, daß sie entweder unmittelbar oder zumindest mittelbar auf einem Gesetz beruhen muß. Dies gilt zumindest dann, wenn die Organe zu Eingriffen in die Rechtsspäre des Bürgers befugt sein sollen, aus der Sicht eines umfassenden Gesetzesvorbehalts aber auch darüber hinaus. Kraft ihrer Entscheidungsprärogative vermag die Legislative die Organisationsbefugnis jederzeit an sich zu ziehen und kann sie damit der vollziehenden Funktion eine entsprechende Kompetenz nehmen. Die Grenze hierfür liegt in der Wahrung der Funktionenordnung, so daß der Exekutive ihr Funktionsbereich nicht durch Aushöhlung der Organisationsbefugnis entzogen werden darf. Die Beseitigung eines Organs als contrarius actus seiner Bildung folgt den zuvor genannten Grundsätzen.

bb) Die **Organerrichtungsbefugnis**[10] ist die Kompetenz zur konkreten Schaffung eines Organs. In ihrem Rahmen werden die — sachliche und örtliche — Zuständigkeit (s. u. 3.) und das Verfahren des betreffenden Verwaltungsorgans bestimmt. Die Organerrichtungsbefugnis umschließt auch die Ermächtigung zur Umbildung von Organen und erstreckt sich schließlich darauf, deren Binnenstruktur — insbesondere durch Aufstellung von Geschäftsverteilungsplänen — zu gestalten.

cc) Die **Organeinrichtungsbefugnis**[11] besteht in der Berechtigung, die Organe persönlich — nach Maßgabe von Stellenplänen — und sächlich — entsprechend den haushaltsrechtlich veranschlagten Mitteln — auszustatten.

2. Organisation, Organ, Organwalter

a) **Organisation** ist die Zuordnung von Funktionen sowie ihre Neben- und Unterordnung zur Herbeiführung bestimmter Wirkungen. Der Ausdruck hat mehrere Bedeutungen:

Organisation kann zum einen ein **soziales Gebilde** sein. In diesem Sinne stellen die Bundesrepublik Deutschland, das Land Nordrhein-Westfalen sowie Kreise und Gemeinden Organisationen dar. Organisation kann ferner die **innere Ordnung** dieser Einrichtung bedeuten. So hat eine soziale Einheit eine Organisation. Organisation wird schließlich im Sinne der **Tätigkeit** des „Organisierens" begriffen, dessen Ergebnis dann die Organisation im Sinne des zuvor genannten Gebildes und im Sinne deren zuvor erwähnter innerer Ordnung ist.

In jedem Fall liegt der Zweck der Organisation in optimaler Aufgabenerfüllung. Sie muß auf deren Umfang, Ort und Zeit abgestimmt werden und wird von diesen drei

---

9 *Wolff/Bachof* (Anm. 2), § 78 II, S. 130 ff.
10 *Wolff/Bachof* (Anm. 2), § 78 III, S. 134 ff.
11 *Wolff/Bachof* (Anm. 2), § 78 IV, S. 137.

Faktoren bestimmt. Die umfassendste Organisation (Organträger) ist der Staat, in diesem Zusammenhang das Land Nordrhein-Westfalen als Gliedstaat der Bundesrepublik Deutschland. Hinzu kommen die Gemeindeverbände und Gemeinden sowie die sonstigen Körperschaften, Anstalten und Stiftungen des öffentlichen Rechts als kraft staatlichen Verleihungsaktes rechtsfähige Organisationen. Hieraus folgt bereits, daß Organisationen ineinander eingelagert sein können, wie das für Staat, Gemeindeverbände und Gemeinden zutrifft. Organisationen als innendifferenzierte Rechtssubjekte (s. u. 4.) können aber auch innerhalb von Organen bestehen, wie sich am Beispiel der Fraktionen des Parlaments zeigt.

b) Da Organisationen selbst nicht handlungsfähig sind, benötigen sie **Organe**, deren Tätigkeit ihnen selbst als eigenes zugerechnet wird. Ihnen sind Zuständigkeiten zur Wahrnehmung der verschiedenen Aufgaben der Organisation eingeräumt. Sofern es sich um Organe der Exekutive handelt, werden sie auch als „Behörden" oder „Ämter" bezeichnet. Nach der Legaldefinition des § 1 Abs. 2 NWVwVfG handelt es sich bei solchen um Stellen, die „Aufgaben öffentlicher Verwaltung wahrnehmen". Dieser funktionale Behördenbegriff — der auch außerhalb des Verwaltungsverfahrensrechts gilt, um überschneidungslose Abgrenzungen zu gewährleisten — ist erfüllt, sobald eine wie auch immer geartete „Stelle" Aufgaben öffentlicher Verwaltung wahrnimmt.[12] Allerdings reicht es für den Behördenbegriff nicht aus, wenn nur Innenzuständigkeiten der Organisation erfüllt werden.[13]

Organe können monokratisch oder polykratisch strukturiert sein. Auch die Beleihung eines Privaten mit öffentlichen Aufgaben bewirkt, daß dieser Behördencharakter annimmt. Weiterhin zu unterscheiden sind unmittelbare und mittelbare Organe. Die Willensäußerungen der ersten werden der Organisation allein aufgrund des Organisation—Organ—Verhältnisses, in dem sie stehen, zugerechnet. Bei den zweiten bedarf es nicht nur dieses Rechtsverhältnisses, sondern eines weiteren (Organleiheverhältnisses), aufgrund dessen das einer anderen Organisation angehörende Organ für gerade diese Organisation tätig wird. Dies trifft für kommunale Organe bei der Erfüllung staatlicher Angelegenheiten zu.

---

[12] Behörden sind solche Stellen ohne Rücksicht auf ihre Bezeichnung, wie umgekehrt auch diese noch keine Behördennatur gewährleistet. Sie bedürfen eines gewissen Maßes an organisatorischer Selbständigkeit (BVerfGE 10, 20 [48]) und sind sowohl zu Maßnahmen in Rechtsverhältnissen zum Staatsbürger als auch in solchen zu anderen Organen sowie zu schlicht hoheitlichem Handeln befugt. Beliehene stellen, da sie öffentliche Verwaltung ausüben, Behörden dar. Dazu *Knack* (Hrsg.), Verwaltungsverfahrensgesetz, 2. Aufl., 1982, § 1 Rdnr. 8; *Kopp*, Verwaltungsverfahrensgesetz, 3. Aufl., 1983, § 1 Rdnr. 20 ff.; *Ule/Laubinger*, Verwaltungsverfahrensrecht, 2. Aufl., 1979, § 9, S. 47 ff.; *Wolff/Bachof* (Anm. 2), § 76, S. 81 ff.

[13] Ebenso *Knack* (Anm. 12), § 1 Rdnr. 8; *Ule/Laubinger* (Anm. 12), § 9, S. 51; *Wolff/Bachof* (Anm. 2), § 76 I d, S. 83. A. M. *Meyer/Borgs*, Verwaltungsverfahrensgesetz, 2. Aufl., 1982, § 1 Rdnr. 30.

c) Organe werden erst handlungsfähig durch natürliche Personen, nämlich **Organwalter**. Auch zwischen Organ und Organwalter müssen daher Rechtsverhältnisse bestehen, aufgrund deren die zuvor erwähnte Zuordnung möglich ist. Dasselbe gilt für das Verhältnis zwischen Organisation und Organwalter. Organwalter werden im Bereich der Exekutive auch als Amtsträger bezeichnet.

H. J. Wolff hat das Verhältnis zwischen Organisation, Organ und Organwalter in besonderer Präzision dadurch dargestellt, daß er die zwischen ihnen vorhandenen Zurechnungs- und Zuordnungszusammenhänge hervorgehoben hat: „Mit dem juristischen Organbegriff wird die rechtstechnische Seite organisatorischen Handelns dadurch erfaßt, daß Handeln von Menschen (Organwaltern i. w. S.) dem Organ und durch dieses als einer Wirkeinheit der Organisation dieser nicht nur derart zugeordnet wird, daß die Rechtsfolgen des Organwalterverhaltens das Organ und die des Organverhaltens die Organisation (wie die des Vertreters den Vertretenen) treffen, sondern daß Organwalterverhalten Organverhalten und dieses Organisationsverhalten ist, d. h. daß das Verhalten zugerechnet und deshalb zugeordnet wird."[14]

3. Zuständigkeit

Zuständigkeit ist die Zuordnung von Aufgaben zu einer Organisation und die für sie handelnden Organe. Auch sie geschieht durch Rechtsnorm, doch kann eine Aufgabenübernahme auch freiwillig erfolgen.[15] Zuständigkeitsverteilungen werden aufgrund des Erfordernisses der Arbeitsteilung innerhalb einer Organisation notwendig, die ihre vielfältigen Ziele und Zwecke nicht anders erreichen kann. Zu unterscheiden sind die sachliche und die örtliche Zuständigkeit.

a) Sachliche Zuständigkeit

Die Zuweisung von Aufgaben wird in mehreren Schritten vorgenommen.

aa) Diejenige an eine bestimmte Organisation, die hierdurch zum Zurechnungsendsubjekt in Rechtsverhältnissen wird, bezeichnet man als **Verbandskompetenz**. Im Verhältnis von Bund und Ländern ist hierfür die grundgesetzliche Kompetenzverteilung (Art. 30, 70 ff., 83 ff. GG) maßgebend; auch die Verbandskompetenz der Gemeinden und Gemeindeverbände findet im Grundgesetz ihre Vorgabe in den Verfassungen (Art. 28 Abs. 2 GG, 78 NWVerf.).

---

14 *Wolff/Bachof* (Anm. 2), § 74 I f 1, S. 49.
15 *Wolff/Bachof* (Anm. 2), § 72 I b, S. 14. Dort ist zutreffend ausgeführt, daß der formellrechtliche Begriff „Zuständigkeit" als Korrelation zu dem materiell-rechtlichen „Aufgabe" sowohl „verpflichtende Aufgegebenheit" als auch „berechtigende Anvertrautheit" meint.

bb) Die **Funktionskompetenz** betrifft die Frage, ob Legislative, Exekutive oder Judikative zur Erfüllung einer Aufgabe zuständig ist. Dies richtet sich nach der Art und Weise der zu erfüllenden Aufgaben. Ist sie durch abstrakt-generelle Regelungen wahrzunehmen, so kommt hierfür zunächst ein Organ der Gesetzgebung und erst danach ein solches der vollziehenden Funktion in Betracht. Ist eine Aufgabe zu erfüllen, die sich materiell als Rechtsprechung — wie auch immer man diese bestimmen mag[16] — darstellt, so liegt die Funktionskompetenz bei einem Rechtsprechungsorgan.

cc) Ist die Aufgabenzuweisung auf eine bestimmte Organisation festgelegt, so wird die Zuordnung zu einem bestimmten Organ erforderlich. Die als **Ressortkompetenz** bezeichnete Organzuständigkeit ist die sachliche oder „funktionelle" Zuständigkeit im engeren Sinne. Zu beachten ist dabei folgendes:

Von der die **Zuständigkeit** begründenden Zuweisung von Aufgaben ist die **Ermächtigung** des Organs zu unterscheiden, zu deren Erfüllung die entsprechenden Maßnahmen zu ergreifen, insbesondere in die Rechtssphäre des Bürgers einzugreifen. Die Zuständigkeitsbegründung allein erfüllt noch nicht den rechtsstaatlichen Gesetzesvorbehalt, obwohl dies in den entsprechenden gesetzlichen Bestimmungen nicht immer hinreichend unterschieden wird.[17] Zumindest die Eingriffsbefugnis erfordert eine selbständige Ermächtigungsgrundlage.

Aus der grundgesetzlich begründeten Zuständigkeit der Landesbehörden auch zur Ausführung der Bundesgesetze ergibt sich, daß diese lediglich an einen funktionalen Organ- und zugleich Behördenbegriff anknüpfen kann, weil der Verwaltungsaufbau in den einzelnen Ländern unterschiedlich ist. In Nordrhein-Westfalen insbesondere ist das einschlägige Rechtsnormengefüge das Gesetz über die Organisation der Landesverwaltung — Landesorganisationsgesetz (LOG.NW.) — v. 10. Juli 1962 (GV.NW. 421).

b) Örtliche Zuständigkeit

Die örtliche Zuständigkeit muß festgelegt werden, wenn mehrere Organe einer Organisation bei gleichartiger sachlicher Zuständigkeit vorhanden sind; auch sie hat eine Selektionsfunktion. Das Verwaltungsverfahrensrecht trifft insoweit einige wichtige allgemeine Regelungen: In Angelegenheiten, die sich auf unbewegliches Vermögen oder ein ortsgebundenes Recht oder Rechtsverhältnis beziehen, ist die Behörde zuständig, in deren Bezirk das Vermögen oder der Ort liegt; in solchen, die den Betrieb eines Unternehmens oder einer seiner Betriebsstätten, die Ausübung eines Berufs oder einer andauernden Tätigkeit angehen, ist die Behörde örtlich zuständig, in deren Bezirk das Unterneh-

---

16 Dazu *Achterberg*, in: Kommentar zum Bonner Grundgesetz (Bonner Kommentar), Stand 1985, Art. 92 Rdnr. 60 ff., ders. DVBl. 84, 1093 (1094 f.).
17 Vgl. nur die Zuständigkeitsbestimmung § 10 NWPOG, welche die Ermächtigungsgrundlage § 1 NWPolG in Bezug nimmt („zuständig für die Gefahrenabwehr nach dem Polizeigesetz").

men oder die Betriebsstätte betrieben oder der Beruf oder die Tätigkeit ausgeübt wird oder werden soll; in solchen, die eine natürliche Person betreffen, ist diejenige Behörde örtlich zuständig, in deren Bezirk die natürliche Person ihren gewöhnlichen Aufenthalt hat oder zuletzt hatte; in solchen, die sich auf eine juristische Person oder eine Vereinigung beziehen, ist die Behörde örtlich zuständig, in deren Bezirk die betreffende juristische Person oder Vereinigung ihren Sitz hat oder zuletzt hatte; in den von diesen Regelungen nicht erfaßten Fällen ist hilfsweise die Behörde zuständig, in deren Bezirk der Anlaß für die Amtshandlung hervortritt (§ 3 Abs. 1 NWVwVfG).

Um **Zuständigkeitsprorogation** handelt es sich bei einer Änderung der die Zuständigkeit begründenden Umstände im Laufe des Verwaltungsverfahrens, bei welcher die bisher zuständige Behörde dieses fortführen kann, wenn dies unter Wahrung der Interessen der Beteiligten der einfachen und zweckmäßigen Durchführung des Verfahrens dient und die nunmehr zuständige Behörde zustimmt. Um eine **Notkompetenz** geht es in dem Fall, daß für unaufschiebbare Maßnahmen jede Behörde örtlich zuständig ist, in deren Bezirk der Anlaß für eine Amtshandlung auftritt; sie muß dann aber die örtlich zuständige Behörde unverzüglich unterrichten (§ 3 Abs. 2 – 4 NWVwVfG).

c) Zuständigkeitsveränderungen:

Die „Ausschließlichkeit" der Zuständigkeitsordnung[18] bedeutet, daß sich ein Organ weder über die Zuständigkeitsbestimmungen hinwegsetzen, noch auf Zuständigkeiten verzichten darf. Ausnahmen von dem Ausschließlichkeitsprinzip sind folgende:

aa) Um **Delegation**[19] handelt es sich, wenn eine Organisation oder ein Organ die ihm zugeordnete Tätigkeit auf eine andere Organisation oder ein anderes Organ überträgt, die oder das nunmehr die ihm übertragene Zuständigkeit im eigenen Namen wahrnimmt; noch weitere Übertragung wird als „Subdelegation" bezeichnet.

bb) Die **Eilzuständigkeit**[20] bedeutet eine unter den Voraussetzungen der Eilbedürftigkeit generell vorgenommene Delegation. Solche ist vor allem für Fälle der Gefahrenabwehr vorgesehen. Dann hat die Polizei in eigener Zuständigkeit Maßnahmen zu tref-

---

18 *Wolff/Bachof* (Anm. 2), § 72 IV a 1, S. 23.
19 Zum Begriff der Delegation insb. *Triepel*, Delegation und Mandat im öffentlichen Recht, 1942, S. 22 ff.; *Wolff/Bachof* (Anm. 2), § 72 IV b 2, S. 24 ff. Um Subdelegation handelt es sich bei § 28 Abs. 2 Satz 2 NWGO: Der Rat kann die Entscheidung bestimmter Angelegenheiten Ausschüssen übertragen und diese auch ermächtigen, sie auf den Gemeindedirektor weiter zu übertragen.
20 Zur Eilzuständigkeit *Wolff/Bachof* (Anm. 2), § 72 IV b 2, m. weit. Beispielen. Unaufschiebbar ist eine Maßnahme im Ordnungsrecht, „wenn der Schaden nach vernünftiger Einschätzung als unmittelbar bevorstehend angesehen werden kann, so daß ohne Eingreifen der Polizei ein Tätigwerden der Ordnungsbehörden zu spät kommen könnte" (Verwaltungsvorschrift zur Durchführung des Ordnungsbehördengesetzes v. 28. 11. 1969 [MBl.NW. 1990]). Das Kriterium ist verallgemeinerungsfähig.

fen, soweit ein Handeln der an sich zuständigen Behörden nicht oder nicht rechtzeitig möglich erscheint, doch muß sie diese unverzüglich von entsprechenden Vorgängen unterrichten (§ 1 Abs. 1 NWPolG).

cc) Das **Selbsteintrittsrecht**[21] von Behörden läßt sich in ein solches horizontaler und ein solches vertikaler Natur untergliedern:

Um ein **horizontales** Selbsteintrittsrecht handelt es sich bei der Befugnis von Polizeivollzugsbeamten, auch außerhalb ihrer örtlichen Zuständigkeit tätig zu werden. Dies gilt insbesondere bei der Verfolgung von Straftaten oder Ordnungswidrigkeiten sowie zur Abwehr einer gegenwärtigen Gefahr, zur Verfolgung von Straftaten und Ordnungswidrigkeiten auf frischer Tat sowie zur Verfolgung und Wiederergreifung Entwichener (§ 7 Abs. 2 Nr. 1, Abs. 4 NWPOG).

Das **vertikale** Selbsteintrittsrecht gibt es sowohl in der Variante, daß die obere anstelle der unteren, als auch in derjenigen, daß die untere anstelle der oberen Behörde tätig wird. Generell besteht eine solche Befugnis nicht. Vor allem kann nicht aus einem größeren Sachverstand der Aufsichtsbehörde gefolgert werden, daß diese von sich aus stets Aufgaben nachgeordneter Behörden aufgreifen dürfe. Dem widerstreiten das Gebot der ortsnahen Verwaltung und das Erfordernis des unverkürzten Instanzenzugs. Vertikale Selbsteintrittsrechte bestehen allenfalls bei Gefahr im Verzug oder als Aufsichtsmittel im Rahmen der internen Verwaltungskontrolle, wenn die beaufsichtigte Behörde Weisungen des Aufsichtsorgans nicht nachkommt. Beispielsweise ist im Polizeirecht vorgesehen, daß bei Gefahr im Verzug eine Polizeibehörde Aufgaben einer anderen, an sich zuständigen Polizeibehörde übernehmen kann, wobei die zuständige Polizeibehörde unverzüglich zu unterrichten ist (§ 14 Abs. 1 NWPOG). Vergleichbar kann der Innenminister im Rahmen der Kommunalaufsicht einen Beauftragten bestellen, der alle oder einzelne Aufgaben der Gemeinde auf ihre Kosten wahrnimmt, wenn und solange die Befugnisse der Aufsichtsbehörde hierzu nicht ausreichen (§ 110 NWGO).

d) Kompetenzkonflikte:

Kompetenzkonflikte können als **positive** — mehrere Behörden halten sich für zuständig — und als **negative** — alle erachten sich für unzuständig — entstehen. Dann entscheidet die gemeinsame Aufsichtsbehörde über die Zuständigkeit. Gibt es eine solche nicht, so müssen die jeweiligen Aufsichtsbehörden eine Einigung anstreben. Ist diese nicht zu erzielen, so kommt die gerichtliche Entscheidung im Organstreitverfahren in Betracht.

---

21 Zum Selbsteintrittsrecht *Badura*, Das Verwaltungsverfahren, in: Erichsen/Martens (Hrsg.), Allgemeines Verwaltungsrecht, 7. Aufl., 1986, § 38 I, S. 348; *Brunner*, DÖV 69, 773; *Forsthoff* (Anm. 1), § 12 a, S. 231 f., § 23 2 c, S. 451; *Rudolf* (Anm. 2), § 56 IV 1, S. 588; *Wolff/Bachof* (Anm. 2), § 72 IV b 3, S. 26.

4. Verwaltungsrechtsverhältnisse

a) Die Rechtsverhältnisse im allgemeinen

Rechtsverhältnis ist die rechtsnormgestaltete Beziehung zwischen zwei oder mehreren Rechtssubjekten.[22] Über die inhaltliche Ausgestaltung der einzelnen Rechtsverhältnisse hinaus tragen ihre unterschiedlichen Entstehungsgründe (Gesetz, Rechtsverordnung, Satzung, Verwaltungsakt, Verwaltungsvertrag, innerdienstlicher Rechtsakt, Realakt), Gegenstände, Dauer sowie weitere Elemente zu einem großen Artenreichtum bei, so daß man von Rechtsverhältnissen nur im Plural sprechen sollte und ihre Komplexität die Rechtsordnung als eine Rechtsverhältnisordnung erscheinen läßt.[23]

Zu unterscheiden sind **einmalige** und **dauernde** Rechtsverhältnisse, wobei die ersteren dadurch gekennzeichnet sind, daß sich die in ihnen gegenüberstehenden Berechtigungen und Verpflichtungen in einem einzigen Vollzugsvorgang erschöpfen (Steuerbescheid, Subventionsbewilligung), während die letzteren sich dadurch auszeichnen, daß sich solche wiederholen (beispielsweise Widmung eines Wegs zur öffentlichen Sache), **vorläufige** und **endgültige** Rechtsverhältnisse, wobei die ersteren eine Rechtslage unter dem Vorbehalt späterer anderweitiger Regelung gestalten (Vorvertrag), **ableitende** und **abgeleitete** Rechtsverhältnisse, für die charakteristisch ist, daß sich das eine Endsubjekt des ableitenden und das eine Endsubjekt des abgeleiteten Rechtsverhältnisses jeweils in einer rechtlichen Beziehung zu einem gemeinsamen anderen Endsubjekt befinden (Schulverhältnis und Elternverhältnis), **fortgesetzte** und **fortsetzende** Rechtsverhältnisse, bei denen gleichfalls das eine Endsubjekt des einen zugleich dasjenige des anderen Rechtsverhältnisses bildet, ohne daß aber die Endpunkte des fortgesetzten Rechtsverhältnisses anders als diejenige des abgeleiteten Rechtsverhältnisses identisch sind (Rechtsverhältnisse zwischen der Aufsichtsbehörde und der Behörde bei der Genehmigung, der Behörde und dem Adressaten bei dem Erlaß einer Satzung), **aufeinanderfolgende** Rechtsverhältnisse, bei denen es sich um das Vorverhältnis in Beziehung zum Hauptverhältnis, diesem in derjenigen zum Nachverhältnis handelt (Pflicht des Beamten, noch nach Beendigung des Beamtenverhältnisses über dienstliche Vorgänge Verschwiegenheit zu bewahren), **widerstreitende** Rechtsverhältnisse, an denen dasselbe Rechtssubjekt nicht gleichzeitig beteiligt sein kann (Widerstreit zwischen Beamten- und Richterverhältnis).[24]

---

22 Definition bei *Achterberg*, Die Rechtsordnung als Rechtsverhältnisordnung. Grundlegung der Rechtsverhältnistheorie, 1982, S. 31.
23 So führt der HessVGH, NJW 77, 455, aus: „Die Rechtsordnung als Ordnung von Rechtsverhältnissen läßt nicht zu, daß nicht zuständige Organe Regelungen vornehmen, die nicht für die von ihnen zu gestaltenden, sondern für sonstige Rechtsverhältnisse maßgebend sind. Insbesondere sind Normen der staatlichen Innenverhältnisse und Rechtsverhältnisse zwischen Staat und Gemeindeverbänden oder Gemeinden einerseits und Staatsbürgern andererseits zu unterscheiden".
24 *Achterberg* (Anm. 4), § 20 Rdnr. 25 ff.

b) Die Verwaltungsrechtsverhältnisse im besonderen

Die Verwaltungsrechtsverhältnisse werden herkömmlicherweise in das „allgemeine" und das „besondere" Gewaltverhältnis unterteilt. Mit dieser Zweiteilung ist die Vielfalt der Rechtsverhältnisse in der Rechtsverhältnisordnung indessen nicht beschrieben. Genauere Unterscheidungen sind vorzunehmen und auch möglich, wenn die Rechtsverhältnisse nach den Rechtssubjekten differenziert werden, die als ihre Endpunkte auftreten. Danach gibt es zumindest folgende Verwaltungsrechtsverhältnisse:

aa) Organisation-Organisation-Verhältnis

(Beispiele sind Rechtsverhältnisse zwischen den Gliedstaaten des Bundesstaats, also zwischen Nordrhein-Westfalen und einem anderen Bundesland, oder zwischen Gemeinden oder Gemeindeverbänden über verwaltungsrechtliche Gegenstände),

bb) Organisationsmitglied-Organisationsmitglied-Verhältnis

(Beispiele sind Verträge zwischen Staatsbürgern über verwaltungsrechtliche Gegenstände, so von Nachbarn über die Nichteinhaltung von Grenzabständen),

cc) Organisation-Organisationsmitglied-Verhältnis

(Beispiel hierfür ist das „allgemeine Gewaltverhältnis" — also das Rechtsverhältnis, in dem der Staatsbürger zum Staat steht und das mit der Staatsangehörigkeit des Staatsbürgers entsteht oder endet, rechtliche Folgen aber auch für Nichtstaatsangehörige äußert, die sich im Staatsgebiet aufhalten und der Staatsgewalt unterworfen sind —, das durch Rechtsverordnungen, Satzungen oder Verwaltungsakte geregelt ist),

dd) Organisation-Organ-Verhältnis

(Beispiel ist die Beleihung eines Rechtssubjekts, beispielsweise einer Privatschule, mit hoheitlicher Gewalt),

ee) Organisation-Organwalter-Verhältnis

(Beispiel hierfür ist das Beamtenverhältnis, in dem Ernennungen, Beförderungen, Entlassungen ergehen),

ff) Organ-Organ-Verhältnis

(Beispiele hierfür sind koordinations- oder subordinationsrechtliche Beziehungen zwischen Behörden, im letzten Falle bei Aufsichtsmaßnahmen),

gg) Organ-Organwalter-Verhältnis

(Beispiel hierfür ist das Rechtsverhältnis zwischen Vorgesetztem und Beamtem, in dem Weisungen erfolgen).[25]

25 *Achterberg* (Anm. 4), § 20 Rdnr. 34 ff.

Die überkommene Unterscheidung „allgemeines"/„besonderes" Gewaltverhältnis behält danach nur noch Bedeutung insofern, als hiermit besonders bedeutsame Typen von Rechtsverhältnissen benannt sind. Vor allem ist an dieser Unterscheidung zu kritisieren, daß die Unterscheidung von Grundverhältnis und Betriebsverhältnis — in welche das besondere Gewaltverhältnis herkömmlicherweise zerlegt wird — in der geltenden Rechtsordnung keine Stütze findet. Nach überkommener Ansicht sollen im Grundverhältnis die Maßnahmen ergehen, die das im besonderen Gewaltverhältnis stehende Rechtssubjekt gerade nicht in dieser Eigenschaft, sondern wie jedes andere berühren, während im Betriebsverhältnis diejenigen Anordnungen erfolgen, die es gerade in der Eigenschaft als das in dem besonderen Gewaltverhältnis stehende Rechtssubjekt betreffen, wobei die Maßnahmen im Grundverhältnis als Verwaltungsakte begriffen und dem Verwaltungsstreitverfahren unterstellt werden, diejenigen im Betriebsverhältnis dagegen nur als Weisungen und dem Rechtsschutz vor den Verwaltungsgerichten entzogen werden.

Unter Aufgabe dieser überkommenen Lehre ist festzustellen, daß Rechtssubjekte sowohl in einem Organisation-Organisationsmitglied-Verhältnis als auch zusätzlich in einem Organ-Organisationsmitglied-Verhältnis stehen können. In dem zuerst genannten unterscheiden sie sich nicht von der Stellung in demjenigen Rechtsverhältnis, das nach der früheren Auffassung als „Grundverhältnis" begriffen wurde, in dem zweiten unterliegen sie dagegen den besonderen Verpflichtungen, die bisher dem „Betriebsverhältnis" zugerechnet wurden.[26]

5. Aufgaben der Verwaltung

Auch die Verwaltungsaufgaben wirken auf die Verwaltungsorganisation ein, indem sie beispielsweise die Bildung neuer Behörden bestimmen. So wurde aufgrund problembewußteren Umweltdenkens und neuer Erkenntnisse über die Umweltbelastung die Landesanstalt für Ökologie, Landschaftsentwicklung und Forstplanung in Recklinghausen ins Leben gerufen. Jeder Überblick über die Verwaltungsaufgaben steht allerdings unter dem Vorbehalt, daß eine trennscharfe Abgrenzung kaum möglich ist und daß auch nur Zielrichtungen der Verwaltungstätigkeit zugrunde gelegt werden können. Unter diesem Vorbehalt lassen sich die Verwaltungsaufgaben im Sinne von „Subfunktionen" der Verwaltung folgendermaßen unterteilen:

a) **Organisationsfunktion:** Die Verwaltung verwaltet sich selbst. Sie beschafft sich die personellen und sächlichen Mittel, um die ihr gestellten Aufgaben zu erfüllen.

b) **Planungsfunktion:** Die Verwaltung schätzt den Zukunftsbedarf und die Zukunftsressourcen voraus. Da der Plan einen Entwurf darstellt, in dem eine Handlung oder

---

26 Näher *Achterberg* (Anm. 4), § 20 Rdnr. 44 ff.

mehrere Handlungen sowie das mit ihnen verfolgte Ziel gedanklich vorweggenommen werden, um den erwünschten Erfolg möglichst sicher, leicht und rasch zu erreichen,[27] handelt es sich bei der Plangebung um die Erstellung dieses Entwurfs. Pläne gibt es im Verwaltungsbereich vor allem als Bauleitpläne, Finanzpläne, Raumpläne, Umweltpläne, Verkehrspläne. Bei der Abstimmung mehrerer Teilpläne durch einen Rahmenplan spricht man von „integrierter Planung".[28]

c) **Rechtsetzungsfunktion:** Die Verwaltung wird neben der Gesetzgebung rechtsetzend tätig. Sie erläßt aufgrund gesetzlicher Ermächtigung Rechtsverordnungen und Satzungen. Hierbei handelt es sich um abstrakt-generelle Regelungen mit Außenwirkung, wobei für Rechtsverordnungen vorgeschrieben ist, daß sie aufgrund eines Gesetzes ergehen müssen, das Inhalt, Ausmaß und Zweck der Verordnungsgebung bestimmt (Art. 70 NWVerf.).

d) **Ordnungsfunktion:** Die Verwaltung wird in den Bereichen der Überwachung, insbesondere als Polizei- und Ordnungsverwaltung tätig. Hierzu gehört auch die Bauordnung.

e) **Leistungsfunktion:** Die Verwaltung handelt leistend beispielsweise in der Sozialverwaltung, soweit diese durch Landesbehörden durchgeführt wird, ferner bei der Bewilligung von Subventionen, aber auch bei Individualförderungen im Bereich wirtschaftlicher und kultureller Art. Die Vorhaltung von Krankenhäusern, Museen und Theater stellt hierfür nur ein Beispiel dar.

f) **Umverteilungsfunktion:** Die Verwaltung wird durch die Veränderung der Leistungsfähigkeit von Individuen umverteilend tätig. Das Steuerwesen ist hierfür das wichtigste Beispiel. Insofern zählen vor allem die Behörden der Finanzverwaltung zu den Organen, die Umverteilungsfunktionen ausüben.

Bei allem können die Subfunktionen der Verwaltung wegen möglicher Überschneidungen nur als Intentionen des Verwaltungshandelns angegeben werden.

6. Gestaltungsfaktoren der Verwaltung

Als organisationsrechtlich bedeutsame Gestaltungsfaktoren der Verwaltung sind die Zentralisation und die Dezentralisation sowie die Konzentration und die Dekonzentration zu erwähnen.

---

[27] *Herzog*, Planung, EvStL, Sp. 1818, ferner *Forsthoff* (Anm. 1), § 16, S. 302 ff.; *Wolff/Bachof*, Verwaltungsrecht I, 9. Aufl., 1974, § 47 IX, S. 397 ff. – Zum Erfordernis der Planung *Schmitt Glaeser*, Konflikt und Planung, Verwaltung 14 (1981), 277.

[28] Dazu *Blümel*, Planung III d, EvStL, Sp. 1834; *Wagener*, Planung II, EvStL, Sp. 1827; *Wolff/Bachof* (Anm. 27), § 47 IX a, S. 397.

Zentralisation bedeutet Zusammenfassung, **Dezentralisation** Verteilung der Verwaltungstätigkeit auf verschiedene Organisationen. Im Bundesstaat wird eine Dezentralisation durch die Verteilung der Staatsgewalt auf die Bundesebene und auf die Landesebene erzielt; hieran nimmt auch das Land Nordrhein-Westfalen teil. Hinzu kommt die weitere Verteilung auf Gemeinden und Gemeindeverbände sowie auf andere juristische Personen des öffentlichen Rechts.

Konzentration ist Zusammenfassung, **Dekonzentration** Verteilung der Verwaltungstätigkeit auf verschiedene Organe. Dekonzentriert ist die Verwaltungstätigkeit auf der Ebene der obersten Staatsbehörden — insbesondere der Ministerien —, konzentriert ist sie auf der Mittelstufe der Verwaltung bei der Behörde des Regierungspräsidenten hinsichtlich der einzelnen Verwaltungszweige innerhalb der Landesverwaltung (§ 8 LOG.NW.).

Für den Umfang von Zentralisation und Dezentralisation sowie Konzentration und Dekonzentration sprechen Erfordernisse der Arbeitsteilung einerseits sowie der Sparsamkeit andererseits. Sie müssen gegeneinander abgewogen werden.

7. Zusammenwirken von Verwaltungsorganen

a) Mitverwaltung

Mitverwaltung wird angeordnet durch Rechtsvorschriften, nach denen eine Verwaltungsbehörde der Zustimmung einer anderen bedarf, sie die Anhörung einer anderen vornehmen muß oder zwischen beiden Einvernehmen oder Benehmen hergestellt werden muß.[29] Die Rechtswirkungen dieser verschiedenen Formen der Mitverwaltung sind unterschiedlich. Soweit die gesetzlichen Vorschriften hierüber keine Klarheit ergeben, ist eine Auslegung erforderlich. Überschlägig kann man das Zusammenwirken von Verwaltungsbehörden in zwei Fallgruppen unterteilen:

aa) Bei der **Zustimmung** und bei dem **Einvernehmen** ist der Erlaß eines Verwaltungsakts durch eine Verwaltungsbehörde an die bindende Mitwirkung einer anderen Verwaltungsbehörde gekoppelt. Hieraus ergeben sich Konsequenzen für Erlaß und Bestand des Verwaltungsakts. Im Innenbereich üben Einvernehmen und Zustimmung eine Bindungswirkung auf die Erlaßbehörde aus, die den Verwaltungsakt nur erlassen darf, wenn die Mitwirkung mit positivem Ergebnis erfolgt ist. Im Außenbereich werden Zustimmung und Einvernehmen im allgemeinen Regelungsnatur beigemessen, mitunter wird ihnen allerdings eine solche Wirkung abgesprochen, und sie werden dann nur als Verwaltungsinterna betrachtet. Insoweit ist auf den Einzelfall abzustellen.[30]

---

29 Dazu *Wolff/Bachof* (Anm. 27), § 46 V c 2, S. 282 f.; *dies.* (Anm. 2), § 77 V, S. 118 ff.; ferner *Friauf*, DÖV 61, 666; *Heinze*, VerwArch. 52 (1961), 159, 275.
30 Ebenso *Marschall/Schroeter/Kastner*, Bundesfernstraßengesetz, 4. Aufl., 1977, § 9 Rdnr. 3.12; *Menger*, VerwArch. 56 (1965), 191 ff. Vgl. dazu auch § 44 Abs. 3 Satz 4 NWVwVfG.

bb) **Benehmen** und **Anhörung** stellen demgegenüber keine bindende Mitwirkungshandlungen dar. Sie lösen für Erlaß und Bestand des Verwaltungsakts keine Konsequenzen aus. Dies gilt sowohl im Innenbereich als auch im Außenbereich.

Als Beispiel für eine Mitwirkungshandlung ist die Bestimmung über bauliche Anlagen an Straßen zu erwähnen, nach der Baugenehmigungen in verschiedenen, ausdrücklich erwähnten Fällen der Zustimmung der Straßenbaubehörde bedürfen (§ 25 Abs. 2 NWStrWG).

b) Amtshilfe

Amtshilfe ist die Vornahme von Handlungen rechtlicher oder tatsächlicher Art durch eine darum ersuchte Verwaltungsbehörde zur Unterstützung einer öffentlich-rechtlichen Amtshandlung der ersuchenden Behörde. Nach der verfassungsrechtlichen Grundlage in Art. 35 Abs. 1 GG leisten sich alle Behörden des Bundes und der Länder Amtshilfe. Dies bedeutet, daß auch die Behörden des Landes Nordrhein-Westfalen solchen des Bundes und allen anderen Ländern Hilfe zu leisten haben, von diesen aber auch eine solche geleistet erhalten. In Konkretisierung der verfassungsrechtlichen Vorschrift ist die Amtshilfe im Verwaltungsverfahrensrecht geregelt (§§ 4 – 8 NWVwVfG). Diesen Bestimmungen gegenüber vorrangig sind jedoch diejenigen in Spezialgesetzen. Nach der Legaldefinition der Amtshilfe (§ 4 VwVfG) handelt es sich bei ihr um eine Hilfe, die eine Behörde einer anderen auf Ersuchen leistet, wobei die Hilfeleistung innerhalb eines bestehenden Weisungsverhältnisses sowie diejenige durch Handlungen, die der ersuchten Behörde als eigene Aufgaben obliegen, ausgeschieden werden. **Gründe** für ein Amtshilfebegehren sind die Unmöglichkeit der Eigenvornahme durch die Behörde aus rechtlichen oder tatsächlichen Gründen, die Angewiesenheit der ersuchenden Behörde auf die Kenntnis ihr unbekannter und von ihr nicht zu ermittelnder Tatsachen oder von Urkunden oder sonstigen Beweismitteln, die sich im Besitz der ersuchten Behörde befinden, sowie ein unverhältnismäßig großer Aufwand bei der Vornahme der Amtshandlung durch die ersuchende Behörde selbst (§ 5 Abs. 1 NWVwVfG).

Die Gründe für den **Ausschluß** der Amtshilfe sind danach unterteilt, ob die ersuchte Behörde diese Hilfe nicht leisten darf oder nicht zu leisten braucht: Sie **darf** sie nicht leisten, wenn sie aus rechtlichen Gründen hierzu nicht in der Lage ist oder wenn durch ihre Hilfeleistung dem Wohl des Bundes oder eines Landes erhebliche Nachteile bereitet würde, insbesondere wenn Geheimhaltungserfordernisse nicht gewahrt würden (§ 5 Abs. 2 NWVwVfG). Sie **braucht** keine Hilfe zu leisten, wenn eine andere Behörde die Hilfe einfacher und mit wesentlich geringerem oder wenn sie die Hilfe selbst nur mit unverhältnismäßig großem Aufwand leisten könnte oder wenn sie unter Berücksichtigung der Aufgaben der ersuchenden Behörde durch die Hilfeleistung die Erfüllung ihrer eigenen Aufgaben ernstlich gefährden würde (§ 5 Abs. 2, 3 NWVwVfG).

Demgegenüber darf die Hilfeleistung nicht verweigert werden, weil die ersuchte Behörde das Ersuchen für unzweckmäßig hält. Falls sich diese zur Hilfe nicht für verpflichtet hält, teilt sie der ersuchenden ihre Auffassung mit. Sofern diese auf der Amtshilfe besteht, entscheidet über die Verpflichtung hierzu die gemeinsame oder, falls eine solche nicht besteht, die für die ersuchte Behörde fachlich zuständige Aufsichtsbehörde (§§ 5 Abs. 4, 5 NWVwVfG). Kommen für die Amtshilfe mehrere Behörden in Betracht, so soll möglichst eine Behörde der untersten Verwaltungsstufe ersucht werden.[31]

Die Zulässigkeit der Maßnahme, die durch die Amtshilfe verwirklicht werden soll, richtet sich nach dem für die ersuchende, die Durchführung der Amtshilfe nach dem für die ersuchte Behörde geltenden Recht (§ 7 NWVwVfG).[32]

8. Aufsichtsmaßnahmen

Die nachgeordneten Landesbehörden unterstehen der Dienstaufsicht — die sich auf den Aufbau, die innere Ordnung, die allgemeine Geschäftsführung und die Personalangelegenheiten der Behörde bezieht — sowie der Fachaufsicht — die sich auf die rechtmäßige und zweckmäßige Wahrnehmung der Aufgaben erstreckt (§§ 11—13 LOG.NW.).

a) Die **Dienstaufsicht** führen die obersten Landesbehörden über die ihnen im Rahmen ihres Geschäftsbereichs unterstehenden Landesoberbehörden und Landesmittelbehörden, der Innenminister über die Regierungspräsidenten, soweit nicht die Befugnisse der übrigen obersten Landesbehörden als oberste Dienstbehörden im Sinne des Landesbeamtengesetzes oder aufgrund besonderer gesetzlicher Vorschriften berührt sind, die Landesoberbehörden und die Landesmittelbehörden über die ihnen unterstehenden unteren Landesbehörden. Die obersten Landesbehörden üben zugleich die oberste Dienstaufsicht über die ihnen im Rahmen ihres Geschäftsbereichs unterstehenden unteren Landesbehörden aus (§ 12 LOG.NW.).

b) Die **Fachaufsicht** führen die obersten Landesbehörden im Rahmen ihres Geschäftsbereichs über die Landesoberbehörden und die Landesmittelbehörden, die Landesoberbehörden und die Landesmittelbehörden über die ihnen unterstehenden unteren Landesbehörden; die obersten Landesbehörden üben zugleich im Rahmen ihres Geschäftsbereichs die oberste Fachaufsicht über die unteren Landesbehörden aus (§ 13 Abs. 2 LOG.NW.). Im Rahmen der Fachaufsicht haben die Fachaufsichtsbehörden ein Informationsrecht, eine Weisungserteilungsbefugnis sowie die Ermächtigung, bei Gefahr im Verzug oder aufgrund besonderer gesetzlicher Grundlage die Befugnisse der nachgeord-

---

31 Dazu *Kopp* (Anm. 12), § 6 Rdnr. 1,2. Das Weigerungsrecht besteht nur unter den Voraussetzungen des § 5 Abs. 3 Nr. 1 NWVwVfG; ebenso *Knack* (Anm. 12), § 6 Rdnr. 3; *Ule/Laubinger* (Anm. 12), § 11 IV, S. 62.
32 Ersucht eine Behörde des Landes A eine solche des Landes B um Amtshilfe, so richten sich deren Zulässigkeit nach dem Recht des Landes A, die Art und Weise der Durchführung nach dem des Landes B (Beispiel bei *Ule/Laubinger* [Anm. 12], § 11 V 1, S. 62).

neten Behörden selbst wahrzunehmen (§ 13 Abs. 3 LOG.NW.). Hierbei handelt es sich um ein vertikales Selbsteintrittsrecht (dazu o. 3 c).

c) Die **Staatsaufsicht über die juristischen Personen des öffentlichen Rechts** erstreckt sich darauf, daß diese ihre Aufgaben im Einklang mit dem geltenden Recht erfüllen. Es handelt sich also um eine Rechtsaufsicht. Nur soweit juristische Personen des öffentlichen Rechts Aufgaben nach Weisung erfüllen, richtet sich die Aufsicht nach den hierfür geltenden gesetzlichen Vorschriften; man spricht insofern von „besonderer Körperschaftsaufsicht" (§§ 20, 21 LOG.NW.). Wegen der Aufsicht über Gemeinden und Gemeindeverbände ist auf den Abschnitt über das Kommunalrecht zu verweisen.

II. Verwaltungsorganisation in Nordrhein-Westfalen

1. Vorgaben des Bundesrechts

a) Als Gliedstaat der Bundesrepublik Deutschland, der im Jahre 1946 aus der Provinz Westfalen und den wesentlichen Teilen der Rheinprovinz des ehemaligen Landes Preußen gebildet wurde,[33] ist Nordrhein-Westfalen an die verfassungsrechtlichen Vorschriften des Grundgesetzes gebunden. Nach Art. 28 Abs. 1 GG ist es gehalten, seine verfassungsmäßige Ordnung entsprechend den Grundsätzen des republikanischen, demokratischen und sozialen Rechtsstaats zu gestalten („Homogenitätsgebot"). Weiterhin bilden die Gemeinden und Gemeindeverbände selbständige (autonome) Verwaltungsträger (Art. 28 Abs. 2 GG).

Auch für das Land Nordrhein-Westfalen gilt demgemäß vor allem das Prinzip der Funktionentrennung. Nach der insoweit vertretenen — wenn auch umstrittenen — „Kernbereichslehre"[34] muß der Verwaltung ein vor Einbrüchen der anderen Staatsfunktionen gesicherter Bereich verbleiben. Dasselbe gilt für die Selbstverwaltung der Gemeinden und Gemeindeverbände. Nach der grundgesetzlichen Kompetenzverteilung im Bereich der vollziehenden Funktion führen neben Bundesbehörden auch Landesbehörden Bundesgesetze aus, und zwar entweder im Auftrag oder unter Aufsicht des Bundes (Art. 84, 85 GG). In beiden Fällen obliegt die Organisation der entsprechenden Behörden den Ländern; die Bundesregierung kann jedoch mit Zustimmung des Bundesrats allgemeine Verwaltungsvorschriften erlassen. Bei der Landesverwaltung im Auftrag des Bundes erstreckt sich die Aufsicht der Bundesregierung auf die Rechtmäßigkeit und die Zweckmäßigkeit, bei derjenigen unter Aufsicht des Bundes dagegen nur auf die Rechtmäßigkeit der Verwaltungsführung. Im ersten Fall können Einzelweisungen an die Landesbehörden erteilt werden, im zweiten Fall nur ausnahmsweise.

---

33 Zur geschichtlichen Entwicklung *Klein*, Neues Deutsches Verfassungsrecht, 1949, S. 96 ff.
34 Dazu *Achterberg* (Anm. 2), S. 182 ff.; *Maurer*, Der Verwaltungsvorbehalt, VVDStRL 43, 148 ff.

2. Vorgaben des Landesverfassungsrechts

In Übereinstimmung mit dem Bundesrecht schreibt Art. 3 Abs. 2 NWVerf. die Funktionentrennung vor. Die Verwaltung ist in die Hände der Landesregierung, der Gemeinden und der Gemeindeverbände gelegt. Der Begriff „Verwaltung" deckt sich mit der Benennung „vollziehende Funktion", wie sie in Art. 1 Abs. 3, 20 Abs. 2 GG anzutreffen ist. Sie war im Grundgesetz an die Stelle der ursprünglichen Bezeichnung „Verwaltung" getreten, nachdem die Bundeswehr geschaffen worden war und auch diese der Grundrechtsbindung unterstellt und in die Funktionenordnung eingefügt werden mußte.[35]

Im übrigen befaßt sich der Sechste Abschnitt der Verfassung mit der Verwaltung. Hier ist vorgesehen, daß die Organisation der allgemeinen Landesverwaltung und die Regelung der Zuständigkeiten durch Gesetz erfolgt, wobei die Einrichtung der Behörden im einzelnen der Landesregierung und aufgrund der von ihr erteilten Ermächtigung den Landesministern obliegt (Art. 77 NWVerf.). Dem hier vorgesehenen Gesetzesvorbehalt ist durch den Erlaß des Landesorganisationsgesetzes (s. o. I 3 a) Genüge getan. Art. 78 NWVerf. gewährleistet die Selbstverwaltung der Gemeinden und Gemeindeverbände in Übereinstimmung mit Art. 28 Abs. 2 GG.

Zu den verfassungsrechtlichen Vorgaben gehört ferner, daß die Verwaltungsbediensteten (Beamte, Angestellte, Arbeiter) Diener des ganzen Volkes, nicht einer Partei oder sonstigen Gruppe, sind und ihre Aufgaben unparteiisch nur nach sachlichen Gesichtspunkten wahrzunehmen haben. Die Formel des Amtseids ist in der Verfassung niedergelegt (Art. 80 NWVerf.).

Zu den Vorgaben der Landesverfassung zählen ferner die Bestimmungen über die Landesregierung, die aus dem Ministerpräsidenten und den Landesministern besteht (Art. 51 NWVerf.). Der Ministerpräsident wird aus der Mitte des Landtags in geheimer Wahl ohne Aussprache mit mehr als der Hälfte der gesetzlichen Zahl seiner Mitglieder gewählt. Kommt eine solche nicht zustande, so findet innerhalb von 14 Tagen gegebenenfalls ein dritter Wahlgang statt, in dem derjenige gewählt ist, der mehr als die Hälfte der abgegebenen Stimmen erhält. Falls sich eine solche Mehrheit nicht ergibt, findet eine Stichwahl zwischen den beiden Vorgeschlagenen statt, welche die höchste Stimmenzahl erhalten haben. Der Ministerpräsident ernennt und entläßt die Minister und beauftragt ein Mitglied der Landesregierung mit seiner Vertretung (Art. 52 NWVerf.). Auch der Amtseid ist in der Verfassung vorgesehen (Art. 53 NWVerf.).

Der Ministerpräsident führt den Vorsitz in der Landesregierung und leitet ihre Geschäfte nach der von ihr beschlossenen Geschäftsordnung (Art. 54 NWVerf.).

Schließlich zählen innerhalb der Verfassung die Bestimmungen über das Finanzwesen teilweise zum Verwaltungsbereich.

---

35 Durch Gesetz zur Ergänzung des Grundgesetzes v. 19. 3. 1956 (BGBl. I 111).

3. Verwaltungsformen und Verwaltungsbehörden

a) Landesverwaltung

Träger der (unmittelbaren) Landesverwaltung ist das Land Nordrhein-Westfalen selbst. Ihm sind die entsprechenden Behörden zugeordnet, und es ist zugleich Dienstherr des Verwaltungspersonals. Da insoweit nur ein einziger Verwaltungsträger vorhanden ist, handelt es sich um eine Zentralisation, mit der eine Dekonzentration verbunden ist. Diese kommt in der Untergliederung in Fachbehörden über- und nebengeordneter Instanzen zum Ausdruck. Gleichwohl besteht ein einheitliches Behördensystem, das durch Weisungsabhängigkeit von der Zentralebene geprägt ist. Die nähere Regelung dieser Organisation findet sich im Landesorganisationsgesetz. Der hierarchische Aufbau der Landesverwaltung ist durch ein dreistufiges System mit obersten, mittleren und unteren Verwaltungsbehörden gekennzeichnet. Er wird ergänzt durch eine weitere Behördenkategorie, die als „Landesoberbehörde" bezeichnet wird.

aa) Oberste Landesbehörden

Die obersten Landesbehörden sind für das ganze Land Nordrhein-Westfalen zuständig und — wie der Name sagt — keiner anderen Behörde unterstellt. Den in der Hierarchie nachfolgenden Behörden gegenüber steht ihnen ein Weisungsrecht zu. Gemäß § 3 LOG.NW. sind oberste Landesbehörden die Landesregierung, der Ministerpräsident und die Landesminister. Hinzu kommt der Landesrechnungshof, der nur deshalb im Landesorganisationsgesetz nicht näher erwähnt wird, weil dieses gemäß § 1 Abs. 2 a LOG.NW. für ihn nicht gilt. Hiervon abgesehen spiegeln sich in der Dreiteilung die Richtlinienkompetenz, das Kollegial- und das Ressortprinzip (Art. 55 NWVerf.) wider.

(1) Die **Landesregierung** ist deshalb im Rahmen der Verwaltungsorganisation zu behandeln, weil innerhalb der vollziehenden Funktion Regierung und Verwaltung zu unterscheiden sind. Regierung ist im materiellen Sinne „leitende, richtunggebende, führende" Tätigkeit.[36] Sie besteht in der Führung des Staats und geschieht im Wege der Wahrnehmung der Richtlinienbestimmung durch den Regierungschef, der polykratischen Führungskompetenz durch die Regierung und der monokratischen Leitungsbefugnis durch den jeweiligen Minister. Sie ist zu einem großen Teil politische Tätigkeit. Damit ist ihre Aufgabe die „schöpferische Entscheidung über die das staatliche Ganze berührenden Ziele und die Erringung und Ausübung sozialer Macht zu ihrer Durchsetzung".[37] Im Grunde handelt es sich hierbei um Sozialgestaltung, und damit ist keines-

---

[36] So *Wolff/Bachof* (Anm. 27), § 18 I a, S. 77. — Zur Regierung ferner *Scheuner*, Der Bereich der Regierung, in: Rechtsprobleme in Staat und Kirche, Festschrift für Rudolf Smend, 1952, S. 253 (abgedr. auch in: *ders.*, Staatstheorie und Staatsrecht, 1978, S. 455).

[37] *Scheuner* (Anm. 36), S. 472. — Zur Begriffsbestimmung der Politik ferner *Besson*, Politik (I.), EvStL, Sp. 1855; *v. d. Gablentz*, Politik als Wissenschaft, ZfP I (1954), 2; *Häberle*, Kommentierte Verfassungsrechtsprechung, 1979, S. 433 ff., 443; *Hättich*, Lehrbuch der Politikwissen-

wegs nur im Handeln der Regierung, sondern in der Tätigkeit eines jeden Staatsorgans ein Stück Politik enthalten.[38] Im formellen Sinne sind zur Regierung diese als Kollegialorgan, aber auch der Regierungschef (Ministerpräsident) sowie die Regierungsmitglieder (Landesminister) zu rechnen.

Die intrafunktionelle Abgrenzung zur Verwaltung ist dergestalt vorzunehmen, daß diese — entsprechend dem zuvor Gesagten — „geleitete, richtungerhaltende, geführte" Tätigkeit ist. Sofern bei der Abgrenzung Schwierigkeiten bestehen — was bei dem Verwaltungshandeln von Ministern der Fall sein kann —, ist die Subtraktionsmethode anwendbar, nach der Verwaltung als derjenige Bereich der vollziehenden Funktion erscheint, der nicht Regierung ist.[39] Die Natur der Begriffe „Verwaltung" im weiteren Sinne und „vollziehende Funktion" — vom Grundgesetz verwendet — wurde bereits erwähnt.

Die Landesregierung besteht gemäß Art. 51 NWVerf. auf dem Ministerpräsidenten und den Landesministern. Als Kollegialorgan hat sie folgende Aufgaben zu erfüllen: Sie vertritt das Land Nordrhein-Westfalen nach außen, kann diese Befugnis aber auf den Ministerpräsidenten, auf ein anderes Mitglied der Landesregierung oder auf nachgeordnete Stellen übertragen (Art. 57 NWVerf.). Durch Beschluß der Landesregierung vom 3. Februar 1960[40] ist die Befugnis, das Land Nordrhein-Westfalen nach außen zu vertreten, auf den Ministerpräsidenten übertragen worden. Im übrigen sind der Landesregierung als Kollegialorgan Befugnisse sowohl auf der Ebene des Verfassungsrechts als auch des Gesetzesrechts eingeräumt. Sie sind insbesondere folgende:

(a) **Grundgesetzliche Kompetenzen:** Gemäß Art. 51 Abs. 1 und 3 GG bestellt die Landesregierung die Mitglieder des Bundesrats und faßt sie die Beschlüsse über die Stimmabgabe in diesem Organ. Die Mitglieder des Bundesrats unterliegen insofern einem imperativen Mandat. Dies gilt nur nicht für die Mitglieder im Vermittlungsausschuß (Art. 77 Abs. 2 Satz 3 GG). Im Verteidigungsfall ist die Landesregierung befugt, für ihren Zuständigkeitsbereich den Bundesgrenzschutz einzusetzen, falls die zuständigen Bundesorgane außer Stande sind, die notwendigen Maßnahmen zur Abwehr der Gefahr zu treffen (Art. 115 i Abs. 1 i.V.m. 115 f Abs. 1 GG).

(b) **Landesverfassungsrechtliche Kompetenzen:** Prozeßrechtlich ist die Landesregierung berechtigt, bei dem Verfassungsgerichtshof eine Entscheidung darüber zu beantra-

---

schaft, 1. Bd., 1967, S. 21 ff.; *Schuppert*, Die verfassungsgerichtliche Kontrolle der Auswärtigen Gewalt, 1973, S. 117 ff.; *Sontheimer*, Politische Wissenschaft und Staatsrechtslehre, in: Politik, hrsg. A. Bergstraesser, 1963; S. 7; *Stern*, Das Staatsrecht der Bundesrepublik Deutschland, Bd. I, 2. Aufl., 1984, § 1 V, S. 14 ff.; *Sternberger*, Begriff der Politik als Wissenschaft, in: Synopsis, Festgabe für Adolf Weber, 1948, S. 687; *Weber*, Politik als Beruf, in: Gesammelte politische Schriften, hrsg. J. Winckelmann, 2. Aufl., 1958, S. 494.
38 Zum Thema *Achterberg*, Die Verfassung als Sozialgestaltungsplan, in: Recht und Staat im sozialen Wandel, Festschrift für Hans Ulrich Scupin, 1983, S. 293.
39 *Achterberg* (Anm. 4), § 8 Rdnr. 7.
40 GV.NW. 13.

gen, ob die Voraussetzungen eines Wahlverbots vorliegen; Vereinigungen und Personen, die es unternehmen, die staatsbürgerlichen Freiheiten zu unterdrücken oder gegen Volk, Land oder Verfassung Gewalt anzuwenden, dürfen sich an Wahlen und Abstimmungen nicht beteiligen (Art. 32 i.V.m. Art. 75 Nr. 1 NWVerf.). Ebenso ist die Landesregierung möglicher Verfahrensbeteiligter in einem Organstreitverfahren (Art. 75 Nr. 2 NWVerf.) sowie im Verfahren der abstrakten Normenkontrolle antragsberechtigt (Art. 75 Nr. 3 NWVerf.).

Materiellrechtlich stehen der Landesregierung kraft Verfassungsrecht folgende Befugnisse zu: Sie entscheidet bei Meinungsverschiedenheiten zwischen den Ministern (Art. 55 Abs. 3 NWVerf.). Hierbei handelt es sich insbesondere um Zuständigkeitsstreitigkeiten, doch kommen auch sachliche Meinungsverschiedenheiten zwischen mehreren Ministern in Betracht, sofern verschiedene Ressorts an der Lösung einer bestimmten Frage beteiligt sind, wie dies vor allem bei der Verteilung der Haushaltsmittel der Fall ist. Die Landesregierung ernennt weiterhin die Landesbeamten, sofern sie diese Befugnis nicht auf andere Stellen übertragen hat (Art. 58 NWVerf.). Im Falle des Gesetzgebungsnotstands — dieser liegt vor, wenn der Landtag durch höhere Gewalt gehindert ist, sich zu versammeln, und dies durch einen mit Mehrheit gefaßten Beschluß des Landtagspräsidenten und seiner Stellvertreter festgestellt ist — kann die Landesregierung zur Aufrechterhaltung der öffentlichen Ruhe und Ordnung oder zur Beseitigung des Notstands Verordnungen mit Gesetzeskraft erlassen, die der Verfassung nicht widersprechen dürfen. Diese bedürfen der Zustimmung des Hauptausschusses (Art. 40 NWVerf.), hilfsweise — falls auch dieser am Zusammentritt verhindert ist — der Gegenzeichnung des Landtagspräsidenten. Die Landesregierung ist weiterhin befugt, Gesetzentwürfe im Landtag einzubringen (Art. 65 NWVerf.), und sie kann gegen ein vom Landtag beschlossenes Gesetz innerhalb von zwei Wochen Bedenken erheben, worauf dieser entscheidet, ob er ihnen Rechnung tragen will (Art. 67 NWVerf.). Im Falle eines Volksbegehrens entscheidet die Landesregierung über dessen Zulässigkeit und unterbreitet sie es unter Darlegung ihres Standpunkts unverzüglich dem Landtag; dann ist ein Volksentscheid herbeizuführen, wobei aber auch die Landesregierung das Recht hat, ein von ihr eingebrachtes, vom Landtag jedoch abgelehntes Gesetz zum Volksentscheid zu stellen (Art. 68 Abs. 1 Satz 4, Abs. 2, Abs. 3 NWVerf.). Ferner werden die Gesetze von der Landesregierung ausgefertigt und im Gesetz- und Verordnungsblatt verkündet (Art. 71 Abs. 1 Satz 1 NWVerf.). Schließlich hat die Landesregierung die Befugnis, Mitglieder des Landesrechnungshofs zu ernennen (Art. 87 Abs. 2 NWVerf.).

(c) **Landesorganisationsrechtliche Kompetenzen:** Sowohl die Landesregierung als Kollegialorgan als auch die Landesminister im Rahmen ihres Geschäftsbereichs sind zur Leitung und Beaufsichtigung der Landesverwaltung befugt (§ 5 Abs. 1 Satz 1 LOG.NW.). Die Landesregierung bestimmt ferner Sitz und Bezirk der Landesmittel- und -unterbehörden oder ermächtigt zu dieser Entscheidung den zuständigen Landesminister. Sie oder der einzelne Minister kann einer Landesmittel- und -unterbehörde

Aufgaben im Bezirk einer anderen übertragen (§§ 7 Abs. 4, 9 Abs. 3 LOG.NW.). Sitz und Bezirk der mittleren und der unteren Landesbehörden richten sich schließlich nach den bei Inkrafttreten des Landesorganisationsgesetzes bestehenden Rechts- oder Verwaltungsvorschriften, solange die Landesregierung nichts Abweichendes bestimmt (§ 22 LOG.NW.).

(d) **Kommunalrechtliche Befugnisse:**
Auf der **Gemeindeebene** ist die Landesregierung zuständig, Rechtsverordnungen zur Durchführung von Gesetzen zu erlassen, durch welche den Gemeinden neue Pflichten auferlegt werden (§ 3 NWGO). Sie bestimmt ferner durch Rechtsverordnung, welche Gemeinden als Große kreisangehörige Städte oder als Mittlere kreisangehörige Städte zusätzliche Aufgaben wahrzunehmen haben, und stellt in regelmäßigen Abständen durch Rechtsverordnung fest, welche Gemeinden die erforderlichen Einwohnerzahlen erreicht haben, um als Große oder Mittlere kreisangehörige Städte angesehen werden zu können. Sie kann auch durch Rechtsverordnung bestimmen, daß bei einer entsprechenden Feststellung anstelle der fortgeschriebenen Einwohnerzahlen die Ergebnisse von Volkszählungen treten (§ 3 a Abs. 2, 3 Satz 1, Abs. 4 NWGO). Weiterhin ist die Landesregierung befugt, den Gemeinden Weisungen auf dem Gebiet des Geheimschutzes zu erteilen (§ 3 b NWGO). Sie ist auch ermächtigt, einer Gemeinde auf Antrag die Bezeichnung „Stadt" zu verleihen (§ 10 Abs. 2 Satz 1 NWGO) sowie durch Rechtsverordnung bei Gefährdung des Kreditmarkts die Aufnahme von Krediten von der Genehmigung der Aufsichtsbehörde abhängig zu machen (§ 72 Abs. 5 Satz 1 NWGO). Im Rahmen der Kommunalaufsicht ist sie befugt, den Innenminister zu ermächtigen, einen Rat aufzulösen, wenn dieser dauernd beschlußunfähig ist oder wenn eine ordnungsmäßige Erledigung der Gemeindeaufgaben aus anderen Gründen nicht gesichert ist (§ 111 Satz 1 NWGO).

Auf der **Kreisebene** kann die Landesregierung Rechtsverordnungen erlassen, die der Durchführung von Gesetzen dienen, welche den Aufgabenumfang der Kreise bestimmen (§ 2 Abs. 3 NWKreisO). Auch hier besteht die Befugnis, Weisungen auf dem Gebiet des Geheimschutzes zu erteilen (§ 2 a NWKreisO). Der Genehmigung der Landesregierung bedarf ferner der Beschluß des Kreistags über den Sitz der Kreisverwaltung (§ 9 Abs. 2 NWKreisO). Schließlich können durch Rechtsverordnung der Landesregierung Aufgaben der unteren staatlichen Verwaltungsbehörden den Hauptverwaltungsbeamten von kreisangehörigen Gemeinden zugewiesen werden (§ 47 Abs. 2 NWKreisO).

(e) **Verwaltungsverfahrensrechtliche Zuständigkeiten:** Nach dem Verwaltungsverfahrensrecht bezieht sich die Zuständigkeit der Landesregierung zunächst auf die Ermächtigung zur Erteilung von Beglaubigungen (§ 33 Abs. 1 NWVwVfG). Die von ihr durch Rechtsverordnung bestimmten Behörden sind befugt, Unterschriften zu beglaubigen, wenn das unterzeichnete Schriftstück zur Vorlage bei einer Behörde oder bei einer sonstigen Stelle, der aufgrund einer Rechtsvorschrift das unterzeichnete Schriftstück vorzulegen ist, benötigt wird; hiervon gibt es allerdings Ausnahmen (§ 34 Abs. 1 NWVwVfG). Die Landesregierung ist ferner im Planfeststellungsverfahren zuständig, da sie entscheidet, wenn Zweifel über die anzuwendende Rechtsvorschrift bestehen, und falls nach den in Betracht kommenden Rechtsvorschriften mehrere Landesbehörden in den Geschäftsbereichen mehrerer oberster Landesbehörden zuständig sind; Bundesregierung und Landesregierung führen ferner das Einvernehmen darüber herbei, welche Rechtsvorschrift anzuwenden ist, wenn nach den in Betracht kommenden Rechtsvorschriften eine Bundesbehörde und eine Landesbehörde zuständig sein können (§ 78 Abs. 2 Satz 1, 3 NWVwVfG).

(f) **Beamtenrechtliche Aufgaben:** Besonders umfangreich sind die Befugnisse der Landesregierung im Bereich des Beamtenrechts. Hier ist zunächst in Übereinstimmung mit der Verfassung zum Ausdruck gebracht, daß sie die Beamten des Landes ernennen, diese Befugnis aber auf andere Stellen übertragen kann (§ 10 Abs. 1 NWLBG). Die Landesregierung erläßt ferner unter Berücksichtigung der Erfordernisse der Verwaltungszweige im Benehmen mit dem Ausschuß für Innere Verwaltung des Landtags die Laufbahnverordnung (§ 15 NWLBG). Im Zusammenhang mit der Versetzung des Beamten wird der Möglichkeit gedacht, daß eine Behörde auf Grund einer Verordnung der Landesregierung mit einer anderen verschmolzen oder in ihrem Aufbau wesentlich verändert wird (§ 28 Abs. 3 Satz 1 NWLBG). Diese ist ferner befugt, Beamte auf Probe unter den Voraussetzungen zu entlassen, unter denen sie auch sonstige Beamte in den einstweiligen Ruhestand versetzen kann (§§ 34 Abs. 2, 38 Abs. 1 NWLBG). Die Landesregierung erläßt weiterhin die zur Ausführung der Nebentätigkeitsbestimmungen des Beamtenrechts erforderliche Rechtsverordnung (§ 75 NWLBG). Gleichfalls durch solche bestimmt sie Näheres über die regelmäßige Arbeitszeit und den Bereitschaftsdienst (§ 78 Abs. 3 NWLBG). Sie erläßt Bestimmungen über die Dienstkleidung, die bei der Ausübung des Amts üblich oder erforderlich ist, kann hiermit aber auch andere Stellen beauftragen (§ 82 NWLBG). Durch Rechtsverordnung regelt sie die der Eigenart des Öffentlichen Dienstes entsprechende Anwendung der Vorschriften des Mutterschutzgesetzes auf Beamtinnen (§ 86 Abs. 1 Satz 1 NWLBG) und die Anwendung des Jugendarbeitsschutzgesetzes auf Beamte unter 18 Jahren (§ 86 Abs. 2 NWLBG). Sie regelt das Nähere über Jubiläumszuwendungen (§ 90 NWLBG), setzt die Amtsbezeichnungen der Beamten fest, soweit sie diese Befugnis nicht durch andere Behörden ausüben läßt (§ 92 Abs. 1 Satz 1 NWLBG), bestimmt durch Rechtsverordnung die Behörden, welche die Versorgungsbezüge der Versorgungsberechtigten des Landes festsetzen und regeln (§ 96 Abs. 3 NWLBG), sowie Einzelheiten der Urlaubsgewährung sowohl im Falle des Erholungsurlaubs als auch in demjenigen des Sonderurlaubs.

Die Spitzenorganisationen der Beamten können verlangen, daß ihre in Gesetzentwürfen nicht berücksichtigten Vorschläge mit Begründung und Stellungnahme der Landesregierung dem Landtag mitgeteilt werden (§ 106 Abs. 2 Satz 2 NWLBG). Acht Mitglieder und ihre Stellvertreter im Landespersonalausschuß werden von der Landesregierung auf Vorschlag des Innenministers berufen (§ 108 Abs. 3 Satz 1 NWLBG). Diese kann dem Landespersonalausschuß schließlich durch Rechtsverordnung weitere Aufgaben übertragen, die im Landesbeamtengesetz ausdrücklich genannt sind (§ 110 Abs. 3 Satz 1 NWLBG). Über die Durchführung seiner Aufgaben hat der Landespersonalausschuß die Landesregierung zu unterrichten (§ 110 Abs. 4 NWLBG).

(g) **Polizeirechtliche Kompetenzen:** Der Landesregierung obliegt die Errichtung der Polizeipräsidenten und die Bestimmung der Oberkreisdirektoren zu Kreispolizeibehörden, falls dies nicht auf Grund einer von ihr erteilten Ermächtigung der Innenminister tut. Dabei können Kreise, Teile von Kreisen und kreisfreie Städte zu einem Polizeibezirk zusammengefaßt werden (§ 3 Abs. 3 NWPOG).

Hervorzuheben ist, daß es sich bei den zuvor genannten, einfachgesetzlich begründeten Zuständigkeiten nur um **Beispiele** handelt; eine abschließende Aufzählung ist in diesem Zusammenhang nicht möglich.

Organisation und Verfahren der Landesregierung im Innenrechtsverhältnis richten sich nach ihrer *Geschäftsordnung*. Diese hat weder die Natur einer Satzung, noch einer Rechtsverordnung, sondern stellt ein Regierungsinnenrechtsnormengefüge dar. Insofern ist sie der Geschäftsordnung des Parlaments vergleichbar, so daß die für diese geltenden Überlegungen über ihre Rechtsnatur auch auf die Geschäftsordnung der Regierung anwendbar sind.[41]

(2) Der **Ministerpräsident** ist Mitglied der Landesregierung und führt in ihr den Vorsitz. Die Verfassung hat ihm neben der Landesregierung und den einzelnen Landesministern die bereits (o. II 2) genannten staatsleitenden Befugnisse zugesprochen. Er bestimmt — den Aufgaben eines Regierungschefs gemäß — vor allem die Richtlinien der Politik und trägt hierfür die Verantwortung.

Der Begriff „Richtlinien der Politik" entspricht demjenigen, der auch im Grundgesetz anzutreffen ist.[42] Durch die Richtlinienkompetenz ist der Ministerpräsident aus dem Kreis der sonstigen Regierungsmitglieder herausgehoben. Mit ihrer Hilfe ist es ihm

---

41 Zur Geschäftsordnung der Landesregierung Nordrhein-Westfalen v. 8. 7. 1952 i. d. F. v. 1. 7. 1980 kommt die Gemeinsame Geschäftsordnung für die Ministerien des Landes Nordrhein-Westfalen (GGO) v. 22. 5. 1962 i. d. F. des Änderungsbeschlusses v. 3. 4. 1973, beide abgedr. in Recht und Organisation der Parlamente, 1958 ff., S. 096401, 096411. — Zur auf die Regierungsgeschäftsordnung übertragbaren Rechtsnatur der Parlamentsgeschäftsordnung *Achterberg*, Die Deutung der Rechtsnatur der Parlamentsgeschäftsordnung als Folge des Staatsverständnisses, in: Demokratie in Anfechtung und Bewährung, Festschrift für Johannes Broermann, 1982, S. 317; *ders.*, Parlamentsrecht, 1984, § 3 III 2 a, S. 39 ff.
42 Hierzu *Herzog*, in: Maunz/Dürig, Grundgesetz, Stand 1985, Art. 65 Rdnr. 2 ff.; *Hesse*, Grundzüge des Verfassungsrechts der Bundesrepublik Deutschland, 15. Aufl., 1985, Rdnr. 642; *v. Mangoldt/Klein*, Das Bonner Grundgesetz, 2. Aufl., Bd. II, 1964, Art. 65 Anm. III; *Maunz/Zippelius*, Deutsches Staatsrecht, 26. Aufl., 1985, § 42 I 4, S. 400 f.; *Stern*, Das Staatsrecht der Bundesrepublik Deutschland, Bd. II, 1980, § 31 IV 2 a, S. 301 ff.

möglich, diesen einen Rahmen für ihre Aufgabenerfüllung vorzugeben, bei dessen Ausfüllung ihnen allerdings ein Spielraum verbleiben muß, da jeder Minister innerhalb der Richtlinien seinen Geschäftsbereich selbständig leitet. Die „Richtlinien" brauchen dennoch keinen Verordnungscharakter zu haben, sondern können Einzelfälle betreffen. Damit ist allerdings nicht gesagt, daß der Ministerpräsident in die Ressortkompetenz der Minister hineinreden darf. Sie äußern Rechtsverbindlichkeit gegenüber den Landesministern, die deren Adressaten sind. „Politik" im Sinne dieser Bestimmung erfaßt alle Bereiche sozialgestaltenden Handelns durch die Regierung, mag es sich beispielsweise um Wirtschaftspolitik, Verkehrspolitik, Umweltpolitik handeln. Daß eine besonders enge Beziehung zwischen der Richtlinienkompetenz des Ministerpräsidenten und den Planungsentscheidungen der Regierung besteht, ergibt sich hieraus von selbst.

Die Befugnis zur Ernennung und Entlassung der Landesminister gibt dem Ministerpräsidenten die Möglichkeit, auch in organisationsrechtlicher Hinsicht Einfluß zu nehmen. Sie umfaßt nämlich das Recht, die Zahl der Landesminister zu bestimmen und ihre Geschäftsbereiche abzugrenzen. Verfassungsrechtlich ist nur vorgegeben, daß das Land einen Finanzminister haben muß (Art. 85 Abs. 1 NWVerf.). Nach der vorangehenden Entscheidung des Ministerpräsidenten über Zahl und Geschäftsbereiche der Landesminister liegt die Organisationsbefugnis bei diesen selbst. Dem Ministerpräsidenten obliegt in diesem Zusammenhang jedoch die innere Organisation der Staatskanzlei. Die Ausgestaltung des organisatorischen Unterbaus der Ministerialebene durch Landesoberbehörden, Landesmittelbehörden und Landesunterbehörden steht demgegenüber den Regierungsorganen nicht allein zu, sondern ist durch den erwähnten Gesetzesvorbehalt eingeschränkt (§ 6 Abs. 3, § 7 Abs. 3, § 9 Abs. 3 LOG.NW.).

Der Ministerpräsident hat schließlich das Begnadigungsrecht, das er jedoch auf andere Stellen übertragen kann; lediglich zugunsten eines Mitglieds der Landesregierung wird die Begnadigung durch den Landtag ausgeübt (Art. 59 Abs. 1 NWVerf.). Begnadigungen, die über einen Einzelfall hinausreichen — also allgemeine Straferlasse und die Niederschlagung bestimmter anhängiger Strafsachen (Amnestien) —, liegen demgegenüber nicht in der Hand des Ministerpräsidenten, sondern in derjenigen des Gesetzgebers (Art. 59 Abs. 2 NWVerf.).

Zur Bewältigung der Aufgaben des Ministerpräsidenten dient die **Staatskanzlei**. Sie ist darüber hinaus eine Art Kabinettssekretariat, in dem diejenigen Arbeiten der Landesregierung aufeinander abgestimmt werden, die unter Berücksichtigung der Richtlinienkompetenz einer Koordinierung bedürfen. Das Landesorganisationsgesetz geht auf die Staatskanzlei nicht ein.

Aus allem folgt, daß der Ministerpräsident in sich die Erfüllung von Aufgaben des Staatsoberhaupts sowie von solchen des Regierungschefs vereint. Diese Rechtslage entspricht derjenigen in allen anderen Bundesländern.[43]

---

43 Vgl. Art. 49 Abs. 1, 50 Satz 1 BWVerf., 47 Abs. 1—3 BayVerf.; 43 Abs. 1—3 BerlVerf.; 115 Abs. 2, 118 Abs. 2 Satz 3 BremVerf.; 41 Abs. 2 HambVerf.; 102 Abs. 1 Satz 1, 103 Abs. 1 Satz

(3) **Landesminister**[44] sind die folgenden:

(a) Der Innenminister des Landes Nordrhein-Westfalen

Zum Geschäftsbereich des Innenministers gehören Verfassungsangelegenheiten von grundsätzlicher Bedeutung, die er zusammen mit dem Ministerpräsidenten und dem Justizminister wahrnimmt, Wahlen, allgemeine Angelegenheiten der Verwaltungsorganisation, des Verwaltungsverfahrens, der Automation und Statistik, behördliches Vorschlagswesen, allgemeines Ordnungsrecht, Melde-, Paß- und Ausweiswesen, Vereins-, Presse-, Versammlungs- und Waffenwesen, Ausländerangelegenheiten, Sammlungs- und Lotteriewesen, Feiertagsschutz, Ordnungsangelegenheiten, die keinem anderen Minister zugewiesen sind, Staatsangehörigkeits- und Personenstandswesen, Staatssymbole, Kriegsgräberfürsorge, Grundsatzfragen der Enteignung, allgemeine Stiftungsfragen, Angelegenheiten der Gemeinden und Gemeindeverbände, insbesondere kommunales Verfassungsrecht, Wirtschafts- und Prüfungswesen, Kommunalfinanzen einschließlich des kommunalen Finanzausgleichs zusammen mit dem Finanzminister, Sparkassenwesen zusammen mit dem Minister für Wirtschaft, Mittelstand und Technologie, Recht des öffentlichen Dienstes mit Ausnahme des Besoldungs-, Versorgungs- und Tarifrechts, kommunales Dienstrecht, Vermessungs- und Katasterwesen, Polizei, Verfassungsschutz, Wiedergutmachung, Grundsatzfragen der zivilen Verteidigung, ziviler Bevölkerungsschutz, Katastrophenschutz und Feuerschutz.

(b) Der Justizminister des Landes Nordrhein-Westfalen

Zum Aufgabenbereich des Justizministers zählen Verfassungsangelegenheiten von grundsätzlicher Bedeutung, die er zusammen mit dem Ministerpräsidenten und dem Innenminister wahrnimmt, Angelegenheiten der bürgerlichen Rechtspflege und der freiwilligen Gerichtsbarkeit, der allgemeinen Verwaltungsgerichtsbarkeit, der Finanzgerichtsbarkeit sowie der Strafrechtspflege, ferner der Vollzug von Strafen und anderen strafgerichtlichen Maßnahmen, übertragene Gnadenangelegenheiten, Rechtshilfeverkehr mit dem Ausland, Angelegenheiten der Rechtsanwälte, Notare und Rechtsbeistände sowie der Berufsgerichtsbarkeit, Richterdienstrecht in Fragen von grundsätzlicher Bedeutung und Juristenausbildung.

(c) Der Kultusminister des Landes Nordrhein-Westfalen

Zum Geschäftsbereich des Kultusministers gehören die Lehrerbildung, allgemeinbildendes und berufsbildendes Schulwesen, Weiterbildung, Sport, Angelegenheiten der Kirchen und Religionsgemeinschaften, allgemeine Kulturpflege, insbesondere bildende

---

1 HessVerf.; 26 Abs. 1, 28 Abs. 1 NdsVerf.; 101 Satz 1, 104 Satz 1 RhPfVerf.; 91 Abs. 1 Satz 1, 95 Abs. 1 SVerf.; 24 Abs. 1 Satz 1, 25 Abs. 1 Satz 1 SHVerf.
44 Zum folgenden *Köstering* (Hrsg.), Die Bundesrepublik Deutschland, Staatshandbuch, Landesausgabe Nordrhein-Westfalen, Ausgabe 1983, S. 23, 80, 89, 99, 137, 148, 162, 196, 221, 226.

Kunst, Theaterwesen, Bibliothekswesen, Literaturpflege, öffentliche Musikpflege, Film- und Archivwesen.

(d) Der Minister für Wissenschaft und Forschung des Landes Nordrhein-Westfalen

Zum Aufgabenbereich des Ministers für Wissenschaft und Forschung rechnen die allgemeine Forschungsförderung und Wissenschaftspolitik, wissenschaftliche und sonstige Hochschulen, Hochschulplanung und -gesetzgebung, wissenschaftliches Bibliothekswesen, Förderung der wissenschaftlichen Forschung.

(e) Der Minister für Arbeit, Gesundheit und Soziales des Landes Nordrhein-Westfalen

Der Geschäftsbereich des Ministers für Arbeit, Gesundheit und Soziales erstreckt sich insbesondere auf Arbeitsschutz, Öffentlichkeitsschutz, Sprengstoffwesen, Strahlenschutz, Angelegenheiten der Heimarbeit, soziale und kulturelle Betreuung ausländischer Arbeitnehmer und ihrer Familienangehörigen, Sozialversicherung, Rehabilitation, Bergmannsversorgungsschein, soziale Entschädigung in Anwendung des Bundesversorgungsgesetzes, Schwerbehindertenrecht, Tarif- und Schlichtungswesen, Arbeitsmarktpolitik, Berufliche Bildung und Berufsförderung, Angelegenheiten der Arbeits- und der Sozialgerichtsbarkeit, Sozialhilfe, Unterhaltssicherung, Jugendhilfe, Familienpolitik, Frauenpolitik, Eingliederung von Vertriebenen, Flüchtlingen und Aussiedlern, Maßnahmen für Kriegsgeschädigte und Kriegsgefangene, Heimkehrer, heimatlose Ausländer und ausländische Flüchtlinge, das Gesundheitswesen, darunter den Rettungsdienst, die Gesundheitshilfe, Rehabililation und Gesundheitserziehung sowie die Bekämpfung von Suchtgefahren, schließlich den öffentlichen Gesundheitsdienst unter Einschluß der Berufe des Gesundheitswesen und des Landesprüfungsamtes für Medizin und Pharmazie, das Kurortewesen, medizinische Fragen des Krankenhauswesens, Psychiatrie, medizinische Sondermaßnahmen, medizinischen Katastrophen- und Zivilschutz, Sportmedizin sowie Krankenhausplanung und -förderung und Grundsatzfragen der Krankenhausfinanzierung.

(f) Der Minister für Wirtschaft, Mittelstand und Technologie des Landes Nordrhein-Westfalen

Der Minister für Wirtschaft, Mittelstand und Technologie hat Aufgaben in den Bereichen allgemeine Wirtschaftsfragen, insbesondere Strukturfragen, Mittelstand, Preise und Kartelle, Industrie, Handel, Handwerk, Außenwirtschaft, Bergbau und Geologie, Eichwesen und Materialprüfung, Energiewirtschaft und -technik, Kernenergie, Technologiefragen, Planung von Großforschungsanlagen zusammen mit dem Minister für Wissenschaft und Forschung, Luftfahrt, Post- und Fernmeldewesen.

(g) Der Minister für Umwelt, Raumordnung und Landwirtschaft des Landes Nordrhein-Westfalen

Zum Aufgabenbereich des Ministers für Umwelt, Raumordnung und Landwirtschaft zählen Agrarwirtschaft, insbesondere die Verbesserung der Betriebs-, Produktions-, Markt- und Sozialstruktur, Fischerei, ländliches Planungs- und Bauwesen, Bodennutzungsschutz, Veterinärwesen, insbesondere Tierseuchenbekämpfung, Lebensmittelüberwachung, Fleischbeschau, Tierärzte, Tierschutz, Geflügelfleischhygiene, ferner Wasserwirtschaft, insbesondere Gewässerkunde und Planung, Wassergüte und Gewässerschutz, Wasserversorgung, Talsperren, Abflußregelungen, Abwasserbeseitigung, Abfallwirtschaft, Agrarordnung, Forst- und Holzwirtschaft, Jagd, Landschaftspflege und Naturschutz, Immissionsschutz, Gewerbeaufsicht, Raumordnung und Landesplanung.

(h) Der Finanzminister des Landes Nordrhein-Westfalen

Zum Aufgabenbereich des Finanzministers gehören allgemeine Finanzfragen, Haushalts-, Kassen- und Rechnungswesen, Finanzausgleich mit Bund und Ländern, Kommunalfinanzen einschließlich des kommunalen Finanzausgleichs zusammen mit dem Innenminister, Wertpapierwesen der öffentlichen Hand, Staatsaufsicht über die Landesbanken, Besoldungs-, Versorgungs- und Tarifrecht des öffentlichen Dienstes, Landessteuerverwaltung, steuerberatende Berufe, Finanzbauverwaltung, Vermögens- und Schuldenverwaltung, soweit sie nicht anderen Ministern zugewiesen sind, Verteidigungslastenverwaltung, Lastenausgleichsverwaltung.

(i) Der Minister für Stadtentwicklung, Wohnen und Verkehr des Landes Nordrhein-Westfalen

Zum Aufgabenbereich des Ministers für Stadtentwicklung, Wohnen und Verkehr zählen volkswirtschaftliche Grundsatzfragen, Stadtentwicklung und Bauleitplanung, Städtebauförderung und Denkmalpflege, Wohnungs- und Siedlungsentwicklung, Wohnungsbauförderung, Grundsatzfragen der Wohnungspolitik, Wohnungswirtschaft, Wohnungsbestand, Bauaufsicht, Bautechnik, Staatshochbau und Hochschulbau sowie Verkehrsfragen, insbesondere Landesverkehrsplanung, Eisenbahnen, Schiffahrt, Straßen-, Straßenverkehrs- und Rohrleitungsrecht.

(j) Der Minister für Bundesangelegenheiten des Landes Nordrhein-Westfalen

Der Minister für Bundesangelegenheiten ist zugleich Bevollmächtigter des Landes Nordrhein-Westfalen beim Bund. Seine Aufgaben bestehen in der Unterhaltung eines Referates für Presse- und Öffentlichkeitsarbeit sowie in der Referatekoordination, Befassung mit dem Vermittlungsausschuß, Berichterstattung in der Plenarsitzung des

Bundesrates sowie in der Wahrnehmung von Zuständigkeiten im Verhältnis zwischen Bundesland und Bundesrat.

(4) Der **Landesrechnungshof** ist eine selbständige, nur dem Gesetz unterworfene oberste Landesbehörde (§ 1 LRHG), der sich in Senate gliedert und aus dem Präsidenten sowie aus anderen zu Mitgliedern ernannten Beamten besteht. Er führt die Rechnungskontrolle im Land Nordrhein-Westfalen durch. Seine Selbständigkeit und die Weisungsfreiheit seiner Mitglieder machen ihn gleichwohl nicht zu einem Organ einer vierten Staatsfunktion; auch er ist vielmehr der Exekutive zuzurechnen.[45]

bb) Obere Landesbehörden

(1) Die oberen Landesbehörden sind zum größten Teil in § 6 Abs. 2 LOG.NW. aufgezählt.

(a) Nach dieser Vorschrift gehören zu ihnen folgende Behörden, wobei im folgenden zugleich die Zuordnung zu den Geschäftsbereichen der Ministerien genannt wird:

(aa) Zum **Geschäftsbereich des Innenministers** zählen das Landesamt für Besoldung und Versorgung, das Landesamt für Datenverarbeitung und Statistik, das Landeskriminalamt, die Landesrentenbehörde und das Landesvermessungsamt.

(bb) Zum **Geschäftsbereich des Kultusministers** gehört das Landesamt für Ausbildungsförderung.

(cc) Zum **Geschäftsbereich des Ministers für Arbeit, Gesundheit und Soziales** rechnen die Ausführungsbehörde für Unfallversicherung, das Landesversorgungsamt, das Oberversicherungsamt und die Zentralstelle für den Bergmannsversorgungsschein.

(dd) Zum **Geschäftsbereich des Ministers für Wirtschaft, Mittelstand und Technologie** gehören das Geologische Landesamt, die Landeseichdirektion und das Landesoberbergamt.

(ee) Zum **Geschäftsbereich des Ministers für Umwelt, Raumordnung und Landwirtschaft** zählen das Landesamt für Agrarordnung, das Landesamt für Ernährungswirtschaft und Jagd sowie das Landesamt für Wasser und Abfall.

(b) Zu den oberen Landesbehörden gehört weiterhin der **Landesbeauftragte für den Datenschutz** in Nordrhein-Westfalen, der seine staatsrechtliche Grundlage in Art. 77 a NWVerf. findet. Hiernach wird er auf Vorschlag der Landesregierung vom Landtag mit

---

[45] Ähnliche Überlegungen für den Wehrbeauftragten angestellt, sie passen auch dort nicht. Vgl. zum Thema *Bauer*, Die neue Gewalt, 1964, S. 9; *Martens*, Grundgesetz und Wehrverfassung, 1961, S. 184; *Ule*, JZ 57, 428; s. demgegenüber *Achterberg* (Anm. 2), S. 212 m. Anm. 97; *ders.* (Anm. 4), § 22 Rdnr. 123.

mehr als der Hälfte der gesetzlichen Zahl seiner Mitglieder gewählt und ist er in Ausübung seines Amtes unabhängig und nur dem Gesetz unterworfen; er kann sich jederzeit an den Landtag wenden. Das Nähere regelt das Gesetz vor Mißbrauch personenbezogener Daten bei der Datenverarbeitung (Datenschutzgesetz Nordrhein-Westfalen — DSG NW —) vom 19.12.1978 (GV.NW. 640). Danach wird der Datenschutzbeauftragte, der die Befähigung zum Richteramt haben muß, jeweils auf die Dauer von acht Jahren in ein Beamtenverhältnis auf Zeit berufen. Er ist dem Innenminister angegliedert und untersteht dessen Dienstaufsicht. Dieser Umstand begründet, daß er — obwohl für das gesamte Bundesland zuständig —, nicht als oberste, sondern nur als obere Landesbehörde eingestuft werden kann.

(2) Die Errichtung weiterer Landesoberbehörden ist unter einen **Gesetzesvorbehalt** gestellt. Sie dürfen nur durch Gesetz oder auf Grund eines Gesetzes errichtet werden (§ 6 Abs. 3 LOG.NW.). Dieser Gesetzesvorbehalt widerlegt die mitunter vertretene These von einem Verwaltungsvorbehalt, der angeblich gerade im Organisationsrecht als gesetzesfester Kernbereich bestehen soll. Wie für andere Verwaltungsbereiche, kann indessen auch in diesem Zusammenhang von einem solchen keine Rede sein.[46]

cc) Mittlere Landesbehörden

Die mittleren Landesbehörden gliedern sich in solche für die allgemeine Verwaltung und für die Sonderverwaltung.

(1) Mittlere Behörden für die **allgemeine Verwaltung** sind die Regierungspräsidenten in Arnsberg, Detmold, Düsseldorf, Köln und Münster (§§ 7 Abs. 2, 8 LOG.NW. i.V.m. der Bekanntmachung der Bezirke der Landesmittelbehörden und der unteren Landesbehörden vom 8. 1. 1963 [GV.NW. 10]). Der Regierungspräsident ist der allgemeine Vertreter der Landesregierung in seinem Bezirk und hat die Entwicklung auf allen Lebensbereichen zu beobachten und den zuständigen obersten Landesbehörden darüber zu berichten. Er ist zuständig für alle Aufgaben der Landesverwaltung, die nicht ausdrücklich anderen Behörden übertragen sind. Wegen der hierdurch herbeigeführten Bündelung von Kompetenzen bei einer einzigen Behörde spricht man von „horizontaler Konzentration"[47]. Der Regierungspräsident untersteht der Dienstaufsicht des Innenministers und der Fachaufsicht des jeweiligen Fachministers, in dessen Geschäftsbereich er tätig wird. So wird die Fachaufsicht über ihn als Polizeibehörde durch den Innenminister, als Schulaufsichtsbehörde durch den Kultusminister ausgeübt.

---

46 *Degenhart*, NJW 84, 2184; *Maurer* (Anm. 34); *Schmidt*, NVwZ 84, 345; *Schnapp*, Der Verwaltungsvorbehalt, VVDStRL 43, 172; *Schröder*, DVBl. 84, 814; *Stettner*, DÖV 84, 611.
47 *Wolff/Bachof* (Anm. 2), § 77 I a 1, S. 98.

(2) Mittelbehörden für die **Sonderverwaltung** sind im Geschäftsbereich des Ministers für Umwelt, Raumordnung und Landwirtschaft die Direktoren der Landwirtschaftskammern Rheinland mit dem Sitz in Bonn sowie in Westfalen-Lippe mit dem Sitz in Münster. Die rechtliche Grundlage für diese Tätigkeit ergibt sich aus § 18 Abs. 4 Gesetz über die Errichtung von Landwirtschaftskammern im Lande Nordrhein-Westfalen vom 11. 2. 1949 (GS.NW. 706). Hiernach nimmt der Direktor der Landeswirtschaftskammer die Aufgaben wahr, die ihm als Landesbeauftragtem obliegen. In dieser Eigenschaft ist er ausschließlich dem Minister für Umwelt, Raumordnung und Landwirtschaft verantwortlich. Die von ihm durchzuführenden Staatshoheitsaufgaben ergeben sich aus der Anordnung des Ministers für Ernährung, Landwirtschaft und Forsten vom 26. 10. 1949 i.d.F. vom 19. 11. 1949 und 28. 12. 1949 (SMBl.NW. 780). Als Landesbeauftragte sind die Direktoren der Landwirtschaftskammern auch höhere Forstbehörden im Sinne § 56 Abs. 1 Landesforstgesetz vom 24. 4. 1980 (GV.NW. 546). Zu den mittleren Landesbehörden der Sonderverwaltung gehören schließlich die Justizvollzugsämter Hamm und Köln sowie die Oberfinanzdirektionen in Düsseldorf, Köln und Münster.

dd) Untere Landesbehörden

(1) Untere Landesbehörden sind für die **allgemeine Verwaltung** die Oberkreisdirektoren, die im Wege der Organleihe [48] außer für die Selbstverwaltung auch für die Staatsverwaltung tätig werden; insoweit handelt es sich um mittelbare Landesverwaltung.

Die Regierungsbezirke sind in folgende Kreise gegliedert:

(a) Im **Regierungsbezirk Arnsberg** gibt es den Ennepe-Ruhr-Kreis, den Hochsauerlandkreis, den Märkischen Kreis sowie die Kreise Olpe, Siegen, Soest, Unna,
(b) im **Regierungsbezirk Detmold** die Kreise Gütersloh, Herford, Höxter, Lippe, Minden-Lübbecke, Paderborn,
(c) im **Regierungsbezirk Düsseldorf** die Kreise Kleve, Mettmann, Neuss, Viersen, Wesel,
(d) im **Regierungsbezirk Köln** die Kreise Aachen, Düren, den Erftkreis, die Kreise Euskirchen, Heinsberg, den Oberbergischen Kreis, den Rheinisch-Bergischen-Kreis und den Rhein-Sieg-Kreis,
(e) im **Regierungsbezirk Münster** die Kreise Borken, Coesfeld, Recklinghausen, Steinfurt, Warendorf.

(2) Unterbehörden für die **Sonderverwaltung** sind:

(a) im **Geschäftsbereich des Innenministers** die Kreispolizeibehörden, die Gewerbeaufsichtsämter, der Gewerbearzt, Staatshochbauämter sowie das Amt für Wasser-und Abfallwirtschaft,

---

48 Zur Organleihe *Achterberg* (Anm. 4), § 6 Rdnr. 28, § 10 Rdnr. 3, § 11 Rdnr. 47, § 13 Rdnr. 18, 30, § 19 Rdnr. 32, § 21 Rdnr. 8, § 23 Rdnr. 23.

(b) im **Geschäftsbereich des Justizministers** die Justizvollzugsanstalten und Jugendarrestanstalten,
(c) im **Geschäftsbereich des Kultusministers** die Schulämter,
(d) im **Geschäftsbereich des Ministers für Arbeit, Gesundheit und Soziales** die Versorgungsämter,
(e) im **Geschäftsbereich des Ministers für Wirtschaft, Mittelstand und Technologie** die Bergämter, die Eichämter sowie die Seemannsämter,
(f) im **Geschäftsbereich des Ministers für Umwelt, Raumordnung und Landwirtschaft** die Ämter für Agrarordnung, die staatlichen Forstämter, die Geschäftsführer der Kreisstellen der Landwirtschaftskammern sowie die Leiter der Forstämter der Landwirtschaftskammern als Landesbeauftragte,
(g) im **Geschäftsbereich des Finanzministers** die Finanzämter und die Finanzbauämter.

ee) Sonstige Einrichtungen des Landes
Nach § 14 LOG.NW. werden Einrichtungen des Landes, insbesondere Institute, Archive, Untersuchungsanstalten, Schulen, Ausbildungsstätten, Forschungsanstalten und zentrale Forschungseinrichtungen, Kuranstalten und sonstige nicht rechtsfähige öffentliche Anstalten, die einen eigenen Bestand an personellen und sächlichen Mitteln haben, vorbehaltlich der besonderen hierfür geltenden Vorschriften von den obersten Landesbehörden im Rahmen ihres Geschäftsbereichs errichtet, wobei diese ihre Dienst- oder Fachaufsicht auf nachgeordnete Behörden übertragen können. Welche Einrichtungen es gibt, folgt aus dem Haushaltsplan.
Als **Beispiele** sonstiger Einrichtungen seien die folgenden erwähnt:

(1) Im **Geschäftsbereich des Innenministers** gibt es die Bereitschaftspolizei, die der Ausbildung und Fortbildung der Polizei dient und die Polizeibehörden bei der Erfüllung ihrer Aufgaben unterstützt (§ 4 NWPOG), die Höhere Landespolizeischule „Carl Severing", die der Aus- und Fortbildung von Polizeivollzugsbeamten dient, die Landeskriminalschule, die mit der Aus- und Fortbildung der Kriminalpolizei befaßt ist, der Fernmeldedienst der Polizei, der für den Fernmeldeeinsatz, den Fernmeldebetrieb sowie die Planung und Ausführung von Fernmeldeanlagen sowie die Fernmelde-, Kraftfahrt- und Waffentechnik zuständig ist, die Polizeibeschaffungsstelle, der die zentrale Beschaffung und Verteilung der Polizeiausrüstung obliegt, sowie die Polizeiführungsakademie, die als gemeinsame Bildungs- und Forschungsstelle des Bundes und der Länder der einheitlichen Ausbildung der Anwärter für den höheren Polizeivollzugsdienst des Bundes und der Länder sowie der Fortbildung der Beamten des gehobenen und des höheren Polizeidienstes des Bundes und der Länder und der Forschung auf dem Gebiet des Polizeiwesens dient. Hinzu kommen beispielsweise das Staatsbad Oeynhausen sowie die Fortbildungsakademie des Innenministers.

(2) Aus dem **Geschäftsbereich des Justizministers** sind die Justizvollzugsschule, die Fachhochschule für Rechtspflege, die Justizausbildungs- und -fortbildungsstätte in Monschau sowie die Justizausbildungsstätte in Brakel zu nennen. Ihnen obliegt die Aus- und Fortbildung der Rechtspflegeranwärter, der Gerichtsvollzieheranwärter, der Justizassistentenanwärter.

(3) Aus dem **Geschäftsbereich des Kultusministers** sind die Staatliche Zentralstelle für Fernunterricht mit einem umfangreichen Aufgabengebiet, die Staatlichen Prüfungsämter für die Erste und Zweite Prüfung für Lehrämter an Schulen, die Gesamtseminare für die Ausbildung und Fortbildung der Lehrer, das Landesinstitut für Landwirtschaftspädagogik sowie die Landesstelle für gewerbliche Berufsförderung in Entwicklungsländern zu erwähnen.

(4) Aus dem **Geschäftsbereich des Ministers für Wissenschaft und Forschung** sind das Zoologische Forschungsinstitut und Museum Alexander Koenig, die Zentralstelle für die Vergabe von Studienplätzen, das Lehrinstitut für Russische Sprache, die Sozialforschungsstelle Dortmund, die Sozialakademie Dortmund sowie bibliothekarische Zentraleinrichtungen im Hochschulbereich zu nennen.

(5) Aus dem **Geschäftsbereich des Ministers für Arbeit, Gesundheit und Soziales** gehören in diesen Zusammenhang das Institut für Dokumentation und Information über Sozialmedizin und öffentliches Gesundheitswesen, das Sozialpädagogische Institut für Kleinkind- und außerschulische Erziehung, die Hygienisch-Bakteriologischen Landesuntersuchungsämter sowie die Landesstelle für Aufnahme und Weiterleitung von Aussiedlern, Zuwanderern und ausländischen Flüchtlingen.

(6) Aus dem **Geschäftsbereich des Ministers für Wirtschaft, Mittelstand und Technologie** ist das Staatliche Materialprüfungsamt zu erwähnen.

(7) Aus dem **Geschäftsbereich des Ministers für Umwelt, Raumordnung und Landwirtschaft** zählen hierzu die Landesanstalt für Ökologie, Landschaftsentwicklung und Forstplanung, die Jugendwaldheime, die Waldarbeitsschule, die Staatlichen Veterinäruntersuchungsämter, das Chemische Landesuntersuchungsamt, das Nordrhein-Westfälische Landgestüt, die Landesanstalt für Fischerei sowie die Landesanstalt für Immissionsschutz.

(8) Aus dem **Geschäftsbereich des Finanzministers** sind die Fachhochschule für Finanzen, die Landesfinanzschule, die Fortbildungsanstalt der Finanzverwaltung, das Rechenzentrum der Finanzverwaltung sowie die Heimatauskunftsstellen zu nennen.

(9) Aus dem **Geschäftsbereich des Ministers für Stadtentwicklung, Wohnen und Verkehr** sind das Institut für Landes- und Stadtentwicklungsforschung, die Zentrale Planungsstelle zur Rationalisierung von Landesbauten sowie das Landesprüfamt für Baustatik zu erwähnen.

b) Selbstverwaltung

Die Selbstverwaltung gliedert sich in die kommunale und in die sonstige.

aa) Kommunale Selbstverwaltung

(1) Kommunale Selbstverwaltung bedeutet, daß die Gemeinden alle Angelegenheiten der örtlichen Gemeinschaft im Rahmen der Gesetze in eigener Verantwortung regeln; auch die Gemeindeverbände haben im Rahmen ihres gesetzlichen Aufgabenbereichs nach Maßgabe der Gesetze das Recht der Selbstverwaltung (Art. 28 Abs. 2 GG). Die Gemeinden und Gemeindeverbände sind Gebietskörperschaften; sie sind in ihrem Gebiet die alleinigen Träger der öffentlichen Verwaltung, soweit die Gesetze nichts anderes vorschreiben. Das Land kann sie durch gesetzliche Vorschriften zur Übernahme und Durchführung bestimmter öffentlichen Aufgaben verpflichten, wenn gleichzeitig Bestimmungen über die Kostendeckung getroffen werden. Ihm steht ferner die Rechtsaufsicht über die Gemeinden und Gemeindeverbände zu; bei Pflichtaufgaben kann es sich ein Weisungs- und Aufsichtsrecht nach gesetzlicher Vorschrift vorbehalten (Art. 78 NWVerf.). Zur Erfüllung ihrer Aufgaben haben die Gemeinden das Recht auf Erschließung eigener Steuerquellen; das Land muß diesem Anspruch bei der Gesetzgebung Rechnung tragen und im Rahmen seiner finanziellen Leistungsfähigkeit einen übergemeindlichen Finanzausgleich gewährleisten (Art. 79 NWVerf.).

Aufgaben und Organisation der Gemeinden sind in der Gemeindeordnung für das Land Nordrhein-Westfalen i. d. F. v. 13. 8. 1984 (GV.NW. 475), der Kreise in der Kreisordnung für das Land Nordrhein-Westfalen i. d. F. v. 13. 8. 1984 (GV.NW. 497), der Landschaftsverbände in der Landschaftsverbandsordnung für das Land Nordrhein-Westfalen i. d. F. v. 27. 8. 1984 (GV.NW. 544) geregelt. Rechtsgrundlage für die interkommunale Zusammenarbeit in der Form von Zweckverbänden, kommunalen Arbeitsgemeinschaften und öffentlichen Vereinbarungen ist das Gesetz über kommunale Gemeinschaftsarbeit i. d. F. v. 1. 10. 1979 (GV.NW. 621).

(2) Die **Gemeindeverfassung** ist in Nordrhein-Westfalen die norddeutsche Ratsverfassung, die auf die am 1. 4. 1946 in der ehemaligen Britischen Besatzungszone eingeführte „Revidierte Deutsche Gemeindeordnung" zurückgeht. Die Organe der Gemeinde sind der Gemeinderat, der Bürgermeister und der Gemeindedirektor. Der auf fünf Jahre gewählte Gemeinderat ist prinzipiell für alle Angelegenheiten der Gemeindeverwaltung zuständig. Den Vorsitz in ihm führt der aus seiner Mitte gewählte Bürgermeister, dem auch seine Vertretung obliegt. Gegenüber einem Beschluß des Rats stehen ihm das

Recht des Widerspruchs zu, wenn er der Auffassung ist, daß dieser das Wohl der Gemeinde gefährdet. Der auf acht Jahre gewählte Gemeindedirektor ist Hauptverwaltungsbeamter der Gemeinde und führt die Beschlüsse des Rats durch. Er entscheidet in den ihm von diesem übertragenen Angelegenheiten, ferner obliegt ihm die Wahrnehmung der einfachen Geschäfte der laufenden Verwaltung, obwohl er insoweit nicht in originärer Zuständigkeit handelt, sondern ihm diese im Namen des Rats übertragen sind. Der Gesetzgeber hat damit die Absicht verfolgt, das Prinzip der Allzuständigkeit des Gemeinderats wenigstens im Grundsatz zu wahren. Gleichwohl weist das Gemeinderecht dem Gemeindedirektor eine Reihe anderer Zuständigkeiten zu, die sich nicht aus denjenigen des Rats ableiten; beispielsweise gehört dazu, die Gemeinde in Rechts- und Verwaltungsgeschäften zu vertreten (§§ 27 Abs. 2, 28, 39, 47, 55 Abs. 1 NWGO). In den kreisangehörigen Städten trägt der Gemeindedirektor die Amtsbezeichnung „Stadtdirektor", in kreisfreien Städten „Oberstadtdirektor" (§ 47 Abs. 4 NWGO).

(3) Nach der **Kreisverfassung** sind die Organe des Kreises der Kreistag, der Kreisausschuß und der Kreisvorsteher. Dem Kreistag obliegen die wichtigsten Aufgaben der Kreisverwaltung; Vorsitzender des Kreistags ist der Landrat. Der Kreisausschuß, dessen Mitglieder vom Kreistag gewählt werden, ist das behördliche Lenkungsorgan des Kreises. Er beschließt über diejenigen Angelegenheiten, die weder der Beschlußfassung des Kreistags bedürfen, noch dem Oberkreisdirektor obliegen. Der Kreisvorsteher, der die Bezeichnung „Oberkreisdirektor" führt, ist der Hauptverwaltungsbeamte des Kreises. Er ist zuständig für die Erledigung der Geschäfte der laufenden Verwaltung und vertritt den Kreis in Rechts- und Verwaltungsgeschäften (§§ 20, 34 NWKreisO).

In Nordrhein-Westfalen gibt es die zuvor erwähnten 31 Kreise, **kreisfreie Städte** sind die folgenden:
(a) im **Regierungsbezirk Arnsberg:** Bochum, Dortmund, Hagen, Hamm, Herne;
(b) im **Regierungsbezirk Detmold:** Bielefeld;
(c) im **Regierungsbezirk Düsseldorf:** Düsseldorf, Duisburg, Essen, Krefeld, Mönchengladbach, Mülheim a. d. R., Oberhausen, Remscheid, Solingen, Wuppertal;
(d) im **Regierungsbezirk Köln:** Aachen, Bonn, Köln, Leverkusen,
(e) im **Regierungsbezirk Münster:** Bottrop, Gelsenkirchen, Münster.

(4) **Gemeindeverbände höherer Art** sind die Landschaftsverbände Rheinland mit Sitz in Köln und Westfalen-Lippe mit Sitz in Münster.[49] Bei ihnen handelt es sich um kom-

---

49 Hierzu *Hoppe*, Die Begriffe Gebietskörperschaft und Gemeindeverband und der Rechtscharakter der nordrhein-westfälischen Landschaftsverbände, 1958; *Meyer-Schwickerath*, Die höheren Gemeindeverbände in Norddeutschland, in: Püttner (Hrsg.). Handbuch der kommunalen Wissenschaft und Praxis, Bd. 2, 2. Aufl., 1982, § 40 B, S. 452 (454 ff.); *Naunin*, Entstehung und Sinn der Landschaftsverbandsordnung in Nordrhein-Westfalen, 1963; *Oebbecke*, Gemeindeverbandsrecht, 1984, S. 79 ff.

munale Verbandskörperschaften,[50] deren Mitglieder die im Verwaltungsbezirk gelegenen kreisfreien Städte und Kreise sind. Der Landschaftsverband nimmt insbesondere Aufgaben in den Bereichen der Wohlfahrtspflege, Jugendwohlfahrts- und Gesundheitspflege — beispielsweise als Träger von Spezialkrankenhäusern — des Straßenwesens — unter Einschluß der Verwaltung der Bundesfernstraßen im Auftrag des Landes —, der landschaftlichen Kulturpflege und der landschaftlichen Kommunalwirtschaft — beispielsweise als Träger der Landesbank und Girozentrale — wahr, ferner kann er auf dem Gebiet der Sozialversicherung der landwirtschaftlichen Berufsgenossenschaft Personal zur Erledigung ihrer Aufgaben zur Verfügung stellen. Seine Organe sind die Landschaftsversammlung, der Landschaftsausschuß und der Direktor des Landschaftsverbandes.

(5) **Zweckverbände** sind der Landesverband Lippe mit Sitz in Detmold und der Kommunalverband Ruhrgebiet mit Sitz in Essen, dessen Aufgabe vor allem die Sicherung von Grün-, Wasser-, Wald- und sonstigen von der Bebauung freizuhaltenden Flächen mit überörtlicher Bedeutung für die Erholung und die Erhaltung eines ausgewogenen Naturhaushalts sind.

Wegen weiterer Einzelheiten ist auf die Darstellung des Kommunalrechts in diesem Buch zu verweisen.

bb) Sonstige Selbstverwaltung

Die sonstige Selbstverwaltung erfolgt durch Körperschaften, Anstalten und Stiftungen des öffentlichen Rechts mit eigener Rechtspersönlichkeit, die nur durch Gesetz oder auf Grund eines Gesetzes errichtet werden dürfen (§§ 18, 21 LOG.NW.). Sie stellen juristische Personen des öffentlichen Rechts dar und wirken bei der Landesverwaltung nach Maßgabe der hierfür geltenden gesetzlichen Vorschriften mit. Ihren Organen oder ihren leitenden Bediensteten können Hoheitsaufgaben des Landes durch Gesetz oder auf Grund eines Gesetzes übertragen werden, das die Übertragung auf sie ausdrücklich vorsieht oder zuläßt (§ 19 LOG.NW.). Die Aufsicht über die juristischen Personen des öffentlichen Rechts erstreckt sich als allgemeine Körperschaftsaufsicht darauf, daß sie ihre Aufgabe im Einklang mit dem geltenden Recht erfüllen. Insoweit handelt es sich um Rechtsaufsicht, wobei folgende Aufsichtsmittel zur Verfügung stehen: Die Aufsichtsbehörde kann sich jederzeit über die Angelegenheiten der betreffenden juristischen Person unterrichten; sie kann deren Vorsteher anweisen, das geltende Recht ver-

---

50 Ob sie auch die Rechtsnatur der Gebietskörperschaft haben, ist umstritten, vgl. *Borchmann*, Kommunale Selbstverwaltung in Nordrhein-Westfalen, in: Köstering (Anm. 44), S. 273. Nach *Wolff/Bachof* (Anm. 2), § 90 III, S. 273, besteht das Gebiet des höheren Gemeindeverbands aus den Gebieten der verbandsangehörigen Städte und Landkreise, womit die Frage offen bleibt. Ihre Beantwortung hängt letztlich vom Gebietsbegriff ab. Verlangt dieser ein originäres Gebiet mit entsprechenden Bewohnern, so kommt den höheren Kommunalverbänden keine Natur als Gebietskörperschaften zu.

letzende Beschlüsse zu beanstanden und solche nach vorheriger Beanstandung und nochmaliger Beratung selbst aufheben; sie kann auch Anordnungen des Vorstehers der betreffenden juristischen Person, die das geltende Recht verletzen, bei deren Beschlußorgan beanstanden. Ferner steht der Aufsichtsbehörde die Befugnis anzuordnen zu, daß die juristische Person die ihr nach dem Gesetz obliegenden Pflichten oder Aufgaben erfüllt, und sie kann diese im Wege der Ersatzvornahme anstelle und auf Kosten der juristischen Person selbst durchführen oder die Durchführung einem anderen übertragen. Weiterhin hat der Innenminister das Recht, einen Beauftragten zu bestellen, der alle oder einzelne Aufgaben der juristischen Person auf ihre Kosten wahrnimmt, wenn und solange die zuvor genannten Befugnisse der Aufsichtsbehörde nicht ausreichen. Der Innenminister kann auch durch Beschluß der Landesregierung ermächtigt werden, ein Beschlußorgan einer juristischen Person aufzulösen, wenn dieses dauernd beschlußunfähig ist oder die ordnungsgemäße Erledigung der Aufgaben des Selbstverwaltungsträgers aus anderen Gründen nicht gesichert ist. Soweit die juristischen Personen des öffentlichen Rechts ihre Aufgaben nach Weisung erfüllen, richtet sich die Aufsicht als besondere Körperschaftsaufsicht nach den hierfür geltenden gesetzlichen Vorschriften (§ 20 LOG.NW).

(1) **Hochschulen:** Zu den Selbstverwaltungsträgern zählen die wissenschaftlichen Hochschulen und die Fachhochschulen des Landes Nordrhein-Westfalen, die Körperschaften des öffentlichen Rechts mit dem Recht auf Selbstverwaltung im Rahmen der Gesetze sind. Sie nehmen die ihnen obliegenden Aufgaben als Selbstverwaltungsangelegenheiten wahr, soweit sie ihnen nicht als staatliche Angelegenheiten zugewiesen sind. Das Personal der Hochschulen steht im Landesdienst. Die Hochschulen erlassen ihre Grundordnungen als Satzungen.

(a) **Wissenschaftliche Hochschulen**[51] des Landes Nordrhein-Westfalen sind die Technische Hochschule Aachen, die Universität Bielefeld, die Universität Bochum, die Universität Bonn, die Universität Dortmund, die Universität Düsseldorf, die Universität – Gesamthochschule – Duisburg, die Universität – Gesamthochschule – Essen, die Fernuniversität – Gesamthochschule – in Hagen, die Universität Köln, die Deutsche Sporthochschule Köln, die Universität Münster, die Universität – Gesamthochschule – Paderborn, die Universität – Gesamthochschule – Siegen und die Universität – Gesamthochschule – Wuppertal (§ 1 Abs. 2 WissHG).

Die Wissenschaftlichen Hochschulen dienen der Pflege und der Entwicklung der Wissenschaften durch Forschung, Lehre und Studium und bereiten auf berufliche Tätigkeiten vor, welche die Anwendung wissenschaftlicher Erkenntnisse und wissen-

---

[51] Ausführlich hierzu *Rupp*, Hochschulische Selbstverwaltung, in: v. Mutius (Hrsg.), Selbstverwaltung im Staat der Industriegesellschaft, Festgabe für Georg Christoph von Unruh, 1983, S. 919.

schaftlicher Methoden erfordern; sie fördern den wissenschaftlichen Nachwuchs; sie dienen ferner dem weiterbildenden Studium, beteiligen sich an Veranstaltungen der Weiterbildung und fördern auch dienige ihres Personals; sie wirken an der sozialen Förderung der Studenten mit; sie berücksichtigen die besonderen Bedürfnisse behinderter Studenten und fördern in ihrem Bereich den Sport. Die wissenschaftlichen Hochschulen widmen sich der internationalen, insbesondere der europäischen Zusammenarbeit im Hochschulbereich und dem Austausch zwischen deutschen und ausländischen Hochschulen; sie berücksichtigen die besonderen Bedürfnisse ausländischer Studenten. Ferner wirken sie bei der Wahrnehmung ihrer Aufgaben untereinander mit anderen staatlichen oder staatlich anerkannten Hochschulen sowie mit staatlichen und staatlich geförderten Forschungs- und Bildungseinrichtungen und mit Einrichtungen der Forschungsförderung zusammen. Sie unterrichten die Öffentlichkeit über die Erfüllung ihrer Aufgaben. Andere Aufgaben können ihnen übertragen werden, wenn sie mit den zuvor genannten zusammenhängen und die Hochschule vorher gehört worden ist (§ 3 WissHG).

Die zentralen Organe der wissenschaftlichen Hochschule sind der Rektor, das Rektorat, der Senat, die ständigen Kommissionen und der Konvent sowie das Kuratorium. Die Organe auf Fachbereichs-/Fakultätsebene sind der Dekan, der Fachbereichsrat, die wissenschaftlichen Einrichtungen und die Betriebseinheiten der Fachbereiche. Hinzu kommen zentrale Einrichtungen, wie die Hochschulbibliothek oder das hochschuldidaktische Zentrum.

(b) **Fachhochschulen** des Landes Nordrhein-Westfalen sind diejenigen in Aachen, Bielefeld, Bochum, Dortmund, Düsseldorf, Hagen, Köln, Lippe in Lemgo, Münster, Niederrhein in Krefeld sowie die Fachhochschule für Bibliotheks- und Dokumentationswesen in Köln (§ 1 Abs. 2 FHG).

Die Fachhochschulen bereiten durch anwendungsbezogene Lehre auf berufliche Tätigkeiten vor, welche die Anwendung wissenschaftlicher Erkenntnisse und Methoden oder die Fähigkeit zu künstlerischer Gestaltung erfordern. In diesem Rahmen nehmen sie Forschungs- und Entwicklungs- sowie künstlerisch-gestalterische Aufgaben wahr. Im übrigen entsprechen ihre Aufgaben für ihren Bereich denjenigen der wissenschaftlichen Hochschulen (§ 3 FHG).

Die Organe der Fachhochschule sind der Rektor, das Rektorat, der Senat, ständige Kommissionen und der Konvent, ferner das Kuratorium. Organe der Fachbereiche sind der Dekan und der Fachbereichsrat. Hinzu kommen Einrichtungen wie die Hochschulbibliothek und die Datenverarbeitungszentrale.

An der Spitze der Hochschulverwaltung steht der Kanzler.

(2) Zur sonstigen Selbstverwaltung zählt ferner die **berufsständische Selbstverwaltung**, deren Mitgliedschaft die Zugehörigkeit zu einem bestimmten Beruf voraussetzt. Ihre Aufgabe besteht vor allem darin, die gemeinsamen beruflichen Interessen der Mit-

glieder wahrzunehmen, die berufliche Fortbildung zu fördern und die Erfüllung der Berufspflichten der Mitglieder zu überwachen. Berufsständische Selbstverwaltungskörperschaften sind die Ärzte-, die Zahnärzte- und die Tierärztekammern, die Apothekerkammern sowie die Rechtsanwalts- und die Steuerberaterkammern. Hinzu kommen die Handwerksinnungen und die Handwerkskammern.[52]

Die berufsständischen Selbstverwaltungskörperschaften sind zum größten Teil Pflichtverbände. Die Zugehörigkeit zu dem betreffenden Beruf führt zu einer Pflichtmitgliedschaft in der entsprechenden Körperschaft. Für Handwerker besteht allerdings eine pflichtige Mitgliedschaft nur in der Handwerkskammer, während diejenige in einer Handwerksinnung freiwillig ist.[53]

(3) Selbstverwaltungsträger im Bereich des Rechts der **Sozialen Sicherheit** sind im Land Nordrhein-Westfalen die Landesversicherungsanstalten Rheinprovinz und Westfalen, ferner der Rheinische Gemeindeunfallversicherungsverband und der Gemeindeunfallversicherungsverband Westfalen-Lippe, die Westfälische landwirtschaftliche Berufsgenossenschaft, Alterskasse und Krankenkasse sowie die Lippische landwirtschaftliche Berufsgenossenschaft, Alterskasse und Krankenkasse, ferner der Verband der Ortskrankenkassen und der Landesverband der Ortskrankenkasse Westfalen-Lippe, weiterhin der Landesverband der Innungskrankenkassen Nordrhein und der Landesverband der Innungs-Krankenkassen Westfalen-Lippe sowie schließlich der Landesverband der Betriebskrankenkassen Nordrhein-Westfalen. Hinzu kommen die Kassenärztlichen Vereinigungen Nordrhein und Westfalen-Lippe sowie die Kassenzahnärztlichen Vereinigungen Nordrhein und Westfalen-Lippe.

(4) Selbstverwaltungsträger im **Medienrecht** ist das Rundfunkunternehmen „Westdeutscher Rundfunk Köln", das als gemeinnützige Anstalt des öffentlichen Rechts errichtet ist (§ 1 Gesetz über den „Westdeutschen Rundfunk Köln" v. 25. 5. 1954 [GV.NW. 151]). Aufgabe der Anstalt ist die für die Allgemeinheit bestimmte Verbreitung von Nachrichten und Darbietungen in Wort, Ton und Bild. Sie betreibt zu diesem Zweck im Land Nordrhein-Westfalen als Sendegebiet die hierfür erforderlichen Anlagen des Hörfunks und des Fernsehfunks und versorgt die Anlagen des Drahtfunks (§ 3 Abs. 1 WDRG). Durch Zusammenarbeit mit den übrigen Rundfunkanstalten im Geltungsbereich des Grundgesetzes fördert sie die gemeinschaftlichen Aufgaben des Rundfunks (§ 5 WDRG).

Organe der Anstalt sind der Rundfunkrat, der Verwaltungsrat, der Programmbeirat und der Intendant (§ 7 Abs. 1 WDRG).

---

52 Vgl. insb. §§ 60 ff. BRAO, 1 NWHeilBerG, 52 ff., 90 ff. HandwO.
53 §§ 60 Abs. 1 BRAO, 2 NWHeilBerG, 52 Abs. 1, 90 Abs. 2 HandwO. Ausführlich zum Kammerwesen *Huber*, Wirtschaftsverwaltungsrecht, 2. Aufl., 1. Bd., 1953, §§ 18—23, S. 182 ff.

(5) **Öffentlich-rechtliche Interessentenschaften** sind Selbstverwaltungsträger, deren Mitgliedschaft sich unmittelbar oder mittelbar aus dem Eigentum an einem Grundstück oder Gewässer (Liegenschaftskörperschaften) oder aus der Innehabung eines wirtschaftlichen Betriebs (Betriebskörperschaften) ergibt.[54] Sie bestehen als freiwillige und pflichtige Körperschaften. In Nordrhein-Westfalen gehören dazu insbesondere die Wasserverbände – nämlich der Ruhrverband und der Ruhrtalsperrenverein, die Emschergenossenschaft, der Lippe-Verband, und der Große Erftverband –, ferner Waldwirtschaftsgenossenschaften, Jagdgenossenschaften, Fischereigenossenschaften als Liegenschaftskörperschaften[55] sowie Industrie- und Handelskammern als Betriebskörperschaften.[56]

c) Privatrechtsförmige Verwaltung

Die Verwaltungspraxis auch des Landes Nordrhein-Westfalen bedient sich auf unterschiedlichen Gebieten der Möglichkeit privatrechtsförmiger Organisations- und Handlungsformen. Obwohl sich dabei kein fester Aufgabenkatalog benennen läßt, ist erkennbar, daß das Schwergewicht privatrechtlicher Verwaltung im Bereich der Erfüllung wirtschaftlicher, sozialer und kultureller Aufgaben liegt. Darüber hinaus arbeitet die Verwaltung bei der Verfolgung planerischer, technischer und kooperativer Aufgaben mit den Mitteln des Privatrechts.[57]

Zur Erfüllung **wirtschaftlicher Aufgaben** bedient sie sich zahlreicher Institutionen, die unterschiedliche Zielsetzungen verfolgen. Insbesondere sind zum Zweck der Wirtschaftsförderung spezielle Wirtschaftsförderungsgesellschaften gegründet worden. Um eine wichtige weitere Erscheinung bei der Erledigung wirtschaftlicher Aufgaben handelt es sich ferner bei den Industriebeteiligungen.

Zur Wahrnehmung **sozialer Aufgaben** zählen solche der Daseinsvorsorge,[58] welche die Bereitstellung von notwendigen und wichtigen Diensten für die Allgemeinheit und den einzelnen Staatsbürger umfaßt. Privatrechtlich organisierte Versorgungsbetriebe übernehmen die Lieferung von Gas, Wasser oder Strom,[59] Entsorgungsgesellschaften erledigen die Straßenreinigung und die Abfallbeseitigung. Weiterhin werden soziale Aufgaben von Krankenhausgesellschaften, Verkehrsbetrieben[60] und Wohnungsunternehmen wahrgenommen.

---

54 Dazu *Wolff/Bachof* (Anm. 2), § 97, S. 353 ff.
55 S. z. B. WVbG v. 10. 2. 1937 (RGBl. I 188); §§ 14 ff. NWLFoG, 9 BJagdG, 21 ff. NWFischG.
56 Gesetz zur vorläufigen Regelung des Rechts der Industrie- und Handelskammern v. 18. 12. 1956 (BGBl. I 920).
57 Dazu im einzelnen *Stober*, NJW 84, 449 (451).
58 Zu den Problemen im Bereich der Daseinsvorsorge ausführlich *Ossenbühl*, DÖV 71, 513.
59 Zur kommunalen Versorgungswirtschaft *Deuster*, Die Fernwärmeversorgung, in: Püttner (Anm. 49), Bd. 5, 2. Aufl., 1984, § 99, S. 303; *Ludwig*, Das System der kommunalen Energieversorgung, ebda., § 97, S. 241; *Ludwig/Schauwecker*, Strukturen und Probleme der Wasserversorgung, ebda. § 98, S. 275.
60 Zu den kommunalen Verkehrsunternehmen *Dittmann*, Kooperation im Nahverkehr, insbesondere Verkehrsverbünde, in: Püttner (Anm. 59), § 101 B, S. 364; *Fromm*, Städtische Ver-

Zur Erfüllung **kultureller Aufgaben**[61] werden Organisations- und Handlungsformen des Privatrechts bei der Errichtung von Verwaltungs- und Wirtschaftsakademien, Volkshochschulen, Musikschulen und Kunstvereinen verwandt.

Zur Erreichung ihrer Ziele stehen der Verwaltung dabei unterschiedliche Rechtsformen zur Verfügung, insbesondere diejenige der Aktiengesellschaft, der Gesellschaft mit beschränkter Haftung, der Genossenschaft, der Stiftung, des eingetragenen Vereins. Gelegentlich wählt die Verwaltung zur Erfüllung ihrer Aufgaben auch eine Form unselbständiger Organisation, wie die Gesellschaft bürgerlichen Rechts als Trägerin eines gemeindlichen Theaters.

Angesichts der hohen Bedeutung der Inanspruchnahme privatrechtlicher Organisations- und Handlungsformen für die Verwaltungspraxis ergibt sich die Frage, worin die Ursachen für die oftmals so genannte „Flucht in das Privatrecht" liegen. Zum einen wird in diesem Zusammenhang darauf hingewiesen, daß über das Privatrecht eine Entpolitisierung einzelner Aufgaben durch Ausklammerung aus dem staatsunmittelbaren Verwaltungsvollzug bewirkt werden kann.[62] Ferner wird bemerkt, daß Verwaltungshandeln in Privatrechtsform Chancen der Dezentralisation und der Möglichkeit eröffne, bestimmte Verwaltungsaufgaben zur Bildung eigener Verantwortungsbereiche auszulagern.[63] Weiterhin wird auf die Vereinfachung der Personalbeschaffung und des Personalaustausches, die Senkung der Verwaltungskosten, die Haftungsbegrenzung, den höheren Zwang zur Rentabilität und Wirtschaftlichkeit sowie höhere steuerliche Vorteile Bezug genommen.[64]

Demgegenüber wird mit Recht aber auch darauf aufmerksam gemacht, daß privatrechtsförmige Verwaltung die demokratische Kontrolle des Mutterträgers mindere, Bürgerferne erzeuge und die Einheit der Verwaltung gefährde.[65]

Die gleichwohl überwiegende Praktikabilität bewirkt jedoch, daß auch die Verwaltung in Nordrhein-Westfalen privatrechtsförmig handelt. Wegen der zahlreichen Beteiligungen an Gesellschaften des Privatrechts insbesondere ist auf die Übersicht Anhang 6 zu verweisen.[66]

[Fortsetzung Fußnote 60]
  kehrsunternehmen, ebda., § 101 A, S. 341; *v. d. Heide*, Öffentlicher Personennahverkehr in den Kreisen, ebda., § 101 C, S. 377.
61 Dazu *Steiner/Grimm*, Kulturauftrag im staatlichen Gemeinwesen, VVDStRL 42, 7, 46.
62 Als Beispiel kann die privatrechtliche Abwicklung der auswärtigen Kulturpolitik genannt werden.
63 Dazu im einzelnen *Ehlers*, Verwaltung in Privatrechtsform, 1984, S. 292 ff.; *Ossenbühl*, DÖV 71, 519 m. weit. Hinw.; *Schuppert*, Die Erfüllung öffentlicher Aufgaben durch verselbständigte Verwaltungseinheiten, 1981, S. 125 ff. m. weit. Hinw.; *Stober*, NJW 84, 452; *v. Zezschwitz*, NJW 83, 1873 (1875).
64 *Ehlers* (Anm. 63), S. 292 ff.
65 *Däubler*, Privatisierung als Rechtsproblem, 1980, S. 120 ff.; *Stober*, NJW 84, 452.
66 Lt. Auskunft des Finanzministers des Landes Nordrhein-Westfalen — VV 4400 — 13 — III A 2 — v. 14. 5. 1985.

Anhang – 4. Verwaltungsgliederungsplan der Stadtverwaltung Münster   1985

1 Allg. Verwaltung	2 Finanzverwaltung	3 Rechts-, Sicherheits- und Ordnungs-verwaltung	4 Schul- u. Kulturverwaltung	5 Sozial- u. Gesundheitsverwaltung	6 Bauverwaltung	7 Verwaltung für öffentliche Einrichtungen	8 Verwaltung für Wirtschaft und Verkehr
10 Hauptamt	20 Stadtkämmerei	03 Referat für Umweltschutz	40 Schulamt	50 Sozialamt	60 Bauverwaltungsamt	70 Stadtreinigungsamt	80 Werbe- und Verkehrsamt
11 Personalamt	21 Stadtkasse	30 Rechtsamt	40 Psy Schulpsychologische Beratungsstelle	50 Kl Städt. Altenheim Klarastiftung	61 Stadtplanungsamt		81 Amt für Wirtschaftsförderung
12 Statistisches Amt	22 Stadtsteueramt	32 Ordnungsamt			62 Vermessungs- und Katasteramt		
13 Presseamt	23 Liegenschaftsamt	32 Vet Veterinäramt	41 Kulturamt	51 Jugendamt	63 Bauordnungsamt		
14 Rechnungsprüfungsamt	24 Amt f. Verteidigungslasten	34 Standesamt	41/Museum Stadtmuseum Münster	52 Sportamt	64 Amt für Wohnungswesen		
15 Amt für Datenverarbeitung		35 Versicherungsamt	42 Stadtbücherei	53 Gesundheitsamt	65 Hochbauamt		
16 BVSt Hiltrup		37 Feuerwehr	43 Volkshochschule	55 Ausgleichsamt	66 Tiefbauamt		
17 BVSt West		38 Amt f. Zivilschutz	46 Städtische Bühnen	56 Amt für soziale Dienste	67 Gartenbauamt		
18 BVSt Südost			47 Stadtarchiv				
19 BVSt Mitte							

104/3

Anhang – 5. Dezernatsverteilungsplan der Stadtverwaltung Münster 1985

Dezernat OStD	Dezernat I	Dezernat II	Dezernat III	Dezernat IV	Dezernat V	Dezernat VI	Dezernat VII
13 Presseamt	10 Hauptamt	20 Stadtkämmerei	03 Referat für Umweltschutz	40 Schulamt	50 Sozialamt	60 Bauverwaltungsamt	24 Amt für Verteidigungslasten
14 Rechnungsprüfungsamt	11 Personalamt	21 Stadtkasse	30 Rechtsamt	40 Psy Schulpsych. Beratungsstelle	50 Kl Städt. Altenheim Klarastiftung	61 Stadtplanungsamt	37 Feuerwehr
80 Werbe- und Verkehrsamt	12 Statistisches Amt	22 Stadtsteueramt	32 Ordnungsamt	41 Kulturamt	51 Jugendamt	62 Vermessungs- und Katasteramt	38 Amt f. Zivilschutz
	15 Amt für Datenverarbeitung	23 Liegenschaftsamt	32 Vet Veterinäramt	41/Museum Stadtmuseum Münster	53 Gesundheitsamt	63 Bauordnungsamt	55 Ausgleichsamt
	16 BVSt Hiltrup	81 Amt für Wirtschaftsförderung	34 Standesamt	42 Stadtbücherei	56 Amt für soziale Dienste	65 Hochbauamt	64 Amt für Wohnungswesen
	17 BVSt West		35 Versicherungsamt	43 Volkshochschule		66 Tiefbauamt	
	18 BVSt Südost		70 Stadtreinigungsamt	46 Städtische Bühnen		67 Gartenbauamt	
	19 BVSt Mitte			47 Stadtarchiv			
				52 Sportamt			

104/4

Anhang — 6. Beteiligungen

des Landes Nordrhein-Westfalen an Körperschaften des öffentlichen Rechts und Gesellschaften des Privatrechts.

Kreditinstitute	Nennkapital (TDM)	Anteil Nordrhein-Westfalen (v.H.)	Anteil andere Gesellschafter (v.H.)
1. Westdeutsche Landesbank Girozentrale, Düsseldorf – Münster	1.815.315.985		
1. Land Nordrhein-Westfalen		43,16	
2. Landschaftsverband Rheinland			11,75
3. Landschaftsverband Westfalen-Lippe			11,75
4. Rheinischer Sparkassen- und Giroverband			16,67
5. Westfälisch-Lippischer Sparkassen- und Giroverband			16,67
2. Deutsche Genossenschaftsbank, Frankfurt/Main	766.420,00		
1. Land Nordrhein-Westfalen		0,10	
2. Bundesrepublik Deutschland			0,13
3. Länder der Bundesrepublik			0,49
4. Genossenschaften und sonst. juristische Personen			99,28
3. Kreditanstalt für Wiederaufbau, Frankfurt/Main	1.000.000.000		
1. Land Nordrhein-Westfalen		5,00	
2. Bundesrepublik Deutschland			80,00
3. Länder der Bundesrepublik			15,00
4. Deutsche Pfandbriefanstalt, Wiesbaden – Berlin	243.910,322		
1. Land Nordrhein-Westfalen		1,23	
2. Bundesrepublik Deutschland			67,86
3. Deutsche Bundespost			8,20
4. Deutsche Beamtenversicherung			8,20
5. Versorgungsanstalt des Bundes und der Länder			5,12
6. Bundesausgleichsamt			3,28
7. Bundesanstalt für Arbeit			1,64
8. Deutsche bundesbahn			0,40
9. 9 Länder der Bundesrepublik			2,65
10. Städte, Kreise, Heimstättengesellschaften und sonstige Anteilseigner			1,40

Wohnungs- und Siedlungsunternehmen	Nennkapital (TDM)	Anteil Nordrhein-Westfalen (v.H.)	Anteil andere Gesellschafter (v.H.)
5. Wohnungsbauförderungsanstalt des Landes Nordrhein-Westfalen, Düsseldorf	100.000,000		
Nordrhein-Westfalen		100,00	
6. Landesentwicklungsgesellschaft Nordrhein-Westfalen für Städtebau, Wohnungswesen und Agrarordnung GmbH, Düsseldorf	55.204,100		
1. Land Nordrhein-Westfalen		56,06	
2. Westd. Landesbank Girozentrale			19,44
3. Landesvers.-Anstalt Rheinprovinz			10,18
4. Landesvers.-Anstalt Westfalen			9,60
5. Provinzial-Feuerversicherungsanstalt der Rheinprovinz, Düsseldorf			2,07
6. 113 weitere Gesellschafter (Städte, Kreise, Verbände und gewerbliche Unternehmen)			2,65
7. Deutsche Bauernsiedlung — Deutsche Gesellschaft für Landentwicklung (DGL) GmbH, Düsseldorf	17.000,000		
1. Land Nordrhein-Westfalen		8,65	
2. Bundesrepublik Deutschland			23,34
3. Landwirtschaftliche Rentenbank			32,53
4. Deutsche Genossenschaftshypothekenbank AG			16,26
5. Deutsche Girozentrale — Deutsche Kommunalbank			16,26
6. Weitere Gesellschafter			2,96
8. Aufbaugemeinschaft Espelkamp GmbH, Espelkamp	3.250,000		
1. Land Nordrhein-Westfalen		50,00	
2. Diakonisches Werk der Evangelischen Kirche in Deutschland e.V., Stuttgart			25,00
3. Evang. Kirche von Westfalen, Bielefeld			25,00
9. „Rheinland" Gemeinnützige Wohnungs- und Siedlungsgesellschaft mbH, Köln	2.600,000		
Land Nordrhein-Westfalen		100,00	

Verkehrsunternehmen	Nennkapital (TDM)	Anteil Nordrhein-Westfalen (v.H.)	Anteil andere Gesellschafter (v.H.)
10. Deutsche Lufthansa AG, Köln	900.000,000		
1. Land Nordrhein-Westfalen		2,25	
2. Bundesrepublik Deutschland			74,31
3. Bundespost			1,75
4. Bundesbahn			0,85
5. Kreditanstalt für Wiederaufbau			3,00
6. Private Wirtschaft und Sonstige			17,84
11. Flughafen Düsseldorf GmbH, Düsseldorf	50.000,000		
1. Land Nordrhrein-Westfalen		50,00	
2. Stadt Düsseldorf			50,00
12. Flughafen Köln/Bonn GmbH, Köln	21.159,00		
1. Land Nordrhein-Westfalen		30,90	
2. Bundesrepublik Deutschland			30,90
3. Stadt Köln			31,10
4. Stadt Bonn			6,10
5. Rhein-Sieg-Kreis			0,60
6. Rheinisch-Bergischer Kreis			0,40
13. Flughafen GmbH, Essen-Mühlheim, Mühlheim	370,800		
1. Land Nordrhein-Westfalen		33,33	
2. Stadt Essen			33,33
3. Stadt Mühlheim			33,33
14. Duisburg-Ruhrorter Hafen AG (Hafag), Duisburg	30.000,000		
1. Land Nordrhein-Westfalen		33,33	
2. Bundesrepublik Deutschland			33,33
3. Stadt Duisburg			33,33
15. Verkehrsbetriebe Extertal — Extertalbahn GmbH, Extertal	1.950,000		
1. Land Nordrhein-Westfalen		28,70	
2. Landschaftsverband Westfalen-Lippe			10,50
3. E-Werk Westertal GmbH			18,90
4. Kreis Lippe			25,10
5. Weitere 2 Gebietskörperschaften			16,80
16. H-Bahn-Gesellschaft Dortmund mbH, Dortmund	50,000		
1. Land Nordrhein-Westfalen		55,00	
2. Stadt Dortmund			45,00

Sonstige

	Nennkapital (TDM)	Anteil Nordrhein-Westfalen (v.H.)	Anteil andere Gesellschafter (v.H.)
17. Treuarbeit AG, Berlin und Frankfurt/Main	20.800,000		
1. Land Nordrhein-Westfalen		11,00	
2. Bundesrepublik Deutschland			45,00
3. Freistaat Bayern			11,00
4. Land Berlin			11,00
5. Land Hessen			11,00
6. Land Niedersachsen			11,00
18. Aktiengesellschaft für Wirtschaftsprüfung — Deutsche Baurevision — Wirtschaftsprüfungsgesellschaft, Berlin — Düsseldorf	400,00		
1. Land Nordrhein-Westfalen		25,02	
2. Bundesrepublik Deutschland			48,98
3. Freistaat Bayern			5,00
4. Land Berlin			17,00
5. Land Hessen			3,00
6. Land Schleswig-Holstein			1,00
19. Einkaufszentrale für öffentliche Bibliotheken GmbH, Reutlingen	4.000,000		
1. Land Nordrhein-Westfalen		5,50	
2. Übrige Gesellschafter			94,50
20. Neue Schauspiel GmbH, Düsseldorf	50,000		
1. Land Nordrhein-Westfalen		50,00	
2. Stadt Düsseldorf			50,00
21. Institut für den wissenschaftlichen Film, Göttingen	100,000		
1. Land Nordrhein-Westfalen		10,00	
2. 9 Länder der Bundesrepublik			90,00
22. Institut für Film und Bild in Wissenschaft und Unterricht, Gemeinnützige Gesellschaft mbH, München	220,000		
1. Land Nordrhein-Westfalen		9,10	
2. 10 Länder der Bundesrepublik			90,90
23. Versuchsgrubengesellschaft mbH, Dortmund	21,000		
1. Land Nordrhein-Westfalen		33,33	
2. Bundesrepublik Deutschland			33,33
3. Bergbau-Berufsgenossenschaft			33,33
24. Gesellschaft für Wirtschaftsförderung in Nordrhein-Westfalen mbH, Düsseldorf	20,000		
Land Nordrhein-Westfalen		100,00	

Sonstige (Fortsetzung)	Nennkapital (TDM)	Anteil Nordrhein-Westfalen (v.H.)	Anteil andere Gesellschafter (v.H.)
25. Rheinisch-Westfälische Kanal GmbH, Münster	30,000		
1. Land Nordrhein-Westfalen		33,33	
2. Bundesrepublik Deutschland			66,66
26. Nordwest-Kanal GmbH, Hannover	30,000		
1. Land Nordrhein-Westfalen		22,67	
2. Bundesrepublik Deutschland			66,66
3. Land Niedersachsen			8,00
4. Freie Hansestadt Bremen			2,67
27. Kernforschungsanlage Jülich GmbH	1.000,000		
1. Land Nordrhein-Westfalen		10,00	
2. Bundesrepublik Deutschland			90,00
28. Gesellschaft für Mathematik und Datenverarbeitung	50,000		
1. Land Nordrhein-Westfalen		10,00	
2. Bundesrepublik Deutschland			90,00
29. Forschungs- und Entwicklungszentrum für objektivierte Lehr- und Lernverfahren GmbH i.L., Paderborn	20,000		
Land Nordrhein-Westfalen		100,00	
30. Westfälische Reit- und Fahrschule e.G., Münster	123,300		
1. Land Nordrhein-Westfalen		14,60	
2. Weitere Genossen			85,40
31. Düsseldorfer Messegesellschaft mbH — NOWEA —	25.000,000		
1. Land Nordrhein-Westfalen		20,00	
2. Stadtgemeinde Düsseldorf			9,10
3. Stadtgemeinde Düsseldorf (Amt 80)			42,10
4. Industrieterrains Düsseldorf Reisholz AG			25,00
5. Industrie- und Handelskammer Düsseldorf			1,75
6. Handwerkskammer Düsseldorf			1,75
32. Messe- und Ausstellungsgesellschaft mbH, Köln	25.000,000		
1. Land Nordrhein-Westfalen		20,00	
2. Stadt Köln			76,00
3. Industrie- und Handelskammer Köln			2,90
4. Einzelhandelsverband Bezirk Köln e.V.			0,30
5. Handwerkskammer Köln			0,20
6. Gastgewerbe-Innung zu Köln e.V.			0,20
7. Vermögens- und Treuhand-Gesellschaft des Deutschen Gewerkschaftsbundes mbH in Düsseldorf			0,10
8. Wirtschaftsvereinigung Groß- und Außen-Handel Bezirksvereinigung Köln — Aachen — Bonn e.V. in Köln			0,30

Sonstige (Fortsetzung)	Nennkapital (TDM)	Anteil Nordrhein-Westfalen (v.H.)	Anteil andere Gesellschafter (v.H.)
33. Gesellschaft für Reaktorsicherheit mbH, Köln	26,00		
1. Land Nordrhein-Westfalen		3,80	
2. Bundesrepublik Deutschland			46,20
3. Freistaat Bayern			3,80
4. Andere Gesellschafter			46,20
34. Gesellschaft für Information und Dokumentation mbH, Frankfurt	62,000		
1. Land Nordrhein-Westfalen		3,20	
2. Bundesrepublik Deutschland			64,50
3. 10 Länder der Bundesrepublik			32,30
35. Fachinformationszentrum Energie, Physik, Mathematik GmbH, Karlsruhe	62,000		
1. Land Nordrhein-Westfalen		3,20	
2. Bundesrepublik Deutschland			64,50
3. 10 Länder der Bundesrepublik			32,30
36. Krankenhausbetriebsgesellschaft Bad Oeynhausen mbH	200,00		
1. Land Nordrhein-Westfalen		50,00	
2. Diabetesklinik e.V., Bad Oeynhausen			50,00
37. Hochschul-Informations-System Gesellschaft mbH, Hannover	66,000		
1. Land Nordrhein-Westfalen		6.06	
2. Bundesrepublik Deutschland			33,33
3. 10 Länder der Bundesrepublik			60,61

Grundzüge des Kommunalrechts

von Hans-Uwe Erichsen

Literatur

O. Gönnenwein, Gemeinderecht, Tübingen 1963; Handbuch der kommunalen Wissenschaft und Praxis, hrsg. v. G. Püttner, Bd. 1: Grundlagen, 2. Aufl. Berlin, Heidelberg, New York 1981; Bd. 2: Kommunalverfassung, 2. Aufl. Berlin, Heidelberg, New York 1982; Bd. 3: Kommunale Aufgaben und Aufgabenerfüllung, 2. Aufl. Berlin, Heidelberg, New York 1983; Bd. 4: Die Fachaufgaben, 2. Aufl. Berlin, Heidelberg, New York, Tokyo 1983; Bd. 5: Kommunale Wirtschaft, 2. Aufl. Berlin, Heidelberg, New York, Tokyo 1984 (zit.: Bearbeiter, HkWP Bd.); *R. Kirchhof,* Kreisordnung für das Land Nordrhein-Westfalen, Sonderdruck aus dem Loseblattwerk Praxis der Gemeindeverwaltung, Wiesbaden 1984; *H. Körner,* Gemeindeordnung Nordrhein-Westfalen, Kommentar, 4. Aufl. Köln, Berlin 1985; *K. Kottenberg/E. Rehn/U. Cronauge,* Gemeindeordnung für das Land Nordrhein-Westfalen Bd. 1, Siegburg, Stand: Mai 1985; *F. v. Loebell,* Gemeindeordnung für das Land Nordrhein-Westfalen, 4. Aufl. Wiesbaden, Stand: März 1985 (zit.: v. Loebell/Bearbeiter); *A. v. Mutius* (Hrsg.), Selbstverwaltung im Staat der Industriegesellschaft, Festgabe zum 70. Geburtstag von Georg Christoph v. Unruh, Heidelberg 1983 (zit.: Verfasser, in: FS für v. Unruh); *A. v. Mutius,* Sind weitere rechtliche Maßnahmen zu empfehlen, um den notwendigen Handlungs- und Entfaltungsspielraum der kommunalen Selbstverwaltung zu gewährleisten?, Gutachten E zum 53. Deutschen Juristentag, München 1980 (zit.: v. Mutius, Gutachten 53. DJT); *J. Oebbecke,* Gemeindeverbandsrecht Nordrhein-Westfalen, Köln 1984; *H. Pagenkopf,* Kommunalrecht, Bd. 1: Verfassungsrecht, 2. Aufl. Köln, Berlin, Bonn, München 1975; Bd. 2: Wirtschaftsrecht, 2. Aufl. Köln, Berlin, Bonn, München 1976; *J. Rauball/R. Rauball/W. Rauball/E. Pappermann/W. Roters,* Gemeindeordnung für Nordrhein-Westfalen, Kommentar, 3. Aufl. München 1981; *E. Schmidt-Aßmann,* Kommunalrecht, in: I. v. Münch (Hrsg.), Besonderes Verwaltungsrecht, 7. Aufl. Berlin, New York 1985, S. 91 ff.; *E. Schmidt-Jortzig,* Kommunalrecht, Stuttgart, Berlin, Köln, Mainz 1982; *K. Stern,* in: Kommentar zum Bonner Grundgesetz, Art. 28, Zweitbearbeitung (Dezember 1964) (zit.: Stern, in: BK); *K. Stern,* Das Staatsrecht der Bundesrepublik Deutschland, Bd. 1: Grundbegriffe und Grundlagen des Staatsrechts, Strukturprinzipien der Verfassung, 2. Aufl. München 1984; Bd. 2: Staatsorgane, Staatsfunktionen, Finanz- und Haushaltsverfassung, Notstandsverfassung, München 1980; *F. Wagener,* Gemeindeverbandsrecht in Nordrhein-Westfalen, Köln, Berlin, Bonn, München 1967; *K. Zuhorn/W. Hoppe,* Gemeindeverfassung, 2. Aufl. Siegburg 1962.

Gliederung

I. Begriff und Rechtsquellen des Kommunalrechts
   1. Begriff des Kommunalrechts
   2. Die Rechtsquellen des Kommunalrechts
      a) Begriff und Arten der Rechtsquellen des Kommunalrechts
      b) Die Rechtszersplitterung im Bereich des Kommunalverfassungsrechts
II. Gegenstand der Darstellung
III. Der gegenwärtige Stand des Kommunalwesens
IV. Die Rechtsstellung der Gemeinden und Gemeindeverbände
   1. Die Rechts- und Geschäftsfähigkeit
   2. Die Bindung bei Handeln in privatrechtlichen Formen
   3. Grundrechtsfähigkeit von Gemeinden und Gemeindeverbänden
   4. Das Namensrecht von Gemeinden und Gemeindeverbänden
V. Die Verbandskompetenz
   1. Der gemeindliche Wirkungskreis
      a) Die Zuständigkeit der Gemeinde im Kompetenzgefüge der Bundesrepublik
      b) Begrenzung des gemeindlichen Wirkungskreises durch Grundrechte
      c) Das Subsidiaritätsprinzip
      d) Die gegenständliche Reichweite gemeindlicher Selbstverwaltung
      e) Die räumliche Reichweite gemeindlicher Selbstverwaltung
         aa) Untergliederungen
         bb) Gebietsänderungen
      f) Durch Gesetz übertragene Aufgaben
   2. Der Wirkungsbereich der Kreise
      a) Das Kreisgebiet
      b) Die Aufgaben der Kreise
         aa) Im Bereich der Selbstverwaltung
         bb) Die Aufgaben der unteren staatlichen Verwaltungsbehörde
         cc) Durch Gesetz übertragene Aufgaben
VI. Die Art der Aufgabenerfüllung
   1. Die eigenverantwortliche Aufgabenerfüllung
   2. Der übertragene Wirkungskreis
   3. Pflichtaufgaben zur Erfüllung nach Weisung
VII. Einwohner und Bürger
   1. Begriffliches
   2. Die Rechtsstellung der Einwohner
      a) Bürgerschaftliche Rechte
      b) Das Recht auf Benutzung kommunaler öffentlicher Einrichtungen
         aa) Rechtsgrundlagen
         bb) Einrichtung
         cc) Öffentliche und private Einrichtung
         dd) Andere Rechtssubjekte als Träger kommunaler öffentlicher Einrichtungen
         ee) Die Widmung
         ff) Die Nutzung öffentlicher Einrichtungen
            (1) Der Anspruch auf Nutzung
            (2) Das Nutzungsverhältnis
         gg) Anschluß- und Benutzungszwang
   3. Die Rechtsstellung des Bürgers

VIII. Die kommunalen Organe und ihre Kompetenzen
  1. Die Organe der Gemeinde
     a) Der Rat
        aa) Die Wahl der Ratsmitglieder
        bb) Die Rechtsstellung der Ratsmitglieder
        cc) Die interne Organisation und das Verfahren des Rates
        dd) Entscheidungen des Rates
        ee) Die Zuständigkeiten des Rates
     b) Der Gemeindedirektor
        aa) Wahl und Abberufung
        bb) Die Zuständigkeiten des Gemeindedirektors
     c) Das Verhältnis von Rat und Gemeindedirektor
  2. Die Organe des Kreises
     a) Der Kreistag
     b) Der Kreisausschuß
        aa) Als Kreisorgan
        bb) Bei der Erfüllung von Aufgaben staatlicher Verwaltung
     c) Der Oberkreisdirektor
        aa) Als Kreisorgan
        bb) Als untere staatliche Verwaltungsbehörde
  3. Der Kommunalverfassungsstreit
IX. Kommunale Satzungen
  1. Grundlagen
  2. Die Arten von Satzungen
  3. Verfahren
  4. Rechtsschutz
X. Die wirtschaftliche Betätigung der Kommunen
  1. Beispiele und Formen wirtschaftlicher Betätigung
  2. Begriff der wirtschaftlichen Betätigung
  3. Grundlagen und Grenzen wirtschaftlicher Betätigung
     a) Grundlagen
     b) Verfassungsrechtliche Grenzen
     c) Kommunalrechtliche Grenzen
  4. Organisationsformen kommunaler wirtschaftlicher Unternehmen
     a) Öffentlich-rechtliche Unternehmensformen
        aa) Regiebetrieb
        bb) Eigenbetrieb
        cc) Anstalten
     b) privatrechtliche Unternehmensformen
  5. Rechtsschutz
XI. Die Kommunalaufsicht
  1. Begriff, Gegenstand und Grundlage der Kommunalaufsicht
  2. Arten der Aufsicht
     a) Allgemeine Aufsicht
     b) Sog. präventive Aufsicht
        aa) Die Genehmigungsvorbehalte
        bb) Beratung
     c) Die Eingriffsaufsicht
        aa) Die Unterrichtung
        bb) Beanstandung und Aufhebung

            cc) Anordnung der Ersatzvornahme
            dd) Die Bestellung eines Beauftragten
            ee) Auflösung des Rates
    3. Die Sonderaufsicht
    4. Fachaufsicht kraft Bundesrecht
    5. Rechtsschutz gegen Aufsichtsmaßnahmen
        a) Maßnahmen der weisungsfreien Aufsicht
        b) Maßnahmen der Sonderaufsicht
        c) Maßnahmen der Fachweisungsaufsicht
XII. Die verfassungsmäßige Gewährleistung der kommunalen Selbstverwaltung
    1. Bundes- und landesverfassungsrechtliche Gewährleistung
        a) Art. 28 Abs. 2 GG
        b) Art. 78 Verf NW
        c) Das Verhältnis von bundes- und landesverfassungsrechtlicher Garantie
    2. Der Inhalt der institutionellen Garantien
        a) Die Organisationsform
        b) Gegenstand und Art kommunaler Aufgabenwahrnehmung
            aa) Wirkungskreis der Gemeinden
            bb) Der Aufgabenbereich der Kreise
            cc) Die Eigenverantwortlichkeit der kommunalen Verwaltung
            dd) Die Reichweite des Gesetzesvorbehalts des Art. 28 Abs. 2 GG
        c) Die Rechtsstellung der einzelnen Kommune
    3. Die Zielrichtung der Selbstverwaltungsgarantie
    4. Flankierende Garantien

I. Begriff und Rechtsquellen des Kommunalrechts

1. Begriff des Kommunalrechts

Das Kommunalrecht ist jener Teil des öffentlichen Rechts, der die Kommunen, d.h. Gemeinden und Gemeindeverbände betrifft. In die in ihrer Abgrenzung unklare Kategorie der Gemeindeverbände[1] gehören nach § 1 Abs. 2 KrO die Kreise und darüber hinaus auch die Landschaftsverbände. Teilweise werden dazu auch die Zweckverbände gezählt, die auf dem GKG oder spezialgesetzlichen Regelungen — z.B. §§ 45 ff. SparkG — beruhen.[2]

Das Kommunalrecht umfaßt die Gesamtheit jener Rechtssätze, die ausschließlich Gemeinden und Gemeindeverbände oder deren Funktionssubjekte organisieren, berechtigen und/oder verpflichten. Zum Kommunalrecht werden darüber hinaus vielfach auch jene Rechtssätze gerechnet, die die Kommunen neben anderen Trägern öffentlicher Verwaltung betreffen. Kommunalrecht ist demnach der Inbegriff derjenigen öffentlich-

---

1 Dazu *Oebbecke*, Gemeindeverbandsrecht Rdn. 1 ff.
2 So etwa *Gönnenwein*, Gemeinderecht S. 377 f.; *Pagenkopf*, Kommunalrecht Bd. 1 S. 27; *Maurer*, Allg.VwR, 4. Aufl. 1985 § 23 Rdn. 24. Anders *Hoppe*, Die Begriffe Gebietskörperschaft und Gemeindeverband, 1958 S. 64 f.; Scheuner, HkWP Bd. 1 S. 18.

rechtlichen Normen, die Organisation und Wirken von Gemeinden und Gemeindeverbänden regeln.[3]

Gem. Art. 1 Abs. 1 S. 2 Verf NW gliedert sich das Land in Gemeinden und Gemeindeverbände. Die Verwaltung liegt gem. Art. 3 Abs. 2 Verf NW in der Hand der Landesregierung, der Gemeinden und der Gemeindeverbände. Gemeinden und Gemeindeverbände sind also Einheiten der gegliederten Organisation öffentlicher Verwaltung. Sie unterliegen daher den für die öffentliche Verwaltung geltenden Grundsätzen des Verfassungs- und Allgemeinen Verwaltungsrechts. Das Kommunalrecht selbst gehört zum Besonderen Verwaltungsrecht, dessen übrige einschlägige Regelungen etwa aus dem Baurecht, dem Polizei- und Ordnungsrecht und dem Sozialrecht ebenfalls von den Kommunen zu beachten sind.

2. Die Rechtsquellen des Kommunalrechts

a) Begriff und Arten der Rechtsquellen des Kommunalrechts

Unter Rechtsquellen wird hier die Gesamtheit der Erscheinungen verstanden, die mit Rechtsgeltungsanspruch abstrakte und generelle Maßgaben für das Verhalten natürlicher und juristischer Personen oder deren Funktionssubjekte festlegen.[4] Rechtsquellen des Kommunalrechts finden sich in der Form der Verfassung, des Gesetzes, der Rechtsverordnung, der Satzung, der Verwaltungsvorschrift, des Gewohnheitsrechts, des Richterrechts und der allgemeinen Grundsätze.

b) Die Rechtszersplitterung im Bereich des Kommunalverfassungsrechts

Die Gesetzgebungskompetenz für das Kommunalrecht liegt zwar nicht ausschließlich[5] aber doch weitgehend bei den Ländern. In ihre ausschließliche Zuständigkeit fällt die Festlegung der allgemeinen, von der Erfüllung einzelner Aufgaben unabhängigen Grundstrukturen kommunaler Organisation, der „**Kommunalverfassung**". Zwar finden sich in Art. 28 Abs. 1 S. 2 und Abs. 2 GG bundesverfassungsrechtliche Vorgaben, die der Landesgesetzgeber zu beachten hat, doch bleibt ihm ein weiter Spielraum. Die-

---

3 So auch *Schmidt-Aßmann*, in: v. Münch, Bes.VwR S. 100; *Schmidt-Jortzig*, Kommunalrecht Rdn. 1; *Pagenkopf*, Kommunalrecht Bd. 1 S. 12; *Knemeyer*, Bay. Kommunalrecht, 5. Aufl. 1984 S. 17; *Salzwedel*, in: Loschelder/Salzwedel, Verfassungs- und Verwaltungsrecht des Landes NW, 1964 S. 217.

4 Zum schillernden und mit mehrfachem Bedeutungsgehalt ausgestatteten Begriff der Rechtsquelle vgl. *Ross*, Theorie der Rechtsquellen, 1929; *Meyer-Cording*, Die Rechtsnormen, 1971 S. 50ff.; *Ossenbühl*, in: Erichsen/Martens, Allg.VwR, 7. Aufl. 1985 § 6 I; *Merten*, Jura 1981 S. 169f.

5 Vgl. dazu *Günniker*, Rechtliche Probleme der Formvorschriften kommunaler Außenvertretung, 1984 S. 115ff.

ser ist in den einzelnen Ländern der Bundesrepublik teils anknüpfend an Überliefertes, teils unter dem prägenden Einfluß in der Nachkriegszeit erlassener besatzungsrechtlicher Vorgaben[6] unterschiedlich genutzt worden.[7] Dem Versuch, im Jahre 1948 mit Hilfe eines „Musterentwurfs", dem sog. Weinheimer Entwurf,[8] der überlieferten Zersplitterung des Kommunalverfassungsrechts zu begegnen, war ebensowenig Erfolg beschieden wie dem im Jahre 1972 auf dem 49. Deutschen Juristentag diskutierten Vorschlag, eine Rahmengesetzgebungskompetenz für das Gemeindewesen in das Grundgesetz einzufügen.[9]

Wir haben es daher heute im Bereich der Bundesrepublik Deutschland mit einem kommunalverfassungsrechtlichen „Fleckerlteppich" zu tun, der selbst in einzelnen Ländern der Bundesrepublik unterschiedliche Systeme ausweist. Lediglich im Bereich des Haushalts- und Kassenwesens sind auf der Grundlage eines Musterentwurfs gewisse Angleichungen gelungen.[10]

II. Gegenstand der Darstellung

Ohne die Bedeutung der Landschaftsverbände und des Kommunalverbandes Ruhrgebiet sowie anderer Zweckverbände und der kommunalen Spitzenverbände für die öffentliche Verwaltung in NW schmälern zu wollen,[11] muß sich die nachfolgende Darstellung schon aus Raumgründen auf die Gemeinden und Kreise beschränken, wobei im Vordergrund das für Organisation und Wirken der Gemeinden geltende Recht stehen wird.

III. Der gegenwärtige Stand des Kommunalwesens

Gem. § 1 GO sind die Gemeinden die Grundlage des demokratischen Staatsaufbaus. In dieser Vorschrift kommt zum Ausdruck, daß die Gemeinden sich an der **Nahtstelle von Staat und Gesellschaft** und damit gewissermaßen im Brennpunkt einer Beziehung

---

6 Vgl. etwa für Nordrhein-Westfalen *Rudzio*, Die Neuordnung des Kommunalwesens in der Britischen Zone, 1968 S. 140 ff.
7 Dazu auch *Püttner*, Gutachten F zum 49. DJT, 1972.
8 Dazu *Engeli-Haus*, Quellen zum modernen Gemeindeverfassungsrecht in Deutschland, 1975 S. 743 ff.; Deutscher Städtetag (Hrsg.), Entwurf einer Deutschen Gemeindeordnung (Schriften des Deutschen Städtetages Heft 1), 1947; *W. Loschelder*, in: Wandersleb (Hrsg.), Recht-Staat-Wirtschaft Bd. 2, 1950 S. 413 ff.; *Ziebill*, Geschichte des Deutschen Städtetages, 1955 S. 108 ff.
9 Dazu *Püttner* (Fn. 7).
10 Vgl. dazu *Scheel/Steup*, Gemeindehaushaltsrecht NW, 4. Aufl. 1981 S. 6; *Depiereux*, Das neue Haushaltsrecht der Gemeinden, 5. Aufl. 1975 S. 8 ff.
11 Vgl. zum Recht der Landschaftsverbände und des Kommunalverbandes Ruhrgebiet sowie anderer Zweckverbände *Oebbecke*, Gemeindeverbandsrecht Rdn. 255 ff.

befinden, die im geschichtlichen Ablauf in unterschiedlicher Weise gestaltet, aber stets spannungsgeladen war. Dementsprechend ist dem mit dem Begriff Gemeinde bezeichneten Personen- und Sachverband durch die Jahrhunderte hinweg ein wechselvolles Schicksal, bedingt durch wechselnde Organisation, Aufgabenstellung und Zweckbindung, beschieden gewesen.

Ausgehend von genossenschaftlicher Organisation und Zwecksetzung im frühen Mittelalter spannt sich der Bogen über die ständisch oligarchisch regierte Stadt des Mittelalters bis zu dem staatlichen Verwaltungsbezirk des absolutistisch regierten Territorialstaates des 17. u. 18. Jahrhunderts. Gemeindliche Selbstverwaltung wurde in den Stein-Hardenbergschen Reformen als Medium zur Überwindung der Ferne zwischen Staat und Gesellschaft begriffen und etwa zeitgleich als Erscheinung gesellschaftlicher und damit grundrechtsfähiger Selbstorganisation — Art. 184 der Paulskirchenverfassung — gesehen. Heute wird das Verständnis von der Gemeinde als demokratischer Urzelle in Gesetzen, Rechtsprechung und Schrifttum vielfach hervorgehoben, ohne daß es allerdings gelungen ist, die historisch sichtbar gewordene Spannweite von Zielen und Zwecken zu einem befriedeten Ausgleich zu bringen.

Dies wird insbesondere sichtbar in der in Nordrhein-Westfalen besonders rigoros durchgeführten **kommunalen Neugliederung**. In diesem Land der Bundesrepublik gab es bis zum 1. 4. 1967 insgesamt 2324 Gemeinden, 38 kreisfreie Städte und 57 Kreise. Durch die kommunale Gebietsreform wurde die Zahl der Gemeinden um 1951 = 83,2 % und die Zahl der Kreise um 26 = 45,6 % reduziert. Aus diesem durch die Magie verwaltungswissenschaftlicher Zahlenspiele[12] nicht unerheblich beeinflußten Prozeß theoretisch maximierter, zumindest optimierter Verwaltungsrationalität und -effektivität versus gewachsene bürgerschaftliche Identifikation sind 373 Gemeinden, 23 kreisfreie Städte und 31 Kreise hervorgegangen.[13] Dieses im Hinblick auf die Bundesrepublik einzigartig dastehende Ergebnis bezeugt nicht nur, daß die im Hinblick auf das Artefakt Nordrhein-Westfalen fehlende historische Fundierung offenbar auch zu einer Geringschätzung vorhandener historischer Bindungen auf der untersten Ebene öffentlicher Verwaltung geführt hat. Es belegt zugleich eine Einschätzung, die Gemeinden und Gemeindeverbände in erster Linie als Gliederungen gesamtstaatlich und auf die Erbringung von Dienstleistungen ausgerichteter Verwaltungsorganisation — mittelbarer Staatsverwaltung — begreift.[14]

Dieser Einschätzung korrespondiert eine Entwicklung, die zum einen dadurch gekennzeichnet ist, daß vom Gesetzgeber ein immer engmaschigeres Netz heteronomer und entmündigender Entscheidungsvorgaben gespannt wird, und zum anderen

---

12 Vgl. insb. *Wagener*, Neubau der Verwaltung, 1969 insb. S. 505 ff., 527 ff.; dens., DÖV 1983 S. 745 ff.; *Köstering*, DÖV 1985 S. 845 ff.; dazu auch *Schnur*, Die Verwaltung 1984 S. 1 (8 ff.).
13 Vgl. *Leidinger*, Der Landkreis 1981 S. 35 (36).
14 Vgl. *Pappermann*, DÖV 1975 S. 181 (187): „An die Stelle geschichtlich gewachsener Gemeinden sind rational geplante Verwaltungseinheiten gesetzt worden, für deren Zuschnitt der Leistungsanspruch des Bürgers der entscheidende Maßstab war."

dadurch, daß Aufgaben, die bis in die Gegenwart als Angelegenheiten der örtlichen Gemeinschaft von den Gemeinden wahrgenommen wurden, wie beispielsweise die Versorgung mit leitungsgebundenen Energien, nunmehr aus unterschiedlichen Gründen, etwa wegen technischer Machbarkeit, der Verringerung finanziellen Aufwands, zur Herstellung und Wahrung tatsächlich oder vorgeblich beanspruchter oder auch verfassungsrechtlich geforderter einheitlicher Lebensverhältnisse[15] in überörtlichem oder gar überregionalem, tendenziell zentralistischem und nivellierendem Zuschnitt wahrgenommen oder verbindlich geplant werden.[16] Diese **Hochzonung von Aufgaben** wird durch eine im Gefolge der Gebietsreform durchgeführte gegenläufige **Funktionalreform** offenbar nur unzulänglich kompensiert.[17] Andererseits wird in jüngster Zeit der Wert örtlicher und ortsbedingter Überlieferung, Kultur und Lebensweise, der Wert der örtlichen selbstgeprägten Gemeinschaft offenbar zunehmend höher eingeschätzt[18] und eine Stärkung der kommunalen Selbstverwaltung durch eine Neubestimmung ihres Aufgabenfeldes verlangt.[19]

IV. Die Rechtsstellung der Gemeinden und Gemeindeverbände

1. Die Rechts- und Geschäftsfähigkeit

Gemeinden und Gemeindeverbände sind nach Art. 78 Abs. 1 Verf NW, § 1 Abs. 2 GO, § 1 Abs. 2 KrO **Gebietskörperschaften**, also gebietsbezogene Körperschaften des öffentlichen Rechts und damit mitgliedschaftlich verfaßte, vom Wechsel ihrer Mitglieder unabhängige, durch Hoheitsakt geschaffene rechtsfähige Träger öffentlicher Verwaltung.[20]

Ihre **Rechtsfähigkeit**[21] ist nicht auf den Bereich des öffentlichen Rechts beschränkt, sie sind vielmehr auch fähig, Zurechnungsendsubjekt privatrechtlicher Rechte und Pflichten zu sein. Gemeinden und Kreise können sich mithin — vorbehaltlich ent-

---

15 Vgl. *Franke*, Städte- und Gemeindebund 1985 S. 297 (298). Dazu auch VerfGH NW DÖV 1985 S. 916 (917).
16 Vgl. Zuständigkeitsbereich Kreis/Gemeinden NW des Innenministeriums, Eildienst LKT Nr. 7—8/75/60 S. 79 (86).
17 Vgl. dazu etwa *Köstering*, DÖV 1985 S. 845 ff.; *Stüer*, Funktionalreform und kommunale Selbstverwaltung, 1980.
18 Vgl. dazu *Hinkel*, NVwZ 1985 S. 225 (227 f.).
19 Vgl. etwa *Th. Ellwein* (Hrsg.), Gesetzes- und Verwaltungsvereinfachung in Nordrhein-Westfalen, 1983 S. 241 ff., 250 ff.; *v. Mutius*, Gutachten 53. DJT S. 158 ff., insb. 182 ff.; *Blümel*, VVDStRL Bd. 36 (1978) S. 171 (227 ff.).
20 Zur Qualifikation der Kreise als Gebietskörperschaften vgl. *Wolff/Bachof*, VwR II, 4. Aufl. 1976 § 89 IV; *Pappermann*, HkWP Bd. 1 S. 305 f.; *Oebbecke*, Gemeindeverbandsrecht Rdn. 5, 61; *Kirchhof*, KrO, § 1 Erl. 24.
21 Zur Rechtsfähigkeit vgl. *Erichsen/Martens*, Allg.VwR, 7. Aufl. 1986 § 10 II 2.

gegenstehender rechtlicher Regelung — der Handlungs- und Organisationsformen des öffentlichen Rechts und des Privatrechts bedienen. Die Rechtsfähigkeit ist auf den Bereich der von der juristischen Person des öffentlichen Rechts wahrzunehmenden Aufgaben, also auf den durch die **Verbandskompetenz** von Gemeinden und Kreisen[22] gezogenen Rahmen begrenzt. Ein **privatrechtliches** Handeln jenseits dieser Grenzen — **ultra vires** — entfaltet daher keine Wirksamkeit.[23]

2. Die Bindung bei Handeln in privatrechtlichen Formen

Auch beim Handeln in privatrechtlichen Formen ist die Zuständigkeits- und Vertretungsordnung verbindlich.[24] Gemeinden und Kreise haben die Bindungen des Gemeindehaushalts- und Gemeindewirtschaftsrechts[25] zu beachten. Im übrigen wird vielfach die Auffassung vertreten, daß des weiteren dann, wenn das privatrechtliche Handeln der Gemeinden und Kreise auf die unmittelbare Verfolgung öffentlicher oder öffentlichrechtlicher Verwaltungsaufgaben oder -zwecke, etwa im Rahmen der Daseinsvorsorge, gerichtet ist, ein **Verwaltungsprivatrecht** gilt, welches die Verwaltung auch bei diesem Handeln in den Formen des Privatrechts „etlichen" öffentlich-rechtlichen Bindungen, insbesondere der Bindung an die Grundrechte unterwirft.[26]

Diese Ansicht vermag nur zu überzeugen, wenn das übrige privatrechtliche Handeln der Gemeinden und Gemeindeverbände außerhalb der in Art. 1 Abs. 3 GG aufgeführten Staatsfunktionen und damit außerhalb der für sie begründeten Grundrechtsbindung stattfindet. Vergegenwärtigt man sich, daß, wie Art. 20 Abs. 2 GG deutlich werden läßt, mit der Funktionentrias des Art. 1 Abs. 3 GG die Gesamtheit der vom Volk ausgehenden Staatsgewalt erfaßt wird und daß sie sich auch beim Handeln der Kommunen in privatrechtlichen Organisations- und Handlungsformen verwirklicht, so ist der zunehmend vertretenen Ansicht zu folgen, daß Gemeinden und Gemeindeverbände bei **jeglichem** privatrechtlichen Handeln, also auch bei Bedarfsdeckung — Kauf eines Dienstwagens, von Personalcomputern usw. — und erwerbswirtschaftlicher Betätigung unmittelbar an die Grundrechte gebunden sind.[27]

---

22 Dazu unten § 5 A) und B).
23 *Erichsen/Martens*, Allg.VwR, 7. Aufl. 1986 § 10 II 2. Ebenso *Ehlers*, Verwaltung in Privatrechtsform, 1984 S. 235f. m.w.N.
24 Dazu im einzelnen *Ehlers*, (Fn. 23) S. 235ff.
25 Dazu unten X 3. S. 174ff.
26 So etwa BGHZ 52 S. 325 (327f.); 79 S. 111 (125); BGH NJW 1985 S. 197 (200).
27 Vgl. im einzelnen *Erichsen/Martens*, Allg.VwR, 7. Aufl. 1986 § 32; *Ehlers* (Fn. 23) S. 212ff.; beide m.w.N.

3. Grundrechtsfähigkeit von Gemeinden und Gemeindeverbänden

Die mit der Verleihung des Körperschaftsstatus verbundene Zuordnung der Rechtsfähigkeit bedeutet nicht notwendig, daß Gemeinden und Kreise damit Zurechnungssubjekte **aller** denkbaren Rechte und Pflichten sind. So gelten nach Art. 19 Abs. 3 GG Grundrechte für inländische juristische Personen nur, soweit sie ihrem Wesen nach auf sie anwendbar sind.[28]

Eine Berufung auf die Grundrechte wird den Gemeinden und Kreisen nach übereinstimmender Auffassung in Rechtsprechung[29] und Schrifttum[30] verwehrt, soweit es um die **Wahrnehmung öffentlicher Aufgaben** in dem durch Art. 28 Abs. 2 GG, Art. 78 Abs. 1 u. 2 Verf NW gewährleisteten und abgeschirmten Bereich der Selbstverwaltung geht. Dabei ist gleichgültig, ob die Wahrnehmung der Aufgaben in den Formen des öffentlichen oder des Privatrechts erfolgt. Das gilt nach Ansicht des BVerfG auch dann, wenn sich die Gemeinden und Gemeindeverbände zur Erfüllung ihrer Aufgaben rechtlich verselbständigter Organisationsformen des Privatrechts — AG, GmbH — bedienen.[31]

Das BVerfG hat in der **Sasbach-Entscheidung** schließlich auch die Frage, „ob einer Gemeinde außerhalb des Bereichs der Wahrnehmung öffentlicher Aufgaben das Grundrecht aus Art. 14 Abs. 1 S. 1 GG zusteht", verneint.[32] Art. 14 GG schütze „nicht das Privateigentum, sondern das Eigentum Privater".[33]

Demgegenüber ist darauf hinzuweisen, daß weder der dogmengeschichtliche noch der grundrechtstheoretische Befund gegen eine Grundrechtsgeltung in diesem Falle sprechen[34] und daß die Gemeinde als Zuordnungssubjekt privater Rechte entgegen der Auffassung des BVerfG in gleicher Weise schutzbedürftig gegenüber staatlichen Eingriffen sein kann wie ein Privater, daß also insoweit eine grundrechtstypische Gefährdungslage besteht.[35] Insoweit ist daher von der Grundrechtsfähigkeit der Gemeinden und Gemeindeverbände auszugehen.[36]

---

28 Zum Stand der Meinungen *Ehlers* (Fn. 23) S. 79 ff.
29 Vgl. BVerfGE 21 S. 362 (372); 45 S. 63 (78 f.); BGHZ 63 S. 196 ff.
30 Vgl. *Stern*, in: BK, Art. 28 Rdn. 70; *v. Mutius*, in: BK, Art. 19 Abs. 3 Rdn. 133 (Bearb. 1975); *Bethge*, AöR Bd. 104 (1979) S. 265 (275, 277—279).
31 BVerfGE 45 S. 63 (79 f.). Zustimmend *Bethge*, AöR Bd. 104 (1979) S. 54, 265 (272). Kritisch dazu *v. Mutius*, Jura 1983 S. 30 (41 f.).
32 BVerfGE 61 S. 82 (105 ff.).
33 BVerfGE 61 S. 82 (108/109).
34 Vgl. insoweit BayVerfGH BayVBl. 1984 S. 655 f.
35 *v. Mutius*, in: BK, Art. 19 Abs. 3 Rdn. 114 (Bearb. 1975).
36 So auch *Bettermann*, NJW 1969 S. 1321 (1327); *v. Mutius*, in: BK, Art. 19 Abs. 3 Rdn. 103 (Bearb. 1975); *Stern*, in: BK, Art. 28 Rdn. 71; *Blümel*, in: FS für v. Unruh S. 267 Fn. 5; *Mögele*, NJW 1983 S. 805 f.; *Erlenkämper*, NVwZ 1984 S. 621 (622); *Pagenkopf*, Kommunalrecht Bd. 1 S. 32 f. Vgl. auch BayVerfGH BayVBl. 1976 S. 622 ff. und 1984 S. 655 f.; a. A. *Dürig*, in: Maunz/Dürig, GG, Art. 19 Abs. 3 Rdn. 48 (Bearb. 1977); *Starck*, JuS 1977 S. 732 (733); *Bethge*, AöR Bd. 104 (1979) S. 54, 265 (297 ff.); *Dickersbach*, WiVerw 1983 S. 187 (205); *Schmidt-Aßmann*, in: v. Münch, Bes.VwR S. 116.

4. Das Namensrecht von Gemeinden und Gemeindeverbänden

Die Gemeinden führen nach § 10 Abs. 1 GO, die Kreise nach § 9 Abs. 1 KrO ihren überlieferten Namen. Dieses gelegentlich — wenig glücklich — als „öffentlichrechtliches Persönlichkeitsrecht"[37] bezeichnete Namensrecht[38] gehört zu den überkommen Rechten kommunaler Selbstverwaltung. Der Name einer Gemeinde und eines Kreises unterliegt dementsprechend ihrer Disposition — § 10 Abs. 1 S. 2 GO, § 9 Abs. 1 S. 2 KrO —, die allerdings nur mit einer Mehrheit von drei Vierteln der Mitglieder des Rates oder des Kreistages erfolgen kann und der Genehmigung des Innenministers bedarf.

Das Recht der bestehenden Gemeinden und Kreise, ihren Namen zu führen, wird als absolutes, d.h. gegenüber jedermann geltendes, von der verfassungsrechtlichen Gewährleistung des Art. 28 Abs. 2 GG,[39] Art. 78 Abs. 1 u. 2 Verf NW umfaßtes Recht qualifiziert. Aus dieser verfassungsrechtlich geschützten Rechtsposition lassen sich Abwehr- bzw. Unterlassungs- und Beseitigungsansprüche gegenüber jeder rechtswidrigen Beeinträchtigung — erfolge sie nun durch Private, durch andere Gemeinden und Gemeindeverbände oder durch den Staat — herleiten, ohne daß es dazu des Rückgriffs auf § 12 BGB bedarf.[40]

V. Die Verbandskompetenz

1. Der gemeindliche Wirkungskreis

a) Die Zuständigkeit der Gemeinden im Kompetenzgefüge der Bundesrepublik

Gem. § 2 GO sind die Gemeinden in ihrem Gebiet ausschließliche und eigenverantwortliche Träger der öffentlichen Verwaltung, soweit die Gesetze nicht ausdrücklich etwas anderes bestimmen. Die **Generalklausel des § 2 GO** ist also nachrangig im Verhältnis zu der durch gesetzliche Regelungen festgelegten Aufgaben- und Kompetenzverteilung. Gesetze im Sinne dieser Vorschrift sind sowohl Bundes- und Landesverfassung wie Bundes- und Landesgesetze, aber auch auf der Grundlage gesetzlicher Ermächtigung ergangene Rechtsverordnungen.[41] Über den Gesetzesvorbehalt des § 2 GO verwirk-

---

37 So etwa BVerfGE 44 S. 351 (359) mit Hinweis auf *Pappermann*, DVBl. 1971 S. 519 (520) und *dens.*, HkWP Bd. 1 S. 306.
38 Zum Namensrecht *Pappermann*, DÖV 1980 S. 353 ff.
39 BVerfGE 59 S. 216 (226).
40 Demgegenüber hat die Rechtsprechung — vgl. OVG Lüneburg DVBl. 1971 S. 515 (516); hess VGH DVBl. 1977 S. 49 (50); BVerwGE 44 S. 351 (354) — mit Zustimmung des Schrifttums — *Pappermann*, JuS 1976 S. 305 (307); *v. Mutius*, JuS 1977 S. 99 (102) — den Abwehr- und Beseitigungsanspruch in analoger Anwendung von § 12 BGB entwickelt.
41 Vgl. BVerfGE 56 S. 298 (309); *Kottenberg/Rehn/Cronauge*, GO, § 2 Erl. II.

licht sich also die Einbindung der Gemeinde in das durch Verfassung, Gesetz und Rechtsverordnung konstituierte **Kompetenzgefüge** der Bundesrepublik.

Ausgehend von dieser Einsicht läßt sich etwa die Frage beantworten, ob die Gemeinden berechtigt sind, durch ihre Vertretungen Erklärungen zu Fragen der Verteidigungspolitik abzugeben. Die Zuständigkeit für die Wahrnehmung dieser Aufgaben liegt nach dem Kompetenzgefüge der Bundesrepublik, sowohl was die Gesetzgebung als auch was die Verwaltung betrifft, ausschießlich beim Bund.[42] Die Gemeinden haben kein prinzipiell unbegrenztes allgemeinpolitisches Mandat.[43] Sie sind daher weder berechtigt, über die Erklärung ihres Gemeindegebietes zur atomwaffenfreien Zone Stellung zur Verteidigungspolitik des Bundes zu nehmen[44] noch „kommunale Außenpolitik", sei es auch mit Hilfe von Partnerschaftsabkommen, zu betreiben.[45]

Sie sind andererseits aufgerufen, örtliche Belange in den gesetzlich vorgesehenen[46] und vielfach durch Art. 28 Abs. 2 S. 1 GG geforderten Verfahren geltendzumachen, z. B. im Rahmen verteidigungspolitisch erheblicher Verfahren mitzuwirken und etwa im Falle des § 37 Abs. 2 S. 2 BBauG örtliche Belange der Bauleitplanung in den höherstufigen Entscheidungsprozeß einzubringen.[47]

b) Begrenzung des gemeindlichen Wirkungskreises durch Grundrechte

Der gemeindliche Wirkungskreis wird nicht nur durch die Einbindung der Gemeinden in das bundesstaatliche Kompetenzgefüge, sondern darüber hinaus durch die im I. Abschnitt des Grundgesetzes enthaltenen, die Freiheit der einzelnen und ihrer Gruppierungen im Verhältnis zur Staatsgewalt gewährleistenden Grundrechte als **negative Kompetenznormen** bestimmt. Die Gemeinden als Gliederungen der Staatsgewalt ausübenden öffentlichen Verwaltung haben bei der Übernahme und der Wahrnehmung ihrer Aufgaben daher zu beachten, daß für grundrechtsrelevantes Verhalten der Staatsgewalt, sei es durch Eingriff oder Leistung, durch die Gestaltung von Verfahren und/oder Organisation, der **Gesetzesvorbehalt** und das **Übermaßverbot** mit seinen Regelungskomponenten der Eignung, Erforderlichkeit und Verhältnismäßigkeit gelten.[48]

c) Das Subsidiaritätsprinzip

Der Wirkungskreis der Gemeinde könnte schließlich durch das Subsidiaritätsprinzip in der Weise bestimmt sein, daß die Gemeinde nur dann tätig werden darf, wenn weder der einzelne, die Familie oder gesellschaftliche Gruppierungen in der Lage sind, die Auf-

---

42 So auch OVG NW DVBl. 1984 S. 155 (156); *Vitzthum*, JA 1983 S. 557 (559); *Schoch*, Jura 1984 S. 550 (555); *Theis*, JuS 1984 S. 422 (424); *Penski*, ZRP 1983 S. 161 (163); *Süß*, BayVBl. 1983 S. 513 (515); *Pagenkopf*, Kommunalrecht Bd. 1 S. 165; vgl. auch bereits BVerfGE 8 S. 122 (133 f.).
43 So mit Recht OVG NW DVBl. 1984 S. 155 (156); OVG Lüneburg DVBl. 1983 S. 814 f.; *Maunz*, in: Maunz/Dürig, GG, Art. 28 Rdn. 61 (Bearb. 1977).
44 Zutreffend *Süß*, BayVBl. 1983 S. 513 (515); *Uechtritz*, NVwZ 1983 S. 334 f.; *Schmitt-Kammler*, DÖV 1983 S. 869 ff.
45 Dazu *v. Mutius*, Gutachten 53. DJT S. 156 f.
46 Vgl. etwa die Zusammenstellung bei *Hofmann*, DVBl. 1984 S. 116 (122).
47 Vgl. auch bw VGH DVBl. 1984 S. 729 (731 f.).
48 Vgl. dazu im einzelnen *Erichsen*, Staatsrecht und Verfassungsgerichtsbarkeit I, 3. Aufl. 1982 S. 14.

gabe zu bewältigen. Dies setzt allerdings voraus, daß ein solches Subsidiaritätsprinzip in der Rechtsordnung der Bundesrepublik anerkannt ist.[49] Das Grundgesetz bekennt sich indes nur vereinzelt ausdrücklich zur Subsidiarität staatlichen Eintretens gegenüber gesellschaftlicher Aufgabenwahrnehmung, etwa in Art. 6 Abs. 2 S. 1 GG („zuvörderst").[50] Der Schluß von nur singulären verfassungsrechtlichen Ausprägungen des Subsidiaritätsgedankens auf ein das Grundgesetz oder die übrige Rechtsordnung durchgängig beherrschendes allgemeines Subsidiaritätsprinzip kann daher nicht überzeugen.[51]

d) Die gegenständliche Reichweite gemeindlicher Selbstverwaltung

Wenn § 2 GO bestimmt, daß die Gemeinden vorbehaltlich abweichender Regelung in ihrem Gebiet ausschließliche und eigenverantwortliche Träger der öffentlichen Verwaltung sind, so werden damit jene Formulierungen aufgenommen, die sich in Art. 78 Abs. 1 u. 2 Verf NW finden. Sie bringen dort die auf der Grundlage des Weinheimer Entwurfs[52] getroffene Entscheidung für den **Aufgabenmonismus,** also die Abkehr von der Unterscheidung zwischen Selbstverwaltungs- und staatlichen Auftragsangelegenheiten[53] zum Ausdruck. Wenn man auch die dieser Regelung zugrunde liegenden, in den Materialien der GO auch zum Ausdruck kommenden, auf ein vorstaatliches, naturrechtliches Existenz- und Grundrecht der Gemeinde abhebenden Vorstellungen[54] heute schwerlich mehr wird akzeptieren können, so ist doch dem Wortlaut und Zweck dieser Regelung zu entnehmen, daß grundsätzlich alle im Gebiet einer Gemeinde anfallenden **Zweckaufgaben,** d.h. jene Aufgaben öffentlicher Verwaltung, die sich nicht in der Organisation der Gemeinde und der Herstellung ihrer Funktionsfähigkeit erschöpfen,[55] von ihr wahrzunehmen sind.

Dieses **Prinzip gemeindlicher Allzuständigkeit** unterliegt zunächst der Einschränkung, daß Angelegenheiten, die ihrer Natur nach örtlicher Regelung und Erledigung nicht zugänglich sind, von ihm nicht erfaßt werden.[56] Die gemeindliche Allzuständig-

---

49 Umstr., vgl. insoweit *Dürig,* JZ 1953 S. 193 (198); *Zuck,* Subsidiarität und Grundgesetz, 1968 S. 50 ff.; *Isensee,* Subsidiaritätsprinzip und Verfassungsrecht, 1968 S. 106 f.; *Schmidt-Jortzig,* in: Schmidt-Jortzig/Schink, Subsidiaritätsprinzip und Kommunalordnung, 1982 S. 7 ff. m.w.N. pro et contra.
50 Vgl. etwa BVerfGE 10 S. 59 (83).
51 Vgl. auch *Erichsen,* DVBl. 1983 S. 289 (296); *Schmidt-Jortzig* (Fn. 49) S. 7 f.; BVerfGE 10 S. 59 (83) läßt die Frage offen.
52 Dazu oben I 2 b S. 110.
53 Vgl. dazu unten VI 2 S. 126.
54 Vgl. *Meyers,* LT-Prot. II S. 1797; *Büttner,* LT-Prot. II S. 1833; auch *Fleck,* in: Geller/ Kleinrahm/Fleck, Die Verfassung des Landes NW, 2. Aufl. 1963, Art. 78 Erl. 6 c).
55 Zum Begriff der Zweckaufgaben *Elleringmann,* Grundlagen der Kommunalverfassung und der Kommunalaufsicht, 1957 S. 31; *Zuhorn/Hoppe,* Gemeindeverfassung S. 77 ff.
56 So auch *Meyers,* LT-Prot. II S. 1797.

keit ist zudem der allerdings nicht unbegrenzten⁵⁷ gesetzgeberischen Disposition unterworfen.

Neu entstehende oder erkannte Aufgaben, die nicht gemeindeübergreifender Natur sind und dem Zugriff öffentlicher Verwaltung unterliegen, fallen also solange in die Zuständigkeit der Gemeinden, bis eine gesetzliche Regelung etwas anderes vorschreibt — **Recht der Spontaneität**.⁵⁸

Zu den Aufgaben gemeindlicher Selbstverwaltung gehört die Befugnis der Gemeinden, sich im Rahmen der Gesetze selbst zu organisieren, die zur Herstellung der Funktionsfähigkeit notwendigen Entscheidungsprozesse zu regeln — **Existenzaufgaben**⁵⁹ — und die Verwaltungszwecke mit Hilfe der von der Rechtsordnung bereitgestellten Handlungsformen zu verwirklichen.

e) Die räumliche Reichweite gemeindlicher Selbstverwaltung

Die in § 2 GO enthaltene Formulierung „**in ihrem Gebiet**" legt eine **örtliche Begrenzung** der Verbandskompetenz fest. Die Verbandskompetenz der Gemeinde und damit die Ausübung gemeindlicher Hoheitsgewalt ist auf ihr Gebiet beschränkt. Als **Gemeindegebiet** wird die Gesamtheit der zu einer Gemeinde gehörenden Grundstücke bezeichnet. Das Gemeindegebiet ist unabhängig vom privatrechtlichen Eigentum an den Grundstücken; der Erwerb eines Grundstücks jenseits der Gemeindegrenzen begründet nicht die Zugehörigkeit zum Gemeindegebiet.

aa) Untergliederungen

Nach der seit dem 1.1.1975 geltenden, im Anschluß an die kommunale Neugliederung und zur Kompensation ihrer Folgen⁶⁰ geschaffenen neuen Bezirksverfassung ist in NW eine weitere Untergliederung des Gemeindegebiets vorgesehen. Für kreisfreie Städte ist gem. § 13 Abs. 1 GO die Bildung von Stadtbezirken obligatorisch. Den kreisangehörigen Städten und Gemeinden ist gem. § 13d Abs. 1 GO eine Gliederung in Bezirke freigestellt.

bb) Gebietsänderungen

Unter Gebietsänderungen versteht § 14 Abs. 1 GO jede Veränderung des Verlaufs von Gemeindegrenzen sowie die Auflösung und Neubildung von Gemeinden. Sie hat gem. § 5 GO unter Berücksichtigung der örtlichen Verbundenheit der Einwohner und der Leistungsfähigkeit der Gemeinde zu erfolgen.⁶¹ Gebietsänderungen bedürfen gem. § 16

---

57 Dazu unten XII 2b S. 192ff.
58 Vgl. *Schmidt-Aßmann*, in: v. Münch, Bes.VwR S. 108; *Stern*, in: BK, Art. 28 Rdn. 87.
59 Vgl. etwa *v. Mutius*, in: FS für v. Unruh S. 246f.; *Pagenkopf*, Kommunalrecht Bd. 1 S. 27.
60 Vgl. dazu etwa *Wiese*, HkWP Bd. 2 S. 328; *v. Loebell*, DÖV 1979 S. 425 (429).
61 Diese „Grundregel" hat nach allgemeiner Auffassung lediglich programmatische Funktion, ihre Mißachtung beeinträchtigt die Rechtswirksamkeit einer Gebietsänderung nicht; vgl. *Kottenberg/Rehn/Cronauge*, GO, § 5 Erl. I.

Abs. 3 S. 1 GO eines Landesgesetzes, in Fällen von geringer Bedeutung genügt gem. § 16 Abs. 3 S. 2 und 3 GO auch ein Verwaltungsakt[62] des zuständigen Regierungspräsidenten bzw. des Innenministers.

Der staatliche Eingriff in den Gebietszuschnitt von Gemeinden ist indes gem. § 16 Abs. 2 S. 1 GO an eine vorherige **Anhörung der Räte** der beteiligten Gemeinden und gem. § 14 Abs. 1 GO an das Vorliegen von „**Gründen des öffentlichen Wohls**" gebunden. Beide Gebote wurzeln in der verfassungsrechtlichen Gewährleistung gemeindlicher Selbstverwaltung und haben daher Verfassungsrang.[63] Das Recht auf Anhörung begründet allerdings keinen Anspruch auf Gehör **durch den Gesetzgeber selbst** während des Gesetzgebungsverfahrens. Dem Zweck des Anhörungsgebots wird jedes Verfahren gerecht, das eine vollständige und rechtzeitige Interessenermittlung und -übermittlung an den Gesetzgeber sicherstellt.[64] Ist dem Erfordernis einer hinreichenden Anhörung nicht genügt, ist das Gebietsänderungsgesetz nichtig.[65]

Bei der Gebietsänderung ist dem Gesetzgeber allerdings ein Gestaltungsspielraum eingeräumt. Die **Rechtsprechung** überprüft sie anhand der für das planungsrechtliche Abwägungsgebot entwickelten Abwägungsfehlerlehre[66] auf hinreichende Sachverhaltsermittlung, die grundsätzliche Zweckeignung und die Einhaltung des Übermaßverbotes.[67]

f) Durch Gesetz übertragene Aufgaben

Angesichts des monistischen Aufgabenverständnisses kann von einer **landesgesetzlichen** Übertragung von Aufgaben öffentlicher Verwaltung auf die Gemeinden nicht eigentlich die Rede sein. Andererseits können die Gemeinden durch Gesetz zur Wahrnehmung bestimmter Aufgaben **verpflichtet** werden — § 3 Abs. 1 S. 1 GO — und können Aufgaben, deren Wahrnehmung durch Gesetz dem Staat oder anderen Trägern öffentlicher Verwaltung, insbesondere den Kreisen zugewiesen war, „zurückübertragen" werden. Dies ist in § 3a GO im Rahmen der Funktionalreform[68] geschehen.

---

62 Zur Rechtsnatur der Entscheidung gem. § 16 Abs. 3 S. 2 GO vgl. *R. Rauball*, in: Rauball/Pappermann/Roters, GO, § 16 Rdn. 6.
63 Vgl. dazu unten XII 2c S. 195f.; BVerfGE 50 S. 50f.; VerfGH NW OVGE 24 S. 316 (318); 25 S. 310 (313f.); 26 S. 286 (288, 292f.); 28 S. 291 (292); *Schmidt-Aßmann*, in: v. Münch, Bes.VwR S. 105f.; *v. Loebell/Oerter*, GO, § 14 Erl. 2.
64 Vgl. VerfGH NW OVGE 26 S. 286 (289).
65 VerfGH NW OVGE 26 S. 306 (312ff.); einschränkend offenbar nds StGH OVGE 34 S. 500 (501).
66 Vgl. dazu *Hoppe*, DVBl. 1977 S. 136ff.; *Ernst/Hoppe*, Das öffentliche Bau- und Bodenrecht, Raumplanungsrecht, 2. Aufl. 1981 Rdn. 288ff.
67 Ausführl. Nachw. der Rspr. bei *Stüer*, Funktionalreform und kommunale Selbstverwaltung, 1980 S. 138ff.; *Stern*, Staatsrecht Bd. 1 § 12 II 4 c) (S. 410f.). Vgl. auch VerfGH NW OVGE 25 S. 310 (315); 26 S. 316 (319f.); 28 S. 291 (293), S. 307 (308); 30 S. 287f., 299 (301f.); 31 S. 284 (285f.), S. 290 (295f.), S. 311 (315f.) und BVerfGE 50 S. 50 (51).
68 Die Vorschrift wurde durch das FunktionalreformG v. 11. 7. 1978, GVBl. NW S. 209 eingefügt.

Nach dieser Vorschrift besteht für kreisangehörige Gemeinden ein „**gestuftes Aufgabenmodell**", das nach Maßgabe der Einwohnerzahl und der damit verbundenen Vermutung ihrer Leistungskraft die kreisangehörigen Gemeinden und die mittleren und größeren kreisangehörigen Städte unterscheidet. Daran anknüpfend teilen zahlreiche landesrechtliche Rechtsverordnungen ansonsten durch den Kreis wahrgenommene Aufgaben etwa auf den Gebieten der Bauaufsicht, Jugendhilfe, Wohnungsbauförderung oder Ausländeraufsicht entsprechend der dafür jeweils für notwendig gehaltenen Leistungskraft den Kommunen zu.[69]

Die Übertragung von Aufgaben kann indes auch **durch Bundesgesetz** erfolgen.[70] Gem. Art. 84 Abs. 1, 85 Abs. 1 GG kann der Bund in den von den Ländern auszuführenden Gesetzen mit Zustimmung des Bundesrates Regelungen über die Einrichtung der Behörden und das Verwaltungsverfahren treffen.[71] Zur Einrichtung[72] gehört auch die Übertragung der Zuständigkeit für den Vollzug dieser Bundesgesetze. Sie kann das Bundesgesetz auch Gemeinden, ja sogar unmittelbar kommunalen Behörden zuweisen und damit Aufgaben für die Gemeinden begründen.[73] So überträgt etwa § 126 BSHG dem Gesundheitsamt Aufgaben im Rahmen der Sicherung der Eingliederung Behinderter.

2. Der Wirkungsbereich der Kreise

Gem. § 2 KrO sind die Kreise, soweit die Gesetze nicht ausdrücklich etwas anderes bestimmen, ausschließliche und eigenverantwortliche Träger der öffentlichen Verwaltung zur Wahrnehmung der auf ihr Gebiet begrenzten **überörtlichen** Angelegenheiten. Wie oben hinsichtlich der Gemeinden ausgeführt, so gilt auch hinsichtlich der Kreise, daß der Gesetzesvorbehalt zugleich ihre Einbindung in das bundesstaatliche Kompetenzgefüge vermittelt. Wie bei den Gemeinden, so ist auch bei den Kreisen die Verbandskompetenz nach § 2 KrO auf ihr Gebiet beschränkt.

a) Das Kreisgebiet

Das Gebiet eines Kreises besteht gem. § 11 KrO aus den Gebieten der ihm angehörenden Gemeinden. Die Kreise sind gem. § 1 Abs. 2 KrO Gebietskörperschaften. Mitglieder dieser Gebietskörperschaften sind die im Kreisgebiet lebenden Einwoh-

---

69 Dazu *v. Loebell/Becker*, GO, § 3a Erl. 1 ff.; *Köstering*, HkWP Bd. 2 S. 64 ff.; vgl. auch bereits Zuständigkeitsbericht Kreis/Gemeinden NW des Innenministeriums, Eildienst LKT Nr. 7—8/75/60 S. 79 (90 ff.).
70 Vgl. auch § 16 LOG und dazu unten VI 2. S. 126.
71 Vgl. BVerfGE 22 S. 180 (210).
72 Dazu *Lerche*, in: Maunz/Dürig, GG, Art. 84 Rdn. 25 (Bearb. 1985).
73 Vgl. dazu BVerfGE 22 S. 180 (209 f.); BVerwGE 40 S. 276 (281 f.); *Schmidt-Eichstaedt*, Bundesgesetze und Gemeinden, 1981 S. 151 ff.; *Lerche*, in: Maunz/Dürig, GG, Art. 84 Rdn. 27 (Bearb. 1985).

ner.[74] Das Kreisgebiet markiert die Grenzen der Ausübung der Kreishoheit. Ihre Erstreckung auf privatrechtlich erworbenes, außerhalb der Grenze des Kreisgebietes liegendes Grundeigentum[75] findet nicht statt.

Die — verglichen mit den Gemeinden[76] — größere „Distanz" der Kreise zu ihren Einwohnern wird deutlich, wenn § 4 KrO zum Kriterium für ihren Gebietszuschnitt allein die **Leistungsfähigkeit** erhebt. Ihre verbandskörperschaftliche Struktur zeigt sich, wenn § 14 Abs. 2 GO bestimmt, daß die Änderung der Grenzen kreisangehöriger Gemeinden ggf. unmittelbar die Änderung der Kreisgrenzen bewirkt. Darüber hinaus können gem. §§ 12, 14 KrO die Grenzen eines Kreises aus Gründen des öffentlichen Wohls durch Gesetz geändert werden. Vor einer Änderung des Gebiets eines Kreises sind — verfassungsrechtlich geboten[77] — die Vertretungen der unmittelbar beteiligten Gebietskörperschaften anzuhören — §§ 12 Abs. 3 KrO, § 16 Abs. 2 S. 2 GO.

Anders als bei den Gemeinden gibt es bei den Kreisen keinen „geborenen" **Sitz der Kreisverwaltung.** Es bedarf einer Festlegung der Sitzgemeinde, die gem. § 9 Abs. 2 KrO durch den Kreistag erfolgt und der Genehmigung der Landesregierung bedarf.

b) Die Aufgaben der Kreise

aa) Im Bereich der Selbstverwaltung

Die Kreise haben gem. § 2 Abs. 1 S. 1 KrO die **auf ihr Gebiet begrenzten überörtlichen Angelegenheiten** wahrzunehmen. Wie schon § 2 Abs. 1 S. 2 KrO erkennen läßt, soll mit dem Kriterium der Überörtlichkeit der Wirkungsbereich von kreisangehöriger Gemeinde und Kreis abgegrenzt werden.

Das Verhältnis des Kreises zu seinen kreisangehörigen Gemeinden wird durchweg mit den Begriffen **Ausgleichs- und Ergänzungsfunktion** bestimmt.[78] Das so beschriebene Tätigkeitsfeld wird herkömmlich durch drei Kategorien „überörtlicher", d.h. vom Kreis wahrzunehmender Aufgaben näher strukturiert.[79]

Zum einen wird die Zuständigkeit der Kreise für **„übergemeindliche",[80] „kreisintegrale"[81] Aufgaben** angenommen. Als solche werden etwa der Bau und die Unterhaltung von Kreisstraßen, die Überwachung der Luft, die Unterhaltung von Naturparks

---

74 Vgl. *Pappermann*, HkWP Bd. 1 S. 305; *Oebbecke*, Gemeindeverbandsrecht Rdn. 5, 61.
75 Zur Zulässigkeit vgl. *Kirchhof*, KrO, § 11 Erl. 2.
76 Dazu auch VII 1 S. 128.
77 Vgl. VerfGH NW OVGE 26 S. 270 (273f.); *Kirchhof*, KrO, § 12 Erl. 4.
78 Vgl. BVerfGE 58 S. 177 (196); BVerwGE 67 S. 321 (324).
79 So zuerst *Wagener*, Die Städte im Landkreis, 1955 S. 232ff.
80 So etwa *Wagener*, Gemeindeverbandsrecht § 2 LKrO Rdn. 9; *Schnapp*, Zuständigkeitsverteilung zwischen Kreis und kreisangehörigen Gemeinden, 1973 S. 8; *Schmidt-Jortzig*, Kommunalrecht Rdn. 589; *Oebbecke*, Gemeindeverbandsrecht Rdn. 132.
81 So *Kirchhof*, KrO, § 2 Erl. 11.

und der öffentliche Personennahverkehr genannt.[82] Für die übergemeindlichen Aufgaben wird eine **ausschließliche** Zuständigkeit des Kreises in Anspruch genommen.

Daneben stehen die „**ergänzenden**" oder „**komplementären**"[83] **Aufgaben**. Das sind jene Aufgaben, deren Erfüllung die Verwaltungs- und/oder Finanzkraft der kreisangehörigen Gemeinde übersteigt.[84] Dazu werden etwa Bau, Betrieb und Unterhaltung eines Krankenhauses, von Berufsschulen, Behindertenschulen, Musikschulen und die umweltschonende Abfallbeseitigung gerechnet.[85] Der Anfall dieser Aufgaben hängt ab von der Finanz- und Verwaltungskraft der kreisangehörigen Gemeinden, die Agenda ist also veränderlich.

Die dritte Kategorie bilden die **Ausgleichsaufgaben,** die den Ausgleich der Unterschiede in der Finanz- und Verwaltungskraft zwischen den einzelnen kreisangehörigen Gemeinden zum Inhalt haben. In ihrer Erfüllung verwirklicht sich teilweise,[86] nach anderer Auffassung vollständig,[87] die Ausgleichsfunktion der Kreise. Unbestritten gehören Verwaltungshilfen in diese Kategorie.[88] Ob und in welchem Umfang auch finanzielle Hilfen zum Ausgleich unterschiedlicher Finanzkraft in diesem Rahmen zulässig sind, ist umstritten.[89]

Wie sich aus § 2 Abs. 1 S. 2 GO, wonach die Wahrnehmung „örtlicher Aufgaben" durch die Gemeinden unberührt bleibt, und dem oben Gesagten ergibt, sind als überörtlich i. S. d. § 2 Abs. 1 S. 1 KrO zunächst jene Aufgaben anzusehen, die ihrer Natur nach örtlicher Regelung und Erledigung nicht zugänglich sind, die das Gebiet einer Gemeinde übergreifen und in ihrer Wahrnehmung unteilbar sind, was nur in wenigen Fällen zu bejahen sein wird.

Überörtlich ist eine Aufgabe auch dann, wenn sie zwar örtlicher Regelung und Erledigung zugänglich ist, ihre Wahrnehmung aber die Leistungskraft kreisangehöriger Gemeinden übersteigt. Die Zuständigkeit der Kreise ist daher auch dann begründet, wenn es um die Erfüllung von Aufgaben geht, die von einer Gemeinde wegen der auf ihr Gebiet begrenzten Verwaltungskraft nicht wahrgenommen werden können. Die

---

[82] *Schnapp,* (Fn. 80) S. 8; *Köstering,* HkWP Bd. 3 S. 49; *Schmidt-Jortzig,* Kommunalrecht Rdn. 590; *Kirchhof,* KrO, § 2 Erl. 11.

[83] So *Kirchhof,* KrO, § 2 Erl. 12.

[84] So *Schmidt-Jortzig,* Kommunalrecht Rdn. 592; *Schnapp* (Fn. 80) S. 9; *Köstering,* HkWP Bd. 3 S. 49.

[85] Vgl. *Schmidt-Jortzig,* Kommunalrecht Rdn. 592; *Kirchhof,* KrO, § 2 Erl. 12; *Köstering,* HkWP Bd. 3 S. 50.

[86] So wohl *Kirchhof,* KrO, § 2 Erl. 14.

[87] So offenbar *Schmidt-Aßmann,* in: v. Münch, Bes.VwR S. 178.

[88] Vgl. *Kirchhof,* KrO, § 2 Erl. 14; *Oebbecke,* Gemeindeverbandsrecht Rdn. 166.

[89] Für die Zulässigkeit *Friauf/Wendt,* Rechtsfragen der Kreisumlage, 1980 S. 35 ff.; *Schink,* in: Schmidt-Jortzig/Schink, Subsidiaritätsprinzip und Kommunalordnung, 1982 S. 43 f.; *Oebbecke,* Gemeindeverbandsrecht Rdn. 166; *Kirchhof,* KrO, § 2 Erl. 14; *Tiedeken,* in: FS für v. Unruh S. 348. Ablehnend *Berkenhoff,* Städte-und Gemeindebund 1975 S. 174 (177); zurückhaltend auch *Mombaur,* Städte- und Gemeinderat 1981 S. 175 (180 ff.). Die Zulässigkeit setzt VerfGH NW DVBl. 1983 S. 714 (715) voraus.

Die Verbandskompetenz

Kreise sind weiter dann zuständig, wenn der von ihnen selbst definierte, an gesamtstaatlichen oder regionalen Unabweisbarkeiten ausgerichtete Versorgungsstandard die Leistungskraft kreisangehöriger Gemeinden überfordert.[90]

Auch wenn, wie das BVerfG schon 1968 ausgeführt hat, „die Kreise und die kreisangehörigen Gemeinden im Lauf der geschichtlichen Entwicklung zu einer Gemeinschaft geworden sind, die nicht nur territorial, sondern auch nach Zweckbestimmung und Funktion aufs engste verbunden und verflochten ist",[91] so bleibt doch zu betonen, daß das Verhältnis zwischen kreisangehöriger Gemeinde und Kreis durch einen in § 2 Abs. 1 S. 3 KrO zum Ausdruck kommenden **Vorrang gemeindlicher Verbandskompetenz** gekennzeichnet ist. Die auf der Ununterscheidbarkeit von örtlichen und überörtlichen Angelegenheiten fußende Theorie der „funktionalen Selbstverwaltung", die einen „Verwaltungsverbund im kreisangehörigen Raum"[92] als Gebot der Stunde ansieht, entspricht nicht den im Kommunalverfassungsrecht des Landes NW zum Ausdruck kommenden Vorstellungen.

Von ihnen ausgehend sind auch Bedenken gegen die Äußerung des BVerwG im **Rastede-Urteil** zu erheben, daß Gemeinden und Kreisen „gleichwertige und damit gleichgewichtige Aufgaben der örtlichen Gemeinschaft ... zur eigenverantwortlichen Erledigung zugewiesen"[93] werden. Mit der in dieser Entscheidung im Anschluß an Schmidt-Jortzig vertretenen These, daß der Begriff der örtlichen Gemeinschaft nicht auf die Abmessungen der Gemeinden beschränkt sei, dürfte das dem Art. 28 Abs. 2 S. 1 GG und auch § 2 Abs. 1 KrO zugrundeliegende Verständnis dieses Begriffs verfehlt sein.[94] Es läßt sich schwerlich verkennen, daß er in beiden Vorschriften zum Zweck der inhaltsbestimmten Abgrenzung verschiedener Aufgaben verwandt wird.[95] Daran geht auch das BVerwG nicht vorbei, wenn es als Maßstab für die geeignete Aufgabenverteilung zwischen Kreis und Gemeinden schließlich darauf abstellt, ob eine Aufgabe mehr „in der lokalen Örtlichkeit verankert ist und von dort ihre Regelungsbezüge herleitet" oder ob „die Aufgabenerfüllung aus der lokalen Ebene in einen größeren Zuschnitt hineinwächst, die die Grenzen der einzelnen kreisangehörigen Gemeinden übersteigt".[96]

---

90 Vgl. auch VerfGH NW DVBl. 1983 S. 714 (715); *Oebbecke*, Gemeindeverbandrecht Rdn. 152 ff.; 144 ff.
91 BVerfGE 23 S. 353 (368); 58 S. 177 (196).
92 So der Titel des Beitrags von *Pappermann*, DÖV 1975 S. 181 ff.; vgl. auch Zuständigkeitsbericht Kreis/Gemeinden NW des Innenministeriums, Eildienst LKT Nr. 7—8/75/60 S. 79 (87 f.).
93 BVerwGE 67 S. 321 (324 f.); zustimmend *Weides*, NVwZ 1984 S. 155 (156), und *Schmidt-Jortzig*, DÖV 1984 S. 821 (827 f.).
94 Vgl. dazu unten XII 2 b S. 190 ff.
95 Vgl. auch *Knemeyer*, DVBl. 1984 S. 23 (24); *Hofmann*, BayVBl. 1984 S. 289 (292 f.); *Blümel*, VerwArch Bd. 75 (1984) S. 197, 297 (307); *Hassel*, VR 1984 S. 145 (150 f.); *Erlenkämper*, NVwZ 1985 S. 795 (798 m. w. N. bei Fn. 29). Einen Überblick über die Rechtsprechung und Stellungnahmen dazu bieten *Knemeyer/Hofmann*, Gemeinden und Kreise, 1984.
96 BVerwGE 67 S. 321 (325).

Kreisangehörige Gemeinde und Kreis stehen in einem **an der Leistungskraft der kreisfreien Stadt ausgerichteten gestuften System öffentlicher Verwaltung.**[97] Die Stufung ist durch den Vorrang der gemeindlichen Zuständigkeit bei der Erledigung der Aufgaben und die auf Ergänzung und Ausgleich mangelnder und unterschiedlicher Leistungskraft der kreisangehörigen Gemeinde gerichtete Zuständigkeit des Kreises, mithin durch den **Grundsatz der Subsidiarität** bestimmt.[98]

Die Kreise als mit dem Recht der Selbstverwaltung ausgestattete Organisationseinheiten öffentlicher Verwaltung haben die Befugnis, sich im Rahmen der Gesetze selbst zu organisieren, die zur Herstellung ihrer Funktionsfähigkeit notwendigen Entscheidungsprozesse zu regeln und die Verwaltungszwecke mit Hilfe der von der Rechtsordnung bereitgestellten Handlungsformen zu verwirklichen.

bb) Die Aufgaben der unteren staatlichen Verwaltungsbehörde

Gem. § 1 Abs. 3 KrO bildet das Gebiet des Kreises zugleich den Bezirk der unteren staatlichen Verwaltungsbehörde. Damit wird insoweit der Grundsatz der Einräumigkeit, der gelegentlich auch zur fixen Idee für den Raumzuschnitt öffentlicher Verwaltung geworden ist,[99] für diese Ebene von Staats- und Kommunalverwaltung gesetzlich festgelegt. Nicht hingegen werden damit die Aufgaben der unteren staatlichen Verwaltungsbehörde zu Kreisaufgaben erklärt, denn gem. § 47 KrO liegt die Wahrnehmung dieser Aufgaben nicht beim Kreis sondern beim Oberkreisdirektor und beim Kreisausschuß.[100]

cc) Durch Gesetz übertragene Aufgaben

Gem. § 2 Abs. 2 KrO nehmen die Kreise ferner die Aufgaben wahr, die ihnen aufgrund bundes- oder landesgesetzlicher Vorschriften übertragen sind.

VI. Die Art der Aufgabenerfüllung

Gemeinden und Gemeindeverbände erfüllen die ihnen obliegenden Aufgaben in unterschiedlicher Verantwortung und Einbindung. Im Vordergrund stehen, bedingt durch ihre verfassungsrechtliche Gewährleistung, durchweg jene Aufgaben, die die Gemein-

---

97 Vgl. schon das bei *Oebbecke*, Gemeindeverbandsrecht Rdn. 64 zit. pr. Gendarmerieedikt v. 30. Juli 1812 und BVerwGE 67 S. 321 (324).
98 So auch VerfGH NW DVBl. 1983 S. 714 (715); *Erlenkämper*, NVwZ 1984 S. 621 (624); *Knemeyer*, DVBl. 1984 S. 23 (27). Vgl. auch OVG Lüneburg DÖV 1980 S. 417 (418), welches allerdings verkennt, daß die Gemeinde keine Erscheinung der Gesellschaft ist und deshalb auch nicht „die Fortsetzung der Linie Individuum-Familie" darstellt.
99 Vgl. auch OVG NW 35 S. 246 (256).
100 Vgl. auch unten VIII 2c bb S. 164.

den und Gemeindeverbände „in eigener Verantwortung", d.h. nach Art. 28 Abs. 2 GG im Rahmen des ihnen gewährleisteten Rechts der Selbstverwaltung erledigen.[101]

1. Die eigenverantwortliche Aufgabenerfüllung

Die verfassungsrechtlich gewährleistete **eigene Verantwortung** eröffnet Gemeinden und Gemeindeverbänden das Recht, im Rahmen der gültigen, insbesondere mit Art. 28 Abs. 2 GG, Art. 78 Abs. 1 und 2 Verf NW vereinbaren Gesetze[102] über Angelegenheiten der öffentlichen Verwaltung unangeleitet und selbstbestimmt, insbesondere frei von Weisungen staatlicher oder anderer Stellen zu entscheiden. Sie gibt ihnen das Recht, ihre Aufgaben „ohne Weisung und Vormundschaft des Staates so zu erfüllen, wie dies nach Maßgabe der Rechtsordnung zweckmäßig erscheint".[103]

Die bei der Erfüllung von Selbstverwaltungsaufgaben obwaltende „eigene Verantwortung" findet im Rahmen der Gesetze statt; diese gesetzlichen Vorgaben können nicht nur Schranken kommunaler Selbstverwaltung errichten, sondern auch Gebote enthalten, die sich auf das Ob und das Wie der Wahrnehmung einer Selbstverwaltungsangelegenheit richten. So gelten hinsichtlich des Wie etwa das Verwaltungsverfahrensgesetz des Landes NW oder ist bei der Aufstellung eines Bebauungsplans nach Maßgabe der einschlägigen Vorschriften des BBauG zu verfahren.

Die Einflußnahme des Gesetzes auf das Ob kommunaler Aufgabenwahrnehmung ist Anlaß für eine gängige, auch in den Gesetzen[104] aufgenommene Unterscheidung zwischen freiwilligen und pflichtigen Selbstverwaltungsaufgaben.[105]

Bei den **freiwilligen Selbstverwaltungsaufgaben** entscheiden Gemeinden und Gemeindeverbände eigenständig darüber, **ob** sie eine Aufgabe angehen und **wie** sie sie durchführen sollen. Beispiele aus diesem Bereich sind die Errichtung von Museen, Seniorenheimen, Frauenhäusern, Jugendzentren, Krankenhäusern, Schwimmbädern, Sportplätzen usw.

Bei den **pflichtigen Selbstverwaltungsaufgaben** besteht eine gesetzlich festgelegte Pflicht, die Aufgaben zu erfüllen. Gemeinde und Kreis bleiben hier Entscheidungsspielräume im Hinblick auf das **Wie** ihrer Verwirklichung. Zu den pflichtigen Selbstverwaltungsangelegenheiten der Gemeinden gehören gem. § 10 Abs. 1 u. 2. SchVG die Errichtung und Unterhaltung von Grund- und Hauptschulen, zu den pflichtigen Selbstver-

---

101 Dazu *Stern*, in: BK, Art. 28 Rdn. 64; *Knemeyer*, in: FS für v. Unruh S. 222f.; VerfGH Rh.-Pf. DÖV 1983 S. 113.
102 Dazu unten XII S. 186ff.
103 So *E. Becker*, in: Bettermann/Nipperdey (Hrsg.), Die Grundrechte Bd. IV/2 1962 S. 718f. Ebenso *Stern*, HkWP Bd. 1 S. 213; *Roters*, in: v. Münch, GG, Bd. 2, 2. Aufl. 1983 Art. 28 Rdn. 47f. Vgl. auch *Pagenkopf*, Kommunalrecht Bd. 1 S. 46f.
104 Vgl. etwa § 3 Abs. 1 S. 1 GO, § 2 Abs. 2 S. 2 KrO.
105 Vgl. etwa *Pagenkopf*, Kommunalrecht Bd. 1 S. 170ff.

waltungsangelegenheiten der Kreise gehört nach § 10 Abs. 3 SchVG die Errichtung und Fortführung von Berufsschulen. Kreise und kreisfreie Städte haben ferner gem. §§ 12 ff. JWG ein Jugendamt zu errichten und die in §§ 4 f. JWG aufgeführten Aufgaben der Jugendhilfe wahrzunehmen.[106] Die Festlegung der Pflichtigkeit einer Selbstverwaltungsaufgabe darf gem. Art. 78 Abs. 3 Verf NW, § 3 Abs. 1 S. 1, 2 GO, § 2 Abs. 2 S. 2, 4 KrO nur durch Gesetz und gekoppelt mit einer Bestimmung über die Deckung der Kosten erfolgen.

2. Der übertragene Wirkungskreis

Neben den Selbstverwaltungsangelegenheiten kennen die Gemeindeordnungen Bayerns, Niedersachsens, von Rheinland-Pfalz und des Saarlandes die **Auftragsangelegenheiten.** Dabei handelt es sich um **Staatsaufgaben,** deren Wahrnehmung nach Maßgabe staatlicher Weisung den Gemeinden übertragen ist. Dieses **dualistische Aufgabenmodell** kann auf eine lange Tradition zurückblicken.

Art. 78 Abs. 2 Verf NW hat — wie bereits ausgeführt[107] — sich zum **monistischen Aufgabenverständnis** des Weinheimer Entwurfs bekannt und festgelegt, daß die Gemeinden und Gemeindeverbände in ihrem Gebiet die alleinigen Träger öffentlicher Verwaltung sind. Diese Sicht kommt auch in Art. 78 Abs. 3 Verf NW zum Ausdruck, wo von der Übertragung „öffentlicher" und nicht von der Übertragung staatlicher Aufgaben auf Gemeinden und Gemeindeverbänden die Rede ist. Ihr korrespondiert Art. 78 Abs. 4 S. 1 Verf NW, der das Land auf die Überwachung der Gesetzmäßigkeit der Verwaltung der Gemeinden und Gemeindeverbände beschränkt und insoweit ein staatliches Weisungsrecht nicht vorsieht. Der Landesgesetzgeber ist also in NW verfassungsrechtlich gehindert, den Gemeinden die Wahrnehmung von staatlichen Aufgaben zu übertragen.

Da indes Art. 78 Verf NW nur den Landesgesetzgeber bindet, ist der **Bundesgesetzgeber** nicht gehindert, im Rahmen des Art. 85 Abs. 1 GG Gemeinden und Kreise in den Vollzug von Gesetzen einzubeziehen, die im Auftrag des Bundes und nach Maßgabe seiner Weisungen — Art. 85 Abs. 3 GG — auszuführen sind.[108] So wird das BAföG gem. §§ 39 f. BAföG von den bei den kreisfreien Städten und Kreisen errichteten Ämtern für Ausbildungsförderung im Auftrage des Bundes ausgeführt.

---

106 Dazu auch BVerfGE 22 S. 180 (209 ff.).
107 Vgl. V 1 d S. 117.
108 Vgl. dazu *Gönnenwein,* Gemeinderecht S. 167 ff.; *Blümel,* HkWP Bd. 1 S. 234 f.

3. Pflichtaufgaben zur Erfüllung nach Weisung

Mit dem Bekenntnis zum monistischen Aufgabenverständnis ist das historisch belegte, in seiner Notwendigkeit nicht bestrittene und durch den Aufgabenmonismus eher noch verstärkte Bedürfnis nach staatlicher Einflußnahme auf die Übernahme und die Art der Wahrnehmung bestimmter Angelegenheiten durch Gemeinde und Gemeindeverbände nicht beseitigt. Dem hat sich schon der Verfassungsgeber nicht verschlossen und in Art. 78 Abs. 3 und 4 S. 2 Verf NW festgelegt, daß das Land durch Gesetze Pflichtaufgaben schaffen und sich bei ihnen ein **Weisungs- und Aufsichtsrecht nach näherer gesetzlicher Vorschrift** vorbehalten kann. Dergestalt treten neben die in eigener Verantwortung wahrzunehmenden Selbstverwaltungsangelegenheiten die **Pflichtaufgaben zur Erfüllung nach Weisung.** So legt etwa § 3 Abs. 1 OBG fest, daß die Gemeinden die Aufgaben örtlicher Ordnungsbehörden, die Kreise und kreisfreien Städte die Aufgaben der Kreisordnungsbehörde zur Erfüllung nach Weisung wahrnehmen, während § 9 OBG Art und Umfang des Weisungsrechts im einzelnen bestimmt.

Die **Qualifikation** dieser Pflichtaufgaben zur Erfüllung nach Weisung ist umstritten. Während sie zum einen als Auftragsangelegenheiten im neuen begrifflichen Gewande,[109] als Angelegenheiten „kommunaler Fremdverwaltung"[110] angesehen werden, vertritt demgegenüber das OVG NW und — in sachlicher Übereinstimmung damit — ein Teil des Schrifttums die Ansicht, es handele sich bei ihnen „um ein Zwischending zwischen Selbstverwaltungs- und Auftragsangelegenheiten"[111] oder eine Mischform von beiden.[112]

Demgegenüber ist — entsprechend dem in Art. 78 Verf NW zum Ausdruck gekommenen Verständnis der Zuordnung öffentlicher Aufgaben — davon auszugehen, daß es sich nicht um Angelegenheiten des Staates, nicht um Fremdverwaltungsaufgaben, sondern entsprechend der bei den Beratungen der Verf NW geäußerten Auffassung[113] um **Selbstverwaltungsangelegenheiten** handelt.[114] Wie Art. 78 Abs. 4 Verf NW sowie

---

109 *E. Becker,* HkWP Bd. 1, 1. Aufl. 1956 (Hrsg. Peters) S. 137; *Gönnenwein,* Gemeinderecht S. 106; *W. Weber,* Staats- und Selbstverwaltung in der Gegenwart, 1953 S. 43.
110 So *Wolff/Bachof,* VwR II, 4. Aufl. 1976 § 86 X b); *Schmidt-Jortzig,* Kommunalrecht Rdn. 541; *Makswitt,* Finanzierung kommunaler Fremdverwaltung, 1984 S. 31 ff., 45 ff.
111 OVGE 13 S. 356 (359); *Zuhorn/Hoppe,* Gemeindeverfassung S. 81; *Salzwedel,* VVDStRL 22 (1965) S. 206 (218); *Berkenhoff,* Das Kommunalverfassungsrecht in Nordrhein-Westfalen, 2. Aufl. 1965 S. 35 f.; *Wagener,* Gemeindeverbandsrecht § 2 LKrO Rdn. 30 ff.; *Pagenkopf,* Kommunalrecht Bd. 1 S. 176; *Stüer,* Funktionalreform und kommunale Selbstverwaltung, 1980 S. 258; *J. Rauball,* in: Rauball/Pappermann/Roters, GO, § 3 Rdn. 4.
112 So *Schmidt-Aßmann,* in: v. Münch, Bes.VwR S. 120; *Schmidt-Eichstaedt,* HkWP Bd. 3 S. 20 ff.
113 Vgl. *Scholtissek,* Sten. Bericht über die Beratungen der Verfassung des Landes NW durch den Verfassungsausschuß des Landtags NW, 35. Sitzung vom 27. 1. 1950 S. 153 (D)f.
114 So auch VerfGH NW DVBl 1985 S. 685 (687); *Kirchhof,* KrO, § 2 Erl. 18; ebenso *Rietdorf,* DÖV 1957 S. 7 (10); *Scheerbarth,* DVBl. 1958 S. 83 ff.; *Jesch,* DÖV 1960 S. 739 (741); *Lerche,* Verfassungsfragen um Sozialhilfe und Jugendwohlfahrt, 1963 S. 72; *H. H. Rupp,* Grundfragen der heutigen Verwaltungsrechtslehre, 1965 S. 101, 103.

§ 3 GO und § 2 Abs. 2 S. 2, 3 KrO erkennen lassen, handelt es sich bei ihnen um **pflichtige** Selbstverwaltungsaufgaben, bei denen dem Land durch Gesetz und nach seiner Maßgabe ein besonderes Weisungsrecht vorbehalten werden kann. Für diese Auffassung spricht auch § 7 AG VwGO NW, der überflüssig wäre, wenn der Gesetzgeber nicht davon ausgegangen wäre, daß es sich um Selbstverwaltungsangelegenheiten i. S. d. § 73 Abs. 1 Nr. 3 VwGO handelte.

VII. Einwohner und Bürger

1. Begriffliches

Einwohner einer Gemeinde ist gem. § 6 Abs. 1 GO derjenige, der in der Gemeinde wohnt, also derjenige, der in Gemeinde und Kreis eine räumlich umschlossene Bleibe hat, die ständig oder jedenfalls nicht für einen ganz unerheblichen Zeitraum seinen Lebensmittelpunkt bildet.[115] Gem. § 5 KrO sind Einwohner des Kreises die Einwohner der kreisangehörigen Gemeinden. Für den Status des Einwohners ist es unerheblich, ob jemand Deutscher oder Ausländer, ob er geschäftsfähig oder volljährig ist; es genügt der auf Begründung des Lebensmittelpunktes gerichtete **tatsächliche** Wille. Einwohner können also auch Minderjährige und Entmündigte sein.

Bürger ist gem. § 6 Abs. 2 GO, wer zu den Gemeindewahlen wahlberechtigt ist. Eine den Befund der Wahlberechtigung zu den Kreistagswahlen statusmäßig einfangende Regelung fehlt in der KrO, wodurch wiederum[116] die Distanz dieser Organisationsform zu bürgerschaftlicher Selbstidentifikation und Integration deutlich wird.[117]

2. Die Rechtsstellung der Einwohner

a) Bürgerschaftliche Rechte

Während die KrO den Einwohnern im Bereich bürgerschaftlicher Beteiligung keine über das Wahlrecht hinausgehenden Möglichkeiten der Mitwirkung und Integration eröffnet, begründet die GO und begründen Fachgesetze, wie etwa das BBauG in § 2 a,[118] besondere **Beteiligungsrechte der Einwohner**.[119]

---

115 Vgl. auch §§ 15, 13 MG NW u. *v. Loebell/Oerter*, GO Erl. 2; *Körner*, GO § 6 Erl. 1.
116 Vgl. schon oben V 2 S. 121.
117 Vgl. auch *Oebbecke*, Gemeindeverbandsrecht Rdn. 72.
118 Diese Vorschrift spricht zwar von der Beteiligung „der Bürger", doch wird dieser Begriff nicht im Sinne des Gemeinderechts verwandt. Vgl. *G. Gaentzsch*, BBauG 77, 1976 § 2 a Anm. 6, 8; *Battis/Krauzberger/Löhr*, BBauG, 1985 § 2 a Rdn. 5; *Baumeister/Baumeister*, BBauG, 1981 § 2 A Anm. 1; *Bielenberg*, in: Zinkahn/Bielenberg, BBauG (Bearb. 1982) § 2 a Rdn. 20.
119 Kritisch dazu *Erlenkämper*, NVwZ 1984 S. 621 (625).

So bestätigt § 6c GO jedem Einwohner — entgegen unzutreffender Überschrift nicht nur jedem Bürger — und damit auch Ausländern das durch Art. 17 GG verbürgte **Recht, sich** einzeln oder in Gemeinschaft mit anderen schriftlich **mit Anregungen und Beschwerden** an den für die Entscheidung oder ihre Kontrolle zuständigen Rat zu wenden[120] und beschieden zu werden. Dieses Recht ist allerdings wiederum begrenzt durch die gemeindliche Verbandskompetenz.[121] Es begründet auch in diesem Rahmen keine Allzuständigkeit des Rates. Dieser ist vielmehr nach § 6c Abs. 2 GO gehalten, die Organzuständigkeiten zu beachten.

Diese Rechte der Einwohner nach § 6c GO gewinnen Bedeutung vor dem Hintergrund der durch § 6b GO begründeten **Pflicht des Rates,** die Einwohner über die allgemein bedeutsamen Angelegenheiten der Gemeinde **zu unterrichten.** Diese Unterrichtung, die bei gewichtigen raum- und entwicklungsbedeutsamen Planungen und Vorhaben gem. § 6b Abs. 1 S. 2 GO möglichst frühzeitig erfolgen soll, soll nach § 6b Abs. 2 S. 1 GO in der Regel so vorgenommen werden, daß Gelegenheit zur Äußerung und Erörterung besteht. Der Pflicht zur Unterrichtung korrespondiert **kein Recht** des einzelnen Einwohners.

Die Gemeinden sind gem. § 6a Abs. 1 GO verpflichtet, ihren Einwohnern bei der Einleitung von Verwaltungsverfahren behilflich zu sein, auch wenn für deren Durchführung eine andere Behörde zuständig ist. Dieser Verpflichtung entspricht ein Recht des Einwohners, das jedoch inhaltlich auf **verwaltungstechnische Hilfestellung** beschränkt und nicht etwa auf zuständigkeitsändernde Sachwaltung gerichtet ist.[122]

Die Möglichkeit zu bürgerschaftlicher Mitwirkung ergibt sich für die Einwohner auch über eine gem. § 42 Abs. 4 GO, § 32 Abs. 6 KrO erfolgende Berufung als sog. „sachkundige Einwohner" in die Ausschüsse von Rat und Kreistag.

b) Das Recht auf Benutzung kommunaler öffentlicher Einrichtungen

aa) Rechtsgrundlagen

Das Recht auf Benutzung kommunaler öffentlicher Einrichtungen kann sich einmal aus fachgesetzlichen Regelungen ergeben, wie sie etwa in § 5 PartG, § 28 Abs. 2 SchVG, § 22 PBefG, § 6 Abs. 1 EnWG, § 70 Abs. 1 GewO enthalten sind. Soweit es an solchen Sonderregelungen fehlt, sind gem. § 18 Abs. 2, 4 GO, § 16 Abs. 2, 4 KrO alle Einwohner, juristischen Personen und Personenvereinigungen einer Gemeinde/eines Kreises im Rahmen des geltenden Rechts berechtigt, die öffentlichen Einrichtungen der Gemeinde/des Kreises zu benutzen. Entsprechendes gilt gem. §§ 18 Abs. 3 GO, 16 Abs. 3 KrO für Grundbesitzer und Gewerbetreibende, die nicht in der Gemeinde/dem Kreis

---

120 Dazu BVerwG NJW 1981 S. 700; OVG NW DVBl. 1979 S. 895f.; *Ossenbühl,* HkWP Bd. 1 S. 389; *v. Mutius,* VerwArch. Bd. 70 (1979) S. 165 ff.; *W. Löwer,* StuGB 1979 S. 29 ff.
121 Diese an sich selbstverständliche Beschränkung wurde durch das ÄnderungsG v. 29. 5. 1984 — GVBl. NW S. 314 — eingefügt.
122 Vgl. auch *Pappermann,* in: Rauball/Pappermann/Roters, GO, § 6a Rdn. 1 f.; *Kottenberg/Rehn/Cronauge,* GO, § 6a Erl. II 1.

wohnen, deren Grundbesitz aber dort gelegen ist bzw. die dort ein Gewerbe betreiben (Forensen).

bb) Einrichtung

Umgangssprachlich ist der Begriff der Einrichtung mit erheblichen Bedeutungsunschärfen versehen. Das gilt auch für den Rechtsbegriff des § 18 Abs. 1 u. 2 GO, § 16 Abs. 1 u. 2 KrO, was deutlich wird, wenn in Rechtsprechung und Schrifttum so verschiedenartige Erscheinungen wie Versorgungs- und Verkehrsbetriebe,[123] Schulen,[124] Schwimmbäder,[125] Stadthallen,[126] städtische Theater,[127] Friedhöfe,[128] Jugendheime,[129] das Oktoberfest,[130] Rathausbalkone,[131] Anschlagetafeln,[132] Amtsblätter[133] und Zuchtbullen[134] als von diesem Begriff erfaßt angesehen worden sind.

Eine Einrichtung ist eine zur Verfolgung eines bestimmten Zwecks formierte Personen- und/oder Sachgesamtheit.[135] Angesichts der Offenheit des Begriffs der öffentlichen Einrichtung kommt es bei seiner Bestimmung darüber hinaus auf Ziel und Zweck der §§ 18 Abs. 1 u. 2 GO, 16 Abs. 1 u. 2 KrO an. Diesen Vorschriften läßt sich entnehmen, daß die öffentliche Einrichtung der wirtschaftlichen, sozialen und kulturellen Betreuung der Einwohner, kurzum der **Daseinsvorsorge** zu dienen bestimmt ist.[136] Unter Einrichtung i.S. dieser Vorschriften fällt daher alles, was die Gemeinde bzw. der Kreis an besonderen, auf die Verfolgung einzelner Verwaltungszwecke gerichteten, organisatorisch verstetigten Vorkehrungen zur Erbringung ihres Leistungsangebots im Bereich der Daseinsvorsorge trifft.[137]

cc) Öffentliche und private Einrichtung

Soweit es sich bei der Einrichtung um einen Sachinbegriff handelt — wie etwa im Falle der Stadthalle, der Festwiese oder der Anschlagtafel — oder um eine in privatrechtlicher Form organisierte, zweckformierte Personen- und Sachgesamtheit — wie etwa die

---

123 So *Pappermann*, in: Rauball/Pappermann/Roters, GO, § 18 Rdn. 1; OVG Lüneburg, in: *Kottenberg/Rehn/v. Mutius*, Rspr. z. komm. Verf.R. § 18 Nr. 50.
124 So OVG NW NJW 1980 S. 901.
125 So bw VGH ESVGH 25 S. 203; *v. Loebell/Oerter*, GO, § 18 Erl. 2.
126 So OVG NW JZ 1969 S. 512.
127 OVG NW NJW 1969 S. 1077.
128 So OVG NW OVGE 7 S. 151 (153); bw VGH ESVGH 18 S. 218 (219).
129 So OVG Rh.-Pf., in: *Kottenberg/Rehn/v. Mutius*, Rspr. z. komm. Verf.R. § 18 GO Nr. 18; *Körner*, GO, § 18 Erl. 1.
130 BayVGH NVwZ 1985 S. 120 (121).
131 Vgl. OVG NW DVBl. 1971 S. 218 mit Anm. *Pappermann*.
132 So bw VGH ESVGH 23 S. 26 (27).
133 Vgl. BVerwG DÖV 1979 S. 718.
134 So bw VGH ESVGH 22 S. 129.
135 Auf den zweckformierten Sachinbegriff stellt auch das OVG NW NJW 1976 S. 820 (821) ab.
136 Vgl. auch bw VGH DVBl. 1981 S. 220f.
137 Vgl. auch *Ossenbühl*, DVBl. 1973 S. 289; *dens.*, HkWP Bd. 1 S. 381; *Schmidt-Jortzig*, Kommunalrecht Rdn. 650.

beaufsichtigte Mülldeponie der Gemeinde oder die Müllverbrennungsanlage des Kreises, das Krankenhaus der Gemeinde oder des Kreises, das kommunale Weingut, eine kommunale Bierbrauerei oder andere erwerbswirtschaftliche Unternehmen der Gemeinde — besteht die Möglichkeit, diese Einrichtung auf der Grundlage und im Rahmen privatrechtlicher Sachherrschaft oder Dispositionsbefugnis von Gemeinde bzw. Kreis zur Nutzung durch die Einwohner zur Verfügung zu stellen. Es handelt sich dann nicht um **öffentliche**, d. h. mit einem öffentlich-rechtlichen Status versehene Einrichtungen i. S. d. §§ 18 Abs. 1, 2 GO, 16 Abs. 1, 2 KrO, sondern um **private Einrichtungen** von Gemeinde bzw. Kreis.

Ein Anspruch auf Nutzung gegen Gemeinde/Kreis läßt sich dann nur aus einschlägigen spezialgesetzlichen Regelungen wie etwa § 6 EnWG, § 22 PBefG oder bei deren Fehlen aus §§ 138, 826 BGB[138], ggf. aus Gewohnheitsrecht[139] und — angesichts der zu bejahenden Fiskalgeltung der Grundrechte[140] — aus Art. 3 Abs. 1 GG herleiten, nicht jedoch aus dem Sozialstaatsprinzip, welches als solches nicht Grundlage von Individualansprüchen sein kann.[141]

Zur **öffentlichen** Einrichtung wird eine Einrichtung der Gemeinde/des Kreises erst durch **Widmung**. Es ist dies eine öffentlich-rechtliche Willenserklärung der Gemeinde/des Kreises, die den Zweck der Einrichtung und ihre Freigabe zur Nutzung durch die Einwohner festlegt[142] und sie dergestalt einem öffentlich-rechtlichen Regime unterwirft. Die Einrichtung erhält damit — ebenso wie eine öffentliche Sache — einen **öffentlich-rechtlichen Status**. Die Widmung der Personen- und/oder Sachgesamtheit führt allerdings nicht dazu, daß sich der öffentlich-rechtliche Status der Einrichtung nunmehr ihren einzelnen Bestandteilen und den sie formierenden Rechtsbeziehungen mitteilt.[143]

dd) Andere Rechtssubjekte als Träger kommunaler öffentlicher Einrichtungen

Es wird durchweg die Auffassung vertreten, hinsichtlich der Organisationsform der öffentlichen Einrichtung bestehe Wahlfreiheit.[144] Sie könne nicht nur in den Organisationsformen des öffentlichen Rechts als Anstalt oder Stiftung, als Eigen- oder Regie-

---

138 Vgl. dazu RGZ 133 S. 388; *Pappermann*, in: Rauball/Pappermann/Roters, GO, § 18 Rdn. 6; *Kottenberg/Rehn/Cronauge*, GO, § 18 Erl. II 3.
139 Dazu *Seeger*, VwPr. 1963 S. 265 (266); *H. J. Schmidt*, DÖV 1963 S. 217 (218).
140 Vgl. auch oben IV 2 S. 113.
141 Vgl. *Erichsen* (Fn. 48) S. 69. Unhaltbar *Palandt/Heinrichs*, BGB, 45. Aufl. 1986 vor § 145 Erl. 3 b.
142 Vgl. OVG NW DVBl. 1971 S. 218; *Ossenbühl*, DVBl. 1973 S. 289 (290); bw VGH BWVPr. 1979 S. 133; *Kottenberg/Rehn/Cronauge*, GO, § 18 Erl. I 3.
143 Vgl. auch *Salzwedel*, in: Erichsen/Martens, Allg.VwR, 7. Aufl. 1986 § 48 II (S. 467); *Papier*, Recht der öffentlichen Sachen, 2. Aufl. 1984 S. 13.
144 So *Schmidt-Aßmann*, in: v. Münch, Bes.VwR S. 161, 164 f.; *ders.*, in: Maunz/Dürig, GG, Art. 19 IV Rdn. 60 (Bearb. 1985); *Ehlers* (Fn. 23) S. 172; *Pappermann*, in: Rauball/Pappermann/Roters, GO, § 18 Rdn. 4; *Schmidt-Jortzig*, Kommunalrecht Rdn. 658 ff.; vgl. auch *Ossenbühl*, HkWP Bd. 1 S. 382 m.w. N.; *Erichsen/Martens*, Allg.VwR, 7. Aufl. 1986 § 31 (S. 321 f.). A. A. etwa *Pestalozza*, Formenmißbrauch des Staates, 1973 S. 167 ff.

betrieb betrieben, sondern auch als Aktiengesellschaft oder Gesellschaft mit beschränkter Haftung geführt werden. Es wird insoweit indes nicht hinreichend zwischen der Einrichtung und ihrem Träger, d.h. dem rechtlichen Zuordnungssubjekt der die Einrichtung bildenden Personen und/oder Sachen differenziert.

Freiheit der Wahl besteht insoweit, als Gemeinde und Kreis nicht notwendig selbst Träger kommunaler öffentlicher Einrichtungen sein müssen, sondern auch andere Rechtssubjekte hierfür in Betracht kommen.[145] So können Gemeinden und Kreise vorbehaltlich entgegenstehender Regelung entscheiden, ob sie selbst eine öffentliche Einrichtung tragen oder die bestehende Einrichtung eines anderen Trägers, etwa einer rechtsfähigen Anstalt des öffentlichen Rechts, eines Zweckverbandes, einer AG, GmbH oder auch einer natürlichen Person zur kommunalen öffentlichen Einrichtung machen wollen.

Entscheiden sie sich für die Trägerschaft eines anderen Rechtssubjekts, so wird in der Regel zwischen Gemeinde bzw. Kreis und dem Zuordnungssubjekt der Personen- und/oder Sachgesamtheit ein — im Zweifel öffentlich-rechtlicher[146] — Vertrag abgeschlossen. Er enthält in der Regel die Zustimmung des Trägers der Einrichtung zur Widmung, die Verpflichtung, den Einwohnern die Nutzung zu eröffnen — und damit die Begründung eines Kontrahierungszwangs — sowie die Festlegung des für die Nutzung von den Einwohnern oder auch von Gemeinde bzw. Kreis zu zahlenden Entgeltes.[147] Die Gemeinde bzw. der Kreis wird im Verhältnis zu den Einwohnern nicht Träger der Einrichtung, vielmehr bleibt Zuordnungssubjekt der hinsichtlich ihrer Nutzung in Betracht kommenden Rechtsbeziehungen die rechtsfähige Anstalt, der Zweckverband, die AG, GmbH oder natürliche Person.

Einem Privatrechtssubjekt stehen als solchem die Mittel öffentlich-rechtlicher Organisation einer Einrichtung nicht zu Gebote; es kann sie vielmehr nur privatrechtlich formieren. Sie wird dann durch Widmung von Gemeinde oder Kreis zu einer kommunalen öffentlichen Einrichtung. Dergestalt kann also etwa die einer AG gehörende Halle,[148] das vom Theaterverein e.V. betriebene Theater,[149] das vom Schwimmverein unterhaltene Schwimmbad zur öffentlichen Einrichtung i.S.d. § 18 Abs. 1, 2 GO, § 16 Abs. 1, 2 KrO gemacht werden.

Andererseits können Gemeinde und Kreis sich auch auf der Grundlage privatrechtlicher Verträge formierter fremder Personen- und/oder Sachgesamtheiten zur Erfüllung ihrer Verwaltungsaufgaben dergestalt bedienen, daß natürliche oder juristische Personen und die ihnen gehörenden sachlichen Mittel als unselbständige in die Erfüllung von Verwaltungsaufgaben einbezogen und dem Direktionsrecht des Trägers öffentlicher

---

145 Vgl. etwa bw VGH DVBl. 1981 S. 220 (222).
146 Dazu *Erichsen/Martens*, Allg.VwR, 7. Aufl. 1986 § 25 II (S. 284f.). Abw. OVG Lüneburg OVGE 25 S. 345 (347f.).
147 Vgl. OVG Rh.-Pf. DVBl. 1985 S. 176.
148 Vgl. bw VGH DÖV 1968 S. 179.
149 Vgl. OVG NW NJW 1969 S. 1077.

Verwaltung unterworfen werden; man spricht dann von „Verwaltungshelfern"[150] oder „Erfüllungsgehilfen".[151] In diesem Falle sind Gemeinde und Kreis Zuordnungssubjekt aller Rechtsbeziehungen, die im Hinblick auf die Nutzung einer solcherart in ihren organisatorischen Verbund einbezogenen Einrichtung begründet werden. Träger der öffentlichen Einrichtung sind in diesem Falle die Gebietskörperschaften.

ee) Die Widmung

Die **Widmung** kann in unterschiedlicher Form etwa durch Verwaltungsakt (z. B. einen schlichten Ratsbeschluß) oder durch Satzung, sie kann ausdrücklich oder konkludent erfolgen,[152] wobei es auf das aus der Sicht des Einwohners Erklärte und nicht auf das eventuell von der Verwaltung abweichend vom Erklärten Gewollte ankommt.[153]

Auf das Vorliegen einer konkludent erfolgten, den öffentlich-rechtlichen Status der Einrichtung begründenden Widmung kann aus Indizien, wie etwa der bisherigen Zulassungspraxis,[154] der Erhebung einer Gebühr[155] oder der nicht unerheblichen Subventionierung durch die Gemeinde/den Kreis,[156] geschlossen werden.[157]

Fehlt es an solchen Indizien und gibt es auch keine Anzeichen dafür, daß die Gemeinde/der Kreis die Einrichtung als private betreiben will, so greift jene aus der Konstituierungs- und Disziplinierungsfunktion des öffentlichen Rechts hergeleitete **Vermutungsregel** ein, die besagt, daß ein Träger öffentlicher Verwaltung eine ihm durch einen Rechtssatz des öffentlichen Rechts — hier § 18 Abs. 1 GO, § 16 Abs. 1 KrO — zugewiesene Aufgabe oder Zuständigkeit in der Regel auch im Bereich und mit den Mitteln des öffentlichen Rechts erfüllen will.[158]

Ist der Träger einer Einrichtung nicht die Gemeinde oder der Kreis oder eine sonstige juristische Person des öffentlichen Rechts, sondern eine natürliche Person oder eine pri-

---

150 Vgl. *Kauther*, Private als Träger von öffentlichen Einrichtungen mit Anschluß und Benutzungszwang, Diss. iur. Bochum, 1975 S. 97 ff.
151 So *Köttgen*, Gemeindliche Daseinsvorsorge und gewerbliche Unternehmensinitiative, 1961 S. 82; *Zuhorn/Hoppe*, Gemeindeverfassung S. 150; *Frotscher*, Die Ausgestaltung kommunaler Nutzungsverhältnisse bei Anschluß- und Benutzungszwang, 1974 S. 21; *ders.*, HkWP Bd. 3 S. 147.
152 OVG NW DVBl. 1971 S. 218; bw VGH BWVPr. 1979 S. 133 (134); *Pappermann*, in: Rauball/Pappermann/Roters, GO, § 18 Rdn. 1; *v. Loebell/Oerter*, GO, § 18 Erl. 2. Kritisch zur konkludenten Widmung *Bethge*, NVwZ 1983 S. 577 (580).
153 Vgl. dazu *Erichsen/Martens*, Allg.VwR, 7. Aufl. 1986 § 10 II (S. 137); OVG NW NJW 1976 S. 820 (821).
154 Vgl. BayVGH, BayVBl. 1969 S. 102.
155 Vgl. OVG NW OVGE 24 S. 175 (177); hess VGH ESVGH 2 S. 175 (176).
156 Vgl. OVG NW OVGE 24 S. 175 (178).
157 Vgl. auch *Ossenbühl*, HkWP Bd. 1 S. 383; *Kirchhof*, KrO, § 16 Erl. 3.
158 Vgl. dazu *Erichsen*, Jura 1982 S. 537 (543 f.); ebenso OVG NW NJW 1976 S. 820 (821); BGH NJW 1975 S. 106 (107 m. w. N.); *Pappermann*, in: Rauball/Pappermann/Roters, GO, § 18 Rdn. 4; *Kottenberg/Rehn/Cronauge*, GO, § 18 Erl. I 3; *Kirchhof*, KrO, § 16 Erl. 3; *W. Löwer*, DVBl. 1985 S. 928 (938).

vatrechtlich organisierte juristische Person, sei es auch eine kommunale Eigengesellschaft oder eine Gesellschaft mit dominierender oder nur untergeordneter kommunaler Beteiligung, so greift allerdings die aus der Konstituierungs- und Disziplinierungsfunktion des Sonderrechts hergeleitete, aufgabenbezogene Vermutung zugunsten des öffentlich-rechtlichen Status einer Einrichtung nicht ein.

Die Widmung kann sich auch auf eine bestimmte Art der Nutzung beschränken und nur insoweit die Einrichtung zur öffentlichen machen.[159]

So kann etwa ein Schulhof nur hinsichtlich der Durchführung bestimmter sportlicher oder wohltätiger, kann eine Schulaula für kulturelle Veranstaltungen zur öffentlichen Einrichtung gewidmet werden.[160]

Erforderlich aber auch ausreichend für die Widmung der Einrichtung eines anderen Trägers ist nach durchweg vertretener Ansicht seine Zustimmung.[161] Sie erfolgt in der Regel im Rahmen einer vertraglichen Vereinbarung, die die Widmung auch dann, wenn durch sie eine drittgerichtete Inpflichtnahme erfolgen sollte, gemessen am Grundsatz des Gesetzesvorbehalts unbedenklich erscheinen läßt.[162]

ff) Die Nutzung öffentlicher Einrichtungen

(1) Der Anspruch auf Nutzung

Der in §§ 18 Abs. 2 GO, 16 Abs. 2 KrO enthaltene **Anspruch** gegen die Gemeinde/den Kreis auf Nutzung der öffentlichen Einrichtung steht den Einwohnern der Gemeinde bzw. des Kreises zu. Berechtigt sind darüber hinaus gem. § 18 Abs. 3 GO, § 16 Abs. 3 KrO Grundbesitzer und Gewerbetreibende im Hinblick auf die für sie bestehenden öffentlichen Einrichtungen. Entsprechendes gilt in beiden Fällen gem. §§ 18 Abs. 4 GO, 16 Abs. 4 KrO für juristische Personen und Personenvereinigungen. Eine Erstreckung der Anspruchsberechtigung bei öffentlichen Einrichtungen von Gemeinden mit zentralörtlicher Funktion auf die Einwohner der Umlandgemeinden ist de lege ferenda bedenkenswert,[163] aber angesichts der klaren gesetzlichen Regelung de lege lata ausgeschlossen.

§§ 18 Abs. 2 GO, 16 Abs. 2 KrO verpflichten nach ganz überwiegender Auffassung **ausschließlich** Gemeinden und Kreis,[164] was die Zuordnung dieser Norm zum öffentlichen Recht begründet. Der Anspruch auf Zulassung zur Nutzung einer öffentlichen Einrichtung von Gemeinde oder Kreis ist daher **öffentlich-rechtlicher Natur**; er

---

159 Vgl. *Pappermann*, in: Rauball/Pappermann/Roters, GO, § 18 Rdn. 5; *Kottenberg/Rehn/Cronauge*, GO, § 18 Erl. I 3; *Kirchhof*, KrO, § 16 Erl. 12.
160 Vgl. OVG NW NJW 1980 S. 901.
161 Vgl. etwa *Wolff/Bachof*, VwR I, 9. Aufl. 1974 § 56 IV a; *Ossenbühl*, DVBl 1973 S. 289 (294).
162 Vgl. dazu *Erichsen/Martens*, Allg.VwR, 7. Aufl. 1986 § 27 III.
163 Vgl. dazu *Ossenbühl*, HkWP Bd. 1 S. 386; *Pappermann*, in: Rauball/Pappermann/Roters, GO, § 18 Rdn. 8.
164 Vgl. *Hans J. Wolff*, AfK Bd. 2 (1963) S. 149 (173), *Frotscher*, HkWP, Bd. 3 S. 150; *Ehlers* (Fn. 23) S. 247.

muß mithin erforderlichenfalls nach § 40 Abs. 1 VwGO vor den allgemeinen Verwaltungsgerichten durchgesetzt werden.[165] Ein **Anspruch gegen ein anderes Rechtssubjekt** auf Zulassung zur Nutzung einer von ihm getragenen öffentlichen Einrichtung kann aus § 18 Abs. 2 GO, § 16 Abs. 2 KrO nur hergeleitet werden, wenn die Anwendbarkeit dieser Normen wie in § 8 GkG ausdrücklich angeordnet ist.[166] Ist das nicht der Fall, so steht dem Einwohner aus § 18 Abs. 2 GO, § 16 Abs. 2 KrO gegen die Gemeinde/den Kreis nur **ein Anspruch auf Verschaffung der Nutzung** durch Einwirkung auf den anderen Träger zu,[167] der wiederum gem. § 40 Abs. 1 VwGO im Verwaltungsrechtsweg geltend zu machen wäre. Darüber hinaus kommt ein Anspruch gegen den privaten Träger einer kommunalen öffentlichen Einrichtung aus drittbegünstigendem öffentlich-rechtlichen Vertrag, der gem. § 40 Abs. 1 S. 1 VwGO vor den Verwaltungsgerichten geltend zu machen ist, oder auch aus privatrechtlichem Vertrag, aus sondergesetzlichen Regelungen sowie aus §§ 138, 826 BGB in Betracht,[168] der gem. § 13 GVG vor den ordentlichen Gerichten einzuklagen wäre.

Der Anspruch auf Nutzung der öffentlichen Einrichtung ist durch die **Existenz und Kapazität** der Einrichtung beschränkt. Es besteht kein Anspruch auf Vergrößerung vorhandener Kapazität[169] oder auch nur auf eine fehlerfreie Ermessensentscheidung darüber. Ein Anspruch auf fehlerfreie Ermessensentscheidung läßt sich indes aus §§ 18 Abs. 2 GO, 16 Abs. 2 KrO insoweit herleiten, als es um die Aufteilung vorhandener Nutzungskapazität unter einer Überzahl von Bewerbern geht.

Auf **Aufrechterhaltung und Fortführung** einer öffentlichen Einrichtung besteht kein Anspruch. Die Gemeinde bzw. der Kreis haben insbesondere bei angespannter Haushaltslage die Befugnis, öffentliche Einrichtungen zu verkleinern, ihr Leistungsangebot zu reduzieren oder zu ändern oder sie durch Entwidmung zu beseitigen.[170] Diese Befugnis besteht — jedenfalls im Verhältnis zu den Einwohnern — auch bei öffentlichen Einrichtungen eines nichtkommunalen Trägers. Entsprechende Entscheidungen hat die Gebietskörperschaft unter Beachtung des durch Art. 3 Abs. 1 GG aufgegebenen Maßstabs der Sachgerechtigkeit zu treffen.[171] Ein korrespondierender Anspruch der Einwohner auf ermessensfehlerfreie Entscheidung läßt sich aus Art. 3 Abs. 1 GG herleiten.

---

165 So auch *Schmidt-Aßmann*, in: v. Münch, Bes.VwR S. 163; *Lässig*, NVwZ 1983 S. 18 (19); hess VGH NJW 1979 S. 886 (887), DVBl. 1977 S. 216; bw VGH NJW 1979 S. 1900; OVG NW DVBl. 1968 S. 842. Kritisch dazu *Bethge*, SKV 1972 S. 123 (126).
166 *A. A. Ossenbühl*, DVBl. 1973 S. 289 (294); *ders.*, HkWP Bd. 1 S. 388.
167 So OVG Rh.-Pf. DVBl. 1985 S. 176 (177); hess VGH DVBl. 1975 S. 913 (914); *Pappermann*, in: Rauball/Pappermann/Roters, GO, § 18 Rdn. 6; *v. Loebell/Oerter*, GO, § 18 Erl. 5; *Ehlers* (Fn. 23) S. 179, 247 Fn. 436 m.w.N.
168 Vgl. *Püttner/Lingemann*, JA 1984 S. 121 (126).
169 So auch OVG Rh.-Pf. DVBl. 1985 S. 176 (177); OVG NW NJW 1976 S. 820 (821); hess VGH NJW 1979 S. 886 (887); *Kirchhof*, KrO, § 16 Erl. 7.
170 Vgl. auch *Forsthoff*, Lehrbuch des Verwaltungsrechts, 10. Aufl. 1973 S. 420; BGH DVBl. 1970 S. 145 (146).
171 Vgl. auch BVerwG DÖV 1982 S. 82.

Der Anspruch auf Nutzung ist weiter durch das geltende Recht beschränkt. Zum geltenden Recht gehört auch das Ortsrecht und gehören vor allem die einschlägigen Regelungen der Nutzungsordnung.[172]

(2) Das Nutzungsverhältnis

Das **Nutzungsverhältnis** kann — vorbehaltlich entgegenstehender gesetzlicher Festlegung — unterschiedlich geregelt werden. Soweit allerdings ein Privatrechtssubjekt Träger der öffentlichen Einrichtung ist, kommt eine öffentlich-rechtliche Gestaltung des Nutzungsregimes nicht in Betracht, da die für eine solche Gestaltung erforderliche Hoheitsgewalt aus der Widmung, die nicht etwa eine Beleihung ist,[173] nicht hergeleitet werden kann. Soweit die Nutzung in diesen Fällen durch eine Nutzungsordnung geregelt wird, handelt es sich um Allgemeine Geschäftsbedingungen, die dem AGB-Gesetz unterliegen, da die Nutzung im Rahmen privatrechtlicher Vertragsbeziehung stattfindet.

Demgegenüber kann ein Träger öffentlicher Verwaltung die Nutzung einer öffentlichen Einrichtung vorbehaltlich abweichender gesetzlicher Regelung sowohl nach Maßgabe öffentlichen Rechts wie auch privatrechtlich regeln.[174] Im einzelnen ist hier allerdings noch manches ungeklärt.

So wird vielfach die Auffassung vertreten, es bedürfe in jedem Falle einer besonderen Zulassungsentscheidung. Diese ergeht dann zur Erfüllung des Anspruchs nach § 18 Abs. 2 GO, § 16 Abs. 2 KrO und damit nach Maßgabe öffentlichen Rechts. Sie muß indes nicht als **einseitige** Entscheidung über das Ob der Zulassung und damit als Verwaltungsakt ergehen,[175] sondern kann auch Gegenstand einer zwischen dem Träger der öffentlichen Einrichtung und dem Nutzer abgeschlossenen Vereinbarung sein.[176] Bis zum Inkrafttreten der VwVfGe der Länder war diese auf die Annahme eines verwaltungsrechtlichen Vertrages hinauslaufende Sicht, auch soweit es um die Nutzungsverhältnisse des täglichen Lebens ging, unproblematisch. Nachdem jedoch § 57 VwVfG NW für den verwaltungsrechtlichen Vertrag die Schriftform obligatorisch gemacht hat,

---

172 Dazu *Pappermann*, in: Rauball/Pappermann/Roters, GO, § 18 Rdn. 5; *Kirchhof*, KrO, § 16 Erl. 11.
173 Vgl. auch *Schmidt/Aßmann*, in: v. Münch, Bes.VwR S. 165; *Zuleeg*, VerwArch Bd. 73 (1982) S. 384 (399); *Ehlers* (Fn. 23) S. 172f.; *Salzwedel*, in: Erichsen/Martens, Allg.VwR, 7. Aufl. 1986 § 44 I. A. A. wohl *Ossenbühl*, DVBl. 1979 S. 289 (294); *Krieger*, Schranken und Zulässigkeit der Privatisierung öffentlicher Einrichtungen der Daseinsvorsorge mit Anschluß- und Benutzungszwang, 1981 S. 54.
174 Vgl. dazu *Ehlers* (Fn. 23) S. 175ff. m.w.N.; *Schmidt-Aßmann*, in: Maunz/Dürig, GG, Art. 19 Abs. 4 Rdn. 60 (Bearb. 1985); BGH NJW 1975 S. 106 (107); BGH DVBl. 1978 S. 108.
175 Vgl. zur Zulassung durch VA OVG NW DVBl. 1968 S. 842 (843), OVGE 24 S. 175 (176f.); hess VGH DVBl. 1977 S. 216; bw VGH NJW 1979 S. 1900; *v. Loebell/Oerter*, GO, § 18 Erl. 5; *W. Löwer*, DVBl. 1985 S. 928 (937).
176 Für diese öffentlich-rechtliche Einheitsmodell *Ossenbühl*, DVBl. 1973 S. 289 (291f.); *ders.*, HkWP Bd. 1 S. 388; *Lässig*, NVwZ 1983 S. 18 (20); *Pappermann*, JZ 1969 S. 485 (487f.); VG Wiesbaden, DVBl. 1974 S. 243 (244).

ist diese Konstruktion nur noch sinnvoll,[177] wenn man die Vereinbarung nicht als der Schriftform des § 57 VwVfG NW unterliegenden verwaltungsrechtlichen Vertrag ansieht. In Betracht kommt die Annahme eines durch rein faktische Inanspruchnahme und Gewährung[178] konsensual begründeten „schlichten" verwaltungsrechtlichen Schuldverhältnisses[179]. Sie entspricht den Erfordernissen moderner Massenverwaltung und die einzelne Vereinbarung dürfte schwerlich jene Bedeutung haben, die einem Ausschließlichkeitsanspruch der §§ 54 ff. VwVfG NW zugrundeliegen könnte. In Betracht kommt in diesen Fällen allerdings auch eine einheitlich öffentlich-rechtliche Gestaltung der Nutzungsbeziehungen durch Verwaltungsakt, der die Zulassung und den Inhalt des Nutzungsverhältnisses ggfs. mit Hilfe von Nebenbestimmungen festlegt.[180]

Auch bei privatrechtlicher Regelung der Nutzung soll indes nach mehrfach vertretener Auffassung die Zulassung öffentlich-rechtlich und die Begründung und Ausgestaltung des Nutzungsverhältnisses durch privatrechtlichen Vertrag erfolgen.[181] Diese durch die Formel „Ob" und „Wie" unzutreffend geschiedene Zweistufigkeit der Nutzungsbeziehung wirkt indes gekünstelt[182] und wirft erhebliche aus dem Anwendungsbereich der Zweistufenlehre bekannte Abgrenzungs- und Rechtsschutzprobleme auf.[183] Auch insoweit ist daher einer einheitlichen, in diesen Fällen aber privatrechtlichen Betrachtung der Nutzungsbeziehung der Vorzug einzuräumen, also anzunehmen, daß Zulassung zur Nutzung sowie Begründung und inhaltliche Gestaltung des Nutzungsverhältnisses durch und nach Maßgabe des privatrechlichen Vertrages erfolgen.[184]

So ist davon auszugehen, daß bei privatrechtlicher Nutzung einer Stadthalle der zwischen der Gemeinde und beispielsweise dem Schützenverein e.V. abgeschlossene Vertrag die Gebrauchsüberlassung der Stadthalle und die Einzelheiten ihrer Nutzung bis hin zum zu zahlenden Entgelt und damit die Nutzungsbeziehung von der Zulassung zur Nutzung über die Begründung des Nutzungsverhältnisses bis zu seiner inhaltlichen Gestaltung regelt.

Zu beachten ist, daß auch in diesen Fällen der Kontrahierungsanspruch aus § 18 Abs. 2 GO, § 16 Abs. 2 KrO herzuleiten, für seine gerichtliche Durchsetzung daher gem. § 40 Abs. 1 VwGO der Rechtsweg zu den Verwaltungsgerichten zu beschreiten ist,[185]

---

177 Vgl. auch *Erichsen/Martens*, Allg.VwR, 7. Aufl. 1986 § 27 II (S. 291).
178 So *Ehlers* (Fn. 23) S. 178; vgl. auch *Wallerath*, Allg.VwR, 3. Aufl. 1985 S. 35 Fn. 76a.
179 So *Schmidt-Aßmann*, in: v. Münch, Bes.VwR S. 163.
180 Vgl. *Ossenbühl*, HkWP Bd. 1 S. 388; *Maurer*, Allg.VwR, 4. Aufl. 1985 § 17 Fn. 21, 26; *Zuleeg*, in: FS für Fröhler, 1980 S. 275 (293).
181 So BVerwGE 32 S. 333 (334); OVG NW OVGE 24 S. 175 (177 f.); *Kopp*, VwGO, 6. Aufl. 1984 § 40 Rdn. 16; *Lässig*, NVwZ 1983 S. 18 (19); *W. Löwer*, DVBl. 1985 S. 928 (937).
182 Vgl. auch *Ossenbühl*, HkWP Bd. 1 S. 388 und *dens.*, DVBl. 1973 S. 289 ff.
183 Vgl. dazu *Bethge*, SKV 1972 S. 123 ff.; *Bleckmann*, Subventionsrecht, 1979 S. 89 ff.; *Schmidt-Aßmann*, in: Maunz/Dürig, GG, Art. 19 Abs. 4 Rdn. 62 (Bearb. 1985).
184 Dazu auch *Ehlers* (Fn. 23) S. 178. Vgl. auch OVG Koblenz NVwZ 1982 S. 373 (380).
185 Vgl. BayVGH NVwZ 1982 S. 120 (121). Näher etwa die Darstellung bei *Ehlers* (Fn. 23) S. 179, der allerdings — S. 180 — einen konkurrierend privatrechtlichen Anspruch aus „privatem Vertragsrecht i. V. m. dem Kommunalrecht" annimmt.

wohingegen für Klagen aus dem Nutzungsverhältnis (Erfüllung/Leistungsstörungen) gem. § 13 GVG die ordentlichen Gerichte zuständig sind.[186]

In der Regel werden Gemeinden oder Kreise als Träger einer öffentlichen Einrichtung bei massenhafter Benutzung der öffentlichen Einrichtung – Theater, Museum, Schwimmbad, Friedhof, Müllabfuhr – Nutzungsordnungen erlassen. Es handelt sich bei ihnen um Allgemeinverfügungen i. S. d. § 35 S. 2 VwVfG NW, soweit sie auf eine öffentlich-rechtliche Gestaltung der Nutzungsbeziehung gerichtet sind.[187] Ob dies der Fall ist, läßt sich indes häufig nicht ohne weiteres feststellen. Ausdrückliche Regelungen wie „Die Benutzung richtet sich nach bürgerlichem Recht"[188] sind durchaus nicht die Regel. Vielmehr ist den Nutzungsordnungen öffentlicher Einrichtungen vielfach nicht anzusehen, ob die Nutzung einem privat- oder öffentlich-rechtlichem Regime unterliegen soll. So spricht die Verwendung des Begriffs Gebühr für ein öffentlich-rechtliches Nutzungsregime, wohingegen etwa die Verwendung des Begriffs Mietzins bei der Festlegung des Nutzungsentgelts für privatrechtliche Gestaltung der Nutzungsbeziehung spricht.[189]

Fehlt es an Indizien, die für eine öffentlich-rechtliche oder privatrechtliche Gestaltung der Nutzungsbeziehungen sprechen, so gilt wiederum[190] die Regel, daß der Staat und seine Untergliederungen sich im Zweifel zur Erfüllung öffentlich-rechtlich gesetzter Aufgaben – § 18 Abs. 1 GO, § 16 Abs. 1 KrO – der Organisations- und Handlungsformen des öffentlichen Rechts bedienen. Die Nutzungsordnung einer von Gemeinde oder Kreis getragenen öffentlichen Einrichtung ist daher im Zweifel öffentlich-rechtlich.[191]

Gemeinden und Kreise sind auch dann, wenn sie die Nutzung ihrer öffentlichen Einrichtung privatrechtlich gestalten, nicht frei von Bindungen. Es gelten nach dem oben Ausgeführten die Grundrechte,[192] die Vorschriften des Haushaltsrechts[193] sowie die Zuständigkeits- und Vertretungsregelungen.[194]

gg) Anschluß- und Benutzungszwang

Gem. § 19 GO können Gemeinden und gem. § 17 KrO können Kreise bei öffentlichem Bedürfnis durch Satzung für alle oder nach ihrer Art bestimmte Grundstücke ihres

---

186 Vgl. auch *Schmidt-Aßmann,* in: v. Münch, Bes.VwR S. 164; *Lässig,* NVwZ 1983 S. 18 (19); *Knemeyer,* Die öffentlichen Einrichtungen der Gemeinden 1973, S. 22; *Kirchhof,* KrO, § 16 Erl. 13.
187 So auch *W. Löwer,* DVBl. 1985 S. 928 (937); *Maurer,* Allg.VwR, 4. Aufl. 1985 § 9 Rdn. 34.
188 So die Benutzungsordnung der Stadtbücherei Bochum v. 2. Mai 1983.
189 Vgl. dazu auch *Knemeyer* (Fn. 186) S. 21.
190 Vgl. schon oben bei Fn. 158.
191 So auch bw VGH DÖV 1978 S. 569f.; OVG NW OVGE 24 S. 175 (181); *Schmidt-Aßmann,* in: v. Münch, Bes.VwR S. 164; *Kirchhof,* KrO, § 16 Erl. 13. A. A. *Ehlers* (Fn. 23) S. 181f.; *Wolff/Bachof,* VwR II, 4. Aufl. 1976 § 99 V a 3.
192 Vgl. IV 2 S. 113.
193 Vgl. OVG NW NJW 1969 S. 1077 (1078). Der in diesem Zusammenhang gebrauchte Begriff des Verwaltungsprivatrechts ist wenig hilfreich. Vgl. dazu *Erichsen/Martens,* Allg.VwR, 7. Aufl. 1986 § 32 m. w. N.
194 Vgl. *Ehlers* (Fn. 23) S. 225; *Erichsen/Martens,* Allg.VwR, 7. Aufl. 1986 § 32.

Gebiets oder eines Teils davon den Anschluß an und die Benutzung bestimmter öffentlicher Einrichtungen vorschreiben. Ein solcher Anschluß- und Benutzungszwang ist gem. § 19 GO zulässig, wenn es um die in dieser Vorschrift aufgeführte Wasserleitung, Kanalisation und ähnliche der Volksgesundheit dienende Einrichtungen geht, während § 17 KrO ihn für überörtliche, der Volksgesundheit dienende Einrichtungen gestattet. Ein grundstücksbezogener Anschluß- und Benutzungszwang darf demnach nach § 18 GO wie auch nach § 17 KrO nur zum **Schutz der Volksgesundheit** eingeführt werden. Das gilt auch für die in § 18 GO ausdrücklich aufgeführten Einrichtungen.[195] Er ist auf dieser Grundlage etwa für Friedhöfe zulässig.[196] Ein Anschluß- und Benutzungszwang darf darüber hinaus gem. § 18 GO, § 17 KrO für Einrichtungen zur Versorgung mit Fernwärme angeordnet werden. Ein Benutzungszwang darf gem. § 19 GO für Schlachthöfe eingeführt werden.

Neben diese Begrenzung auf bestimmte Einrichtungen tritt das Erfordernis eines **öffentlichen Bedürfnisses**. Der mit dieser Voraussetzung aufgegebene Prozeß der Einschätzung und Abwägung von Daten[197] mündet ein in die durch das Wort „**kann**" eröffnete und gebotene Ermessensentscheidung.

Die Einführung eines Anschluß- und Benutzungszwangs **gebietet** die Nutzung der öffentlichen Einrichtung und **verbietet** die weitere Nutzung eigener — sei es auch gemieteter oder gepachteter — Anlagen. Sie beeinträchtigt daher die **Grundrechte** der Pflichtigen, aber auch Dritter. So können vorhandene Versorgungs- und Entsorgungsanlagen — eigene Wasserbrunnen, Sickergruben, Müllvernichtungsanlagen, Heizungsanlagen — wertlos werden, kann die Notwendigkeit entstehen, Verträge, die auf Erbringung der Leistungen durch Privatunternehmer gerichtet sind, unverzüglich zu kündigen und damit auch deren wirtschaftliche Existenz gefährdet oder gar vernichtet werden. Einschlägig sind die Grundrechte aus Art. 14 Abs. 1, 12 Abs. 1 und 2 Abs. 1 GG.

Diese Grundrechtserheblichkeit des Anschluß- und Benutzungszwangs führt dazu, daß er nur **durch oder aufgrund eines Gesetzes** festgelegt werden darf, welches dem Parlamentsvorbehalt entspricht.[198] Dem ist in Nordrhein-Westfalen durch § 19 GO, § 17 KrO Rechnung getragen.

Soweit durch die Anordnung des Anschluß- und Benutzungszwangs vorhandene Anlagen wertlos werden, weil sie nicht mehr nutzbar sind, stellt sich angesichts des Vor-

---

195 So auch OVG NW OVGE 24 S. 219 (222ff.). A. A. OVG Lüneburg OVGE 24 S. 470; BayVGH BayVBl. 1967 S. 453.
196 Vgl. OVG NW OVGE 25 S. 106 (107); *Kottenberg/Rehn/Cronauge*, GO, § 19 Erl. II 1; *Knemeyer* (Fn. 186) S. 26; *Kirchhof*, KrO, § 17 Erl. 1.
197 Vgl. auch OVG NW OVGE 11 S. 196 (197f.); 14 S. 170 (172); 18 S. 71 (72); *Kottenberg/Rehn/Cronauge*, GO, § 19 Anm. IV 2; *Erichsen*, Verwaltungsrecht und Verwaltungsgerichtsbarkeit I, 2. Aufl. 1984 S. 199; *Zuhorn/Hoppe*, Gemeindeverfassung S. 149; *Berkenhoff*, Kommunalverfassungsrecht in NW, 2. Aufl. 1965 S. 184.
198 Vgl. zum Grundsatz des Parlamentsvorbehalts *Erichsen*, DVBl. 1985 S. 22 (26ff. m.w.N.). Zur Bedeutung dieses Grundsatzes für den Anschluß- und Benutzungszwang *Bethge*, NVwZ 1983 S. 577 (579); *Schmidt-Jortzig*, Kommunalrecht Rdn. 629.

rangs der in Art. 14 Abs. 1 GG enthaltenen Bestandsgarantie[199] zunächst die Frage nach der Zulässigkeit einer solchen Regelung. Die GO enthält weder in § 19 noch sonst und ebenso die KrO weder in § 17 noch sonst eine Entschädigungsregelung. Das läßt angesichts Art. 14 Abs. 3 S. 2 GG, der eine Entschädigungsregelung im Enteignungsgesetz selbst verlangt,[200] den Schluß zu, daß die GO und die KrO zur Anwendung eines Anschluß- und/oder Benutzungszwangs mit enteignender Wirkung nicht ermächtigen wollen. Eine gleichwohl enteignende Satzung würde daher den Rahmen der gesetzlichen Ermächtigung überschreiten und wäre nichtig, soweit nicht entsprechend § 19 Abs. 1 S. 2 GO, § 17 Abs. 1 S. 2 KrO nach Maßgabe der Satzung für den Enteignungsfall dispensiert werden kann.[201]

Ob eine Satzung, die sich nicht als enteignende deklariert, gleichwohl über die bloße Konkretisierung bestehender Sozialpflichtigkeit hinausgeht und daher nichtig ist, läßt sich nur mit Hilfe jener Auffassungen bestimmen, die zur Abgrenzung von Sozialbindung und Enteignung entwickelt worden sind. Insoweit kommt es auf die Fragen der Unzumutbarkeit und des Sonderopfers an.[202] Die Rechtsprechung sieht die Festlegung des Anschluß- und Benutzungszwangs als Konkretisierung einer sachimmanenten Sozialpflichtigkeit und nicht als zur Entschädigung verpflichtende Enteignung an.[203] Nur wenn die Aufwendungen für die funktionslos gewordene Einrichtung des Privaten von seiten der Verwaltung veranlaßt wurden, soll etwas anderes gelten.[204] Die in der Rechtsprechung insbesondere des BGH zum Ausdruck kommende Bewertung ist indes nicht durchweg, sondern allenfalls dann überzeugend, wenn es um die Stillegung von Anlagen geringen Wertes geht.[205]

Soweit durch den Anschluß- und Benutzungszwang der konkurrierende Private von der Leistungserbringung ausgeschlossen wird, ist Art. 12 Abs. 1 GG, aber wegen Eingriffs in das Recht am eingerichteten und ausgeübten Gewerbebetrieb auch Art. 14 Abs. 1 GG einschlägig. Auch hier ist die Rechtsprechung wenig überzeugend. Sie kulminiert

---

199 Vgl. BVerfGE 58 S. 300 (322ff.); 4 S. 219 (232ff.); 46 S. 268 (285); 52 S. 1 (28); *Böhmer*, Beil. I zu AgrarR 4/1984 S. 11f.; *Papier*, in: Maunz/Dürig, GG, Art. 14 Rdn. 630 (Bearb. 1983).
200 Vgl. dazu BVerfGE 4 S. 219 (231); 46 S. 268 (288); *Erichsen* (Fn. 197) S. 193f. Unzutr. OVG NW OVGE 18 S. 71 (80).
201 Vgl. etwa BayOblG BayVBl. 1985 S. 285; *Kottenberg/Rehn/Cronauge*, GO, § 19 Erl. I 4. Insoweit unzutreffend die VV zu § 19 GO. Zur grundrechtsschonenden Funktion von Ausnahme und Befreiung vgl. *Erichsen*, DVBl. 1965 S. 269 (270); *dens.* (Fn. 197) S. 103f.
202 Vgl. dazu *Ossenbühl*, Staatshaftungsrecht, 3. Aufl. 1983 S. 117ff.; *Rüfner*, in: Erichsen/Martens, Allg.VwR, 7. Aufl. 1986 § 52 II 2b (S. 400); *Papier*, in: Maunz/Dürig, Art. 14 Rdn. 298ff. (Bearb. 1983).
203 So BGHZ 40 S. 355 (361); 54 S. 293ff.; 77 S. 179 (183ff.); BVerwGE 62 S. 224ff.; BayVGH UPR 1982 S. 386f. m.w.N. und BayOblG BayVBl. 1985 S. 218, 285. Zustimmend etwa *Kirchhof*, KrO, § 17 Erl. 3.
204 Vgl. BayVGH UPR 1982 S. 386 (387 m.w.N.); BGH NJW 1980 S. 2700 (2701); *Kottenberg/Rehn/Cronauge*, GO, § 19 Erl. I 4.
205 Vgl. auch *Schmidt-Aßmann*, in: v. Münch, Bes.VwR S. 167.

in der These, die private Müllabfuhr sei nur unter dem Vorbehalt gemeindlichen Zugriffs auf diese Aufgabe zulässig.[206]

Der Anschluß- und Benutzungszwang kann auch angeordnet werden, wenn der Träger der Einrichtung nicht die anordnende Gemeinde bzw. der Kreis, sondern ein anderer Träger öffentlicher Verwaltung, beispielsweise ein Zweckverband ist.[207]

Aber auch im Hinblick auf öffentliche Einrichtungen in privater Trägerschaft darf Anschluß- und Benutzungszwang angeordnet werden.[208]

Macht die Gemeinde/der Kreis von dieser Möglichkeit Gebrauch, so ist es jedoch erforderlich, daß sie durch geeignete Maßnahmen — etwa eine vertragliche Vereinbarung — dafür sorgt, daß die Beachtung des dem Anschluß- und Benutzungszwang entsprechenden Anschluß- und Nutzungsrechts und die Versorgung zu angemessenen Bedingungen sichergestellt ist.[209] Das Nutzungsverhältnis besteht in diesen Fällen zwischen dem privaten Träger der öffentlichen Einrichtung und den Einwohnern.[210] Es kann nur privatrechtlich sein.

Von mehreren Seiten wird allerdings die Ansicht vertreten, die Anordnung eines Anschluß- und Benutzungszwanges zugunsten einer in privater Trägerschaft betriebenen kommunalen öffentlichen Einrichtung sei unzulässig. Dies wird zum einen damit begründet, daß der Anschluß- und Benutzungszwang die Freiheit der Formenwahl bei der Gestaltung des Nutzungsverhältnisses ausschließe. Dieses dürfe vielmehr nur öffentlich-rechtlich gestaltet werden, wozu ein privater Träger nicht in der Lage sei.[211] Andererseits wird die These vertreten, der Grundsatz des Gesetzesvorbehalts verbiete es, daß sich Gemeinden und Kreise ihrer öffentlich-rechtlichen Verantwortung dadurch entledigten, daß sie ihre öffentlichen Einrichtungen auf Private zur Ausübung im eigenen Namen übertragen.[212] Die Praxis kennt demgegenüber durchaus sog. **Rumpfsatzungen,** die auf die Festlegung des Anschluß- und Benutzungszwangs beschränkt sind und um privatrechtliche Allgemeine Geschäftsbedingungen des öffentlich-rechtlich

---

206 Vgl. BGHZ 40 S. 355 (365); BVerwGE 52 S. 224 (226 ff.); zustimmend *Kottenberg/Rehn/Cronauge*, GO, § 19 Erl. III 2 b; a. A. OVG Lüneburg DÖV 1978 S. 44 f.
207 *Pappermann*, in: Rauball/Pappermann/Roters, GO, § 19 Rdn. 2; *Kottenberg/Rehn/Cronauge*, GO, § 19 Erl. V 2.
208 So etwa OVG Lüneburg OVGE 25 S. 345 und NJW 1977 S. 450 (451); hess VGH VwRspr. 27 S. 64 ff.; *R. Scholz*, Das Wesen und die Entwicklung der gemeindlichen öffentlichen Einrichtung, 1967, S. 29 ff.; *Schmidt-Jortzig*, Kommunalrecht Rdn. 656; *Krieger* (Fn. 173) S. 27; *v. Loebell/Oerter*, GO, § 19 Erl. 2.2; *Hurst*, HkWP Bd. 2, 1. Aufl. 1957 (Hrsg. Peters) S. 837; *Körner*, GO, § 19 Erl. I.
209 So hess VGH VwRspr. 27 S. 64 (66); OVG Lüneburg OVGE 25 S. 345 (354); *Schmidt-Jortzig*, Kommunalrecht Rdn. 739.
210 Der private Betreiber ist also nicht lediglich Erfüllungsgehilfe oder Verwaltungshelfer. Dazu oben VII 2 b dd S. 131 ff.
211 So *Frotscher*, Die Ausgestaltung kommunaler Nutzungsverhältnisse bei Anschluß- und Benutzungszwang, 1974 S. 10 ff.; *ders.*, HkWP Bd. 3 S. 156; *Kauther* (Fn. 150) S. 35 ff.; *Wietkamp*, Probleme des Anschluß- und Benutzungszwangs unter besonderer Berücksichtigung des Bestattungswesens, Diss. iur. Münster 1962 S. 33 ff.; *Ehlers* (Fn. 23) S. 176.
212 So *Krieger* (Fn. 173) S. 22 ff.

oder privatrechtlich organisierten Trägers der Einrichtung ergänzt werden, die die Ausgestaltung des Nutzungsverhältnisses regeln.[213] Eine solche zweistufige Gestaltung wird im Schrifttum[214] und in der Rechtsprechung[215] für zulässig gehalten, da — vorbehaltlich abweichender gesetzlicher Festlegung — eine Wahlfreiheit zwischen öffentlich-rechtlicher und privatrechtlicher Gestaltung des Nutzungsverhältnisses auch bei Anordnung eines Anschluß- und Benutzungszwangs als gegeben erachtet wird.

Auch insoweit gilt indes, daß ein Privatrechtssubjekt mangels Beleihung gehindert ist, die Nutzung öffentlich-rechtlich zu ordnen.[216]

Der Eigentümer eines von einem **Anschluß- und Benutzungszwang betroffenen Grundstücks** hat in Nordrhein-Westfalen nicht die Möglichkeit, gegen eine von ihm als rechtswidrig angesehene Satzung mit einem Antrag auf **Normenkontrolle gem. § 47 VwGO** vorzugehen. Durch die Satzung wird indes unmittelbar ein öffentlich-rechtliches Rechtsverhältnis zwischen dem Träger der öffentlichen Einrichtung und dem pflichtigen Grundstückseigentümer oder Schlachthofbenutzer begründet. Das gilt auch, wenn ein Privater Träger der öffentlichen Einrichtung ist, da für ihn durch die Satzung ein auf Kontrahierung gerichtetes Rechtsverhältnis geschaffen wird. Streitigkeiten um dieses Rechtsverhältnis gehören nach § 40 Abs. 1 VwGO vor die allgemeinen Verwaltungsgerichte. Der Eigentümer oder Schlachthofbenutzer kann im Rahmen des § 43 VwGO einen Antrag auf Feststellung des Nichtbestehens des Rechtsverhältnisses stellen, ohne daß sich dies als Umgehung des § 47 VwGO darstellt.[217]

Auch ein mit dem Leistungsangebot der öffentlichen Einrichtung konkurrierender **Dritter,** der durch den Anschluß- und Benutzungszwang von der Belieferung ausgeschlossen wird, kann das VG mit dem Antrag anrufen, festzustellen, daß ein Rechtsverhältnis zwischen dem Träger der öffentlichen Einrichtung und den Einwohnern etwa wegen Ungültigkeit der Satzung nicht zustande gekommen sei. Ein **berechtigtes Interesse** i. S. § 43 Abs. 1 VwGO ist bei ihm als bisherigen oder potentiellen Lieferanten gegeben. Die Antwort auf die Frage, ob das Rechtsverhältnis zwischen dem Träger der öffentlichen Einrichtung und dem Grundstückseigentümer oder Schlachthofbenutzer entstanden ist, hängt von der Gültigkeit der Satzung ab. Daher wird diese vom VG inzidenter geprüft.[218] Da es sich bei dem öffentlichen Bedürfnis nach dem oben Ausgeführ-

---

213 Vgl. *Kottenberg/Rehn/Cronauge,* GO, § 19 Erl. V 2.
214 So *v. Loebell/Oerter,* GO, § 19 Erl. 13; *Kottenberg/Rehn/Cronauge,* GO, § 19 Erl. V 2; *Krieger* (Fn. 173) S. 22 m. w. N. in Fn. 51; *Schmidt-Jortzig,* Kommunalrecht Rdn. 656; *Wolff/Bachof,* VwR II, 4. Aufl. 1976 § 99 V a.
215 So OVG Lüneburg OVGE 25 S. 345 (354); NJW 1977 S. 450 ff.; hess VGH VwRspr. 27 S. 64 ff.
216 Vgl. dazu oben VII 2 b dd S. 132.
217 Vgl. auch BVerwG DÖV 1983 S. 548 (549); BayVGH BayVBl. 1978 S. 504 (508). Im einzelnen dazu *Erichsen* (Fn. 197) S. 189 ff.
218 Art. 100 Abs. 1 GG steht nicht entgegen, da, auch wenn die Verletzung von Grundrechten des Grundgesetzes angenommen wird, eine Vorlagepflicht durch diese Vorschrift nur für nachkonstitutionelle Gesetze im formellen Sinne begründet wird.

ten um ein der Ermessensermächtigung strukturgleiches Einschätzungs- und Abwägungsgebot handelt, kommt dem VG insoweit nur eine begrenzte, auf die Beachtung der Grenzen des Entscheidungsspielraums beschränkte Prüfungskompetenz zu.[219] Eine dem Antrag stattgebende Entscheidung erwächst gem. § 121 VwGO nur insoweit in Rechtskraft, als zwischen den Beteiligten das Nichtbestehen der Verpflichtung zum Anschluß und zur Benutzung oder nur zur Benutzung festgestellt wird. Die Rechtskraft erstreckt sich also nicht auf eine inzidenter festgestellte Ungültigkeit der Satzung.

3. Die Rechtsstellung des Bürgers

Die in der GO aufrechterhaltene Unterscheidung von Einwohner und Bürger knüpft an einen historischen Befund an, der durch ständische Gliederung und Privilegierung gekennzeichnet war. Nur der Bürgerstand hatte uneingeschränkt das Recht, am wirtschaftlichen, gesellschaftlichen und politischen Leben teilzunehmen. Bürgerrecht war der „Inbegriff aller Vorzüge und Befugnisse", welche den Mitgliedern einer Stadtgemeinde zustanden.[219a] Wenn auch ständische Unterschiede der damit angesprochenen Art heute überwunden sind, so ist doch in § 6 GO auch weiterhin der Status des Bürgers gegenüber dem des Einwohners dadurch abgehoben, daß ihm das aktive Wahlrecht[219b] bei den Gemeindewahlen zukommt. Einwohner und Bürger sind indes nicht einander ausschließende status; vielmehr ist der Bürger immer auch Einwohner und der Einwohner in der Regel auch Bürger.

VIII. Die kommunalen Organe und ihre Kompetenzen

Gemeinden und Kreise als Gebietskörperschaften sind juristische Personen des öffentlichen Rechts. Um handeln zu können, bedürfen sie der Organe. Diese und damit die organisatorische Grundstruktur der Kommunalverfassung festzulegen, ist Aufgabe des Landesgesetzgebers. Er ist dabei insoweit an verfassungsrechtliche Vorgaben gebunden, als gem. Art. 28 Abs. 1 S. 2 GG das Volk in den Kreisen und Gemeinden eine Vertre-

---

219 So zutreffend OVG NW OVGE 18 S. 71 (75); 14 S. 170 (172); 11 S. 196 (197); *Kottenberg/Rehn/Cronauge*, GO, § 19 Erl. IV 2; *Wagener*, Gemeindeverbandsrecht § 17 LKrO Rdn. 6. *A. A. Pappermann*, in: Rauball/Pappermann/Roters, GO, § 19 Rdn. 4; BayVGH AS 7 S. 139 (140); BayVGH DÖV 1962 S. 426; hess VGH DVBl. 1975 S. 913 (914); OVG Lüneburg KStZ 1962 S. 91/92; bw VGH ESVGH 8 S. 164 (168); OVG Bremen GewArch 1968 S. 136 (137); *v. Loebell/Oerter*, GO, § 19 Erl. 6.
219a Vgl. §§ 13, 14, 108 II 8 ALR.
219b Entscheidend ist das aktive Wahlrecht, vgl. *J. Rauball*, in: Rauball/Pappermann/Roters, GO, § 6 Rdn. 4.

tung haben muß, die aus allgemeinen, unmittelbaren, freien, gleichen und geheimen Wahlen hervorgegangen ist.

Auch im übrigen hat der Landesgesetzgeber im Hinblick auf die Gestaltung der Kommunalverfassung nicht völlig freie Hand; er muß vielmehr den organisatorischen Garantiegehalt des Art. 28 Abs. 2 GG beachten.[220] Es verbleibt allerdings eine beachtliche Variationsbreite möglicher Gestaltung. Dies hat dazu geführt, daß in den Ländern der Bundesrepublik verschiedene Kommunalverfassungssysteme bestehen, deren Organe einander in unterschiedlicher Weise organisationsrechtlich zugeordnet sind. Einheitlich ist zwar, daß neben der Volksvertretung als dem zentralen Leitungs- und Beschlußorgan ein weiteres Organ vorhanden ist. Dieses ist indessen teils monokratisch, teils kollegial verfaßt, und seine Stellung zum Vertretungsorgan schwankt zwischen den Polen einer gleichgeordneten Beteiligung an den Leitungs- und Lenkungsentscheidungen einerseits und ihrem bloßen Vollzug andererseits.

Je nach Bedeutung dieses zweiten Organs werden **monistische** oder **dualistische Gemeindeverfassungstypen** unterschieden. Soweit — wie in der Kreisverfassung des Landes NW — noch ein drittes Organ, nämlich der Kreisausschuß, in das Leitungssystem eingebaut ist, spricht man von **trialistischer** Kommunalverfassung.[221]

1. Die Organe der Gemeinde

a) Der Rat

Nach § 27 Abs. 1 GO wird die Verwaltung der Gemeinde ausschließlich durch den Willen der Bürgerschaft bestimmt, welche gem. § 27 Abs. 2 S. 1 GO durch den Rat vertreten wird. Der Rat besteht gem. § 27 Abs. 2 S. 2 GO aus den von der Bürgerschaft gewählten Ratsmitgliedern.

aa) Die Wahl der Ratsmitglieder

Ausgehend von Art. 28 Abs. 1 S. 2 GG bestimmt § 29 Abs. 1 S. 1 GO, daß die Ratsmitglieder von den Bürgern in allgemeiner, unmittelbarer, freier, gleicher und geheimer Wahl auf die Dauer von fünf Jahren nach näherer Maßgabe des Kommunalwahlgesetzes gewählt werden.

Eine **Einschränkung des passiven Wahlrechts** findet sich in § 13 KWahlG für Beamte und Angestellte von Gemeinden und Kreisen. Sie können etwa gem. § 13 Abs. 1 lit. a) KWahlG nicht der Vertretung ihrer Anstellungskörperschaft, gem. § 13 Abs. 1 lit. f) nicht der Vertretung einer kreisangehörigen Gemeinde angehören, wenn sie im

---

220 Dazu unten XII 2 a S. 189.
221 Vgl. zu den Kommunalverfassungssystemen *Pagenkopf*, Kommunalrecht Bd. 1 S. 214f.; *Schmidt-Aßmann*, in: v. Münch, Bes.VwR S. 131f.; *Schmidt-Jortzig*, Kommunalrecht Rdn. 117f.; *v. Mutius*, Jura 1981 S. 126f.

Dienste des Kreises stehen, und gem. § 13 Abs. 1 lit. g) nicht Mitglied der Vertretung des Kreises sein, wenn sie im Dienst einer kreisangehörigen Gemeinde stehen. Diese Regelungen schließen die Wählbarkeit nicht aus, hindern indes gem. § 13 Abs. 3 KWahlG die Annahme der Wahl, solange das Dienstverhältnis des Gewählten nicht beendet ist. Es wird also eine **Inkompatibilität**, keine Ineligibilität statuiert. Zu dieser Durchbrechung des Grundsatzes der Allgemeinheit der Wahl[222] ermächtigt Art. 137 Abs. 1 GG,[223] der auch für Kommunalwahlen gilt[224] und dem Ziel dient, auch dem bloßen Anschein einer Mitwirkung des Kontrollierten an der Kontrolle oder des Kontrollierenden an der kontrollierten Entscheidung zu wehren, also Interessenkollisionen zu vermeiden.[225]

Aufgrund der großen Zahl von Ausländern, die in den Gemeinden und Kreisen der Bundesrepublik leben und von kommunalen Entscheidungen betroffen werden, stellt sich die Frage nach der **Einführung des Kommunalwahlrechts für Ausländer**.[226] Gegen ein entsprechendes Gesetz des Landes NW bestehen indes verfassungsrechtliche Bedenken. Nach Art. 2 Verf NW ist die Wahl das Mittel des Volkes, seinen Willen zu bekunden. Die Wahl ist also entsprechend der in Art. 20 Abs. 2 GG getroffenen Regelung Ausübung der dem Volk in ihrem Ursprung zugeordneten Staatsgewalt. Daß dies auch für die Ebene der Gemeinden und Gemeindeverbände gelten soll, wird durch die auf Homogenität der verfassungsmäßigen Ordnung verpflichtende Regelung des Art. 28 Abs. 1 S. 2 GG festgelegt.[227] Damit sind auch auf kommunaler Ebene Personen, die nicht zum „Volk" gehören, nicht berufen, durch Wahl bei der Bestellung und Legitimation der Organe mitzuwirken,[228] die Staatsgewalt ausüben. Entscheidend für die Zulässigkeit der gesetzlichen Einführung des Ausländerwahlrechts ist daher, ob die Ausländer zum „Volk" i.S. Art. 20 Abs. 2 S. 1, 28 Abs. 1 S. 2 GG, Art. 2 Verf NW gehören.

Das Grundgesetz spricht in der Präambel, in Art. 1 Abs. 2 und Art. 146 ausdrücklich vom „Deutschen Volk", während der Zusatz „deutsch" in Art. 20 Abs. 2 S. 1 GG und Art. 28 Abs. 1 S. 2 GG fehlt.[229] Mit Recht geht indes die ganz überwiegende Meinung

---

222 Entgegen der Auffassung des BVerfG — E 48 S. 64 (81f.); 57 S. 43 (56ff.); 58 S. 177 (190ff.) — geht es nicht um den Grundsatz der Gleichheit der Wahl.
223 Zu dieser Vorschrift BVerfGE 12 S. 73(77ff.); 48 S. 64 (82ff.); 57 S. 43 (59ff.); 58 S. 177 (191ff.).
224 Vgl. BVerfGE 48 S. 64 (82); 57 S. 43 (59); 58 S. 177 (191).
225 Vgl. BVerfGE 48 S. 64 (82f.); 57 S. 43 (62f.); 58 S. 177 (193ff.).
226 Vgl. dazu etwa *Schwerdtfeger*, Gutachten zum 53. DJT Berlin 1980 S. A 109ff. und die Übersicht bei *Quaritsch*, DÖV 1983 S. 1f.
227 Art. 28 Abs. 1 S. 2 GG läßt sich daher nicht als der Aufstockung nicht entgegenstehende Mindestgarantie ansehen. So aber *Sasse/Kempen*, Kommunalwahlrecht für Ausländer?, 1974 S. 45, 49, 59f.; *Schleberger*, StädteT 1974 S. 597 (598ff.). Abw. auch OVG Lüneburg DÖV 1985 S. 1067 (1068).
228 Vgl. auch OVG Lüneburg, DÖV 1985 S. 1067 (1068); Isensee, VVDStRL 32 (1974) S. 91f.; Stern, Staatsrecht Bd. 1 § 10 I 3 (S. 293f.).
229 Daraus wird gefolgert, daß in Art. 20 Abs. 2 S. 1 GG und Art. 28 Abs. 1 S. 2 GG bzw. nur in Art. 28 Abs. 1 S. 2 GG nicht nur das deutsche Volk gemeint ist. So etwa *Zuleeg*, DÖV 1973

davon aus, daß Volk i. S. d. Art. 20 Abs. 2 S. 1 GG das deutsche Volk ist. Da Art. 28 Abs. 1 S. 2 GG eine Fortschreibung des Verfassungsprinzips des Art. 20 Abs. 2 S. 1 GG bis auf die Ebene der Gemeinden und Gemeindeverbände darstellt, ist davon auszugehen, daß Volk i. S. dieser Vorschriften dasselbe bedeutet, und daher in Art. 28 Abs. 1 GG ebenso wie in Art. 20 Abs. 2 S. 1 GG nur das zur Verfassungsgebung berechtigte und aufgerufene Deutsche Volk gemeint ist.[230] Die Einführung des Kommunalwahlrechts für Ausländer durch Gesetz ist daher nach geltendem Verfassungsrecht unzulässig.[231]

bb) Die Rechtsstellung der Ratsmitglieder

(1) Die Ratsmitglieder sind gem. § 30 Abs. 1 GO bei ihrer Tätigkeit an Aufträge nicht gebunden und verpflichtet, ausschließlich nach dem Gesetz und ihrer freien, nur durch Rücksicht auf das öffentliche Wohl bestimmten Überzeugung zu handeln. Dieses Bekenntnis zum **freien Mandat** setzt die verfassungsrechtliche Vorgabe des Art. 28 Abs. 1 S. 2 GG im Sinne einer **repräsentativ** verstandenen Vertretung um.[232] Der Rat ist zwar „Volksvertretung", aber kein Parlament im staatsrechtlichen Sinne.[233] Daher stehen den Ratsmitgliedern auch Immunität und Indemnität nicht zu, und auch im übrigen ist bei der Anwendung der Grundsätze des Parlamentsrechts Zurückhaltung geboten.[234]

(2) Neben weiteren, etwa in den §§ 33 Abs. 2 S. 2, 42 Abs. 1 S. 3 und 35 Abs. 2 S. 1 GO geregelten Rechten der Ratsmitglieder kennt die Gemeindeordnung Rechte, die jeweils nur einer **Gruppe von Ratsmitgliedern** zustehen. Zu nennen sind hier das gem. § 30 Abs. 7 GO bestehende Recht auf Fraktionsbildung,[235] das Recht nach § 31 Abs. 1 S. 4 GO, die Einberufung des Rates zu verlangen.

[Fortsetzung Fußnote 229]
  S. 361 (370); *ders., JZ* 1980 S. 425 (430) einerseits und *Schmidt-Jortzig,* Kommunalrecht Rdn. 65 f.; *Roters,* in: v. Münch, GG, Bd. 2, 2. Aufl. 1983 Art. 28 Rdn. 22 andererseits.
230 So auch *Behrend,* DÖV 1973 S. 376 f.; Isensee, VVDStRL 32 (1974) S. 96; *Ruland,* JuS 1975 S. 9 (12); *Böcker,* StädteT 1980 S. 228; *Scholz,* Jura 1980 S. 583 (588 ff.); *Mombaur,* StuGB 1981 S. 298; *Quaritsch,* DÖV 1983 S. 1 ff.; *Schild,* DÖV 1985 S. 664 (669 ff.). A. A. außer den in Fn. 229 genannten die *Breer,* Die Mitwirkung von Ausländern an der politischen Willensbildung in der Bundesrepublik Deutschland, 1982 S. 118 ff.
231 Vgl. auch *Erichsen,* Jura 1983 S. 636 (637 f.).
232 Es ist fraglich, ob das Bekenntnis zur repräsentativen Demokratie das im Rahmen des Art. 28 Abs. 1 S. 2 GG einzig zulässige ist, wie *Schmidt-Jortzig,* Kommunalrecht Rdn. 69 und *Frowein,* HkWP Bd. 2 S. 86 meinen.
233 Vgl. auch *Kasten,* StädteT 1985 S. 181 f.
234 Vgl. auch *M. Schröder,* Grundlagen und Anwendungsbereiche des Parlamentsrechts, 1977 S. 37 ff.; *Wurzel,* Gemeinderat als Parlament, 1975; *Kottenberg/Rehn/Cronauge,* GO, § 30 Erl. II 1.
235 Die gesetzlich vorgeschriebene Mindeststärke beträgt zwei Personen. Zur Rechtslage bei Fehlen einer ausdrücklichen Regelung vgl. BVerwG NJW 1980 S. 304; OVG Koblenz NVwZ 1982 S. 694.

(3) Neben der bereits genannten, in § 30 Abs. 1 GO festgelegten Verpflichtung der Ratsmitglieder auf das Gemeinwohl besteht gem. § 30 Abs. 2 i.V.m. § 24 Abs. 1 GO eine „**besondere Treuepflicht gegenüber der Gemeinde**". Diese Treuepflicht erfährt eine besondere Ausgestaltung durch die Regelung des § 24 Abs. 1 S. 2 GO. Danach dürfen Ratsmitglieder Ansprüche anderer gegen die Gemeinde nicht geltend machen, es sei denn, daß sie als gesetzliche Vertreter handeln. Von diesem **kommunalen Vertretungsverbot** betroffen sind insbesondere ratsangehörige Rechtsanwälte. Die Verfassungsmäßigkeit dieser Regelung ist Gegenstand mehrerer bundesverfassungsgerichtlicher und obergerichtlicher Entscheidungen.[236] Das BVerfG ist davon ausgegangen, daß Gemeindedirektor und Verwaltungsgericht auf der Grundlage dieser Vorschrift ein Ratsmitglied von der Vertretung eines Einwohners im Verwaltungsverfahren bzw. im verwaltungsgerichtlichen Verfahren ausschließen dürfen.[237] Es hat gleichwohl in § 24 Abs. 1 S. 2 GO keine Regelung der Berufsausübung oder jedenfalls keine Regelung mit objektiv berufsregelnder Tendenz gesehen,[238] sondern aus dem Sinn und Zweck des Vertretungsverbots geschlossen, daß es nicht die Art und Weise der jeweiligen Berufstätigkeit der Mandatsträger regeln wolle. § 24 Abs. 1 S. 2 GO ziele vielmehr darauf, die Sauberkeit der öffentlichen Verwaltung zu gewährleisten.

Dem ist insoweit zuzustimmen, als es bei § 24 Abs. 1 S. 2 GO um eine Vorschrift **gemeindeverfassungsrechtlichen** Inhalts geht.[239] Allerdings beschränkt sich darauf der Regelungsgehalt dieser Vorschrift. Für ein über den Bereich der Kommunalverfassung hinausreichendes Vertretungsverbot fehlte es dem Lande Nordrhein-Westfalen angesichts des auf der Grundlage des Art. 74 Nr. 1 i.V.m. Art. 72 GG ergangenen § 3 Abs. 2 BRAO an der Gesetzgebungskompetenz. § 24 Abs. 1 S. 2 GO ist daher auch keine geeignete Rechtsgrundlage für den Ausschluß vom Verwaltungsverfahren oder von einem Verwaltungsprozeß. Seine Rechtswirkungen beschränken sich vielmehr auf den **intrapersonalen** Bereich, d.h. auf die Stellung des Ratsmitgliedes im Verhältnis zum Rat. Es handelt sich also um ein Verhaltensgebot des Gemeindeorganisationsrechts, welches mangels entsprechender Regelung für den Fall des Verstoßes mit einer Sanktion nicht bedroht ist.[240] Es gilt für alle Selbstverwaltungsangelegenheiten unter Einschluß der Pflichtaufgaben zur Erfüllung nach Weisung.[241]

---

236 Vgl. BVerfGE 41 S. 231 (240f.); 52 S. 42 (52f.); 56 S. 99 (106f.); OVG NW DVBl. 1981 S. 693; BayVGH NJW 1980 S. 1870; OLG Hamm DVBl. 1978 S. 153; dazu auch *v. Mutius*, VerwArch Bd. 68 (1977) S. 73, Bd. 69 (1978) S. 217, Bd. 71 (1980) S. 191; *Schoch*, Das kommunale Vertretungsverbot, 1981 S. 181 ff.
237 Vgl. BVerfGE 41 S. 231 (241); 52 S. 42 (53f.).
238 Vgl. BVerfGE 41 S. 231 (241); 52 S. 42 (54); 56 S. 99 (107).
239 So BVerfGE 41 S. 231 (241); 52 S. 42 (54/55).
240 Ebenso *v. Mutius*, VerwArch Bd. 68 (1977) S. 73 (78), Bd. 69 (1978) S. 217 ff. sowie Bd. 71 (1980) S. 191 ff. m.w.N.
241 Zum sachlichen Geltungsbereich BVerwG DÖV 1984 S. 469 f. und dazu *Schoch*, NVwZ 1984 S. 626 ff.

(4) Die Gewährleistung einer „sauberen" Verwaltung durch Begründung von Treuepflichten wird insbesondere auch mit der ebenfalls in § 30 Abs. 2 Nr. 4 GO in Bezug genommenen Regelung des § 23 GO bezweckt. Nach dieser Vorschrift sind bei Vorliegen bestimmter Voraussetzungen Ratsmitglieder wegen **Befangenheit** von der Mitwirkung an der Beratung und Entscheidung ausgeschlossen — **Mitwirkungsverbot**.[242] Befangenheit i. S. dieser Vorschrift liegt vor, wenn die Entscheidung einer Angelegenheit dem Ratsmitglied selbst, einem seiner Angehörigen oder einer von ihm kraft Gesetzes oder kraft Vollmacht vertretenen natürlichen oder juristischen Person einen unmittelbaren Vorteil oder Nachteil bringen kann.

Schwierigkeiten bereitet in diesem Zusammenhang insbesondere die Beantwortung der Frage, ob ein Vor- oder Nachteil **unmittelbar** ist. Nach gelegentlich vertretener Auffassung soll ein unmittelbarer Vorteil dann vorliegen, wenn er direkt auf dem Ratsbeschluß beruht, ohne daß es eines weiteren Vollzugsaktes zu seiner Herbeiführung bedarf.[243]

„Verwaltungsentscheidungen sollen nicht von Personen getroffen werden, die wegen eines unmittelbaren Eigeninteresses am Ausgang des Verfahrens oder wegen enger Beziehungen zu einem der Verfahrensbeteiligten nicht die Gewähr für eine unbefangene, am Gemeinwohl orientierte Entscheidung bieten."[244] Andererseits darf nicht außer Acht gelassen werden, daß die Funktionsfähigkeit des gemeindlichen Vertretungsorgans in einem gewissen Grade von den Ratsmitgliedern persönliches Engagement und Bezug von Positionen in der Auseinandersetzung um Wertvorstellungen und Interessen verlangt und daß der Grundsatz der Wahlrechtsgleichheit, der auch für die Mandatsausübung gilt, formal egalitär, d. h. in der Weise zu interpretieren ist, daß jedes Ratsmitglied in formal möglichst gleicher Weise sein Mandat soll ausüben können. Der Konflikt der an der Zielsetzung der Funktionsfähigkeit der Vertretung ausgerichteten gegenläufigen Güter — einer möglichst vollständigen und gleichen Beteiligung aller Ratsmitglieder einerseits und einer gemeinwohlgebundenen Mandatswahrnehmung andererseits — ist daher durch Güterabwägung mit dem Ergebnis zu lösen, daß eine Befangenheit nur bei Vorliegen eines **persönlichen individuellen Sonderinteresses** gegeben ist.[245] Dementsprechend setzt § 23 Abs. 3 Nr. 1 GO die Geltung des Mitwirkungsverbots dann aus, wenn der Vor- oder Nachteil nur darauf beruht, daß jemand einer Berufs- oder Bevölkerungsgruppe angehört, deren gemeinsames Interesse durch die Angelegenheit berührt wird. So ist das Ratsmitglied, welches eifrig das städtische Hallenbad benutzt, nicht befangen, wenn es um die Entscheidung über die Schließung des Hallenbades geht und sind gewerbetreibende Ratsmitglieder nicht von der Mitwirkung bei der Festsetzung der Gewerbesteuer ausgeschlossen.

---

242 Dazu auch OVG Lüneburg NVwZ 1982 S. 200.
243 Vgl. hess VGH NVwZ 1982 S. 44 (45).
244 So OVG NW DVBl. 1980 S. 68.
245 So OVG NW DVBl. 1980 S. 68 (69); NVwZ 1984 S. 667 (668); *Krebs*, VerwArch Bd. 71 (1980) S. 181 (184 ff.); *Hidien*, VR 1983 S. 128 (130); *v. Mutius*, VerwArch Bd. 65 (1974) S. 429 (433 ff.); OVG Lüneburg NVwZ 1982 S. 44; krit. dazu Hassel, VR 1985 S. 108 ff.

Im übrigen ist der Begriff des Vor- bzw. Nachteils weit auszulegen, um dem Sinn und Zweck der Vorschrift, schon den bösen Schein einer Interessenverflechtung zu vermeiden,[246] gerecht zu werden. So kann bei einer Beschlußfassung über einen Bebauungsplan ein Ausschußmitglied, dessen Ehefrau im Plangebiet eine Modeboutique betreibt,[247] ebenso befangen sein, wie ein Ratsherr, der Gesellschafter eines Ingenieurbüros ist, welches damit rechnen kann, mit der Planung und Durchführung sämtlicher Erschließungsmaßnahmen in einem Baugebiet beauftragt zu werden.[248]

Hinsichtlich der **Rechtsfolgen der unzulässigen Mitwirkung** eines befangenen Ratsmitgliedes ist zu unterscheiden: Handelt es sich bei der Entscheidung um einen Verwaltungsakt, so greift das VwVfG NW ein, und es gebricht dem Beschluß gem. § 43 Abs. 3 VwVfG NW nur dann an Wirksamkeit, wenn er gem. § 44 VwVfG NW nichtig ist. Ergeht der Ratsbeschluß nicht in der Handlungsform des Verwaltungsaktes, so führt der Verstoß gegen § 23 Abs. 1 GO nach ganz überwiegender Auffassung deshalb zur Nichtigkeit, weil nicht auszuschließen ist, daß allein die Anwesenheit des Ratsmitgliedes das Ergebnis beeinflußt haben kann. Auf die Entscheidungserheblichkeit der Stimme des befangenen Ratsmitgliedes kommt es dann nicht an.[249] Hinzuweisen ist in diesem Zusammenhang allerdings auf § 4 Abs. 6 GO, wonach die Verletzung von Verfahrens- oder Formvorschriften der Gemeindeordnung bei Satzungen nach Ablauf eines Jahres nur noch unter bestimmten Voraussetzungen geltend gemacht werden kann.[250]

Wird demgegenüber ein Ratsmitglied unberechtigt ausgeschlossen, so wird einerseits hinsichtlich der Folgen auf die Ergebniserheblichkeit des Ausschlusses abgestellt,[251] andererseits auch insoweit die konkrete Kausalität für unerheblich gehalten.[252] Geht man davon aus, daß fehlerhafte Ratsbeschlüsse unwirksam sind, so ist der Ausschluß unwirksam mit der Folge, daß ein Ratsmitglied rechtswidrig gehindert war, an der Ent-

---

246 Vgl. OVG NW NVwZ 1984 S. 667 (668); *v. Mutius*, VerwArch Bd. 65 (1974) S. 429; *Krebs*, VerwArch Bd. 71 (1980) S. 181 (186); *Hidien*, VR 1983 S. 128 (130).
247 OVG NW NVwZ 1984 S. 667 (668).
248 OVG NW NVwZ 1984 S. 667 (669).
249 Vgl. OVG NW OVGE 27 S. 60 (63); *Schmidt-Aßmann*, in: v. Münch, Bes.VwR S. 134 f.; *Kottenberg/Rehn/Cronauge*, GO, § 23 Erl. VII 1; *v. Loebell/Oerter*, GO, § 23 Erl. 11 b; *Giesen*, VR 1981 S. 89 ff.; *v. Mutius*, VerwArch Bd. 65 (1974) S. 429 (440); *R. Stahl*, DVBl. 1982 S. 764 (765 f., 769); *Linden*, Der Ausschluß bei Interessenkollisionen nach § 23 GO NW, Diss. iur. Köln 1970 S. 226 ff.; *Zuhorn/Hoppe*, Gemeindeverfassung S. 1975. Demgegenüber stellen auf die Entscheidungserheblichkeit des Votums ab *F. J. Säcker*, NJW 1966 S. 719 (720); *Geyer*, Das Mitwirkungsrecht für persönlich beteiligte Gemeindevertreter, Diss. iur. Hamburg 1968 S. 108; *Rügge*, SKV 1968 S. 197 f.; *P. Kirchhof*, VerwArch Bd. 66 (1975) S. 370 (384). Vgl. auch *Heermann*, Der Gemeinderatsbeschluß, Rechtsnatur und Verfahren, 1975 S. 263 ff.
250 Vgl. dazu unten IX 3 S. 171 f.
251 So *Schmidt-Aßmann*, in: v. Münch, Bes.VwR S. 135.
252 Vgl. Geyer (Fn. 249) S. 109

scheidungsfindung mitzuwirken. Man wird daher die Sachentscheidung unabhängig von der Ergebniserheblichkeit des Ausschlusses als fehlerhaft anzusehen haben.

cc) Die interne Organisation und das Verfahren des Rates

(1) **Der Vorsitz im Rat** sowie die Vertretung des Rates nach außen liegen gem. § 27 Abs. 2 S. 3 GO beim Bürgermeister (in kreisfreien Städten: Oberbürgermeister). Er wird gem. §§ 27 Abs. 2 S. 3, 32 Abs. 1 GO aus der Mitte des Rates gemeinsam mit mindestens zwei Stellvertretern[253] in geheimer Abstimmung für die Dauer der Wahlzeit des Rates nach den Grundsätzen der Verhältniswahl gewählt. Gem. § 32 Abs. 4 GO können der Bürgermeister und seine Stellvertreter vom Rat unter Beachtung eines bestimmten Verfahrens mit zwei Dritteln der gesetzlichen Zahl der Mitglieder abberufen werden.

Der Bürgermeister vertritt nach § 27 Abs. 2 S. 3 GO den Rat nach außen. Es geht dem Wortlaut dieser Vorschrift und der Regelung des § 55 Abs. 1 GO entsprechend hier nicht um die Außenvertretung der Gemeinde. Da der Rat nur in wenigen Fällen Entscheidungen trifft, die nicht des Vollzuges nach außen durch den Gemeindedirektor bedürfen, beschränkt sich insoweit die Vertretung des Rates durch den Bürgermeister auf die in § 38 Abs. 2 GO geregelten Fälle.

Die darüber hinausgehende, je nach Persönlichkeit des Bürgermeisters unterschiedlich weitgehende Tätigkeit ist auf die repräsentierende Vergegenwärtigung des Rates gerichtet.[254] Des weiteren obliegt dem Bürgermeister die Vertretung des Rates in Streitigkeiten mit anderen Organen der Gemeinde.[255]

Nach der Gemeindeordnung liegt das Schwergewicht der Tätigkeit des Bürgermeisters in der **Vorbereitung und Leitung der Sitzungen des Rates und des Hauptausschusses.** Ratssitzungen werden gem. § 31 Abs. 1 S. 3 GO vom Bürgermeister einberufen, so oft es die Geschäftslage erfordert, wenigstens aber alle zwei Monate. Gem. § 31 Abs. 1 S. 4 GO hat eine Einberufung unverzüglich zu erfolgen, „wenn ein Fünftel der Ratsmitglieder oder eine Fraktion unter Angabe der zur Beratung zu stellenden Gegenstände es verlangen".

Die Einberufung des Rates geschieht zur Wahrnehmung der dem Rat übertragenen Aufgaben; dieser darf sich daher nur mit jenen Angelegenheiten beschäftigen, die in die Verbandskompetenz der Gemeinde fallen.[256] Dementsprechend ist die Befugnis des Bürgermeisters zur Einberufung des Rates auf Gegenstände beschränkt, für die die Zuständigkeit der Gemeinde begründet ist. Er hat daher bei Vorliegen eines darauf gerich-

---

253 Zur Wahl weiterer Stellvertreter vgl. *Stüer*, StGR 1985 S. 243.
254 Vgl. auch *Foerstemann*, HkWP Bd. 2 S. 117; *Schmidt-Jortzig*, Kommunalrecht Rdn. 182; *Gönnenwein*, Gemeinderecht S. 343; *Zuhorn/Hoppe*, Gemeindeverfassung S. 182; *Kottenberg/Rehn/Cronauge*, GO, § 27 Erl. III 1; *v. Loebell/Oerter*, GO, § 27 Erl. 6; *Beckel*, DVBl. 1973 S. 19 (21).
255 Zu den Kommunalverfassungsstreitigkeiten vgl. unten VIII 3 S. 164 ff.
256 So auch OVG NW DVBl. 1984 S. 155.

teten Antrages vor Einberufung der Ratssitzung nicht nur zu überprüfen, ob das für die Einberufung vorausgesetzte Quorum gegeben und der zu beratende Gegenstand bezeichnet ist, sondern entgegen der Auffassung des OVG NW[257] auch festzustellen, ob die Zuständigkeit der Gemeinde hinsichtlich des Beratungsgegenstandes vorliegt.[258] Das Gegenteil läßt sich auch nicht daraus entnehmen, daß § 39 Abs. 1 GO dem Bürgermeister die Befugnis einräumt, einem Beschluß zu widersprechen, wenn er der Auffassung ist, daß der Beschluß das Wohl der Gemeinde gefährdet.[259] § 39 Abs. 1 GO zeigt vielmehr, daß dem Bürgermeister eine auf die Wahrung der Grenzen der Recht- und Zweckmäßigkeit gerichtete Organstellung zukommen kann. Es handelt sich im übrigen aber um eine nach Maßstab und Funktion gegenüber der Vorprüfungsrechtsbefugnis unterschiedliche Kontrollbefugnis, die wegen dieser Verschiedenheit nicht geeignet ist, Grundlage für einen gegen die Zulässigkeit der Vorprüfung gerichteten Rückschluß zu sein. Auch das Argument, eine solche über den Wortlaut des § 33 Abs. 1 S. 2 GO hinausgehende Vorprüfung durch den Bürgermeister beeinträchtige den durch diese Vorschrift beabsichtigten Minderheitenschutz,[260] verkennt, daß dieser Minderheitenschutz nur innerhalb der Verbandskompetenz und nicht ultra vires vorgesehen sein kann und stattfinden darf.[261]

Gem. § 36 Abs. 1 GO eröffnet der Bürgermeister die Ratssitzungen, leitet die Verhandlungen nach Maßgabe der Geschäftsordnung, übt während ihrer Dauer das Hausrecht aus und schließt sie. Zur Durchsetzung der Geschäftsordnung und zur Gewährleistung eines auch im übrigen ordnungsgemäßen Verlaufs der Ratssitzungen steht dem Bürgermeister im Verhältnis zu den Ratsmitgliedern das **Ordnungsrecht** zu, welches unter Beachtung der Grundsätze des Übermaßverbots — Eignung, Erforderlichkeit und Verhältnismäßigkeit des Mittels — auszuüben ist. Darauf gestützt kann er etwa ein Rauchverbot für die Ratssitzungen erlassen.[262]

---

257 DVBl. 1984 S. 155; ebenso OVG Lüneburg DVBl. 1984 S. 734; OVG Rh.-Pf. NVwZ 1985 S. 673; *Kottenberg/Rehn/Cronauge*, GO, § 33 Erl. I 2 (Mai 1985, anders noch April 1983); *v. Loebell/Oerter*, GO, § 33 Erl. 7; *Schoch*, Jura 1984 S. 550 (553 f.); ders., DÖV 1986 S. 132 ff.; *Hofmann*, DVBl. 1984 S. 116 (118 f.); *Uechtritz/Schlarmann*, DVBl. 1984 S. 939 f.
258 Ebenso *Raum*, DÖV 1985 S. 820 ff.; *Erlenkämper*, NVwZ 1984 S. 621 (624 f.); *Foerstemann*, HkWP Bd. 2 S. 94; *Theis*, JuS 1984 S. 422 (429); VG Schleswig Die sh Gemeinde 1983 S. 340, zust. *Gern*, BWVBl. 1984 S. 65 Fn. 7; VG Kassel NVwZ 1982 S. 700. Tendenziell auch v. Unruh, DVBl 1985 S. 910 (911 f.).
259 So aber *Schoch*, Jura 1984 S. 550 (553); OVG Lüneburg DVBl. 1984 S. 734 (736); OVG Rh.-Pf. DÖV 1985 S. 636; zweifelnd BayVGH NVwZ 1985 S. 287 f.
260 So OVG Lüneburg DVBl. 1984 S. 734 (735 f.); OVG NW DVBl. 1984 S. 155 (157); *Süß*, BayVBl. 1983 S. 513 (519); Schwerdtner, BWVBl. 1984 S. 239 (241).
261 So auch *Krux*, StuGB 1983 S. 295 f.; *Zuleeg*, StuGB 1984 S. 99; *Raum*, DÖV 1985 S. 820 (824).
262 Vgl. OVG NW DVBl. 1983 S. 53 ff.; *v. Loebell/Oerter*, GO, § 36 Erl. 4; *Kottenberg/Rehn/Cronauge*, GO, § 36 Erl. II 3.

Gegenüber Dritten, nicht dem Rat angehörenden Personen, die etwa im Rahmen der Öffentlichkeit der Ratssitzung beiwohnen, kann der Bürgermeister mit Hilfe des **Hausrechts** die ordnungsgemäße Durchführung der Ratssitzung gewährleisten. Dabei geht es etwa darum, daß der Bürgermeister auf Zwischenrufe und Störungen durch Zuhörer reagiert. Der Rahmen der Reaktionsmöglichkeiten wird von der Mahnung bis zur gewaltsamen Entfernung aus dem Sitzungssaal gespannt.[263]

Der Wortlaut des § 36 Abs. 1 GO deutet darauf hin, daß der Bürgermeister im räumlichen und zeitlichen Bereich der Ratssitzung ein bestehendes, nicht erst durch diese Vorschrift konstituiertes Hausrecht der Gemeinde ausübt. Dieses Hausrecht der Gemeinde kann zweifachen Ursprungs sein. Es kann einmal seine Grundlage in der privatrechtlichen Sachherrschaft der Gemeinde (in erster Linie, aber nicht nur im Eigentum) haben, es kann zum anderen als der Gewährleistung und Aufrechterhaltung der Funktionsfähigkeit des Rates dienende Befugnis dem öffentlichen Recht zugeordnet sein.[264] Da das Hausrecht indes zu verhaltenssteuernden Maßnahmen gegenüber Dritten ermächtigt, gilt — unabhängig davon, ob solchen Maßnahmen die Qualität von Verwaltungs- oder Verwaltungsrealakten zukommt[265] — der Grundsatz des Gesetzesvorbehalts. Um ihm zu genügen, wird man § 36 Abs. 1 GO auch im Hinblick auf das Hausrecht konstitutive Wirkung und damit die Qualität einer **Zuständigkeits- und Befugnisnorm** zuerkennen müssen. Es handelt sich dann um eine Vorschrift, die ausschließlich dem Bürgermeister für den räumlichen und zeitlichen Bereich der Ratssitzung das Hausrecht zuerkennt und damit um eine Norm des öffentlichen Rechts. Streitigkeiten um Maßnahmen des Hausrechts i.S.d. § 36 Abs. 1 GO sind also öffentlich-rechtliche Streitigkeiten i.S.d. § 40 Abs. 1 S. 1 VwGO.[266]

Neben den Zuständigkeiten, die sich auf die Vorbereitung und Durchführung der Ratssitzung beziehen, ist der Bürgermeister auch mit der Ausführung bestimmter Ratsbeschlüsse betraut. So führt er gem. § 38 Abs. 2 GO Beschlüsse aus,[267] die die Durchführung der Geschäftsordnung, die Geltendmachung von Ansprüchen der Gemeinde gegen den Gemeindedirektor etwa auf Schadensersatz und die Amtsführung des Gemeindedirektors, also etwa seine Ernennung, die Versetzung in den Ruhestand oder

---

263 Vgl. etwa *Kottenberg/Rehn/Cronauge*, GO, § 36 Erl. V.
264 Vgl. dazu *Erichsen*, Jura 1982 S. 537 (545); *Ehlers*, DÖV 1977 S. 737 ff.; *J. Rauball*, in: Rauball/Pappermann/Roters, GO, § 36 Rdn. 9; OVG NW OVGE 18 S. 251.
265 Zu eng insoweit BayVGH BayVBl. 1980 S. 723 (724); *Knemeyer*, BayVBl. 1981 S. 152.
266 So im Ergebnis auch *J. Rauball*, in: Rauball/Pappermann/Roters, GO, § 36 Rdn. 9; *v. Loebell/Oerter*, GO, § 36 Erl. 8; OVG NW OVGE 18 S. 251.
267 Die Verwendung des Begriffs „ausführen" dürfte auf Erwägungen sprachlicher Variationen, nicht aber auf einer Differenzierung zum „durchführen" des § 47 Abs. 1 S. 2 GO beruhen. So auch *Kottenberg/Rehn/Cronauge*, GO, § 38 Erl. I; *Berkenhoff*, Kommunalverfassungsrecht in NW, 2. Aufl. 1965 S. 114. A.A. *J. Rauball*, in: Rauball/Pappermann/Roters, GO, § 38 Rdn. 2.

seine Entlassung betreffen.[268] Da der Bürgermeister jedenfalls in den beiden letztgenannten Fällen auch Außenzuständigkeiten wahrnimmt, ist er insoweit Behörde und können seine Maßnahmen als Verwaltungsakte zu qualifizieren sein.

Darüber hinaus hat der Bürgermeister die Funktion eines **Binde- und Vermittlungsgliedes zwischen Rat und Gemeindedirektor.** Auf der Grundlage des ihm gem. § 40 Abs. 1 S. 2 GO zustehenden Rechts auf Auskunft und Akteneinsicht gegenüber dem Gemeindedirektor unterrichtet der Bürgermeister gem. § 40 Abs. 1 S. 1 GO den Rat über alle wichtigen Angelegenheiten der Gemeindeverwaltung.

Neben der Funktion als Vorsitzender des Rates hat der Bürgermeister auch **eigenständige, nicht vom Rat abgeleitete Zuständigkeiten und Befugnisse** wahrzunehmen. So hat er gem. § 43 Abs. 1 S. 3 GO zusammen mit einem Ratsmitglied die Befugnis zur **Eilentscheidung** in Fällen äußerster Dringlichkeit.[269] Gegenstand einer Dringlichkeitsentscheidung können sowohl Angelegenheiten sein, die der Beschlußfassung des Rates, als auch solche, die der Beschlußfassung in Ausschüssen unterliegen.[270] Das Eilentscheidungsrecht erstreckt sich grundsätzlich auch auf den Erlaß von Satzungen.[271] Die Dringlichkeitsentscheidung ist unmittelbar wirksam, bedarf aber gem. § 43 Abs. 1 S. 4 GO der nachträglichen Genehmigung durch den Rat. Dieser kann gem. § 43 Abs. 1 S. 5 GO die Dringlichkeitsentscheidung aufheben, soweit durch die Ausführung des Beschlusses nicht schon unaufhebbare Rechte anderer entstanden sind.

Schließlich **kann** der Bürgermeister gem. § 39 Abs. 1 GO einem Beschluß des Rates unter Einschluß von Wahlen[272] **widersprechen.** Voraussetzung ist, daß dieser Beschluß nach seiner Auffassung das Wohl der Gemeinde gefährdet, was bei Rechtswidrigkeit und/oder Unzweckmäßigkeit zu bejahen ist. Darüber hinaus muß er die Frist von drei Tagen nach der Beschlußfassung beachten und den Widerspruch schriftlich begründen. Sind diese Voraussetzungen erfüllt, so hat der Widerspruch aufschiebende Wirkung. Diese aufschiebende Wirkung entfällt, wenn der Rat über die Angelegenheit in einer neuen Sitzung erneut beschließt. Ein keiner besonderen Begründung bedürftiges Widerspruchsrecht steht dem Bürgermeister außerdem gem. § 13b Abs. 5 GO gegenüber Beschlüssen der Bezirksvertretung und gem. § 41 Abs. 3 GO gegenüber Beschlüssen von Ausschüssen zu.

---

268 Vgl. OVG NW OVGE 28 S. 185 (190).
269 Vgl. auch § 5 Abs. 6 S. 2 EigBetrVO.
270 Vgl. *v. Loebell/Oerter*, GO, § 43 Erl. 4; *J. Rauball*, in: Rauball/Pappermann/Roters, GO, § 43 Rdn. 13 ff. A. A. *Kottenberg/Rehn/Cronauge*, GO, § 43 Erl. IV 1.
271 Vgl. OVG NW KStZ 1971 S. 84; *J. Rauball*, in: Rauball/Pappermann/Roters, GO, § 43 Rdn. 12; *Kottenberg/Rehn/Cronauge*, GO, § 43 Erl. IV 3.
272 So *J. Rauball*, in: Rauball/Pappermann/Roters, GO, § 39 Rdn. 1, § 35 Rdn. 2. Vgl. auch *Kottenberg/Rehn/Cronauge*, GO, § 39 Erl. III 3, § 35 Erl. I 2; *Körner*, GO, § 39 Erl. 4; OVG Lüneburg DVBl. 1959 S. 862. A. A. *Steinbach*, Die Demokratische Gemeinde, 1965 S. 940 (941).

(2) Es ist vielfach kaum möglich, zumindest nicht sinnvoll, Angelegenheiten, die der Entscheidung des Rates unterliegen, in Plenarberatungen bis zur Entscheidungsreife zu bringen. Diese Arbeit kann sehr viel effektiver in **Ausschüssen** geleistet werden.[273] Die sich aus dem Recht der Selbstorganisation ergebende Befugnis des Rates, Ausschüsse zu bilden, wird in § 41 Abs. 1 GO bestätigt. Diese Vorschrift legt in Abs. 2 zugleich fest, daß in jeder Gemeinde ein Hauptausschuß, ein Finanzausschuß und ein Rechnungsprüfungsausschuß — **Pflichtausschüsse** — gebildet werden muß. Die Pflicht zur Bildung weiterer Ausschüsse ergibt sich aus Fachgesetzen. Hingewiesen sei hier nur auf § 13 Abs. 2 JWG (Jugendwohlfahrtsausschuß) und § 12 SchulVG (Schulausschuß). Daneben stehen die **bedingten Pflichtausschüsse** wie der Werksausschuß nach § 93 Abs. 2 GO i. V. m. § 5 EigBetrVO und der Krankenhausausschuß gem. § 7 GemKHBVO.

Die Bildung weiterer Ausschüsse steht im Ermessen des Rates. In der Praxis findet sich in aller Regel ein Sozial-, ein Personal-, ein Bau-, ein Planungs-, ein Liegenschafts-, ein Kultur- und ein Sportausschuß. Die Auflösung dieser **freiwilligen Ausschüsse** kann mit der Mehrheit der Stimmen des Rates beschlossen werden.

Die **Zusammensetzung der Ausschüsse** wird gem. § 42 Abs. 1 S. 1 GO vom Rat geregelt.

dd) Entscheidungen des Rates

Der Rat trifft seine Entscheidungen in Form von Beschlüssen und Wahlen. Eine rechtmäßige Beschlußfassung des Rates setzt dessen **Beschlußfähigkeit** voraus. Diese ist gem. § 34 Abs. 1 S. 1 GO gegeben, wenn mehr als die Hälfte der gesetzlichen Mitgliederzahl anwesend ist. Die Beschlußfähigkeit ist vom Bürgermeister zu Beginn der Sitzung festzustellen. Sie kann im Verlauf der Sitzung aus tatsächlichen oder rechtlichen Gründen entfallen. Für diesen Fall bestimmt § 34 Abs. 1 S. 2 GO, daß der Rat solange als beschlußfähig **gilt,** wie nicht das Gegenteil festgestellt ist. Diese Fiktion greift indes nicht ein, wenn sämtlichen Ratsmitgliedern die Beschlußunfähigkeit bewußt ist.[274]

Beschlüsse des Rates ergehen in den gesetzlich vorgesehenen Fällen als **Satzung,** ansonsten als **einfache** (schlichte) **Ratsbeschlüsse.** Diesen kann, soweit sie unmittelbar auf Setzung einer Rechtsfolge im Verhältnis Gemeinde-Einwohner oder sonstiger Dritter gerichtet sind, die Qualität eines **Verwaltungsakts** i. S. d. § 35 VwVfG NW zukommen.

ee) Die Zuständigkeiten des Rates

Gem. § 28 Abs. 1 S. 2 GO ist der Rat der Gemeinde für alle Angelegenheiten der Gemeindeverwaltung zuständig, soweit die Gemeindeordnung nichts anderes bestimmt. Das in dieser Vorschrift statuierte **Prinzip der Allzuständigkeit des Rates** trägt seiner verfassungsgeforderten zentralen Stellung als Repräsentativorgan des Gemeindevolkes

---

[273] Zur Bedeutung der Ausschußarbeit vgl. OVG NW NVwZ 1984 S. 667 (668).
[274] Vgl. OVG NW OVGE 17 S. 261 (268 ff.).

Rechnung. Aus der unmittelbaren demokratischen Legitimation des Rates folgt indes nicht, daß auch alle Angelegenheiten von ihm selbst entschieden werden müssen.[275] Es besteht vielmehr nach Maßgabe einzelner Vorschriften — §§ 21 Abs. 2, 40 Abs. 2, 54 Abs. 1 S. 4 GO — und gem. § 28 Abs. 2 GO die Möglichkeit der Delegation auf Bezirksvertretungen, Ausschüsse oder den Gemeindedirektor. Diese Delegation kann entweder im Hinblick auf einzelne oder aber eine Mehrzahl gattungsmäßig bestimmter Angelegenheiten erfolgen.

Neben dieser **gewillkürten Delegation** kennt § 28 Abs. 3 GO die **fingierte Delegation**. Nach dieser Vorschrift **gelten** einfache Geschäfte der laufenden Verwaltung im Namen des Rates als auf den Gemeindedirektor übertragen. Allerdings ist der Rat gem. § 28 Abs. 3 GO berechtigt, sich, einer Bezirksvertretung oder einem Ausschuß für einen bestimmten Kreis von Geschäften oder für einen Einzelfall die Entscheidung vorzubehalten, solange dadurch nicht die in § 28 Abs. 3 GO begründete Wahrnehmungszuständigkeit des Gemeindedirektors ausgehöhlt wird. Ein solches **Rückholrecht** besteht allerdings nicht nur im Falle des § 28 Abs. 3 GO, sondern — trotz fehlender Erwähnung in § 28 Abs. 2 GO — aus allgemeinen organisationsrechtlichen Grundsätzen ebenso für den Fall der gewillkürten Delegation.[276]

Die Befugnis des Rates zur Delegation ist allerdings eingeschränkt. Gem. § 28 Abs. 1 S. 2 GO kann der Rat die Entscheidung über bestimmte, im einzelnen aufgeführte Angelegenheiten nicht übertragen (**Vorbehaltsaufgaben des Rates**). In den Vorbehaltsbereich des Rates gehören etwa die Entscheidungen zur Leitung, Lenkung und Wahrung der Einheitlichkeit des Verwaltungshandelns — § 28 Abs. 1 lit. a), e), f) GO —, der Erlaß, die Änderung und die Aufhebung von Ortsrecht — §§ 28 Abs. 1 lit. g) —, die Wahl des Hauptverwaltungsbeamten und der Beigeordneten — §§ 28 Abs. 1 lit. c), 49 Abs. 1 GO —, die Bestellung des Leiters und der Prüfer des Rechungsprüfungsamtes — § 28 Abs. 1 lit. r) GO —, der Erlaß der Haushaltssatzung, von allgemeinen und bedeutsamen Entscheidungen der Haushaltswirtschaft sowie der daseinsvorsorgenden und wirtschaftlichen Betätigung der Gemeinde — § 28 Abs. 1 lit. h), i), k), l), m), n), p), q) GO — und die Kontrolle des Gemeindedirektors — § 28 Abs. 1 lit. j), r), s), t) GO.

Allerdings enthält § 28 Abs. 1 lit. a)–u) GO keine abschließende Umschreibung des Vorbehaltsbereichs. Weitere einer Delegation nicht zugängliche Zuständigkeitsregelungen finden sich etwa in §§ 13b Abs. 1, S. 2, 13d Abs. 6 S. 1, 49 Abs. 4, 51 Abs. 1, 53 Abs. 1 S. 2, Abs. 2, 55 Abs. 2 GO. Der ausschließlichen Entscheidung durch den Rat

---

275 Vgl. dazu auch BVerfGE 49 S. 89 (124 f.).
276 Vgl. *Erichsen*, in: v. Mutius/Schmidt-Jortzig, Probleme mehrstufiger Erfüllung von Verwaltungsaufgaben auf kommunaler Ebene, 1982 S. 3 (9); *Schmidt-Jortzig*, Kommunalrecht Rdn. 192; *J. Rauball*, in: Rauball/Pappermann/Roters, GO, § 28 Rdn. 29; *Pagenkopf*, Kommunalrecht Bd. 1 S. 246; *Körner*, HkWP Bd. 2 S. 137. Allenfalls bis zur Entscheidung des Ausschusses wird ein Rückholrecht vom OVG NW OVGE 19 S. 42 (45 f.) in Erwägung gezogen. Ebenso *Körner*, GO, § 28 Erl. 13; *Kottenberg/Rehn/Cronauge*, GO, § 28 Erl. III 2; *v. Loebell/Oerter*, GO, § 28 Erl. 7.

unterliegen weiter die Angelegenheiten seiner Selbstorganisation — §§ 30 Abs. 2 S. 3, 31 Abs. 2, 32 Abs. 1 u. 4, 35 Abs. 3, 36 Abs. 2, 41, 42 Abs. 1 S. 1, 5, Abs. 4, 43 Abs. 1 S. 3, 4 GO.

In diesen Kreis gehört auch die in § 31 Abs. 2 GO vorausgesetzte Befugnis des Rates zum **Erlaß einer Geschäftsordnung.** Sie findet ihre Grundlage in dem jedem Kollegialorgan zustehenden Recht, unter Beachtung der Vorgaben höherrangiger Rechtssätze organinterne Organisation und Verfahrensabläufe zu regeln.[277] Die Geschäftsordnung ist keine gemeindliche Satzung, es handelt sich vielmehr um einen Rechtssatz des Innenrechts, der nur die Ratsmitglieder bindet und berechtigt.[278]

Ungeklärt ist, welche Rechtsfolgen es nach sich zieht, wenn eine Entscheidung des Rates unter Verstoß gegen die Geschäftsordnung getroffen wird. Selbstverständlich ist der Rat berechtigt, die Geschäftsordnung durch dahingehenden Beschluß zu ändern und bei in ihr enthaltener Ermächtigung im Einzelfall von ihren Regelungen abzuweichen.[279] In der Regel wird es indessen an einem darauf gerichteten förmlichen Beschluß fehlen und der Verstoß in einem beabsichtigten oder unbeabsichtigten Außerachtlassen der Geschäftsordnung liegen. Dies hat die Innenrechtswidrigkeit der Ratsentscheidung zur Folge, die sich jedoch den zu ihrem Vollzug im Außenverhältnis erlassenen Maßnahmen nicht mitteilen muß.[280]

b) Der Gemeindedirektor

aa) Wahl und Abberufung

Der Gemeindedirektor wird gem. § 49 Abs. 1 S. 1 GO vom Rat für die Dauer von acht Jahren gewählt. Er darf gem. § 13 Abs. 1 lit. a) KWahlG nicht dem Rat angehören. In kreisangehörigen Städten führt der Gemeindedirektor die Bezeichnung Stadtdirektor, in kreisfreien Städten wird er als Oberstadtdirektor bezeichnet — § 47 Abs. 4 GO.

Ausgehend von der These, daß der Gemeindedirektor „im Schnittpunkt politischer Willensbildung und fachlicher Verwaltung"[281] stehe und daß es deshalb der Gleichgestimmtheit von Beschlußorgan (Rat) und Ausführungsorgan (Gemeindedirektor) bedürfe,[282] sieht § 49 Abs. 4 GO auf Antrag der Mehrheit der Mitglieder des Rates nach

---

277 Vgl. auch *J. Rauball*, in: Rauball/Pappermann/Roters, GO, § 36 Rdn. 2; *Schmidt-Aßmann*, in: v. Münch, Bes.VwR S. 136.
278 So auch *Schmidt-Aßmann*, in: v. Münch, Bes.VwR S. 136; OVG NW OVGE 31 S. 10 (17); bw VGH ESVGH 22 S. 180 (181 ff.); *Foerstemann*, HkWP Bd. 2 S. 108 m.w.N. in Fn. 114.
279 So auch *Schmidt-Jortzig*, Kommunalrecht Rdn. 417.
280 Vgl. dazu auch *Heermann* (Fn. 249) S. 273 ff.
281 BVerwGE 56 S. 160 (170); ferner *Zuhorn/Hoppe*, Gemeindeverfassung S. 252; *Berkenhoff* (Fn. 111) S.148; *Winkler*, GemR 1967 S. 56 ff.; 67 ff. (72); LVG Gelsenkirchen, in: Kottenberg/Rehn/v. Mutius, Rspr. z. komm. VerfR, § 49 Nr. 3.
282 Vgl. *Schwirtz*, Verhandlungen des Landtages NW, Plenarprot. 8/103 S. 6974 f.; *Schmidt-Jortzig*, Kommunalrecht Rdn. 244 a; *Borchmann/Vesper*, Reformprobleme im Kommunalverfassungsrecht, 1976 S. 71 ff.; 84; BVerfGE 7 S. 155 (164 f., 167 f.); BVerwGE 56 S. 163 (170).

Ablauf einer Frist von mindestens sechs Wochen eine Abwahl des Gemeindedirektors mit zwei Drittel Mehrheit der Stimmen der gesetzlichen Zahl der Ratsmitglieder vor. Ob sich dies mit Art. 33 Abs. 5 GG vereinbaren läßt, erscheint fraglich. Immerhin gehört zu den nach dieser Vorschrift zu berücksichtigenden hergebrachten Grundsätzen des Berufsbeamtentums, daß das Beamtentum prinzipiell auf Lebenszeit angelegt ist. Von diesem Grundsatz ist bereits der Beamte auf Zeit eine Ausnahme. Eine jederzeitige Beendigungsmöglichkeit des Beamtenstatus, wie sie in § 49 Abs. 4 GO vorgesehen ist, stellt sich als weitere Aufweichung des Instituts des Berufsbeamtentums dar und erweist sich schon insoweit im Hinblick auf Art. 33 Abs. 5 GG als fragwürdig.[283] Zu den hergebrachten Grundsätzen des Art. 33 Abs. 5 GG gehört auch das Gebot parteipolitisch neutraler Amtsführung. Ihr ist es nicht dienlich, wenn der Gemeindedirektor für die Dauer der Amtsperiode von wechselnden „Stimmungen" der Wahlkörperschaft abhängig ist.[284] Demgegenüber wird geltend gemacht, daß aus der politischen Motivation der Wahl auch die Zulässigkeit der Abwahl aus politischen Gründen folge und daß bei der Abwägung zwischen dem Interesse an parteipolitisch neutraler, gemeindlicher Leitungskontinuität und der Verwirklichung des demokratischen Prinzips auf Gemeindeebene letzterem der Vorrang gebühre.[285] Dagegen läßt sich einwenden, daß dem Gebot demokratischer Legitimation und rückbindender Verantwortung vor dem Hintergrund des Art. 33 Abs. 5 GG durch die zeitliche Begrenzung der Amtsperiode auf acht Jahre (bis 1979 waren es zwölf Jahre) Rechnung getragen ist.

bb) Die Zuständigkeiten des Gemeindedirektors

Durch § 47 Abs. 1 S. 1 und 2 GO wird dem Gemeindedirektor für den **innerorganisatorischen Bereich** die Aufgabe übertragen, die Beschlüsse der Gemeindevertretung vorzubereiten und durchzuführen. Dasselbe gilt gem. § 47 Abs. 1 und 2 GO für Beschlüsse der Bezirksvertretungen und Ausschüsse.

Ausführung und Vollzug der vom Rat und den Ausschüssen oder im Rahmen der Eilentscheidungskompetenz des § 43 Abs. 1 S. 3 GO vom Bürgermeister und von einem Ratsmitglied organisationsintern getroffenen Entscheidung erfolgen **im Außenverhältnis** gem. § 55 Abs. 1 S. 1 GO durch den Gemeindedirektor, dem in dieser Vor-

---

[283] Vgl. dazu im einzelnen *Erichsen*, DVBl. 1980 S. 723 ff.; für Verfassungswidrigkeit auch *Thiele*, DVP 1983 S. 101 ff.; *Schütz*, Beamtenrecht des Bundes und der Länder, Teil C, § 30 LBG NW Anm. 3a (Bearb. 1983); *Stober*, Kommunale Ämterverfassung und Staatsverfassung am Beispiel der Abwahl kommunaler Wahlbeamten, 1982 S. 62 ff.; 84, der zudem einen Verstoß gegen Art. 33 Abs. 4 GG annimmt.
[284] Vgl. *Erichsen*, DVBl. 1980 S. 723 (729); *Stober* (Fn. 283) S. 67 ff.
[285] Vgl. *Borchmann/Vesper* (Fn. 282) S. 84; *Borchmann*, DÖV 1980 S. 862 (868); *Klein*, DÖV 1980 S. 853 (859). Für die Verfassungsmäßigkeit des § 49 Abs. 4 GO OVG NW DVBl. 1981 S. 879 und StGR 1985 S. 195; BVerwG NVwZ 1985 S. 275 f.; *Schmidt-Jortzig*, Kommunalrecht Rdn. 244 ff.; *Roters*, in: Rauball/Pappermann/Roters, GO, § 49 Rdn. 15; *v. Loebell/Salmon*, GO, § 49 Erl. 36. Zur Regelung des § 49 Abs. 2 hess LKrO vgl. hess VGH NVwZ 1985 S. 604.

schrift die Vertretung der Gemeinde in Rechts- und Verwaltungsangelegenheiten übertragen wird. Der Gemeindedirektor ist daher die **Behörde** der Gemeinde;[286] seine auf die einseitige Regelung von bestimmten Sachverhalten gerichteten Entscheidungen sind Verwaltungsakte, ihm obliegt der Abschluß öffentlich-rechtlicher und privatrechtlicher Verträge, die Abgabe sonstiger öffentlich-rechtlicher und privatrechtlicher Willenserklärungen[287] sowie die Vornahme von geschäftsähnlichen Handlungen und Realakten, alles freilich nach Maßgabe ggf. organisationsintern getroffener Entscheidungen.

Der Gemeindedirektor vertritt die Gemeinde in Prozessen gem. §§ 61 Nr. 3, 78 Abs. 1 Nr. 2 VwGO, § 5 AG VwGO NW prozeßstandschaftlich. Das gilt auch bei Klagen der Gemeinde gegen Maßnahmen der Kommunalaufsicht, es sei denn, daß er am Aufsichtsverfahren von sich aus mitgewirkt hat.[288]

Gem. § 28 Abs. 3 GO gelten die einfachen Geschäfte der laufenden Verwaltung als auf den Gemeindedirektor übertragen. Wie oben bereits angesprochen,[289] sieht § 28 Abs. 3 GO für einen bestimmten Kreis von Geschäften oder für einzelne Entscheidungen ein **Rückholrecht des Rates** vor. Dieses Rückholrecht ist indes begrenzt, seine Ausübung darf nicht dazu führen, daß die in dieser Vorschrift begründete Zuständigkeit des Gemeindedirektors zu **weisungsfreier** Entscheidung ausgehöhlt wird.

Als **einfache Geschäfte der laufenden Verwaltung** sind solche anzusehen, die regelmäßig wiederkehren und im Hinblick auf ihre Bedeutung und den Umfang der Verwaltungstätigkeit sowie die Finanzkraft der betroffenen Gemeinde von untergeordneter Bedeutung sind.[290] In diesen Geschäftskreis fallen also etwa der Erlaß von Ordnungsverfügungen nach dem OBG, die Erteilung von Erlaubnissen aller Art wie Reisegewerbekarte, Gaststättenerlaubnis, Fahrerlaubnis, Jagdschein, Fischereischein, Aufenthaltserlaubnis, die Ausstellung von Pässen, Personalausweisen, die Beschaffung von mittelfristig verwendbaren und damit in gewissen Abständen regelmäßig neu zu erwerbenden Sachmitteln, wie Schreib- und Rechenmaschinen, Mobiliar, Schreib- und Büromaterial aller Art, Heizmaterial usw.

---

286 Zum Behördenbegriff vgl. *Erichsen/Martens*, Allg.VwR, 7. Aufl. 1986 § 11 II 2 m. w. N.
287 Zu den verwaltungsrechtlichen Willenserklärungen vgl. *Erichsen/Martens*, Allg.VwR. 7. Aufl. 1986 § 10 II (S. 136f.).
288 Vgl. *Fehrmann*, DÖV 1983 S. 311 (317f.). Vgl. auch OVG NW OVGE 35 S. 73 (75).
289 Vgl. VIII 1a ee S. 155.
290 Vgl. BGHZ 14 S. 89 (92ff.); 21 S. 59 (63); 32 S. 375 (378); BGH NJW 1980 S. 117; *Kottenberg/Rehn/Cronauge*, GO, § 28 Erl. IV; *J. Rauball*, in: Rauball/Pappermann/Roters, GO, § 28 Rdn. 30; *Benner*, Die Zuständigkeitsverteilung zwischen Gemeindedirektor und Rat in Nordrhein-Westfalen nach Gesetz und Ortsrecht, Diss. iur. Münster, 1960 S. 181; *Zuhorn/Hoppe*, Gemeindeverfassung S. 172. Etwas anders v. *Loebell/Oerter*, GO, § 28 Erl. 9 und OVG NW, in: Kottenberg/Rehn/v. Mutius, Rspr. z. komm. VerfR, § 28 Nr. 3, nach denen es auf die rechtlichen und tatsächlichen Schwierigkeiten sowie auf die finanzielle Bedeutung des Geschäfts nicht ankommen soll. Zu § 37 lit. a) KrO und dem Verhältnis von § 37 lit. a) KrO und § 28 Abs. 3 GO vgl. unten VIII 2 c S. 163.

Von zentraler Bedeutung ist die dem Gemeindedirektor in § 53 Abs. 1 GO übertragene **Geschäftsleitungs- und Organisationsgewalt.** Auf der Grundlage dieser Vorschrift obliegt ihm die organisationsinterne Gliederung der Verwaltung, also der aufgabenorientierte Zuschnitt von Ämtern, Abteilungen, Referaten sowie der Erlaß von Vorschriften über das verwaltungsintern zu beachtende Verfahren. Zu seinen Aufgaben gehört schließlich die Verteilung der Geschäfte und damit die Disposition über die personellen Verwaltungsmittel, d. h. die Einweisung der Beamten, Angestellten und Arbeiter der Gemeinden in einen als Amt im konkret funktionellen Sinne bezeichneten institutionalisierten Aufgabenkreis der Gemeinde.[291] Demgegenüber kann gem. § 53 Abs. 1 S. 2 GO der Rat den Geschäftskreis der Beigeordneten festlegen.

Gem. § 53 Abs. 2 GO ist der Gemeindedirektor Dienstvorgesetzter der Beamten, Angestellten und Arbeiter; er hat darüber hinaus — vorbehaltlich abweichender Regelung in der Hauptsatzung — gem. § 54 Abs. 1 S. 3, 4 GO die arbeits- und tarifrechtlichen Entscheidungen für die Angestellten und Arbeiter zu treffen.

Der Hervorhebung bedarf schließlich das gem. § 39 Abs. 2 GO bestehende **Beanstandungsrecht** des Gemeindedirektors gegenüber Ratsbeschlüssen. Voraussetzung für seine Ausübung ist, daß ein Beschluß des Rates das geltende Recht verletzt. Anders als beim Widerspruchsrecht des Bürgermeisters nach § 39 Abs. 1 GO geht es also hier nur um eine Rechtmäßigkeitskontrolle. Im Gegensatz zum Bürgermeister **muß** allerdings der Gemeindedirektor gem. § 39 Abs. 2 S. 1 GO einen rechtswidrigen Beschluß beanstanden. Die Beanstandung ist gem. § 39 Abs. 2 S. 3 GO schriftlich in Form einer begründeten Darlegung dem Rat mitzuteilen. Sie hat gem. § 39 Abs. 2 S. 2 GO aufschiebende, d. h. die Ausführung hindernde Wirkung. Der Rat hat nunmehr gegenüber dem stornierten Ratsbeschluß zwei Möglichkeiten: er kann es einerseits bei der Beanstandung durch den Gemeindedirektor belassen, er kann andererseits erneut über die Angelegenheit beraten. Falls der Rat nach erneuter Beratung bei seinem Beschluß verbleibt, muß der Gemeindedirektor gem. § 39 Abs. 2 S. 4 GO unverzüglich die Entscheidung der Aufsichtsbehörde einholen. Die aufschiebende Wirkung bleibt bestehen.

Eine Pflicht zur Beanstandung hat der Gemeindedirektor gem. § 39 Abs. 3 GO auch dann, wenn der Beschluß eines beschließenden Ausschusses das geltende Recht verletzt. Verbleibt der Ausschuß auf die schriftlich begründete Beanstandung bei seinem Beschluß, so hat gem. § 39 Abs. 3 S. 2 GO der Rat über die Angelegenheit zu beschließen. Bestätigt der Rat die Entscheidung des Ausschusses, so hat nunmehr gem. § 39 Abs. 2 GO der Gemeindedirektor das Recht und die Pflicht, den Beschluß des Rates zu beanstanden.

Der Pflicht zur Beanstandung kann sich der Gemeindedirektor nicht durch Einleitung eines Kommunalverfassungsstreits entziehen.[292] Es handelt sich um ein Verfahren

---

291 Zum Begriff des Amtes im konkret funktionellen Sinne vgl. *Erichsen*, in: Erichsen/Hoppe/v. Mutius, System des verwaltungsgerichtlichen Rechtsschutzes, 1985 S. 211 (218).
292 So zutreffend OVG NW OVGE 23 S. 124 (127); *Roters*, in: Rauball/Pappermann/Roters, GO, § 39 Rdn. 7; *Kottenberg/Rehn/Cronauge*, GO, § 39 Erl. III 1; *v. Loebell/Salmon*, GO, § 39 Erl. 4.

verwaltungsinterner Selbstkontrolle und -korrektur, das zugleich Ausdruck gemeindlicher Selbstverwaltung und kennzeichnend für die dem Recht und nicht parteipolitischen Interessen verpflichtete Stellung des Gemeindedirektors gegenüber dem Rat ist.[293] Es ist dem Schutz der Gemeinde und nicht dem des einzelnen Einwohners zu dienen bestimmt, woraus folgt, daß dieser auch keinen Anspruch auf Beanstandung durch den Gemeindedirektor hat.[294]

c) Das Verhältnis von Rat und Gemeindedirektor

Die Regelung des § 28 Abs. 1 GO, die dem Rat die Entscheidung in den wesentlichen, die Gemeinde betreffenden Angelegenheiten überträgt, die des § 47 Abs. 1 S. 2 GO, wonach der Gemeindedirektor Beschlüsse des Rates unter dessen Kontrolle und in Verantwortung ihm gegenüber durchführt und die Regelung des § 55 Abs. 1 GO, wonach der Gemeindedirektor der gesetzliche Vertreter der Gemeinde in Rechts- und Verwaltungsgeschäften ist, sind kennzeichnend für das Verhältnis dieser beiden Organe zueinander. Während der Rat in den wesentlichen Angelegenheiten den für die Gemeindeverwaltung bestimmenden Willen bildet, er also organisations**intern** die Entscheidungen trifft, obliegt dem Gemeindedirektor der Vollzug dieser Entscheidungen im Verhältnis zu Dritten, **nach außen**. Es liegt hier also eine Trennung von Geschäftsführungsbefugnis und Vertretungsmacht vor.

2. Die Organe des Kreises

Gem. § 6 KrO liegt die Verwaltung des Kreises bei dem Kreistag, dem Kreisausschuß und dem Oberkreisdirektor. Diese sich deutlich von der tendenziell monistisch ausgerichteten Vorschrift des § 27 Abs. 1, Abs. 2 S. 1 GO abhebende Regelung hat dazu geführt, die Kreisverfassung als „**trialistisch**" zu bezeichnen.[295] Daran ist zutreffend, daß insbesondere im Vergleich mit dem Hauptausschuß der Gemeindeordnung die Stellung des Kreisausschusses deutlich stärker ist und auch der Oberkreisdirektor im Vergleich mit dem Gemeindedirektor in größerem Ausmaß als selbständiges und eigenverantwortliches Organ des Kreises tätig wird. Im Unterschied zur Gemeindeverfassung kennt die Kreisverfassung keine beschließenden Ausschüsse und keine Beigeordneten. Im übrigen bestehen aber zwischen Gemeinde- und Kreisverfassung in Nordrhein-

---

293 Vgl. auch *Erichsen*, DVBl. 1980 S. 723 (728f.).
294 Vgl. OVG NW OVGE 31 S. 51; *Kottenberg/Rehn/Cronauge*, GO, § 39 Erl. I; *v. Loebell/Salmon*, GO, § 39 Erl. 10; *J. Rauball*, in: Rauball/Pappermann/Roters, GO, § 39 Rdn. 16. Zum Anspruch einzelner Ratsmitglieder auf Beanstandung vgl. *Stober*, SKV 1974 S. 235 ff.
295 So *Schmidt-Jortzig*, Kommunalrecht Rdn. 302; vgl. auch *Oebbecke*, Gemeindeverbandsrecht Rdn. 195.

Westfalen viele Gemeinsamkeiten, so daß weitgehend auf das oben zu den Organen der Gemeinde Gesagte verwiesen werden kann.

a) Der Kreistag

Der Kreistag ist die durch Art. 28 Abs. 1 S. 2 GG geforderte Vertretung des Volkes in den Kreisen. Er besteht gem. § 3 KWahlG je nach Einwohnerzahl des Kreises aus 49—73 Mitgliedern, von denen zwei Drittel in Wahlkreisen und ein Drittel über die Reserveliste gem. § 21 KrO in allgemeiner, unmittelbarer, freier, gleicher und geheimer Wahl auf die Dauer von fünf Jahren gewählt werden. Insoweit und was die Rechtsstellung der Mitglieder des Kreistages, seine interne Organisation und das Verfahren betrifft, kann weitgehend auf das oben zum Rat Ausgeführte verwiesen werden.

Vorsitzender des Kreistages ist gem. § 19 S. 2 KrO der **Landrat**. Er wird gem. § 24 Abs. 1 KrO gemeinsam mit mindestens zwei Stellvertretern nach den Grundsätzen der Verhältniswahl vom Kreistag gewählt. Ihm obliegt gem. § 19 S. 3 KrO die repräsentative Vertretung des Kreises. Seine Aufgaben und Befugnisse gleichen weitgehend denen des Bürgermeisters. Gem. § 35 Abs. 3 S. 1 KrO ist er geborener Vorsitzender des Kreisausschusses. Er kann in Fällen der Verhinderung von Kreistag und Kreisausschuß bei äußerster Dringlichkeit gem. § 34 Abs. 3 S. 2 KrO gemeinsam mit einem Mitglied des Kreisausschusses Eilentscheidungen treffen und ist gem. § 31 Abs. 1 KrO berechtigt, Kreistagsbeschlüssen zu widersprechen, die nach seiner Auffassung das Wohl des Kreises gefährden.

Was die **Zuständigkeiten des Kreistages** betrifft, so geht § 20 Abs. 1 S. 1 KrO anders als § 28 Abs. 1 S. 1 GO nicht vom Prinzip der Allzuständigkeit aus, sondern legt der verfassungsrechtlichen Vorgabe des Art. 28 Abs. 1 S. 2 GG entsprechend fest, daß der Kreistag über die Angelegenheiten des Kreises beschließt, die **ihrer Bedeutung nach** einer solchen Entscheidung bedürfen oder die er sich vorbehält. Die Umsetzung des die Regelung des § 20 Abs. 1 S. 1 KrO tragenden Grundsatzes der Wesentlichkeit bleibt allerdings nur zu einem geringen Teil den Kreisorganen vorbehalten. § 20 Abs. 1 S. 2 Abs. 4 u. 5 KrO enthält vielmehr einen Katalog von Aufgaben, deren Wahrnehmung dem Kreistag **ausschließlich** vorbehalten ist — **Vorbehaltsaufgaben.** Insoweit besteht eine weitgehende Vergleichbarkeit mit den Zuständigkeiten des Rates. So ist auch der Kreistag zuständig für die Aufstellung allgemeiner Grundsätze — § 20 Abs. 1 lit. a) und e) KrO —, die Besetzung und Wahl von Organen und Vertretern des Kreises — § 20 Abs. 1 S. 2 lit. b), c), d), Abs. 4, 5 KrO —, für den Erlaß, die Änderung und die Aufhebung von Kreisrecht — § 20 Abs. 1 S. 2 lit. g) KrO —, für Haushalts- und Vermögensangelegenheiten — § 20 Abs. 1 S. 2 lit. h)—p) KrO — und verschiedene Kontrollaufgaben. Hinzu kommen gem. § 20 Abs. 1 S. 2 lit. u) KrO alle Angelegenheiten, in denen das Gesetz die Zuständigkeit des Kreistages ausdrücklich vorschreibt. Zu den Angelegenheiten, die, obwohl im Vorbehaltskatalog nicht enthalten, gleichwohl wegen ihrer besonderen Bedeutung für den Kreis vom Kreistag zu entscheiden sind, werden etwa die Stellungnahmen zu Landes- und Gebietsentwicklungsplänen, die Entscheidung über die Begründung von Partnerschaften und über besondere Ehrungen gerechnet.[296]

Neben diesem Vorbehaltsbereich, in dem eine Delegation mit Ausnahme der Fälle des § 20 Abs. 1 S. 2 lit. k) und l) KrO unzulässig ist, findet sich in § 20 Abs. 1 S. 1 2. HS KrO — terminologisch unglücklich mit dem Verb „vorbehalten" bezeichnet — ein **Zugriffsrecht des Kreistages.**

b) Der Kreisausschuß

aa) Als Kreisorgan

Gem. § 35 Abs. 1 S. 1 KrO besteht der Kreisausschuß aus mindestens 9 und höchstens 17 Mitgliedern einschließlich des Vorsitzenden. Sie werden gem. §§ 35 Abs. 2 S. 1, 27 Abs. 3 KrO vom Kreistag aus seiner Mitte für die Dauer der Wahlzeit des Kreistages entweder aufgrund Einigung oder nach den Grundsätzen der Verhältniswahl gewählt.

Gem. § 34 Abs. 1 KrO beschließt der Kreisausschuß über alle Angelegenheiten, soweit sie nicht dem Kreistag vorbehalten sind oder soweit es sich nicht um Geschäfte der laufenden Verwaltung handelt. Ihm kommt also eine **Auffangzuständigkeit** zu,[297] die allerdings durch das bereits angesprochene Zugriffsrecht des Kreistages in Grenzen relativiert ist.[298]

Gem. § 34 Abs. 4 KrO kann der Kreisausschuß die Erledigung einzelner Verwaltungsaufgaben dem Oberkreisdirektor übertragen. Diese Möglichkeit der **Delegation** ist auf konkrete, d. h. nicht nur gattungsmäßig bestimmte Angelegenheiten beschränkt,[299] es besteht insoweit ein Rückholrecht.

Gem. § 34 Abs. 1 S. 2 KrO hat der Kreisausschuß die **Beschlüsse des Kreistages vorzubereiten.** Er hat nach § 34 Abs. 1 S. 2 KrO die Führung der Verwaltungsgeschäfte durch **den Oberkreisdirektor zu überwachen.** Entgegen der Auffassung des OVG NW[300] erstreckt sich die Überwachung auch auf die Geschäfte der laufenden Verwaltung.[301] Der Kreisausschuß hat schließlich gem. § 34 Abs. 3 KrO ebenso wie der Hauptausschuß die Kompetenz zur **Eilentscheidung** in Angelegenheiten, die der Beschlußfassung des Kreistages unterliegen.

bb) Bei der Erfüllung von Aufgaben staatlicher Verwaltung

Gem. § 48 Abs. 1 S. 2 KrO bedarf der Oberkreisdirektor als untere staatliche Verwaltungsbehörde bei bestimmten, das Gebiet, das Vermögen und die kommunale Gemein-

---

296 Vgl. etwa *Kirchhof*, KrO, § 20 Erl. 4; *Oebbecke*, Gemeindeverbandsrecht Rdn. 205; *Wagener*, Gemeindeverbandsrecht § 20 LKrO Rdn. 7.
297 So auch *Oebbecke*, Gemeindeverbandsrecht Rdn. 222; *Kirchhof*, KrO, § 34 Rdn. 2; *Wagener*, Gemeindeverbandsrecht § 34 LKrO Rdn. 2.
298 Vgl. oben vor b S. 162.
299 Vgl. auch *Kirchhof*, KrO, § 34 Erl. 17. A. A. wohl *Wagener*, Gemeindeverbandsrecht § 34 LKrO Rdn. 18.
300 OVGE 25 S. 186 ff. Vorher schon *Wagener*, Gemeindeverbandsrecht § 34 LKrO Rdn. 4.
301 So auch *Kirchhof*, KrO, § 34 Erl. 6; *Oebbecke*, Gemeindeverbandsrecht Rdn. 224.

schaftsarbeit der kreisangehörigen Gemeinde betreffenden Entscheidungen der **Zustimmung des Kreisausschusses**. Dieser nimmt insoweit entsprechend § 47 Abs. 1 KrO Aufgaben staatlicher Verwaltung wahr. Seine Tätigkeit bleibt organisationsintern; als entscheidendes Organ gegenüber den kreisangehörigen Gemeinden wird der Oberkreisdirektor tätig.

c) Der Oberkreisdirektor

aa) Als Kreisorgan

Gem. § 38 Abs. 1 S. 1 KrO wird der Oberkreisdirektor vom Kreistag für die Dauer von acht Jahren **gewählt**. Er darf gem. § 13 Abs. 1 lit. a) KWahlG nicht dem Kreistag angehören. Seine Wahl bedarf gem. § 38 Abs. 1 S. 3 KrO der Bestätigung des Innenministers. Gem. § 38 Abs. 5 KrO kann der Oberkreisdirektor und ein vom Kreistag gewählter Kreisdirektor ebenso wie der Gemeindedirektor unter Beachtung eines bestimmten Verfahrens mit einer Mehrheit von zwei Dritteln der gesetzlichen Zahl der Mitglieder abberufen werden.[302]

Was die **Aufgaben des Oberkreisdirektors** betrifft, so besteht auch hier weitgehende Übereinstimmung mit dem Aufgabenbereich des Gemeindedirektors. So obliegt ihm gem. § 37 lit. c) KrO die Vorbereitung und Durchführung der Beschlüsse des Kreistages und des Kreisausschusses, ist er gem. § 37 lit. e) KrO der gesetzliche Vertreter des Kreises in Rechts- und Verwaltungsgeschäften und obliegt ihm gem. § 37 lit. g) KrO die Leitung und Verteilung der Geschäfte.

Gem. § 37 lit. a) KrO ist er für die Führung der Geschäfte der laufenden Verwaltung zuständig. Anders als im Falle des § 28 Abs. 3 GO ist hier also keine Delegation fingiert, der Oberkreisdirektor wird vielmehr insoweit als eigenständiges, unmittelbares Kreisorgan und nicht aus im Verhältnis zum Kreistag abgeleitetem Recht tätig. Im Unterschied zum Wortlaut des § 28 Abs. 3 GO ist sein Tätigkeitsbereich darüber hinaus nicht auf „einfache" Geschäfte der laufenden Verwaltung beschränkt. Wesentliches Merkmal der laufenden Geschäfte ist nach einer vielfach gebrauchten Formel des OVG NW die Erledigung nach feststehenden Grundsätzen auf eingefahrenen Gleisen.[303] In die eigene, unabgeleitete Organzuständigkeit des Oberkreisdirektors fallen daher sich — sei es auch nur gelegentlich — wiederholende sowie nicht durch die Konstellation des Einzelfalles bestimmte und i. S. d. § 20 Abs. 1 S. 1 KrO bedeutende Entscheidungen. Daß damit im Ergebnis trotz des unterschiedlichen Wortlauts gegenüber § 28 Abs. 3 GO im Zuständigkeitszuschnitt kaum ein Unterschied bleibt, ist nicht zu leugnen.[304]

---

302 Vgl. dazu oben VIII 1 b aa S. 156 f.
303 Vgl. OVG NW OVGE 10 S. 311 (312); 25 S. 186 (193). Vgl. dazu auch *Oebbecke*, Gemeindeverbandsrecht Rdn. 235; *Kirchhof*, KrO, § 37 Erl. 3.
304 Vgl. *Benner* (Fn. 290) S. 179 ff. m. w. N.; Vgl. auch *Kirchhof*, KrO, § 37 Erl. 3. A. A. wohl *Oebbecke*, Gemeindeverbandsrecht Rdn. 235. Offen gelassen von OVG NW OVGE 25 S. 186 (193).

Gem. § 37 lit. b) KrO obliegt dem Oberkreisdirektor die Erledigung der ihm vom Kreisausschuß gem. § 34 Abs. 4 KrO übertragenen, allerdings der Rückholung unterliegenden einzelnen Angelegenheiten. Zu seinen Aufgaben gehört gem. § 37 lit. d) KrO die Ausführung der Weisungen bei den Pflichtaufgaben zur Erfüllung nach Weisung. Hinzu kommt schließlich gem. § 37 lit. f) KrO die Erledigung aller Aufgaben, die ihm aufgrund gesetzlicher Vorschriften übertragen sind. Ebenso wie der Gemeindedirektor hat der Oberkreisdirektor gem. § 31 Abs. 3 KrO die Pflicht, rechtswidrige Beschlüsse des Kreistages zu beanstanden.[305]

bb) Als untere staatliche Verwaltungsbehörde

Gem. § 47 Abs. 1 KrO werden die **Aufgaben der unteren staatlichen Verwaltungsbehörde** vom Oberkreisdirektor und vom Kreisausschuß wahrgenommen. Wie oben[306] dargelegt, sind die Aufgaben des Kreisschusses jedoch auf die **organisationsinterne** Mitwirkung an bestimmten Entscheidungen des Oberkreisdirektors beschränkt. Die Entscheidungszuständigkeit für das **Außenverhältnis** liegt allein beim Oberkreisdirektor, so daß auch nur ihm insoweit Behördenqualität zukommt. Die Staatsverwaltung bedient sich des Oberkreisdirektors als eines institutionalisierten Funktionsubjekts zur Wahrnehmung allgemeiner staatlicher Verwaltungsaufgaben auf der untersten Ebene.

Zum anderen führt der Oberkreisdirektor vorbehaltlich abweichender gesetzlicher Regelung als untere staatliche Verwaltungsbehörde gem. § 48 Abs. 1 S. 1 KrO die allgemeine Aufsicht und die Sonderaufsicht über die kreisangehörigen Gemeinden, also nach dem oben Ausgeführten[307] die Aufsicht in deren Selbstverwaltungsangelegenheiten. Ihm fällt gem. § 7 AG VwGO NW die Aufgabe der Widerspruchsbehörde bei den Pflichtaufgaben zur Erfüllung nach Weisung zu.

3. Der Kommunalverfassungsstreit

Wie die vorstehenden Ausführungen gezeigt haben, sehen Gemeinde- und Kreisordnung vielfach Entscheidungen eines Organs gegenüber anderen Organen — z. B. Beanstandungen eines Ratsbeschlusses durch den Gemeindedirektor gem. § 39 Abs. 2 GO —, eines Organs gegenüber einem Organteil oder Organwalter — z. B. Rückruf eines Ratsmitgliedes aus einem Ausschuß durch Ratsbeschluß, Ausschluß eines Ratsmitgliedes von der Mitwirkung an einer Ratsentscheidung gem. § 23 Abs. 1 GO, Verhängung eines Rauchverbots für die Ratsmitglieder durch den Vorsitzenden des Rates — und eines Organteils gegenüber einem anderen Organteil — z. B. Ausschluß eines Ratsmitgliedes aus einer Fraktion — vor. Da diese Entscheidungen, wie jede andere auch, fehlerhaft erge-

---

305 Vgl. dazu oben VIII 1b bb S. 159f.
306 VIII 2b bb S. 162f.
307 Vgl. VI 1, 3 S. 125f., 127.

hen oder unterlassen werden können, stellt sich die Frage nach gerichtlicher Kontrolle. So kann sich etwa ein Ratsmitglied gegen den nach seiner Ansicht ungerechtfertigten Ausschluß von der Ratssitzung wehren und kann der Oberkreisdirektor seine Auffassung bestätigt sehen wollen, daß der Kreisausschuß seine Kompetenzen überschritten habe, kann eine Fraktion die Aufnahme eines Vorschlages in die Tagesordnung einer Ratssitzung erzwingen und kann etwa der Landrat sich gegen seine Abwahl zur Wehr setzen wollen.

Es ist allgemeine Meinung, daß eine gerichtliche Austragung dieser sog. Kommunalverfassungsstreitigkeiten[308] vor den allgemeinen Verwaltungsgerichten unter bestimmten Voraussetzungen zulässig ist. **Kommunalverfassungsstreitigkeiten** sind Streitigkeiten, die im Innenbereich von Gemeinden und Gemeindeverbänden über die Ausübung von Zuständigkeiten entstehen und die daher nach Maßgabe des Innenrechts zu entscheiden sind. Das Innenrecht umfaßt die Gesamtheit jener Rechtssätze, die die Beziehungen zwischen den Organen, deren Untergliederungen und den Organ- bzw. Amtswaltern einer (teil-)rechtsfähigen Organisation öffentlicher Verwaltung regeln.[309] Die VwGO war zwar ursprünglich für Streitigkeiten des Außenrechtskreises, also solche zwischen Staat (Gemeinde, Gemeindeverband) und Bürger, konzipiert,[310] und sie ist in ihren Instrumentarien und Verfahren darauf ausgerichtet. Doch besteht heute[311] Einigkeit darüber, daß § 40 Abs. 1 VwGO auch Innenrechtsstreitigkeiten erfaßt und Kommunalverfassungsstreitigkeiten daher als Rechtsstreitigkeiten i.S.d. § 40 Abs. 1 VwGO anzusehen sind.[312] Kommunalverfassungsstreitigkeiten sind trotz der dahinweisenden Bezeichnung keine Streitigkeiten verfassungsrechtlicher Art, da als solche in § 40 Abs. 1 VwGO nur Streitigkeiten über die Staatsverfassung gelten.[313]

Schwieriger gestaltet sich die Beantwortung der Frage nach der **Beteiligungsfähigkeit.** Eine **unmittelbare** Anwendung von § 61 Nr. 1 VwGO kommt nicht in Betracht, da Organe, Organteile und Organ- bzw. Amtswalter weder natürliche noch juristische Personen im Sinne dieser Vorschrift noch auch Vereinigungen i.S.d. § 61 Nr. 2 VwGO oder Behörden i.S.d. § 61 Nr. 3 VwGO sind.[314]

---

308 Man spricht auch von Kommunalverfassungsstreitverfahren — so OVG NW OVGE 17 S. 261; 27 S. 258 — oder kommunalrechtlichen Organstreitigkeiten — so *Bethge*, Die Verwaltung Bd. 8 (1975) S. 459 (467).
309 Dazu *Erichsen* (Fn. 291) S. 211 (213 ff.).
310 Vgl. dazu BR-Drucks. 7/53; BT-Drucks. I/4278 S. 39 zu § 64; vgl. auch BR-Drucks. 33/54; BT-Drucks. II/462; *Hoppe,* Organstreitigkeiten vor den Verwaltungs- und Sozialgerichten, 1970 S. 33.
311 Zur Entwicklung vgl. *Erichsen* (Fn. 291) S. 211 (219 f.).
312 Vgl. *Erichsen* (Fn. 291) S. 211 (219 f.).
313 Vgl. dazu *Eyermann/Fröhler*, VwGO, 8. Aufl. 1980 § 40 Rdn. 63.
314 A. A. bw VGH DÖV 1980 S. 573: „... der Beklagte ist auch in seiner Funktion als Präsident des Sozialgerichts eine natürliche Person."; ebenso OVG Rh.-Pf. AS 9 S. 335 (343 f.); *Heermann* (Fn. 249) S. 304 m. Fn. 1; *Kiock,* Die Kommunalverfassungsstreitigkeiten und ihre Eingliederungen in die Verwaltungsgerichtsordnung, Diss. iur. Köln, 1975 S. 69; *Schmitz*, SKV 1962 S. 72.

Da es der Regelungsabsicht des Gesetzgebers gerade nicht entsprach, innerorganisatorischen Funktionssubjekten im Hinblick auf organisationsinterne Streitigkeiten die Beteiligungsfähigkeit zuzuerkennen,[315] kommt auch eine **analoge** Anwendung des § 61 VwGO[316] nicht in Betracht.[317]

Andererseits folgt aus der schon bald nach Erlaß der VwGO durchgesetzten Eröffnung des Verwaltungsrechtsweges für die Entscheidung von Innenrechtsstreitigkeiten die Notwendigkeit, im Hinblick auf die Beteiligungsfähigkeit das im Rahmen des § 40 Abs. 1 S. 1 VwGO Begonnene systemimmanent fortzusetzen und die Zuordnungssubjekte des Innenrechts grundsätzlich als beteiligungsfähig anzusehen.

Das Erfordernis systemimmanenter Rechtsfortbildung gebietet, hinsichtlich der Beteiligungsfähigkeit von Innenrechtssubjekten als Orientierungsmaßstab die Regelung des § 61 VwGO zu wählen. Vergegenwärtigt man sich, daß es im Innenrechtskreis keine Vorschrift gibt, die — wie in § 61 Nr. 1 VwGO vorausgesetzt — generell Rechtsfähigkeit zuerkennt, daß weiter keine landesgesetzliche Norm existiert, die — wie in § 61 Nr. 3 VwGO vorgesehen — innerorganisatorischen Funktionssubjekten ausdrücklich die Beteiligungsfähigkeit verleiht, sondern daß vielmehr der innerorganisatorische Konflikt durch die Wahrnehmung bestimmter, durch einzelne Innenrechtssätze begründeter Befugnisse gekennzeichnet ist, sieht man sich auf § 61 Nr. 2 VwGO als Muster für die Regelung der Beteiligungsfähigkeit verwiesen.

Für die Beteiligungsfähigkeit reicht es allerdings **nicht** aus, daß es dem klagenden Organ- bzw. Organteil oder dem klagenden Organ- oder Amtswalter um die Durchsetzung einer ihm durch das Innenrecht eingeräumten bloßen Wahrnehmungszuständigkeit geht, wie sie sich etwa durch die Verpflichtung ergibt, die dem Organ oder Amt zugewiesenen Zuständigkeiten wahrzunehmen. Es besteht vielmehr Einigkeit, daß im Falle des Innenrechtsstreits die Beteiligungsfähigkeit nur dann gegeben ist, wenn die geltend gemachte Innenrechtsposition als **wehrfähig** anzusehen ist. Ob und wann eine die Beteiligungsfähigkeit begründende wehrfähige Innenrechtsposition gegeben ist, ist jedoch bislang ungeklärt. Die Versuche, derartige Rechte zu begründen, sind zahlreich.[318]

Zur Optimierung der Aufgabenerfüllung im Außenverhältnis kann schon für den Innenbereich der Organisation ein Prozeß vorgesehen sein, in dem den vorhandenen Funktionssubjekten ein je eigener Anteil an der Entscheidungsbildung zugedacht sein

---

315 Vgl. BR-Drucks. 7/53; BT-Drucks. I/4278 S. 39; vgl. auch BR-Drucks. 33/54; BT-Drucks. II/462.
316 Für eine analoge Anwendung des § 61 Nr. 2 VwGO auf „Organe und Organteile" etwa *Hoppe* (Fn. 310) S. 213; *ders.*, DVBl. 1970 S. 845 (849); *Hoppe/Bunse*, StädteT 1984 S. 411 (413); auf „individuell besetzte Funktionssubjekte der Gemeindeverwaltung" *Bleutge* S. 140; auf „Universitätsorgane ..., Fakultäten und deren Organe ..., ... Organteile oder organinterne Funktionsträger" bw VGH DÖV 1982 S. 84 (85).
317 Vgl. *Erichsen* (Fn. 291) S. 211 (223).
318 Vgl. im einzelnen *Erichsen* (Fn. 291) S. 211 (225 ff.).

kann, der auch im Verhältnis zu anderen Funktionsobjekten soll durchgesetzt werden können.[319] Dies ist immer dann anzunehmen, wenn eine dem innerorganisatorischen Funktionssubjekt übertragene Zuständigkeit und die mit ihr verbundene Befugnis oder Verpflichtung ihm nicht zur transitorischen Wahrnehmung, d. h. in Zurechnung zu einer es umfassenden größeren innerorganisatorischen Einheit zugewiesen ist, wenn es also die ihm übertragenen Zuständigkeiten nicht in hierarchischer Einbindung und damit weisungsgebunden und im Konfliktsfall fremdverantwortet wahrnimmt.[320] Wehrfähig ist eine Innenrechtsposition daher dann, wenn die mit ihr verbundene Zuständigkeit dem innerorganisatorischen Funktionssubjekt als Endsubjekt, mithin **zur eigenständigen Wahrnehmung** übertragen ist.

So sind beispielsweise Rat und Gemeindedirektor im Streit um die Rechtmäßigkeit einer Beanstandung nach § 39 Abs. 2 GO[321] sowie im Streit um die Akteneinsicht gem. § 40 Abs. 2 S. 2 GO beteiligungsfähig. Im nach Maßgabe des Innenrechts zu entscheidenden Streit über den Ausschluß eines Gemeindevertreters von der Mitwirkung an den Beratungen und Entscheidungen des Vertretungsorgans geht es um die an Weisungen und Aufträge nicht gebundene Ausübung der mit dem Mandat endsubjektivisch verbundenen Zuständigkeiten und Befugnisse und damit insoweit um die Durchsetzung einer wehrfähigen Rechtsposition gegenüber dem endsubjektivisch über den Ausschluß beschließenden Vertretungsorgan.[322] Wehrfähige Positionen besitzen auch Gemeinderats- oder Kreistagsfraktionen, soweit ihnen endsubjektivische Befugnisse zukommen, wie beispielsweise das gem. § 33 Abs. 1 S. 2 GO oder § 25 Abs. 1 S. 2 KrO bestehende, die Tagesordnung betreffende Vorschlagsrecht.[323]

Keine wehrfähigen Rechte stehen demgegenüber überstimmten Mitgliedern von Kollegialorganen etwa des Gemeinderats oder des Kreistages gegenüber bloß objektiv rechtswidrigen Beschlüssen des Organs zu.[324] Die Mitglieder besitzen lediglich ein **endsubjektivisches** Recht auf Abgabe ihrer Stimme und der damit verbundenen Gewährleistung gleichen Zählwertes.[325]

Ein wehrfähiges Recht steht auch dem Vorsitzenden der Gemeindevertretung zu, soweit er die mit dieser Stellung verbundenen Zuständigkeiten eigenständig und mit Wirkung für und gegen die Gemeindevertretung wahrnimmt, wie das etwa beim Widerspruch nach § 39 Abs. 1 GO der Fall ist. Dagegen fehlt es an einem wehrfähigen Recht, wenn der Vorsitzende des Rates oder des Kreistages sich gegen eine gem. § 32 Abs. 4 GO, § 24 Abs. 4 KrO erfolgte Abwahl zur Wehr setzt, weil es hier nicht um die Ausübung der mit diesem Amt verbundenen Zuständigkeiten, sondern um deren Entziehung geht.

Was die **Rechtsschutzform** betrifft, so scheiden bei den innerorganisatorischen Streitigkeiten die Anfechtungs- und Verpflichtungsklage i. S. d. § 42 Abs. 1 VwGO aus.

---

319 Vgl. auch OVG NW DVBl. 1978 S. 150 (151); OVG NW OVGE 35 S. 8 (12).
320 Vgl. auch OVG Rh.-Pf. DVBl. 1983 S. 56 und *Maurer*, Allg.VwR, 4. Aufl. 1985 § 21 Rdn. 28 (S. 407).
321 Vgl. zu § 43 GO SH VG Schleswig Die sh Gemeinde 1985 S. 146.
322 Vgl. dazu etwa hess VGH NVwZ 1982 S. 44f.
323 Vgl. dazu OVG NW DÖV 1984 S. 300.
324 Vgl. dazu OVG NW OVGE 13 S. 350 (353 ff.); a. A. wohl VG Darmstadt NVwZ 1982 S. 208 (209).
325 Vgl. auch OVG Rh.-Pf. DVBl. 1985 S. 177 (178) und *M. Schröder*, NVwZ 1985 S. 246 (247), der allerdings terminologisch verwirrend auf den „Erfolgswert" abstellt.

Maßnahmen, die innerorganisatorische Funktionssubjekte betreffen, sind **intrapersonal**, also nicht „auf unmittelbare Rechtswirkung nach außen gerichtet"; sie stellen mithin keine Verwaltungsakte i. S. d. § 35 VwVfG NW dar und können infolgedessen auch nicht mit Anfechtungs- und Verpflichtungsklage bzw. mit den ihnen zugeordneten Formen der Fortsetzungsfeststellungsklage und des vorläufigen Rechtsschutzes angegriffen bzw. erstritten werden.[326] Die allgemeine Leistungsklage und die Feststellungsklage sind für die Gewährung von Rechtsschutz im Außenbereich konzipiert. Auch diese Klagearten sind daher bei Innenrechtsstreitigkeiten nicht unmittelbar anwendbar.[327] Diese zutreffende Einsicht lag der vom OVG NW vertretenen Auffassung zugrunde, beim Kommunalverfassungsstreitverfahren handle es sich um ein „Verfahren besonderer Art".[328]

Auch im Hinblick auf die Rechtsschutzformen gilt es indes, die Konsequenzen aus der Öffnung des Verwaltungsrechtsweges für die Entscheidung von Innenrechtsstreitigkeiten im Wege der Rechtsfortbildung zu ziehen. Dem entspricht es, wenn das BVerwG ausführt: „Einer richterlichen Fortbildung zugänglich ist vor allem die in der VwGO wenig geregelte allgemeine Leistungsklage, die neben der Feststellungsklage als geeignete Klageart für kommunale Verfassungsstreitigkeiten in Betracht kommt."[329]

Hinsichtlich der **Prozeßführungsbefugnis** wird man bei Klagen gegen innerorganisatorische Maßnahmen dem Kläger eine erhöhte Substantiierungslast aufzuerlegen haben. Denn anders als im Außenrechtskreis ist im innerorganisatorischen Rechtskreis die Existenz wehrhafter Positionen nicht der Regelfall. Die Prozeßführungsbefugnis ist daher bei Innenrechtsstreitigkeiten nur gegeben, wenn nach dem klägerischen Sachvortrag eine Verletzung ihm zustehender wehrhafter Innenrechtspositionen nicht ausgeschlossen ist.[330] Da bereits bei Feststellung der Beteiligungsfähigkeit des Klägers zu prüfen ist, ob die von ihm geltend gemachte Rechtsposition wehrfähig ist und ihm zustehen kann, reduziert sich im Rahmen der Prozeßführungsbefugnis die Untersuchung auf die Möglichkeit ihrer Verletzung.

---

326 Vgl. etwa *Krebs*, Jura 1981 S. 569 (579f.); *Fehrmann*, DÖV 1983 S. 311 (314); *Hoppe/Bunse*, StädteT 1984 S. 411 (419f.); vgl. auch VG Frankfurt NVwZ 1982 S. 52.
327 A.A. OVG NW OVGE 32 S. 192 (193); OVG NW DVBl. 1983 S. 53 (54); OVG Koblenz NVwZ 1985 S. 283; *Krebs*, Jura 1981 S. 569 (580); *ders.*, VerwArch Bd. 68 (1977) S. 189 (196); *Papier*, DÖV 1980 S. 292 (298); *Fehrmann*, DÖV 1983 S. 311 (314); *Schmidt-Aßmann*, in: v. Münch, Bes.VwR S. 147.
328 OVGE 27 S. 258 (260); vgl. auch OVGE 17 S. 261 (265).
329 *Buchholz* 310 Nr. 179 zu § 40 VwGO.
330 Vgl. auch *Erichsen* (Fn. 291) S. 48.

IX. Kommunale Satzungen

1. Grundlagen

Satzungen sind Rechtssetzungsakte selbständiger Verwaltungsträger zur einseitig-hoheitlichen Regelung ihrer eigenen Angelegenheiten;[331] sie sind das typische Instrument eigenverantwortlicher Aufgabenerfüllung[332] und damit Ausdruck dezentralisierter Verwaltungsorganisation.[333]

Den Gemeinden und Kreisen ist die Befugnis zum Erlaß von Satzungen in § 4 Abs. 1 S. 1 GO bzw. § 3 Abs. 1 S. 1 KrO übertragen.[334] Dergestalt ist ihnen die Möglichkeit eröffnet, durch Ortsrecht ihren Bereich in einer Weise zu gestalten, die ihren je eigenen sachlichen Gegebenheiten und den durch ihr Repräsentativorgan entwickelten Vorstellungen entspricht. Die Satzungsbefugnis erstreckt sich dabei auf alle Selbstverwaltungsangelegenheiten, d. h. auf freiwillige wie auf Pflichtaufgaben sowie auf Pflichtaufgaben zur Erfüllung nach Weisung.[335]

Den Gemeinden und Kreisen steht mit der Satzung eine vielfältig verwendbare Handlungsform zur Verfügung.[336] Satzungen können — wie etwa Steuer-, Beitrags-, Sondernutzungs- und Marktsatzungen — generell abstrakte Regelungen der Rechtsbeziehungen zwischen der Gebietskörperschaft und ihren Einwohnern enthalten und so dem gleichmäßigen Verwaltungsvollzug dienen. Sie sind jedoch auch ein wichtiges Instrument gemeindlicher Planung (Haushaltssatzung, Bebauungsplan) und der Gestaltung kommunaler Verwaltungsorganisation (Hauptsatzung, Eigenbetriebssatzung).

§ 4 Abs. 1 S. 1 GO und § 3 Abs. 1 S. 1 KrO begründen die Rechtssetzungsbefugnis eines Exekutivorgans[337] im Wege einer Generalermächtigung. Nach vielfach, insbesondere auch vom BVerfG[338] vertretener Ansicht, ist das in Art. 80 Abs. 1 GG enthaltene Gebot, Inhalt, Zweck und Ausmaß einer Ermächtigung zum Erlaß von Rechtsverordnungen festzulegen, auf die Ermächtigung demokratischer Gremien von Selbstverwaltungsträgern zum Erlaß von Satzungen nicht entsprechend anwendbar.[339] Dagegen sind

---

331 Vgl. auch *Schmidt-Aßmann*, HkWP Bd. 3 S. 182 m. w. N.
332 *Schmidt-Aßmann*, in: v. Münch, Bes.VwR S. 156.
333 *Schmidt-Jortzig*, Kommunalrecht Rdn. 615. Zur Abgrenzung von Rechtsverordnungen vgl. auch *P. Kirchhof*, in: Bundesverfassungsgericht und Grundgesetz, Festgabe für das BVerfG, Bd. II, 1976 S. 50 (86f.).
334 *J. Rauball*, in: Rauball/Pappermann/Roters, GO, § 4 Rdn. 1; nach a. A. ist die Satzungsbefugnis der Gebietskörperschaften unmittelbar aus Art. 28 Abs. 2 S. 1 und 2 GG herzuleiten, vgl. *Schmidt-Jortzig*, Kommunalrecht Rdn. 612.
335 Dort wird die Satzungsbefugnis allerdings in der Regel aufgrund der detaillierten gesetzlichen Normierungen kaum von Bedeutung sein, vgl. v. *Loebell/Oerter*, GO, § 4 Erl. 4a.
336 Vgl. i. e. *Schmidt-Aßmann*, HkWP Bd. 3 S. 183f.
337 *Schmidt-Jortzig*, Kommunalrecht Rdn. 618; *Bethge*, NVwZ 1983 S. 577 (579).
338 BVerfGE 21 S. 54 (62f.); 12 S. 319 (325); 33 S. 125 (157f.).
339 Vgl. *Schmidt-Jortzig*, Kommunalrecht Rdn. 618; *Schmidt-Aßmann*, HkWP Bd. 3 S. 185; *Bethge*, NVwZ 1983 S. 577 (579).

solange rechtsstaatliche Bedenken nicht zu erheben, als den Grundsätzen des **Parlamentsvorbehalts** mit seinen für das Ausmaß formell gesetzlicher Regelungsdichte geltenden Anforderungen genügt ist.[340]

Soweit es um Eingriffe in die grundrechtlich geschützte Sphäre des Bürgers durch oder aufgrund von Satzungen geht, reichen die Generalermächtigungen der §§ 4 Abs. 1 S. 1 GO, 3 Abs. 1 S. 1 KrO — gemessen am Maßstab des Parlamentsvorbehalts — nicht aus.[341] Daher enthalten beispielsweise §§ 4 Abs. 2 GO, 3 Abs. 2 KrO für die Schaffung von Ordnungswidrigkeitstatbeständen eine besondere Rechtsgrundlage[342] und ist in § 19 GO, § 16 KrO für die Anordnung des Anschluß- und Benutzungszwangs eine nach Inhalt, Zweck und Ausmaß bestimmte Ermächtigung geschaffen worden.[343]

Die kommunale Satzungsgebung unterliegt auch dem Vorrang des Gesetzes,[344] Satzungen dürfen demnach nicht gegen höherrangiges Recht verstoßen.[345]

2. Die Arten von Satzungen

Für den Erlaß kommunaler Satzungen sind neben der Gemeinde- bzw. Kreisordnung weitere Vorschriften des Bundes- und Landesrechts einschlägig. Soweit sich aus ihnen ergibt, daß der Erlaß einer Satzung Pflicht einer jeden Gemeinde bzw. jedes Gemeindeverbandes ist, spricht man von sog. **Pflichtsatzungen.** Satzungen, deren Erlaß unter bestimmten Voraussetzungen vorgeschrieben ist, werden als **bedingte Pflichtsatzungen** bezeichnet. Von beiden sind die **freiwilligen Satzungen** zu unterscheiden.[346]

Zu den Pflichtsatzungen gehören etwa die Hauptsatzung als das Verfassungs- und Organisationsstatut der Körperschaften (§ 4 Abs. 3 GO, § 3 Abs. 3 KrO) und die Haushaltssatzung (§ 64 Abs. 1 GO, § 42 Abs. 1 KrO). Bedingte Pflichtsatzungen sind beispielsweise der Bebauungsplan (§§ 1 Abs. 3, 2 Abs. 1, 10 BBauG), die (Eigen-)Betriebssatzung (§ 93 Abs. 1 GO; § 42 Abs. 1 KrO), die Verbandssatzung (§ 7 GkG) und die Sparkassensatzung (§ 4 Abs. 1 SparkassenG). Freiwillige Satzungen, über deren Erlaß die Gemeinden in eigener Verantwortung entscheiden, sind vielfach in Spezialgesetzen angesprochen, so etwa in § 25 BBauG, §§ 19 Abs. 3, 48 LStrG.

---

340 Vgl. dazu *Erichsen*, VerwArch Bd. 69 (1978) S. 387 (396); *dens.*, VerwArch Bd. 67 (1976) S. 93 (97 f.).
341 Vgl. auch *Bethge*, NVwZ 1983 S. 577 (579).
342 Vgl. zur „Satzungsbewehrung" *Schmidt-Aßmann*, HkWP Bd. 3 S. 185 f.; *Menger*, VerwArch Bd. 63 (1972) S. 447 (451 f.).
343 Vgl. dazu oben VII 2b gg S. 138 ff.
344 Vgl. dazu allgemein *Erichsen* (Fn. 48) S. 84 ff.
345 In diesem Zusammenhang wird insbesondere die Zulässigkeit gemeindlicher Haftungsbeschränkungen problematisiert; vgl. dazu etwa BGHZ 61 S. 7 (14 ff.); *Schmidt-Jortzig*, Kommunalrecht Rdn. 627; *Ossenbühl*, Staatshaftungsrecht, 3. Aufl. 1983 § 44, 3 m. w. N.
346 Ausführlich dazu *Pagenkopf*, Kommunalrecht Bd. I S. 91 ff.

3. Verfahren

Zuständig für den Erlaß von Satzungen ist gem. §§ 28 Abs. 1 S. 2 lit. g) u. h) GO, 20 Abs. 1 S. 2 lit. g) u. h) KrO ausschließlich der Rat der Gemeinde bzw. der Kreistag.[347] Für das Verfahren der Beschlußfassung gelten die allgemeinen kommunalrechtlichen Vorschriften. Für einzelne Arten von Satzungen können sich weitere Regeln aus Spezialgesetzen ergeben.[348]

Kommunale Satzungen unterliegen gem. §§4 Abs. 1 S. 2 GO, 3 Abs. 1 S. 2 KrO grundsätzlich keiner aufsichtsrechtlichen Vorlage- oder Genehmigungspflicht. Gesetzlich ausdrücklich vorgesehene Genehmigungsvorbehalte[349] dienen staatlicher Rechtmäßigkeitskontrolle.[350] Satzungen sind gem. §§ 4 Abs. 4 S. 1 GO, 3 Abs. 4 S. 1 KrO öffentlich bekanntzumachen. Die Einzelheiten regelt die aufgrund §§ 4 Abs. 5 GO, 3 Abs. 5 KrO erlassene Bekanntmachungsverordnung.[351] Das Inkrafttreten bestimmt sich nach §§ 4 Abs. 4 S. 2 GO, 3 Abs. 4 S. 2 KrO. Die Geltung kommunaler Satzungen ist regelmäßig unbefristet.

Verstöße gegen zwingendes Verfahrensrecht führen grundsätzlich zur Unwirksamkeit einer Rechtsnorm. Zur Reduzierung langfristiger Rechtsunsicherheit, wie sie etwa nach der Aufhebung von langjährig vollzogenen Satzungen im Bereich des Bauplanungs- oder Kommunalabgabenrechts entstanden war, wurden in §§ 155 a ff. BBauG sowie — in Anlehnung daran — in §§ 4 Abs. 6 GO, 3 Abs. 6 KrO Unbeachtlichkeits- bzw. Rügeklauseln normiert.[352] Danach sind Verstöße gegen kommunales Verfahrensrecht mit Ausnahme des Fehlens einer vorgeschriebenen Genehmigung und nicht ordnungsgemäßer Bekanntmachung innerhalb Jahresfrist nach der Bekanntmachung der Satzung zu rügen, sofern der Verfahrensmangel nicht bereits vorher[353] durch Beanstandung des Gemeinde- oder Oberkreisdirektors oder Rüge eines Dritten geltend gemacht wurde. Nach Fristablauf ist die Satzung insoweit nicht mehr angreifbar. Ob die dagegen unter Bezug auf Art. 19 Abs. 4 GG und das Gebot der Rechtmäßigkeit kommunalen Handelns — Art. 20 Abs. 3 GG — erhobenen Bedenken[354] angesichts der gegenläufigen

---

347 Zur umstrittenen Anwendung der Regeln über die Eilzuständigkeit (§§ 43 Abs. 1 S. 2 und 3 GO, 34 Abs. 3 S. 1 und 2 KrO) vgl. oben VIII 1a cc S. 153.
348 Vgl. etwa § 2a BBauG.
349 Vgl. etwa §§ 10f. BBauG, § 64 Abs. 2 S. 3 GO, § 42 Abs. 1 KrO; weitere Nachweise bei *J. Rauball*, in: Rauball/Pappermann/Roters, GO, § 4 Rdn. 6.
350 Vgl. auch *Schmidt-Aßmann*, in: v. Münch, Bes.VwR S. 156 „im Regelfall"; vgl. aber auch *J. Rauball*, in: Rauball/Pappermann/Roters, GO, § 4 Rdn. 8.
351 Verordnung über die öffentliche Bekanntmachung von kommunalem Ortsrecht vom 7. 4. 1981, SGV NW S. 2023.
352 Dazu i. e. *Schmidt-Aßmann*, Die kommunale Rechtssetzung im Gefüge der administrativen Handlungsformen und Rechtsquellen, 1981 S. 16ff.
353 Auch für die Beanstandung durch den Hauptverwaltungsbeamten gem. § 39 Abs. 2 GO, § 31 Abs. 2 KrO gilt insoweit die Jahresfrist. Vgl. *Wilhelm*, NVwZ 1984 S. 424 (425).
354 Vgl. *Schmidt-Aßmann*, VR 1978 S. 85ff.; *Schmidt-Jortzig*, Kommunalrecht Rdn. 648 m.w.N.

Verfassungsprinzipien der Rechtssicherheit und der Funktionsfähigkeit kommunaler Verwaltung durchgreifen, ist zweifelhaft.³⁵⁵

Unterbleibt die Beanstandung bzw. schriftliche Rüge eines Bürgers, so stellt sich die Frage, ob die Norm nach Ablauf der Jahresfrist nunmehr als rechtmäßig anzusehen ist.³⁵⁶ Dagegen ist einzuwenden, daß Rechtmäßigkeit und Gültigkeit einer Rechtsnorm nicht vom Verhalten Privater abhängen dürfen.³⁵⁷ Des weiteren ist zu bedenken, daß zum traditionellen Bestand der Verwaltungsrechtsdogmatik die Annahme gehört, daß Rechtsnormen, die gegen höherrangiges Recht verstoßen, nichtig, d. h. unwirksam sind.³⁵⁸ Diese Sicht liegt auch § 47 Abs. 6 S. 2 VwGO zugrunde und ist Voraussetzung für die — allgemein anerkannte — Zulässigkeit inzidenter richterlicher Normenkontrolle. Hiervon für §§ 155a BBauG, 4 Abs. 6 GO, 3 Abs. 6 KrO abzugehen, besteht — entgegen anderslautender Stimmen in der Literatur³⁵⁹ — auch angesichts der Rezeption der traditionellen Rechtsauffassung durch den Gesetzgeber³⁶⁰ kein Anlaß. Durch die genannten Vorschriften wird vielmehr nur die Berücksichtigung bestimmter Verfahrensmängel bei der Beurteilung der Wirksamkeit von Satzungen ausgeschlossen.³⁶¹

4. Rechtsschutz

Eine gerichtliche Überprüfung kommunaler Satzungen kann als inzidente Normenkontrolle und als prinzipale Normenkontrolle stattfinden.

Wird Rechtsschutz gegen einen aufgrund einer Satzung ergangenen Vollzugsakt begehrt, hat das Gericht in diesem Verfahren die Rechtmäßigkeit der Satzung **inzidenter** zu prüfen. Eine materiell oder formell fehlerhafte Satzung kann — von Fällen der Unbeachtlichkeit gem. §§ 4 Abs. 6 GO, 3 Abs. 6 KrO, 155aff. BBauG abgesehen³⁶² — da nichtig, nicht Rechtsgrundlage des angegriffenen Einzelaktes sein und bleibt im betreffenden Verfahren außer Anwendung. Eine allgemein verbindliche Feststellung der

---

355 Vgl. auch *Hill*, DVBl. 1983 S. 1 (7) für den Verstoß gegen kommunale Mitwirkungsverbote.
356 So im Ergebnis *Schäfer*, NJW 1978 S. 1292 (1293); *Prahl*, VR 1977 S. 266 (268); *Neuhausen*, StuGB 1980 S. 69 (72) zu § 155a BBauG.
357 Vgl. *Maurer*, in: FS f. *Bachof*, 1984 S. 215 (231); *Hill*, DVBl. 1983 S. 1 (5).
358 Vgl. etwa *Wolff/Bachof*, VwR I, 9. Aufl. 1974 § 28 I b); *Hill*, DVBl. 1983 S. 1 (4); *Stahl*, DVBl. 1972 S. 764 (769).
359 *Hill*, DVBl. 1983 S. 1 (5f.); *Brügelmann-Meyer*, BBauG, § 155a Rdn. 35f. (Bearb. 1981); *Schmidt-Aßmann*, in: v. Münch, Bes.VwR S. 158; *v. Loebell/Oerter*, GO, § 23 Erl. 11 und § 4 Erl. 32g.
360 Vgl. zu § 155a BBauG BT-Drucks. 8/2885 S. 33, 35, 45; zu § 4 Abs. 6 GO LT-Drucks. 8/2575 S. 17.
361 Vgl. *Kottenberg/Rehn/Cronauge*, GO, § 4 Erl. VI 3; *Maurer* (Fn. 357) S. 215 ff., 233 f.; *Wilhelm*, NVwZ 1984 S. 424 (425).
362 Vgl. oben IX 3.

Nichtigkeit des Rechtssatzes erfolgt im Rahmen der Inzidentkontrolle allerdings nicht. Aus der Sicht der Betroffenen ist diese Form des Rechtsschutzes auch insofern nachteilig, als sie eine Überprüfung der für unwirksam gehaltenen Satzung erst nach Ergehen des Ausführungsaktes ermöglicht.³⁶³

Für einen unmittelbaren Angriff gegen eine Satzung und ggf. eine allgemeine Nichtigerklärung der Norm ist das Verfahren der **prinzipalen Normenkontrolle** des § 47 Abs. 1 VwGO vorgesehen. Es ist kraft Bundesrechts gegenüber baurechtlichen Satzungen (§§ 10, 16 Abs. 1 S. 1, 25 Abs. 1 S. 1, 132 BBauG) und Satzungen nach § 5 Abs. 1 S. 1 StBauFG statthaft. Von der Ermächtigung des § 47 Abs. 1 Nr. 2 VwGO, die prinzipale Normenkontrolle auch für andere kommunale Satzungen vorzusehen, ist in NW bislang kein Gebrauch gemacht worden. Das damit bestehende Rechtsschutzdefizit bei sog. selbstvollziehenden Normen, die unmittelbar, d. h. ohne eines weiteren Vollzugsaktes zu bedürfen, in Rechte der Betroffenen eingreifen und daher einer inzidenten Überprüfung nicht unterliegen — z.B. Anordnung des Anschluß- und Benutzungszwangs durch Satzung — läßt sich durch Anwendung des § 43 Abs. 1 VwGO mildern.³⁶⁴

X. Die wirtschaftliche Betätigung der Kommunen

1. Beispiele und Formen wirtschaftlicher Betätigung

Die Gemeindeordnung³⁶⁵ und die Kreisordnung³⁶⁶ gehen davon aus, daß Gemeinden und Kreise sich wirtschaftlich betätigen. Das Spektrum der Tätigkeiten ist vielfältig: es reicht von der Versorgung mit Elektrizität, Gas, Fernwärme und Wasser über Abfallbeseitigung, Straßenreinigung, Nahverkehr bis zu Flughäfen, Hafenbetrieben, Bergbahnen und Liften. Zu verzeichnen sind Sparkassen, Versicherungen, Pfandleihen, Messen und Märkte, Theater, Opern, Museen, Bibliotheken, Videotheken, Bestattungsunternehmen, Lagerhäuser, Werbeunternehmen, Reisebüros, Speditionsunternehmen, Wohnungsvermittlung, Schlachthöfe, Schilderkauf u.v.m.³⁶⁷

Die wirtschaftliche Betätigung der Gemeinden findet entweder ohne jede besondere organisatorische Vorkehrung im Rahmen der laufenden Geschäfte der Verwaltung

---

363 Ob dies in jedem Falle zumutbar ist, erscheint fraglich; vgl. aber BVerfGE 31 S. 364 (367f.); dagegen *v. Mutius*, VerwArch Bd. 63 (1972) S. 207 (210f.).
364 Vgl. auch Erichsen (Fn. 197) S. 206f.; BVerwG DVBl. 1983 S. 552 (553); *Kopp*, VwGO, 6. Aufl. 1984 § 47 Rdn. 10 m.w.N. Dazu auch oben VII 2b gg S. 142.
365 In §§ 88ff. GO.
366 §§ 42ff. KrO, die auf §§ 88ff. GO verweisen.
367 Umfangreiche Nachweise bei *Hidien*, Gemeindliche Betätigungen rein erwerbswirtschaftlicher Art und „öffentlicher Zweck" kommunaler wirtschaftlicher Unternehmen, 1981 S. 35ff., und HkWP Bd. 5 S. 241ff.

statt, wie es etwa im Falle der Vermietung und Verpachtung die Regel ist[368], oder in der Form wirtschaftlicher Unternehmen.

2. Begriff der wirtschaftlichen Betätigung

Die Versuche, das wirtschaftliche Unternehmen oder die wirtschaftliche Betätigung zu definieren, sind zahlreich; eine einverständliche begriffliche Erfassung gibt es indes bis heute nicht.[369] Erforderlich — wenn auch nicht ausreichend für die Einordnung einer kommunalen Tätigkeit als wirtschaftlich — ist die Produktion und/oder die Bereitstellung sowie der Vertrieb von Gütern und Dienstleistungen durch kommunale Organisationseinheiten.[370] Daß die Güter und/oder Dienstleistungen in Konkurrenz zu anderen — privaten oder staatlichen — Unternehmen angeboten werden, wird etwa in §§ 88 Abs. 1 Nr. 1, 95 GO vorausgesetzt, ist aber nicht Definitionsmerkmal wirtschaftlicher Betätigung der Gemeinden. Demgegenüber stellt, wie § 94 GO erkennen läßt, die Absicht der Gewinnerzielung ein Regelkriterium auch kommunaler wirtschaftlicher Betätigung dar, das durchaus nicht mit dem auf Daseinsvorsorge gerichteten öffentlichen Zweck kollidieren muß.[371]

3. Grundlagen und Grenzen wirtschaftlicher Betätigung

a) Grundlagen

Die wirtschaftliche Betätigung der Kommunen ist durch Art. 28 Abs. 2 S. 1 GG, Art. 78 Abs. 1 u. 2 Verf NW verfassungsrechtlich gewährleistet[372]; die verfassungsrechtliche Gewährleistung erstreckt sich auch darauf, sich zur Verwirklichung kommunaler Zwecke privatrechtlicher Organisationsformen zu bedienen. Die wirtschaftliche Betätigung findet ihre Grundlage und Grenzen in der Verbandskompetenz der Kommunen.[373]

---

368 Vgl. *Möller*, Gemeindliche Subventionsverwaltung, 1963 S. 78 ff.; *Müller*, HkWP Bd. 4 S. 636 ff.
369 Vgl. die Übersicht bei *Gerke*, Jura 1985 S. 349 (350 f.).
370 *Stern/Püttner*, Die Gemeindewirtschaft, 1965 S. 64; *Wolff/Bachof*, VwR II, 4. Aufl. 1976 § 86 VII b 4; *Gerke*, Jura 1985 S. 349 (351).
371 Vgl. auch BVerwGE 39 S. 329 (333 f.); *Schmidt-Aßmann*, in: v. Münch, Bes.VwR S. 168.
372 *Stern*, in: BK, Art. 28 Rdn. 161 ff.; *Stern/Püttner* (Fn. 370) S. 141 ff.; *Pagenkopf*, Kommunalrecht Bd. 2 S. 145 ff.; *v. Mutius*, Gutachten 53. DJT S. 106; *Burmeister*, HkWP Bd. 5 S. 47 f.
373 Daß die wirtschaftliche Betätigung der Kommunen an die Kompetenzordnung gebunden ist, ist nicht unumstritten. Zutr. Ehlers (Fn. 23) S. 113 ff.; Lerche, in: Maunz/Dürig, GG Art. 83 Rdn. 42; *v. Loebell/Decker*, GO, § 88 Erl. 2; *Stern/Püttner* (Fn. 370) S. 74. Wenig überzeugend Püttner, Die öffentlichen Unternehmen, 2. Aufl 1985 S. 161 ff.; Dickersbach, WiVerw 1983 S. 187 (194).

b) Verfassungsrechtliche Grenzen

Ihre Grenze findet die wirtschaftliche Betätigung der Kommunen weiter in den Grundrechten privater Wettbewerber.[374] Einschlägig sind Art. 12, 14 und 2 Abs. 1 GG.[375] „Art. 12 Abs. 1 GG schützt nicht vor Konkurrenz, auch nicht vor dem Wettbewerb der öffentlichen Hand."[376] Dieser Satz des BVerwG hat viel Zustimmung gefunden[377], andererseits wird eine Grundrechtsverletzung nur dann in Betracht gezogen, wenn das gemeindliche Unternehmen in unerträglicher Weise auf Verdrängung der Wettbewerber oder gar die Errichtung eines Monopols ausgerichtet ist.[378] Durch die wirtschaftliche Betätigung der Gemeinden und ihrer Unternehmen werden die Möglichkeiten Privater in diesem Bereich durch Belegung und Entziehung von Marktanteilen beschränkt. Angesichts der Geltung der Grundrechte auch bei Handeln des Staates in den Organisations- und Handlungsformen des Privatrechts[378a] liegt hierin eine **fremdvermittelte Einwirkung auf grundrechtlich gewährleistete Freiheit.**[379] Die Grundrechtserheblichkeit der wirtschaftlichen Betätigung der Kommunen führt indes nicht ohne weiteres dazu, darin auch eine **Verletzung** der in Betracht kommenden grundrechtlich geschützten Freiheit zu sehen. Vielmehr ist die konkurrierende Teilnahme der Kommunen und ihrer Unternehmen am Wettbewerb erst dann als verfassungsrechtlich nicht mehr gedeckt und sind daher die Grundrechte der Mitbewerber als verletzt anzusehen, wenn ihre Tätigkeit auf Beseitigung der Freiheit wirtschaftlicher Betätigung — Art. 12 Abs. 1 GG — und auf die Vernichtung des Erworbenen — des Rechts am eingerichteten und ausgeübten Gewerbebetrieb Art. 14 Abs. 1 S. 1 GG — gerichtet ist.

Demgegenüber läßt sich dem **Subsidiaritätsprinzip** keine verfassungsrechtliche Begrenzung der wirtschaftlichen Betätigung der Gemeinden und Gemeindeverbände abgewinnen, handelt es sich nach dem oben Ausgeführten[380] doch nicht um ein allgemeingültiges verfassungsrechtliches Prinzip.[381]

---

374 Vgl. zum Grundrechtsschutz des Leistungsabnehmers *Erichsen*, DVBl.1983 S. 289 (290, 293 f.).
375 Vgl. *Ehlers* (Fn. 23) S. 102 ff.; BVerwGE 17 S. 306 (308); 39 S. 329 (336 ff.); BVerwG NJW 1978 S. 1539; *Scholz*, in: Maunz/Dürig, GG, Art. 12 Rdn. 115 (Bearb. 1981).
376 BVerwGE 39, S. 329 (336 f.); BVerwG NJW 1978 S. 1539.
377 *Dickersbach*, WiVerw 1983 S. 187 (208); *Püttner*, Die öffentlichen Unternehmen, 2. Aufl. 1985 S. 91; *Gerke*, Jura 1985 S. 349 (356 f.); anders BVerwGE 17 S. 306 (313 f.).
378 BVerwGE 17 S. 306 (314); 39 S. 329 (336 ff.); BVerwG NJW 1978 S. 1539; *Schmidt-Aßmann*, in: v. Münch, Bes.VwR S. 170 f.; *Papier*, in: Handbuch des Verfassungsrechts, 1983 S. 626; *Püttner* (Fn. 377) S. 112 ff.
378a Dazu oben IV 2 S. 113.
379 Vgl. auch *Ehlers* (Fn. 23) S. 102 f. m.w.N.; *Scholz*, in: Maunz/Dürig, GG, Art. 12 Rdn. 104, 303 (Bearb. 1981); *Schmittat*, ZHR 148 (1984) S. 428 (445). Zur fremdvermittelten Grundrechtseinwirkung vgl. *Erichsen* (Fn. 48) S. 57 ff.; *Ramsauer*, VerwArch Bd. 72 (1981) S. 89.
380 V 1 c S. 116 f.
381 So auch *Hidien* (Fn. 367) S. 130 m.w.N.

c) Kommunalrechtliche Grenzen

Vor diesem Hintergrund sind die Regelungen in § 88 Abs. 1 Nr. 1 und 2 GO über die Zulässigkeit der Errichtung, Übernahme oder wesentlichen Erweiterung wirtschaftlicher Unternehmen zu würdigen. Nach § 88 Abs. 1 Nr. 1 GO ist eine solche Betätigung nur zulässig, wenn ein **dringender öffentlicher Zweck** das Unternehmen erfordert. Mit dieser Festlegung auf einen öffentlichen Zweck wird zunächst die Gemeinwohlbindung der wirtschaftlichen Betätigung der Gemeinde zum Ausdruck gebracht.[382] Daß der dringende öffentliche Zweck das Unternehmen **erfordern** muß, läßt eine wirtschaftliche Betätigung der Gemeinde nur dann zulässig erscheinen, wenn das Güter- oder Dienstleistungsangebot, also nicht etwa der erwirtschaftete Ertrag,[383] für die nach § 1 GO der Gemeinde aufgegebenen Förderung des Wohls ihrer Einwohner, also zum Zweck der Daseinsvorsorge, geboten erscheint.

Darüber hinaus ist eine wirtschaftliche Betätigung nach § 88 Abs. 1 Nr. 2 GO nur zulässig, wenn das Unternehmen nach Art und Umfang in einem angemessenen Verhältnis zu der **Leistungsfähigkeit** der Gemeinde und zum **voraussichtlichen Bedarf** steht. Während das Abstellen auf den Bedarf und damit die Nachfrage entsprechend den verfassungsrechtlichen Vorgaben der Entstehung einer ruinösen Konkurrenz vorbeugt, soll mit dem Kriterium der Leistungsfähigkeit die Gemeinde vor unliebsamen Folgen einer überdimensionierten Betriebsführung bewahrt werden.

Schließlich legt § 88 Abs. 1 Nr. 1 GO fest, daß der Zweck **nicht durch andere Unternehmen besser und wirtschaftlicher erfüllt werden darf**. Diese fälschlicherweise oft als Subsidiaritätsklausel bezeichnete Grenze der wirtschaftlichen Betätigung[384] dient zum einen dem Schutz der Gemeinde vor dem Risiko der wirtschaftlichen Betätigung. Sie bezweckt andererseits auch den Schutz privater Konkurrenten. Vergegenwärtigt man sich nämlich, daß die wirtschaftliche Betätigung der Kommune zwar einerseits verfassungsrechtlich gewährleistet, andererseits aber auch im Hinblick auf die Grundrechte privater Wettbewerber erheblich ist, so liegt in § 88 Abs. 1 GO der dem Gesetzgeber aufgegebene verhältnismäßige Ausgleich zwischen diesen beiden konfligierenden Verfassungsrechtsgütern und damit einerseits eine Begrenzung, andererseits aber auch eine Zumessung grundrechtlicher Freiheit.[385]

Gem. § 89 Abs. 1 GO ist die Gründung einer Gesellschaft, die auf den Betrieb eines wirtschaftlichen Unternehmens gerichtet ist, wie auch die Beteiligung an einem solchen

---

382 *Hidien* (Fn. 367) S. 152 ff.; *ders.*, Die positive Konkretisierung der öffentlichen Zweckbindung kommunaler Wirtschaftsunternehmen, 1984 S. 44; *Schmidt-Jortzig*, HkWP Bd. 5 S. 56 ff.; *Pagenkopf*, Kommunalrecht Bd. 2 S. 150.
383 Vgl. auch *Schmidt-Aßmann*, in: v. Münch, Bes.VwR S. 170; *Hidien* (Fn. 367) S. 74 ff.; *Dickersbach*, WiVerw 1983 S. 187 (210 f.); *Schmidt-Jortzig*, HkWP Bd. 5 S. 58 f.
384 Vgl. *Isensee*, Subsidiaritätsprinzip und Verfassungsrecht, 1968 S. 18 ff., 28 ff.; *Gerke*, Jura 1985 S. 349 (352).
385 Vgl. auch BGH DVBl. 1962 S. 102; *Gerke*, Jura 1985 S. 349 (351, 355 f.).

Unternehmen nur unter den oben dargestellten Voraussetzungen des § 88 Abs. 1 GO sowie nur dann zulässig, wenn für die Gesellschaft eine Rechtsform gewählt wird, die die Haftung der Gemeinde auf einen bestimmten Betrag begrenzt, und wenn ferner eine bestimmte Aufstellung und Prüfung des Jahresabschlusses gewährleistet ist.

4. Organisationsformen kommunaler wirtschaftlicher Unternehmen

§ 89 geht vom Grundsatz der freien Wahl der Organisationsform aus. Neben den öffentlich-rechtlichen Organisationsformen des Regie-, des Eigenbetriebs und der Anstalt kommen daher für die Errichtung von wirtschaftlichen Unternehmen durch eine Kommune oder unter ihrer Beteiligung die mit einer Haftungsbeschränkung versehenen Formen der GmbH und AG in Betracht. Darüber hinaus ist der Gemeinde eine Beteiligung als Aktionär an einer KGaA, als Kommanditist an einer KG sowie der Erwerb eines einzelnen Geschäftsanteils an einer eingetragenen Kreditgenossenschaft unter den Voraussetzungen des § 89 Abs. 5 GO erlaubt. Diesen Beteiligungsformen kommt in der Praxis jedoch nahezu keine Bedeutung zu.

a) Öffentlich-rechtliche Unternehmensformen

Bei den öffentlich-rechtlichen Unternehmensformen ist zwischen den nicht rechtsfähigen (Regie- und Eigenbetrieb) und den rechtsfähigen Formen (rechtsfähige Anstalt) zu unterscheiden.

aa) Regiebetrieb

Der Regiebetrieb wird als Abteilung der Verwaltung geführt und ist in diese **rechtlich, leitungs- und haushaltsmäßig** integriert. In dieser Form werden die sog. Hilfsbetriebe, die nur für den Bedarf der Verwaltung arbeiten (Schlosserei, Bauhof, Tischlerei etc.), geführt.[386]

bb) Eigenbetrieb

Der Eigenbetrieb ist zwar ebenso wie der Regiebetrieb **rechtlich** unselbständig, im Gegensatz zu ihm aber **organisatorisch** und **finanzwirtschaftlich** weitgehend verselbständigt. Gem. § 93 Abs. 1 GO werden die Eigenbetriebe nach den Vorschriften der Eigenbetriebsverordnung und der Betriebssatzung geführt. Es handelt sich dabei um eine bedingte Pflichtsatzung, die gem. § 28 Abs. 1 lit. g) vom Rat erlassen wird und Fragen der internen Organisationsstruktur und des Entscheidungsablaufs des Eigenbetriebs regelt.[387]

---

[386] Vgl. *Pagenkopf*, Kommunalrecht Bd. 2 S. 160; *Wolff*, AfK Bd. 2 1963 S. 149 (157 ff.).
[387] *Schmidt-Aßmann*, in: v. Münch, Bes.VwR S. 172; *Zeiss*, HkWP Bd. 5 S. 156 f.

cc) Anstalten

Als rechtsfähige Anstalten des öffentlichen Rechts werden heute auf kommunaler Ebene nur noch die Sparkassen geführt.[388] Ihre Errichtung und Tätigkeit ist im Sparkassengesetz speziell geregelt.

b) Privatrechtliche Unternehmensformen

Für kommunale wirtschaftliche Unternehmen in privatrechtlicher Organisationsform gelten die jeweiligen Vorschriften des GmbHG und AktG. Da die Beteiligung der Gemeinde an einem wirtschaftlichen Unternehmen gem. §§ 89 Abs. 1 Nr. 1, 88 Abs. 1 Nr. 1 GO u. a. nur dann zulässig ist, wenn ein dringender öffentlicher Zweck es erfordert, muß die Gemeinde bei den Beteiligungsgesellschaften ausreichende **Einwirkungsmöglichkeiten** besitzen, um garantieren zu können, daß die Beteiligungsgesellschaft diesem öffentlichen Zweck auch tatsächlich dient. Während das GmbH-Recht in §§ 45, 46 GmbHG vorsieht, daß die Gesellschafter vorbehaltlich entgegenstehender gesetzlicher Regelung durch Gesellschaftsvertrag jede Angelegenheit der Gesellschaft an sich ziehen und entscheiden können, so daß sich die Gemeinde dergestalt ausreichende Einflußmöglichkeiten sichern kann, bietet das Aktienrecht keine entsprechende Möglichkeit. Die dort gegebene Zuständigkeitsverteilung zwischen Vorstand, Aufsichtsrat und Hauptversammlung verleiht dem Vorstand eine weitgehende Selbständigkeit, so daß es hier sowohl bei Eigengesellschaften — wegen der faktischen Verflechtungen indes seltener — als auch bei Beteiligungsgesellschaften zu echten Konflikten kommen kann.[389]

Die Organisation eines kommunalen wirtschaftlichen Unternehmens in der Rechtsform einer AG oder die Beteiligung einer Kommune an einer solchen AG ist daher nur in jenen Fällen zulässig, in denen die Einflußmöglichkeiten, die das Aktienrecht bietet, als ausreichende Garantie zur Verfolgung des öffentlichen Zwecks angesehen werden können.

5. Rechtsschutz

Private Unternehmer können gegen die wirtschaftliche Betätigung der Gemeinden in zweifacher Hinsicht Rechtsschutz begehren: Einmal dagegen, daß die Gemeinde überhaupt wirtschaftlich tätig wird (das „Ob") und sodann gegen konkretes Marktverhalten eines Unternehmens (das „Wie").

Die Zulässigkeit des Rechtsweges richtet sich nach den für die Entscheidung des Rechtsstreites maßgeblichen Rechtsnormen.[390] Ob aus § 88 Abs. 1 GO ein subjektiv-

---

388 Vgl. *Püttner,* HkWP Bd. 5 S. 119.
389 Vgl. im einzelnen: *Nesselmüller,* Rechtliche Einwirkungsmöglichkeiten der Gemeinden auf ihre Eigengesellschaften, 1977 S. 30 ff.
390 Dazu Erichsen, Studium und Examen, 2. Aufl. 1983 S. 175 f.

öffentliches Recht auf Unterlassung der Errichtung, Übernahme oder Erweiterung wirtschaftlicher Unternehmen oder der Beteiligung an ihnen hergeleitet und damit insoweit mit Aussicht auf Erfolg eine Klage vor dem Verwaltungsgericht erhoben werden kann, ist äußerst umstritten.[391] Folgt man der sog. **Schutznormtheorie**,[392] so bedarf es über eine tatsächliche Begünstigung des Anstragstellers durch die Norm hinaus der Feststellung, daß dieser Schutz zumindest auch beabsichtigt ist.[393]

Aus dem Wortlaut des § 88 Abs. 1 GO und seiner Stellung im organisatorischen Teil der GO lassen sich diesbezüglich keine Anhaltspunkte gewinnen. Beides spricht vielmehr für eine organisatorische, dem Schutz der Gemeinde dienende Regelung.[394] Vergegenwärtigt man sich indessen, daß — wie oben[395] dargelegt — die wirtschaftliche Betätigung der Kommunen und ihrer Unternehmen grundrechtserheblich ist und daß §§ 88 ff. GO den verfassungsgebotenen verhältnismäßigen Ausgleich zwischen den Grundrechten privater Marktteilnehmer und der verfassungsrechtlichen Gewährleistung kommunaler Wirtschaftstätigkeit schaffen soll, so zielt diese Vorschrift auch auf den Schutz privater Konkurrenten, ist also individualschützend auszulegen.[396] Aus ihr können daher aus diesem Grunde subjektive Rechte hergeleitet werden.[397] Andererseits scheidet wegen dieser verfassungsgebotenen gesetzlichen Ausgleichsentscheidung ein Rückgriff auf die Grundrechte für den Regelfall aus.[398]

XI. Die Kommunalaufsicht

1. Begriff, Gegenstand und Grundlage der Kommunalaufsicht

Unter Kommunalaufsicht wird im folgenden die Summe jener staatlichen Überwachungs- und Einwirkungsbefugnisse verstanden, die sich auf die Verwaltungstätigkeit kommunaler Gebietskörperschaften im eigenen wie im übertragenen Wirkungs-

---

391 Abw. etwa BVerwGE 39 S. 329 (336); BVerwG NJW 1978 S. 1539; Schmidt-Jortzig, HkWP Bd 5 S. 61; v. Loebell/Decker, GO § 88 Erl. 11; Kottenberg/Rehn/Cronauge, GO, § 88 Erl. IV 2.
392 Dazu: *Erichsen* (Fn. 197) S. 148; *Erichsen/Martens*, Allg.VwR, 7. Aufl. 1986 § 10 II 5; BVerwGE 61 S. 256 (262); 65 S. 167 (169f.); OVG Koblenz NJW 1982 S. 1301 (1302); *Kopp*, VwGO, 6. Aufl. 1984 § 42 Rdn. 48 m.w.N.
393 Vgl. *Erichsen/Martens*, Allg.VwR, 7. Aufl. 1986 § 10 V.
394 So *Schmidt-Jortzig*, HkWP Bd. 5 S. 67; *Burmeister*, HkWP Bd. 5 S. 15; BVerwGE 39 S. 329 (336) allerdings für die GO Bad.-Württ., die keine „Subsidiaritätsklausel" enthält.
395 X 3 b, c S. 175.
396 Vgl. zu dieser Frage allgemein auch BVerfGE 15 S. 275 (281f.); *Maurer*, Allg.VwR, 4. Aufl. 1985 § 8 Rdn. 11.
397 So auch Schmidt-Aßmann, in: Maunz/Dürig, GG, Art. 19. Abs. 4 Rdn. 123 (Bearb. v. 1985).
398 Dazu Erichsen, Verwaltungsrecht und Verwaltungsgerichtsbarkeit I, 2. Aufl. 1984 S. 148ff.

kreis beziehen. Der Begriff wird also umfassend und nicht unter Beschränkung auf weisungsfreie (Rechts-)Aufsicht verwandt.[399]

2. Arten der Aufsicht

Das Kommunalrecht unterscheidet in Abhängigkeit von dem jeweiligen Aufgabentypus, dem die staatliche Überwachung gilt,[400] zwischen mindestens zwei Arten von Kommunalaufsicht. Differenzierungskriterien sind die verschiedenen Kontrollmaßstäbe bzw. der Intensitätsgrad der Beaufsichtigung.

a) Allgemeine Aufsicht

Mit der vom Gesetz als „allgemeine Aufsicht" bezeichneten Aufsicht ist eine Kontrolle kommunalen Verwaltungshandelns bezeichnet, deren Kontrollmaßstab **allein das Recht** ist. Sie erfaßt den Bereich der Selbstverwaltungsangelegenheiten, pflichtiger wie freiwilliger. Zu ihren Aufgaben gehört auch die Wahrung der gesetzlichen Grenzen des Ermessens.[401] Die Träger der allgemeinen Aufsicht sind Landesbehörden in instanzieller Gliederung. Gem. § 106a Abs. 2 GO NW führt der Regierungspräsident die Aufsicht über die kreisfreien Gemeinden. Die Aufsicht über die kreisangehörigen Gemeinden obliegt gem. § 106a Abs. 1 GO NW dem Oberkreisdirektor als untere staatliche Verwaltungsbehörde. Wie oben schon dargelegt,[402] bedarf es bei bestimmten Entscheidungen gem. § 48 Abs. 1 S. 1 KrO NW der Zustimmung des Kreisausschusses. Oberste Aufsichtsbehörde ist gem. § 106a Abs. 4 GO der Innenminister.

b) Sog. präventive Aufsicht

aa) Die Genehmigungsvorbehalte

Vielfach wird zwischen repressiver und präventiver Aufsicht unterschieden.[403] Zu den Mitteln der zweiten Kategorie werden insbesondere die **Genehmigungsvorbehalte** gerechnet, die vor allem im Bereich des gemeindlichen Haushaltswesens, der erwerbswirtschaftlichen Betätigung und bei der staatlichen Kontrolle kommunaler Steuersatzungen, aber auch in Fachgesetzen vorgesehen sind.

Die Mehrzahl der vorgenannten staatlichen Genehmigungsvorbehalte entstammt dem traditionellen Bestand kommunalrechtlicher Normen. Sie räumten den Aufsichts-

---

399 Anders § 127 Abs. 1 S. 2 nds GO, § 69 Abs. 1 S. 2 nds KrO.
400 Vgl. *Schmidt-Aßmann*, in: v. Münch, Bes.VwR S. 117.
401 *Schmidt-Aßmann*, in: v. Münch, Bes.VwR S. 121f.
402 Vgl. VIII 2c bb S. 164.
403 So *Schmidt-Jortzig*, Kommunalrecht Rdn. 87; *Schmidt-Aßmann*, in: v. Münch, Bes.VwR S. 122; *Buhren*, Allgemeines Kommunalrecht Nordrhein-Westfalen, 1979 S. 124ff.

behörden bei der Entscheidung über die Genehmigung Ermessen ein.[404] Da gem. Art. 78 Abs. 4 S. 1 Verf NW die Staatsaufsicht in Selbstverwaltungsangelegenheiten auf Rechtskontrolle beschränkt wird, ist die fortwährende Praxis, Ermessenserwägungen in die Entscheidung über eine Genehmigungserteilung einfließen zu lassen, fragwürdig.

Um diesem Dilemma zu entrinnen und dem Staat seine Mitwirkung zu erhalten, hat man versucht, die staatlichen Zustimmungsvorbehalte gänzlich aus der Kategorie der Aufsicht auszuscheiden. Andere, gewissermaßen vermittelnde Auffassungen sehen zumindest einen Teil der Genehmigungstatbestände in einem „Grenzbereich"[405] zwischeneigenem und übertragenem Wirkungskreis angesiedelt und wollen diesen einem „staatlich-kommunalen Kondominium"[406] oder als „res mixtae"[407] einem Zusammenwirken und damit gemeinsamer Verantwortungs- und Entscheidungszuständigkeit von Gemeinden und Staat überantworten. Ein Zusammenwirken von Staat und Kommunen kommt indes nur in Betracht, wenn es nicht um die Wahrnehmung von der Kommune verfassungsrechtlich gewährleisteten Aufgaben geht.

bb) Die Beratung

„Zu den wichtigsten Formen präventiver Kommunalaufsicht" zählt — so das BVerfG[408] — die in der GO nicht ausdrücklich vorgesehene Beratung. Sie stellt heute den Schwerpunkt kommunalaufsichtlicher Tätigkeit dar.[409] Die Vorteile dieses informalen „Aufsichtsmittels" insbesondere für mittlere und kleinere Gemeinden liegen in der Verfügbarmachung von Spezialkenntnissen und der besseren überörtlichen Koordination, was u. U. zur Ersparnis öffentlicher Mittel führen kann.[410] Gefahren liegen in der „subkutanen" Beeinflussung kommunaler Entscheidungsprozesse,[411] die die Frage nach dem Erfordernis einer gesetzlichen Grundlage entstehen läßt.

c) Die Eingriffsaufsicht

Neben der präventiven Aufsicht kennen Wissenschaft und Rechtsprechung die „repressive Aufsicht". Es ist jene Art der Aufsicht, die sich gegenüber vorangegangenem kommunalem Verwaltungsverhalten mit dem Mittel des „Eingriffs", um die Terminologie

---

404 Vgl. etwa *W. Jellinek*, Verwaltungsrecht, 3. Aufl. 1931 S. 533 f.
405 *Korte*, VerwArch Bd. 61 (1970) S. 141 (157).
406 *Köttgen*, HkWP Bd. 1, 1. Aufl. 1956 (Hrsg. Peters) S. 219.
407 *W. Weber*, Staats- und Selbstverwaltung in der Gegenwart, 2. Aufl. 1967 S. 130.
408 BVerfGE 58 S. 177 (195).
409 Normativ abgeleitet wird eine Beratungspflicht vielfach aus der Schutzfunktion der Aufsicht, vgl. *Gönnenwein*, Gemeinderecht S. 186.
410 *Klemt*, Die Mitwirkung der Kommunalaufsichtsbehörde an der Verwaltung der Gemeinden durch beratende Tätigkeit, Diss. iur. Würzburg, 1975 S. 64 ff.
411 Dazu *Galette*, in: Aktuelle Probleme der Kommunalaufsicht, Schriftenreihe der Hochschule Speyer Bd. 19, 1963 S. 37 (39).

der Gesetze aufzunehmen,[412] bemerkbar macht. Das Gesetz hält für sie verschiedene Mittel bereit.

aa) Die Unterrichtung

Das gem. § 107 GO bestehende Informations- oder Unterrichtungsrecht wird oft als schwächstes Mittel des Aufsichtsrechts bezeichnet.[413] Es gewährt die Befugnis, Aktenvorlagen, schriftlichen und mündlichen Bericht und Übersendung von Beschlüssen zu verlangen, wohl auch das Recht, an Sitzungen der Gemeindeverwaltung teilzunehmen.

bb) Beanstandung und Aufhebung

Gem. § 108 Abs. 1 GO kann die Aufsichtsbehörde den Gemeindedirektor anweisen, Beschlüsse des Rates und der Ausschüsse gem. § 39 Abs. 2 u. 3 GO zu beanstanden. Im Falle einer Weigerung des Gemeindedirektors kann sie die Beanstandung gegenüber Rat und Ausschuß auch unmittelbar vornehmen.[414] Beugen sich die kommunalen Gebietskörperschaften dem der Beanstandung impliziten Aufhebungsverlangen nicht, heben die Aufsichtsbehörden die entsprechenden Maßnahmen selbst auf, wobei sie jedoch gegenüber Drittbetroffenen denselben rechtlichen Bindungen unterliegen wie Gemeinden und Kreise.[415]

Über die Einleitung der in § 108 Abs. 1 GO vorgesehenen Aufsichtsmittel entscheidet die Aufsichtsbehörde nach ihrem **Ermessen**.[416] Bei Verfehlungen von besonderem Gewicht reduziert sich das Ermessen auf die Pflicht zum Eingriff. Einen solchen Fall wird man etwa anzunehmen haben, wenn der Rat Beschlüsse faßt, die die Verbandskompetenz der Gemeinde überschreiten.[417]

cc) Anordnung und Ersatzvornahme

Mit der Anordnung reagiert die Aufsicht anders als bei der Beanstandung nicht auf ein vorangegangenes aktives Handeln, sondern auf ein pflichtwidriges kommunales Unterlassen. Die Pflichten, zu deren Erfüllung die kommunalen Gebietskörperschaften hierdurch angehalten werden sollen, können sich dabei nur aus dem öffentlichen Recht ergeben.[418] Im Falle einer fortwährenden pflichtwidrigen Untätigkeit dürfen die Aufsichtsbehörden nach Fristablauf selbst das Notwendige im Wege der Ersatzvornahme

---

412 Vgl. § 113 GO.
413 Vgl. *Knemeyer*, HkWP Bd. 1 S. 272.
414 So auch OVG NW OVGE 11 S. 201 (203); *W. Rauball*, in: Rauball/Pappermann/Roters, GO, § 108 Rdn 2.
415 Vgl. OVG NW OVGE 14 S. 7 (11); dazu auch *Mögele*, BayVBl. 1985 S. 519 (521).
416 Vgl. auch *v. Loebell/Becker*, GO, § 108 Erl. 1; *Schoch*, Jura 1984 S. 550 (557); *W. Rauball*, in: Rauball/Pappermann/Roters, GO, § 106 Rdn. 7.
417 Unzutreffend der Erlaß des Innenministers des Landes NW v. 21. 10. 1982, EildStT NW 1982 S. 7.
418 *Schnapp*, Die Ersatzvornahme in der Kommunalaufsicht, 1972 S. 47 ff.

veranlassen, wobei sie auch hier gegenüber Dritten gleich den Kommunen gebunden sind.[419]

dd) Die Bestellung eines Beauftragten

Einen sehr gravierenden Eingriff in die kommunale Selbstverwaltung enthält die durch § 110 GO begründete aufsichtliche Befugnis zur Bestellung eines Beauftragten oder „Kommissars", der alle oder einzelne Aufgaben der Kommune wahrnimmt. Deswegen ist dieses Mittel nachrangig im Verhältnis zu den in §§ 107—109 GO vorgesehenen Eingriffen und der obersten Aufsichtsbehörde, d. h. dem zuständigen Minister, vorbehalten. Aus der Stellung des Beauftragten als Gemeindeorgan ergibt sich u. a. ein Einstehenmüssen der Gemeinde in staatshaftungsrechtlicher Hinsicht.[420]

ee) Auflösung des Rates

Schließlich können die staatlichen Kontrollinstanzen als rechtsaufsichtliche ultima ratio gem. § 111 GO die Gemeindevertretung auflösen. Zulässig ist die Auflösung nur, wenn die kommunale Aufgabenerfüllung wegen dauernder Beschlußunfähigkeit des jeweiligen „Kommunalparlaments" nicht mehr gesichert ist oder ähnliche, gleichgewichtige Gründe vorliegen.[421]

3. Die Sonderaufsicht

Wie bereits dargelegt[422] kennt die Kommunalverfassung Nordrhein-Westfalens nur noch eine einheitliche (monistische) Aufgabenstruktur, die allerdings neben freiwilligen und pflichtigen Selbstverwaltungsaufgaben noch die Pflichtaufgaben zur Erfüllung nach Weisung enthält. Hinsichtlich dieser Pflichtaufgaben zur Erfüllung nach Weisung kann sich das Land gem. Art. 78 Abs. 4 S. 2 Verf NW ein Weisungs- und Aufsichtsrecht nach näherer gesetzlicher Regelung vorbehalten.

Mit der Einbeziehung eines Weisungsrechts wird die Möglichkeit kommunalaufsichtlichen Einwirkens über die Rechtmäßigkeitskontrolle hinaus in den Bereich der Kontrolle und Steuerung unter **Zweckmäßigkeitsgesichtspunkten** ausgedehnt.[423] Andererseits bedarf dieses **Fachweisungsrecht** näherer gesetzlicher Regelung, muß also bestimmten Voraussetzungen genügen.[424] Wegen des Ausgreifens über die Rechtsaufsicht hinaus und der Unterschiede dieser Form der Weisungsaufsicht zur klassischen

---

419 *Kottenberg/Rehn/Cronauge*, GO, § 109 Erl. III 1.
420 Vgl. *Rüfner*, in: Erichsen/Martens, Allg.VwR, 7. Aufl. 1986 S. 463 f.
421 Beispiele bei *Kottenberg/Rehn/Cronauge*, GO, § 111 Erl. II f.
422 Vgl. VI 2 S. 126.
423 Vgl. *Schmidt-Aßmann*, in: v. Münch, Bes.VwR S. 125.
424 Vgl. *Wolff/Bachof*, VwR II, 4. Aufl. 1976 § 77 II e 3.

organisationsrechtlichen Fachaufsicht wird sie von beiden auch begrifflich geschieden und als „**Sonderaufsicht**" bezeichnet.[425]

Den **Sonderaufsichtsbehörden** steht nur dann ein Informationsrecht zu, wenn insoweit eine fachgesetzliche Regelung vorhanden ist.[426] Dies folgt aus dem nach allgemeiner Meinung dem Schutz der kommunalen Gebietskörperschaften[427] dienenden Eingriffsverbot des § 113 GO, welcher die Mittel der allgemeinen Aufsicht den dafür zuständigen Behörden vorbehält.[428]

4. Fachaufsicht kraft Bundesrecht

Führen die Länder Bundesgesetze im Auftrage des Bundes aus, so handeln sie zwar im eigenen Namen, üben also landeseigene Verwaltung aus,[429] unterliegen aber der Bundesaufsicht gem. Art. 85 Abs. 4 GG. Da — wie oben bereits dargelegt[430] — die Gemeinden gem. Art. 85 Abs. 1 GG in den Gesetzesvollzug einbezogen werden können, werden sie ebenfalls von der Bundesaufsicht erfaßt.

Die Bundesaufsicht erstreckt sich gem. der in Art. 85 Abs. 4 S. 1 GG — verfassungsunmittelbar — festgelegten Maßstabsvorgabe auf Recht- und Zweckmäßigkeit. Diese grundgesetzliche Fixierung ist auch insoweit von Bedeutung, als die in den Vollzug der Bundesaufsicht eingeschalteten Landesbehörden in Ländern mit monistischer Aufgabenstruktur wie NW nach den Landesverfassungen ansonsten nur eine fachgesetzlich begründete und begrenzte Zweckmäßigkeitsaufsicht ausüben dürften.[431]

Neben dem Weisungsrecht verfügt die Bundesaufsicht gem. Art. 85 Abs. 4 S. 2 GG noch über ein Unterrichtungsrecht, das insbesondere auch die Möglichkeit einräumt, Beauftragte zu entsenden.[432] Ansonsten gilt das kommunalverfassungsrechtliche Eingriffsverbot des § 113 GO NW auch hier, da der Vorrang des Bundesrechts nur dort greifen kann, wo solches auch tatsächlich besteht.

---

425 Vgl. § 106 Abs. 2 GO.
426 Vgl. §§ 8 OBG NW, 26 Abs. 1 FSHG NW, 10 Abs. 1 LAufnG NW, § 19 Abs. 1 VermKatG NW.
427 *Hinkel*, NVwZ 1985 S. 225 (230); *Leidinger*, in: Erichsen/Hoppe/v. Mutius (Fn. 291) S. 257 (262).
428 Vgl. auch *Knemeyer*, HkWP Bd. 1 S. 280. A. A. wohl *Schmidt-Jortzig*, Kommunalrecht Rdn. 85; *Gönnenwein*, Gemeinderecht S. 203.
429 *Maunz*, in: Maunz/Dürig, GG, Art. 85 Rdn. 6 (Bearb. 1961); *Wolff/Bachof*, VwR II, 4. Aufl. 1976 § 74 IIb 1.
430 VI 2 S. 126; V 1f S. 120.
431 Dazu *Maunz*, in: Maunz/Dürig, GG, Art. 85 Rdn. 13 (Bearb. 1961); *Schäfer*, DÖV 1960 S. 641 (647).
432 Nicht zu verwechseln mit der kommunalrechtlichen Beauftragtenbestellung; vgl. *Haun*, Die Bundesaufsicht, 1972 S. 132f.

5. Rechtsschutz gegen Aufsichtsmaßnahmen

a) Maßnahmen der weisungsfreien Aufsicht

Maßnahmen der allgemeinen Aufsicht beziehen sich nach dem oben Gesagten auf den Bereich der Selbstverwaltungsangelegenheiten. Gemeinden und Kreise treten dem Staat hier als Träger eigener, auf Art. 28 Abs. 2 GG, 78 Abs. 1 u. 2 Verf NW beruhender Rechte entgegen. Aufsichtsmaßnahmen greifen in diesen Rechtskreis regelnd ein, d. h. sie sind außenwirksam, also Verwaltungsakte gem. § 35 S. 1 VwVfG NW.[433]

Rechtsschutz gegen Verwaltungsakte gewährt die VwGO u. a. in der Form der Anfechtungsklage gem. § 42 Abs. 1 VwGO. Gem. § 112 GO, einem Gesetz i. S. v. § 68 Abs. 1 S. 2 VwGO, bleibt der rechtsschutzsuchenden Gemeinde das Widerspruchsverfahren „erspart". Beteiligter gem. § 63 Ziff. 1 VwGO ist in jedem Fall die kommunale Gebietskörperschaft als Trägerin des möglicherweise verletzten Rechts, nicht aber eines ihrer Organe.[434]

b) Maßnahmen der Sonderaufsicht

Sonderaufsichtliche Maßnahmen betreffen Gemeinden und Kreise im Bereich eines einheitlichen, den kommunalen Gebietskörperschaften zur Wahrnehmung übertragenen Wirkungskreises.[435] Die Abhängigkeit von zweckmäßigkeitsorientierter staatlicher Steuerung beruht auf ausdrücklicher Zulassung in Art. 78 Abs. 4 S. 2 Verf NW. Sie ändert aber nichts daran, daß Weisungen die Gemeinden/Kreise stets als Träger eigener Rechte und Pflichten betreffen. Daraus folgt wiederum ihre interpersonale Wirkung, d. h. ihre Verwaltungsaktsqualität[436] und das Vorliegen der Klagebefugnis nach § 42 Abs. 2 VwGO.

Die Auffassung, daß im Rahmen der Pflichtaufgaben zur Erfüllung nach Weisung die Gemeinden und Kreise einer subjektiven Rechtsposition entbehren, mithin nur klagebefugt sein sollen, wenn die Überschreitung der Grenzen des Weisungsrechts gerügt wird,[437] verkennt, daß die mit der Sonderaufsicht verbundene Weisungsbefugnis nur die „Eigenverantwortlichkeit" der Aufgabenerledigung betrifft, die Aufgabe selbst aber weiterhin als Angelegenheit der örtlichen Gemeinschaft anzusehen ist. Eine sonderaufsichtliche Weisung stellt sich daher immer als Intervention in den gemeindlichen Wirkungskreis dar.

---

433 Dazu BVerwGE 60 S. 144 (145).
434 OVG NW OVGE 35 S. 73 ff.
435 Dazu oben VI 3 S. 127 f.
436 So auch *Knemeyer*, HkWP Bd. 1 S. 279; *Leidinger* (Fn. 427) S. 257 (270); dies verkennt VG Köln DVBl. 1985 S. 180.
437 *Wolff/Bachof*, VwR I, 9. Aufl. 1974 § 46 VII b; unklar *Kottenberg/Rehn/Cronauge*, GO, § 112 Erl. II.

c) Maßnahmen der Fachweisungsaufsicht

Grundsätzlich anders gestaltet sich die Situation bei der Fachaufsicht kraft Bundesrechts. Zwar sind die kommunalen Gebietskörperschaften auch hier Zuordnungssubjekte rechtlicher Verpflichtungen. Daraus läßt sich aber nicht per se die interpersonale Wirkung von Verhaltensanweisungen ableiten.[438] Vielmehr sind Gemeinde und Kreis bzw. ihre Organe im Rahmen der Auftragsverwaltung, deren Gegenstände zu denen des Außenrechtssubjektivität vermittelnden eigenen Wirkungskreises hinzukommen, lediglich als Zuordnungssubjekte von Innenrechtssätzen angesprochen. Es ist daher davon auszugehen, daß Weisungen intrapersonal gemeint sind; sie haben dann keine Verwaltungsaktsqualität.[439] Dies gilt auch im Falle einer irgendwie gearteten Rechtswidrigkeit von Weisungen, denn Außenwirkung i. S. d. § 35 S. 1 VwVfG NW muß „unmittelbar" intendiert, nicht aber bloß tatsächliche Folgewirkung sein.[440]

Andererseits ist die Qualifikation einer hoheitlichen Maßnahme als Verwaltungsakt keine notwendige Voraussetzung für verwaltungsgerichtlichen Rechtsschutz.[441] So kann eine kommunale Gebietskörperschaft gegen eine rechtswidrige fachaufsichtliche Weisung Rechtsschutz durch die Verwaltungsgerichte im Wege der allgemeinen Leistungsklage erlangen, wenn und soweit sie sich auf ihr Selbstverwaltungsrecht auswirkt.[442]

XII. Die verfassungsrechtliche Gewährleistung der kommunalen Selbstverwaltung

1. Bundes- und landesverfassungsrechtliche Gewährleistung

a) Art. 28 Abs. 2 GG

Gem. Art. 28 Abs. 2 S. 1 GG muß den Gemeinden das Recht gewährleistet sein, alle Angelegenheiten der örtlichen Gemeinschaft im Rahmen der Gesetze in eigener Verantwortung zu regeln. Nach S. 2 haben auch die Gemeindeverbände im Rahmen ihres gesetzlichen Aufgabenbereichs nach Maßgabe der Gesetze das Recht der Selbstverwaltung. Der Wortlaut der Vorschrift und ihre Aufnahme in die auf Gleichförmigkeit der Verfassungsordnung in Bund und Ländern zielende Regelung des Art. 28 GG machen deutlich, daß es sich hier zunächst um einen an den Landesverfassungsgesetzgeber gerichteten **Verfassungsauftrag** handelt. Er ist auf die **verfassungsrechtliche Festschreibung der Verwaltungsorganisation in den Ländern** gerichtet. Sie muß Gemeinden

---

438 Dazu insgesamt *Wolff/Bachof*, VwR I, 9. Aufl. 1974 § 32 III a.
439 A. A. *Knemeyer*, HkWP Bd. 1 S. 280; *Widtmann*, BayVBl. 1978 S. 723 (725).
440 BVerwGE 60 S. 144 (145, 147); a. A. wohl *Schmidt-Jortzig*, JuS 1979 S. 488 (491).
441 BVerwGE 60 S. 144 (149 f.); dazu *Erichsen*, DVBl. 1982 S. 95 (99 f.).
442 So auch *Schmidt-Aßmann*, in: v. Münch, Bes.VwR S. 126.

und Gemeindeverbände, d.h. nach dem Art. 28 Abs. 2 GG vorausliegenden und in dieser Vorschrift zum Ausdruck kommenden Verständnis mit Rechtsfähigkeit und dem Recht auf Selbstverwaltung ausgestattete, körperschaftlich verfaßte Organisationseinheiten des öffentlichen Rechts aufweisen.

Selbstverwaltung ist, wie sich in zusammenschauender Betrachtung von Art. 28 Abs. 2 S. 1 und 2 GG ergibt, durch die eigenverantwortliche Wahrnehmung von Angelegenheiten gekennzeichnet.[443] Das Recht der Gemeinden auf Selbstverwaltung muß „alle Angelegenheiten der örtlichen Gemeinschaft" umfassen, jenes der Kreise den ihnen gesetzlich zugewiesenen Aufgabenbereich.

Nicht enthalten in Art. 28 Abs. 2 S. 1 GG ist der Auftrag, die Existenz der einzelnen Gemeinden und Gemeindeverbände verfassungsrechtlich abzusichern. Der Verfassungsauftrag richtet sich mithin **nicht auf eine individuelle**, sondern auf eine **institutionelle Garantie**.[444]

Ausgehend von der in § 91 BVerfGG im Jahre 1951[445] eröffneten Möglichkeit für Gemeinden und Gemeindeverbände, eine Verfassungsbeschwerde mit der Behauptung zu erheben, daß „ein Gesetz des Bundes oder des Landes die Vorschrift des Artikels 28 des Grundgesetzes verletzt", entwickelte sich eine Interpretation, die in Art. 28 Abs. 2 GG nicht nur einen Verfassungsauftrag sieht, sondern der Norm zugleich einen darüber hinausgehenden Regelungsgehalt zuweist. Diese Entwicklung mündete in die 1969 in Art. 93 Abs. 1 Nr. 4b GG aufgenommene verfassungsrechtliche Gewährleistung der kommunalen Verfassungsbeschwerde, die nunmehr von einer „Verletzung des Rechts auf Selbstverwaltung nach Art. 28" spricht und dergestalt einen Wandel des Verständnisses des Art. 28 Abs. 2 GG abschließend dokumentiert.

b) Art. 78 Verf NW

Der Verfassungsgeber des Landes NW hat den Verfassungsauftrag des Art. 28 Abs. 2 GG durch Art. 78 Verf NW erfüllt. Dort heißt es in Abs. 1: „Die Gemeinden und Gemeindeverbände sind Gebietskörperschaften mit dem Recht der Selbstverwaltung durch ihre gewählten Organe". Abs. 2 legt fest, daß die Gemeinden und Gemeindeverbände „in ihrem Gebiet die alleinigen Träger der öffentlichen Verwaltung" sind, „soweit die Gesetze nichts anderes vorschreiben". Nimmt man Art. 1 Abs. 1 S. 2 und Art. 3 Abs. 2 Verf NW hinzu, so werden in Nordrhein-Westfalen die Gemeinden und Gemeindeverbände flächendeckend und flächenbezogen als körperschaftlich organisierte, mit dem Recht der Selbstverwaltung durch ihre Organe ausgestattete, rechtsfähige Organisationseinheiten öffentlicher Verwaltung verfassungsrechtlich gewährleistet.

---

[443] So auch BVerfGE 1 S. 167 (175); *Stern*, in: BK, Art. 28 Rdn. 86; *Knemeyer*, in: FS für v. Unruh S. 222 ff.
[444] So auch BVerfGE 1 S. 167 (174 f.); 50 S. 50.
[445] BGBl. I S. 243.

Auch Art. 78 Verf NW schützt Gemeinden und Gemeindeverbände nur institutionell, nicht aber individuell.[446] Die Vorschrift geht allerdings über Art. 28 Abs. 2 GG insofern hinaus, als sie die Garantie gemeindlicher Selbstverwaltung nicht auf die Wahrnehmung von Angelegenheiten der örtlichen Gemeinschaft beschränkt[447] und den Gemeindeverbänden das Recht der Selbstverwaltung nicht nur „im Rahmen ihres gesetzlichen Aufgabenkreises" garantiert. Sie bleibt andererseits insoweit hinter Art. 28 Abs. 2 S. 2 GG zurück, als sie unter Gemeindeverbänden nur die Kreise versteht.[448]

c) Das Verhältnis von bundes- und landesverfassungsrechtlicher Garantie

Erschöpft sich Art. 28 Abs. 2 GG nicht in einem Verfassungsauftrag, sondern weist darüber hinaus einen dem des Art. 78 Verf NW entsprechenden **eigenständigen** Gewährleistungsgehalt auf, so stellt sich die Frage nach dem Verhältnis von bundes- und landesverfassungsrechtlicher Garantie. Während **Kollisionen** von Bundesrecht und Landesrecht grundsätzlich — hier nicht einschlägige Ausnahme etwa Art. 142 GG[449] — durch Art. 31 GG zugunsten des Bundesrechts bereinigt werden, läßt sich Art. 93 Abs. 1 Nr. 4b GG entnehmen, daß dies im Verhältnis von Art. 28 Abs. 2 GG und Art. 78 Abs. 1 u. 2 Verf NW nicht gilt. Die hier festgelegte **Subsidiarität der Kommunalverfassungsbeschwerde** gegenüber der Beschwerde beim Landesverfassungsgericht zeigt, daß vom Landesgesetzgeber nicht nur Art. 28 Abs. 2 GG, sondern auch die gem. § 50 VerfGHG NW durch Beschwerde vor dem Verfassungsgerichtshof bewehrte verfassungsrechtliche Garantie des Art. 78 Verf NW zu beachten ist.[450]

Soweit Art. 78 Verf NW allerdings über Art. 28 Abs. 2 GG hinausgeht, ist er im Hinblick auf das in dieser Vorschrift definierte Verständnis von Inhalt und Umfang der Selbstverwaltungsgarantie[451] der Gemeinde im Verhältnis zum Kreis verfassungskonform zu interpretieren;[452] im übrigen entfaltet er uneingeschränkte Wirksamkeit gegenüber dem Landesgesetzgeber. Der Bundesgesetzgeber ist demgegenüber nur an Art. 28 Abs. 2 GG gebunden.[453]

---

446 Vgl. VerfGH NW OVGE 26 S. 286 (287f., m.w.N.).
447 Vgl. *v. Mutius,* Gutachten 53. DJT S. 46f.; *dens.,* StGR 1981 S. 161 (163).
448 Vgl. dazu im einzelnen *Oebbecke,* Gemeindeverbandsrecht Rdn. 32ff.
449 Vgl. *Stern,* in: BK, Art. 28 Rdn. 178; *Pagenkopf,* Kommunalrecht Bd. 1 S. 63f.
450 So im Ergebnis auch *v. Mutius,* Gutachten 53. DJT S. 46f.; *Oebbecke,* Gemeindeverbandsrecht Rdn. 19. Vgl. dazu auch nds StGH DVBl. 1973 S. 310.
451 Vgl. oben bei Fn. 447.
452 Vgl. auch *v. Mutius,* StGR 1981 S. 161 (165); *Blümel,* VerwArch Bd. 75 (1984) S. 197 (213); *Schink,* in: Schmidt-Jortzig/Schink, Subsidiaritätsprinzip und Kommunalordnung, 1982 S. 50f.
453 So auch *Stern,* in: BK, Art. 28 Rdn. 116.

2. Der Inhalt der institutionellen Garantien

Werden durch Art. 28 Abs. 2 GG, Art. 78 Abs. 1 und 2 Verf NW Gemeinden und Gemeindeverbände als mit dem Recht der Selbstverwaltung ausgestattete Organisationseinheiten öffentlicher Verwaltung institutionell im Rahmen der Gesetze garantiert, so stellt sich die Frage nach dem Inhalt dieser Garantien zum einen im Hinblick auf die organisatorische Gestalt der garantierten Institutionen, zum anderen im Hinblick auf den Umfang und die Art der Wahrnehmung der ihnen zugeordneten Aufgaben und schließlich im Hinblick auf die Reichweite des Gesetzesvorbehalts.

a) Die Organisationsform

Die Gewährleistung einer rechtlich verfaßten und geordneten Einrichtung, wie es Gemeinden und Gemeindeverbände sind, durch das GG kann immer nur an ihre im Zeitpunkt der Verfassungsgebung vorhandene, in der Regel im Laufe einer geschichtlichen Entwicklung entstandene Gestalt anknüpfen. So hat auch das BVerfG immer wieder betont, daß das Selbstverwaltungsrecht der Gemeinden in Art. 28 Abs. 2 S. 1 GG unter Beachtung seiner historischen Ausformung garantiert sei.[454] Das führt dazu, daß Gemeinden und Gemeindeverbände in ihrer tradierten Gestalt, also als mit Rechtsfähigkeit und der Befugnis zur Selbstorganisation ausgestattete, körperschaftlich verfaßte, gebietsbezogene Organisationseinheiten der öffentlichen Verwaltung gewährleistet sind. Man spricht insoweit von einer **„institutionellen Rechtssubjektsgarantie"**.[455]

Wenn auch Gemeinden und Gemeindeverbände nur institutionell und nicht individuell garantiert sind, die einzelne Gemeinde und der einzelne Gemeindeverband also zur Disposition stehen, so ist es doch der Zweck einer institutionellen Garantie, auch insoweit dem Gesetzgeber Grenzen zu setzen. Die Auflösung und Beseitigung von Gemeinden und Gemeindeverbänden ist verfassungsrechtlich nicht mehr hinnehmbar, wenn die Erfüllung der ihnen im Grundgesetz zugedachten Aufgaben und damit die Verwirklichung der mit diesen Einrichtungen verbundenen Gestaltung des Gemeinwesens notleidend wird.

b) Gegenstand und Art kommunaler Aufgabenwahrnehmung

Art. 28 Abs. 2 GG, Art. 78 Abs. 1 u. 2 Verf NW garantieren darüber hinaus den Gemeinden und Gemeindeverbänden das gegenständlich und modal verstandene Recht

---

454 BVerfGE 7 S. 358 (364); 11 S. 266 (274); 22 S. 180 (205); 59 S. 216 (226). Vgl. auch *C. Schmitt,* Freiheitsrechte und institutionelle Garantien der Reichsverfassung, in: Rechtswissenschaftliche Beiträge zum 25jährigen Bestehen der Handels-Hochschule Berlin, 1931 S. 1 (7).
455 So *Stern,* in: BK, Art. 28 Rdn. 62, 78ff.; *ders.,* Staatsrecht Bd. 1 § 12 II 4b (S. 409); *ders.,* HkWP Bd. 1 S. 204f.; OVG Lüneburg DÖV 1980 S. 417.

der Selbstverwaltung. Insoweit wird von einer „**objektiven Rechtsinstitutionsgarantie**" gesprochen.[456]

aa) Der Wirkungskreis der Gemeinden

Die **gegenständliche Reichweite** des Selbstverwaltungsrechts der Gemeinde wird in Art. 28 Abs. 2 S. 1 GG mit „Angelegenheiten der örtlichen Gemeinschaft" beschrieben. Diese Gewährleistung eines Aufgabenkreises[457] wird vom BVerfG näher dahin bestimmt, daß sie solche Aufgaben umfasse, „die in der örtlichen Gemeinschaft wurzeln oder auf die örtliche Gemeinschaft einen spezifischen Bezug haben und von dieser örtlichen Gemeinschaft eigenverantwortlich und selbständig bewältigt werden können".[458] Diese in Rechtsprechung[459] und Schrifttum[460] vielfach reproduzierte Formel mag in vielen Fällen hilfreich sein, sie läßt indes auch Fragen offen, weil die in ihr enthaltenen Kriterien — Gemeinschaft, örtlich, wurzeln, spezifischer Bezug — äußerst vage sind.

Mit der Formulierung „Angelegenheiten der örtlichen Gemeinschaft" bedient sich Art. 28 Abs. 2 S. 1 GG eines Begriffs, der einen vorrechtlichen Befund in die Verfassungsrechtsordnung inkorporiert.[461] Das bedeutet, daß das GG seinen Gewährleistungsgehalt für tatsächliche Entwicklungen öffnet, also nicht einen historisch gewordenen status quo unverrückbar garantiert.[462] Andererseits ist der Begriff der Angelegenheiten der örtlichen Gemeinschaft nicht nur eine Funktion tatsächlicher Entwicklungen und Befunde. Der Zweck der institutionellen Garantie kommunaler Selbstverwaltung des Art. 28 Abs. 2 S. 1 GG erschöpft sich nicht in der organisatorischen Gestaltung des durch das Grundgesetz konstituierten Gemeinwesens. Vielmehr soll „dem örtlichen Selbstbestimmungsrecht eine verfassungskräftig gewährleistete Chance offengehalten" werden.[463]

Die Gemeinde ist demnach zwar die kleinste verfassungsrechtlich geforderte Einheit öffentlicher Verwaltung. Wie Art. 28 Abs. 1 S. 2 GG ergibt, kommt ihr darüber hinaus aber eine staatspolitische, auf Integration von Staat und Gesellschaft und Akzeptanz des

---

456 So *Stern*, in: BK, Art. 28 Rdn. 62, 94 ff.; OVG Lüneburg DÖV 1980 S. 417.
457 Vgl. etwa *Stern*, in: BK, Art. 28 Rdn. 85 ff.; *v. Mutius*, Gutachten 53. DJT S. 17 ff.; a. A. *Roters*, in: v. Münch, GG, Bd. 2, 2. Aufl. 1983 Art. 28 Rdn. 57, 40 ff.; *Burmeister*, Verfassungstheoretische Neukonzeption der kommunalen Selbstverwaltungsgarantie, 1977 S. 71.
458 BVerfGE 8 S. 122 (134); 50 S. 195 (201); 52 S. 95 (120).
459 Vgl. etwa OVG NW NVwZ 1984 S. 325 (326).
460 Etwa *Stern*, in: BK, Art. 28 Rdn. 86; *ders.*, Staatsrecht Bd. 1 § 12 II 4 d) α (S. 412 f.); *Maunz*, in: Maunz/Dürig, GG, Art. 28 Rdn. 61 (Bearb. 1977); *Schmidt-Aßmann*, in: v. Münch, Bes.VwR S. 107; *Pagenkopf*, Kommunalrecht Bd. 1 S. 50; *v. Mutius*, Gutachten 53. DJT S. 17; *ders.*, in: FS für v. Unruh S. 245, kritisch jedoch ebendort S. 236.
461 Vgl. zur Inkorporation vorrechtlicher Befunde mit Hilfe sog. unbestimmter Gesetzesbegriffe *Erichsen*, DVBl. 1985 S. 22 (25 f.).
462 Zutreffend BVerfGE 38 S. 259 (279); BVerwGE 67 S. 321 (323); *Stern*, HkWP Bd. 1 S. 206; *Brohm*, DVBl. 1984 S. 293 (297).
463 So BVerfGE 11 S. 266 (275 f.).

Staates durch die Gesellschaft ausgerichtete Funktion zu.[464] Dementsprechend bestimmt § 1 GO: „Die Gemeinden sind die Grundlage des demokratischen Staatsaufbaus".[465] Diese Funktion können Gemeinden weder wahrnehmen, wenn sie durch Bestimmung ihrer Aufgaben auf unverbindliche, beratende und bloß mitentscheidende Mitwirkung und damit auf Sandkastenspiele beschränkt werden,[466] noch wenn sie als Teil eines auf die bloße Befriedigung von Bedürfnissen der Bürger ausgerichteten Leistungs- und Verwaltungsverbundes[467] — funktionales Selbstverwaltungsverständnis —, also als bloße Dienstleistungsunternehmen angesehen und in einen gesamtstaatlichen, von technischer Machbarkeit und dem Streben nach betriebswirtschaftlich ausgerichteter Kostenreduzierung bestimmten Rahmen gestellt werden. Trotz der unverkennbaren Schwierigkeiten bei der Bestimmung der Angelegenheiten der örtlichen Gemeinschaft bleibt die Anerkennung eines bestimmten Aufgabenbestandes der Selbstverwaltung daher unverzichtbar und kann nicht zugunsten einer bloßen Mitwirkungsgarantie innerhalb einer gesamtstaatlich-arbeitsteiligen Aufgabenwahrnehmung aufgegeben werden.[468]

Bei der Bestimmung des verfassungsrechtlich garantierten gemeindlichen Aufgabenbestandes ist auch das in Art. 28 Abs. 2 S. 1 GG enthaltene Postulat der eigenen Verantwortung zu berücksichtigen. Damit ist nicht nur etwas über die Art und Weise der Aufgabenerledigung gesagt, sondern — wie auch das BVerfG in der bereits zitierten Formulierung ausführt[469] — zugleich eine durch Verwaltungs- und Finanzkraft der Gemeinden bestimmte Begrenzung der örtlichen Angelegenheiten definiert.[470] Insoweit kann es allerdings nicht allein auf die von der Gemeinde im Rahmen ihrer in Art. 79 S. 1 Verf NW garantierten Abgabenhoheit erzielten Einnahmen ankommen. Vielmehr sind die im Rahmen des durch Art. 79 S. 2 2. HS Verf NW gewährleisteten Finanzausgleichs zufließenden Mittel ebenfalls zu berücksichtigen.[471]

---

464 Vgl. auch BVerfGE 11 S. 266 (275); BVerwGE 67 S. 321 (323); v. Mutius, Jura 1982 S. 28.
465 Zur demokratischen Funktion kommunaler Selbstverwaltung auch *Schink* (Fn. 452) S. 71 f.; BVerfGE 52 S. 95 (111/112); vgl. auch § 11 Abs. 4 BayVerf.: „Die Selbstverwaltung der Gemeinden dient dem Aufbau der Demokratie in Bayern von unten nach oben."
466 Wenig überzeugend deshalb *Roters*, in: v. Münch, GG, Bd. 2, 2. Aufl. 1983 Art. 28 Rdn. 40 ff., 46.
467 So aber *Laux*, Der Landkreis 1970 S. 7 (9); *ders.*, in: Verein f. d. Geschichte d. dt. Landkreises (Hrsg.), Der Kreis Bd. 1, 1972 S. 93 (95 ff., 134 f.); *Pappermann*, DÖV 1975 S. 181 (187 f.); vgl. auch Zuständigkeitsbericht Kreis/Gemeinden NW des Innenministeriums, Eildienst LKT Nr. 7—8/75/60 S. 79 (87 f.).
468 So aber die Vertreter des sog. funktionalen Selbstverwaltungsverständnisses, vgl. *Pappermann*, DVBl. 1976 S. 766 f.; *Pappermann/Roters/Vesper*, Maßstäbe für die Funktionalreform im Kreis, 1976 S. 22 f. m. w. N.; *Roters*, Kommunale Mitwirkung an höherstufigen Entscheidungsprozessen, 1975 S. 30 f.; kritisch dageg. etwa *Blümel*, VVDStRL Bd. 36 (1978) S. 171 (244 ff.; 250 ff.); *v. Mutius*, Gutachten 53. DJT S. 20 ff.; *Brohm*, DVBl. 1984 S. 293 (296).
469 BVerfGE 8 S. 122 (134) und oben bei Fn. 458.
470 So auch BVerfGE 8 S. 122 (134); BVerwGE 67 S. 321 (324); *v. Mutius*, Jura 1982 S. 28 (31); *Schmidt-Jortzig*, Kommunalrecht Rdn. 476; *Schink* (Fn. 452) S. 59 ff.; abw. wohl *Rengeling*, HkWP Bd. 2 S. 394.
471 Vgl. auch VerfGH NW NJW 1985 S. 2321 (2322); *P. Kirchhof*, DVBl. 1980 S. 711.

Als Angelegenheiten der örtlichen Gemeinschaft i.S. Art. 28 Abs. 2 S. 1 GG sind demnach alle Angelegenheiten anzusehen, die unter Berücksichtigung der Verwaltungs- und Finanzkraft der Gemeinden im Einzelfall einer örtlichen Erledigung zugänglich sind. Damit wird der räumliche Bezug nicht mehr anhand der Aufgabe selbst, sondern anhand der Möglichkeit zur Aufgabenwahrnehmung bestimmt.[472] Die Berücksichtigung der Leistungskraft führt zu Differenzierungen bei der Bestimmung der Angelegenheiten der örtlichen Gemeinschaft.[473]

bb) Der Aufgabenbereich der Kreise

Während die gegenständliche Reichweite des Selbstverwaltungsrechts der Gemeinden in Art. 28 Abs. 2 S. 2 GG verfassungsunmittelbar festgelegt wird, stellt Art. 28 Abs. 2 S. 2 GG insoweit hinsichtlich der **Gemeindeverbände** auf den „Rahmen ihres gesetzlichen Aufgabenbereichs" ab. Damit ist allerdings dem Gesetzgeber keine umfassende Dispositionsbefugnis eingeräumt. Es ist vielmehr davon auszugehen, daß auch insoweit dogmengeschichtliche Vorgaben die Garantie inhaltlich auffüllen[474] und der Gesetzgeber in jedem Fall gehindert ist, der Garantie gemeindeverbandlicher Selbstverwaltung durch Entziehung von Aufgaben das Substrat zu entziehen.[475]

cc) Die Eigenverantwortlichkeit der kommunalen Verwaltung

Die als Selbstverwaltung gekennzeichnete **Art der Aufgabenwahrnehmung** ist in Art. 28 Abs. 2 S. 1 GG durch die Formulierung „in eigener Verantwortung" bestimmt. Sie besagt, daß die Gemeinden und Gemeindeverbände im Rahmen der geltenden Gesetze die Aufgaben öffentlicher Verwaltung ohne fremde Kontrolle und Korrektur nach Maßgabe selbst gesetzter Prioritäten und Wertungen als Zurechnungsendsubjekte wahrnehmen.[476] Die Autonomie der Entscheidung bezieht sich auf das Ob, Wann und Wie kommunaler Maßnahmen.[477]

dd) Die Reichweite des Gesetzesvorbehalts des Art. 28 Abs. 2 GG

Der **Gesetzesvorbehalt des Art. 28 Abs. 2 GG** gilt für den Aufgabentatbestand wie auch für die Art ihrer Bewältigung.[478] Die **institutionelle Rechtssubjektsgarantie** unter Einschluß des tradierten Rechts der Selbstorganisation und der Wahrnehmung der damit verbundenen sog. Existenzaufgaben[479] unterliegt gesetzgeberischer Ordnung

---

472 So auch *v. Mutius*, Gutachten 53. DJT S. 18f. m.w.N.
473 Vgl. auch BVerwGE 67 S. 321 (323).
474 So auch BVerwGE 6 S. 19 (23); vgl. auch BVerwGE 67 S. 321 (323 f.).
475 Vgl. auch *Stern*, Staatsrecht Bd. 1 § 12 II 4 d) (S. 417).
476 Vgl. dazu auch *Stern*, in: BK, Art. 28 Rdn. 94f.; *Schmidt-Jortzig*, Kommunalrecht Rdn. 480f.
477 Vgl. *Schmidt-Aßmann*, in: v. Münch, Bes.VwR S. 109.
478 H. M. vgl. *Stern*, in: BK, Art. 28 Rdn. 114; *v. Mutius*, Jura 1982 S. 28 (37); *Schmidt-Aßmann*, in: v. Münch, Bes.VwR S. 109; abw. *Pagenkopf*, Kommunalrecht Bd. 1 S. 65f. m.w.N.; *Maunz*, in: Maunz/Dürig, GG, Art. 28 Rdn. 52f. (Bearb. 1977).
479 Vgl. dazu oben V 1 d S. 118.

insoweit, als in geschichtlicher Entwicklung **rechtlich** ausgeformte Institutionen in ihrem Bestande garantiert werden. Der Gesetzgeber darf allerdings nur Regelungen treffen, die sich in den überlieferten strukturellen Rahmen einfügen.[480] Die Essentialia stehen ausschließlich zur Disposition des verfassungsändernden Gesetzgebers des Art. 79 GG.

Aber auch im Hinblick auf den **Aufgabenbestand und die Art der Aufgabenwahrnehmung** stellt sich die Frage, in welchem Ausmaß eine gesetzliche Regelung zulässig ist. Teilweise wird die Auffassung vertreten, der Gesetzgeber sei nur durch das Übermaßverbot gebunden, einen unantastbaren Kernbereich gebe es nicht.[481] Gegenüber dieser die verfassungsrechtliche Garantie insoweit umfassend relativierenden These ist darauf hinzuweisen, daß wie auch sonst bei der verfassungsrechtlichen Garantie von Instituten oder Institutionen,[482] so auch hier der Gesetzgeber die Wirkkraft der verfassungsrechtlichen, die Organisationsstruktur der öffentlichen Verwaltung prägenden Gewährleistung aus welchen Gründen auch immer nicht durch den Entzug von Aufgaben und die Verdichtung der bei ihrer Erfüllung zu beachtenden Vorgaben[483] aushöhlen darf.[484]

Nach Ansicht des BVerwG ist bei der Beurteilung einer Verletzung dieses **Kernbereichs** maßgebend, welche Aufgaben den kommunalen Körperschaften nach einem Eingriff noch verbleiben.[485] Diese quantifizierende Betrachtung bedarf allerdings der Ergänzung um die Frage, ob die gesetzgeberische Disposition Angelegenheiten betrifft, deren eigenverantwortliche Erledigung die Struktur und den Typus der kommunalen Selbstverwaltung prägen.[486] Bei ihrer Beantwortung sind — insoweit der Rechtsprechung des BVerfG[487] folgend — vor allem die geschichtliche Entwicklung und die verschiedenen historischen Erscheinungsformen der Selbstverwaltung zu berücksichtigen. Allerdings könnte eine rein historische Betrachtung die tatsächliche Weiterentwicklung der kommunalen Aufgabenstellung nicht einfangen. Zum unentziehbaren Kernbereich müssen auch neue Aufgaben gerechnet werden, deren Wahrnehmung das aktuelle Leitbild der Selbstverwaltung bestimmt.[488]

---

480 Bedenklich *Schmidt-Jortzig*, Kommunalrecht Rdn. 30f.; *Roters*, in: v. Münch, GG, Bd. 2, 2. Aufl. 1983 Art. 28 Rdn. 47.
481 *V. Mutius*, Gutachten 53. DJT S. 44; *ders.*, Städte- und Gemeinderat 1981 S. 161 (163f.). Ebenso *Schink*, DVBl. 1983 S. 1165 (1171f., m.w.N.). Dazu *Blümel*, in: FS für v. Unruh S. 283f.
482 Vgl. etwa zum Eigentum BVerfGE 26 S. 215 (222); 24 S. 367 (389); zur Familie BVerfGE 36 S. 146 (162).
483 Dazu *v. Mutius*, in: FS für v. Unruh S. 227ff.
484 Vgl. zu der sich auch im Zusammenhang mit Art. 19 Abs. 2 GG stellenden gleichgelagerten Problematik *Erichsen*, NJW 1976 S. 1721 (1723f.).
485 BVerwGE 6 S. 19 (25) und S. 342 (345); 18 S. 135 (142); BVerwG NJW 1976 S. 2175 (2176).
486 *Stern*, Staatsrecht Bd. 1 § 12 II 4 (S. 416f.); *ders.*, in: BK, Art. 28 Rdn. 123; *Schmidt-Jortzig*, Kommunalrecht Rdn. 519f.
487 So BVerfGE 59 S. 216 (226); 38 S. 258 (278f.); 8 S. 332 (360); 1 S. 167 (178); vgl. auch BVerwGE 67 S. 321 (322f.).
488 *Stern*, in: BK, Art. 28 Rdn. 124; *Brohm*, DVBl. 1984 S. 293 (297).

Zum **gesetzesfesten Kernbereich** der Zweckaufgaben[489] gehören nach weitgehend übereinstimmender Auffassung etwa die gegenüber dem Einwohner bestehenden Befugnisse der **Finanzhoheit**[490] und die **Bauplanungshoheit**,[491] d. h. die Zuständigkeit, die bauliche Nutzung der im Gemeindegebiet belegenen Grundstücke durch Bauleitpläne festzulegen. Zu den Angelegenheiten der örtlichen Gemeinschaft gehört auch die **Daseinsvorsorge**, d. h. die Versorgung der Einwohner der Gemeinde mit den unterschiedlichsten, der Bedürfnisbefriedigung dienenden Leistungen.[492] Da gerade in diesem Aufgabenfeld der mit einer Hochzonung von Aufgaben verbundene Wanderungsprozeß besonders breit und augenfällig ist, stellt sich die Frage, ob dieser Bereich umfassend gesetzlicher Aufgabenumverteilung anheimgegeben ist. Insoweit ist eine nach Aufgaben differenzierende Betrachtung geboten.[493] Da indes gerade im Bereich der Daseinsvorsorge die Möglichkeit der Entscheidung und Nutzung vor Ort für die Vergegenwärtigung der Gemeinschaft im Verhältnis zu ihren Teilen und damit auch für die Integration in sie und die Identifikation mit ihr von besonderer Bedeutung sind, gehören auch die Aufgaben der Daseinsvorsorge grundsätzlich zu jenem Kernbereich, der gesetzgeberischer Disposition entzogen ist.[494]

Wird die Wahrnehmung einer dem Kernbereich kommunaler Selbstverwaltung zuzurechnenden Aufgabe durch Gesetz auf einen höherstufigen Träger öffentlicher Verwaltung verlagert, so stellt sich die Frage, ob ein Einräumen von Mitwirkungsbefugnissen im höherstufigen Entscheidungsprozeß den mit der Zentralisierung der Aufgabe verbundenen Verlust an Wirkkraft und Eigenständigkeit kompensieren und so das drohende Verdikt der Verfassungswidrigkeit abwenden kann — **Kompensationsmodell**.

Man wird auch insoweit darauf hinzuweisen haben, daß die Einräumung eines status activus processualis der Verwirklichung und nicht der Substitution von Rechtspositionen zu dienen bestimmt ist.[495] Daher ist eine zum Zwecke der Kompensation erfolgende Einbeziehung der Gemeinde in ein höherstufiges Entscheidungssystem, auf welche Art es auch immer erfolgen mag, nur insoweit zulässig, als auch die ersatzlose Aufgabenverlagerung mit der verfassungsrechtlichen Gewährleistung kommunaler Selbstverwaltung vereinbar wäre.[496]

---

489 Zum Begriff V 1 d S. 117.
490 Vgl. dazu oben V 1 d S. 117 f.
491 Dazu *Hoppe*, in: FS für v. Unruh S. 555 ff.; *Widera*, Zur verfassungsrechtlichen Gewährleistung gemeindlicher Planungshoheit, 1985 S. 76 ff.
492 Zur inhaltlichen Unschärfe dieses von Forsthoff stammenden rechtsplakativen Begriffs vgl. *Krieger* (Fn. 173) S. 7 ff. m. w. N.
493 Zur Abfallbeseitigung vgl. etwa bw StGH ESVGH 28 S. 1 ff.; BVerwGE 67 S. 324 ff.; dazu *Blümel*, VerwArch Bd. 75 (1984) S. 197 ff., 297 ff.; *Schmidt-Jortzig*, DÖV 1984 S. 821 ff.
494 So auch *v. Mutius*, Gutachten 53. DJT S. 106 f.; *ders.*, Jura 1982 S. 28 (31, 32); *v. Loebell/Oerter*, GO, § 1 Erl. 2. 5; BayVGH DVBl. 1979 S. 673 (678, 680).
495 Vgl. *Erichsen*, Verstaatlichung der Kindeswohlentscheidung?, 2. Aufl. 1979 S. 18.
496 So auch im Ergebnis *Blümel*, VVDStRL Bd. 36 (1978) S. 171 (245 ff. m. w. N.); *v. Mutius*, Gutachten 53. DJT S. 21 ff.; *Knemeyer*, DVBl. 1976 S. 380 ff.; *Schmidt-Jortzig*, Kommunalrecht Rdn. 502 ff.; *Rommel*, DÖV 1979 S. 362 ff.; OVG Lüneburg DÖV 1980 S. 417 (418).

Die verfassungsrechtliche Gewährleistung der kommunalen Selbstverwaltung

Auch soweit staatliche Entscheidungen den Kernbereich der kommunalen Selbstverwaltung nicht verletzen, müssen sie stets **in der Form des Gesetzes oder aufgrund eines Gesetzes** durch Rechtsverordnung[497] bzw. Einzelakt ergehen. Gesetzliche Ermächtigungen müssen dem Grundsatz des Parlamentsvorbehalts genügen.[498] Gesetz, Rechtsverordnung und Einzelakt müssen sich in jedem Falle am **Übermaßverbot** mit seinen Regelungsgehalten der Eignung, Erforderlichkeit und Verhältnismäßigkeit messen lassen, welches nicht nur als Mittel der Disziplinierung der Staatsgewalt gegenüber Grundrechten, sondern auch dann Anwendung findet, wenn es sonst um den Schutz verfassungsrechtlich gewährleisteter Freiräume geht.[499]

Im Rahmen der Prüfung der Verhältnismäßigkeit ist zu fragen, ob der Gesetzgeber das Gemeinwohlgebot in zulässiger Weise konkretisiert[500] und die verfolgten Interessen in angemessener Weise mit dem Verlust an kommunalem Selbstverwaltungsrecht abgewogen hat.

c) Die Rechtsstellung der einzelnen Kommune

Nach Art. 28 Abs. 2 GG muß den Gemeinden und Gemeindeverbänden das „**Recht**" der Selbstverwaltung gewährleistet sein; nach Art. 78 Abs. 1 Verf. NW steht es ihnen zu. Allerdings ist die den bestehenden Gemeinden und Gemeindeverbänden in Art. 28 Abs. 2 GG und Art. 78 Abs. 1 und 2 Verf NW garantierte Rechtsposition, wie die Stellung der Gewährleistungsnormen in Grundgesetz und Landesverfassung und die Differenzierung zwischen Grundrechts- und Kommunalverfassungsbeschwerde in Art. 93 Abs. 1 Nr. 4a und b GG zeigen, nicht grundrechtlich gestaltet.[501] Aus ihr erwachsen gleichwohl **Ansprüche**. Sie können auf Unterlassung rechtswidriger Eingriffe, die Beseitigung ihrer Folgen, auf Leistungen, wie etwa auf Bereitstellung der erforderlichen Finanzmittel,[502] auf Verfahrensteilhabe, etwa auf Gewährung rechtlichen Gehörs,[503] sowie auf fehlerfreie Ermessens- bzw. Gemeinwohlentscheidung[504] gerichtet sein. Diese Ansprüche können im Rahmen und nach Maßgabe des geltenden Prozeßrechts im Ver-

---

497 Vgl. auch BVerfGE 26 S. 228 (237); 56 S. 298 (309).
498 Vgl. auch *v. Mutius*, Jura 1982 S. 28 (37).
499 So im Ergebnis auch BVerfGE 56 S. 298 (313); BVerwGE 67 S. 321 (323); *Schmidt-Aßmann*, in: *v. Münch*, Bes.VwR S. 111; *v. Mutius*, Jura 1982 S. 28 (34).
500 Vgl. BVerfGE 59 S. 216 (229ff.); dazu auch *Blümel*, in: FS für v. Unruh S. 285 ff. m.w.N.
501 Vgl. dazu auch BVerfGE 61 S. 82 (100ff.) mit allerdings in dogmengeschichtlichen und grundrechtstheoretischen Ansätzen recht fragwürdiger Begründung; *Bethge*, in: FS für v. Unruh S. 149ff.; *v. Mutius*, Gutachten 53. DJT S. 26f.
502 Vgl. VerfGH NW NJW 1985 S. 2321 (2322) sowie DVBl. 1985 S. 685; *Grawert*, in: FS für v. Unruh S. 587ff.; *Stern*, Staatsrecht Bd. 1 § 12 II 8 k) (S. 422).
503 Vgl. BVerfGE 59 S. 216 (227f.); 50 S. 195 (202f.); VerfGH NW OVGE 26 S. 286 (288).
504 Vgl BVerfGE 50 S. 50ff., S. 195 (202ff.); VerfGH NW OVGE 26 S. 286 (292).

fahren vor den Verwaltungsgerichten durchgesetzt werden.[505] Diese sog. **subjektive Rechtsstellungsgarantie**[506] ist darüber hinaus durch die Kommunalverfassungsbeschwerde bewehrt, die die Gemeinden und Gemeindeverbände gem. § 50 VerfGHG vor dem Verfassungsgerichtshof des Landes NW mit der Behauptung, daß Landesrecht die Vorschriften der Landesverfassung über das Recht der Selbstverwaltung verletzt, und gem. Art. 93 Abs. 1 Nr. 4b GG, § 91 BVerfGG wegen Verletzung des Rechts auf Selbstverwaltung durch Bundesrecht vor dem Bundesverfassungsgericht erheben können.[507]

3. Die Zielrichtung der Selbstverwaltungsgarantie

Die Selbstverwaltungsgarantie des Art. 28 Abs. 2 GG, Art. 78 Abs. 1 u. 2 Verf NW richtet sich in erster Linie **gegen den Staat**, primär also gegen das Land, dem die Gesetzgebungszuständigkeit in Angelegenheiten der Kommunalverfassung weitgehend zusteht. Sie richtet sich indes nicht nur gegen den Gesetzgeber, sondern auch gegen die Exekutive des Landes, mit der Gemeinden und Gemeindeverbände im Rahmen der Kommunalaufsicht — aber nicht nur dort — konfrontiert sein können.

Auch der Bund, der — wie oben dargelegt[508] — Regelungen erlassen darf, die die Wahrnehmung von Aufgaben durch Gemeinden und Gemeindeverbände zum Gegenstand haben, ist Adressat des Verpflichtungsgehalts des Art. 28 Abs. 2 GG.[509]

Die verfassungsrechtliche Garantie des Rechts der Selbstverwaltung gilt auch im Verhältnis zu anderen Gemeinden und im Verhältnis zum Kreis — **interkommunale Geltung**.[510] Es können sich also die Gemeinden im Verhältnis zueinander, und es kann sich die Gemeinde gegenüber dem Kreis, aber auch der Kreis gegenüber der Gemeinde auf sein verfassungsrechtlich gewährleistetes Recht der Selbstverwaltung berufen. So kann sich etwa die Gemeinde gegenüber der Bauleitplanung einer anderen Gemeinde[511]

---

505 Vgl. auch *Schmidt-Aßmann*, in: v. Münch, Bes.VwR S. 113; *Fehrmann*, DÖV 1983 S. 311 f. Zu der — umstrittenen — Frage, ob und wo dieser Rechtsschutzanspruch verfassungsrechtlich fundiert ist, vgl. etwa *Schmidt-Aßmann*, in: Maunz/Dürig, GG, Art. 19 Abs. 4 Rdn. 43 (Bearb. 1985); *Schenke*, in: BK, Art. 19 Abs. 4 Rdn. 38 (Bearb. 1982).
506 Vgl. *Stern*, in: BK, Art. 28 Rdn. 62, 174 ff.; *Bethge*, DV 1982 S. 205 (210 ff.).
507 Vgl. dazu *Burmeister*, JA 1980 S. 17 ff.
508 Vgl. V 1 f S. 120.
509 Vgl. auch *v. Mutius*, Jura 1982 S. 28 (35); *Widera* (Fn. 491) S. 44 f.
510 So zutreffend VerfGH NW DÖV 1980 S. 691 f. m. Anm. *Blümel;* BVerwGE 67 S. 321 (322 f.); OVG Lüneburg DÖV 1980 S. 417 f.; *Stern*, Staatsrecht Bd. 1 § 12 II 4 d (S. 417 f.); *Schmidt-Aßmann*, in: v. Münch, Bes.VwR S. 104; *Blümel*, VVDStRL Bd. 36 (1978) S.171 (210); *v. Mutius*, Jura 1982 S. 28 (36); *Widera* (Fn. 491) S. 45 f. A. A. *Schnapp*, Zuständigkeitsverteilung zwischen Kreis und kreisangehörigen Gemeinden, 1973 S. 34; *Pappermann*, DVBl. 1976 S. 766 (768); *Pappermann/Roters/Vesper* (Fn. 468) S. 28 ff.; *Roters*, in: v. Münch, GG, Bd. 2, 2. Aufl. 1983 Art. 28 Rdn. 63.
511 Vgl. BVerwGE 40 S. 323 (329); BayVGH BayVBl. 1985 S. 83 (84 f.).

wie auch gegenüber der Wahrnehmung freiwilliger Selbstverwaltungsaufgaben durch den Kreis auf Art. 28 Abs. 2 S. 1 GG, Art. 78 Abs. 1 u. 2 Verf NW berufen.
Den aus Art. 28 Abs. 2 GG, Art. 78 Abs. 1 und 2 Verf NW hergeleiteten subjektiv-rechtlichen Regelungsgehalten korrespondiert ein objektiv-rechtliches Aufgabenverteilungsgebot für den Gesetzgeber: er hat die Aufgaben öffentlicher Verwaltung entsprechend der verfassungsrechtlichen Vorgabe zu verteilen.[512]

4. Flankierende Garantien

Der durch vielfache Erfahrung belegten Einsicht Rechnung tragend, daß die Verteilung von Kompetenzen, auch die auf der Ebene des Verfassungsrechts, durch eine der Aufgabenzuweisung entsprechende Finanzzuweisung stabilisiert werden muß[513], hat das Grundgesetz in Art. 106 Abs. 6 GG den Gemeinden eine Realsteuergarantie gegeben und festgelegt, daß ihnen — oder nach Maßgabe landesgesetzlicher Regelung den Gemeindeverbänden — das Aufkommen der örtlichen Verbrauchs- und Aufwandsteuer zusteht. Darüber hinaus ist den Gemeinden in Art. 106 Abs. 5 GG ein in seiner Höhe bundesgesetzlich festzustellender Anteil an der Einkommensteuer garantiert. Gemeinden und Gemeindeverbänden ist schließlich in Art. 106 Abs. 8 GG ein Ausgleich für vom Bund veranlaßte, für sie unzumutbare Sonderbelastungen zugesagt.

Der Regelung des Art. 106 Abs. 7 GG Rechnung tragend bestimmt Art. 79 S. 2 Verf NW, daß das Land im Rahmen seiner finanziellen Leistungsfähigkeit einen übergemeindlichen Finanzausgleich zu gewährleisten hat[514], und legt Art. 78 Abs. 3 Verf NW fest, daß das Land, wenn es den Gemeinden und Gemeindeverbänden gesetzlich neue Aufgaben auferlegt, gleichzeitig Regelungen über die Deckung der Kosten treffen muß.[515] Gem. Art. 79 S. 1 Verf NW haben die Gemeinden zur Erfüllung ihrer Aufgaben das Recht auf Erschließung eigener Steuerquellen.[516]

---

512 Insoweit nicht unbedenklich BVerwGE 67 S. 321 (325); vgl. auch oben XII 2b aa, bb S. 190 ff.
513 Vgl. dazu *Erichsen*, Konnexität von Aufgaben und Finanzierungskompetenz im Bund-Länderverhältnis, 1968 S. 16. Nicht überzeugend VerfGH NW DVBl. 1985 S. 685 (686, 687); *Patzig*, DÖV 1985 S. 645 ff.
514 Vgl. VerfGH NW DVBl. 1985 S. 1306 ff.
515 Vgl. dazu VerfGH NW DVBl. 1985 S. 685 (686); *v. Mutius/Henneke*, Kommunale Finanzausstattung und Verfassungsrecht, 1985 S. 97 ff.; *dies.*, AfK 1985 S. 261 (272 ff.).
516 Vgl. dazu *Fleck*, in: Geller/Kleinrahm/Fleck, Die Verfassung des Landes NW, 2. Aufl. 1963 Art. 79 Anm. 3; *Grawert*, in: FS für v. Unruh S. 603 f.

Beamtenrecht

von Ulrich Battis

Literatur

U. Battis, Bundesbeamtengesetz, München 1980; *W. Fürst* (Hrsg.), Gesamtkommentar öffentliches Dienstrecht, Losebl., Berlin 1974 ff; *W. Fürst/A. Strecker*, Beamtenrecht, Stuttgart, Berlin, Köln, Mainz 1975; *W. Hildebrandt/ H. Demmler/H.-G. Bachmann*, Kommentar zum Beamtengesetz für das Land Nordrhein-Westfalen, Losebl., Neuwied 1963 ff; *J. Isensee*, Öffentlicher Dienst, in: Handbuch des Verfassungsrechts, hrsg. von E. Benda/W. Maihofer/ H. J. Vogel, Berlin 1983, S. 149; *H. Korn/G. Siecken*, Das Beamtenrecht in Nordrhein-Westfalen, 3. Aufl., Losebl., Siegburg 1969 ff; *K. Köpp*, Öffentliches Dienstrecht, in: H.-W. Arndt u.a., Besonderes Verwaltungsrecht, Heidelberg 1984, S. 259; *J. v. Münch*, Öffentlicher Dienst, in v. Münch (Hrsg.) Besonderes Verwaltungsrecht, 7. Aufl., Berlin 1985, S. 1; *E. Plog/A. Wiedow/ G. Beck*, Kommentar zum Bundesbeamtengesetz mit Beamtenversorgungsgesetz, 2. Aufl., Losebl., Neuwied 1965 ff; *W. Scheerbarth/H. Höffken*, Beamtenrecht, 5. Aufl. 1985; *H. W. Schnellenbach*, Beamtenrecht in der Praxis, München 1983; *E. Schütz*, Beamtenrecht des Bundes und der Länder, 5. Aufl., Losebl., Hamburg 1982 ff; *G. P. Strunk*, Beamtenrecht, 2. Aufl., Köln 1983; *W. Wiese*, Handbuch des öffentlichen Dienstes, – Bd. 1, H. Hattenhauer, Geschichte des Beamtentums, Köln 1980, – Bd. 2, W. Wiese, Beamtenrecht, 2. Aufl., Köln 1982; *H. J. Wolff/O. Bachof*, Verwaltungsrecht II, 4. Aufl., München 1976, § 105 – 119; *H. Zeiler*, Beamtenrecht, München 1983.

Gliederung

I. Grundlagen
 1. Rechtsquellen
 2. Das Berufsbeamtentum innerhalb des öffentlichen Dienstes
 3. Besonderheiten des nordrhein-westfälischen Beamtenrechts
II. Das Beamtenverhältnis
 1. Begriffe und Arten des Beamten
 2. Dienstherr, Dienstvorgesetzter, Vorgesetzter
 3. Amt und Laufbahn
 4. Die Ernennung
   a) Arten
   b) Form und Verfahren
   c) Voraussetzungen
 5. Veränderungen des Beamtenverhältnisses
   a) Anstellung und Umwandlung
   b) Beförderung
   c) Aufstieg

d) Versetzung
   e) Umsetzung
   f) Abordnung
 6. Beendigung des Beamtenverhältnisses
   a) Arten der Beendigung
   b) Entlassung
   c) Eintritt in den Ruhestand
   d) Verlust der Beamtenrechte
III. Pflichten und Rechte der Beamten
 1. Überblick
 2. Ausgewählte Pflichten und Rechte
   a) Inhalt und Grenzen der Dienstleistungspflicht, Nebentätigkeit, Teilzeitbeschäftigung
   b) Verfassungstreuepflicht und politische Betätigung
   c) Persönliche Verantwortung, Remonstrationspflicht und Folgen der Nichterfüllung von Pflichten
   d) Amtsangemessene Alimentierung
   e) Fürsorge- und Schutzpflicht des Dienstherrn
IV. Rechtsschutz
 1. Außergerichtlicher Rechtsschutz
 2. Gerichtlicher Rechtsschutz
   a) Verwaltungsgerichtsbarkeit
   b) Andere Gerichtsbarkeiten
V. Personalvertretung

I. Grundlagen

1. Rechtsquellen

Das Beamtenrecht gehört als Teil des Rechts des öffentlichen Dienstes zum Staatsorganisationsrecht. Der öffentliche Dienst bildet das personelle Substrat der öffentlichen Verwaltungsorganisation. Das Beamtenrecht ist das Sonderrecht eines Teils derjenigen natürlichen Personen, durch die der Staat handelt.

Das Grundgesetz hat durch die Art. 33 Abs. 2–5, Art. 74 a, 75 Nr. 1 GG das Berufsbeamtentum in Bund und Ländern einschließlich der Gemeinden als Einheit konzipiert.[1] Das in Art. 33 Abs. 2 GG statuierte Leistungsprinzip eröffnet den gleichen Zugang zu öffentlichen Ämtern, und zwar ausschließlich nach Eignung, Befähigung und fachlicher Leistung. Dem und Art. 3 Abs. 3 GG entsprechend verbietet es Art. 33 Abs. 3 GG, die Zulassung zu öffentlichen Ämtern von religiösem Bekenntnis und Weltanschauung abhängig zu machen. Art. 33 Abs. 4 u. 5 GG enthalten eine institutionelle Garantie des Berufsbeamtentums. Gemäß Abs. 4 ist die Ausübung hoheitsrechtlicher Befugnisse als ständige Aufgabe in der Regel den Beamten zu übertragen. Dieser sogenannte Funktionsvorbehalt sichert die Zweispurigkeit des öffentlichen Dienstes, also die Unterschei-

---

1 Dazu *Wiese*, Beamtenrecht, S. 2f.

dung von Bediensteten, die in einem öffentlich-rechtlichen Dienst- und Treueverhältnis (Beamte) und solche, die in einem privatrechtlichen Dienstverhältnis stehen (Angestellte und Arbeiter). Art. 33 Abs. 5 GG verpflichtet den Gesetzgeber dazu, das Recht des öffentlichen Dienstes unter Berücksichtigung der hergebrachten Grundsätze des Berufsbeamtentums zu regeln.

Gemäß Art. 75 Nr. 1 GG hat der Bund die Rahmengesetzgebungskompetenz für die Rechtsverhältnisse der im öffentlichen Dienst der Länder, Gemeinden und anderen Körperschaften des öffentlichen Rechts stehenden Personen. Das Beamtenrechtsrahmengesetz (BRRG) trägt die „Vereinheitlichung des Beamtenrechts" in seinem Titel. Im Kapitel I (§§ 1 – 120) enthält es Vorschriften für die Landesgesetzgebung, im Kapitel II (§§ 121 – 133) Vorschriften, die in Bund und Ländern einheitlich und unmittelbar gelten. Die Rechtswegvorschrift des § 126 BRRG macht beispielsweise das Landesbeamtenrecht zur Sicherung einer einheitlichen Auslegung reversibel.

Gemäß Art. 74 a GG hat der Bund die konkurrierende Gesetzgebung für die Besoldung und Versorgung im öffentlichen Dienst. Das Bundesbesoldungsgesetz hat das Besoldungsrecht in Bund und Ländern weitgehend vereinheitlicht. Das nordrhein-westfälische Landesbesoldungsgesetz i.d.F. v. 19. März 1982, GVnw 1982, S. 216 hat nur noch geringe ergänzende Bedeutung. Das gem. Art. 74 a GG ergangene Beamtenversorgungsgesetz gilt auch für die Versorgung der nordrhein-westfälischen Landesbeamten. Für die vor dem 1. 1. 1977 eingetretenen Versorgungsfälle gelten allerdings im wesentlichen die §§ 116 – 178 nwLBG a.F. fort.

Weitere, für den öffentlichen Dienst Nordrhein-Westfalens bedeutsame Bestimmungen des Grundgesetzes sind Art. 34 GG, Staatshaftung, und Art. 137 GG, Wählbarkeit von Angehörigen des öffentlichen Dienstes. Die Sonderkompetenz für den Bund nach Art. 131 GG betrifft lediglich frühere Angehörige des öffentlichen Dienstes, die am 8. 5. 1945, dem Tag der deutschen Kapitulation, im öffentlichen Dienst standen.[2]

Art. 80 nwVerf bestimmt ähnlich wie Art. 130 WRV, daß die Beamten und sonstigen Verwaltungsangehörigen (Zweispurigkeit) Diener des gesamten Volkes, nicht einer Partei oder sonstigen Gruppe sind. Darüber hinaus werden die Beamten auf eine unparteiische und sachgerechte Amtsführung und zur Ableistung eines Amtseides verpflichtet. Gemäß Art. 58 nwVerf ernennt die Landesregierung die Landesbeamten. Sie hat diese Befugnis mit Ausnahme bestimmter hoher Ämter durch die Verordnung vom 7. 6. 1978, GV nw, S. 286 auf andere Stellen übertragen.[3]

Umfassend wird die Rechtsstellung der Beamten im Beamtengesetz für das Land Nordrhein-Westfalen (LBG) geregelt. Die allgemeinen Abschnitte I – IV, VI füllen den vom BRRG gesetzten Rahmen aus. Die speziellen und weniger wichtigen Abschnitte VII – XIV treffen besondere Regelungen für bestimmte Beamtengruppen, wie z. B. für Polizeivollzugsbeamte und Hochschulangehörige.

---

2 Dazu BVerfGE 3, 58.
3 S. *von Hippel/Rehborn*, Nr. 36.

Das materielle und formelle Disziplinarrecht der Beamten und Ruhestandsbeamten regelt die Disziplinarordnung des Landes NW, die sich weitgehend an die 1976 umgestaltete Bundesdisziplinarordnung anlehnt.

Die Personalvertretung im öffentlichen Dienst und damit auch die der Beamten regelt das 1984 novellierte Personalvertretungsgesetz. Im übrigen werden die Rechte und Pflichten der Beamten durch eine für das deutsche Beamtenrecht typische Fülle von Vorschriften ausgestaltet, die die Regelungen des LBG detailliert konkretisieren, wie z. B.

— das Gesetz über die Reisekostenvergütung für die Beamten und Richter (Landesreisekostengesetz — LRKG) i.d.F. v. 1. Juli 1984 (von Hippel/Rehborn Nr. 46),
— das Gesetz über die Umzugskostenvergütung und Trennungsentschädigung für die Beamten und Richter (Landesumzugskostengesetz — LUKG), v. 26. 4. 1966 (von Hippel/Rehborn, Nr. 41),
— die (Rechts-)Verordnung über die Laufbahnen der Beamten im Lande Nordrhein-Westfalen (LaufbahnVO), v. 9. 1. 1973 (v. Hippel/ Rehborn, Nr. 39),
— die (Rechts-)Verordnung über die Arbeitszeit der Beamten im Lande Nordrhein-Westfalen (ArbV), v. 2. 10. 1962 (v. Hippel/Rehborn, Nr. 37),
— die (Rechts-)Verordnung über den Erholungsurlaub der Beamten und Richter im Lande Nordrhein-Westfalen, i.d.F. v. 26. 3. 1982 (v. Hippel/ Rehborn, Nr. 37 a),
— die (Rechts-)Verordnung über den Sonderurlaub von Beamten und Richtern im Lande Nordrhein-Westfalen, i.d.F. v. 2. 1. 1967 (v. Hippel/ Rehborn, Nr. 37 f),
— die Rechtsverordnung über den Mutterschutz für Beamtinnen im Lande Nordrhein-Westfalen, i.d.F. v. 4. 7. 1968 (v. Hippel/ Rehborn, Nr. 37 b),
— die (Rechts-)Verordnung über die Gewährung von Beihilfen in Krankheits-, Geburts- und Todesfällen (Beihilfenverordnung) v. 27. 3. 1975 (v. Hippel/ Rehborn, Nr. 37 i),
— die (Rechts-)Verordnung über den Arbeitsschutz für jugendliche Beamte im Lande Nordrhein-Westfalen v. 29. 5. 1979 (v. Hippel/ Rehborn, Nr. 37 m),
— die 1984 novellierte Rechtsverordnung über die Nebentätigkeit der Beamten und Richter im Lande Nordrhein-Westfalen (NtVO) (v. Hippel/ Rehborn, Nr. 38).

Zusammenstellung und Abdruck weiterer Gesetze und Verordnungen bei von Hippel/Rehborn, Nr. 35 a—46 c.

2. Das Berufsbeamtentum innerhalb des öffentlichen Dienstes

Öffentlicher Dienst ist die Tätigkeit im Dienst einer juristischen Person des öffentlichen Rechts.[4] Unter diesen formellen Begriff des öffentlichen Dienstes fallen außer den Beamten auch die Richter, Berufssoldaten, die freiwilligen Soldaten auf Zeit und die

---

[4] BVerfGE 55, 207/230.

Angestellten und Arbeiter, die im Dienst einer juristischen Person des öffentlichen Rechts stehen.

Bundesweit befinden sich die Beamten insbesondere wegen der Personalstruktur der mittelbaren Bundesverwaltung gegenüber den Angestellten und Arbeitern im öffentlichen Dienst in der Minderheit (Bundesgebiet: Beamte 1,8 Mio., Angestellte 1,4 Mio., Arbeiter 1 Mio.; Stand 1982). Im öffentlichen Dienst Nordrhein-Westfalens bilden die Beamten wegen der großen Zahl der Polizeibeamten und der Lehrer die Mehrheit (Beamte 245 236, Angestellte 83 452, Arbeiter 13 326; Stand 30. 6. 1982). Innerhalb der Kommunalverwaltungen sind die Beamten besonders schwach vertreten. Die dem verfassungsrechtlichen Funktionsvorbehalt des Art. 33 Abs. 4 GG entsprechende Vorschrift des § 4 Abs. 2 LBG wird in der Praxis nur mangelhaft beachtet. Nicht nur in den Gemeinden, sondern auch im höheren Dienst der allgemeinen Verwaltung, vor allem aber in den Spezialverwaltungen sind vielfach Angestellte an die Stelle der Beamten getreten. Andererseits werden Beamte nicht nur dort verwendet, wo sie verwendet werden müßten. Art. 33 IV GG, § 4 Abs. 2 LBG werden nicht zuletzt deshalb so ungenügend beachtet, weil der Begriff der hoheitsrechtlichen Verwaltung angesichts der Ausweitung der Leistungsverwaltung, der Stagnation der Eingriffsverwaltung umstritten geblieben ist.[5]

Die öffentlich-rechtliche Natur des Dienst- und Treueverhältnisses (Art. 33 IV GG, § 2 LBG) unterscheidet das Beamtenverhältnis von den privatrechtlichen Arbeitsverhältnissen der Angestellten und Arbeiter im öffentlichen Dienst. Wichtigste Folge des öffentlich-rechtlichen Dienst- und Treueverhältnisses ist die beiderseitige Treuepflicht, die Dienstherr und Beamte einander schulden.

Die Treuepflicht des Dienstherrn ist Richtschnur für den Gesetzgeber und gem. § 85 LBG in Gestalt von Fürsorge- und Schutzpflicht als grundlegendes Auffangrecht des Beamten fixiert. Trotz der weitgehenden Normierung des Beamtenverhältnisses hat die Fürsorgepflicht als Generalklausel eine selbständige Funktion zur Feinabstimmung der beiderseitigen Rechte und Pflichten im Einzelfall. Wichtige Ausprägungen der allgemeinen Treuepflicht sind die politische Treuepflicht des Beamten (§ 55 Abs. 2 LBG) und das Streikverbot. Trotz mancherlei Kritik[6] hat die obergerichtliche Rechtsprechung[7] übereinstimmend an der Unzulässigkeit des Beamtenstreiks und streikähnlicher Aktionen festgehalten. Die Rechtsprechung hat auch den Streikeinsatz von Beamten auf Dienstposten von Arbeitnehmern zugelassen.[8]

Die Konzeption des Beamtenverhältnisses als öffentlich-rechtliches Dienst- und Treueverhältnis wird einschließlich seiner Emanationen allgemeine und politische Treuepflicht sowie Streikverbot als hergebrachter Grundsatz des Berufsbeamtentums von

---

5 S. *Battis*, BBG § 4, Anm. 2.
6 Z. B. *Ramm*, JZ 1977, 737.
7 BVerfGE 44, 249/264; BVerwGE 63, 293/300; BGHZ 70, 279.
8 BVerwGE 69, 202.

Art. 33 V GG geschützt. Art. 33 V GG ist nicht nur ein Programmsatz, sondern unmittelbar geltendes Recht.[9] Seine Auslegung ist sehr kontrovers. Hergebrachter Grundsatz i.S.d. Art. 33 V GG ist nicht jede überkommene beamtenrechtliche Detailregelung. Vielmehr „kann es sich nur um jenen Kernbestand von Strukturprinzipien handeln, die allgemein oder doch ganz überwiegend und während eines längeren, traditionsbildenden Zeitraums mindestens unter der Reichsverfassung von Weimar als verbindlich anerkannt und gewahrt worden sind".[10] Gleichwohl hat das Bundesverfassungsgericht zunehmend viele Einzelregelungen, insbesondere des Besoldungs- und Versorgungsrechts als hergebrachte Grundsätze klassifiziert. Die von ihm getroffene Unterscheidung von „besonders wesentlichen" Grundsätzen, die der Gesetzgeber zu beachten verpflichtet sei und solchen, die er nur zu berücksichtigen habe, lehnt die herrschende Meinung ab.[11]

Zu den hergebrachten Grundsätzen des Berufsbeamtentums zählen außer seiner Ausgestaltung als öffentlich-rechtliches Dienst- und Treueverhältnis, der allgemeinen und der politischen Treuepflicht und dem Streikverbot z. B. auch das Leistungsprinzip, das Laufbahnprinzip, das Alimentationsprinzip, das Lebenszeitprinzip und die Fürsorgepflicht des Dienstherrn.[12] In seiner neueren Rechtsprechung eröffnet das Bundesverfassungsgericht[13] die Möglichkeit, die hergebrachten Grundsätze fortzuentwickeln, indem es diese den veränderten Umständen anpaßt. Die dabei gewonnene Konkretisierung der hergebrachten Grundsätze braucht selbst nicht als hergebracht erwiesen zu sein. So hat das Bundesverfassungsgericht[14] den Alimentationsgrunsatz unter Rückgriff auf das Sozialstaatsprinzip und in Art. 6 I GG zu Gunsten der Beamten fortentwickelt. Auf diese Weise enthält Art. 33 V GG weder bloß den Verfassungsbefehl, die Vergangenheit, schlicht das Gestrige, zu konservieren[15] noch einen abgeschlossenen, durch die beamtenrechtliche Gesetzgebung nunmehr erfüllten Gesetzgebungsauftrag.[16]

Art. 33 V GG spricht anders als Art. 129 S. 3 WRV nicht von „wohlerworbenen Rechten" der Beamten, zielt also primär auf die Erhaltung der Institution im Interesse der Allgemeinheit. Gleichwohl ist aus Art. 33 V GG ein subjektives, durch Verfassungsbeschwerde verfolgbares grundrechtsähnliches Individualrecht abzuleiten. Denn der gerichtliche Rechtsschutz gehört gerade zu den hergebrachten Grundsätzen. Dementsprechend spricht Art. 93 Abs. 1 Nr. 4 a GG uneingeschränkt von den in Art. 33 GG enthaltenen Rechten.

---

9 BVerfGE 9, 286.
10 BVerfGE 8, 1 ff. ständ. Rspr..
11 S. *Battis*, BBG, §2, Anm. 2 c, aa.
12 Zusammenstellung bei *Battis*, BBG, §2. Anm. 2 c, bb; *Lecheler*, AöR 1978, 349.
13 E 43, 168, E 44, 249/273, E 49, 260/273; E 52, 303/341.
14 E 44, 249/273.
15 So aber *Thieme*, 48. DJT D 12.
16 So *Köpp*, in Arndt u.a., Besonderes Verwaltungsrecht, S. 265.

Die institutionelle Komponente der hergebrachten Grundsätze kann im Einzelfall Grundrechtsbeschränkungen des Beamten rechtfertigen.[17] Gemäß dem Grundsatz der praktischen Konkordanz dürfen weder Grundrechte dem Beamtenverhältnis zum Opfer gebracht werden, noch dürfen die grundrechtlichen Gewährleistungen die Funktion des Beamtenverhältnisses unmöglich machen. Das Ausmaß der Grundrechtsschranke ist im Einzelfall im Hinblick auf Aufgabenbereich und Dienststellung des Beamten unter Beachtung des Grundsatzes der Verhältnismäßigkeit zu bestimmen. Praktisch bedeutungsvoll ist die Berufung auf Grundrechte für das außerdienstliche Verhalten, z. B. Meinungsfreiheit, kaum hingegen für das innerdienstliche Verhalten. So steht die Gewissensfreiheit der Ausrüstung weiblicher Kriminalbeamter mit Dienstwaffen nicht entgegen.[18] Soweit ein Beamter von einer Maßnahme nur als Amtswalter, also als Organ der öffentlichen Verwaltung betroffen ist, kann er sich nicht auf Grundrechte berufen. Diese gelten nur für Bürger, nicht für Staatsorgane.

Da die Grundrechte auch im Beamtenverhältnis gelten, kann die Lehre vom besonderen Gewaltverhältnis weder Einschränkungen von Grundrechten ohne gesetzliche Grundlage ersetzen noch den gerichtlichen Rechtsschutz ausschließen. Gleichwohl hat der sich in einem öffentlichen Dienst- und Treueverhältnis befindende Beamte einen durch eine öffentlich-rechtliche Sonderbindung gekennzeichneten Status.[19]

Das öffentlich-rechtliche Beamtenverhältnis und das privatrechtliche Dienstverhältnis der Angestellten und Arbeiter im öffentlichen Dienst lassen sich formal glatt unterscheiden. So wird z. B. das Beamtenverhältnis einseitig durch Verwaltungsakt, das Dienstverhältnis durch gegenseitigen Vertrag begründet. Die amtsangemessene Besoldung und Versorgung der i.d.R. auf Lebenszeit bestellten Beamten muß durch Gesetz geregelt werden. Das Arbeitsentgelt der streikberechtigten und grundsätzlich kündbaren, nach Tätigkeitsmerkmalen bestimmten Dienstnehmer regeln Tarifverträge (BAT, MTB II). Nur für Beamte gilt ein besonderes materielles und formelles Disziplinarrecht. Für beamtenrechtliche Streitigkeiten ist der Verwaltungsrechtsweg eröffnet, Streitigkeiten der Dienstnehmer entscheiden die Arbeitsgerichte.

Durch wechselseitige Beinflussung haben sich jedoch Beamtenrecht und Arbeitsrecht des öffentlichen Dienstes materiell weitgehend angeglichen. Einwirkungen des Arbeitsrechts auf das Beamtenrecht sind z. B. die gesetzliche Höchstgrenze der regelmäßigen Arbeitszeit (78 LBG), die Mehrarbeitsregelung (§ 78 a LBG), die Teilzeitbeschäftigung (§ 78 b LBG), die zahlreichen Zulagen (§ 47 BBesG), die jährliche Sonderzuwendung (Weihnachtsgeld). Die Sonderstellung der öffentlichen Dienstnehmer gegenüber den privatwirtschaftlichen Arbeitnehmern schlägt sich vor allem nieder in der Übernahme zahlreicher beamtenrechtlicher Regelungen durch BAT und MTB II, z. B. Aufwertung

---

17 BVerfGE 39, 334; h.M. a.A. *Wiese*, Beamtenrecht, S. 26 f.
18 BVerwG RiA 1979, 78.
19 *Loschelder*, Vom besonderen Gewaltverhältnis zur öffentlich-rechtlichen Sonderbindung, 1982; *Ronellenfitsch*, DÖV 1984, 781.

der Treuepflicht (§§ 6, 8 BAT, § 9 IX 2 MTB II), dem dem Treueeid nachempfundenen Gelöbnis (§ 6 BAT, § 9 IX MTB II) oder der Nebentätigkeitsregelung (§ 11 BAT).

Ein allen Angehörigen des öffentlichen Dienstes gemeinsames materielles Verfahrensrecht ist das arbeitsrechtlich geprägte Personalvertretungsrecht.

Eine gegen Ende der 60er Jahre gestartete Dienstrechtsreform[20] hat das ihr gesteckte Ziel, ein einheitliches Dienstrecht, nicht erreicht. Art. 33 IV GG — Funktionsvorbehalt — und Art. 33 V GG — Garantie der hergebrachten Grundsätze des Berufsbeamtentums — setzen einer solchen Reform hohe parlamentarische Hürden (Art. 79 Abs. 2 GG).

3. Besonderheiten des nordrhein-westfälischen Beamtenrechts

Trotz der grundgesetzlich vorgegebenen einheitlichen Konzeption des Berufsbeamtentums in Bund, Ländern und Gemeinden weist das nordrh.-westf. Beamtenrecht mehrere Besonderheiten aus. Diese lassen sich in zwei Gruppen gliedern, nämlich in die Besonderheiten, die alle Landesbeamtengesetze vom Bundesrecht unterscheiden, und solche, die nur dem nordrh.-westf. Recht eigen sind.

Der Schwerpunkt der Verwaltungstätigkeit liegt in der Bundesrepublik Deutschland nicht beim Bund, sondern bei den Ländern und in den Flächenstaaten wiederum bei den Kreisen und Gemeinden. Das LBG trägt dem durch zahlreiche auf die kommunalen Gebietskörperschaften zugeschnittene Vorschriften Rechnung, z. B. § 3 — oberste Dienstbehörde, Dienstvorgesetzter —, § 5 IV, § 54 a — kommunale Wahlbeamte —, § 10 II — Ernennung —, § 15 II — Ausnahmen von Laufbahnvorschriften —, § 30 S. 2 LBG — Beendigung durch Abberufung —, § 32 III — Entlassung —, § 93 — Amtsbezeichnung —, § 108 III — Mitglieder des Landespersonalausschusses —, § 232 — Satzungsgenehmigung —, § 238 Abs. 1 Nr. 1 — Rechtsverordnung zu Stellenplänen. Die bedeutungsvollsten Kompetenzen sind den Ländern im unitarischen Bundesstaat der Gegenwart im Polizei- und Ordnungsrecht sowie im Schul-, und mit Abstrichen, im Hochschulrecht (HRG!) geblieben. Dies schlägt sich im LBG nieder in ausführlichen Regelungen für Polizeivollzugsbeamte (§§ 185 – 196, § 238 I Nr. 2) und für das wissenschaftliche und künstlerische Personal in den Hochschulen (§§ 199 – 218, §§ 223, 224). Das besondere Beamtenrecht der hinsichtlich ihrer Ausbildung sogar in Art. 15 nwVerf angesprochenen Lehrer regeln außer § 45 Abs. 3 LBG — Zeitpunkt der Versetzung in den Ruhestand — detailliert zahlreiche Rechts- und Verwaltungsverordnungen, wie z. B. hinsichtlich Befähigung und Beförderung und sonstiger Laufbahnregelungen die §§ 49 – 66 c LaufbahnVO, der Pflicht zur Unparteilichkeit in der Schule, § 35 Abs. 3 allgemeine Schulordnung, des Urlaubs, § 6 IV ErholungsurlaubsVO. Die Vorschriften für Beamte des feuerwehrtechnischen Dienstes (§ 197 LBG) und der Beamten bei den

---

20 Dazu Studienkommission für die Reform des öffentlichen Dienstes, 1973, 12 Bände.

Justizvollzugsanstalten (§ 198 LBG) übernehmen durch Verweisung auf die für die Polizeivollzugsbeamten geltenden Vorschriften Sonderregelungen, insbesondere hinsichtlich des früheren Ruhestandes. Die Vorschrift über die Beamten des Landtags entspricht der Regelung des § 176 BBG hinsichtlich der Bundestagsbeamten. § 184 LBG verweist hinsichtlich der richterliche Unabhängigkeit genießenden Beamten des Landesrechnungshofes auf Sondervorschriften der BHO für Beamte des Bundesrechnungshofes. Zur ersten Gruppe der besonderen landesrechtlichen Vorschriften zählen schließlich die §§ 38 und 53 LBG, die den Kreis der politischen Beamten enger als beim Bund (§ 36 BBG) bzw. die Ausübung des Gnadenrechts entsprechend der Staatsorganisation des Landes bestimmen.

Eine nordrh.-westf. Besonderheit ist die durch Gesetz vom 18. 9. 1984 (GV S. 582) erfolgte Neufassung des Nebentätigkeitsrechts. Anders als bei der Novellierung des Nebentätigkeitsrechts in § 42 BRRG und § 65 BBG durch Gesetz v. 21. 2. 85 BGBl I S. 371 verlangen § 68 III, IV nwLBG erstmalig allgemein die Berücksichtigung arbeitsmarktpolitischer Belange bei der Erteilung und dem Widerruf von Nebentätigkeitsgenehmigungen. Der nordrh.-westf. Gesetzgeber hat sich damit bewußt über die verfasungsrechtlich fundierte herrschende Meinung hinweggesetzt.[21] Die Legaldefinition des § 6a I der Verordnung zur Änderung der Nebentätigkeitsverordnung v. 6. 11. 1984 (GV S. 662) regelt die Beeinträchtigung erheblicher Belange des Arbeitsmarktes unter Rückgriff auf Strukturanalysen der Bundesanstalt für Arbeit. Für die angesichts der Lehrerarbeitslosigkeit wichtige Gruppe der Lehrer läßt § 6a II aber ausdrücklich eine Ausnahme zu, sofern der Träger der Einrichtung, bei der die Nebentätigkeit ausgeübt werden soll – gemeint sind in erster Linie die Volkshochschulen – „nachweist, daß trotz Beteiligung des zuständigen Arbeitsamtes für diese Tätigkeit ein geeigneter arbeitsloser Lehrer mit Lehramtsbefähigung nicht gewonnen werden kann". Damit hat der Verordnungsgeber selbst die Geeignetheit und Verhältnismäßigkeit der Lösung nach Abs. 1 desavouiert.

Weniger bedeutungsvoll ist die Sondervorschrift für die Professoren an der Sozialakademie (§ 219 LBG). Im Anschluß an das vom Bundesverfassungsgericht für nichtig erklärte Staatshaftungsgesetz des Bundes hat § 84 nwLBG ähnlich wie § 41 Bln, § 194 Schlesw.-Holst. LBG die Haftung des Beamten in jedem Fall auf Vorsatz und grobe Fahrlässigkeit beschränkt. Besonderheiten gegenüber dem Bundesrecht, nicht jedoch gegenüber den meisten anderen Ländern sind schließlich solche Vorschriften, die, wie z. B. § 90 nwLBG, das Recht der Personalakten ausführlicher oder wie § 84 nwLBG das Recht der Beihilfen durch Gesetz und nicht nur durch Verwaltungsverordnung regeln.

---

21 *Papier*, DÖV 1984, 536.

II. Das Beamtenverhältnis

1. Begriffe und Arten des Beamten

§ 2 LBG definiert den Begriff des Landesbeamten im weiteren Sinne. Darunter fallen Beamte, die zum Land, zu einer Gemeinde, zu einem Gemeindeverband, z. B. Kreis oder einer der Aufsicht des Landes unterstehenden juristischen Person, z. B. Handwerkskammer in einem Dienst- und Treueverhältnis stehen. Je nach der juristischen Person, in deren Dienst der Landesbeamte steht, kann zwischen umittelbaren Landesbeamten (= Landesbeamte im engeren Sinne) und mittelbaren Landesbeamten, insbesondere Kommunalbeamten, unterschieden werden. Der Personenkreis des § 2 LBG kann ebenso wie z. B. die Bundesbeamten i.S.v. § 2 BBG zugleich unter den staatsrechtlichen Beamtenbegriff subsumiert werden. Beamter im staatsrechtlichen Sinne ist, wer in einem öffentlich-rechtlichen Dienst- und Treueverhältnis steht, in das er unter Aushändigung der vorgeschriebenen Ernennungsurkunde berufen worden ist.

Weiter als der staatsrechtliche ist der haftungsrechtliche Beamtenbegriff. Darunter fällt jede Person, der die zuständige Stelle die Ausübung eines öffentlichen Amtes anvertraut hat (Art. 34 GG, § 839 BGB), also z. B. auch Arbeiter und Angestellte im öffentlichen Dienst.

Statt des einheitlichen strafrechtlichen Beamtenbegriffes des § 59 StGB a.F. hat § 11 I StGB die strafrechtlichen Begriffe des Amtsträgers, Richters und des für den öffentlichen Dienst besonders Verpflichteten eingeführt.

Regelfall des Beamtenverhältnisses ist das des Berufsbeamten auf Lebenszeit. Allein dieser ist durch Art. 33 V GG garantiert. Mit dem Eintritt in den Ruhestand endet nur das aktive Beamtenverhältnis. Das Grundverhältnis bleibt bestehen.

Beamter auf Probe ist, wer zur späteren Verwendung als Beamter auf Lebenszeit eine Probezeit, z. B. als Assessor, zurückzulegen hat (§ 5 Abs. 1 Nr. 3 LBG).

Beamter auf Widerruf ist, wer z. B. als Referendar den vorgeschriebenen oder üblichen Vorbereitungsdienst abzuliefern hat oder wer nur nebenbei oder vorübergehend Beamtenaufgaben wahrnimmt, z. B. Posthalter (§ 5 I Nr. 4a, b LBG).

Beamter auf Zeit ist, wer nur für eine bestimmte Dauer in das Beamtenverhältnis berufen wird (§ 5 I Nr. 2 LBG). Im Landesrecht bilden die von den kommunalen Vertretungskörperschaften gewählten und sogar nach dem Kommunalverfassungsrecht abrufbaren (§ 30 S. 2 LBG) kommunalen Wahlbeamten, z. B. Gemeindedirektoren, Oberstadtdirektoren, die wichtigste Gruppe innerhalb dieser atypischen Beamtenart.

Innerhalb der Berufsbeamten sind nach der für die Wahrnehmung des Amtes erforderlichen Vorbildung und Ausbildung zu unterscheiden die Laufbahnbewerber und die anderen Bewerber, die zwar nicht die für die betreffende Laufbahn erforderliche Vorbildung besitzen, aber die Befähigung durch Lebens- und Berufserfahrung erworben haben (§ 6 Abs. 2 LBG).

Eine atypische Sondergruppe unter den Berufsbeamten auf Lebenszeit bilden die sogenannten politischen Beamten, die bei der Ausübung ihres Amtes in fortdauernder Übereinstimmung mit den grundsätzlichen politischen Ansichten und Zielen der Regierung stehen müssen (§ 31 BRRG, § 38 LBG). Sie können daher jederzeit, allerdings nicht willkürlich[22] in den einstweiligen Ruhestand versetzt werden. Anders als beim Bund ist ihr Kreis in Nordrhein-Westfalen relativ eng.

Den Gegentyp zum Berufsbeamten bildet der Ehrenbeamte (§ 5 V LBG, § 183). Er nimmt neben seinem eigentlichen Beruf ein hoheitliches Amt ohne Besoldung und Versorgung wahr. Wichtigster Fall sind die vom Kreistag gewählten Mitglieder des Kreisausschusses und ihre Stellvertreter (§ 35 II, § 52 KreisO).

2. Dienstherr, Dienstvorgesetzter, Vorgesetzter

Das öffentlich-rechtliche Dienst- und Treueverhältnis besteht zwischen dem Beamten und dem Dienstherrn. Die Dienstherrnfähigkeit, das Recht Beamte zu haben, regelt für Bund und Länder § 121 BRRG. Sie ist danach beschränkt auf den Bund, die Länder, die Gemeinden und Gemeindeverbände sowie auf sonstige bestimmte juristische Personen des öffentlichen Rechts.

Der Dienstvorgesetzte vertritt den Dienstherrn. Er ist zuständig für die beamtenrechtlichen Entscheidungen über die persönlichen, das Dienstverhältnis betreffenden Angelegenheiten des Beamten (§ 3 II LBG). Entsprechend den Aufgaben der Verwaltung ist i.d.R. der Leiter einer Behörde unmittelbarer Dienstvorgesetzter der Beamten dieser Behörde. Höchster Dienstvorgesetzter ist die oberste Dienstbehörde (§ 3 I LBG).

Weiter als der Begriff des Dienstvorgesetzten ist der des Vorgesetzten. Nicht jeder Vorgesetzte ist auch Dienstvorgesetzter. Vorgesetzter ist, wer einem Beamten für seine dienstliche Tätigkeit Anordnungen geben darf (§ 3 V LBG).

3. Amt und Laufbahn

Das Amt ist ein beamtenrechtlicher Schlüsselbegriff, allerdings mit mehreren Bedeutungen.[23]

Im statusrechtlichen (= dienstrechtlichen) Sinne bedeutet Amt eine für einen Menschen bestimmter Befähigung abstrakt und allgemein umrissene Aufgabenart eines öffentlich-rechtlichen Dienstherrn, für die eine Amtsbezeichnung und/oder eine Amtsbesoldung festgelegt ist, z. B. Amt eines Regierungsrates. Ein Amt im statusrechtlichen Sinne wird durch einen streng formalisierten Hoheitsakt, die Ernennung übertragen.

---

22 BVerwGE 52, 33 – unzulässige Verjüngungsaktion.
23 *Summer*, ZBR 1982, 321.

Nur Beamte auf Lebenszeit oder auf Zeit haben ein solches Amt inne. Arten, Anzahl und Zuordnung der statusrechtlichen Ämter werden durch die Besoldungsgesetze und Besoldungsordnungen von Bund und Ländern festgelegt.

Amt im abstrakt-funktionalen Sinne ist der abstrakte Aufgabenkreis im Rahmen einer Behördenorganisation, den der Beamte mit der Zuweisung zu einer Behörde erhält, z. B. Oberregierungsrat bei einem Finanzamt. Auf diesen Amtsbegriff stellen z. B. die Vorschriften über die Versetzung und Abordnung (§§ 28, 29 LBG) ab. Haushaltsrechtlich entspricht dem abstrakt-funktionalen Amt der Begriff der Planstelle (§ 17 V LHO).

Amt im konkret-funktionalen Sinne ist der Aufgabenkreis des Beamten, der ihm durch Organisations- und Geschäftsverteilungsplan der Behörde zugewiesen wird, z. B. Referat für beamtenrechtliche Grundsatzfragen in der Zentralabteilung eines Ministeriums. Der Entzug des konkret-funktionalen Amtes durch eine Umsetzung ist eine innerbehördliche Maßnahme, die nicht auf unmittelbare Rechtswirkung nach außen i.S.v. § 35 S. 1 VwVfG gerichtet ist. Das Amt im konkret-funktionalen Sinne wird unter dem Gesichtspunkt der erforderlichen Vorbildung, der Tätigkeitsart, des Arbeitsanfalls und der Arbeitsbedingungen als Dienstposten bezeichnet. Die Dienstpostenbewertung dient der Ermittlung des haushaltsrechtlichen Stellenbedarfs (s. § 15a BBG).

Eine Laufbahn umfaßt alle Ämter derselben Fachrichtung, die die gleiche Vor- und Ausbildung oder eine diesen Voraussetzungen gleichwertige Befähigung voraussetzen.[24] Die Laufbahnen gehören zu den Laufbahngruppen des einfachen, des mittleren, des gehobenen oder des höheren Dienstes (§ 17 LBG). Zur Laufbahn gehören auch Vorbereitungsdienst und Probezeit. Das von Art. 33 V GG garantierte Laufbahnprinzip wird detailliert durch das LBG (§§ 15 – 26) und die LaufbahnVO ausgestaltet, z. B. hinsichtlich der Laufbahnbefähigung von Lehrern durch die §§ 50, 58 LVO. Der Aufstieg von einer Laufbahn in die nächsthöhere ist nur unter besonderen Voraussetzungen möglich (§ 26 LBG, §§ 23, 30, 40 LVO). Ein Laufbahnwechsel ist nur zulässig, wenn der Beamte die Befähigung für die neue Laufbahn besitzt (§ 12 LVO). Besonderheiten gelten insoweit für Polizeivollzugsbeamte (§ 86 LVO) und für Lehrer (§ 53 LVO).

4. Ernennung

a) Arten

Durch die Ernennung wird das Beamtenverhältnis begründet oder wesentlich verändert. Einer Ernennung bedarf es gem. § 8 I LBG
— zur Begründung des Beamtenverhältnisses, der Einstellung,
— zur Umwandlung des Beamtenverhältnisses in ein solches anderer Art, z. B. vom Beamten auf Probe zum Lebenszeitbeamten,
— zur ersten Verteilung eines Amtes, der Anstellung, z. B. als Regierungsrat,

---

24 Zum nordrh.- westf. Laufbahnrecht umfassend *Höffken/Kohlen/Kleinberg,* Losebl.

– zur Verleihung eines anderen Amtes mit anderem Endgrundgehalt und anderer Amtsbezeichnung, z. B. Beförderung vom Inspektor zum Oberinspektor,
– zur Verleihung eines anderen Amtes mit anderer Amtsbezeichnung beim Wechsel der Laufbahngruppe, z. B. Aufstieg eines Amtsrates – Spitzenamt des gehobenen Dienstes – zum Regierungsrat – Eingangsamt des höheren Dienstes.

b) Form und Verfahren

Die Ernennung erfolgt durch Aushändigung einer Ernennungsurkunde, deren Inhalt gesetzlich festgelegt ist – Urkundsprinzip (§ 8 II LBG). Die strengen Verfahrens- und Formvorschriften, z. B. auch hinsichtlich des Wirksamwerdens (§ 10 III LBG) dienen der Rechtssicherheit und Rechtsklarheit. Hat die Ernennungsurkunde z. B. nicht den vorgeschriebenen Wortlaut „unter Berufung in das Beamtenverhältnis", so liegt keine Ernennung vor (§ 8 III 1 LBG). Fehlt bei der Begründung des Beamtenverhältnisses der die Art des Beamtenverhältnisses kennzeichnende Zusatz, z. B. „auf Lebenszeit", so gilt der Ernannte nur als Beamter auf Widerruf (§ 8 III 2 LBG). § 10 I, II LBG wiederholt und konkretisiert die Regelung des Art. 58 nwVerf über die Stelle, die den Beamten ernennt. Für kommunale Wahlbeamte trifft § 10 Abs. 2 S. 2 LBG eine besondere Verfahrensvorschrift, die der staatlichen Kommunalaufsicht dient. Dem Ernennungsverfahren geht voraus in der Regel ein Stellenausschreibungsverfahren (§ 7 III LBG). Die beamtenrechtlichen Vorschriften über das Ernennungsverfahren werden ergänzt durch die Vorschriften über die Mitbestimmung des Personalrates bei Einstellungen und Beförderungen (§ 72 LPVG). Soweit eine Ernennung der Mitbestimmung des Personalrates unterliegt, kann sie nur mit seiner Zustimmung getroffen werden (§ 66 I LPVG).

Die Ernennung ist ein mitwirkungsbedürftiger Verwaltungsakt. Ohne Zustimmung des zu Ernennenden ist sie nichtig. Als verwaltungsrechtliche, empfangsbedürftige Willenserklärung ist die Zustimmung analog § 119, § 123 BGB wegen Irrtums oder Drohung anfechtbar. Durch eine wirksame Anfechtung wird die Ernennung rückwirkend beseitigt. Verweigert der zu Ernennende die Entgegennahme der Urkunde, so ist die Ernennung mangels Zustimmung nichtig.

Im übrigen enthält § 11 LBG einen abschließenden Katalog teils heilbarer (Abs. 3), teils unheilbarer Nichtigkeitsgründe. § 13 Abs. 1 LBG regelt das Verfahren der Nichtigkeitsfeststellung und die Folgen der Nichtigkeit. Eine weitere spezielle, allgemeine Vorschriften ausschließende Regelung der Folgen einer fehlerhaften Ernennung enthält § 12 LBG. Die Folgen dieser obligatorischen (Abs. 1) oder fakultativen (Abs. 2) Rücknahme der Ernennung und das dabei einzuhaltende Verfahren regeln § 13 Abs. 2, § 14 LBG.

c) Ernennungsvoraussetzungen

Sachliche Voraussetzung der Ernennung ist erstens, daß entsprechend dem Funktionsvorbehalt (Art. 33 IV GG, § 4 LBG) hoheitsrechtliche oder solche Aufgaben wahrgenommen werden sollen, die aus Gründen der Sicherung des Staates oder des öffentlichen Lebens nicht ausschließlich privatrechtlichen Dienstnehmern übertragen werden dürfen.

Zweitens muß eine besetzbare Planstelle (§ 49 LHO) vorhanden sein. Bei Beamten im Vorbereitungsdienst, die als Beamte auf Widerruf keine Planstelle innehaben, müssen die haushaltsrechtlichen Voraussetzungen des § 48 II LHO eingehalten werden. Durch den Verstoß gegen die haushaltsrechtlichen Voraussetzungen wird eine Ernennung nicht unwirksam oder aufhebbar (§ 3 II LHO, §§ 11, 12 LBG).

Persönliche Voraussetzung der Ernennung zum Beamten auf Lebenszeit ist erstens, daß der zu Ernennende Deutscher i.S.v. Art. 116 GG ist (§ 9 I Nr. 1 i.V.m. § 6 I Nr. 1 LBG). Der Innenminister kann Ausnahmen zulassen, wenn für die Gewinnung des Beamten, insbesondere als Hochschullehrer, ein dringendes öffentliches Bedürfnis besteht (§ 6 III, § 200 LBG).

Zweitens muß der Bewerber die Gewähr dafür bieten, daß er jederzeit für die freiheitlich-demokratische Grundordnung i.S.d. Grundgesetzes eintritt (§ 9 I Nr. 1 i.V.m. § 6 I Nr. 2 LBG). Nur wenn dies der Fall ist, kann der Bewerber die jedem Beamten obliegende, durch Art. 33 V GG garantierte Verfassungstreuepflicht[25] erfüllen. Bei dieser in jedem Einzelfall erforderlichen Eignungsbeurteilung hat der Dienstherr ein prognostisches Urteil über die Persönlichkeit des Bewerbers zu treffen. Wie bei anderen Eignungsbeurteilungen auch hat die Behörde einen Beurteilungsspielraum.[26] In Nordrhein-Westfalen bestehen rechtlich keine Besonderheiten hinsichtlich der bundesweit umstrittenen Fragen, ob die Mitgliedschaft in einer nicht verbotenen Partei oder sonstigen Vereinigung, die die Einstellungsbehörde für verfassungsfeindlich hält, ein positives Eignungsurteil ausschließt, wie das Überprüfungsverfahren abzuwickeln ist,[27] insbesondere ob und wieweit die Ämter für Verfassungsschutz einwirken dürfen, ob und welche Besonderheiten im Hinblick auf Art. 12 GG für Bewerber gelten, die eine Einstellung als Beamter auf Widerruf in den Vorbereitungsdienst begehren.[28]

Dritte Voraussetzung ist, daß der Bewerber die erforderliche Vorbildung besitzt (§ 9 I Nr. 1 i.V.m. § 6 II LBG). Als Laufbahnbewerber muß er die für seine Laufbahn vorgeschriebene – oder mangels einer solchen Vorschrift – übliche Vorbildung besitzen. Als anderer Bewerber muß er die erforderliche Befähigung durch Lebens- und Berufserfahrung innerhalb oder außerhalb des öffentlichen Dienstes erworben haben.

Viertens darf der Bewerber das Mindestalter (§ 9 I Nr. 2 LBG: Vollendung des 27. Lebensjahres) nicht unter- und das Höchstalter nicht überschritten haben. Das Höchstalter variiert je nach Laufbahngruppe und Laufbahn sowie für Schwerbehinderte und andere Bewerber, z. B. § 6, § 16 I 1, § 45 III LVO.

Fünftens muß der Bewerber die Fähigkeit zur Bekleidung öffentlicher Ämter besitzen, geschäftsfähig und nicht entmündigt sein (§ 11 II Nr. 2, 3 LBG, §§ 45 – 45b StGB).

---

25 Dazu o. I 2.
26 BVerwGE 61, 176.
27 Dazu m.w.N. *Battis*, BBG, § 7, Anm. 3; *ders.*, NJW 1984. 1332/1334 u. NJW 1982, 973/975.
28 Dazu BVerfGE 39, 334/356; BVerwG NJW 1982, 784; ZBR 1982, 83.

Er darf sechstens für die Berufung in das Beamtenverhältnis nicht unwürdig (§ 12 I Nr. 2 LBG) sein und muß die charakterliche Amtseignung besitzen (Art. 33 II, § 2 LVO).

Siebtens muß er für die vorgeschlagene konkrete Amtsstelle körperlich und geistig geeignet, d.h. dienstfähig sein (§ 45 I, § 194 LBG — Polizeivollzugsbeamter).

Schließlich darf der zu Ernennende nicht Inhaber eines Mandates sein, das mit dem Amt unvereinbar ist, z. B. Mitglied der Vertretungskörperschaft des Dienstherrn oder eines Parlaments (§ 31 Nr. 3 LBG).

Auch wenn die objektiven und subjektiven Voraussetzungen für eine Ernennung vorliegen, hat der Bewerber deshalb keinen Anspruch auf Ernennung. Die Entscheidung darüber steht kraft der Personalhoheit im Ermessen des Dienstherrn.[29] Art. 33 II GG gewährt dem Betroffenen jedoch ein Recht auf sachgerechte Beurteilung seiner Bewerbung.[30] In besonderen Fällen kann auch ein Anspruch auf Ernennung vorliegen, z. B. nach Ablauf der Probezeit[31] oder aufgrund einer wirksamen Zusage.[32] (Zum Einfluß einer sogenannten Konkurrentenklage auf Ernennungsverfahren s. IV 2 a).

5. Veränderungen des Beamtenverhältnisses

a) Anstellung und Umwandlung

Die Anstellung ist eine Ernennung und die erste Verleihung eines statusrechtlichen Amtes, das in einer Besoldungsordnung aufgeführt oder dessen Amtsbezeichnung gem. § 92 I LBG festgesetzt ist (§ 3 II LVO). Sie ist nur im Eingangsamt der jeweiligen Laufbahn zulässig, sofern nicht der Landespersonalausschuß eine Ausnahme zuläßt (§ 24 LBG). Die Anstellung ist der wichtigste Fall der Ernennung und der Umwandlung.

Die Umwandlung ist eine Ernennung, durch die ein bestehendes Beamtenverhältnis ohne Wechsel des Dienstherrn in ein solches anderer Art verändert wird, z. B. Ernennung eines Beamten auf Probe zum Beamten auf Lebenszeit, aber auch die Ernennung eines Beamten auf Widerruf zum Beamten auf Probe. Wegen § 32 II LBG ist anders als nach Bundesrecht die Berufung eines Beamten auf Lebenszeit in ein Beamtenverhältnis auf Zeit keine Umwandlung, sondern eine neue Begründung des Beamtenverhältnisses.[33]

b) Beförderung

Grundfall der Beförderung ist die Ernennung und die Verleihung eines anderen (statusrechtlichen) Amtes mit höherem Grundgehalt und anderer Amtsbezeichnung, z. B. vom Inspektor (A 9) zum Oberinspektor (A 10). Das konkret-funktionale Amt braucht

---

29 BVerwG DÖV 1982, 76.
30 Streitig s. *v. Münch*, S. 26.
31 VG Berlin ZBR 1984, 143.
32 Dazu m.w.N. *Köpp*, aaO (Anm. 16), Rn 87 f.
33 BVerwG ZBR 1981, 64.

dabei nicht zu wechseln. Der Oberinspektor bleibt z. B. Sachbearbeiter im Sozialamt. Gemäß § 25 Abs. 1 Nr. 2 u. 3 LBG sind nur in Nordrhein-Westfalen auch Beförderungen die ohne Ernennung erfolgende Übertragung eines anderen Amtes mit höherem Endgrundgehalt bei gleicher Amtsbezeichnung, z. B. Beförderung eines Ministerialrates von A 16 nach B 3 und die Gewährung von Dienstbezügen einer Besoldungsgruppe mit höherem Endgrundgehalt.[34] Der Verzahnung der Laufbahnen dient schließlich die Beförderung durch Ernennung unter Verleihung eines anderen Amtes mit gleichem Endgrundgehalt und anderer Amtsbezeichnung beim Wechsel der Laufbahngruppe, z. B. Beförderung eines Oberamtsmeisters (A 5). Für alle Beförderungen gilt der Leistungsgrundsatz (§ 2 LVO). Eine § 4 II BLV entsprechende Vorschrift zur Ausschreibung von Beförderungsdienstposten enthält die LVO nicht. Der Leistungsgrundsatz wird modifiziert durch bestimmte Wartezeiten, z. B. §§ 31, 41 LVO und bestimmte Beförderungsverbote, z. B. das gem. § 25 II LBG, das Verbot der Sprungbeförderung (§ 25 III LBG), das Verbot der Altersbeförderung (§ 10 IIc LVO), das Verbot der Beförderung während der Probezeit und nach Niederlegung eines Mandats (§ 23 VII LBG, § 8a LBG). Durch Rechtsvorschrift oder aufgrund einer Entscheidung des Landespersonalausschusses können z.T. Ausnahmen möglich sein (§ 23 VII, § 25 IV LBG, § 10 II Halbs. 1 LVO).

Eignung, Befähigung und fachliche Leistung für das Beförderungsamt sind auf der Grundlage der dienstlichen Beurteilung zu vergleichen. Diese kann anläßlich der Bewerbung als Bedarfsbeurteilung erstellt werden. Bei hinreichender Aussagekraft kann auch auf die in regelmäßigen Zeitabständen zu erstellende dienstliche Beurteilung (§ 4 I 2 LBG) zurückgegriffen werden. Die dienstliche Beurteilung ist mangels Regelung kein Verwaltungsakt[35], aber durch Leistungs- und Unterlassungsklage überprüfbar.[36]

Beförderungen nach § 25 I Nr. 1, 2, 4 LBG und Beurteilungsrichtlinien unterliegen der Mitbestimmung des Personalrats (§ 72 I Nr. 2, III Nr. 10 LPVG).

Meinungsverschiedenheiten anläßlich von Beförderungen sind der Hauptanwendungsfall der umstrittenen Konkurrentenklage sowie von Schadensersatzklagen wegen Fürsorge- und Amtspflichtverletzungen.[37]

c) Aufstieg

Durch den Aufstieg wechselt der Beamte von einer niedrigeren in die nächsthöhere Laufbahngruppe, ohne die Eingangsvoraussetzungen der höheren Laufbahn zu besitzen (§ 26 I LBG). Diese Durchlässigkeit ist eine Ausnahme vom Laufbahngruppenprinzip zugunsten des Leistungsprinzips. Aufstiegsbeamte erwerben die Laufbahnbefähigung nach einem Auswahlverfahren (§ 15 III 3 LVO) durch Ausbildung und Bestehen der

---

34 Beispiel dazu bei *Scheerbarth/Höffken*, Beamtenrecht, S. 253.
35 BVerfG NJW 1976, 1281 (str.).
36 Dazu umfassend *Schnellenbach*, Beamtenrecht in der Praxis, Rn 221 ff., insbes. Rn 255–277.
37 Dazu s. u. IV 2a.

vorgeschriebenen Aufstiegsprüfung – Regelaufstieg – oder durch Einführung in die Aufgaben der neuen Laufbahn und Feststellung des erforderlichen Abschlusses der Einführung – Aufstieg zur besonderen Verwendung (§§ 23, 30, 50 LVO).
Der Aufstieg unterliegt der Mitbestimmung (§ 72 I Nr. 2 LPVG).

d) Versetzung

Die Versetzung ist die auf Dauer angelegte Übertragung eines anderen Amtes im abstrakt-funktionalen Sinne. Durch diesen Verwaltungsakt wechselt der Beamte regelmäßig, aber nicht notwendig[38] die Behörde. Möglich ist auch ein Wechsel des Dienstherrn. Voraussetzung der Versetzung ohne Dienstherrnwechsel ist ein Antrag des Beamten oder ein dienstliches Bedürfnis, z. B. Beseitigung eines Dauerspannungsverhältnisses (§ 28 I 1 LBG). Stimmt der Beamte einer Versetzung aus dienstlichen Bedürfnissen nicht zu, so darf sie nur erfolgen, wenn das neue Amt derselben oder einer gleichwertigen Laufbahn angehört und mit demselben Endgrundgehalt verbunden ist. Bei der Ausübung des Versetzungsermessens ist das Vorliegen eines dienstlichen Bedürfnisses Tatbestandsvoraussetzung, dessen Vorliegen gerichtlich voll überprüft wird. Ein Beurteilungsspielraum wird dem Dienstherrn insoweit nicht eingeräumt. Dem Dienstherrn kann aber bei Vorfragen, die für das dienstliche Bedürfnis von Bedeutung sind, für verwaltungspolitische und sonstige wertende Entscheidungen ein Beurteilungsspielraum zustehen.[39]

Die Versetzung zu einem anderen Dienstherrn ist nur mit Zustimmung des Beamten zulässig (§ 28 II 1 LBG).

Bei Auflösung oder wesentlicher Änderung des Aufbaues seiner Behörde sowie bei Verschmelzung seiner Behörde mit einer anderen kann ein Beamter auch ohne seine Zustimmung in ein Amt derselben oder einer gleichwertigen Laufbahn mit geringerem Endgrundgehalt versetzt werden, wenn eine seinem bisherigen Amt entsprechende Verwendung nicht möglich ist (§ 28 III 1 LBG).

Eine besondere Regelung eines Anspruchs auf Versetzung treffen die §§ 128 – 133 BRRG für den Fall der Umbildung von Körperschaften. Insbesondere im Gefolge der kommunalen Gebietsreform sind diese, Übertritt bzw. Übernahme genannten Maßnahmen praktisch bedeutungsvoll geworden.[40]

Bei der Versetzung zu einer anderen Dienststelle (= Behörde) hat der Personalrat ein Mitbestimmungsrecht (§ 72 I Nr. 4 LPVG). Der versetzte Beamte hat gegenüber seinem Vermieter ein außerordentliches Kündigungsrecht (§ 570 BGB).

---

38 BVerwGE 65, 272; Summer, PersV 1985, 441.
39 BVerwGE 26, 76.
40 S. *Wiese*, Beamtenrecht, S. 89.

e) Umsetzung

Die Umsetzung ist die dauernde oder zeitweilige Zuweisung eines anderen Amtes im konkret-funktionalen Sinne. Der Beamte erhält durch diese, auch ohne ausdrückliche gesetzliche Ermächtigung nach Ermessen mögliche, innerdienstliche Maßnahme einen anderen Dienstposten. Das Bundesverwaltungsgericht[41] klassifiziert diese die Gehorsamspflicht konkretisierende und zur Erhaltung und Gewährleistung der Funktionsfähigkeit der öffentlichen Verwaltung unerläßliche Maßnahme nicht als Verwaltungsakt. Sie sei nach ihrem objektiven Sinngehalt nicht, wie § 35 I 1 VwVfG verlangt, auf unmittelbare Rechtswirkungen nach außen gerichtet, sondern richte sich ausschließlich an den Beamten als Glied der Verwaltung. Mit dieser Entscheidung hat das Gericht, gestützt auf das in alten Definitionen des Verwaltungsaktes noch nicht enthaltene Tatbestandsmerkmal der Finalität der rechtlichen Außenwirkung die Grenzen des Begriffs des Verwaltungsaktes betont. Auf der Grundlage dieser Rechtsprechung kann das Vorliegen eines Verwaltungsaktes ausnahmsweise dann bejaht werden, wenn die Umsetzung diskriminierenden Charakter hat.[42] Einzige ungeschriebene tatbestandliche Voraussetzung der Umsetzung ist, daß der Aufgabenbereich des neuen Dienstpostens dem abstrakten Aufgabenbereich des statusrechtlichen Amtes entspricht.

Gegen eine möglicherweise ermessensfehlerhafte Umsetzung kann sich der Beamte mit der allgemeinen Leistungsklage wehren. Nach § 126 III BRRG bedarf es dazu eines Vorverfahrens. Da die Klage sich nicht gegen einen Verwaltungsakt richtet, gilt die Fristbestimmung des § 70 I VwGO nicht.[43] Bei längerem Zuwarten kann dem Beamten jedoch der Verwirkungseinwand entgegengehalten werden.[44] Wird gegen den Widerspruchsbescheid Klage erhoben, ist die Monatsfrist des § 74 VwGO einzuhalten.

Bestimmte Umsetzungen unterliegen der Mitbestimmung des Personalrats (§ 72 I Nr. 4 LPVG). Deshalb kann es im Einzelfall wichtig sein, eine Umsetzung von einer nicht mitbestimmungspflichtigen Organisationsverfügung abzugrenzen, durch die lediglich ein Teil der bisherigen Aufgaben ausgetauscht wird.[45]

f) Abordnung

Die Abordnung ist die vorübergehende Zuweisung einer dem abstrakt-funktionalen Amt des Beamten entsprechenden Tätigkeit bei einer anderen Dienststelle desselben oder eines anderen Dienstherrn bei Fortbestehen der Zugehörigkeit zur bisherigen Stammdienststelle, aber einstweiliger Aufgabe der bisherigen Amtsstelle (§ 29 LBG). Dem Vorgesetzten aus der Stammbehörde obliegen weiterhin die wesentlichen, die Rechtsstel-

---

41 E 60, 144; dazu *Erichsen*, DVBl 1982, 95; *Battis*, NVwZ 1982, 87.
42 So VG Frankfurt, DÖV 1978, 251 m. Anm. v. Gönsch.
43 Krit. dazu *Schnellenbach*, aaO (Anm. 36), Rn 109.
44 BVerwGE 60, 245.
45 OVG Münster RiA 1984, 243 ff.

lung des Beamten regelnden Maßnahmen, z. B. Beförderung. Bei der vorübergehenden Wahrnehmung des konkret-funktionalen Amtes unterliegt der Beamte nur den dienstlichen Weisungen der Vorgesetzten der neuen Beschäftigungsbehörde. Eine Abordnung kann auch dazu dienen, um z. B. zur Ableistung der Probezeit einen dauernden Wechsel des Beamten vorzubereiten. Keine Abordnung ist die Überweisung eines Widerrufsbeamten im Vorbereitungsdienst zu einer anderen Ausbildungsstelle.

Die durch Verwaltungsakt ergehende Abordnung setzt ein dienstliches Bedürfnis voraus. Der Zustimmung des Beamten bedarf die Abordnung nur, wenn der Beamte zu einem anderen Dienstherrn abgeordnet werden soll und die Abordnung ein Jahr oder während der Probezeit zwei Jahre übersteigen soll (§ 29 I 2 LBG).

Die Abordnung für eine Dauer von mehr als drei Monaten ist mitbestimmungspflichtig (§ 72 I Nr. 5 LPVG).

6. Beendigung des Beamtenverhältnisses

a) Arten der Beendigung

Gemäß § 30 LBG endet das Beamtenverhältnis durch
— Tod,
— Entlassung,
— Eintritt in den Ruhestand,
— Verlust der Beamtenrechte,
— Entfernung aus dem Dienst durch Urteil eines Disziplinargerichts und
— bei kommunalen Wahlbeamten durch Abberufung.

§ 30 LBG verwirklicht den hergebrachten Grundsatz des Berufsbeamtentums, daß ein wirksam begründetes Beamtenverhältnis nur in den Formen beendet werden kann, die gesetzlich zugelassen sind (s. auch § 59 BRRG). Die berufliche Sicherheit des Beamten wird geschützt, um die Unabhängigkeit, Neutralität und Funktionsfähigkeit des vom Lebenszeitprinzip geprägten Berufsbeamtentums zu gewährleisten.

Formen der Beendigung des Beamtenverhältnisses sind die durch Gesetz, durch einseitigen Verwaltungsakt, durch zustimmungsbedürftigen Verwaltungsakt und durch richterliches Gestaltungsurteil.

Mit dem Tod des Beamten endet das Beamtenverhältnis als höchstpersönliches auf persönliche Dienstleistung gerichtetes Rechtsverhältnis vollständig. Bestehende vermögensrechtliche Ansprüche außer den Beihilfeansprüchen und Verpflichtungen des Beamten gehen gem. §§ 1922, 1967 BGB auf seine Erben über. Die Versorgungsansprüche der Hinterbliebenen entstehen aus eigenem Recht. Erben und Hinterbliebene sind zur Herausgabe amtlicher Schriftstücke u. ä. verpflichtet (§ 64 III 2 LBG).

Der Eintritt in den (einstweiligen oder dauernden) Ruhestand nimmt unter den Beendigungsgründen eine Sonderstellung ein. Beendigt wird nur das aktive Beamtenverhältnis mit seinen spezifischen Rechten und Pflichten. Gemäß dem Lebenszeitprinzip verbleibt der Ruhestandsbeamte jedoch in einer öffentlich-rechtlichen Sonderbindung, dem Ruhestandsverhältnis mit besonderen Rechten, insbesondere dem auf amtsangemessene Versorgung sowie abgeschwächten Pflichten.

Auch nach Beendigung des Beamtenverhältnisses bleiben in jedem Falle außer bei Tod bestehen: die Pflicht zur Amtsverschwiegenheit (§ 64 I LBG), zur Herausgabe von dienstbezogenen Aufzeichnungen (§ 64 III 1 LBG), das Verbot der Annahme von Geschenken und Besoldungen in bezug auf das frühere Amt (§ 76 LBG) sowie das Recht auf Einsicht in die Personalakte (§ 102 LBG) und auf Erteilung eines Dienstzeugnisses (§ 104 LBG).

b) Entlassung

Die Entlassung eines Beamten erfolgt unabhängig von der Art des Beamtenverhältnisses
- kraft Gesetzes (§ 32 LBG),
- durch Verwaltungsakt wegen eines gesetzlichen Entlassungsgrundes (§ 31, § 44 II 2 LBG) oder
- durch Verwaltungsakt auf Antrag des Beamten (§ 33 LBG).

Zusätzlich gelten für Beamte auf Probe, auf Widerruf oder auf Zeit besondere Entlassungsgründe (§ 31 I 2, § 44 II 2 Halbs. 2 LBG).

Jeder Beamte ist gem. § 32 LBG kraft Gesetzes entlassen, wenn er
- die Eigenschaft Deutscher (Art. 116 GG) zu sein, verliert,
- ohne Zustimmung der obersten Dienstbehörde seinen Wohnsitz oder dauernden Aufenthalt im Ausland nimmt,
- in ein öffentlich-rechtliches Dienst- oder Amtsverhältnis zu einem anderen Dienstherrn eintritt, sofern es sich dabei nicht um ein Ehrenbeamten- oder Widerrufsbeamtenverhältnis handelt und dienstunfähig ist, ohne die Voraussetzungen des § 4 I BeamtVG zu erfüllen (§ 37a S. 2 LBG).

Durch rechtsgestaltenden Verwaltungsakt ist zu entlassen,
- wer sich weigert, den nach § 61 LBG vorgeschriebenen Diensteid zu leisten (§ 31 Nr. 1 LBG),
- wer als Beamter auf Zeit seiner Verpflichtung zur Weiterführung des Amtes nach Zeitablauf (§ 5 III, IV 2 LBG) nicht nachkommt (§ 31 Nr. 2 LBG),
- wer bei der Übertragung eines Amtes Inhaber eines inkompatiblen Mandates war und nicht innerhalb angemessener Frist sein Mandat niederlegt (§ 31 Nr. 3 LBG),
- wer nach Erreichen der Altersgrenze berufen worden ist (§ 44 III 2 LBG),
- wer seine Entlassung beantragt (§ 33 LBG).

Letzteres ist jederzeit durch schriftlich vor Zugang der Entlassungsverfügung zurücknehmbare (§ 33 I 2 LBG) Erklärung möglich. Durch die Entlassung auf eigenen Antrag kann der Beamte jeder anderen, u.U. schon eingeleiteten Art der Beendigung des Beamtenverhältnisses außer der Rücknahme der Ernennung (§ 12 LBG) zuvorkommen.

Ferner kann (Ermessen) ein Beamter auf Probe nach dem abschließenden Katalog des
§ 34 LBG entlassen werden,[46]
— bei einem Verhalten, das bei einem Beamten auf Lebenszeit zu einer Disziplinarmaßnahme führen würde, die nur im formellen Disziplinarverfahren verhängt werden kann,
— wegen mangelnder Bewährung (Eignung, Befähigung, fachliche Leistung, unbestimmter Rechtsbegriff mit Beurteilungsspielraum),
— wegen Dienstunfähigkeit (§§ 45, 194 I LBG), wenn der Beamte nicht nach § 49 LBG in den Ruhestand versetzt wird,
— bei der Auflösung und Umbildung der Behörde (§ 28 III LBG), wenn eine anderweitige Verwendung nicht möglich ist,
— als politischer Probebeamter jederzeit (§ 34 II LBG).

Die Entlassung eines Probebeamten ist mitbestimmungspflichtig (§ 72 I Nr. 7 LPVG).

§ 34 V LBG ordnet eine (fingierte) Entlassung kraft Gesetzes an, wenn ein Probebeamter die Altersgrenze erreicht.

Beamte auf Widerruf können jederzeit nach pflichtgemäßem Ermessen durch Entlassungsverfügung entlassen werden (§ 35 I 1 LBG). Befinden sie sich, wie regelmäßig, im Vorbereitungsdienst, soll ihnen Gelegenheit gegeben werden, den Vorbereitungsdienst abzuleisten, um die Prüfung abzulegen. Danach endet das Beamtenverhältnis kraft Gesetzes (§ 35 II LBG), soweit dies durch Gesetz, Rechtsverordnung oder Verwaltungsverordnung bestimmt ist. Kraft Gesetzes endet das Beamtenverhältnis eines Widerrufsbeamten auch beim Erreichen der Altersgrenze (§ 35 I Nr. 2 i.V.m. § 34 V LBG). Ob die jederzeitige Entlassung fristlos oder unter Einhaltung von Fristen erfolgen darf, ist analog zu den für Probebeamte geltenden Vorschriften zu bestimmen (§ 35 I 2 LBG).[47]

Die Entlassung eines Widerrufsbeamten ist mitbestimmungspflichtig (§ 72 I Nr. 7 LPVG).

Nach der Entlassung verliert der frühere Beamte grundsätzlich alle Rechte aus dem Beamtenverhältnis. Möglich sind im Einzelfall besondere finanzielle Leistungen wie Unterhaltsbeiträge (§§ 15, 38 BeamtVG) oder Übergangsgeld (§ 47 BeamtVG). Es liegt im Ermessen des Dienstherrn, ob er die widerrufbare Erlaubnis erteilt (§ 92 IV LBG), ohne die der frühere Beamte die Amtsbezeichnung und die mit dem Amt verliehenen Titel nicht führen darf.

---

46 Ausführlich zum Entlassungsverfahren, zur Ermessensausübung und zum Rechtsschutz *Schnellenbach,* aaO (Anm. 36) Rn 114—140.
47 Ausführlich zum Entlassungsverfahren, zur Ermessensausübung und zum Rechtsschutz *Schnellenbach,* aaO (Anm. 36) Rn 141—157.

c) Eintritt in den Ruhestand

Der Eintritt in den dauernden Ruhestand ist trotz seiner Sonderstellung[48] der Hauptfall der Beendigung des aktiven Beamtenverhältnisses. Die Beamten auf Lebenszeit und auf Zeit treten in den Ruhestand kraft Gesetzes mit dem Ende des Monats, in dem sie die Altersgrenze erreichen (§ 44 II 1 LBG), vorausgesetzt, sie erfüllen einen der vier Gründe für die Entstehung des Ruhegehalts gem. § 4 I BeamtVG. Im Regelfall ist das vollendete 65. Lebensjahr die Altersgrenze (§ 44 I 1 LBG). Besondere Altersgrenze für Beamte des Polizeivollzugsdienstes, des Justizvollzugsdienstes und des feuerwehrtechnischen Dienstes ist das vollendete 60. Lebensjahr (§§ 192, 197, 198 LBG). Für Professoren, die nach neuem Recht (§ 224 LBG) nicht mehr emeritiert, sondern auch pensioniert werden, gilt in Nordrhein-Westfalen keine vom Regelfall abweichende Altersgrenze mehr.[49] Für Leiter und Lehrer an öffentlichen Schulen und Gesamtseminaren bestimmt § 44 I 2 LBG die Altersgrenze durch eine fiktive Verbindung von Vollendung des 65. Lebensjahres und Ende des vorangehenden Schuljahres.

Anders als z. B. beim Bund (§ 41 II BBG) darf in Nordrhein-Westfalen die Altersgrenze im Einzelfall nicht wegen dringender dienstlicher Rücksichten hinausgeschoben werden.

§ 44 II 2 LBG trifft zusätzlich zu Satz 1 für Beamte auf Zeit eine Sonderregelung für deren Eintritt in den Ruhestand und für deren Entlassung kraft Gesetzes.

Beamte auf Lebenszeit oder auf Zeit sind durch Verfügung wegen nachgewiesener (§ 45 I 1 LBG) oder vermuteter Dienstunfähigkeit (§ 45 I 2 LBG) in den Ruhestand zu versetzen. Dienstunfähigkeit kann u.a. durch Einholung eines amtsärztlichen Gutachtens auf Antrag des Beamten (§ 46 LBG) oder im förmlichen sogen. Zwangspensionierungsverfahren festgestellt werden.

Außer wegen Erreichens der Altersgrenze sowie nachgewiesener oder vermuteter Dienstunfähigkeit kann ein Beamter auf Lebenszeit oder auf Zeit auch auf seinen Antrag hin in den Ruhestand versetzt werden, und zwar frühestens drei Jahre vor Erreichen der Altersgrenze, jedoch nicht vor Vollendung des 62. Lebensjahres, es sei denn, er ist Schwerbehinderter (§ 45 III 1 LBG). Beim Bund ist die Versetzung in den Ruhestand auf Antrag erst ein Jahr später möglich (§ 42 III 1 Nr. 1 BBG). Für Polizeivollzugs-, Justizvollzugsbeamte und Beamte des feuerwehrtechnischen Dienstes gilt eine den besonderen Anforderungen dieser Dienste Rechnung tragende besondere Dienstunfähigkeit (§§ 194, 197, 198 LBG). Bei Lehrern und Leitern an öffentlichen Schulen und Gesamtseminaren sowie Professoren kann die Versetzung in den Ruhestand bis zum Ende des laufenden Schuljahres bzw. der Vorlesungszeit hinausgeschoben werden (§ 45 III 2, § 202 III LBG).

Ist ein wegen Dienstunfähigkeit in den Ruhestand versetzter Beamter wieder dienstfähig geworden, muß er unter bestimmten Voraussetzungen (§ 42, 43 LBG analog) einer

---

[48] S. a. o. u. II 6a.
[49] Dazu BVerfGE 67,1 ff.

vom Dienstherrn angeordneten erneuten Berufung in das aktive Beamtenverhältnis folgen (§ 48 I LBG). § 48 II LBG bestimmt, wann der Dienstherr den Beamten in diesem Fall auf seinen Antrag hin wiederberufen muß.

Beamte auf Probe müssen oder können nur unter besonderen Voraussetzungen wegen Dienstunfähigkeit in den Ruhestand versetzt werden (§ 49 LBG).

Die Versetzung in den einstweiligen Ruhestand ist auf politische Beamte zugeschnitten (§ 38 LBG).[50] Der einstweilige Ruhestand wegen Behördenänderung (§ 39 LBG) kommt relativ selten vor. Für abberufene kommunale Wahlbeamte (§ 49 IV GO, § 38 V KreisO) gelten die Vorschriften über Beginn und Ende des einstweiligen Ruhestandes entsprechend (§ 54a i.V.m. §§ 40, 42, 43 LBG). Ein Beamter im einstweiligen Ruhestand hat einen Anspruch auf Ruhegehalt. Mit Vollendung des 65. Lebensjahres gilt er als dauernd in den Ruhestand versetzt (§ 44 IV LBG). Zuvor ist er unter bestimmten Voraussetzungen verpflichtet, einer erneuten Berufung in das aktive Beamtenverhältnis Folge zu leisten (§ 42 LBG).

d) Verlust der Beamtenrechte

Das Beamtenverhältnis eines Beamten, der im ordentlichen Strafverfahren durch Gerichtsurteil wegen einer vorsätzlichen Tat zu Freiheitsstrafe von mindestens einem Jahr verurteilt wird, endet kraft Gesetzes mit Rechtskraft des Urteils. Gleiches gilt bei Verurteilung wegen bestimmter politischer Delikte und bei einer Verwirkungsentscheidung des Bundesverfassungsgerichts nach Art. 18 GG (§ 51 LBG). Sinn der Vorschrift ist es, überflüssige Disziplinarverfahren zu vermeiden, wenn durch straf- oder verfassungsgerichtliches Urteil ein besonders schwerwiegendes Fehlverhalten festgestellt worden ist, das gleichzeitig ein derartig schweres Dienstvergehen darstellt, das zu einer disziplinargerichtlichen Entfernung aus dem Dienst führen müßte. Sofern es nicht zu einer Begnadigung (§ 53 LBG) oder einer erfolgreichen Wiederaufnahme des Verfahrens (§ 54 LBG) kommt, verliert der Beamte grundsätzlich alle Ansprüche aus dem Beamtenverhältnis, einschließlich des Rechts zur Führung der Amtsbezeichnung (§ 52 LBG). Ausnahmen sind z.B. möglich im Rahmen der Dienstunfallversorgung (§ 48 BeamtVG).

e) Entfernung aus dem Dienst

Die Entfernung aus dem Dienst ist die schärfste förmliche Disziplinarmaßnahme für aktive Beamte. Sie bewirkt auch den Verlust des Anspruchs auf Leistungen des Dienstherrn sowie die Befugnis, die Amtsbezeichnung zu führen (§ 11 I nwDO). Ausgesprochen wird die Entfernung aus dem Dienst durch Urteil eines Disziplinargerichts. In dem Urteil kann ein Unterhaltsbeitrag für bestimmte Zeit bewilligt werden (§ 76 I nwDO).

50 S.o. II 6a.

III. Pflichten und Rechte der Beamten

1. Überblick

Der Abschnitt II des LBG gestaltet das in Art. 33 IV GG verfassungsrechtlich vorgegebene, in § 2 LBG wiederholte öffentlich-rechtliche Dienst- und Treueverhältnis des Beamten als Rechtsverhältnis hinsichtlich der Pflichten (§ 55 – 84) und Rechte (§ 85 – 104) detailliert aus. Die Sonderbindung des Beamten verdeutlichend, beginnt das Gesetz bewußt mit den Pflichten des Beamten. Beide Teile des Abschnitts III werden durch zwei miteinander korrespondierende Grundsatz- und Auffangvorschriften eingeleitet, die Dienst- und Treuepflicht des Beamten (§ 55) und die Fürsorgepflicht des Dienstherrn (§ 85). Auch wenn die Pflichten des Beamten gesetzlich detailliert festgelegt sind, ist ihre vollständige Aufzählung im einzelnen in sachgerechter Weise kaum möglich. Es ist daher zulässig, zur Bestimmung konkreter Pflichten im Einzelfall Generalklauseln zu verwenden, z. B. Genehmigungspflicht für Ostblockreisen eines Geheimnisträgers auch ohne ausdrückliche gesetzliche Regelung.[51]

Auf die allgemeinen Pflichten – Pflicht zur gemeinwohlorientierten, unparteiischen, gerechten und neutralen Amtsführung (§ 45 I LBG), die Verfassungstreuepflicht (§ 55 II LBG), die Pflicht zur Mäßigung und zur Zurückhaltung bei politischer Betätigung (§ 56 LBG), die Pflicht zur völligen Hingabe an den Beruf, zur Uneigennützigkeit und zum achtungs- und vertrauenswürdigen Verhalten innerhalb und außerhalb des Berufs (§ 57 LBG), die Beratungs-, Unterstützungs- und Gehorsamspflicht (§ 57 LBG), die Pflicht zur eigenverantwortlichen Amtsführung (§ 59 LBG) einschließlich der Remonstrationspflicht und die Unvereinbarkeit von Amt und Mandat (§ 60 LBG) – folgen die Pflichten zur Leistung des Diensteides (§ 61 LBG), Beschränkungen bei der Vornahme von Amtshandlungen (§ 62 LBG), das vorübergehende Verbot der Führung der Amtsgeschäfte (§ 63 LBG), die Pflicht zur Amtsverschwiegenheit (§ 64 LBG) sowie diese ergänzend, die Regelung der Aussagegenehmigung (§ 65 LBG) und der Erteilung von Presseauskünften (§ 66 LBG), die Pflicht zur Übernahme einer Nebentätigkeit im öffentlichen Dienst (§ 67 LBG) und die Genehmigungspflicht für andere Nebentätigkeiten nebst ergänzenden Bestimmungen zum Nebentätigkeitsrecht (§ 70 – 75a LBG), die Verbote, ohne Genehmigung amtsbezogene Belohnungen (§ 76 LBG) und ausländische Titel und Orden (§ 77 LBG) anzunehmen, die Pflicht, die Arbeitszeit einzuhalten (§ 78 LBG) und Mehrarbeit zu leisten (§ 78a LBG) sowie ergänzend das Fernbleiben vom Dienst und seine Folgen (§ 79 LBG), die Pflicht, eine dienstnahe Wohnung (§ 80) bzw. einen dienstnahen Aufenthaltsort (§ 81 LBG) zu nehmen, die Pflicht ggf. Dienstkleidung zu tragen (§ 82 LBG) und schließlich als Folgen der Nichterfüllung von Pflich-

---

[51] BVerfGE PersV 35; 1985, OVG Münster, DÖV 1984, 781; zweifelnd OVG Koblenz, DÖV 1984, 898; a. A. *Sachs*, BayVBl 1983, S. 460; 489 hinsichtlich der Pflicht zum Einsatz des Lebens bei Polizeivollzugsbeamten.

ten die Verfolgung von Dienstvergehen (§ 83 LBG) und die Haftung des Beamten (§ 84 LBG). Diese gesetzlichen Pflichten werden durch zahlreiche weitere Gesetze, für Schulleiter z. B. durch § 20 SchulverwaltungsG, Rechtsverordnungen, z. B. für Polizeivollzugsbeamte die Verordnung über die Arbeitszeit der Polizeivollzugsbeamten des Landes Nordrhein-Westfalen v. 15. 8. 1975 oder für Lehrer durch § 35 III Allgemeine Schulordnung – Unparteilichkeit –, durch Verwaltungsverordnungen und Einzelweisungen, aber auch innerhalb des LBG, z. B. in § 188 hinsichtlich der Pflicht zur gemeinschaftlichen Unterkunft und Verpflegung für Polizeivollzugsbeamte oder der nebentätigkeitsrechtlichen Anzeigepflicht von wissenschaftlichem Personal (§ 206 II LBG), ausgestaltet.

Auch die Regelung der Rechte der Beamten in den §§ 85-104 LBG ist nicht abschließend. So gelten neben den spezifischen Beamtenrechten auch im Beamtenverhältnis die Grundrechte, soweit ihre Ausübung nicht durch Art. 33 V GG eingeschränkt ist.[52] Darüber hinaus folgen Rechte des Beamten gerade auch aus Vorschriften über seine Pflichten[53], z. B. das Recht, sich von bestimmten Amtshandlungen befreien zu lassen (§ 62 LBG), das Recht zur Ausübung nicht genehmigungspflichtiger Nebentätigkeiten (§ 69 LBG) oder das Recht auf Dienstbefreiung wegen Mehrarbeit (§ 78a I 2 LBG) oder auf Dienstkleidung (§ 62 LBG). Neben dem Auffangrecht auf Fürsorge und Schutz für sich und seine Familie hat der Beamte als nicht vermögensrechtliche Berechtigung insbesondere das Recht auf amtsangemessene und wirklichkeitsgerechte Amtsbezeichnung (§ 92, 93 LBG), auf Urlaub (§ 101), auf Einsicht in die Personalakte (§ 102), auf ein Dienstzeugnis (§ 104), die Art. 9 GG ausgestaltende Vereinigungsfreiheit (§ 103), ein Antrags- und Beschwerderecht (§ 179 LBG) und ein Klagerecht (§ 126 BRRG). Zu den vermögensrechtlichen Ansprüchen zählen insbesondere die unverzichtbaren Ansprüche auf Anwärter-, Besoldungs- oder Versorgungsbezüge (§§ 94-96, auf Reisekosten- und Umzugskostenvergütung (§ 100), auf Beihilfe (§ 88), auf Unfallfürsorge (§ 99) und Sachschadenersatz (§ 91) sowie auf die Jubiläumszuwendung (§ 90 LBG). Diese Rechte sind für alle Beamte durch zahlreiche Gesetze wie das Bundesbesoldungsgesetz, das Beamtenversorgungsgesetz, durch Rechtsverordnung wie die Sonderurlaubsverordnung ausgestaltet oder für bestimmte Gruppen wie durch die gem. § 86 LBG ergangene Mutterschutz- und Jugendschutzverordnung oder die Verordnung über die freie Heilfürsorge der Polizeivollzugsbeamten.

---

52 S. o. I 2.
53 Unrichtig BVerfGE 40, 331.

2. Ausgewählte Pflichten

a) Inhalt und Grenzen der Dienstleistungspflicht, Nebentätigkeit und Teilzeitbeschäftigung

Aufbauend auf der allgemeinen Amtsführungspflicht des § 55 I LBG — gemeinwohlorientierte, unparteiische und gerechte Aufgabenerfüllung — bestimmt § 57 LBG in drei Blankettvorschriften die wichtigsten Amtswalterpflichten — volle Hingabe, Uneigennützigkeit und Gewissenhaftigkeit sowie achtungs- und vertrauenswürdiges Verhalten. § 57 S. 1 LBG regelt die Intensität der dem Beamten obliegenden Dienstleistungspflicht. Die Pflicht, sich mit voller Hingabe seinem Beruf zu widmen, folgt aus dem hergebrachten Grundsatz des Berufsbeamtentums, demzufolge der Dienst des Beamten einen Lebensberuf darstellt. Mit voller Hingabe bedeutet aber nicht, mit voller Arbeitskraft, sondern mit voller Intensität während der Arbeitszeit.

Angesichts der sozialstaatlichen Entwicklung, an der die Beamten teilhaben, wie die Arbeitsvorschriften belegen, ist der Beamte nicht mehr „immer im Dienst". Gemäß § 78 I 1 LBG darf die regelmäßige Arbeitszeit wöchentlich im Durchschnitt 40 Stunden nicht überschreiten. Soweit Bereitschaftsdienst besteht, kann die regelmäßige Arbeitszeit nach den dienstlichen Bedürfnissen angemessen verändert werden (§ 78 II 1 LBG). Im einzelnen ist die Arbeitszeit in der Verordnung über die Arbeitszeit der Beamten im Lande Nordrhein-Westfalen vom 12. Okt. 1962 ausgestaltet. Diese Rechtsverordnung gilt nicht für Lehrer, Polizeivollzugsbeamte, Feuerwehrbeamte, Forstbeamte und Hochschullehrer. Für diese Beamtengruppen gelten Sonderregelungen, für Lehrer z. B. hinsichtlich der Pflichtstundenzahl,[54] für Professoren hinsichtlich der Regellehrverpflichtung. Den Besonderheiten des Polizeivollzugsdienstes trägt die Verordnung über die Arbeitszeit der Polizeivollzugsbeamten des Landes Nordrhein-Westfalen Rechnung. Zwar ist der Beamte verpflichtet, ohne Enschädigung über die regelmäßige Arbeitszeit hinaus Dienst zu tun, wenn zwingende dienstliche Verhältnisse dies erfordern, aber er kann dafür Dienstbefreiung verlangen, soweit er zu den A-Besoldungsgruppen zählt. Nach arbeitsrechtlichem Vorbild ist sogar eine Mehrarbeitsvergütung möglich (§ 78a LBG). Die befristete Ausnahmevorschrift des § 226 LBG dehnt die Mehrarbeitsvergütung für bestimmte Bereiche aus.

Da der Beamte nicht mehr „immer im Dienst ist", wäre es mit dem Grundrecht auf freie Entfaltung der Persönlichkeit (Art. 2 I GG) und dem Grundsatz der Verhältnismäßigkeit unvereinbar, wenn amtsirrelevante entgeltliche Nebentätigkeiten generell verboten würden. Dementsprechend erklärt § 69 LBG bestimmte privatnützige Nebentätigkeiten für genehmigungsfrei. In den übrigen Fällen privatnütziger Nebentätigkeit ist die Genehmigung zu versagen, wenn die Nebentätigkeit dienstliche Interessen beeinträchtigen kann (§ 68 II LBG). Das ist insbesondere der Fall, wenn die unparteiische

---

54 Dazu *Haug,* ZBR 1984, 285.

und unbefangene Amtsführung dadurch beeinflußt werden kann, z. B. Tätigkeit eines Steuerbeamten bei einem Lohnsteuerverein.[55]

Arbeitsmarktpolitische Erwägungen sind nur in Nordrhein-Westfalen für die Erteilung oder den Widerruf der Nebentätigkeitsgenehmigung relevant (§ 68 III, IV LBG).[56] Von der privaten Nebentätigkeit ist zu unterscheiden die Verpflichtung, auf Verlangen der obersten Dienstbehörde eine Nebentätigkeit im öffentlichen Dienst zu übernehmen (§ 76 LBG). Nur für (angeordnete oder freiwillig übernommene) Nebentätigkeiten im öffentlichen Dienst bestehen Höchstgrenzen für Vergütung und Ablieferungspflicht (§§ 13, 14 NtVO).

Die Verfassungsgarantie des Art. 33 V GG ist ausgerichtet auf den Typus des Lebenszeitbeamten mit voller Dienstleistungspflicht und vollem Alimentationsanspruch. Nach § 85 LBG kann einem Beamten auf Antrag zur Betreuung und Pflege eines Kindes oder eines sonstigen pflegebedürftigen Angehörigen die Arbeitszeit bis zur Hälfte der regelmäßigen Arbeitszeit ermäßigt oder Dauerurlaub ohne Dienstbezüge gewährt werden. Diese familienpolitische Teilzeitbeschäftigung bzw. Dauerbeurlaubung ist eine durch die Fürsorgepflicht und das Sozialstaatsprinzip i.V.m. Art. 6 GG gebotene Weiterentwicklung des Beamtenrechts. Davon zu unterscheiden sind die arbeitsmarktpolitischen Institute der Teilzeitbeschäftigung, des Dauerurlaubs und des Altersurlaubs. Alle drei Institute des § 78b LBG sind befristete Ausnahmetatbestände für Bereiche, in denen in einer Ausnahmesituation ein dringendes öffentliches Interesse daran besteht, Bewerber im öffentlichen Dienst zu beschäftigen. Verfassungsrechtlich bedenklich ist der bei Berufsanfängern, z. B. Lehrern nur scheinbar freiwillige Antrag auf Teilzeitbeschäftigung einschließlich der Erklärung über den weitgehenden Verzicht auf Nebentätigkeiten. Ebenfalls bedenklich ist, daß arbeitsmarktpolitische und familienpolitische Teilzeitbeschäftigung bzw. Beurlaubung jeweils zusammen eine Dauer von 18, in Ausnahmefällen gar 23 Jahren erreichen dürfen. Seit 1984 erfolgt bei beiden Formen der Teilzeitbeschäftigung ein Versorgungsabschlag. Ob dadurch wie beabsichtigt die öffentlichen Haushalte entlastet werden, bleibt abzuwarten. Die zu erwartende geringere Inanspruchnahme der (de facto) freiwilligen Formen der Teilzeitbeschäftigung könnte dem entgegenstehen.

b) Verfassungstreuepflicht und politische Betätigung

§ 55 I LBG verpflichtet den Beamten zur unparteiischen, gerechten und gemeinwohlorientierten Amtsführung. Diese kann für den Bürger nur glaubwürdig erfüllt werden, wenn alle Beamte trotz unterschiedlicher politischer Überzeugungen im einzelnen einem gemeinsamen politischen Minimalkonsens verpflichtet sind. Der Beamte, der durch seine Amtsführung dem ganzen Volke dienen soll, ist verpflichtet, sich durch

---

55 BVerwGE 60, 254, 257.
56 Dazu s.o. I 3.

sein gesamtes Verhalten, also innerhalb und außerhalb des Dienstes (§ 57 S. 2 LBG) zu der freiheitlich demokratischen Grundordnung zu bekennen, durch die sich das Volk mit dem Grundgesetz seine staatliche Ordnung gestaltet hat. Die aus der allgemeinen Treuepflicht des Art. 33 V GG abgeleitete[57] Verfassungstreuepflicht erlaubt keine Distanz, Indifferenz oder Neutralität gegenüber der freiheitlich demokratischen Grundordnung.[58] Die parteipolitische Neutralität des Berufsbeamtentums hat vielmehr das Bekenntnis zur freiheitlich-demokratischen Grundordnung zur Basis. Der Begriff der freiheitlich-demokratischen Grundordnung ist identisch mit dem gleichlautenden Terminus in Art. 21 II GG. Das Bundesverfassungsgericht hat die freiheitlich-demokratische Grundordnung definiert als eine Ordnung, die unter Ausschluß jeglicher Gewalt- und Willkürherrschaft eine rechtsstaatliche Herrschaftsordnung auf der Grundlage der Selbstbestimmung des Volkes nach dem Willen der jeweiligen Mehrheit und der Freiheit und Gleichheit darstellt. Zu den grundlegenden Prinzipien dieser Ordnung sind mindestens zu rechnen: die Achtung vor den im Grundgesetz konkretisierten Menschenrechten, vor allem vor dem Recht der Persönlichkeit auf Leben und freie Entfaltung, die Volkssouveränität, die Gewaltenteilung, die Verantwortlichkeit der Regierung, die Gesetzmäßigkeit der Verwaltung, die Unabhängigkeit der Gerichte, das Mehrparteienprinzip und die Chancengleichheit für alle politischen Parteien mit dem Recht auf verfassungsmäßige Bildung und Ausübung von Opposition.[59] Das Erfordernis des Eintretens für die freiheitlich-demokratische Grundordnung bedeutet, daß der Beamte die bestehenden verfassungsrechtlichen und gesetzlichen Vorschriften beachtet und sein Amt aus dem Geist dieser Vorschriften erfüllt. Darüber hinaus, daß er sich eindeutig von Bestrebungen distanziert, die die geltende Verfassungsordnung angreifen. Das bedeutet jedoch nicht, daß der Beamte mit den Zielen der jeweiligen Regierung übereinstimmen muß. Der Beamte darf auch an den Erscheinungen des Staates Kritik üben, solange er nicht den Staat und seine verfassungsmäßige Ordnung in Frage stellt.[60] Eine Pflicht zur Propaganda oder zu politischen Loyalitätserklärungen besteht nicht.

Beamte haben in Deutschland traditionell das Recht, sich politisch zu betätigen, und zwar auch in einer politischen Partei. Insbesondere mit Rücksicht auf das Vertrauen der Bürger in die Funktionsfähigkeit der öffentlichen Verwaltung ist der Beamte jedoch verpflichtet, bei seinen politischen Tätigkeiten und Äußerungen die amtsangemessene Mäßigung und Zurückhaltung zu wahren (§ 56 LBG). Bei der Vornahme von Amtshandlungen hat sich der Beamte jeder politischen Meinungsäußerung zu enthalten, denn er handelt als Amtswalter, nicht als privater Grundrechtsträger. Im übrigen sind politische Meinungsäußerungen innerhalb des Dienstes nur als private, die Arbeitsleistung und das Betriebsklima nicht beeinträchtigende Diskussion unter Kollegen zuläs-

---

57 Dazu *Battis*, BBG § 7, Anm. 3 a m.w.N.
58 S. BVerfGE 39, 338/348.
59 BVerfGE 2, 12.
60 BVerfGE 39, 339/348; s.a. *Denninger/Klein*, VVDStRL 37, 7 f.

sig, nicht dagegen planmäßige Agitation. Die Mäßigungspflicht verbietet nicht, daß Vorgesetzte in einer Diskussion mit Untergebenen Partei für eine politische Meinung ergreifen.[61] Außerhalb des Dienstes sind politische Meinungen nur durch die Verfassungstreuepflicht beschränkt. Inwieweit die Betätigung in der Form beschränkt ist, richtet sich vornehmlich nach der amtlichen Stellung des Beamten. Erheblich ist z. B., ob eine politische Äußerung im privaten Kreis oder in der Öffentlichkeit, z. B. auf einer Parteiversammlung unter Erwähnung des bekleideten Amtes erfolgt. Auftritte von Beamten bei dienstbezogenen Veranstaltungen von Parteien, Verbänden oder Bürgerinitiativen können als dienstliche Tätigkeit außerhalb der Dienstzeit genehmigungspflichtig sein.[62] Zwar muß der Beamte auch außerhalb des Dienstes der Achtung und dem Vertrauen gerecht werden, die sein Beruf erfordern (§ 57 S. 2 LBG), aber in diesem Fall ist die Amtsbezogenheit des Verhaltens sehr sorgfältig zu prüfen. Die Eingriffe in die Privatsphäre müssen auf das unerläßliche Mindestmaß beschränkt werden.[63]

Das Recht zur politischen Betätigung gipfelt darin, daß Beamte sich auch um ein parlamentarisches Mandat bewerben dürfen. Gemäß § 101 III LBG ist dem Beamten auf Antrag innerhalb der letzten zwei Monate vor dem Wahltag Urlaub ohne Besoldung zu gewähren. In teilweiser Verwirklichung von Art. 137 GG u. Art. 47 nwVerf, die zur gesetzlichen Beschränkung der Wählbarkeit ermächtigen, ordnen die Abgeordnetengesetze von Bund und Land, auf die § 60 LBG verweist, an, daß mit der Annahme des parlamentarischen Mandats das Beamtenverhältnis ruht.[64] Für die Mitgliedschaft in kommunalen Vertretungskörperschaften gilt dies nicht.

c) Persönliche Verantwortung, Remonstrationspflicht und Folgen der Nichterfüllung von Pflichten

Grundsätzlich trägt der Beamte die volle persönliche Verantwortung für die Rechtmäßigkeit seiner dienstlichen Handlungen (§ 59 I LBG). Von dieser Verantwortung wird er freigestellt, wenn er seiner Remonstrationspflicht gegen rechtswidrige Rechtsnormen oder dienstliche Anordnungen nachkommt. Der Beamte muß, bevor er eine dienstliche Handlung vornimmt, deren Rechtmäßigkeit prüfen. Der Umfang der Prüfungspflicht richtet sich nach der Dienststellung, dem Ausbildungsstand und der Erfahrung des Beamten. Hat der Beamte aufgrund des ausgeübten Prüfungsrechts Bedenken gegen die Rechtmäßigkeit einer dienstlichen Anordnung, so hat er seine Bedenken unverzüglich, also ohne schuldhaftes Zögern bei dem Vorgesetzten geltend zu machen, der die Anordnung erlassen hat (§ 59 II 1 LBG). Hält dieser die Anordnung aufrecht, so hat sich der Beamte, wenn seine Bedenken fortbestehen, unverzüglich an den nächsthöhe-

---

61 BVerfGE 28, 49.
62 *Battis*, BBG § 53, Anm. 2.
63 *Battis*, BBG § 54, Anm. 4 c.
64 Ausgelöst durch BVerfGE 40, 296.

ren Beamten zu wenden (§ 56 II 2, 3 LBG). Bestätigt dieser die Anordnung, so muß der Beamte sie grundsätzlich ausführen. Die trotz der Remonstration bestehende Gehorsamspflicht (§ 58 S. 2 LBG) entfällt nur, wenn die Anordnung bei zumutbarer Sorgfalt erkennbar gegen Strafgesetze verstößt, ordnungswidrig ist oder die Menschenwürde verletzt. Das Zusammenspiel von Remonstration und Gehorsamspflicht sichert durch Klarlegung der innerbehördlichen Kompetenz zur letztverbindlichen Entscheidung die Funktionsfähigkeit der Verwaltung.

Verletzt der Beamte schuldhaft die ihm obliegenden Pflichten, so begeht er ein Dienstvergehen, das disziplinarrechtlich geahndet werden kann. Die Generalklausel des § 83 LBG enthält das materielle Disziplinarrecht. Das formelle Disziplinarrecht, insbesondere die Disziplinarmaßnahmen (§ 5: u.a. Warnung, Verweis, Gehaltskürzung, Entfernung aus dem Dienst) ist in der Disziplinarordnung des Landes Nordrhein-Westfalen geregelt.[65] Die Disziplinarordnung regelt auch das förmliche Disziplinarverfahren, das vor dem Disziplinargericht (§§ 33 ff. nwDO) endet oder vom Beamten gegen sich selbst beantragt werden kann (§ 34 nwDO). Für außerdienstliches pflichtwidriges Verhalten faßt § 83 II 2 LBG den Begriff des Dienstvergehens enger. Ebenfalls enger gefaßt sind die disziplinarrechtlich relevanten Pflichten der Ruhestandsbeamten und der früheren Beamten mit Versorgungsbezügen (§ 83 II LBG). Im Interesse der Leistungsfähigkeit der öffentlichen Verwaltung soll das Disziplinarrecht gewährleisten, daß der Beamte die innerhalb und außerhalb des Dienstes bestehenden dienstlichen Pflichten beachtet und damit das Vertrauen der Öffentlichkeit in die Integrität des Beamtentums gewahrt bleibt. Das Disziplinarrecht verfolgt präventive Erziehungszwecke gegenüber allen Beamten und Reinigungszwecke gegenüber einzelnen Beamten. Gleichzeitig schützt es die Rechtsstellung des einzelnen Beamten durch die förmliche Ausgestaltung des Verfahrens vor den Disziplinargerichten. Das als hergebrachter Grundsatz i.S.v. Art. 33 V GG zu verstehende Disziplinarrecht korreliert mit dem Lebenszeitprinzip. Als Verwaltungsrecht verfolgt es andere Zwecke als das Strafrecht. Art. 103 III GG — ne bis in idem — gilt daher im Verhältnis Kriminal- und Disziplinarstrafe nicht.[66] Aus rechtsstaatlichen Gründen bestimmt aber § 14 nwDO, daß neben einer gerichtlich verhängten Strafe oder einer behördlich verhängten Ordnungsmaßnahme wegen desselben Sachverhalts ein Verweis gar nicht, Geldbuße und Gehaltskürzung nur ausnahmsweise ausgesprochen werden dürfen, wenn das zusätzlich erforderlich ist, um den Beamten zur Erfüllung seiner Pflichten anzuhalten und das Ansehen des Beamtentums zu wahren — disziplinarer Überhang.[67]

Wird durch eine schuldhafte Pflichtverletzung eines Beamten ein Schaden verursacht, so ist zu unterscheiden, ob der Schaden einem Dritten oder dem Dienstherrn ent-

---

[65] Dazu *Jülicher*, Das Disziplinarrecht des Landes Nordrhein-Westfalen, 4. Aufl., 1978; *Weiß*, Disziplinarrecht des Bundes und der Länder, Losebl., (GKÖD III); *Claussen*, ZBR 1983, 281 — Handhabung der Disziplinargewalt beim Bund.
[66] BVerfGE 21, 378.
[67] Dazu BVerwGE 43, 263.

standen ist. Die Haftung im Außenverhältnis richtet sich nach dem BGB. Die Haftung im Innenverhältnis regelt abschließend § 84 LBG.

Im Außenverhältnis haftet für den Beamten der Dienstherr, und zwar bei privatrechtlichem Verwaltungshandeln nach §§ 39, 31, 276 BGB oder § 278 BGB (Vertrag), aus Delikt nach §§ 89, 31, 823 oder 831 BGB, bei hoheitlicher Verwaltungstätigkeit nach Art. 34 GG, § 839 BGB oder aus enteignungsgleichem Eingriff, Aufopferung, Folgenbeseitigungsanspruch oder sonstigen Tatbeständen des Staatshaftungsrechts. Persönlich haftet der Beamte im Außenverhältnis nur nach § 839 BGB wegen vorsätzlicher Amtspflichtverletzung anläßlich privatrechtlicher Verwaltungstätigkeit. Die Gefährdungshaftung der §§ 7 ff. StVG trifft den Beamten sowohl bei hoheitlichem wie bei privatrechtlichem Handeln.

Anders als im Bund und in den übrigen Ländern (außer Berlin und Schleswig-Holstein) haftet der Beamte im Innenverhältnis gem. § 84 LBG in jedem Fall nur bei Vorsatz oder grober Fahrlässigkeit.[68] Dieses Haftungsprivileg gilt bei hoheitlicher und anders als im Rahmenrecht (§ 46 I BRRG) auch bei privatrechtlicher Verwaltungstätigkeit, und zwar sowohl für unmittelbare Schäden des Dienstherrn, z. B. Schaden am Dienstfahrzeug wie auch für mittelbare (Regreß-)Schäden, das sind die Schäden, für die der Dienstherr einem Dritten, z. B. verletztem Schüler, Ersatz geleistet hat.

Der Dienstherr kann einen unmittelbaren Schaden außer durch Aufrechnung durch allgemeine Leistungsklage und nach ständiger, aber umstrittener Rechtsprechung[69] auch durch Verwaltungsakt (Leistungsbescheid) geltend machen. Gleiches gilt für mittelbare Schäden, die durch privatrechtliches Handeln entstanden sind. Nur für den Rückgriff wegen mittelbaren Schadens durch hoheitliches Handeln verweist Art. 34 S. 3 GG auf den Zivilrechtsweg. Das besondere Erstattungsverfahren nach dem Erstattungsgesetz v. 18. 4. 1937 ist in Nordrhein-Westfalen durch Gesetz v. 13. 1. 1970 GV NW S. 18 abgeschafft worden.

Die Geltendmachung von Ersatzansprüchen gegen einen Beamten ist mitbestimmungspflichtig (§ 72 III S. 1 Nr. 21 LPVG).

Außer Disziplinarmaßnahmen und Haftungsansprüchen kann die Verletzung dienstlicher Pflichten zusätzliche beamtenrechtliche Folgen haben, wie Umsetzung, Versetzung oder Austausch einzelner Aufgaben durch sonstige Organisationsverfügung, Verlust der Dienstbezüge wegen Fernbleibens vom Dienst (§ 79 II LBG), bei Beamten auf Probe oder Widerruf Entlassung nach §§ 34, 35 LBG.

d) Amtsangemessene Alimentierung

Der Alimentationsgrundsatz fordert als hergebrachter Grundsatz i.S.v. Art. 33 V GG eine amtsangemessene Besoldung und Versorgung des Beamten. Aufgrund dieser verfassungsrechtlichen Grundlage sind die Dienstbezüge so zu bemessen, daß sie je nach

---

[68] S. o. I 3.
[69] S. *Battis*, BBG § 78, Anm. 7 e.

Dienstrang, Bedeutung und Verantwortung des Amtes und entsprechender Entwicklung der allgemeinen Verhältnisse angemessenen Lebensunterhalt gewähren und als Voraussetzung dafür genügen, daß sich der Beamte ganz dem öffentlichen Dienst als Lebensberuf widmet und in rechtlicher und wirtschaftlicher Unabhängigkeit dazu beitragen kann, die dem Berufsbeamtentum vom Grundgesetz zugewiesene Aufgabe zu erfüllen, nämlich im politischen Kräftespiel eine stabile gesetzestreue Verwaltung zu sichern.[70] Die Alimentation ist kein Entgelt im Sinne einer Entlohnung für konkrete Dienste, wohl aber die vom Staat festzusetzende Gegenleistung des Dienstherrn dafür, daß sich ihm der Beamte mit seiner ganzen Persönlichkeit zur Verfügung stellt und gem. den jeweiligen Anforderungen seine Dienstpflicht nach Kräften erfüllt.[71] Die Alimentation darf weder erstritten noch vereinbart werden. Dem Beamten steht Besoldung und Versorgung nach Maßgabe des Gesetzes zu (§ 95 LBG). Diese Gesetzesbindung der Besoldung und Versorgung ist ein hergebrachter Grundsatz i.S.v. Art. 33 GG.

§ 14 BBesG[72] verpflichtet den Gesetzgeber, die Besoldung entsprechend der Entwicklung der allgemeinen wirtschaftlichen und finanziellen Verhältnisse und unter Berücksichtigung der mit den Dienstaufgaben verbundenen Verantwortung durch Bundesgesetz regelmäßig anzupassen.[73] Der Grundsatz der funktionsgerechten Besoldung (§ 18 BBesG) besagt, daß die Funktionen der Beamten nach den mit ihnen verbundenen Anforderungen sachgerecht zu bewerten und Ämtern zuzuordnen sind. Diese Ämter sind dann den Besoldungsgruppen zuzuordnen.

Die Besoldung besteht aus Dienstbezügen und sonstigen Bezügen. Die Dienstbezüge setzen sich zusammen aus Grundgehalt, Ortszuschlag, Zulagen und Vergütungen und ggf. Auslandsbezügen und Zuschüssen zum Grundgehalt von Professoren. Die Grundgehälter sind in Besoldungsordnungen — A 1—16 (aufsteigend); B 1—11 (fest); C (Hochschullehrer); R (Richter und Staatsanwälte ab R 3 fest) — und in Besoldungsgruppen eingeteilt. Sonstige Bezüge sind Anwärterbezüge (§§ 59—66 BBesG), die jährliche Sonderzuwendung (§ 67 BBesG), vermögenswirksame Leistungen (§ 68 BBesG), Urlaubsgeld (§ 68a BBesG) und Sachbezüge (§ 10 BBesG), z. B. Ausrüstung und Dienstkleidung von Polizeivollzugsbeamten.

Art. 33 V GG garantiert das System der lebenslänglichen amtsangemessenen Versorgung bei Erreichen der Altersgrenze oder bei Dienstunfähigkeit. Die Versorgung

---

70 BVerfGE 44, 249/265.
71 BVerfGE 21, 329/345.
72 Dazu s. o. III 2 d.
73 Zum Besoldungs- und Versorgungsrecht s.a. *Clemens/Lantermann/Henkel/Millak*, Kommentar zum Besoldungsrecht des Bundes und der Länder, Losebl.; *Schinkel*, Besoldungsrecht des Bundes und der Länder (GKÖD III); *Schwegmann/Summer*, Bundesbesoldungsgesetz, 1975; *Kümmel*, Beamtenversorgung, Losebl.; *Schütz/Brockhaus/Cecior/Schnellenbach*, Beamtenversorgungsgesetz, 1980; *Stegmüller/Schmalhofer/Bauer*, Beamtenversorgung, 1977.

beruht nicht auf Vorleistungen des Beamten.[74] Das Ruhegehalt und die Hinterbliebenenversorgung sind im einzelnen im Beamtenversorgungsgesetz ausgestaltet.

Die Rückforderung zuviel gezahlter Bezüge regelt § 12 II BBesG. Die Vorschrift, die entsprechend für sonstige Leistungen (§ 98 LBG) gilt, bildet zusammen mit dem für zuviel gezahlte Versorgungsbezüge geltenden § 52 II BeamtVG eine spezielle, aber wenig gelungene Ausprägung des allgemeinen Erstattungsanspruchs, dem allerdings Sonderregelungen wie z. B. § 14 II S. 2 LBG, § 12 I BBesG, § 52 I BeamtVG vorgehen. Die modifizierende Verweisung auf die Vorschriften des BGB über die ungerechtfertigte Bereicherung ist Anlaß zahlreicher Streitigkeiten.

e) Fürsorge- und Schutzpflicht des Dienstherrn

Mit der Regelung der Fürsorge- und Schutzpflicht eröffnet § 85 LBG den Abschnitt über die Rechte des Beamten. Diese Generalklausel hat wie die entsprechende, den Beamten verpflichtende Generalklausel des § 55 LBG eine Auffang- und Klammerfunktion. Da das Beamtenverhältnis nicht nur ein Dienst-, sondern auch ein gegenseitiges Treueverhältnis ist, entspricht der Treuepflicht des Beamten zum Dienstherrn die Treuepflicht des Dienstherrn gegenüber dem Beamten. Diese verfassungsrechtliche Treuepflicht des Dienstherrn münzt § 85 LBG um zum Recht des Beamten auf Fürsorge und Schutz.

Die Fürsorge- und Schutzpflicht zählt zu den hergebrachten Grundsätzen i.S.v. Art. 33 V GG. Gegenüber dem den speziellen Alimentationsgrundsatz ausformenden hergebrachten Grundsatz der Gesetzesbindung der amtsangemessenen Besoldung und Versorgung ist ein Rückgriff auf die Fürsorgepflicht nur insofern zulässig, als es darum geht, Gesetzeslücken richterlich auszufüllen.[75] Anspruchsgrundlage kann § 85 LBG nur dann sein, wenn und soweit für den in Betracht kommenden Bereich keine abschließende Sonderregelung vorliegt. Das ist z. B. in Nordrhein-Westfalen durch die gem. § 88 LBG anders als im Bund als Rechtsverordnung ergangene Beihilfenverordnung v. 25. 3. 1975 geschehen. In Nordrhein-Westfalen darf daher z. B. nicht unter Rückgriff auf § 85 LBG eine in der Verwaltungsverordnung des Bundes vorgesehene, in der nordr.-westf. Rechtsverordnung aber nicht enthaltene Leistung zugesprochen werden. Auch wenn die Beihilfe die Alimentation ergänzt, ist sie der Fürsorgepflicht und nicht der Alimentationspflicht zuzuordnen. Spezielle gesetzliche Ausgestaltung der Fürsorgepflicht sind die Vorschriften zur Unfallfürsorge (§ 30 ff. BeamtVG)[76] und das Gesetz für die Umzugskostenvergütung und Trennungsentschädigung für Beamte und Richter v. 26. 4. 1966.[77]

---

74 BVerwGE 44, 249, 265.
75 BVerfGE 39, 228; zur sehr restriktiven Rspr. *Schnellenbach*, aaO (Anm. 36), Rn 165.
76 Dazu ausf. *Schnellenbach*, aaO (Anm. 36), Rn 330-398.
77 *v. Hippel/Rehborn* Nr. 41; dazu *Deselaers/Kopicki/Irlenbusch/Fahje*, Reisekosten im öffentlichen Dienst, Losebl.; *dieselben*, Umzugskosten, Trennungsentschädigung, Beschäftigungsvergütung im öffentlichen Dienst (Losebl.).

Der Anspruch des Beamten auf Schutz und Fürsorge für sich und seine Familie verlangt negativ vor allem, daß der Dienstherr gegenüber dem Beamten die gesetzlichen Bestimmungen einhält, bei Ermessensentscheidungen sowie der Anwendung unbestimmter Rechtsbegriffe gerecht und wohlwollend verfährt und den Beamten nicht pflichtwidrig in seinem Fortkommen hindert – Fürsorgepflicht als Auslegungsprinzip.[78] Positiv gewendet lassen sich als Einzelpflichtgruppen anführen:[79]
– die Anhörungs- und Beratungpflicht,
– die Förderungspflicht,
– die Schadensabwendungspflicht,
– die Beistandspflicht bei dienstlich bedingten und außerdienstlichen Sonderbelastungen.

Die Anhörungspflicht besteht z. B. bei einer Umsetzung, die mangels Außenwirkung i.S.v. § 35 S. 1 VwVfG kein Verwaltungsakt ist, so daß § 28 I VwVfG nicht greift. Die Förderungspflicht kommt insbesondere bei der dienstlichen Beurteilung, aber auch im Rahmen der Fortbildung (§ 85 S. 2 Halbs. 2 LBG) zum Tragen. Die Schadensabwendungspflicht spielt insbesondere hinsichtlich der Gesundheit, z. B. Schutz vor gesundheitsgefährdendem Tabakrauch[80] eine Rolle. Die Beistandspflicht äußert sich z. B. in Vorschüssen bei besonderen Umständen, z. B. Möbel- und Hausratskauf anläßlich der Eheschließung.[81]

Die Bedeutung der Fürsorgepflicht läßt sich auch am Personalaktenrecht zeigen. Die vom Dienstherrn geführten Personalakten[82] sollen alle Vorgänge enthalten, die in einem inneren Zusammenhang mit dem konkreten Beamtenverhältnis stehen. Sie sind ein genuin beamtenrechtliches Instrument der Personalwirtschaft. Der Beamte hat ein Recht auf Einsichtnahme in seine vollständige Personalakte (§ 101 I LBG). Unter Rückgriff auf die Fürsorgepflicht wird dieses Recht im Einzelfall wegen erkennbarer Gesundheitsrisiken bei Einsicht in ärztliche Gutachten eingeschränkt.[83] Zusätzlich zu dem Anhörungsrecht aus der Fürsorgepflicht muß der Beamte gem. § 101 I 2 LBG über Beschwerden und Behauptungen tatsächlicher Art, die für ihn ungünstig sind oder ihm nachteilig sein können, vor Aufnahme in die Personalakten gehört werden. Sind unrichtige Tatsachenbehauptungen in die Personalakte gelangt, so hat der Beamte einen aus der Fürsorge- und Schutzpflicht abgeleiteten Berichtigungsanspruch. Umstritten ist, inwieweit sich der ebenfalls aus der Fürsorge- und Schutzpflicht abgeleitete Entfernungsanspruch gegen den Grundsatz der Vollständigkeit der Personalakten durchzusetzen vermag.[84] Der Berichtigungs- und Entfernungsanspruch sind Beispiele für fürsorge-

---

78 BVerwGE 19, 54.
79 Nach *Schnellenbach*, aaO (Anm. 36), Rn 170–208.
80 BVerwG DVBl 1984, 1230.
81 Dazu Richtlinien v. 2. 6. 1976, MBlnw 1235.
82 Dazu *Günther*, ZBR 1984, 161; *Geulen*, Die Personalakte in Recht und Praxis, 1984.
83 Str. s. *Battis*, BBG § 90, Anm. 3.
84 BVerwGE 56, 102/104; *Schnellenbach*, aaO (Anm. 37), Rn 318–325.

rechtlich begründete Erfüllungsansprüche. Statt dessen kann bei Unmöglichkeit der Erfüllung ein Schadensersatzanspruch entstehen, nämlich dann, wenn ein für den Dienstherrn handelnder Amtswalter durch schuldhafte Verletzung der Fürsorge- und Schutzpflicht einen Schaden verursacht hat. Dieser erst nach 30 Jahren verjährende, vor den Verwaltungsgerichten einzuklagende Schadensersatzanspruch tritt selbständig gegen einen etwaigen Amtshaftungsanspruch aus Art. 34 GG, § 839 BGB.[85]

IV. Rechtsschutz

1. Außergerichtlicher Rechtsschutz

Gem. § 179 I LBG hat der Beamte ein Antrags- und Beschwerderecht bis zur obersten Dienstbehörde. Bei dieser beamtenrechtlichen Ausgestaltung des Petitionsrechts (Art. 17 GG, Art. 41a nwVerf) muß der Beamte, soweit es sich um amtsbezogene Beschwerden handelt, den Dienstweg einhalten. Dieses gilt auch, wenn der Beamte sich gem. § 179 III LBG unmittelbar an den Landtag wendet.

Unabhängig von § 179 LBG besteht gem. § 74 Abs. 1 LPVG das Recht, Anregungen und Beschwerden beim Personalrat vorzubringen.

2. Gerichtlicher Rechtsschutz

a) Verwaltungsgerichtsbarkeit

Für alle Klagen aus dem Beamtenverhältnis des Beamten ist gem. den für Landesbeamte unmittelbar geltenden §§ 126, 127 BRRG der Verwaltungsrechtsweg gegeben. Klagen aus dem Beamtenverhältnis sind auch Streitigkeiten um Ansprüche vorbeamtlicher Art aus einer dem Beamtenrecht zuzuordnenden Anspruchsgrundlage, z. B. Zulassung zu einer beamtenrechtlichen Eignungsprüfung.

Jeder Klage aus dem Beamtenverhältnis, gleichgültig ob Anfechtungs-, Verpflichtungs-, Leistungs- oder Feststellungsklage hat ein Vorverfahren nach dem 8. Abschn. der VwGO (§ 68 – 80 VwGO) vorauszugehen. Dies gilt nicht bei Untätigkeit der Behörde trotz Antrags (§ 68 II, § 75 VwGO) und wenn eine Kollegialbehörde im förmlichen Verfahren den angefochtenen Verwaltungsakt oder seine Ablehnung beschlossen hat (§ 6 I nwAGVwGO). Eines Vorverfahrens bedarf es auch dann, wenn der Verwaltungsakt von der obersten Dienstbehörde erlassen worden ist (§ 126 III Nr. 1 BRRG). Den Widerspruchsbescheid erläßt grundsätzlich die oberste Dienstbehörde (§ 126 III Nr. 2 BRRG).[86]

---

85 Dazu *Schnellenbach*, aaO (Anm. 37), Rn 210 – 220.
86 Ausführlich zum beamtenrechtlichen Vorverfahren *Wind*, ZBR 1984, 167.

Für das verwaltungsgerichtliche Verfahren in Beamtensachen gelten ebenfalls einige Besonderheiten. Der Dienstherr wird grundsätzlich durch den Dienstvorgesetzten, bei Ansprüchen nach den §§ 53–61 BeamtVG durch die Regelungsbehörde vertreten (§ 180 LBG). Kraft Rahmenrechts trifft § 127 BRRG unmittelbar eine Sonderregelung für die Revision.

Primär eine materiellrechtlich begründete Besonderheit des verwaltungsgerichtlichen Rechtsschutzes in Beamtensachen ist der noch nicht ausgestandene Streit um die sogenannte Konkurrentenklage.[87] Glaubt ein Bewerber um ein durch förmliche Ernennung zu vergebendes Amt, daß ein Mitbewerber zu Unrecht bevorzugt worden ist, so ist umstritten, ob er die Ernennung unter Berufung auf den Leistungsgrundsatz (Art. 33 II GG) durch Anfechtungsklage aufheben lassen kann. Die Gerichte lehnen dies mit Rücksicht auf den Grundsatz der Ämterstabilität fast durchweg ab.[88] Ist ein Beförderungsdienstposten anders als bei Ernennungsakten durch Umsetzung oder sonstige bloße interne Organisationsmaßnahmen, also durch Realakt mit Drittwirkung vergeben worden, so muß der Unterlegene im Verfahren nach § 123 VwGO die vorübergehende Weg-Umsetzung des Ausgewählten durchsetzen können. Damit wird nicht geltend gemacht, daß der Kläger einen Anspruch auf die Stelle hat. Das Ermessen des Dienstherrn bleibt also gewahrt.[89]

b) Andere Gerichtsbarkeiten

Da Art. 33 V GG nicht nur eine institutionelle Garantie des Berufsbeamtentums, sondern auch ein durch Verfassungsbeschwerde verfolgbares grundrechtsgleiches Recht der Beamten verbürgt, ist der Rechtsschutz vor dem Bundesverfassungsgericht für die Entwicklung des Beamtenrechts von überragender Bedeutung.[90]

Um sich von dem Verdacht eines Dienstvergehens zu reinigen, kann der Beamte die Einleitung eines förmlichen Disziplinarverfahrens gegen sich selbst beantragen (§ 34 DOnw). Auf diese Weise kann es zu einer Entscheidung des Disziplinargerichts kommen.

Die Zivilgerichte sind gem. Art. 34 S. 3 GG zuständig für Klagen wegen Amtspflichtverletzung des Dienstherrn gegen den Beamten.

---

87 *Remmel*, Die Konkurrentenklage im Beamtenrecht, 1982; *Lecheler*, DÖV 1983, 953.
88 VGH München NVwZ 1983, 755; VGH Mannheim NVwZ 1983, 41 – vorläufiger Rechtsschutz; dazu *Maaß*, NJW 1985, 303.
89 So *Günter*, DÖD 1984, 161; a.A. OVG Münster ZBR 1984, 340 u. RiA 1984, 214, wo zudem zu Unrecht auf den Folgenbeseitigungsanspruch abgestellt wird.
90 Dazu *Battis*, ZBR 1985, 33; s.a.o. u. I 2.

V. Personalvertretung

Der bei jeder Dienststelle eingerichtete Personalrat hat als Repräsentant aller Bediensteten durch die Wahrnehmung der ihm eingeräumten Befugnisse die Beteiligung der Bediensteten an der Regelung des Dienstes und der Dienst- und Arbeitsverhältnisse zu verwirklichen und insoweit die Interessen der Bediensteten in der Dienststelle zu vertreten.[91] Das Personalvertretungsrecht[92] ist eine vom Betriebsverfassungsrecht beeinflußte Erscheinungsform des kollektiven Dienstrechts, das für Beamte, Angestellte und Arbeiter gemeinsam gilt. Gemäß dem sogenannten Gruppenprinzip (§ 5, § 17 I BPersVG) muß jede Gruppe entsprechend ihrer Stärke im Personalrat vertreten sein. Es wird bezweifelt, ob nach der Novellierung des Landespersonalvertretungsgesetzes durch Gesetz v. 18. 12. 84 in Nordrhein-Westfalen das Gruppenprinzip in verfassungsrechtlich zulässiger Weise noch gewahrt ist.[93] Auch die durch §§ 95 – 106 BPersVG rahmenrechtlich begrenzten Regelungen hat die Novelle z.T. erheblich ausgeweitet, insbesondere um die Stellung des Personalrates, z. B. durch Ausweitung der mitbestimmungspflichtigen Tatbestände zu stärken. Das Personalvertretungsrecht darf die grundsätzliche Alleinentscheidung der vorgesetzten Dienstbehörde in Personalangelegenheiten der Beamten nicht ausschließen.[94]

Neben der Versammlung aller Bediensteter, der Personalversammlung (§§ 45 – 49 LPVG) ist das wichtigste Organ der Personalvertretung der Personalrat (§ 10 – 43 LPVG). Er wird von den Beschäftigten der Dienststelle in geheimer und unmittelbarer Wahl gewählt. Auch wenn er unterschiedliche Gruppen repräsentiert, ist der Personalrat der Repräsentant der Gesamtheit der Beschäftigten. Die Mitglieder des Personalrats sind zur Erfüllung ihrer Aufgaben ganz oder teilweise von ihrer dienstlichen Tätigkeit freizustellen.

Dienststelle und Personalvertretung haben vertrauensvoll zusammenzuarbeiten (§ 2 LPVG). Dies äußert sich z. B. in regelmäßig stattfindenden Besprechungen (Monatsgespräch, Vierteljahresgespräch).

Die wichtigsten Beteiligungsrechte des Personalrates sind die Mitbestimmung und die Mitwirkung. Maßnahmen, die der Mitbestimmung unterliegen, können gem. § 66 I LPVG nur mit Zustimmung des Personalrats getroffen werden, z. B. Einstellung, Beförderung (s. § 72 LPVG). Im Falle der Nichteinigung sieht § 66 LPVG eine Lösung auf dem Instanzenweg vor. Ist der Instanzenweg erschöpft, kann die Einigungsstelle angerufen werden.

---

91 BVerfGE 51, 42/58.
92 *Dietz, Richardi*, Bundespersonalvertretungsrecht, 2. Aufl., 1978; *Fischer/Goeres*, Personalvertretungsrecht des Bundes und der Länder, Losebl. (GKÖD V); *Grabendorf/Windscheid/Ilbertz*, Bundespersonalvertretungsgesetz, 5. Aufl., 1981; *Lorenzen/Eckstein*, Bundespersonalvertretungsgesetz, Losebl.; *Havers*, Personalvertretungsgesetz für das Land NRW, 5. Aufl., 1985.
93 *Rottmann*, Lt-Drs. 9/3091 u. *Papier* ebd.
94 BVerfGE 9, 268.

Die Mitwirkungsrechte sind die schwächste Beteiligungsform. Von beabsichtigten mitwirkungspflichtigen Maßnahmen, z. B. Vorbereitung von Verordnungen für die innerdienstlichen, sozialen und persönlichen Angelegenheiten (§ 73 Nr. 1 LPVG) hat die Dienststelle den Personalrat rechtzeitig und umfassend zu unterrichten.

Weitere abgeschwächte Beteiligungsrechte sind Anhörungsrechte i.S.v. §§ 74, 75, 77 LPVG, die Beteiligung an Prüfungen (§ 76 LPVG) und dem Arbeitsschutz(§ 77 LPVG).

Dem Verwaltungsaufbau entsprechend werden bei mehrstufigen Verwaltungen bei den Mittelbehörden Bezirkspersonalräte und bei der obersten Dienstbehörde ein Hauptpersonalrat gebildet — Stufenvertretung (§ 50 f. LPVG).

Die gerichtliche Entscheidung im Personalvertretungssachen obliegt den Verwaltungsgerichten.

Für bestimmte Beschäftigte, z. B. wissenschaftlich und künstlerisch Beschäftigte (§ 110 f. LPVG) und Referendare im juristischen Vorbereitungsdienst (§ 98 ff. LPVG) werden in Nordrhein-Westfalen eigene Personalräte gebildet.

Kein Organ der Personalvertretung ist der Landespersonalausschuß. Er ist vielmehr ein spezifisch beamtenrechtliches, weisungsfreies, unabhängiges und eigenverantwortliches Organ der Personalverwaltung, das vornehmlich der Neutralität des Berufsbeamtentums und der Einhaltung des Leistungsgrundsatzes dienen soll (§ 107 – 115 LBG).

Polizei- und Ordnungsrecht

von Martin Oldiges

Literatur

E. Denninger, Polizeirecht, in: Meyer/Stolleis, Hessisches Staats- und Verwaltungsrecht, Frankfurt am Main 1983. *A. Dietel/K. Gintzel,* Allgemeines Verwaltungs- und Polizeirecht für NW, 11. Aufl., Hilden 1984. *B. Drews,* Allgemeines Polizeirecht, 6. Aufl., Berlin 1952. *B. Drews/G. Wacke,* Allgemeines Polizeirecht, 7. Aufl., Berlin 1961. *B. Drews/G. Wacke/K. Vogel/W. Martens,* Gefahrenabwehr, 9. Aufl., Berlin 1986. *H.-U. Erichsen/F.-L. Knemeyer,* Der Schutz der Allgemeinheit und der individuellen Rechte durch die polizei- und ordnungsrechtlichen Handlungsvollmachten der Exekutive, VVDStRL 35 (1977), S. 171 ff. und S. 221 ff. *Friauf,* Polizei- und Ordnungsrecht, in: von Münch (Hrsg.), Besonderes Verwaltungsrecht, 7. Aufl., Berlin 1985. *V. Götz,* Allgemeines Polizei- und Ordnungsrecht, 8. Aufl., Göttingen 1985. *G. Heise/R. Riegel,* Musterentwurf eines einheitlichen Polizeigesetzes, 2. Aufl., Stuttgart 1978. *B. Hüttenberger,* Nordrhein-Westfalen und die Entstehung seiner parlamentarischen Demokratie, Siegburg 1973. *F.-L. Knemeyer,* Polizei- und Ordnungsrecht, 2. Aufl. 1985. *F. Krämer/K. Müller,* Ordnungsbehördengesetz NW – Kommentar, 2. Aufl., Köln 1971. *H. Maier,* Die ältere deutsche Staats- und Verwaltungslehre, 2. Aufl., München 1980. *H.-H. Pioch,* Das Polizeirecht einschließlich der Polizeiorganisation, Tübingen 1952. *E. Rasch,* Allgemeines Polizei- und Ordnungsrecht, 2. Aufl., Köln 1982. *R. Riegel,* Polizei- und Ordnungsrecht in der Bundesrepublik Deutschland, Heidelberg 1981. *F. Rietdorf/G. Heise/D. Böckenförde/B. Strehlau,* Ordnungs- und Polizeirecht in Nordrhein-Westfalen – Kommentar, 2. Aufl., Stuttgart 1972. *A. Saipa,* Polizeirecht, in: Faber/Schneider, Niedersächsisches Staats- und Verwaltungsrecht, Frankfurt am Main 1985, S. 350 ff. *W. R. Schenke,* Polizei- und Ordnungsrecht, in: Arndt/Köpp/Oldiges/Schenke/Seewald/Steiner, Besonderes Verwaltungsrecht, Heidelberg 1984. *E. Schleberger,* Das Ordnungs- und Polizeirecht des Landes Nordrhein-Westfalen, 5. Aufl., Siegburg 1981. *H. Scholler/S. Broß,* Grundzüge des Polizei- und Ordnungsrechts in der Bundesrepublik Deutschland, 3. Aufl., Heidelberg, Karlsruhe 1982. *H. J. Wolff/O. Bachof,* Verwaltungsrecht III, 4. Aufl., München 1978, S. 1 – 100.

Gliederung

I. Grundlagen
  1. Staatsaufgabe Gefahrenabwehr
     a) Gefahrenabwehr und Polizeibegriff
     b) Wirkungsweise polizeilicher Gefahrenabwehr
     c) Gefahrenabwehr im Bundesstaat
     d) Polizeiverwaltung und Ordnungsverwaltung
  2. Aufgaben und Befugnisse
     a) Aufgaben der Polizei- und Ordnungsbehörden

b) Befugnisse der Polizei- und Ordnungsbehörden
   c) Ermächtigung durch Generalklauseln
  3. Subsidiarität des Polizei- und Ordnungsrechts
   a) Allgemeines
   b) Einzelfragen
 II. Voraussetzungen der Gefahrenabwehr
  1. Polizeiliche Schutzgüter
   a) Öffentliche Sicherheit
   b) Öffentliche Ordnung
  2. Polizeigefahr
   a) Begriffsbestimmung
   b) Konkrete und abstrakte Gefahren
   c) Gefahrenverdacht
   d) Anscheins- und Scheingefahr
  3. Polizeiliches Opportunitätsprinzip
   a) Ermessen und unbestimmter Rechtsbegriff
   b) Pflichtgemäßes Ermessen
   c) Grenzen des Opportunitätsprinzips
  4. Gefahrenabwehr und Grundrechte
 III. Polizei- und ordnungspflichtige Personen
  1. Subjekte der Polizeipflicht
  2. Polizeiliche Verantwortlichkeit
   a) Polizeilicher Pflichtenstatus
   b) Verhaltensverantwortlichkeit
   c) Zustandsverantwortlichkeit
   d) Auswahl zwischen mehreren Störern
  3. Rechtsnachfolge in Polizeipflichten
  4. Polizeilicher Notstand
 IV. Das Instrumentarium der Gefahrenabwehr
  1. Polizei- und Ordnungsverfügungen
   a) Begriff
   b) Selbständige und unselbständige Verfügungen
   c) Rechtliche Anforderungen
      an Polizei- und Ordnungsverfügungen
   d) Ordnungsbehördliche Erlaubnisse
  2. Ordnungsbehördliche Verordnungen
   a) Begriff und Funktion
   b) Anwendungsbereich und rechtliche Anforderungen
  3. Verwaltungszwang
   a) Voraussetzungen des Verwaltungszwanges
   b) Zwangsmittel und Zwangsverfahren
  4. Standardmaßnahmen
   a) Regelungsstruktur
   b) Maßnahmen der Informationsbeschaffung
   c) Einschränkung der räumlichen Bewegungsfreiheit
   d) Durchsuchung von Personen und Sachen, Sicherstellung
  5. Rechtsschutz und Entschädigung
   a) Rechtsschutz gegen Gefahrenabwehrmaßnahmen
   b) Schadensersatz und Entschädigung
  6. Kosten der Gefahrenabwehr

V. Organisation der Gefahrenabwehr
1. Behördenaufbau
2. Aufsicht und Weisung
3. Behördenzuständigkeiten

I. Grundlagen

Polizei- und Ordnungsrecht ist das Recht staatlicher Gefahrenabwehr. Es dient dazu, von der Allgemeinheit oder dem Einzelnen Gefahren abzuwenden, durch die die öffentliche Sicherheit oder Ordnung bedroht wird. Zu diesem Zweck bestimmt es die Behörden, deren Aufgabe es sein soll, für die Aufrechterhaltung der öffentlichen Sicherheit und Ordnung zu sorgen, und es regelt deren Organisation und Befugnisse. In Nordrhein-Westfalen zählen zum Polizei- und Ordnungsrecht vor allem das *Ordnungsbehördengesetz (OBG)* einerseits und das *Polizeigesetz (PolG)* sowie das *Polizeiorganisationsgesetz (POG)* andererseits. Für die Ordnungsverwaltung ist noch das *Verwaltungsvollstreckungsgesetz (VwVG)* zu nennen, dessen Vorschriften über den Verwaltungszwang den Ordnungsbehörden zur Durchsetzung ihrer Anordnungen verhelfen.

1. Staatsaufgabe Gefahrenabwehr

Öffentliche Sicherheit und öffentliche Ordnung stehen unter dem besonderen Schutz des Staates; soweit sie bedroht sind, obliegt ihm die Gefahrenabwehr. Zur Erfüllung seiner Aufgabe bedient sich der Staat der obrigkeitlichen Mittel des Befehls, des Zwanges und sogar der direkten Gewalt. Staatliche Gefahrenabwehr macht private Gefahrenabwehr nicht überflüssig, aber sie setzt ihr Schranken. Private Vorkehrungen und Einrichtungen zum Schutz von Leben und Eigentum gegen strafbare Handlungen sind nicht generell untersagt; sie finden ihre Rechtfertigung jedoch allein im individuellen Rechtsgüterschutz und nicht etwa in einem öffentlichen Auftrag. Werden Rufe nach einer Bürgerwehr oder ähnlichen Selbsthilfeeinrichtungen laut, so ist dies ein Indiz für einen Verfall an Staatlichkeit.

a) Gefahrenabwehr und Polizeibegriff

Ordnungsverwaltung und Polizeiverwaltung werden vielfach auf einen gemeinsamen *materiellen Polizeibegriff*[1] gebracht, der die ihnen gemeinsame Aufgabe der Gefahrenabwehr bezeichnen soll. Dieser Begriff knüpft an die Zeit an, als staatliche Gefahrenabwehr ausschließlich von Polizeibehörden wahrgenommen wurde. Polizei bezeichnete damals sowohl die staatliche Einrichtung als solche wie auch deren Tätigkeit. Seit sich

---

1 Zum Polizeibegriff *Drews/Wacke/Vogel/Martens*, S. 1 ff.; *Friauf*, S. 189 ff.; *Schenke*, Rdn. 1 ff.

nach dem Kriege in Nordrhein-Westfalen wie in anderen Bundesländern die Ordnungs- von der Polizeiverwaltung trennte,[2] hat sich der materielle Polizeibegriff vom institutionellen gelöst. Er bezeichnet jetzt, ohne Rücksicht auf Behördenzuständigkeiten, jede auf Gefahrenabwehr gerichtete Tätigkeit des Staates. Umgekehrt lassen sich alle Funktionen, die den Polizeibehörden zugewiesen sind, unabhängig von ihrem Inhalt unter einem formellen Polizeibegriff vereinen.

Diesem Sprachgebrauch wird in neuerer Zeit entgegengehalten, daß er der unterschiedlichen Wirklichkeit von Polizei- und Ordnungsverwaltung nicht gerecht werde und auch dogmatisch angreifbar sei.[3] Diese Einwände lassen sich nicht ohne weiteres von der Hand weisen, nötigen aber nicht zur Preisgabe des materiellen Polizeibegriffs. Seine historische Funktion, die staatliche Polizeigewalt nicht nur zur Gefahrenabwehr zu ermächtigen, sondern sie hierauf auch zu beschränken, setzt sich, wenn auch unter veränderten Umständen, bis in die Gegenwart fort.

Der materielle Polizeibegriff heutiger Prägung ist das Produkt einer Entwicklung,[4] die bei § 10 II 17 des preußischen Allgemeinen Landrechts (pr. ALR) von 1794 ihren Ausgang nahm, sich mit dem berühmten „Kreuzberg-Erkenntnis" des pr. OVG aus dem Jahre 1881[5] weithin durchsetzte und in der Generalklausel des § 14 des preußischen Polizeiverwaltungsgesetzes (pr. PVG) von 1931 nochmals bestätigt wurde. Dieser Begriff löste die Vorstellung ab, welche Polizei als den Inbegriff aller Regelungen und Einrichtungen verstand, mit deren Hilfe die staatliche Obrigkeit das Gemeinwesen in einem Zustand „guter Ordnung" hielt. Er wirkte damit einer staatlichen Praxis entgegen, die vielfach über die Gefahrenabwehr hinaus auch andere Gemeinwohlvorstellungen mit polizeilichen Mitteln, d.h. obrigkeitlich und in alleiniger Verantwortung der Exekutive, durchzusetzen trachtete. Seit den ausführlichen Kodifizierungen des Polizeirechts hat der materielle Polizeibegriff zwar seine frühere Steuerungsfunktion für die Exekutive verloren; als Gestaltungs- und Auslegungsprinzip für das Recht der Gefahrenabwehr hat er jedoch auch weiterhin noch eine Berechtigung.[6]

Die Gefahrenabwehrverwaltung unterscheidet sich von anderen Verwaltungszweigen u. a. durch den Umstand, daß ihre Befugnisse inhaltlich weithin nur durch ihre Aufgabenzuweisung determiniert sind. Rechtsstaatliche Bedenken gegen solche weiten, durch unbestimmte Rechtsbegriffe und Ermessensspielräume noch erweiterten Ermächtigungen lassen sich ausräumen, solange sie an den klaren Konturen des materiel-

---

2 Zu den Rechtsfragen der Übergangszeit *Drews/Wacke*, S. 28ff.; *Pioch*, S. 112f.
3 *Erichsen*, VVDStRL 35, S. 182ff.; *Götz*, Rdn. 19ff. und DVBl. 1975, 877.
4 Zur Geschichte des Polizeibegriffs *H. Maier*, S. 92ff.; *Knemeyer*, AöR 92, 153ff.; *Götz*, Rdn. 6ff. Über seine Beziehung zur Staatszwecklehre *Vogel*, Über die Herkunft des Polizeirechts aus der liberalen Staatstheorie, in: Verfassung – Verwaltung – Finanzen, Festschrift für Gerhard Wacke, Köln-Marienburg 1972, S 375ff.; *Preu*, Polizeibegriff und Staatszwecklehre, Göttingen 1983, passim.
5 Pr. OVGE 9, 353ff.; neuerdings abgedr. in DVBl. 1985, 216.
6 Vgl. *Friauf*, VVDStRL 35, S. 315; *Martens*, DÖV 1982, 89 (90).

len Polizeibegriffes orientiert sind. Das wäre jedoch nicht mehr der Fall, wenn über die Gefahrenabwehr andere Gemeinwohlziele in die Aufgabenstellung mit einflössen, selbst wenn sie der Gefahrenabwehr so benachbart sind wie die Abwehr von erheblichen Nachteilen oder Belästigungen oder wie der Gesichtspunkt umfassender Gefahrenvorsorge. Der legitimierende Bezug von Polizeigefahr und Polizeigewalt läßt sich nicht erweitern. Für andere, auch wohlfahrtspflegerische Zielsetzungen kann der Gesetzgeber nicht von seiner Pflicht entbunden werden, außer der Aufgabe auch die Befugnisse der Verwaltung im einzelnen zu normieren. Ebenso dürfen sich die Behörden, wenn sie Gefahrenabwehrrecht anwenden, ohne nähere gesetzliche Anweisung nur von polizeilichen und nicht auch von anderen Gemeinwohlerwägungen leiten lassen.

b) Wirkungsweise polizeilicher Gefahrenabwehr

Das Polizei- und Ordnungsrecht zielt auf Gefahrenabwehr; die Maßnahmen, zu denen es ermächtigt, haben *unmittelbar-präventiven Charakter*. Hierdurch unterscheidet es sich von den stärker repressiv ausgerichteten Vorschriften des Straf- oder des Ordnungswidrigkeitenrechts. Zwar trägt auch die Ahndung von Verstößen gegen die öffentliche Sicherheit oder Ordnung durch Abschreckung mittelbar zu deren Schutz bei. Das Polizei- und Ordnungsrecht verschafft den Behörden dagegen die Möglichkeit, schon dann abwehrend einzuschreiten, wenn die Gefahr einer Beeinträchtigung erst droht oder wenn aus einer bereits eingetretenen Beeinträchtigung weitere Gefahren erwachsen können.

Das Polizei- und Ordnungsrecht ist nicht die einzige Rechtsmaterie, die dem Schutz der öffentlichen Sicherheit und Ordnung dient; zahlreiche Vorschriften anderer Gesetze haben denselben Zweck. Vom allgemeinen Polizei- und Ordnungsrecht unterscheiden sich diese Bestimmungen vornehmlich durch ihre Ausrichtung auf bestimmte Arten von Gefahren oder auf einen einzelnen, typischerweise gefährlichen Lebensbereich. So gibt es Vorschriften, die vor Gesundheitsgefahren durch Seuchen und andere, die vor den Gefahren des Straßenverkehrs, des Bauens oder einer Gewerbeausübung schützen sollen. Für sie ist weiterhin typisch, daß sie bereits im Vorfeld abstrakter Gefährlichkeit Sicherheitsvorkehrungen treffen, indem sie spezifische Verhaltensanforderungen und Sicherheitsstandards festlegen und deren Einhaltung über Anzeige- oder Erlaubnispflichten kontrollieren. Das Polizei- und Ordnungsrecht gibt demgegenüber Mittel zur Abwehr schon konkret gewordener Gefahren an die Hand. Es kann darum, in Ermangelung anderer Vorschriften, auch dort herangezogen werden, wo solche abstrakt bestimmten Sicherheitsvorkehrungen mißachtet wurden und wo gerade hierdurch konkrete Gefahren entstanden sind.

c) Gefahrenabwehr im Bundesstaat

Staatliche Gefahrenabwehr ist im bundesstaatlichen Gefüge der Bundesrepublik Deutschland grundsätzlich eine Angelegenheit der *Länder*. Sie besitzen die alleinige Gesetzgebungskompetenz für das allgemeine Polizei- und Ordnungsrecht; bei den Behörden, die hiernach tätig werden, handelt es sich um Landes- oder kommunale Behörden. Lediglich für einige spezielle polizeiliche Aufgaben unterhält auch der Bund eigene Behörden und Einrichtungen, für die er auch die gesetzlichen Regelungen treffen darf. Es handelt sich dabei im wesentlichen um die Bahnpolizei und den Grenzschutz, um das zentrale Kriminalpolizeiwesen sowie um den Verfassungsschutz.[7]

Als Folge der Landeszuständigkeit hat sich eine Vielfalt von unterschiedlichen Regelungen des Polizei- und Ordnungsrechts in der Bundesrepublik Deutschland herausgebildet. Die Unterschiede liegen dabei weniger in der materiellen Ausgestaltung im einzelnen als vielmehr im System. Die in Nordrhein-Westfalen übliche Trennung von allgemeiner Ordnungs- und von Polizeiverwaltung findet sich mit mehr oder weniger großen Abweichungen auch noch in einer Reihe weiterer Bundesländer; andere folgen dagegen einem Einheitssystem, bei dem alle Gefahrenabwehr in den Händen der Polizeibehörden liegt. In materieller Hinsicht beruhen jedoch alle Regelungen einheitlich auf den traditionellen Instituten des Gefahrenabwehrrechts, wie sie sich seit langem in ganz Deutschland entwickelt haben. Für den Bereich des Polizeiwesens im engeren Sinne trägt ein 1976 von den Innenministern von Bund und Ländern gemeinsam erarbeiteter *Musterentwurf eines Polizeigesetzes*[8] dem gerade hier besonders großen Bedürfnis nach Rechtsvereinheitlichung Rechnung. Diesem Entwurf ist auch das nordrhein-westfälische Polizeigesetz weitgehend angeglichen.

d) Polizeiverwaltung und Ordnungsverwaltung

In Nordrhein-Westfalen gliedert sich die Gefahrenabwehr ähnlich wie in der Mehrzahl der übrigen Bundesländer in die beiden institutionell voneinander unabhängigen Bereiche der *Polizei-* und der *Ordnungsverwaltung*. Dieses sog. Trennungssystem ist ein Ergebnis der Rechtsentwicklung seit dem zweiten Weltkrieg. Bis dahin galt auf der Grundlage des pr. PVG ein Einheitssystem, bei dem die gesamte Gefahrenabwehr bei durchaus erkennbarer Unterscheidung von Verwaltungs- und Sicherheitspolizei insgesamt jedoch einheitlich den (staatlichen und kommunalen) Polizeibehörden zugeordnet war.[9]

Die Abkehr vom preußischen Einheitssystem erfolgte unmittelbar nach Kriegsende auf Intervention der britischen Besatzungsmacht. Ihr Ziel war die Dezentralisierung und Demokratisierung der Polizeiverwaltung, die *„Entpolizeilichung"* der Gefahrenabwehr und die Beschränkung der Polizei auf exekutivische Polizeiverwaltung. Die Entwicklung vollzog sich in mehreren Schritten und war 1956 mit Erlaß des OBG abgeschlossen.[10] Das Schwergewicht der Gefahrenabwehr liegt nunmehr ganz bei der

---

7 Überblick bei *Drews/Wacke/Vogel/Martens*, S. 63 ff.; *Riegel*, S. 42 ff.
8 Mit Erl. abgedr. bei *Heise/Rietdorf*. Vgl. auch den sog. Alternativentwurf (AE PolG) des Arbeitskreises Polizeirecht, abgedr. bei *Riegel*, S. 242 ff.
9 Einzelheiten bei *Drews*, S. 228 ff.
10 Ausführliche Darstellung und Dokumentation bei *Pioch*, passim. Vgl. auch *Hüttenberger*, S. 181 ff., 287 ff. und 532 ff.

Ordnungsverwaltung, während sich die Tätigkeit der Polizeibehörden im Bereich der Gefahrenabwehr eher auf exekutivische Funktionen beschränkt. Der vom Gesetz vermittelte Eindruck einer nur auf subsidiäre Eilzuständigkeit beschränkten Polizei (vgl. § 1 I 2 PolG) täuscht freilich. Soweit es nämlich um die Aufrechterhaltung von Sicherheit und Ordnung in der Öffentlichkeit und um die Verhütung von Straftaten und Ordnungswidrigkeiten geht, ist unmittelbar die Polizei gefordert. Sie erfüllt ihre Aufgaben typischerweise im Außendienst und uniformiert. Bei der „zivilen" Ordnungsverwaltung handelt es sich dagegen um eher bürokratische Tätigkeiten, die als „Schreibtischverwaltung" wahrgenommen werden.

Die Entpolizeilichung hat weiterhin auch zu einer verstärkten *Kommunalisierung* der Gefahrenabwehr geführt. Unter der Herrschaft des pr. PVG war Polizei eine Angelegenheit des Staates und wurde teils unmittelbar von staatlichen Polizeibehörden, teils unter staatlicher Aufsicht auch von kommunalen Polizeibehörden wahrgenommen.[11] Seit der Aufteilung der Gefahrenabwehrfunktionen sind in Nordrhein-Westfalen nur noch die Polizeibehörden unmittelbar staatlich. Die allgemeine Ordnungsverwaltung wird demgegenüber weitestgehend von den Gemeinden und Kreisen als eigene Angelegenheit wahrgenommen; der Staat hat sich hierbei nur ein Weisungsrecht vorbehalten. Aus kommunalrechtlicher Sicht handelt es sich um einen Fall pflichtiger Aufgabenerfüllung nach Weisung und insofern um eine Form lediglich mittelbarer Staatsverwaltung.

2. Aufgaben und Befugnisse

Wie bei jeder anderen Verwaltungstätigkeit muß auch bei der Gefahrenabwehr durch die Polizei- und Ordnungsbehörden zwischen Aufgabe und Befugnis unterschieden werden.[12] Die Benennung einer Aufgabe umschreibt den Kompetenzbereich der Verwaltung, sagt aber nichts darüber aus, welcher Mittel sie sich zur Erfüllung dieser Aufgabe bedienen darf.

Das frühere Polizeirecht verband Aufgaben- und Befugnisnorm in der einzigen Bestimmung des § 14 pr. PVG, der generalklauselhaft zu den zur Gefahrenabwehr notwendigen Maßnahmen ermächtigte. Lediglich für einige wenige Standardmaßnahmen enthielten die §§ 15–17 pr. PVG eigene Ermächtigungen. Das heutige nordrhein-westfälische Polizei- und Ordnungsrecht regelt demgegenüber die Aufgaben und Befugnisse der Gefahrenabwehrverwaltung in getrennten Vorschriften. Die Aufgabennormen beschreiben – vorbehaltlich erweiternder spezialgesetzlicher Regelungen – den äußersten Kreis rechtlich zulässiger polizeilicher oder ordnungsbehördlicher Tätigkeiten. Die Befugnisnormen enthalten demgegenüber die eigentlichen Handlungs-

---

11 Vgl. hierzu *Drews*, S. 219 ff.; *Pioch*, S. 187 ff.
12 *Knemeyer*, DÖV 1978, 11; *Staats*, DÖV 1979, 155.

ermächtigungen; sie sind rechtsstaatlich unentbehrlich, soweit die Gefahrenabwehrverwaltung zur Erfüllung ihrer Aufgaben in die Rechtssphäre des Bürgers eingreifen muß. Von den — gegenüber früher quantitativ erweiterten — Standardermächtigungen abgesehen sind auch die Befugnisnormen des modernen Rechts wieder als Generalklauseln ausgestaltet, die Inhalt und Umfang der Befugnisse nicht im einzelnen festschreiben, sondern sie durch den Zweck der Gefahrenabwehr bestimmen; insoweit hat sich im Vergleich zur früheren Rechtslage nichts geändert.

a) Aufgaben der Polizei- und Ordnungsbehörden

Die Aufgabennormen des nordrhein-westfälischen Polizei- und Ordnungsrechts finden sich in § 1 OBG für die Ordnungs- und in § 1 PolG für die Polizeibehörden. Beide Vorschriften übertragen den Behörden gleichlautend die Aufgabe, Gefahren für die öffentliche Sicherheit und Ordnung abzuwehren. Diese allgemeine Aufgabenzuweisung wird für bestimmte Gefahrenbereiche vielfach in Spezialgesetzen konkretisiert, worauf die Subsidiaritätsklauseln in den §§ 1 II, 14 II OBG und 1 IV, 8 II PolG verweisen. Das allgemeine Polizei- und Ordnungsrecht gilt demgegenüber unmittelbar nur für die spezialgesetzlich „unbenannten" Gefahren. Eine Aufgabenerweiterung findet statt, wenn in anderen Gesetzen den Polizei- und Ordnungsbehörden Funktionen zugewiesen werden, die nicht unmittelbar zur Gefahrenabwehr gerechnet werden können, sondern hierzu nur in entfernterem Zusammenhang stehen (vgl. § 1 III OBG, § 1 IV PolG). Dazu zählen, soweit es die Ordnungsbehörden betrifft, in Nordrhein-Westfalen vor allem Aufgaben auf den Gebieten des Melde-, Paß- und Ausweiswesens sowie teilweise auch, soweit es dort um Belange der Bauästhetik und der Wohlfahrtspflege geht, des Bauordnungsrechts.

Der Polizei obliegt außer der Gefahrenabwehr, wozu auch die Verbrechensverhütung zählt, insbesondere auch die sehr bedeutende und umfangreiche Aufgabe der Erforschung und Verfolgung von Straftaten und Ordnungswidrigkeiten (§ 10 POG). Im Rahmen der *Strafverfolgung* wird die Polizei entweder aus eigenem Recht im sog. „ersten Zugriff" (§ 163 StPO) oder auf Ersuchen der Staatsanwaltschaft nach deren Weisung (§ 161 StPO) tätig. Diejenigen Polizeibeamten, die durch Rechtsverordnung des Landes hierzu bestimmt sind, können als „Hilfsbeamte der Staatsanwaltschaft" (§ 152 I GVG) im Einzelfall mit Ermittlungen beauftragt werden. Auch bei der Verfolgung von Ordnungswidrigkeiten handeln die Polizeibehörden teils aus eigenem Recht (§ 53 OWiG), teils auf Ersuchen der jeweils zuständigen Verfolgungsbehörde (§ 46 OWiG i.V.m. § 161 StPO). Hier tritt überdies die Besonderheit auf, daß die Polizei aufgrund gesetzlicher Funktionszuweisung auch selbst Verfolgungsbehörde sein kann (§ 36 OWiG). So sind etwa in Nordrhein-Westfalen die Polizeibehörden (neben den Kreisordnungsbehörden) zuständig zur Verfolgung von Verkehrsordnungswidrigkeiten (§§ 24, 26 StVG). Weiterhin darf die Polizei bei leichteren Ordnungswidrigkeiten Verwarnungen erteilen und ein Verwarnungsgeld erheben (§ 57 II OWiG).

Schließlich werden in manchen Gesetzen auch andere als die Polizei- und Ordnungsbehörden mit Gefahrenabwehraufgaben betraut; § 12 Abs. 1 OBG bezeichnet solche Behörden als „*Sonderordnungsbehörden*". Derartige Behörden sind in Nordrhein-Westfalen sowohl nach Bundes- wie auch nach Landesrecht eingerichtet; die bekanntesten von ihnen sind die Gewerbeaufsichtsämter, die Eichämter sowie die Berg- und die Forstämter.[13]

Im Verhältnis der Polizei- und der Ordnungsverwaltung zueinander ergibt sich eine Kompetenzabgrenzung zunächst einmal wiederum aus den Spezialgesetzen, die entweder selbst oder in Verbindung mit Durchführungsvorschriften bestimmen, welche Behörde für die Gefahrenabwehr in dem geregelten Bereich zuständig ist. In Nordrhein-Westfalen liegt das Schwergewicht der spezialgesetzlich geregelten Gefahrenabwehr zweifellos bei den Ordnungsbehörden. Die Polizei besitzt nur dort eigene Zuständigkeiten, wo sie nach ihrer spezifischen Organisation und Ausbildung zur Aufgabenerfüllung besser gerüstet erscheint. In den Zuständigkeitsvorschriften des POG sind einige der wichtigsten Polizeiaufgaben genannt und den verschiedenen Arten von Polizeibehörden zugeordnet; es handelt sich um Aufgaben auf den Gebieten des Versammlungs-, des Waffen-, Munitions- und Sprengstoffwesens sowie um die Verkehrsüberwachung (§§ 11 und 12 POG). Für die Überwachung des ruhenden Verkehrs kommt es dabei ausnahmsweise zu einer Doppelzuständigkeit der Kreispolizeibehörden und der örtlichen Ordnungsbehörden (§ 48 IV OBG). Weitere Polizeiaufgaben folgen aus § 44 II StVO; die Polizei ist hiernach für die Regelung des Straßenverkehrs durch Zeichen und Weisungen sowie bei Gefahr im Verzuge auch für vorläufige Maßnahmen zur Aufrechterhaltung der Sicherheit und Leichtigkeit des Verkehrs zuständig.[14]

Jenseits der ausdrücklich benannten Polizeiaufgaben besitzt die Polizei nach § 1 I 2 PolG nur eine subsidiäre Zuständigkeit. Dieser Grundsatz der Subsidiarität besteht im Hinblick auf alle Bereiche der Gefahrenabwehr ohne Rücksicht darauf, ob sie spezialgesetzlich geregelt sind oder nicht und ob sie sonst von den allgemeinen oder von Sonderordnungsbehörden wahrgenommen werden. Grundsätzlich obliegt die Gefahrenabwehr hier den anderen Behörden; nur soweit ein wirksames Eingreifen dieser Behörden nicht oder nicht rechtzeitig möglich erscheint, hat die Polizei — und zwar dann aus eigener Zuständigkeit — die notwendigen Maßnahmen zu treffen (sog. Eil- oder Notzuständigkeit). Im übrigen hat die Polizei die zuständigen Behörden unverzüglich von allen Vorgängen zu unterrichten, die deren Eingreifen erfordern (§ 1 I 3 PolG).

Die polizeirechtliche Subsidiaritätsklausel bringt freilich die wirkliche Bedeutung der Polizeiaufgaben in der Praxis nur unvollkommen zum Ausdruck. Die Polizei ist nicht nur Hilfsorgan und Informant der Ordnungsbehörden, sondern agiert auf einem *ureigenen Tätigkeitsfeld*, das den Ordnungsbehörden aufgrund ihrer Organisation und Arbeitsweise weithin nicht zugänglich ist. So liegt die Aufrechterhaltung von Sicher-

---

13 Hierzu unten V 1.
14 Einzelheiten bei *Dietel/Gintzel*, S. 60 ff.; vgl. auch OVG Münster DVBl. 1973, 922.

heit und Ordnung „vor Ort" und in der Öffentlichkeit fast ausschließlich in den Händen der Polizei. Hierzu zählt auch die Verhütung von Straftaten und Ordnungswidrigkeiten mit polizeilichen Mitteln einschließlich entsprechender polizeilicher Vorfeldarbeit. Weiterhin wird man den Regelungen in § 1 I 2 und 3 PolG über ihren engen Wortlaut hinaus den Auftrag an die Polizei entnehmen können, systematisch durch Einrichtung von Streifendiensten nach möglichen polizeiwidrigen Verhältnissen Ausschau zu halten, auch wenn noch keine Anhaltspunkte für eine Polizeigefahr vorhanden sind. Ebenso gehört es zu ihren Aufgaben, mögliche Gefahrensituationen durch bloße Präsenz gar nicht erst aufkommen zu lassen.[15]

Zu Recht gilt die Polizei aufgrund ihrer soeben beschriebenen Überwachungsfunktion als das *„Auge des Gesetzes"*. Daneben fungiert sie aber auch als *„Arm des Gesetzes"*, wenn sie gemäß § 1 III PolG anderen Behörden nach Maßgabe der §§ 25 – 27 PolG Vollzugshilfe durch unmittelbaren Zwang leistet.[16] In den Genuß dieser Hilfe können auch die Ordnungsbehörden gelangen (§ 2 OBG). Diese sind zwar selbst mit eigenen Dienstkräften ausgestattet (§ 13 OBG), die nach § 68 I Nr. 2 VwVG auch für den Verwaltungsvollzug eingesetzt werden können; der Gebrauch von Schußwaffen im Rahmen unmittelbaren Zwanges ist den Dienstkräften der Ordnungsbehörden jedoch im Gegensatz zu den Polizeidienstkräften nicht gestattet (§§ 68 IV, 74 VwVG).

b) Befugnisse der Polizei- und Ordnungsbehörden

Die Befugnisse der Polizei- und Ordnungsbehörden sind vor allem durch *Generalklauseln* umschrieben; sie finden sich im OBG wie im PolG. Anders als noch § 14 pr. PVG beziehen sich § 14 OBG und § 8 PolG auf eine im einzelnen Fall bestehende Gefahr und ermächtigen entsprechend nur zu Einzelmaßnahmen, hauptsächlich zu Verfügungen. Darum sind die §§ 26 und 27 OBG (Verordnungsrecht der Minister und der Ordnungsbehörden) nicht nur als Zuständigkeits-, sondern auch als – generalklauselhaft gehaltene – weitere Befugnisnormen formuliert, während dies bei den entsprechenden §§ 24 ff. pr. PVG nicht der Fall war. Nach jetziger Rechtslage steht den Polizeibehörden kein Verordnungsrecht mehr zu; dies entspricht der Beschränkung der Polizei auf Notzuständigkeiten.

Die Ermächtigung der Gefahrenabwehrbehörden in der Form von Generalklauseln ist der Ausdruck einer gesetzestechnisch nicht anders zu bewältigenden Vielfalt möglicher Gefahrensituationen. Andererseits gibt es im Zusammenhang mit der Gefahrenabwehr auch einige *„Standardmaßnahmen"*, auf die die Behörden immer wieder zurückzugreifen haben. Hierzu zählen u.a. die Ingewahrsamnahme, die Durchsuchung von Personen und Sachen sowie die Sicherstellung und Verwahrung. Hier bestand rechtstechnisch die Möglichkeit einer konkreteren Regelung und wegen der Berührung wich-

---

15 Näheres bei *Dietel/Gintzel*, S. 54 f.; *Staats*, DÖV 1979, 155 (159).
16 Vgl. näher *Dietel/Gintzel*, S. 57 f.

tiger Freiheitsrechte auch ein entsprechendes rechtsstaatliches Regelungsbedürfnis. Diesem Bedürfnis haben die Gesetze sowohl für die Polizei wie auch — über § 24 OBG — für die Ordnungsbehörden Rechnung getragen (vgl. die §§ 9—24 PolG). Die Struktur und die Voraussetzungen dieser Eingriffsermächtigungen unterscheiden sich teilweise nicht unerheblich von den Generalklauseln.[17] Die Generalklauseln gelten ihnen gegenüber nur subsidiär, d.h. derartige Standardmaßnahmen dürfen nur bei Vorliegen ihrer besonderen Voraussetzungen getroffen und nicht auf die allgemeinen Generalklauseln gestützt werden.

Soweit die Aufgaben der Polizei- und Ordnungsbehörden in Spezialgesetzen geregelt sind, stehen ihnen in erster Linie die dort genannten Befugnisse zur Verfügung (§ 8 II PolG, § 14 II OBG). Solche besonderen Befugnisnormen finden sich für die Polizei vor allem im Strafprozeß- und im Ordnungswidrigkeitenrecht. Auch hier genügen die Aufgabenzuweisungen (§§ 163 StPO, 53 OWiG) noch nicht als Eingriffsermächtigung. Die im Rahmen polizeilicher Ermittlungen zulässigen Maßnahmen gleichen weitgehend den polizeilichen Standardmaßnahmen zur Gefahrenabwehr, sind aber stärker auf den Strafverfolgungszweck hin zugeschnitten. Einzelne Befugnisse stehen nicht jedem Polizeibeamten, sondern nur den Hilfsbeamten der Staatsanwaltschaft zu.

c) Ermächtigung durch Generalklauseln

Ungeachtet der Existenz konkret formulierter Standardermächtigungen wird das nordrhein-westfälische Polizei- und Ordnungsrecht vor allem durch die Herrschaft der Generalklauseln geprägt. Sie gehen auf die inhaltlich entsprechenden Vorschriften des § 10 II 17 pr. ALR und des § 14 pr. PVG zurück und setzen insoweit die Traditionslinie des preußisch-norddeutschen Polizeirechts fort.

Der generalklauselmäßige Charakter dieser Ermächtigungen besteht darin, daß sie die Maßnahmen, zu denen sie ermächtigen, inhaltlich nicht näher bestimmen, sondern insoweit die Zweckrichtung „Gefahrenabwehr" zur Präzisierung genügen lassen. Die Unterscheidung zwischen Einzelmaßnahmen, insbesondere Verfügungen, einerseits und Verordnungen andererseits stellt nur die beiden denkbaren Handlungstypen heraus und dient zur Anknüpfung weiterer modal-rechtsstaatlicher Zusätze. So gilt etwa das Verhältnismäßigkeitsgebot (§ 15 OBG, § 2 PolG) in sehr viel ausgeprägterer Weise für Ordnungs- und Polizeiverfügungen, während für ordnungsbehördliche Verordnungen u.a. besondere Vorschriften über Form, Inhalt, Geltungsdauer und Verkündung erforderlich sind (vgl. §§ 29 ff. OBG).

Die generalklauselmäßige Ermächtigung der Gefahrenabwehrbehörden auch zu Eingriffen in die Rechtssphäre des Bürgers ist im Hinblick auf das rechtsstaatliche Gebot der Bestimmtheit staatlicher Eingriffsermächtigungen sicherlich nicht unproblematisch. Erschwerend kommt hinzu, daß die Generalklauseln, was ihre tatbestandsmäßi-

---

17 Hierzu unten IV 4.

gen Voraussetzungen (Gefahr, öffentliche Sicherheit oder Ordnung) wie auch die modalen Anforderungen an die Realisierung der Ermächtigung (Beschränkung auf „notwendige" Maßnahmen) betrifft, mit unbestimmten Rechtsbegriffen arbeiten. Schließlich trägt auch die Einräumung von Ermessen in den Generalklauseln zu deren Unbestimmtheit bei. Andererseits kann das Polizei- und Ordnungsrecht im Hinblick auf die Vielfalt möglicher Gefahren nicht auf die Verwendung von Generalklauseln verzichten. Effektive Gefahrenabwehr verlangt eine von Fall zu Fall flexible Anpassung der behördlichen Maßnahmen an die Besonderheit der tatsächlichen Umstände.

Trotz ihrer Unbestimmtheit sind Zweifel an der Verfassungsmäßigkeit der Generalklauseln nicht angebracht. Nach ganz unbestrittener Ansicht ist die an der Gefahrenabwehr orientierte Eingriffsermächtigung aufgrund jahrzehntelanger Anwendung durch Verwaltung und Gerichte jedenfalls ihrem Typus nach inzwischen soweit konturiert, daß sie damit dem rechtsstaatlichen Gebot der Vorhersehbarkeit staatlicher Eingriffe hinreichend gerecht wird.[18] Dabei muß freilich vorausgesetzt werden, daß die Ermächtigung der Generalklauseln streng im Sinne des herkömmlichen materiellen Polizeibegriffs und der tradierten Typik polizeilicher Gefahrenabwehr verstanden wird. Eine Ausdehnung der Gefahrenabwehr auf die Abwehr erheblicher Belästigungen oder Störungen, auf Gefahrenvorsorge oder auf sonstige im öffentlichen Interesse liegende Zielsetzungen würde die rechtsstaatliche Erträglichkeit der generalklauselmäßigen Regelung untergraben. Im übrigen bleibt es rechtsstaatlich geboten, für Sachverhalte, die einer konkreteren Regelung zugänglich sind, auch spezielle Eingriffsermächtigungen zu schaffen. Das ist in den Sonderordnungsgesetzen ebenso wie in den Vorschriften über die polizeilichen Standardmaßnahmen weithin geschehen.

3. Subsidiarität des Polizei- und Ordnungsrechts

a) Allgemeines

Aufgabenzuweisungen und Ermächtigungen polizeilichen Inhalts finden sich außer im Polizei- und Ordnungsrecht auch in einer Vielzahl von Spezialgesetzen, die entweder die Polizei- und Ordnungsbehörden selbst oder auch Sonderordnungsbehörden zur Gefahrenabwehr heranziehen. Teils werden den Gefahrenabwehrbehörden aber auch Aufgaben zugewiesen, die nicht unmittelbar polizeilicher Art sind. In all diesen Fällen stellt sich die Frage nach der Anwendbarkeit des allgemeinen Polizei- und Ordnungsrechts.

Soweit es sich um die Erfüllung nichtpolizeilicher Aufgaben handelt, findet das allgemeine Gefahrenabwehrrecht nur Anwendung, wenn dies ausdrücklich angeordnet ist. Das bestimmt an sich nur § 1 III OBG; es muß aber auch für das PolG gelten. Eine solche Verweisung auf das OBG enthält beispielsweise § 57 II BauO, wenn er auch die bau-

---

18 BVerfGE 54, 143 (144 f.).

ästhetischen und wohlfahrtspflegerischen Aufgaben der Bauordnungsbehörden als Aufgaben der Gefahrenabwehr fingiert.

Soweit sich Spezialgesetze unmittelbar mit der Gefahrenabwehr befassen, kommt es wegen ihrer anders gearteten Regelungsstruktur oft gar nicht zu Konkurrenzproblemen. Wie schon erwähnt, handelt es sich hier vielfach um eine präventive Form der Gefahrenabwehr, die schon im Vorfeld akuter Gefahren deren Entstehung durch Sicherheitsvorkehrungen, durch Gebote und Verbote sowie durch Anzeige- und Erlaubnispflichten entgegenwirkt. Verstöße werden nach solchen Gesetzen meist als Ordnungswidrigkeiten geahndet. Erwächst aus einem Verstoß jedoch ein polizeiwidriger Zustand, dann gelangen wieder die repressiven Mittel des allgemeinen Polizei- und Ordnungsrechts zur Anwendung, und dem Störer kann aufgegeben werden, den polizeiwidrigen Zustand zu beseitigen.

Im übrigen gehen die Spezialregelungen, soweit sie reichen, dem allgemeinen Polizei- und Ordnungsrecht vor (vgl. die §§ 1 II, 14 II OBG, 8 II PolG und – im Hinblick auf Sonderordnungsbehörden – § 12 II OBG). Soweit also wie beispielsweise im Gesundheitsrecht generalklauselmäßige Ermächtigungen vorhanden sind,[19] braucht auf entsprechende Bestimmungen des allgemeinen Polizei- und Ordnungsrechts nicht zurückgegriffen zu werden.[20] Ist der Erlaß von Verbotsverfügungen spezialgesetzlich an das Vorliegen besonderer Voraussetzungen gebunden,[21] dürfen diese Eingriffsschranken nicht von den Polizei- und Ordnungsbehörden unter Rückgriff auf die weiter formulierte polizeiliche Generalklausel unterlaufen werden.

b) Einzelfragen

In welchem Umfang das allgemeine Polizei- und Ordnungsrecht trotz vorhandener Spezialvorschriften ergänzend herangezogen werden kann, läßt sich nicht immer ganz leicht bestimmen.[22] Hier wird es vornehmlich auf die Zielsetzung der spezielleren Regelungen ankommen. So ist es beispielsweise Ziel der gewerberechtlichen Verbotstatbestände, die Gewerbefreiheit „polizeifest" zu machen und Eingriffe auf bestimmte Gefahrensituationen zu beschränken. Andere als die dort genannten Gründe sollen eine Gewerbeuntersagung nicht rechtfertigen können. Das schließt ordnungsbehördliche Maßnahmen gegen bestimmte gefährliche Aspekte einer Gewerbeausübung im Einzelfall indes nicht aus, auch wenn dadurch eine weitere Gewerbeausübung an dem betreffenden Ort, zu der betreffenden Zeit oder in der betreffenden Art und Weise unmöglich gemacht wird.[23]

---

19 § 10 BSeuchenG.
20 Die bauordnungsrechtliche Generalklausel des § 58 I 2 BauO NW enthält nach h. M. dagegen nur eine Aufgabenzuweisung und keine Eingriffsermächtigung; vgl. *Drews/Wacke/Vogel/Martens*, S. 171; OVG Münster OVGE 26, 141.
21 Vgl. §§ 15 II, 35 GewO; §§ 5, 13 und 15 VersG.
22 Vgl. näher *Götz*, Rdn. 432.
23 Einzelheiten bei *Schenke*, Rdn. 74 ff.; *Jarass*, Wirtschaftsverwaltungsrecht, 2. Aufl., Frankfurt am Main 1984, § 18 Rdn. 28.

Grundlagen

Ähnlich gelten die Regelungen des Versammlungsrechts nur für versammlungsspezifische Gefahren und stehen einem ordnungsbehördlichen Versammlungsverbot aus gesundheits- oder baupolizeilichen Gründen nicht entgegen.[24]

Höchst umstritten ist, wieweit die polizeiliche Generalklausel als Grundlage für Anordnungen oder Untersagungen herangezogen werden kann, wenn das betreffende Spezialgesetz ebenfalls Anordnungs- oder Untersagungstatbestände enthält oder − bei genehmigungsbedürftigen Unternehmungen − die Möglichkeit eines nachträglichen Widerrufs der Genehmigung bei später veränderter Sach- oder Rechtslage vorsieht. Die Problematik ist vor allem im *Immissionsschutzrecht* von Bedeutung. Stellt sich hier nach Erteilung einer Anlagengenehmigung heraus, daß die Allgemeinheit oder Nachbarschaft nicht hinreichend vor Gefahren geschützt ist, die sich aus dem Betrieb dieser Anlage ergeben, können nach § 17 BImSchG nachträgliche Schutzanordnungen getroffen oder es kann ggf. nach § 21 BImSchG die Genehmigung widerrufen werden. Diese Ermächtigungen sind jedoch enger als diejenigen der polizeilichen Generalklausel: Nachträgliche Anordnungen dürfen nicht weiter als bis zur Grenze wirtschaftlicher Vertretbarkeit reichen; beim Widerruf der Genehmigung ist der Vertrauensschaden zu ersetzen.

Während im Schrifttum[25] hierzu überwiegend die Auffassung vertreten wird, daß die immissionsschutzrechtlichen Bestimmungen wegen ihrer Spezialität einer Anwendung der polizeilichen Generalklausel entgegenstehen, hält die Rechtsprechung[26] grundsätzlich beide Rechtsmaterien für anwendbar, mißt der immissionsschutzrechtlichen Genehmigung jedoch eine „*Legalisierungswirkung*" bei, die − soweit sie reicht − dazu führt, daß die sachlichen Voraussetzungen der Generalklausel nicht mehr zutreffen. Die tatsächlichen Unterschiede beider Auffassungen sind gering. Im Ergebnis besteht darin Übereinstimmung, daß genehmigte Anlagen „polizeifest" sind. Lediglich in Fällen gegenwärtiger Gefahr kann unmittelbar auf der Grundlage des Polizei- und Ordnungsrechts eingegriffen werden. Im übrigen läßt sich gegenüber einem genehmigten Zustand nicht vorbringen, daß er polizeiwidrig sei. Ein Einschreiten ist nur möglich, weil die Genehmigung selbst schon − wenn auch nur begrenzt − unter dem Vorbehalt nachträglicher Korrekturen steht.[27]

Subsidiaritätsprobleme wirft auch die Doppelfunktion der Polizei als Gefahrenabwehr- und als Strafverfolgungsbehörde auf. Hier ist umstritten, ob für die strafprozessuale Ermittlungstätigkeit der Polizei auch die polizeirechtlichen Ermächtigungen gelten. § 8 II PolG bietet das an, kann aber nicht zum Zuge kommen, wenn das Strafprozeßrecht die Materie abschließend regelt. Die StPO enthält zwar eine abschließende

---

24 *Drews/Wacke/Vogel/Martens*, S. 176 f.; *Dietel/Gintzel*, Demonstrations- und Versammlungsfreiheit, 8. Aufl., Köln u. a. 1985, § 1 Rdn. 81.
25 *Jarass*, Bundes-Immissionsschutzgesetz, Kommentar, München 1983, § 17 Rdn. 6; *Götz*, Rdn. 450; *Schenke*, Rdn. 77 f.
26 BVerwGE 55, 118 (121 ff.).
27 Weitere Einzelheiten bei *Jarras*, Wirtschaftsverwaltungsrecht, § 12 Rdn. 13 ff.; *Martens*, DVBl. 1981, 597.

Regelung der gerichtlichen und staatsanwaltlichen Befugnisse, hat sich jedoch lange Zeit nicht mit den Details polizeilicher Ermittlungstätigkeit befaßt; insoweit war ihr Kodifikationsanspruch nicht voll verwirklicht. Nach mehreren Gesetzesergänzungen der letzten Jahre bestehen heute Regelungslücken freilich nur noch hinsichtlich der Anwendung unmittelbaren Zwanges und des Schußwaffengebrauchs. Solange der Bundesgesetzgeber hier nicht Abhilfe schafft, wird man auch weiterhin die entsprechenden landesrechtlichen Bestimmungen heranzuziehen haben.[28]

II. Voraussetzungen der Gefahrenabwehr

Nach der Generalklausel können die Polizei- und Ordnungsbehörden die notwendigen Maßnahmen treffen, um Gefahren für die öffentliche Sicherheit oder Ordnung abzuwehren. In dieser Formel kommen die wesentlichen Voraussetzungen der Gefahrenabwehr zum Ausdruck.

1. Polizeiliche Schutzgüter

Die Generalklausel nennt öffentliche Sicherheit und öffentliche Ordnung gleichrangig als jeweils eigene Schutzobjekte der Gefahrenabwehr. Das gemeinsame Merkmal „öffentlich" will dabei die Gefahrenabwehr nicht etwa auf eine gemeinschaftsbezogene Schutzrichtung beschränken. Die heute übliche Fassung der Generalklausel bringt die tatbestandlichen Voraussetzungen der Gefahrenabwehr nur verkürzt und mißverständlich zum Ausdruck. Noch § 14 pr. PVG sprach genauer von Gefahren für die Allgemeinheit oder den Einzelnen, durch die die öffentliche Sicherheit oder Ordnung bedroht wird. Hieraus geht deutlicher hervor, daß die Objekte polizeilich relevanter Gefahr der Einzelne wie auch die Allgemeinheit sein können. In beiden Fällen muß allerdings hinzutreten, daß die Gefährdung zugleich auch die öffentliche Sicherheit oder Ordnung in Mitleidenschaft zieht.[29]

a) Öffentliche Sicherheit

Hierunter versteht man in Anlehnung an die Amtliche Begründung zu § 14 pr. PVG meist die Unversehrtheit von Leben, Gesundheit, Ehre, Freiheit und Vermögen der Bürger sowie die Unverletzlichkeit des Staates und seiner Einrichtungen. Mit staatlichen (oder besser: öffentlichen) Einrichtungen sind dabei nicht nur die Institutionen

---

28 Näheres (teilw. str.) bei *Götz*, Rdn. 404 ff.; *Schenke*, Rdn. 131 ff.; *Dietel/Gintzel*, S. 58 ff.; *Riegel*, S. 150 ff.
29 Näheres bei *Martens*, DÖV 1976, 457 ff.; *Frotscher*, DVBl. 1976, 695 ff.

der Staatsorganisation, sondern darüber hinaus auch öffentlich verwaltete Güter gemeint, auf deren Vorhandensein und Funktionsfähigkeit die Allgemeinheit angewiesen ist. Insgesamt eröffnet sich damit der Gefahrenabwehr ein weites Feld von Schutzgütern. Es umfaßt sowohl individuelle Rechtsgüter, deren Träger einzelne Personen sind, als auch kollektive Rechtsgüter der Allgemeinheit.

Die Inhaltsbestimmung des Begriffs „öffentliche Sicherheit" umschreibt den Kreis derjenigen Rechtsgüter, an deren Integrität typischerweise ein öffentliches Interesse besteht. Das besagt noch nichts darüber, ob es sich im Einzelfall tatsächlich auch so verhält. Hier ist zu differenzieren: Während ein Angriff auf kollektive Rechtsgüter meist unmittelbar auch die öffentliche Sicherheit berührt, läßt sich bei einer Gefährdung von Individualgütern im allgemeinen erst durch wertende Betrachtungsweise ermitteln, ob sie auch eine öffentliche Dimension besitzt. Nur in diesem Fall sind Polizei- oder Ordnungsbehörden zur Gefahrenabwehr berechtigt. Der polizeiliche Schutz von Individualgütern soll nicht allein den einzelnen Betroffenen, sondern in erster Linie einer gleichfalls in Mitleidenschaft gezogenen Öffentlichkeit zugute kommen.[30]

Von daher betrachtet wird eine Individualgutgefährdung, welche alle Bürger gemeinsam oder auch nur einen größeren Kreis von ihnen betrifft, unter dem Gesichtspunkt öffentlicher Sicherheit ein größeres Gewicht besitzen, als wenn nur ein einziger Betroffener vorhanden ist. Leben oder Gesundheit, die nach Art. 2 II GG besonderem staatlichen Schutz anvertraut sind, oder auch eine von äußeren Einflüssen unbehinderte Ausübung der Grundrechte stellen besonders hohe Werte dar, an deren Bestand auch die Öffentlichkeit ein Interesse hat. Weiterhin ist öffentliche Sicherheit bei einer von außen kommenden Gefahr (Fremdgefährdung) eher berührt, als wenn sie sich auf einen eigenen Entschluß des Betroffenen zurückführt (Selbstgefährdung). Eine Selbstgefährdung, die nicht auch andere mitgefährdet oder die Grenzen öffentlicher Ordnung überschreitet, berührt im allgemeinen die öffentliche Sicherheit überhaupt nicht. Riskante Unternehmungen oder eine gesundheitsgefährdende Lebensweise können mit polizeilichen Mitteln nicht unterbunden werden. Einige Ausnahmen polizeilich relevanter Selbstgefährdung spricht § 13 I Nr. 1 PolG an. Hiernach kann die Polizei Personen in Gewahrsam nehmen, wenn dies, insbesondere wegen Hilflosigkeit oder eines die freie Selbstbestimmung ausschließenden Zustandes dieser Personen, zu deren Schutz vor Gefahren für Leib und Leben erforderlich ist; dies schließt auch die Befugnis zur Verhütung von Selbstmorden ein.

Der *Schutz* des Bürgers *vor Straftaten* ist stets ein Gebot der öffentlichen Sicherheit; hier werden nicht nur individuelle Rechtsgüter, sondern auch ein kollektives Gut berührt. Dagegen wird die öffentliche Sicherheit nicht schon dann bedroht, wenn individuelle Rechtspositionen im Rahmen ausschließlich privatrechtlicher Rechtsbeziehungen gefährdet sind. Grundsätzlich ist es Sache jedes Einzelnen, seine privaten Rechte zu

---

30 *Drews/Wacke/Vogel/Martens,* S. 228 ff.; *Friauf,* S. 197 f.

wahren; bei Rechtsstreitigkeiten und zur zwangsweisen Durchsetzung stehen ihm die Einrichtungen der Justiz zur Verfügung.

Das Gesetz weist allerdings der Polizei (nicht den Ordnungsbehörden) die Aufgabe zu, auch *private Rechte* zu schützen, wenn gerichtlicher Schutz nicht zu erlangen ist und wenn ohne polizeiliche Hilfe die Verwirklichung der Rechte vereitelt oder wesentlich erschwert würde (§ 1 II PolG). In solchen Fällen ist in akuter Weise der Rechtsfrieden und damit zugleich auch ein kollektives Rechtsgut gefährdet. Das ermächtigt die Polizei allerdings nur zu vorläufigen Sicherungsmaßnahmen wie etwa der Feststellung von Personalien (sog. Sistierung); Maßnahmen zur endgültigen Rechtsverwirklichung sind ihr nicht gestattet.[31]

Entgegen einer oft zu hörenden Ansicht ist die *Unversehrtheit der Rechtsordnung* nicht schlechthin ein Element der öffentlichen Sicherheit. Es ist nicht generell Aufgabe der Polizei- oder Ordnungsbehörden, über die Einhaltung der Rechtsnormen zu wachen; polizeiliche Gefahrenabwehr ist Rechtsgüter- und nicht Rechtsnormenschutz.[32] Allerdings bezwecken gerade öffentlich-rechtliche Vorschriften häufig mit Geboten und Verboten, Erlaubnisvorbehalten und Sicherheitsanforderungen den Schutz von Rechtsgütern, die zugleich Schutzgüter der öffentlichen Sicherheit oder der öffentlichen Ordnung sind.[33] Ein Verstoß gegen solche rechtsgutschützenden Vorschriften stellt stets auch einen Angriff auf die öffentliche Sicherheit dar. In Ermangelung anderweitiger Regelungen sind die Polizei- und Ordnungsbehörden in solchen Fällen zu gefahrenabwehrendem Einschreiten befugt. Die Generalklausel dient hier als Sanktionsnorm bei der Verletzung von Rechtsnormen, die ihrerseits keine besondere Eingriffsermächtigung vorsehen.[34] Ein drohender oder schon festgestellter Verstoß gegen eine solche Norm ist für sich schon Legitimation für gefahrenabwehrende Eingriffe, ohne daß noch zusätzlich geprüft werden muß, ob auch das von der Rechtsnorm geschützte Rechtsgut selbst konkret gefährdet ist. Diese Form des Schutzes öffentlicher Sicherheit führt im Ergebnis zu einer — im übrigen für das allgemeine Polizei- und Ordnungsrecht untypischen — Verlagerung der Gefahrenabwehr in den Bereich präventiver Gefahrenvorkehrungen.

b) Öffentliche Ordnung

Während der Begriff der öffentlichen Sicherheit auf einen konkreten Rechtsgüterschutz verweist, meint der Begriff der öffentlichen Ordnung eine Form des Zusammenlebens innerhalb der Gesellschaft, die durch einen Mindeststandard an gemeinverträglichem Verhalten geprägt ist. Er umfaßt, einer geläufigen Definition zufolge, die Gesamtheit

---

31 *Drews/Wacke/Vogel/Martens,* S. 238 f.; zur Sistierung OVG Münster OVGE 24, 72.
32 *H. H. Klein,* DVBl. 1971, 233 (235 ff.).
33 Ähnlich *Götz,* Rdn. 82.
34 *Friauf,* S. 198.

der ungeschriebenen Regeln für das Verhalten des Einzelnen in der Öffentlichkeit, deren Beachtung nach den jeweils herrschenden Anschauungen als unerläßliche Voraussetzung eines geordneten staatsbürgerlichen Zusammenlebens betrachtet wird. Bei diesen Regeln der öffentlichen Ordnung handelt es sich nach herrschender Auffassung nicht um Rechtsnormen, sondern um *sozialethische Wertvorstellungen* einer ganz überwiegenden Mehrheit der Bevölkerung. Ihr Inhalt kann sich im Laufe der Zeit ändern und hat es vor allem in den letzten Jahrzehnten durchaus auch getan. Die Polizei- und Ordnungsbehörden dürfen den Inhalt der herrschenden Wertvorstellungen nicht nach eigenem Ermessen bestimmen, sondern müssen ihn ggf. empirisch ermitteln. Wird ein Verstoß gegen Wertvorstellungen, über die weithin Konsens besteht, gleichwohl von anderen Auffassungen von Gewicht getragen, müssen sich die Behörden eines Einschreitens enthalten.[35]

Der Wirkungsbereich sozialethischer Ordnungsnormen war in früheren Zeiten recht ausgedehnt und bot zu behördlichem Mißbrauch Anlaß. Er erstreckte sich vor allem auf die Achtung fremder Religion und Weltanschauung, auf die Wahrung der Totenruhe, auf Fragen der Sexualität und des äußeren Anstandes, auf Heimatverbundenheit und patriotisches Empfinden. Öffentliche Ordnung verlangte weiterhin Schutz vor Obdachlosigkeit und vor störenden Umwelteinwirkungen; sie gebot schließlich auch – vor allem bei der Baugestaltung – ein Minimum an ästhetischer Orientierung. Dieser weite Anwendungsbereich ist in den letzten Jahrzehnten aus verschiedenen Gründen einem erheblichen Schrumpfungsprozeß ausgesetzt gewesen, so daß sich die Bedeutung des Schutzgutes öffentlicher Ordnung heute fast vollständig verflüchtigt hat.[36]

Bei genauerem Hinsehen konturiert sich manche Ordnungsvorstellung im Grunde als ein Bedürfnis nach konkretem Rechtsgüterschutz, dem oft schon in Vorschriften des Straf- oder des Ordnungswidrigkeitenrechts Rechnung getragen wird. Insoweit ist dann meist nicht das Schutzgut der öffentlichen Ordnung, sondern schon die öffentliche Sicherheit berührt. Derartige Vorschriften markieren in der Regel zugleich die äußerste Grenze staatlicher Einwirkung in den privaten Bereich. So wird man beispielsweise weitere Anforderungen an das sittliche Verhalten, als sie bereits in den Normen des Sexualstrafrechts zum Ausdruck gelangt sind, auch unter dem Gesichtspunkt öffentlicher Ordnung nicht stellen dürfen. Die herrschende Lehre etikettiert darüber hinaus bei schlechthin jeder positiv-rechtlichen Normierung von Ordnungsvorstellungen in Gebots- oder Verbotstatbeständen das Schutzgut öffentlicher Ordnung in das Schutzgut öffentlicher Sicherheit um. Hier wirkt der schon erwähnte, nicht unproblematische Gedanke nach, daß jeder Verstoß gegen die Rechtsordnung eine Gefahr für die öffentliche Sicherheit bedeute. Die gerade in neuerer Zeit zu beobachtende Tendenz zur Vergesetzlichung aller Lebensbereiche entzieht damit per se der öffentlichen Ordnung den Boden.

35 *Drews/Wacke/Vogel/Martens*, S. 245 ff.; *Friauf*, S. 199 f.
36 *Martens*, DÖV 1982, 89 (91).

Ein weiterer Grund für die abnehmende Bedeutung der öffentlichen Ordnung als Gesichtspunkt polizei- und ordnungsbehördlichen Eingreifens ist der von den Grundrechten herrührende Schutz vor staatlicher Bevormundung. Übt jemand ein ihm zustehendes Grundrecht aus, so kann er damit, soweit der Grundrechtsschutz reicht, nicht die öffentliche Ordnung verletzen. Insbesondere diejenigen Grundrechte, die keine Schrankenregelung kennen, sind „polizeifest"; sie finden ihre Grenze nur in anderen, ebenfalls verfassungsrechtlich geschützten Rechtsgütern.[37] Das entzieht der polizeilichen Gefahrenabwehr vor allem im Bereich der freien Meinungsäußerung und der freien Entfaltung der Kunst weitgehend die Anwendungsmöglichkeit. Weiterhin wird man beispielsweise auch selbstgewollte Obdachlosigkeit als solche im Hinblick auf das Grundrecht der freien Persönlichkeitsentfaltung (Art. 2 I GG) nicht als einen Verstoß gegen öffentliche Ordnung qualifizieren dürfen. Bei unfreiwillig erlittener Obdachlosigkeit ist dagegen wegen Gefährdung von Gesundheit und Eigentum das Schutzgut der öffentlichen Sicherheit berührt; der Obdachlose ist dann jedoch Opfer und nicht Störer.[38]

Begriff und Deutung der öffentlichen Ordnung stoßen in neuerer Zeit freilich auf grundsätzliche *Kritik*. Sie richtet sich vor allem gegen die — in der Tat einigermaßen problematische — Konstruktion der herrschenden Lehre, wonach Wertvorstellungen, die nicht die Qualität von Rechtsnormen besitzen, allein deswegen, weil sie von einer nicht näher definierten Mehrheit der Bevölkerung getragen werden, für jedermann verbindlich sein sollen und von den Polizei- und Ordnungsbehörden zwangsweise durchgesetzt werden können. Demokratische wie rechtsstaatliche Gesichtspunkte geböten vielmehr, daß bei der Umsetzung sozialethischer Vorstellungen in bindendes Recht der Weg parlamentarischer Gesetzgebung beschritten werde. Im übrigen bestehe, wie die Tendenz zur Vergesetzlichung zeige, an einem polizeilichen Schutzgut der öffentlichen Ordnung inzwischen kein Bedarf mehr.[39]

Den beim Begriff der öffentlichen Ordnung üblichen Rückgriff auf sozialethische Normen darf man nun allerdings nicht in der Weise mißverstehen, als könnten durch sie Rechtsnormen substituiert werden. Das rechtliche Gebot, sich den Anforderungen öffentlicher Ordnung gemäß zu verhalten, wird in der Eingriffsermächtigung der Generalklausel vorausgesetzt. Ein solches rechtsverbindliches Ordnungsgebot außerhalb des konkret in (strafrechtlichen oder sonstigen) Rechtsvorschriften faßbaren Rechtsgüterschutzes ist auch vor dem Hintergrund der grundgesetzlichen Freiheitsgewährungen nicht illegitim. Bei gebührender verfassungskonformer Betrachtungsweise verpflichtet es auf ein Verhalten, das sich an *Wertvorstellungen des Grundgesetzes* orientiert. Ein polizeiliches Einschreiten aus Gründen der öffentlichen Ordnung kommt von daher überhaupt nur dann in Frage, wenn Wertvorstellungen des gesellschaftlichen Bereiches

---

37 BVerfGE 28, 243 (261); weitere Nw. bei *Drews/Wacke/Vogel/Martens*, S. 280.
38 Näheres bei *Franz*, DVBl. 1971, 249 ff.; *Greifeld*, JuS 1982, 819 ff.
39 *Götz*, Rdn. 93 ff.; *Denninger*, S. 204 ff.

betroffen sind, die ihrerseits mit Rechtswerten von Verfassungsrang korrespondieren. Denn der Mindeststandard an gemeinverträglichem Verhalten, als den man öffentliche Ordnung zu verstehen hat, führt letztlich zurück auf den verfassungsrechtlichen Schutz der Menschenwürde und auf die ebenfalls im Grundgesetz angelegte Achtung der Auffassungen und Gefühle anderer.

Bei dieser Betrachtungsweise ist die öffentliche Ordnung kein Mehrheitsproblem und sie verweist auch nicht bloß auf vor- oder außerrechtliche Sozialnormen. Sie verlangt nicht die — im übrigen von den Polizei- und Ordnungsbehörden praktisch gar nicht zu leistende — empirische Ermittlung herrschender Wertvorstellungen, sondern kann unter Umständen sogar in Widerspruch zu einer allgemein eingefahrenen Wertegleichgültigkeit stehen. Der Rekurs auf einen von der Wertordnung des Grundgesetzes her geprägten Begriff der öffentlichen Ordnung stellt im übrigen einen eher modalen und auf den Wandel der Wertanschauungen bezogenen Ordnungsaspekt heraus. Er schützt auch das von den herrschenden gesellschaftlichen Normen abweichende Verhalten von Minderheiten, gebietet aber zugleich, daß diese ihre abweichenden Vorstellungen von eigener Persönlichkeitsentfaltung mit der gebührenden Rücksichtnahme gegenüber anderen realisieren und auch die Mehrheit weder brüskieren noch provozieren.[40]

Daß hierbei dem Schutzgut der öffentlichen Ordnung gegenüber der öffentlichen Sicherheit wenig Substanz verbleibt, kann nicht geleugnet werden. Gleichwohl ist es auch weiterhin bedeutsam als Auffangstellung für Sachverhalte, die gesetzlich noch keine Regelung gefunden haben oder sich wegen ihrer Einmaligkeit oder Vielfältigkeit einer solchen Regelung entziehen. Auch soll nicht vergessen werden, daß der Schutz der öffentlichen Ordnung durch die Polizei- und Ordnungsbehörden auf der Grundlage der Generalklausel oft viel flexibler und zumeist maßvoller gehandhabt werden kann als durch den Gesetzgeber.

2. Polizeigefahr

Die Generalklausel ermächtigt die Polizei- und Ordnungsbehörden zum Einschreiten, wenn die öffentliche Sicherheit oder Ordnung gefährdet ist.

a) Begriffsbestimmung

Eine Polizeigefahr liegt vor, wenn eine Sachlage oder ein Verhalten bei ungehindertem Ablauf des objektiv zu erwartenden Geschehens mit hinreichender Wahrscheinlichkeit zu einem Schaden, d.h. zur Minderung des Bestandes polizeilich geschützter Güter füh-

---

40 Zum Ganzen näher *Franßen*, Der Einfluß des Verfassungsrechts auf die Auslegung der polizei- und ordnungsrechtlichen Generalklausel, in: Verwaltungsrecht zwischen Freiheit, Teilhabe und Bindung, Festgabe aus Anlaß des 25jährigen Bestehens des Bundesverwaltungsgerichts, München 1978, S. 201ff. Vgl. ferner *Hill*, DVBl 1985, 88ff.

ren würde. Polizeigefahr bedeutet also die objektiv erkennbare Möglichkeit eines künftigen Schadenseintritts.

Der Gefahrenbegriff ist *zukunftsgerichtet;* er verweist auf ein künftiges Ereignis. Eine bereits eingetretene Schädigung ist grundsätzlich kein Anlaß für polizeiliches Einschreiten. Aufgabe der Polizei- und Ordnungsbehörden ist die Gefahrenabwehr, also Prävention; Sanktionsmaßnahmen wie Strafe oder Anordnung einer Ersatzleistung fallen nicht in ihren Aufgabenbereich. Eine nur scheinbare Ausnahme liegt dann vor, wenn im Rahmen der Gefahrenabwehr auch bereits eingetretene, aber noch anhaltende *Störungen* der öffentlichen Sicherheit oder Ordnung beseitigt werden. Bei derartigen Störungen liegt eine Rechtsgutbeeinträchtigung zwar schon vor, ist damit aber noch nicht abgeschlossen, sondern setzt sich aufgrund anhaltenden Störungsverhaltens oder aufgrund eines weiterbestehenden störenden Zustandes in die Zukunft hinein fort. Ohne ihre Beseitigung würde die Schadenswirkung verlängert und der Schaden vergrößert oder es entstünde die Gefahr weiterer Schädigungen. Die anhaltende Störung ist damit wie die Gefahr selbst (auch) zukunftsgerichtet und darum lediglich ein Unterfall der Gefahr. Ebenso haben störungsbeseitigende Maßnahmen der Polizei- und Ordnungsbehörden darum (auch) präventiven Charakter und müssen als Unterfall gefahrenabwehrender Maßnahmen gelten. Das heutige nordrhein-westfälische Polizei- und Ordnungsrecht setzt diesen Zusammenhang voraus und verzichtet jetzt — leider — auf eine entsprechende Klarstellung in der Generalklausel.

Gefahren berechtigen die Polizei- und Ordnungsbehörden dann zum Einschreiten, wenn Schäden an den polizeilichen Schutzgütern der öffentlichen Sicherheit oder Ordnung zu befürchten sind. Gefahrenabwehr darf aber nur zur Sicherung des vorhandenen Bestandes geschützter Güter und nicht zu deren Vermehrung führen; im letzteren Falle läge eine Maßnahme der Wohlfahrtspflege vor, die mit der Zielrichtung des Polizei- und Ordnungsrechts nicht zu vereinbaren wäre.

Bei den polizeilich geschützten Individualgütern kann von einem Schaden gesprochen werden, wenn ihre Unversehrtheit, sei es hinsichtlich ihrer Substanz oder ihres freien Gebrauchs, wesentlich beeinträchtigt ist. Die Gefahr bloßer Belästigungen oder Nachteile scheidet als Grund für Maßnahmen nach dem allgemeinen Polizei- und Ordnungsrecht aus, kann aber, wie etwa im Immissionsschutzrecht, in Spezialgesetzen besonders berücksichtigt werden. Ebenso ist nur der gewöhnliche Bestand an Rechtsgütern geschützt; eine individuell besonders hohe Empfindlichkeit (etwa gegen Lärm) bleibt unberücksichtigt.

Ein Schaden an kollektiven Rechtsgütern liegt vor allem dann vor, wenn deren Funktion für die Allgemeinheit beeinträchtigt wird. Das Schutzgut der Unversehrtheit der Rechtsordnung, vor allem der Strafrechtsnormen und der gefahrenvorbeugenden Vorschriften des öffentlichen Rechts, erleidet demgegenüber einen Schaden schon im Falle einer Normverletzung. Droht eine solche Verletzung erst, so können entsprechende Abwehrmaßnahmen getroffen werden. Häufiger wird aber die Normverletzung schon eingetreten und die Rechtsordnung damit bereits gestört sein. Wenn sich daraus ein anhaltend polizeiwidriger Zustand ergibt, kann Beseitigung der Störung verlangt werden.

Gefahrenabwehrmaßnahmen setzen nicht voraus, daß der Schaden, den es zu verhindern gilt, ohne das polizeiliche Einschreiten mit Sicherheit eintreten würde. Die Feststellung einer Gefahr ist ein Vorgang des Erkennens und prognostischen Beurteilens, der völlige Gewißheit nur selten verschafft. Wollte man sie gleichwohl verlangen, wäre der polizeiliche Rechtsgüterschutz stark behindert. Andererseits kann aber nicht schon die bloße Möglichkeit eines Schadens ein polizeiliches Einschreiten rechtfertigen. Es muß darum ein hinreichender Grad an *Wahrscheinlichkeit* verlangt werden, der sich nach der Bedeutung des gefährdeten Rechtsgutes und nach dem Umfang des zu befürchtenden Schadens bemißt. Je bedeutsamer das Rechtsgut und je größer der potentielle Schaden ist, desto geringere Anforderungen sind an den Grad der Wahrscheinlichkeit zu stellen.[41] Neben das empirische Urteil über die Möglichkeit und den Grad der Wahrscheinlichkeit des Schadens tritt damit noch ein normatives Urteil darüber, ob der Grad der Wahrscheinlichkeit das polizeiliche Einschreiten rechtfertigt.

Eine Gefahr kann auch dann vorliegen, wenn der Eintritt des Schadens nicht schon alsbald, sondern erst in näherer oder weiterer, jedenfalls aber überschaubarer Zukunft zu erwarten ist. Die erhöhte Störanfälligkeit der Lebensvorgänge in einer hochtechnisierten Umwelt verlangt einen entsprechend vorausschauenden Gefahrenschutz.[42] Dagegen wird ein höherer Grad an Wahrscheinlichkeit verlangt, wenn das Gesetz – beim polizeilichen Notstand und beim sog. Sofortvollzug im Rahmen des Verwaltungszwangsverfahrens – von „gegenwärtiger" Gefahr spricht. Damit ist zwar zunächst nur ein unmittelbares Bevorstehen des Gefahreneintritts gemeint; diese größere zeitliche Nähe ermöglicht indes auch ein sichereres Wahrscheinlichkeitsurteil.

b) Konkrete und abstrakte Gefahren

§ 14 I OBG verlangt ebenso wie § 8 I PolG, daß die Gefahr für die öffentliche Sicherheit oder Ordnung „in einem Einzelfall" besteht. Auf den Einzelfall bezogen sind darum auch die Maßnahmen, vor allem die Polizei- und Ordnungsverfügungen, zu denen diese Vorschriften ermächtigen. Für den Erlaß ordnungsbehördlicher Verordnungen (§§ 25 ff. OBG) fehlt eine vergleichbare Voraussetzung. Der Tatbestand der Gefahrenabwehr durch Einzelmaßnahmen ist also enger gehalten als bei Rechtsverordnungen. Es hat sich in diesem Zusammenhang eingebürgert, konkrete und abstrakte Gefahren als zwei unterschiedliche Erscheinungsformen der Polizeigefahr einander gegenüberzustellen.

Die konkrete, d.h. die im Einzelfall bestehende Gefahr bezeichnet die aus einem bestimmten, feststellbaren Sachverhalt oder Verhalten erwachsende Möglichkeit einer

---

[41] BVerfGE 49, 89 (138); BVerwGE 47, 31 (40); OVG Münster NVwZ 1984, 331.
[42] BVerwG NJW 1970, 1890 (1892); *Franßen*, FS BVerwG, S. 201 (213).

Schädigung. Die Gefahrenquelle läßt sich nicht nur typusmäßig, sondern in ihren einzelnen Umständen bestimmen und bezeichnen. Der Schaden droht von einer konkreten Situation und muß darum mit Maßnahmen, die auf diese Situation gerichtet sind, abgewehrt werden.

Bei einer abstrakten Gefahr steht demgegenüber nur fest, daß bestimmte Arten von Sachlagen oder Verhaltensweisen nach der Lebenserfahrung typischerweise geeignet sind, die öffentliche Sicherheit oder Ordnung zu beeinträchtigen.[43] Dagegen läßt sich nicht mit hinreichender, sondern allenfalls nur mit statistischer Wahrscheinlichkeit voraussagen, welche künftigen konkreten Sachlagen oder Verhaltensweisen eine Gefahrenquelle bilden werden. Gleichwohl besteht auch unter solchen Bedingungen ein Bedürfnis nach Gefahrenabwehr. Da hier nicht abgewartet werden kann, ob und in welchen Fällen sich die abstrakte Gefahr in einer konkreten Situation zu einer konkreten Gefahr verdichtet, müssen sich die Gefahrenabwehrmaßnahmen generell gegen die abstrakt gefährlichen Sachlagen oder gegen das abstrakt gefährliche Verhalten richten. Hierzu eignen sich normative Regelungen (ordnungsbehördliche Verordnungen), die in tatbestandsmäßiger Abstraktheit und generell für alle Sachlagen oder Verhaltensweisen gleicher Art Gebote, Verbote oder sonstige Verhaltensanforderungen bestimmen. Dabei wird notwendigerweise in Kauf genommen, daß derartige Regelungen auch Vorgänge erfassen, aus denen tatsächlich keine konkrete Gefahr erwächst. Bedenken gegen eine solche pauschale Art der Gefahrenabwehr müssen im Hinblick auf die abstrakte Gefährlichkeit zurückstehen; allerdings ist bei solchen Maßnahmen verstärkt das Gebot der Verhältnismäßigkeit zu beachten.

Die Unterscheidung von konkreter und abstrakter Gefahr hat nichts mit dem geforderten Grad der Wahrscheinlichkeit eines Schadenseintritts zu tun. In beiden Fällen muß hinreichend wahrscheinlich sein, daß es ohne polizeiliches Einschreiten zu einem Schaden kommt. Während sich das Wahrscheinlichkeitsurteil bei der konkreten Gefahr allerdings auf eine bestimmte Situation bezieht, betrifft es bei der abstrakten Gefahr die Gefährlichkeit bestimmter Arten von Sachlagen oder Verhaltensweisen.

c) Gefahrenverdacht

Nicht immer treten die einzelnen Elemente und Wirkfaktoren einer Situation so deutlich zutage, daß sich die Gefahrenabwehrbehörden ein Urteil über das Vorliegen einer Gefahr und die Wahrscheinlichkeit eines Schadenseintritts bilden können. Bestehen Erkenntnislücken, die nur dann, wenn sie geschlossen würden, ein – positives oder negatives – Gefahrenurteil zuließen, verbleibt es bei einer subjektiven Ungewißheit über das Vorliegen einer Gefahr. Andererseits können die schon bekannten Umstände darauf hindeuten, daß objektiv tatsächlich eine Gefahr besteht. In solchen Fällen läßt sich vom Verdacht einer Gefahr sprechen. Auch er rechtfertigt ein polizeiliches Einschrei-

---

43 BVerwGE 35, 319 (322).

ten; die zum Rechtsgüterschutz berufenen Polizei- und Ordnungsbehörden dürfen über ihrem eigenen Erkenntnisdefizit nicht die objektive Möglichkeit einer Gefahr übersehen.

Auch der Gefahrenverdacht stellt eine Gefahr in dem oben beschriebenen Sinne dar;[44] einer Hilfskonstruktion, um ihn wie eine Gefahr zu behandeln, bedarf es nicht. Denn jedes Gefahrenurteil ist grundsätzlich ein Wahrscheinlichkeitsurteil. Die beim Gefahrenverdacht vorhandene Erkenntnislücke nötigt zu einem weiteren Wahrscheinlichkeitsurteil darüber, ob weitere, noch unbekannte Tatsachen vorliegen, die im Zusammenhang mit den bekannten Tatsachen den Schluß auf eine Gefahrensituation zulassen. Nur ein *hinreichender* Verdacht rechtfertigt polizeiliches Einschreiten. Gewisse Unterschiede zum Normalfall der Polizeigefahr ergeben sich daraus, daß es in aller Regel unverhältnismäßig wäre, schon bei einem Gefahrenverdacht Maßnahmen zu ergreifen, wie sie erst bei tatsächlichem Vorliegen einer Gefahr erforderlich sind. Soweit es Zeit und Umstände erlauben, muß zunächst vor endgültigen Maßnahmen gegen die mögliche Gefahrenquelle der Verdacht durch Gefahrenerforschungsmaßnahmen geklärt werden.[45] Auch hierbei sind schon Eingriffe in die Rechtssphäre des Bürgers zulässig. Daneben kann es notwendig sein, durch vorläufige Unterbrechung von Abläufen einen möglichen Schadenseintritt vor Verdachtsklärung zu verhindern. Grundsätzlich dürfen all diese Maßnahmen die Situation nicht endgültig und irreversibel verändern, es sei denn, daß die Umstände im Einzelfall keine andere Wahl zulassen. Gefahrenerforschungs- und Sicherungsmaßnahmen sind in einem weiteren Sinne Maßnahmen zur Gefahrenabwehr.

d) Anscheins- und Scheingefahr

Die behördliche Annahme, daß eine Polizeigefahr bestehe, kann sich nachträglich als unzutreffend erweisen. Die unrichtige Erkenntnis oder Beurteilung einer Situation oder eine verfehlte Verlaufsprognose können verdecken, daß von vornherein objektiv ein Schaden nicht drohte. Die Gefahrenabwehrmaßnahmen der Behörden verfehlen in solchen Fällen zwar ihr Ziel, dürfen deswegen aber gleichwohl nicht unterschiedslos als rechtswidrig angesehen werden. Jedenfalls dann, wenn sich eine Situation bei verständiger Würdigung ex ante als gefährlich darstellt, erfordert es der den Polizei- und Ordnungsbehörden übertragene Rechtsgüterschutz, daß Gefahrenabwehrmaßnahmen ergriffen werden.

Die Legitimation hierzu läßt sich unmittelbar der Generalklausel selbst entnehmen. Wegen ihres Charakters als eines Wahrscheinlichkeitsurteils ist die Gefahrenfeststellung grundsätzlich mit Unsicherheit behaftet. Dabei wird sich meist nicht trennen lassen, ob die Situation als solche falsch erkannt oder irrtümlich als gefährlich gewürdigt

---

44 OVG Münster NVwZ 1982, 46.
45 BVerwGE 39, 190 (195 ff.).

wurde. In beiden Fällen kann nicht ein rein objektiver, auf tatsächlich bevorstehende Schädigungen verengter Gefahrenbegriff zugrunde gelegt werden. Andererseits darf es aber auch nicht allein auf die subjektiven Vorstellungen der handelnden Behörde oder des handelnden Beamten ankommen. Es ist darum ein *gemischt subjektiv-objektiver Gefahrenbegriff*[46] vorzuziehen, bei dem die subjektive Annahme einer Gefahrensituation daran gemessen wird, ob sie bei objektiver Würdigung, d.h. aus der Sicht eines in derselben Situation befindlichen objektiven Beobachters, als gerechtfertigt erscheint.[47]

Hieraus ergibt sich zwanglos die Unterscheidung von Anscheins- und Scheingefahr. In beiden Fällen steht entgegen der subjektiven Vorstellung der Behörde eine Schädigung objektiv nicht bevor. Während die Annahme einer Gefahr bei der Anscheinsgefahr jedoch durch objektive Umstände nahegelegt wird, fehlt es bei der Scheingefahr an einer solchen Rechtfertigung; die Behörde hat hier schlicht ihre Sorgfaltspflicht bei der Aufklärung des Sachverhalts verletzt. Der objektiv begründete Anschein einer Gefahr ist selbst ein Unterfall der Gefahr und muß — abgesehen von noch zu erörternden Entschädigungsfragen — wie diese behandelt werden. Die nur scheinbare Gefahr ist dagegen in Wahrheit keine Gefahr und rechtfertigt ein Einschreiten der Behörde nicht.[48]

Ebenso wie die Annahme einer Gefahr kann sich auch ein *Gefahrenverdacht* nachträglich als unbegründet erweisen. Auch in diesem Fall nimmt die spätere bessere Erkenntnis der als gefährlich angesehenen Situation nicht ex post ihren Gefahrencharakter; Gefahrenverdacht schließt schon begrifflich die Möglichkeit einer Fehleinschätzung ein.[49] Freilich deckt auch hier die Generalklausel nicht jeden Irrtum: Die Umstände müssen vielmehr so gewesen sein, daß ein Verdacht aus der Sicht zur Zeit des Einschreitens objektiv gerechtfertigt erscheint.

3. Polizeiliches Opportunitätsprinzip

Die Formulierung der Generalklausel als „Kann-Vorschrift" weist darauf hin, daß es sich hierbei um eine Ermessensvorschrift handelt. Im Rahmen ihrer Gefahrenabwehraufgabe ist es den Polizei- und Ordnungsbehörden in ihr Ermessen gestellt, ob sie bei Vorliegen einer Gefahr tatsächlich auch einschreiten. Diesem sog. *Einschreitermessen* (Entschließungsermessen) liegt das Opportunitätsprinzip zugrunde; es steht im Gegensatz zum Legalitätsprinzip, das beispielsweise die Polizei bei Verdacht einer strafbaren Handlung zu Strafverfolgungsmaßnahmen verpflichtet.

---

46 *Schneider*, DVBl. 1980, 406 ff.
47 *Ossenbühl*, DÖV 1976, 463 (466).
48 BVerwGE 45, 51 (58); OVG Münster DVBl. 1979, 733; a. A. *Schwabe*, DVBl. 1982, 655.
49 OVG Münster DVBl. 1983, 1017.

Das polizeiliche Ermessen wird in den §§ 16 OBG und 31 PolG einerseits auf pflichtgemäßes Ermessen beschränkt und andererseits über das Einschreitermessen hinaus erweitert. Diese Bestimmungen, die insoweit gleichlautend die Gefahrenabwehrmaßnahmen insgesamt in das Ermessen der Behörden stellen, schließen damit auch die Wahl unter mehreren gleich geeigneten Mitteln und zwischen mehreren als Störer qualifizierten Personen ein (sog. *Auswahlermessen*).

a) Ermessen und unbestimmter Rechtsbegriff

Das polizeiliche Ermessen bezieht sich nach heute ganz herrschender Auffassung lediglich auf die Rechtsfolgeseite der Generalklausel. Ermessenserwägungen zum Tatbestand, also darüber, ob die Voraussetzungen für ein polizeiliches Einschreiten vorliegen, sind damit ausgeschlossen. Ob eine Gefahr für die öffentliche Sicherheit oder Ordnung besteht, ist eine Rechtsfrage, die nur mit ja oder nein beantwortet werden kann. Rechtsfragen fallen freilich nicht nur bei der Tatbestands-, sondern auch bei der Rechtsfolgenseite der Generalklausel an; hierzu gehört vor allem die Erwägung, ob eine in Aussicht genommene Gefahrenabwehrmaßnahme geeignet, notwendig und angemessen ist. Die Generalklausel verklammert also aufs engste Rechts- und Ermessensfragen; sie müssen im Hinblick auf die unterschiedliche Art der behördlichen Entscheidungsfindung wie auch im Hinblick auf die verschiedene Intensität gerichtlicher Kontrolle streng auseinandergehalten werden. Während nämlich die Entscheidung in Rechtsfragen grundsätzlich in vollem Umfang von den Verwaltungsgerichten überprüft werden kann, beschränkt sich deren Kontrolle bei Ermessensentscheidungen nach § 114 VwGO auf das Vorliegen bestimmter Ermessensfehler.

Die vor allem in der Rechtsprechung sehr strikt gewahrte Unterscheidung von Rechts- und Ermessensentscheidungen wird grundsätzlich auch nicht durch die Unbestimmtheit der die Generalklausel prägenden Rechtsbegriffe gemildert. Ihre Anwendung unterliegt nach der Auffassung der Verwaltungsgerichte in vollem Umfang gerichtlicher Kontrolle. Zwar ist auch in der Rechtsprechung anerkannt, daß einzelne unbestimmte Rechtsbegriffe der Verwaltung einen Beurteilungsspielraum und sogar eine Beurteilungsprärogative eröffnen; der Tatbestand der Generalklausel fällt jedoch nicht hierunter. In der Praxis mag freilich die Grenze zwischen Rechts- und Ermessenserwägungen gelegentlich verschwimmen. Insbesondere wird es vorkommen, daß in die Beurteilung einer Gefahrensituation auch Opportunitätserwägungen einfließen[50]

b) Pflichtgemäßes Ermessen

Die §§ 16 OBG, 31 PolG verlangen von den Polizei- und Ordnungsbehörden eine pflichtgemäße Ermessensausübung. Will man diese Formulierung nicht nur als einen — überflüssigen — Hinweis auf die Verpflichtung zu rechtmäßigem Verhalten verstehen,

---

50 Näheres bei *Ossenbühl*, DÖV 1976, 463 ff.

so kann sie nur bedeuten, daß auch innerhalb des Freiraumes gesetzlich nicht gebundener administrativer Rechtsfolgebestimmung Rechtsmaßstäbe gelten, welche die Ermessensentscheidung im Einzelfall als rechtswidrig erscheinen lassen können. Rechtswidrig kann sein, daß oder wie die Behörde zur Gefahrenabwehr eingeschritten ist oder auch, daß sie trotz bestehender Gefahr von einem Einschreiten abgesehen hat.

Um der begrifflichen Klarheit willen sollte man das Gebot zur pflichtgemäßen Ermessensausübung nicht schon auf die Einhaltung äußerer Ermessensgrenzen beziehen, deren Mißachtung die einzelne Ermessensentscheidung inhaltlich rechtswidrig erscheinen läßt. Ein solcher Fall äußerer Rechtswidrigkeit liegt vor allem bei Entscheidungen vor, die bereits von der Ermessensermächtigung selbst nicht mehr gedeckt sind (Ermessensüberschreitung), wie etwa der Entschluß zu einer nicht notwendigen Gefahrenabwehrmaßnahme (vgl. §§ 14 I OBG, 8 I PolG). Weitere äußere Schranken ergeben sich aus den Grundrechten oder anderen Verfassungsprinzipien wie etwa dem Übermaßverbot. Hier ist insbesondere das Gleichbehandlungsgebot des Art. 3 I GG von Bedeutung; es verbietet den Polizei- und Ordnungsbehörden, gleich gelagerte Fälle willkürlich verschieden zu behandeln. Entwickelt eine Behörde im Hinblick auf gleichartige Gefahrensituationen eine einheitliche Praxis, so kann dies nach Maßgabe des Gleichbehandlungsgebots zu einer ermessensreduzierenden Selbstbindung führen, die ohne rechtfertigenden Grund ein Abweichen im Einzelfall nicht mehr zuläßt. Freilich ist es der Behörde nicht untersagt, ihre bisherige Praxis – etwa deshalb, weil sie sich nicht bewährt hat – für die Zukunft generell wieder aufzugeben. Andererseits ist ein polizeiliches Einschreiten nicht dadurch ausgeschlossen, daß in anderen vergleichbaren Fällen zu Unrecht nicht oder nicht ebenso eingeschritten worden ist.

Wirkliche Pflichtverstöße *(Ermessensfehler)* liegen demgegenüber dann vor, wenn eine inhaltlich an sich unangreifbare Entscheidung in nicht ordnungsgemäßer Ausübung des Ermessens zustandegekommen ist. Auch solche Entscheidungen müssen als rechtswidrig behandelt werden, weil eine ordnungsgemäße Ermessensausübung möglicherweise zu einem anderen Ergebnis geführt hätte. Ermessensfehler dieser Art liegen vor, wenn die tatsächlichen Voraussetzungen der Entscheidung nicht richtig erkannt oder gewürdigt und wenn ermessensrelevante Gesichtspunkte wie etwa Vertrauensschutz oder sonstige besondere Umstände des Einzelfalles nicht gesehen oder nicht ihrem Gewicht entsprechend berücksichtigt worden sind. Ermessensfehlerhaft ist es weiterhin, wenn in die Entscheidung unsachliche oder vom Ermessenszweck der Gefahrenabwehr nicht gedeckte Motive eingeflossen sind (Ermessensfehlgebrauch). Schließlich führt es auch zu einem Ermessensfehler, wenn die Behörde – aus Bequemlichkeit oder weil sie sich irrtümlich als rechtlich gebunden ansieht – bei ihrer Entscheidung Ermessenserwägungen gar nicht angestellt hat (Ermessensunterschreitung).

c) Grenzen des Opportunitätsprinzips

Das im Einschreitermessen zum Ausdruck gelangende polizeiliche Opportunitätsprinzip stellt die Entscheidung darüber, ob bei gegebener Gefahr Abwehrmaßnahmen ergriffen werden sollen, nicht in das Belieben der Polizei- und Ordnungsbehörden. Die einzelne Gefahrensituation muß vielmehr vor dem Hintergrund des allgemeinen Auftrages an Polizei und Ordnungsverwaltung gewürdigt werden, für die Aufrechterhaltung von Sicherheit und Ordnung und für die Wahrung des inneren Friedens im Staat zu sorgen. Der Bagatellcharakter einer Gefahr, die Priorität anderer Gefahrenabwehraufgaben zur gleichen Zeit an anderem Ort oder die Begrenzung der sachlichen und personellen Mittel können Grund dafür sein, gegen eine Gefahr oder eine Störung nicht einzuschreiten. Ebenso kann Zurückhaltung geboten sein, wenn ein polizeiliches Eingreifen in einer angespannten Situation wie ein Funke das Pulverfaß entzünden und zu unverhältnismäßigen Weiterungen der Gefahr führen könnte. Andererseits darf über solchen Erwägungen nicht das Gewicht der aktuell gefährdeten Rechtsgüter vernachlässigt werden. Schwere Gefahren für Leib oder Leben einzelner Bürger sowie nachhaltige Gefährdungen ihres Eigentums oder erheblicher Vermögenswerte darf die Polizei auch in Krisenzeiten nicht dulden; auch schwerwiegenden Behinderungen bei der Ausübung von Grundrechten wird sie nicht tatenlos zusehen dürfen.[51]

Die Schwelle, welche im Einzelfall polizeiliche Opportunität von der Legalität trennt und jenseits derer eine objektive Rechtspflicht zur Gefahrenabwehr an die Stelle des Einschreitermessens tritt, wird freilich in Rechtsprechung und Schrifttum recht hoch angesetzt; eine hohe Intensität der Störung oder schwerste Gefahren werden verlangt. Es sollten aber auch weniger intensive Gefährdungen genügen, wenn ein vernünftiger Grund für ein Nichteinschreiten schlechterdings nicht ersichtlich ist.[52]

Auf polizeiliche Gefahrenabwehr besteht grundsätzlich kein gerichtlich durchsetzbarer Anspruch – auch dann nicht, wenn sich das Einschreitermessen zur objektiven Handlungspflicht verdichtet. Anders liegen die Dinge jedoch, wenn die Gefahrenabwehr wegen unmittelbarer Gefährdung eines Bürgers auch dessen Interessen berührt. Die Generalklausel schützt nicht nur die Allgemeinheit, sondern auch den Einzelnen, sofern nur dessen Gefährdung zugleich auch die öffentliche Sicherheit oder Ordnung bedroht. Auch in einem solchen Fall steht dem Bürger gegenüber den Gefahrenabwehrbehörden zunächst zwar nur ein Anspruch auf fehlerfreie Ermessensentscheidung zu. Dieser Anspruch kann sich jedoch – unter den gleichen Voraussetzungen und parallel zur Ermessensreduktion auf der Seite der Verwaltung – zu einem subjektiv-öffentlichen Recht auf schützendes Einschreiten verdichten. Dieses Recht ist gerichtlich

---

[51] *Martens*, DÖV 1982, 89 (97). Zur Problematik bei Hausbesetzungen VG Berlin DVBl. 1981, 785; *Degenhart*, JuS 1982, 330 ff.; *Schlink*, NVwZ 1982, 529 ff.

[52] Näheres (teilw. str.) bei *Ossenbühl*, DÖV 1976, 463 (468); *Wilke*, Der Anspruch auf behördliches Einschreiten in Polizei-, Ordnungs- und Baurecht, in: Recht und Staat im sozialen Wandel, Festschrift für Hans Ulrich Scupin, Berlin 1983, S. 831 (841); *Götz*, Rdn. 270.

durchsetzbar; seine Verletzung kann zu Schadensersatzansprüchen wegen Amtspflichtverletzung führen. Oft wird der Anspruch darauf gerichtet sein, mit polizeilichen Mitteln gegen den Störer vorzugehen. Daraus erwächst dann eine trigonale Rechtsbeziehung, wie sie auch im Bereich des Drittbetroffenen- oder Nachbarschutzes anzutreffen ist.[53]

4. Gefahrenabwehr und Grundrechte

Grundrechte sind für das Polizei- und Ordnungsrecht in doppelter Hinsicht bedeutsam; als Schutzgüter der polizeilichen Generalklausel wie auch als Abwehrrechte gegenüber den mit Gefahrenabwehrmaßnahmen überwiegend verbundenen rechtlichen oder faktischen Eingriffen in die Rechtssphäre des Bürgers. Da jedenfalls das allgemeine Polizei- und Ordnungsrecht keine bereichsspezifische Ausrichtung kennt, können prinzipiell alle Freiheitsrechte durch die polizeiliche Gefahrenabwehr betroffen werden. Die Befugnisnormen des PolG und des OBG wirken damit gleichsam wie Schranken für die grundrechtlich gewährleistete Freiheitsentfaltung. Umgekehrt ziehen aber auch die Grundrechte der Gefahrenabwehrtätigkeit der Behörden Grenzen.

Dem wechselseitigen Bezug von Polizei- und Ordnungsrecht einerseits und Grundrechten andererseits braucht man allerdings nur dann nachzugehen, wenn das einschlägige Grundrecht überhaupt in seinem Schutzbereich berührt worden ist.[54] Was vom Grundrecht gar nicht geschützt werden soll, ist für die Gefahrenabwehrbehörden verfügbar. In solchen Fällen greift dann nur das allgemeine Recht auf freie Persönlichkeitsentfaltung (Art. 2 I GG) ein, das jedoch unter dem dreifachen Schrankenvorbehalt der Rechte anderer, der verfassungsmäßigen Ordnung und des Sittengesetzes steht. Der Gesichtspunkt notwendiger Schutzbereichsrelevanz erlaubt es den Polizei- und Ordnungsbehörden beispielsweise, ohne Rücksicht auf die Grundrechte der Religions- oder der Kunstfreiheit religiös motivierte rituelle Exzesse oder verkehrsbehindernde, wenngleich mit künstlerischem Anspruch begonnene Pflastermalereien zu unterbinden.[55]

Weitgehend unproblematisch ist das Verhältnis von Polizei- und Ordnungsrecht zu den Grundrechten dort, wo diese selbst unter einem Schranken-, Ausgestaltungs- oder Regelungsvorbehalt stehen. Das Polizei- und Ordnungsrecht aktiviert derartige *Gesetzesvorbehalte,* soweit sie nicht, wie etwa in Art. 11 II GG, an besonders qualifizierte Voraussetzungen geknüpft sind. Es ist ebenso Bestandteil der verfassungsmäßigen Ordnung im Sinne des Art. 2 I GG wie auch ein allgemeines Gesetz nach Art. 5 II GG; es regelt unter dem Gesichtspunkt der Gefahrenabwehr die Berufsausübung nach Art. 12 I 2 GG und markiert neben anderen Gesetzen die Sozialbindung des Eigentums im Sinne

---

53 Zum Ganzen näher *Pietzcker,* JuS 1982, 106 ff.; *Martens,* DÖV 1982, 79 (96); BVerwGE 11, 95 (97).
54 Hierzu u.a. *von Mangoldt/Klein/Starck,* Bonner Grundgesetz, I, 3. Aufl., München 1985, Art. 1 III, Rdn. 170.
55 *Drews/Wacke/Vogel/Martens,* S. 283.

von Art. 14 I 2 GG. Die rechtlichen Anforderungen, die nach Art. 19 I und II GG auch für Schrankengesetze gelten, werden vom Polizei- und Ordnungsrecht erfüllt; auch dem Zitiergebot des Art. 19 I 2 GG ist Rechnung getragen (vgl. §§ 7 PolG, 44 OBG). Allerdings muß bei der Anwendung polizeirechtlicher Befugnisse stets die Rechtsprechung des BVerfG beachtet werden, wonach auch Schrankengesetze ihrerseits wieder an dem eingeschränkten Grundrecht zu messen und in dessen Licht zu interpretieren sind.[56] Hier tritt ein Aspekt des allgemeinen Übermaßverbotes hinzu, der auch außerhalb der Wesensgehaltsgarantie des Art. 19 II GG wirksam wird.[57]

Auch diejenigen Grundrechte, die nicht unter einem Gesetzesvorbehalt stehen, sind nicht uneingeschränkt „polizeifest". Denn auch für sie ergeben sich Schranken aus dem Gesichtspunkt der Einheit der Verfassung und der praktischen Konkordanz ihrer Elemente. Vorbehaltlose Grundrechte können hiernach ausnahmsweise und in einzelnen Beziehungen durch kollidierende Grundrechte Dritter und andere mit Verfassungsrang ausgestattete Rechtswerte begrenzt werden.[58] Das Polizei- und Ordnungsrecht kann diese Schranken allerdings nur insoweit aktivieren, wie seine Anwendung im konkreten Fall dem Schutz derartiger Verfassungswerte dient. Darunter fällt nicht schon die öffentliche Ordnung als solche; ihr gegenüber sind die vorbehaltlosen Grundrechte in der Tat polizeifest.[59]

Exemplarisch für das Verhältnis von Grundrechtsschutz und Gefahrenabwehr ist das Grundrecht der *Versammlungsfreiheit* (Art. 8 GG). Soweit es Versammlungen unter freiem Himmel betrifft, unterliegt es einem Schrankenvorbehalt, den das Versammlungsgesetz ausfüllt. Die §§ 14 ff. VersG regeln solche Versammlungen, soweit sie öffentlich sind; sie gehen als spezielle Regelung dem allgemeinen Polizei- und Ordnungsrecht insoweit vor, wie es sich um die Abwehr versammlungsspezifischer Gefahren handelt. Für Versammlungen in geschlossenen Räumen besteht ein solcher Gesetzesvorbehalt nicht. Die §§ 5 ff. VersG, die gerade für derartige Versammlungen Beschränkungen vorsehen, sind gleichwohl mit der verfassungsrechtlichen Gewährleistung vereinbar, weil sie lediglich verfassungsimmanente Schranken konkretisieren. Auch hier kann das Polizei- und Ordnungsrecht aus Spezialitätsgründen nur für solche Gefahren herangezogen werden, die nicht versammlungsspezifisch sind. Ein weiterer Anwendungsbereich eröffnet sich nur für nichtöffentliche Versammlungen. Finden sie unter freiem Himmel statt, gelten für sie die allgemeinen Regeln polizeilicher Gefahrenabwehr. Im übrigen sind sie zwar durch Art. 8 I GG vorbehaltlos geschützt, aber nicht vollständig polizeifest, sondern der polizeilichen Gefahrenabwehr unterworfen, soweit diese dem Schutz von mit Verfassungsrang ausgestatteten Rechtswerten dient.[60]

---

56 BVerfGE 7, 198 (208 f.); aus neuerer Zeit E 60, 234 (240); E 61, 1 (10 f.).
57 *Maunz/Dürig*, Grundgesetz, München, Art. 19 II, Rdn. 16.
58 Vgl. oben Fn. 37.
59 *Martens*, DÖV 1982, 89 (91); *Schenke*, Rdn. 122.
60 Näheres (teilw. str.) u. a. bei *Drews/Wacke/Vogel/Martens*, S. 154 ff.; *Götz*, Rdn. 171 ff.; *Schenke*, Rdn. 72 f. und 120.

Über diese grundsätzlichen Erwägungen hinaus sind die Grundrechtsbezüge des Polizei- und Ordnungsrechts auch im übrigen stets zu beachten. Solche Bezüge zeigen sich beispielsweise bei den viel diskutierten Fragen, ob auch derjenige, der in Ausübung eines Grundrechts handelt, als Störer polizeipflichtig gemacht werden kann oder wieweit die Zustandshaftung des Eigentümers reicht. Grundrechtsschranken sind weiterhin bei der Wahl des Mittels der Gefahrenabwehr zu beachten. Schließlich kommt der Grundrechtsschutz auch im Verhältnismäßigkeitsprinzip zum Ausdruck, welches das gesamte Polizei- und Ordnungsrecht durchzieht.

III. Polizei- und ordnungspflichtige Personen

Nicht selten werden sich die Gefahrenabwehrbehörden damit begnügen können, mit eigenen Mitteln die Gefahrenquelle zu beseitigen. Insbesondere spielt sich ein großer Teil der polizeilichen Tätigkeit — vorbeugende Streifenfahrten, aber auch der Einsatz bei gefahrverursachenden Naturereignissen oder Katastrophen — in der Weise ab, daß Dritte hiervon nicht unmittelbar betroffen werden. Das Augenmerk des Polizei- und Ordnungsrechts gilt jedoch vor allem denjenigen Maßnahmen der Gefahrenabwehr, die mit Eingriffen in die Rechtssphäre anderer verbunden sind. Die gesetzlichen Regelungen lassen solche Eingriffe grundsätzlich in zwei Fällen zu: einmal gegen diejenigen, die für die Polizeigefahr verantwortlich sind, und darüber hinaus unter den Voraussetzungen des polizeilichen Notstandes auch gegenüber anderen Personen. Der Befugnis der Behörden zu Eingriffsmaßnahmen entspricht auf der Seite der Adressaten eine polizei- oder ordnungsrechtliche Pflichtigkeit (*materielle Polizeipflicht*).

Verschiedentlich werden die Bestimmungen des allgemeinen Polizei- und Ordnungsrechts über polizeipflichtige Personen allerdings durch speziellere Regelungen modifiziert oder verdrängt. Die §§ 17 IV OBG und 4 IV PolG weisen klarstellend hierauf hin. So sind beispielsweise die Adressaten bauordnungsrechtlicher Maßnahmen in den §§ 52 ff. BauO näher bestimmt. In diesem Zusammenhang sind auch die sog. Standardermächtigungen (§§ 9 ff. PolG) zu nennen, die selbst schon jeweils den Adressaten der Maßnahme im Gesetzestatbestand erkennen lassen. Teilweise — wie etwa bei Identitätsfeststellungen an polizeilich eingerichteten Kontrollstellen (§ 9 Abs. 1 Nr. 4 PolG) — ergibt sich hier aus ihrer Zielsetzung, daß sie (auch) gegen solche Personen zur Anwendung gelangen können, die nach den §§ 4–6 PolG bzw. 17–19 OBG nicht polizeipflichtig wären.

1. Subjekte der Polizeipflicht

In den Grenzen seiner materiellen Polizeipflicht muß grundsätzlich jedermann Eingriffe durch polizeiliche Gefahrenabwehrmaßnahmen dulden. Der Polizeipflicht unterliegen darum neben natürlichen Personen auch juristische Personen und selbst körperschaftliche Organisationen ohne eigene Rechtsfähigkeit (OHG, KG, nicht eingetragener Verein). Das gleiche gilt für juristische Personen des öffentlichen Rechts jedenfalls insoweit, wie sie fiskalisch-privatrechtliche Aufgaben wahrnehmen.

Im hoheitlichen Bereich wirft die Frage der *Polizeipflicht öffentlich-rechtlicher Rechtsträger* demgegenüber Schwierigkeiten auf. Zwar entbindet auch hoheitliche Tätigkeit nicht von der Pflicht, im eigenen Verantwortungsbereich es nicht zu einer Gefährdung der öffentlichen Sicherheit oder Ordnung kommen zu lassen. Der Staat bleibt also auch als Hoheitsträger materiell polizeipflichtig, wenn auch beim Umfang seiner Pflichten die Besonderheiten seiner Tätigkeit und die Funktionsfähigkeit seiner Organe berücksichtigt werden müssen. Andererseits unterliegt der hoheitliche Bereich des Staates einer strengen Kompetenzordnung. Sie verbietet es den Polizei- und Ordnungsbehörden, Weisungen zu erlassen, welche den Kompetenzkreis anderer Behörden desselben oder gar eines fremden Verwaltungsträgers berühren. Es müssen darum andere Wege, vor allem durch die Aktivierung von Aufsichts- und Weisungsrechten, gefunden werden, um die materielle Polizeipflicht auch gegenüber staatlich-hoheitlichen Organen durchzusetzen.[61]

Diese Einschränkungen gelten über den hoheitlichen Bereich hinaus auch dort, wo der Staat – wie etwa beim Betrieb der Deutschen Bundesbahn – zwar in öffentlich-rechtlicher Organisationsform öffentliche Aufgaben erfüllt, hierbei aber privatrechtlich handelt. Andererseits unterliegen auch Hoheitsträger dem Weisungsrecht der Gefahrenabwehrbehörden, soweit hierbei Kompetenzeingriffe nicht zu befürchten sind. Das ist beispielsweise der Fall, wenn von einer in hoheitlichem Gebrauch befindlichen Sache Gefahren ausgehen, die mit deren hoheitlicher Funktion nicht in Zusammenhang stehen.[62]

2. Polizeiliche Verantwortlichkeit

Die engen Regelungen über den polizeilichen Notstand lassen erkennen, daß grundsätzlich nur derjenige zur Gefahrenabwehr herangezogen werden soll, der für die Gefahr verantwortlich ist. Das Gesetz nennt selbst die beiden Fälle, in denen polizeiliche Verantwortlichkeit zum Tragen kommen. Verantwortlich ist hiernach, wer durch sein Verhalten eine Gefahr für die öffentliche Sicherheit oder Ordnung verursacht hat oder wer die Herrschaft über eine Sache ausübt, von der solche Gefahren ausgehen. Personen, auf welche diese Merkmale zutreffen, werden üblicherweise, durch den pejorativen Akzent freilich zu Unrecht etwas verengend, als *Störer* bezeichnet.[63]

---

61 *Drews/Wacke/Vogel/Martens,* S. 294f.; *Friauf,* S. 219ff.; *Scholler/Broß,* S. 212ff.; BVerwGE 29, 52.
62 BVerwG NVwZ 1984, 474.
63 OVG Münster OVGE 5, 185.

a) Polizeilicher Pflichtenstatus

Wer Störer ist, hat die Grenzen des ihm offenstehenden Freiheitsbereichs überschritten. Die Vorschriften des Polizei- und Ordnungsrechts zeichnen insoweit Grundrechtsschranken nach, die der freien Persönlichkeitsentfaltung durch die Bindung an die verfassungsmäßige Ordnung und die dem Eigentum durch dessen Sozialpflichtigkeit gesetzt sind. Wer die öffentliche Sicherheit oder Ordnung gefährdet, kann in diese Schranken verwiesen werden, indem man ihm die Beseitigung der Gefahr aufgibt. Im Unterschied zum Nichtstörer, der im polizeilichen Notstand zur Gefahrenabwehr herangezogen wird, kann er hierfür nach § 39 OBG keine Entschädigung verlangen. Die Haftungsbestimmungen der §§ 17 und 18 OBG bzw. der §§ 4 und 5 PolG kennzeichnen damit einen Status besonderer Verantwortlichkeit als Störer.[64]

Dieser *Störerstatus* enthält zugleich ein Pflichtmoment. Wie jeder Verstoß gegen eine Gebotsnorm regelmäßig zu einer Verstoßbeseitigungspflicht führt, so führt auch die Gefährdung oder Störung der öffentlichen Sicherheit und Ordnung als Überschreitung von Freiheitsschranken zu einer Störungsbeseitigungspflicht.[65]

Dieser Pflichtenstatus darf freilich nicht schon mit derjenigen Rechtsstellung des Störers gleichgesetzt werden, die sich aus dem Erlaß einer ihn in Anspruch nehmenden Polizei- oder Ordnungsverfügung ergibt. Erst eine solche Verfügung bringt zum Ausdruck, daß eine bestimmte Person als Störer der Behörde gegenüber zur Gefahrenabwehr verpflichtet ist. Nur auf der Grundlage einer solchen Verfügung kann die Polizeipflicht des Störers auch zwangsweise durchgesetzt werden. Andererseits enthält die Zuweisung der Verantwortlichkeit für Polizeigefahren an bestimmte Personen, wie sie sich unmittelbar schon aus den Vorschriften der Störerhaftung ergibt, mehr als nur eine Eingriffsermächtigung an die Gefahrenabwehrbehörden und eine Bestimmung der Passivlegitimation für gefahrenabwehrende Eingriffe. Sie bezeichnet vielmehr eine sich unmittelbar aus dem Störerstatus ergebende *Vorstufe* der eigentlichen Polizeipflicht, nämlich eine Pflichtigkeit, die dann nach Maßgabe behördlicher Ermessensentscheidung durch eine sie aktualisierende Verfügung zur förmlichen Polizeipflicht erwachsen kann.[66]

Die Pflichtigkeit des Störers hat selbst schon, auch ehe die Behörde sie durch Verfügung aktualisiert, eine eigenständige rechtliche Funktion. Sie ist die Grundlage für die materielle Polizeipflicht von Hoheitsträgern, denen gegenüber der Ermächtigungscharakter der polizeilichen Haftungsbestimmungen nicht zum Tragen kommt. Darüber hinaus spielt sie bei der Frage der Rechtsnachfolge der Polizeipflichten eine wichtige Rolle.

---

64 Vgl. näher *Quaritsch,* DVBl. 1959, 455 ff.; *Schnur,* DVBl. 1962, 1 ff.
65 *Holtzmann,* DVBl. 1965, 753 (756); *Peine,* DVBl. 1980, 941 (948); BVerwGE 64, 105 (113 ff.).
66 *W. Jellinek,* Verwaltungsrecht, 3. Aufl., Berlin 1931, S. 193; *Oldiges,* JA 1978, 543 u. 617; *Peine,* DVBl. 1980, 941 (948). A. A. *Papier,* Altlasten und polizeiliche Störerhaftung, Köln 1985, S. 63 ff.

b) Verhaltensverantwortlichkeit

Nach den §§ 17 OBG und 4 PolG sind gefahrenabwehrende Maßnahmen gegen diejenigen Personen zu richten, die eine Gefahr verursachen. Die hierdurch begründete polizeiliche Verantwortlichkeit knüpft an das Verhalten (Tun oder — bei entsprechenden Rechtspflichten — auch Unterlassen) von Personen an. Sie ist verschuldens- und einsichtsunabhängig und trifft darum beispielsweise auch Kinder. Verschiedentlich tritt zur eigenen Verantwortlichkeit des Störers noch eine Zusatzhaftung des Aufsichtspflichtigen oder des Geschäftsherrn (§ 17 II und III OBG, § 4 II und III PolG) hinzu.

Die Ursächlichkeit eines Verhaltens ist notwendige, aber noch nicht hinreichende Bedingung der polizeilichen Verantwortlichkeit. Es muß vielmehr darüber hinaus ein Wirkungs- und Verantwortungszusammenhang zwischen dem Verhalten und der Gefahr bestehen; ein solcher Zusammenhang liegt regelmäßig dann vor, wenn ein Verhalten die Gefahr unmittelbar verursacht.[67] Das Kriterium der *Unmittelbarkeit* darf freilich nicht verengt als eine raum-zeitliche Beziehung mißverstanden werden; es verlangt vielmehr eine am normativen Begriff der Verantwortlichkeit orientierte materielle Wertung. Dabei kommt es vor allem darauf an, ob ein Verhalten seiner Art und seinen Umständen nach bereits die *„Gefahrenschwelle"* überschritten hat oder sich noch im neutralen Vorfeld der Gefahr bewegt.[68]

Eine Gefahr ist wie jedes andere Ereignis auch stets das Resultat eines Komplexes neben- und hintereinander gestaffelter kausaler Elemente. Im Hinblick auf die Verantwortlichkeit wird meist entscheidend sein, wer durch sein Verhalten die letzte Ursache für die Gefahr gesetzt hat. Gelegentlich erscheint es aber unter Billigkeitsgesichtspunkten erforderlich, neben dem Letztverursacher oder an seiner Stelle denjenigen in Verantwortung zu nehmen, der jenem überhaupt erst Anlaß zu seinem störenden Verhalten gegeben hat. Solche Fragen stellen sich beispielsweise dann, wenn eine extravagante Schaufensterreklame zu einer verkehrsstörenden Ansammlung von Neugierigen führt, wenn Minispione, die ein Händler verkauft, zum Bespitzeln anderer verwendet werden oder wenn eine Menschenmenge das harmlose Musikstück einer Kurkapelle mit einem rassistisch verfärbten Text unterlegt. In heutiger Zeit steht oft die Polizei vor der Frage, ob sie die Organisatoren von Großveranstaltungen zu Sicherheitsvorkehrungen gegen Ausschreitungen oder für die Kosten umfangreicher verkehrslenkender Maßnahmen heranziehen darf.

Rechtsprechung und Lehre behelfen sich hier vielfach mit der — auch sprachlich verunglückten — Rechtsfigur des *„Zweckveranlassers"*, die jedoch zu Unrecht auf die subjektiven Vorstellungen des Betroffenen abstellt. Die Problematik ist, obwohl seit langem bekannt, noch keineswegs ausgetragen. Der an der Figur des Letztverursachers orientierte Begriff der Unmittelbarkeit trägt nicht zur Klärung bei. Die Lösung

---

[67] *Götz*, Rdn. 193.
[68] Vgl. u. a. *Schenke*, Rdn. 90.

erschließt sich vielmehr von dem vom Gesetz selbst gewählten Begriff der polizeilichen Verantwortlichkeit her.

Polizeiliche Verantwortlichkeit setzt die Pflicht zur Vermeidung von polizeilichen Gefahren voraus. Eine solche Pflicht folgt generell aus der polizeilichen Generalklausel; sie ist das logische Korrelat der dortigen Eingriffsermächtigung. In diesem Sinne wäre auch der sog. Zweckveranlasser, dessen Verhalten nur mittelbar eine Gefahr bewirkt, stets schon Störer, wenn er in seinem Tun oder Unterlassen nur selbst schon die Gefahren- oder Schädlichkeitsschwelle überschreitet. Indes läßt sich die polizeiliche Pflichtenstellung des Bürgers nicht allein von der Generalklausel her definieren. Die allgemeine Pflicht, polizeiliche Gefahren zu vermeiden, kann durch positive Berechtigungen modifiziert oder verdrängt sein. Ob dies der Fall ist, muß im Einzelfall in abwägender Wertung festgestellt werden; dabei ist das Gewicht grundrechtlicher Handlungsfreiheit zur allgemeinen Gefahrenvermeidungspflicht in Verhältnis zu setzen. Ist die Berechtigung stärker, kann derjenige, der davon Gebrauch macht, für die hieraus entstehenden Gefahren nicht zur Verantwortung gezogen werden; er ist dann zwar Verursacher der Gefahr, aber im Rechtssinne nicht Störer. Demgemäß wird man beim sog. Zweckveranlasser stets zu prüfen haben, ob sein Verhalten einer Berechtigung entspricht, welche die allgemeine Gefahrenvermeidungspflicht überwiegt. Er ist nur dann Störer, wenn im Hinblick auf diese Gefahrenvermeidungspflicht kontroverse Berechtigungen, auf die er sich im allgemeinen wird berufen können, zurücktreten müssen.[69]

Auch jenseits der Zweckveranlassungs-Fälle stellt sich ganz allgemein die Frage, ob jemand überhaupt Störer sein kann, wenn er sich „an sich" rechtmäßig verhält. Grundsätzlich setzt polizeiliche Verantwortlichkeit keine besondere Rechtswidrigkeit außerhalb des Polizei- und Ordnungsrechts voraus; die in der polizeilichen Generalklausel enthaltene Pflicht zur Vermeidung von Polizeigefahren ist selbst schon Maßstab für die Verantwortlichkeit.[70] Die Generalklausel zeichnet immanente Schranken nach, die den Freiheitsrechten von vornherein gesetzt sind. Andererseits kann jemand, der etwa von einer gewerberechtlichen Erlaubnis Gebrauch macht, polizeirechtlich nicht zur Verantwortung gezogen werden, auch wenn aus diesem Gebrauch eine Polizeigefahr erwächst. Genehmigungen dieser Art können eine *Legalisierungswirkung* entfalten, welche den Verstoß gegen die Gefahrenvermeidungspflicht kompensiert. In solchen Fällen kommen nur, soweit spezialgesetzlich vorbehalten, nachträgliche Auflagen oder ein — dann allerdings entschädigungspflichtiger — Widerruf der Genehmigung in Betracht. Ob und in welchem Umfang einer Erlaubnis tatsächlich Legalisierungswirkung zukommt, kann wiederum nur aufgrund einer Abwägung entschieden werden, bei der Gewicht und Bedeutung der Berechtigung der Gefahrenvermeidungspflicht gegenüberzustellen sind.[71]

---

69 Näheres zum Zweckveranlasser bei *Pietzcker*, DVBl. 1984, 457; *Erbel*, JuS 1985, 257.
70 Vgl. hierzu *Schnur*, DVBl. 1962, 1 (4); *Drews/Wacke/Vogel/Martens*, S. 293; *Pietzcker*, DVBl. 1984, 457 (458).
71 *Pietzcker*, DVBl. 1984, 457 (459); OVG Münster NVwZ 1985, 355 (356).

Im einfachsten Fall ergibt sich aus der Verhaltensverantwortlichkeit die Pflicht des Störers, sein gefährliches Verhalten einzustellen. Hat sein Verhalten bereits eine Situation geschaffen, bei der nunmehr von Sachen Gefahren ausgehen, so muß er den gefährlichen Zustand entweder auf eigene Kosten selbst beseitigen oder für die Kosten behördlicher Maßnahmen aufkommen.

c) Zustandsverantwortlichkeit

Geht eine Polizeigefahr nicht von einem menschlichen Verhalten, sondern von einer Sache (hierzu zählen rechtlich auch Tiere) aus, so ist derjenige polizeipflichtig, der für die Sache verantwortlich ist. Diese sog. *Zustandshaftung* tritt immer dann neben die Verhaltensverantwortlichkeit, wenn ein Verhalten den gefährlichen Zustand einer Sache bewirkt; hier kann dann sogar ein und dieselbe Person unter beiden Aspekten haftbar sein.

Die Verantwortlichkeit für eine Sache trägt der Eigentümer wie auch der Inhaber der tatsächlichen Gewalt. Ihrem besonderen Auftrag als Behörde an der „Gefahrenfront" entsprechend hält sich die Polizei nach § 5 I PolG in erster Linie an den Inhaber der tatsächlichen Gewalt, während der Adressat ordnungsbehördlicher Maßnahmen nach § 18 I OBG vornehmlich der Eigentümer ist. Den jeweils anderen Rechtsinhaber trifft eine *Zusatzverantwortung*. Maßnahmen sind jedoch stets gegen den Inhaber der tatsächlichen Gewalt zu richten, wenn er diese gegen den Willen des Eigentümers ausübt. Nach § 18 II 2 OBG kann der Eigentümer sich durch schriftlichen Vertrag mit dem Inhaber der tatsächlichen Gewalt von seiner ordnungsrechtlichen Verantwortlichkeit befreien, wenn die zuständige Ordnungsbehörde dem zustimmt. Ein solcher Vertrag ist im Hinblick auf seinen Regelungsgegenstand öffentlich-rechtlicher Natur, obwohl er von Privaten geschlossen wird. Durch Dereliktion kann sich der Eigentümer dagegen nicht von seiner Verantwortung befreien, wie § 18 III OBG und § 5 III PolG klarstellen.[72]

Die Zustandshaftung tritt allein aufgrund des Umstandes ein, daß von einer Sache Gefahren ausgehen. Wer für die Sache als solche verantwortlich ist, haftet, auch wenn ihn für die Entstehung der Gefahr keine Verantwortung trifft, sondern wenn sie etwa auf Naturereignissen, Zufall, höherer Gewalt oder der Einwirkung Dritter beruht. Eigene Ursächlichkeit oder gar Verschulden werden nicht vorausgesetzt.[73] Die Polizeipflicht besteht hier in erster Linie darin, Maßnahmen zu ergreifen, die verhindern, daß von der Sache weiterhin Gefahren ausgehen. Gelegentlich, insbesondere wenn Eile geboten ist, müssen die Gefahrenabwehrbehörden derartige Maßnahmen selbst durchführen. Der Berechtigte hat solche Eingriffe in Eigentum oder Besitz entschädigungslos zu dulden.

---

[72] Näheres bei *Schmidt-Jortzig*, Beendigung polizeilicher Zustandsverantwortlichkeit durch Dereliktion?, in: Recht u. Staat im sozialen Wandel, Festschrift für Hans Ulrich Scupin, Berlin 1983, S. 819 ff.
[73] OVG Münster OVGE 5, 185 (188).

Im Gegenteil hat er noch für die Kosten der Gefahrenabwehr aufzukommen, die erheblich sein können, wenn — wie häufig in solchen Fällen — Gefahren von Grundstücken oder darauf befindlichen Gebäuden ausgehen.

Der Grundsatz, daß der Eigentümer auch dann polizeipflichtig ist, wenn er die von seiner Sache ausgehende Gefahr nicht selbst verursacht hat, kann im Einzelfall zu Unbilligkeiten führen. Das zeigt sich besonders dann, wenn der Eigentümer selbst Opfer eines gefahrverursachenden Ereignisses ist, dessen Urheber seinerseits nicht oder nicht mit Erfolg zur Gefahrenbeseitigung herangezogen werden kann. Schulbeispiele hierfür sind die Kriegsruine oder der aufgrund eines Tankwagenunfalls ölverseuchte Erdboden eines Grundstücks.

Im Schrifttum wird hier teilweise auf die Möglichkeit verwiesen, die Polizeipflicht unter dem Gesichtspunkt der *Zumutbarkeit* zu begrenzen. Ein grundsätzlicherer Aspekt gelangt zur Sprache, wenn nach einer anderen Ansicht auf die *Grenzen der Sozialpflicht* des Eigentums gemäß Art. 14 II GG abgestellt wird; hiernach reicht die Zustandshaftung des Eigentümers nur soweit, wie das Risiko eines Gefahreneintritts in einer inneren Beziehung zu den Vorteilen der mit dem Eigentum verbundenen Sachherrschaft steht.[74]

Hinter beiden Auffassungen steht letztlich der zutreffende Gedanke, daß die in der Generalklausel ganz allgemein vorausgesetzte Pflicht des Eigentümers, seine Sache in einem ungefährlichen Zustand zu halten, nicht uneingeschränkt besteht. Wie bei der Verhaltenshaftung geht es auch bei der Zustandshaftung um die Abgrenzung von Verantwortlichkeits- oder Risikosphären, bei der auch der Gesichtspunkt der Zumutbarkeit eine Rolle spielen mag.[75] Wenig hilfreich ist es in diesem Zusammenhang freilich, zwischen einer unbeschränkten Primärhaftung — der Pflicht zur Duldung gefahrenabwehrender Eingriffe — und einer beschränkten, auf die Kosten der Gefahrenabwehr bezogenen Sekundärhaftung zu unterscheiden.[76] Denn auch die dann entschädigungsfreie primäre Inanspruchnahme des Eigentums zur Gefahrenabwehr kann unter dem Gesichtspunkt der Billigkeit auf Bedenken stoßen.

Konflikte besonderer Art ergeben sich schließlich, wenn der Zustand oder die Nutzung einer Sache erst dadurch zu einer Polizeigefahr wird, daß sich die nähere Umgebung strukturell verändert und dabei gegenüber den von der Sache ausgehenden Einwirkungen sensibler wird. Die Schweinemästerei, in deren Nachbarschaft Wohnhäuser entstehen, die Gartenbepflanzung, die einem zunehmenden Autoverkehr die Sicht nimmt, oder das strohgedeckte Haus im Bereich von Funkenflug werden insoweit als Beispiele genannt.

Versuche, hier einen „*latenten Störer*" zu ermitteln, dessen Störerpotential durch Veränderungen in der Umwelt nur aktualisiert werde, führen in die Irre. Von Gefahr und

---

74 Vgl. *Drews/Wacke/Vogel/Martens*, S. 319 ff. einerseits, *Friauf*, S. 217 f. andererseits.
75 *Pietzcker*, DVBl. 1984, 457 (463).
76 *Hohmann*, DVBl. 1984, 997 ff.

Störer läßt sich erst sprechen, wenn sich ein drohender Schaden konkret abzeichnet. Das ist bei den hier angesprochenen Beispielen dann der Fall, wenn unterschiedliche — etwa emittierende und immissionsempfindliche — Nutzungen miteinander in Konflikt geraten. Erst von der dann entstehenden Situation her ist zu entscheiden, welche Nutzungsform aus polizeilichen Gründen zurückzutreten hat. Das wird regelmäßig diejenige Nutzungsart sein, die aktiv an der Entstehung der Gefahr beteiligt ist oder den Umständen nach dem Gefahrentyp am nächsten steht.[77]

Meist überlagern sich bei Nutzungskonflikten die Verhaltens- und die Zustandsverantwortlichkeit. Darum spielt auch hier hinein, was dort zur Begrenzung der Verantwortlichkeit durch Berechtigungen gesagt wurde. Genehmigungen können eine Legalisierungswirkung entfalten, die eine bestimmte Nutzungsweise auch unter dem Gesichtspunkt der Zustandshaftung „polizeifest" machen. Muß nach den Umständen gleichwohl der Berechtigte herangezogen werden, so ist dies nur gegen Entschädigung möglich. Problematisch sind freilich auch hier Umfang und Gewicht der Legalisierungswirkung.

d) Auswahl zwischen mehreren Störern

Für eine Gefahr können mehrere Personen nebeneinander verantwortlich sein: als Verhaltensstörer bei gewolltem oder ungewolltem Zusammenwirken oder als Verhaltens- und Zustandsstörer, wenn jemand die Sache eines anderen in einen gefährlichen Zustand versetzt. Die Gefahrenabwehrbehörden können in solchen Fällen nach pflichtgemäßem Ermessen (§ 16 OBG, § 3 I PolG) einen oder mehrere Störer je für sich oder mehrere nebeneinander in Anspruch nehmen, soweit sich die Heranziehung des einen oder anderen nicht aus Rechtsgründen, vor allem im Hinblick auf das Gebot der Verhältnismäßigkeit, verbietet.

Für die Handhabung des *Auswahlermessens* gibt es keine festen Regeln; insbesondere kommt es grundsätzlich nicht auf das Ausmaß der Verantwortlichkeit, der Ursächlichkeit oder des Verschuldens an. Auch spielt keine Rolle, ob jemand als Verhaltens- oder als Zustandsstörer haftet. Das bestimmende Motiv bei der Auswahl hat allein die Effektivität der Gefahrenabwehr zu sein; darum dürfen auch Gesichtspunkte wie die Greifbarkeit oder Leistungsfähigkeit eines Störers berücksichtigt werden. Ist dagegen die Wirksamkeit der Gefahrenabwehr in jedem Fall gesichert, kann es unter Umständen zu einer Ermessensreduzierung aus anderen Gründen kommen. Hat die Behörde beispielsweise die Gefahr bereits im Wege des Sofortvollzugs selbst beseitigt, muß sie bei der Entscheidung darüber, wem sie die Kosten auferlegt, auch Billigkeitserwägungen anstellen. Hier kann sich die Inanspruchnahme des Zustandsverantwortlichen verbieten, wenn er selbst Opfer ist, weil der gefährliche Zustand seines Eigentums durch das Verhalten Dritter verursacht wurde.

---

77 Zum latenten Störer *Friauf,* DVBl. 1971, 713 ff.; *Götz, Rdn. 217 ff.; Schenke,* Rdn. 92.

In dem soeben angesprochenen Fall werden sich für den Zustandsstörer meist privatrechtliche Ersatzansprüche gegen den schädigenden Verhaltensstörer ergeben, die nicht nur die engeren Kosten der Gefahrenbeseitigung, sondern auch die dabei entstehenden Schäden decken. Im übrigen billigt die Rechtsprechung dem in Anspruch genommenen Störer keinen gesetzlichen Ausgleichsanspruch gegenüber Mitstörern zu. Das ist in dieser Rigidität bedenklich, weil seine Inanspruchnahme anderen Gesichtspunkten folgt als dem einer gerechten Lastenverteilung. Den Haftungsvorschriften des Polizei- und Ordnungsrechts läßt sich freilich eine andere Lösung nicht entnehmen. Solange man nicht bereit ist, das in § 426 BGB zum Ausdruck kommende Prinzip des internen Haftungsausgleichs zwischen mehreren als Gesamtschuldner haftenden Personen vorsichtig für das öffentliche Recht zu aktivieren, sollte jedoch wenigstens bei der Auferlegung der Kosten eines Sofortvollzuges eine Lastenverteilung unter Berücksichtigung des individuellen Anteils an der Gesamtverantwortlichkeit gefordert werden.[78]

3. Rechtsnachfolge in Polizeipflichten

Wer für sein Verhalten oder für den Zustand einer ihm gehörenden Sache polizeilich verantwortlich ist, kann die hieraus resultierende Haftung grundsätzlich nicht auf andere abwälzen. Allein § 18 II 2 OBG läßt, wie schon erwähnt, eine einvernehmliche Übertragung der Zustandsverantwortlichkeit auf andere zu. Um Rechtsnachfolge geht es hierbei nicht. Das ist anders, wenn derjenige, der kraft Eigentums für den gefährlichen Zustand einer Sache verantwortlich ist, sein Eigentum auf einen anderen überträgt. Rechtsnachfolgeprobleme ergeben sich weiterhin auch bei der Frage, ob beim Erbfall die Polizeipflicht des Erblassers auch auf den Erben übergeht.

Veräußert jemand eine Sache, die sich in einem polizeigefährlichen Zustand befindet, entsteht beim Erwerber originär eine eigene Zustandsverantwortlichkeit; die Frage nach einer derivativen Haftung kraft Rechtsnachfolge (in das Eigentum) stellt sich insoweit zunächst nicht.[79] Hierauf kommt es jedoch dann an, wenn gegen den Rechtsvorgänger bereits eine Polizei- oder Ordnungsverfügung erlassen oder gar schon ein Verwaltungszwangsverfahren eingeleitet worden ist. In solchen Fällen ist es für die Behörde wichtig, ob der Erwerber gleichsam in den Stand des Verfahrens gegen seinen Rechtsvorgänger eintritt oder ob sie gegen ihn eine neue Gefahrenabwehrverfügung erlassen muß. Diese Frage wird insbesondere im Zusammenhang mit Abbruchverfügungen bei bauordnungswidrigem Zustand von Gebäuden diskutiert. Rechtsprechung und ein Teil des Schrifttums behelfen sich hier mit der bedenklichen Konstruktion eines Pflichtenübergangs kraft *Dinglichkeit* der Gefahrenabwehrverfügung; sie führt zu einer —

---

78 BGH NJW 1981, 2457; weiterhin (teilw. str.) *Götz,* Rdn. 238; *Papier,* aaO., S. 72 ff.; *Schenke,* Rdn. 101; *Seibert,* DÖV 1983, 964.
79 Vgl. aber *Oldiges,* JA 1978, 616 (617).

akzessorisch mit dem Eigentumsrecht verbundenen – Polizeipflicht des jeweiligen Eigentümers der störenden Sache.[80]
Der Rückgriff auf eine solche Akzessorität kraft Dinglichkeit erübrigt sich bei der Gesamtrechtsnachfolge, weil im Erbfall nach den – für das Polizei- und Ordnungsrecht entsprechend heranziehbaren – §§ 1922, 1967 BGB auch Rechtspflichten auf den Erben übergehen. Hier fragt sich freilich, ob Polizeipflichten nicht wegen ihrer *Höchstpersönlichkeit* als unvererblich angesehen werden müssen. Das ist sicherlich der Fall, wenn sie auf nicht vertretbare Leistungen gerichtet sind. Auch im übrigen bestehen Bedenken jedenfalls insoweit, wie ein Störer bereits durch eine die Polizeigefahr aktualisierende Verfügung zur Gefahrenabwehr herangezogen worden ist. Denn diese Heranziehung beruht stets auf einer Ermessensentscheidung, bei der auch die persönlichen Umstände des Störers Berücksichtigung finden. Die Rechtsprechung greift freilich, soweit es sich um Fälle der Zustandshaftung handelt, auch in diesem Zusammenhang auf den Gesichtspunkt der Dinglichkeit zurück.[81]

Die weitere Frage, ob auch die noch nicht durch Verfügung aktualisierte materielle Polizeipflicht vererblich ist, hat demgegenüber bisher nur wenig Beachtung gefunden. Sie spielt beispielsweise eine Rolle, wenn der Inhaber eines Fuhrunternehmens mit dem selbstgesteuerten Tanklastwagen tödlich verunglückt und bei diesem Unfall das auslaufende Öl den Erdboden eines fremden Grundstücks verseucht. Haften hier nicht die Erben, so muß möglicherweise der Eigentümer eines solchen Grundstücks oder jedenfalls der Steuerzahler einspringen. Versteht man dagegen wie hier die Haftungsvorschriften des Polizei- und Ordnungsrechts nicht nur als Eingriffsermächtigung, sondern schon als die Begründung einer – rechtlich freilich noch nicht zur vollwertigen Polizeipflicht ausgewachsenen – *Pflichtigkeit*, so stehen der Annahme ihrer Vererblichkeit keine Bedenken entgegen.[82]

4. Polizeilicher Notstand

Ein polizeilicher Eingriff in die Rechtssphäre des Bürgers ist grundsätzlich nur dann legitim, wenn er sich gegen einen Störer wendet. Gelegentlich lassen sich Polizeigefahren allerdings nur unter Inanspruchnahme auch solcher Personen abwehren, die für die Gefahr selbst nicht verantwortlich sind. Die §§ 18 OBG und 6 PolG ermächtigen die Gefahrenabwehrbehörden hierzu unter den strengen Voraussetzungen des sog. ordnungsbehördlichen oder polizeilichen Notstandes. Ein solcher Notstand liegt nur bei einer gegenwärtigen und erheblichen Gefahr vor, der weder durch die Heranziehung

---

[80] BVerwG NJW 1971, 1624; OVG Münster DVBl. 1973, 226. Aus dem Schrifttum *Götz*, Rdn. 227 ff.; *Schenke*, Rdn. 102 f., m. w. Nw.
[81] OVG Koblenz DÖV 1980, 654; Einwände bei *Schenke*, GewArch. 1976, 1 ff. und *Oldiges*, JA 1978, 616 (618). Vgl. auch OVG Münster OVGE 34, 81, sowie (a. A.) Hess. VGH NJW 1976, 1910.
[82] *Oldiges*, JA 1978, 541 (543).

verantwortlicher Personen noch durch den Einsatz eigener Mittel der Behörde hinreichend begegnet werden kann.

Maßnahmen im polizeilichen Notstand verweisen nicht einen Störer in seine Schranken, sondern muten unter Umständen ganz Unbeteiligten im öffentlichen Interesse ein Opfer zu. Ergeben sich für den Betroffenen hieraus materielle Belastungen, steht ihm darum nach § 39 OBG, der auch nach dem PolG anwendbar ist, ein Opferausgleich in der Form einer Geldentschädigung zu.[83] Notstandsmaßnahmen dürfen nur solange aufrechterhalten werden, wie sich die Gefahr nicht auf andere Weise abwenden läßt. Nimmt die Behörde sie nicht rechtzeitig zurück, so werden sie rechtswidrig und dem Betroffenen erwächst ein Folgenbeseitigungsanspruch.

Unter extremen Bedingungen kann die Notstandsermächtigung dazu führen, daß nicht der Störer, sondern der Gefährdete selbst zur Gefahrenabwehr herangezogen wird. Dies zeigen die in Rechtsprechung und Schrifttum häufig diskutierten Fälle von Versammlungsverboten, mit denen gelegentlich auch rechtmäßige Versammlungen belegt werden, wenn sie Andersdenkenden zu gewalttätigen Aktionen Anlaß geben.[84] Die Versammlungsteilnehmer selbst können – auch unter dem Gesichtspunkt der Zweckveranlassung – nicht als Störer angesehen werden, wenn sie von ihren Rechten im Rahmen des Art. 8 GG und der Vorschriften des Versammlungsgesetzes Gebrauch machen. Aufgrund polizeilichen Notstands ist ein Verbot allerdings nur dann zulässig, wenn die Polizei auch unter Aufgebot aller verfügbaren Kräfte die Versammlung selbst oder die Öffentlichkeit nicht schützen kann. Sie darf die Anwendung von physischer Gewalt nicht scheuen; andererseits braucht sie es nicht auf tätliche Auseinandersetzungen mit unabsehbaren Folgen ankommen zu lassen. Zu welchen eigenen Anstrengungen die Polizei in solchen Fällen verpflichtet ist, muß unter besonderer Berücksichtigung des Grundrechts der Versammlungsfreiheit bestimmt werden.

Gegenüber öffentlichen Versammlungen in geschlossenen Räumen gilt das polizeiliche Notstandsrecht freilich nicht; insofern enthält § 5 VersG eine abschließende Regelung für präventive Verbote. Allerdings kommt hier eine Auflösung der Versammlung nach § 13 I Nr. 1 VersG in Betracht.

IV. Das Instrumentarium der Gefahrenabwehr

In seinen Befugnisnormen regelt das Polizei- und Ordnungsrecht, welche Mittel den Gefahrenabwehrbehörden zur Verfügung stehen. Die gesetzliche Normierung orientiert sich dabei, wie insbesondere die entsprechenden Abschnittsüberschriften im OBG

---

[83] Speziellere Vorschriften finden sich in den §§ 30 f. des nw. Feuerschutzgesetzes (FSHG) und in § 13 des nw. Katastrophenschutzgesetzes (KatSG).

[84] Näheres (teilw. str.) bei *Broß*, DVBl. 1981, 208; *König*, BayVBl. 1982, 395; *Götz*, Rdn. 246; *Schenke*, Rdn. 120.

zeigen, am Dualismus von Verfügung und Verordnung, also an den beiden Grundtypen rechtsfolgebestimmender (normativer) Maßnahmen. Dies verstellt ein wenig den Blick dafür, daß Gefahrenabwehr in weiten Bereichen insbesondere der Polizeiverwaltung auch durch tatsächliches Verwaltungshandeln (Realakte) praktiziert wird. Der in den §§ 14 OBG und 8 PolG verwendete Begriff der Maßnahme umfaßt indes auch dies und verschafft ihm, soweit es die Rechtssphäre des Bürgers tangiert, die erforderliche rechtsstaatliche Legitimation.

1. Polizei- und Ordnungsverfügungen

a) Begriff

Der Begriff der Verfügung wird im nordrhein-westfälischen Gefahrenabwehrrecht nur noch innerhalb des OBG gebraucht, ohne daß ihm jedoch eine maßgebliche Bedeutung zukäme. Die traditionelle und im Sprachgebrauch durchaus noch lebendige Bezeichnung *„Polizeiverfügung"*, an die sich vor Einführung der verwaltungsgerichtlichen Generalklausel (jetzt § 40 VwGO) noch der Zugang zur verwaltungsgerichtlichen Kontrolle knüpfte, kommt im heutigen Recht nicht mehr vor. An ihre Stelle ist der Begriff des Verwaltungsakts getreten, der als rechtssystematischer Oberbegriff außer den Gefahrenabwehrverfügungen auch alle anderen Fälle behördlicher Einzelfallregelungen auf dem Gebiet des öffentlichen Rechts umfaßt.

Auch im OBG dient der Begriff der Verfügung, sieht man von der systematisch verfehlten Regelung in § 20 II 1 OBG ab, nur noch als Anknüpfungspunkt für Formvorschriften. § 20 I 1 OBG definiert als Ordnungsverfügung jede Anordnung der Ordnungsbehörde, durch die von bestimmten Personen oder einem bestimmten Personenkreis ein Handeln, Dulden oder Unterlassen verlangt wird; das gleiche gilt für die Versagung, Einschränkung oder Zurücknahme einer ordnungsbehördlichen Erlaubnis oder Bescheinigung. Auch soweit man heute noch von Polizeiverfügungen spricht, sind damit Anordnungen der Polizeibehörde gemeint.

Polizei- und Ordnungsverfügungen sind, wie sich aus den §§ 14 OBG und 8 PolG ergibt, Anordnungen im Einzelfall. Damit entspricht ihre Definition, abgesehen von ihrem inhaltlichen Bezug auf Maßnahmen der Gefahrenabwehrbehörden, der Definition des Verwaltungsakts nach § 35 VwVfG. Gefahrenabwehrverfügungen sind Verwaltungsakte im Sinne dieser Vorschrift. Sie treten einerseits in der Form des individuellen Verwaltungsakts (§ 35 S. 1 VwVfG) auf, der sich an eine einzelne Person oder an eine Mehrzahl individuell bestimmter Personen richtet, andererseits aber auch als Allgemeinverfügung (§ 35 S. 2 VwVfG), gerichtet an einen nach allgemeinen Merkmalen bestimmten Personenkreis. Von der ordnungsbehördlichen Verordnung unterscheiden sie sich im wesentlichen durch ihren Einzelfallbezug. Im Gegensatz zu Verordnungen dienen Verfügungen der Abwehr nicht von abstrakten, sondern von konkreten Gefahren.

Als Gefahrenabwehrverfügungen werden neben den gewöhnlichen Einzelfallanordnungen von Polizei- und Ordnungsbehörden u. a. auch die von *Verkehrszeichen* ausgehenden Verbote oder Gebote angesehen. Diese vor allem von der Rechtsprechung bevorzugte Konstruktion[85] ist freilich nicht ganz bruchlos, da mit Verkehrszeichen eher doch wohl auf eine abstrakte Gefahr reagiert wird, was sonst üblicherweise durch Rechtsnormen geschieht. Indessen läßt sich aufgrund der räumlichen Bündelung der von Verkehrszeichen ausgehenden Weisungen eine gewisse Konkretisierung des Regelungstatbestandes feststellen, der sie in die Nähe sog. dinglicher Verwaltungsakte versetzt. Da sie sich an einen nur abstrakt bestimmten Adressatenkreis wenden, handelt es sich in jedem Fall bei ihnen um Allgemeinverfügungen.

b) Selbständige und unselbständige Verfügungen

Gefahrenabwehr erfolgt nicht allein auf der Grundlage des allgemeinen Polizei- und Ordnungsrechts; ihr dienen darüber hinaus auch Spezialregelungen mit bereichsspezifischem Gehalt. Dabei kann es sich entweder um eigenständige gesetzliche Regelungen oder auch um ordnungsbehördliche Verordnungen handeln, die ihrerseits auf der entsprechenden Ermächtigung im OBG beruhen. Wie schon erwähnt, schreiben solche Vorschriften meist Verhaltensstandards vor oder bestimmen Sicherheitsanforderungen, deren Nichteinhaltung sie pönalisiere. Ergänzend kommen Anordnungen in Betracht, diese Regeln einzuhalten oder — bei schon erfolgten Verstößen — gefährliche Folgen zu beseitigen.

Auch bei derartigen Anordnungen im Bereich gefahrenspezifischer Sonderregelungen handelt es sich um Gefahrenabwehrverfügungen. Sie ergehen entweder auf der Grundlage von Ermächtigungen in den Spezialgesetzen selbst oder nach Maßgabe der Generalklauseln. Man bezeichnet sie gelegentlich als „unselbständige" Verfügungen, um damit hervorzuheben, daß zu ihrer Legitimation der (drohende) Normverstoß als solcher genügt, ohne daß daraus eine konkrete Gefahr folgen müsse.[86] Unselbständige Verfügungen sind insofern also ein Mittel eher zur Normdurchsetzung als zu konkreter Gefahrenabwehr. Diese an sich richtige Unterscheidung von den selbständigen Verfügungen, die sich ausschließlich im Regelungsbereich der Generalklausel bewegen, verliert jedoch angesichts der üblichen Konstruktion, in jedem Rechtsverstoß eine Gefährdung der öffentlichen Sicherheit zu sehen, an Bedeutung.

c) Rechtliche Anforderungen an Polizei- und Ordnungsverfügungen

Gefahrenabwehrverfügungen unterliegen als Verwaltungsakte den dafür einschlägigen Regelungen des Verwaltungsverfahrensrechts. Hierzu zählen nicht nur die Bestimmungen über Wirksamkeit und Bestand, sondern auch die modalen Anforderungen an Ver-

---

85 BVerwGE 59, 221; differenzierend *Drews/Wacke/Vogel/Martens*, S. 361 ff.
86 OVG Münster OVGE 13, 280; vgl. auch *Drews/Wacke/Vogel/Martens*, S. 411 ff.; *Friauf*, S. 242 f.; *Götz*, Rdn. 448.

fahren, Form und Inhalt. Zum Teil enthält das Polizei- und Ordnungsrecht insofern jedoch, wie beispielsweise in der Formvorschrift des § 20 OBG, eigene Regelungen, die dann denjenigen des VwVfG vorgehen.

In inhaltlicher Hinsicht muß bei belastenden Verfügungen ebenso wie bei sonstigen belastenden Maßnahmen insbesondere das *Übermaßverbot* in seinen drei Ausformungen des Gebots der Geeignetheit, der Erforderlichkeit und der Angemessenheit des angewendeten Mittels (Verhältnismäßigkeit i. e. S.) beachtet werden. Ob eine Gefahrenabwehrmaßnahme geeignet, erforderlich und verhältnismäßig ist, unterliegt als Rechtsfrage der vollen verwaltungsgerichtlichen Kontrolle. Ein Verstoß gegen diese modalen Anforderungen macht die Maßnahme rechtswidrig. Wie auch sonst im Polizei- und Ordnungsrecht kommt es dabei auf eine Beurteilung ex ante an, bei welcher der Erkenntnishorizont eines verständigen Beamten zugrunde zu legen ist; erweist sich die Maßnahme ex post, nämlich aufgrund einer nunmehr veränderten Einschätzung der Gefahr als unangemessen, so hat dies auf die Beurteilung keinen Einfluß.

Die drei Elemente des Übermaßverbots werden in den §§ 15 OBG, 2 PolG unter der Überschrift „Verhältnismäßigkeit" (i. w. S.) angesprochen. Das Gebot der *Geeignetheit* klingt in § 15 I OBG und § 2 I PolG an, wonach die Grundsätze über die richtige Mittelauswahl „mögliche und geeignete Maßnahmen" voraussetzen. Unzulässig ist gleichermaßen das unmögliche wie auch das untaugliche Mittel, ebenso eine Verfügung, die ein Verhalten aufgibt, das gegen Rechtsnormen des öffentlichen Rechts verstößt. Der Umstand, daß der Adressat einer Polizeiverfügung aus privatrechtlichen Gründen zur Erfüllung seiner Polizeipflicht nicht befugt ist, macht die Verfügung nicht in jedem Falle unzulässig. Hier muß die Behörde ggf. eine sog. Duldungsverfügung gegen denjenigen erlassen, dessen Rechte dem verlangten Verhalten entgegenstehen; sie muß beispielsweise dem Eigentümer eines Grundstücks aufgeben, die zur Gefahrenabwehr erforderlichen baulichen Maßnahmen des Pächters auf seinem Grundstück zu dulden. Die Duldungsverfügung muß freilich ihrerseits polizeirechtlich legitimiert sein; der Dritte darf darum nur in Anspruch genommen werden, wenn er auch seinerseits Störer ist, oder wenn die Voraussetzungen des polizeilichen Notstandes vorliegen. Solange eine derartige Duldungsverfügung nicht erlassen und vollziehbar ist, steht der eigentlichen Gefahrenabwehrverfügung ein *Vollstreckungshindernis* entgegen, welches jedenfalls die Festsetzung eines Zwangsmittels (§ 64 VwVG) ausschließt.

Der Grundsatz der *Erforderlichkeit* deckt sich mit dem Gebot der Geeignetheit, wenn man darunter versteht, daß überhaupt ein Handlungsbedarf vorhanden ist und die Gefahrenabwehrmaßnahme dem entspricht. In zeitlicher Hinsicht gebieten die §§ 15 III OBG und 2 III PolG darüber hinaus, daß Dauermaßnahmen nicht länger als erforderlich aufrechterhalten werden dürfen. Im übrigen entfaltet das Gebot der Erforderlichkeit seine Wirkung vor allem in der Regelung, daß die Behörde sich bei der Wahl unter mehreren geeigneten Maßnahmen für diejenige zu entscheiden hat, die den Einzelnen und die Allgemeinheit voraussichtlich am wenigsten beeinträchtigt (§§ 15 I OBG, 2 I PolG). Hierbei kann sie vor einen Zielkonflikt zwischen Individual- und Allgemeininteresse gestellt sein, den sie durch Abwägung zu lösen hat; ein eigenes Ermessen ist ihr insoweit nicht eingeräumt.[87]

Unter den Gesichtspunkten der Geeignetheit und Erforderlichkeit geht es um eine Begrenzung der Mittel durch den Zweck der Gefahrenabwehr. Das *Verhältnismäßigkeitsprinzip (i. e. S.)* gebietet demgegenüber eine Abwägung zwischen Mittel und Zweck (§ 15 II OBG, § 2 II PolG). Hier kann sich ggf. herausstellen, daß im Hinblick auf die Geringfügigkeit der Gefahr jedes in Frage kommende Mittel und damit eine Gefahrenabwehr überhaupt unangemessen sind.

Innerhalb dieser rechtlichen Schranken entscheidet die Behörde, auch was die Wahl des Mittels betrifft, nach pflichtgemäßem Ermessen (§§ 16 OBG, 3 I PolG). Bieten sich mehrere (gleich belastende) Maßnahmen an, braucht die Behörde nur eine davon zu bestimmen. Der Betroffene kann seinerseits jedoch ein anderes – auch ein aufwendigeres – Mittel anbieten, wenn es in gleicher Weise geeignet ist (§§ 21 OBG, 3 II PolG).[88] Die Ausübung des Ermessens kann von den Verwaltungsgerichten nur nach Maßgabe des § 114 VwGO kontrolliert werden. Der Entscheidung müssen polizeiliche, d. h. an effizienter Gefahrenabwehr orientierte Erwägungen zugrunde liegen; das Motiv, sich die Aufgabenerfüllung zu erleichtern, wird vom Gesetz nicht anerkannt (§ 20 II OBG).

d) Ordnungsbehördliche Erlaubnisse

Häufig bedient sich das Gefahrenabwehrrecht der Rechtsfigur des *Verbots mit Erlaubnisvorbehalt*. Sein Anwendungsbereich ist in erster Linie die Spezialgesetzgebung. Das allgemeine Polizei- und Ordnungsrecht selbst enthält keine eigenen sachlichen Verbote; es ermächtigt hierzu freilich in den §§ 25 ff. OBG, welche den Erlaß ordnungsbehördlicher Verordnungen regeln. Die Erlaubnis bedeutet eine Ausnahme von einem grundsätzlichen Verbot; über sie entscheidet entweder die Spezialbehörde oder in Ermangelung einer solchen bzw. bei ordnungsbehördlichen Verordnungen die Ordnungsbehörde (§ 23 OBG); die Einrichtung polizeilicher Erlaubnisse kennt das heutige nordrhein-westfälische Recht im Hinblick auf die grundsätzliche Beschränkung der Polizeibehörden auf Eilzuständigkeiten nicht.

§ 23 OBG behandelt nur die Versagung ordnungsbehördlicher Erlaubnisse. Nur diese gilt im Hinblick auf die Formvorschrift des § 20 I 1 OBG als ordnungsbehördliche Verfügung; die Erteilung einer Erlaubnis ist dagegen nur ein gewöhnlicher Verwaltungsakt, für den nach § 37 II 1 VwVfG keine Formvorschriften bestehen.

Rechtliche Verbote mit Erlaubnisvorbehalt können ganz unterschiedliche, z. B. auch wirtschaftslenkende Funktionen erfüllen. Werden sie zur Gefahrenabwehr eingesetzt,

---

[87] Z.T. a. A. (jedoch nach älterem Recht) OVG Münster NJW 1980, 2210. Vgl. auch *Knemeyer*, VVDStRL 35, 245 (Fn. 66).
[88] OVG Münster DÖV 1962, 617.

handelt es sich stets um abstrakte Gefahren, deren Quelle nur typusmäßig und nicht individuell bestimmt ist. Da hier nicht stets auch in jedem Einzelfall tatsächlich eine (konkrete) Gefahr vorzuliegen braucht, ist die Ermächtigung zur Erteilung von Erlaubnissen sachgerecht.

Der Erlaß eines Verbots mit Erlaubnisvorbehalt kann *repressiv* oder nur *präventiv* motiviert sein. Im ersteren Fall wird eine Verhaltensweise ihrer Art nach als sozialschädlich erkannt und darum allgemein verboten. Die Erlaubnis (in diesen Fällen auch Befreiung oder Dispens genannt) macht von diesem Verbot in gesondert gelagerten Einzelfällen, für die das auf den Regelfall gemünzte Gefahrenurteil nicht zutrifft, eine Ausnahme. Bei Verhaltensweisen, die insgesamt gesehen nicht sozialschädlich sind, wohl aber bei Nichtbeachtung bestimmter Sicherheitserfordernisse Gefahren verursachen können, kommt demgegenüber ein nur präventives Verbot mit Erlaubnisvorbehalt in Betracht. Es enthält in Wahrheit kein materielles Verbot, sondern nur eine Verfahrensvorschrift, die eine Sicherheitsüberprüfung ermöglicht. Das vorläufige Verbot erstarkt darum erst dann zu einem endgültigen, wenn sich bei dieser Prüfung herausstellt, daß das Verhalten, für das die Erlaubnis beantragt wird, entweder selbst konkret gefährlich ist oder doch gegen abstrakt formulierte Sicherheitsregeln verstößt.

§ 23 OBG knüpft an diese Unterscheidung nur insoweit an, als er zwischen *gebundenen* und *freien* Erlaubnissen differenziert. Das präventive Verbot betrifft Verhaltensweisen, die materiell im allgemeinen erlaubt sind. Die Versagung einer Erlaubnis stellt darum einen Eingriffsakt dar, der grundsätzlich an das Vorliegen bestimmter, in der Erlaubnisnorm selbst geregelter Versagungsgründe geknüpft sein muß; Ermessensentscheidungen der Verwaltung lassen sich mit dem rechtsstaatlichen Freiheitsanspruch des Bürgers nicht vereinbaren.[89] Es kommt hier nur eine gebundene Erlaubnis in Betracht, die nach § 23 S. 1 OBG nur dann versagt werden darf, wenn ihre Voraussetzungen nicht vorliegen; diese Bestimmung verleiht dem Antragsteller insoweit also einen Rechtsanspruch auf Erteilung der Erlaubnis. Die Befreiung von einem repressiven Verbot kann dagegen auch als freie Erlaubnis geregelt sein, wenn jedenfalls das betreffende Verhalten auch uneingeschränkt hätte verboten werden können; dies gilt auch für entsprechende Verbote in ordnungsbehördlichen Verordnungen. Bei einer freien Erlaubnis entscheidet die Behörde nach pflichtgemäßem Ermessen, sofern nicht Gesichtspunkte der Verhältnismäßigkeit oder des Grundrechtsschutzes zu einer Ermessensreduktion führen. Auch im übrigen darf die Erlaubnis, wie § 23 S. 2 OBG klarstellt, vorbehaltlich anderer Regelungen nur versagt werden, wenn dies der Erfüllung ordnungsbehördlicher Aufgaben dient.[90]

---

89 BVerfGE 20, 150 (157f.); vgl. aber auch E 49, 89 (145ff.).
90 Weitere Einzelheiten (teilw. str.) bei *Drews/Wacke/Vogel/Martens*, S. 443ff. und 462ff.; *Götz*, Rdn. 454ff.

2. Ordnungsbehördliche Verordnungen

a) Begriff und Funktion

Zur Abwehr von Gefahren für die öffentliche Sicherheit oder Ordnung können nach Maßgabe der §§ 26 und 27 OBG ordnungsbehördliche Verordnungen erlassen werden. Den Polizeibehörden steht dagegen in Nordrhein-Westfalen kein Verordnungsrecht zu; ihr Abwehrinstrumentarium beschränkt sich auf Polizeiverfügungen und sonstige Einzelfallentscheidungen.

Bei den ordnungsbehördlichen Verordnungen handelt es sich um Rechtsverordnungen und damit um Rechtsnormen; sie sind nach der Definition des § 25 S. 1 OBG für eine unbestimmte Anzahl von Fällen an eine unbestimmte Anzahl von Personen gerichtet. Da sich indes auch die Ordnungsverfügung, sofern sie als Allgemeinverfügung ergeht, an einen nach allgemeinen Merkmalen bestimmten Personenkreis richtet (§ 35 S. 2 VwVfG) und damit gleichfalls eine unbestimmte Anzahl von Personen betreffen kann, kommt es für die Unterscheidung von Verfügung und Verordnung maßgeblich auf den Regelungsgegenstand an.[91] Die Verhaltenspflichten, die den betroffenen Personen auferlegt werden, können sich jeweils auf eine bestimmte oder auch auf eine unbestimmte Zahl von Fällen (Vorgängen oder Situationen) beziehen. Grundsätzlich liegt bei Unbestimmtheit der geregelten Fälle eine Verordnung vor. Allerdings kann sich auch eine unbestimmte Vielzahl geregelter Vorgänge aufgrund räumlicher oder zeitlicher Bündelung so verdichten, daß die Regelung — etwa bei den schon erwähnten Verkehrszeichen — den konkreten Charakter einer Verfügung annimmt. Zu Unrecht hat dagegen das BVerwG in der viel diskutierten Endiviensalat-Entscheidung[92] nicht die einzelnen Verkaufsfälle, sondern die „konkrete Seuchengefahr" als den eigentlichen Regelungsgegenstand angesehen, während es sich in Wahrheit hierbei nur um den Regelungsanlaß handelte.

Ihrer Natur als generellem Rechtssatz entsprechend setzt die ordnungsbehördliche Verordnung keine im Einzelfall bestehende Gefahr voraus. Ihre Gebote oder Verbote können darum auch solche Vorgänge oder Situationen betreffen, die lediglich potentiell gefährlich sind (sog. *abstrakte Gefahr*), ohne daß in jedem ihrer Anwendungsfälle tatsächlich auch eine (konkrete) Gefahr bestehen müßte. Das ermöglicht eine generalisierende Gefahrenabwehr, die sich jedoch am Grundsatz der Verhältnismäßigkeit messen lassen muß. Dieser Grundsatz kann es gebieten, Ausnahmeregelungen zuzulassen, nur präventive Verbote auszusprechen oder repressive Verbote mit einem Befreiungsvorbehalt zu versehen.

Ermächtigungen zum Erlaß ordnungsbehördlicher Verordnungen finden sich nicht nur in den §§ 26 und 27 OBG, sondern daneben auch in Spezialgesetzen;[93] auch inso-

---

[91] Maurer, Allg. VerwR, 4. Aufl., München 1985, § 9 Rdn. 18; a. A. *Drews/Wacke/Vogel/Martens*, S. 361 u. 484.
[92] BVerwGE 12, 87.
[93] U. a. § 5 LImSchG; § 20 LJagdG; § 42 I 4 LFischereiG; §§ 14 I, 114 LWasserG.

weit sind jedoch, sofern nichts anderes vorgeschrieben ist, die Vorschriften der §§ 25 ff. OBG anwendbar. Weiterhin lassen andere Ermächtigungen — teilweise auch in Bereichen der Gefahrenabwehr — den Erlaß sonstiger Rechtsverordnungen zu, für die dann allerdings das OBG nicht gilt.[94]

Die §§ 26 und 27 OBG enthalten eine generalklauselmäßige Verordnungsermächtigung. Außer der allgemeinen Zielsetzung der Gefahrenabwehr finden sich darin keine näheren inhaltlichen Vorgaben. Die inhaltliche Weite der Ermächtigung steht in einem gewissen Gegensatz zu dem in Art. 70 S. 2 LVerf enthaltenen Bestimmtheitsgebot, muß aber hingenommen werden. Ermächtigungen zu gefahrenabwehrenden Verordnungsregelungen stoßen angesichts der bei solchen Verordnungen vielfach festzustellenden konkreten Einmaligkeit der zu regelnden Situation und durch ihre Zweckbezogenheit auf einen bestimmten Anlaß an die Grenzen legislatorischer Regelungstechnik.[95] Im übrigen gilt auch im Bereich der Verordnungsermächtigung, daß die polizeiliche Generalklausel in jahrzehntelanger Entwicklung durch Rechtsprechung und Lehre nach Inhalt, Zweck und Ausmaß hinreichend präzisiert ist.[96]

Ordnungsbehördliche Verordnungen drohen gewöhnlich für Verstöße gegen die in ihnen enthaltenen Gebote und Verbote Geldbußen an, die nach Ordnungswidrigkeitenrecht verhängt werden (§ 31 OBG). Eigene Strafvorschriften dürfen sie nicht enthalten, doch kann in den zugrundeliegenden landes- oder bundesrechtlichen Gesetzen eine Strafe angedroht werden. Ein Verstoß gegen die Regelungen der Verordnung stellt stets eine Gefährdung der öffentlichen Sicherheit dar, auf welche die Ordnungsbehörde auch ohne weitere Ermächtigung nach § 14 OBG mit (unselbständigen) Ordnungsverfügungen reagieren kann. Dazu ist nicht erforderlich, daß über den Rechtsverstoß hinaus das durch die Verordnung geschützte Rechtsgut im konkreten Fall auch tatsächlich gefährdet ist.

b) Anwendungsbereich und rechtliche Anforderungen

Soweit ein Bedürfnis für eine landeseinheitliche Regelung vorliegt, können die Landesminister innerhalb ihres Geschäftsbereiches ordnungsbehördliche Verordnungen erlassen (§ 26 OBG). Anlaß hierzu kann sowohl eine landesweit auftretende aktuelle Gefahr oder auch die allgemeine Gefährlichkeit bestimmter Sachlagen sein.[97] Verordnungen der letzteren Art dienen nicht einer aktuellen Gefahrenabwehr, sondern enthalten allgemeine Sicherheitsvorkehrungen. Derartige Regelungen werden — im Hinblick auf die schon angedeuteten, aus Art. 70 LVerf resultierenden Bedenken zu Recht — immer

---

94 Vgl. § 80 BauO NW.
95 Hierzu BVerfGE 56, 1 (13); *Ramsauer*, in: Kommentar zum Grundgesetz, Neuwied, Darmstadt 1984, Art. 80, Rdn. 50 u. 56.
96 BVerfGE 54, 143 (144f.).
97 Vgl. als Beispiel die Hygieneverordnung vom 16.11.1962 (GV NW S. 573).

seltener auf die polizeiliche Generalklausel gestützt, sondern meist unmittelbar durch Spezialgesetze getroffen.

Verordnungen der Ordnungsbehörden (§ 27 i.V. m. § 3 OBG) werden anläßlich von Gefahren erlassen, die im jeweiligen Zuständigkeitsbereich der Behörde entstehen. Sie dürfen zu dem Verordnungsrecht der jeweils höheren Behörde nicht in Widerspruch stehen (§ 28 OBG). Auch die Gemeinden besitzen als örtliche Ordnungsbehörden die Befugnis zum Erlaß von Gefahrenabwehrverordnungen. Sie ist vom *kommunalen Satzungsrecht* zu unterscheiden, das sich auf die Wahrnehmung eigener Angelegenheiten der Gemeinde (§ 4 GemO), also auf Gegenstände der Selbstverwaltung bezieht. Bei der Gefahrenabwehr handelt es sich demgegenüber um eine materiell staatliche Aufgabe, die den Gemeinden als Pflichtaufgabe zur Erfüllung nach Weisung (§ 3 I OBG, § 3 II GemO) übertragen ist. Zur Einführung eines Anschluß- und Benutzungszwanges an Einrichtungen, die der Volksgesundheit dienen, bedarf es nach § 19 GemO einer Satzung; andere gesundheitsschützende Maßnahmen, die wie beispielsweise eine Rattenbekämpfungsaktion nicht in bezug zu entsprechenden kommunalen Einrichtungen stehen, werden dagegen durch ordnungsbehördliche Verordnungen geregelt.[98] Soweit kommunale Gefahrenabwehrverordnungen die Benutzung gemeindlicher Wege, Plätze oder Anlagen betreffen, dürfen sie weder Regelungsmaterien des Straßenverkehrs- noch des Wegerechts berühren. Satzungsrechtliche Regelungen sind für Sondernutzungen an Straßen im Gemeindegebiet sowie für die Bestimmung des Gemeindebrauchs an beschränkt dem öffentlichen Verkehr gewidmeten Gemeindestraßen vorgesehen (§§ 19, 48 StrWG). Im übrigen können jedoch gefährdende oder störende Verhaltensweisen auf öffentlichen Straßen (Stadtstreicherei, Taubenfüttern) durch ordnungsbehördliche Verordnungen untersagt werden.[99]

Auf ordnungsbehördliche Verordnungen sind die für Ordnungsverfügungen geltenden Vorschriften über ordnungspflichtige Personen (§§ 17–19 OBG) nicht anwendbar.[100] Da sie auch zur Abwehr von nur abstrakten Gefahren dienen, erstrecken sich ihre Regelungen zwangsläufig auf Personen, bei denen sich die Gefahr nicht konkretisiert und die darum nicht Störer sind. Ebenso richten sich beispielsweise präventive Herstellungsverbote mit dem Vorbehalt einer Typenzulassung oder die Verpflichtung zur Anzeige gefundener Kampfmittel oder schwerer betrieblicher Unglücksfälle[101] nicht stets an einen Störer. Für die Anwendung der Bestimmungen über den polizeilichen Notstand ist gleichfalls kein Raum. Vielmehr verhindern hier die Grundrechte (insbesondere die Art. 12 und 14 GG) und das Übermaßverbot eine ungerechtfertigte Heranziehung zur Gefahrenabwehr.

Ministerielle Gefahrenabwehrverordnungen sind nach § 26 OBG im Benehmen mit dem Innenminister und unter Beteiligung des Landtages zu erlassen. Für den Erlaß von

---

98 Beispiel bei *Schleberger*, S. 77f.
99 Näheres bei *Schleberger*, S. 83ff.; vgl. auch BVerfGE 54, 143.
100 A. A. *Drews/Wacke/Vogel/Martens*, S. 488.
101 § 2 FeuerlöschgeräteVO; § 2 KampfmittelVO; § 2 SchadensanzeigeVO.

Verordnungen der örtlichen und der Kreisordnungsbehörden ist das kommunale Vertretungsorgan zuständig (§ 27 IV OBG), dem ja auch der Erlaß von Satzungen oblag. Bei Eilfällen kann auch der Haupt- bzw. der Kreisausschuß entscheiden (§ 43 GemO, § 34 KreisO). Im Unterschied zu früheren Regelungen ist der Regierungspräsident nach derzeitiger Rechtslage vor Erlaß einer Verordnung nicht mehr zu beteiligen. Verordnungen der Gemeinden und Kreise können allerdings im Wege der allgemeinen Kommunalaufsicht aufgehoben werden (§ 11 OBG i.V.m. § 108 GemO). Ordnungsbehördliche Verordnungen unterliegen zwingenden Vorschriften über Form und Verkündung (§§ 30, 33 ff. OBG). Ihre Geltungsdauer beschränkt sich auf höchstens zwanzig Jahre (§ 32 OBG). In inhaltlicher Hinsicht sind das Bestimmtheitsgebot und die Beschränkung der Verordnung auf polizeilich gebotene Zwecke zu beachten (§ 29 I OBG).

3. Verwaltungszwang

Die Anwendung von Verwaltungszwang ist im nordrhein-westfälischen Polizei- und Ordnungsrecht für beide Verwaltungsbereiche zwar in unterschiedlichen Gesetzen, aber in weitestgehender inhaltlicher Übereinstimmung geregelt. Für die Polizei finden sich die entsprechenden Vorschriften in den §§ 28 ff. PolG; für die Ordnungsbehörden gelten dagegen insoweit die Bestimmungen des allgemeinen Verwaltungsvollstreckungsrechts (§§ 55 ff. VwVG). Verwaltungsakte, zu denen auch die Ordnungsverfügungen zählen, werden hiernach von derjenigen Behörde vollzogen, die sie erlassen hat (§ 56 I VwVG). Die Ordnungsbehörde setzt auch für die Aufgaben des Verwaltungszwangs ihre eigenen Dienstkräfte ein (§ 13 OBG), die insoweit als Vollzugsdienstkräfte (§ 68 I Nr. 2 VwVG) auch zur Anwendung unmittelbaren Zwanges berechtigt sind (§ 66 I VwVG). Im letzteren Fall kann die Ordnungsbehörde aber auch die Polizei nach Maßgabe der §§ 25 ff. PolG um Vollzugshilfe ersuchen, wenn ihre eigenen Kräfte nicht ausreichen. Polizeiliche Vollzugshilfe kommt weiterhin in Betracht, wenn der Betroffene bei der Ersatzvornahme oder bei unmittelbarem Zwang Widerstand leistet, der mit Gewalt gebrochen werden muß (§ 65 II VwVG).

a) Voraussetzungen des Verwaltungszwanges

Zwangsmittel dienen in erster Linie der Durchsetzung („Vollstreckung") von Anordnungen aus Polizei- und Ordnungsverfügungen, denen der Pflichtige nicht von sich aus nachkommt. Sie setzen insoweit nach § 55 I VwVG bzw. nach § 28 I PolG das Vorliegen eines auf ein Tun, Dulden oder Unterlassen gerichteten Verwaltungsaktes voraus. Die Rechtmäßigkeit dieses Verwaltungsakts ist nicht erforderlich; seine Wirksamkeit allein ermöglicht die Vollstreckung.[102] Allerdings muß der Verwaltungsakt „vollstreck-

---

102 Ausnahme § 79 II 2 BVerfGG.

bar" sein; daran fehlt es grundsätzlich, solange er noch anfechtbar ist. Die Behörde braucht indes den Eintritt der Bestandskraft nicht abzuwarten, wenn ein Rechtsmittel gegen den Verwaltungsakt nach § 80 II VwGO keine aufschiebende Wirkung besitzt. Sie kann dies erreichen, indem sie die sofortige Vollziehbarkeit anordnet (§ 80 II Nr. 4 VwGO). Bei Notstandsmaßnahmen bedarf es hierzu auch keiner besonderen, vor allem keiner schriftlichen Begründung (§ 80 III VwGO), was eine sofortige Durchsetzung der Verfügung ermöglicht, zumal in solchen Fällen das Zwangsmittel nach § 63 I 3 VwVG auch nicht angedroht zu werden braucht. Sofort durchsetzbar sind auch die unaufschiebbaren Anordnungen und Maßnahmen von Polizeivollzugsbeamten (§ 80 II Nr. 2 VwGO).

Weitere Anwendungsmöglichkeiten des Verwaltungszwanges eröffnen § 55 II VwVG bzw. § 28 II PolG. Die hierfür gebräuchliche Bezeichnung *„Sofortvollzug"* ist freilich irreführend, handelt es sich dabei doch nicht um eine Form der Verwaltungsvollstreckung, sondern um eine selbständige Ermächtigung an die Polizei- und Ordnungsbehörden zu gefahrenabwehrendem Einschreiten unter Verwendung der Handlungsformen des Verwaltungszwanges, die in anderen Bundesländern vielfach als *„unmittelbare Ausführung"* bezeichnet wird.[103] Sie erfordert keinen vorausgehenden Verwaltungsakt und ermöglicht damit gezielte Eingriffe in die Rechtssphäre, insbesondere in das Eigentum von Personen, die nicht anwesend und darum auch nicht (rechtzeitig) durch Verfügung zur Gefahrenabwehr heranziehbar sind.

Der Sofortvollzug wird in solchen Fällen freilich regelmäßig durch nachträglichen Bescheid bekräftigt und abschließend festgestellt. Das geschieht meist, wenn der Betroffene gegen das Vorgehen der Behörden protestiert oder wenn diese eine zunächst noch adressatenneutrale Ersatzvornahme nachträglich auf einen von mehreren in Frage kommenden Störern bezieht, um von ihm Kostenerstattung zu verlangen.[104] Sofortvollzug kommt auch bei Anwesenheit des Betroffenen in Betracht, wenn dieser nicht (sofort) in der Lage ist, die Gefahr zu beheben. In diesem Fall enthält der Verwaltungszwang zugleich auch eine — evtl. konkludente — Verfügung über seine Anwendung und ggf. auch eine Duldungsverfügung. Schließlich darf die Behörde auch im gewöhnlichen Vollzugsverfahren unter den Voraussetzungen des Sofortvollzuges Zwangsmittel sofort, d. h. ohne Androhung und Fristsetzung, anwenden (§§ 63 I 3 VwVG, 34 I 3 PolG).

Ein Sofortvollzug im Sinne der §§ 55 II VwVG, 28 II PolG kommt nur in Betracht, wenn er zur Abwehr einer *gegenwärtigen* Gefahr notwendig ist. § 28 II PolG stellt klar, daß ein solcher Fall vorliegt, wenn Maßnahmen gegen polizeipflichtige Personen (§§ 4–6 PolG) nicht oder nicht rechtzeitig möglich sind oder keinen Erfolg versprechen. Die Vollzugsbehörde muß dabei innerhalb ihrer Befugnisse bleiben, insbesondere also die Grenzen ihres Aufgabenbereiches wahren. Die Prüfung, ob die materiell-

---

103 Vgl. § 5a ME PolG.
104 OVG Münster OVGE 29, 44.

rechtlichen Voraussetzungen vorliegen, unter denen der Pflichtige bei Anwesenheit durch Verfügung hätte in Anspruch genommen werden dürfen, erübrigt sich, da diese Voraussetzungen in den spezielleren Erfordernissen des Sofortvollzuges aufgehen.[105]

Von den einzelnen Zwangsmitteln des Verwaltungszwanges können im Sofortvollzug sachlogisch nur die Ersatzvornahme und der unmittelbare Zwang zur Anwendung gelangen; deren spezifische Rechtmäßigkeitserfordernisse müssen vorliegen. Bei den sehr häufigen Fällen, in denen falsch parkende Pkw's auf Anordnung der Polizei oder Ordnungsbehörden abgeschleppt werden, handelt es sich meist um eine (mit anschließender Sicherstellung verbundene) Ersatzvornahme im Sofortvollzug. Die Pflicht des Pkw-Fahrers, sein Fahrzeug aus der Verbotszone zu entfernen, wird ersatzweise von den Behörden selbst (unter Einschaltung meist eines Abschlepp-Unternehmens) erfüllt.[106]

Nach der Rechtsprechung des BVerwG kommt in solchen Fällen auch die Ersatzvornahme auf der Grundlage einer im Verkehrzeichen selbst zu erblickenden, auf die alsbaldige Entfernung aus der Verbotszone gerichteten und analog § 80 II Nr. 2 VwGO sofort vollziehbaren Verfügung in Betracht.[107] Einer schriftlichen Androhung bedarf es nicht (§§ 63 I 3 VwVG, 34 I 3 PolG). Jedoch muß diejenige Behörde den Verwaltungszwang anwenden, die das Verkehrszeichen aufgestellt und damit die Verfügung erlassen hat (vgl. § 56 I VwVG). Das trifft bei Abschleppmaßnahmen der Polizei regelmäßig nicht zu; für sie kommt insofern nur der von Grundverfügungen unabhängige Sofortvollzug in Betracht.[108]

b) Zwangsmittel und Zwangsverfahren

Das Polizei- und Ordnungsrecht stellt enumerativ drei Arten von Zwangsmitteln zur Verfügung: die Ersatzvornahme, das Zwangsgeld und den unmittelbaren Zwang (§§ 57 I VwVG, 29 I PolG). Die Auswahl unter ihnen und ihre Anwendung im einzelnen unterliegen dem Gebot der Verhältnismäßigkeit (§§ 58 VwVG, 2 PolG). Die Anwendung unmittelbaren Zwanges ist dabei ultima ratio (§§ 58 III und 62 VwVG, 33 PolG).

Als *Ersatzvornahme* bezeichnen § 59 VwVG und § 30 PolG, wenn die Behörde eine vertretbare Handlung, die einem Dritten aufgegeben ist oder – im Falle des Sofortvollzuges – hätte aufgegeben werden können, entweder mit eigenen Kräften (Selbstvornahme) oder durch Beauftragte (Fremdvornahme) ausführen läßt. Widerstand gegen die Durchführung der Ersatzvornahme kann mit Gewalt, also mit unmittelbarem Zwang gebrochen werden (§ 65 II 1 VwVG). Die Ersatzvornahme geschieht stets auf Kosten

---

105 A. A. *Götz*, Rdn. 301.
106 BayVGH NJW 1984, 2962; ungenau (Sicherstellung im Wege der Ersatzvornahme) OVG Münster NJW 1982, 2277 u. DVBl. 1983, 1074; BVerwG NVwZ 1982, 309. Näheres (teilw. str.) u. a. bei *Schwabe*, NJW 1983, 369; *Kottmann*, DÖV 1983, 493.
107 BVerwG NJW 1978, 656.
108 Nicht erkannt von *Götz*, Rdn. 303.

des eigentlich Betroffenen, der auch zur Vorauszahlung herangezogen werden kann (§§ 59 II VwVG, 30 II PolG). Die Anspruchsgrundlage für die Kostenerstattung enthält § 11 II Nr. 7 KostO, der nach den §§ 77 VwVG, 30 I 3 PolG hier heranzuziehen ist. Der Kostenerstattungsanspruch wird auf der Grundlage eines Leistungsbescheides in einem weiteren Verwaltungszwangsverfahren durchgesetzt (§§ 59 II 2 VwVG, 30 II 2 PolG i. V. m. §§ 1 und 6 VwVG).

Das *Zwangsgeld* (§§ 60 VwVG, 31 PolG) ist ein Beugemittel zur psychischen Erzwingung des zuvor durch Verfügung angeordneten Tuns, Duldens oder Unterlassens. Im Unterschied zur Ersatzvornahme und zum unmittelbaren Zwang läßt es dem Betroffenen mehr Freiheit, wirkt jedoch unter Umständen langsamer und ist darum eher für die Ordnungs- als für die Polizeiverwaltung geeignet. Soll mit dem Zwangsgeld eine Unterlassungspflicht durchgesetzt werden, so kann die Behörde es für jeden Fall des Zuwiderhandelns androhen.[109] Seine Höhe ist im VwVG auf 20 – 10.000 DM, im PolG auf 10 – 5.000 DM begrenzt; es wird ebenfalls im Verwaltungszwangsverfahren beigetrieben. Ist das Zwangsgeld uneinbringlich, kann das Verwaltungsgericht auf Antrag der Behörde die Ersatzzwangshaft anordnen (§§ 61 VwVG, 32 PolG). Die Vollstreckung der Haft obliegt der Justizverwaltung nach Maßgabe der §§ 904 ff. ZPO.

Unmittelbarer Zwang (§§ 62 VwVG, 33 PolG) dient nicht nur der gewaltmäßigen Brechung eines Widerstandes, sondern ist ganz allgemein als die Einwirkung auf Personen oder Sachen durch körperliche Gewalt, ihre Hilfsmittel oder durch Waffen (§§ 67 I VwVG, 36 I PolG) zu verstehen. Vielfach wird unmittelbarer Zwang im Zusammenhang mit einem auf anderer Rechtsgrundlage erfolgenden Vorgehen der Gefahrenabwehr — etwa mit einer Ersatzvornahme oder mit den sog. Standardmaßnahmen — verbunden sein. Unmittelbarer Zwang kann von Polizeidienstkräften wie auch von den Vollzugsdienstkräften der Ordnungsbehörden (§ 68 VwVG i. V. m. § 13 OBG) angewendet werden. Für die Brechung von Widerstand werden sich die Ordnungsbehörden freilich meist der Vollzugshilfe der Polizei bedienen (§ 65 II 1 VwVG). Ihnen selbst stehen Hilfsmittel und Waffen nur in beschränkterem Ausmaß zur Verfügung als der Polizei (vgl. §§ 67 VwVG, 36 PolG). Der Schußwaffengebrauch ist nur bestimmten Vollzugsdienstkräften gestattet (§ 74 VwVG).

Die Anwendung unmittelbaren Zwangs, insbesondere der Gebrauch von Schußwaffen, ist unter dem Gesichtspunkt der Verhältnismäßigkeit in den Gesetzen genauestens normiert (vgl. §§ 39, 41 ff. PolG und 74 S. 2 VwVG). Das umstrittene Problem des sog. *finalen Todesschusses* (z. B. gegen Geiselnehmer zur Rettung unmittelbar bedrohter Geiseln) ist im nordrhein-westfälischen Recht nicht ausdrücklich geregelt. Die in § 41 II PolG enthaltene Bestimmung, daß Schußwaffen gegen Personen nur eingesetzt werden dürfen, um sie angriffs- oder fluchtunfähig zu machen, schließt jedoch den Todesschuß ein, wenn er die einzige Möglichkeit darstellt, einen Täter unmittelbar angriffsunfähig zu machen. § 35 II PolG, wonach die Vorschriften (des Straf- und Zivilrechts) über Not-

---

109 *Rasch,* DVBl. 1980, 1017 (1020).

wehr und Notstand unberührt bleiben, erweitert die polizeilichen Befugnisse nicht, sondern hat nur Bedeutung für die persönliche (straf- und zivilrechtliche) Verantwortung des handelnden Polizisten.[110]

Das Verfahren bei der Anwendung von Verwaltungszwang vollzieht sich grundsätzlich, wie die §§ 63 – 65 VwVG erkennen lassen, in den drei Schritten der Androhung, Festsetzung und Ausführung; im PolG ist freilich nur die Androhung geregelt (§ 34 PolG).

Die *Androhung* soll nach § 34 I PolG und muß nach § 63 VwVG schriftlich erfolgen und muß sich auf bestimmte, ggf. auch auf mehrere Zwangsmittel in bestimmter Reihenfolge beziehen; zur Erfüllung einer Handlungspflicht ist dem Betroffenen eine angemessene Frist einzuräumen. Die Androhung eines Zwangsmittels soll den Adressaten gefügig machen; sie hat darum beim Sofortvollzug keinen Sinn. Im übrigen kann sie unterbleiben, wenn die Umstände sie nicht zulassen (§§ 63 I VwVG, 34 I 3 PolG).

Die Androhung ist zwar schon Bestandteil des Verwaltungszwanges, setzt ihrerseits aber, wie die §§ 63 II 2 VwVG, 34 II 2 PolG erkennen lassen, die Vollstreckbarkeit der Grundverfügung noch nicht voraus.[111] Sie kann darum mit der Grundverfügung verbunden werden, selbst wenn diese noch nicht vollstreckbar ist (unselbständige Androhung). Wird die Grundverfügung mit aufschiebender Wirkung angefochten, verliert die in der Androhung enthaltene Fristsetzung ihre Wirkung und muß ggf. später erneut vorgenommen werden.[112] Die Androhung ist als Verwaltungsakt mit Gründen, welche den Verwaltungszwang als solchen betreffen (z.B. wegen eines Vollstreckungshindernisses), auch selbständig anfechtbar; eine solche Anfechtung entfaltet jedoch wie generell die Anfechtung von Vollstreckungsmaßnahmen nach den §§ 80 II Nr. 3, 187 III VwGO i.V.m. § 8 AG VwGO keine aufschiebende Wirkung. Im Falle der Zustandshaftung wirkt die Androhung eines Zwangsmittels gegen den polizeipflichtigen Eigentümer nicht auch gegen seinen Rechtsnachfolger.[113]

Die *Festsetzung* des Zwangsmittels eröffnet die eigentliche Vollstreckung; sie entfällt darum beim Sofortvollzug (§ 64 VwVG). Die Festsetzung eines Zwangsgeldes begründet ein vollstreckbares Zahlungsgebot und ist darum ein – selbständig anfechtbarer – Verwaltungsakt. Die Festsetzung der Ersatzvornahme oder des unmittelbaren Zwanges richtet sich als innerdienstliche Anordnung vornehmlich an die Vollstreckungsbediensteten. Sie sollte außerdem aber auch dem Betroffenen mitgeteilt oder ihm gegenüber nachträglich bekräftigt und festgestellt werden; auch insoweit liegt dann ein Verwaltungsakt vor.[114] Die *Anwendung* des Zwangsmittels unterliegt in erhöhtem Maße den Anforderungen des Verhältnismäßigkeitsgebotes; sie ist einzustellen, sobald der Zweck erreicht ist (§ 65 III VwVG).

---

110 Näheres bei *Scholler/Broß*, S. 240 ff.; *Riegel*, S. 172 ff.; *Dietel/Gintzel*, S. 166 f.; *Schenke*, Rdn. 199.
111 *Götz*, Rdn. 308; a.A. *Rasch*, DVBl. 1980, 1017 (1021).
112 *Rasch*, DVBl. 1980, 1017 (1021).
113 OVG Münster OVGE 34, 51.
114 Zu pauschal darum *Götz*, Rdn. 313 und 417, einerseits und *Schenke*, Rdn. 194 u. 196, andererseits.

4. Standardmaßnahmen

a) Regelungsstruktur

Das Polizei- und Ordnungsrecht kennt seit jeher neben der Generalermächtigung eine Reihe von sog. Standardermächtigungen zu Maßnahmen überwiegend auxiliaren Charakters, die in inhaltlicher Typisierung immer wieder bei der Gefahrenabwehr anfallen. Bei ihnen ist eine präzisere tatbestandliche Umschreibung, als dies die Generalklausel gestattet, sowohl möglich als auch aus praktischen und rechtlichen Gründen geboten. Diese Ermächtigungen, die in den §§ 9 – 24 PolG in weitestgehender Anlehnung an den ME PolG geregelt sind, kommen in erster Linie der Polizei zugute; § 24 OBG bringt sie jedoch mit Ausnahme der Ermächtigung zu erkennungsdienstlichen Maßnahmen auch in der Ordnungsverwaltung zur Anwendung.

Die Standardermächtigungen betreffen selbständige Eingriffsbefugnisse, die – insoweit dem Sofortvollzug vergleichbar – nicht durchweg dem für die Generalklausel geltenden Muster von Verfügung und Vollstreckung folgen. Zwar enthalten einige der hier einschlägigen Vorschriften (§§ 9 II 2, III, 11 und 12 PolG) die Ermächtigung zum Erlaß von Geboten, die bei Nichtbefolgung grundsätzlich auch im Wege des Verwaltungszwanges durchgesetzt werden können. § 11 III PolG knüpft die Zulässigkeit der zwangsweisen Durchsetzung einer Vorladung freilich noch an das Vorliegen zusätzlicher Voraussetzungen, während die Platzverweisung nach § 12 PolG teilweise nach Maßgabe einer weiteren Standardermächtigung, nämlich durch Ingewahrsamnahme nach § 13 I Nr. 3 PolG, durchgesetzt wird. Im übrigen handelt es sich bei den Standardmaßnahmen jedoch um Tathandlungen, die einer Vollstreckung nicht bedürfen.[115] Richtet sich eine Standardmaßnahme gegen die Person des Betroffenen oder ist dieser bei Maßnahmen, die seinen Rechtskreis betreffen, anwesend, muß sie gegen ihn allerdings – ggf. konkludent – festgesetzt werden. Diese Anordnung hat den Charakter einer Duldungsverfügung, die ihrerseits dann wieder, wenn Widerstand geleistet wird, durch unmittelbaren Zwang im Wege des Sofortvollzuges durchgesetzt werden muß.[116] Eine als Tathandlung durchgeführte Standardmaßnahme kann auch durch nachträglichen Bescheid bekräftigt und abschließend festgestellt werden.

Im Vergleich zur Generalklausel erweitern und verengen die Standardermächtigungen teilweise die polizeilichen Befugnisse. Sie lassen Eingriffe verschiedentlich schon im Vorfeld akuter Gefahren und gegenüber Personen zu, die weder Störer noch Notstandspflichtige sind. Andererseits enthalten sie gegenüber der Generalklausel zusätzliche tatbestandliche Voraussetzungen. Als Spezialvorschriften gehen die Standardermächtigungen der Generalklausel vor. Im übrigen gelten sie grundsätzlich nur für die präventive Gefahrenbekämpfung; für die Verfolgung von Straftaten und Ordnungswidrigkeiten

---

115 *Drews/Wacke/Vogel/Martens*, S. 215 ff.; a. A. *Schenke*, Rdn. 47.
116 *Schwabe*, NJW 1983, 369 (370).

durch die Polizei enthält die StPO, soweit erforderlich, parallele und inhaltlich weitgehend übereinstimmende Ermächtigungen.[117]

b) Maßnahmen der Informationsbeschaffung

Die Standardermächtigungen betreffen — grob gegliedert — Maßnahmen der Informationsbeschaffung, Befugnisse zur Einschränkung der räumlichen Beweglichkeit der Person sowie die Durchsuchung von Personen und Sachen einschließlich der Sicherstellung. Zur ersteren Gruppe zählen die Identitätsfeststellung und die Prüfung von Berechtigungsscheinen (§ 9 PolG), erkennungsdienstliche Maßnahmen (§ 10 PolG) und die Vorladung (§ 11 PolG).

Nach der partiellen Generalklausel des § 9 I Nr. 1 PolG können die Gefahrenabwehrbehörden ganz allgemein zur Abwehr einer Gefahr die Identität von Personen feststellen; allerdings muß es sich hierbei um eine konkrete Gefahr handeln.[118] Eine solche konkrete Gefahr kann auch vorliegen, wenn private Rechte gefährdet sind (§ 1 II PolG). Demgegenüber betreffen die Befugnisse zur vorbeugenden Identitätskontrolle nach § 9 I Nr. 2—4 PolG (sog. Vorfeldbefugnisse) auch Situationen, in denen nur abstrakt die Gefahr einer Störung, insbesondere der Begehung von Straftaten besteht. Eine Identitätskontrolle ist allerdings nur an den im Gesetz genannten Gefahrenorten oder — bei der Gefahr der Begehung besonders schwerwiegender Straftaten — auch an eigens hierfür eingerichteten Kontrollstellen zulässig. Soweit es im Rahmen der in § 9 II PolG genannten Mittel der Identitätsfeststellung erforderlich wird, eine Person vorübergehend festzuhalten, müssen die für die Freiheitsbeschränkungen geltenden Bestimmungen der §§ 14—16 PolG beachtet werden.

Erkennungsdienstliche Maßnahmen sind beispielhaft in § 10 III PolG beschrieben. Sie zielen auf die Feststellung äußerer Merkmale der betroffenen Person; dazu gehört nicht die körperliche Untersuchung (vgl. § 81 a StPO). Erkennungsdienstliche Maßnahmen dürfen als Hilfsmittel einer nach § 9 PolG zulässigen Identitätsfeststellung oder zur vorbeugenden Bekämpfung von Straftaten eingesetzt werden. Im Unterschied zur erkennungsdienstlichen Behandlung nach § 81 b StPO beschränken sie sich nicht auf Beschuldigte im Sinne des Strafprozeßrechts, doch muß der Betroffene immerhin bereits einer Straftat verdächtig sein. Der Betroffene hat einen Anspruch auf Vernichtung der erkennungsdienstlichen Unterlagen, sobald die Voraussetzungen ihrer Beschaffung entfallen sind (§ 10 II PolG).[119]

Personen, die sich erkennungsdienstlichen Maßnahmen zu unterziehen haben oder von denen die Behörden sachdienliche Angaben erwarten, können vorgeladen und ggf. aufgrund richterlicher Anordnung auch zwangsweise vorgeführt werden (§ 11 PolG).

---

117 Vgl. aber oben I 3 b.
118 *Riegel*, S. 123; *Dietel/Gintzel*, S. 82.
119 Näheres zur erkennungsdienstlichen Behandlung bei *Riegel*, S. 129 ff.; *Dietel/Gintzel*, S. 85 ff.

Die Vorführung bedeutet keine Freiheitsentziehung und unterliegt darum nicht den besonderen Garantien des Art. 104 GG.[120] Die Befugnis zur Vorladung und Vorführung begründet nicht schon zugleich die Befugnis der Behörde, eine Auskunft zu verlangen, und die korrespondierende Verpflichtung des Betroffenen zur Aussage. Diese Pflicht ergibt sich jedoch in Fällen konkreter Gefahr unmittelbar aus der Generalklausel, beschränkt sich dabei allerdings auf Störer und Notstandspflichtige.[121] Soweit eine Auskunftspflicht besteht, kann sie auch mit Zwangsgeld (nicht dagegen mit unmittelbarem Zwang, vgl. § 33 II sowie § 11 IV PolG i.V.m. § 136a StPO) durchgesetzt werden. Sie reicht damit im Zusammenhang mit der Gefahrenabwehr weiter als bei der strafprozeßrechtlichen Vorladung. Andere Personen kann die Behörde um freiwillige Auskunft bitten und sie insoweit auch vorladen. Eine zwangsweise Vorführung dürfte in einem solchen Fall freilich unzulässig sein.

Durch die in den §§ 9–11 PolG geregelten Maßnahmen allein läßt sich der Informationsbedarf insbesondere der Polizei nicht hinreichend decken. Nicht nur zur Verfolgung, sondern auch zur vorbeugenden Verhinderung von Straftaten werden vielfach weitere beobachtende Maßnahmen und die Sammlung und Bereithaltung von Informationen erforderlich sein. Das nordrhein-westfälische Polizei- und Ordnungsrecht enthält hierfür mit Ausnahme der Generalklausel keine Bestimmungen. In neuerer Zeit hat sich indes die Erkenntnis durchgesetzt, daß die polizeiliche Beobachtung von Personen (sog. *beobachtende Fahndung* — „Befa"), die Observation und die sog. Rasterfahndung als Eingriffe in die Rechtssphäre des Bürgers angesehen werden müssen. Das gleiche gilt, zumal seit der Rechtsprechung des BVerfG zum Recht auf informationelle Selbstbestimmung,[122] auch für die sonstige Beschaffung, Sammlung, Speicherung, Nutzung und Weitergabe personenbezogener Informationen („Daten"). Die Generalklausel reicht als Ermächtigung nicht aus, soweit diese Mittel nicht nur zur Abwehr schon konkreter Gefahren gegenüber Störern angewendet werden.[123] Auch liefern die Vorschriften über die Amtshilfe der Polizei keine Rechtsgrundlage, um sich von anderen amtlichen oder nichtamtlichen Stellen Daten zu beschaffen (sog. Datenabgleich). Insoweit besteht ein dringender Bedarf für eine Ergänzung des nordrhein-westfälischen Polizei-und Ordnungsrechts.[124]

c) Einschränkung der räumlichen Bewegungsfreiheit

Neben der Platzverweisung (§ 12 PolG) handelt es sich hier vor allem um die Ingewahrsamnahme von Personen (§ 13 PolG). Wegen der mit ihr verbundenen Einschränkung des hohen Schutzgutes der persönlichen Freiheit hat das Gesetz sie — in Übereinstim-

---

120 *Schenke*, Rdn. 53 (Fn. 93).
121 Näheres bei *Riegel*, S. 132; *Götz*, Rdn. 374 u. 378; *Schenke*, Rdn. 54.
122 BVerfGE 65, 1 (43).
123 *Riegel*, S. 146; a. A. *Götz*, Rdn. 144 ff.
124 Näheres bei *Scholler/Broß*, S. 224 ff.; *Riegel*, S. 185 ff.; *Götz*, Rdn. 144 ff.; *Schenke*, Rdn. 70.

mung mit den verfassungsrechtlichen Geboten des Verhältnismäßigkeitsprinzips — auf nur wenige gravierende Anwendungsfälle beschränkt. Eine Person darf zur Verhinderung schwerer Straftaten oder Ordnungswidrigkeiten sowie auch dann in Gewahrsam genommen werden, wenn das zu ihrem eigenen Schutz erforderlich ist, insbesondere wenn sie sich in einem die freie Willensbestimmung ausschließenden Zustand oder sonst in hilfloser Lage befindet (Schutzgewahrsam); auf diese Ermächtigung kann auch bei Selbstmordgefahr zurückgegriffen werden. Eine Ingewahrsamnahme kommt weiterhin auch bei entlaufenen Jugendlichen oder entwichenen Häftlingen in Betracht. Ein bloßer Verbringungsgewahrsam zur Identitätsfeststellung oder zur Durchsetzung von Verwaltungsakten (z.B. Abschiebeanordnung) fällt nicht unter § 13 PolG. Darum ist auch der dort enthaltene Hinweis auf die Durchsetzung einer Platzverweisung entbehrlich.[125]

Die polizeiliche Ingewahrsamnahme bedarf, wie Art. 104 II 2 GG und ihm entsprechend § 14 PolG fordern, einer unverzüglichen richterlichen Bestätigung. Hiervon darf nur bei ganz kurzfristigen Maßnahmen abgesehen werden, die beendet sind, ehe eine richterliche Entscheidung eingeholt werden könnte. Muß bei der Ingewahrsannahme unmittelbarer Zwang angewendet werden, so gelten hierfür die §§ 35 ff. PolG. Im übrigen sind die Behandlung der festgehaltenen Person und die Dauer der Freiheitsentziehung in den §§ 15 und 16 PolG bestimmt.

d) Durchsuchung von Personen und Sachen, Sicherstellung

Die Durchsuchung von Personen (§ 17 PolG) ist von der Untersuchung abzugrenzen, mit der Eingriffe in die körperliche Integrität gemeint sind und die vielfach zu strafprozessualen Zwecken erforderlich ist (§§ 81a und c StPO); präventive Untersuchungen kommen nur nach Maßgabe von Spezialgesetzen oder der Generalklausel in Betracht. Die Durchsuchung steht, wie § 17 I PolG erkennen läßt, in vielen Fällen mit einer Identitätsfeststellung oder einer Sicherstellung in Zusammenhang; darüber hinaus ist sie immer dann zulässig, wenn Personen nach dem PolG oder anderen Rechtsvorschriften festgehalten werden dürfen oder wenn sie sich in hilfloser Lage befinden. Die Durchsuchung als solche ist nicht etwa als Durchsetzung einer Anordnung im Wege unmittelbaren Zwanges zu verstehen, auch wenn sie (meist) von einer Duldungsverfügung begleitet ist, die ihrerseits — bei Widerstand — mit unmittelbarem Zwang durchgesetzt werden kann.[126] Die Durchsuchung von Sachen (§ 18 PolG) ist unter ähnlichen Voraussetzungen zulässig wie die Durchsuchung von Personen, weiterhin auch dann, wenn sich in ihr (beispielsweise in einem Kfz) Personen oder andere Sachen befinden, die eine Durchsuchung legitimieren. Die in § 18 II PolG normierten Anwesenheitsrechte dienen der Rechtssicherheit und dem Schutz vor Übergriffen der durchsuchenden Beamten.

---

125 *Riegel*, S. 134; *Schenke*, Rdn. 56.
126 *Schwabe*, NJW 1983, 369 (371).

Besondere Regelungen (§§ 19 und 20 PolG) gelten für das Betreten und die Durchsuchung von Wohnungen, denn hier ist das Grundrecht aus Art. 13 GG berührt. Art. 13 III GG erlaubt Eingriffe und Beschränkungen der Unverletzlichkeit der Wohnung zur Abwehr einer gemeinen Gefahr oder einer Lebensgefahr für einzelne Personen[127] und darüber hinaus auf gesetzlicher Grundlage auch zur Verhütung dringender Gefahren für die öffentliche Sicherheit und Ordnung. § 19 PolG unterscheidet zwischen dem bloßen Betreten einer Wohnung, das der Feststellung eines Sachverhaltes dient, an den sich dann möglicherweise weitere Maßnahmen knüpfen, und der zusätzlichen Durchsuchung, die ein Auffinden von Personen, Sachen oder Spuren zum Ziel hat.[128] Der Begriff der Wohnung ist in beiden Fällen weit zu verstehen (§ 19 I 2 PolG). Eine Wohnung kann außer zur Abwehr gegenwärtiger Gefahren für erhebliche Rechtsgüter auch im Zusammenhang mit einer Vorführung, Ingewahrsamnahme oder Sicherstellung betreten und durchsucht werden. Wohnungen, die nach Maßgabe des § 19 III PolG in besonderer Weise als Gefahrenherde in Betracht kommen, können demgegenüber bei Vorliegen einer dringenden Gefahr jederzeit betreten, aber nicht durchsucht werden. Der Rechtsprechung des BVerfG folgend[129] gestattet § 19 IV PolG das Betreten von Betriebs- und Geschäftsräumen während der Arbeitszeit auch zur Abwehr einfacher Gefahren. Für das Verfahren bei der Durchsuchung von Wohnungen gilt § 20 PolG; er berücksichtigt insbesondere die Forderung aus Art. 13 II GG, daß hierbei – außer bei Gefahren im Verzuge – eine richterliche Anordnung erforderlich ist.

Mit der Sicherstellung (§ 21 PolG) begründet die Behörde zwangsweise oder aufgrund freiwilliger Überlassung Gewahrsam an einer Sache, meist um andere (vorübergehend) von der Besitzmöglichkeit auszuschließen. Bei Anwesenheit des Eigentümers oder Inhabers der tatsächlichen Gewalt hat eine Duldungs-, ggf. auch eine Herausgabeanordnung zu ergehen. Solche Anordnungen müssen u. U. zwangsweise durchgesetzt werden, wozu sich die Mittel des Verwaltungszwanges oder auch eine Durchsuchung von Personen, Sachen oder Wohnungen eignen werden. Im übrigen bedarf die Sicherstellung als solche keiner Durchsetzung im Verwaltungszwangsverfahren, da sie das Durchsetzungselement bereits in sich trägt.[130]

Durch Sicherstellung kann die Behörde eine Sache im Interesse des Eigentümers vor Verlust oder Beschädigung schützen wollen; in anderen Fällen dient sie zur Abwehr einer gegenwärtigen Gefahr oder – in Vorverlagerung der eigentlichen Gefahrenabwehr – zur Gefahrenverhütung, wenn sich bei Personen, die festgehalten worden sind, Gegenstände finden, die in gravierend gefährlicher Weise verwendet werden können. Die Sicherstellung begründet ein öffentlich-rechtliches Verwahrungsverhältnis (§ 22

---

127 Zum Lauschangriff *Schenke*, Rdn. 63.
128 BVerwGE 47, 31 (36).
129 BVerfGE 32, 54.
130 *Schwabe*, NJW 1983, 369 (370f.); a. A. (Sicherstellung im Wege der Ersatzvornahme) OVG Münster NJW 1982, 2277 u. DVBl. 1983, 1074; BVerwG NVwZ 1982, 309.

PolG), wenn nicht Verwertung oder Vernichtung (§ 23 PolG) geboten sind. Entfallen die Voraussetzungen der Sicherstellung, müssen die sichergestellten Sachen wieder herausgegeben werden. War jemand für die Sicherstellung und Verwahrung verantwortlich, so trägt er hierfür die Kosten, die sich nach der Kostenordnung (§§ 24 III 3 PolG, 77 VwVG, 11 II 1 KostO) bemessen. Die Herausgabe kann von der Zahlung der Kosten abhängig gemacht werden (§ 24 III 4 PolG). Dies spielt insbesondere in den Abschleppfällen eine Rolle, wenn ein falsch geparktes Kfz im Wege der Ersatzvornahme aus der Verbotszone entfernt und anschließend sichergestellt wird. Da die beiden Teilvorgänge des Abschleppens, die Ersatzvornahme und die Sicherstellung, ineinander übergehen, ist es berechtigt, die gesamten Abschleppkosten unter dem Gesichtspunkt der Sicherstellung zu behandeln und der Behörde damit in vollem Umfang ein Zurückbehaltungsrecht zu gewähren.[131]

5. Rechtsschutz und Entschädigung

a) Rechtsschutz gegen Gefahrenabwehrmaßnahmen

Die Rechtsschutzgarantie des Art. 19 IV GG bezieht sich auch auf Eingriffsmaßnahmen im Zusammenhang mit der Gefahrenabwehr. Regelmäßig handelt es sich bei Konflikten zwischen den Gefahrenabwehrbehörden und den von ihren Maßnahmen betroffenen Bürgern um Verwaltungsrechtsstreitigkeiten, für die der Katalog der verwaltungsgerichtlichen Klagearten gilt. Im einzelnen kommt es auf die Rechtsnatur des Eingriffs an.

In Nordrhein-Westfalen gibt es gegenüber ordnungsbehördlichen Verordnungen keinen unmittelbaren Rechtsschutz nach § 47 VwGO; hier kommt nur eine inzidente Normenkontrolle oder — unter den Voraussetzungen des § 93 II BVerfGG — eine Verfassungsbeschwerde in Betracht. In der Hauptsache betrifft der Rechtsschutz im Polizei- und Ordnungsrecht jedoch Verfügungen, also Gebote und Verbote, die Versagung von Erlaubnissen, aber auch die Androhung und Festsetzung eines Zwangsmittels oder die Anordnung von Maßnahmen des Sofortvollzuges und von Standardmaßnahmen. Gegen sie richten sich Widerspruch und Anfechtungsklage. Diese Rechtsbehelfe haben nach § 80 I VwGO aufschiebende Wirkung, die jedoch bei unaufschiebbaren Anordnungen und Maßnahmen von Polizeivollzugsbeamten (entsprechend auch bei den in Verkehrszeichen zum Ausdruck kommenden Geboten und Verboten) sowie bei ausdrücklicher Anordnung sofortiger Vollziehbarkeit (§ 80 II Nr. 2 und 4 VwGO) entfällt. Keine aufschiebende Wirkung besitzen weiterhin die Rechtsbehelfe gegen Maßnahmen des Verwaltungszwanges (§§ 80 II Nr. 3, 187 III VwGO i.V.m. § 8 AG VwGO).[132]

---

131 Im Erg. ebenso *Kottmann*, DÖV 1983, 493 (501); OVG Münster DVBl. 1983, 1074.
132 Zur Anforderung der Kosten einer Ersatzvornahme OVG Münster NJW 1984, 2844.

In den meisten Fällen, insbesondere bei Standardmaßnahmen und bei Maßnahmen des Sofortvollzuges, wird sich mit deren Vollzug die Beschwer des Betroffenen erschöpft haben. Hier ermöglicht die Fortsetzungsfeststellungsklage (vgl. § 113 I 4 VwGO) eine nachträgliche Rechtmäßigkeitskontrolle, wenn ein berechtigtes Feststellungsinteresse (bei Wiederholungsgefahr, diskriminierendem Charakter der Maßnahme oder bei Vorbereitung einer nicht offenkundig aussichtslosen Klage auf Schadenersatz und Entschädigung) vorhanden ist.[133] Hinterlassen Gefahrenabwehrmaßnahmen (Verfügungen oder Tathandlungen) in tatsächlicher Hinsicht eine anhaltende Beschwer, kann der Betroffene insoweit einen Folgenbeseitigungsanspruch (§ 113 I 2 VwGO) geltend machen. Hat er aufgrund einer Verfügung zu Unrecht eine Leistung erbracht, steht ihm ein öffentlich-rechtlicher Erstattungsanspruch zu, sofern der Leistungsbescheid seinerseits noch nicht bestandskräftig ist, sondern aufgehoben wird.

Die gerichtliche Kontrolle von Gefahrenabwehrmaßnahmen unterliegt, was deren rechtliche Voraussetzungen betrifft, keinen Einschränkungen. Die Behörden haben nicht das Recht, die unbestimmten Rechtsbegriffe der Generalklausel authentisch zu interpretieren. Soweit ihnen jedoch Ermessen eingeräumt ist, beschränkt sich die gerichtliche Kontrolle auf die Einhaltung der rechtlichen Grenzen der Ermächtigung, insbesondere auch des Übermaßverbotes, sowie auf eine ordnungsgemäße Ermessensausübung (§ 114 VwGO).

Ein Rechtsschutz besonderer Art liegt vor, wenn in allen Fällen polizeilichen Gewahrsams der Amtsrichter über die Zulässigkeit und Fortdauer der Freiheitsentziehung zu entscheiden hat (§ 14 PolG). Obwohl das Amtsgericht hier selbst in der Rolle des Beteiligten auftritt, erfüllt seine Einschaltung gleichwohl das Rechtsschutzbedürfnis des Betroffenen, zumal gegen die Entscheidung des Amtsrichters das Rechtsmittel der sofortigen Beschwerde gegeben ist.[134] Das amtsrichterliche Verfahren schließt verwaltungsgerichtliche Rechtsbehelfe aus. Hat die Polizei den Festgenommenen jedoch freigelassen, ohne eine amtsrichterliche Entscheidung herbeizuführen (§ 14 I 2 PolG), ist eine nachträgliche Rechtskontrolle nur über die Fortsetzungsfeststellungsklage zu den Verwaltungsgerichten möglich.[135]

Soweit die Polizei an der Bekämpfung von Straftaten und Ordnungswidrigkeiten mitwirkt, kommt statt der verwaltungsgerichtlichen Rechtsbehelfe ein Rechtsschutz nach Maßgabe der StPO oder des OWiG in Betracht.[136] Hier ist darauf abzustellen, ob die Maßnahmen der vorbeugenden Bekämpfung oder der Verfolgung von Rechtsbrüchen dient. Im ersteren Fall ist der Verwaltungsrechtsweg auch dann eröffnet, wenn es sich wie etwa bei § 81 b 2. Alt. StPO um eine strafprozeßrechtliche Befugnis handelt.[137] Poli-

---

133 OVG Münster DÖV 1982, 551.
134 *Götz*, Rdn. 421; vgl. auch § 7 FreihEntzG.
135 VGH Kassel NJW 1984, 821.
136 Näheres bei *Götz*, Rdn. 426; *Schenke*, NJW 1976, 1816; *Riegel*, S. 198 ff.
137 BVerwGE 47, 255; BVerwG NJW 1983, 772.

zeiliche Maßnahmen bei der Verfolgung von Rechtsbrüchen sind demgegenüber, soweit nicht in direkter oder analoger Anwendung des § 98 II 2 StPO eine Entscheidung des Amtsrichters herbeigeführt werden muß, nach den §§ 23 ff. EGGVG mit dem Antrag auf gerichtliche Entscheidung durch das Oberlandesgericht angreifbar.[138] Die Polizei wird insoweit jedenfalls funktionell als eine Justizbehörde i.S.d. § 23 EGGVG verstanden. Im einzelnen ist hier indes noch vieles streitig.[139]

Im Bußgeldverfahren nach dem OWiG kann die Polizei Ermittlungsorgan der Verwaltungsbehörde oder, wie etwa nach § 26 StVG, selbst die zur Verfolgung und Ahndung berufene Verwaltungsbehörde sein. Im letzteren Fall ergibt sich der zulässige Rechtsbehelf aus § 62 OWiG; streitig ist dagegen, ob diese Vorschrift auch für Ermittlungsmaßnahmen gilt oder ob hier analog § 98 II 2 StPO zu verfahren ist.[140] Hat sich ein Betroffener mit einem Verwarnungsgeld (§ 56 OWiG) einverstanden erklärt, kann er später nicht mehr vorbringen, es habe keine Ordnungswidrigkeit vorgelegen.[141]

b) Schadensersatz und Entschädigung

Entsteht jemandem durch ein rechtswidriges Verhalten der Gefahrenabwehrbehörde ein Schaden, so kann er von der Körperschaft, der die Behörde angehört, unter dem Gesichtspunkt der *Amtshaftung* (§ 839 BGB i.V.m. Art. 34 GG) Schadensersatz verlangen (vgl. § 40 V OBG). Voraussetzung ist freilich, daß eine auch gegenüber dem Betroffenen bestehende Amtspflicht verletzt wurde und daß der Behörde ein Verschulden nachzuweisen ist. § 39 I lit. b OBG, der nach § 45 PolG auch für die Polizeiverwaltung anwendbar ist, gewährt ihm darüber hinaus und ohne den Nachweis eines Verschuldens einen *Entschädigungsanspruch*.

Für rechtmäßiges Verhalten haften die Polizei- und Ordnungsbehörden dagegen grundsätzlich nicht. Insbesondere hat der Störer keinen Anspruch auf Entschädigung, wenn ihm aufgrund rechtmäßiger Inanspruchnahme ein Schaden entsteht. Störer ist auch derjenige, der den Anschein einer Gefahr erweckt und zu vertreten hat. Dem Nichtstörer steht dagegen eine Entschädigung zu. § 39 I lit. a OBG regelt dies – zu eng – nur für die Inanspruchnahme im Rahmen des polizeilichen Notstandes, muß aber auch auf Fälle einer nicht zu vertretenden Anscheinsgefahr und der Verletzung eines Nichtbeteiligten im Rahmen eines sonst rechtmäßigen behördlichen Handelns angewendet werden. In allen diesen Fällen erbringen die Betroffenen ein Sonderopfer, das ihnen nicht entschädigungslos zugemutet werden kann.

§ 39 OBG ist ein Ausdruck des allgemeinen Aufopferungsgedankens; Ansprüche wegen Aufopferung oder enteignungsgleichen Eingriffes werden hierdurch verdrängt.

---

138 Auch als nachträglicher Rechtsschutz; vgl. *Flieger*, MDR 1981, 17.
139 *Götz*, Rdn. 422 ff.; *Schenke*, Rdn. 135 f.
140 *Götz*, Rdn. 425; *Schenke*, Rdn. 137 ff.
141 *Schenke*, Rdn. 140.

Ein Ersatzanspruch besteht nach § 39 II OBG nicht, soweit der Geschädigte bereits anderweitig Ersatz erlangt hat oder soweit er selbst oder sein Vermögen durch die Maßnahme geschützt worden ist. Weitere Einschränkungen hinsichtlich der Art und des Umfanges der Ersatzleistung, die durch den Entschädigungscharakter des Anspruchs gerechtfertigt sind, enthält § 40 OBG. Der Anspruch richtet sich gegen den jeweiligen Kostenträger (§ 42 I OBG) und wird vor den ordentlichen Gerichten geltend gemacht (§ 43 I OBG).

6. Kosten der Gefahrenabwehr

Die Abwehr von Gefahren verursacht den Polizei- und Ordnungsbehörden Kosten. Die Kostenlast verteilt sich nach dem *Entstehungsprinzip*. Kosten, welche bei den örtlichen und den Kreisordnungsbehörden anfallen, werden von den entsprechenden kommunalen Körperschaften getragen; die Kosten der Landesordnungsbehörden und der Polizei trägt das Land (vgl. § 45 OBG). Auch dort, wo die Polizei nur im Wege ihrer Eilkompetenz oder im Rahmen der Vollzugshilfe tätig wird, ist das Land der Kostenträger. Die Grundsätze über eine öffentlich-rechtliche Geschäftsführung ohne Auftrag kommen nicht zur Anwendung.[142]

Bei der Gefahrenabwehr handelt es sich um einen Teil der allgemeinen Staatstätigkeit, deren Wahrnehmung vornehmlich im öffentlichen Interesse geschieht und die darum über die Steuereinnahmen aus den öffentlichen Haushalten finanziert wird. Eine Kostenabwälzung ist im Grundsatz auch dann nicht vorgesehen, wenn die Kosten auf Aufwendungen zurückzuführen sind, die von einzelnen Personen als Störer verursacht wurden oder im Interesse Einzelner standen.[143]

Von dieser Regel macht das nordrhein-westfälische Polizei- und Ordnungsrecht nur in wenigen Fällen eine Ausnahme. § 77 VwVG eröffnet die Möglichkeit, für Vollzugsmaßnahmen eine Kostenabwälzung im Wege der Gebührenerhebung und des Auslagenersatzes einzuführen. Die auf der Grundlage dieser Vorschrift erlassene KostO sieht die Erhebung von Gebühren für die Wegnahme von Sachen im Wege unmittelbaren Zwanges (§ 6 KostO) sowie die Erstattung von Auslagen der Vollzugsbehörde (§ 11 II KostO) vor. Als erstattungsfähige Auslagen werden die Beträge, die im Zusammenhang mit einer (rechtmäßigen) Ersatzvornahme oder mit der Anwendung unmittelbaren Zwanges (jeweils auch im Falle des Sofortvollzuges) an Beauftragte oder Hilfspersonen zu zahlen sind, sowie andere aufgrund unmittelbaren Zwanges oder einer Ersatzzwangshaft anfallende Kosten genannt (§ 11 II 2 Nr. 7 und 8 KostO). Darüber hinaus hat der Störer nach § 24 III PolG die Kosten einer von ihm zu verantwortenden Sicherstellung und Verwahrung zu tragen; auch insoweit ist die KostO anwendbar. Diese

---

142 *Rietdorf/Heise/Böckenförde/Strehlau*, § 48 OBG, Rdn. 3 u. 5.
143 *Götz*, DVBl. 1983, 14 (17).

Bestimmungen gelten auch für Maßnahmen der Polizeibehörden (vgl. § 30 I 2 PolG), wenn auch ihre Anwendung auf unmittelbaren Zwang und Ersatzzwangshaft — wohl aufgrund eines redaktionellen Versehens — im PolG nicht ausdrücklich angeordnet ist. Schließlich sind nach allgemeinem Gebührenrecht auch verschiedentlich Amtshandlungen der Gefahrenabwehrbehörden gebührenpflichtig (§ 2 GebG i.V.m. der Allgemeinen Verwaltungsgebührenordnung — AVwGebO). Dies betrifft vor allem die Tätigkeit der Ordnungs- und Sonderordnungsbehörden (§ 46 OBG), daneben aber auch Amtshandlungen der Polizei wie etwa die Begleitung von Schwertransporten auf Straßen oder die Verwahrung von Fahrzeugen.

Über diese sachlich begrenzten Fälle hinaus findet eine Kostenabwälzung nicht statt. Im Unterschied zu einigen anderen Bundesländern gibt es in Nordrhein-Westfalen keine gesetzliche Möglichkeit, für Kosten eine Erstattung zu verlangen, die etwa bei polizeilichen Einsätzen anläßlich privater Großveranstaltungen (Fußballspielen, Konzertveranstaltungen etc.) oder bei ungenehmigten Demonstrationen oder Blockaden anfallen. Private Veranstalter sind im allgemeinen selbst unter dem Gesichtspunkt der Zweckveranlassung nicht als Störer einzustufen und könnten auch dann nur insoweit herangezogen werden, wie ihnen selbst obliegende Pflichten im Wege der Ersatzvornahme von Behörden erfüllt werden. Auch im Zusammenhang mit Großeinsätzen unter Anwendung unmittelbaren Zwanges kann die Polizei nur die Erstattung von Auslagen verlangen. Hierunter fallen nach dem Beispielkatalog des § 11 KostO jedoch nur Aufwendungen, welche die Polizei zur Vornahme der Amtshandlung an Dritte macht, nicht dagegen ihr eigener personeller und sachlicher Aufwand. Ebenso scheidet wegen der Spezialität des Kostenrechts der Rückgriff auf Grundsätze der öffentlich-rechtlichen Geschäftsführung ohne Auftrag aus. Sie sind gegenüber dem Störer nach § 42 I OBG jedoch insoweit anwendbar, wie einem im polizeilichen Notstand herangezogenen Nichtstörer nach § 39 OBG Ersatz geleistet werden mußte.[144]

V. Die Organisation der Gefahrenabwehr

1. Behördenaufbau

Die allgemeine Gefahrenabwehr ist in Nordrhein-Westfalen dualistisch organisiert. Neben den Ordnungsbehörden ist auch die Polizei mit der Aufgabe betraut, Gefahren für die öffentliche Sicherheit und Ordnung abzuwehren; das ist weiter oben im einzelnen ausgeführt worden.

Während es sich bei der Polizei ausschließlich um eine Angelegenheit der unmittelbaren Landesverwaltung handelt (§ 1 POG), werden die Aufgaben der Ordnungsverwal-

---

[144] Näheres (teilw. str.) bei *Schenke*, NJW 1983, 1882; *Broß*, DVBl. 1983, 377; *Götz*, DVBl. 1984, 14; *Würtenberger*, NVwZ 1983, 192.

tung auf der Orts- und Kreisstufe von den entsprechenden kommunalen Körperschaften (§ 3 I OBG) erfüllt; erst auf der Mittelstufe (§ 3 II OBG) ist mit dem Regierungspräsidenten wieder eine staatliche Behörde zuständig. Auch soweit die Ordnungsverwaltung kommunalisiert ist, verliert die Aufgabe der Gefahrenabwehr jedoch nicht ihren staatlichen Charakter. Sie gehört nicht etwa dem Kreis der kommunalen Selbstverwaltungsangelegenheiten an, sondern wird von den Gemeinden und Kreisen als mittelbare Staatsverwaltung in der Form der *Pflichtaufgaben zur Erfüllung nach Weisung* (§ 3 I OBG, § 3 II GemO) wahrgenommen.

Die Ordnungsverwaltung folgt in Nordrhein-Westfalen einem dreistufigen Ausbau. Ordnungsbehörden finden sich auf der Orts-, der Kreis- und der Mittelstufe. Die obersten Landesbehörden (§ 3 LOG) sind keine Ordnungsbehörden, doch verfügen die Landesminister über die Kompetenz zum Erlaß ordnungsbehördlicher Verordnungen (§ 26 OBG). Soweit die Gemeinden und Kreise die Aufgaben von Ordnungsbehörden wahrzunehmen haben, richtet sich die interne Zuständigkeit nach dem Kommunalverfassungsrecht. Ordnungsbehörde ist danach der Gemeinde- bzw. der Oberkreisdirektor; der Erlaß ordnungsbehördlicher Verordnungen obliegt jedoch der jeweiligen Vertretungskörperschaft (§ 27 IV OBG). Der Begriff der Ordnungsbehörde deckt sich nicht mit demjenigen des Ordnungsamtes.[145] Das Ordnungsamt ist lediglich eine organisatorisch unselbständige Gliederungseinheit in der Behörde des Gemeindedirektors. Es ist mit wichtigen ordnungsbehördlichen Funktionen betraut, doch werden solche Aufgaben auch in anderen Ämtern (z. B. Veterinär- und Gesundheitsämtern) oder Dienststellen erledigt.

Nach dem Grundsatz der Einheit der öffentlichen Verwaltung[146] nehmen die allgemeinen Ordnungsbehörden weitestgehend auch die speziellen, fachspezifischen Gefahrenabwehraufgaben wahr. Die Spezialgesetze machen dies deutlich, indem sie entweder unmittelbar die Ordnungsbehörden oder die Gemeinden und Kreise als Ordnungsbehörden ermächtigen oder bestimmen, daß die von ihnen geregelten Aufgaben nach dem OBG wahrgenommen werden. Dabei grenzen sie teilweise durch eine besondere Bezeichnung der Behörden (Straßenverkehrsbehörden, Bauaufsichtsbehörden) den jeweiligen Geschäftszweig auch terminologisch von der allgemeinen Gefahrenabwehr ab. Die so benannten Behörden sind gegenüber den allgemeinen Ordnungsbehörden gleichwohl nicht etwa verselbständigt. Es handelt sich entgegen einem häufigen Sprachgebrauch bei ihnen auch nicht um Sonderordnungsbehörden, sondern um unselbständige Teileinheiten der allgemeinen Ordnungsbehörden, nämlich um Dienststellen, Ämter, Dezernate oder Abteilungen.[147]

Von *Sonderordnungsbehörden* im Sinne des § 12 OBG sollte man demgegenüber nur sprechen, wenn Landesbehörden, die nicht selbst schon Ordnungsbehörden sind, mit

---

145 *Rietdorf/Heise/Böckenförde/Strehlau*, § 3 OBG, Rdn. 5.
146 *Götz*, Rdn. 427.
147 *Götz*, Rdn. 427.

der Wahrnehmung von Gefahrenabwehraufgaben betraut werden.[148] Hierzu zählen vor allem die staatlichen Gewerbeaufsichtsämter, die Eich-, Berg- und Forstämter, mitunter aber auch, wie etwa nach § 138 LWasserG, der zuständige Landesminister, der selbst nicht Ordnungsbehörde nach § 3 OBG sein kann. Ihre Bezeichnung als Sonderordnungsbehörde hat die in § 12 II OBG geregelte Folge der (subsidiären) Anwendbarkeit des OBG. § 3 I 2. Halbs. OBG läßt demgegenüber erkennen, daß auch den allgemeinen Ordnungsbehörden Aufgaben als Sonderordnungsbehörden übertragen werden können. Der Gesetzgeber hat hiervon mehrfach auch Gebrauch gemacht.[149] Diese Regelung ist begrifflich widersprüchlich;[150] sie ermöglicht allerdings die — freilich auch besser erreichbare — Klarstellung, daß die jeweils übertragenen Aufgaben nicht solche der Selbstverwaltung, sondern Pflichtaufgaben zur Erfüllung nach Weisung sein sollen.[151]

Im Unterschied zur Ordnungsverwaltung gibt es Polizeibehörden erst von der Kreisstufe an (§ 2 POG). Als Polizeibehörden (§ 3 POG) sind entweder die Polizeipräsidenten oder die hierzu bestimmten Oberkreisdirektoren, die insoweit gar nicht als Kreisbehörden, sondern — aufgrund einer sog. *Organleihe* — als staatliche Behörden fungieren.[152] Auf der mittleren Stufe (früher: Landespolizeibehörden) nimmt der Regierungspräsident die polizeilichen Aufgaben wahr. Der Innenminister ist dagegen nicht selbst Polizeibehörde, führt aber über die Polizei die Dienst- und zum Teil auch die Fachaufsicht. Das Landeskriminalamt als weitere Polizeibehörde ist eine Landesoberbehörde (§ 6 LOG) im Geschäftsbereich des Innenministers und zugleich zentrale Dienststelle nach § 3 I des Bundeskriminalamtsgesetzes; seine Zuständigkeiten ergeben sich aus § 13 POG. Die Polizeibehörden sind sowohl Schutzpolizei (bzw. Wasserschutzpolizei, vgl. § 3 II 2 POG) als auch Kriminalpolizei; die Unterscheidung kommt nur in der internen Organisation zum Ausdruck. Allerdings hat man verschiedentlich einzelne Kreispolizeibehörden für mehrere Bezirke gemeinsam zu Kriminalhauptstellen bestimmt.[153]

Die *Bereitschaftspolizei* (§ 4 POG) hat demgegenüber nicht den Charakter einer Polizeibehörde, sondern ist ein besonderer staatlicher Polizeiverband, dessen Gliederungen — Direktion und Abteilungen — das Gesetz als Polizeieinrichtungen bezeichnet. In der Bereitschaftspolizei wird der Nachwuchs für den allgemeinen Polizeivollzugsdienst aus- und fortgebildet. Vor allem aber dient sie als Polizeireserve in Notfällen und kann als Polizeitruppe im Rahmen der Art. 35 und 91 GG auch zur Abwehr besonderer Gefahren (z. B. für den Bestand oder die freiheitliche demokratische Grundordnung des Bundes oder eines Landes) eingesetzt werden. Zur Aufstellung einer Bereitschaftspolizei

---

148 Vgl. *Götz*, Rdn. 429.
149 Vgl. § 138 LWasserG; § 17 II LAbfG.
150 *Drews/Wacke/Vogel/Martens*, S. 103; *Rietdorf/Heise/Böckenförde/Strehlau*, § 12 OBG, Rdn. 8.
151 *Krämer/Müller*, § 3 Rdn. 11.
152 § 9 LOG; vgl. auch die VO über die Kreispolizeibehörden vom 17. 10. 1982 (GV NW S. 692).
153 KriminalhauptstellenVO vom 10. 1. 1983 (GV NW S. 11).

hat sich Nordrhein-Westfalen wie auch die übrigen Länder dem Bund gegenüber durch ein Verwaltungsabkommen verpflichtet,[154] das im übrigen auch Fragen der Organisation, Bewaffnung und Finanzierung sowie die Einflußrechte des Bundes regelt.[155]

Bei den *Polizeibeiräten* (§§ 15 ff. POG) handelt es sich weder um Polizeibehörden noch um polizeiliche Einrichtungen, sondern um beratende Organe, die als ein Bindeglied zwischen Bevölkerung, Selbstverwaltung und Polizei wirken sollen. Sie stehen in Nachfolge der früher in der britischen Besatzungszone eingerichteten Polizeiausschüsse, sind aber von geringerer Bedeutung als jene.

2. Aufsicht und Weisung

Für die Polizei als rein staatliche Behördenorganisation ist die Aufsicht anders geregelt als in der Ordnungsverwaltung, an der neben dem Land auch die kommunalen Körperschaften beteiligt sind. Das POG unterscheidet entsprechend der Regelung der §§ 11 ff. LOG zwischen der Dienst- und der Fachaufsicht. Erstere betrifft den inneren Bereich der Behörde als solche, letztere bezieht sich dagegen auf die rechtmäßige und zweckmäßige Erfüllung ihrer Aufgaben. Die Dienst- wie auch die Fachaufsicht folgt im wesentlichen dem hierarchischen Behördenaufbau, an dessen Spitze der Innenminister steht (vgl. im einzelnen die §§ 5 und 6 POG). Soweit der Polizei andere als allgemeine Gefahrenabwehraufgaben zugewiesen sind, führt der jeweilige Ressortminister die Fachaufsicht. Die Fachaufsicht schließt die Befugnis zur Erteilung von Weisungen und bei Gefahr im Verzuge auch das Recht ein, die Befugnisse der nachgeordneten Behörden wahrzunehmen (§ 13 III LOG).

§ 7 OBG regelt nur die Aufsicht des Staates über die kommunalen Ordnungsbehörden; im übrigen gelten die §§ 11 ff. LOG. Über die örtlichen Ordnungsbehörden der kreisangehörigen Gemeinden führt der Oberkreisdirektor die Aufsicht; er ist insoweit kraft Organleihe untere staatliche Verwaltungsbehörde (§§ 7 I OBG, 48 KreisO). Soweit von Aufsicht gegenüber den kommunalen Ordnungsbehörden die Rede ist, handelt es sich um einen Sonderfall der Fachaufsicht, nämlich um die sog. *Sonderaufsicht* (§ 106 II GemO). Für die inneren Behördenangelegenheiten, die sonst von der Dienstaufsicht erfaßt werden, sind die kommunalen Körperschaften selbst verantwortlich; hier kann allenfalls im Wege der allgemeinen Kommunalaufsicht (§§ 106 ff. GemO, § 46 III KreisO) eingeschritten werden.

Die Sonderaufsicht richtet sich nach den hierüber erlassenen Vorschriften des OBG (§ 106 II GemO i.V.m. den §§ 7 ff. OBG). Sie schließt außer dem Recht auf Unterrichtung (§ 8 OBG) auch das Weisungsrecht (§ 9 OBG) ein. Letzteres bezieht sich auf die rechtmäßige und nach Maßgabe des § 9 II und III OBG auch auf die zweckmäßige

---

154 Vom 10. 12. 1970/26. 3. 1971, MBl. NW 1971, S. 906.
155 Näheres bei *Drews/Wacke/Vogel/Martens*, S. 69 f.

Erfüllung ihrer Aufgaben. Wird dem Gemeinde- oder Oberkreisdirektor eine Einzelweisung erteilt, kann zugleich festgelegt werden, daß die Behörde insoweit kraft Organleihe als untere staatliche Verwaltungsbehörde und damit frei von ihren sonstigen kommunalverfassungsrechtlichen Bindungen tätig zu werden hat (§ 9 IV OBG). Hilft dies nicht weiter, steht der Behörde nach § 10 OBG ein Selbsteintrittsrecht zu.

Die Behörden der Sonderaufsicht sind zugleich Kommunalaufsichtsbehörden (vgl. §§ 106a GemO, 46 I KreisO). Neben den Sonderaufsichtsbefugnissen stehen ihnen damit auch in ordnungsbehördlichen Angelegenheiten (§ 11 OBG) die teilweise etwas abweichenden Befugnisse der kommunalen Aufsicht zur Verfügung.[156]

3. Behördenzuständigkeiten

Das Polizei- und Ordnungsrecht enthält Bestimmungen über die sachliche wie auch die örtliche Zuständigkeit. In *sachlicher* Hinsicht sind hier in erster Linie die Aufgabennormen (§§ 1 OBG, 1 PolG) einschlägig, aus denen sich eine allgemeine Zuständigkeit zur Gefahrenabwehr sowie die Möglichkeit weiterer Zuständigkeit kraft spezialgesetzlicher Ermächtigungen ergibt. In der Praxis der Ordnungsverwaltung bestimmen freilich zunehmend bereichsspezifische Gefahrenabwehrregelungen das Bild, die in unterschiedlicher Weise die ordnungsbehördliche Zuständigkeit zu erkennen geben,[157] soweit sie nicht überhaupt die Aufgabenerfüllung auf Sonderordnungsbehörden verlagern. Auch die weitere Zuständigkeitsabgrenzung zwischen der Polizei auf der einen und den Ordnungsbehörden auf der anderen Seite findet sich vielfach spezialgesetzlich geregelt;[158] im übrigen gilt die allgemeine Zuständigkeitsvorschrift des § 1 I 2 PolG. Die sachliche Zuständigkeit im engeren Sinne ist gemeint, wenn die §§ 5 OBG, 10ff. POG vertikale (oder instanzielle) Zuständigkeitsabgrenzungen vornehmen. Im Bereich der Ordnungsverwaltung sind stets die Behörden der Ortsstufe zuständig, soweit nicht spezielles Ordnungsrecht hierfür ausdrücklich die Kreis- oder die Landesordnungsbehörden nennt. Aufgaben, die der Polizei zugewiesen sind, obliegen demgegenüber nach § 10 POG grundsätzlich allen Polizeibehörden im Sinne von § 2 POG. Einzelne („besondere") sachliche Zuständigkeiten, vor allem bei der Verkehrsüberwachung, sind indes nach Maßgabe der §§ 11 und 12 POG auf die Kreispolizeibehörden und die Regierungspräsidenten verteilt; § 13 POG schließlich nennt die sachlichen Zuständigkeiten des Landeskriminalamtes. Gefahr im Verzuge begründet darüber hinaus eine von dieser Regelung abweichende außerordentliche Zuständigkeit (§ 14 POG).

Was die *örtliche* Zuständigkeit betrifft, so enthält das OBG in § 4 nur eine Konfliktklausel; im übrigen sind die allgemeinen Bestimmungen des § 3 VwVfG anwendbar.

---

156 *Rietdorf/Heise/Böckenförde/Strehlau*, § 11 OBG. Rdn. 1 u. 2.
157 Z.B. § 14 LImSchG; § 57 I Nr. 3 BauO NW; § 1 I AG ViehseuchenG.
158 Nachweise bei *Dietel/Gintzel*, S. 60ff.

Für die Polizei bestimmt § 7 POG die örtliche Zuständigkeit danach, in welchem Polizeibezirk die polizeilich zu schützenden Interessen verletzt oder gefährdet werden. Die Besonderheiten des Polizeieinsatzes vor allem, aber nicht nur bei der Strafverfolgung verlangen jedoch eine flexible Handhabung der Zuständigkeitsgrenzen; dem trägt § 7 II – V POG Rechnung. Unter den Voraussetzungen der §§ 8 und 9 POG ist es bei Gegenseitigkeit sogar zulässig, daß die nordrhein-westfälische Polizei länderübergreifend in anderen Bundesländern und daß fremde Polizei in Nordrhein-Westfalen tätig wird.[159] Von dieser Regelung werden auch diejenigen Fälle erfaßt, in denen bereits die Art. 35 und 91 GG bundesrechtlich den Einsatz von Polizeikräften über die Landesgrenzen hinaus ermöglichen.

---

159 Einzelheiten bei *Dietel/Gintzel*, S. 37 ff.

Das Recht der Raumordnung und Landesplanung in Nordrhein-Westfalen

von Werner Hoppe

Literatur

U. Battis, Öffentliches Baurecht und Raumordnungsrecht, Stuttgart u.a. 1981; *W. Bielenberg/ W. Erbguth/W. Söfker* Raumordnungs- und Landesplanungsrecht des Bundes und der Länder, Kommentar und Textsammlung, Bielefeld 1979, Stand: 13. Lfg., November 1985; *W. Cholewa/ H. Dyong/H. von der Heide,* Raumordnung in Bund und Ländern, Band 1: Kommentar zum Raumordnungsgesetz des Bundes, 2. Auflage, Stuttgart 1981, Stand: 12. Lfg., Februar 1985; *J. Depenbrock/H. Reiners,* Landesplanungsgesetz Nordrhein-Westfalen, Kommentar, Köln u.a. 1985; *W. Erbguth,* Raumordungs- und Landesplanungsrecht, Köln u.a. 1983; *W. Erbguth,* Probleme des geltenden Landesplanungsrechts, Ein Rechtsvergleich, Münster 1975; *W. Ernst/W. Hoppe,* Das öffentliche Bau- und Bodenrecht, Raumplanungsrecht, 2. Auflage, München 1981; *K.-H. Friauf,* Bau- und Bodenrecht, in: von Münch, Ingo (Hrsg.) Besonderes Verwaltungsrecht, 7. Auflage, Berlin u.a. 1985; *W. Hoppe,* Das Recht der Raumordnung und Landesplanung in Bund und Ländern, Allgemeiner Teil (RuL), Köln u.a. 1986; *W. Hoppe/H. Schlarmann,* Rechtsschutz bei der Planung von Straßen und anderen Verkehrsanlagen, 2. Auflage, München 1981; *W. Kenneweg/J. von Aerssen,* Planungsrecht Nordrhein-Westfalen, Vorschriftensammlung mit Erläuterungen zum Landesentwicklungsprogrammgesetz, Köln u.a. 1977;*G. Niemeier/W. Dahlke/H. Lowinsky,* Landesplanung in Nordrhein-Westfalen, Kommentar zum Landesplanungsgesetz und Landesentwicklungsprogramm, Essen 1977; *G. Niemeier/W. Dahlke/H. Gräf/H. Lowinsky,* Landesplanungsrecht Nordrhein-Westfalen, Band 1: Texte, 2. Auflage, Essen 1980; *E. Schmidt-Aßmann,* Fortentwicklung des Rechts im Grenzbereich zwischen Raumordnung und Städtebau, Städtebauliche Forschung, Schriftenreihe des Bundesministers für Raumordnung, Bauwesen und Städtebau, Heft 03.055, Bonn-Bad Godesberg 1977; *R. Wahl,* Rechtsfragen der Landesplanung und Landesentwicklung, 1. Band: Das Planungssystem der Landesplanung, Grundlagen und Grundlinien, 2. Band: Die Konzepte zur Siedlungsstruktur in den Planungssystemen der Länder, Berlin 1978

Gliederung

I. Der Begriff der Raumordnung und Landesplanung und ihre Stellung im Planungssystem
II. Allgemeine Grundlagen der Raumordnung und Landesplanung
   1. Grundgesetzliche, bundesgesetzliche und landesrechtliche Grundlagen
      a) Die gesetzlichen Grundlagen der Raumordnung und Landesplanung in Nordrhein-Westfalen
      b) Verfassungsrechtliche Grundlagen und Grenzen
          aa) Grundrechts- sowie rechts- und sozialstaatsverwirklichende Komponenten der Raumordnung und Landesplanung

bb) Kompetenzrechtliche Regelungen
cc) Die Planungshoheit der Gemeinden (Art. 28 Abs. 2 GG)
2. Rahmenrechtliche Vorgaben
  a) Das ROG als Rahmengesetz
    aa) Der rahmenrechtliche Rechtscharakter
    bb) Die rahmenrechtliche Aufgliederung
  b) Aufgaben und Ziele nach § 1 ROG
    aa) Die generellen Planungsziele des § 1 ROG
    bb) Das Gegenstromprinzip als Ordnungssatz und Planungsgrundsatz der Abwägung (§ 1 Abs. 4 ROG)
  c) Grundsätze der Raumordnung und Landesplanung (§§ 2 – 4 ROG)
    aa) Rechtliche Charakterisierung der Grundsätze
    bb) Inhalt der Bundesgrundsätze (§ 2 Abs. 1 ROG)
    cc) Ergänzende landesrechtliche Raumordnungsgrundsätze (§ 2 Abs. 3 ROG)
    dd) Abwägung der Grundsätze (§ 2 Abs. 2 ROG)
    ee) Geltung der Grundsätze (§ 3 ROG)
    ff) Verwirklichung der Grundsätze (§ 4 ROG)
      (1) Die Verwirklichung der Raumordnungsgrundsätze durch die Länder (§ 4 Abs. 3 ROG)
      (2) Die Abstimmungsverpflichtung (§ 4 Abs. 5 ROG)
  d) Raumordnung in den Ländern (§ 5 ROG)
    aa) Die Planungspflicht der Länder für das Landesgebiet (§ 5 Abs. 1 S. 1 ROG)
    bb) Sachliche und räumliche Teilprogramme und Pläne (§ 5 Abs. 1 S. 2 ROG)
    cc) Der Mindestinhalt der Raumordnungspläne (§ 5 Abs. 2 S. 1 ROG)
    dd) Die Beteiligung der Kommunen bei der Aufstellung von Zielen der Raumordnung und Landesplanung (§ 5 Abs. 2 S. 2 ROG)
    ee) Regionalplanung (§ 5 Abs. 3 ROG)
  e) Bindungswirkung der Ziele der Raumordnung und Landesplanung (§ 5 Abs. 4, § 6 ROG)
    aa) Ziele, Grundsätze, sonstige Erfordernisse und raumbedeutsame Planungen und Maßnahmen als Zentralbegriffe der Raumordnung und Landesplanung
      (1) Grundsätze der Raumordnung und Landesplanung
      (2) Ziele der Raumordnung und Landesplanung
      (3) Sonstige Erfordernisse der Raumordnung und Landesplanung
      (4) Raumbedeutsame Planungen und Maßnahmen
    bb) Die Wirkung des § 5 Abs. 4 ROG als generelle Zielbindungsklausel
  f) Untersagung raumordnungswidriger Planungen und Maßnahmen (§ 7 ROG)
III. Die landesplanerische Ausgestaltung der Raumordnung und Landesplanung
  1. Gesetzliche Grundlagen und allgemeine Aufgabe der Landesplanung
    a) Die Regelungsgegenstände des LPlG und des LEPro
    b) Allgemeine Aufgabe der Landesplanung (§ 1 LPlG)
  2. Behördenorganisation, Zuständigkeiten (§§ 2 – 10 LPlG)
    a) Die Landesplanungsbehörde und ihre Zuständigkeiten (§ 2 LPlG)
    b) Die Bezirksplanungsbehörde und ihre Zuständigkeit (§ 3 LPlG)
    c) Bezirksplanungsrat, Zusammensetzung und Zuständigkeit
      aa) Rechtscharakter, Zusammensetzung (§§ 5, 6, 8 – 10 LPlG)
      bb) Aufgaben des Bezirksplanungsrates (§ 7 LPlG)
    d) Braunkohlenausschuß, Braunkohlenunterausschüsse, Zuständigkeiten und Zusammensetzung (§§ 26-29 LPlG)
    e) Planungsaufsicht im Kreis (§ 4 LPlG)

3. Die Instrumente der landesplanerischen Gestaltung
   a) Übersicht über die Raumordnungspläne
   b) Das Landesentwicklungsprogramm (Gesetz zur Landesentwicklung) und die Steuerungsfunktion seiner Grundsätze (§ 12 LPlG)
      aa) Die Grundsätze des LEPro
      bb) Rechtwirkungen der Grundsätze (§ 37 LEPro)
   c) Landesentwicklungspläne (§ 13 LPlG)
      aa) Funktion der LEP und ihr Verhältnis zueinander (§ 13 Abs. 1 LPlG)
      bb) Rechtswirkungen der LEP (§ 13 Abs. 6 LPlG)
      cc) Aufstellung und Form der LEP (§ 13 Abs. 2-5 LPlG)
      dd) Übersicht über aufgestellte Landesentwicklungspläne
   d) Gebietsentwicklungspläne (§§ 14-17 LPlG)
      aa) Funktion der GEP
      bb) Aufstellung und Genehmigung der GEP (§§ 15, 16 LPlG)
      cc) Heilung bei Verletzungen von Verfahrens- und Formvorschriften
   e) Braunkohlenpläne (BrKP) (§ 24 LPlG)
      aa) Funktion der Braunkohlenpläne (§ 24 Abs. 1, Abs. 2 LPlG)
      bb) Das Verhältnis von Betriebsplänen zum Braunkohlenplan (§ 24 Abs. 5 LPlG)
   f) Rechtscharakter der Raumordnungspläne, Rechtsschutzfragen
4. Die die Raumordnungspläne unterstützenden Instrumente
   a) Instrumente der Plansicherung
      aa) Untersagung raumordnungswidriger Maßnahmen (§ 22 LPlG)
      bb) Zurückstellung von Baugesuchen (§ 23 LPlG)
      cc) Entschädigungsregelungen (§ 33 LPlG)
   b) Instrumente der Planverwirklichung
      aa) Planungsaufsicht über den Bezirksplanungsrat (§ 19 LPlG)
      bb) Zielbekanntgabeverfahren (§ 20 LPlG)
      cc) Anpassungspflicht für die Gemeinden (§ 21 Abs. 2 LPlG)
      dd) Planungsgebot der Planvorbereitung und Planbegleitung
   c) Instrumente der Planvorbereitung und Planbegleitung
   d) Instrumente für den Ausgleich landesplanerischer Schäden (§ 34 LPlG)

I. Der Begriff der Raumordnung und Landesplanung und ihre Stellung im Planungssystem

Raumordnung und Landesplanung ist nach geltendem Recht ein Teilbereich der staatlichen bzw. staatlich/kommunalen **Planung**.[1] Diese Planung ist durch ihren räumlichen Bezug charakterisiert. Ihre Funktion ist die an bestimmten Raumordnungskonzepten und Zielvorstellungen ausgerichtete, mit Hilfe bestimmter Planungssysteme in

---

1 Siehe *Ernst,* in Ernst/Hoppe, ÖffBauBoR, Rdn. 3a; zu den verschiedenen Definitionen siehe *Bielenberg/Erbguth/Söfker,* K § 1 Rdn. 41 ff.; *Ernst,* in: Ernst/Hoppe, ÖffBauBoR, Rdn. 1−3; Zur geschichtlichen Entwicklung siehe *Bielenberg,* in: Ernst/Zinkahn/Bielenberg, BBauG, (Loseblatt), Stand: April 1984, Anhang zur Einleitung, Rdn. 2−16, 23−33b, 49−50; *Ernst,* in: Ernst/Hoppe, ÖffBauBoR, Rdn. 14−21; *Cholewa/Dyong/von der Heide,* Einl. Rdn. 1−56.

einem bestimmten Verfahren aufgestellte *übergeordnete, überörtliche* und *zusammenfassende Planung* der räumlichen Verteilung der Daseinsfunktionen des Menschen: Wohnen, Arbeiten, Sicherholen, Sichfortbewegen, Sichbilden und In-Gemeinschaft-Sein.[2] Diese Definition verwendet den Begriff „Raumordnung und Landesplanung" als einheitlichen Begriff, mit dem sowohl dieses Rechtsgebiet wie auch diese Art der räumlichen Planung, teils als staatliche, teils als staatlich/kommunale Aufgabe umschrieben wird.[3] Es wird also kein Unterschied danach gemacht, ob sich die planungsrechtlichen Institute, Instrumente, Aussagen oder Festsetzungen, die diesem Rechtsgebiet und diesem Aufgabenbereich zugeordnet werden sollen, auf das Gebiet des Bundes, des Landes oder Teilbereiche eines Landes (Region) beziehen, ob sie ihre Grundlage im Bundesrecht oder im Landesrecht finden oder von welchem Träger der Planung (Bund, Land, Region) sie ausgehen.

Die Verwendung eines einheitlichen Begriffs der Raumordnung und Landesplanung hat den Vorteil, − trotz der unterschiedlichen Verwendung der Termini „Raumordnung", „Raumordnung und Landesplanung", „Landesplanung" in der Gesetzessprache − durchgängig verwendet werden zu können, an die kompetenzrechtliche Regelung des Art. 75 Nr. 4 GG „Raumordnung" anzuschließen[4] und der Aussage des BVerfG zum Begriff der Raumordnung im Rechtsgutachten vom 16. Juni 1954[5] zu entsprechen.

Wenn von **Raumordnung und Landesplanung** die Rede ist, wie sie in einem bestimmten Land Gestalt gewonnen hat, und zwar sowohl in ihrer landesgesetzlichen Ausprägung in Landesplanungsgesetzen und/oder in Landesprogrammgesetzen als auch in ihrer Ausprägung in Landesentwicklungs- und Gebietsentwicklungsplänen, führt ein vereinfachender Sprachgebrauch für dieses Recht und diese Aufgabe zu dem Terminus **Landesplanung(srecht).** Damit sind die jeweils spezifischen Regelungen und Planungen der Landesplanung und Raumordnung im Landesbereich und aufgrund landesrechtlicher Regelungen gemeint.[6] Man könnte insoweit auch von *Landesraumordnung* sprechen.[7]

---

2 So *Ernst,* in Ernst/Hoppe, ÖffBauBoR, Rdn. 3.
3 Ebenso *Erbguth,* ROLPlR, Rdn. 9.
4 Auf diesen Gesichtspunkt weist vor allem *Erbguth,* ROLPlR, Rdn. 9 hin.
5 BVerfG v. 16.6.1954 − 1 PvB 2/52 −, BVerfGE 3, 407ff., 425: „Die überörtliche Planung fällt unter den Begriff der Raumordnung i.S.d. Art. 75 Nr. 4 GG. Diese ist zusammenfassende, übergeordnete Planung und Ordnung des Raumes. Sie ist übergeordnet, weil sie überörtliche Planung ist und weil sie vielfältige Fachplanungen zusammenfaßt und aufeinander abstimmt.
6 Das LPlG spricht in § 1 von der Aufgabe der „Landesplanung" als Landesentwicklung, in § 2 LPlG ist die Rede von der für die „Raumordnung und Landesplanung"zuständigen obersten Landesbehörde (Landesplanungsbehörde), nach § 2 Nr. 3 LPlG sollen sich Planungen angrenzender Länder und Staaten auf die „Raumordnung im Lande Nordrhein-Westfalen" auswirken können.
7 In diesem Sinne etwa der Ausdruck „Raumordnung in den Ländern" in §5 ROG (Überschrift). Zur Möglichkeit und kompetenzrechtlichen Zulässigkeit einer bundeseigenen Planung siehe *Hoppe/Erbguth,* DVBl. 1983, 1218ff. Dazu, daß das Bundesraumordnungsprogramm insoweit kaum Effektivität hat, siehe *Ernst,* in: Ernst/Hoppe, ÖffBauBoR, Rdn. 90;

Der Begriff der Raumordnung und Landesplanung und ihre Stellung im Planungssystem

Geht man davon aus, daß es nicht nur eine Landesplanung (Landesraumordnung) gibt, sondern auch eine *Bundesraumordnung* als Teil der Raumordnung und Landesplanung, so läßt sich auch von einer spezifischen Bundesplanung sprechen, die zwar verfassungsrechtlich zulässig, gesetzlich aber nicht ausgebildet ist.

Eine Bundesraumordnung i.S. einer Raumplanung auf Bundesebene gibt es nicht. Das von der Ministerkonferenz für Raumordnung 1975 verabschiedete und vom Bundeskabinett gebilligte *Raumordnungsprogramm* ergänzt die Grundsätze des § 2 Abs. 1 ROG, stellt aber keine Raumplanung für den Gesamtstaat Bundesrepublik dar.

Die als Teile der Raumordnung und Landesplanung verstandene Landesplanung — die Raumordnung im Lande — ist aufgrund bundesrahmenrechtlicher Regelungen (§ 5 Abs. 1 S. 1 und § 5 Abs. 3 S. 1 ROG)[8], die den Ländern einerseits eine landesplanerische Planungspflicht auferlegen, und die die Länder andererseits verpflichten, Rechtsgrundlagen für eine Regionalplanung zu schaffen, zweistufig ausgebildet.

Deswegen spricht man von
- **hochstufiger Landesplanung** und
- **Regionalplanung.**

Die *hochstufige Landesplanung* umfaßt die von den Ländern aufgestellten übergeordneten und zusammenfassenden Programme oder Pläne.[9] Das ROG läßt in § 5 Abs. 1 S. 2 ROG die Aufstellung räumlicher oder sachlicher Teilprogramme und Teilpläne zu. Die hochstufige Landesplanung legt die Ziele der Raumordnung und Landesplanung für die Gesamtentwicklung des Landes fest.[10]

Die *Regionalplanung* — in NW *Gebietsentwicklungsplanung* — legt auf der Grundlage der hochstufigen Landesplanung die regionalen Ziele der Raumordnung und Landesplanung fest.[11] Die Regionalplanung ist also die Landesplanung für großflächige Teilräume mindestens oberhalb der Ebene der Bauleitplanung der Gemeinden.[12] Regionen sind — rechtlich gesehen — diejenigen Teilräume, die das jeweilige Landesplanungsrecht als Region abgrenzt oder sonst bestimmt.

So bezieht sich die Regionalplanung in NW mit ihren Gebietsentwicklungsplänen auf die Entwicklung der Regierungsbezirke (§ 14 Abs. 1 LPlG). In Niedersachsen bezieht sich das regionale Raumordnungsprogramm auf das Gebiet von Kreisen und kreisfreien Städten, die Träger der Regionalplanung sind (§§ 7, 8 NROG).[13]

Wahl, Rechtsfragen I, 278 ff., der von einem desolaten Zustand der Raumordnung im Bund und im Bund-Länder-Verhältnis spricht.
8 Siehe hierzu *Bielenberg/Erbguth/Söfker*, K § 5 ROG Rdn. 2, 10.
9 Die hochstufige Landesplanung in NW besteht aus dem in Gesetzesform ergangenen Landesentwicklungsprogramm (siehe § 12 LPlG) und den gemäß § 13 LPlG aufgestellten Landesentwicklungsplänen.
10 Siehe §§ 12, 13 LPlG. — Dazu unten III 3.
11 Siehe z. B. § 14 LPlG.
12 *Bielenberg/Erbguth/Söfker*, K § 1 ROG Rdn. 46.
13 Siehe hierzu *Bielenberg/Erbguth/Söfker*, M 250; *Erbguth*, ROLPlR, Rdn. 147.

Das **Recht der Raumordnung und Landesplanung** ist *Teil* des **Raumplanungsrechts** so wie Raumordnung und Landesplanung *Teil* der **Raumplanung** ist. Unter **Raumplanung** wird die räumliche Planung der öffentlichen Hand auf allen Ebenen und Sachgebieten verstanden.[14] Das der **Raumplanung** zugeordnete Raumplanungsrecht umfaßt das raumbezogene **Gesamtplanungsrecht** und das raumbezogene **Fachplanungsrecht**.[15] **Gesamtplanungen** koordinieren im Interesse der Gesamtentwicklung eines Raumes alle in einem Raum auftretenden Raumansprüche und Belange, insbesondere auch solche, die Gegenstand von Fachplanungen sind. Gesamtplanungen werden auch als **Querschnittsplanung** bezeichnet.[16] **Fachplanungen** dienen der planerischen Bewältigung *sektoraler Aufgaben- bzw. Problemfelder* (Verkehr, Verteidigung, Abfallbeseitigung, Wasserwirtschaft). Mit **Fachplanungsrecht** sind in erster Linie die aufgrund von Fachplanungsgesetzen des Bundes und der Länder vorbereiteten und durchgeführten förmlichen Feststellungen von *Bauplänen für Anlagen,* insbesondere des Straßen-, Schienen- und Luftverkehrs, der Abfallbeseitigungsplanung, der Planung von Energieanlagen und -leitungen gemeint.[17]

Zum **raumbezogenen Gesamtplanungsrecht** rechnet das überfachlich ausgerichtete Recht der
- **Bauleitplanung** (Ortsplanung)[18]
- **Raumordnung und Landesplanung**
  o der *Landesplanung* (Landesraumordnung) in der Form der
    o hochstufigen Landesplanung und der
    o Regionalplanung
  o der *Bundesplanung* (Bundesraumordnung), die − wie gesagt − zwar verfassungsrechtlich zulässig wäre, aber gesetzlich nicht ausgebildet ist.

Die Stellung der Raumordnung und Landesplanung im Planungssystem der Raumplanung zeigt folgendes Schaubild:

---

14 *Ernst,* in Ernst/Hoppe, ÖffBauBoR, Rdn. 4.
15 *Bielenberg/Erbguth/Söfker,* K § 1 ROG Rdn. 48, zählen das raumbezogene Fachplanungsrecht nicht zur Raumplanung.
16 *Erbguth,* ROLPlR, Rdn. 4, 7.
17 Siehe dazu *Hoppe/Schlarmann,* Rdn. 7 ff., Rdn. 15 ff.; zu einem weiteren Begriff der Fachplanung siehe *Bielenberg/Erbguth/Söfler,* K § 1 ROG Rdn. 47; siehe auch *Schlarmann,* Das Verhältnis der privilegierten Fachplanungen zur kommunalen Bauleitplanung (1980), S. 5 f.
18 Siehe dazu *Hoppe,* in: Ernst/Hoppe, ÖffBauBoR, Rdn. 111 ff.

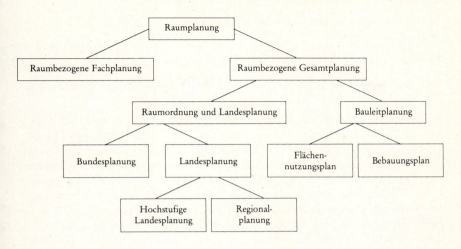

II. Allgemeine Grundlagen der Raumordnung und Landesplanung

1. Grundgesetzliche, bundesgesetzliche und landesrechtliche Grundlagen

a) Die gesetzlichen Grundlagen der Raumordnung und Landesplanung in Nordrhein-Westfalen

Das Recht der Raumordnung und Landesplanung wird in Nordrhein-Westfalen durch das **Raumordnungsgesetz des Bundes** vom 8. April 1965 (BGBl I S. 306) *(ROG)* als Rahmengesetz und durch das **Landesplanungsgesetz** NW vom 28. November 1979 (GV NW S. 878) *(LPlG)* sowie das **Gesetz zur Landesentwicklung** *(Landesentwicklungsprogramm)* vom 19. März 1974 (GV NW 1974, S. 96) *(LEPro)* bestimmt.

Obwohl das Landesplanungsrecht ein vergleichsweise junges Rechtsgebiet darstellt, ist die Landesplanung Nordrhein-Westfalen durch eine wechselhafte und von geringer Kontinuität sowie Beständigkeit begleitete Geschichte ihrer Gesetzgebung gekennzeichnet: Seit 1950 sind insgesamt fünf Landesplanungsgesetze bzw. grundlegende Änderungen von Landesplanungsgesetzen mit unterschiedlichen Instrumentarien und das oben erwähnte Landesentwicklungsprogramm verabschiedet worden.[19]

---

[19] Landesplanungsgesetz vom 11. März 1950 (GV NW S. 41); Landesplanungsgesetz vom 7. Mai 1962 (GV NW S. 229); Gesetz zur Änderung des Landesplanungsgesetzes vom 30. Mai 1972 (GV NW S. 141); Gesetz zur Änderung des Landesplanungsgesetzes vom 8. April 1975 (GV NW S. 294); Landesplanungsgesetz vom 28. November 1979 (GV NW S. 878); Zur Entwicklung siehe *Niemeier/Dahlke/Lowinski*, S. 15 ff.; *Depenbrock/Reiners*, LPlG, Einführung Anm. 1.

b) Verfassungsrechtliche Grundlagen und Grenzen

Die rechtlichen Grundlagen der Raumordnung und Landesplanung werden durch verfassungsrechtliche Regelungen bestimmt und begrenzt.

aa) Grundrechts- sowie rechts- und sozialstaatsverwirklichende Komponenten der Raumordnung und Landesplanung

Raumordnung und Landesplanung stellt nach den zentralen Aufgaben- und Zielnormen im ROG und in den Landesplanungsgesetzen die Aufgabe der Entwicklung der räumlichen Struktur, die der freien Entwicklung der Persönlichkeit in der Gemeinschaft am besten dient (§ 1 Abs. 1 S. 1 ROG), in den Mittelpunkt, oder sie charakterisiert ihre Aufgabe dahin, die räumliche Struktur des Landes unter Beachtung der natürlichen Gegebenheiten, der Erfordernisse des Umweltschutzes sowie der infrastrukturellen, wirtschaftlichen, sozialen, kulturellen Erfordernisse so zu entwickln, daß sie der freien Entfaltung der Persönlichkeit in der Gemeinschaft am besten dient. (§ 1 LEPro). Diese einfachgesetzlichen Formulierungen in den Zielnormen sowie die Grundsätze der Raumordnung, wie sie vor allem in § 2 Abs. 1 ROG und z.T. in den Landesplanungsgesetzen, z.T. in Landesprogrammen ihren Niederschlag gefunden haben, verweisen auf den verfassungsrechtlichen Aspekt der Verwirklichung grundgesetzlicher, rechtsstaatlicher, sozialstaatlicher und grundrechtlicher Werte durch Raumordnung und Landesplanung.[20]

Damit wird deutlich, daß Raumordnung und Landesplanung in verfassungsrechtlicher Hinsicht nicht nur durch das Grundgesetz eingegrenzt wird, also das Postulat grundrechtlicher Freiheits- und Gleichheitsicherung zu beachten hat, sondern auch – gemäß heutigem Verfassungs- und Grundrechtsverständnis – unter dem Gebot der Verwirklichung grundgesetzlicher und vor allem grundrechtlicher Verbürgungen steht.[21]

Diese verfassungsverwirklichenden Komponenten der Raumordnung und Landesplanung haben folgende Konsequenzen:

- Das *Postulat der Grundrechtsverwirklichung* und das der *Gewährleistung rechtsstaatlicher und sozialstaatlicher Forderungen* leitet inhaltlich die Grundsätze und Ziele der Raumordnung und Landesplanung ebenso wie die Konzepte der Raumordnung und bestimmt sie mit.
- Diese verfassungsrechtlichen Anforderungen sind außerdem zur *Interpretation der Planungsinhalte* heranzuziehen.

---

20 Siehe dazu *Ernst,* in: Ernst/Hoppe, ÖffBauBoR, Rdn. 157; zur grundrechtsverwirklichenden Komponente der Bauleitplanung siehe *Hoppe,* in: Ernst/Hoppe, ÖffBauBoR, Rdn. 157.
21 BVerfG v. 18. 7. 1972 – 1 BvL 32/70 und 24/71 –, BVerfGE 33, 303 ff., 330 f; weitere Nachweise siehe *Ernst,* in: Ernst/Hoppe, ÖffBauBoR Rdn. 28; siehe dazu im einzelnen *Schmitt Glaeser,* DÖV 1980, 1 ff., der zu Recht auf den ambivalenten Charakter der Grundrechtsverwirklichung durch an Effizienzkriterien orientierte und auf Optimierungseffekte abzielende Planung und auf die Grenzen planender Realisierungshilfe hinweist, aaO 5 f.

– Rechtsstaatliche Anforderungen und die Postulate der Grundrechtsverwirklichung sowie die Verwirklichung sonstiger verfassungsrechtlicher Garantien bestimmen die *landesplanerische Abwägung* raumrelevanter Belange. Sie gewährleisten ein diese Postulate berücksichtigendes *Verfahren* z. B. bei der Aufstellung von Plänen und Programmen der Raumordnung und Landesplanung

So hat der zentrale Leitsatz der Raumordnung und Landesplanung – die *Schaffung und Erhaltung gleichwertiger Lebensbedingungen in allen Teilen des Bundesgebietes* – als **Oberziel** Geltung. Wesentlicher Ansatz für die Herstellung und Sicherung gleichwertiger Lebensbedingungen ist im Abbau großräumiger Disparitäten zu sehen.[22] Dieses Oberziel findet seinen Grund im Sozialstaatscharakter des Staates. Der Staat – vor allem der Gesetzgeber – darf aus Gründen sozialer Gerechtigkeit nicht ungleiche räumliche Lebensbedingungen zulassen. Die annähernd gleichmäßige Förderung des Wohl aller Bürger und die annähernd gleiche Verteilung der Lasten ist Sinn des sozialen Rechtsstaates. Die Raumordnung hat insoweit zum Schutz und zur Verwirklichung des sozialen Rechtsstaates beizutragen. Als Verfassungsrechtsgrundsatz allgemein anerkannt enthält das Sozialstaatsprinzip den Auftrag zur aktiven Gestaltung der Gesellschaft. Soziale Sicherheit ermöglicht Freiheit, soziale Gerechtigkeit verlangt nach Ausgleich, um Lebensfähigkeit auf einem angemessenen Niveau zu ermöglichen.[23] Das Sozialstaatsprinzip findet seinen Normadressaten in erster Linie im Gesetzgeber. Seine Aufgabe ist es, erhebliche Unterschiede im Wohlstand und in der Lebensqualität der Bürger zu vermeiden. Der Ausgleichsgedanke des Sozialstaatsprinzips bringt in der Raumordnung unmittelbar den Grundsatz gleichwertiger Lebenverhältnisse hervor.[24] Ein raumordnerisches Leitbild, das die Gleichwertigkeit der Lebensbedingungen gesamträumlich in Frage stellte, wäre überdies mit dem Grundrechtskatalog nicht vereinbar. Vielmehr ist es Aufgabe der planenden und versorgenden Raumordnung, insoweit günstige tatsächliche Voraussetzungen für die Verwirklichung der Grundrechte zu schaffen.[25,26]

---

22 Siehe dazu *Hoppe*, ROLPl des Bundes und der Länder (RuL), Allgemeiner Teil, § 6 Rdz. 2; *Cholewa/Dyong/von der Heide*, Vorbem. XI, Rdn. 1–6; *Storbeck*, Die Raumordnungsziele nach dem BROP, in Grundriß der Raumordnung, 1982, 222 ff.

23 Siehe hierzu *Ernst*, in: Ernst/Hoppe, ÖffBauBoR, Rdn. 28; *Stern*, Das Staatsrecht der Bundesrepublik Deutschland, Bd. I, 2. Aufl. 1984, § 21 II, IV; *Cholewa/Dyong/von der Heide*, Vorbem. IV, Rdn. 7.

24 So *Ossenbühl*, Die verfassungsrechtliche Bedeutung des Postulats nach gleichwertigen Lebensverhältnissen für die Raumordnung und Landesentwicklungspolitik, der landkreis 1982, 550 f.

25 *Ernst*, in Ernst/Hoppe, ÖffBauBoR, Rdn. 28; *Cholewa/Dyong/von der Heide*, Vorbem. XI Rdn. 8; a.A. *Schmitt Glaeser* (Fußn. 21), 1 ff.

26 Für das raumordnerische Oberziel des Abbaus großräumiger Paritäten zwischen und innerhalb der Teilräume spricht eine Reihe von weiteren Vorschriften des Grundgesetzes: Art. 72 Abs. 2 Nr. 3 GG erklärt die Einheitlichkeit der Lebensverhältnisse über das Gebiet eines Landes hinaus als Voraussetzung für die Ausübung der konkurrierenden Gesetzgebungszuständigkeiten des Bundes. Diesem Begriff muß, stellt man ihn in einen Zusammenhang mit dem Sozial- und Rechtsstaatsprinzip und dem Grundrechtskatalog, neben seinem formellen Gehalt auch materielle Bedeutung zugesprochen werden *(Bielenberg/Erbguth/Söfker,* K § 1 Rdn. 39;

bb) Kompetenzrechtliche Regelungen

Für den Bereich der Regelungen von Raumordnung und Landesplanung spielen folgende Kompetenzregelungen eine zentrale Rolle:
- Nach **Art. 75 Nr. 4 GG** ist die **Raumordnung** Gegenstand der Rahmengesetzgebung: *Landesplanung in den Ländern* in ihren Grundzügen *kraft Rahmenkompetenz*
- *Kraft ausschließlicher Kompetenz* (kraft Natur der Sache): **Bundesplanung**
- Nach **Art. 74 Nr. 18 GG** ist das **Bodenrecht** Gegenstand der konkurrierenden Gesetzgebung: *Städtebauliche Planung kraft konkurrierender Vollkompetenz*

Daß die Materie Raumordnung Gegenstand der Rahmengesetzgebung nach Art. 75 Nr. 4 GG ist, hat mehrere Konsequenzen: Die auf sie zurückführende Gesetzgebung der Raumordnung und Landesplanung ist an den Gegenstand der **Raumordnung** als *übergeordnete Planung* gebunden, sie darf z. B. nicht örtliche und fachliche Planung zum Gegenstand ihrer Regelungen machen. Sie muß den *zusammenfassenden* Charakter mit ihren Koordinations-, Entwicklungs- und Gestaltungsaufgaben wahren.

Das Recht der Raumordnung und Landesplanung entfaltet sich in kompetenzrechtlicher Hinsicht in zwei Richtungen: Der Bund hat nach dem Gutachten des BVerfG[27] eine *ausschließliche und volle Kompetenz* zur Regelung der Raumplanung *für den Gesamtstaat kraft Natur der Sache*. Wenn die Raumordnung als eine notwendige Aufgabe des modernen Staates anerkannt wird, dann ist der größte zu ordnende und zu gestaltende Raum das ganze Staatsgebiet, die Raumordnung kann nicht an Ländergrenzen haltmachen.[28] Eine Bundesplanung ist gesetzlich nicht geregelt.

Der Bund hat *kraft Rahmenkompetenz* (Atrt. 75 Nr. 4 GG) die Gesetzgebungsbefugnis zur Regelung der *Raumordnung und Landesplanung in den Ländern,* und zwar in ihren Grundzügen.[29]

[Fortsetzung Fußnote 26]
    Ernst, in: Ernst/Hoppe, ÖffBauBoR, Rdn. 28; *Cholewa/Dyong/von der Heide,* Vorbem. XI Rdn. 9); *Ossenbühl* rechnet überdies zu Recht Art. 91a GG, Art. 104a Abs. 4 GG und auch Art. 107 Abs. 2 GG zu den Konstitutionsprinzipien der Verfassung, die das Prinzip der Gleichwertigkeit der Lebensbedingungen festlegen (*Ossenbühl* (Fußn. 24) 550 f.). Die verfassungsrechtliche Begründung für das Oberziel „gleichwertige Lebensbedingungen" ist in neuerer Zeit in Frage gestellt worden, vor allem von Auffassungen, die von einer funktionsräumlichen Gliederung des Bundesgebietes ausgehen; siehe hierzu *David,* Stellungnahme zu den Konzepten „Großräumige Zuweisung von Funktionen" und „Funktionsräumliche Arbeitsteilung im Bundesgebiet" aus verfassungsrechtlicher Sicht, Bd. 57 der Beiträge der Akademie für Raumforschung und Landesplanung (1981), S. 59 ff.; *Weyl,* Ist das raumordnungspolitische Ziel der „wertgleichen Lebensbedingungen" überholt?, DÖV 1980, 813 f. Auch dem Konzept der „räumlichen Vorranggebiete" ist es nicht gelungen, an die Stelle des Prinzips der gleichartigen Lebensbedingungen zu treten; siehe hierzu *Cholewa/Dyong/von der Heide,* Vorbem. XI Rdn. 11.

27 Siehe oben (Fußn. 5) BVerfGE 3, 115 ff., 127 ff.
28 Siehe *Cholewa/Dyong/von der Heide,* Vorbem. Rdn. 1.
29 Siehe dazu unten unter II 2.

Die Landesplanungsgesetze müssen sich allerdings im Rahmen des bundesrechtlich gesetzten Rechts halten, d. h. sie dürfen keine Vorschriften aufnehmen, die im Widerspruch zum bundesrechtlichen Rahmen stehen. Regelungen der Raumordnung und Landesplanung dürfen *nicht unmittelbar* die Nutzung von *Grund und Boden* zum Gegenstand haben. Landesplanerischen Aussagen darf nur eine mediatisierte Wirkung beigelegt werden. Sie sollen in einem gestuften System auf unterschiedlichen Ebenen entfaltet und konkretisiert werden. Das hat zur Folge, daß landesplanerische Festsetzungen erst durch die Bauleitplanung − speziell den Bebauungsplan − vermittelt auf die Bodennutzung einwirken dürfen.[30]
Kompetenzrechtlich ist das darin begründet, daß Art. 74 Nr. 18 GG das Bodenrecht als Gegenstand der konkurrierenden Gesetzgebung kennzeichnet und daß das städtebauliche Bodenrecht vom Bundesgesetzgeber mit dem Bundesbaugesetz (BBauG) praktisch abschließend geregelt ist.[31] Das hat zur Folge, daß es Regelungen der Raumordnung und Landesplanung untersagt ist, einen unmittelbaren Durchgriff auf die Regelung der Bodennutzung vorzusehen. Das wird abgekürzt als „*Verbot eines Durchgriffs auf Dritte*", insbesondere auf Privatpersonen, gekennzeichnet.[32]

cc) Die Planungshoheit der Gemeinden (Art. 28 Abs. 2 GG)

Eine zweite Barriere wird durch die den Gemeinden in Art. 28 Abs. 2 GG verfassungsrechtlich garantierte Planungshoheit gegenüber der Raumordnung und Landesplanung errichtet. Das Recht der örtlichen Planung ist den Gemeinden verfassungsrechtlich garantiert. Dieses Recht hat seine Grundlage in dem den Gemeinden durch Art. 28 Abs. 2 GG eingeräumten Selbstverwaltungsrecht und in dem damit verbundenen Recht, die Belange der örtlichen Gemeinschaft wahrzunehmen. Dieses Recht wird in Übereinstimmung mit den aus der Selbstverwaltungsgarantie abgeleiteten sonstigen Rechten − wie Personalhoheit, Finanzhoheit usw. − **„Planungshoheit"** genannt.
Die Selbstverwaltungsgarantie wirkt sich gegenüber der Raumordnung und Landesplanung, aber auch gegenüber der Fachplanung, in vielerlei Hinsicht aus:

− So bei der Annahme *landesplanerisch bedingter Pflichten, Bauleitpläne aufzustellen*, zu ergänzen, zu ändern oder aufzuheben, sei es, daß sie aus § 1 Abs. 4 oder § 3 BBauG n. F. abgeleitet werden,[33] sei es, daß sie als landesplanungsrechtliche Planungsgebote ausgebildet sind[34] oder bundesrechtlich geschaffen werden sollen.

---

30 Siehe dazu *Schmidt-Aßmann*, Fortentwicklung, 80ff. Das schließt nicht aus, daß sie über unbestimmte Gesetzesbegriffe und im Ermessensbereich mittelbare Wirkungen auslösen können, *Schmidt-Aßmann*, Fortentwicklung, 83 f.
31 Das bedeutet nicht, daß es nicht Zwischenbereiche von Städtebau und Landesplanung gibt, die kompetenzrechtlich schwer zuzuordnen sind, siehe dazu *Schmidt-Aßmann*, Fortentwicklung, 86 m.w.N.
32 Siehe dazu z. B. *Erbguth*, DVBl. 1982 1 ff., 8 f. *Erbguth* weist nach, daß inzwischen auch allgemein anerkannt ist, daß ein mittelbarer Durchgriff auf die Rechtssphäre des Bürgers verwehrt ist, Nachweise ebd. in Fußn. 45.
33 Umstritten ist vor allem, ob eine bundesrechtliche Erstplanungspflicht besteht, siehe dazu *Schmidt-Aßmann*, Fortentwicklung, 15ff.; *Weidemann*, Die Staatsaufsicht im Städtebaurecht als Instrument zur Durchsetzung der Raumordnung und Landesplanung (1982), S. 115ff.
34 *Schmidt-Aßmann*, Fortentwicklung, 26ff.; *Stern/Burmeister*, Die Verfassungsmäßigkeit eines landesrechtlichen Planungsgebots für Gemeinden (1975), 28ff.

- Ferner bei der Überlegung, die Flächennutzungs- oder Bebauungsplanung *auf andere Aufgabenträger zu übertragen,*[35]
- bei der *Regelung eines Vorrangs qualifizierter Fachplanung,* wobei als Musterbeispiel § 38 BBauG gilt, dessen Erweiterung auf andere Fachplanungen diskutiert wird,[36]
- bei der *Beteiligung der Gemeinden* an der Landesplanung,[37]
- für die Frage der *Zulässigkeit* landesplanerischer Bestimmungen für die *innergebietliche räumliche Gliederung von Gemeinden* (gebietsscharfe und parzellenscharfe landesplanerische Festsetzungen),[38]
- für die Zulässigkeit der landesplanerischen *Sicherungsinstrumente* (Untersagungen raumordnungswidriger Planungen, siehe z. B. §7 ROG; § 22 LPlG NW, Zurückstellungen von Baugesuchen, § 23 LPlG NW).[39]

2. Rahmenrechtliche Vorgaben

a) Das ROG als Rahmengesetz

aa) Der rahmenrechtliche Rechtscharakter

Das Raumordnungsgesetz ist auf die Rahmengesetzgebungskompetenz des Bundes gem. Art. 75 Ziff. 4 GG gestützt.[40] Ein auf die Rahmenkompetenz des Bundes gestütztes Raumordnungsgesetz kann drei verschiedene Bereiche regeln:
- **Anweisungsnormen** an die **Landesgesetzgebung** *(Richtlinien für Landesgesetze)*
- **unmittelbar geltendes Bundesrecht** für den Bundesbereich
- **unmittelbar geltendes Bundesrecht** für den **Bundesbereich**, das **zugleich Anweisungsnormen** für den Landesbereich darstellt.

---

35 *Schmidt-Aßmann,* Fortentwicklung, 33 ff.
36 *Schlarmann* (Fußn. 17) passim; *ders.,* DVBl. 1980, 275 ff.; *Schmidt-Aßmann,* Fortentwicklung, 41 ff.
37 *Schmidt-Aßmann,* Fortentwicklung, 43 ff.; *Henrich,* Kommunale Beteiligung in der Raumordnung und Landesplanung, Bd. I: Verfassungsrechtliche und rahmenrechtliche Grundlagen (1981), Bd. II: Beteiligungsrecht und Beteiligungsverfahren nach dem Landesplanungsrecht der Länder (1981), Bd. I, S. 42 ff.; *Hoppe,* Rechtliche Grundlagen der kommunalen Beteiligung bei der Landesplanung und der Fachplanung, in: Westfälische Forschungen, Mitteilungen des Provinzialinstituts für westfälische Landes- und Volksforschung des Landschaftsverbandes Westfalen-Lippe, 34. Band 1984, Festgabe für Helmut Naunin, S. 17 ff.
38 *Schmidt-Aßmann,* Fortentwicklung, 54 ff.; *Ernst/Suderow,* Die Zulässigkeit raumordnerischer Festlegungen für Gemeindeteile (1976); *Siedentopf,* Gemeindliche Selbstverwaltungsgarantie im Verhältnis zur Raumordnung und Landesplanung (1977).
39 *Schmidt-Aßmann,* Fortentwicklung, 84 ff.
40 Das Bundesverfassungsgericht hat in seinem Gutachten vom 16. 6. 1954 (BVerfGE 3, 407), (Fußn. 5), bestätigt durch das Urt. vom 30. 10. 1964 (BVerfGE 15, 1 ff., 16) dem Bund auch eine ausschließliche Vollkompetenz kraft Natur der Sache für die Raumordnung des Gesamtstaates zugebilligt. Da die sachliche Abgrenzung dieses Bereiches aber nicht eindeutig war, hat der Bund sich bei Erlaß des Raumordnungsgesetzes auf die Vollkompetenz nicht bezogen.

Bundesgesetze sind allerdings nur dann Rahmenvorschriften, wenn sie „ausfüllungsfähig, ausfüllungsbedürftig" und „auf eine solche Ausfüllung hin angelegt" sind.[41] Das, was den Ländern zu regeln übrig bleibt, muß von substanziellem Gewicht sein.[42]

bb) Die rahmenrechtliche Aufgliederung[43]

Die rahmenrechtlichen Aufgliederung des Gesetzes zeigt folgendes Bild:

Rahmenrechtliche Vorschriften		
Vorschriften, die den **Bundesbereich** betreffen	Vorschriften, die nur die **Länder** betreffen	Vorschriften, die für **Bund und Länder** gemeinsam gelten
○ §3 Abs. 1: Geltung der Grundsätze für Bundesstellen	○ §2 Abs. 3: Befugnis der Länder, weitere Grundsätze aufzustellen	○ §1: Aufgaben und Ziele der Raumordnung
○ §4 Abs. 1 und 2: BM für RO wirkt auf Verwirklichung und Beachtung der Grundsätze hin	○ §3 Abs. 2: Geltung der Bundesgrundsätze für die Landesplanung	○ §2 Abs. 1 und 2: Grundsätze der Raumordnung (Abs. 1) Abwägung der Grundsätze (Abs. 2)
○ §9: Beirat für Raumordnung	○ §4 Abs. 3 und 4: Länder sichern die Verwirklichung der Grundsätze in Programmen und Plänen (Abs. 3) Die Verwirklichung darf von den Ländern nicht erschwert werden (Abs. 4)	○ §3 Abs. 3: Keine Rechtswirkung der Grundsätze gegenüber dem Einzelnen
○ §11: Bericht der Bundesregierung		○ §4 Abs. 5: Abstimmungspflicht der Stellen von Bund und Ländern

[Fortsetzung Seite 318]

---

41 BVerfG v. 1. 12. 1954 — 2 BvG 1/54 —, BVerfGE 4, 115ff., 127ff. (Grundsatzentscheidung, von da an in ständiger Rechtsprechung); siehe dazu eingehend mit zahlreichen Nachweisen *Erbguth*, ROLPlR, Rdn. 14—18; siehe zu den kompetenziellen Möglichkeiten einer Weiterentwicklung des Raumordnungsrechts oben Fußn. 7.

42 *Maunz*, in: Maunz/Dürig/Herzog/Scholz, GG Bd. III (Loseblatt), Stand Oktober 1984, Art. 75 GG, Rdn. 10, 11, 12. Es ist umstritten, ob der Bundesgesetzgeber die Länder verpflichten kann, ein Rahmengesetz auszufüllen. Gegen seine solche Pflicht *Maunz*, in: Maunz/Dürig/Herzog/Scholz, Art. 75 GG Rdn. 18; *von Münch*, GG Bd. 3, 2. Aufl. 1983, Art. 75 GG Rdn. 12a; für die Möglichkeit einer solchen Regelung *Heeger*, Die Rahmenkompetenz (1962), 78; *Nawiasky/Lechner*, Die Verfassung des Freistaates Bayern, Ergänzungsband, 1953, 11, 70; *Peine*, NuR 1980, 142ff.

43 Siehe dazu *Cholewa/Dyong/von der Heide*, ROG Vorbem. III Rdn. 5—9.

- ○ § 5 Abs. 1, 2, 3: Aufstellung von Programmen und Plänen durch die Länder (Abs. 1) Pflicht zur Aufstellung von Zielen, die für die Verwirklichung erforderlich sind (Abs. 2) Pflicht zur Regionalplanung (Abs. 3)
- ○ § 7 Abs. 3: Regelung der Untersagung durch die Länder
- ○ § 10 Abs. 3: Regelung der Mitteilungs- und Auskunftspflicht über beabsichtigte Planungen und Maßnahmen
- ○ § 5 Abs. 4: Beachtenspflicht der Ziele der Raumordnung und Landesplanung durch die in § 4 Abs. 5 genannten Stellen
- ○ § 6: Anpassung besonderer Bundesmaßnahmen
- ○ § 7: Untersagung
- ○ § 8: Gemeinsame Beratung von grundsätzlichen Fragen durch Bundesregierung und Landesregierungen
- ○ § 10: Mitteilungs- und Auskunftspflichten

b) Aufgaben und Ziele nach § 1 ROG

aa) Die generellen Planungsziele des § 1 ROG

§ 1 ROG enthält unterschiedliche Bestandteile, und zwar:
- **generelle Planungsziele** oder **programmatische Hauptleitsätze** der Raumordnung und Landesplanung inhaltlicher Art in § 1 Abs. 1-3 ROG, und zwar die **Oberziele** der
  - ○ Gewährleistung der *optimalen Entfaltung der Persönlichkeit in der Gemeinschaft* durch aktive räumliche Entwicklung des Bundesgebiets (Abs. 1)
  - ○ Förderung und Berücksichtigung des *staatspolitischen Ziels der Wiedervereinigung* durch Beachtung und Verbesserung des räumlichen Zusammenhangs der Gebiete (Abs. 2)
  - ○ Schaffung und Förderung der räumlichen Voraussetzungen für die *Zusammenarbeit im europäischen Raum* (Abs. 3)
- das **Gegenstromprinzip als Ordnungsgrundsatz** (Planungsgrundsatz), das die wechselseitige Rücksichtnahme der gesamträumlichen und der einzelräumlichen Ordnungen anordnet.

§ 1 Abs. 1 ROG entnimmt seine Leitvorstellungen der *verfassungsmäßigen Ordnung*.[44] Das Postulat der Verwirklichung von Verfassungswerten wird als Richtlinie für die planende und versorgende Verwaltung über § 1 Abs. 1 ROG vermittelt.[45] Inhaltlich kann diese Richtlinie dahin charakterisiert werden, daß Rechtsstaatsprinzip und Sozialstaatsprinzip die Raumordnung auf das Staatsziel einer sowohl freiheitssichernden als auch gemeinschaftsbetonten Politik des räumlichen Ausgleichs und gebietlichen Zusammenhangs festlegen. Gewährleistung persönlicher Freiheit und Beschränkung staatlicher Macht, Auftrag zur aktiven Gestaltung des Bundesgebiets im Sinne „gleichwertiger Lebensbedingungen", das sind die tragenden Werte, von denen jede Politik der Raumbeeinflussung und Raumbeanspruchung auszugehen hat.[46]

Mit diesem Inhalt stellt § 1 Abs. 1 ROG zwar kein „Ziel der Raumordnung und Landesplanung" im technischen Sinne dar,[47] wohl aber ein hochstufiges Oberziel für die Raumordnung, das die generellen Ziele und die konkreten Leitlinien der Raumordnung und Landesplanung mitbestimmt.

Der **programmatische Hauptleitsatz** und **Hauptprogrammbegriff** des § 1 Abs. 1 S. 1 ROG — das Optimierungsgebot der räumlichen Entwicklung im Interesse der freien Persönlichkeitsentfaltung —, der als „übergeordneter allgemeiner Leitbegriff" fungiert, wird *flankiert* von den **partiellen Generalklauseln** des § 1 Abs. 1 S. 2 ROG, die jeweils einen **Komplex von Richtpunkten** *(Leitsätzen)* abdecken:[48]
— natürliche Gegebenheiten,
— wirtschaftliche Erfordernisse,
— soziale Erfordernisse,
— kulturelle Erfordernisse,
die *„dabei"*, d. h. bei der Entwicklung der der Persönlichkeitsentfaltung am besten dienenden allgemeinen räumlichen Struktur, zu beachten sind.

Diese Komplexe von Richtpunkten werden in den Grundsätzen der Raumordnung und Landesplanung (§ 2 Abs. 1 ROG) weiter entfaltet, die — planungstheoretisch gesehen — **konkrete Planungsleitlinien** sind.

Die Zielhierarchie des § 1 ROG enthält aber noch weitere Leitbegriffe übergeordneter Art, die allerdings als **speziellere übergeordnete Zielbegriffe** zu charakterisieren sind:

---

44 *Bielenberg/Erbguth/Söfker,* § 1 ROG Rdn. 32; *Ernst,* in: Ernst/Hoppe, ÖffBauBoR, Rdn. 39 i.V.m. Rdn. 28; *Cholewa/Dyong/von der Heide,* § 1 ROG Rdn. 8 ff.
45 Siehe *Ernst,* in: Ernst/Hoppe, ÖffBauBoR, Rdn. 28.
46 So *Cholewa/Dyong/von der Heide,* § 1 ROG Rdn. 10 in Übereinstimmung mit *Ernst,* in: Ernst/Hoppe, ÖffBauBoR, Rdn. 28; *Bielenberg/Erbguth/Söfker,* § 1 ROG Rdn. 32 ff.
47 Siehe zum Begriff der Ziele unten II 2 e aa.
48 Siehe zu der Unterscheidung von programmatischem Hauptleitsatz (Programmbegriff) und partiellen Generalklauseln als komplexe städtebauliche Richtpunkte *Schmidt-Aßmann,* in: Ernst/Zinkahn/Bielenberg (Fußn. 1), § 1 BBauG Rdn. 168 ff.

Das ist das *Wiedervereinigungsgebot* in § 1 Abs. 2 ROG, das auch als „raumordnerische Berücksichtigungs- und Zielklausel" bezeichnet wird.[49]

Als spezieller übergeordneter Leitbegriff ist auch das *europäische Integrationsgebot* des § 1 Abs. 3 ROG zu werten.

Diese Leitbegriffe haben zwei Funktionen:

— Sie steuern ihrer Funktion nach unmittelbar und/oder über die in den Bundesgrundsätzen des § 2 Abs. 2 ROG oder über die in den nach § 2 Abs. 3 ROG aufgestellten Ländergrundsätzen formulierten Ziele die *Abwägung* bei der Raumordnungsplanung sowie die *Ermessensausübung und die Auslegung* bei Einzelmaßnehmen der Raumordnung und Landesplanung.

— Sie *verknüpfen* inhaltlich *Grundwerte der Verfassung* und des europäischen Integrationsangebots durch ein System zielhierarchischer Steuerung *mit der konkreten Raumordnung,* wie sie sich in Raumordnungsplänen und in Einzelmaßnahmen der Raumordnung und Landesplanung manifestiert.

Gesetzestechnisch gesehen handelt es sich um unbestimmte Gesetzesbegriffe, wenngleich diese Rechtsfigur bei solchen hochabstrakten programmatisch angelegten Leitbegriffen, die ihre Bedeutung durch ihre systemsteuernde Funktion gewinnen, an rechtlicher Relevanz, die vor allem bei der Frage nach der Kontrollintensität liegt, einbüßt.

§ 1 Abs. 1 – 4 ROG ist unmittelbar geltendes Bundesrecht. Die in Abs. 1 bezeichneten Ziele der Raumordnung verpflichten Bund und Länder gleichermaßen,[50] sie sind unmittelbar geltendes Recht.

bb) Das Gegenstromprinzip als Ordnungsgrundsatz und Planungsgrundsatz der Abwägung (§ 1 Abs. 4 ROG)

§ 1 Abs. 4 ROG mit dem Gebot, daß sich die Ordnung der Einzelräume in die Ordnung des Gesamtraums einfügen soll und die Ordnung des Gesamtraumes die Gegebenheiten und Erfordernisse seiner Einzelräume berücksichtigen soll, — sog. **Gegenstromprinzip** — ist als „eines der grundlegenden Prinzipien der Raumordnung zu bezeichnen,[51] „das die wechselseitige Beeinflussung von örtlicher und überörtlicher, von regionaler und überregionaler Planung kennzeichnet".[52] § 1 Abs. 4 ROG ist ein Ordnungsgrundsatz der Raumordnung, der — soweit Raumordnungspläne in Rede stehen — als *Planungsgrundatz* gekennzeichnet werden kann. Er wird von *Bielenberg/Erbguth/Söfker* zutreffend als ein dem Abwägungsgebot der Planung immanentes Planungsprinzip, gekennzeichnet[53], als ein rechtsstaatliches Prinzip, wie auch

---

49 *Bielenberg/Erbguth/Söfker*, K § 1 ROG Rdn. 12. Sie wird flankiert durch das in § 2 Abs. 1 Nr. 4 ROG in Form eines Grundsatzes der Raumordnung und Landesplanung formulierte Ziel der bevorzugten Stärkung der Leistungskraft des Zonenrandgebietes.
50 *Bielenberg/Erbguth/Söfker*, K § 1 ROG Rdn. 1
51 *Bielenberg/Erbguth/Söfker*, K § 1 ROG Rdn. 23.
52 *Cholewa/Dyong/von der Heide*, § 1 ROG Rdn. 30.
53 *Bielenberg/Erbguth/Söfker*, K § 1 ROG Rdn. 30.

das Abwägungsgebot rechtsstaatlich begründet ist.[54] Der materielle Gehalt des § 1 Abs. 4 ROG besteht in der erstmals in die Gesetzgebung eingeführten Definition des Gegenstromprinzips in der Raumordnung.[55]

c) Grundsätze der Raumordnung und Landesplanung (§§ 2 – 4 ROG)

aa) Rechtliche Charakterisierung der Grundsätze

Die **Grundsätze** der Raumordnung und Landesplanung sind rechtlich als **Direktiven für Abwägungsvorgänge** zu charakterisieren. Sie sind maßgebliche *Elemente der Abwägung*, wie dies auch in § 2 Abs. 2 ROG zum Ausdruck kommt.[56]

§ 2 Abs. 1 ROG, der die Bundesgrundsätze der Raumordnung regelt, ist für den Bundesbereich unmittelbar geltendes Recht. Nach § 3 Abs. 1 ROG gilt die Vorschrift unmittelbar für die Behörden des Bundes, die bundesunmittelbaren Planungsträger und im Rahmen der ihnen obliegenden Aufgaben für die bundesunmittelbaren Körperschaften, Anstalten und Stiftungen des öffentlichen Rechts. Für den Bereich der Länder ist die Vorschrift Anweisungsnorm. Denn nach § 3 Abs. 2 ROG gelten die Grundsätze des § 2 unmittelbar nur für die „Landesplanung in den Ländern".
§ 2 Abs. 1 ROG ist eine materielle Raumordnungsvorschrift, § 2 Abs. 2 ROG, der die Abwägung regelt, ist im Bundes- und Landesbereich unmittelbar geltendes Recht und gehört in den Bereich der organisationsrechtlichen Rechtsvorschriften.
§ 2 Abs. 3 ROG, wonach die Länder weitere Grundsätze aufstellen können, ist Anweisungsnorm an den Landesgesetzgeber.[57]

Die Grundsätze sind mit rechtlicher Verbindlichkeit ausgestattet, und zwar mit *Behörden*verbindlichkeit (§ 3 Abs. 1 und Abs. 2 ROG), *nicht* mit *Bürger*verbindlichkeit (§ 3 Abs. 3 ROG).
Die Grundsätze werden in der Literatur als unbestimmte Gesetzesbegriffe mit Beurteilungsspielraum gewertet.[58]
Die in § 2 Abs. 1 ROG normierten Grundsätze stehen bis auf den Grundsatz Nr. 4, der bevorzugte Stärkung der Leistungskraft des Zonenrandgebietes verlangt, und den Grundsatz Nr. 6 Abs. 2 S. 2, der die in Verdichtungsräumen zu ergreifenden Maßnahmen nach Art und Umfang wertend begrenzt und damit dem Abwägungsgebot des § 2 Abs. 2 ROG zuzurechnen ist, gleichwertig nebeneinander.[59]

---

54 Siehe *Hoppe*, in: Ernst/Hoppe, ÖffBauBoR, Rdn. 283 m.w.N.; es braucht deswegen nicht mit dem verfassungsrechtlichen Grundsatz der Bundestreue in Verbindung gebracht zu werden, so aber *Cholewa/Dyong/von der Heide*, § 1 ROG Rdn. 29.
55 So zutreffend *Cholewa/Dyong/von der Heide*, § 1 ROG Rdn. 30; zur historischen Entwicklung siehe *Braese*, Das Gegenstromverfahren in der Raumordnung (1982), 10 ff.
56 Zur Entstehungsgeschichte siehe *Cholewa/Dyong/von der Heide*. § 2 ROG Rdn. 4 ff.
57 *Cholewa/Dyong/von der Heide*, § 2 ROG Rdn. 1.
58 *Cholewa/Dyong/von der Heide*, § 2 ROG Rdn. 1 ; hierzu siehe aber *Hoppe*, RuL Rdn. 552 f.
59 Zur Gleichrangigkeit im allgemeinen siehe *Ernst*, in: Ernst/Hoppe, ÖffBauBoR, Rdn. 56; *Zinkahn/Bielenberg*, ROG (1965), § 2 ROG Rdn. 11; *Cholewa/Dyong/von der Heide*, § 2 ROG Rdn. 16; *Battis*, 222; zur Vorrangigkeit von Nr. 6 Abs. 2 S. 2 siehe *Cholewa/Dyong/von der Heide*, § 2 ROG Rdn. 16 und Anhang IV zu § 2 ROG Rdn. 26.

bb) Inhalt der Bundesgrundsätze (§ 2 Abs. 1 ROG)[60]

Die in den Grundsätzen des §2 Abs. 1 ROG angesprochenen Bereiche umfassen folgende Komplexe:
- **Allgemeine Strukturentwicklung im Bundesgebiet (Grundsatz Nr. 1):**
  - ○ *1. Leitsatzbereich: Strukturell gesunde Gebiete:* Gebiete mit gesunden Lebens- und Arbeitsbedingungen sowie ausgewogenen wirtschaftlichen, sozialen und kulturellen Verhältnissen sowie die Gebiete, in denen eine solche Struktur nicht besteht.
  Leitsatzziel: Sicherung und Weiterentwicklung der räumlichen Struktur.
  - ○ *2. Leitsatzbereich: Problemgebiete:* Gebiete, in denen eine sochle Struktur nicht besteht.
  Leitsatzziel: Maßnahmen zur Strukturverbesserung sollen ergriffen werden.
  Gemeinsames Leitsatzziel für strukturell gesunde und Problemgebiete: Die verkehrs- und versorgungsmäßige Aufschließung, die Bedienung mit Verkehrs- und Versorgungsleistungen und die angestrebte Entwicklung sind miteinander in Einklang zu bringen.
- **Vorbehaltsfunktion der Verdichtung von Wohn- und Arbeitsstätten (Grundsatz Nr. 2):**
  - ○ *Leitsatzbereich: Schwerpunkte* der *Beschäftigung* und *Wirtschaftsentwicklung.*
  Leitsatzziel: Prinzip der dezentralen Konzentration: Eine Verdichtung von Wohn- und Arbeitsstätten, die dazu beiträgt, räumliche Strukturen mit gesunden Lebens- und Arbeitsbedingungen sowie ausgewogenen wirtschaftlichen, sozialen und kulturellen Verhältnissen zu erhalten, zu verbessern oder zu schaffen, soll angestrebt werden.[61]

In dem Grundsatz Nr. 2 wird die Funktion der Verdichtung als eigenständige Notwendigkeit bejaht. Damit trägt das ROG dem Verdichtungsprozeß in der Industriegesellschaft als einer Grundlage des modernen Lebens Rechnung.
Der Grundsatz Nr. 2 strebt die Entwicklung von Schwerpunkten der Beschäftigung und Wirtschaftsentwicklung innerhalb eines flächendeckenden Netzes der zentralen Orte in zumutbarer Entfernung zu den Wohnplätzen der Bevölkerung an. Das Prinzip der dezentralen Konzentration beeinflußt die räumliche Entwicklung in zwei Richtungen, nämlich
- als interregionalen Entwicklungs- und Strukturausgleich zur Schaffung von Entwicklungszentren auch in entwicklungsschwachen Regionen,
- als interregionale Verdichtung, die auch in weniger dicht besetzten Regionen aus dem Bestand die erforderlichen Zentren schafft.

Der Verdichtungsprozeß, der sich unabhängig von allen Gebietsgrenzen und auch bei rückläufiger Bevölkerung vollzieht, beherrscht auch heute noch die Entwicklung und er wird sie weiterhin beherrschen. Zu Recht hat deshalb der Gesetzgeber die Verdichtung als wesentliches Ordnungsprinzip der Raumordnung dargestellt.
Das Gesetz erfaßt sowohl die *Flächenverdichtung* (Verdichtungsräume im hergebrachten Sinne) wie die *Punktverdichtung* (Ausbau einzelner zentraler Orte). Zugleich berücksichtigt das Gesetz die bandartige Ausbildung von *Verdichtungsachsen,* in der ein typisches Merkmal der Entwicklung aus jüngster Zeit zu erkennen ist.
- **Verbesserung zurückgebliebener Gebiete (Grundsatz Nr. 3):**
  - ○ *Leitsatzbereich: Gebiete,* in denen die *Lebensbedingungen* in ihrer Gesamtheit im Verhältnis zum Bundesdurchschnitt *wesentlich zurückgeblieben* sind oder ein solches Zurückbleiben zu befürchten ist.

---

60 Eine Analyse der Grundsätze geben *Ernst,* in Ernst/Hoppe, ÖffBauBoR, Rdn. 43 ff., und – umfassend angelegt – *Cholewa/Dyong/von der Heide,* Anhang I–IX zu § 2 ROG; *Hoppe,* RuL, Allgem. Teil, § 23.

61 Zu folgendem siehe mit Einzelheiten *Cholewa/Dyong/von der Heide,* Anhang II zu § 2 ROG; *Ernst,* in: Ernst/Hoppe, ÖffBauBoR, Rdn. 45.

Leitsatzziel: Verbesserung der allgemeinen wirtschaftlichen und sozialen Verhältnisse sowie der kulturellen Einrichtungen und Förderung der Lebensbedingungen der Bevölkerung, insbesondere der Wohnverhältnisse sowie der Verkehrs- und Versorgungseinrichtungen. In einer für ihre Bewohner zumutbaren Entfernung sollen Gemeinden mit zentralörtlicher Bedeutung einschließlich der zugehörigen Bildungs-, Kultur- und Verwaltungseinrichtungen gefördert werden.

Der Grundsatz Nr. 3 beruht in besonderer Weise auf dem Hauptziel, gleichwertige Lebensverhältnisse in allen Teilen des Bundesgebietes zu schaffen.

- **Priorität des Zonenrandgebietes als Sonderfall (Grundsatz Nr. 4):**
  - *Leitsatzbereich: Zonenrandgebiet*

  Leitsatzziel: Bevorzugte Stärkung der Leistungskraft des Zonenrandgebietes mit dem Ziel, daß in allen seine Teilen Lebens- und Arbeitsbedingungen sowie eine Wirtschafts- und Sozialstruktur geschaffen werden, die denen im gesamten Bundesgebiet mindestens gleichwertig sind. Die Bildungs-, Kultur-, Verkehrs-, Versorgungs- und Verwaltungseinrichtungen sind vordringlich zu schaffen.

  Das Zonenrandgebiet ist ein im Durchschnitt etwa 40 km breiter Streifen von Flensburg bis Passau, der etwa 46 000 qkm (19% der Fläche der Bundesrepublik ohne West-Berlin) umfaßt. In diesem Raum leben rund 6,9 Mio. Menschen (12% der Bundesbevölkerung).

  Anders als in den anderen Raumordnungsgrundsätzen, die im Prinzip gleichrangig nebeneinander stehen, hat der Gesetzgeber der besonderen politischen Ausgangslage Rechnung tragend, im Grundsatz Nr. 4 in doppelter Richtung einen Vorrang der Zonenrandförderung vorgeschrieben. Mit dem Gesetz zur Förderung des Zonenrandgebietes *(Zonenrandförderungsgesetz)* vom 5. 8. 1971 (BGBl S. 1237) erhielt die Zonenrandförderung ein eigenes gesetzliches Fundament.

- **Gebiete mit land- und forstwirtschaftlicher Bodennutzung (Grundsatz Nr. 5):**
  - *Leitsatzbereich: Gebiete* mit *land- und forstwirtschaftlicher Bodennutzung.*

  Leitsatzziel: Es sind die räumlichen Voraussetzungen dafür zu schaffen und zu sichern, daß die land- und forstwirtschaftliche Bodennutzung als wesentlicher Produktionszweig der Gesamtwirtschaft erhalten bleibt. Die Landeskultur soll gefördert werden *(Garantie für die Land- und Forstwirtschaft).* Für die landwirtschaftliche Nutzung gut geeignete Böden sind nur in dem unbedingt notwendigen Umfang für andere Nutzungsarten vorzusehen. Das gleiche gilt für forstwirtschaftlich genutzte Böden *(Umwidmungssperre).* Für ländliche Gebiete sind eine ausreichende Bevölkerungsdichte und eine angemessene wirtschaftliche Leistungsfähigkeit sowie ausreichende Erwerbsmöglichkeiten, auch außerhalb der Land- und Forstwirtschaft, anzustreben *(Verbesserung der Lebensbedingungen der Bevölkerung).*

- **Verdichtungsräume (Grundsatz Nr. 6):**
  - *1. Leitsatzbereich: Verdichtungsräume* mit *gesunden räumlichen Lebens- und Arbeitsbedingungen* sowie ausgewogener Wirtschafts- und Sozialstruktur

  Leitsatzziel: Sicherung und — soweit nötig — Verbesserung dieser Bedingungen und Strukturen.

  - *2. Leitsatzbereich: Verdichtungsräume, die zu ungesunden räumlichen Lebens- und Arbeitsbedingungen* sowie zu unausgewogenen Wirtschafts- und Sozialstrukturen führen.

  Leitsatzziel: Der Verdichtung soll entgegengewirkt werden. Wo solche ungesunden Bedingungen und unausgewogenen Strukturen bestehen, soll deren Gesundung gefördert werden.

  Maßnahmen: Vorausschauende örtliche und regionale Planung, Verbesserung der Verkehrsverhältnisse und Verbesserung der Versorgung der Bevölkerung dienende Einrichtungen sowie die Entwicklung von Gemeinden zu Entlastungsorten für die Aufnahme von Wohn- und Arbeitsstätten sollen die Verwirklichung der Grundsätze nach den Nrn. 1

bis 5 in den anderen Gebieten nicht beeinträchtigen. Sie sollen auch der Erhaltung der den Verdichtungsräumen zugeordneten Landschaft dienen.
- **Schutz und Pflege der Landschaft und des Waldes; Reinhaltung des Wassers (Grundsatz Nr. 7):**
  ○ *Leitsatzbereich: Natur, Landschaft, Wasser*
  Leitsatzziel: Für den Schutz, die Pflege und die Entwicklung von Natur und Landschaft einschließlich des Waldes sowie für die Sicherung und Gestaltung von Erholungsgebieten ist zu sorgen. Für die Reinhaltung des Wassers, die Sicherung der Wasserversorgung und für die Reinhaltung der Luft sowie für den Schutz der Allgemeinheit vor Lärmbelästigungen ist ausreichend Sorge zu tragen.
  Der Raumordnungsgrundsatz Nr. 7 ist der *zentrale Grundsatz* der Raumordnung und Landesplanung für den *Umweltschutz*.
- **Landsmannschaftliche Verbundenheit, geschichtliche und kulturelle Zusammenhänge (Grundsatz Nr. 8)**
  ○ *Leitsatzbereich:* Landsmannschaftliche Beziehungen, geschichtlich-kulturelle Zusammenhänge.
  Leitsatzziel: Die landsmannschaftliche Verbundenheit sowie die geschichtlichen und kulturellen Zusammenhänge sollen berücksichtigt werden. Auf die Erhaltung von Kulturdenkmälern ist zu achten.
- **Erfordernisse der zivilen und militärischen Verteidigung (Grundsatz Nr. 9):**
  ○ *Leitsatzbereich:* Zivile und militärische Verteidigung.
  Leitsatzziel: Die Erfordernisse der zivilen und militärischen Verteidigung sind zu beachten.

cc) Ergänzende landesrechtliche Raumordnungsgrundsätze (§ 2 Abs. 3 ROG)

Das ROG ermächtigt die Länder ausdrücklich, weitere Grundsätze aufzustellen, soweit sie nicht den §§ 1 und 2 ROG widersprechen. Damit ist klargestellt, daß der Bund die materiellen Raumordnungsgrundsätze nicht abschließend regeln, seine Gesetzgebungskompetenz also auch in diesem Punkt nicht voll ausschöpfen wollte. In welcher rechtlichen Form die Länder diese Grundsätze aufstellen, ist im ROG nicht festgelegt. Dem Grundgedanken der Rahmengesetzgebung entspricht es, daß ergänzende landesrechtliche Raumordnungsgrundsätze den Raumordnungsgrundsätzen des § 2 Abs. 1 ROG und den Leitzielen des § 1 ROG nicht widersprechen dürfen.

Eine Übernahme der Raumordnungsgrundsätze des Raumordnungsgesetzes in das Landesrecht bewirkt die Bindung auch der landesrechtlichen Körperschaften, Einrichtungen und Behörden, für die sonst nach § 3 Abs. 2 ROG die Bundesgrundsätze nicht unmittelbar gelten. Erlassen die Länder eigene Raumordnungsgrundsätze i. S. des Abs. 3, so binden diese nicht nur alle Behörden, Körperschaften und sonstigen Einrichtungen im Landesbereich, sondern auch die Behörden des Bundes, die bundesunmittelbaren Körperschaften, Anstalten und Stiftungen, und zwar bei allen Planungen und Maßnahmen, durch die Grund und Boden in Anspruch genommen oder die räumliche Entwicklung eines Gebietes beeinflußt wird.

dd) Abwägung der Grundsätze (§ 2 Abs. 2 ROG)

Nach § 2 Abs. 2 ROG sind die Grundsätze von den in § 3 ROG genannten Stellen im Rahmen des ihnen zustehenden Ermessens gegeneinander und untereinander nach Maßgabe des § 1 ROG abzuwägen. § 2 Abs. 2 ROG enthält eine spezialgesetzliche Ausformung des **Abwägungsgebots**, das ohnehin ein verfassungsrechtliches Gebot rechtsstaatlicher Planung ist.[62] Seine Ausformung hat es im Bauplanungsrecht gefunden mit seinen Elementen der *Ermittlung* und *Feststellung der abwägungserheblichen Belange*, der *Gewichtung der Belange*, des *Vorziehens oder der Zurückstellung von Belangen (Abwägung im engeren Sinne)*.

Bei der Abwägung der Grundsätze, die Direktiven für die planerische Abwägung darstellen, ist davon auszugehen, daß alle Grundsätze der Raumordnung — mit Ausnahme des Grundsatzes des § 2 Abs. 2 Nr. 4 und Nr. 6 Abs. 2 S. 2 ROG — gleichrangig sind.[63] Sie müssen in der konkreten Planungs- und Entscheidungssituation gemäß dem Abwägungsgebot in die Abwägung eingebracht werden.

Daß dem, die Abwägung abschließenden landesplanerischen Planungsakt ein größerer Gestaltungsspielraum zukommt als der Bauleitplanung, hebt *Ernst* zutreffend hervor.[64, 65] § 2 Abs. 2 ROG nennt als zur Abwägung verpflichtete **Abwägungsadressaten** die in „§ 3 ROG genannten Stellen". Das sind

— im *Bundesbereich* die Behörden des Bundes, die bundesunmittelbaren Planungsträger und im Rahmen der ihnen obliegenden Aufgaben, die bundesunmittelbaren Körperschaften, Anstalten und Stiftungen des öffentlichen Rechts;
— im *Landesbereich*
  ○ die „*Landesplanung in den Ländern*" (§ 3 Abs. 2 ROG).
  In diesem Bereich setzt die Wirksamkeit der Raumordnungsgrundsätze nach außen ein, wenn die Landesplanung sie in die Rechtsordnung des Landes aufnimmt. Das Land verwirklicht die Raumordnungsgrundsätze in seinen Plänen und Programmen gemäß § 4 Abs. 3 ROG und hat bei deren Aufstellung die Grundsätze des ROG abzuwägen.
  ○ die *Regionalplanung*
  Da die Regionalplanung materiell Bestandteil der Landesplanung ist, gelten die Raumordnungsgrundsätze und damit die Abwägungsvorschrift auch für sie.[66]

---

62 BVerwG v. 30. 4. 1969 — IV C 6.68 —, BRS Bd. 22, Nr. 3; v. 11. 10. 1968 — IV C 55.66 —, in: Buchholz, 442.40 § 40 LuftVG Nr. 1; v. 20.10. 1072 — IV C 14.71 —, BVerwGE 41, 67; v. 14. 2. 1975 — IV C 21.74 —, BVerwGE 48, 56 ff., 63; v. 14. 12. 1979 — 4 C 10.70 —, BVerwGE 59, 253 ff., 257 f.; v. 11. 12. 1981 — 4 C 69.78 —, BVerwGE 64, 270 ff., 272 f.
63 *Ernst*, in: Ernst/Hoppe, ÖffBauBoR, Rdn. 56; *Cholewa/Dyong/von der Heide*, § 2 ROG Rdn. 24.
64 *Ernst*, in: Ernst/Hoppe, ÖffBauBoR, Rdn. 58.
65 Wenn § 2 Abs. 2 ROG diesen Gesichtspunkt betont mit der Formulierung, daß die Abwägungsadressaten die Abwägung „im Rahmen des ihnen zustehenden Ermessens" vorzunehmen haben, so hat diese Formulierung lediglich klarstellende Bedeutung, so zutreffend *Cholewa/Dyong/von der Heide*, § 2 ROG Rdn. 34. Auch die Formulierung, daß die Abwägung „nach Maßgabe des § 1 ROG" erfolgt, ist überflüssig. Die optimale Zuordnung von Mensch und Raum (§ 1 Abs. 1 S. 1 ROG) ist oberstes Leitziel der Raumordnung und Landesplanung, das nicht abwägungsfähig, sondern höchstrangiger Bezugspunkt für die Raumordnung und Landesplanung ist.
66 Siehe *Erbguth*, ROLPlR, Rdn. 190 f.; vgl. auch *Cholewa/Dyong/von der Heide*, § 2 ROG Rdn. 26, die sich recht dafür aussprechen, daß es auch einen Bereich der Regionalplanung gibt, in dem die Grundsätze unmittelbar zur Anwendung kommen, soweit Programme und Pläne einen Freiraum lassen für die Anwendung der Grundsätze.

- die *Gemeinden,*
  sofern das Land Bundesgrundsätze mit einer Geltungserstreckung auf die Gemeinden in das Landesrecht übernimmt und/oder die Landesgrundsätze für die Gemeinden verbindlich macht (siehe z. B. §37 Abs. 1 nw Landesentwicklungsprogramm).

ee) Geltung der Grundsätze (§3 ROG)

Die Vorschriften des §3 Abs. 1 ROG (Geltung der Grundsätze gegenüber dem Bund), des §3 Abs. 2 S. 1 und S. 2 ROG (Geltung der Grundsätze gegenüber den Ländern) sowie §3 Abs. 3 ROG (keine Geltung dem einzelnen gegenüber) sind unmittelbar geltendes Bundesrecht.[67] Die Vorschriften des §3 Abs. 2 S. 3 ROG (landesrechtliche Bestimmung der Aufgaben und Zuständigkeiten der Landesplanung) und §3 Abs. 2 S. 4 ROG (weitergehende landesrechtliche Vorschriften über die Geltung der Grundsätze, Aufgaben und Zuständigkeiten der Landesplanung) sind Anweisungsnormen an den Landesgesetzgeber.

Die Rechtswirkung, der Bindung bezieht sich auf raumbedeutsame Planungen und Maßnahmen, die in §3 Abs. 1 ROG legal definiert sind. Die Vorschrift des **§3 ROG** hat eine **doppelte Regelungsfunktion:**
— Die Regelung der *Verbindlichkeit der Grundsätze* der Raumordnung und Landesplanung in Bund und Ländern.
— Die Regelung des *Zusammenwirkens der Planungs- und Verwaltungsträger* in Bund und Ländern auf der Grundlage des ROG.[68]

Die **Bindungswirkung der Raumordnungsgrundsätze** ist in §3 ROG unterschiedlich ausgeprägt als
— *unmittelbare Bindungswirkung* im Bundesbereich (§3 Abs. 1 ROG) und „für die Landesplanung in den Ländern" (§3 Abs. 2 S. 1 ROG)
— durch Programme und Pläne der Länder *vermittelte* Bindungswirkung im Länderbereich *(mittelbare Bindungswirkung).*

Die Regelung der unmittelbaren Verbindlichkeit der Grundsätze bedeutet, daß diese von den in der Vorschrift des §3 ROG genannten Stellen nach Maßgabe des §2 Abs. 2 ROG abzuwägen sind.

Im übrigen kann die Bindungswirkung nur durch *Transformation* der Raumordnungsgrundsätze durch die Landesplanung im Wege von Programmen und Plänen *mittelbar* ausgelöst werden.[69] Die Transformation erfolgt also nach Abwägung der Raumordnungsgrundsätze (§2 Abs. 2 ROG) durch konkretisierende Umsetzung der abgewogenen Grundsätze in Ziele der Raumordnung und Landesplanung, die sodann Bindungs-

---

67 *Cholewa/Dyong/von der Heide,* §3 ROG Rdn. 1.
68 So sehr nachdrücklich *Cholewa/Dyong/von der Heide,* §3 ROG Rdn. 7 und Vorbem. VIII Rdn. 1–3.
69 *Bielenberg/Erbguth/Söfker,* K §3 ROG Rdn. 20; *Cholewa/Dyong/von der Heide,* §3 ROG Rdn. 31.

wirkungen nach den zentralen Raumordnungsklauseln der §§ 5 Abs. 4 ROG und 1 Abs. 4 BBauG und sonstigen speziellen Raumordnungsklauseln auslösen.[70]
Der Landesgesetzgeber ist befugt (§ 3 Abs. 2 S. 4 ROG), über das Bundesrecht hinausgehend den Bundesgrundsätzen unmittelbare Bindungswirkungen beizulegen.
Nach § 3 Abs. 3 ROG haben die Grundsätze des § 2 Abs. 1 ROG (Bundesgrundsätze) und die des § 2 Abs. 3 ROG (Ländergrundsätze) keine Rechtswirkung dem einzelnen gegenüber.[71] Unter den Begriff des „einzelnen" fallen sowohl natürliche als auch juristische Personen des Privatrechts. Zu denken wäre in diesem Zusammenhang allerdings an eine sog. mittelbare Wirkung der Raumordnungsgrundsätze. Eine solche Wirkung wird für die Raumordnungsziele erörtert und zum Teil bejaht. Die Raumordnungsziele sollen über unbestimmte Gesetzesbegriffe oder im Rahmen des Ermessens im Bereich von Vorschriften, die die Nutzung von Grund und Boden unmittelbar regeln, sowie über das Raumordnungsverfahren eine mittelbare bürgergerichtete Wirkung entfalten können. Dieser Auffassung kann angesichts des klaren Wortlauts des § 3 Abs. 3 ROg sowie aus weiteren Gesichtspunkten heraus nicht gefolgt werden[72].

ff) Verwirklichung der Grundsätze (§ 4 ROG)
Die Regelung des § 4 ROG erfaßt sehr unterschiedliche Gegenstände, die allerdings dem einen Ziel dienen, die Grundsätze der Raumordnung und Landesplanung zur Geltung zu bringen.[73] Im Zusammenhang mit bundesrechtlichen Vorgaben für die Landesplanung werden an dieser Stelle lediglich behandelt:
— Die *Verwirklichung der Raumordnungsgrundsätze* durch die Länder (§ 4 Abs. 3 ROG).
— Die *Abstimmungsverpflichtung* nach § 4 Abs. 5 ROG, die weit über die Verwirklichung der Grundsätze hinausgreift.
§ 4 Abs. 3 ROG enthält eine Anweisungsnorm an den Landesgesetzgeber, § 4 Abs. 5 ROG ist unmittelbar geltendes Bundesrecht.[74]

(1) Die Verwirklichung der Raumordnungsgrundsätze durch die Länder (§ 4 Abs. 3 ROG)

§ 4 Abs. 3 ROG legt den Ländern bundesrechtlich die Verpflichtung auf, die Raumordnungsgrundsätze zu realisieren, also durchzusetzen. § 4 Abs. 3 ROG ist **„Transmissionsnorm"**: Die Grundsätze der Raumordnung, so wie sie in § 2 ROG dargestellt sind,

---

70 Siehe dazu *Cholewa/Dyong/von der Heide,* § 3 ROG Rdn. 31.
71 Zur Entstehungsgeschichte der Vorschrift siehe *Cholewa/Dyong/von der Heide,* § 3 ROG Rdn. 38f.; *Bielenberg/Erbguth/Söfker,* K § 3 ROG Rdn. 34. Die Regelung — unmittelbar geltendes Bundesrecht — ist abschließend, so daß die Länder auch für ihre eigenen Grundsätze keine weitergehende Bindungswirkung gegenüber dem einzelnen festlegen können, vgl. *Cholewa/Dyong/von der Heide,* § 3 ROG Rdn. 40.
72 Einzelheiten siehe bei *Hoppe,* RuL Rdn. 679ff.
73 So auch *Cholewa/Dyong/von der Heide,* § 4 ROG Rdn. 2.
74 Zu diesen Unterschieden siehe oben II 2 a aa, bb.

gelten nicht unmittelbar für die Landesbehörden; durch die in § 4 Abs. 3 ROG geforderten Programme und Pläne der Länder werden die Grundsätze des § 2 ROG für den Landesplanungsbereich konkretisiert und damit im Rahmen der landesplanerischen Vorschriften verbindlich auch für die Landesressorts.[75]

(2) Die Abstimmungsverpflichtung (§ 4 Abs. 5 ROG)

§ 4 Abs. 5 ROG ordnet an, daß die Behörden des Bundes und der Länder, die Gemeinden und Gemeindeverbände, die öffentlichen Planungsträger sowie im Rahmen der ihnen obliegenden Aufgaben die bundesunmittelbaren und die der Aufsicht des Landes unterstehenden Körperschaften, Anstalten und Stiftungen des öffentlichen Rechts ihre Planungen und Maßnahmen aufeinander und untereinander abzustimmen haben. § 4 Abs. 5 ROG enthält ein **allgemeines Abstimmungsgebot,** das sehr weit gefaßt ist, und zwar sowohl im Hinblick auf

- den der Abstimmung unterliegenden *sachlichen Bereich* (Planungen und Maßnahmen)
- die abstimmungspflichtigen *Planungs- und Maßnahmenträger* (Behörden des Bundes und der Länder, Gemeinden, Gemeindeverbände, öffentliche Planungsträger, Juristische Personen des öffentlichen Rechts auf Bundes- und Landesebene)
- die *Modalitäten der Abstimmung* („aufeinander" und „untereinander")

Gleichwohl ist die Abstimmung auf die Wirkung von Maßnahmen und Planungen auf den Raum bezogen und somit auf die Beachtung der Raumordnungsgrundsätze des § 2 Abs. 1 und § 2 Abs. 3 ROG.[76] § 4 Abs. 5 ROG ist deswegen zu Recht nicht nur als *Grundsatznorm des Raumordnungsrechts* charakterisiert worden,[77] sondern auch als – gegenüber spezialgesetzlichen Verpflichtungen – *subsidiäre Generalklausel.*[78]

Der *Begriff „Abstimmen"* umfaßt verschiedene Tätigkeiten:
- Möglichst frühzeitige, jedenfalls rechtzeitige und möglichst vollständige Unterrichtung des Planungs- und Maßnahmenträgers über seine Absichten (Planungen, sonstige Maßnahmen, Durchführung einschließlich Fristen und Zeitpunkt)
- Einbringen der vorhandenen oder beabsichtigten Planungen oder sonstigen Maßnahmen sowie aller Belange der Beteiligten in die Abstimmung
- Abstimmung aller Belange der Beteiligten unter Berücksichtigung aller planungsrelevanten Gesichtspunkte und unter Abwägung der Vor- und Zurückstellung von Zielen und Belangen zur Erreichung eines möglichst weitgehenden Ausgleichs.[79]

---

75 So *Cholewa/Dyong/von der Heide,* § 4 ROG Rdn. 29. § 5 Abs. 2 S. 1 ROG konkretisiert diese Forderung. Nach dieser Vorschrift müssen die Programme und Pläne nach § 5 Abs. 1 ROG unbeschadet weitergehender bundes- und landesrechtlicher Vorschriften diejenigen Ziele der Raumordnung und Landesplanung enthalten, die räumlich und sachlich zur Verwirklichung der Grundsätze nach § 2 ROG erforderlich sind.
76 So zutreffend *Cholewa/Dyong/von der Heide,* § 4 ROG Rdn. 39.
77 So *Cholewa/Dyong/von der Heide,* § 4 ROG Rdn. 35.
78 So von *Bielenberg/Erbguth/Söfker,* K § 4 ROG Rdn. 42 („Lückenschließungsfunktion"); *Cholewa/Dyong/von der Heide,* § 4 ROG Rdn. 36; *Braese* (Fußn. 55), 145 f.
79 So *Bielenberg/Erbguth/Söfker,* K § 4 ROG Rdn. 46.

Die Regelung des § 4 Abs. 5 ROG bezieht alle Verwaltungsebenen ein und normiert die Abstimmungsverpflichtung sowohl in der Ebene selbst, wie auch von der einen Verwaltungsebene zur anderen. Unter Behörde ist jede Stelle, die Aufgaben der öffentlichen Verwaltung wahrnimmt, zu verstehen (§ 1 VwVfG).[80]

d) Raumordnung in den Ländern (§ 5 ROG)

§ 5 ROG enthält den „**Kern der Rahmenvorschriften**", die sich auf die Raumordnung in den Ländern beziehen.[81] Die Vorschrift enthält *zwei* Hauptkomplexe:
— Planungsrechtliche **Anforderungen an die Landesplanung und Regionalplanung** mit den *vier Hauptzielen*
  ○ die Sicherung der *Verwirklichung der Raumordnungsgrundsätze* des § 2 ROG in der Landesplanung durch Festlegung einer *landesplanerischen Planungspflicht* (§ 5 Abs. 1 S. 1, Abs. 2 S. 1 ROG)
  ○ die bundesgesetzliche *Sicherstellung kommunaler Beteiligung* an der Landes- und Regionalplanung (§ 5 Abs. 2 S. 2, § 5 Abs. 3 S. 2 ROG)
  ○ die Schaffung von *Rechtgrundlagen für eine Regionalplanung* (§ 5 Abs. 3 S. 1 ROG)
  ○ die Regelung einer *Abstimmungspflicht bei grenzüberschreitender Regionalplanung* (§ 5 Abs. 3 S. 3 ROG)[82]
— **Pflicht zur Beachtung der Ziele der Raumordnung und Landesplanung** bei raumbedeutsamen Planungen und Maßnahmen für die Behörden des Bundes und der Länder, der Gemeinden und Gemeindeverbände, die öffentlichen Planungsträger sowie die Juristischen Personen des öffentlichen Rechts im Bundes- und Landesbereich (§ 5 Abs. 4 ROG i.V.m. § 4 Abs. 5 ROG)[83]

Das ROG hat sich auf diese Ziele beschränkt, im übrigen aber dem Organisationsrecht der Länder weiten Spielraum gelassen.

Die Vorschrift des § 5 Abs. 1—3 ROG enthält mit Ausnahme des § 5 Abs. 1 S. 5 ROG (Stadtstaatenklausel) Anweisungsnormen an die Länder, vor allem an den Landesgesetzgeber. § 5 Abs. 1 S. 5 ROG (Stadtstaatenklausel) ist unmittelbar geltendes Bundesrecht und zugleich Anweisungsnorm an die Stadtstaaten. Die Vorschrift des § 5 Abs. 4 ROG, die für Bund und Länder gilt, ist für den Bundesbereich unmittelbar geltendes Recht, für die Länder Anweisungsnorm, die noch in das Landesrecht übertragen werden muß.[84]

---

80 *Cholewa/Dyong/von der Heide,* § 4 ROG Rdn. 40; enger: *Braese* (Fußn. 55), 51.
81 So zutreffend *Cholewa/Dyong/von der Heide,* § 5 ROG Rdn. 1.
82 Ähnlich *Cholewa/Dyong/von der Heide,* § 5 ROG Rdn. 3.
83 Siehe hierzu unten II 2e.
84 Siehe dazu *Cholewa/Dyong/von der Heide,* § 5 ROG Rdn. 4; *Bielenberg/Erbguth/Söfker,* K § 5 ROG Rdn. 1—15.

aa) Die Planungspflicht der Länder für das Landesgebiet (§ 5 Abs. 1 S. 1 ROG)

Nach § 5 Abs. 1 S. 1 ROG stellen die Länder für ihr Gebiet übergeordnete und zusammenfassende Programme und Pläne auf. Diese Vorschrift stellt eine **landesplanerische Planungspflicht** auf. In welcher Rechtsform die Raumordnungspläne — seien es Programme, seien es Pläne — ergehen, hat § 5 ROG nicht geregelt. Entsprechend vielfältig sind die Rechtsformen für diese Pläne und Programme.[85]

bb) Sachliche und räumliche Teilprogramme und Pläne (§ 5 Abs. 1 S. 2 ROG)

Gegenüber der grundsätzlich bestehenden, das ganze Landesgebiet erfassenden landesplanerischen Planungspflicht stellt § 5 Abs. 1 S. 2 ROG eine Auflockerung dieses Grundsatzes insofern dar, als die Vorschrift die Aufstellung **räumlicher und sachlicher Teilpläne** gestattet.[86] Da § 5 Abs. 1 S. 2 ROG nur Anweisungsnorm ist, kein unmittelbar anwendbares Bundesrecht, setzen sachliche und räumliche Teilpläne Regelungen in den Landesgesetzen voraus.[87] *Räumliche* Teilpläne erfassen nur einen Teil des Landesgebietes, insbesondere einen abgegrenzten regionalen Bereich. In *sachlichen* Teilplänen werden einzelne Sachbereiche raumbedeutsamer Planungen und Maßnahmen dargestellt.

cc) Der Mindestinhalt der Raumordnungspläne (§ 5 Abs. 2 S. 1 ROG)

Nach § 5 ABs. 2 S. 1 ROG müssen die Programme und Pläne nach § 5 Abs. 1 ROG unbeschadet weitergehender bundes- und landesrechtlicher Vorschriften diejenigen Ziele der Raumordnung und Landesplanung enthalten, die räumlich und sachlich zur Verwirklichung der Grundsätze nach § 2 ROG erforderlich sind. Diese Vorschrift konkretisiert die landesplanerische Planungspflicht des § 5 Abs. 1 S. 1 ROG, indem sie den **Mindestinhalt** für die nach § 5 Abs. 1 S. 1 ROG aufzustellenden Plände bundesrahmenrechtlich festlegt. Diese Vorschrift ist stringent gefaßt, weil die Raumordnungspläne die zur Verwirklichung der Grundsätze *erforderlichen Ziele* enthalten müssen,[88] da nur diese mit Bindungswirkung ausgestatteten Ziele in der Lage sind, wirksam zur Verwirklichung der Grundsätze beizutragen. Nur mit Zielen der Raumordnung und Landesplanung läßt sich vor allem die Bindung der Gemeinden als Träger der Bauleitplanung herbeiführen.

---

85 Siehe dazu die Übersicht bei *Erbguth,* ROLPlR, Übersicht II nach Rdn. 78 (S. 53 – 60); zu der Frage, ob es verfassungsrechtlich geboten ist, Programme in Gesetzesform zu erlassen, siehe *Cholewa/Dyong/von der Heide,* § 5 ROG Rdn. 11; *Klein,* Zur Rechtsnatur und Bindungswirkung der Ziele der Landesplanung (1972), 47 ff.
86 So *Cholewa/Dyong/von der Heide,* § 5 ROG Rdn. 20.
87 *Bielenberg/Erbguth/Söfker,* K § 5 ROG Rdn. 22; *Erbguth;* ROLPlR, Rdn. 133; zu sachlichen Teilplänen siehe *Zoubek,* Sektoralisierte Landesplanung (1983), passim.
88 Siehe auch *Cholewa/Dyong/von der Heide,* § 5 ROG Rdn. 40.

dd) Die Beteiligung der Kommunen bei der Aufstellung von Zielen der Raumordnung und Landesplanung (§ 5 Abs. 2 S. 2 ROG)

Das ROG kennt eine **kommunale Beteiligung auf Landesebene** (§ 5 Abs. 2 S. 2 ROG) und auf der **Regionalebene** (§ 5 Abs. 3 S. 2 ROG).[89] Die Vorschrift des § 5 Abs. 2 S. 2 ROG dient der Verzahnung der Landesplanung mit der Bauleitplanung.[90] Die Regelung ist Ausdruck des in § 1 Abs. 4 ROG verfahrensrechtlich geregelten Gegenstromprinzips, der materiellen Abstimmungspflicht nach § 4 Abs. 5 ROG, die ihrerseits Ausprägungen des landesplanerischen Abwägungsgebots sind sowie auf einer verfassungsrechtlichen Gewährleistung beruhen, insbesondere Ausfluß der Garantie des Art. 28 Abs. 2 GG sind.

Die nähere Ausgestaltung überläßt das ROG dem Landesrecht.[91] Insofern trifft § 5 Abs. 2 S. 2 ROG eine organisationsrechtliche Rahmenregelung, die der Ausfüllung durch die Länder bedarf. Deswegen wird „das Nähere" durch Landesrecht bestimmt (§ 5 Abs. 2 S. 2 a.E. ROG).

ee) Regionalplanung (§ 5 Abs. 3 ROG)

§ 5 Abs. 3 S. 1 ROG, nach dem die Länder Rechtsgrundlagen für eine Regionalplanung schaffen, wenn diese für Teilräume des Landes geboten erscheint (**Planungspflicht**), ist Ausdruck der *Zweistufigkeit der Landesplanung* in hochstufige Landesplanung und Regionalplanung. Als zweite Ebene der Raumordnung und Landesplanung konkretisiert die Regionalplanung die weitmaschigen Ziele der Landesplanung für den engeren Bereich der Region und trägt zugleich den kleinräumigeren Erfordernissen nach Maßgabe des Gegenstromprinzips Rechnung. Das allgemeine Charakteristikum der Regionalplanung liegt in dem *Ableitungsauftrag der zweiten Ebene* raumordnerischer Planung gegenüber hochstufigen Festlegungen, verbunden mit *autonomen Entscheidungsgehalten auf der kleinräumigeren Planungsstufe*.[92] Die hochstufigen Planinhalte der grobmaschigeren Darstellungen der Raumordnungspläne auf Landesebene erfahren eine sachliche Vertiefung und räumlich-regionale Differenzierung.[93] Der Regionalplanung kommt ein (Aus)Gestaltungsraum im Vorgang der Konkretisierung landesweiter Planungsvorgaben zu. Der autonom-planerische Gehalt dieses Entscheidungsprozesses leitet sich aus dem innerregionalen Problemlösungsauftrag her.[94]

---

89 Eingehend zur kommunalen Beteiligung *Henrich* (Fußn. 37), Bd. I und II; *Hoppe* (Fußn. 37), 22 ff.; *Bielenberg*, in: Ernst/Zinkahn/Bielenberg (Fußn. 1), § 1 BBauG, Rdn. 72 ff.
90 So *Cholewa/Dyong/von der Heide*, § 5 ROG Rdn. 43.
91 Siehe dazu die Ausführungen im Landesteil und *Henrich* (Fußn. 37), Bd. II, sowie *Bielenberg/Erbguth/Söfker*, K § 5 ROG Rdn. 38 und 50a.
92 *Wahl*, Rechtsfragen II, 180 f.; *Erbguth*, ROLPlR, Rdn. 30.
93 *Niemeier/Dahlke/Lowinski*, § 14 LPlG Rdn. 3 f.
94 So auch *Hoppe/Bunse*, Teil I, der städtetag 1984, 411 ff.; 415; Teil II, der städtetag 1984, 468 ff.; 473; *Fickert*, Die Genehmigung der regionalen Raumordnungspläne und ihre Bedeutung für die Verwirklichung der Raumordnung durch die Regionalplanung, in: Verwirklichung der

Die Funktion der Regionalplanung erklärt sich aus ihrer ebenenspezifischen Einordnung in das gestufte System der Landesplanung: Einerseits kommt ihr — wie gesagt — ein *Ableitungsauftrag* gegenüber der hochstufigen Landesentwicklungsplanung zu; andererseits hat sie *Abstimmungsaufgaben* kleinräumiger Art.

Beide Teilfunktionen sind miteinander verknüpft: Den Maßstab für die Konkretisierung der landesweiten Festsetzungen bildet das regionsinterne Interessengeflecht und dessen Ausgleich. Insoweit kommt der Regionalplanung ein eigener Gestaltungsfreiraum in Erfüllung der Anforderungen des Gegenstromprinzips zu. Die Grenzen dieses autonomen Entscheidungsgehaltes wiederum werden durch die landesweiten Festsetzungen markiert.

Die die Regionalplanung ansprechende Vorschrift des § 5 Abs. 3 ROG wendet sich nun mittelbar an die Länder und spricht für sie die Pflicht aus, Rechtsgrundlagen für eine Regionalplanung zu schaffen.[95] Auch wenn das ROG die Länder zu einer Regionalplanung verpflichtet, wenn dieses für Teilräume des Landes geboten erscheint, so läßt es doch den Ländern hinsichtlich der Ausgestaltung der Rechtsgrundlagen und der Organisation einen breiten Gestaltungsraum; es respektiert die Organisationsgewalt der Länder. Die Wahrung der Organisationsgewalt der Länder ist ein durchgehender Zug des ROG; es läßt den Ländern auch bei der Trägerschaft die Wahl zwischen staatlicher und verbandlich-kommunaler Form (§ 5 Abs. 3 S. 2 ROG). Keinem Modell wird bundesgesetzlich ein Vorrang eingeräumt.[96] Dabei handelt es sich um zwei Grundformen der Organisation,[97] Organisationstypen oder Organisationsmodelle, die Zwischenformen zulassen.[98]

Die Länder sind auch frei in der gesetzlichen Ausgestaltung der Regionalplanungsaufgabe, wenn sie die Regionalplanung nicht staatlich organisieren: Sie können wählen zwischen der Übertragung der Regionalplanung als Auftragsangelegenheit und als Selbstverwaltungsaufgabe, die allerdings hinreichenden Einfluß des Staates gewährleisten muß.[99] Das ROG gibt mit Rücksicht auf die Organisationsgewalt der Länder keine

---

[Fortsetzung Fußnote 94]
    Raumordnung, Veröffentlichungen ARL, Forschungs- und Sitzungsberichte, Bd. 145 (1982), 111 ff., 123 f.
95 *Cholewa/Dyong/von der Heide*, § 5 ROG Rdn. 59; *Bielenberg/Erbguth/Söfker* nennen diese Pflicht eine bundesrahmenrechtliche „Grundverpflichtung" der Länder, *Bielenberg/Erbguth/Söfker*, K § 5 ROG Rdn. 51.
96 Siehe hierzu *Bielenberg/Erbguth/Söfker*, K § 5 ROG Rdn. 54; *Schmidt-Aßmann*, Fortentwicklung, 49 f.; zu der Frage einer bundesgesetzlichen Priorität einer der Organisationsmodelle siehe aber einerseits *Klotz*, DÖV 1967, 187, 186 ff., und andererseits *Bielenberg*, DÖV 1967, 190; bejahend auch *Jacob*, der landkreis 1965, 174; ähnlich *Rutkowski*, Der Einfluß der Regionalplanung auf die gemeindliche Bauleitplanung (1974), S. 37; siehe auch *Erbguth*, Probleme, 110. Der Vorrang kommunalorganisierter Regionalplanung wird teilweise aber aus § 5 Abs. 1 ROG, der eine Regelung für den Rahmen staatlicher Planung in Teilräumen enthält, gefolgert, so *Weidemann*, Bindung und Freiheit in der Raumordnung für Bund und Länder nach dem Raumordnungsgesetz (1971), 157 ff.
97 So *Cholewa/Dyong/von der Heide*, § 5 ROG Rdn. 61.
98 *Schmidt-Aßmann*, Fortentwicklung, S. 49 ff.
99 *Bielenberg/Erbguth/Söfker*, K § 5 ROG Rdn. 55; *Schmidt-Aßmann*, Fortentwicklung, S. 50.

Vorgabe für den Begriff der Region [100] und keine Vorgabe zum Rechtscharakter der regionalen Programme und Pläne.[101] Das bedeutet allerdings nicht, daß das ROG nicht Grenzen für die Organisationsgewalt regelte; die Grundtendenz des Gesetzes ist aber die, sich insoweit mit rahmenrechtlichen Vorgaben zurückzuhalten.

Die Beteiligungsregelung des §5 Abs. 3 S. 2 ROG ist für den Landesgesetzgeber ausfüllungsbedürftige rahmenrechtliche Anweisungsnorm.[102] Nach §5 Abs. 3 S. 3 ROG sind die beteiligten Länder verpflichtet, bei einer über die Grenzen eines Landes erforderlichen Regionalplanung die notwendigen Maßnahmen im gegenseitigen Einvernehmen zu treffen.

e) Bindungswirkung der Ziele der Raumordnung und Landesplanung (§5 Abs. 4, §6 ROG)

aa) Ziele, Grundsätze, sonstige Erfordernisse und raumbedeutsame Planungen und Maßnahmen als Zentralbegriffe der Raumordnung und Landesplanung

Nach §5 Abs. 2 S. 1 ROG sind Programme und Pläne der Raumordnung das Instrument, um Grundsätze, die Direktiven für die Abwägung sind, in Ziele der Raumordnung und Landesplanung *umzusetzen*, die nach §5 Abs. 4 ROG von den in §4 Abs. 5 ROG genannten Stellen bei allen raumbedeutsamen Planungen und Maßnahmen (§3 Abs. 1 ROG) zu beachten sind.

Das Recht der Raumordnung und Landesplanung geht also von den **Zentralbegriffen: Grundsätze, Ziele, sonstige Erfordernisse** als Vorgaben für **raumbedeutsame Planungen und Maßnahmen** aus. Auf eine kurze Definition gebracht, können sie so charakterisiert werden[103]:

(1) Grundsätze der Raumordnung und Landesplanung

Grundsätze der Raumordnung und Landesplanung sind Leitvorstellungen zur Ordnung und Entwicklung des Raumes in Form von Rechtssätzen, die unmittelbar für öffentliche Planungsträger gelten und von ihnen bei raumbedeutsamen Planungen und Maßnahmen gegeneinander und untereinander **abzuwägen** sind *(Direktiven für die Abwägungsvorgänge, Maßstäbe der Abwägung)*.

---

100 *Bielenberg/Erbguth/Söfker,* K §5 ROG Rdn. 9, Rdn. 56; M 260 Rdn. 4 ff.
101 *Bielenberg/Erbguth/Söfker,* K §5 ROG Rdn. 57.
102 Einzelheiten siehe bei *Henrich* (Fußn. 37), Bd. I, Bd. II.
103 Siehe auch die Definitionen, die der Rechts- und Verfahrensausschuß der Minsterkonferenz für Raumordnung (MKRO) den Begriffen gegeben hat, abgedruckt bei *Cholewa/Dyong/ von der Heide,* Vorbem. VI Rdn. 2; nähere Einzelheiten siehe bei *Hoppe,* Rul Rdn. 141 ff. und 156 ff.

(2) Ziele der Raumordnung und Landesplanung

Ziele der Raumordnung und Landesplanung sind als **landesplanerische Letztentscheidungen** die verbindlichen Festlegungen in den Programmen und Plänen der Landesplanung, die räumlich und sachlich zur Ausgestaltung und Verwirklichung der Grundsätze der Raumordnung und Landesplanung erforderlich sind, die kraft Bundesrechts keiner aus der Sicht der Raumordnung und Landesplanung weiteren Abwägung zugängliche Festlegungen für konkrete Räume und für konkrete Gebiete der Landesplanung oder für bestimmte Fachbereiche (räumlich-konkret) darstellen und die bei allen raumbedeutsamen Planungen und Maßnahmen von den öffentlichen Planungsträgern beachtet werden müssen *(Landesplanerische Abwägungsprodukte)*.

Diese Zielbindung kann nur dann von einem Ziel ausgehen, wenn es so beschaffen ist, daß für den Adressaten nur ein Ziel formuliert ist, das nicht mehr mit anderen Zielen in Konflikt steht. Diese Eigenschaft kann den Zielen beigelegt werden, weil sie ihrem sachlichen Charakter nach räumlich-konkrete Festlegungen sind.[104] Im Gegensatz zu den Grundsätzen, bei denen im planerischen Entscheidungsprozeß mehrere und untereinander häufig konfligierende Grundsätze zu berücksichtigen sind *(Direktiven für die konfliktbereinigende Abwägung)*, müssen bei Zielen die Zielkonflikte ausgetragen und bereinigt sein *(konfliktbereinigte Festlegungen)*.[105] Dieser Charakterisierung widerstreitet nicht, daß den Zielunterworfenen regelmäßig ein Entfaltungsspielraum bei der Umsetzung der Ziele verbleibt und — aufgrund des rahmensetzenden Charakters der Raumordnung und Landesplanung — verbleiben muß. Insbesondere können Ziele bestimmen, daß innerhalb eines — allerdings konkret festgelegten — Rahmens für den oder die Adressaten Konkretisierungsmöglichkeiten bestehen.[106] Damit wird keine Abwägung eröffnet, insbesondere keine solche landesplanerischer Art,[107] in der die Ziele prinzipiell hintangestellt werden könnten. Vielmehr ergeben sich hieraus lediglich Ausgestaltungsmöglichkeiten in den rahmensetzenden Grenzen der — einseitigen — Zielbindung.[108]

Der Umfang der Verbindlichkeit der Ziele richtet sich wie bei jeder Aussage mit normativem Charakter nach deren Inhalt. Je nachdem, ob ein Ziel aufgrund hoher Aus-

---

104 Siehe dazu *Wahl*, Rechtsfragen I, 209 f.; siehe vor allem Staatsgerichtshof der Freien Hansestadt Bremen vom 22. 8. 1983 — St. 1/82 —, DVBl. 1983, 1144 ff., 1145.
105 *Wahl*, Rechtsfragen I, 210. Mit dem Erfordernis der Konfliktbereinigung und dem Charakter der Letztentscheidung von Zielen hängt es zusammen, daß allgemeine Ziele den Grundsätzen gleichgesetzt werden (eingehend dazu *Bielenberg/Erbguth/Söfker*, M 322 Rdn. 13 mit eingehenden Nachweisen; zu den Schwierigkeiten der Abgrenzung siehe *Erbguth*, ROLPlR, Rdn. 41), jedenfalls nicht als bindende Ziele i. S. von § 1 Abs. 4 BBauG behandelt werden; auf sie finden vielmehr die bundes- und landesrechtlichen Geltungs-und Abwägungsklauseln Anwendung.
106 *Paßlick*, in Zoubek/Grooterhorst/Paßlick, Zur Geltung von Zielen der Raumordnung und Landesplanng bei §§ 34 und 35 BBauG, Arbeitspapier 6/84 des Zentralinstituts für Raumplanung (1984), S. 13; *Bielenberg/Erbguth/Söfker*, K § 5 ROG Rdn. 93 f.; M 322 Rdn. 11 ff.; *Bielenberg*, in: Ernst/Zinkahn/Bielenberg (Fußn. 1), § 1 BBauG Rdn. 57.
107 *Paßlick*. in: Zoubek/Grooterhorst/Paßlick (Fußn. 106), ebd.
108 Deutlich in diesem Sinne VGH Bad-Württ. vom 28. 3. 1980 — VIII 12/72/79 —, DÖV 1980, 269, 271; ähnlich *Wahl*, DÖV 1981, 597, 602 ff.; auch *Bielenberg/Erbguth/Söfker*, K § 5 ROG Rdn. 93 a. E.

sageschärfe unmittelbar wirkt oder auf konkretisierende Umsetzung angelegt ist, entfaltet es stärkere oder schwächere Rechtswirkungen. Die tatsächliche Tragweite einer Zielaussage ist daher maßgeblich eine Frage der inhaltlichen Ausgestaltung eines Ziels.[109]

(3) Sonstige Erfordernisse der Raumordnung und Landesplanung

Sonstige Erfordernisse der Raumordnung und Landesplanung sind *Vorgaben für das Verwaltungshandeln* wie z. B. in *Aufstellung befindliche Ziele* der Raumordnung und Landesplanung und *Ergebnisse förmlicher* landesplanerischer *Abstimmungsverfahren* (z. B. Raumordnungsverfahren, die das nordrhein-westfälische Recht (noch) nicht kennt).

(4) Raumbedeutsame Planungen und Maßnahmen

Raumbedeutsame Planungen und Maßnahmen — in § 3 Abs. 1 ROG definiert — sind solche Planungen und Maßnahmen (Verwaltungsakte und sonstige konkret-individuelle Verwaltungshandlungen), durch die *Grund und Boden in Anspruch genommen* oder die *räumliche Entwicklung eines Gebietes beeinflußt* wird.[110] Das ROG strebt nach Wortlaut und Zweck die weitestmögliche Bindung an und erfaßt auch mittelbar raumwirksame Maßnahmen.[111]

Die Zusammenhänge lassen sich wie auf Seite 336 folgt darstellen:

bb) Die Wirkung des § 5 Abs. 4 ROG als generelle Zielbindungsklausel

Die Vorschrift des § 5 Abs. 4 ROG, die die Wirkung der Ziele der Raumordnung und Landesplanung regelt, ist unmittelbar geltendes Bundesrecht, nicht Anweisungsnorm an den Landesgesetzgeber. Machen die Landesplanungsgesetze zu der Beachtenspflicht keine Aussagen, so ergibt sich die Bindung direkt aus der Vorschrift des § 5 Abs. 4 ROG.[112] Sie ist **eine der Grundsatznormen**.[113] Sie ist die **zentrale und generelle Raumordnungsklausel** für die rechtliche Wirkung **der Ziele** der Raumordnung und Landesplanung.

Als Adressaten der Bindungswirkung des § 5 Abs. 4 ROG sind die in § 4 Abs. 5 ROG genannten Stellen bezeichnet.[114] Der Bindungswirkung unterliegen nur Träger öffent-

---

109 So *Paßlick*, in: Zoubek/Grooterhorst/Paßlick (Fußn. 106), 13; *Erbguth*, ROLPlR, Rdn. 195; *Goppel*, BayVBl 1984, 229 ff., 231.
110 Einzelheiten siehe bei *Hoppe*, RuL Rdn. 156 ff.
111 So zutreffend *Heigl/Hosch*, Raumordnung und Landesplanung in Bayern (Loseblatt), Stand: Januar 1985, Art. 1 BayLplG, Rdn. 49 m.w.N.
112 *Bielenberg/Erbguth/Söfker*, K § 5 ROG Rdn. 75; Erbguth, ROLPlR, Rdn. 194; *Klein*, (Fußn. 85), S. 40.
113 So *Cholewa/Dyong/von der Heide*, § 5 ROG Rdn. 72.
114 Siehe dazu oben II 2c ff. (2).

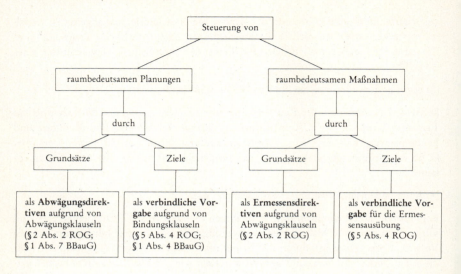

licher Verwaltung;[115] d.h. daß Ziele der Raumordnung und Landesplanung nicht *unmittelbar* gegen Dritte wirken, daß insbesondere nicht unmittelbar die Nutzung von Grund und Boden durch sie geregelt wird.[116] Diese Geltungsbeschränkung bedeutet jedoch nicht, daß auch eine *mittelbare* Wirkung der Ziele gegenüber dem Bürger ausgeschlossen ist. Sie wird durch sogen. Raumordnungsklauseln oder durch die Konkretisierung öffentlicher Belange in Genehmigungstatbeständen des Bauplanungsrechts oder in anderen Fachgesetzen erreicht.

Diese Frage wird vor allem im Hinblick auf das Tatbestandsmerkmal „*öffentliche Belange*" in § 35 Abs. 1, Abs. 2 BBauG und § 34 Abs. 1 BBauG erörtert. Neben der gesetzgeberisch klargestellten und deshalb wenig problematischen Wirkung der Raumordnungsziele auf die Zulasung sonstiger Vorhaben im Außenbereich nach § 35 Abs. 2 und Abs. 3 BBauG ist in der neueren Rechtsprechung des Bundesverwaltungsgerichts eine entsprechende Geltung der Ziele auch gegenüber den Privilegierungstatbeständen nach § 35 Abs. 1 BBauG angenommen worden.[117] Anders als diese Rechtsprechung lehnt das Schrifttum überwiegend eine wie auch immer geartete Beachtlichkeit von Zielen der Raumordnung und Landesplanung bei der Beurteilung der Zulässigkeit privile-

---

115 So *Bielenberg/Erbguth/Söfker*, K § 5 ROG Rdn. 40.
116 Siehe dazu *Schmidt-Aßmann*. Fortentwicklung, 80 ff.; *Stern/Burmeister*, (Fußn. 34), 18 f.; *Bielenberg/Erbguth/Söfker*, K § 5 ROG Rdn. 71; *Paßlick*, in Zoubek/Grooterhorst/Paßlick (Fußn. 106), 12; *Brocke*, DVBl. 1979, 184 ff.; *Goppel*, BayVBl 1984, 229 ff., 231; BayVGH v. 17. 7. 1983 — Nr. 22 N 82 A 772 —, DVBl. 1983, 1157 ff., 1160; BVerwG v. 20. 1. 1984 — 4 C 43.81 —, DVBl. 1984, 627.
117 BVerwG v. 20. 1. 1984 — 4 C 43.81 —, DVBl. 1984, 627; zu § 35 Abs. 2 und 3 BBauG BVerwG v. 20. 1. 1984 — 4 C 70.79 —, NJW 1984, 1367.

gierter Außenbereichsvorhaben ab,[118] während die Auffassungen der Instanzgerichte divergieren.[119] Über die entsprechende Frage einer Zielgeltung als — sonstige — öffentliche Belange im Sinne des § 34 Abs. 1 BBauG hatte das Bundesverwaltungsgericht in der Entscheidung vom 10. 1. 1984 nicht zu befinden. Gleichwohl können den Urteilsgründen Hinweise auf eine ablehnende Haltung gegenüber einer Übertragbarkeit der Rechtsprechungsgrundsätze zu § 35 Abs. 1 BBauG auf die Zulassung von Vorhaben im nicht beplanten Innenbereich entnommen werden.[120] Die Sichtweise des Bundesverwaltungsgerichts deckt sich im Ergebnis mit der vorherrschenden Meinung im Schrifttum, die Ziele der Raumordnung und Landesplanung nicht zu den sonstigen öffentlichen Belangen nach § 34 Abs. 1 BBauG zählt.[121] Gegenteilige Äußerungen sind vereinzelt geblieben.[122]

118 *Schmidt-Aßmann*, Fortentwicklung, S. 84; *Weidemann* (Fußn. 33), S. 266 ff.; *Weyreuther*, Bauen im Außenbereich (1969), S. 516; *Papier*, Die rechtsverbindliche Festlegung von Leitungstrassen (1984), 34; *Bielenberg*, in: Ernst/Zinkahn/Bielenberg (Fußn. 1.), § 1 BBauG Rdn. 86; *Dolde*, NJW 1984, 792, 795; zu deren Begründung(en) eingehend *Paßlick*, in: Zoubek/Grooterhorst/Paßlick (Fußn. 106), 39 ff.; anders *Cholewa/Dyong/von der Heide* Vorbem. VII Rdn. 12; *Dyong*, Verwirklichung der Raumordnung durch die vollziehende Verwaltung, dargestellt am Beispiel von Einzelgenehmigungen im Baurecht, in: Verwirklichung der Raumordnung, Veröffentlichungen ARL, Abhandlungen Bd. 145 (1982), 215, 223; *Brocke* (Fußn. 116), 184, 188; hierzu und zu weitergehenden Vorstellungen über eine positive, zulässigkeitsfördernde Wirkung der Raumordnungsziele *Paßlick*, in: Zoubek/Grooterhorst/Paßlick (Fußn. 106), 40 f.; im Sinne der jüngeren Rechtsprechung des Bundesverwaltungsgerichts bereits *Bielenberg/Erbguth/Söfker*, K § 5 ROG Rdn. 72 (Ausführungen zu § 35 Abs. 1 BBauG) m. umfangr. Nachw. auf Literatur und Rechtsprechung.
119 OVG Lüneburg v. 14. 11. 1968 — VI OVG A 128/67 —, EPlaR II 2 d OVG Lüneburg 11/68 (für eine weitreichende Wirkung der Ziele gegenüber privilegierten Vorhaben); OVG Lüneburg v. 16. 6. 1982 — 1 A 194/80 —, ZfBR 1983, 41, 42 (gegen eine Zielbindungswirkung im Rahmen des § 35 Abs. 1 BBauG unter Hinweis auf BVerwG, Urt. v. 25. 10. 1967 — 4 C 86.66 —, BVerwGE 28, 148 ff.; VG Ansbach, Urt. v. 23. 5. 1979 — AN 6261 — III./78 —, mitgeteilt bei *Porger*, Judikatur zu den Zielen der Raumordnung und Landesplanung, Veröffentlichungen ARL, Arbeitsmaterial Nr. 52 (1981), S. 169 ff.; BayVGH, Urt. v. 26. 10. 1980 — Nr. 14 B 1881/79 —, A.U. S. 11 f. (beide grundsätzlich positiv gegenüber einer zulässigkeitshemmenden Wirkung der Ziele bei § 35 Abs. 1 BBauG); näheres bei *Paßlick*, in: Zoubek/Grooterhorst/Paßlick (Fußn. 106), 37 f.
120 Vgl hierzu auch *Grooterhorst*, in: Zoubek/Grooterhorst/Paßlick (Fußn. 106), 19 f.
121 *Brocke*, (Fußn. 116), 187; *Uechtritz*, VBLBW 1984, 5, 8; *Weidemann*, NVwZ 1983, 441, 443, die sich auf § 3 Abs. 3 ROG und das Wesen der Raumordnung mit lediglich planbindender, nicht aber einzelentscheidungsbindender Bedeutung stützen; in diesem Sinne auch *Börger*, Der Begriff „sonstiger öffentlicher Belange" i. S. d. § 34 BBauG (1981), 163 ff.; nach *Schmidt-Aßmann*, Fortentwicklung, S. 83, und *Börger*, 163 ff. bewegt sich § 34 Abs. 1 BBauG mit seiner Entscheidung für die grundsätzliche Zulässigkeit der Innenbereichsvorhaben auf der gleichen Ebene wie die landesplanerischen Ziele und hat damit als gesetzliche Abwägung Vorrang; schließlich wird dieses Ergebnis auch unter Hinweis auf die Unbeachtlichkeit des Flächennutzungsplans für § 34 Abs. 1 BBauG begründet, womit die Annahme einer Beachtlichkeit der ortsfernen Planungsstufe Raumordnung und Landesplanung als öffentlicher Belang unvereinbar sei, vgl. *Holzhausen*, Probleme der Standortvorsorge für umweltbelastende Vorhaben aus bundesrechtlicher Sicht, Schriftenreihe Annales Universitatis Saraviensis, Rechts- und Wirtschaftswissenschaftliche Abteilung, Bd. 107, Köln u. a. 1983, S. 118 Fn. 12, 14 und 15; weitere Einzelheiten siehe bei *Grooterhorst*, in: Zoubek/Grooterhorst/Paßlick (Fußn. 106), 20 ff m.w.N. auch auf die Rechtsprechung, Fn. 60.
122 *Gräf/Henneke*, ZfBR 1980, 218, 222; *Cholewa/Dyong/von der Heide*, Vorbem. VIII Rdn. 9; *Dyong*, (Fußn. 118), 224; hingegen für eine Wirkung der Ziele im Sinne eines bloßen Ver-

Neben der generellen Zielbindungsklausel des § 5 Abs. 4 ROG gibt es spezielle Raumordnungsklauseln. Das sind
- die **Zielbindungsklausel für die Bauleitplanung** (§ 1 Abs. 4 BBauG)[123] und
- die **Zielbindungsklauseln im Fachplanungsrecht**.[124]

Der allgemeine Grundsatz der Bindung des Bundes an die Ziele der Raumordnung und Landesplanung in Raumordnungsplänen der Länder nach § 5 Abs. 4 ROG wird durch § 6 Abs. 1, Abs. 2 ROG für Vorhaben des Bundes oder eines bundesunmittelbaren Planungsträgers dahin modifiziert, daß die Bindung unter bestimmten Voraussetzungen entfällt.

f) Untersagung raumordnungswidriger Planungen und Maßnahmen (§ 7 ROG)

Die **Untersagung** raumordnungswidriger Planungen und Maßnahmen nach § 7 ROG gehört zu den **Instrumenten der Plansicherung**.[125] Die Regelung des § 7 ROG ist nicht unmittelbar geltendes Bundesrecht, die Vorschrift regelt vielmehr — beschränkt auf Rahmenrecht — die auf zwei Jahre als Höchstdauer befristete Untersagung raumbedeutsamer Planungen und Maßnahmen, für die nähere Bestimmungen im Landesrecht — auch für die Entschädigung für die Folgen einer Untersagung — zu treffen sind (§ 7 Abs. 3 ROG).[126] Nach dieser Vorschrift können die für die Raumordnung zuständigen Landesbehörden — nicht etwa Bundesbehörden — durch Verwaltungsakt raumbedeutsame Planungen und Maßnahmen, die Behörden oder sonstige Stellen im Sinne des § 4 Abs. 5 ROG beabsichtigen, für eine bestimmte Zeit zu untersagen, wenn die Aufstellung, Änderung, Ergänzung oder Aufhebung von Zielen der Raumordnung und Lan-

---

[Fortsetzung Fußnote 122]
deutlichens der vorhandenen Situation *Bielenberg/Erbguth/Söfker*, K § 5 ROG Rdn. 72; *Bielenberg/Dyong/Söfker*, Das Bundesbaurecht, 4. Aufl. 1979, Rdn. 142; *Schlichter*, in: Schlichter/Stich/Tittel, BBauG, 3. Aufl. 1979, § 34 Rdn. 16; *ders.*, Bauen im Planbereich, im unbeplanten Innenbereich und im Außenbereich (1978), S. 32; *Dohle*, NJW 1977, 1373, 1374; weitere Nachweise bei *Grooterhorst*, in: Zoubek/Grooterhorst/Paßlick (Fußn. 106), 24 ff. auch auf das OVG Münster, Urt. v. 7. 11. 1977 — X A 650/73 —, NJW 1978, 2314; für eine Zielwirkung im nichtbeplanten Innenbereich mit beachtenswerten Gründen jüngst *Grooterhorst*, in: Zoubek/Grooterhorst/Paßlick (Fußn. 106), 26 ff., dort auch zur argumentativen Überwindbarkeit des bodenrechtlichen Kompetenzarguments (BVerwG, Urt. v. 24. 4. 1978 — 4 C 12.76 —, BVerwGE 55, 272), S. 43 m.w.N.

123 Zum Verhältnis von § 5 Abs. 4 ROG zu § 1 Abs. 4 BBauG siehe *Erbguth*, ROLPlR, Rdn. 195 ff.

124 Eine Übersicht hierzu geben *Cholewa/Dyong/von der Heide*, Vorbem. VII Rdn. 9.

125 Zur geschichtlichen Entwicklung der Vorschrift siehe *Cholewa/Dyong/von der Heide*, § 7 ROG Rdn. 2; *Bielenberg/Erbguth/Söfker*, K § 5 ROG Rdn. 2; zur Abgrenzung gegenüber anderen Sicherungsmaßnahmen siehe *Bielenberg/Erbguth/Söfker*, K § 5 ROG Rdn. 7 ff.

126 *Cholewa/Dyong/von der Heide*, § 7 ROG Rdn. 1; *Bielenberg/Erbguth/Söfker*, K § 7 ROG Rdn. 1; a.A. *Schmidt-Aßmann*, Fortentwicklung, 85, unter Berufung auf *Asmuss*, in: ROG (Loseblatt-Kommentar), 1. Aufl. 1965, § 7 ROG Anm. I 1 b. Eine Übersicht über die Landesregelungen geben *Cholewa/Dyong/von der Heide*, § 5 ROG Rdn. 3.

desplanung eingeleitet ist und wenn zu befürchten ist, daß die Durchführung der Ziele der Raumordnung und Landesplanung unmöglich gemacht oder wesentlich erschwert wird. Nach dem Wortlaut des § 7 Abs. 1 S. 1 ROG handelt es sich um *künftige* raumbedeutsame Ziele. Nach dem Inkrafttreten der Ziele ergibt sich ihre Rechtswirkung und Bindung aus § 5 Abs. 4 ROG und sonstigen Raumordnungsklauseln.[127]

Die Vorschrift des § 7 Abs. 1 S. 1 ROG gilt nur für solche Planungen und Maßnahmen, die von der Rechtswirkung der Ziele der Raumordnung und Landesplanung nach § 5 ROG erfaßt würden (§ 7 Abs. 1 S. 2 ROG). Widerspruch und Anfechtungsklage gegen eine Untersagung haben keine aufschiebende Wirkung (§ 7 Abs. 2 ROG). Das Nähere, auch die Entschädigung für die Folgen einer Untersagung, regeln — wie gesagt — die Länder. Die Höchstdauer der Untersagung darf *zwei* Jahre nicht überschreiten (§ 7 Abs. 3 ROG).

Die für das Landesrecht in § 7 ROG geregelten Vorgaben lassen sich wie folgt zusammenfassen:

- *Zuständigkeit der Landesplanungsbehörde* für die Untersagung (§ 7 Abs. 1 S. 1 ROG)
- *Beschränkung der Höchstdauer* der Untersagung auf zwei Jahre (§ 7 Abs. 3 2. Halbs. ROG)
- Die Untersagung ist an kumulativ geregelte *Voraussetzungen* gebunden:
  ○ Aufstellung, Änderung, Ergänzung oder Aufhebung von Zielen der Raumordnung muß *eingeleitet* sein und
  ○ es muß *zu befürchten* sein, daß die Durchführung der Ziele der Raumordnung und Landesplanung durch raumbedeutsame Planungen und Maßnahmen anderer Behörden *unmöglich gemacht* und *wesentlich erschwert* wird
- Die Untersagung kann sich nur gegen *beabsichtigte* raumbedeutsame Planungen und Maßnahmen richten.

Die Untersagung hängt vor allem von **zwei Voraussetzungen** ab:
- **der Einleitung der Zielaufstellung** (*formelle* Voraussetzung)
- dem Vorliegen eines Sicherungserfordernisses (*materielle* Voraussetzung)

§ 7 Abs. 1 S. 1 ROG verlangt, daß die Aufstellung, Änderung, Ergänzung oder Aufhebung von Zielen eingeleitet ist. Unter Einleitung ist ein förmlicher Akt der für die Aufstellung, Änderung, Ergänzung oder Aufhebung der Ziele zuständigen Stelle zu verstehen. Der bundesrechtliche Begriff der Einleitung wird durch das Landesplanungsrecht konkretisiert.[128] Für das Sicherungserfordernis ist nicht zu verlangen, daß die künftige Planung bereits im Konzept oder in Grundzügen vorliegt.[129] Ausreichend ist

---

127 Siehe dazu, daß die Untersagung landesrechtlich auch auf die Sicherung (Durchsetzung) verbindlicher Ziele erstreckt werden kann: *Erbguth*, ROLPlR, Rdn. 290; *Niemeier*, Das Recht der Raumordnung und Landesplanung in der Bundesrepublik Deutschland, Veröffentlichungen der Akademie für Raumforschung und Landesplanung, Abhandlungen Bd. 75 (1976), 77; *Bielenberg/Erbguth/Söfker*, K § 7 ROG Rdn. 5.
128 *Bielenberg/Erbguth/Söfker*, K § 7 ROG Rdn. 9; *Cholewa/Dyong/von der Heide*, § 7 ROG Rdn. 5; *Heigl/Hosch* (Fußn. 111), Art. 27 BayLPlG Rdn. 6.
129 *Bielenberg/Erbguth/Söfker*, K § 7 ROG Rdn. 10; a.A. *Niemeier/Dahlke/Lowinski*, § 20 LPlG Rdn. 6

der Nachweis, daß – gemessen an den belegbaren Planungserfordernissen und -absichten – die Sicherung erforderlich erscheint. Die Untersagung ist allerdings entbehrlich, wenn ausreichende andere Sicherungsmöglichkeiten bestehen. Der Planungswille muß in formal zweifelsfreier Weise belegt sein.

Die befristete Untersagung hat lediglich verwaltungs*interne* Wirkung, wenn sie sich an staatliche Stellen oder Kommunen wendet, die ihre Planungstätigkeit im übertragenen Wirkungskreis erledigen *(interne befristete Untersagung)*. *Außen*wirkung erlangt sie dagegen gegenüber rechtlich verselbständigten Planungsträgern, insbesondere gegenüber gemeindlichen Selbstverwaltungsträgern. Eine unmittelbare Rechtswirkung der befristeten Untersagung gegenüber dem einzelnen ist hier ebenso wie bei allen Maßnahmen der Raumordnung und Landesplanung ausgeschlossen.[130]

Zu den raumbedeutsamen Planungen und Maßnahmen im Sinne des § 7 ROG zählen nicht Entscheidungen von Behörden gegenüber Bürgern (z. B. Genehmigungen). Ein solcher „Durchgriff" der Landesplanung in den Bereich unmittelbarer Bodennutzung ist kompetenzwidrig. Auch der Einsatz der Sicherungsmittel ist dem überörtlichen Charakteristikum der Raumordnung verpflichtet.[131]

III. Die landesplanerische Ausgestaltung der Raumordnung und Landesplanung[132]

1. Gesetzliche Grundlagen und allgemeine Aufgabe der Landesplanung

a) Die Regelungsgegenstände des LPlG und des LEPro

Landesplanungsgesetz *(LPlG)*: Das in fünf Abschnitte gegliederte Landesplanungsgesetz regelt in *Abschnitt I: „Aufgabe und Organisation der Landesplanung"* die *Allgemeine Aufgabe der Landesplanung* (§ 1 LPlG) sowie den Aufbau der Landesplanungsverwaltung von der Landesplanungsbehörde über die Bezirksplanungsbehörde bis zum Bezirksplanungsrat (§ 2 – 10 LPlG). Der *Abschnitt II: „Grundsätze und Ziele der Raumordnung und Landesplanung"* legt zunächst in § 11 LPlG fest, daß die Grundsätze und Ziele der

---

130 Zur internen befristeten Untersagung siehe *Erbguth*, in: Bielenberg/Erbguth/Söfker, M 500 Rdn. 41; zur Außenwirkung gegenüber rechtlich verselbständigten Planungsträgern siehe *Bielenberg/Erbguth/Söfker*, M 400 Rdn. 6; *Erbguth*, in: Bielenberg/Erbguth/Söfker, M 500 Rdn. 41; zur fehlenden Rechtswirkung gegenüber dem einzelnen *Bielenberg/Erbguth/Söfker*, K § 7 ROG Rdn. 13; BGH v. 30. 6. 1983 – III ZR 73/82 –, ZfBR 1984, 43 ff.

131 *Erbguth*, ROLPlR, Rdn. 246 f., 9; *Erbguth*, ROLPlR, Rdn. 285. Zu der Reichweite der Untersagung im Rahmen der Bauleitplanung im Hinblick auf die Erteilung der Baugenehmigung, insbesondere bei Genehmigungen nach §§ 34, 35 BBauG siehe eingehend *Bielenberg/Erbguth/Söfker*, K § 7 ROG Rdn. 14; *Cholewa/Dyong/von der Heide*, § 7 ROG Rdn. 14 ff.

132 Zur geschichtlichen Entwicklung der Landesplanung in NW siehe *Niemeier/Dahlke/Lowinski*, 15 ff.; *Depenbrock/Reiners*, LPlG, Einf. Anm. 1.

Die landesplanerische Ausgestaltung der Raumordnung und Landesplanung

Raumordnung und Landesplanung im Landesentwicklungsprogramm (LEPro), das als Gesetz beschlossen wird (§ 12 LPlG), in Landesentwicklungsplänen (LEP) und in Gebietsentwicklungsplänen (GEP) dargestellt werden. § 12 LPLG schreibt – wie gesagt – die Gesetzesform des LEPro vor, regelt dessen Inhalt und die Pflicht zur Beteiligung von Gemeinden und Gemeindeverbänden im Erarbeitungsverfahren. Funktion, Aufstellung und Änderung, Form, Bekanntmachung und Inhalt der LEP sind Gegenstand des § 13 LPlG. §§ 14–16 LPlG regeln dieselben Gegenstände für den GEP; hinzu tritt die Genehmigungsregelung (§ 16 Abs. 1, Abs. 2 LPlG), die Heilungsvorschrift des § 17 LPlG bei der Verletzung von Verfahrens- und Formvorschriften bei der Erarbeitung und Aufstellung des GEP sowie die Abstimmung gebietsüberschreitender Planungen (§ 18 LPlG). Überdies regelt § 19 LPlG die Feststellung einer Planungspflicht des Bezirksplanungsrates zur Aufstellung eines GEP sowie – bei Verletzung dieser Pflicht – den Selbsteintritt der Landesplanungsbehörde bzw. die Übertragung der Planungszuständigkeit auf die Bezirksplanungsbehörde, das Zielbekanntgabeverfahren nach § 20 LPlG sowie die Pflicht der Gemeinden, ihre genehmigten Bauleitpläne den Zielen der Raumordnung und Landesplanung anzupassen (§ 21 Abs. 1 LPlG), sowie ein Aufstellungsgebot von Bauleitplänen für Gemeinden entsprechend den Zielen der Raumordnung und Landesplanung (§ 21 Abs. 2 LPlG). Schließlich sind in diesem Abschnitt die Sicherungsmittel der Untersagung raumordnungswidriger Planungen und Maßnahmen (§ 22 LPlG) und die der Zurückstellung von Baugesuchen (§ 23 LPlG) geregelt. *Abschnitt III* enthält *„Sondervorschriften für das Rheinische Braunkohlenplangebiet"* (§§ 24–31 LPlG) und *Abschnitt IV: „Besondere Regelungen"* so unterschiedliche Regelungsgegenstände wie Unterrichtung des Landtags (§ 32 LPlG), Entschädigung (§ 33 LPlG), Ersatzleistung und Entschädigung an die Gemeinden (§ 34 LPlG), Mitteilungs-, Unterrichtungs- und Auskunftspflichten (§§ 35, 36 LPlG) sowie den Erlaß von Rechtsverordnungen und Verwaltungsvorschriften (§ 37 LPlG).

Landesentwicklungsprogrammgesetz *(LEPro)*: Nach § 12 S. 1 LPlG wird das LEPro als Gesetz beschlossen. Es enthält nach § 12 S. 2 LPlG Grundsätze und allgemeine Ziele der Raumordnung und Landesplanung für die Gesamtentwicklung des Landes und für alle raumbedeutsamen Planungen und Maßnahmen einschließlich der raumwirksamen Investitionen. Die Landesplanungsbehörde hat im Erarbeitungsverfahren die Gemeinden und Gemeindeverbände, für die eine Anpassungspflicht begründet werden soll, oder deren Zusammenschlüsse zu beteiligen (§ 12 S. 3 LPlG). Das LEPro enthält *(allgemeine) Grundsätze der Raumordnung und Landesplanung* für die *Gesamtentwicklung des Landes* (§§ 1–5 LEPro) neben einem *Richtwert für die Bevölkerungsentwicklung* (§ 23 LEPro), *(speziellere) Grundsätze* (= allgemeine Ziele)[133] für die *räumliche Struktur des Landes* (§§ 19–22 LEPro) (Abschnitt II) und für *Sachbereiche* (§§ 24-34 LEPro) (Abschnitt III). In Abschnitt IV, § 35 LEPro ist die Entfaltung des LEPro in LEPen, die

---

[133] Allgemeine Ziele sind Grundsätze im oben entwickelten Verständnis, siehe oben II 2e aa (1), (2).

nach ihren Zielen gruppiert sind, und in § 36 LEPro die gegenüber § 35 LEPro subsidiär eingreifende Ermächtigung zu weiteren LEPen gegeben. § 37 LEPro dehnt die Geltungswirkung der Grundsätze[134] – über den Rahmen des § 3 Abs. 1, Abs. 2 ROG weit hinausgehend – aus. § 38 LEPro verhält sich über Berichterstattung und Fortschreibung des LEPro.

Als *Durchführungsverordnungen* gelten: Verordnung über das Verfahren zur Bildung und Einberufung der Bezirksplanungsräte und des Braunkohlenausschusses (1. DVO zum Landesplanungsgesetz) vom 5. 1. 1980 (GVBl. S. 146), Verordnung über die Abgrenzung des Kreises der Beteiligten und das Verfahren der Beteiligung bei der Erarbeitung der Gebietsentwicklungspläne und der Braunkohlenpläne (2. DVO zum Landesplanungsgesetz) vom 5. 2. 1980 (GVBl. S. 147), Verordnung über Form und Art des Planungsinhalts der Landesentwicklungspläne, der Gebietsentwicklungspläne und der Braunkohlenpläne (3. DVO zum Landesplanungsgesetz) vom 5. 2. 1980 (GVBl. S. 149), Verordnung über die Abgrenzung des Braunkohlenplangebietes (4. DVO zum Landesplanungsgesetz) vom 27. 11. 1979 (GVBl. S. 806).[135]

b) Allgemeine Aufgabe der Landesplanung (§ 1 LPlG)

§ 1 LPlG charakterisiert die **allgemeine Aufgabe** der Landesplanung in dreierlei Hinsicht
– als *übergeordnete, überörtliche und zusammenfassende Planung*
– als *Landesentwicklungsplanung*
– als *gemeinschaftliche Aufgabe* von *Staat* und *Selbstverwaltung*

§ 1 Abs. 1 LPlG beschreibt in allgemeiner Form Ziel, Ebene und Leitbild der nw Landesplanung. Ihr Ziel ist die Landesentwicklung, als Leitbild werden die Grundsätze der Raumordnung genannt.[136] Die Landesplanung ist als gesamtplanerische Querschnittsaufgabe mit ihrer Gestaltungs-, Koordinierungs- und Entwicklungsfunktion auf ein gesamträumliches Leitbild ausgerichtet.[137] § 1 Abs. 1 LPlG nimmt mit der Charakterisierung der Landesplanung als übergeordneter, überörtlicher und zusammenfassender Planung die Charakterisierung des BVerfG im Rechtsgutachten vom 16. 6. 1954[138] auf.

Die **Funktion der übergeordneten Planung** (überörtlich, überfachlich) läßt sich in mehreren Richtungen entfalten. Das Merkmal bringt zum Ausdruck

---

134 Siehe oben dazu II 2c ee.
135 Eine Übersicht über die Verwaltungsvorschriften geben *Bielenberg/Erbguth/Söfker*, D 830, D 831; ebenso *Cholewa/Dyong/von der Heide*, Raumordnung in Bund und Ländern, Bd. 2, Rechts- und Verwaltungsvorschriften (Loseblatt), Stand: Juli 1983 (Nordrhein-Westfalen); siehe auch *Cholewa/Dyong/von der Heide/Arens*, Raumordnung in Bund und Ländern, Bd. 3, Finanzhilfen an Gemeinden und Gemeindeverbände (Loseblatt), Stand: Oktober 1984.
136 Näher dazu *Niemeier/Dahlke/Lowinski*, § 1 LPlG Rdn. 13 f.; *Depenbrock/Reiners*, § 1 LPlG Anm. 2–4.
137 *Ernst*, in: Ernst/Hoppe, ÖffBauBoR, Rdn. 35; *Wahl*, Rechtsfragen I, S. 4; *Erbguth*, ROLPlR, Rdn. 12.
138 BVerfG v. 16. 6. 1954 (siehe Fußn. 5), BVerfGE 3, 407.

Die landesplanerische Ausgestaltung der Raumordnung und Landesplanung

— einen *rechtlichen Vorrang* der Raumordnung und Landesplanung *gegenüber Fachplanungen*
— eine *rechtliche Beschränkung* der Raumordnung und Landesplanung *gegenüber der Bauleitplanung und gegenüber den Fachplanungen.*[139]
Der *Vorrang* der Raumordnung und Landesplanung kommt in der Befugnis zum Ausdruck, unter Berücksichtigung der gesamträumlichen Entwicklungsaufgabe für die Fachressorts und Fachplanungen verbindliche räumliche Entwicklungsziele aufzustellen und für die gemeindliche Bauleitplanung einen verbindlichen Rahmen zu setzen (§ 1 Abs. 4 BBauG).
In dieser ziel- und rahmensetzenden Funktion kommt die Gestaltungs- und Entwicklungsaufgabe der Landesplanung im Planungssystem zum Ausdruck.
Die *Beschränkung* der Raumordnung und Landesplanung, die in der Funktion der übergeordneten Planung zum Ausdruck kommt, liegt darin begründet, daß sie *überörtliche* Planung ist, sie darf nicht örtlich planen, d.h. ihr ist es verwehrt, die örtliche Planung zu ersetzen oder unzulässig einzuschränken. Sie ist auf planerische Rahmensetzung beschränkt, womit der verfassungsrechtlich (Art. 28 Abs. 2 GG) und bundesgesetzlich (§ 2 Abs. 2 S. 1 BBauG) abgesicherten Eigenverantwortlichkeit der gemeindlichen Bauleitplanung Rechnung getragen ist.[140] Sie ist auch insoweit auf planerische Rahmensetzung beschränkt, d.h. den Fachplanungsträgern bleibt die Eigenverantwortung in fachlicher und politischer Hinsicht.
Die **Funktion der zusammenfassenden Planung** kennzeichnet die Koordinationsaufgabe der Raumordnung und Landesplanung, die im Wege der raumordnerischen Abwägung zu leisten ist. Der Raumordnung und Landesplanung obliegt die Aufgabe der allseitigen planerischen Abwägung aller Raumansprüche unter Beteiligung aller betroffenen Planungsträger mit dem Ziel, ein raumordnerisch abgewogenes Planungsprodukt in die rechtliche Verbindlichkeit zu führen.[141] Diese im Merkmal der zusammenfassenden Planung zum Ausdruck gebrachte Koordinierungsaufgabe und Abwägungspflicht bezieht sich sowohl auf den *Abwägungsvorgang,* der bereits bei der Aufstellung der Programme und Pläne der Raumordnung und Landesplanung beginnt.[142] Er betrifft aber auch das *Abwägungsprodukt:* Die zusammenfassende Planung soll als Ergebnis der Abwägung und Abstimmung zu einem in sich geschlossenen Konzept der räumlichen Ordnung (Entwicklung) führen.[143]

Daß der „zusammenfassenden" Planung auch die Aufgabe der Koordinierung im Hinblick auf den Zeit- und Finanzbezug zukommt, ergibt sich aus dem Wandel der Raumordnung und Landesplanung zur räumlichen *Entwicklungsplanung.*[144]

---

139 Siehe dazu *Bielenberg/Erbguth/Söfker,* M 100 Rdn. 10; *Ernst,* in: Ernst/Hoppe, ÖffBauBoR, Rdn. 1.
140 Es zeigt sich hier, daß bei diesem Verständnis der Funktion der übergeordneten Planung das Merkmal der Überörtlichkeit der beschränkenden Funktion in der Überordnung aufgeht.
141 *Wahl,* Durchsetzung ökologischer Vorrangbereiche gegenüber konkurrierenden Nutzungen, in: Arbeitsmaterial ARL Nr. 54 (1981), 55 ff.; *Hoppe,* Verwirklichung von Umweltschutz durch Raumordnung und Landesplanung, in: Recht und Staat im sozialen Wandel, Festschrift für Scupin (1983), 737 ff., 739
142 Zu diesem Zeitpunkt siehe *Bielenberg/Erbguth/Söfker,* M 100 Rdn. 6, 20.
143 So zutreffend *Bielenberg/Erbguth/Söfker,* M 100 Rdn. 20. Das BVerwG hat in ständiger Rechtssprechung Abwägungsvorgang und Abwägungsergebnis bei der Planung unterschieden, siehe die Nachweise bei *Hoppe,* in: Ernst/Hoppe, ÖffBauBoR, Rdn. 293. Das BBauG hat in § 155b Abs. 2 S. 2 BBauG diese Unterscheidungen aufgegriffen; kritisch hierzu *Koch,* DVBl. 1983, 1125 ff.
144 So *Bielenberg/Erbguth/Söfker,* M 100 Rdn. 11, 20 ff.; *Erbguth,* DVBl. 1983, 305 ff., 308; *Schmidt-Aßmann,* Fortentwicklung, 60; *Niemeier/Dahlke/Lowinski,* § 1 LPlG Rdn. 9, sehen

Der Gedanke der Entwicklungsplanung hat im nw Landesplanungsrecht in § 1 Abs. 1 und Abs. 2 LPlG als landesplanerisches Leitziel eine besondere Hervorhebung erfahren, wenngleich Landesplanung schon immer von dieser Aufgabe geprägt war.[145]

Wenn § 1 Abs. 4 LPlG die Landesplanung als **gemeinschaftliche Aufgabe von Staat und Selbstverwaltung** *(Kondominium)*[146] charakterisiert, so stellt dies keine verfassungsrechtliche Bestimmung der Aufgabenqualität dar, denn verfassungsrechtlich ist die Landesplanung wegen ihres überörtlichen Charakters ohnehin Staatsaufgabe und zählt nicht zum Selbstverwaltungsbereich der Kommunen.[147] Der Landesgesetzgeber hat sich mit dieser Charakterisierung für eine rahmenrechtlich im ROG angebotene organisationsrechtliche Gestaltungsmöglichkeit für die Landesplanung entschieden (§ 5 Abs. 3 S. 2 ROG),[148] die ihren besonderen Ausdruck bei der Regionalplanung gefunden hat, die verfassungsrechtlich aber nicht geboten ist (qualifizierte kommunale Beteiligung). Dieser Charakterisierung kommt im wesentlichen organisatorische und organisationsrechtliche Bedeutung zu,[149] sie stellt eine „Maxime für die Organisation der Behörden und Dienststellen der Landesplanung" dar.[150]

2. Behördenorganisation, Zuständigkeiten (§§ 2 – 10 LPlG)

Die Verwaltungszuständigkeit liegt im Bereich der Rahmengesetzgebungszuständigkeit des Bundes für die Raumordnung der Länder beim Land.[151] Obgleich NW einen allgemeinen dreistufigen Verwaltungsaufbau hat (Landesminister, Regierungspräsident als staatliche Mittelinstanz, Oberkreisdirektor als untere staatliche Verwaltungsbehörde), ist die Landesplanung organisatorisch *zweistufig* aufgebaut: *Landesplanungsbehörde* (§ 2 LPlG), *Bezirksplanungsbehörde* (§ 3 LPlG) (Regierungspräsident) mit dem bei dem Regierungspräsidenten errichteten *Bezirksplanungsrat* (§ 5 LPlG). Der Oberkreisdirektor hat keine Planungsaufgaben der Landesplanung, sondern nur eine Pla-

---

[Fortsetzung Fußnote 144]
    hingegen das Merkmal der Übergeordnetheit als Oberbegriff, der durch die Attribute „überörtlich" und „zusammenfassend" definiert ist. Ähnlich wie hier *Depenbrock/Reiners*, § 1 LPlG Anm. 2.
145 Siehe dazu *Depenbrock/Reiners*, § 1 LPlG Anm. 4.
146 Zur Selbstverwaltung gehört auch die funktionale Selbstverwaltung, siehe *Niemeier/Dahlke/Lowinski*, § 1 LPlG Rdn. 20
147 So zutreffend *Depenbrock/Reiners*, § 1 LPlG Anm. 5.
148 Siehe oben B II, 4e und *Depenbrock/Reiners*, § 1 LPlG Anm. 5; *Erbguth*, ROLPlR, Rdn. 100 ff.
149 *Depenbrock/Reiners*, § 1 LPlG Anm. 6.2
150 *Niemeier/Dahlke/Lowinski*, § 1 LPlG Rdn. 18
151 *Maunz*, in Maunz/Dürig/Herzog/Scholz (Fußn. 42), Art. 87 GG Rdn. 55 m.w.N. *Depenbrock/Reiners*, LPlG, Einf. Anm. 3.2.

nungsaufsicht (§ 4 LPlG). Er wird nicht zu den Behörden der Landesplanung gerechnet.[152]

a) Die Landesplanungsbehörde und ihre Zuständigkeiten (§ 2 LPlG)

§ 2 LPlG enthält die Entscheidung des Gesetzgebers, daß die Landesplanung auf Landesebene in der Ministerialinstanz nicht etwa durch eine Landesoberbehörde wahrzunehmen ist. Diese Aufgaben sind auf zwei oberste Landesbehörden verteilt, den Ministerpräsidenten (Staatskanzlei) und den Minister für Umwelt, Raumordnung und Landwirtschaft (MURL).[153]

Im übrigen hat die Landesplanungsbehörde nach § 2 LPlG folgende Aufgaben[154]:

— Das Landesentwicklungsprogramm und die Landesentwicklungspläne nach Maßgabe des LPlG zu erarbeiten (§ 2 Nr. 1 LPlG)
— darauf hinzuwirken, daß bei allen raumbedeutsamen Planungen und Maßnamen von überörtlicher Bedeutung, einschließlich des Einsatzes raumwirksamer Investitionen, die Grundsätze und Ziele der Raumordnung und Landesplanung beachtet werden (§ 2 Nr. 2 LPlG)
— auf eine Abstimmung der raumbedeutsamen Planungen und Maßnahmen angrenzender Länder und Staaten, soweit sie sich auf die Raumordnung im Lande Nordrhein-Westfalen auswirken können, hinzuwirken (§ 2 Nr. 3 LPlG)
— bei der Erarbeitung von Gebietsentwicklungsplänen über Meinungsverschiedenheiten zwischen den Bezirksplanungsräten sowie zwischen den Bezirksplanungsräten, den Bezirksplanungsbehörden und den von ihnen zu beteiligenden Stellen im Einvernehmen mit den fachlich zuständigen Landesministern zu entscheiden (§ 2 Abs. 4 LPlG)
— bei der Erarbeitung der Braunkohlenpläne über Meinungsverschiedenheiten zwischen dem Braunkohlenausschuß, den Bezirksplanungsräten, den Bezirksplanungsbehörden und den von ihnen zu beteiligenden Stellen im Einvernehmen mit den fachlich zuständigen Landesministern zu entscheiden (§ 2 Nr. 5 LPlG)

In § 2 LPlG sind aber nur die Hauptzuständigkeiten der Zielentwicklung für das Land, der Durchsetzung dieser Ziele im Land, der grenzüberschreitenden Planung, der Entscheidung von Differenzen bei der Gebietsentwicklungs- und bei der Braunkohlen-

---

152 *Erbguth*, ROLPlR, Rdn. 48; *Depenbrock/Reiners*, § 2 LPlG Anm. 1 bezeichnen den Oberkreisdirektor als eine der Landesplanungsbehörde nachgeordnete Behörde. — Eine vollständige Übersicht über die Behörden der Landesplanung und deren Aufgaben in allen Ländern gibt *Erbguth*, ebd. Rdn. 49
153 Bekanntmachung des Ministerpräsidenten vom 5. 6. 1985 (Veröffentlichung im GV. NW. vorgesehen), vgl. Depenbrock/Reiners, § 2 LPLG Anm. 2.1. Zur Ressortierung der Raumordnung und Landesplanung siehe *Timmer/Erbguth*, Die Ressortierung der Raumordnung und Landesplanung — ein ungelöstes Problem?, Raumforschung und Raumordnung 1980, 143 ff. Der Ministerpräsident hat die Ressortzuständigkeit für das LEPro (§ 12 LPlG) und für den Landesentwicklungsbericht (§§ 32 LPlG, 38 LEPro) behalten; siehe dazu *Depenbrock/Reiners*, § 1 LPlG Anm. 2.2 mit weiteren Einzelheiten.
154 Einzelheiten siehe bei *Depenbrock/Reiners*, § 2 LPlG Anm. 3—5; *Niemeier/Dahlke/Lowinski*, § 2 LPlG Rdn. 8—14.

planung geregelt; zahlreiche andere Bestimmungen des LPLG regeln weitere Zuständigkeiten der Landesplanungsbehörde.[155]

b) Die Bezirksplanungsbehörde und ihre Zuständigkeit (§ 3 LPlG)

Der Regierungspräsident handelt im Bereich des LPlG in zweierlei Funktion:
— Als ‚**Bündelungsbehörde**" der *allgemeinen Verwaltung*,
— als **Bezirksplanungsbehörde** nach dem LPlG (§ 3 LPlG) *im Bereich des Verwaltungszweigs Landesplanung*, getrennt von den Funktionen der allgemeinen Verwaltung.[156]

Nach § 3 Abs. 1 LPlG ist der Regierungspräsident zuständige Behörde für die Landesplanung im Regierungsbezirk *(Bezirksplanungsbehörde)*.

Eine Besonderheit ergibt sich insofern, als nach § 5 Abs. 1 LPlG aber auch **Bezirksplanungsräte** bei den Regierungspräsidenten eingerichtet werden. Einerseits hat die Bezirksplanungsbehörde nach Maßgabe des LPlG bei der Erarbeitung und Aufstellung der GEP mitzuwirken (§ 3 Abs. 2 S. 1 LPlG), z. B. als Geschäftsstelle des Bezirksplanungsrates (§ 9 Abs. 1 LPlG), der Bezirksplanungsrat trifft die sachlichen und verfahrensmäßigen Entscheidungen zur Erarbeitung des GEP und beschließt seine Aufstellung (§ 7 Abs. 1 S. 1 LPlG), die Bezirksplanungsbehörde ist sogar im Erarbeitungsverfahren an Weisungen des Bezirksplanungsrates gebunden (§ 7 Abs. 1 S. 2 LPlG); andererseits hat der Regierungspräsident als allgemeiner Vertreter der Landesregierung auf der Bezirksebene (§ 8 nw LOG) die Aufgabe, die Geschäfte des Bezirksplanungsrates zu überwachen. Denn nach § 3 Abs. 2 S. 2 LPlG hat die Bezirksplanungsbehörde die rechtliche Plankontrolle auch gegenüber dem Bezirksplanungsrat.[157] Das kann zu Interessenkollisionen führen, über die nach § 2 Nr. 4 LPlG die Landesplanungsbehörde zu entscheiden hat.[158]

Zur Sicherstellung der notwendigen Information für die Wahrnehmung der vorstehenden Aufgaben sind entsprechende Informationsverpflichtungen zugunsten der Bezirksplanungsbehörde in § 35 Abs. 2 und § 36 LPlG — klarstellend — [159] geregelt.

---

155 Siehe die Auflistung bei *Niemeier/Dahlke/Lowinski*, § 2 LPlG Rdn. 8.
156 *Depenbrock/Reiners*, § 3 LPlG Anm. 1.1, 1.2; z. B. handelt der Regierungspräsident als Behörde der allgemeinen Verwaltung bei der Beratung nach § 7 Abs. 2 LPlG, als Bezirksplanungsbehörde z. B. im Rahmen des Erarbeitungsverfahrens nach § 7 Abs. 1 S. 2, § 9 Abs. 1 LPlG und beim Zielbekanntgabeverfahren nach § 20 LPlG.
157 Siehe *Depenbrock/Reiners*, § 3 LPlG Anm. 4.2.
158 Siehe *Depenbrock/Reiners*, § 3 LPlG Anm. 2
159 So *Depenbrock/Reiners*, § 3 LPlG Anm. 5.

c) Bezirksplanungsrat, Zusammensetzung und Zuständigkeit

aa) Rechtscharakter, Zusammensetzung (§§ 5, 6, 8-10 LPlG)

Wie im Zusammenhang mit der Bezirksplanungsbehörde bereits erwähnt,[160] werden bei den Regierungspräsidenten **Bezirksplanungsräte** errichtet. Die Bezirksplanungsräte sind Träger der Regionalplanung (§§ 7, 14 ff LPlG), während die Bezirksplanungsbehörde bei der Erarbeitung und bei der Aufstellung mitwirkt (§ 3 Abs. 2 S. 1, § 7 Abs. 1 S. 2, § 9 Abs. 1, § 15 LPlG). Die Eingliederung des Bezirksplanungsrates in die Behörde des Regierungspräsidenten soll gewährleisten, daß bei allen Verfahrensabläufen in der Regionalplanung die vom Regierungspräsidenten als staatliche Bündelungsbehörde vertretenen Belange mit den landesplanerischen Interessen abgestimmt werden können.[161] Die Bezirksplanungsräte sind organisatorisch *integrierte Bestandteile der staatlichen Behörde Regierungspräsident* und infolgedessen *Verwaltungseinheiten der unmittelbaren Staatsverwaltung,* wobei sie sich allerdings durch eine spezifische, partiell eigenständige organisationsrechtliche Stellung auszeichnen (§§ 7, 15 LPlG),[162] derentwegen ihnen partielle Rechtssubjektivität *(punktuelle Rechtsfähigkeit)* zukommt.[163] Sie sind zwar ein *Teil des staatlichen Organs Regierungspräsident,* haben aber — da ihnen (zumindest gegenüber anderen Organen derselben Organisation, z. B. gegenüber der Landesplanungsbehörde) eigene Zuständigkeiten zukommen — die Eigenschaft eines *teilrechtsfähigen Organs*[164] und sind damit als *beteiligtenfähig im Organstreitverfahren* (§ 60 Nr. 2 VwGO analog) anzusehen.

Die **Zusammensetzung** im Bezirksplanungsrat unterscheidet zwischen stimmberechtigten gewählten und berufenen kommunalen Mitgliedern (§ 5 Abs. 2 – 13 LPlG) und sechs beratenden im Regierungsbezirk ansässigen Mitgliedern, die von den stimmberechtigten Mitgliedern des Bezirksplanungsrates für die Dauer ihrer Amtszeit aus den im Regierungsbezirk zuständigen Industrie- und Handelskammern, Handwerkskammern und Landwirtschaftskammern *(funktionale Selbstverwaltung)* sowie den im Regierungsbezirk tätigen Gewerkschaften und Arbeitgeberverbänden hinzugewählt werden, wobei diese Organisationen dem Bezirksplanungsrat Vorschläge für die Wahl einreichen können und je die Hälfte auf die Arbeitnehmer und Arbeitgeber entfallen soll.[165]

---

160 Siehe oben III 2b.
161 So *Depenbrock/Reiners,* § 3 LPlG Anm. 1.
162 *Dahl,* Rechts- und Organisationsfragen der Regionalplanung in Nordrhein-Westfalen (1978), 70 ff., *Wahl,* Rechtsfragen II, 194; *Gadegast,* StuGR 1975, 308 ff., *Depenbrock/Reiners,* § 1 LPlG Anm. 1.3, § 5 LPlG Anm. 1, 2.1, 2.2; *Hoppe/Bunse* (Fußn. 94), 412 f.; *Niemeier/Dahlke/Lowinski,* § 5 LPlG Rdn. 3; *Bielenberg/Erbguth/Söfker,* M 250 Rdn. 51.
163 *Hoppe/Bunse,* (Fußn. 94), 413; a.A. *Depenbrock/Reiners,* § 1 LPlG Anm. 1.3.
164 Siehe dazu *Hoppe/Bunse,* (Fußn. 94) ebd.; *Wolff/Bachof,* Verwaltungsrecht II, 4. Aufl. 1976; § 74 I f 8, 10; *Depenbrock/Reiners,* § 5 LPlG Anm. 3.
165 Einzelheiten siehe bei *Niemeier/Dahlke/Lowinski,* § 5 LPlG Rdn. 4, § 6 LPlG Rdn. 2 ff.; *Depenbrock/Reiners,* § 5 LPlG Anm. 4, § 6 LPlG Rdn. 1 ff.; siehe zur Zulässigkeit des Ausschlusses der Kreise von der kommunalen Repräsentation im Bezirksplanungsrat: OVG Münster v. 27. 1. 1984 — 15 A 375/81 —, UPR 1984, 387 ff.

Raumordnung und Landesplanung

An den Sitzungen der Bezirksplanungsräte bei den Regierungspräsidenten Arnsberg, Düsseldorf und Münster nimmt außerdem je ein stimmberechtigtes Mitglied der Verbandsversammlung des Kommunalverbandes Ruhrgebiet mit beratender Befugnis teil, wenn Beratungsgegenstände im Zusammenhang mit den Aufgaben und Tätigkeiten des Kommunalverbandes stehen. Die beratenden Mitglieder bestellt die Verbandsversammlung für die Dauer ihrer Wahlzeit aus ihrer Mitte durch Beschluß (§ 6 Abs. 3 LPlG). Je ein Vertreter der Landschaftsverbände, die Oberstadtdirektoren der kreisfreien Städte und die Oberkreisdirektoren der Kreise des Regierungsbezirks nehmen mit beratender Befugnis an den Sitzungen des Bezirksplanungsrates teil (§ 6 Abs. 4 LPlG).

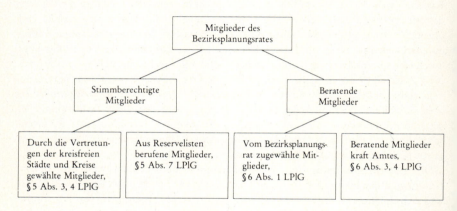

Trotz der kommunalen Repräsentanz im Bezirksplanungsrat ist die Regionalplanung in Nordrhein-Westfalen eine *Planung in staatlicher Trägerschaft* i.S. des § 5 Abs. 3 ROG.[166] Die Bezirksplanungsräte sind auch keine parlamentsähnlichen Einrichtungen,[167] auch wenn die Mitglieder der Bezirksplanungsräte nach bestimmten Bevölkerungszahl-Schlüsseln durch die Vertretungen der kreisfreien Städte und Kreise, also nur mittelbar durch Volksvertreter gewählt (§ 5 Abs. 2 – 6 LPlG), zum Teil allerdings über die – von der Landesplanungsbehörde zu bestätigenden (§ 5 Abs. 7 S. 4 LPlG) – Reservelisten der Parteien berufen werden, und zwar für die Dauer der allgemeinen Wahlzeit der Vertretungen.[168] Dem Wahl- und Berufungsverfahren liegen wegen der Einbindung der kommunalen Bauleitplanung in die Regionalplanung (§ 1 Abs. 4 BBauG) zwei Prinzipien zugrunde, das *Prinzip der politischen Repräsentanz* (alle stimmberechtigten Mitglieder sind gewählte gemeindliche Vertreter, ihre Aufteilung auf die Parteien entspricht den

---

[166] Siehe oben II 2 d ee (2); *Depenbrock/Reiners*, § 5 LPlG Anm. 9 m.w.N.
[167] *Depenbrock/Reiners*, § 5 LPlG Anm. 2.2
[168] Einzelheiten siehe in § 5 Abs. 2 – 13 LPlG und in der 1. DVO; siehe weiter *Depenbrock/Reiners*, § 5 LPlG Anm. 2.2 ff.

Gemeindewahlen) und dem *alle Gemeinden erfassenden Prinzip*, wonach alle Gemeinden entsprechend ihrer Einwohnerzahl entweder unmittelbar oder mittelbar im Bezirksplanungsrat vertreten sind *("mitgliedschaftliches Gegenstromprinzip")*.[169]
Die Sitzungen des Bezirksplanungsrates sind in § 8 LPlG, die Rechte und Pflichten der Mitglieder in § 10 LPlG und die Wahrnehmung der Geschäfte des Bezirksplanungsrates durch die Bezirksplanungsbehörde (Geschäftsstelle) (Abt. 6 bei den Regierungspräsidien) in § 9 Abs. 1 LPlG geregelt. Nach § 9 Abs. 2 LPlG wird beim Regierungspräsidenten ein für die Landesplanung zuständiger Beamter, der **Bezirksplaner,** im Benehmen mit dem Bezirksplanungsrat bestellt. Es ist ein Landesbeamter, der Abteilungsleiter der Abteilung 6 mit einer Sonderstellung ist.[170]

bb) Aufgaben des Bezirksplanungsrates (§ 7 LPlG)

Der Bezirksplanungsrat hat eine Aufgabentrias.[171] Er ist
— Träger der *Regionalplanung* (§ 7 Abs. 1 LPlG)
— *Beratungsgremium* gegenüber dem *Regierungspräsidenten* (§ 7 Abs. 2 LPlG)
— *Beratungsgremium* gegenüber der *Landesplanungsbehörde* sowie gegenüber den *Gemeinden und Gemeindeverbänden* (§ 7 Abs. 3 LPlG).[172]

§ 7 Abs. 1 LPlG regelt die *Sachherrschaft* des Bezirksplanungsrates bei der Erarbeitung und Aufstellung des GEP, ein Kernstück der Organisation der Regionalplanung.[173] Die *Durchführung,* d. h. verwaltungsmäßige Abwicklung des Erarbeitungsverfahrens erfolgt durch die *Bezirksplanungsbehörde,* die gegenüber dem Bezirksplanungsrat weisungsgebunden ist. Ein weitgehendes Informationsrecht des Bezirksplanungsrates und seiner Mitglieder sichert seine Sachherrschaft bei der Regionalplanung.[174]

Nach § 7 Abs. 2 LPlG unterrichtet der Regierungspräsident den Bezirksplanungsrat und berät mit ihm über die Vorbereitung und Festlegung von raumbedeutsamen und strukturwirksamen Planungen und Förderungsprogrammen von regionaler Bedeutung auf folgenden Gebieten: Städtebau, Wohnungsbau, Schul- und Sportstättenbau, Krankenhausbau, Verkehr, Freizeit- und Erholungswesen, Landschaftspflege, Wasserwirtschaft, Abfallbeseitigung. Der Bezirksplanungsrat kann jederzeit vom Regierungspräsidenten Auskunft über Stand und Vorbereitung dieser Planungen und Programme verlangen; er hat dem Antrag eines Fünftels seiner stimmberechtigten Mitglieder auf Auskunft stattzugeben.[175]

169 Einzelheiten siehe bei *Depenbrock/Reiners,* § 5 LPlG Anm. 4, im Gegensatz zum „partizipatorischen Gegenstromprinzip".
170 Einzelheiten siehe bei *Depenbrock/Reiners,* § 9 LPlG Anm. 4; *Niemeier/Dahlke/Lowinski,* § 9 LPlG Rdn. 3 — 5.
171 Siehe dazu *Depenbrock/Reiners,* § 7 LPlG Anm. 1.
172 Zu anderen Aufgaben siehe *Depenbrock/Reiners,* § 7 LPlG Anm. 1
173 *Depenbrock/Reiners,* § 7 LPlG Anm. 5.
174 Einzelheiten siehe bei *Niemeier/Dahlke/Lowinski,* § 7 LPlG Rdn. 1 — 8; *Depenbrock/Reiners,* § 7 LPlG Anm. 4 — 7.
175 Einzelheiten siehe bei *Niemeier/Dahlke/Lowinski,* § 7 LPlG Rdn. 9 — 31; *Depenbrock/Reiners,* § 7 LPlG Anm. 10 — 16.

Bei den Beratungsaufgaben des § 7 Abs. 2 LPlG stehen sich Regierungspräsident und Bezirksplanungsrat als gleichberechtigte Beratungspartner gegenüber, die Weisungsgebundenheit nach § 7 Abs. 1 LPlG besteht hier nicht.[176]

Außerdem berät der Bezirksplanungsrat die Landesplanungsbehörde und wirkt durch Beratung der Gemeinden und Gemeindeverbände seines Regierungsbezirks darauf hin, daß die Ziele der Raumordnung und Landesplanung beachtet werden (§ 7 Abs. 3 LPlG).[177]

d) Braunkohlenausschuß, Braunkohlenunterausschüsse, Zuständigkeiten und Zusammensetzung (§ 26 – 29 LPlG)

Der **Braunkohlenausschuß** wird als **Sonderausschuß des Bezirksplanungsrates** beim Regierungspräsidenten Köln errichtet (§ 26 Abs. 1 LPlG). Der Braunkohlenausschuß trifft die sachlichen und verfahrensmäßigen Entscheidungen zur Erarbeitung der **Braunkohlenpläne**[178] und beschließt deren Aufstellung (§ 28 Abs. 1 S. 1 LPlG).

Bestehen Zweifel an der Vereinbarkeit der Planungsabsichten des Braunkohlenausschusses mit den Zielen der Raumordnung und Landesplanung und kommt zwischen der Bezirksplanungsbehörde, dem zuständigen Bezirksplanungsrat und dem Braunkohlenausschuß kein Ausgleich der Meinungen zustande, so hat die Bezirksplanungsbehörde den Sachverhalt der Landesplanungsbehörde zur Entscheidung im Einvernehmen mit den fachlich zuständigen Landesministern vorzulegen (§ 29 S. 1 LPlG).

Die im Braunkohlenplangebiet ansässigen Personen und tätigen Betriebe sind verpflichtet, dem Braunkohlenausschuß oder einem von ihm beauftragten Ausschußmitglied die für die Aufstellung, Änderung und Überprüfung der Einhaltung des Planes erforderlichen Auskünfte zu erteilen und Unterlagen zugänglich zu machen, soweit die Informationen nicht von Behörden und öffentlichen Planungsträgern gegeben werden können. Unbeschadet anderweitiger Vorschriften kann der zuständige Regierungspräsident auf Antrag des Braunkohlenausschusses ein Zwangsgeld bis zur Höhe von fünfzigtausend Deutsche Mark und im Wiederholungsfall bis zur Höhe von einhunderttausend Deutsche Mark gegen denjenigen festlegen, der der Verpflichtung nach Satz 1 nicht nachkommt (§ 28 Abs. 3 LPlG).

Zur Vorbereitung der Beschlußfassung des Braunkohlenausschusses wird für das Nordrevier, das Südrevier, das Westrevier und das Revier Hambach des Braunkohlenplangebietes je ein **Unterausschuß (Braunkohlen-Unterausschuß)** gebildet (§ 26 Abs. 10 S. 1 LPlG). Nach § 26 Abs. 11 i.V.m. der Geschäftsordnung des Braunkohlenausschusses haben deren Unterausschüsse folgende Rechte:

Im Planverfahren für Braunkohlenpläne werden die Braunkohlen-Unterausschüsse mehrfach vom Braunkohlenausschuß beteiligt: Zur Stellungnahme wird der jeweils zuständige Braunkohlen-Unterausschuß bei der Erarbeitung des Planentwurfs (§ 26 Abs. 10 LPlG i.V.m. § 13 Abs. 1 GeschOBrKA) stets aufgefordert. Nach dem Beschluß des Braunkohlenausschusses über

---

176 So *Depenbrock/Reiners,* § 7 LPlG Anm. 17.
177 Einzelheiten siehe bei *Niemeier/Dahlke/Lowinski,* § 7 LPlG Rdn. 32; *Depenbrock/Reiners,* § 7 LPlG Anm. 18, 19.
178 Siehe dazu unten III 3f.

die Einleitung des Erarbeitungsverfahrens (§ 28 Abs. 1 LPlG) sowie bei den Beschlußempfehlungen der Bezirksplanungsbehörde zu den Einwendungen gegen einen Braunkohlenplan (§ 24 Abs. 3 S. 5 LPlG i.V.m. § 21 Abs. 3 GeschOBrKA) wird dem Braunkohlen-Unterausschuß Gelegenheit zur Stellungnahme gegeben, wenn der Braunkohlenausschuß von den Empfehlungen des Braunkohlen-Unterausschusses abweichen will (§ 26 Abs. 11 i.V.m. § 13 Abs. 3 GeschOBrKA).

Die *organisationsrechtliche Stellung* des Braunkohlenausschusses und seiner Unterausschüsse ist nicht minder kompliziert als deren Zusammensetzung. Der *Braunkohlenausschuß* ist *Teil des Organs Bezirksplanungsrat* (also *Organteil*), der wiederum Organteil des Organs Regierungspräsident ist, also – wenn man so will – *Teil eines Organteils*.[179] Da dem Braunkohlenausschuß aber eigene Zuständigkeiten zukommen, ist er zugleich *Organ mit partieller Rechtssubjektivität* und Klagebefugnis im Organstreitverfahren bei rechtswidrigen Eingriffen des Bezirksplanungsrates, des Regierungspräsidenten oder der Landesplanungsbehörde in diese Zuständigkeiten.[180] Die *Unterausschüsse* sind *Hilfsorgane des Braunkohlenausschusses* mit beratender Funktion und mit allenfalls sehr beschränkter partieller Rechtssubjektivität.

Die Zusammensetzung des Braunkohlenausschusses ist höchst kompliziert. Der Braunkohlenausschuß besteht aus stimmberechtigten und beratenden Mitgliedern, die sich aus *vier* verschiedenen und unterschiedlichen Gruppen *(„Bänke")* rekrutieren:

– *Kommunale* Bank (§ 26 Abs. 2 LPlG)
– *Funktionale* Bank (§ 26 Abs. 3 LPlG)
– *Regionale* Bank (§ 26 Abs. 4 LPlG)
– *Sachkundige Berater*-Bank (§ 26 Abs. 12 LPlG)

Nach § 26 Abs. 2 LPlG wählen die Vertretungen der Kreise und kreisfreien Städte des Braunkohlenplangebiets nach Maßgabe des § 26 Abs. 5 LPlG Mitglieder des Braunkohlenausschusses aus den Vertretungen der ganz oder zum Teil im Braunkohlenplangebiet liegenden Gemeinden. Nach § 26 Abs. 5 LPlG ist dafür Sorge getragen, daß dem Braunkohlenausschuß zehn Vertreter von innerhalb des Braunkohlenplangebietes gelegenen, also den unmittelbar betroffenen Gemeinden – ein Drittel der stimmberechtigten Mitglieder – angehören. Obgleich nicht zweifelhaft sein kann, daß eine geordnete Braunkohlenplanung ohne eine enge Mitwirkung der Bergbautreibenden nicht möglich ist, da er im Rahmen seiner wirtschaftlichen Möglichkeiten auf eigenes Risiko hin die erforderlichen personellen, sachlichen und finanziellen Voraussetzungen schafft, um die Braunkohle auch tatsächlich gewinnen zu können, und sein unternehmerischer Sachverstand im weitesten Sinne für die Braunkohlenplanung nicht verzichtbar ist,[181] – unverständlicherweise – die Mitgliedschaft von Vertretern der Braunkohlen-Bergbautreibenden, wie sie in § 4 Abs. 1 Buchst. h des Braunkohlengesetzes vom 5. 4. 1950 geregelt war, nicht mehr vorgesehen, obgleich die *betroffenen* Gemeinden mit großem Gewicht stimmberechtigt im Braunkohlenausschuß ver-

---

179 Siehe dazu oben III 2c.
180 Siehe dazu oben, C II, 3; im Ergebnis ebenso *Depenbrock/Reiners*, § 26 LPlG Anm. 1.
181 *Hoppe*, Die Planung nach dem Braunkohlengesetz im System der nordrhein-westfälischen Landesplanung, in: Materialien zum Siedlungs- und Wohnungswesen und zur Raumplanung, Bd. 19 (1978), 114, 130; *Niemeier/Dahlke/Lowinsky*, S. 39; *Depenbrock/Reiners*, § 26 LPlG Anm. 4.1; *Reiners*, Landschaft im Wandel – Braunkohlenbergbau im Rheinland, Teil 1: Rechtsgrundlagen des Braunkohlenbergbaus in NW, ARL Beiträge Bd. 29 (1979), 31.

treten sind. Die Vertreter der Bergbautreibenden sind auf je ein Mitglied im Braunkohlen-Unterausschuß (§ 26 Abs. 10 LPlG) und die Verfahrensbeteiligung nach § 3 Nr. 25 der 2. DVO zum LPlG beschränkt.

Die Zusammensetzung des Braunkohlen-Unterausschusses wird schwergewichtig bestimmt durch die Beteiligung nunmehr aller im jeweiligen Revier betroffenen Gemeinden mit je zwei Vertretern. Sie werden von den Kreistagen gewählt, wobei jeweils mindestens einer der beiden dem Gemeinderat angehören muß. Zu den weiteren stimmberechtigten Mitgliedern gehören außerdem je ein Vertreter des zuständigen Landwirtschaftsverbandes, des Bergbauunternehmers, der dort auch bergbauliche Anlagen betreibt, sowie der im Braunkohlenplangebiet tätigen Gewerkschaften. Ohne Stimmrecht nimmt je ein Vertreter der betroffenen Kreise an den Sitzungen teil. Über diesen gesetzlich festgelegten Kreis von Mitgliedern hinaus hat der Braunkohlenausschuß kraft Satzungsrechts (siehe § 27 Abs. 2 LPlG) noch weitere Mitglieder für die Braunkohlen-Unterausschüsse vorgesehen.[182]

§ 27 LPlG regelt Vorsitz, Sitzungen und Geschäftsführung des Braunkohlenausschusses.

e) Planungsaufsicht im Kreis (§ 4 LPlG)

Die Kreise haben im Bereich der Landesplanung keine eigenen Planungsaufgaben. Die Konzeption der Kreisentwicklungsplanung[183] ist vom nw Gesetzgeber nicht aufgegriffen worden.

Der **Oberkreisdirektor** *(OKD)* hat als untere staatliche Verwaltungsbehörde (§ 47 ff KrO) gegenüber den kreisangehörigen Gemeinden und Sonderbehörden im Kreisgebiet eine **landesplanerische Kontrollfunktion**, die mit der des Regierungspräsidenten als Bezirksplanungsbehörde vergleichbar ist. Diese obliegt dem OKD im Rahmen seiner Zuständigkeit als „untere staatliche Verwaltungsbehörde". Da im Bereich der Bauleitplanung nur durch die Sondervorschrift des § 20 LPlG und den Genehmigungsvorbehalt von Bauleitplänen (§§ 6 und 11 BBauG) die Zuständigkeit des Regierungspräsidenten als Landesmittelbehörde begründet ist, unterliegt im übrigen das Handeln der Gemeinden im Kreisgebiet der landesplanerischen Kontrolle durch den OKD. Insbesondere hat er dafür Sorge zu tragen, daß bei allen Baugenehmigungen die Ziele der Raumordnung und Landesplanung beachtet werden, soweit sie die Berücksichtigung landesplanungsrechtlicher Gesichtspunkte, vor allem der Ziele der Raumordnung und Landesplanung zulassen.[184]

---

182 Einzelheiten der Zusammensetzung und des Wahlverfahrens siehe *Niemeier/Dahlke/Gräf/Lowinski*, S. 11 ff.; *Depenbrock/Reiners*, § 26 LPlG Anm. 2 ff.
183 Siehe C. *Ernst*, Verfassungsrechtliche Vorgaben und sonstige rechtliche Vorgaben der Kreisentwicklungsplanung (1979), 19; weitere Nachweise siehe bei *Niemeier/Dahlke/Lowinski*, § 4 LPlG Rdn. 7.
184 Einzelheiten siehe bei *Depenbrock/Reiners*, § 4 LPlG Anm. 2.

Die Stellung des OKD wird durch § 4 LPlG nicht verstärkt, diese Vorschrift ist rein deklaratorisch, da der OKD nach § 48 Abs. 1 S. 1 KrO — wie gesagt — die allgemeine Aufsicht und die Sonderaufsicht über die kreisangehörigen Gemeinden führt. Eine Aufsichtsbefugnis gegenüber Sonderbehörden ist ihm kommunalverfassungsrechtlich nicht eingeräumt und wird ihm durch § 4 LPlG auch nicht zugestanden; er ist insoweit auf den „persuasorischen Einfluß" beschränkt.[185] Die Stellung der Kreise in der Landesplanung ist schwach.[186]

Um eine sachgerechte Kontrolle durch den OKD zu gewährleisten, ist ihm gegenüber durch § 35 Abs. 2 und § 36 LPlG — ebenfalls klarstellend — eine Auskunftspflicht der kreisangehörigen Gemeinden festgelegt.

3. Die Instrumente der landesplanerischen Gestaltung

a) Übersicht über die Raumordnungspläne

Die Termini **„Programme"** und **„Pläne"** der Raumordnung und Landesplanung werden höchst unterschiedlich verwendet.[187] Wenn man sie unterscheiden will, so kann man an den Grad der Abstraktheit bzw. Konkretheit anknüpfen oder daran, ob sie stärker textliche oder stärker zeichnerische Mittel einsetzen. *Erbguth* weist aber zu Recht darauf hin, daß in der Praxis Programme nicht selten detaillierte, sogar ortsbezogene Festlegungen enthalten und — umgekehrt — als Pläne bezeichnete landesplanerische Festsetzungen sehr abstrakt formuliert werden.[188] Es erscheint bei dieser Sachlage angezeigt und sachdienlich, den zentralen inhaltlichen Kategorien, den Grundsätzen und den Zielen, auch jeweils Programme und Pläne zuzuordnenen und im übrigen — einem Vorschlag von *Erbguth* folgend — den **Oberbegriff Raumordnungsplan** zu verwenden.[189]

Mit *„Programmen"* der Raumordnung und Landesplanung wären also jene landesplanerischen Festsetzungen gemeint, die *Grundsätze* und den Grundsätzen gleichgestellte *allgemeine Ziele* enthalten; *„Pläne"* der Raumordnung und Landesplanung enthalten — von dieser Unterscheidung ausgehend — demgemäß *Ziele*. Man kann auch von landesplanerischen Festsetzungen sprechen, die entweder *rechtliche Programmwirkung* — das ist die von den Grundsätzen ausgehende rechtliche Wirkung — oder *rechtliche Planwirkung* — das ist die von den Zielen ausgehende rechtliche Wirkung — haben.[190]

---

185 Siehe *Niemeier/Dahlke/Lowinski*, § 4 LPlG Rdn. 3, 4; *Depenbrock/Reiners*, § 4 LPlG Anm. 2.4.
186 *Niemeier/Dahlke/Lowinski*, § 4 LPlG Rdn. 5.
187 Siehe dazu *Erbguth*, ROLPlR, Rdn. 74.
188 *Erbguth*, ROLPlR, Rdn. 74.
189 *Erbguth*, ROLPlR, Rdn. 74.
190 Diese Unterscheidung hat zur Folge, daß es Raumordnungspläne gibt, die Elemente von Programmen und Plänen (Raumordnungspläne mit Mischcharakter) — eventuell neben sonstigen Erfordernissen, Hinweisen, Empfehlungen, Kenntlichmachungen, nachrichtliche Übernahmen enthalten; siehe dazu *Bielenberg/Erbguth/Söfker*, M 322 Rdn. 14—18.

Von dieser Unterscheidung ausgehend, gibt es in Nordrhein-Westfalen als:
- **Raumordnungsprogramm:** das — in Gesetzesform erlassene — *Landesentwicklungsprogramm (LEPro)* (vornehmlich) mit Grundsätzen und den Grundsätzen gleichgestellten „allgemeinen Zielen"
- **Raumordnungspläne:** *Landesentwicklungspläne (LEP)* (§ 13 LPlG, §§ 35, 36 LEPro), die sich darstellen als
  - *hochstufige Raumordnungspläne:*
    - *Querschnittspläne,* das sind landesweite, die räumliche Struktur des gesamten Landes betreffende Pläne und
    - *Sektoralisierte Pläne,* die bestimmte raumbedeutsame Sachaufgaben konkretisieren mit sektoralen, nicht gesamträumlichen Charakter
  - *Regionale Raumordnungspläne: Gebietsentwicklungspläne (GEP)* (§§ 14 ff LPlG)
  - *Unter- und teilregionale, den Sektor Braunkohlenabbau betreffende Pläne: Braunkohlenpläne (BrKP)* (§§ 24 ff LPlG), die auf der Grundlage des LEPro und der LEP und in Abstimmung mit den GEP im Braunkohlengebiet Ziele der Raumordnung und Landesplanung festlegen, soweit es für eine geordnete Braunkohlenplanung erforderlich ist; sie sind sachlich auf den Sektor Braunkohlenplanung und die Folgewirkungen des Braunkohlenabbaus ausgerichtet und in diesem Sinne eindimensional, räumlich erfassen sie nur Teile von Regierungsbezirken, in der Hierarchie der Ziele der Raumordnung und Landesplanung gehen die Ziele der BrKP den Zielen der GEP vor.

§ 11 LPlG sagt zu den Planungsinstrumenten lapidar, die Grundsätze und Ziele der Raumordnung und Landesplanung werden im LEPro, in LEP und GEP dargestellt. Es muß allerdings ergänzt werden, daß Grundsätze nur im LEPro, nicht in den LEP und GEP enthalten sein können und daß Ziele der Raumordnung und Landesplanung auch in BrKP und nicht nur in LEP und GEP aufgestellt werden können (§ 24 Abs. 1 LPlG).

b) Das Landesentwicklungsprogramm (Gesetz zur Landesentwicklung) und die Steuerungsfunktion seiner Grundsätze (§ 12 LPlG)

Das in Gesetzesform erlassene Landesentwicklungsprogramm enthält — mit Ausnahme des Abschnittes IV — lediglich Landesraumordnungsgrundsätze, die die Länder nach § 2 Abs. 3 ROG aufstellen dürfen,[191] hingegen *keine* Ziele der Raumordnung und Landesplanung.

Dem entspricht die Kennzeichnung in Abschnitt I des LEPro: „*Grundsätze der Raumordnung und Landesplanung*". Das gilt aber auch für die in Abschnitt II: „*Allgemeine Ziele für die räumliche Struktur des Landes*" und Abschnitt III: „*Allgemeine Ziele für Sachbereiche*" geregelten Leitsätze, die — trotz der Bindungsregeln des § 37 Abs. 2 LEPro — als räumlich-strukturelle Grundsätze

---

191 Siehe dazu oben II 2 c cc.

und Grundsätze der Raumordnung als Landesplanung für die Fachbereiche zu werten sind, denen keine Zielwirkung zukommt.[192]
Daran ändert auch die Gesetzesform nichts. Sie hat andere Gründe.
Der wachsenden sachlichen und politischen Bedeutung, die der Landesplanung zukommt, sollte durch eine weitere Form der „Demokratisierung" und „Parlamentarisierung" der Landesplanung Rechnung getragen werden. Die Verankerung parlamentarischer Mitwirkungsrechte bei der Verwirklichung der Landesplanung diente folglich der Betonung einer selbständigen Rolle des Landtages im System der Raumordnung und Landesplanung Nordrhein-Westfalens.[193] Mit der Fassung des Landesentwicklungsprogramms in Gesetzesform wurde der Anspruch des Parlaments, grundlegende Planungsentscheidungen zu treffen, erfüllt und dem Grundsatz vom Vorbehalt des Gesetzes Rechnung getragen. Der sich aus Art. 20 Abs. 3 GG ergebende Gesetzesvorbehalt verpflichtet in seiner Verkörperung als Parlamentsvorbehalts[194] vor dem Hintergrund der Verfassungsprinzipien des Rechtsstaates, der Demokratie und der Gewaltenteilung den Gesetzgeber, — losgelöst vom Merkmal des Eingriffs in Freiheit und Eigentum — in grundlegenden normativen Bereichen alle wesentlichen Entscheidungen selbst zu treffen.[195]
Zu den wesentlichen Fragen des Landesplanungsrechts, die einer gesetzlichen Ordnung bedürfen, gehören neben der Aufstellung der für die planerische Abwägung maßgeblichen Grundsätze und allgemeinen Ziele der Raumordnung und Landesplanung die Bestimmung des Planungssubjekts, also der Zuständigkeit, und die Ordnung des Planungsverfahrens, insbesondere aber die Definition der Planungsaufgabe.[196] Die gesetzliche Definition der Planungsaufgabe verhindert, daß die Planungsadministration dem Parlament in wichtigen landes- und gesellschaftspolitischen Fragen vorgreift. Insoweit sollen die Gesetzesform des Landesentwicklungsprogramms unter anderem gesellschaftspolitische Konflikte im Spannungsfeld von Ökonomie und Ökologie der parlamentarischen Entscheidung zuführen. Hierzu zählen auch die wachsenden Ansprüche moderner Industriegesellschaften an den Raum und der dadurch hervorgerufene Verlust freier Raumnutzung, denen das Interesse der Bevölkerung an einer „gesunden Vitalsituation" gegenübersteht.[197]

aa) Die Grundsätze des LEPro

Das **System der Grundsätze** — die Abwägungsdirektiven für die planerische Abwägung sind — im LEPro ist *hierarchisch aufgebaut,* ausgehend von den *obersten Leitbildern* (§§ 1–5 LEPro), die mit der Bezugnahme auf das verfassungsrechtliche Postulat

---

192 *Bielenberg/Erbguth/Söfker,* M 313 Rdn. 7; *Wahl,* Rechtsfragen I, 210, Fußn. 17; a.A. *Depenbrock/Reiners,* § 12 LPlG Anm. 4.
193 *Kenneweg/van Aerssen,* Einführung, S. 3; *Niemeier,* Erfahrungen mit der Landesplanungsgesetzgebung in Nordrhein-Westfalen, Raumforschung und Raumordnung 1973, 27; *ders.,* Die Parlamentarisierung landesplanerischer Pläne, Städte- und Gemeinderat 1971, 310; *Dahlke,* DÖV 1973, 41; LT-Drucks. 6/1808; 7/1166, S. 20.
194 Eingehend *Stern,* Das Staatsrecht der Bundesrepublik Deutschland, Bd. II, 1980, S. 572ff.; jüngst *Eberle,* DÖV 1984, 485 m.w.N.
195 BVerfG v. 28. 10. 1975 — 2 BvR 883/73 und 379, 497, 526/84 —, BVerfGE 40, 237, 249; BVerfG, Beschl. v. 8. 8. 1978 — 2 BvL 8/77 —, BVerfGE 49, 89, 126; BVerfG, Beschl. v. 20. 1. 1981 — 1 BvR 640/80 —, BVerfGE 58, 257, 268ff.
196 BayVGH, Urt. v. 7. 7. 1983 — Nr. 22 N 82 A 772 —, DVBl. 1983, 1157, 1159; *Badura,* Planungsermessen und rechtsstaatliche Funktion des allgemeinen Verwaltungsrechts, in: Verfassung und Verfassungsrechtsprechung, Festschrift zum 25-jährigen Bestehen des Bayerischen Verfassungsgerichtshofs, München 1972, S. 157, 175.
197 *Kenneweg/von Aerssen,* Einführung S. 7f.

der Entwicklung der Persönlichkeit in der Gemeinschaft (§ 1 LEPro) an verfassungsrechtliche Vorgaben der Raumordnung und Landesplanung anknüpfen.[198] Die nächste Stufe der Konkretisierung der Abwägungsdirektiven stellen einerseits die *(allgemeineren) Grundsätze* für die *räumliche Struktur* (§§ 6 – 10 LEPro) und *Grundsätze* für *Sachbereiche* (§§ 12 – 18 LEPro) dar, anderseits die als *„allgemeine Ziele"* bezeichneten *Grundsätze* für die *räumliche Struktur* (§§ 19-22 LEPro) und *Grundsätze* für *Sachbereiche* (§§ 24 – 34 LEPro).[199]

Das im LEPro aufgestellte Grundsatzsystem berücksichtigt vor allem folgende grundlegenden Erfordernisse der Landesentwicklung:
— Die Notwendigkeit der Verdichtung
— Die Abhängigkeit der Gesamtentwicklung von der Infrastruktur
— Die arbeitsteilige Verflechtung aller Teilräume des Landesgebietes
— Den wechselseitigen Zusammenhang zwischen wirtschaftlichem Wachstum und übriger Gesamtentwicklung
— Die Berücksichtigung des Umweltschutzes[200]

Die Berücksichtigung der Grundsätze der jeweils nächsten Stufe in der Hierarchie der Grundsätze stellt einen Konkretisierungsprozeß der Abwägung dar, der zur Aufstellung von Zielen in den LEP führt, macht die Grundsätze selbst aber nicht zu Zielen. Das LEPro nennt diesen Vorgang *„Entfaltung des Landesentwicklungsprogramms in LEP"* (§ 35 S. 1 LEPro). § 13 Abs. 1 LPlG statuiert einen Ableitungszusammenhang zwischen dem LEPro, das aufgrund des § 12 LPlG als *„Grundgesetz der Landesplanung"*[201] anzusehen ist, und den LEP. Die LEP sind zur landesweiten Zielfestlegung in Querschnittsplänen und Sektoralplänen auf der Grundlage des LEPro verpflichtet.[202] Dasselbe gilt für GEP nach § 14 LPlG. Sie dienen allerdings sowohl der sachlichen Vertiefung und räumlichen Differenzierung der Grundsätze des LEPro als auch der Ziele der Landesentwicklungspläne, die als Ergebnisse der Abwägung landesplanerischer Grundsätze die Grundsätze in bereits abgewogener Form von Zielen vermitteln.

Es ist also einerseits eine *Hierarchie der Grundsätze* im LEPro zu konstatieren, die in die Ziele der LEP und GEP durch Abwägung Eingang finden, als auch eine *Hierarchie der Ziele,* die zwischen den Zielen der LEP und der GEP besteht *(vertikale Stufung des Planungssystems).*

Die Zielhierarchie hinsichtlich der Ziele in LEP, GEP sowie in BrKP ergibt sich formell daraus, daß die folgende Planungsstufe stets auf der Grundlage der vorherigen aufbauen muß (§ 13 Abs. 1 LPlG; § 14 Abs. 1 LPlG). Materiell ist die Planungshierarchie erforderlich, weil anderenfalls eine geordnete Gesamtentwicklung des Staatsganzen nicht möglich wäre und gleichwertige Lebens-

---

198 Siehe oben II 1 b aa.
199 Zum Inhalt im einzelnen siehe *Niemeier/Dahlke/Lowinski*, Kommentierung zu § 1 – 34 LEPro; *Kenneweg/van Aerssen*, S. 16 – 154.
200 Siehe dazu *Kenneweg/van Aerssen*, S. 12 ff.
201 *Niemeier/Dahlke/Lowinski*, § 12 LPlG Rdn. 1.
202 *Niemeier/Dahlke/Lowinski*, § 13 LPlG Rdn. 1.

bedingungen im Landesgebiet nicht geschaffen werden könnten.[203] Ziele in BrKP gehen Zielen in GEP vor und machen diese — sollten sie sich widersprechen — rechtsunwirksam,[204] sie müssen sich aber im Rahmen der Ziele der LEP halten.

— Die LEP finden ihre Ermächtigungsgrundlage in § 35 LEPro und § 36 LEPro. Gegenstand des § 36 LEPro sind fachliche Pläne,[205] nicht LEP allgemeiner Art *(Querschnittspläne)*.[206] Nach dem Wortlaut von § 36 LEPro („soweit hierfür besondere gesetzliche Regelungen nicht gegeben sind") können nur solche LEP auf § 36 LEPro gestützt werden, die weder im Fachplanungsrecht noch im Landesplanungsrecht normativ erfaßt sind *(subsidiäre Ermächtigung zu LEP)*.

Die systematischen Zusammenhänge und der Inhalt des LEPro sollen durch die folgende Übersicht auf den Seiten 358 und 359 verdeutlicht werden.[207]

bb) Rechtswirkungen der Grundsätze (§ 37 LEPro)

§ 37 LEPro dehnt die Geltungswirkung der Grundsätze, die ihnen nach § 3 Abs. 1, Abs. 2 ROG bei raumbedeutsamen Planungen und Maßnahmen zukommt,[208] aus. Das ist nach § 3 Abs. 2 S. 4 ROG zulässig. Während nach § 3 Abs. 1 und Abs. 2 ROG die Bundes- und Landesgrundsätze im Bundesbereich für die Behörden des Bundes, die bundesunmittelbaren Planungsträger und die bundesunmittelbaren Juristischen Personen des öffentlichen Rechts, im Landesbereich dagegen nur für die „Landesplanung", d.h. nur für die Landesplanungsbehörden gelten, dehnt § 37 Abs. 1 und Abs. 2 LEPro die Geltung der Grundsätze, und zwar sowohl der Bundesgrundsätze wie aller Landesgrundsätze nach Abschnitt I—III des LEPro auf alle Behörden des Landes, die Gemeinden und Gemeindeverbände, die öffentlichen Planungsträger im Landesbereich, sowie die der Aufsicht des Landes unterstehenden Juristischen Personen des Landes aus. Die Abwägungsklausel des § 37 Abs. 1 S. 2 LEPro stimmt mit § 2 Abs. 2 ROG überein,[209] ebenso die Regelung der (verfassungsgebotenen) mangelnden Rechtswirkung gegenüber dem einzelnen.[210]

Entgegen der h.M.[211] entspricht § 37 Abs. 2 LEPro nicht der Regelung der Zielwirkung in § 5 Abs. 4, § 4 Abs. 5 ROG,[212] weil die in Abschnit II, III LEPro geregelten „allgemeinen Ziele", — wie oben gezeigt — Grundsätze, aber nicht Ziele der Raumord-

---

203 So *Depenbrock/Reiners*, § 11 LPlG Anm. 5.1 m.w.N.
204 So *Depenbrock/Reiners*, § 14 LPlG Anm. 3.3; zu der Problematik sich widersprechender Ziele in der Zielhierarchie siehe *Erbguth*, ROLaPlaR, Rdn. 199.
205 LT-Drucks. 7/1764, S. 53 ff.; *Kenneweg/van Aerssen*, S. 10.
206 a.A. *Kenneweg/van Aerssen*, § 36 LEPro Anm. 1.
207 In Anlehnung an *Niemeier/Dahlke/Lowinski*, LEPro-Vorbem. S. 289.
208 Siehe dazu oben II 2 c ee.
209 Siehe dazu oben II 2 c dd.
210 Siehe dazu oben II 2 c ee.
211 Siehe dazu oben II 2 c bb.
212 So aber *Kenneweg/van Aerssen*, § 37 LEPro Anm. 7.

Oberste Leitbilder für die Gesamtentwicklung des Landes (§§ 1–5 LEPro)

- Der freien Entfaltung der Persönlichkeit in der Gemeinschaft dienende Entwicklung der räumlichen Strukturen (§ 1 LEPro)
- Schutz natürlicher Lebensgrundlagen (Umweltschutz) (§ 2 LEPro)
- Einordnung der Landesplanung in die Raumordnung des Bundesgebietes, europäische Zusammenarbeit (§ 3 LEPro)
- Schaffung gleichwertiger Lebensbedingungen bei bestmöglicher Entwicklung für alle Landesteile (§ 4 LEPro)
- Ausrichtung der Neuordnung von Verwaltungsgebieten an der angestrebten räumlichen Entwicklung (§ 5 LEPro)

Grundsätze für Sachbereiche (§§ 12–18 LEPro)

- Förderung der Nutzung günstiger großräumiger Lagen durch Verkehrsplanung, Integration der Verkehrssysteme (§ 12 LEPro)
- Bedarfsgerechte Verbindung aller Landesteile durch Verkehrswege als Grundelemente von Entwicklungsachsen (§ 13 LEPro)
- Einklang der angestrebten räumlichen Struktur des Landes mit Erfordernissen der zivilen und militärischen Verteidigung (§ 14 LEPro)
- Schutz der Bevölkerung vor unzumutbaren Auswirkungen von Einrichtungen und Maßnahmen (§ 15 LEPro)
- Sicherung von Räumen für Freizeit und Erholungsbedürfnissen der Bevölkerung (§ 16 LEPro)
- Erhaltung landwirtschaftlicher und forstwirtschaftlicher Flächen, Erhaltung der Kultur und Landschaft (§ 17 LEPro)
- Berücksichtigung von Flächen und nutzbaren Lagerstätten (§ 18 LEPro)

Allgemeine Ziele für Sachbereiche (§§ 24–34 LEPro)

- Städtebau und Wohnungswesen (§ 24 LEPro)
- Gewerbliche Wirtschaft (§ 25 LEPro)
- Energiewirtschaft (§ 26 LEPro)
- Land- und Forstwirtschaft (§ 27 LEPro)
- Verkehr (§ 28 LEPro)
- Erholung, Fremdenverkehr, Sportanlagen (§ 29 LEPro)
- Bildungswesen (§ 30 LEPro)
- Gesundheitswesen, Sozialhilfe, Jugendhilfe (§ 31 LEPro)
- Landschaftsentwicklung (Landschaftspflege, Grünordnung, Naturschutz) (§ 32 LEPro)
- Wasserwirtschaft (§ 33 LEPro)
- Abfallbeseitigung (§ 34 LEPro)

Grundsätze für die räumliche Struktur (§§ 6–11 LEPro)

- Zentralörtliches Gliederungsprinzip als Leitprinzip der Siedlungsstruktur (§ 6 LEPro)
- Prinzipien der Verdichtung durch Konzentration von Wohnungen und Arbeitsstätten im Rahmen des zentralörtlichen Gliederungsprinzips (§ 7 LEPro)
- Sicherung und Weiterentwicklung von gesunden Verdichtungsgebieten, Strukturverbesserung in nicht gesunden Verdichtungsgebieten (§ 8 LEPro)
- Außerhalb von Verdichtungsgebieten Verdichtung durch Konzentration in zentralörtlichen Gemeinden (§ 9 LEPro)
- Standortvoraussetzungen für gesunde Entwicklung der Erwerbsgrundlagen (§ 10 LEPro)
- Ausstattung des Landes mit Verkehrsanlagen und Versorgungseinrichtungen (§ 11 LEPro)

Allgemeine Ziele für die räumliche Struktur (§§ 19–22 LEPro)

- Siedlungsräumliche Grundstruktur für Ballungskerne/Ballungsrandzonen (Verdichtungsgebiete)/Ländliche Zonen (§ 19 LEPro)
- Zentralörtliche Gliederung für die Entwicklung der Siedlungsstruktur (§ 20 LEPro)
- Ausrichtung der Gesamtentwicklung des Landes auf ein System von Entwicklungsschwerpunkten und Entwicklungsachsen (§ 21 LEPro)
- Gebiete mit besonderer Bedeutung für Freiraumfunktionen (§ 22 LEPro)

Die landesplanerische Ausgestaltung der Raumordnung und Landesplanung

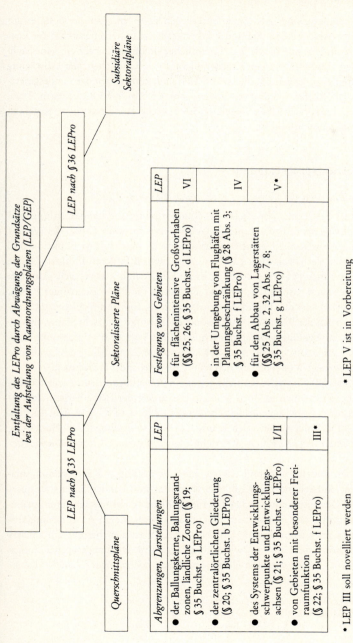

nung und Landesplanung sind. Als solche unterliegen sie — *entgegen der h.M.* — der Abwägung nach § 2 Abs. 2 ROG. Sie sind konkreter, da sie in der Hierarchie der Leitbilder Grundsätze für einzelne Bereiche der räumlichen Struktur und für einzelne Sachbereiche aufstellen. Dadurch werden sie aber nicht zu verbindlichen, der Abwägung nicht mehr zugänglichen Zielen. Da sie Grundsätze sind, kann ihnen der Landesgesetzgeber auch nicht die Rechtswirkung von Zielen gem. § 5 Abs. 4 ROG beilegen. Dazu fehlt es an einer rahmenrechtlichen Regelung. Eine solche landesrechtliche Regelung wäre vielmehr rahmenrechtswidrig.

c) Landesentwicklungspläne (§ 13 LPlG)

aa) Funktion der LEP und ihr Verhältnis zueinander (§ 13 Abs. 1 LPlG)

Die LEP dienen der Festlegung von Zielen der Raumordnung und Landesplanung, und zwar *auf der Grundlage des LEPro* und für die *Gesamtentwicklung des Landes* (§ 13 Abs. 1 LEPro); regionale Ziele können in LEP nicht aufgestellt werden. Die Funktion und Stellung der LEP im Verhältnis zum LEPro und zu den GEP, deren Funktion es ist, regionale Ziele festzulegen (§ 14 Abs. 1 LPlG), ist im LPlG damit klar geregelt. Aus dem LPlG läßt sich aber auch entnehmen, welches Verhältnis die Pläne zueinander haben.

§ 13 LPlG NW verwendet den Begriff *Landesentwicklungspläne* ohne jeglichen differenzierenden Zusatz, so daß der Wortlaut — insbesondere die Aufgabenbeschreibung im Verhältnis zum Landesentwicklungsprogramm nach Abs. 1 der Vorschrift — gegen eine Hierarchie der LEP untereinander spricht. Auch der historischen Entwicklung des Landesplanungsrechts in Nordrhein-Westfalen läßt sich nichts Abweichendes entnehmen.[213]

Die Systematik des LPlG spricht ebenfalls gegen ein Ableitungsverhältnis der Landesentwicklungspläne: Zum einen ist dort, wo eine Hierarchie der Pläne hergestellt werden soll, diese expressis verbis angeordnet worden (§ 13 Abs. 1 LPlG, § 14 Abs. 1 LPlG, § 24 Abs. 1 LPlG). Das Fehlen einer solchen ausdrücklichen Regelung für die Beziehung der LEP untereinander in § 13 LPlG NW spricht folglich für eine *Gleichgeordnetheit der Pläne*.

Dem entsprechen zudem Sinn und Zweck einer hochstufigen Raumordnungsplanung im Wege der Aufstellung von LEP: Raumordnung und Landesplanung als querschnittsorientierte Gesamtplanung verlangt auf jeder Planungsebene nach einem planerischen Gesamtkonzept, weil nur so dem umfassend ausgerichteten Abstimmungsauftrag Rechung getragen werden kann.[214] In Nordrhein-Westfalen besteht ein solches Grundkonzept in Form des Landesentwicklungsprogramms. Die Landesentwicklungspläne als Instrumente seiner weiteren Verfeinerung auf hochstufiger Ebene[215] haben

---

213 Hierzu eingehend *Niemeier/Dahlke/Lowinski*, S. 15 ff.
214 So auch *Zoubek*, (Fußn. 88), S. 152 ff.
215 *Niemeier/Dahlke/Lowinski*, § 13 LPlG Rdn. 1.

sich folglich in dem durch das Landesentwicklungsprogramm abgesteckten Rahmen zu halten. Aufgrund dieses *Klammereffekts des Programms*[216] bleibt der gesamtkonzeptuelle Charakter der Raumordnungsplanung gewahrt: Die LEP passen sich in kumulativer Zusammenschau in den gesamtplanerischen Auftrag ein. Dem kann nur entsprochen werden, wenn die landesweiten Pläne in einem sachlichen Ergänzungsverhältnis gleichgeordneter Art zueinander stehen, nicht aber in einem hierarchisch gestuften Ableitungverhältnis, das ihre Zusammenführung zu einem additiven Gesamtkonzept ausschließt.

Damit ergibt die Auslegung des § 13 LPlG NW, daß die Landesentwicklungspläne *untereinander gleichrangig* sind und sich *inhaltlich wechselseitig ergänzen*.[217]

Das **Prinzip der Gleichrangigkeit der Landesentwicklungspläne** bedeutet, daß eine generelle Bindung in der Aufstellung befindlicher Pläne an die räumlichen Festlegungen bereits bestehender Landesentwicklungspläne unzulässig ist.

Solche Festsetzungen sind zwar im Abwägungsprozeß der – neuen – Planung gebührend zu berücksichtigen, stehen aber nach Maßgabe der allgemeinen Abwägungsregeln prinzipiell zur Disposition;[218] anders gewendet: Erweisen sich Inhalte geltender Landesentwicklungspläne gegenüber dem Gewicht der im Planungsstadium befindlichen Erfordernisse als nachrangig, so müssen sie zurücktreten, d.h. die entsprechenden Planinhalte sind neu zu fassen, damit das gesamtkonzeptuelle Verhältnis der Landesentwicklungspläne zueinander eingehalten bleibt. Kommt hingegen bereits verbindlichen Planfestlegungen ein Vorrang im Abwägungsprozeß zu, so hat der neu aufgestellte Landesentwicklungsplan diese inhaltlich zu beachten und darf keine räumlich konfligierenden Ausweisungen treffen.

Aus dem Grundsatz der Gleichrangigkeit und dem Konkretisierungsauftrag der Landesentwicklungspläne im Hinblick auf die einzelnen Aussagekomplexe des Landesentwicklungsprogramms folgt zugleich, daß sie im **Verhältnis wechselseitiger sachlicher Ergänzung zueinander** stehen (müssen). Indem sie einzelne Grundsätze bzw. allgemeine Ziele des Programms präzisieren,[219] decken sie verschiedene Sachbereiche ab, die sich vor dem Hintergrund des landesplanerischen Grund- und Gesamtkonzepts kumulativ zusammenzufügen haben.

---

216 Zum Begriff *Zoubek* (Fußn. 88), S. 153 f.
217 So auch *Kenneweg/van Aerssen*, § 35 LEPro Anm. 3; deutlich in diesem Sinne der Erläuterungsbericht zum LEP III/1976; wiedergegeben bei *Niemeier/Dahlke/Lowinski*, § 22 LEPro Rdn. 6; „Die Landesentwicklungspläne bilden untereinander keine hierarchische Ordnung."
218 In diesem Sinne LEP V, Gebiete für die Sicherung von Lagerstätten, Zwischenbericht, Entwurf, Stand 24. 1. 1984, hrsg. vom Minister für Landes- und Stadtentwicklung Nordrhein-Westfalen – Landesplanungsbehörde – (II A 2 – 50.17).
219 Eine Aufstellung von Landesentwicklungsplänen nur für die allgemeinen Ziele der Abschnitte II und III LEPro befürwortet *Zoubek* (Fußn. 88), S. 51 f., während sich nach *Kenneweg/van Aerssen*, § 36 LEPro Anm. 1 die Regelungsbefugnis auch auf die Grundsätze des Abschnittes I LEPro bezieht.

Raumordnung und Landesplanung

bb) Rechtswirkungen der LEP (§ 13 Abs. 6 LPlG)

Die **Bindungswirkung** der LEP, die nach § 13 Abs. 6 S. 1 LPlG mit ihrer Bekanntmachung Ziele der Raumordnung und Landesplanung werden, erstreckt sich *nur* auf die in den LEP enthaltenen *Ziele* der Raumordnung und Landesplanung.[220] § 13 Abs. 6 S. 2 LPlG, der die Pflicht zur Beachtung der in LEP aufgestellten Ziele regelt, hat gegenüber § 5 Abs. 4 ROG nur deklaratorische Bedeutung.[221]

Planungen und Maßnahmen der Adressaten der Geltungswirkung — soweit der Staat fiskalisch oder in privatrechtlicher Form handelt, ist er nicht Geltungsadressat —,[222] die gegen die in LEP verbindlich festgelegten Ziele verstoßen, sind rechtswidrig.[223]

Ist ein LEP fehlerhaft, also rechtswidrig zustande gekommen, so ist er nichtig. Eine „Heilungsmöglichkeit" bestimmter formeller Fehler, wie sie in § 17 LPlG für GEP eingeführt worden ist, ist für die LEP im LPlG nicht vorgesehen und — im Gegenschluß zu § 17 LPlG — auch nicht aus allgemeinen Grundsätzen abzuleiten. Insbesondere ist es nicht möglich, zwischen leichten und irrelevanten und schweren, für den Rechtsbestand relevanten Rechtsverstößen zu unterscheiden.[224]

cc) Aufstellung und Form der LEP (§ 13 Abs. 2 – 5 LPlG)

§ 13 Abs. 2 – 5 LPlG enthält Verfahrensvorschriften für die **Aufstellung der LEP**, die durch § 2 der 3. DVO zum LPlG[225] ergänzt werden. Sie bestehen aus zeichnerischen und, soweit erforderlich, textlichen Darstellungen. Sie können in sachlichen und räumlichen Teilabschnitten aufgestellt werden (§ 13 Abs. 3 S. 1, S. 2 LPlG). Ihnen ist ein **Erläuterungsbericht** beizufügen (§ 13 Abs. 3 S. 3 LPlG). Der Maßstab ist durch eine Soll-Vorschrift beschränkt: nicht größer als 1:200000 (§ 1 der 3. DVO).

Die einzelnen **Verfahrensabschnitte** entsprechen in den Grundzügen denen bei der Aufstellung der GEP. Das Verfahren läßt sich gliedern in
— das *Vorbereitungsverfahren*
— das *Erarbeitungsverfahren* einschließlich des *Anhörungs- und Beteiligungsverfahrens*
— das *Aufstellungsverfahren*

Planungsträger ist die Landesplanungsbehörde, die an das Einvernehmen der beteiligten Fachminister gebunden ist (§ 13 Abs. 2 S. 3 LPlG). Die LEP werden wegen ihrer landespolitischen Bedeutung im Kabinett beschlossen; dadurch wird das Einvernehmen hergestellt.

220 *Depenbrock/Reiners*, § 13 LPlG Anm. 16.2
221 Siehe oben II 2 e bb.
222 So zutreffend *Depenbrock/Reiners*, § 13 LPlG Anm. 16.1.
223 Siehe dazu mit weiteren Einzelheiten *Depenbrock/Reiners*, § 13 LPlG Anm. 18, 22.1.
224 So aber *Schmidt-Aßmann*, DÖV 1981, 230; *Weidemann*, Gerichtlicher Rechtsschutz der Gemeinden gegen regionale Raumordnungspläne (1983), 95; wie hier *Depenbrock/Reiners*, § 13 LPlG Anm. 19.
225 Siehe dazu oben II 1, a

Bei der Erarbeitung sind weiterhin **zu beteiligen**
- der *Bezirksplanungsrat* (§ 13 Abs. 2 S. 1 1. Halbs. LPlG)
- die *Gemeinden und Gemeindeverbände* (oder deren Zusammenschlüsse), für die eine *Anpassungspflicht* begründet werden soll (§ 13 Abs. 2 S. 1 2. Halbs. i.V.m. § 12 S. 3 LPlG)[226]

Eine Beteiligung von Bürgern sieht das LPlG nicht vor.

Im einzelnen ist weiterhin folgendes geregelt:
Nach Durchführung des Erarbeitungsverfahrens leitet die Landesregierung die Planentwürfe dem Landtag mit einem Bericht über das Erarbeitungsverfahren zu. Die Landesentwicklungspläne werden von der Landesplanungsbehörde im Benehmen mit dem für die Landesplanung zuständigen Ausschuß des Landestages und — wie gesagt — im Einvernehmen mit den fachlich zuständigen Landesministern aufgestellt (§ 13 Abs. 2 S. 2 LPlG). Die Landesentwicklungspläne werden im Ministerialblatt für das Land Nordrhein-Westfalen bekanntgemacht. Der in der Bekanntmachung bezeichnete Plan wird bei der Landesplanungsbehörde und den Bezirksplanungsbehörden sowie bei den Kreisen und Gemeinden, auf deren Bereich sich die Planung erstreckt, zur Einsicht für jedermann niedergelegt; in der Bekanntmachung wird darauf hingewiesen (§ 13 Abs. 4 LPlG). Die Bekanntmachung der Genehmigung genügt nicht, anders als beim GEP (§ 16 Abs. 2 S. 1 LPlG).

Die Landesentwicklungspläne können in dem Verfahren, das für ihre Aufstellung gilt, geändert oder ergänzt werden; sie sollen spätestens zehn Jahre nach ihrer Aufstellung überprüft und erforderlichenfalls geändert werden (§ 13 Abs. 5 LPlG).

dd) Übersicht über aufgestellte Landesentwicklungspläne

Gegenwärtig bestehen in Nordrhein-Westfalen *vier* Landesentwicklungspläne:

- **LEP I/II (Raum- und Siedlungsstruktur)**[227]
  Im Landesentwicklungsplan I/II sind die zentralörtliche Gliederung und das System von Entwicklungsschwerpunkten sowie die Entwicklungsachsen für das gesamte Landesgebiet abschließend dargestellt. Ferner enthält der LEP Orientierungswerte für die Bevölkerungsentwicklung, die bis zur Ebene der Regierungsbezirke differenziert sind.
- **LEP III (Gebiete mit besonderer Bedeutung für Freiraumfunktionen, Wasserwirtschaft und Erholung)**[228]
  Der Landesentwicklungsplan III enthält in zeichnerischer Form generalisierte Darstellungen in den von ihm angesprochenen Bereichen, die durch die Regionalplanung weiter zu verplanen sind. Derzeit steht der LEP III zur Fortschreibung an. Der jüngste Entwurf datiert vom Januar 1984.
- **LEP IV (Gebiete mit Planungsbeschränkungen zum Schutz der Bevölkerung vor Fluglärm) erster und zweiter räumlicher Teilabschnitt**[229]

---

226 Siehe hierzu im einzelnen *Henrich* (Fußn. 37), Bd. II, S. 62 f., 85 f., 96 f., 124 ff., 151 f., 162 f.; *Hoppe* (Fußn. 37), S. 23 f.
227 Bekanntmachung des Ministerpräsidenten vom 1. 5. 1979, MBl NW S. 1080.
228 Bekanntmachung des Ministerpräsidenten vom 12. 4. 1976, MBl NW S. 1288, 1763.
229 Bekanntmachung des Ministerpräsidenten vom 8. 2. 1980, MBl NW S. 518 und Bekanntmachung des Ministers für Landes und Stadtentwicklung vom 28. 5. 1982, MBl NW S. 1342

Der Landesentwicklungsplan IV setzt Gebiete mit bestimmten Planungsbeschränkungen zum Schutze der Bevölkerung vor Fluglärm fest. Er unterscheidet dabei drei Lärmschutzzonen, in denen Planungsbeschränkungen unterschiedlicher Intensität bestehen. Der erste räumliche Teilabschnitt des LEP IV wird derzeit fortgeschrieben; ein dritter räumlicher Teilabschnitt befindet sich im Aufstellungsverfahren.

- **LEP VI (Festlegung von Gebieten für flächenintensive Großvorhaben, einschließlich Standorte für die Energieversorgung, die für die Wirtschaftsstruktur des Landes von besonderer Bedeutung sind)**[230]
  Der Landesentwicklungsplan VI stellt Gebiete für flächenintensive Großvorhaben dar. Er dient der landesplanerischen Standortvorsorge.

Der Landesentwicklungsplan V (Gebiete für die Sicherung von Lagerstätten) liegt erst in einem Entwurf mit Stand vom 20. Januar 1984 vor. Er soll der landesplanerischen Sicherung der Rohstoffversorgung dienen, indem er Gebiete für den Abbau von Bodenschätzen festlegt.

d) Gebietsentwicklungspläne (§§ 14 – 17 LPlG)

aa) Funktion der GEP

Die vom Bezirksplanungsrat, zusammen mit der Bezirksplanungsbehörde[231] zu erarbeitenden **Gebietsentwicklungspläne** (§ 7 Abs. 1 LPlG) legen auf der Grundlage des LEPro und der LEP die regionalen Ziele der Raumordnung und Landesplanung für die Entwicklung der Regierungsbezirke und für alle raumbedeutsamen Planungen und Maßnahmen im Planungsgebiet fest (§ 14 Abs. 1 LPlG). Sie sind Instrumente der Aufstellung von Zielen der Raumordnung und Landesplanung als landesplanerische Letztentscheidung auf der Regionalebene (§ 16 Abs. 3 S. 1 LPlG) mit Zielbindungswirkung (§ 13 Abs. 3 S. 2 LPlG), die mit der Bekanntgabe des GEP eintritt.

Auch wenn es strittig ist, ob es sich bei der Gebietsentwicklungsplanung in NW überhaupt um Regionalplanung i. S. des § 5 Abs. 3 ROG handelt,[232] jedenfalls hat sie einen ihr gleichwertigen Charakter.[233] Bei ihr handelt es sich um einen **Typ staatlicher Planung**.[234] Die Gebietsentwicklungsplanung ist Landesplanung für Teilräume des Landesgebietes.[235]

Der GEP hat gem. § 15 Landschaftsgesetz auch die Funktion eines *Landschaftsrahmenplans* (siehe § 5 BNatSchG) und gem. § 7 Landesforstgesetz die Funktion eines *forstlichen Rahmenplans* (siehe § 7 Bundeswaldgesetz) zu erfüllen. Er muß mithin die übergeordneten fachlichen Ziele für die Ent-

---

230 Bekanntmachung des Minsterpräsidenten vom 8. 11. 1978, MBl NW S. 1978; nebst Ergänzung vom 16. 4. 1980, MBl NW S. 1550.
231 Siehe oben III 2 b, c.
232 Siehe dazu oben II 2 d ee; für Regionalplanung hält die Gebietsentwicklungsplanung *Depenbrock/Reiners*, § 14 LPlG Anm. 2 unter Berufung auf *Schlarmann/Erbguth*, Zur Durchsetzung von Umweltbelangen in der räumlichen Planung (1982), 27 ff.
233 So *Bielenberg/Erbguth/Söfker*, M 250 Rdn. 51a, M 260 Rdn. 13; *Wahl*, Rechtsfragen II, 193 f.
234 *Bielenberg/Erbguth/Söfker*, M 250 Rdn. 51a; *Wahl*, Rechtsfragen II, ebd.; *Dahl*, (Fußn. 162), 82 ff.; *Schmidt-Aßmann*, DVBl. 1975, 4 ff.
235 *Zinkahn/Bielenberg* (Fußn. 59), § 1 ROG Rdn. 1

wicklung der Landschaft und der Forstwirtschaft enthalten. Die hierbei zu regelnden Sachbereiche ergeben sich aus der 3. DVO zum LPlG.[236]

Das in § 14 Abs. 1 LPlG zum Ausdruck kommende Verhältnis zwischen dem LEPro und den LEP zu den Gebietsentwicklungsplänen ist Ausdruck des für die Raumordnung und Landesplanung typischen gestuften Planungssystems.[237]

Die Aufnahme der Gebietsentwicklungsplanung als der neutralen Planung nachgeschaltetes Instrument nordrhein-westfälischer Landesplanung in §§ 14 ff LPlG NW verdeutlicht die gesetzgeberische Vorstellung, daß auch die LEP trotz konkreter räumlicher Bezüge überwiegend grobmaschige Darstellungen enthalten, die nach einer weiteren Konkretisierung verlangen. § 14 Abs. 1 LPlG NW überträgt diese Aufgabe den GEP im Sinne einer sachlichen Vertiefung und räumlichregionalen Differenzierung der hochstufigen Planinhalte.[238]

Daneben zeigt der in § 14 Abs. 1 LPlG NW hervorgehobene Entwicklungsauftrag der Pläne, daß es bei der Gebietsentwicklungsplanung in der Sache um Landesentwicklung auf regionaler Ebene geht. Sie soll also im Grundsatz für den Regierungsbezirk die gleiche Aufgabe erfüllen wie die Landesentwicklungspläne für das gesamte Landesgebiet; unerwünschte Entwicklungen verhindern und erwünschte Entwicklungen ermöglichen und fördern.[239]

Die regionale Gestaltungsbefugnis leitet sich daraus ab, daß gem. § 14 Abs. 1 LPlG NW Vorgaben für die Gebietsentwicklungsplanung nicht nur die aufgrund von Teilinhalten des LEPro erlassenen LEP sind, sondern sämtliche Aussagen des Landesentwicklungsprogramms. So sind insbesondere die Grundsätze des Abschnitts I LEPro, aber auch der Abschnitte II und III bei der Aufstellung von Gebietsentwicklungsplänen abwägend zu berücksichtigen. Da hiermit Entscheidungsfreiräume verbunden sind, folgen bereits aus dem Ableitungsauftrag Gestaltungsmöglichkeiten und -aufgaben im Rahmen der Gebietsentwicklungsplanung. Die rechtliche Grundlage für deren eigenständigen Gehalt ergibt sich aus dem gegenüber der landesweiten Planung kleinräumigeren Zuschnitt der zweiten (Planungs-)Ebene des nordrhein-westfälischen Landesplanungsrechts. Der engere Raum ist – wie jedes regionale Planungsgebiet – durch spezifische Innenprobleme gekennzeichnet, die in der arbeitsteiligen Zuordnung der in ihm wirkenden Kommunen liegen.[240] Diese internen Verflechtungs- und Spannungserscheinungen entziehen sich einer Bewältigung durch hochstufige Raumordnungsplanung; deren Koordinationsaufgabe bezieht und beschränkt sich auf die Eingliederung der regionalen Räume in das Gefüge des Landes. Der intrakommunale Ausgleich hat hingegen auf der Ebene der Gebietsentwicklungsplanung zu erfolgen, weil hier aufgrund der engeren räumlichen und sachlichen Nähe das Gegenstromprinzip seine deutlichste Ausprägung erfährt.[241] Infolgedessen erklärt sich die Funktion der Gebietsentwicklungsplanung aufgrund §§ 14 Abs. 1, 1 Abs. 3 LPlG NW aus ihrer ebenenspezifischen Einordnung in das gestufte System der Landesplanung: Einerseits kommt ihr ein Ableitungsauftrag gegenüber der hochstufigen Landesentwicklungsplanung zu; andererseits hat sie Abstimmungsaufgaben kleinräumiger Art.

---

236 Zu ihrem Verhältnis zur Landesplanung siehe *Schlarmann/Erbguth*, (Fußn. 232), 175 ff.; *Erbguth*, UPR 1983, 137 ff.; *Hendler*, NuR 1981, 41 ff.
237 Siehe dazu oben II 2 d ee.
238 *Niemeier/Dahlke/Lowinski*, § 14 LPlG Rdn. 3 f.; *Depenbrock/Reiners*, § 14 LPlG Anm. 4.1.
239 *Niemeier/Dahlke/Lowinski*, § 14 LPlG Rdn. 5.
240 *Schmidt-Aßmann*, Fortentwicklung, S. 49.
241 So allgemein für die Regionalplanung *Schmidt-Aßmann*, Fortentwicklung, S. 49; eingehend hierzu *Wahl*, Rechtsfragen II, S. 183 ff.; *Henrich* (Fußn. 37), 210 ff.

§ 14 Abs. 2 S. 1 LPlG legt nur rahmenmäßig den Inhalt eines GEP fest. Dieser muß aus **textlichen und zeichnerischen Darstellungen** bestehen. Diese Regelung gilt aber nur für die erstmalige Aufstellung eines GEP. Für die Änderung bestehender GEP enthält § 15 Abs. 4 S. 1 LPlG eine Sonderregelung. Nach § 14 Abs. 2 S. 2 LPlG kann der GEP in **sachlichen** und **räumlichen Teilabschnitten** aufgestellt werden.

Dem GEP ist ein **Erläuterungsbericht** beizufügen (§ 14 Abs. 2 S. 3 LPlG). Falls der Erläuterungsbericht fehlt oder zu wesentlichen Zielaussagen keine Stellungnahme enthält, ist der Plan rechtswidrig und unverbindlich.

bb) Aufstellung und Genehmigung des GEP (§§ 15. 16 LPlG)

§ 15 LPlG regelt die **Erarbeitung und Aufstellung,** § 16 LPlG die Genehmigung und Bekanntmachung des GEP. Das Erarbeitungs- und Aufstellungsverfahren hat *vier* **Verfahrensabschnitte:**
- *Vorbereitungsverfahren*
- *Erarbeitungsverfahren* einschließlich *Anhörungs- und Beteiligungsverfahren* (§ 15 Abs. 1, Abs. 2 LPlG)
- *(Eigentliches) Aufstellungsverfahren* (§ 15 Abs. 3 LPlG)
- *Genehmigungsverfahren* (§ 16 LPlG)[242]

Das *Vorbereitungsverfahren* stellt die verwaltungsinterne Ausarbeitung eines Entwurfs dar, bei dem die Bezirksbehörde weisungsgebunden als „Arbeitsstab" des Bezirksplanungsrates zu arbeiten und auch von sich aus zu versuchen hat, schon in diesem Planungsstadium vom „Herrn des Verfahrens", dem Bezirksplanungsrat (§ 7 Abs. 1 LPlG), die erforderlichen Weisungen zu erhalten.

Das *Erarbeitungsverfahren* beginnt mit dem formellen Beschluß des Bezirksplanungsrates, einen GEP (oder den Teilabschnitt eines GEP) zu erarbeiten. Der Beschluß hat zur Folge, daß die Beteiligten schriftlich zur Mitwirkung aufzufordern sind (§ 15 Abs. 1 S. 1 LPlG). Der Verfahrensabschnitt endet nach Anhörung der Beteiligten mit der Vorlage eines für die nachfolgende Aufstellung „beschlußreifen Planentwurfs".[243]

Im (eigentlichen) *Aufstellungsverfahren* hat der Bezirksplanungsrat über den endgültigen Inhalt des GEP und gleichzeitig über die von den Beteiligten aufrechterhaltenen Bedenken und Anregungen zu entscheiden. Sodann ist dieser Plan − von der Bezirksplanungsbehörde als „Geschäftsstelle" des Bezirksplanungsrates (§ 9 Abs. 1 LPlG) − der Landesplanungsbehörde zur Genehmigung vorzulegen (§ 15 Abs. 3 S. 1 LPlG).

Im *Genehmigungsverfahren,* das nunmehr in § 16 LPlG geregelt ist, entscheidet die Landesplanungsbehörde als Aufsichtsbehörde im Wege der Rechtsaufsicht und im Einvernehmen mit den fachlich beteiligten (zuständigen) Landesministern über die Genehmigung des GEP und veranlaßt die Bekanntmachung (§ 16 Abs. 1 und 2 LPlG). Hiermit tritt die Bindungswirkung des § 16 Abs. 3 LPlG ein.

---

242 Im einzelnen siehe *Depenbrock/Reiners,* § 15 LPlG Anm. 2; *Niemeier/Dahlke/Lowinski,* § 15 LPlG Rdn. 3.
243 Siehe zu den Einzelheiten der kommunalen Beteiligung *Henrich* (Fußn. 37), Bd. II, S. 182 ff.; 205 ff., 222, 261 ff.; *Hoppe* (Fußn. 37), 24 f.; OVG Münster v. 27. 1. 1984 − 15 A 375/81 −, UPR 1984, 387 ff.

Die landesplanerische Ausgestaltung der Raumordnung und Landesplanung

Bei der **Genehmigung**, über die die Landesplanungsbehörde im Einvernehmen mit den fachlich zuständigen Ministern entscheidet, und die auch für Teile des GEP „vorweg" erteilt werden kann (§ 16 Abs. 1 LPlG), handelt es sich um eine **landesplanungsrechtliche Rechtsaufsicht**, die Rechtskontrolle aufgrund heteronom gesetzter Maßstäbe ist, und nicht als Entscheidung oder gar Gestaltung oder Mitgestaltung (Alternativenauswahl) nach autonomen Maßstäben der Landesplanungsbehörde mit eigenem Ermessen angesehen werden kann. Sie kann sich *lediglich* darauf erstrecken, ob der GEP formell rechtswidrig ist, gegen gesetzliche Zielbindungs- oder sonstige Inhaltsregelungen verstößt oder ob die dem Plan zugrunde liegende Abwägung der landesplanerischen Grundsätze abwägungsfehlerfrei unter Berücksichtigung des objektiven Gewichts fachplanerischer Aussagen vorgenommen worden ist. Umgekehrt kann gesagt werden, daß im Rahmen der Planungsaufsicht die Genehmigung des GEP *nur dann* versagt werden kann, wenn Verstöße gegen verfahrensrechtliche wie auch gegen materiell-rechtliche Vorschriften vorliegen. Ebenso ist eine Genehmigung zu versagen, wenn Ziele der Raumordnung und Landesplanung höherrangiger Natur nicht beachtet und Grundsätze nicht abwägungsfehlerfrei abgewogen worden sind. Die Genehmigung ist also auch zu versagen, wenn der Bezirksplanungsrat die Belange der Fachplanungen oder anderer Regionalplanungsträger zwar in den planerischen Abwägungsprozeß eingestellt hat, wenn dies aber mit einem Stellenwert geschehen ist, der dem objektiven Gewicht fachplanerischer Interessen und Belange widerspricht.

Sind Ziele der Raumordnung und Landesplanung als landesplanerische Letztentscheidungen vorhanden, sind rechtliche Kontrollmaßstäbe gegeben. Grundsätze der Raumordnung und Landesplanung stellen rechtlich relevante Abwägungsdirektiven für die Abwägung dar. Problematisch ist die Berücksichtigung von nicht konkretisierten überregionalen Zielvorstellungen und Belangen, die sich auf die Regionalplanung auswirken können. Es ist richtig, daß es der Regionalplanung nicht obliegt, „überregionale Zielvorstellungen aufzustellen" und damit „einen Teil der Regierungsplanung zu übernehmen", wie *Depenbrock/Reiners* meinen.[244] Dieser Hinweis besagt aber nichts gegen die Charakterisierung dieser Kontrolle als Rechtskontrolle. Mit einer solchen Zielaufstellung würde die Regionalplanung nämlich bereits außerhalb ihrer Zuständigkeit tätig werden, denn regional-übergreifende Zielaufstellungen sind nicht Sache der Gebietsentwicklungsplanung. Im übrigen müssen bei der Aufstellung des GEP fachspezifische Gesichtspunkte zwar in die Abwägung mit dem ihnen eigenen objektiven Gewicht eingestellt werden. Der Einstellung in die planerische Abwägung geht der Prozeß der (möglichst irrtumsfreien) *Erkenntnis* des *objektiven* Gewichts der planungsrechtlich relevanten Belange voraus. Die Kontrolle dieses Prozesses ist *Kontrolle dieses Erkenntnisvorganges* und *nicht Dezision* und *planerische Festlegung*, schon gar nicht eine „Ergänzungsplanung" durch die Bezirksplanungsbehörde und durch die im Einvernehmenswege zu beteiligenden Minister.[245]

---

244 So *Depenbrock/Reiners*, § 16 LPlG Anm. 2.2.
245 Gegen eine Ergänzungsplanung zutreffend *Depenbrock/Reiners*, § 16 LPlG Anm. 2.4; *Hoppe/Bunse* (Fußn. 94), 414 ff., 468 ff., räumen der Landesplanungsbehörde mit dem Hinweis auf das „objektive Gewicht fachplanerischer Aussagen" (415, 468, 471) entgegen *Depenbrock/Reiners*, § 16 LPlG Anm. 2.3 kein Ermessen ein. Es geht um irrtumsfrei erkannte objektive Interessen (415 m. Fußn. 44). Im übrigen kann diese strittige Frage hier nicht weiter vertieft

Der Bezirksplanungsrat kann die Genehmigung, — da er bei einem rechtmäßigen GEP einen Rechtsanspruch auf die Erteilung der Genehmigung hat — auch erstreiten, und zwar im Organstreitverfahren, nicht hingegen mit der Verpflichtungsklage, da er Teil der Staatsverwaltung ist.[246]

Nach § 16 Abs. 2 LPlG wird die Genehmigung von GEP im *Ministerialblatt* für das Land Nordrhein-Westfalen *bekanntgemacht.* Der in der Bekanntmachung bezeichnete Plan wird bei der Landesplanungsbehörde sowie bei der Bezirksplanungsbehörde und den Kreisen und Gemeinden, auf deren Bereich sich die Planung erstreckt, *zur Einsicht für jedermann niedergelegt;* in der Bekanntmachung wird darauf hingewiesen.

Im Gegensatz zur Bekanntmachung bei LEP (§ 13 Abs. 4 LPlG) sind bei den GEP nur deren Genehmigung, nicht also der Plan selbst und nach ständiger Verwaltungspraxis auch nicht der Wortlaut des Genehmigungserlasses im Ministerialblatt für das Land Nordrhein-Westfalen bekanntzumachen.[247]

cc) Heilung bei Verletzungen von Verfahrens- und Formvorschriften

Nach § 17 LPlG ist eine Verletzung von Verfahrens- und Formvorschriften des LPlG und der aufgrund des LPlG erlassenen Rechtsvorschriften bei der Erarbeitung und Aufstellung des GEP „unbeachtlich", wenn sie nicht schriftlich unter Bezeichnung der Verletzung innerhalb eines Jahres nach Bekanntmachung geltend gemacht worden ist. Dies gilt nicht, wenn die Vorschriften über die Genehmigung des GEP oder deren Bekanntmachung verletzt worden sind. Bei der Bekanntmachung der Genehmigung ist auf die Rechtsfolgen hinzuweisen.

Diese dem § 155a BBauG nachgebildete Vorschrift bezieht sich nur auf Verfahrens- und Formvorschriften. Verfahrens- oder Formvorschriften, die gleichzeitig eine materielle Verpflichtung enthalten, werden nicht erfaßt. Der Mangel wird geheilt bei Nichtgeltendmachung; der betreffende GEP wird auch in formeller Hinsicht dann rechtmäßig, es tritt Heilung mit Wirkung ex tunc ein.

[Fortsetzung Fußnote 245]
    werden, siehe dazu *Fickert* (Fußn. 94), 111 ff., 120; *Dahl* (Fußn. 162), 82; *Hoppe/Bunse* (Fußn. 94), 414 ff.; *Niemeier/Dahlke/Gräf/Lowinski,* 1, 14 f.; *Dahlke,* VR 1980, 145 ff., 147 f.; eingehend hierzu *Depenbrock/Reiners,* § 16 LPlG Anm. 2.1 — 2.4 m.w.N.

246 Einzelheiten siehe bei *Hoppe/Bunse* (Fußn. 94), 414 ff.; a.A. *Depenbrock/Reiners,* § 16 LPlG Anm. 10.1, die allerdings verkennen, daß der Bezirksplanungsrat sowohl Organ mit eigenen Rechten wie Teil des Organs Regierungspräsident ist, also Teil der unmittelbaren Staatsverwaltung. Außerdem stellen die von *Depenbrock/Reiners,* § 16 LPlG, ebd., angenommenen Klagemöglichkeiten (Anfechtungsklage, Verpflichtungsklage) in einem „In-Sich-Prozeß" einen Widerspruch in sich selbst dar, weil diese Klagearten einen Verwaltungsakt voraussetzen, der begriffsnotwendig Außenwirkung verlangt und „In-Sich-Wirkung" nicht genügen läßt, die wiederum Voraussetzung für einen In-Sich-Prozeß ist.

247 *Niemeier/Dahlke/Lowinski,* § 15 LPlG Rdn. 16; *Depenbrock/Reiners,* § 16 LPlG Anm. 19.

e) Braunkohlenpläne (BrKP) (§ 24 LPlG)[248]

aa) Funktion der Braunkohlenpläne (§ 24 Abs. 1, Abs. 2 LPlG)

Nach § 24 Abs. 1 LPlG legen die **Braunkohlenpläne**, die im *Maßstab 1:5000* oder *1:10 000 — auch in sachlichen* und *räumlichen Teilabschnitten* — aufgestellt werden können (§ 24 Abs. 2 S. 4, S. 5 LPlG), auf der Grundlage des LEPro und der LEP und in Abstimmung mit den GEP im Braunkohlenplangebiet Ziele der Raumordnung und Landesplanung fest, soweit es für eine geordnete Braunkohlenplanung erforderlich ist. Das **Braunkohlenplangebiet** ist in § 25 Abs. 1 LPlG umrissen. Die Abgrenzung im einzelnen und spätere Änderungen erfolgen durch Rechtsverordnungen (§ 25 Abs. 2 LPlG). Die BrKP bestehen aus textlichen und zeichnerischen Darstellungen (§ 24 Abs. 2 LPlG, ergänzt durch die 3. DVO zum LPlG).

Die **textlichen Darstellungen** müssen insbesondere Angaben enthalten über: Die *Grundzüge der Oberflächengestaltung* und *Wiedernutzbarmachung in Abbau- und Aufschüttungsgebieten* einschließlich der im Rahmen der Rekultivierung angestrebten *Landschaftsentwicklung* sowie über *sachliche, räumliche und zeitliche Abhängigkeiten.*
Die **zeichnerischen Darstellungen** müssen insbesondere Angaben enthalten über: *Abbaugrenzen, Sicherheitslinien des Abbaus, Haldenflächen* und *deren Sicherheitslinien, Umsiedlungsflächen, Festlegung der Räume,* in denen *Verkehrswege, Bahnen aller Art, Energie- und Wasserleitungen* angelegt oder verlegt werden können.[249]

§ 24 Abs. 3 LPlG regelt die öffentliche Auslegung, mit der die betroffenen Gemeinden betraut sind, und der Möglichkeit, Anregungen und Bedenken zu erheben. Die Verfahrensvorschriften für eine „**Bürgerbeteiligung**" durch Anregungen und Bedenken werden zum Teil durch die Geschäftsordnung des Braunkohlenausschusses ergänzt.

Nach § 31 LPlG gelten für die Braunkohlenplanung die Vorschriften der Abschnitte I und II (mit Ausnahme des §§ 6, 7 LPlG) für die Aufgaben, Organisation und das Verfahren der Braunkohlenplanung entsprechend. Es ist insoweit auf die Ausführungen zum GEP hinzuweisen, auch im Hinblick auf die Genehmigung und die rechtsaufsichtliche Kontrolle.[250]

Die **Funktion** der BrKP nach dem LPlG ist zwar die Aufstellung von Zielen der Raumordnung und Landesplanung, soweit es für eine geordnete Braunkohlenplanung erforderlich ist. Sie als sachlich und räumlich begrenzte GEP, als landesplanerische Pläne mit Sonderstellung zu charakterisieren,[251] verkürzt allerdings die Problematik der BrKP. Diese Problematik beruht auf der *Zwitterstellung* der BrKP, die ihnen einerseits

---

248 Siehe eingehend dazu *Hoppe* (Fußn. 181), 97 ff.; *ders.,* DVBl. 1982, 101 ff.; *ders.,* UPR 1983, 105 ff., 108; *Erbguth* (Fußn. 32), 1 ff.; *ders.,* ROLPlR, Rdn. 180 ff.; *Kamphausen,* DÖV 1984, 146 ff.; *Reiners* (Fußn. 181); *Niemeier/Dahlke/Lowinski,* S. 36 ff.; *Depenbrock/Reiners,* Einführung Anm. 4; § 24 LPlG Anm. 2 m. zahlr. w. N.
249 Einzelheiten siehe bei *Depenbrock/Reiners,* § 24 LPlG Anm. 6.1 – 6.4.
250 Siehe dazu oben III 3 e bb.
251 So *Depenbrock/Reiners,* § 24 LPlG Anm. 2.

mit ihrer *Gelenkfunktion zwischen bergrechtlichem Betriebsplan*[252] *und landesplanerischer Entscheidung*, ob die Förderung der Braunkohle als Ziel der Raumordnung und Landesplanung festgelegt werden soll, zukommt, die ihnen andererseits eine energiepolitische und energiewirtschaftliche *Grundentscheidung* über das *„ob überhaupt"* der Braunkohlenförderung an dieser Stelle[253] sowie Koordinationsaufgaben im Hinblick auf die Umsiedlung und Rekultivierung auferlegt. Nur bei diesen zuletzt genannten Elementen der Umsiedlung und Rekultivierung sowie bei der Regelung von Modalitäten der Braunkohlenförderung weist der Braunkohlenplan charakteristische Merkmale einer landesplanerischen Entscheidung auf.[254] Die rechtliche Regelung des § 24 Abs. 4 LPlG, die dem BrKP die angemessene Berücksichtigung der Erfordernisse einer langfristigen Energieversorgung und des Umweltschutzes aufgibt, besagt nichts anderes. Aus diesem vieldimensionalen Spannungsverhältnis zwischen Energieversorgung und Umweltschutz mit seinen vielfältigen Verflechtungen läßt sich im Hinblick auf die insofern **eindimensionale Grundentscheidung,** als sie nur die beiden Alternativen *Ja* oder *Nein* der Braunkohlenförderung an dem parzellenscharf festgelegten, vorkommenverbundenen Standort zuläßt, für die Begründung einer landesplanerischen Koordinationsaufgabe — auch bei Berücksichtigung der Umweltbelange — nichts anderes ableiten: Die Abwägung ist von einer *eindimensionalen Entscheidungsalternative (Ja/Nein)* gesteuert.[255]

Landesplanerisch abwägen lassen sich „nur" die Modalitäten des Braunkohlenplans (Abbaugrenzen, Sicherheitslinien, Haldenflächen und Sicherheitslinien, sachliche, räumliche, zeitliche Abhängigkeiten), Folgewirkung (Verkehrswege, Energie- und Wasserleitungen, Umsiedlungsflächen) und Rekultivierungsmaßnamen (Oberflächengestaltung, Wiedernutzbarmachung, Landschaftsentwicklung). Dieser eindimensionalen Grundentscheidungscharakter ist bedingt durch die Bindung der Planung an das Vorkommen förderungswürdiger Braunkohle, das Bergwerkseigentum, die betrieblichen Projektplanungen, die im Betriebsplan ihren Ausdruck finden, und die Entscheidung der Bergbautreibenden für außerordentliche Investitionsleistungen.

Dessen ungeachtet spielt der **Umweltschutz** eine maßgebliche Rolle bei der Braunkohlenplanung.[256]

---

252 Nach § 51 Abs. 1 S. 1 BBergG dürfen Aufsuchungsbetriebe, Gewinnungsbetriebe und Betriebe zur Aufbereitung nur aufgrund von Plänen (Betriebsplänen) errichtet, geführt und eingestellt werden, die vom Unternehmer aufgestellt und von der zuständigen Behörde zugelassen worden sind. Das Recht der Betriebspläne ist eingehend geregelt (§§ 52 ff. BBergG).
253 Siehe dazu im einzelnen *Hoppe* (Fußn. 181), 122 ff.
254 Das verkennen *Depenbrock/Reiners*, § 24 LPlG Anm. 2 und vor allem *Reiners*, (Fußn. 181) ebd.
255 Siehe zu einer ähnlichen Situation *Hoppe/Bunse*, DVBl. 1984, 1033 ff., 1042 f., wo von einer „Grundabwägung" gesprochen wird.
256 Siehe das „ökologische Anforderungsprofil" des MLS (II A 3.92.31): Beurteilungskriterien für die landesplanerischen Verfahren zur Erarbeitung, Aufstellung und Genehmigung von BrKP (Maßnahme Nr. 18 des Umweltprogramms NRW, das den Bergbautreibenden eine Umweltverträglichkeitsprüfung auferlegt.

Die landesplanerische Ausgestaltung der Raumordnung und Landesplanung

Nach *Depenbrock/Reiners* gehen die Ziele der Raumordnung und Landesplanung in BrKP in ihrer Bindungswirkung den LEP und GEP im Range vor.[257] Gegebenenfalls können entgegenstehende landesplanerische Ziele in den GEP außer Kraft gesetzt werden. Rechtswirksam in den BrKP aufgestellte Ziele der Raumordnung und Landesplanung sind der Disposition des Bezirksplanungsrates für den GEP entzogen.[258] Gleichwohl haben LEP für die Braunkohlenplanung große Bedeutung. So sollen im LEP V[259] die Gebiete mit abbauwürdigem Braunkohlenvorkommen, über deren tatsächliche Inanspruchnahme der Braunkohlenausschuß einerseits und die Bergbehörde im Betriebsplanverfahren andererseits entscheiden, festgelegt werden.[260] In § 18 LEPro ist im Rahmen der Landesgrundsätze eine spezielles Abwägungsgebot geregelt, sofern Flächen betroffen sind, unter denen sich nutzbare Lagerstätten befinden. In § 25 Abs. 4 LEPro ist in den allgemeinen Zielen, die nach der hier vertretenen Auffassung Grundsätze sind, die Versorgung mit fossilen Brennstoffen angesprochen. Nach § 30 Abs. 1 LPlG finden auf die infolge der Braunkohlenplanung notwendigen Enteignungen von Grundeigentum die geltenden gesetzlichen Bestimmungen Anwendung. Für die bergrechtliche Grundabtretung hat der Bundesgesetzgeber mit Inkrafttreten des BBergG eine Sonderregelung getroffen (siehe § 30 Abs. 2 LPlG).[261]

bb) Das Verhältnis von Betriebsplänen zum Braunkohlenplan (§ 24 Abs. 5 LPlG)

Nach § 24 Abs. 5 LPlG *sollen* die Braunkohlenpläne *vor Beginn* eines Abbauvorhabens im Braunkohlenplangebiet *aufgestellt* und *genehmigt sein*. Die Betriebspläne der im Braunkohlenplangebiet gelegenen bergbaulichen Betriebe sind mit den Braunkohlenplänen *in Einklang zu bringen*. Diese Vorschrift hat wegen ihrer unklaren Formulierungen zu vielen Zweifelsfragen geführt, die hier nur kurz angesprochen werden können. § 24 Abs. 5 S. 1 LPlG statuiert **keine Sperrwirkung für die Bergbehörde** bei der bergbaurechtlichen Genehmigung von Betriebsplänen, bei denen es sich um einen vom Bergbauunternehmen aufgestellten Plan handelt,[262] wenn keine Braunkohlenpläne aufgestellt sind.[263]

---

257 *Depenbrock/Reiners*, § 24 LPlG Anm. 3.0; 3.3.
258 *Depenbrock/Reiners*, § 24 LPlG Rdn. 42.
259 Für den LEP V ist am 25. 1. 1984 das Erarbeitungsverfahren festgesetzt worden; siehe MLS, LEP V-Entwurf, Düsseldorf 1984.
260 *Depenbrock/Reiners*, § 24 LPlG Anm 3.1.
261 Einzelheiten zur bergrechtlichen Grundabtretung siehe bei *Boldt/Weller*, BBergG, Kommentar, 625 ff.
262 Siehe dazu oben Fußn. 252.
263 So *Hoppe*, Gelenkfunktion (Fußn. 248), 105 ff., 111; *Weller*, Das neue Berggesetz und die Braunkohlenplanung, ARL-Materialien Bd. 65 (1983), 44; a.A. *Depenbrock/Reiners*, § 24 LPlG Anm. 18.1; *Schleifenbaum/Kamphausen*, UPR 1984, 46; *Kühne*, DVBl. 1984, 709 ff., 715.

Wenn *Kühne* davon ausgeht, ein — von ihm aus § 24 Abs. 5 S. 1 LPlG abgeleiteter — Planvorbehalt durch Braunkohlenplanung stelle sich bundesbergrechtlich als ein im Rahmen des § 48 Abs. 2 BBergG zu berücksichtigendes öffentliches Interesse in Gestalt eines Plangebots dar, das bergrechtlich zu einer Bindung der Bergbehörde bei der Genehmigung der Betriebspläne führe, so ist darauf hinzuweisen, daß die Vorschrift des § 24 Abs. 5 S. 1 LPlG bei verfassungskonformer Auslegung und Anwendung einen *Planvorbehalt* in Form eines Plangebots *nicht regelt*.[264] Eine Regelung in diesem Sinnverständnis würde nämlich zu einer verfassungswidrigen (Art. 14 Abs. 1 GG) Sperrwirkung gegenüber den Bergbautreibenden führen. § 24 Abs. 5 S. 1 LPlG wendet sich nur an den Braunkohlenausschuß mit dem Gebot, Braunkohlenpläne so rechtzeitig in Angriff zu nehmen, daß sie vor Beginn eines Abbauvorhabens aufgestellt und genehmigt sind. Die Vorschrift ist bereits ihrem Wortlaut nach nicht an den Bergbautreibenden adressiert, sondern — mit der Erwähnung des BrKP — an den Braunkohlenausschuß, der den BrKP aufstellt.[265]

§ 24 Abs. 5 S. 2 LPlG enthält bei verfassungskonformer Auslegung auch *keine Pflicht des privaten Bergbautreibenden, seine genehmigten Betriebspläne an Braunkohlenpläne anzupassen.*[266] Diese Vorschrift ist in erster Linie als *Anordnung einer Abwägung* im Sinne der Herstellung eines Einklanges zwischen den beiden Plänen bei deren Aufstellung anzusehen *(Gebot der wechselseitigen Abstimmung).* So ist nämlich der ähnlich lautende Vorläufer des § 24 Abs. 5 S. 2 LPlG — § 3 Abs. 6 Braunkohlengesetz — vom OVG Münster[267] gewertet worden.

Das Gericht hat es abgelehnt, die erforderliche Vereinbarkeit der einzelnen Pläne während der Aufstellung ausschließlich durch die einseitige Anpassung des bergbaulichen Betriebsplans herbeigeführt zu sehen. Sieht man in § 24 Abs. 5 S. 2 LPlG ein solches Gebot der wechselseitigen Abstimmung geregelt, so wäre die dann auch nach Auffassung des OVG Münster verbleibende eingeschränkte Anpassungspflicht der Bergbautreibenden dank dieses Gebotes eines bestimmten prozeduralen Vorgehens erträglich gemacht. Die Pläne stellen bei Beachtung dieses Gebotes das Ergebnis eines Abwägungsvorgangs dar, dessen Abwägungsprodukt nur dann als rechtmäßig anzusehen ist, wenn der Belang eines vom Bergbauberechtigten aufgestellten, aber noch nicht zugelassenen Betriebsplans in die Abwägung eingestellt und seinem Gewicht nach angemessen berücksichtigt ist.[268] Eine aus § 24 Abs. 2 S. 2 LPlG abgeleitete Planungspflicht für Bergbautreibende setzt die Annahme einer unmittelbaren Bürgerverbindlichkeit von Zielen der Raumordnung und Landesplanung voraus, die raumordnungsrechtlich unzulässig ist.[269] Eine solche Anpassungs-

---

264 Siehe dazu *Hoppe,* Bergbauberechtigungen (Fußn. 248), 108 ff.
265 *Hoppe,* Bergbauberechtigungen (Fußn. 248), 110. Daß in BrKP aufgestellte Ziele nicht über § 48 Abs. 2 BBergG (entgegen *Hoppe,* ebd., *Weller* (Fußn. 263) und *Hoppe,* Gelenkfunktion (Fußn. 248), 111) zu einer Bindung führen, hat *Kühne* behauptet, aber nicht nachgewiesen (DVBl. 1984, 715). *Kühne* hat die Verfassungswidrigkeit des § 24 Abs. 5 auch nur in kompetenzrechtlicher Hinsicht behandelt. Die Eigentumsproblematik ist aber entscheidend. § 24 Abs. 5 S. 1 LPlG kann deswegen auch nicht — wie *Kühne* meint, ebd. S. 715 — einer systemgerechten planerischen Bewältigung dienen. Deswegen begegnen auch die bauplanungsrechtlichen Ausführungen von *Kühne* Bedenken.
266 a.A. *Depenbrock/Reiners,* § 24 LPlG Anm. 18.3.
267 OVG Münster v. 4. 10. 1972 — II A 952/71 —, ZfB 114 (1973), 219 ff.
268 *Hoppe.* Bergbauberechtigungen (Fußn. 248), 111.
269 So *Erbguth* (Fußn. 32), 109 f.; *Hoppe,* Bergbauberechtigungen (Fußn. 248), 106 ff.

pflicht würde auch nicht nur eine ohnehin bestehende Bindung des Bergwerkseigentums konkretisieren, wie *Depenbrock/Reiners* meinen.[270] Eine solche Bindung besteht nämlich nicht von vornherein, sondern könnte erst durch § 24 Abs. 5 S. 2 LPlG begründet werden. Es besteht auch aufgrund des § 24 Abs. 5 S. 2 LPlG nicht die Möglichkeit für die Bergbehörde, die Genehmigung eines Betriebsplans wegen der späteren Änderung des BrKP zu widerrufen.[271]

f) Rechtscharakter der Raumordnungspläne, Rechtsschutzfragen

Die Bestimmung des **Rechtscharakters** der Raumordnungspläne, sei es das in Gesetzesform erlassene LEPro oder seien es LEP, GEP oder BrKP, ist wichtig für **Fragen des Rechtsschutzes**.[272] Der Rechtsschutz knüpft an bestimmte Rechtsformen von hoheitlichen Handlungen an.

Die Anfechtungs- und Verpflichtungsklage (§ 42 Abs. 1 VwGO) setzt einen *Verwaltungsakt* (§ 35 VwVfG) voraus, die Normenkontrolle nach § 47 Abs. 1 VwGO knüpft an *Rechtsvorschriften (Rechtsverordnungen, Satzungen)* an, mit der kommunalen Verfassungsbeschwerde zum Bundesverfassungsgericht sind „*Gesetze des Bundes oder des Landes*" − subsidiär gegenüber landesrechtlichen prozessualen Möglichkeiten − rügefähig (Art. 93 Abs. 1 Nr. 4 GG, § 91 BVerfGG), wozu auch *Rechtsverordnungen* zählen, die kommunale Verfassungsbeschwerde zum VerfGH NW kann nur mit der Behauptung erhoben werden, daß *Landesrecht* die Vorschriften der Verfassung über das Recht der Selbstverwaltung verletze.

Sieht man von dem in Gesetzesform erlassenen LEPro ab, so sind die drei Planarten durch folgende gemeinsame Merkmale charakterisiert:
− Sie setzen *Ziele der Raumordnung und Landesplanung* mit *generell-abstrakter imperativer Regelungswirkung* gegenüber den der Zielwirkung unterworfenen Stellen (§ 5 Abs. 4, § 4 Abs. 5 ROG) fest.
− Sie haben infolgedessen *unmittelbare rechtliche Wirkung* für alle in § 5 Abs. 4, § 4 Abs. 5 ROG genannten Stellen, d.h.
  ○ *behördeninterne Verbindlichkeit* in der staatlichen Behördenhierarchie *(Wirkung von Innenrechtssätzen, Verwaltungsvorschriften)*

---

270 *Depenbrock/Reiners*, § 24 LPlG Anm. 18.4. Die Situation bei § 35 Abs. 2 BBauG ist − entgegen *Depenbrock/Reiner*, ebd. − wegen § 35 Abs. 3 BBauG völlig anders. Ziele der Raumordnung und Landesplanung finden nach h.M. (Siehe Nachweise bei *Paßlick*, in Zoubek/Grooterhorst/Paßlick (Fußn. 106), 37 ff.) in § 35 Abs. 1 BBauG für privilegierte Vorhaben keine Beachtung, nach der Entscheidung des BVerfG v. 20. 1. 1984 − 4 C 43.81 −, NVwZ 1984, 367 zwar wohl, aber nicht aufgrund einer rechtlichen Bindungswirkung, sondern im wesentlichen aus ihrer Funktion als „Unterstützung und einleuchtende Fortschreibung bestimmter tatsächlicher Gegebenheiten", während der Braunkohlenplan einen rechtlichen Dezisionsakt darstellt.
271 So aber *Depenbrock/Reiners*, § 24 LPlG Anm. 18.3.
272 Eingehend zum Meinungsstand verhalten sich *Erbguth*, in: Bielenberg/Erbguth/Söfker, M 500; *Hoppe*, Rul Rdn. 281 ff.; *Erbguth*, ROLPlR, Rdn. 215 ff., insbes. Rdn. 218−241; *ders.* (Fußn. 32), 1 ff.; *Weidemann* (Fußn. 224), 1 ff.; *Wahl* 362 ff.; Rechtsfragen I, § 5, § 10; *Schmidt-Aßmann*, Fortentwicklung, 67 ff.

○ **Außenwirkung** gegenüber den *Gemeinden und Gemeindeverbänden* als gegenüber dem Staat selbständigen Rechtssubjekten *(Wirkung von Außenrechtssätzen oder Rechtsnormen).*[273]
— Ihnen kommt *keine Bürgerverbindlichkeit* zu.[274]

Die Tatsache, daß die Raumordnungspläne (auch) die Wirkung von Rechtssätzen im Sinne von Regelungen mit imperativer allgemein-verbindlicher Regelungswirkung haben, führt zu einer **unterschiedlichen Beurteilung des Rechtscharakters**. Es werden zu ihnen, wenn sie nicht in der Form von Rechtsvorschriften erlassen sind (Satzungen, Rechtsverordnungen), *drei* Meinungen vertreten, die auch für die LEP, GEP und BrKP in NW gelten. Danach sind sie

— **normergänzende Verwaltungsvorschriften** *(qualifizierte Verwaltungsvorschriften, Verwaltungsvorschriften mit partieller Außenwirkung)*, Verwaltungsvorschriften, weil sie *intern* wirken, normergänzend oder qualifiziert, weil sie *partielle rechtliche Außenwirkung* haben.[275]
— **Rechtsvorschriften**, weil ihnen *rechtliche Außenwirkung* zukommt.[276]
— **Rechtsinstitute eigener Art**, die sich allerdings am ehesten mit Rechtsnormen vergleichen ließen, so daß *in der Regel* auch die auf Rechtsvorschriften anwendbaren Rechtssätze und Rechtsgrundsätze Anwendung fänden.[277]

Gleichgültig, welcher Auffassung man folgt, und abgesehen von der **Incidenterprüfung** bei der gerichtlichen Kontrolle von Akten, die sich auf einen der Pläne stützen, scheiden Anfechtungs- und Verpflichtungsklagen aus, weil die Raumordnungspläne keine Verwaltungsakte sind. Auch die Normenkontrolle nach § 47 VwGO erstreckt sich in NW nicht auf solche Pläne, weil das nw Landesrecht nicht von der Möglichkeit des § 47 Abs. 1 Nr. 2 VwGO Gebrauch gemacht hat. Schließlich kommt die kommunale Verfassungsbeschwerde zum BVerfG nicht in Betracht, weil sie subsidiär gegenüber der kommunalen Landesverfassungsbeschwerde im Landesrecht (§ 50 VerfGHG) ist.

Die Raumordnungspläne (LEP, GEP, BrKP) können von Gemeinden und Gemeindeverbänden in NW mit der **kommunalen Verfassungsbeschwerde** angegriffen werden,

---

273 Siehe dazu *Hoppe,* RuL Rdn. 299–318; *Erbguth,* in: Bielenberg/Erbguth/Söfker, M 500 Rdn. 23.
274 Anders offenbar *Depenbrock/Reiners,* § 24 LPlG Rdn. 18.1 ff. im Hinblick auf die BrKP; siehe dazu oben II 3 f bb.
275 *Schmidt-Aßmann,* Fortentwicklung, 76 f.; *ders.* (Fußn. 224), 239, 245; *Löhr,* DVBl. 1980, 13; *Battis,* JA 1981, 316; *Weidemann,* DVBl. 1984, 767 ff.
276 *Erbguth,* in: Bielenberg/Erbguth/Söfker, M 500; *ders.,* DVBl. 1981, 557 ff.; *Hoppe/Erbguth* (Fußn. 7), 1213 ff.; *Hoppe,* RuL Rdn. 317, 318; *Breuer,* Die hoheitliche raumgestaltende Planung (1968), 221 ff., 227 ff., 231 ff.; *Blümel,* Wesensgehalt und Schranken des kommunalen Selbstverwaltungsrechts, in: Festgabe zum 70. Geburtstag von Georg Christoph von Unruh (1983), 265 ff., 303.
277 *Depenbrock/Reiners,* § 13 LPlG Anm. 2.1 ff., Anm. 20 (für LEP), § 16 LPlG Anm. 17 (für GEP), § 24 LPlG Anm. 2, 18.4 (für BrKP) jeweils m.w.N.; *Hendler,* JuS 1979, 618 ff., 620.

wenn sie als Rechtsvorschrift oder diesem gleichkommende Phänomene charakterisiert werden, da sie — von staatlichen Organen gesetzt[278] — „Landesrecht" sind.[279]
Es kann aber auch von betroffenen Gemeinden — Bürger können durch Raumordnungspläne nicht betroffen sein[280] — vor den Verwaltungsgerichten im Wege der **Feststellungsklage** die Rechtswidrigkeit von Raumordnungsplänen (incidenter) festgestellt werden.[281] Die Möglichkeit einer Feststellungsklage wird auch von den Autoren angenommen, die Raumordnungspläne nicht als Rechtsvorschriften, sondern als normergänzende Verwaltungsvorschriften oder ein Rechtsinstitut eigener Art ansehen.[282]

4. Die die Raumordnungspläne unterstützenden Instrumente

Die die Raumordnungspläne unterstützenden Instumente können im Rahmen dieser Darstellung nur kurz aufgeführt werden. Als solche Instrumente werden angesehen:

— Instrumente der *Plansicherung* (§§ 22, 23, 33 LPlG)
— Instrumente der *Planverwirklichung* (§§ 19, 20, 21 LPlG)
— Instrumente der *Planvorbereitung* und der *Planbegleitung* (§§ 32, 35, 36 LPlG; § 38 LEPro)
— Instrumente für den *Ausgleich landesplanerischer Schäden* (§ 34 LPlG)

a) Instrumente der Plansicherung

Die Instrumente der **Plansicherung** sind:

— *Untersagung* raumordnungswidriger Planungen und Maßnahmen (§ 22 LPlG)
— *Zurückstellung* von *Baugesuchen* (§ 23 LPlG)
— *Entschädigungsregelungen* (§ 33 LPlG)

---

278 Vgl. *Hoppe*, RuL Rdn. 377 m.w.N.
279 *Hoppe*, Rul. Rdn. 377; *Depenbrock/Reiners*, § 13 LPlG Anm. 20.2 trotz der Annahme, Raumordnungspläne seien ein Rechtsinstitut eigener Prägung und ein aliud, siehe § 16 LPlG Anm. 17, § 24 LPlG Anm. 2.
280 Aus ihrer — hier bekämpften (siehe oben unter II 3 f bb) — Auffassung, § 24 Abs. 5 S. 2 LPlG, die BrKP lösten gegenüber dem Bergbautreibenden Anpassungspflichten aus, ziehen *Depenbrock/Reiners*, § 24 LPlG Anm. 18.4, die Konsequenz, dem Bergbautreibenden sei gegenüber den BrKP Rechtsschutz zu gewähren „wie bei Verwaltungsakten mit Drittwirkung", da die über den BrKP herbeigeführte Konkretisierung „endgültig" sei und den „schwankenden Bereich" für den Umfang der Betriebspläne verbindlich festlege. Dieser Auffassung kann nicht gefolgt werden. Genehmigte Betriebspläne stehen nicht unter dem Vorbehalt späterer Braunkohlenplanung; sie sind deswegen auch nicht schwankend in dem Umfang ihrer durch sie gegebenen Berechtigungen.
281 *Hoppe*, Rul. Rdn. 407, 409f.; *Erbguth*, in: Bielenberg/Erbguth/Söfker, M 500 Rdn. 71.
282 *Depenbrock/Reiners*, § 13 LPlG Anm. 20.2; *Weidemann* (Fußn. 244), 61 ff.; *Schmidt-Aßmann* (Fußn. 244), 245 f.; siehe auch *Niemeier/Dahlke/Lowinski*, § 13 LPlG Rdn. 25; *Zeller*, DVBl. 1973, 599 ff., 604.

aa) Untersagung raumordnungswidriger Maßnahmen (§ 22 LPlG)[283]

Nach § 22 LPlG kann die Landesplanungsbehörde im Einvernehmen mit den fachlich zuständigen Landesministern und nach Anhörung des Bezirksplanungsrates raumbedeutsame Planungen und Maßnahmen, die von Behörden oder sonstigen Planungsträgern i. S. des § 4 Abs. 5 ROG beabsichtigt sind, für eine bestimmte Zeit untersagen, wenn zu befürchten ist, daß die Einhaltung der Ziele der Raumordnung und Landesplanung oder ihre bereits eingeleitete Aufstellung, Änderung oder Ergänzung unmöglich gemacht oder wesentlich erschwert werden (§ 22 Abs. 1 LPlG). Die Untersagung kann verlängert werden. Dabei darf eine Untersagung zur Sicherung noch nicht aufgestellter Ziele der Raumordnung und Landesplanung die Gesamtdauer von zwei Jahren nicht überschreiten (§ 22 Abs. 2 LPlG). Die Untersagung wird nach Anhörung des Betroffenen von Amts wegen oder auf Antrag eines öffentlichen Planungsträgers, dessen Aufgaben durch die beabsichtigte Planung oder Maßnahme berührt werden, ausgesprochen (§ 22 Abs. 3 LPlG). Die Untersagung ist vor Fristablauf ganz oder teilweise aufzuheben, soweit ihre Voraussetzungen weggefallen sind (§ 22 Abs. 4 LPlG).[284]

bb) Zurückstellung von Baugesuchen (§ 23 LPlG)[285]

Nach § 23 LPlG können die Regierungspräsidenten unter den Voraussetzungen des § 22 Abs. 1 LPlG die Baugenehmigungsbehörde anweisen, die Entscheidung über die Zulässigkeit baulicher Anlagen im Einzelfall für einen Zeitraum bis zu zwölf Monaten auszusetzen.

cc) Entschädigungsregelungen (§ 33 LPlG)[286]

§ 33 LPlG enthält Entschädigungsregelungen, wenn die Sicherungsmittel der §§ 22, 23 LPlG in − oder nicht in − Verbindung mit einer Veränderungssperre nach § 14 BBauG oder einer Zurückstellung von Baugenehmigungen nach § 15 BBauG den Zeitraum von vier Jahren überschreiten.

b) **Instrumente der Planverwirklichung**

Als Instrumente der **Planverwirklichung** sind anzusehen:

− die *Planaufsicht* über den Bezirksplanungsrat (§ 19 LPlG)
− das *Zielbekanntgabeverfahren* (§ 20 LPlG)
− die *Anpassungspflicht der Gemeinden* mit Bauleitplänen an Ziele der Raumordnung und Landesplanung (§ 21 Abs. 1 LPlG)
− das *Planungsgebot für Gemeinden* für Bauleitpläne entsprechend den Zielen der Raumordnung und Landesplanung (§ 21 Abs. 2 LPlG)

---

283 Siehe Einzelheiten bei *Depenbrock/Reiners*, § 22 LPlG m.w.N.; *Niemeier/Dahlke/Lowinski*, § 20 LPlG Rdn. 1 ff. m.w.N.; *Bielenberg/Erbguth/Söfker*, M 400 Rdn. 54 ff. m.w.N.
284 Siehe oben dazu II 2 f.
285 Einzelheiten siehe dazu bei *Depenbrock/Reiners*, § 23.
286 Einzelheiten siehe dazu bei *Depenbrock/Reiners*, § 33 LPlG Anm. 1 ff. m.w.N.; *Niemeier/Dahlke/Lowinski*, § 24 LPlG Rdn. 1 ff. m.w.N.

Die landesplanerische Ausgestaltung der Raumordnung und Landesplanung

aa) Planungsaufsicht über den Bezirksplanungsrat (§ 19 LPlG)[287]

Nach § 19 LPlG kann die Landesplanungsbehörde feststellen, daß der Bezirksplanungsrat verpflichtet ist, den Gebietsentwicklungsplan oder einen Gebietsentwicklungsplan für bestimmte räumliche oder sachliche Teilabschnitte innerhalb einer angemessenen Frist aufzustellen oder zu ändern und zur Genehmigung vorzulegen. Kommt der Bezirksplanungsrat dieser Planungspflicht nicht fristgerecht nach, so kann die Landesplanungsbehörde die Planung ganz oder teilweise selbst durchführen oder die Durchführung der Bezirksplanungsbehörde übertragen (§ 19 Abs. 1 LPlG). Hat die Planungsbehörde die Genehmigung eines Gebietsentwicklungsplans mit der Begründung abgelehnt, daß er dem LEPro oder einem LEP widerspreche, so ist sie befugt, bei der erneuten Vorlage einen solchen Plan im Einvernehmen mit den fachlich zuständigen Landesministern zum Zwecke der Anpassung zu ändern und in der geänderten Form zu genehmigen (§ 19 Abs. 2 LPlG).

bb) Zielbekanntgabeverfahren (§ 20 LPlG)[288]

In § 20 LPlG ist ein Verfahren geregelt, mit dessen Hilfe die Bezirksplanungsbehörde den Gemeinden die Ziele der Raumordnung und Landesplanung bekanntgibt, und in dem für die Anpassung der Bauleitplanung an Ziele der Raumordnung und Landesplanung verfahrensmäßig Sorge getragen werden kann.

cc) Anpassungspflicht der Gemeinden (§ 21 Abs. 1 LPlG)[289]

Nach § 21 Abs. 1 LPlG kann die Landesregierung verlangen, daß die Gemeinden ihre genehmigten Bauleitpläne den Zielen der Raumordnung und Landesplanung anpassen.

dd) Planungsgebot für die Gemeinden (§ 21 Abs. 2 LPlG)[290]

Nach § 21 Abs. 2 LPlG kann die Landesregierung verlangen, daß die Gemeinden Bauleitpläne entsprechend den Zielen der Raumordnung und Landesplanung aufstellen, wenn dies zur Verwirklichung von Planungen mit hervorragender Bedeutung für die überörtliche Wirtschaftsstruktur oder allgemeine Landesentwicklung erforderlich ist. Die betroffenen Flächen müssen auf der Grundlage eines LEP in GEP dargestellt sein.

---

287 Einzelheiten siehe bei *Depenbrock/Reiners*, § 19 LPlG Anm. 1 ff.; *Niemeier/Dahlke/Lowinski*, § 17 LPlG Rdn. 1 ff.
288 Einzelheiten siehe bei *Depenbrock/Reiners*, § 20 LPlG Anm. 1 ff.; *Niemeier/Dahlke/Lowinski*, § 18 LPlG Rdn. 1 ff.; *Bleicher*, Das Verfahren zur Anpassung der Bauleitplanung an die Ziele der Raumordnung und Landesplanung, dargestellt am Beispiel des nordrhein-westfälischen Zielbekanntgabeverfahrens (1983).
289 Einzelheiten siehe bei *Depenbrock/Reiners*, § 21 LPlG Anm. 1–5; *Niemeier/Dahlke/Lowinski*, § 19 LPlG Rdn. 8–11.
290 Einzelheiten siehe bei *Depenbrock/Reiners*, § 21 LPlG Anm. 5 ff.; *Niemeier/Dahlke/Lowinski*, § 19 LPlG Rdn. 12 ff.; *Stern/Burmeister*, (Fußn. 34); *Bielenberg/Erbguth/Söfker*, K § 5 ROG Rdn. 110 ff.; *Erbguth*, ROLPlR, Rdn. 297 f.

Vor der Entscheidung der Landesregierung ist den betroffenen Bezirksplanungsräten und Gemeinden Gelegenheit zur Stellungnahme zu geben.
Die Verfassungsmäßigkeit des Planungsgebots ist umstritten.

c) Instrumente der Planvorbereitung und Planbegleitung

Instrumente der **Planvorbereitung** und der **Planbegleitung** sind:
- *Unterrichtung des Landtags* (§ 32 LPlG)
- *Mitteilungs- und Unterrichtungspflicht* (§ 35 LPlG)
- *Auskunftspflicht* (§ 36 LPlG)
- *Berichterstattung* (§ 38 LEPro)

In den genannten Vorschriften wird eine Reihe von Pflichten zur Unterrichtung geregelt, so die der Landesregierung gegenüber dem Landtag im Hinblick auf einen zweijährig zu erstattenden **Raumordnungsbericht der Landesregierung**, der obersten Landesbehörden gegenüber der Landesplanungsbehörde und weitere gegenseitige Unterrichtungspflichten der mit Landesplanung befaßten Stellen sowie die Auskunftspflicht von Behörden gegenüber den Landesplanungsbehörden.

d) Instrumente für den Ausgleich landesplanerischer Schäden (§ 34 LPlG)[291]

§ 34 Abs. 1 LPlG regelt Ersatzleistungen und Entschädigungen des Landes gegenüber Gemeinden, wenn diese einen Dritten gem. §§ 39j — 44c BBauG entschädigen, weil sie eine rechtswirksamen Bebauungsplan aufgrund rechtsverbindlich aufgestellter Ziele der Raumordnung und Landesplanung auf Verlangen nach § 21 Abs. 1 LPlG geändert oder aufgehoben haben.

Diese Regelungen werden in § 34 Abs. 2 LPlG verfahrensrechtlich ergänzt.

---

291 Siehe dazu *Schmidt-Aßmann*, Der Ausgleich landesplanerischer Schäden (1976); *Niemeier*, Entschädigung aufgrund von Maßnahmen der Landesplanung, ARL-Berichte Bd. 54 (1968), 15 ff.; *Depenbrock/Reiners*, § 34 LPlG Anm. 1 ff.; *Niemeier/Dahlke/Lowinski*, § 25 LPlG Rdn. 1—6.

Baurecht*

von Walter Krebs

Literatur

U. Battis, Öffentliches Baurecht und Raumplanungsrecht, Stuttgart 1981; *G. Bork/W. Köster,* Landesbauordnung Nordrhein-Westfalen, Kommentar, Köln, Berlin, Hannover, Kiel, Mainz, München, 1984; *J. Dieckmann/H.-G. Lange,* Die neue Landesbauordnung für Nordrhein-Westfalen, Kissing, Zürich, Paris, Mailand, Amsterdam, Barcelona, (Loseblatt, Stand: Okt. 1985); *W. Ernst/W. Hoppe,* Das öffentliche Bau- und Bodenrecht, Raumplanungsrecht, 2. Aufl., München 1981; *K. Finkelnburg/K.-M. Ortloff,* Öffentliches Baurecht, München 1981; *K. H. Friauf,* Bau- und Bodenrecht, in: I. v. Münch (Hrsg.), Besonderes Verwaltungsrecht, 7. Aufl., Berlin, New York 1985; *H. Gädtke/D. Böckenförde/H.-G. Temme,* Landesbauordnung Nordrhein-Westfalen, Kommentar, 7. Aufl., Düsseldorf 1986; *M. Oldiges,* Baurecht, in: W. Arndt/K. Köpp/M. Oldiges/ W.-R. Schenke/O. Seewald/U. Steiner, Besonderes Verwaltungsrecht, Heidelberg 1984; *K.-M. Ortloff,* Die Entwicklung des Bauordnungsrechts, NVwZ 1982, 75; 1983, 10; 1984, 279; 1985, 13; 1986, 441; *R. Proksch,* Das Bauordnungsrecht in der Bundesrepublik Deutschland, Berlin 1981; *H. G. Rößler,* Kommentar zur Landesbauordnung von Nordrhein-Westfalen, 3. Aufl., Köln, Berlin, Bonn, München 1985; *W. Scheerbarth,* Das allgemeine Bauordnungsrecht, 2. Aufl., Köln 1966; *B. H. Schulte,* Rechtsgüterschutz durch Bauordnungsrecht, Berlin 1982; *R. Steinberg,* Baurecht, in: H. Meyer/M. Stolleis (Hrsg.), Hessisches Staats- und Verwaltungsrecht, Frankfurt 1983; *F. Thiel/H. G. Rößler/W. Schumacher,* Baurecht in Nordrhein-Westfalen, Bd. 1–4/4 (9. Bd.), Kommentar zur BauONW, Köln, Berlin, Bonn, München (Loseblatt, Stand: Dez. 1985); *R. Wiechert,* Baurecht, in: H. Faber/H.-P. Schneider (Hrsg.), Niedersächsisches Staats- und Verwaltungsrecht, Frankfurt 1985.

Gliederung:

I. Allgemeines
  1. Privates und öffentliches Baurecht
  2. Die bundesstaatliche Kompetenzverteilung für das öffentliche Baurecht
  3. Baurecht und Baufreiheit
II. Bauordnungsrechtliche Anforderungen
  1. Aufbau der LBauO
  2. Anforderungen der Gefahrenabwehr

---

* Nachfolgend kann nicht mehr als eine Einführung in die Rechtsmaterie und zwar im wesentlichen in die des Bauordnungsrechts geleistet werden. Für wertvolle Hilfe bei der Vorbereitung dieses Beitrages danke ich Herrn Assessor Mag. rer. publ. **Manfred Schröder**.

3. Ästhetische Anforderungen
4. Soziale Standards
III. Die baurechtliche Verantwortlichkeit
IV. Bauaufsichtsbehörden
V. Aufgaben und Instrumente der Bauaufsicht
  1. Die Baugenehmigung
  2. Die Bauüberwachung
  3. Die (Wieder-)Herstellung baurechtmäßiger Zustände
VI. Rechtsschutzfragen
  1. Rechtsschutz des Bauherrn
  2. Drittschutz
  3. Vorläufiger Rechtsschutz

I. Allgemeines

1. Privates und öffentliches Baurecht

Die natürlichen und künstlichen Gegebenheiten des Raumes beeinflussen die Lebensgestaltung jedes einzelnen. Bei dem gegenwärtigen Stand der Bevölkerungsdichte trifft jede Veränderung des Raumes und nahezu jede bauliche Nutzung von Grund und Boden auf ein Geflecht unterschiedlichster individueller wie kollektiver Interessen. Man wird daher nicht erwarten können, daß sich das Baurecht, im weiteren Sinne als Inbegriff der auf die Nutzbarkeit und bauliche Nutzung von Grund und Boden bezogenen Rechtsnormen[1] verstanden, als eine in sich und gegenüber anderen Rechtsgebieten abgeschlossene, einheitliche Rechtsmaterie darstellt. Vielmehr finden sich derartige Vorschriften in vielen Teilen der Rechtsordnung.

Das „Baurecht" in einem weit verstandenen Sinne ist nicht auf das öffentliche Recht beschränkt. Mit dem Begriff des **privaten Baurechts** werden bisweilen solche Regelungen bezeichnet, die sich auf den Ausgleich privater Interessen bei der baulichen Nutzung von Grundstücken beziehen, wohingegen die Funktion des **öffentlichen Baurechts** in der Geltendmachung von Allgemeininteressen bestehen soll.[2] Einer solchen Begriffsbildung steht allerdings die angedeutete heterogene Interessenstruktur entgegen, die baurechtlichen Vorschriften häufig zugrundeliegt. So kann der Ausgleich divergierender Privatinteressen durchaus auch im Allgemeininteresse liegen, wie umgekehrt eine Regelung, die ein Interesse des Allgemeinwohls verfolgt, zugleich auch private Interessen befriedigen kann.[3] Im Anschluß an die allgemeine Diskussion um die Abgrenzung

---

[1] Ähnlich *Friauf*, Baurecht, in: v. Münch (Hrsg.), Besonderes Verwaltungsrecht, 7. Aufl. 1985, S. 439 (444); vgl. auch *Oldiges*, in: Arndt/Köpp/Oldiges/Schenke/Seewald/Steiner (Hrsg.), Besonderes Verwaltungsrecht, 1984, Rdn. 1 (S. 323).
[2] *Gaentzsch*, Öffentliches Baurecht, 1978, S. 18.
[3] Vgl. auch *Wiechert*, in: Faber/Schneider, Niedersächsisches Staats- und Verwaltungsrecht, 1985, S. 278 (280f.).

zwischen öffentlichem und privatem Recht[4] sind daher unter privatrechtlichen Baurechtsnormen solche zu verstehen, die jedermann berechtigen oder verpflichten können. Öffentlich-rechtliche Baurechtsnormen begründen oder gestalten dagegen Rechtsverhältnisse, an denen notwendig ein Träger öffentlicher Gewalt beteiligt ist. Zu den privatrechtlichen Baurechtsbestimmungen kann man die Vorschriften des BGB über das Grundeigentum und Nachbarrecht (§§ 903 ff.) zählen; baurechtliche Relevanz können aber auch §§ 631 ff. BGB und §§ 823 ff. BGB haben. Für die Rechtsbeziehungen zwischen Architekt und Bauherrn ist die als (Bundes-)Rechtsverordnung unmittelbar verbindliche Honorarordnung für Architekten und Ingenieure (HOAI)[5] bedeutsam; durch vertragliche Vereinbarung können die Bestimmungen der „Verdingungsordnung für Bauleistungen" (VOB)[6] rechtsverbindlich werden, die in ihrem Teil B allgemeine Vertragsbedingungen, in Teil C technische Vorschriften über Bauleistungen enthält. In dem aufgrund der Vorschriften der Art. 3, 124 EGBGB erlassenen nordrhein-westfälischen Nachbarrechtsgesetz[7] befinden sich privatrechtliche Bestimmungen über Grenzabstände für Gebäude, Fenster- und Lichtrechte, Nachbarwände, Grenzwände, Hammerschlags-und Leiterrechte u. a.

Öffentliches und privates Baurecht können ineinander verzahnt sein. So kommen öffentlich-rechtliche Baurechtsvorschriften als Schutzgesetze i. S. § 823 Abs. 2 BGB in Betracht[8] und kann das Ausmaß „ortsüblicher Benutzung" i. S. § 906 Abs. 2 BGB durch öffentlich-rechtliche Planung mitbestimmt sein.[9] Im übrigen beanspruchen privates und öffentliches Baurecht gleichzeitig und unabhängig voneinander Geltung. So sagt der Umstand, daß der Errichtung einer baulichen Anlage keine privatrechtlichen Hindernisse entgegenstehen, nichts darüber aus, inwieweit der Bauherr auch nach öffentlichem Recht berechtigt ist, sein Bauvorhaben zu verwirklichen — und umgekehrt. § 70 Abs. 3 S. 1 der Bauordnung für das Land Nordrhein-Westfalen (nachfolgend: LBauO) bestimmt ausdrücklich: „Die Baugenehmigung wird unbeschadet der privaten Rechte Dritter erteilt."[10]

---

4 Vgl. dazu *v. Münch*, Verwaltung und Verwaltungsrecht, in: Erichsen/Martens, Allgemeines Verwaltungsrecht, 7. Aufl., Berlin, New York 1985, § 2 II 1 (S. 14 ff.) m. Nachw.; *Erichsen*, Öffentliches und privates Recht, Jura 1982, 537 ff. m. Nachw.
5 V. 17. 6. 1976 (BGBl. I S. 2805).
6 I. d. F. der Bekanntmachung vom 1. 7. 1974 (BAnz. Nr. 127).
7 V. 15. 4.1969 (GVNW S. 190/SGVNW 40).
8 Z.B. für § 7 I, II LBO 1970: BGHZ 66, 354.
9 BGH, Urt. v. 19. 2. 1976, NJW 1976, 1204; *Papier*, in: Maunz/Dürig, GG, (Loseblatt, Stand: Januar 1985) Art. 14 Rdn. 384 ff.
10 Zur Frage, inwieweit dem Bauvorhaben entgegenstehendes Privatrecht die Erteilung einer Baugenehmigung verhindern kann, vgl. unten V 1 d mit Fn. 167.

2. Die bundesstaatliche Kompetenzverteilung für das öffentliche Baurecht

Gemäß Art. 70 Abs. 1 GG hat der Bund **Gesetzgebungszuständigkeiten** nur dann, wenn sie ihm vom Grundgesetz verliehen sind. Baurechtliche Gesetzgebungskompetenzen sind dem Bund im wesentlichen durch Art. 75 Nr. 4 GG — Rahmengesetzgebung für die Bodenverteilung, die Raumordnung und den Wasserhaushalt — und durch Art. 74 Nr. 18 GG — konkurrierende Gesetzgebung u.a. für den Grundstücksverkehr und das Bodenrecht — zugewiesen worden. Der Inhalt dieser Begriffe und damit die Abgrenzung der Gesetzgebungszuständigkeiten von Bund und Ländern war — und ist — nicht unumstritten.[11] Im Hinblick darauf haben Bundestag, Bundesrat und Bundesregierung durch gemeinsamen Antrag das Bundesverfassungsgericht um die Erstattung eines Rechtsgutachtens ersucht,[12] das dieses am 16. Juni 1954 vorgelegt hat.[13] Das Gericht ging davon aus, daß die Benennung einzelner Materien des Baurechts insbesondere in Art. 75 Nr. 4, 74 Nr. 18 GG gerade keine Entscheidung der Verfassung für eine umfassende Bundeskompetenz für das Baurecht bedeute, die Gesetzgebungszuständigkeiten also auf Bund und Länder aufgeteilt seien. So habe das **Bauordnungsrecht**, auch wenn es nicht mehr nur der Gefahrenabwehr diene,[14] seinen materiell-polizeirechtlichen Charakter behalten und sei daher nach wie vor Sache der Landesgesetzgebung.[15] Der Bund habe die Zuständigkeit zur Regelung der städtebaulichen Planung, der Baulandumlegung, der Zusammenlegung von Grundstücken, des Bodenverkehrs, der Erschließung sowie der Bodenbewertung, soweit sie sich auf diese Gebiete bezieht.[16]

Der Bund hat die ihm zugeteilten Gesetzgebungskompetenzen weitgehend ausgeschöpft. Die wichtigsten baurechtlichen Regelungen auf dem Gebiet des Baurechts sind das 1960 erlassene und seitdem mehrfach novellierte Bundesbaugesetz,[17] die auf seiner Grundlage ergangenen Baunutzungsverordnung,[18] Planzeichenverordnung[19] und Wert-

---

11 Vgl. dazu *Schulte*, Rechtsgüterschutz durch Bauordnungsrecht, 1982, S. 67 ff.
12 Gem. des durch die Novelle vom 21. 7. 1956 (BGBl. I S. 662) aufgehobenen § 97 BVerfGG konnten der Bundestag, der Bundesrat und die Bundesregierung in einem gemeinsamen Antrag das BVerfG um Erstattung eines Rechtsgutachtens über eine bestimmte verfassungsrechtliche Frage ersuchen (Abs. 1). Dasselbe Recht stand dem Bundespräsidenten zu (Abs. 2). Das Rechtsgutachten wurde vom Plenum des BVerfG erstattet (Abs. 3).
13 BVerfGE 3, 407. Anlaß des Rechtsgutachtens war das Projekt eines (Bundes-)Baugesetzes, das das Bau-, Boden-, Planungs-, Anlieger- und Umlegungsrecht im Zusammenhang und bundeseinheitlich regeln sollte. Insbesondere einige Länder hatten verfassungsrechtliche Bedenken gegen die Zuständigkeit des Bundes zur Gesetzgebung auf den Gebieten des Baurechts erhoben.
14 Zu den Funktionen des Bauordnungsrechts vgl. unten unter II.
15 BVerfGE 3, 407 (430 ff.).
16 Ebd. S. 439.
17 I.d.F. der Bekanntmachung vom 18. 8. 1976 (BGBl. I S. 2257).
18 I.d.F. vom 15. 9. 1977 (BGBl. I S. 1763).
19 V. 19. 1. 1965 (BGBl. I S. 21).

ermittlungsverordnung[20] sowie das Städtebauförderungsgesetz[21] und Raumordnungsgesetz.[22]

Die Länder haben das Bauordnungsrecht in (Landes-)Bauordnungen geregelt.[23] Einer Rechtszersplitterung sollte dadurch entgegengewirkt werden, daß sich diese Gesetze an einer „Musterbauordnung (MBO)" ausrichten, die eine Bund-Länder-Kommission 1959 erarbeitet hatte. Die MBO ist inzwischen überarbeitet und in neuer Fassung von der Ministerkonferenz der Arbeitsgemeinschaft der für das Bau-, Wohnungs- und Siedlungswesen zuständigen Minister und Senatoren der Länder am 11. Dez. 1981 verabschiedet worden.[24] Auf ihrer Grundlage hat der nordrhein-westfälische Landesgesetzgeber[25] die Landesbauordnung novelliert und mit Gesetz vom 26. Juni 1984 die (neue) „Bauordnung für das Land Nordrhein-Westfalen – Landesbauordnung – (BauO NW)" beschlossen.[26] Vornehmlich mit den Regelungen dieser LBauO befaßt sich der vorliegende Beitrag.

Weitere wichtige baurechtliche Bestimmungen des Landesrechts finden sich z. B. im Straßen- und Wegegesetz,[27] im Denkmalschutzgesetz[28] sowie in den aufgrund des § 80 LBauO erlassenen Rechtsverordnungen[29] und Verwaltungsvorschriften[30] und den aufgrund § 81 LBauO ergangenen kommunalen Satzungen.[31]

Bundes- und Landesbaurecht stehen nicht beziehungslos nebeneinander, sondern regeln vielfach denselben Sachverhalt aus unterschiedlicher „Blickrichtung".[32] So beschäftigt sich das bundesrechtlich geregelte **Bauplanungsrecht** mit der räumlichen Entwicklung eines als Einheit gesehenen Gebietes und stellt Anforderungen an ein konkretes

---

20 I.d.F. vom 15. 8. 1972 (BGBl. I S. 1416).
21 V. 18. 8. 1976 (BGBl. I S. 2318). Nach dem Entwurf eines Gesetzes über das Baugesetzbuch (BR-Drucks. 575/85) werden die Regelungen des BBauG und des StBauFG in einem „Baugesetzbuch" zusammengefaßt.
22 I.d.F. vom 18. 8. 1976 (BGBl. I S. 2318).
23 In NRW zunächst durch Gesetz vom 25. 6. 1962 (GVNW S. 373), novelliert durch Gesetz vom 27. 1. 1970 (GVNW S. 96) und durch Gesetz vom 15. 7. 1976 (GVNW S. 264), zuletzt durch Gesetz vom 26. 6. 1984 (GVNW S. 419/SGVNW 232).
24 Dazu *Ley*, NVwZ 1983, 599 ff.
25 Neben NRW haben inzwischen Bayern, Baden-Württemberg, Bremen, Rheinland-Pfalz und Schleswig-Holstein ihre Landesbauordnungen neu beschlossen.
26 Vgl. Fn. 23. Dazu *Bork*, Städte- und Gemeinderat 1984, S. 219 ff. Eine Synopse der LBauO 1970 und LBauO 1984 findet sich in *Dieter Böckenförde/Winnifred Krebs/Heinz-Georg Temme*, Landesbauordnung Nordrhein-Westfalen BauO NW '70 BauO NW '84 im Vergleich, 1984 sowie bei *Fickert/Bork*, Die neue Bauordnung für das Land Nordrhein-Westfalen BauO NW '84, 1984.
27 I.d.F. der Bekanntmachung vom 1. 8. 1983 (GVNW S. 306/SGVNW 91).
28 V. 11. 3. 1980 (GVNW S. 226/SGVNW 224).
29 Zusammenstellung bei *Thiel/Rößler/Schumacher*, Baurecht in Nordrhein-Westfalen, Band 3/2.
30 Vgl. die VwV BauONW v. 29.11.1984 (SMBl. NW 23212). Aus dem SMBl. NW ist bei Gliederungsnummer 23212 die jeweils letzte Fassung der VwV BauONW zu entnehmen.
31 Z. B. „Satzung über besondere Gestaltungsanforderungen" oder „Satzung über die äußere Gestaltung baulicher Anlagen (Baugestaltungssatzung)".
32 *Friauf*, in: v. Münch, Besonderes Verwaltungsrecht, 7. Aufl. 1985, III. (S. 497).

Bauvorhaben insofern, als sich dieses in den festgelegten Charakter des jeweiligen Gebietes einzufügen hat. Demgegenüber stellt das landesrechtlich geregelte **Bauordnungsrecht** Anforderungen an die Konstruktion und Gestaltung der baulichen Anlage und enthält auch Regelungen über die Beziehungen des Bauwerks zu seiner Nachbarschaft. Dieses Nebeneinander bundes- und landesrechtlicher Vorschriften erfordert im landesrechtlich geregelten Baugenehmigungsverfahren (§§ 57 ff. LBauO[33]) eine doppelte Prüfung der Zulässigkeit des Bauvorhabens, das sowohl den bauplanungsrechtlichen als auch den bauordnungsrechtlichen Bestimmungen genügen muß.[34] Dabei kann die Fülle der Rechtsvorschriften teilweise zu einem unübersichtlichen Ausmaß rechtlicher Anforderungen an das Bauvorhaben führen[35] und wirft die Rechtsanwendung im Einzelfall besondere Probleme auf, wenn planungs- und bauordnungsrechtliche Bestimmungen sich nicht nur kumulativ ergänzen, sondern einander mit unterschiedlichen Regelungsinhalten gegenüberstehen.[36] So kann es etwa zu einem Konflikt zwischen bauplanungsrechtlichen Regelungen hinsichtlich überbaubarer Grundstücksflächen mit bauordnungsrechtlichen Anforderungen an (nicht) freizuhaltende Abstandsflächen kommen. Insofern wird die Heranziehung allgemeiner (Art. 31 GG) wie besonderer Kollisionsnormen erforderlich (vgl. z.B. § 6 Abs. 1 S. 3, 4 LBauO).

Ob die Regelungen des Grundgesetzes das derzeitige Nebeneinander bundes- und landesrechtlicher Baurechtsnormen zwingend gebieten und dieser „Dualismus"[37] rechtspolitisch sinnvoll ist, wird unter rechtlichen wie rechtspolitischen Gesichtspunkten erörtert. Argumente werden sowohl für eine einheitliche bundesgesetzliche[38] wie für eine landesgesetzliche Regelung[39] vorgetragen. Zumindest an der grundsätzlichen Aufteilung hat aber auch der Entwurf eines neuen (Bundes-)Baugesetzbuches nichts geändert.[40]

Gemäß Art. 83 GG führen grundsätzlich die Länder die Bundesgesetze als eigene Angelegenheit aus. Das Land hat also nicht nur die **Verwaltungszuständigkeit** für das

---

33 Vgl. im einzelnen dazu unten V 1.
34 Zur Priorität der bauplanungsrechtlichen Prüfung vor der bauordnungsrechtlichen vgl. *Friauf* aaO. (Fn. 1) I 3 d (S. 450).
35 Vgl. z.B. für Werbeanlagen *Temme*, in: Gädtke/Böckenförde/Temme, Landesbauordnung Nordrhein-Westfalen, Kommentar, 7. Aufl. 1986, § 13 Rdn. 5 ff.
36 Dazu *Weyreuther*, BauR 1972, 1 ff.
37 *Ziegler*, ZfBR 1980, 275 ff.; *Hoppe*, in: Ernst/Hoppe, Das öffentliche Bau- und Bodenrecht, Raumplanungsrecht, 2. Aufl. 1981, Rdn. 332 ff.
38 *Ziegler*, ZfBR 1980, 280 ff.; *ders.*, DVBl. 1984, 378; *Stich*, DVBl. 1984, 905; *Schulte* aaO. (Fn. 11) S. 227 ff.
39 *Wiechert* aaO. (Fn 3) S. 278 (286 f.); *ders.*, ZRP 1985, 239 (241).
40 Der Entwurf eines Gesetzes über das Baugesetzbuch — BR-Drucks. 575/85 — enthält eine Ermächtigung zu abweichenden landesrechtlichen Regelungen in bestimmten Rechtsbereichen. Vgl. aber auch *Schneider*, DVBl. 1984, 577 ff.; Stellungnahme des Zentralinstituts für Raumplanung an der Westfälischen Wilhelms-Universität zu Münster, Zu den „Materialien zum Baugesetzbuch", DVBl. 1985, 36 ff.

von ihm geschaffene — hier noch näher darzustellende — Bauordnungsrecht, sondern grundsätzlich auch die Zuständigkeit zur Ausführung der bundesrechtlichen Bestimmungen über das Bauplanungsrecht.

3. Baurecht und Baufreiheit

Das öffentliche Baurecht bezieht sich nicht nur, aber zumindest dann, wenn der Eigentümer sein Grundstück baulich nutzen will, wesentlich auf den von Art. 14 Abs. 1 GG thematisierten Freiheitsbereich.[41] Darüber, in welchem rechtsdogmatischen Verhältnis Art. 14 Abs. 1 GG zu den Baurechtsbestimmungen zu sehen ist, insbesondere, ob und inwieweit Art. 14 Abs. 1 GG verfassungsunmittelbar die sog. Baufreiheit schützt, herrscht heftiger Streit.[42] Das verwundert insofern nicht, als zum einen Art. 14 GG überaus schwierige rechtsdogmatische Probleme aufwirft und zum anderen der Inhalt dieser Grundrechtsbestimmung zum Fundament der rechtlichen Wirtschafts- und Sozialordnung zählt und so stets in Gefahr steht, ideologisch be- und überfrachtet zu werden.

Art. 14 Abs. 1 S. 2 GG wirft deshalb besondere Verständnisprobleme auf, weil er einerseits Eigentum — auch subjektivrechtlich — „gewährleistet", also verfassungsunmittelbar schützt und andererseits seine Inhalts-, also nicht nur die Schrankenbestimmung dem Gesetzgeber überläßt. Die Vorschrift überläßt die Ausgestaltung der grundrechtlichen Freiheit gerade den Staatsorganen, vor deren Entscheidung sie den Grundrechtsträger auch schützen will (Art. 1 Abs. 3 GG). Angesichts dieser Konzeption des Grundrechtsschutzes kann „Eigentum" weder eine vorfindliche, gleichsam „fertige" Freiheit i.S. eines beliebigen Umgangs mit Gütern sein, die nur noch „nachträglichen" Beschränkungen zugänglich ist, noch eine nur einfachgesetzlich eingeräumte Rechtsposition. Die erstere Auffassung würde die Angewiesenheit der Eigentumsfreiheit auf die Rechtsordnung unterschätzen und den verfassungsrechtlichen Gestaltungsauftrag an den Gesetzgeber verkennen, letztere das „Selbstgewicht" der Verfassung[43] mißachten und eine Überprüfung der einfachgesetzlichen Eigentumsregelung am Grundrecht ausschließen. Daher kann auch weder ein Verständnis von Baufreiheit i.S. einer verfassungsunmittelbar und prinzipiell allumfassend gewährleisteten Möglichkeit beliebiger baulicher Nut-

---

41 Vgl. zur möglichen Betroffenheit anderer Grundrechte *Schulte* aaO. (Fn. 11) S. 40, 158 ff.; BVerwGE 42, 115. Ist der Bauherr nicht Eigentümer des Grundstücks, kommt anstelle von Art. 14 Abs. 1 GG Art. 2 Abs. 1 GG in Betracht. Vgl. *Menger* und *Erichsen*, VerwArch. Bd. 56 (1965) 374 (387 f.).
42 Vgl. dazu nur *Papier* aaO. (Fn. 9) Rdn. 59 ff.; 318 ff.; *Schmidt-Aßmann*, Grundfragen des Städtebaurechts, 1972, S. 89 ff.; *Breuer*, Die Bodennutzung im Konflikt zwischen Städtebau und Eigentumsgarantie, 1976, S. 162 ff.; *dens*, DÖV 1978, 189 (191 f.); vgl. allgemein zum Verhältnis von Eigentum und Freiheit; *Häberle*, AöR Bd. 109 (1984) 36 ff.; *Wendt*, Eigentum und Gesetzgebung, 1985, S. 80 ff.
43 *Leisner*, JZ 1964, 201 (202).

zung jedes Grundstücks, noch ein Verständnis von Baufreiheit als ausschließlich durch unterverfassungsrechtliche Baurechtsnormen und nach deren Maßgabe zugewiesene Nutzungsmöglichkeit der Konstruktion des Grundrechts gerecht werden.

Dem Bundesverfassungsgericht ist deshalb insoweit zuzustimmen, wenn es einerseits betont, daß Art. 14 Abs. 1 GG einen eigenständigen, d.h. auch dem Gesetzgeber vorgegebenen und ihn bindenden Eigentumsbegriff enthält[44] und anderseits darauf hinweist, daß sich die „konkrete Reichweite des Schutzes durch die Eigentumsgarantie ... erst aus der Bestimmung von Inhalt und Schranken des Eigentums (ergibt), die nach Art. 14 Abs. 1 S. 2 GG Sache des Gesetzgebers ist".[45] Der Inhalt des verfassungsrechtlichen Eigentumsbegriffs ist sowohl durch die Privatnützigkeit der vermögenswerten Güter und der Verfügungsbefugnis des Rechtsträgers über sie gekennzeichnet,[46] als auch durch die soziale Bindung dieser Rechtsposition. Beide Elemente sind vom Grundrecht „mitgedacht" und vom Gesetzgeber mithilfe des Übermaßverbotes in einen Ausgleich zu bringen. Verfassungsrechtlich geschützte Baufreiheit ist also die vom Gesetzgeber in dieser Weise grundrechtskonform ausgestaltete bauliche Nutzungsmöglichkeit des Grundstücks. Das bedeutet, daß nicht jedes Allgemeininteresse eine Verkürzung privater Interessen am Umgang mit Grund und Boden rechtfertigt und daß das Ausmaß staatlicher Gestaltungsbefugnis vom (verfassungs-)rechtlichen Stellenwert der geltend gemachten Allgemeininteressen abhängt.

Der so konzipierte Grundrechtsschutz ist mit einem — im übrigen auch unhistorischen[47] — Verständnis des gewährleisteten „Eigentums" i.S. einer statischen, unveränderlichen Größe unvereinbar. Der Ausdruck „Baufreiheit" darf weder über die dynamische Eigenart der verfassungsrechtlichen Gewährleistung noch darüber hinwegtäuschen, in welch unterschiedlichem Ausmaß diese Freiheit gesetzlich ausgestaltet ist. So kann Planungsrecht die bauliche Nutzung eines Grundstücks völlig ausschließen und kann auch das Bauordnungsrecht die Wahlmöglichkeiten des Bauherrn hinsichtlich des „Wie" des Bauens erheblich reduzieren.[48]

Verfassungsrecht ist nicht nur Beurteilungsmaßstab für die Gültigkeit der Baurechtsnormen, sondern ebenso Determinante bei der Normauslegung und -anwendung. Im Bauordnungsrecht kommt der grundrechtlichen Absicherung der Baufreiheit insofern besondere Bedeutung zu, als bauordnungsrechtliche Bestimmungen regelmäßig nur Platz greifen können, wenn das Grundstück planungsrechtlich bebaubar, Baufreiheit also prinzipiell realisierbar ist. Die hier im Grundrechtsschutz des Eigentums mitumschlossene Dispositionsmöglichkeit über die bauliche Nutzung des Grundstücks darf aus Verfassungsgründen nur soweit beschnitten werden, als es die vom einfachen

---

44 BVerfGE 58, 300 (335).
45 BVerfGE 33, 257 (292).
46 BVerfGE 24, 367 (389); 50, 290 (339); 53, 257 (290 f.). Vgl. auch *Papier* aaO. (Fn. 9) Rdn. 307 ff.; *Breuer* aaO. (Fn. 42) S. 59 ff.
47 Vgl. auch *Schmidt-Aßmann* aaO. (Fn. 42) S. 89 ff.; *dens.*, DVBl. 1972, 627 (631).
48 Vgl. auch *Papier* aaO. (Fn. 9) Rdn. 60; *Oldiges* aaO. (Fn. 1) Rdn. 86.

Gesetz geschützten Interessen gerechtfertigt erscheinen lassen. Das leuchtet im Hinblick auf Normen, die dem Schutz von Leben und Gesundheit dienen, ohne weiteres ein, kann aber etwa im Hinblick auf ästhetische Interessen am Bauwerk überaus problematisch sein und eine restriktive Interpretation von derartige Ziele verfolgenden Normen nahelegen.[49] Die Anwendung der Normen des Bauordnungsrechts darf nur unter Beachtung des **Übermaßverbotes** erfolgen; bauordnungsrechtliche Maßnahmen müssen also geeignet, erforderlich und verhältnismäßig sein.

II. Bauordnungsrechtliche Anforderungen

1. Aufbau der LBauO

Im Ersten Teil „Allgemeine Anforderungen" enthält die LBauO in § 1 die Regelung ihres Anwendungsbereichs, in § 2 Legaldefinitionen baurechtlicher Begriffe, die das Gesetz vielfach verwendet. Zu den wichtigsten, in § 2 LBauO definierten Begriffen gehört der der **baulichen Anlage**. Er ist schon für den Anwendungsbereich der LBauO von Bedeutung (§ 1 Abs. 1 S. 1: „Dieses Gesetz gilt für alle baulichen Anlagen"). Einigen Anlagen wird in § 2 Abs. 1 S. 3 LBauO ausdrücklich die Eigenschaft einer baulichen Anlage zugesprochen (u.a.: Camping- und Wochenendplätze, Sport- und Spielplätze, Stellplätze für Kraftfahrzeuge), im übrigen handelt es sich um Anlagen, die „mit dem Erdboden verbunden"[50] – also überwiegend ortsfest – und „aus Baustoffen und Bauteilen hergestellt" – also künstlich hergestellt sind.[51] Das Gesetz definiert den Begriff der baulichen Anlage für die Zwecke des Bauordnungsrechts und meint daher Vorhaben, „die im allgemeinen Interesse nicht ohne eine vorangehende behördliche Kontrolle und nicht ohne Beachtung gewisser ordnungsrechtlicher Anforderungen ausgeführt werden sollen."[52] Der Begriff ist damit nicht mit dem der baulichen Anlage des § 29 BBauG, der anderen – städtebaulichen – Funktionen dient, identisch,[53] wenn auch inhaltlich weitgehend übereinstimmend. Eine gewisse Verknüpfung von Bundes- und Landesbaurecht bewirkt der Begriff der baulichen Anlage gleichwohl, da die bundesrechtlichen Bestimmungen über die planungsrechtliche Zulässigkeit von Bauvorhaben (§§ 29ff.

---

49 Dazu unten II 3.
50 Vgl. zu diesem Begriff OVGNW, Urt. v. 14. 5. 1964, BRS 15 Nr. 88.
51 *Bork*, in: Bork/Köster, Landesbauordnung Nordrhein-Westfalen, BauONW '84, Kommentar, 1985, § 2 Rdn. 2; *Rößler*, Kommentar zur Landesbauordnung von Nordrhein-Westfalen, 3. Aufl. 1985, Anm. 1 zu § 2 (S. 13); *Proksch*, Das Bauordnungsrecht in der Bundesrepublik Deutschland, 1981, S. 62ff.
52 BVerwGE 39, 154 (157); vgl. auch *Proksch* aaO. (Fn. 51) S. 63.
53 Zum Verhältnis der Begriffe zueinander vgl. BVerwGE 39, 154 (157) sowie *Ortloff*, in: Finkelnburg/Ortloff, Öffentliches Baurecht, 1981, § 35 I 1 (S. 204); *Rößler* aaO. (Fn. 51) Anm. 1 zu § 2 (S. 15 f.); *Temme* aaO. (Fn. 35) § 2 Rdn. 3ff.

BBauG) grundsätzlich nur für solche Vorhaben gelten, die nach Landesrecht einer Baugenehmigung bedürfen.[54] Das sind gemäß § 60 Abs. 1 LBauO u. a. die Errichtung, Änderung, Nutzungsänderung und der Abbruch „baulicher Anlagen".

Der Erste Teil der LBauO schließt mit der sog. bauordnungsrechtlichen Generalklausel, die „Allgemeine Anforderungen" an bauliche Anlagen und Bauvorhaben normiert. Besondere bauordnungsrechtliche Anforderungen für „Das Grundstück und seine Bebauung" enthält der Zweite Teil (§§ 4 ff.) der LBauO sowie der Dritte Teil („Bauliche Anlagen", §§ 12 ff.). Die Generalklausel sowie der Zweite und Dritte Teil der LBauO, die zusammen etwa die Hälfte des Gesetzes ausmachen, enthalten das sog. **materielle Bauordnungsrecht**, d. h. inhaltliche Anforderungen, die das Baurecht in Verfolgung unterschiedlicher Funktionen (zu ihnen sogleich unter II 2 – 4) für Bauvorhaben und bauliche Anlagen erhebt.

Im Vierten Teil des Gesetzes (§ 52 ff.) sind „Die am Bau Beteiligten", das sind die für die Einhaltung des materiellen Bauordnungsrechts verantwortlichen Personen, benannt (dazu unter III.). Der Fünfte Teil (§§ 57 ff.) regelt Zuständigkeit und Aufgaben der Bauaufsichtsbehörden sowie das Verwaltungsverfahren (dazu unter IV.). Der letzte, Sechste Teil des Gesetzes enthält neben Bußgeldvorschriften (§ 79), Ermächtigungen zum Erlaß von Rechtsverordnungen und Verwaltungsvorschriften (§ 80) und gemeindlichen Bauvorschriften (§ 81), Übergangs- und Schlußvorschriften.

2. Anforderungen der Gefahrenabwehr

a) Zu den klassischen, vom Staat stets wahrgenommenen Aufgaben gehören die der **Gefahrenabwehr**. In § 10 Teil II Titel 17 bestimmte das preußische ALR v. 1. 6. 1794: „Die nöthigen Anstalten zur Erhaltung der öffentlichen Ruhe, Sicherheit und Ordnung, und zur Abwendung der dem Publiko, oder einzelnen Mitgliedern desselben vorstehenden Gefahr zu treffen, ist das Amt der Polizey."[55] Die Wahrnehmung der in dieser Vorschrift normierten Aufgabe der Gefahrenabwehr fiel in Preußen – auch für das Bauwesen – in die Aufgabe der Polizei („**Baupolizei**"). Da der preußische Staat angesichts der klimatischen, baulichen, rechtlichen und wirtschaftlichen Verschiedenheiten innerhalb seines Gebietes auf eine einheitliche Kodifikation des Baupolizeirechts verzichtete,[56] gehörten zu den wichtigsten Rechtsquellen des Bauordnungsrechts Polizeiverordnungen mit unterschiedlichen Geltungsbereichen. Eine landesgesetzliche

---

54 Vgl. *Wiechert* aaO. (Fn.3) S. 291 f. m. Fn. 38.
55 Vgl. auch § 14 Abs. 1 pr. PVG v. 1. 6. 1931: „Die Polizeibehörden haben im Rahmen der geltenden Gesetze die nach pflichtmäßigem Ermessen notwendigen Maßnahmen zu treffen, um von der Allgemeinheit oder dem Einzelnen Gefahren abzuwehren, durch die die öffentliche Sicherheit oder Ordnung bedroht wird."
56 *Zinkahn*, in: Ernst/Zinkahn/Bielenberg, Bundesbaugesetz, Kommentar (Loseblatt, Stand: April 1985) Band I, Einl. Rdn. 2.

Kodifikation hat die LBauO von 1962 geschaffen. Auch nach der derzeit gültigen LBauO zählt zu den wichtigsten Aufgaben der Bauaufsichtsbehörden die Gefahrenabwehr.

b) Die **bauordnungsrechtliche Generalklausel** spricht sogar nur von der gefahrenabwehrenden Funktion des Bauordnungsrechts. Nach § 3 Abs. 1 S. 1 LBauO sind bauliche Anlagen „so anzuordnen, zu errichten, zu ändern und zu unterhalten, daß die öffentliche Sicherheit oder Ordnung, insbesondere Leben oder Gesundheit, nicht gefährdet wird." Diese – materiellrechtliche – Generalklausel knüpft damit auffällig an die baupolizeiliche Tradition des Bauordnungsrechts an und weist in der Begriffswahl Parallelen mit den allgemeinen ordnungs- und polizeirechtlichen Aufgabenzuweisungs- und Ermächtigungsnormen (§§ 1, 8 PolGNW; §§ 1 Abs. 1, 14 Abs. 1 OBGNW) auf. Das spricht dafür, die Begriffe „Gefahr" und „öffentliche Sicherheit oder Ordnung" entsprechend dem ordnungs- und polizeirechtlichen Verständnis[57] auszulegen.[58] Wenn allerdings die Auffassung vertreten wird, es komme im Gegensatz zu den jeweiligen Einzelvorschriften des Bauordnungsrechts, die „abstrakte Gefährdungstatbestände umschreiben ... bei der Anwendung der Generalklausel als Auffangtatbestand auf die Verhinderung einer konkreten Gefahr an",[59] so ist darauf hinzuweisen, daß ein derartiges Erfordernis zumindest im Wortlaut des § 3 Abs. 1 S. 1 LBauO nicht zum Ausdruck kommt. Wenn § 80 Abs. 1 LBauO die oberste Bauaufsichtsbehörde ermächtigt, Rechtsverordnungen zur „Verwirklichung der in § 3 bezeichneten allgemeinen Anforderungen" zu erlassen, muß jedenfalls insofern auch das Vorliegen einer abstrakten Gefahr ausreichen. Der Begriff Generalklausel darf im übrigen nicht dahingehend mißverstanden werden, daß das Verhältnis des § 3 Abs. 1 S. 1 LBauO zu den Einzelvorschriften des (materiellen) Bauordnungsrechts immer das der lex generalis zur lex specialis sei. Vielmehr können die Einzelvorschriften Anforderungen enthalten, die über die der Generalklausel hinausgehen und knüpfen nicht immer an die Gefahr für die öffentliche Sicherheit und Ordnung an. Der Generalklausel kommt aber für den Bereich der Gefahrenabwehr die Funktion eines Auffangtatbestandes zu.[60]

c) Das Bauordnungsrecht enthält nicht nur – teilweise sehr detaillierte – Anforderungen an die bauliche Anlage selbst, etwa unter dem Gesichtspunkt der Standsicherheit, des Brandschutzes, des Wärmeschutzes sowie Vorschriften über die Beschaffenheit

---

57 Vgl. dazu den Beitrag von *Oldiges*, „Polizei- und Ordnungsrecht", in diesem Buch sowie *Götz*, Allgemeines Polizei- und Ordnungsrecht, 8. Aufl. 1985, § 3 II–IV; *W. Martens*, in: Drews/Wacke/Vogel, Gefahrenabwehr, 8. Aufl. 1977, S. 105 ff.
58 Ebenso *Proksch* aaO. (Fn. 51) S. 92; *Scheerbarth*, Das allgemeine Bauordnungsrecht, 2. Aufl. 1966, S. 160 f.; *Böckenförde* aaO. (Fn. 29) § 3 Rdn. 3.
59 *Ortloff* aaO. (Fn. 53) S. 206.
60 *Proksch* aaO. (Fn. 51) S. 89 f.; vgl. *Schmidt*, in: Dieckmann/Lange, Die neue Landesbauordnung für Nordrhein-Westfalen, Bd. 1 (Loseblatt, Stand: Okt. 1985) Teil 4 Kap. 2 § 3–3 S. 4; *Rößler* aaO. (Fn. 51) § 3 Anm. 1 (S. 22).

von Bauteilen, Baustoffen, von Wänden, Treppen, Aufzügen und haustechnische Anlagen etc., sondern stellt auch **Anforderungen an das Grundstück** selbst und die Art und Weise seiner Bebauung. So darf gemäß § 4 Abs. 1 LBauO ein Gebäude nur errichtet werden, wenn das Grundstück an befahrbare öffentliche Verkehrsflächen angeschlossen ist, die Wasserversorgungs- und Abwasseranlagen benutzbar sind und die Abwasserbeseitigung entsprechend den wasserrechtlichen Vorschriften gewährleistet ist. § 5 LBauO („Zugänge und Zufahrten auf den Grundstücken") regelt im einzelnen, welche Zugänglichkeit die Gebäude insbesondere für die Feuerwehr haben müssen.

Besondere Bedeutung für die Art und Weise der Bebaubarkeit des Grundstücks kommt der in § 6 LBauO getroffenen Regelung über **Abstandsflächen** zu. Mit Abstandsflächen sind die prinzipiell freizuhaltenden[61] Flächen zwischen den Gebäuden gemeint. Die ausführliche und zumindest auf den ersten Blick kompliziert anmutende Vorschrift versteht sich als Vereinfachung des bisherigen Systems von Abstandsregeln[62] und ersetzt auch die bis dahin geltende Regelung der **Bauwiche** (§ 7 BauO 1970). Abstandsregeln dienen unterschiedlichen Zwecken, so z. B. der Versorgung der Räume mit Tageslicht, der Durchlüftung der Freiräume und dem Brandschutz. Den von § 6 LBauO vorgeschriebenen Abmessungen liegt die Vorstellung zugrunde, daß mit der Wahrung des einen Belanges zugleich die anderen Gesichtspunkte mitberücksichtigt werden können, so daß der Gesamtheit der Abstandsregeln ein einheitliches Maß zugrunde gelegt werden kann.[63] Bemessungsgrundlage für die Tiefe der Abstandsfläche ist nach § 6 Abs. 4 LBauO die Wandhöhe; die Abstandsfläche muß also umso größer sein, je höher die Außenwand des Gebäudes ist. § 6 Abs. 4–6 LBauO enthalten Anforderungen für den Regelfall. **Ausnahmen** erlaubt z. B. § 6 Abs. 14 LBauO im Einzelfall, wenn die Gestaltung des Straßenbildes oder besondere städtebauliche Verhältnisse dies erfordern. Dergestalt können Neubauten in gewachsene Stadtstrukturen eingefügt und vorhandene Baufluchten beibehalten werden.[64] Die Gemeinden dürfen gemäß § 81 Abs. 1 Nr. 5 LBauO generelle Abweichungen von den in § 6 Abs. 5 und 6 vorgeschriebenen Maßen zur Berücksichtigung der bauhistorischen Bedeutung oder sonstigen erhaltenswerten Eigenart einzelner Ortsteile durch Satzung treffen.

Ob und wie ein Grundstück bebaut werden darf, beurteilt sich zunächst und im wesentlichen nach den einschlägigen Normen des Planungsrechts. Insbesondere im Hinblick auf die Abstandsflächenregelung kann es daher zu **Überschneidungen bauplanungs- und bauordnungsrechtlicher Regelungen über die Bebaubarkeit von Grundstücken** kommen. Eine Kollisionsregel enthält zum einen § 6 Abs. 1 S. 3 LBauO für Nachbargrundstücke; zum anderen räumt § 6 Abs. 15 LBauO künftigen Bebauungsplänen einen Vorrang vor der Abstandsflächenregelung ein.

---

61 Ausnahmen gibt es z. B. für Garagen, vgl. § 6 Abs. 11 LBauO.
62 Begründung zu § 6 des Gesetzentwurfs der Landesregierung LT-Drucks. 9/2721 S. 75f.
63 Die Norm entspricht insoweit § 6 MBO 1981.
64 *Bork* aaO. (Fn. 51) S. 223.

d) Zum Schutz des ruhenden Verkehrs vor Überlastung macht § 47 LBauO die Errichtung einer baulichen oder anderen Anlage davon abhängig, daß **Garagen oder Stellplätze**, das sind Flächen im Freien außerhalb der öffentlichen Straßen,[65] in ausreichender Größe und geeigneter Beschaffenheit vorhanden sind. Gemäß § 47 Abs. 3 LBauO sind die Stellplätze oder Garagen auf dem Baugrundstück oder „in der näheren Umgebung davon" herzustellen. Die zulässige Entfernung zur baulichen Anlage wird man nach Sinn und Zweck der Vorschrift danach bemessen müssen, ob erwartet werden kann, daß die Besucher der baulichen Anlage die Parkmöglichkeit auch nutzen werden.[66] Gemäß § 47 Abs. 1 S. 2 LBauO richtet sich die gebotene Zahl der herzustellenden Stellplätze oder Garagen nach dem Umfang des zu erwartenden Bedarfs sowie nach den örtlichen Gegebenheiten. Eine Konkretisierung dieses Stellplatzbedarfs ist durch die „Richtzahlen für den Stellplatzbedarf von Kraftfahrzeugen" gemäß Nr. 47 der Verwaltungsvorschriften zur Landesbauordnung (VV BauO NW) erfolgt.[67] Für die Ausführung von Stellplätzen oder Garagen stellt § 47 Abs. 6 LBauO Voraussetzungen unter verschiedenen Gesichtspunkten der Gefahrenabwehr auf (z.B. Verkehrssicherheit, Brand- und Umweltschutz). Näheres dazu sowie zur ausreichenden Größe und geeigneten Beschaffenheit enthält die Garagenverordnung v. 16. 3. 1973.[68]

Verschiedene Umstände können die Anlegung von Stellplätzen oder Garagen erschweren oder sogar unmöglich machen. In baulich verdichteten Gebieten oder Gebieten mit alter Bausubstanz ist möglicherweise die Schaffung von Parkraum für den Bauherrn ausgeschlossen oder aber aus städtebaulichen Gründen untunlich. Auch kann die Herstellung von Stellplätzen oder Garagen bauplanungsrechtlich unzulässig (§ 12 Abs. 6 BauNVO) oder von den Gemeinden unter den Voraussetzungen des § 47 Abs. 4 Nr. 3 LBauO untersagt oder eingeschränkt sein. Um die Bebaubarkeit des Grundstücks — oder die wesentliche Änderung oder Nutzungsänderung der baulichen Anlage (§ 47 Abs. 2 LBauO) — nicht schon aus diesem Grund auszuschließen, sieht § 47 Abs. 5

---

65 *Rößler* aaO. (Fn. 51) § 2 Anm. 6 (S. 21).
66 *Köster*, in: Bork/Köster, Landesbauordnung Nordrhein-Westfalen, BauO NW '84, Kommentar, 1985, § 47 Rdn. 6 hält eine „Entfernung von 150 m zwischen den jeweiligen Personenzugängen für noch vertretbar" und deutet den Begriff „zumutbare Entfernung" in § 47 Abs. 4 Nr. 3 als „max. ca. 250 m." (Rdn. 9). Das OVG Hamburg, Urt. v. 15. 7. 1954, BRS 4, S. 312 (317) hat als Richtwert einen Fußweg von 300 m genannt. Vgl. dazu auch *Steinberg*, in: Meyer/Stolleis, Hessisches Staats- und Verwaltungsrecht, 1983, S. 240 (247) mit Hinweis auf HessVGH, Urt. v. 19. 6. 1981, BRS 38, Nr. 135, wonach eine Entfernung von 400–450 m Fußweg für Besucher eines Bürohauses nicht mehr zumutbar sein soll. *Plate*, Neues Landesbauordnungsrecht, 1972, S. 191 ff. differenziert nach Regelfällen (300 m) und besonders gelagerten Fällen (bis 800 m z.B. bei einem Kaufhaus); ebenso *Temme* aaO. (Fn. 35) § 47 Rdn. 32.
67 Runderlaß des Ministers für Landes- und Stadtentwicklung v. 29. Nov. 1984 (MBl. NW. S. 1554/SMBl. NW 23212), auch abgedruckt bei *Bork/Köster*, Landesbauordnung Nordrhein-Westfalen BauO NW '84, Kommentar, 1985, S. 405 ff.
68 GVBl. NW S. 180, geändert durch VO v. 21. 9. 1976 — GV S. 350/SGVNW 232. Dazu die Ausführungsanweisungen i.d. Fassung v. April 1975 — RdErl. d. Innenministers NW v. 14. 4. 1976, MBl. NW S. 858.

LBauO die Möglichkeit der **Ablösung der Stellplatzpflicht** vor. Danach „kann" die Bauaufsichtsbehörde im Einvernehmen mit der Gemeinde auf die an sich erforderliche Schaffung von Parkmöglichkeiten verzichten, wenn der zur Herstellung Verpflichtete einen Geldbetrag an die Gemeinde nach Maßgabe einer gemeindlichen Satzung zahlt. Der in der Höhe durch die Satzung (§ 47 Abs. 5 S. 5 LBauO) festzulegende Geldbetrag darf 80 v. H.[69] der durchschnittlichen Herstellungskosten der geforderten Parkeinrichtungen nicht übersteigen. Die Geldbeträge sind nach § 47 Abs. 5 S. 3 LBauO zweckgebunden[70] zu verwenden, nämlich „zur Herstellung zusätzlicher öffentlicher Parkeinrichtungen oder zusätzlicher privater Stellplätze und Garagen zur Entlastung der öffentlichen Verkehrsflächen".[71] Eine derartige Ablösung der Stellplatzpflicht war von der Reichsgaragenordnung von 1939 ausdrücklich nicht vorgesehen, wurde aber als zulässiger Inhalt eines — öffentlich-rechtlichen — **Garagendispensvertrages** zwischen dem Verpflichteten und der Gemeinde angesehen.[72] § 47 Abs. 5 LBauO macht eine derartige Vorgehensweise weitgehend überflüssig. Aufgrund ihres Wortlauts („Den Geldbetrag zieht die Gemeinde ein") läßt sich die Vorschrift als Ermächtigung zu einseitig hoheitlicher Regelung verstehen. Die Gemeinde darf den Ablösebetrag[73] also durch Verwaltungsakt (Leistungsbescheid) geltend machen.[74] Andererseits wird man in den Regelungen des § 47 Abs. 5 LBauO keine „entgegenstehenden Rechtsvorschriften" i. S. § 54 S. 1 VwVfGNW, also keinen exklusiven Vorbehalt für den Leistungsbescheid sehen können, so daß auch der verwaltungsrechtliche Vertrag als alternative Regelungsform zur Verfügung steht.[75]

e) Bauordnungsrechtlichen Anforderungen an das Grundstück und die Art und Weise seiner Bebauung kann das Baugrundstück selbst häufig nicht oder nur schwer genügen.

69 Der Höchstsatz ist in den einzelnen Landesbauordnungen unterschiedlich festgesetzt. In Hessen z. B. auf 60% — vgl. *Steinberg* aaO. (Fn. 66) S. 248. Vgl. dazu auch § 48 Abs. 6 MBO (60%). In Niedersachsen wird die Höhe im Einzelfall oder allgemein durch Satzung festgesetzt. Vgl. *Wiechert* aaO. (Fn. 3) S. 303.
70 Die Zweckbindung ist landesrechtlich unterschiedlich weit geregelt. Vgl. *Steinberg* aaO. (Fn. 66) S. 248 f. m. Nachw.
71 Zur Frage, in welchem Zeitraum die Gemeinde der Verpflichtung nachkommen muß und zum weitestgehend objektivrechtlichen Gehalt dieser Vorschrift vgl. OVG NW, Urt. v. 2. 2. 1983, BRS 40, Nr. 148 = NJW 1983, 2834; *Temme* aaO. (Fn. 35) § 47 Rdn. 71.
72 BVerwGE 23, 213; OVG NW E 22, 176.
73 Fraglich ist, ob der nach § 47 Abs. 5 LBauO zu zahlende Geldbetrag zu den „öffentlichen Abgaben und Kosten" i. S. § 80 Abs. 2 Nr. 1 VwGO zählt. Vgl. dazu *Redeker/v. Oertzen*, Verwaltungsgerichtsordnung, Kommentar, 8. Aufl. 1985, § 80 Rdn. 19; OVG Lüneburg, Beschl. v. 21. 11. 1983, NJW 1984, 1916. Zur Verfassungsmäßigkeit BVerwG, Urt. v. 30. 8. 1985, DVBl. 1986, 185.
74 Vgl. auch *Dieckmann*, in: Dieckmann/Lange, Die neue Landesbauordnung für Nordrhein-Westfalen, Band 1 (Loseblatt, Stand: Okt. 1985), Teil 4 Kap. 2 § 47 – 3 (S. 18); OVG NW, Urt. v. 2. 2. 1983, BRS 40, Nr. 148 = NJW 1983, 2838.
75 *Dieckmann* aaO. (Fn. 74) Teil 4 Kap. 2 § 47-3 (S. 18). Dazu auch *Ehlers*, DVBl. 1986, 529 ff. Zur Zulässigkeit eines solchen Vertrages nach früherem Recht (für § 64 Abs. 2 LBauO NW 1970) OVG NW, Urt. v. 25. 1. 1977, DVBl. 1977, 903; Urt. v. 13. 12. 1983, der gemeindehaushalt 1984, 139.

Insofern sieht das Gesetz in einigen Fällen vor, daß derartige Voraussetzungen durch Inanspruchnahme anderer Grundstücke erfüllt werden können. So kann nach § 7 Abs. 1 LBauO gestattet werden, daß sich Abstände und Abstandsflächen auch auf andere Grundstücke erstrecken, „wenn öffentlich-rechtlich gesichert" ist, daß sie nicht überbaut und die auf diesen Grundstücken erforderlichen Abstände und Abstandsflächen nicht angerechnet werden. Die erforderlichen Stellplätze und Garagen können gemäß § 47 Abs. 3 LBauO auch auf einem Grundstück in der näheren Umgebung hergestellt werden, wenn „dessen Benutzung für diesen Zweck öffentlich-rechtlich gesichert ist." Ein Instrument der gesetzlich geforderten öffentlich-rechtlichen Sicherung ist die Baulast. § 4 Abs. 2 LBauO nennt die Baulast als Institut zur Absicherung baurechtlicher Anforderungen ausdrücklich.

Die **Baulast**,[76] die nicht nur bauordnungsrechtliche, sondern auch bauplanungsrechtliche Voraussetzungen für die Bebauung eines Grundstücks sicherstellen können soll,[77] ist in § 78 LBauO geregelt. Die Übernahme einer Baulast bedeutet, daß der Grundstückseigentümer durch öffentlich-rechtliche Willenserklärung[78] gegenüber der Bauaufsichtsbehörde eine öffentlich-rechtliche Verpflichtung[79] zu einem Verhalten in bezug auf sein Grundstück übernimmt, die sich nicht ohnehin schon aus öffentlich-rechtlichen Vorschriften ergibt. Diese freiwillig übernommene Baulast wird „unbeschadet der Rechte Dritter" mit der Eintragung in das Baulastenverzeichnis wirksam.[80] Sie erlischt durch einen im Baulastenverzeichnis zu vermerkenden Verzicht der Bauaufsichtsbehörde.

Der Baulast kommt eine der bürgerlich-rechtlichen Grunddienstbarkeit vergleichbare dingliche Rechtswirkung insofern zu, als sie auch gegenüber dem Rechtsnachfolger wirkt (§ 78 Abs. 1 S. 2 LBauO). Die mit ihr übernommene öffentlich-rechtliche Verpflichtung kann von der Bauaufsichtsbehörde mit den Mitteln der Bauaufsicht[81] durchgesetzt werden.[82]

---

76 Vgl. dazu *Baumanns*, Verfahrensrecht und Praxis der Bauaufsicht, 1982, Rdn. 372 ff.; *Krawietz*, DVBl. 1973, 605 ff.; *Peus*, Das Rechtsinstitut der Baulast, Diss. Münster 1969.
77 OVG NW, Urt. v. 27. 11. 1969, BRS 22, Nr. 144; vgl. auch *Baumanns* aaO. (Fn. 76) Rdn. 381 f.; *Rößler* aaO. (Fn. 51) § 78 Anm. 1 (S. 469) m. Nachw. auch zur gegenteiligen Auffassung.
78 Auch wenn der Übernahme der Baulast eine zivilrechtliche Vereinbarung zugrunde liegt. – Vgl. *Steinberg* aaO. (Fn. 66) S. 250 Fn. 43.
79 Die Verpflichtung besteht nicht gegenüber dem (privaten) Bauherrn. Eine solche muß privatrechtlich begründet werden. Vgl. *Rößler* aaO. (Fn. 51) § 78 Anm. 1 (S. 468, 470) m. Nachw.
80 Die Eintragung in das Baulastenverzeichnis ist nach dem ausdrücklichen Wortlaut des § 78 Abs. 1 S. 2 LBauO konstitutiv. Anders die Rechtslage nach § 99 BauONW 1970. Vgl. *Rößler* aaO. (Fn. 51) § 78 Anm. 1 (S. 468); *Böckenförde* aaO. (Fn. 29) § 78 Rdn. 18; kritisch dazu *Baumanns* aaO. (Fn. 76) Rdn. 376. Für das niedersächsische Recht (§ 93 NBauO) vgl. *Wiechert* aaO. (Fn. 3) S. 295: nur deklaratorische Wirkung.
81 Dazu unten unter V 3.
82 *Rößler* aaO. (Fn. 51) § 78 Anm. 1 (S. 471) m. Nachw.; *Böckenförde* aaO. (Fn. 29) § 78 Rdn. 24; *Baumanns* aaO. (Fn. 76) Rdn. 382.

f) Die LBauO normiert in ihrem Dritten Teil zahlreiche, die Generalklausel des § 3 Abs. 1 S. 1 LBauO konkretisierende, gefahrenabwehrende **Anforderungen an die Baustelle, das Bauwerk sowie an Baustoffe, Bauteile, Einrichtungen und Bauarten**. Sie sollen insbesondere die Standsicherheit, den Schutz gegen Feuchtigkeit, Korrosion und Schädlinge, den Brandschutz, Schallschutz und Erschütterungsschutz sowie die Verkehrssicherheit gewährleisten. Weitere Regelungen finden sich in den aufgrund § 80 Abs. 1 LBauO (früher: § 102 BauONW 1970) erlassenen **Rechtsverordnungen**.[83] Soweit es um den Schutz vor schädlichen Umwelteinwirkungen, insbesondere um Lärm- und Immissionsschutz geht, werden die bauordnungsrechtlichen Vorschriften ergänzt, teilweise auch überlagert durch die Bestimmungen des **Bundes- und Landesimmissionsschutzrechts**. Bestimmte, in der Vierten Verordnung zur Durchführung des BImschG aufgeführte Anlagen dürfen gemäß § 4 Abs. 1 BImschG nur dann errichtet oder betrieben werden, wenn sie genehmigt sind. Das nach diesem Gesetz durchzuführende Genehmigungsverfahren umfaßt auch das bauaufsichtliche Genehmigungsverfahren. Die nach diesem Verfahren erteilte Genehmigung entfaltet „Konzentrationswirkung",[84] d.h. sie schließt die Baugenehmigung ein (§ 13 BImschG).

Eine Fülle von technischen Bestimmungen über das Bauwerk und seine Ausführung enthalten die in § 3 Abs. 1 S. 2 und Abs. 3 LBauO angesprochenen **„allgemein anerkannten Regeln der Technik"**. Diese finden sich im wesentlichen in den von sachverständigen Gremien des deutschen Normenausschusses erarbeiteten Regelwerken der DIN-Normen sowie in den VDE-Vorschriften und den Unfallverhütungsvorschriften der Berufsgenossenschaften.[85] Eine in § 3 Abs. 3 LBauO genannte, von der obersten Bauaufsichtbehörde bestimmte Behörde ist z.B. das Institut für Bautechnik in Berlin. Durch ihre Inbezugnahme erhalten die technischen Regeln nicht den Charakter von Rechtsnormen.[86] Werden sie beachtet, dann kann aber davon ausgegangen werden, daß das Vorhaben den gesetzlichen Anforderungen, auf die sich die Regeln jeweils beziehen,

---

83 Z.B. Feuerungsverordnung vom 3. 12. 1975 (GVNW 1976 S. 676), geändert durch Verordnung vom 17. 2. 1984 (GVNW S. 204/SGVNW 232) – abgedruckt bei *Thiel/Rößler/Schumacher*, Baurecht in Nordrhein-Westfalen, Band 3/2, 31.05; Garagenverordnung vom 16. 3. 1973 (GVNW S. 180), geändert durch Verordnung vom 21. 9. 1976 (GVNW S. 350/SGVNW 232) – abgedruckt aaO., 32.01.
84 Vgl. dazu *Ule*, Bundesimmissionsschutzgesetz, Kommentar, Band 1 (Loseblatt, Stand: 31. Dez. 1978), § 13 Rdn. 2; *Böckenförde* aaO. (Fn. 29) § 60 Rdn. 22.
85 Die nach § 3 Abs. 3 LBauO eingeführten technischen Baubestimmungen sind aufgeführt im Verzeichnis der Anlage zum RdErl. d. MfLS. v. 22. 3. 1985 (MBl. NW S. 942/SMBl. NW 2323). Jährlich werden die neu eingeführten Bestimmungen in SMBl. unter 2323 abgedruckt.
86 Zur Problematik der technischen Regeln im Recht vgl. *Marburger*, VersR 1983, 597 ff.; *dens.*, Die Regeln der Technik im Recht, 1979; *Siegburg*, BauR 1985, 367 ff.; *Proksch* aaO. (Fn. 51) S. 107 ff. (110 ff.); *Eberstein*, BB 1977, 1723 ff.; *Geithe*, Über die Entwicklung technischer Baubestimmungen, Diss. 1982; *Nicklisch*, BB 1983, 261; *Scholz*, Technik und Recht, Festschrift zum 125jährigen Bestehen der Juristischen Gesellschaft zu Berlin, 1984, S. 691 ff.

entspricht.[87] Der Nachweis der Erfüllung der gesetzlichen Anforderungen kann allerdings auch auf andere Weise erbracht werden.[88]

3. Ästhetische Anforderungen

Das pr. OVG hat in seinem berühmten (zweiten!) **Kreuzbergurteil** v. 14. 6. 1882[89] die Auffassung vertreten, daß § 10 II 17 pr. ALR[90] die Polizei nur zu Maßnahmen der Gefahrenabwehr ermächtige, so daß aufgrund dieser Norm keine Regelungen zulässig seien, die andere öffentliche Belange – z.b. solche der Wohlfahrt oder der Bauästhetik – verfolgen. Allerdings war der Schutz vor baulichen Verunstaltungen als eine Funktion des Baurechts auch schon im pr. ALR angesprochen. §§ 65 I 8 und 66 I 8 bestimmten: „In der Regel ist jeder Eigenthümer seinen Grund und Boden mit Gebäuden zu besetzen, oder ein Gebäude zu verändern wohl befugt." „Doch soll zum Schaden oder Unsicherheit des gemeinen Wesens und zur Verunstaltung der Städte und öffentlichen Plätze kein Bau und keine Veränderung vorgenommen werden." Unter „Verunstaltung" verstand das pr. OVG die „Herbeiführung eines positiv häßlichen, jedes offene Auge verletzenden Zustandes."[91] Zur Pflege der örtlichen Eigenart und Bauweise, der Schonung alter Ortsbilder und der Erhaltung von Baudenkmälern ergingen in Preußen später das Gesetz gegen die Verunstaltung landschaftlich hervorragender Gegenden v. 2. 6. 1902[92] und das Gesetz gegen die Verunstaltung von Ortschaften und landschaftlich hervorragenden Gegenden v. 15. 7. 1907.[93] Reichsrechtlich wurde die Verunstaltungsabwehr Gegenstand der Regelung der Baugestaltungsverordnung v. 10. 11. 1936.[94] Der Verunstaltungsschutz ist dergestalt historisch unterschiedlich intensiv geregelt worden, gehört jedenfalls aber zu den traditionellen Funktionen des Bauordnungsrechts.[95]

---

87 *Ortloff* aaO. (Fn. 53) § 36 II 2 (S. 206). Vgl. auch *Bork* aaO. (Fn. 51) § 3 Rdn. 9.
88 *Rößler* aaO. (Fn. 51) § 3 Anm. 2 (S. 25); *Böckenförde* aaO. (Fn. 29) § 3 Rdn. 28 f.
89 PrOVGE 9, 353 = Pr.VwBl. 1881/82, 361, wieder abgedruckt in DVBl. 1985, 219. Das erste Kreuzbergurteil v. 10. 6. 1880, Pr. VBl. 1879/80, 401, wieder abgedruckt in DVBl. 1985, 216 betraf einen ähnlichen Sachverhalt. Zu dieser Rechtsprechung *Weyreuther*, Eigentum, öffentliche Ordnung und Baupolizei, 1972.
90 Wiedergegeben oben II 2.
91 PrOVGE 9, 353 (382) – Kreuzbergurteil.
92 GS S. 159.
93 GS S. 260.
94 RGBl. I S. 938. Vgl. § 1: „Bauliche Anlagen und Änderungen sind so auszuführen, daß sie Ausdruck anständiger Baugesinnung und werkgerechter Durchbildung sind und sich der Umgebung einwandfrei einfügen. Auf die Eigenart oder die beabsichtigte Gestaltung des Orts-, Straßen- oder Landschaftsbildes, auf Denkmale und bemerkenswerte Naturgebilde ist Rücksicht zu nehmen."
95 *Proksch* aaO. (Fn. 51) S. 126, 127; vgl. dazu auch *Zinkahn* aaO. (Fn. 56) Einl. Rdn. 6; *Scheerbarth* aaO. (Fn. 58) § 82 (S. 181 f.).

Die LBauO nimmt zwar nicht in der Generalklausel des § 3 Abs. 1 S. 1, wohl aber in Einzelvorschriften ästhetische Belange auf. Gemäß § 12 Abs. 1 LBauO dürfen bauliche Anlagen sowie andere Anlagen und Einrichtungen i. S. des § 1 Abs. 1 S. 2 LBauO „nicht verunstaltet" wirken und sind gemäß § 12 Abs. 2 S. 1 LBauO „mit ihrer Umgebung so in Einklang zu bringen, daß sie das Straßen-, Orts- oder Landschaftsbild nicht verunstalten oder deren beabsichtigte Gestaltung stören."

Der Ausdruck „beabsichtigte Gestaltung" zielt auf die Konkretisierung dieser Gestaltungsabsicht durch örtliche Bauvorschriften, zu deren Erlaß die Gemeinden nach § 81 Abs. 1 LBauO ermächtigt sind und die auch als Festsetzungen in den Bebauungsplan aufgenommen werden können (§ 9 Abs. 4 BBauG, § 81 Abs. 4 LBauO). § 13 Abs. 2 LBauO stellt an Werbeanlagen die Anforderung, daß sie weder bauliche Anlagen noch das Straßen-, Orts- oder Landschaftsbild „verunstalten". Auch zum Schutz vor ihrer verunstaltenden Wirkung ist die Aufstellung von Werbeanlagen in bestimmten Gebieten gemäß § 13 Abs. 3 u. 4 LBauO eingeschränkt. Ästhetische Anforderungen stellt § 9 Abs. 1 LBauO an die Gestaltung des Grundstücks, wenn er vorschreibt, daß nicht überbaute Flächen und bebaute Grundstücke zu begrünen sind und die Bepflanzung mit Bäumen und Sträuchern verlangt werden kann. Darüberhinaus kann verlangt werden, daß „die Oberfläche des Grundstücks erhalten oder verändert wird, um eine Störung des Straßen-, Orts- oder Landschaftsbildes zu vermeiden oder zu beseitigen" (§ 9 Abs. 3 LBauO). Die baugestalterischen Regelungen der LBauO werden landesrechtlich ergänzt und überlagert durch das Naturschutz-[96] und Denkmalschutzrecht.[97] Im übrigen sind ästhetische Belange besonders im Planungsrecht von Bedeutung (§§ 1 Abs. 6, 34 Abs. 1, 35 Abs. 3 BBauG).

Wie oben[98] schon angesprochen, müssen sich normative Restriktionen privater Bauvorhaben an den Grundrechten, insbesondere an Art. 14 Abs. 1 u. 2 GG messen lassen. Die staatliche Beschränkung der Gestaltungsabsichten des Bauherrn zugunsten ästhetischer Belange wirft in grundrechtlicher Hinsicht deshalb besondere Probleme auf, weil bei Beachtung des die baurechtlichen Interventionsmöglichkeiten begrenzenden **Übermaßverbots** die staatlich verfolgten bauästhetischen Interessen keineswegs stets Vorrang vor denen des Bauherrn haben müssen. Zum einen sind nicht alle staatlich zu wahrenden Belange der Baugestaltung rechtlich gleichgewichtig. So erhält z. B. angesichts der objektiv-rechtlichen, wertsetzenden Bedeutung des Art. 5 Abs. 3 GG[99] das Interesse an der Erhaltung kunsthistorisch oder künstlerisch bedeutsamer Gebäudeteile, Gebäude oder Ortsteile einen besonderen rechtlichen Stellenwert, der anderen bauästhetischen Interessen nicht zukommen muß. Die erforderliche Differenzierung in der rechtlichen

---

96 Landschaftsgesetz i. d. F. der Bekanntmachung v. 26. 6. 1980 (GVNW S. 734/SGVNW 791).
97 Denkmalschutzgesetz v. 11. 3. 1980 (GVNW S. 226/SGVNW 224).
98 I 3.
99 BVerfGE 30, 173 (188); vgl. zu dem hier angesprochenen Zusammenhang *Maier*, BayVBl. 1980, 5 (7); zurückhaltend *Scheerbarth* aaO. (Fn. 58) § 82 (S. 186 f.). Vgl. auch Bayer.VerfGH, Entsch. v. 27. 9. 1985, DÖV 1986, 72 (74).

Bewertung derartiger Allgemeininteressen muß sich aber notwendig bei der Güterabwägung zwischen den öffentlichen und privaten (Eigentümer-)Interessen auswirken, die der Grundsatz der **Verhältnismäßigkeit** vom Normgeber wie vom Normanwender verlangt. Zum anderen müssen die allgemeinen wie konkreten Maßnahmen überhaupt **geeignet** und **erforderlich** sein, die mit der Baugestaltung berührten ästhetischen Interessen wahrzunehmen. Insofern scheint es keineswegs ausgemacht, daß die staatliche oder kommunale Vorstellung über die Bauwerks- oder Stadtbildgestaltung stets das gegenüber den Vorstellungen Privater bessere ästhetische Konzept sein muß.[100] Derartigen Bedenken sind nicht nur, aber insbesondere die oft ins Detail gehenden örtlichen Bauvorschriften ausgesetzt.[101]

Die verfassungsrechtlichen Vorgaben legen für den Regelfall eine restriktive Auslegung und Anwendung der auf die Baugestaltung zielenden Vorschriften nahe. Dem kommt die Formulierung der Normen entgegen, die verunstaltete oder verunstaltende bauliche und andere Anlagen verbieten. Die Bezeichnung „**Verunstaltung**"[102] bringt schon ihrem Wortsinn nach zum Ausdruck, daß sie nur auf die Abwehr ästhetischer Mißgriffe zielt, nicht aber den Bauherrn zur Übernahme der baugestalterischen Vorstellungen der Bauaufsichtsbehörde zwingt.[103] Das BVerwG versteht – der eingangs zitierten Definition des pr. OVG ähnlich – unter dem voller gerichtlicher Überprüfbarkeit unterfallenden Begriff der Verunstaltung einen häßlichen, das ästhetische Empfinden des Beschauers nicht bloß beeinträchtigenden, sondern verletzenden Zustand.[104] Dabei ist umstritten, über welche ästhetische Sensibilität der die Frage der Verunstaltung beurteilende „Beschauer" verfügen muß. Das BVerwG setzt auch insoweit das Maß nicht allzu hoch an, wenn es „das Empfinden jedes für ästhetische Eindrücke offenen Betrachters ..., also des sogenannten gebildeten Durchschnittsmenschen" für maßgeblich erachtet.[105] Unter Zugrundelegung dieser Kriterien kann das Gericht das (Nicht-)Vorliegen einer Verunstaltung ohne Hinzuziehung von Sachverständigen, ggfs. nach Augenscheinnahme selbst beurteilen.[106]

Nicht nur auf negative Verunstaltungsabwehr, sondern auf **positive Baugestaltung** können die örtlichen Bauvorschriften gerichtet sein, die die Gemeinden gemäß § 81

---

100 Vgl. auch *Schmidt-Aßmann* aaO. (Fn. 42) S. 92.
101 Vgl. in dem Zusammenhang auch *Wiechert* aaO. (Fn. 3) S. 305: „Gute Einzelhaus-Architektur läßt sich nicht herbeibefehlen."
102 Dazu *Friauf* aaO. (Fn. 1) III 1 b (S. 499f.); *Temme* aaO. (Fn. 35) § 12 Rdn. 9ff. m. Nachw.; grundlegend BVerwGE 2, 172.
103 *Steinberg* aaO. (Fn. 66) S. 251.
104 BVerwGE 2, 172 (176/177).
105 BVerwGE 2, 132 (137); vgl. auch Urt. v. 16. 2. 1968, DVBl. 1968, 507 (508f.). Aus der Rechtsprechung des OVGNW: E 14, 355; Urt. v. 7. 2. 1979, BRS 35, Nr. 130. Weitergehend etwa *Wiechert* aaO. (Fn. 3) S. 304; *Maier*, BayVBl. 1980, 5 (9f.) m.w.Nachw.
106 *Hoppe*, Rechtliche Aspekte beim Bauen in vorgeprägter Umgebung, in: Gedächtnisschrift für Friedrich Klein, 1977 S. 190 (206).

Abs. 1 LBauO erlassen dürfen.[107] Wie oben ausgeführt, sind derart weitgehende Interventionsbefugnisse in grundrechtlicher Hinsicht nicht unproblematisch. Die Rechtsprechung hat derartige Regelungen[108] für zulässig angesehen, wenn die Gestaltungsanforderungen die im Einzelfall jeweils unterschiedlich hohen verfassungsrechtlichen Anforderungen erfüllen.[109]

4. Soziale Standards

Die Entscheidung darüber, welche öffentlichen Interessen der Staat wahrnimmt, wird von den dafür zuständigen Organen weitgehend politisch getroffen. Die Verfassung begrenzt diesen Entscheidungsspielraum; sie kann diese Entscheidung aber auch positiv determinieren. So hat gemäß Art. 20 Abs. 1, 28 Abs. 1 S. 1 GG der Staat ein Mandat zur Verfolgung sozialstaatlicher Belange. Die Wahrnehmung wohlfahrts- und sozialpflegerischer Aufgaben[110] gehört daher zu den verfassungsrechtlich legitimen Funktionen auch des Bauordnungsrechts. Diese kommen zwar kaum in der bauordnungsrechtlichen Generalklausel des § 3 Abs. 1 S. 1 LBauO[111] zum Ausdruck, die nur die Gefahrenabwehr anspricht,[112] wohl aber in zahlreichen Einzelvorschriften, die die bauliche Nutzung von Grundstücken auf die Einhaltung bestimmter sozialer Standards verpflichten.[113]

Zu diesen Vorschriften läßt sich z. B. § 9 Abs. 2 LBauO zählen, der vorschreibt, daß bei der Errichtung von Gebäuden mit mehr als drei Wohnungen Spielflächen für Kleinkinder bereitzustellen sind, soweit sich nicht in unmittelbarer Nähe Einrichtungen befinden, die dieselbe Funktion erfüllen. §§ 44—46 LBauO enthalten Vorschriften über die Mindestausstattung von Wohnungen. Diese müssen grundsätzlich von anderen

---

107 Vgl. OVGNW, Urt. v. 30. 6. 1981, BauR 1981, 559f.=BRS 38 Nr. 138 (zur entsprechenden Ermächtigung in § 103 BauONW 1970). Vgl. auch *Böckenförde* aaO. (Fn. 29) § 81 Rdn. 7.
108 Zur umstrittenen Frage des Ob und Wie der Begründung dieser Gestaltungssatzungen vgl. *Bork* aaO. (Fn. 51) § 81 Rdn. 2 (S. 364ff.). Vgl. auch OVGNW, Urt. v. 30. 6. 1983, BRS 40, Nr. 152 zu den Anforderungen an die Abwägung der widerstreitenden Interessen.
109 OVGNW, Urt. v. 30. 6. 1981, BauR 1981, 559f.=BRS 38, Nr. 138; Urt. v. 30. 6. 1978, BRS 33, Nr. 115; BVerwG, Urt. v. 22. 2. 1980, NJW 1980, 2091; Urt. v. 28. 4. 1972, BRS 25, Nr. 127; Bayer. VerfGH, Entscheidung v. 27. 9. 1985, DVBl. 1986, 44.
110 *Friauf* aaO. (Fn. 1) III 1 c (S. 501).
111 Anders etwa in § 1 Abs. 1 u. 2 der niedersächsischen Bauordnung vom 4. 7. 1973 (GVBl. S. 259).
112 Auf den im allgemeinen Polizei- und Ordnungsrecht geführten Streit darüber, inwieweit auch die „Gefahrenvorsorge" zur Gefahrenabwehr zählt, sei in diesem Zusammenhang nur hingewiesen. Vgl. dazu *Erichsen*, VVDStRL 35 (1977) S. 171 (177ff.); *W. Martens*, DÖV 1982, 89ff.
113 *Wiechert* aaO. (Fn. 3) S. 290 weist darauf hin, daß die Überziehung dieser Standards „ein Danaergeschenk für die Begünstigten (wäre), denn alles, was die Baukosten erhöht, führt letztlich auch zu höheren Mieten."

Wohnungen und fremden Räumen baulich abgeschlossen sein (§ 45 Abs. 1 LBauO), über eine Küche oder Kochnische sowie über einen Abstellraum verfügen (§ 45 Abs. 2 LBauO) und mit Bad und Toilette ausgestattet sein (§ 46 LBauO). Eine reine Nordlage aller Wohn- und Schlafräume ist unzulässig (§ 45 Abs. 2 LBauO). Die Regelungen des § 44 LBauO für Aufenthaltsräume, d. h. Räume, die nicht nur zum vorübergehenden Aufenthalt von Menschen bestimmt oder geeignet sind,[114] enthalten Mindestanforderungen, um ein gesundes Wohnen und Arbeiten zu gewährleisten.[115]

Es ist weder möglich noch nötig, die sozialstaatlichen Funktionen von den anderen — oben beschriebenen — Funktionen des Bauordnungsrechts trennscharf abzusondern. Zum einen sind die Übergänge fließend, zum anderen lassen sich einige Vorschriften in diesem Sinne als „multifunktional" beurteilen. So verfolgt etwa die in § 9 Abs. 1 LBauO normierte Pflicht, die nicht überbauten Flächen der bebauten Grundstücke zu begrünen, ästhetische Zwecke,[116] sie kann aber auch der wohlfahrtspflegerischen Funktion des Bauordnungsrechts, möglicherweise sogar der Gefahrenabwehr („gebäudenaher Umweltschutz"[117]) zugeordnet werden. Die Regelung des § 6 LBauO über Abstandsflächen dient neben der Gefahrenabwehr (z. B. Brandschutz) auch dem „Nachbarfrieden"[118] und verfolgt damit auch ein sozialstaatliches Anliegen. Daß die Wahrnehmung von Belangen, die über die Gefahrenabwehr hinausgehen, gleichwohl zum Aufgabenkreis der Bauaufsichtsbehörden zählen, stellt § 57 Abs. 2 LBauO ausdrücklich klar.

III. Die baurechtliche Verantwortlichkeit

Nach allgemeinem Gefahrenabwehrrecht haftet der Störer für die Beseitigung der Gefahr (§§ 4, 5 PolGNW, §§ 17, 18 OBGNW). Dabei ist die Verursachung wesentliches Kriterium für die Begründung der polizei- und ordnungsrechtlichen Verantwortlichkeit.[119] Man könnte daher meinen, daß das Bauordnungsrecht, das sich zumindest in weiten Teilen als ein besonderes Gefahrenabwehrrecht verstehen läßt („Baupolizeirecht"), ebenfalls an dieses Kriterium angeknüpft, den „Verursacher" also für die Einhaltung der bauordnungsrechtlichen Anforderungen verantwortlich macht. In den Regelungen der §§ 52—56 LBauO über **„Die am Bau Beteiligten"** wird dieser rechtsdogma-

---

114 *Rößler* aaO. (Fn. 51) § 2 Anm. 5; *Bork* aaO. (Fn. 51) § 2 Rdn. 21.
115 *Ortloff* aaO. (Fn. 53) § 38 I 7 (S. 223) zum gleichlautenden § 59 Abs. 1 LBauO 1970.
116 Vgl. oben II 3.
117 *Klug*, in Dieckmann/Lange, Die neue Landesbauordnung für Nordrhein-Westfalen, Bd. 1 (Loseblatt, Stand: Okt. 1985) Teil 4 Kap. 2 § 9—3 (S. 1); ähnlich *Temme* (Fn. 35) § 9 Rdn. 3 — „die Umwelt im engeren Sinn (das Wohnumfeld)" —, der dies aber den Gestaltungsaufgaben zurechnet; vgl. dazu *Köster* aaO. (Fn. 66) § 6 Rdn. 1 — „für gesunde Wohnverhältnisse erforderliches Kleinklima und ein verträgliches Wohnumfeld" —.
118 *Steinberg* aaO. (Fn. 66) S. 246 zu § 8 Abs. 2 HBO; vgl. *Rößler* aaO. (Fn. 51) § 6 Anm. 1 (S. 36), der von „Wohnfrieden" spricht.
119 Dazu *Oldiges*, Polizei- und Ordnungsrecht, in diesem Buch.

tische Zusammenhang auch sichtbar. Allerdings hat die LBauO auf die bereichsspezifischen Besonderheiten der Sachmaterie Rücksicht genommen und die baurechtliche Verantwortlichkeit differenziert ausgestaltet.[120] Gemäß § 52 LBauO haften nicht nur der Bauherr, sondern „im Rahmen ihres Wirkungskreises" auch andere am Bau beteiligte Personen (Entwurfsverfasser, Unternehmer, Bauleiter) für die Einhaltung der öffentlich-rechtlichen Vorschriften. Dabei hat die LBauO die jeweiligen Verantwortungsbereiche an den verschiedenen Funktionen der Beteiligten (Planen-Ausführen-Überwachen) und an den durch die beruflichen Standards geprägten Anforderungsprofilen ausgerichtet.

Dem **Bauherrn** obliegen gemäß § 53 Abs. 1 S. 2 LBauO gegenüber der Bauaufsichtsbehörde die erforderlichen Anzeigen und Nachweise. Er hat gemäß § 53 Abs. 1 S. 1 LBauO bei der Vorbereitung, Überwachung und Ausführung eines genehmigungsbedürftigen Bauvorhabens grundsätzlich (Ausnahmen: § 53 Abs. 2 LBauO) dritte sachkundige Personen (Entwurfsverfasser, Unternehmer und Bauleiter) hinzuzuziehen, deren Ersetzung bei mangelnder Sachkunde und Erfahrung verlangt werden kann (§ 53 Abs. 3 LBauO). Wer Bauherr ist, ergibt sich aus dem Bauantrag und den Bauvorlagen, da gemäß § 63 Abs. 3 S. 1 LBauO der Bauantrag neben dem Entwurfsverfasser vom Bauherrn zu unterschreiben ist. In der Sache ist das derjenige, „der auf eigene Verantwortung eine bauliche Anlage vorbereitet und ausführt oder durch einen Dritten vorbereiten und ausführen läßt, dessen Wille also rechtlich die Verwirklichung des Vorhabens beherrscht".[121] § 63 Abs. 3 S. 3 LBauO läßt sich entnehmen, daß es dabei auf das Eigentum am Baugrundstück nicht ankommt.

Der **Entwurfsverfasser**,[122] d.h. derjenige, der für eine Baumaßnahme den Entwurf fertigt,[123] ist gemäß § 54 Abs. 1 S. 2 LBauO für die Vollständigkeit und Brauchbarkeit seines Entwurfs verantwortlich. Fehlt ihm auf einzelnen Fachgebieten (z.B. Standsicherheit, technische Anlagen) die erforderliche Sachkunde und Erfahrung, hat er geeignete **Fachplaner** heranzuziehen, die für die von ihnen gelieferten Entwürfe die Verantwortung übernehmen. Dem Entwurfsverfasser obliegt dann die Aufgabe der Koordination der Fachentwürfe (§ 54 Abs. 2 LBauO). Die LBauO grenzt den Kreis der bauvorlageberechtigten Entwurfsverfasser, die gemäß § 65 Abs. 5 LBauO berufshaftpflichtversichert sein müssen, auf Personen mit einschlägiger Berufsausbildung (insbesondere: Architekten, Bauingenieure) ein.[124] Die dafür vorgesehene Regelung des § 65

---

120 Die LBauO enthält auch außerhalb der §§ 52–56 gelegentlich ausdrückliche Bestimmungen über den Verantwortlichen; vgl. etwa § 14 Abs. 3 LBauO.
121 *Friauf* aaO. (Fn. 1) S. 502, Fußn. 433 mit Nachw. aus der Rechtsprechung. Vgl. auch Art. 59 bayBauO.
122 Gem. § 53 Abs. 2 S. 1 LBauO kann bei technisch einfachen baulichen und anderen Anlagen und Einrichtungen auf die Beauftragung eines Entwurfsverfassers verzichtet werden.
123 *Wiechert* aaO. (Fn. 3) S. 306.
124 Das ist vom BVerfGE 28, 364 (372 ff.) zu § 90 Abs. 5 der Landesbauordnung für Baden-Württemberg v. 6. 4. 1964 (GBl. S. 151) für verfassungsmäßig gehalten worden.

Abs. 3 LBauO tritt allerdings gemäß § 83 Abs. 1 S. 2 LBauO erst am 1. Januar 1990 in Kraft.[125] Bis dahin gilt gemäß § 83 Abs. 1 Nr. 5a LBauO die entsprechende Regelung des § 83a Abs. 3 LBauO a. F. weiter.[126]

Der **Unternehmer** (§ 55 LBauO) hat die Bauausführung entsprechend den allgemein anerkannten Regeln der Technik und den genehmigten Bauvorlagen vorzunehmen und ist für die ordnungsgemäße Einrichtung und den sicheren bautechnischen Betrieb der Baustelle sowie für die Einhaltung der Arbeitsschutzbestimmungen verantwortlich. Für außergewöhnliche Bauarbeiten kann von ihm der Nachweis der dafür erforderlichen besonderen Sachkenntnis und Erfahrung verlangt werden. Besitzt er sie in einzelnen Beziehungen nicht, sind entsprechend **Fachunternehmer** oder **Fachleute** heranzuziehen, die für ihre Arbeiten, die der Unternehmer zu koordinieren hat, verantwortlich sind.

Dem **Bauleiter** (§ 56 LBauO), dessen prinzipiell notwendige Bestellung[127] nicht alle Bauordnungen vorsehen,[128] obliegt die Überwachung, daß die Baumaßnahmen dem öffentlichen Baurecht, insbesondere den allgemein anerkannten Regeln der Technik und den genehmigten Bauvorlagen entsprechend durchgeführt wird. Seine Verantwortlichkeit läßt die des Unternehmers unberührt (§ 56 Abs. 1 S. 3 LBauO). Er hat die Tätigkeit der **Fachbauleiter**, die, soweit erforderlich, heranzuziehen sind, aufeinander abzustimmen.

IV. Bauaufsichtsbehörden

Die Aufgaben der Bauaufsicht (dazu unter V.) werden von den Bauaufsichtsbehörden wahrgenommen. Der **Behördenaufbau** ist nach der LBauO, der Struktur der allgemeinen Verwaltung folgend, dreistufig: oberste, obere und untere Bauaufsichtsbehörde.

---

125 Noch vor Inkrafttreten der LBauO hat der Landtag mit Beschluß v. 13. 12. 1984 das Inkrafttreten des § 65 Abs. 3 hinausgeschoben (LT-Drucks 9/3850 v. 4. 12. 1984 und v. 12. 12. 1984).
126 § 83a Abs. 3 BauO 1970/76: „Bauvorlageberechtigt ist, wer 1. auf Grund a) des Architektengesetzes die Berufsbezeichnung „Architekt" oder b) des Ingenieurgesetzes als Angehöriger der Fachrichtung Architektur, Hochbau oder Bauingenieurwesen die Berufsbezeichnung „Ingenieur" zu führen berechtigt ist, 2. die Befähigung zum höheren oder gehobenen bautechnischen Verwaltungsdienst besitzt, für seine dienstliche Tätigkeit oder 3. auf Grund des Ingenieurgesetzes als Angehöriger einer Fachrichtung, die nicht in Nr. 1 Buchstabe b genannt ist, die Berufsbezeichnung „Ingenieur" zu führen berechtigt ist, für seine Fachrichtung. In den Fällen des Satzes 1 Nr. 1 Buchstabe b und Nr. 3 bedarf es ferner einer praktischen Tätigkeit von mindestens zwei Jahren".
127 Bei technisch einfachen baulichen und anderen Anlagen und Einrichtungen kann auf seine Beauftragung verzichtet werden — § 53 Abs. 2 S. 1 LBauO.
128 Für das niedersächsische Recht vgl. *Wiechert* aaO. (Fn. 3) S. 307. Für das bayerische Recht vgl. *Simon*, in: Mang/Simon, Bayerische Bauordnung, (Loseblatt, Stand: Mai 1985) Art. 59 Rdn. 5.

Untere Bauaufsichtsbehörde sind gemäß § 57 Abs. 1 Nr. 3 LBauO die kreisfreien Städte, die Großen und die Mittleren kreisangehörigen Städte, d.h. gemäß § 3a GONW die kreisanhörigen Gemeinden mit mehr als 60.000 bzw. 25.000 Einwohner[129] sowie die Kreise für alle übrigen kreisangehörigen Gemeinden. Obere Bauaufsichtsbehörden sind gemäß § 57 Abs. 1 Nr. 2 LBauO die Regierungspräsidenten für die kreisfreien Städte und Kreise in deren Eigenschaft als untere Bauaufsichtsbehörde, im übrigen die Oberkreisdirektoren (für die Großen und Mittleren kreisangehörigen Städte). Oberste Bauaufsichtsbehörde ist gemäß § 57 Abs. 1 Nr. 1 LBauO der für die Bauaufsicht zuständige Minister. Welcher Minister diese Funktion übernimmt, regelt die aufgrund von § 4 Abs. 2 LOGNW bekanntgemachte Geschäftsverteilung der Ministerien.[130]

Für die Aufgaben der Bauaufsicht sind die unteren Bauaufsichtsbehörden **sachlich zuständig**, soweit sich aus der LBauO nichts anderes ergibt. Sonderregelungen enthalten etwa §§ 20 Abs. 2, 22 Abs. 1, 23 Abs. 2, 68 Abs. 5, 75 LBauO. Die **örtliche Zuständigkeit** ergibt sich aus § 3 VwVfGNW.

§ 57 Abs. 2 S. 1 LBauO enthält eine organisationsrechtliche Klarstellung insofern, als er bestimmt, daß die den Bauaufsichtsbehörden obliegenden Aufgaben als solche der Gefahrenabwehr gelten. Die Bauaufsichtsbehörden sind daher „**Sonderordnungsbehörden**" i. S. des § 12 Abs. 1 OBGNW[131]. Soweit die Aufgaben der Bauaufsicht von Gemeinden, Kreisen und kreisfreien Städten wahrgenommen werden, handelt es sich also dabei um **Pflichtaufgaben zur Erfüllung nach Weisung**[132] (vgl. § 3 Abs. 1 OBGNW). Die Aufsicht über die kommunalen Bauaufsichtsbehörden ist damit **Sonderaufsicht** gemäß § 9 OBGNW (vgl. § 106 Abs. 2 GONW).[133] Die weitergehende **Fachaufsicht** gegenüber den staatlichen Bauaufsichtsbehörden bestimmt sich nach § 13 LOGNW. Der Erlaß von gemeindlichen Satzungen gemäß § 81 LBauO fällt dagegen in den Bereich der kommunalen Planungshoheit und ist damit eine Aufgabe der Selbstverwaltung[134] (vgl. auch § 57 Abs. 2 S. 2 LBauO).

---

129 Welche Gemeinden als Große und Mittlere kreisangehörige Städte anzusehen sind, ergibt sich aus der VO zur Bestimmung der Großen kreisangehörigen Städte und der Mittleren kreisangehörigen Städte nach § 3a der Gemeindeordnung für das Land NRW v. 13. 11. 1979 (GVNW S. 867). Zur Frage, welchen früher sog. privilegierten Gemeinden die Aufgaben einer unteren Bauaufsichtsbehörde aufgrund der gesetzlichen Regelungen zur Funktionalreform — vorläufig — verblieben sind vgl. *Bork* aaO. (Fn. 51) § 57 Rdn. 1.
130 Das ist derzeit der Minister für Landes- und Stadtentwicklung (vgl. SGVNW S. 2005, zuletzt geändert durch die Bekanntmachung vom 22. 2. 1981 — GVNW S. 139 — vgl. Nr. 11.3 der Bekanntmachung).
131 *Battis*, Öffentliches Baurecht und Raumplanungsrecht, 1981, 3 III 1 (S. 138f.); OVGNW, Urt. v. 23. 7. 1974, BRS 28, Nr. 60.
132 Vgl. dazu im Beitrag von *Erichsen*, Kommunalrecht, in diesem Buch.
133 Vgl. auch *Böckenförde* aaO. (Fn. 29) § 57 Rdn. 6.
134 *Rößler*, aaO. (Fn. 51) § 81 Anm. 9.

V. Aufgaben und Instrumente der Bauaufsicht

Die Bauaufsichtsbehörden haben nach der generalklauselartigen Aufgabenbeschreibung des § 58 Abs. 1 S. 1 LBauO dafür Sorge zu tragen, daß die Vorschriften des öffentlichen Baurechts, und zwar nicht nur die bauordnungsrechtlichen der LBauO, sondern auch die des Bauplanungsrechts und die sonstigen Baurechtsvorschriften, eingehalten werden. Zu diesem Zweck steht den Bauaufsichtsbehörden ein differenziertes Instrumentarium zur Verfügung, mit dessen Hilfe sie das Baugeschehen überwachen, auf die Herstellung baurechtskonformer Zustände hinwirken und baurechtswidrige Zustände beseitigen können. Dabei können die Bauaufsichtsbehörden sowohl **präventiv** (vorgängige Kontrolle) als auch **repressiv** tätig werden.

1. Die Baugenehmigung

a) Zu den wichtigsten Instrumenten vorgängiger Kontrolle baulicher Vorhaben gehört die Baugenehmigung. Die **Genehmigungspflicht** der Errichtung, Änderung, Nutzungsänderung und des Abbruchs baulicher Anlagen sowie anderer Anlagen und Einrichtungen i. S. des § 1 Abs. 1 S. 2 LBauO ist nach § 60 Abs. 1 S. 1 LBauO der gesetzliche Regelfall. Ausnahmen von der Genehmigungspflicht finden sich in zahlreichen Vorschriften, z. T. außerhalb der LBauO. Nach § 61 LBauO bedürfen bestimmte Wasserbauten, Versorgungs- und Verkehrsanlagen, sowie bauliche Anlagen, die ausschließlich der Lagerung von Sprengstoff dienen, keiner Baugenehmigung, wenn sie nach anderen Rechtsvorschriften genehmigungs-, erlaubnis- oder anzeigepflichtig sind oder staatlicher Aufsicht unterstehen. § 62 LBauO enthält einen langen Katalog genehmigungsfreier Bauvorhaben. Fliegende Bauten, d. h. solche, die geeignet und bestimmt sind, an verschiedenen Orten aufgestellt und zerlegt zu werden (z. B. Karussells, Riesenräder, Zelte auf Kirmessen)[135] bedürfen nach § 74 LBauO keiner Bau-, dafür aber vor ihrer ersten Aufstellung einer **Ausführungsgenehmigung**. Bei an sich genehmigungsbedürftigen **öffentlichen Bauvorhaben** kann unter den Voraussetzungen des § 75 Abs. 1 LBauO an die Stelle der Baugenehmigung die Zustimmung der oberen Bauaufsichtsbehörde treten. Bauliche und andere Anlagen, die der Landesverteidigung „unmittelbar"[136] dienen, müssen gemäß § 75 Abs. 5 LBauO der oberen Bauaufsichtsbehörde nur zur Kenntnis gebracht werden. Diese Vorschrift läßt aber bundesrechtliche Zustimmungserfordernisse unberührt (vgl. § 37 Abs. 2 BBauG). Die Notwendigkeit einer besonderen Baugenehmigung entfällt auch dann, wenn sondergesetzliche Genehmigungen die Überprüfung des

---

[135] Baustelleneinrichtungen und Gerüste zählen gem. § 74 Abs. 1 S. 2 LBauO nicht dazu. Sie sind gem. § 62 Abs. 1 Nr. 16 u. 17 LBauO genehmigungsfrei.

[136] Z. B. Munitionslager, Flugzeughallen. „Mittelbar" der Landesverteidigung dienende bauliche Anlagen sollen etwa Verwaltungsgebäude und Kasernen sein. Vgl. *Bork* aaO. (Fn. 51) § 75 Rdn. 4.

Vorhabens an den Normen des öffentlichen Baurechts und damit auch die Baugenehmigung miteinschließen (sog. **Konzentrationswirkung**, vgl. z. B. § 13 BImSchG; § 17 Abs. 1 S. 2 SprengstoffG). Dies gilt auch für Planfeststellungsbeschlüsse[137] (vgl. z. B. § 26 Abs. 1 AbfG; § 18 b BFStrG; § 29 PBefG).

b) Die Baugenehmigung zielt grundsätzlich auf eine umfassende Kontrolle des ganzen Bauvorhabens vor Baubeginn. Neben dieser Art vorgängiger Kontrolle kennt das Gesetz für haustechnische Anlagen eine Genehmigung, die erst nach der Errichtung oder Änderung, aber vor der Nutzung der Anlage vorliegen muß. Eine derartige **Benutzungsgenehmigung** (§ 60 Abs. 2 LBauO) ist allerdings entbehrlich, wenn der Unternehmer oder ein Sachverständiger die Rechtskonformität der Anlage bescheinigt. Eine partielle, d. h. nur auf bestimmte Normen ausgerichtete Kontrolle des Bauvorhabens attestiert der **Vorbescheid**,[138] dessen Erteilung der Bauherr durch eine sog. **Bauvoranfrage** beantragen kann. Der praktisch bedeutsamste Fall ist dabei die Abklärung der planungsrechtlichen Zulässigkeit des Bauvorhabens („Bebaubarkeit" des Grundstücks). Diese sog. **Bebauungsgenehmigung**[139] steht in ihrer rechtlichen Bedeutung in bezug auf den jeweiligen Kontrollumfang der Baugenehmigung gleich und ist insofern ein vorweggenommener Teil der Baugenehmigung, berechtigt allerdings noch nicht zum Bauen. Eine nicht auf die ganze bauliche Anlage, sondern nur auf Teile davon bezogene Kontrolle, bescheinigt die in § 71 LBauO geregelte **Teilbaugenehmigung**.

Die erforderliche Kontrollintensität der Genehmigungsverfahren richtet sich nach dem Kontrollbedürfnis. Daher werden bestimmte Bauvorhaben (§ 64 Abs. 1 LBauO[140]) nur einem **vereinfachten Genehmigungsverfahren** ausgesetzt, in dem neben der planungsrechtlichen Zulässigkeit des Bauvorhabens nur die Erfüllung bestimmter, in § 64 Abs. 2 LBauO genannter bauordnungsrechtlicher Anforderungen überprüft wird. Ansonsten umfaßt die behördliche Kontrolle im Genehmigungsverfahren prinzipiell alle öffentlich-rechtlichen Vorschriften mit Ausnahme solcher, die aufgrund sondergesetzlicher Regelung Gegenstand eines eigenständigen Verfahrens sind.[141] Der Baugenehmigung fehlt insofern eine Konzentrationswirkung, als sie keine andere Genehmigung ersetzt (§ 70 Abs. 3 S. 2 LBauO).

137 Nicht für alle, vgl. z. B. § 9 Abs. 1 S. 3 LuftVG. Dazu *Laubinger*, VerwArch. Bd. 77 (1986) S. 77 ff.
138 Vgl. dazu *Rößler* aaO. (Fn. 51) Anm. zu § 66 (S. 371);
Battis aaO. (Fn. 131) 3 IV 2 b (S. 154 f.).
139 Vgl. dazu OVGNW, Urt. v. 1. 10. 1981, BRS 38, Nr. 110 = BauR 1982, 50; Urt. v. 24. 8. 1979, BRS 35, Nr. 150; Urt. v. 28. 11. 1979, NJW 1980, 2427. *Ortloff*, NVwZ 1985, 13 (17); *Böckenförde* aaO. (Fn. 29) § 66 Rdn. 4 m. w. Nachw.
140 Dazu gehören nach § 64 Abs. 1 Nr. 1 LBauO auch „Wohngebäude geringer Höhe mit nicht mehr als zwei Wohnungen."
141 Z. B. §§ 8, 8a, 9 Abs. 8, 9a FStrG; 18, 56 StrWGNW; 2, 7, 8 WHG i. V. m. LandeswasserGNW; 42, 46 LandesforstGNW; 9 Abs. 3 S. 2 DSchG; Landschaftsschutzverordnung; LandschaftsG i. V. m. BNatSchG; LuftVG.

c) Das **Genehmigungsverfahren** wird durch den Bauantrag des Bauherrn eingeleitet.[142] Dieser ist gemäß § 63 Abs. 1 S. 1 LBauO schriftlich bei der Gemeinde einzureichen, die ihn mit ihrer Stellungnahme[143] unverzüglich an die Bauaufsichtsbehörde weiterleitet. Nach § 63 Abs. 2 LBauO sind mit dem Bauantrag alle für die Beurteilung des Bauvorhabens und die Bearbeitung des Bauantrags erforderlichen Unterlagen (Bauvorlagen[144]) einzureichen. Dabei sind der Bauantrag und die Bauvorlagen auch vom Entwurfsverfasser[145] zu unterschreiben. Gemäß § 67 Abs. 2 LBauO kann die Behörde einen Bauantrag zurückweisen, wenn die Bauvorlagen erhebliche Mängel aufweisen.

Zahlreiche Vorschriften sehen die **Beteiligung anderer Behörden und Rechtsträger** am Genehmigungsverfahren vor (z. B. § 25 Abs. 2 StrWGNW; § 6 LandschaftsGNW; § 9 Abs. 2 BFStrG; § 36 Abs. 1 BBauG). Verfahrensrechtliche Regelungen enthält die LBauO in § 63 Abs. 1 S. 2 und in § 67 Abs. 1. Die **Beteiligung privater Dritter** beschränkt § 69 LBauO auf die **Angrenzer**, d. h. nach der Legaldefinition des § 69 Abs. 1 S. 1 LBauO auf die „Eigentümer angrenzender Grundstücke". Zu den Eigentümern i. S. dieser Norm werden auch andere dinglich Berechtigte gezählt, die eine dem Eigentümer vergleichbare Rechtsstellung haben[146] (z. B. Erbbauberechtigte), nicht aber nur obligatorisch Berechtigte[147] (z. B. Mieter oder Pächter). Ausweislich § 69 Abs. 1 S. 2 LBauO regelt § 69 Abs. 1 S. 1 LBauO die Frage, wer zu beteiligen ist, abschließend und verdrängt insoweit § 28 VwVfGNW. Diese Entscheidung hat der Gesetzgeber bewußt zur Vermeidung von Rechtsunsicherheit und Verfahrensverzögerungen getroffen.[148] Die Vorschrift ist allerdings nicht unproblematisch, da nicht nur Angrenzer, sondern auch weitere Dritte durch das Bauvorhaben in ihren rechtlich geschützten Interessen betroffen sein können (z. B. „entferntere" Nachbarn) und deren Beteiligung aus rechtsstaatlichen Gründen angezeigt sein kann. Jedenfalls darf die Regelung des § 69 LBauO nicht als abschließende Entscheidung über die möglichen Begünstigten drittschützender Baurechtsnormen[149] mißverstanden werden.[150]

---

142 Fraglich ist, ob die Bauaufsichtsbehörde den Bauherrn zur Stellung eines Antrages zwingen kann, wenn dieser eine genehmigungsbedürftige Anlage ohne Genehmigung errichtet hat. Vgl. (ablehnend) OVGNW, Urt. v. 4. 9. 1970, BRS 23, Nr. 136; vgl. dazu auch *Baumanns* aaO. (Fn. 76) Rdn. 302 m. w. Nachw.
143 Diese Stellungnahme gehört nicht zur Tätigkeit der Gemeinde als untere Bauaufsichtsbehörde, sondern bezieht sich auf den Bereich ihrer Selbstverwaltungsangelegenheiten (z. B. planungsrechtliche Fragen).
144 Näheres regelt die Verordnung über bautechnische Prüfungen v. 6. 12. 1984 (GVNW S. 774).
145 Dazu oben III.
146 *Rößler* aaO. (Fn. 51) § 69 Anm. 1 (S. 384); *Böckenförde* aaO. (Fn. 29) § 69 Rdn. 10 m. Nachw.; vgl. auch OVGNW, Urt. v. 23. 4. 1964, BRS 15, Nr. 100.
147 *Böckenförde* aaO. (Fn. 29) § 69 Rdn. 11.
148 Vgl. Begründung zum Regierungsentwurf zu § 69, LT-Drucks. 9/2721.
149 Dazu unten VI 2.
150 Vgl. auch *Rößler* aaO. (Fn. 51) § 69 Anm. 2 (S. 386); *Gelzer*, Das neue Bauplanungsrecht, 4. Aufl. 1984, S. 384.

Den Abschluß des Genehmigungsverfahrens bildet entweder die abschlägige oder die stattgebende Entscheidung über den Bauantrag und ihre Bekanntgabe − in Schriftform („**Bauschein**") − an den Bauherrn. Die LBauO enthält dafür Verfahrensregelungen in § 70 Abs. 1 S. 2 und 3.[151]

d) Da § 70 Abs. 1 S. 1 LBauO die Voraussetzungen eines subjektiven öffentlichen Rechts[152] erfüllt, hat der Bauherr unabhängig davon, ob und inwieweit die Baufreiheit unmittelbar durch Art. 14 Abs. 1 GG grundrechtlich gewährleistet ist,[153] nach Maßgabe dieser Norm einen **Anspruch auf die Erteilung der Baugenehmigung**. § 70 Abs. 1 S. 1 LBauO räumt der Behörde kein Ermessen ein (sog. gebundene Erlaubnis); vielmehr „ist" die Baugenehmigung zu erteilen, „wenn dem Vorhaben öffentlich-rechtliche Vorschriften nicht entgegenstehen".[154] Die in dieser Norm genannten „öffentlich-rechtlichen Vorschriften" sind nicht nur solche des Bauordnungsrechts, sondern insbesondere auch die des Bauplanungsrechts, so daß im Baugenehmigungsverfahren eine organisatorische und verfahrensmäßige Verzahnung der beiden Rechtsmaterien stattfindet.

Ist das Bauvorhaben in einzelnen Aspekten nicht baurechtskonform, so darf die Behörde im Einzelfall die rechtlichen Hindernisse durch **Ausnahmen** und **Befreiungen** ausräumen. Die Möglichkeit zur Abweichung von Normen der LBauO[155] ist in § 68 LBauO geregelt. Gemäß § 68 Abs. 1 LBauO gestatten Ausnahmen die Abweichung von solchen Vorschriften des Gesetzes, „die als Sollvorschriften aufgestellt sind oder in denen Ausnahmen vorgesehen sind", wohingegen gemäß § 68 Abs. 3 LBauO eine Befreiung (sog. **Dispens**) eine Abweichung von „zwingenden Vorschriften" erlaubt. Diese gesetzliche Terminologie ist unglücklich gewählt, weil sie den falschen Eindruck erweckt, als seien die Normen, die ein ausnahmsweises Abweichen vom Regelfall ausdrücklich zulassen (§ 68 Abs. 1 LBauO), keine „zwingenden Vorschriften", also disponibles Recht.[156] In der Sache ist die Unterscheidung zwischen Ausnahme und Befreiung verfahrensrechtlich deshalb erheblich, weil über eine Befreiung gem. § 68 Abs. 3 LBauO nur nach Stellung eines entsprechenden Antrags entschieden wird. Die Möglichkeit einer Ausnahme hat dagegen die Behörde im Genehmigungsverfahren von Amts wegen zu prüfen. Insbesondere die Möglichkeit der in das pflichtgemäße Ermessen der Behörde

---

151 Zum Verhältnis der verfahrensrechtlichen Regelungen der LBauO zu denen des VwVfG vgl. *Stelkens*, BauR 1978, 158 ff.
152 Dazu *Erichsen/Martens*, Das Verwaltungshandeln, in: dies. (Hrsg.), Allgemeines Verwaltungsrecht, 7. Aufl. 1986, § 10 II 5 (S. 150 ff.); *Wolff/Bachof*, Verwaltungsrecht I, 9. Aufl. 1974, § 43 b.
153 Vgl. oben unter I 3.
154 Maßgeblicher Zeitpunkt für die Beurteilung dieser Voraussetzung ist im Verwaltungsverfahren der der endgültigen behördlichen Entscheidung. Zum Beurteilungszeitpunkt im gerichtlichen Verfahren vgl. unten IV 1 und IV 2 c.
155 Für das Bauplanungsrecht vgl. § 31 BBauG.
156 Kritisch auch *Bork* aaO. (Fn. 51) § 68 Rdn. 6; *Scheerbarth* aaO. (Fn. 58) § 131 a (S. 332).

gestellten Befreiung erlaubt eine flexible Handhabung des Baurechts.[157] Mit dem Dispens können Härten ausgeglichen werden, die etwa dadurch entstehen, daß sich die Rechtslage vor dem für die Beurteilung des Bauvorhabens maßgeblichen Zeitpunkt der behördlichen Entscheidung, aber nach Einreichung des Bauantrages, zuungunsten des Bauwilligen ändert. Auch kann, wenn im Einzelfall die Beseitigung einer rechtswidrigen Anlage unvertretbar erscheint, der rechtswidrige Zustand mithilfe eines Dispenses legalisiert werden.

Ein weiteres Instrument zur Anpassung des Bauvorhabens an die baurechtlichen Anforderungen steht mit den **baurechtlichen Verträgen** zur Verfügung.[158] Auf diesem Wege kann der Bauwillige eine Verpflichtung übernehmen, deren Erfüllung die Behörde rechtlich in die Lage versetzt, die begehrte Entscheidung zu treffen.[159] Zulässigkeit und Wirksamkeit dieser subordinationsrechtlichen Verträge beurteilen sich nach §§ 54 ff. VwVfGNW.[160]

Die Sicherstellung baurechtlicher Erfordernisse kann die Behörde auch dadurch erreichen, daß sie die Baugenehmigung mit einer **Nebenbestimmung** versieht. Deren Zulässigkeit richtet sich nach § 36 VwVfGNW. Die Beifügung von Nebenbestimmungen sieht die LBauO gelegentlich ausdrücklich vor (z.B. § 49 Abs. 1; § 73 Abs. 2 S. 2; § 74 Abs. 5). Praktisch bedeutsam ist insbesondere die **Auflage**, mit der dem Bauherrn im Zusammenhang mit der ihm erteilten Genehmigung zusätzliche, selbständig erzwingbare Verpflichtungen auferlegt werden können.[161] Keine Auflage, auch keine Art von Nebenbestimmung ist die irrigerweise so bezeichnete „modifizierende Auflage"[162, 163]. Es handelt sich dabei in Wahrheit um eine von der beantragten Erlaubnis abweichende Baugenehmigung.[164] Ebenfalls keine Nebenbestimmungen sind die sog. **Grüneintragungen**. Das sind mit grüner Farbe eingetragene geringfügige Korrekturen und Änderungen der Bauvorlagen zur Anpassung des Bauvorhabens an das Baurecht, bei denen

---

157 Zur rechtsdogmatischen Beurteilung des Dispenses vgl. *Erichsen*, DVBl. 1967, 269 ff.
158 Vgl. dazu etwa *Scheerbarth* aaO. (Fn. 58) §§ 66 ff. (S. 140 ff.); *Weyreuther*, Ablöseverträge, entgegenstehende Rechtsvorschriften und gesetzliche Verbote, in: Festschrift für Reimers, 1979, S. 379; *Friauf* aaO. (Fn. 1) III 7 (S. 523) m. w. Nachw. auch aus der Rspr.; *Schulze*, Baudispensverträge, Bedeutung – rechtlicher Charakter – Zulässigkeit, 1964.
159 *Friauf* aaO. (Fn. 1) III 7 (S. 523).
160 Zur Wirksamkeit eines Dispensvertrages bei rechtswidriger Gewährung des Dispenses vgl. OVGNW, Urt. v. 13. 2. 1983, Der Gemeindehaushalt 1984, 139 ff.
161 *Friauf* aaO. (Fn. 1) III 5 a (S. 520); *Ortloff* aaO. (Fn. 53) § 41 IV 1 (S. 259 f.).
162 Z.B. die Genehmigung eines Baues unter der Voraussetzung, daß statt des beantragten Satteldaches ein Flachdach verwendet wird; VGH Bad.-Württ., Urt. v. 23. 1. 1974, BRS 28, Nr. 113.
163 Vgl. dazu BVerwG, Urt. v. 8. 2. 1974, BRS 28, Nr. 111. *Weyreuther*, DVBl. 1984, 365 ff.; *Lange*, AöR Bd. 102 (1977), 337 ff.; *Ehlers*, VerwArch. Bd. 67 (1976), 369 ff.; *Erichsen*, VerwArch. Bd. 66 (1975), 299 ff.; *Stelkens*, in Stelkens/Bonk/Leonhardt, Verwaltungsverfahrensgesetz, Kommentar, 2. Aufl. 1983, § 36 Rdn. 22a ff. m. w. Nachw. auch zur Rspr. des OVGNW.
164 Vgl. jetzt auch BVerwG, Urt. v. 17. 2. 1984, NVwZ 1984, 366 = BauR 1984, 288.

die Behörde davon ausgeht, daß ihnen der Bauherr zustimmt, und die sie vornimmt, um eine unverhältnismäßige Versagung der Genehmigung zu vermeiden.[165]

Die Baugenehmigung wird mit Zugang **wirksam** (§ 43 Abs. 1 S. 1 VwVfGNW; § 70 Abs. 5 LBauO). Maßgebend für den Inhalt der Baugenehmigung ist die Genehmigungsurkunde („Bauschein"). Die mit dem Genehmigungsvermerk (§ 70 Abs. 1 S. 3 LBauO) versehenen Bauvorlagen — einschließlich der Grüneintragungen — haben konkretisierende Funktion. Weichen deren Darstellungen oder Angaben von dem Bauschein ab, ist letzterer maßgebend.[166]

Die Baugenehmigung hat insoweit **dingliche** Wirkung, als sie gemäß § 70 Abs. 2 LBauO auch für und gegen den Rechtsnachfolger des Bauherrn gilt. Sie wird gemäß § 70 Abs. 3 S. 1 LBauO „unbeschadet der privaten Rechte Dritter" erteilt, bescheinigt also nicht die **Privatrechtskonformität** des Bauvorhabens.[167] Wird die Baugenehmigung nicht ins Werk gesetzt, ist ihre **Geltungsdauer** gemäß § 72 Abs. 1 LBauO auf zwei Jahre begrenzt;[168] die Frist kann gemäß § 72 Abs. 2 LBauO verlängert werden. **Rücknahme** und **Widerruf** der Baugenehmigung werden von der LBauO zwar erwähnt (§ 70 Abs. 4), nicht aber geregelt. Es gelten daher §§ 48, 49 VwVfGNW.

e) Den **Regelungsgehalt der Baugenehmigung** kann man in dreierlei sehen: Zum einen in der Feststellung, daß die in § 70 Abs. 1 S. 1 LBauO gemeinten öffentlich-rechtlichen Vorschriften dem Bauvorhaben nicht entgegenstehen; zum anderen in der Erlaubnis, mit der Bauausführung zu beginnen (§ 70 Abs. 5 LBauO) und das geplante Bauvorhaben ins Werk zu setzen sowie schließlich in der Erlaubnis, die der Baugenehmigung entsprechende bauliche Anlage der Genehmigung entsprechend zu nutzen („Nutzungsgenehmigung"[169]).

Die rechtsdogmatische Beurteilung der Baugenehmigung leidet unter dem hier angesprochenen Gesichtspunkt allerdings an beträchtlichen Ungereimtheiten. Sie soll im Hinblick auf die von Art. 14 Abs. 1 GG gewährleistete Baufreiheit „ihrem rechtlichen

---

165 *Ortloff* aaO. (Fn. 53) § 40 III 1 (S. 251).
166 *Ortloff* aaO. (Fn. 165); vgl. auch OVG Lüneburg, Beschl. v. 9. 10.1973, BRS 27 Nr. 147; OVGNW, Urt. v. 6. 10. 1982, BRS 39, Nr. 152.
167 Entgegenstehende private Rechte Dritter dürfen daher auch konsequenterweise die Erteilung der Baugenehmigung nicht verhindern. Bei Nicht-Identität zwischen Bauherrn und Grundstückseigentümer kann allerdings die Behörde dessen Zustimmung fordern (§ 63 Abs. 3 S. 2 LBauO). Vgl. insoweit auch BVerwGE 42, 115 (116ff.).
168 Die Fristbestimmung soll die Beschaffung von Baugenehmigungen „auf Vorrat" verhindern; vgl. *Frauf* aaO. (Fn. 1) III 3 f (S. 511); *Ortloff* aaO. (Fn. 53) § 41 III 2 (S. 257f.).
169 Zur hier nicht weiterverfolgten Frage, inwieweit die Baugenehmigung auch die Nutzungsgenehmigung umfaßt, vgl. *Böckenförde* aaO. (Fn. 29) § 3 Rdn. 34; *Rößler* aaO. (Fn. 51) § 70 Anm. 2; BGH, Urt. v. 20. 1. 1966, NJW 1966, 649. Vgl. aber auch BVerwG, Urt. v. 15. 11. 1974, DVBl. 1975, 498 = BRS 28, Nr. 34.

Inhalt nach keine echte Genehmigung oder Erlaubnis"[170] sein. Sie verleihe „nicht etwa ein Recht zum Bauen",[171] sondern setze das Recht zu bauen gerade voraus.[172] Rechtstechnisch handele es sich um ein präventives Verbot mit Erlaubnisvorbehalt.[173] Die Baugenehmigung enthalte die deklaratorische, negative Feststellung, daß dem Bau keine öffentlich-rechtlichen Hindernisse entgegenstehen.[174] Die Baugenehmigung sei „kein gewährender oder gestattender, sondern ein feststellender Verwaltungsakt".[175] Zwar sei die Rechtsprechung des pr. OVG unzutreffend, wonach die Baugenehmigung ausschließlich deklaratorischen Charakter habe,[176] konstitutiven Charakter habe sie aber (nur) insoweit, als sie das Verbot aufhebe, ohne Genehmigung mit der Bauausführung zu beginnen.[177]

Das rechtsdogmatische Verständnis der Baugenehmigung hängt zum einen davon ab, was man unter dem Regelungsgehalt eines Verwaltungsakts versteht und zum anderen, in welchem Verhältnis man den Regelungsgehalt der Baugenehmigung zur grundrechtlichen Gewährleistung der Baufreiheit sieht. Aus § 35 VwVfGNW folgt, daß die Baugenehmigung nur dann und soweit Verwaltungsakt ist, als sie Regelungscharakter hat. Aus Art. 14 Abs. 1 GG ergibt sich, daß die Baufreiheit in den gesetzlich grundrechtskonform ausgestalteten und konkretisierten Nutzungsmöglichkeiten des Grundstücks besteht.[178] Wenn mit der Baugenehmigung die (Bau-)Rechtskonformität des Bauvorhabens bescheinigt wird, enthält die Baugenehmigung zunächst schon deshalb eine Regelung, weil sie in Konkretisierung und Individualisierung[179] der abstrakten Baurechtsnormen über die Übereinstimmung des Baues mit den Gesetzen i. S. Art. 14 Abs. 1 S. 2 GG entscheidet. Sie hat damit die Funktion, rechtsverbindlich festzustellen, daß das Bauvorhaben den Schutz des Art. 14 Abs. 1 S. 1 GG genießt. Die Bedeutung einer derartigen Regelung ergibt sich daraus, daß die grundrechtliche Baufreiheit durch die sie ausgestal-

---

170 *Bork* aaO. (Fn. 51) § 70 Rdn. 1; *Dyong*, in: Ernst/Zinkahn/Bielenberg, Bundesbaugesetz, Kommentar, Bd. II (Loseblatt, Stand: April 1985) § 36 Rdn. 6; vgl. auch *Oldiges* aaO. (Fn. 1) Rdn. 181, der von einer „Unbedenklichkeitsbescheinigung" spricht.
171 *Rößler* aaO. (Fn. 51) § 70 Anm. 1 (S. 391); *Schmaltz*, in: Grosse-Suchsdorf/Schmaltz/Wiechert, Niedersächsische Bauordnung, Kommentar, 3. Aufl. 1984, § 75 Rdn. 1.
172 *Friauf* aaO. (Fn. 1) III 3 a (S. 503); *Rößler* aaO. (Fn. 51) Anm. 1 zu § 70; *Schmaltz* aaO. (Fn. 171) § 75 Rdn. 1.
173 Wohl allg. Ansicht, vgl. nur *Friauf* aaO. (Fn. 1) III 3 b (S. 504); *Ortloff* aaO. (Fn. 53) § 41 I (S. 253); *Hoppe* aaO. (Fn. 37) Rdn. 906.
174 *Scheerbarth* aaO. (Fn. 58) § 138 (S. 349); *Gaentzsch* aaO. (Fn. 2) S. 257; *Baumanns* aaO. (Fn. 76) Rdn. 267 m. Nachw.
175 *Rößler* aaO. (Fn. 51) Anm. 1 zu § 70; *Schmaltz* aaO. (Fn. 171) § 75 Rdn. 2 ff.; *Bork* aaO. (Fn. 51) § 70 Rdn. 1.
176 *Friauf* aaO. (Fn. 1) III 3 b (S. 504); *ders.*, DVBl. 1971, 713 (719 ff.) m. Nachw. zur Rspr. des pr. OVG.
177 *Böckenförde* aaO. (Fn. 29) § 70 Rdn. 6; *Rößler* aaO. (Fn. 51) Anm. 1 zu § 70.
178 Vgl. oben I 3.
179 Die Konkretisierungs- und/oder Individualisierungsfunktion des Verwaltungsakts macht wesentlich seinen Regelungscharakter aus. Vgl. *Erichsen/Martens* aaO. (Fn. 152) § 11 II 4.

tenden gesetzlichen Vorschriften nicht nur von inhaltlichen Anforderungen geprägt, sondern auch unter einen „Verfahrensvorbehalt" gestellt ist. Daraus folgt, daß die Intensität des Grundrechtsschutzes[180] nicht unabhängig davon sein kann, ob einem Bauvorhaben die Genehmigung erteilt oder versagt wurde. Daraus folgt auch, daß einem genehmigten Bau kein Verbot eines Baubeginns mehr entgegenstehen darf. Die Aufhebung des Bauverbots — der sog. „verfügende Teil" — ist damit ebensowenig oder ebensoviel deklaratorisch oder konstitutiv wie der sog. „feststellende" Teil. Beides sind Regelungsgehalte der Baugenehmigung.[181]

2. Die Bauüberwachung

Im Anschluß an die Genehmigung des Bauvorhabens hat die Bauaufsichtsbehörde gemäß § 76 LBauO die Ausführung der genehmigungsbedürftigen[182] Bauvorhaben zu überwachen.[183] Die Bauüberwachung soll die genehmigungskonforme Bauausführung sicherstellen. Sie erstreckt sich daher gemäß § 76 Abs. 2 LBauO insbesondere auf die Prüfung, ob den genehmigten Bauvorlagen entsprechend gebaut wird sowie auf den Nachweis der Brauchbarkeit der Baustoffe, Bauteile und Einrichtungen und auf die Einhaltung der für ihre Verwendung oder Anwendung getroffenen Nebenbestimmungen. Zur Effektuierung dieser Kontrolle sind der Behörde in § 76 Abs. 3 und 4 LBauO flankierende Befugnisse eingeräumt. Die Kontrolldichte der Bauüberwachung korrespondiert mit der im Genehmigungsverfahren (vgl. § 64 Abs. 6 LBauO). Innerhalb des gesetzlich festgelegten zeitlichen und sachlichen Rahmens der Überwachung steht deren Umfang in der Beurteilungsprärogative, bzw. im Ermessen der Bauaufsichtsbehörde (§ 76 Abs. 1 S. 1 und 2 LBauO).

Die **Bauzustandsbesichtigung** (§ 77 LBauO) ist eine gesetzlich besonders institutionalisierte Form der Bauüberwachung. Dabei ist in zeitlich gestaffelter Abfolge die Bauzustandsbesichtigung nach Fertigstellung des Rohbaues und die Bauzustandsbesichtigung nach der abschließenden Fertigstellung der baulichen Anlage vorgesehen. Der Umfang der Besichtigung, auf die im Einzelfall ganz verzichtet werden kann,[184] liegt im

---

180 Das schließt nicht aus, daß auch das Vorgehen gegen ungenehmigte oder baurechtswidrige bauliche Anlagen grundrechtlich gebunden ist. Dazu unten V 3.
181 Zur umstrittenen Frage, wie weit die Bestandskraft eines die Baugenehmigung versagenden Verwaltungsaktes reicht, vgl. BVerwGE 48, 271; *Walter Krebs* VerwArch. Bd. 67 (1976) S. 411 ff.; *Stelkens*, in: Stelkens/Bonk/Leonhardt, Verwaltungsverfahrensgesetz, Kommentar, 2. Aufl. 1983, § 43 Rdn. 7; *Steinberg* aaO. (Fn. 66) S. 261.
182 Das folgt aus der Bezugnahme auf § 60 Abs. 1 in § 76 Abs. 1 S. 1 LBauO.
183 Ausgenommen sind die baulichen Anlagen öffentlicher Bauherrn (§ 75 Abs. 1 LBauO). Im übrigen beurteilt sich die Bauüberwachung nicht genehmigungsbedürftiger baulicher Anlagen nach § 58 Abs. 1 LBauO.
184 Ausnahme dazu: Gem. § 60 Abs. 2 LBauO darf die Benutzungsgenehmigung (dazu oben V 1 b) nur auf der Grundlage einer Bauzustandsbesichtigung erteilt werden.

Ermessen der Behörde[185] (§ 77 Abs. 3 S. 1 LBauO). Wird sie durchgefürt, so ist über ihr Ergebnis auf Verlangen des Bauherrn eine Bescheinigung auszustellen (§ 77 Abs. 3. S. 3 LBauO). Diese Bescheinigung ist — zumindest nach neuem Recht[186] — kein begünstigender Verwaltungsakt,[187] da sie nur die Durchführung der Besichtigung attestiert, also keine rechtliche Regelung i.S. des § 35 VwVfGNW trifft. Insbesondere hindert die Durchführung der Besichtigung die Behörde nicht, später die Abstellung solcher Mängel zu verlangen, die zunächst nicht entdeckt worden sind.[188]

3. Die (Wieder-)Herstellung baurechtmäßiger Zustände

Der tatsächliche Zustand eines Grundstücks und seine bauliche Nutzung können aus vielen Gründen dem Baurecht widersprechen. So kann eine Baugenehmigung rechtswidrig erteilt worden sein, oder eine rechtmäßig genehmigte bauliche Anlage steht deshalb nicht mehr mit dem Baurecht in Einklang, weil sich der Bau mit oder ohne Zutun des Bauherrn oder Dritter verändert hat (z.B. Anbau, Umbau, Zerfall, Nutzungsänderung), oder der Bau ist unverändert geblieben, aber die Rechtslage hat sich geändert. Eine genehmigungsbedürftige Anlage kann ungenehmigt sein, sie kann aber trotzdem den baurechtlichen Anforderungen entsprechen — oder nicht. Zur (Wieder-)Herstellung der Übereinstimmung von Baurecht und tatsächlichem Zustand kommen je nach Art des Widerspruches mit der Norm verschiedene Maßnahmen in Betracht: z.B. die Anordnung der Baueinstellung, die Verfügung eines Nutzungsverbotes und die Anordnung der Beseitigung der baulichen Anlage.[189] Derartige Maßnahmen stehen der Bauaufsichtsbehörde nicht zur beliebigen Verfügung; sie sind vielmehr an ganz unterschiedliche rechtliche Voraussetzungen gebunden.

Die rechtliche Determination der Behörde ist relativ schwach, soweit diese jenseits rechtlichen Zwanges durch Hinweise, Ratschläge oder Anregungen auf die (Wieder-)Herstellung baurechtmäßiger Zustände hinwirkt.[190] Will sie dagegen durch Gebot oder Verbot die Verpflichtungsadressaten des Baurechts, insbesondere die „am Bau

---

185 Dazu *Böckenförde* aaO. (Fn. 29) § 77 Rdn. 13.
186 § 77 LBauO ersetzt mit der Regelung der Bauzustandsbesichtigung die in § 96 LBauO 1970 geregelte *Rohbau- und Schlußabnahme*. Vgl. dazu die Begründung des Reg.-Entwurfs, LT-Drucks. 9/2721 zu § 77: „Die Bauabnahme des geltenden Rechts (§ 96 BauO 1970) soll in § 77 nunmehr als Bauzustandsbesichtigung bezeichnet werden, da in der Vergangenheit das Wort „Abnahme" gelegentlich als eine Art Garantieerklärung der Bauaufsichtsbehörde für die vom Unternehmer durchgeführten Bauarbeiten mißverstanden worden ist".
187 A. A. *Ortloff* aaO. (Fn. 53) § 39 IV (S. 233) für § 96 BauONW 1970, obschon auch er darauf hinweist, daß in der Erteilung des Schlußabnahmescheins nicht die verbindliche Feststellung der Rechtmäßigkeit des Bauwerks liege.
188 *Rößler* aaO. (Fn. 51) Anm. zu § 77; *Böckenförde* aaO. (Fn. 29) § 77 Rdn. 25 m. Nachw.
189 Zum Kanon des behördlichen Instrumentariums zählt auch das Bußgeld gem. § 79 LBauO.
190 Vgl. in diesem Zusammenhang aber auch § 25 VwVfGNW.

Beteiligten"[191] zu einem bestimmten Verhalten rechtlich verpflichten, so wird sie regelmäßig mit solchen Entscheidungen auf die **Grundrechte** der Betroffenen (z.B. Art. 14 Abs. 1; 13 Abs. 1; 12 Abs. 1; 2 Abs. 1 GG) stoßen. Derartige Maßnahmen müssen damit den grundrechtlichen wie (einfach-)gesetzlichen Anforderungen entsprechen.

Grundrechtsrelevante Maßnahmen unterfallen dem grundrechtlichen **Gesetzesvorbehalt**;[192] sie dürfen also nur durch oder aufgrund Gesetzes ergehen. Ermächtigungsgrundlagen für Ge- oder Verbote oder tatsächliche Maßnahmen der Bauaufsichtsbehörde finden sich z.T. in spezialgesetzlichen Vorschriften (z.B. § 53 Abs. 3; § 58 Abs. 3; § 74 Abs. 8 S. 1; § 82 LBauO). Hinsichtlich nicht ausdrücklich gesetzlich normierter Maßnahmen ist nach nordrhein-westfälischem Recht die Frage nach der allgemeinen **Ermächtigungsgrundlage für Maßnahmen der Bauaufsichtsbehörden** immer noch nicht ganz geklärt. In Betracht kommen die Vorschriften des § 58 Abs. 1 LBauO (früher: § 76 Abs. 1 BauONW 1970) und/oder die des § 14 Abs. 1 OBGNW,[193] wobei fraglich ist, ob § 58 Abs. 1 LBauO auch eine Ermächtigung oder nur eine Aufgabenzuweisung für die Bauaufsichtsbehörden normiert. Für die letztere Annahme kann angeführt werden, daß die Befugnisse der Behörde in den genannten Einzelermächtigungen stärker akzentuiert sind und der Wortlaut des § 58 Abs. 1 S. 2 LBauO[194] eher dem des § 1 Abs. 2 S. 2 OBGNW als dem der Handlungsermächtigung des § 14 Abs. 1 OBGNW ähnelt. Allerdings fragt sich, ob nicht ein solcher Vergleich die Subtilität der gesetzgeberischen Wortwahl überschätzt. Das gilt auch für die neue Überschrift des § 58 LBauO („Aufgaben und Befugnisse der Bauaufsichtsbehörden" statt „Aufgaben"). Die Begründung zum Regierungsentwurf vermerkt lapidar: „Absatz 1 umschreibt, wie bisher § 76 Abs. 1 BauO 1970, den Aufgabenbereich der Bauaufsichtsbehörden"[195,196]. Die rechtspraktische Bedeutung dieser Rechtsfrage sollte nicht allzuhoch veranschlagt werden. Zum einen könnte es darauf ankommen, ob § 58 Abs. 1 LBauO alle Fälle des § 14 Abs. 1 OBGNW erfaßt und umgekehrt. Das dürfte aber weitgehend der Fall sein, wenn jeder Baurechtsverstoß als Gefahr für die öffentliche Sicherheit gewertet werden kann.[197] Darüberhinaus verlangt § 14 Abs. 1 OBGNW das Vorliegen einer konkreten Gefahr,

---

191 §§ 53 ff. LBauO. Dazu oben III.
192 BVerfGE 34, 165 (192 f.); 41, 251 (259 f.); 47, 46 (78 f.); 58, 257 (269 ff.).
193 Zu dieser Rechtsfrage vgl. *Rößler* aaO. (Fn. 51) § 70 Anm. 5; *Böckenförde* aaO. (Fn. 29) § 58 Rdn. 1 u. 8, § 57 Rdn. 8; OVGNW, Urt. v. 19. 5. 1983, BRS 40, Nr. 122 zu § 76 LBauO 1970; Urt. v. 11. 7. 1979, NJW 1980, 854; *Ortloff* aaO. (Fn. 53) § 47 II (S. 286 Fn. 268); *Rabe* BauR 1978, 166 (171).
194 Die Vorschrift ist insoweit mit § 76 Abs. 1 S. 2 BauONW 1970 wortgleich.
195 LT-Drucks. 9/2721 zu § 58.
196 Die Problematisierung dieser Rechtsfrage erfolgt — trotz vergleichbaren Wortlauts der Vorschriften — nicht in allen Bundesländern. Vgl. — für Niedersachsen — *Wiechert* aaO. (Fn. 3) S. 323 f.
197 Zum Begriff der „öffentlichen Sicherheit" i.S.d. ordnungs- und polizeirechtlichen Generalklausel vgl. *Martens* aaO. (Fn. 57) S. 121 f.; *Friauf*, Polizei- und Ordnungsrecht, in: v. Münch, Besonderes Verwaltungsrecht, 7. Aufl. 1985, II 1 c (S. 196 ff., 198) m. w. Nachw.

§ 58 Abs. 1 S. 2 LBauO seinem Wortlaut nach hingegen nicht. Insofern fragt sich aber, ob nicht § 58 Abs. 1 S. 2 LBauO im Einzelfall grundrechtskonform restriktiv angewendet werden muß. Das OVGNW hat die Frage nach der Ermächtigungsnorm gelegentlich pragmatisch offengelassen und auf beide in Betracht kommenden Vorschriften abgestellt.[198]

Die Ermächtigungsnormen räumen den Behörden durchweg ein **Entschließungs- und Auswahlermessen** ein, das nach § 40 VwVfGNW entsprechend dem Zweck der Ermächtigung auszuüben ist. Eine Ermessensreduktion i. S. eines Zwanges zum Einschreiten kann sich aber aus der erheblichen Gefährdung wichtiger Rechtsgüter, insbesondere Leben und Gesundheit, ergeben.[199] Werden Normen verletzt, die dem Schutz von Rechtsgütern Dritter dienen, kann diesen ein Anspruch auf eine fehlerfreie Ermessensentscheidung über das Einschreiten, bei Ermessensreduktion auch ein Anspruch auf das Tätigwerden der Bauaufsichtsbehörden zustehen.[200] Die Ermessensausübung ist an Art. 3 Abs. 1 GG gebunden, d. h., daß die Behörde bei mehreren oder gleichartigen Baurechtsverstößen mehrerer Bauherrn nicht willkürlich vorgehen darf.[201]

Soweit die zuständigen Behörden mit Verfügungen oder tatsächlichen Maßnahmen grundrechtlich geschützte Freiheiten beschränken, sind sie an das Übermaßverbot gebunden, dürfen also keine ungeeigneten, nicht erforderliche (zu harte) oder unverhältnismäßige Maßnahmen treffen.[202] Der durch den Verhältnismäßigkeitsgrundsatz (i. e. S.) geschaffene Zwang zum Ausgleich der Individualrechtsgüter mit den von den Baurechtsnormen geschützten Allgemeingütern erfordert ein je nach Baurechtsverstoß und Schwere des Eingriffs abgestuftes Vorgehen der Behörden.

a) Oben[203] wurde darauf hingewiesen, daß die Baugenehmigung auch die (rechtskonkretisierende) Funktion hat, rechtsverbindlich festzustellen, daß der Eigentümer eines

---

198 NJW 1984, 883: „§ 76 NRWBauO i. V. mit § 14 NRWOBG". Vgl. in diesem Zusammenhang auch OVGNW, Urt. v. 19. 5. 1983, BRS 40, Nr. 122; Urt. v. 17. 5. 1983, BRS 40, Nr. 191 = NJW 1984, 883 ff.; E 35, 153 (158 f.).
199 *Friauf* aaO. (Fn. 197) II 1 f (S. 207 f.); *Bork* aaO. (Fn. 51) § 58 Rdn. 4; *Böckenförde* aaO. (Fn. 29) § 58 Rdn. 12; OVGNW E 2, 109; BVerwG, Urt. v. 18. 8. 1960, DVBl. 1961, 125.
200 *Schmaltz* aaO. (Fn. 171) § 65 Rdn. 2; vgl. *Böckenförde* aaO. (Fn. 29) § 58 Rdn. 13; vgl. OVGNW, Urt. v. 17. 5. 1983, BRS 40, Nr. 191 = NJW 1984, 883 ff., das der Auffassung ist, daß nach der sog. Folgenbeseitigungslast, die aus der Aufhebung einer rechtswidrigen Baugenehmigung herrühren soll, die Ermessensentscheidung nicht determiniert. Vgl. auch Urt. v. 23. 4. 1982, BRS 39, Nr. 178.
201 Dazu *Schmaltz* aaO. (Fn. 171) § 89 Rdn. 36 f.; *Böckenförde* aaO. (Fn. 29) § 58 Rdn. 9 ff.; *Götz*, NJW 1979, 1477 (1481 f.); vgl. auch OVGNW, Urt. v. 25. 7. 1974, DÖV 1975, 721; OVG Lüneburg, Urt. v. 2. 9. 1964, DVBl. 1965, 776 f.; vgl. aber auch OVG Saarland, Beschl. v. 7. 6. 1985, DÖV 1985, 1072.
202 Vgl. OVGNW, Urt. v. 20. 11. 1979, BRS 35, Nr. 107 zu Anforderungen an Bestimmtheit und Verhältnismäßigkeit. Zu einer trotz nur geringfügiger Überschreitung gesetzlicher Grenzen rechtmäßigen Beseitigungsanordnung OVGNW, Urt. v. 26. 2. 1980, BRS 36, Nr. 217. Anders in einem ähnlichen Fall OVG Lüneburg, Urt. v. 17. 11. 1970, BRS 23, Nr. 198.
203 V 1.

genehmigten Bauvorhabens den Grundrechtsschutz des Art. 14 Abs. 1 GG genießt. Das erklärt, daß eine der Genehmigung entsprechende bauliche Anlage vor dem Rückgriff auf die abstrakt-generelle Baurechtsordnung geschützt ist. Da die Baugenehmigung ein Verwaltungsakt ist, dessen Rechtsgeltung von seiner Wirksamkeit, nicht aber von seiner Rechtmäßigkeit abhängt, gilt dies − bei Wirksamkeit der Genehmigung − unabhängig davon, ob die Baugenehmigung erteilt werden durfte oder nicht.[204] Diesen einfach- und grundrechtlichen Schutz genießt der wirksam genehmigte Bau auch gegenüber nachträglichen Rechtsänderungen (**Bestandsschutz**[205]). Allerdings schützt Art. 14 Abs. 1 GG das Eigentum nicht vor jedweder Schmälerung auf alle Zeiten. Eine derartige „nachträgliche" Eigentumsbeschränkung muß jedoch dem Übermaßverbot, insbesondere dem Verhältnismäßigkeitsgrundsatz entsprechen. Insofern sind an die die Eigentumsbeschränkung rechtfertigenden Gründe besondere Anforderungen zu stellen. Gemäß § 82 Abs. 1 LBauO darf bei **nachträglicher Rechtsänderung** verlangt werden, daß bestehende oder nach genehmigten Bauvorlagen bereits begonnene bauliche Anlagen der neuen Rechtslage angepaßt werden, „wenn dies im Einzelfall wegen der Sicherheit für Leben und Gesundheit erforderlich ist."

b) Die Gründe, warum einem Bau die erforderliche **Genehmigung fehlt** („formelle Illegalität"), können verschiedenartig sein: Der Bauherr kann auf die Stellung eines Bauantrages und die Einholung einer Genehmigung verzichtet haben (sog. **Schwarzbau**); er kann den Bau anders als genehmigt ausgeführt oder ihn nachträglich verändert haben; schließlich kann die ursprüngliche Baugenehmigung aufgehoben worden sein. Darüberhinaus kann der ungenehmigte Bau den baurechtlichen Anforderungen entsprechen − oder nicht. Die sog. materielle Baurechtswidrigkeit kann ursprünglich − oder zwischenzeitlich − vorhanden gewesen sein und fortdauern − oder nicht. Diese unterschiedlichen Fallgestaltungen gebieten eine differenzierte Beurteilung der rechtlichen Konsequenzen ungenehmigten Bauens. Auch eine als Grundsatz verstandene rechtliche Aussage wie die, daß eine Abriß- oder Beseitigungsverfügung formelle und materielle Illegalität voraussetze",[206] kann allenfalls eine die rechtliche Tendenz beschreibende „Daumenregel" sein, erfaßt aber im übrigen die Rechtsfolgen einer fehlenden, obwohl

---

204 *Gaentzsch* aaO. (Fn. 2) S. 269; *Steinberg* aaO. (Fn. 66) S. 266. Vgl. in diesem Zusammenhang auch *Friauf*, DVBl. 1971, 713 (722).
205 Dieser wird als „passiver" Bestandsschutz bezeichnet. Daneben hat vor allem die Rechtsprechung auch noch einen − insbesondere planungsrechtlich relevanten − „aktiven" und einen „überwirkenden" („übergreifenden") Bestandsschutz entwickelt, der auf die Zulässigkeit von Reparatur, bzw. Wiederherstellungsarbeiten, bzw. auf die Zulässigkeit von der Funktion des Bauwerks entsprechenden Änderungs- und Erweiterungsmaßnahmen zielt. Vgl. dazu BVerwGE 50, 49ff.; *Böckenförde* aaO. (Fn. 29) § 70 Rdn. 9ff. m. Nachw.; *Friauf*, WiVerw. 1986, 87ff.
206 Vgl. *Oldiges* aaO. (Fn. 1) S. 401; *Baumanns* aaO. (Fn. 76) Rdn. 390; *Ortloff* aaO. (Fn. 53) § 47 II 1.

erforderlichen Baugenehmigung viel zu pauschal[207] und verstellt den Blick auf die unterschiedlichen normativen Bedingungen behördlichen Vorgehens.

Die Zulässigkeit behördlicher Maßnahmen hängt zunächst wesentlich davon ab, inwieweit auch das **genehmigungslose Bauwerk grundrechtlich geschützt** ist. Auch insofern muß differenziert werden. Der ungenehmigte Bau ist jedenfalls (Sach-)Eigentum und wird zumindest unter diesem rechtlichen Aspekt von Art. 14 Abs. 1 GG erfaßt. Ein Vorgehen gegen den Eigentümer steht also unter **Gesetzesvorbehalt** (Art. 14 Abs. 1 S. 2 GG) und muß dem **Übermaßverbot** genügen. Ist das Bauwerk nicht genehmigt, so ist damit allerdings noch nicht festgestellt, daß es auch den grundrechtlichen „Baufreiheitsschutz" genießt. Das ungenehmigte Bauen verstößt gegen die Normen, die die grundrechtlich geschützte Baufreiheit unter einen Verfahrensvorbehalt stellen. Dieser Umstand rechtfertigt in aller Regel bei einem noch nicht fertiggestellten Bau die Verfügung einer **Baueinstellung**,[208] bei einem noch nicht bezogenen Bauwerk ein **Nutzungsverbot**.[209]

Im übrigen hängt der Grundrechtsschutz des ungenehmigten Bauwerks davon ab, welche (grund-)rechtliche Bedeutung man der Baugenehmigung beimißt. Die hier vertretene Auffassung, daß die Baugenehmigung die grundrechtliche Baufreiheit rechtsverbindlich feststellt, schließt den Grundrechtsschutz formell illegalen Bauens nicht ipso iure aus. Steht die Übereinstimmung des Bauwerks mit den baurechtlichen Anforderungen fest,[210] ist es also **genehmigungsfähig**, dann genießt es insofern auch Grundrechtsschutz und ist z.B. in aller Regel vor Abriß geschützt.

Ist der ungenehmigte Bau im **Zeitpunkt des Erlasses der Verfügung**[211] nicht genehmigungsfähig, muß wiederum differenziert werden: Ist der Bau zu irgendeinem früheren Zeitpunkt einmal **genehmigungsfähig gewesen**, so soll ihm Bestandsschutz zukommen, wenn es sich dabei um einen „beachtlichen" Zeitraum, der mit mindestens drei Monaten veranschlagt wird, gehandelt hat.[212] War und ist der Bau nicht genehmigungsfähig, so muß das Ausmaß der behördlichen Befugnisse auch davon abhängen, gegen welche Rechtsnormen die bauliche Anlage verstößt. Da die Maßnahme nicht gegen

---

207 Das OVGNW hat im Einzelfall die formelle Illegalität für den Erlaß einer Beseitigungsverfügung ausreichen lassen. Vgl. Beschl. v. 6. 2. 1970, BRS 23, Nr. 205.
208 *Friauf* aaO. (Fn. 1) III 3 d aa (S. 507 f.); *Ortloff* aaO. (Fn. 53) § 46 (S. 283 f.); OVGNW, Beschl. v. 13. 4. 1965, BRS 16, Nr. 132; Beschl. v. 20. 8. 1968, BRS 20, Nr. 191.
209 *Friauf* aaO. (Fn. 1) III 3 d aa (S. 508); *Battis* aaO. (Fn. 131) § 3 V 2 b (S. 164); *Schmaltz* aaO. (Fn. 171) § 89 Rdn. 15 f.
210 Fraglich ist, inwieweit der Bauherr zur Stellung eines Bauantrags gezwungen werden kann. Vgl. oben Fn. 142.
211 Zur Maßgeblichkeit dieses Zeitpunktes *Steinberg* aaO. (Fn. 66) S. 267; vgl. auch *Böckenförde* aaO. (Fn. 29) § 70 Rdn. 35.
212 *Steinberg* aaO. (Fn. 66) S. 268; *Ortloff* aaO. (Fn. 53) § 47 III 3 b (S. 293); *Schmaltz* aaO. (Fn. 171) § 99 Rdn. 13; OVG Lüneburg, Urt. v. 28. 3. 1966, BRS 17, Nr. 150; BVerwG, Urt. v. 22. 1. 1971, BRS 24, Nr. 193; Urt. v. 23. 2. 1979, BauR 1979, 228 (229); Urt. v. 26. 5. 1978, BRS 33, Nr. 37.

das Übermaßverbot verstoßen darf, muß die Behörde eine Güterabwägung durchführen. Es kommt daher darauf an, welchen rechtlichen Stellenwert das von der verletzten Norm geschützte Rechtsgut besitzt. Für die Eingriffsbefugnisse kann von Bedeutung sein, ob etwa das Grundstück planungsrechtlich überhaupt bebaubar oder nicht bebaubar ist und gegen welche bauordnungsrechtlichen Anforderungen verstoßen wurde. Das Gebot des Interventionsminimums fordert jedenfalls, daß die Abriß-oder Beseitigungsverfügung als einschneidenste Maßnahme nur als ultima ratio eingesetzt wird.

VI. Rechtsschutzfragen

1. Rechtsschutz des Bauherrn

Stehen dem Bauvorhaben keine öffentlich-rechtlichen Vorschriften entgegen, hat der Bauherr einen Rechtsanspruch auf Erteilung der Baugenehmigung, und zwar unabhängig davon, ob man diesen Anspruch (nur) in § 70 Abs. 1 S. 1 LBauO oder (und) unmittelbar in Art. 14 Abs. 1 GG verortet sieht.[213] Dieser Anspruch ist ein Recht i.S. der §§ 42 Abs. 2, 113 Abs. 4 VwGO und kann vom Bauherrn notfalls im Wege der **Verpflichtungsklage** gem. § 42 Abs. 1 VwGO vor den Verwaltungsgerichten durchgesetzt werden. Steht der Bauaufsichtsbehörde bei der Entscheidung über den Bauantrag noch ein Ermessensspielraum zu (etwa bei der Entscheidung über eine „Ausnahme" i.S. § 68 Abs. 1 u. 2 LBauO), kann die Verpflichtungsklage in Form der Bescheidungsklage[214] erhoben werden.

Da sich die Klageart nach dem Klagebegehren richtet, ist die Verpflichtungsklage auch dann einschlägig, wenn die Bauaufsichtsbehörde den Erlaß der begehrten Baugenehmigung deshalb verweigert, weil eine für diesen Erlaß notwendige **Beteiligung einer anderen Behörde oder Körperschaft** fehlt. So kann z.B. die Gemeinde ihr Einvernehmen gemäß § 36 BBauG versagt haben. Nach Auffassung des BVerwG[215] ist die Gemeinde gemäß § 65 Abs. 2 VwGO beizuladen;[216] die rechtskräftige Verurteilung der Bauaufsichtsbehörde mache die Zustimmung der Gemeinde entbehrlich.[217]

Ein Fall der notwendigen **Beiladung** gemäß § 65 Abs. 2 VwGO liegt auch dann vor, wenn die Entscheidung des Gerichts über die Verpflichtung der Behörde zum Erlaß der

---

213 Dazu oben I 3 und V 1 e.
214 Die Möglichkeit der Erhebung einer derart modifizierten Verpflichtungsklage ergibt sich im Rückschluß aus § 113 Abs. 4 S. 2 VwGO.
215 BVerwGE 42, 8 (10 ff.); *Wiechert* aaO. (Fn. 3) S. 317.
216 Nach BVerwGE 51, 310 ist die im Baugenehmigungsverfahren zu beteiligende höhere Verwaltungsbehörde nicht notwendig beizuladen, wenn sie Teil der Verwaltungsorganisation des Beklagten ist.
217 A. A. *Erichsen*, Verwaltungsrecht und Verwaltungsgerichtsbarkeit I, 2. Aufl. 1984, S. 109 ff.: es müsse ein Bescheidungsurteil gem. § 113 Abs. 4 S. 2 VwGO ergehen.

Baugenehmigung auch Dritten (z. B. Nachbarn) gegenüber nur einheitlich erfolgen kann.

Der **maßgebliche Zeitpunkt** für die Beurteilung der Frage, ob die für den Anspruch auf die Baugenehmigung erforderliche Baurechtmäßigkeit des Bauvorhabens vorliegt, ist der Abschluß der mündlichen Verhandlung. Das gilt auch dann, wenn sich die Sach- und Rechtslage bis dahin zuungunsten des Klägers verschlechtert hat.[218] Im Einzelfall können dadurch entstehende Härten durch die Erteilung von Ausnahmen und Befreiungen kompensiert werden.[219]

Ist die Baugenehmigung mit einer **Nebenbestimmung** versehen, gegen die sich der Bauherr zur Wehr setzen will, dann kann die Anfechtungsklage die einschlägige Klageart sein. Ihre Zulässigkeit setzt voraus, daß der Verwaltungsakt überhaupt teilbar ist, d.h. die nach Abtrennung verbliebene Restregelung noch einen eigenständigen Sinngehalt[220] hat. Der Kläger darf also nicht eine Abänderung der Baugenehmigung insgesamt verlangen, sondern muß die Beseitigung eines „minus" begehren. Ob die Abtrennung des Regelungsbestandteils *zulässig* ist, d.h. die Nebenbestimmung isoliert aufgehoben werden darf, ist eine Frage der Begründetheit der Klage. Insofern kommt es darauf an, ob die Baugenehmigung auch ohne die Nebenbestimmung erlassen werden mußte, bzw. bei Nebenbestimmungen, deren Erlaß im Ermessen der Behörde stehen, ob die Behörde von der Beifügung der Nebenbestimmung rechtmäßiger- und — soweit das Gericht dies überprüfen darf — zweckmäßigerweise absehen durfte. Begehrt der Kläger dagegen mit der Beseitigung eines Regelungsbestandteils der Baugenehmigung in Wahrheit nicht ein minus, sondern ein aliud, d.h. eine Abänderung der Hauptregelung, dann kommt eine Anfechtungsklage nicht in Betracht. Das ist etwa der Fall, wenn sich der Bauherr gegen eine sog. modifizierende „Auflage"[221] zur Wehr setzen will. Die einschlägige Klageart ist hier die Verpflichtungsklage auf die begehrte — unveränderte — Baugenehmigung.[222]

2. Drittschutz

Die Frage, welche Rechtsschutzmöglichkeiten einem Dritten zur Verfügung stehen, der sich durch ein Bauvorhaben oder ein vorhandenes Bauwerk in seinen Interessen beeinträchtigt sieht, stößt auf ein komplexes Problemfeld. Zum einen ist damit das Verhältnis zwischen privatrechtlichem und öffentlich-rechtlichem „Nachbarrecht" angesprochen; zum anderen kommt es für die öffentlich-rechtlichen Rechtsschutzmöglichkeiten

---

218 *Baumanns* aaO. (Fn. 76) Rdn. 310; *Steinberg* aaO. (Fn. 66) S. 260 m. w. Nachw.
219 Vgl. oben V 1 d.
220 Vgl. *Erichsen* aaO. (Fn. 217) S. 80: Der Verwaltungsakt müsse „im logischen Sinne teilbar" sein. Vgl. *dens.*, ebd. S. 80 ff. (m. w. Nachw.) auch zum Folgenden.
221 Dazu oben V 1 d.
222 Vgl. jetzt auch BVerwG, Urt. v. 17. 2. 1984, DÖV 1984, 854.

entscheidend darauf an, welche der (potentiell) betroffen Drittinteressen subjektiv – (öffentlich-)rechtlich bewehrt sind und wie sie verfahrensmäßig durchgesetzt werden können. Diese Fragen haben in Rechtsprechung und Literatur zu einer breiten, zumeist unter dem Schlagwort „Nachbarschutz" geführten Diskussion[223] geführt. Die Problematik kann hier nur skizziert werden.

a) Wie eingangs[224] angedeutet, ist der Ausgleich divergierender privater Interessen, die durch die bauliche Nutzung von Grund und Boden betroffen sein können, auch Gegenstand privatrechtlicher Regelungen, z.B. der §§ 903 ff. BGB und des nordrhein-westfälischen Nachbarrechtsgesetzes. Der durch eine bauliche Anlage ausgelöste Konflikt kann daher u.U. auch mithilfe einer **zivilrechtlichen Klage** ausgetragen werden und der Nachbar dergestalt z.B. einen Abwehranspruch gemäß §§ 1004, 823 BGB verfolgen. Dabei können privates und öffentliches Recht ineinander verschränkt sein. So kommen etwa Normen des öffentlichen Baurechts als Schutzgesetze des Nachbarn i.S. des § 823 Abs. 2 BGB in Betracht. Inwieweit das öffentliche Recht auf die privatrechtlichen Nachbarrechtsverhältnisse einzuwirken vermag, ist im einzelnen noch nicht immer abgeklärt.[225]

b) Zur wirksamen Wahrnehmung seiner Interessen kann es für den Nachbarn vielfach wichtig sein, auf die Entscheidungen der Bauaufsichtsbehörden einzuwirken. So kann er z.B. an der Aufhebung behördlicher Entscheidungen (z.B. eine ihn belastende Baugenehmigung) oder an der Herbeiführung einer solchen Entscheidung (z.B. Erlaß einer Beseitigungsanordnung) interessiert sein. Da der hierfür einschlägige verwaltungsgerichtliche Rechtsschutz als Individualrechtsschutz konzipiert ist, kommt es darauf an, ob und inwieweit das öffentliche Baurecht Interessen des Nachbarn durch subjektive öffentliche Rechte absichert. Diese Fragestellung als eine solche nach der Existenz und dem Inhalt „nachbarschützender Normen" zu bezeichnen, wie dies häufig geschieht, ist zumindest terminologisch mißverständlich. Ein derartiger Sprachgebrauch suggeriert, daß es für das hier angeschnittene Problem auf den **Begriff des Nachbarn** ankomme und die Nachbareigenschaft über den durch öffentlich-rechtliche Rechtssätze vermittelten Schutz individueller Interessen entscheide. Der Andressatenkreis subjektiver öffentlicher Rechte läßt sich demgegenüber nur von der jeweiligen Norm her bestimmen, so daß „Nachbar" im Baurecht jeder Dritte ist, dessen Interessen ein Rechtssatz des öffentlichen Baurechts in seinen Schutzzweck (mit-)aufgenommen hat.[226] Die umstrittenen Fragen, ob der geschützte „Nachbar" notwendig Angrenzer[227] oder ob er dinglich

---

223 Vgl. zum Überblick etwa *Menger*, VerwArch. Bd. 69 (1978) 313 ff.; *Breuer*, DVBl. 1983, 431 ff.; *Steinberg*, NJW 1984, 457 ff.; *Degenhart*, JuS 1984, 187 ff.; *Wahl*, JuS 1984, 577.
224 Oben I 1.
225 Dazu etwa *Papier* aaO. (Fn. 9) Rdn. 384 ff.; *Schmaltz* aaO. (Fn. 171) § 72 Rdn. 18 ff.; *Breuer* aaO. (Fn. 223) S. 438 f. Vgl. auch oben I 1.
226 Zutreffend *Ortloff* aaO. (Fn. 53) § 42 I 3 (S. 268).
227 Dazu oben V 1 c.

berechtigt sein muß, also eine nur obligatorische Rechtsstellung (z. B. Miete, Pacht) noch keinen Nachbarschutz auszulösen vermag,[228] sind daher in dieser Abstraktheit, d. h. losgelöst von dem Inhalt bestimmter Rechtsnormen, nicht zu beantworten. Vielmehr ist die Frage nach dem Schutz Dritter im Baurecht ein Problem der Interpretation von Einzelvorschriften. Man sollte solche Normen daher besser „drittschützende" Baurechtsnormen nennen.

Unabhängig vom Wert oder Unwert der sog. Schutznormlehre[229] können subjektive öffentliche Rechte Dritter sowohl in den Grundrechten als auch in Normen des einfachen Rechts enthalten sein. Die Bestimmung des **subjektiv-rechtlichen Gehalts einfachgesetzlicher Baurechtsvorschriften** wirft deshalb besondere Schwierigkeiten auf, weil das positive Baurecht darüber nur selten ausdrücklich Auskunft gibt (z. B. in negativer Hinsicht § 2 Abs. 7 BBauG). Nach der Begriffsbestimmung des subjektiven öffentlichen Rechts[230] kommt es darauf an, ob der objektiv-rechtliche Rechtssatz auch Individualinteressen zu dienen bestimmt ist. Es reicht also nicht aus, daß die Wahrnehmung der (objektiv-rechtlichen) rechtssatzmäßigen Verpflichtung durch die Behörden den Dritten („Nachbarn") tatsächlich begünstigt;[231] vielmehr muß diese Begünstigung von der Norm auch bezweckt sein. Die Herausarbeitung von Gesichtspunkten, die sich als die Einzelauslegung von Normen übergreifende Interpretationskriterien eignen, hat sich als überaus schwierig erwiesen. Insbesondere im Bauplanungsrecht stellt das BVerwG darauf ab, ob die Norm einen bestimmten und abgenzbaren, d. h. individualisierbaren Kreis der durch sie Berechtigten erkennen läßt.[232] Im übrigen wird die Rechtspraxis weitgehend durch die notwendig kasuistisch verfahrenden Rechtsprechung bestimmt.[233]

Wenn die durch eine bauliche Anlage beeinträchtigten Drittinteressen einfachgesetzlich nicht oder nicht hinreichend berücksichtigt sind, ist fraglich, ob sich der Dritte unmittelbar auf seine **Grundrechte** berufen kann. Dazu ist zunächst zu erinnern, daß die

---

228 Vgl. dazu *Ortloff*, NJW 1983, 961.
229 Dazu *Walter Krebs*, Kontrolle in staatlichen Entscheidungsprozessen, 1984, S. 86 ff. m. Nachw.
230 Oben Fn. 152.
231 Die Behörde kann einem Dritten auch durch Zusage ein subjektives öffentliches Recht auf die Einhaltung objektiv-rechtlicher Verpflichtungen einräumen − vgl. BVerwGE 49, 244.
232 BVerwG 27, 29 = BRS 18, Nr. 86; Urt. v. 25. 2. 1977, BRS 32, Nr. 155; Urt. v. 13. 3. 1981, BRS 38, Nr. 186; Urt. v. 5. 8. 1983 − 4 C 96.79 −, BRS 40, Nr. 4; Urt. v. 5. 8. 1983 − 4 C 53.81 −, BRS 40, Nr. 198.
233 Aus der Rechtsprechung des OVGNW zum Bauordnungsrecht vgl. z. B. für § 3 Abs. 1 S. 1 BauO 1970 (entspricht § 3 Abs. 1 S. 1 LBauO 1984) − nachbarschützend − OVGNW, Urt. v. 10. 9. 1982, NVwZ 1983, 356; für § 4 BauO 1962 (entspricht § 4 LBauO 1984) − nicht nachbarschützend − OVGNW, Urt. v. 9. 4. 1969, BRS 22, Nr. 189; für § 8 BauO 1970 (neu geregelt durch § 6 LBauO 1984) − nachbarschützend − OVGNW, Urt. v. 17. 10. 1977, BRS 32, Nr. 170; für §§ 32, 33 BauO 1970 (entspricht §§ 25 − 31 LBauO 1984) − nachbarschützend − OVGNW, Urt. v. 25. 4. 1973, BRS 27, Nr. 103; für § 65 BauO 1970 (entspricht § 48 LBauO 1984) − nachbarschützend − OVGNW, Urt. v. 9. 6. 1975, AgrarR 1976, 50; vgl. weiter die Nachw. bei *Böckenförde* aaO. (Fn. 29) § 69 Rdn. 18.

Grundrechte keine unmittelbare Rechte- und Pflichtenbeziehung zwischen den privaten Nachbarn konstituieren. Es geht also in erster Linie darum, inwieweit die Grundrechte Drittschutz vor behörlichen Maßnahmen leisten. Diese Frage wirft vielfach deshalb besondere Probleme auf, weil die der Grundrechtsbindung unterliegenden Bauaufsichtsbehörden in den Freiheitsbereich des Dritten (Nachbarn) regelmäßig nicht unmittelbar durch rechtlichen Zwang, sondern mittelbar dadurch eingreifen, daß sie das (unmittelbar) beeinträchtigende Verhalten Privater (z. B. ein Bauvorhaben) mit hoheitlichen Maßnahmen steuern (z. B. eine Baugenehmigung erteilen). Daß die Grundrechte auch vor solchen „mittelbaren" Freiheitsverkürzungen schützen, ist im Grundsatz ebenso anerkannt, wie weitgehend Einigkeit darüber besteht, daß nicht jede mittelbare Beeinträchtigung grundrechtlich thematisierter Freiheiten den Grundrechtsschutz auszulösen vermag.[234] Entscheidend ist daher, welcher Grad an Betroffenheit die unmittelbare Inanspruchnahme der Grundrechte rechtfertigen kann. Die Rechtsprechung hat diese „Grundrechtsschwelle" sehr hoch angesiedelt und dem Dritten etwa Grundrechtsschutz aus Art. 14 Abs. 1 GG[235] zugestanden, wenn durch die Baugenehmigung die Grundstückssituation „nachhaltig verändert" und der Dritte dadurch „schwer und unerträglich" betroffen ist.[236] Diese Kriterien werden nicht häufig erfüllt sein, so daß der einfachgesetzliche Drittschutz in der Regel intensiver ausfällt als der unmittelbar durch die Grundrechte vermittelte.[237]

Insbesondere im Bauplanungsrecht, aber auch im Bauordnungsrecht,[238] soll in Ausnahmefällen auch einem sog. **Gebot der Rücksichtnahme** Nachbarschutz abzugewinnen sein. Das BVerwG hat die Auffassung vertreten, daß diesem an sich objektivrechtlichen Gebot „drittschützende Wirkung zukommt, soweit in dadurch qualifizierter und zugleich individualisierter Weise auf besondere Rechtspositionen Rücksicht zu nehmen ist, und daß zweitens ein solcher Fall auch dann gegeben sein kann, wenn unabhängig von der besonderen rechtlichen Schutzwürdigkeit der Betroffenen ihr Betroffensein wegen der gegebenen Umstände so handgreiflich ist, daß dies die notwendige Qualifizierung, Individualisierung und Eingrenzung bewirkt".[239] Diese Rechtskonstruktion,

---

234 Vgl. dazu *Erichsen*, Staatsrecht I, 3. Aufl. 1982, S. 58 f.; *Schwerdtfeger*, NVwZ 1982, 7. Vgl. auch BVerwGE 44, 244 (246 ff.).
235 In Betracht kommen auch andere Grundrechte, z. B. Art. 2 Abs. 2 GG, vgl. BVerwGE 54, 211 (223); Urt. v. 14. 12. 1979, NJW 1980, 2369; OVGNW, Urt. v. 7. 7. 1976, BauR 1976, 331; Urt. v. 21. 4. 1983, BRS 40, Nr. 186 = NJW 1984, 1982. Vgl. auch *Sailer*, DVBl. 1976, 521 (530 f.).
236 BVerwGE 32, 173 = BRS 22, Nr. 181; Urt. v. 26. 3. 1976, DVBl. 1977, 285 = DÖV 1976, 563; vgl. auch Urt. v. 14. 12. 1973, DVBl. 1974, 385. Vgl. zu dieser Rechtsprechung auch *Walter Krebs*, Subjektiver Rechtsschutz und objektive Rechtskontrolle, in: Festschrift für Menger, 1985, S. 191 (205, 206 f.).
237 Vgl. auch *Friauf* aaO. (Fn. 1) III 8 a bb (S. 530 f.).
238 Vgl. *Steinberg* aaO. (Fn. 66) S. 276; *Böckenförde* aaO. (Fn. 29) § 69 Rdn. 41 m. zahlr. Nachw.; *Ortloff*, NVwZ 1985, 13, (17, 19 f.).
239 BVerwGE 52, 122 (131); vgl. E 27, 29; Urt. v. 13. 3. 1981, BRS 38, Nr. 186; OVGNW, Urt. v. 10. 9. 1982, NVwZ 1983, 414 (415).

die ein lebhaftes literarisches Echo ausgelöst hat,[240] stößt auf erhebliche Bedenken, sofern mit ihrer Hilfe eine objektiv-rechtliche Verpflichtung der Behörden jeweils im Einzelfall in eine subjektivrechtliche Rechtsposition umgedeutet werden oder subjektivrechtlicher Drittschutz jenseits rechtsnormativer Festlegungen begründet werden soll.[241] Zu Recht hat daher das BVerwG in jüngerer Zeit dieses Rechtsinstitut rechtsdogmatisch zurückgenommen.[242]

c) Die **verfahrensrechtliche Ausgestaltung des Rechtsschutzes Dritter** richtet sich zunächst nach dessen Begehren. Will er dem Bauvorhaben gleichsam die Rechtsgrundlage entziehen, so muß er versuchen, die Baugenehmigung im Wege von **Widerspruch und Anfechtungsklage**[243] zu beseitigen. Ist dem Dritten die Baugenehmigung nicht bekanntgegeben worden (§ 43 Abs. 1 VwVfGNW), dann läuft für ihn weder die **Widerspruchsfrist** des § 70 Abs. 1 VwGO (Monatsfrist) noch die des § 58 Abs. 2 VwGO (Jahresfrist). Hatte er jedoch sichere Kenntnis von der Baugenehmigung oder hätte er sie haben können, kann er die Möglichkeit der Erhebung von Widerspruch und Anfechtungsklage verwirken.[244] Die für eine Anfechtungsklage erforderliche **Klagebefugnis** (§ 42 Abs. 2 VwGO) ist gegeben, wenn nach dem Sachvortrag des Klägers die Verletzung seiner Rechte nicht ausgeschlossen ist.[245] Der gegen die Baugenehmigung klagende Dritte muß demnach Tatsachen vortragen, nach denen die Verletzung einer auch seine Interessen schützende Norm („drittschützende Norm", vgl. oben [246]) möglich erscheint. Sind derartige Normen auf der Ebene einfachen Gesetzesrechts nicht vorhanden, kommt die Heranziehung von Grundrechten in Betracht. Da ein unmittelbarer Rückgriff auf die Grundrechte nur unter besonderen Voraussetzungen im Ergebnis erfolgreich sein kann,[247] wird man in diesen Fällen, um das Erfordernis der Klagebefugnis nicht in seiner Bedeutung herabzustufen, fordern müssen, daß der Sachvortrag des Drit-

---

240 Z.B. *Schulte*, UPR 1984, 212; *Redeker*, DVBl. 1984, 870; *Schlichter* DVBl. 1984, 875; *Alexy* DÖV 1984, 953; *Peine*, DÖV 1984, 963; *Dolde*, NJW 1984, 1711 (1726f.); *Ortloff* aaO. (Fn. 238) S. 19f. Vgl. auch die nachfolgenden Fnen.
241 *Breuer*, DVBl. 1982, 1065 (1072): „Jedenfalls ist die Zwischenstufe eines Nachbarschutzes, der weder aus den rechtsbegrifflich-tatbestandlichen Genehmigungsvoraussetzungen des einfachen Gesetzesrechts noch aus den grundrechtlichen Minimalpositionen, sondern nur aus dem praeterlegalen Gebot der Rücksichtnahme deduzierbar ist, rechtsdogmatisch verfehlt und praktisch verwirrend."
242 BVerwG, Beschl. v. 20. 9. 1984, NVwZ 1985, 37. Vgl. dazu *Schröer*, BauR 1985, 406ff.
243 In Ausnahmefällen kann auch eine vorbeugende Unterlassungsklage zulässig sein, BVerwG, Urt. v. 16. 4. 1971, DVBl. 1971, 746. Zur Verpflichtungsklage auf Rücknahme der Baugenehmigung oder auf Beifügung von Auflagen vgl. die Nachw. bei *Friauf* aaO. (Fn. 1) III 8 b (S. 532).
244 BVerwGE 44, 294 (298ff.); vgl. auch *Böckenförde* aaO. (Fn. 29) § 69 Rdn. 43.
245 Vgl. BVerwG, Urt. v. 19. 3. 1976, NJW 1976, 2175.
246 Vgl. auch Fn. 233.
247 Vgl. oben VI 2 b.

ten eine nicht nur unerhebliche Betroffenheit in grundrechtlich thematisierten Freiheitsinteressen erkennen läßt.[248]

Die Anfechtungsklage des Dritten ist gemäß § 113 Abs. 1 S. 1 VwGO **begründet**, soweit die Baugenehmigung rechtswidrig und der Dritte dadurch in seinen Rechten verletzt ist. Diese Voraussetzung ist nur erfüllt, wenn die Baugenehmigung zumindest auch gegen drittschützende Normen verstößt oder in seine Grundrechte in besonders qualifizierter Weise (vgl. oben[249]) eingreift. Verstößt die Baugenehmigung ausschließlich gegen nur objektivrechtliche Normen, ist die Anfechtungsklage des Dritten trotz Rechtswidrigkeit der Baugenehmigung unbegründet.[250] Die Nachbarklage soll nach gelegentlich auch vom OVGNW geäußerter Auffassung im übrigen nur dann Erfolg haben, „wenn der Nachbar durch die Errichtung der zu Unrecht genehmigten baulichen Anlage *tatsächlich beeinträchtigt würde* ...".[251] Er habe keinen „Anspruch auf Einhaltung der Norm um ihrer selbst willen".[252] Diese Rechtsansicht kann allerdings nur dann überzeugen, wenn die tatsächliche Betroffenheit zu dem normativen Verletzungstatbestand zählt.[253] **Maßgeblicher Beurteilungszeitpunkt** für die Rechtmäßigkeit der Baugenehmigung ist grundsätzlich der Zeitpunkt ihres Erlasses. Ändert sich nach diesem Zeitpunkt die Rechtslage zugunsten des Dritten, darf sich das im allgemeinen nicht zu Lasten des Bauherrn auswirken.[254]

Will der Dritte im Klagewege ein Einschreiten der Bauaufsichtsbehörde durch Erlaß eines Verwaltungsaktes (z.B. den Erlaß einer Abrißverfügung) erzwingen, muß er eine **Verpflichtungsklage** gemäß § 42 Abs. 1 VwGO erheben. Die materiellrechtliche Anspruchsgrundlage für ein solches Klagebegehren ist die Norm, die die Behörde zur gewünschten Maßnahme ermächtigt – sofern sie auch den Drittschutz bezweckt.[255] Räumt diese Norm der Behörde ein Ermessen ein, kann ein Verpflichtungsurteil nur im Falle einer Ermessensreduktion ergehen, andernfalls erhält der Dritte ein Bescheidungsurteil. Ob die Anspruchsgrundlage auch in einem Folgenbeseitigungsanspruch des Dritten (z.B. wegen rechtswidrig erteilter Baugenehmigung) gesehen werden kann, scheint noch nicht ganz geklärt.[256]

---

248 Zu weitgehend *Steinberg* aaO. (Fn. 66) S. 277, der davon ausgeht, daß eine Verletzung von Art. 14 GG „regelmäßig" nicht auszuschließen sein wird.
249 VI 2 b.
250 Vgl. auch BVerwGE 65, 167 (169ff.); *Oldiges* aaO. (Fn. 1) Rdn. 131.
251 *Friauf* aaO. (Fn. 1) III 8 a (S. 525) – Hervorhebung im Original; vgl. auch *Breuer* aaO. (Fn. 223) S. 431ff.; *Jakob*, BauR 1984, 1ff.; OVGNW, Urt. v. 10. 9. 1982, BauR 1983, 235 = NVwZ 1983, 414 (415); Urt. v. 4. 6. 1985, NVwZ 1986, 317; Hess. VGH, Urt. v. 31. 5. 1985, NVwZ 1986, 315.
252 *Friauf* aaO. (Fn. 1) III 8a (S. 525).
253 Vgl. auch BVerwG, Urt. v. 16. 8. 1983, BauR 1983, 560; Beschl. v. 10. 9. 1984, DVBl. 1985, 121.
254 BVerwG, Urt. v. 14. 4. 1978, DVBl. 1978, 614f.; *Wiechert* aaO. (Fn. 3) S. 320. Die Rechtsänderung zugunsten des Bauherrn soll dagegen beachtlich sein, *Ortloff* aaO. (Fn. 53) § 42 I 4 (S. 269).
255 Vgl. OVGNW, Urt. v. 17. 5. 1983, NJW 1984, 883 (884).
256 Dazu OVGNW, Urt. v. 17. 5. 1983, NJW 1984, 883; ablehnend *Steinberg* aaO. (Fn. 66) S. 280 m. w. Nachw. Vgl. auch oben Fn. 200.

3. Vorläufiger Rechtsschutz

Die erheblichen Schwierigkeiten, die die Vorschrift des § 80 VwGO und ihr Verhältnis zu § 123 VwGO der Rechtspraxis bereiten,[257] teilen sich auch der verfahrensrechtlichen Gestaltung des vorläufigen Rechtsschutzes im Baurecht mit. Er ist nahezu in jeder Hinsicht umstritten.[258]

Nach wohl überwiegender Ansicht haben Widerspruch und Anfechtungsklage des Nachbarn (Dritten) gegen die Baugenehmigung gemäß § 80 Abs. 1 VwGO aufschiebende Wirkung.[259] Sie hat zur Folge, daß der Bauherr nicht mehr weiter bauen darf.[260] Baut er dennoch weiter, muß der Dritte die Behörde bewegen, dem Bauherrn den Weiterbau mit einer (Stillegungs-)Verfügung zu verbieten. Streitig ist, ob der Nachbar insofern gemäß § 123 Abs. 1 VwGO[261] oder gemäß § 80 Abs. 5 VwGO analog[262] vorgehen muß. Das hängt davon ab, ob die Verwirklichung der Genehmigung durch Private als „Vollziehung" des Verwaltungsakts angesehen werden kann.[263] Geht man davon aus, dann ist das Verfahren nach § 123 Abs. 1–4 VwGO gemäß § 123 Abs. 5 VwGO ausgeschlossen und Rechtsschutz gemäß § 80 Abs. 5 VwGO zu gewähren. Andernfalls ist gemäß § 123 Abs. 1 VwGO zu beantragen, die Behörde zum Erlaß einer (Stillegungs-) Verfügung zu verpflichten.

Ist die aufschiebende Wirkung eines Rechtsbehelfs des Nachbarn gemäß § 80 Abs. 1 VwGO eingetreten, so fragt sich, wie der Bauherr dagegen vorläufigen Rechtsschutz

---

257 Zum Überblick *Erichsen*, Jura 1984, 414 ff.; Jura 1984, 478 ff.; Jura 1984, 644 ff.; *Papier*, JA 1979, 561 ff., 646 ff.
258 Vgl. dazu *Papier*, VerwArch. Bd. 64 (1973) 383 ff., 399 ff.; dens., BauR 1981, 151 ff.; *Lüke*, NJW 1978, 81 ff.; *Finkelnburg*, Vorläufiger Rechtsschutz im Verwaltungsgerichtsverfahren, 2. Aufl. 1979, Rdn. 643 ff.; *Schmaltz* aaO. (Fn. 171) § 72 Rdn. 57 ff.
259 So *Schenke*, DVBl. 1986, 9 (10); *Papier*, BauR 1981, 151; *Schmaltz* aaO. (Fn. 171) § 72 Rdn. 65; *Böckenförde* aaO. (Fn. 29) § 69 Rdn. 45. Davon geht auch das BVerwG in einem obiter dictum aus. BVerwG, Urt. v. 17. 10. 1975, DVBl. 1976, 220 = NJW 1976, 303. Zur Rechtsprechung des OVG Lüneburg, nach der der Dritt-Widerspruch (oder Anfechtungsklage) den Suspensiveffekt nicht auslöst, vgl. *Wiechert* aaO. (Fn. 3) S. 320 f. Nach Auffassung des hess. VGH tritt die aufschiebende Wirkung nur im Verhältnis von Nachbar zur Bauaufsichtsbehörde ein; dazu *Steinberg* aaO. (Fn. 66) S. 278 f.
260 So *Schmaltz* aaO. (Fn. 171) § 72 Rdn. 59; vgl. auch *Böckenförde* aaO. (Fn. 29) § 69 Rdn. 45; *Papier*, BauR 1981, 151; *Breuer* DVBl. 1983, 431 (439); *Battis* aaO. (Fn. 131) 5 IV 3b (S. 208); Das gilt im Ergebnis unabhängig von der „Vollziehbarkeits-" und „Wirksamkeitstheorie", dazu *Erichsen/Klenke*, DÖV 1976, 823 ff. A. A. z. B. OVGNW, Beschl. v. 9. 8. 1966, NJW 1966, 2181 = BRS 17, Nr. 130.
261 So z. B. *Ortloff* aaO. (Fn. 53) § 42 II 3 a (S. 275); *Battis* aaO. (Fn. 131) 5 IV 3 b (S. 208); *Gelzer*, NJW 1970, 1352 (1356); *Korbmacher*, VBlBW 1981, 97, (99); *Kopp*, JuS 1983, 673 (676, 678); ders., VwGO, 6. Aufl. 1984, § 80 Rdn. 24; vgl. BVerwG, Beschl. v. 21. 5. 1980, VBlBW 1981, 114; Hess. VGH, Beschl. v. 29. 4. 1977, DVBl. 1977, 728.
262 So z. B. *Papier*, BauR 1981, 151 ff.; ders., VerwArch. Bd. 64 (1973) 399 ff.; *Finkelnburg* aaO. (Fn. 258) Rdn. 362; *Schenke*, DVBl. 1986, 9 (10 f.); vgl. (offenlassend) BVerfGE 35, 263; 51, 268.
263 Vgl. *Erichsen*, Jura 1984, 478 (481).

erhält. Er kann die Anordnung der sofortigen Vollziehung gemäß § 80 Abs. 2 Nr. 4 VwGO beantragen. Wenn sich die Behörde weigert, entsprechend zu verfahren, muß ihm gerichtlicher Rechtsschutz zur Verfügung stehen. Da es um die Beseitigung der aufschiebenden Wirkung eines Rechtsbehelfs geht, ist gemäß § 123 Abs. 5 VwGO das Verfahren der einstweiligen Anordnung ausgeschlossen. Streitig ist, ob insofern § 80 Abs. 5 VwGO analog[264] oder in „verfassungskonformer Extension"[265] anzuwenden ist. Dabei ist umstritten, ob das Gericht die Behörde zur Anordnung der sofortigen Vollziehung verpflichten muß, oder die sofortige Vollziehung selbst anordnen kann.[266]

Insgesamt wird man sagen können, daß Rechtsprechung und Literatur zunehmend dazu neigen, den vorläufigen Rechtsschutz von Nachbarn (Dritten) und Bauherrn im Hinblick auf die Baugenehmigung einheitlich § 80 VwGO zuzuordnen.[267] Diesem Trend hat sich allerdings das OVGNW bislang weitgehend verschlossen.[268]

---

[264] *Papier*, VerwArch. Bd. 64 (1973) 399 (405 ff.); *Finkelnburg* aaO. (Fn. 262) Rdn. 416 u. 655; *Lüke*, NJW 1978, 81 (84); *Steinberg* aaO. (Fn. 66) S. 280; *Schmaltz* aaO. (Fn. 171) § 70 Rdn. 70; BVerwG, Beschl. v. 21. 10. 1968, NJW 1969, 202 = DVBl. 1969, 269.
[265] *Erichsen*, Jura 1984, 478 (480).
[266] *Korbmacher* (Fn. 261) S. 99; *Erichsen*, Jura 1984, 478 (481) m. Nachw.
[267] *Friauf* aaO. (Fn. 1) III 8 b (S. 534); *Steinberg* aaO. (Fn. 66) S. 277 ff.; *Papier*, BauR 1981, 151 ff.; BayVGH, Beschl. v. 28. 7. 1982, DVBl. 1982, 1012 = DÖV 1983, 38 m. Nachw.
[268] Vgl. aus der Rechtsprechung des OVGNW zu Anträgen eines Nachbarn mit dem Ziel, die Stillegung genehmigter Bauarbeiten zu erwirken: E 20, 43; 22, 247 (grundlegend); 31, 93; 33, 305; Beschl. v. 18. 11. 1983, NJW 1984, 1577; Beschl. v. 22. 8. 1984, BRS 42, Nr. 192.

Straßen- und Wegerecht

von Hans Jürgen Papier

Literatur

R. *Bartlsperger, W. Blümel, H.-W. Schroeter (Hrsg.),* Ein Vierteljahrhundert Straßenrechtsgesetzgebung, Hamburg 1980; W. *Brohm,* Verkehrsberuhigung in Städten, Schriftenreihe des Lorenz-vom-Stein-Instituts, Bd. 6, Heidelberg 1985; H. *Büchs,* Grunderwerb und Entschädigung beim Straßenbau. 2. Aufl. Stuttgart – München – Hannover 1980; H. C. *Fickert,* Aktuelle Fragen des Straßenrechts im Rechtspraxis und höchstrichterlicher Rechtsprechung, Köln 1980; K. *Frobbe,* Gemeingebrauch und Kraftverkehr, Stuttgart – Berlin – Köln – Mainz 1965. W. *Hoppe/H. Schlarmann,* Rechtsschutz bei der Planung von Straßen und anderen Verkehrsanlagen, 2. Aufl., München 1981; K. *Kodal/H. Krämer,* Straßenrecht, 4. Aufl., München 1985; B. *Kregel,* Örtliche Straßenplanung, Berlin 1983; *H.-J. Papier,* Recht der öffentlichen Sachen, 2. Aufl., Berlin 1984; *H.-J. Papier/F.-J. Peine,* Straßenrecht und Straßenverkehrsrecht, in: Friauf/v. Münch/Westermann (Hrsg.), Handbuch für die öffentliche Verwaltung, Einführung in ihre rechtlichen und praktischen Grundlagen, Bd. II. Besonderes Verwaltungsrecht, Neuwied 1982 – 1984, S. 391 ff; *F.-J. Peine,* Rechtsfragen der Einrichtung von Fußgängerstraßen, Köln 1979; *J. Salzwedel,* Wege- und Verkehrsrecht, in: v. Münch (Hrsg.), Besonderes Verwaltungsrecht, 7. Aufl., Berlin 1985, S. 615 ff.

Gliederung

I. Die Straße als Regelungsgegenstand des Rechts der öffentlichen Sachen
  1. Begriff und Wesen einer öffentlichen Sache
    a) Der Sachbegriff
    b) Der öffentlich-rechtliche Sonderstatus
  2. Arten der öffentlichen Sachen – Überblick
II. Das Straßenrecht in der verfassungsrechtlichen Kompetenzordnung
  1. Abgrenzung zum Straßenverkehrsrecht
  2. Positiv-rechtliche Grundlagen des Straßenrechts in Nordrhein-Westfalen
III. Genese und Nutzung öffentlicher Straßen
  1. Das Entstehen der öffentlichen Straße
    a) Die politische Planungsentscheidung
    b) Das Planfeststellungsverfahren
      aa) Grundzüge des Verfahrens
      bb) Verfahrensgrundsätze
      cc) Die Rechtswirkungen des Planfeststellungsbeschlusses
      dd) Die Rechtsnatur des Planfeststellungsbeschlusses

ee) Fragen des Rechtsschutzes gegenüber einem
    Planfeststellungsbeschluß
ff) Anschlußverfahren
 c) Das Verfahren nach Bauplanungsrecht
 d) Die enteignungsrechtliche Planfeststellung
  aa) Die Notwendigkeit einer außenwirksamen Planung
  bb) Das Verfahren nach Landesenteignungsrecht
 e) Planung öffentlicher Straßen durch spezielle Fachplanungen
 f) Der tatsächliche Bau der Straße
 g) Die Begründung des öffentlich-rechtlichen Sonderstatus
  aa) Die Widmung
   (1) Voraussetzungen der Widmung
   (2) Notwendiger Inhalt der Widmungsverfügung
   (3) Zuständigkeitsfragen
   (4) Rechtfolgen der Widmung
   (5) Die Rechtsnatur der Widmung
   (6) Bekanntgabe der Widmung
   (7) Rechtschutzfragen
  bb) Die tatsächliche Indienststellung
2. Nutzung der öffentlichen Straße
 a) Der Gemeingebrauch
  aa) Grundlagen
   (1) Der abstrakte Gemeingebrauch
   (2) Der individuelle Gemeingebrauch
   (3) Die Rechtsnatur des Gemeingebrauchs
   (4) Unentgeltlichkeit des Gemeingebrauchs?
  bb) Schranken des Gemeingebrauchs – Einzelfragen
   (1) Zwecke des Verkehrs
   (2) Im Rahmen der Widmung
   (3) Im Rahmen der Verkehrsvorschriften
   (4) Sonderregelungen durch Satzung
  cc) Die rechtliche Stellung des Straßenanliegers
   (1) Das selbständige Anliegerrecht
   (2) Der Anliegergebrauch
 b) Die Sondernutzung
  aa) Gemeingebrauchsbeeinträchtigende Sondernutzungen
   (1) Die Erlaubniserteilung
   (2) Benutzungsgebühren
   (3) Erlaubnisbehörde
   (4) Das Verhältnis zu anderen öffentlichen Erlaubnissen
    und Genehmigungen
  bb) Nicht gemeingebrauchsbeeinträchtigende Nutzungen
IV. Die Veränderung und Beendigung des öffentlichen Status
 1. Veränderungen des öffentlichen Status
  a) Veränderungen des Nutzungsumfanges
   aa) Die Widmungserweiterung
   bb) Die Teileinziehung
    (1) Voraussetzungen
    (2) Verfahren
    (3) Rechtsnatur, Rechtswirkungen

b) Die Änderung der Einstufung
      aa) Zum Verfahren
      bb) Rechtsfolgen und Rechtsnatur
   2. Die Beendigung des öffentlichen Status
      a) Rechtsnatur und Rechtsfolgen der Einziehung
      b) Voraussetzungen uder Einziehung
      c) Zum Verfahren
      d) Rechtsschutz gegen die Einziehung
      e) Rechtsanspruch auf Einziehung
V. Das Nachbarrecht der öffentlichen Sachen
   1. Die Rechtsnatur des Nachbarrechts der öffentlichen Straßen
   2. Der Inhalt des Nachbarrechts
   3. Spezielles Nachbarrecht bei Planfeststellungsverfahren
      a) Präklusionswirkung des Planfeststellungsbeschlusses
      b) Der Anspruch auf Schutzanlagen und Entschädigung
      c) Enteignend wirkende Planfeststellungen
      d) Beeinträchtigungen ohne Kompensationsverpflichtungen
      e) Verkehrslärmregelungen des Bundesrechts

I. Die Straße als Regelungsgegenstand des Rechts der öffentlichen Sachen

1. Begriff und Wesen einer öffentlichen Sache

Zur Erbringung der ihm obliegenden Leistungen benötigt der moderne, der Daseinsvorsorge[1] verpflichtete Staat außer personellen Hilfsmitteln auch Sachmittel, „Sachen".[2] Diese dienen durch ihre **Nutzung**, sei es durch den Träger öffentlicher Verwaltung selbst oder durch den Bürger, der Erfüllung öffentlicher Aufgaben im Sinne einer gemeinwohlorientierten Zweckbestimmung. Die Sicherung dieser öffentlichen Funktionen bedingt besondere Regelungen: Die für öffentliche Zwecke zu nutzenden Vermögensgegenstände unterliegen der Privatrechtsordnung; insbesondere besteht an ihnen — wie an allen anderen Sachen auch — privatrechtliches Eigentum. Die Beschränkung der danach gem. § 903 BGB grundsätzlich gegebenen freien Verfügungsmacht des Eigentümers, d.h. die (partielle) Exemtion von der sachenrechtlichen Privatrechtsordnung[3] und die Gewährleistung einer gemeinwohlorientierten Nutzung sind der Regelungsgegenstand des Rechts der öffentlichen Sachen.[4] Dieses entzieht die

---

1 Vgl. zum Begriff *Forsthoff*, Lehrbuch des Verwaltungsrechts I, 10. Aufl. 1973, Vorb. vor § 20 (S. 370).
2 *Pappermann*, JuS 1979, S. 795.
3 *Papier*, Recht der öffentlichen Sachen, 2. Aufl. 1984, S. 2.
4 Vgl. allgemein zum Recht der öffentlichen Sachen: *Papier*, aaO (Fn. 3); *ders.*, Jura 1979, S. 93 ff.; *Forsthoff*, aaO (Fn. 1), §§ 20 ff. (S. 373 ff.); *Niehues*, Verwaltungssachenrecht, in: Fortschritte des Verwaltungsrechts, Festschrift für Hans Julius Wolff, 1973, S. 247 ff.; *Obermayer*, Grundzüge des Verwaltungsrechts und Verwaltungsprozeßrechts, 2. Aufl.

Vermögensgegenstände dem **ausschließlichen** Zugriff der Privatrechtsordnung und unterstellt sie (auch) einem verwaltungsrechtlichen Sonderstatus.[5]

a) Der Sachbegriff

Der allein körperliche Gegenstände erfassende bürgerlich-rechtliche Sachbegriff der §§ 90 ff. BGB soll nach h. M. auf öffentliche Sachen nicht entsprechend anwendbar sein.[6] Danach sollen auch der elektrische Strom, das offene Meer, der Luftraum und die Stratosphäre den Sachen im öffentlich-rechtlichen Sinne unterfallen. Dieser Auffassung kann nicht gefolgt werden. Nur Gegenstände, die ohne den öffentlich-rechtlichen Status der allgemeinen privatrechtlichen Sachenrechtsordnung unterfielen, können sinnvollerweise dem Begriff der öffentlichen Sache zugeordnet werden.[7] Allerdings gelten die Vorschriften des Bürgerlichen Gesetzbuches über Sachzusammenhänge für öffentliche Sachen nicht. Die Vorschrift des § 93 BGB, wonach wesentliche Bestandteile einer Sache nicht Gegenstand besonderer Rechte sein können, findet keine Anwendung. Es ist danach möglich, daß der öffentlich-rechtliche Sonderstatus nur die Hauptsache oder nur einzelne ihrer wesentlichen Bestandteile erfaßt (z. B. die auf einem privaten Grundstück errichtete Verkehrsregelungsanlage).[8] Andererseits können mehrere nach bürgerlichem Recht selbständige Sachen oder Sachgesamtheiten eine einheitliche öffentliche Sache sein (z. B. die über mehrere Privatgrundstücke führende öffentliche Straße).[9]

b) Der öffentlich-rechtliche Sonderstatus

aa) Allein die tatsächliche Indienststellung eines Vermögensgegenstandes für einen öffentlichen Zweck und die faktische Gemeinwohlorientiertheit der Nutzung dessel-

---

[Fortsetzung Fußnote 4]
1975, S. 156 ff.; *Püttner*, Allgemeines Verwaltungsrecht, 6. Aufl. 1983, S. 117 ff.; *Salzwedel*, Anstaltsnutzung und Nutzung öffentlicher Sachen, in: Erichsen/Martens (Hrsg.), Allgemeines Verwaltungsrecht, 6. Aufl. 1983, S. 399 ff.; *Sieder*, Öffentliche Sachen und Verwaltungsgerichtsbarkeit, in: Staatsbürger und Staatsgewalt, Bd. II, 1963, S. 91 ff.; *Stern*, Die öffentliche Sache, VVDStRL 21 (1962), S. 184 ff.; *Weber*, Die öffentliche Sache, VVDStRL 21 (1962), S. 145 ff.; *Wolff-Bachof*, Verwaltungsrecht I, 9. Aufl. 1974, §§ 55 ff. (S. 482 ff.); aus der älteren Literatur: *Maunz*, Hauptprobleme des öffentlichen Sachenrechts, 1933; *Otto Mayer*, Deutsches Verwaltungsrecht, 3. Aufl. 1924, Bd. II, §§ 33 ff. (S. 1 ff.).
5 *Papier*, Jura 1979, S. 93; *Pappermann*, JuS 1979, S. 795.
6 *Forsthoff*, aaO (Fn. 1), § 20 1. (S. 378); *Obermayer*, aaO (Fn. 4), S. 157; *Pappermann.*, JuS 1979, S. 797; *Wolff-Bachof*, aaO (Fn. 4) § 55 II b (S. 485); *Haas*, DVBl. 1962, S. 653; zur Kritik siehe *Weber*, aaO. (Fn. 4), S. 149; *Papier*, aaO (Fn. 3), S. 2.
7 Siehe *Weber*, aaO (Fn. 4), S. 149; *Papier*, aaO (Fn. 3), S. 2.
8 *Forsthoff*, aaO (Fn. 1), § 20 1. (S. 378); *Papier*, aaO (Fn. 3), S. 2 f; *Pappermann*, JuS 1979, S. 798; *Wolff-Bachof*, aaO (Fn. 4), § 55 II b 2 (S. 485).
9 Siehe Fn. 8.

ben verleihen diesem noch nicht den Status einer „öffentlichen Sache".[10] Hinzutreten muß ein Rechtsakt, nämlich die auf Gesetz, Rechtsverordnung oder sonstigem, z.B. gewohnheitsrechtlichem Rechtssatz oder einem Verwaltungsakt beruhende und als **Widmung** bezeichnete Begründung des besonderen öffentlich-rechtlichen Rechtsstatus an der Sache.[11]

Nicht zu den öffentlichen Sachen zählen damit solche Vermögensgegenstände, die zwar dem Gemeinwohl dienen, bei denen sich der Rechtsverkehr aber allein nach Vorschriften des bürgerlichen Rechts bestimmt. Hierzu rechnen zum einen die sogenannten „tatsächlichen öffentlichen Sachen", die im Eigentum einer Privatperson stehen und der Öffentlichkeit nicht von einem Träger öffentlicher Verwaltung, sondern von ihrem Eigentümer zugänglich gemacht werden.[12] Gleichfalls keine öffentlichen Sachen im rechtlichen Sinne sind zum anderen die Gegenstände des „Finanzvermögens", die einem öffentlichen Gemeinwesen nur mittelbar, d.h. nicht durch ihren Gebrauch, sondern durch ihren Vermögenswert oder ihre Erträge dienen und deshalb ausschließlich dem bürgerlichen Recht unterstellt sind.[13] Diese zuvor genannten Sachen sind nicht in das Verwaltungsrechtssystem inkorporiert[14] und daher nicht Gegenstand der folgenden Ausführungen.

bb) Der besondere Rechtsakt, der Vermögensgegenstände den öffentlich-rechtlichen Status verleiht („Widmung"),[15] begründet ein dingliches öffentliches Recht an der Sache.[16] Rechtskonstruktiv können der Inhalt und die Reichweite dieses dinglichen öffentlichen Rechts verschieden angelegt sein: Zum einen kann das bürgerlich-rechtliche Eigentum an der Sache vollständig aufgehoben sein. An seine Stelle tritt ein in seiner Vollkommenheit dem privatrechtlichen Eigentum vergleichbares Recht, das aber öffentlich-rechtlich ausgestaltet ist.[17] Dieses „öffentliche Eigentum"[18] hat sich überwiegend im System des deutschen Verwaltungsrechts nicht durchsetzen können.[19] Es ist lediglich in Hamburg für alle öffentlichen Wege, Straßen und Plätze der Stadt, die dem Gemeingebrauch gewidmet sind,[20] desweiteren für einen Teil der hamburgischen

---

10 *Pappermann,* JuS 1979, S. 795; *Papier,* aaO (Fn. 3), S. 3.
11 *Obermayer,* aaO (Fn. 4), S. 159; *Pappermann,* JuS 1979, S. 795; *Papier,* aaO (Fn. 3), S. 3.
12 *Pappermann,* JuS 1979, S. 795; *Papier,* aaO (Fn. 3), S. 3; *Wolff-Bachof,* aaO (Fn. 4), § 55 I a (S. 483).
13 *Forsthoff,* aaO (Fn. 1), § 20 1. (S. 376); *Pappermann,* JuS 1979, S. 795; *Papier,* aaO (Fn. 3), S. 3; *Wolff-Bachof,* aaO (Fn. 4), § 55 I b (S. 484).
14 *Papier,* aaO (Fn. 3), S. 3; *Stern,* aaO (Fn. 4), S. 196, 197.
15 *Papier,* aaO (Fn. 3) S. 3 m. w. Nachweisen.
16 *Salzwedel,* aaO (Fn. 4), S. 418, 419; *Papier,* Jura 1979, S. 94; *Weber,* aaO (Fn. 4), S. 169; *Wolff-Bachof,* aaO (Fn. 4), § 40 III c 2 (S. 292).
17 *Papier,* aaO (Fn. 3), S. 5 m. w. Nachweisen.
18 Hierzu O. *Mayer,* aaO (Fn. 4), § 35 (S. 39 ff.); *Haas,* DVBl. 1962, S. 653 ff.
19 *Forsthoff,* aaO (Fn. 1), § 20 1. (S. 379); *Papier,* aaO (Fn. 3), S. 5; *Püttner,* aaO. (Fn. 4), S. 118.
20 Siehe § 4 Abs. 1 des Hamburgischen Wegegesetzes vom 4. April 1961 (GVBl. S. 117).

Deichgrundstücke[21] und letztlich in Baden-Württemberg für das Bett der Gewässer erster und zweiter Ordnung[22] gesetzlich eingeführt worden.

Demgegenüber wird bei allen anderen öffentlichen Sachen der besondere öffentlich-rechtliche Status nicht durch ein eigentumsgleiches Vollrecht, sondern durch ein beschränkt-dingliches Recht begründet. Auch die öffentlichen Sachen unterstehen danach der einheitlichen privatrechtlichen Eigentumsordnung des Bürgerlichen Gesetzbuches. Durch die Widmung lastet auf dem fortbestehenden privaten Eigentum jedoch eine öffentlich-rechtliche Dienstbarkeit,[23] die die Vorschriften des bürgerlichen Rechts über das Eigentum (insbesondere die umfassende freie Verfügungsmacht des Eigentümers) überlagert und beschränkt.[24] Diese dualistische („janusköpfige"[25]) Konstruktion bewirkt zweierlei: Die öffentlich-rechtliche Sachherrschaft gewährt jeweils verschieden abgesteckte Nutzungsbefugnisse Dritter oder des Trägers öffentlicher Verwaltung und begründet für diesen Unterhaltungspflichten aufgrund öffentlichen Rechts.

Darüber hinaus verdrängt die öffentlich-rechtliche Sachherrschaft in ihrem jeweiligen Umfang die privatrechtliche Sachherrschaft.[26] Damit sind alle durch die Widmung gedeckten Nutzungen der Sache vom Eigentümer zu dulden. Der Widmung zuwiderlaufende Handlungen des Eigentümers (oder sonst nach Privatrecht Berechtigten) sind unwirksam.[27] Allein jenseits des durch die Widmung festgelegten Funktionskreises und damit der verwaltungsrechtlichen Zweckbestimmung der öffentlichen Sache verbleibt dem Eigentümer eine privatrechtliche (Rest-)Herrschaftsmacht.[28]

2. Arten der öffentlichen Sachen – Überblick

Die Erfüllung gemeinwohlorientierter Aufgaben mittels öffentlicher Sachen vollzieht sich – wie bereits erwähnt – durch Nutzung der Sachen seitens der Träger öffentlicher Verwaltung selbst oder Dritter. Der hierzu befugte Personenkreis kann unter Berücksichtigung des Nutzungszwecks unterschiedlich abgesteckt sein. Demgemäß wird aufgrund der Regelung des Nutzungsumfangs der Sache[29] unterschieden zwischen

---

21 Siehe § 4a Abs. 1 des Hamburgischen Gesetzes zur Ordnung deichrechtlicher Verhältnisse vom 29. April 1964 (GVBl. S. 79).
22 Siehe § 4 Abs. 1 des Wassergesetzes von Baden-Württemberg vom 26. April 1976 (GBl. S. 372).
23 *Salzwedel*, aaO (Fn. 4), S. 418; *Papier*, aaO (Fn. 3), S. 9; *ders.*, Jura 1979, S. 94; *Pappermann*, JuS 1979, S. 798; *Wolff-Bachof*, aaO (Fn. 4), § 57 I (S. 493); vgl. auch BGHZ 9, S. 380; 19, S. 90; 21, S. 327; 48, S. 104; *BGH*, NJW 1971, S. 95.
24 *Salzwedel*, aaO (Fn. 4), S. 418; *Papier*, Jura 1979, S. 94; *Wolff-Bachof*, aaO (Fn. 4), § 57 I a 2 (S. 493).
25 *Stern*, aaO (Fn. 4) S. 187, 188.
26 *Papier*, aaO (Fn. 3), S. 9.
27 *Papier*, Jura 1979, S. 100.
28 *Forsthoff*, aaO. (Fn. 1), § 20 1. (S. 380f.); *Pappermann*, JuS 1979, S. 798.
29 *Peine*, JZ 1984, S. 869.

öffentlichen Sachen, die dem externen Gebrauch Dritter, d.h. also der Zivilpersonen dienen und solchen, die zum internen Gebrauch durch die Bediensteten des Trägers öffentlicher Verwaltung bestimmt sind.[30] Zu den ersteren rechnen die öffentlichen Sachen im Gemein-, Sonder- und Anstaltsgebrauch, zu den letzteren die öffentlichen Sachen im Verwaltungsgebrauch.[31]

Öffentliche Sachen im **Verwaltungsgebrauch** dienen infolge ihres unmittelbaren Gebrauchs durch Amtsträger der Erfüllung öffentlicher Aufgaben (Beispiel: Dienstgebäude).[32]

Öffentliche Sachen im **Anstaltsgebrauch** sind solche, die ein außerhalb der Verwaltung stehender Personenkreis nach — oftmals stillschweigender — Zulassung im Rahmen einer besonderen vertraglichen oder verwaltungsschuldrechtlichen Benutzungsordnung nutzen darf (Beispiel: Schule, kommunale Einrichtungen der Daseinsvorsorge).[33]

Öffentliche Sachen im **Sondergebrauch** dürfen ausschließlich oder jedenfalls regelmäßig allein aufgrund eines begünstigenden, die Benutzung gestattenden Verwaltungsakts genutzt werden (Beispiel: die öffentlichen Gewässer als Gegenstände wasserwirtschaftlicher Benutzung).[34]

Öffentliche Sachen im **Gemeingebrauch** sind letztlich diejenigen Sachen, die gemäß ihrer Widmung einer unbeschränkten Öffentlichkeit unmittelbar und ohne besondere Zulassung zur bestimmungsgemäßen Nutzung zur Verfügung stehen.[35] Hierzu zählen insbesondere die öffentlichen Straßen (Straßen, Wege und Plätze). Hinsichtlich des Beginns, des Umfangs und der Beendigung der Nutzung eines Stück Landes als öffentliche Straße gelten die Regelungen des **Straßenrechts** als wichtigsten Teilbereichs des Rechts der öffentlichen Sachen.[36] Öffentliche Sachen im Gemeingebrauch sind ferner die öffentlichen Gewässer in ihrer Funktion als **Wasserwege**.

---

30 *Forsthoff,* aaO (Fn. 1), § 20 1. (S. 376ff.); *Salzwedel,* aaO (Fn. 4), S. 416, 417; *Papier,* aaO (Fn. 3), S. 16; *ders.,* Jura 1979, S. 95; *Pappermann,* JuS 1979, S. 795; *Wolff-Bachof,* aaO (Fn. 4), § 55 III (S. 485ff.).
31 *Pappermann,* JuS 1979, S. 795ff.; *Papier,* aaO (Fn. 3), S. 16ff.
32 *Papier,* Jura 1979, S. 98 m. w. Nachweisen.
33 *Papier,* Jura 1979, S. 97 m. w. Nachweisen.
34 *Papier/Peine,* Straßenrecht und Straßenverkehrsrecht, in: Friauf/v. Münch/Westermann (Hrsg.), Handbuch für die öffentliche Verwaltung, Einführung in ihre rechtlichen und praktischen Grundlagen, Bd. II, Besonderes Verwaltungsrecht, 1984, S. 395 (Rdnr. 6); *Papier,* aaO (Fn. 3), S. 21ff.
35 *Papier,* Jura 1979, S. 95 m. w. Nachweisen.
36 *Papier/Peine,* aaO (Fn. 34), S. 395 (Rdnr. 9); *Kodal/Krämer,* Straßenrecht, 4. Aufl. 1985, S. 130f. (Kapitel 5, Rdnr. 1).

II. Das Straßenrecht in der verfassungsrechtlichen Kompetenzordnung

1. Abgrenzung zum Straßenverkehrsrecht

Unabhängig von der sachenrechtlichen Zurverfügungstellung öffentlicher Straßen, die dem Bürger die Möglichkeit der Nutzung im Rahmen der öffentlich-rechtlichen Zweckbestimmung eröffnet, unterliegt der einzelne Verkehrsteilnehmer bei der konkreten Ausübung seines Nutzungsrechts unter dem Blickwinkel des Straßenverkehrsrechts vielfältigen Restriktionen. Für die öffentliche Straße gilt eine eigentümliche Gemengelage der Rechtsmaterien des **Straßenrechts** und des **Straßenverkehrsrechts**.[37]

a) Die historisch gewachsene Abspaltung des Straßenverkehrsrechts aus dem (Gesamt-)Straßenrecht[38] und die Abgrenzung der Rechtsmaterien voneinander ist unter der Geltung des Grundgesetzes eine verfassungsrechtlich vorgegebene Notwendigkeit.[39] Nach Art. 74 Nr. 22 GG hat der Bund nur für das Straßenverkehrsrecht eine (Voll-)Kompetenz zur konkurrierenden Gesetzgebung. Für das Straßenrecht, das die Straßen nach ihrer Verkehrsbedeutung in verschiedene Klassen gliedert,[40] bestehen hingegen unterschiedliche Gesetzgebungszuständigkeiten.[41] Der Bund hat gemäß Art. 74 Nr. 22 GG die wegerechtliche Gesetzgebungskompetenz für die Bundesfernstraßen („Landstraßen des Fernverkehrs"). Dies sind die Bundesautobahnen und die Bundesstraßen einschließlich der Ortsdurchfahrten (§ 1 Abs. 2 FStrG). In Ausübung seiner Gesetzgebungskompetenz aus Art. 74 Nr. 22 GG hat der Bund das Bundesfernstraßengesetz (FStrG) – in der Fassung vom 1. Oktober 1974, BGBl. I, S. 2413 – sowie das Gesetz über die vermögensrechtlichen Verhältnisse der Bundesautobahnen und sonstigen Bundesstraßen des Fernverkehrs erlassen (Ges. vom 2. März 1951, BGBl. I, S. 157). Ferner hat der Bund aus Art. 74 Nr. 18 GG („Bodenrecht") das Gesetzgebungsrecht für diejenigen Straßen, die als Ortsstraßen „Erschließungsfunktion" haben.[42] Die bundesgesetzliche Sonderregelung für diesen speziellen Bereich der Gemeindestraßen findet sich in den §§ 123 ff BBauG. Alle sonstigen Straßen unterliegen der wegerechtlichen Gesetzgebungszuständigkeit der Länder (vgl. Art. 70 GG).

b) Ausgehend von diesen verfassungsrechtlichen Vorgaben sind die Rechtsmaterien wie folgt gegeneinander abzugrenzen: Das Straßenrecht umfaßt die Gesamtheit der

---

[37] Dazu *Steiner*, JuS 1984, S. 1 ff.; *Cosson*, DÖV 1983, S. 532 ff.
[38] Vgl. dazu *Evers*, NJW 1962, S. 1033 ff.; *Peine*, DÖV 1978, S. 835 ff.
[39] *Papier*, aaO (Fn. 3), S. 65.
[40] Siehe § 1 Abs. 2 FStrG, § 3 Abs. 1 StrWG NW; vgl. auch *Kodal/Krämer*, aaO (Fn. 36), S. 233 ff (Kapitel 9, Rdnr. 14); *Papier*, aaO (Fn. 3), S. 17.
[41] Eingehend zur Gesetzgebungskompetenz im Straßenrecht *Kodal/Krämer*, aaO (Fn. 36), S. 32 ff. (Kapitel 2, Rdnrn. 8 ff.).
[42] *BVerfGE* 3, S. 407 ff; siehe dazu auch *Kregel*, Örtliche Straßenplanung, 1983.

öffentlich-rechtlichen Rechtsnormen, die die Rechtsverhältnisse an solchen Straßen, Wegen und Plätzen zum Gegenstand haben, welche dem allgemeinen Verkehr gewidmet sind.[43] Das Straßenverkehrsrecht regelt unter ordnungsrechtlichen Gesichtspunkten die Probleme der Sicherheit und Leichtigkeit des Verkehrs, die vor allem daraus resultieren, daß viele Verkehrsteilnehmer zur gleichen Zeit von der bestimmungsgemäßen Benutzung der öffentlichen Straße Gebrauch machen.[44] Bestimmendes Charakteristikum des Straßenrechts als Teilmaterie des Rechts der öffentlichen Sachen ist somit die Regelung der Voraussetzungen und Modalitäten der Bereitstellung und Unterhaltung von Straßen.[45] Demgegenüber stellt das Straßenverkehrsrecht — jedenfalls seinem Schwerpunkt nach[46] — einen Sachbereich der Gefahrenabwehr dar.[47]

2. Positiv-rechtliche Grundlagen des Straßenrechts in Nordrhein-Westfalen

Die wegerechtliche Gesetzgebungszuständigkeit des Landes Nordrhein-Westfalen erfaßt mit Ausnahme der Bundesfernstraßen und vorbehaltlich der bundesrechtlichen Sonderregelungen für Ortstraßen, denen Erschließungsfunktion zukommt, alle im Landesgebiet verlaufenden oder zu errichtenden Straßen.[48] Die Grundlagen des Landesstraßenrechts sind geregelt im Straßen- und Wegegesetz des Landes Nordrhein-Westfalen in der Fassung der Bekanntmachung vom 1. August 1983, GVBl. S. 306.[49]

---

43 *Salzwedel*, Wege- und Verkehrsrecht, in: v. Münch (Hrsg.), Besonderes Verwaltungsrecht, 7. Aufl. 1985, S. 618; *Papier*, aaO (Fn. 3), S. 17.
44 BVerwGE 34, S. 241 (243); BVerwGE 62, S. 376 (378); *Peine*, DÖV 1978, S. 837; *Salzwedel*, aaO (Fn. 43), S. 619; *Steiner*, JuS 1984, S. 2; vgl. auch *Cosson*, DÖV 1983, S. 532 ff.
45 *Steiner*, JuS 1984, S. 3.
46 Infolge der Novellierung des § 45 StVO im Jahre 1980 besitzen die Straßenverkehrsbehörden — als Ausfluß der konkurrierenden Gesetzgebungskompetenz aus Art. 74 Nr. 18 GG — Zuständigkeiten, die instrumentell zwar dem Straßenverkehrsrecht zuzuordnen sind, der Sache nach aber städtebauliche Aspekte berücksichtigen (§ 45 Abs. 1 b S. 1 Nr. 2, 3, 5 i.V.m. § 45 Abs. 1 b S. 2 StVO): *Steiner*, JuS 1984, S. 2.
47 *Steiner*, JuS 1984, S. 2; siehe auch *Papier*, Jura 1979, S. 101.
48 Soweit der Bund seine wegerechtliche Gesetzgebungskompetenz nicht ausgeschöpft hat, verbleibt die Möglichkeit einer landesrechtlichen Ergänzung nach Art. 72 Abs. 1 i.V.m. Art. 74 Nr. 22 GG; dies ist in Nordrhein-Westfalen über § 1 S. 2 StrWG NW in den Fällen der §§ 8 Abs. 6, 9 a Abs. 4, 16 a Abs. 1 StrWG NW geschehen.
49 Auf sonstige relevante Gesetze und Verordnungen wird im folgenden jeweils im Einzelfall hingewiesen; vgl. auch die Zusammenstellung bei *Walprecht/Cosson*, Straßen- und Wegegesetz des Landes Nordrhein-Westfalen, 1984, Anhang, S. 297 ff.

III. Genese und Nutzung öffentlicher Straßen

Bevor der einzelne Bürger ein Stück Land als öffentliche Straße nutzen kann, d.h. bevor eine „öffentliche Straße im Rechtssinne" vorliegt,[50] bedarf es vielfältiger politischer, rechtlicher und tatsächlicher Einzelakte, die in komplizierten, nur teilweise formalisierten Verwaltungsverfahren zusammengefaßt sind. Grundsätzlich setzt das Entstehen einer öffentlichen Straße folgende Einzelschritte voraus: Am Anfang steht die politische Grundsatzentscheidung über den Bau bzw. Ausbau, den Charakter und die Linienführung der öffentlichen Straße(n). Dieser Entscheidung folgt sodann als zweite Stufe das sogenannte Planfeststellungsverfahren, in dessen Rahmen die politischen Vorgaben im Detail umgesetzt werden und der Bau der Straße (potentiell) verbindlich festgelegt wird. Werden zur Durchführung des festgestellten Vorhabens Grundstücke benötigt, über die der öffentliche Sachherr (noch) keine rechtliche Verfügungsmacht hat und kann er sich diese auch nicht im rechtsgeschäftlichen Wege verschaffen, so kann sich zu seinen Gunsten ein Enteignungsverfahren anschließen. Wenn die Straße tatsächlich gebaut worden ist, müssen in einer dritten Stufe die Widmung und die tatsächliche Indienststellung der Straße hinzutreten, damit eine öffentliche Straße im Rechtssinne gegeben ist.[51] Diese Stufen des „Grundschemas" sind indes nicht für alle Straßengruppen im Sinne des § 3 Abs. 1 StrWG NW sämtlich notwendige Entstehungsvoraussetzung einer öffentlichen Straße. So geht dem Bau „sonstiger öffentlicher Staßen" im Sinne des § 3 Abs. 1 Nr. 4, Abs. 5 StrWG NW eine politische Grundsatzentscheidung nicht voraus; siehe dazu unten 1a. Ebenso bedürfen Gemeindestraßen zum Teil keiner formalisierten Planfeststellung; siehe dazu unten 1d.

1. Das Entstehen der öffentlichen Straße

a) Die politische Planungsentscheidung

Straßen sind Bestandteil der materiellen Infrastruktur eines Landes. Infolge der Funktionsvielfalt öffentlicher Straßen und ihrer Bedeutung für das Gemeinwesen,[52] aber auch durch die mit ihrem Bau verbundenen Kosten, sind die Planungen über den Ausbau, den Charakter und die Linienführung des öffentlichen Straßennetzes notwendigerweise politische Entscheidungen.[53] Etwas anderes gilt nur bezüglich der „sonstigen öffentlichen Straßen", § 3 Abs. 1 Nr. 4, Abs. 5 StrWG NW. Diese im wesentlichen Eigentümerstraßen und -wege erfassende Kategorie stellt nicht vorrangig auf die Ver-

---

50 *Papier/Peine,* aaO (Fn. 34), S. 398 (Rdnr. 17); *Papier,* aaO (Fn. 3), S. 36.
51 Vgl. *Papier/Peine,* aaO (Fn. 34), S. 398 (Rdnr. 17); *Papier,* aaO (Fn. 3), S. 40.
52 *Streit,* Die Straße als wirtschaftliches Gut, in: Bartlsperger, Blümel, Schroeter (Hrsg.), Ein Vierteljahrhundert Straßenrechtsgesetzgebung, 1980, S. 1ff.
53 *Papier/Peine,* aaO (Fn. 34), S. 399 (Rdnr. 18); *Papier,* aaO (Fn. 3), S. 40.

kehrsfunktion ab, da diese öffentlichen Straßen nicht zum Zwecke der Daseinvorsorge gebaut werden.[54] Es handelt sich vielmehr um Straßen, die zunächst zur Erfüllung anderer Aufgaben geschaffen wurden und nunmehr (nach ihrer Widmung[55]) auch der Öffentlichkeit zur Verfügung gestellt werden,[56] wie z. B. öffentliche Straßen in staatlichen Forsten, Ladestraßen der Bundesbahn und Straßen auf Truppenübungsplätzen etc. Eine politische Planungsentscheidung zur Anlegung öffentlicher Straßen liegt in all diesen Fällen nicht vor.

Soweit für die öffentlichen Straßen eine politische (Planungs-)Entscheidung erforderlich ist, wird diese für Landesstraßen von dem für das Straßenwesen zuständigen Minister für Stadtentwicklung, Wohnen und Verkehr getroffen, § 37 Abs. 6 StrWG NW,[57] für die sonstigen Straßen vom Kreis oder der Gemeinde. Bei Meinungsverschiedenheiten von Behörden entscheidet der für das Straßenwesen zuständige Minister, § 37 Abs. 3 StrWG NW.

Als Ausgangspunkt des Verwaltungsverfahrens stellen diese Regierungsakte gegenüber dem Bürger lediglich eine vorbereitende, verwaltungsinterne Grundentscheidung dar, die infolge ihrer relativen Unbestimmtheit noch keine verbindlichen Festlegungen hinsichtlich des konkreten Umfangs, der Art und des Verlaufs einer bestimmten Straße trifft. Mangels einer Rechtswirkung nach außen ist eine verwaltungsgerichtliche Klage betroffener Bürger gegen die politische Planungsentscheidung unzulässig.[58] Dies gilt nicht nur bezüglich des Inhalts der getroffenen Entscheidung, sondern auch hinsichtlich der Einhaltung des vorgeschriebenen Verfahrens. Insofern sieht § 37 Abs. 2 S. 2, Abs. 4 StrWG NW bei dem Bau neuer oder der wesentlichen Änderung[59] bestehender Land- oder Kreisstraßen zwar bereits in diesem Stadium eine (vorgezogene) Bürgerbeteiligung vor.[60] Dessen ungeachtet handelt es sich bei dem Verfahren nach § 37 StrWG NW um einen allein internen Abwägungsvorgang, dessen Charakter auch durch die (vorgezogene) Bürgerbeteiligung nicht verändert wird und der dem einzelnen Bürger kein subjektives Beteiligungsrecht gibt. Auch etwaige Form- und Verfahrensverstöße unterliegen daher nicht der Kontrolle durch die Verwaltungsgerichte.[61]

54 *Kodal/Krämer,* aaO (Fn. 36), S. 221 (Kapitel 8, Rdnr. 12.2).
55 Ansonsten handelte es sich um tatsächliche öffentliche Sachen.
56 *Kodal/Krämer,* aaO (Fn. 36), S. 220f. (Kapitel 8 Rdnr. 12.2); *Kregel,* aaO (Fn. 42), S. 35f.; *Walprecht/Cosson,* aaO (Fn. 49), Rdnr. 20.
57 Zur Zuständigkeit vgl. § 4 Abs. 2 des Gesetzes über die Organisation der Landesverwaltung vom 10. Juli 1962 (GVBl S. 421) und die hierzu ergangenen Bekanntmachungen.
58 *BVerwG,* NJW 1981, S. 2592ff.; *Papier/Peine,* aaO (Fn. 34), S. 399 (Rdnr. 18); *Papier,* aaO (Fn. 3), S. 40; *Pappermann/Löhr,* JuS 1980, S. 192.
59 Zum Begriff der „Wesentlichkeit" siehe *Walprecht/Cosson,* aaO (Fn. 49), Rdnr. 328.
60 Anders hingegen die übrigen Straßengesetze der Länder und das Fernstraßengesetz des Bundes: siehe z. B. § 16 FStrG und dazu *BVerwG,* DÖV 1982, S. 203f.; zu den Gründen für eine vorgezogene Bürgerbeteiligung vgl. auch — zum damaligen Zeitpunkt noch de lege ferenda — *Fickert,* Aktuelle Fragen des Straßenrechts in Rechtspraxis und höchstrichterlicher Rechtsprechung, 1980, S. 84ff.
61 *Walprecht/Cosson,* aaO (Fn. 49), Rdnr. 335.

b) Das Planfeststellungsverfahren[62]

Im Gegensatz zu den politischen Planungsentscheidungen entfalten diejenigen Akte des mehrgliedrigen Gesamtverfahrens rechtliche Außenwirkung, die detailliert und (potentiell[63]) verbindlich die konkrete Linienführung und die weiteren Einzelheiten der Straßenplanung bestimmen.[64] Eine derart detaillierte und verbindliche Festlegung kann im Rahmen der Planaufstellungsverfahren als zweiter Stufe des Gesamtverfahrens durch einen **Planfeststellungsbeschluß**, einen **Bebauungsplan** und einen **enteignungsrechtlichen Planfeststellungsbeschluß** erfolgen, die ihrerseits den Abschluß eines formellen mehrstufigen Verwaltungsverfahrens bilden.

Für den Bau oder die Änderung von Land- und Kreisstraßen schreibt § 38 Abs. 1 StrWG NW die Durchführung eines Planfeststellungsverfahrens vor. Eine Ausnahme besteht gemäß § 38 Abs. 3 StrWG NW nur bei unwesentlichen Änderungen oder Erweiterungen.[65] Fakultativ möglich ist die Planfeststellung für Gemeindestraßen im Außenbereich (§ 35 BBauG), § 38 Abs. 5 StrWG NW. Für alle sonstigen Straßen ist ein Planfeststellungsverfahren nicht zulässig.[66] Soweit die Durchführung eines Planfeststellungsverfahrens vom Gesetz ausdrücklich vorgeschrieben ist, korrespondiert dieser objektiv-rechtlichen Verpflichtung kein subjektiv-öffentliches Recht des durch den Bau einer Straße Betroffenen. Dieser hat aus § 38 Abs. 1 StrWG NW keinen Rechtsanspruch auf Einleitung und Durchführung eines Planfeststellungsverfahrens gegen den Träger der Straßenbaulast oder die Planfeststellungsbehörde.[67]

aa) Grundzüge des Verfahrens

Hinsichtlich des Verfahrens zur Durchführung der Planfeststellung verweist § 39 Abs. 1 StrWG NW auf die Vorschriften des Teiles V Abschnitt 2 (§§ 72 – 78) des Verwaltungsverfahrensgesetzes für das Land Nordrhein-Westfalen, soweit sich nicht aus § 39 StrWG NW selbst Abweichungen ergeben. Bei dem danach im Grundsatz nach dem (Landes-)Verwaltungsverfahrensgesetz (VwVfG NW) durchzuführenden Planfeststellungsverfahren handelt es sich seinerseits um ein mehrstufiges Verfahren:[68]

In der ersten Stufe erfolgt die **Planaufstellung.** Der Plan ist die Grundlage für die künftig zu treffenden Entscheidungen und muß daher alle für die Beurteilung des Vor-

---

62 Dazu allgemein *Fickert,* Inhalt, Rechtswirkungen und Anwendungsbereich der straßenrechtlichen Planfeststellung, in: Bartlsperger u.a., aaO (Fn. 52), S. 385 ff; *Hoppe,* Verfahren und gerichtliche Kontrolle bei der straßenrechtlichen Planfeststellung, in: Bartlsperger u.a., aaO (Fn. 52), S. 403 ff.; *Kodal/Krämer,* aaO (Fn. 36), S. 847 ff (Kapitel 34, 35).
63 Vgl. dazu unten zu Fn. 94.
64 *Papier/Peine,* aaO (Fn. 34), S. 399 (Rdnr. 20).
65 Vgl. dazu *Walprecht/Cosson,* aaO (Fn. 49), Rdnr. 356 m. w. Nachweisen.
66 *Walprecht/Cosson,* aaO (Fn. 49), Rdnr. 360.
67 BVerwG, NJW 1982, S. 1546 ff.; *Papier,* aaO (Fn. 3), S. 41; *Walprecht/Cosson,* aaO (Fn. 49), Rdnr. 357.
68 *Papier,* aaO (Fn. 3), S. 41.

habens wesentlichen Gesichtspunkte technischer, ökologischer oder sonstiger Art enthalten.[69] Zuständig für die Aufstellung des Plans ist die juristische Person, der alle im Zusammenhang mit dem Bau und der Unterhaltung öffentlicher Straßen bestehenden Aufgaben zugewiesen sind, also der „Träger der Straßenbaulast".[70] Die Baulastträgerschaft umfaßt sowohl die finanzielle als auch die tatsächliche Straßenbaulast,[71] die somit regelmäßig in einer Hand vereinigt sind.[72] Wer Träger der Straßenbaulast ist, bemißt sich nach der Straßenklasse, in welche die zukünftige Straße eingeordnet werden soll und damit nach der Verkehrsbedeutung, welche die künftige Straße haben soll.[73] Danach sind Träger der Straßenbaulast
— für Landesstraßen die Landschaftsverbände, § 43 S. 1 Buchstabe a StrWG NW,
— für Kreisstraßen die Kreise und kreisfreien Städte, § 43 S. 1 Buchstabe b StrWG NW,
— für Gemeindestraßen die Gemeinden, § 47 Abs. 1 StrWG NW,
— für Ortsdurchfahrten im Zuge von Landes- und Kreisstraßen die Gemeinden, sofern sie mehr als 80000 Einwohner oder unter gewissen weiteren Voraussetzungen zwischen 50000 und 80000 Einwohner haben, §§ 43 S. 2, 44 Abs. 1 und 3 StrWG NW.[74]

Der Planaufstellung folgt als zweite Stufe das **Anhörungsverfahren**, § 73 VwVfG NW. Es dient dazu, den beteiligten Behörden des Bundes, des Landes, der Kreise und Gemeinden sowie den übrigen von dem geplanten Vorhaben Betroffenen über die Planungen Kenntnis zu geben und ihnen Gelegenheit zu bieten, Bedenken und Anregungen vorzutragen.[75] Zu diesem Zweck leitet der Träger der Straßenbaulast den Plan der Anhörungsbehörde zu, § 73 Abs. 1 S. 1 VwVfG NW. Anhörungsbehörde ist gemäß § 39 a Abs. 1 StrWG NW der Regierungspräsident. Dieser holt Stellungnahmen von der Planung betroffener Behörden,[76] § 73 Abs. 2 VwVfG NW, und betroffener Gemeinden und Kreise ein,[77] § 39 Abs. 2 StrWG NW. Die Anhörungsbehörde veran-

---

69 Siehe § 73 Abs. 1 S. 2 VwVfG NW; *Kodal/Krämer*, aaO (Fn. 36), S. 1006 ff. (Kapitel 35, Rdnr. 2); *Kopp*, Kommentar zum Verwaltungsverfahrensgesetz des Bundes, 3. Aufl. 1983, § 73, Rdnr. 7; *Papier/Peine*, aaO (Fn. 34), S. 400 (Rdnr. 22).
70 *Papier/Peine*, aaO (Fn. 34), S. 400 (Rdnr. 23); zum Umfang der Straßenbaulast vgl. § 9 StrWG NW.
71 Zur Unterscheidung siehe *Papier*, aaO (Fn. 3), S. 59.
72 Insoweit anders bei Bundesfernstraßen: *Papier/Peine*, aaO (Fn. 34), S. 400 (Rdnr. 23); *Papier*, aaO (Fn. 3), S. 59; zur Sonderregelung hinsichtlich von Ortsdurchfahrten im Zuge von Bundesfernstraßen siehe unten Fn. 74.
73 *Papier/Peine*, aaO (Fn. 34), S. 400 (Rdnr. 23); *Papier*, aaO (Fn. 3), S. 59; vgl. auch *BVerwGE* 61, S. 295 ff.
74 Entsprechendes gilt für Ortsdurchfahrten im Zuge von Bundesfernstraßen, § 5 Abs. 2, Abs. 2 a FStrG; zu Einzelheiten siehe auch *Kodal/Krämer*, aaO (Fn. 36), S. 306 ff. (Kapitel 13, Rdnrn. 9 ff.).
75 *Papier*, aaO (Fn. 3), S. 41.
76 Nicht dazu rechnen die anerkannten Naturschutzverbände: *Walprecht/Cosson*, aaO (Fn. 49), Rdnr. 364.
77 Die Einholung der Stellungnahmen hat gezielt zu erfolgen: *Walprecht/Cosson*, aaO (Fn. 49), Rdnr. 364.

läßt sodann[78] die Auslegung des Plans für einen Monat in den durch das Vorhaben voraussichtlich berührten Gemeinden, §73 Abs. 3 S. 1 VwVfG NW. Mit der Offenlegung entfaltet das Anhörungsverfahren bereits rechtliche Außenwirkung, indem z. B. eine Veränderungssperre eintritt, §40 StrWG NW, oder Baubeschränkungen Platz greifen, §29 StrWG NW.

Die Gemeinden haben die Planauslegung ortsüblich bekannt zu machen und auf die Möglichkeit der Erhebung von Einwendungen hinzuweisen, §72 Abs. 5 VwVfG NW. Bis zwei Wochen nach Ablauf der Auslegungsfrist kann jeder durch das Vorhaben Betroffene[79] Einwendungen gegen den Plan erheben, §73 Abs. 4 VwVfG NW. Hieran anschließend hat ein Erörterungstermin stattzufinden, in dem die Anhörungsbehörde die Einwendungen mit den Beteiligten zu erörtern hat, §73 Abs. 6 VwVfG NW. Der Termin ist mindestens eine Woche vorher ortsüblich bekannt zu machen.

Das Ergebnis der Erörterungen ist von der Anhörungsbehörde festzuhalten. Sie hat ferner eine eigene Stellungnahme zum Ergebnis abzugeben. Diese ist sodann mit dem Plan, den Stellungnahmen der Behörden und den nicht erledigten Einwendungen der Planfeststellungsbehörde zuzuleiten, §73 Abs. 9 VwVfG NW.

In einer dritten und letzten Stufe stellt die Planfeststellungsbehörde den Plan fest (**Planfeststellungsbeschluß**), §74 VwVfG NW. Planfeststellungsbehörde ist der Landschaftsverband, §39 a Abs. 2 StrWG NW. Im Planfeststellungsbeschluß wird eine (zu begründende) Entscheidung über die noch nicht erledigten Einwendungen getroffen und das Gesamtvorhaben in allen seinen Einzelheiten endgültig festgelegt.[80] Hierbei ist die Planfeststellungsbehörde nicht auf eine bloße Rechtskontrolle der ihr vorgelegten Planung beschränkt. Ihr steht vielmehr ein eigenes Planungsermessen zu.[81]

Der Planfeststellungsbeschluß ist dem Träger des Vorhabens, den bekannten Betroffenen und den Einwendungsführern zuzustellen, §74 Abs. 4 S. 1 VwVfG NW. Gegenüber allen anderen Betroffenen wird die Bekanntgabe dadurch bewirkt, daß für zwei Wochen eine Ausfertigung des Beschlusses mit Rechtsbehelfsbelehrung und einer Ausfertigung des festgestellten Plans in den Gemeinden öffentlich ausgelegt und dies ortsüblich bekannt gemacht wird. Damit gilt die Zustellung unwiderlegbar als erfolgt.[82]

Sind mehr als 300 Zustellungen erforderlich, können diese durch öffentliche Bekanntmachung ersetzt werden, §74 Abs. 5 VwVfG NW.[83] Mit Erlaß des Planfeststellungsbeschlusses ist das Verwaltungsverfahren der Planaufstellung beendet.

---

78 Ggfls. auch bereits gleichzeitig mit der Einholung der Stellungnahmen: *Kopp*, aaO (Fn. 69), §73, Rdnr. 12.
79 Zum Kreis der Betroffenen vgl. *Kopp*, aaO (Fn. 69), §73, Rdnrn. 22 ff.
80 Zu den hierbei zu beachtenden Verfahrensmaximen vgl. unten bb)
81 *Walprecht/Cosson*, aaO (Fn. 49), Rdnr. 371.
82 *BVerwG*, DÖV 1980, S. 416 f.
83 Zu Umfang und Inhalt der Bekanntmachung vgl. *BayVGH*, NVwZ 1982, S. 128 ff.; zur Verfassungsmäßigkeit dieser Regelung *BVerwG*, NJW 1984, S. 188 ff.

bb) Verfahrensgrundsätze

Das Ziel des streng formuliert ausgestalteten Verwaltungsverfahrens, das mit dem Planfeststellungsbeschluß endet, besteht darin, die durch den Bau einer Straße vielfältig berührten, oftmals kollidierenden Belange einander verhältnismäßig zuzuordnen und auszugleichen. Ausgehend von dieser Vorgabe wird das Planfeststellungsverfahren inhaltlich insbesondere von den Grundsätzen der Problembewältigung und der gerechten Abwägung beherrscht. **Der Grundsatz der Problembewältigung** begründet die Verpflichtung, im Rahmen eines Planfeststellungsbeschlusses eine einheitliche Planungsentscheidung zu treffen. Ein Vorbehalt späterer Planergänzung ist als Ausnahme von diesem Gebot nur dann zulässig, wenn der Vorbehalt ausdrücklich im Planfeststellungsbeschluß enthalten ist und nicht seinerseits die Grenzen planerischer Gestaltungsfreiheit überschreitet.[84] Das in § 38 Abs. 2 StrWG NW enthaltene **Abwägungsgebot** ist als Ausfluß des Rechtsstaatsprinzips notwendiger verfahrensrechtlicher Bestandteil einer jeden staatlichen Planung.[85] Jeder Planbetroffene hat ein subjektiv-öffentliches Recht auf sachgerechte Abwägung,[86] die sowohl im Abwägungsvorgang als auch im Abwägungsergebnis ihren Niederschlag finden muß. Eine rechtsstaatlichen Anforderungen genügende Abwägung setzt voraus, daß eine solche überhaupt stattgefunden hat, alle berührten Belange in die Planung einbezogen wurden,[87] keiner der Belange falsch gewichtet wurde und der Ausgleich kollidierender Belange ihrer objektiven Gewichtigkeit entspricht.[88]

cc) Die Rechtswirkungen des Planfeststellungsbeschlusses

Das Rechtsinstitut des Planfeststellungsverfahrens ist geschaffen worden, um bei komplexen Vorhaben möglichst in **einem** Verfahren eine umfassende Regelung zu treffen. Zu diesem Zweck
– entfaltet der Planfeststellungsbeschluß Genehmigungswirkung, indem er die Zulässigkeit des Baues der Straße einschließlich notwendiger Folgemaßnahmen an anderen Anlagen im Hinblick auf alle von ihm berührten öffentlichen Belange feststellt (§ 75 Abs. 1 S. 1 VwVfG NW);
– ersetzt er nach anderen Rechtsvorschriften erforderliche behördliche Entscheidungen, insbesondere Genehmigungen, Erlaubnisse, Bewilligungen, Zustimmungen und Planfeststellungen (§ 75 Abs. 1 S. 1 VwVfG NW);[89]

---

84 *BVerwG*, NJW 1982, S. 950 f.
85 *BVerwGE* 61, S. 295 ff.
86 *BVerwG*, NJW 1983, S. 2459 f.; zu Fragen des Rechtsschutzes siehe noch unten ee).
87 Zur Zusammenstellung des Abwägungsmaterials vgl. *BVerwG*, DVBl. 1980, S. 999 f.
88 Grundlegend *BVerwGE* 34, S. 302 ff.; Nachweise der umfangreichen Einzelprobleme bei *Walprecht/Cosson*, aaO (Fn. 49), Rdnrn. 374 ff; vgl. auch die Nachweise aus der Rspr. bei *Peine*, JZ 1984, S. 870 f.
89 Zu den Ausnahmen siehe *Kopp*, aaO (Fn. 69), § 75, Rdnr. 3; vgl. auch *Walprecht/Cosson*, aaO (Fn. 49), Rdnr. 387.

– regelt er alle öffentlich-rechtlichen Beziehungen zwischen dem Träger des Vorhabens und den durch den Plan Betroffenen rechtsgestaltend (§ 75 Abs. 1 S. 2 VwVfG NW).

Dem Planfeststellungsbeschluß kommt somit **Konzentrationswirkung** zu.[90] Darüberhinaus entfaltet der Planfeststellungsbeschluß auch **Präklusionswirkung**. Ist der Planfeststellungsbeschluß unanfechtbar geworden, sind nach bürgerlichem oder öffentlichem Recht in Betracht kommende Ansprüche auf Unterlassung des Vorhabens, auf Beseitigung oder Änderung oder auf Unterlassung ihrer Benutzung ausgeschlossen, § 75 Abs. 2 VwVfG NW.

Der Straßenbaulastträger ist aufgrund des Planfeststellungsbeschlusses jedoch nicht gezwungen, die Straße zu bauen; der Beschluß beinhaltet lediglich eine **Erlaubnis**. Beginnt der Träger der Straßenbaulast nicht innerhalb von fünf Jahren seit Unanfechtbarkeit des Plans mit seiner Durchführung, tritt dieser außer Kraft, § 75 Abs. 4 VwVfG NW, sofern nicht die Planfeststellungsbehörde den Plan um höchstens fünf Jahre verlängert, § 39 Abs. 7 StrWG NW.

dd) Die Rechtsnatur des Planfeststellungsbeschlusses

Der Planfeststellungsbeschluß ist infolge seines Regelungscharakters ein Verwaltungsakt.[91] Gegenüber dem Träger der Straßenbaulast läßt er sich als Verwaltungsakt mit Doppelwirkung begreifen. Er begünstigt den Baulastträger insoweit, als diesem die Befugnis zum Bau der Straße verliehen wird, und sonstige behördliche Entscheidungen nicht erforderlich sind. Gleichzeitig wirkt der Planfeststellungsbeschluß jedoch belastend, weil der Baulastträger zur Unterhaltung der Straße und zur Errichtung und Unterhaltung der Anlagen, die für das öffentliche Wohl oder zur Sicherung der Nutzung der benachbarten Grundstücke gegen Gefahren oder Nachteile notwendig erscheinen, verpflichtet ist.[92] Für den in seinen Belangen durch das Vorhaben betroffenen Bürger ist der Planfeststellungsbeschluß ein rechtsgestaltender belastender Verwaltungsakt, da er alle öffentlich-rechtlichen Beziehungen zwischen den Planbetroffenen und dem Träger der Straßenbaulast regelt.[93]

ee) Fragen des Rechtsschutzes gegenüber einem Planfeststellungsbeschluß[94]

Der Planfeststellungsbeschluß kann im Verwaltungsstreitverfahren vor den Verwaltungsgerichten angefochten werden. Der Nachprüfung in einem Vorverfahren bedarf es nicht, §§ 74 Abs. 1 S. 2, 70 VwVfG NW.

---

90 *Papier/Peine*, aaO (Fn. 34), S. 401 (Rdnr. 26); *Papier*, aaO (Fn. 3), S. 42.
91 *Kopp*, aaO (Fn. 69), § 74, Rdnrn. 3, 4; *Papier/Peine*, aaO (Fn. 34), S. 402 (Rdnr. 28).
92 *Salzwedel*, aaO (Fn. 43), S. 647.
93 *Papier*, aaO (Fn. 3), S. 42.
94 Vgl. allgemein *Hoppe/Schlarmann*, Rechtsschutz bei der Planung von Straßen und anderen Verkehrsanlagen, 2. Aufl. 1981.

Die Möglichkeit einer Klage gegen den Planfeststellungsbeschluß ist auch für denjenigen eröffnet, der im Planfeststellungsverfahren keine oder verspätete Einwendungen erhoben hat. Die Ausschlußfrist des § 73 Abs. 6 S. 1 Hs. 1 VwVfG NW hat nur zur Folge, daß die **Anhörungsbehörde** verspätete Einwendungen nicht zu berücksichtigen **braucht** (außer sie drängten sich der Behörde aus den sonstigen Gesamtumständen auf[95]). Die Anhörungsbehörde **kann** auch verspätet erhobene Einwendungen erörtern, § 73 Abs. 6 S. 1 Hs. 2 VwVfG NW. Werden danach Einwendungen im Verwaltungsverfahren präkludiert, führt dies jedoch nicht zu einem materiellen Rechtsverlust, der die Geltendmachung im Klagewege ausschlösse. Es tritt also nur eine formelle, keine materielle Präklusion ein.[96] Ein verspätetes Vorbringen im Verwaltungsverfahren kann aber gleichwohl die Erfolgsaussichten einer Klage schmälern, da diese Einwendungen nicht mehr dem Abwägungsvorgang als solchem, sondern nur noch dem Abwägungsergebnis entgegengehalten werden können.[97]

In vielen Fällen problematisch ist die Klagebefugnis im Sinne des § 42 Abs. 2 VwGO.[98] Dabei ist zu beachten, daß nicht nur der einzelne Bürger, sondern im Falle einer Kollision zwischen staatlicher Planung und kommunaler Planungshoheit gegebenenfalls auch eine Gemeinde unter Berufung auf ihre zum Selbstverwaltungsrecht gehörende Planungshoheit klagebefugt sein kann.[99]

Als rechtlicher Abschluß planerischer Gestaltung unterliegt der Planfeststellungsbeschluß nur einer eingeschränkten gerichtlichen Kontrolle. Infolge ihres komplexen, politisch-wägenden Charakters ist diese Entscheidung nur auf die Einhaltung der rechtlichen Grenzen planerischer Gestaltungsfreiheit gerichtlich überprüfbar.[100] Diese Grenzen werden überschritten, wenn eine Abwägung überhaupt nicht oder nur unvollständig vorgenommen worden ist (**Abwägungsausfall** und **Abwägungsdefizit**), z. B. weil außerhalb des Planungsverfahrens Vorabentscheidungen getroffen worden sind, die den Planungsträger (faktisch) binden. Weitere Rechtsfehler stellen die **Abwägungsfehleinschätzung** (verfehlte Gewichtung einzelner Belange) und die **Abwägungsdisproportionalität** (Ausgleich zwischen den Belangen ist in einer Weise vorgenommen worden, die zum objektiven Gewicht einzelner Belange außer Verhältnis steht) dar.

ff) Anschlußverfahren

Benötigt der Träger der Straßenbaulast zum Bau der Straße Grundstücke, über die er (noch) keine rechtliche Verfügungsgewalt hat, kann dem Planfeststellungsbeschluß ein Enteignungsverfahren zugunsten des Straßenbaulastträgers folgen, in dem der Planfest-

---

95 *BVerwG,* DÖV 1980, S. 217 (220).
96 Siehe dazu allgemein *Papier,* NJW 1980, S. 313 ff.; *Ule,* BB 1979, S. 1009 ff.
97 *Walprecht/Cosson,* aaO (Fn. 49), Rdnr. 369.
98 Vgl. allgemein *Löwer,* DVBl. 1981, S. 528 ff.; *Ramsauer,* DÖV 1981, S. 37 ff; siehe auch *OVG NW,* DÖV 1984, S. 436 f.; *VGH BaWü,* DÖV 1981, S. 925 ff.
99 *Steinberg,* DVBl. 1982, S. 13 ff.; siehe auch *BayVGH,* NJW 1980, S. 1012 f.; *BayVGH,* BayVBl. 1984, S. 303 f.; *BVerwG,* DÖV 1982, S. 208.
100 *BVerwG,* DÖV 1975, S. 605 ff; *Walprecht/Cosson,* aaO (Fn. 49), Rdnrn. 372 f.

stellungsbeschluß für die Enteigungsbehörde bindend ist, § 42 Abs. 1 StrWG NW.[101] Die Einleitung des Enteignungsverfahrens setzt voraus, daß der Planfeststellungsbeschluß bestandskräftig oder für sofort vollziehbar erklärt worden ist.[102] Im Enteignungsverfahren ist das Vorhaben als solches allen Einwendungen entzogen. Der von der Enteignung betroffene Grundstückseigentümer kann lediglich noch spezifisch enteignungsrechtliche Gesichtspunkte geltend machen, wie z. B. den Einwand, die Voraussetzungen des § 42 Abs. 1 S. 1 StrWG NW lägen nicht vor.[103] Das Verfahren der Enteignung richtet sich in den Einzelheiten nach dem Preußischen Gesetz über die Enteignung von Grundeigentum vom 11. Juni 1874 (PrGS. S. 221).

Ist der sofortige Beginn der Bauarbeiten geboten und weigert sich der Eigentümer oder Besitzer, den Besitz eines zu diesem Zweck benötigten Grundstücks zu überlassen, so hat die Enteignungsbehörde (parallel zum gemeinhin langwierigen Enteignungsverfahren) den Träger der Straßenbaulast in den Besitz einzuweisen, § 41 StrWG NW. Damit ist dem Baulastträger die tatsächliche Nutzungsmöglichkeit im Sinne einer Bebaubarkeit eingeräumt. Die vorzeitige Besitzeinweisung setzt, obwohl in § 41 Abs. 1 StrWG NW nicht ausdrücklich erwähnt, die Unanfechtbarkeit oder sofortige Vollziehbarkeit des Planfeststellungsbeschlusses voraus, um der Schaffung vollendeter Tatsachen und einer Verkürzung des Rechtsschutzes zu begegnen.[104]

c) Das Verfahren nach Bauplanungsrecht

Die für Landes- und Kreisstraßen grundsätzlich vorgeschriebene Planfeststellung kann durch Bebauungspläne nach § 9 BBauG ersetzt werden, § 38 Abs. 4 StrWG NW. Für Gemeindestraßen **kann** die Gemeinde gemäß § 9 Abs. 1 Nr. 11 BBauG die öffentlichen Verkehrsflächen im Bebauungsplan ausweisen.[105] Ob ein Bebauungsplanverfahren oder ein Planfeststellungsverfahren eingeleitet wird, steht im Ermessen des Planungsträgers, da der Bebauungsplan neben dem Planfeststellungsverfahren ein gleichwertiges

---

101 Vgl. allgemein *Kodal/Krämer,* aaO (Fn. 36), S. 1119 ff. (Kapitel 37, Rdnrn. 20, 21 ff.). Die Vorschrift gilt nur – mit Ausnahme des in § 11 Abs. 3 StrWG geregelten Sondertatbestandes – für die Fälle, in denen zuvor ein Planfeststellungsvefahren durchgeführt worden ist: *Walprecht/Cosson,* aaO (Fn. 49), Rdnr. 410.
102 *Kodal/Krämer,* aaO (Fn. 36), S. 1119 (Kapitel 37, Rdnr. 20.2); *Salzwedel,* aaO (Fn. 43), S. 649; *Walprecht/Cosson,* aaO (Fn. 49), Rdnr. 411.
103 *Kodal/Krämer,* aaO (Fn. 36), S. 1119 (Kapitel 37, Rdnr. 23); *Papier,* aaO (Fn. 3), S. 42.
104 *Kodal/Krämer,* aaO (Fn. 36), S. 1126 (Kapitel 37, Rdnr. 36); *Papier/Peine,* aaO (Fn. 34), S. 403 (Rdnr. 33); *Salzwedel,* aaO (Fn. 43), S. 650; *Walprecht/Cosson,* aaO (Fn. 49), Rdnr. 403.
105 *Papier,* aaO (Fn. 3), S. 44; nach Bundesrecht *muß* die Gemeinde unter den Voraussetzungen des § 125 Abs. 1 BBauG ein Bebauungsplanverfahren durchführen oder die Zustimmung der höheren Verwaltungsbehörde einholen, § 125 Abs. 2 BBauG.

Planungsinstrument ist. Der Inhalt des Bebauungsplans kann sich auch in der isolierten Festlegung der Straßentrasse erschöpfen.[106]

aa) Die Aufstellung eines Bebauungsplanes erfolgt in einem sechsstufigen formalisierten Verfahren, das hier nur in den Grundzügen darzustellen ist:[107]
Zunächst bedarf es eines Beschlusses der Gemeinde, einen Bebauungsplan aufzustellen. Der Beschluß ist ortsüblich bekanntzumachen, § 2 Abs. 1 BBauG. Sodann sind die Träger öffentlicher Belange an der Aufstellung zu beteiligen, § 2 Abs. 5 BBauG. In einer dritten Stufe erfolgt eine vorgezogene Bürgerbeteiligung: Öffentliche Darlegung der allgemeinen Ziele und Zwecke der Planung, § 2a Abs. 2 S. 1 BBauG; Anhörung der Bürger hierzu, § 2 a Abs. 2 S. 2 BBauG; öffentliche Auslegung der Entwürfe mit Erläuterungsbericht oder der Begründung für einen Monat, § 2 a Abs. 6 S. 1 BBauG; Möglichkeit des Vorbringens von Bedenken und Anregungen gegen den Plan, § 2 a Abs. 6 S. 1 BBauG; Prüfung der vorgetragenen Bedenken und Anregungen und Bekanntgabe des Prüfungsergebnisses, § 2 a Abs. 6 S. 3 BBauG. Auf der vierten Stufe beschließt die Gemeinde den Plan als Satzung, § 10 BBauG. Dieser bedarf der Genehmigung der höheren Verwaltungsbehörde, § 11 BBauG. Mit der öffentlichen Bekanntmachung der Genehmigung wird der Bebauungsplan wirksam, § 12 BBauG.

bb) Auch der Bebauungsplan erlaubt den Bau der Straße, verpflichtet aber nicht dazu.

cc) Der Bebauungsplan kann im Normenkontrollverfahren vor dem Oberverwaltungsgericht auf seine Gültigkeit hin überprüft werden, 47 Abs. 1 Nr. 1 VwGO. Gleichfalls können die den Plan vollziehenden Verwaltungsakte mit Widerspruch und verwaltungsgerichtlicher Klage angefochten werden. In diesem Fall wird die Rechtmäßigkeit des Bebauungsplans incident überprüft.

dd) Im Unterschied zu einem Planfeststellungsbeschluß kommt dem Bebauungsplan keine Gestaltungs-, Konzentrations- und Präklusionswirkung zu. Neben dem Bebauungsplan bedarf es daher gegebenenfalls noch weiterer behördlicher Entscheidungen (Erlaubnisse, Genehmigungen etc.). Die Fehlerfolgen eines Bebauungsplans (Satzung) sind schwerwiegender als die eines Planfeststellungsbeschlusses (Verwaltungsakt). Während bei dem ersteren grundsätzlich jeder Fehler zur Nichtigkeit führt – vgl. aber §§ 155 a, 155 b BBauG –, ist ein Verwaltungsakt nur ausnahmsweise nichtig, § 44 VwVfG NW, und kann, auch wenn er rechtswidrig ist, bestandskräftig und damit vollzogen werden.[108]

---

106 *BVerwG*, DVBl. 1972, S. 119 ff. m. abl. Anm. von *Blümel;* a.A. auch *Sommer,* DVBl. 1973, S. 481 ff. (Teil A).
107 Ausführlich dazu *Ernst/Hoppe,* Das öffentliche Bau- und Bodenrecht, Raumplanungsrecht, 2. Aufl. 1981.
108 Siehe auch *Papier,* aaO (Fn. 3), S. 44.

d) Die enteignungsrechtliche Planfeststellung

Wie bereits erwähnt (vgl. oben III), kann für Gemeindestraßen ein formalisiertes Planungsverfahren überhaupt entfallen. Dies ist im folgenden näher zu erläutern.

aa) Die Notwendigkeit einer außenwirksamen Planung

Das Straßen- und Wegegesetz selbst sieht für Gemeindestraßen nicht die sonst obligatorische Durchführung eines Planaufstellungsverfahrens vor. Ein solches ist lediglich aufgrund Bundesrechts für Ortsstraßen mit Erschließungsfunktion zwingend angeordnet, § 125 BBauG. Damit ist die Frage aufgeworfen, ob und gegebenenfalls in welchem Verfahren die übrigen Gemeindestraßen formalisiert zu planen sind.

Einer ausnahmslosen Anwendung der §§ 123 ff. BBauG und damit der Annahme einer Verpflichtung der Gemeinde, für **alle** zu bauenden Gemeindestraßen (mit Ausnahme derjenigen im Außenbereich, siehe oben III 1 b) einen Bebauungsplan aufzustellen,[109] steht der ausschließlich auf Erschließungsstraßen begrenzte Normbereich dieser Vorschrift entgegen.[110] Eine unterschiedslos bestehende Verpflichtung zur außenwirksamen Planung kann damit nicht begründet werden.

Es ist vielmehr danach zu differenzieren, ob das Vorhaben öffentliche oder private Belange berührt, die einer verbindlichen Außenregelung bedürfen oder nicht.[111] Diese in § 38 Abs. 3 StrWG NW enthaltene Abgrenzung für die Notwendigkeit eines Planfeststellungsverfahrens bei Änderungen oder Erweiterungen bestehender Landes- und Kreisstraßen ist auch für den Bau von Gemeindestraßen zugrundezulegen. Danach bedarf es keiner formalisierten Planung, wenn öffentliche oder private Belange nicht berührt werden, wenn Einvernehmen über berührte öffentliche Belange erzielt worden ist oder, wenn private Belange betroffen sind, Vereinbarungen mit dem Betroffenen getroffen worden sind.[112] In diesen Fällen kann die Gemeinde die Straße allein aufgrund einer internen Planung bauen, ist jedoch bei der Ausräumung entgegenstehender Rechte betroffener Bürger auf Verhandlungen angewiesen, da sie diesen gleichgeordnet gegenübersteht.

Können hingegen die dem Vorhaben entgegenstehenden öffentlichen oder privaten Belange nicht durch Vereinbarungen ausgeräumt werden, ist eine außenwirksame Planung verfassungsrechtlich geboten.[113] In diesen Fällen **kann** die Gemeinde ein Bebauungsplanverfahren durchführen (siehe oben III 1 c). Aufgrund des langwierigen Planungsverfahrens und der gravierenden Fehlerfolgen ist dieses jedoch nicht immer angebracht. Hier bietet sich die Möglichkeit, auf der Grundlage des (Landes-) Enteignungsrechts rechtlich bindende Voraussetzungen für den Bau der Straße zu schaffen.

---

109 So *Salzwedel*, aaO (Fn. 4), S. 422; *Wolff-Bachof*, aaO (Fn. 4), § 57 III b 2 (S. 499).
110 *Kregel*, aaO (Fn. 42), S. 177, 106 ff.; *Papier*, aaO (Fn. 3), S. 44.
111 *Kregel*, aaO (Fn. 42), S. 178.
112 *Kregel*, aaO (Fn. 42), S. 178 ff.
113 *Kregel*, aaO (Fn. 42), S. 180 f.

bb) Das Verfahren nach Landesenteignungsrecht[114]

Die Durchführung eines Enteignungsverfahrens nach dem in Nordrhein-Westfalen fortgeltenden Preußischen Enteignungsgesetz (PrEG)[115] enthält eine zweifache Zielsetzung: Vornahme einer außenrechtlich wirksamen Planung, §§ 15ff. PrEG, und die Beschaffung der benötigten Grundstücke selbst. Während der erste Aspekt in den Fällen, in denen bereits eine **straßenrechtliche** Planfeststellung vorliegt, obsolet ist (siehe oben III 1 b ff.), kommt die **enteignungsrechtliche** Planfeststellung beim Fehlen einer fachplanerischen Planfeststellung voll zum Tragen.[116]

Das Verfahren nach den §§ 15ff. PrEG gestaltet sich wie folgt: Zunächst wird der Plan vorläufig festgestellt, § 15 PrEG. Sodann ist, falls es nicht zu einer gütlichen Einigung nach § 16 PrEG kommt, auf Antrag des Straßenbaulastträgers das eigentliche Planfeststellungsverfahren durchzuführen, § 18 Abs. 1 PrEG. Zu diesem Zweck ist dem Regierungspräsidenten ein Auszug aus dem vorläufig festgestellten Plan nebst Beilagen zuzuleiten, § 18 Abs. 2 PrEG. Der Plan nebst Beilagen ist in der Gemeinde für 14 Tage öffentlich auszulegen und die Zeit der Offenlegung ortsüblich bekanntzumachen, § 19 Abs. 1 und 2 PrEG. Während der Zeit der Offenlegung können Einwendungen gegen den Plan erhoben werden, § 19 Abs. 3 und 4 PrEG, die nach Ablauf der Frist in einem Termin zu erörtern sind, § 20 PrEG. Im Anschluß daran entscheidet der Regierungspräsident über die erhobenen Einwendungen und stellt den Plan endgültig fest, § 21 PrEG.

Auch der enteignungsrechtliche Planfeststellungsbeschluß ist ein Verwaltungsakt, gegen den die Betroffenen die gleichen Rechtsschutzmöglichkeiten wie gegen einen straßenrechtlichen Planfeststellungsbeschluß haben.[117] Im Gegensatz zu diesem enfaltet er jedoch keine Genehmigungs- und Konzentrationswirkung.[118]

e) Planung öffentlicher Straßen durch spezielle Fachplanungen

Der Bau einer öffentlichen Straße kann auch im Zusammenhang mit der Errichtung einer sonstigen Anlage notwendig werden. Sofern hierfür ein spezielles Planfeststellungsverfahren erforderlich ist, wie z. B. für Eisenbahnen (§ 36 BBahnG) oder Flughäfen (§§ 8 ff. LuftVG), bedarf es keines zusätzlichen Planaufstellungsverfahrens nach Landesrecht, § 6 Abs. 7 S. 1 StrWG NW.

---

114 Dazu *Kodal/Krämer*, aaO (Fn. 36), S. 1118 ff. (Kapitel 37, Rdnrn. 19 ff).
115 Siehe oben III 1 b ff.
116 Vgl. auch *Büchs*, Grunderwerb und Entschädigung beim Straßenbau, 2. Aufl. 1980, Rdnr. 6/60.
117 Siehe oben III 1 b ee.
118 *Papier*, Möglichkeiten und Grenzen der rechtsverbindlichen Festlegung und Freihaltung von Leitungstrassen durch die Regionalplanung, Beiträge zum Siedlungs- und Wohnungswesen und zur Raumplanung, Band 84, 1983, S. 59.

f) Der tatsächliche Bau der Straße

Der Bau der Straße obliegt den Straßenbaubehörden als behördlichen Einrichtungen des Trägers der Straßenbaulast, § 56 StrWG NW. Die Straßenbaubehörden haben alle Rechtsgeschäfte und tatsächlichen Arbeiten vorzunehmen, die zur Erfüllung der sich aus der Straßenbaulast ergebenden Verpflichtungen notwendig sind. Sie haben also im Rahmen der Leistungsfähigkeit des Trägers der Straßenbaulast die öffentlichen Straßen in einem dem regelmäßigen Verkehrsbedürfnis genügenden Zustand zu bauen, zu unterhalten, zu erweitern oder sonst zu verbessern.[119]

g) Die Begründung des öffentlich-rechtlichen Sonderstatus

Allein die Tatsache, daß eine Straße faktisch hergestellt worden ist, macht diese noch nicht zu einer „öffentlichen Straße" im Sinne des Straßen- und Wegegesetzes. Eine solche ist erst dann gegeben, wenn durch hoheitlichen Rechtsakt die Straße einer besonderen öffentlich-rechtlichen Nutzungsordnung unterstellt wird (vgl. § 2 Abs. 1 StrWG NW). Neben diesem Rechtsakt der Widmung bedarf es der tatsächlichen Indienststellung der Straße als weiterer Wirksamkeitsvoraussetzung des öffentlich-rechtlichen Sonderstatus.[120] Dieser erfaßt den Straßenkörper, den Luftraum über demselben, das Zubehör und die Nebenanlagen, § 2 Abs. 2 Nr. 1–4 StrWG NW. Das Recht zur (gemeingebräuchlichen) Nutzung der Straße wird nicht durch die Widmung selbst begründet, da diese nicht unmittelbar personale Rechtsbeziehungen, sondern die rechtserhebliche Eigenschaft einer Sache regelt („dinglicher Verwaltungsakt").[121] Das Nutzungsrecht folgt vielmehr unmittelbar aus dem Straßen- und Wegegesetz, indem an das Vorliegen einer „öffentlichen Straße" bestimmte Rechtsfolgen geknüpft werden (vgl. §§ 2 Abs. 1, 14 Abs. 1 StrWG NW). Im geltenden Straßenrecht kann die Widmung grundsätzlich nur mittels eines Verwaltungsaktes erfolgen, § 6 Abs. 1 StrWG NW: „Allgemeinverfügung". Im Gegensatz zum früheren Recht[122] gibt es die Fiktion einer Widmung nicht mehr, da nach § 6 Abs. 7 StrWG NW auch für den Fall der Durchführung eines speziellen Planfeststellungsverfahrens eine besondere Widmung erforderlich ist.[123] Eine Ausnahme besteht nach § 6 Abs. 8 StrWG NW nur bei einfachen Sachverhalten. Hier gilt der neue Straßenteil auch weiterhin mit der Verkehrsübergabe als gewidmet.

Lassen sich hinsichtlich bestehender Straßen konkrete Widmungsakte nicht nachweisen, kann durch das Rechtsinstitut der „unvordenklichen Verjährung" eine widerlegbare Vermutung der Widmung dieser Straße begründet werden. Dies setzt voraus,

---

119 Vgl. auch *Salzwedel*, aaO (Fn. 43), S. 623, 642; *Papier*, aaO (Fn. 3), S. 57.
120 *Papier*, aaO (Fn. 3), S. 36; *Wolff-Bachof*, aaO (Fn. 4), § 56 II, III (S. 487 ff).
121 *Papier*, aaO (Fn. 3), S. 38.
122 § 6 Abs. 5 LStrG NW a.F. und dazu *Papier/Peine*, aaO (Fn. 34), S. 410 (Rdnrn. 61, 62).
123 *Papier*, aaO (Fn. 3), S. 39; *Walprecht/Cosson*, aaO (Fn. 49), Rdnr. 59.

daß die Straße in einer langjährigen Übung tatsächlich und widerspruchslos genutzt worden ist und dieses in der Annahme der Rechtmäßigkeit dieses Handelns geschah.[124]

aa) Die Widmung

(1) Voraussetzungen der Widmung

Nach § 6 Abs. 5 StrWG NW darf eine Widmung nur erfolgen, wenn der Träger der Straßenbaulast entweder Eigentümer des der Straße dienenden Grundstücks ist oder der Eigentümer oder ein sonst zur Nutzung dinglich Berechtigter der Widmung zugestimmt hat oder der Träger der Straßenbaulast den Besitz des Grundstücks durch Einweisung nach § 41 StrWG NW oder in einem sonstigen gesetzlich geregelten Verfahren erlangt hat. Der Träger der Straßenbaulast, der nicht Eigentümer des Grundstücks ist, muß danach wenigstens dessen rechtmäßiger Besitzer sein, um gegen den Willen des Eigentümers die Widmung verfügen zu können. Die Zustimmung des Berechtigten ist eine dem öffentlichen Recht unterliegende Willenserklärung,[125] die – wie auch die Besitzüberlassung – unbedingt und unwiderruflich vorgenommen werden muß.[126] Eine besondere Form ist hierfür vom Gesetz jedoch nicht vorgesehen.[127] Sofern die widmende Behörde (dazu unten cc) nicht Behörde des Trägers der Straßenbaulast ist, muß dessen schriftliche Zustimmung als weitere Zulässigkeitsvoraussetzung der Widmung hinzutreten, § 6 Abs. 2 S. 2 StrWG NW.

(2) Notwendiger Inhalt der Widmungsverfügung

Neben der Erklärung, daß Straßen, Wege oder Plätze die Eigenschaft einer öffentlichen Straße erhalten, muß die Widmung eine Einstufung der öffentlichen Straße und eine Festlegung des Widmungsinhalts aufweisen, § 6 Abs. 3 StrWG NW. Mit der Einstufung wird die Straße einer bestimmten Straßengruppe im Sinne des § 3 Abs. 1 StrWG NW zugeordnet.[128] Es handelt sich insoweit um einen Organisationsakt, der den Bürger nicht belastet und daher von diesem auch nicht angefochten werden kann.[129]

Desweiteren muß durch die Widmung festgelegt werden, welche Personen in welchem Umfang die öffentliche Straße benutzen dürfen. Dem Wesen einer öffentlichen Straße ist ein uneinschränkbares, umfassendes Nutzungsrecht für alle Verkehrsteilnehmer nicht immanent.[130] Die Beschränkung des Nutzungsumfangs kann sich zunächst auf bestimmte **Benutzungsarten** beziehen. Dieser Begriff deckt sich weitestgehend mit dem der „Verkehrsarten" im § 41 Abs. 2 Nr. 6 a StVO,[131] der beispielhaft Krafträder,

---

124 *Papier,* aaO (Fn. 3), S. 39f.; *Wolff-Bachof,* aaO (Fn. 4), § 56 IIf. (S. 490).
125 *Walprecht/Cosson,* aaO (Fn. 49), Rdnr. 56.
126 *Papier/Peine,* aaO (Fn. 34), S. 406 (Rdnr. 45).
127 *Papier/Peine,* aaO (Fn. 34), S. 406 (Rdnr. 45); *Walprecht/Cosson,* aaO (Fn. 49), Rdnr. 56.
128 Vgl. zur Einstufung *Kodal/Krämer,* aaO (Fn. 36), S. 225ff. (Kapitel 9).
129 *Papier/Peine,* aaO (Fn. 34), S. 406 (Rdnr. 46).
130 Vgl. § 14 Abs. 1 StrWG NW: „Im Rahmen der Widmung".
131 *Walprecht/Cosson,* aaO (Fn. 49), Rdnr. 48.

Pferdefuhrwerke, Lastzüge, Radfahrer, Reiter und Fußgänger erwähnt. Eine Beschränkung auf diese Benutzungsarten kann insbesondere auch durch den baulichen Zustand der Straße angezeigt sein. In diesen Fällen steht einer straßenrechtlichen Regelung das Straßenverkehrsrecht nicht entgegen.[132]

Soweit sich der Widmungsinhalt auf bestimmte **Benutzungszwecke** beziehen kann, ist dies einschränkend dahingehend auszulegen, daß hierdurch keine außerverkehrlichen Nutzungen zugelassen werden können, da § 2 Abs. 1 StrWG NW öffentliche Straßen als gerade dem öffentlichen Verkehr gewidmet definiert. Eine hiergegen verstoßende Einschränkung in der Widmung gilt als nicht geschrieben.[133] Die Festlegung eines konkreten Benutzungszwecks wird vielmehr der Differenzierung der Gemeindestraßen nach § 3 Abs. 4 StrWG NW zu dienen haben.[134]

Beschränkungen auf bestimmte **Benutzerkreise** sind nur dann zulässig, wenn zur Abgrenzung auf objektive Kriterien abgestellt wird (z. B. Schulkinder, Friedhofsbesucher etc.). Infolge der sich aus dem Wesen des Gemeingebrauchs ergebenden Forderung, die Nutzung für jedermann zu gestatten, ist die Heranziehung von subjektiven Abgrenzungskriterien unzulässig.[135] Mit dem Sammeltatbestand der „**sonstigen Besonderheiten**" ist die Möglichkeit angesprochen, Widmungsbeschränkungen z. B. nur auf einen bestimmten Zeitraum zu beziehen.[136]

(3) Zuständigkeitsfragen
Die Widmung erfolgt durch die Straßenbaubehörde, § 6 Abs. 2 S. 1 StrWG NW. Straßenbaulastträger und widmende Behörde sind daher mit Ausnahme des in § 6 Abs. 2 S. 2 StrWG NW geregelten Falles identisch. Für Gemeindestraßen obliegt die Widmung dem Gemeinderat.[137]

(4) Rechtsfolgen der Widmung
Die Widmung äußert Rechtswirkungen sowohl für den privatrechtlichen Sacheigentümer als auch für den Träger der Straßenbaulast und den einzelnen Bürger. Dem **Sacheigentümer** wird durch die Widmung die Pflicht auferlegt, die bestimmungsgemäße Nutzung der Straße zu dulden. Als Ausfluß der fortbestehenden Restherrschaftsmacht des Eigentümers kann dieser zwar weiterhin über das Grundstück verfügen, nicht zulässig und unwirksam sind jedoch diejenigen privatrechtlichen Verfügungen sowie Maßnahmen der Zwangsvollstreckung oder Enteignung, die zu einer Beeinträchtigung der öffentlich-rechtlichen Zweckbestimmung führen würden (§ 6 Abs. 6 StrWG NW).[138]

---

132 *VGH BaWü*, NJW 1982, S. 402 f.; vgl. auch oben Fn. 44.
133 *Papier/Peine*, aaO (Fn. 34), S. 406 (Rdnr. 46) m. w. Nachweisen.
134 *Walprecht/Cosson*, aaO (Fn. 49), Rdnr. 49.
135 *Papier/Peine*, aaO (Fn. 34), S. 406 (Rdnr. 46); *Walprecht/Cosson*, aaO (Fn. 49), Rdnr. 50.
136 *Walprecht/Cosson*, aaO (Fn. 49), Rdnr. 51.
137 Vgl. auch *OVG Lüneburg*, OVGE 26, S. 327 ff.
138 Dazu *Walprecht/Cosson*, aaO (Fn. 49), Rdnrn. 57, 58; eingehend *Papier*, aaO (Fn. 3), S. 72 ff.

Solche Verfügungsgeschäfte des Sacheigentümers sind wegen § 134 BGB nichtig. Unzulässig sind auch die tatsächlichen Handlungen des Eigentümers, durch die die öffentliche Zweckbestimmung faktisch gefährdet wird.

Den **Träger der Straßenbaulast,** der indirekt durch die Festlegung der Straßengruppe in der Widmung bestimmt wird, trifft als Folge der Widmung die gesetzliche Verpflichtung zur Unterhaltung der Straße, § 9 StrWG NW. Diese öffentlich-rechtliche Verpflichtung obliegt dem Baulastträger nicht nur gegenüber der Straßenaufsichtsbehörde, die die Erfüllung der gesetzlichen Aufgaben des Trägers der Straßenbaulast überwacht (vgl. §§ 53, 54 StrWG NW), sondern ist zugleich auch bürgergerichtet und kann im Falle ihrer Verletzung zu Schadensersatzansprüchen aus Art. 34 GG i.V.m. § 839 BGB führen, § 9a Abs. 1 S. 1 StrWG NW.[139] Dasselbe gilt für die Erhaltung der Verkehrssicherheit, § 9 a Abs. 1 S. 2 StrWG NW. Für den einzelnen **Bürger** löst die Widmung die gesetzlich normierten Nutzungsrechte aus, §§ 14 Abs. 1, 14 a StrWG NW.

(5) Die Rechtsnatur der Widmung
Die Widmung ist ein Verwaltungsakt in Gestalt einer Allgemeinverfügung (vgl. § 6 Abs. 1 StrWG NW, § 35 S. 2 VwVfG NW).[140] Da sie sich auf eine Sache bezieht, indem sie diese einer besonderen öffentlich-rechtlichen Herrschaftsordnung unterstellt, ist die Widmung ein dinglicher Verwaltungsakt.[141] Sie ist kein gegen den Eigentümer des Grundstücks gerichteter Eingriffsakt. Dies ist zunächst offensichtlich, soweit die vom Straßen- und Wegegesetz als Regelfall angestrebte Identität zwischen Sacheigentümer und Straßenbaulastträger gegeben ist. Aber auch in den sonstigen Fällen läßt sich ein eigentümergerichteter Eingriffscharakter nicht feststellen, da die Widmung der Zustimmung des Eigentümers oder der Ersetzung der Zustimmung durch die Instrumente des Enteignungsrechts bedarf.[142] Die Widmung ist daher unter bestimmten Voraussetzungen ein zustimmungsbedürftiger Verwaltungsakt.[143] Sie richtet sich insoweit belastend gegen den Sacheigentümer, als der Zweckbestimmung zuwiderlaufende Nutzungen durch ihn unzulässig sind. Für den Träger der Straßenbaulast wirkt die Widmung gleichfalls belastend, weil ihm die gesetzlichen Unterhaltungspflichten auferlegt sind.[144]

---

139 Siehe dazu *Papier,* aaO (Fn. 3), S. 58f.; die Erstreckung der *landes*rechtlichen Regelung auch auf *Bundes*fernstraßen unterliegt verfassungsrechtlichen Bedenken: vgl. dazu *Kodal/Krämer,* aaO (Fn. 36), S. 1221f. (Kapitel 40, Rdnr. 11) m. w. Nachweisen.
140 Teilweise wird die Widmung als „adressatenloser" Verwaltungsakt charakterisiert: *Forsthoff,* aaO (Fn. 1), § 20 2. (S. 384); diese Streitfrage ist jedoch weder von praktischer noch rechtsdogmatischer Relevanz: *Papier,* aaO (Fn. 3), S. 38.
141 *Papier,* aaO (Fn. 3), S. 37f.
142 Eingehend *Papier,* aaO (Fn. 3), S. 38f.
143 *Salzwedel,* aaO (Fn. 43), S. 624f.
144 *Papier/Peine,* aaO (Fn. 34), S. 408 (Rdnr. 53).

(6) Bekanntgabe der Widmung

Die Widmungsverfügung ist strikt formgebunden. Sie muß mit Rechtsbehelfsbelehrung öffentlich bekannt gemacht werden und wird frühestens zu diesem Zeitpunkt wirksam, § 6 Abs. 1 S. 2 StrWG NW. Dies gilt jedoch nur für Widmungsakte, die nach Inkrafttreten des Straßen- und Wegegesetzes am 1. Januar 1962 ergangen sind. Zeitlich frühere Widmungsverfügungen bleiben wirksam, auch wenn sie nicht den heutigen Formerfordernissen gemäß vorgenommen wurden.[145]

(7) Rechtsschutzfragen

Die Widmung kann mit Widerspruch und Anfechtungsklage angefochten werden. Die Widerspruchsfrist beginnt mit der öffentlichen Bekanntmachung der Widmung bzw. ab dem in der Widmung festgesetzten späteren Zeitpunkt ihres Wirksamwerden zu laufen. Ist die Straße in Vollzug eines unanfechtbaren Planfeststellungsbeschlusses gebaut worden, kann eine Verletzung subjektiv-öffentlicher Rechte als Voraussetzung einer erfolgreichen Anfechtung (vgl. §§ 42 Abs. 2, 113 Abs. 1 S. 1 VwGO) insoweit nicht vorliegen, als die Anfechtungsklage auf von dem Planfeststellungsbeschluß umfaßte Gründe gestützt ist. Jener entfaltet eine Präklusionswirkung. Wurde die Straße aufgrund eines Bebauungsplans gebaut, unterliegt auch dieser, gewissermaßen als Zulässigkeitsvoraussetzung für die Widmung, der richterlichen Nachprüfung, da ihm eine Präklusionswirkung nicht zukommt. Ist der Plan rechtlich fehlerfrei und die Straße dem Plan entsprechend gebaut, so ist auch die Widmung, sofern die sonstigen, insbesondere formellen Voraussetzungen gegeben sind, rechtmäßig.

Eine Verletzung subjektiv-öffentlicher Rechte ist weiterhin beim Träger der Straßenbaulast ausgeschlossen, falls die widmende Straßenbaubehörde „seine Behörde" ist und es sich somit um einen „In-Sich-Prozeß" handelt. Widerspruchs- und anfechtungsbefugt ist hingegen der private Sacheigentümer, falls es an seiner Zustimmung zum Bau der Straße oder an der Besitzüberlassung fehlt oder diese Erklärungen unwirksam sind. Hinsichtlich der rechtlichen Beurteilung einer dennoch vorgenommenen Widmung werden verschiedene Lösungen diskutiert: Nach einer Auffassung fehlt es bereits am äußeren Tatbestand einer Widmung mit der Folge, daß eine Widmung nicht zustande gekommen ist.[146] Nach anderer Ansicht ist die Widmung zwar ausgesprochen, aber nichtig.[147] Rechtsfolge dieser Auffassungen ist, daß der Eigentümer gegen den Besitzer, d. h. den Träger der Straßenbaulast, einen Anspruch auf Herausgabe des – nicht wirksam gewidmeten – Grundstücks nach bürgerlichem Recht hat, der gemäß § 13 GVG vor den Zivilgerichten zu verfolgen ist. Eine dritte Meinung sieht schließlich die genannten Mitwirkungsakte als normale Rechtmäßigkeitsvoraussetzungen der Widmung an, deren Fehlen oder Unwirksamkeit grundsätzlich nur die Anfechtbarkeit der Widmung

---

145 *Papier*, aaO (Fn. 3), S. 39.
146 *Salzwedel*, aaO (Fn. 43), S. 624 m. w. Nachweisen.
147 *Forsthoff*, aaO (Fn. 1), § 20 2. (S. 386); *Zippelius*, DÖV 1958, S. 838 (845).

begründet.[148] Da für die Anfechtung der Widmung der Verwaltungsrechtsweg gemäß § 40 Abs. 1 VwGO eröffnet ist, haben die differierenden Ansichten unterschiedliche Rechtswege zur Folge. Obgleich Dritte an der Widmung beteiligt sind, ist diese kein Gesamtakt, der bei Fehlen auch nur eines Teilakts keine Rechtswirksamkeit erlangt. Die Mitwirkungsakte sind nach der gesetzlichen Regelung nur Rechtmäßigkeitsvoraussetzungen der Widmung, nicht jedoch integraler Bestandteil des Widmungsakts selbst. Maßgeblich sind daher die allgemeinen Regelungen über die Folgen fehlerhafter Verwaltungsakte. Nach § 44 Abs. 1 VwVfG NW ist ein Verwaltungsakt nichtig, soweit er an einem besonders schwerwiegenden Fehler leidet und dies unter verständiger Würdigung aller in Betracht kommenden Umstände offenkundig ist. Daran fehlt es vor allem in den Fällen, in denen ein Mitwirkungsakt des Eigentümers zwar vorliegt, diese rechtsgeschäftliche Erklärung jedoch an einem Mangel leidet, der ihre Unwirksamkeit, Nichtigkeit oder Anfechtbarkeit begründet. Eine Offenkundigkeit ist aber grundsätzlich auch dann nicht anzunehmen, wenn erforderliche Erklärungen Privater überhaupt fehlen. Infolge der vom Straßen- und Wegegesetz angestrebten und für den Regelfall vorausgesetzten personellen Identität zwischen Sacheigentümer und Straßenbaulastträger ergehen Widmungen üblicherweise und rechtlich einwandfrei ohne gesonderte Zustimmung des Eigentümers. Ob im Einzelfall ausnahmsweise keine Identität besteht und damit die besondere Zustimmung des Sacheigentümers rechtlich erforderlich ist, ist für einen verständigen Betrachter nicht ohne weiteres ersichtlich. Eine fehlerhafte Widmung ist daher im Regelfall nur anfechtbar, nicht aber nichtig.[149]

bb) Die tatsächliche Indienststellung

Neben der Widmung ist noch die tatsächliche Indienststellung, die Verkehrsübergabe der Straße, erforderlich, damit diese zu einer öffentlichen Sache wird. Erfolgt zunächst die Widmung, so ist diese, als aufschiebend bedingt erlassen, schwebend unwirksam, bis die Verkehrsübergabe erfolgt.[150] Die Verkehrsübergabe ist kein weiterer Rechtsakt, der angefochten werden kann, sondern eine tatsächliche Handlung.[151]

2. Nutzung der öffentlichen Straße

Als Folge des besonderen (Doppel-)Status der öffentlichen Straße kennt das Straßen- und Wegegesetz unterschiedliche Nutzungsformen: Den Gemeingebrauch einschließlich Anliegergebrauch, §§ 14, 14 a StrWG NW, die Sondernutzung kraft öffentlichen

---

148 *BayObLG*, DÖV 1961, S. 832 ff.; *BGH*, NJW 1967, S. 2309 f.; *Kodal/Krämer*, aaO (Fn. 36), S. 205 (Kapitel 7, Rdnr. 18.5); *Pappermann/Löhr*, JuS 1980, S. 35 (37 f); *Walprecht/Cosson*, aaO (Fn. 49) Rdnr. 42; *Wolff-Bachof*, aaO (Fn. 4), § 56 IV a 2 (S. 491).
149 Vgl. *Papier/Peine*, aaO (Fn. 34), S. 409(Rdnr. 57); *Papier*, aaO (Fn. 3), S. 49 f.
150 *Kodal/Krämer*, aaO (Fn. 36), S. 199 (Kapitel 7, Rdnr. 15.1).
151 *Papier/Peine*, aaO (Fn. 34), S. 410 (Rdnr. 61); zur „Fiktion" einer Widmung durch Verkehrsübergabe gemäß § 6 Abs. 8 StrWG NW vgl. oben III 1 g.

Rechts, § 18 StrWG NW, und die Sondernutzung in den Formen des bürgerlichen Rechts, § 23 StrWG NW.

a) Der Gemeingebrauch[152]

aa) Grundlagen

Das Straßen- und Wegegesetz gewährt für die dem öffentlichen Verkehr gewidmeten Straßen, Wege und Plätze ein subjektiv-öffentliches Recht auf Gemeingebrauch. Dieses ist jedoch nicht unbeschränkt eröffnet: Der Gebrauch der öffentlichen Straßen ist jedermann nur im Rahmen der Widmung und der verkehrsrechtlichen Vorschriften zu Zwecken des Verkehrs gestattet, § 14 Abs. 1 S. 1 StrWG NW. Die Beschränkung auf den Verkehrszweck ist zwar nicht ausdrücklich in § 14 Abs. 1 S. 1 StrWG NW genannt, ergibt sich aber mittelbar aus der Bestimmung, daß der fließende Verkehr Vorrang vor dem ruhenden habe, § 14 Abs. 2 StrWG NW, und daß kein Gemeingebrauch vorliege, wenn die Straße nicht vorwiegend zu dem Verkehr benutzt werde, dem sie zu dienen bestimmt ist, § 14 Abs. 3 S. 1 StrWG NW. Bei dieser bereits vom Gesetz vorgesehenen Begrenzung des Nutzungsrechts auf Verkehrszwecke handelt es sich um eine normative Gemeingebrauchsschranke, die durch die Widmung nicht durchbrochen werden kann.[153] Eine weitere Begrenzung des Gemeingebrauchs folgt aus der der widmenden Behörde gesetzlich eingeräumten Befugnis, in der Widmung eine Beschränkung auf bestimmte Benutzungsarten, Benutzungszwecke und Benutzerkreise vorzunehmen.[154] Die Widmung kann also **zusätzliche** Gemeingebrauchsschranken festlegen.

(1) Der abstrakte Gemeingebrauch
Durch die normative Gemeingebrauchsschranke („Verkehrsgebrauch") und die besonderen, widmungsbedingten Gemeingebrauchsschranken wird die abstrakte Zweckbestimmung der Straße festgelegt.[155] Das Wegerecht bestimmt Inhalt und Umfang des abstrakten Gemeingebrauchs. Es legt damit auch fest, was überhaupt nicht auf öffentliche Straßen allgemein oder auf bestimmte, eine besondere wegerechtliche Zweckbestimmung aufweisende Verkehrswege gehört. Es verbietet alle diese die abstrakte Zweckbestimmung überschreitenden Nutzungen unabhängig davon, ob im konkreten Fall eine Verkehrsstörung zu erwarten ist oder nicht.[156]

152 Vgl. dazu außer den in Fn. 4 genannten Literaturhinweisen *Fobbe,* Gemeingebrauch und Kraftverkehr, 1965; *Kodal/Krämer,* aaO (Fn. 36), S. 476 ff. (Kapitel 24 f); *Maurer,* DÖV 1975, S. 217 ff.; *F. Meyer u. Jesch,* JuS 1963, S. 205 ff.; *Jahn,* NJW 1961, S. 2196 f.; *Pappermann/ Löhr,* JuS 1980, S. 350 ff, 580 ff.; *Salzwedel,* Der Gemeingebrauch, in: Bartlsperger u.a., aaO (Fn. 52), S. 97 ff.
153 *Papier,* aaO (Fn. 3), S. 77.
154 Vgl. dazu oben III 1 g aa (b).
155 *Kodal/Krämer,* aaO (Fn. 36), S. 481 f. (Kapitel 24, Rdnrn. 10 ff).
156 *Papier,* aaO (Fn. 3), S. 92; *Salzwedel,* DÖV 1963, S. 241 (251).

(2) Der individuelle Gemeingebrauch
Infolge der Eröffnung des abstrakten Gemeingebrauchs ist jedem Verkehrsteilnehmer die Möglichkeit geboten, die Straße im bestimmungsgemäßen Umfang zu nutzen. Durch die Art und Menge der bestimmungsgemäßen Benutzungen der öffentlichen Straße entstehen Ordnungsbedürfnisse, die das **Verkehrsrecht** zu befriedigen hat. Es hat zum Ziel, die Gemeingebrauchsausübung unter den konkreten Gemeinverträglichkeitsgesichtspunkten zu ordnen. Der straßenverkehrsrechtlich dem einzelnen Verkehrsteilnehmer als gemeinverträglich gestattete Gemeingebrauch wird als individueller Gemeingebrauch bezeichnet.[157] Er ist vom abstrakten, straßenrechtlich bestimmten Gemeingebrauch zu unterscheiden und betrifft dessen gemeinverträgliche Ausübung im Einzelfall.[158] Die im § 14 Abs. 1 StrWG NW genannte Gemeingebrauchsschranke „im Rahmen der Verkehrsvorschriften" betrifft diesen **individuellen** Gemeingebrauch. Straßenrechtliche und verkehrsrechtliche (Gemeingebrauchs-)Regelungen sind gegeneinander abzugrenzen. Die verkehrsrechtlichen Vorschriften und Einzelmaßnahmen verfolgen andere Ziele und entfalten andere Wirkungen als straßenrechtliche Gemeingebrauchsbestimmungen. Das Verkehrsrecht bezieht sich auf Ordnungsbedürfnisse, die sich an der gemeinverträglichen, die Sicherheit und Ordnung wahrenden Gemeingebrauchsausübung orientieren.[159] Hinsichtlich der Wirkungen besteht der Unterschied darin, daß verkehrsrechtliche Regelungen nicht die Grenzen des (abstrakten) Gemeingebrauchs im Verhältnis zur Sondernutzung bestimmen. Das Befahren einer Einbahnstraße entgegen der verkehrsrechtlichen Regelung in verkehrter Richtung liegt grundsätzlich im Rahmen des abstrakten Gemeingebrauchs und stellt keine erlaubnispflichtige und -fähige Sondernutzung dar. Andererseits ist die Benutzung einer Autobahn mit dem Fahrrad eine – unzulässige – Sondernutzung, weil eine Autobahn für diese Verkehrsart nicht gewidmet ist (s. § 1 Abs. 3 FStrG). Die straßenrechtlichen Gemeingebrauchsschranken bestimmen somit die Reichweite des abstrakten Gemeingebrauchs und damit die Grenze zur Sondernutzung, während die verkehrsrechtlichen Regelungen die Grenzen zwischen zulässiger und unzulässiger Gemeingebrauchsausübung festlegen.[160]

(3) Die Rechtsnatur des Gemeingebrauchs
Der Bürger hat ein subjektiv-öffentliches Recht auf Ausübung des individuell zulässigen, d. h. auch verkehrsrechtlich zulässigen Gemeingebrauchs, solange und soweit an einer Straße Gemeingebrauch besteht.[161] Die Benutzung der öffentlichen Straße im bestimmungsgemäßen Umfang ist damit Gegenstand eines öffentlich-rechtlichen

---

157 *Salzwedel*, DÖV 1963, S. 245 ff.; *Papier*, Jura 1979, S. 100 f.
158 *Kodal/Krämer*, aaO (Fn. 36), S. 482 (Kapitel 24, Rdnr. 12); *Papier*, aaO (Fn. 3), S. 91 ff.
159 Siehe oben II 1 b.
160 Vgl. *Papier/Peine*, aaO (Fn. 34), S. 412 (Rdnr. 67); *Papier*, Jura 1979, S. 101.
161 *Forsthoff*, aaO (Fn. 1), § 20 3. (S. 391 ff); *Salzwedel*, aaO (Fn. 43), S. 632 f.; *Papier*, aaO (Fn. 3), S. 96 f.; zu den früheren Auffassungen vgl. *Wolff-Bachof*, aaO (Fn. 4), § 58 II b (S. 507).

Anspruchs gegen die Träger öffentlicher Gewalt auf Duldung dieser Nutzung und Unterlassung rechtswidriger Beschränkungen des individuellen Gemeingebrauchs. Rechtswidrige Eingriffe in das Nutzungsrecht des „schlichten" Gemeingebrauchs stellen überdies eine Verletzung der durch Art. 2 Abs. 1 GG geschützten allgemeinen Handlungsfreiheit,[162] beim Anliegergebrauch sogar des Eigentümergrundrechts aus Art. 14 Abs. 1 S. 1 GG dar.[163]

Das subjektiv-öffentliche Recht auf Gemeingebrauch bezieht sich jedoch nur auf vorhandene öffentliche Straßen. Weder gewährt es einen Anspruch auf Anlegung und Widmung neuer Straßen oder bestimmter Straßen noch auf die Aufrechterhaltung des einmal eröffneten Gemeingebrauchs.[164] Wird eine öffentliche Straße eingezogen, geht das Recht auf Gemeingebrauch insoweit unter. Allerdings ist angesichts der Bedeutung des öffentlichen Straßennetzes für die Freiheitsgarantien des Grundgesetzes der Einziehung von Straßen dort eine verfassungsrechtliche Grenze gezogen, wo durch Einziehungen größeren Stils, z. B. Privatisierung des Straßennetzes, die institutionelle Garantie des Gemeingebrauchs verletzt würde.[165]

(4) Unentgeltlichkeit des Gemeingebrauchs?
Die Unentgeltlichkeit des Gemeingebrauchs rechnet nicht zu dessen Wesensmerkmalen.[166] Dies wird durch § 14 Abs. 4 StrWG NW bestätigt, der die Erhebung von Gebühren jedoch von einer formell-gesetzlichen Ermächtigung abhängig macht. Diese ist zur Zeit nicht vorhanden.

bb) Schranken des Gemeingebrauchs – Einzelfragen
(1) Zwecke des Verkehrs
Eine Nutzung der Straße zu Zwecken des Verkehrs ist nur gegeben, wenn mit der Nutzung die Fortbewegung von Personen und Sachen bezweckt wird. Die Inanspruchnahme der Straße muß auf eine Ortsveränderung gerichtet sein.[167] Dem straßenrechtlichen Verkehrsbegriff unterfallen damit von vornherein nicht solche Nutzungen, die objektiv nicht der Fortbewegung dienen.[168] Die Lagerung und das Aufstellen von Gegenständen, Eingriffe in den Straßenkörper bzw. dessen Veränderung, das Aufbauen von Stüh-

---

162 *Papier*, aaO (Fn. 3), S. 97; vgl. auch *Kodal/Krämer*, aaO (Fn. 36), S. 480 (Kapitel 24, Rdnrn. 5 ff); *Salzwedel*, aaO (Fn. 43), S. 634 f. m. w. Nachweisen.
163 BVerwGE 32, S. 222 ff.; *Papier*, in: Maunz/Dürig, Kommentar zum GG, 6. Aufl. 1983, Art. 14 Rdnr. 111.
164 *Papier*, aaO (Fn. 3), S. 97 m. w. Nachweisen.
165 *Papier*, aaO (Fn. 3), S. 98; *Salzwedel*, aaO (Fn. 4), S. 429.
166 *Salzwedel*, aaO (Fn. 43), S. 633; *Papier*, aaO (Fn. 3), S. 91; a.A. noch BVerwGE 4, S. 342 ff.; Nachw. auch bei *Forsthoff*, aaO (Fn. 1), § 20 3. (S. 390); *Kodal/Krämer*, aaO (Fn. 36), S. 495 (Kapitel 24, Rdnr. 23).
167 *Kodal/Krämer*, aaO (Fn. 36), S. 486 ff. (Kapitel 24, Rdnrn. 18 ff); *Pappermann/Löhr*, JuS 1980, S. 351; BVerwGE 35, S. 325 (329); OLG Hamm, NJW 1977, S. 687 (689).
168 Eine Ausnahme besteht lediglich für den Anliegergebrauch, dazu unten cc.

len und Tischen, also alle Tätigkeiten, die gerade auf eine Ortsgebundenheit ausgerichtet sind, unterfallen nicht dem Recht auf Gemeingebrauch, sondern stellen eine erlaubnispflichtige Sondernutzung dar. Dies gilt auch, wenn Verkaufs-, Informations- oder Werbestände für politische Information und Werbung aufgestellt werden.[169]

Das danach erforderliche objektive Verkehrsverhalten umfaßt jedoch nicht nur das Gehen, Fahren oder Transportieren von Gütern, sondern auch das Parken und Abstellen von Fortbewegungsmitteln (namentlich von Kraftfahrzeugen), soweit ein innerer Zusammenhang mit Verkehrsvorgängen besteht, sogenannter „ruhender Verkehr".[170] Dieser erfaßt nicht nur das kurzfristige Abstellen von Fahrzeugen, sondern auch das Dauerparken.[171] Es muß jedoch immer die Möglichkeit der jederzeitigen Inbetriebnahme gegeben sein, wobei dieses nicht von der Willensrichtung des Benutzers abhängig zu machen ist.[172] Einzig entscheidend ist, ob das Fahrzeug technisch (noch) betriebsbereit und zugelassen ist. Fehlt auch nur eine der beiden Voraussetzungen, liegt in dem Abstellen eines solchen Fahrzeugs eine erlaubnispflichtige Sondernutzung.[173]

Da das Parken bundesrechtlich abschließend als Teil des Gesamttatbestandes „Verkehr" geregelt ist, sind dem Landesgesetzgeber Regelungen verwehrt, die den ruhenden Verkehr **straßenrechtlich** ausschließen, z. B. das (Dauer-)Parken verbieten.[174] Ein verkehrsmäßiges Verhalten, das nach Straßenverkehrsrecht zulässig ist, kann nicht durch das wegerechtliche Instrumentarium zu einer erlaubnispflichtigen Sondernutzung herabgestuft werden, sogenannter „Vorrang des Straßenverkehrsrechts".[175] Verbote des Dauerparkens, die nicht durch das Straßenverkehrsrecht oder aufgrund des bundesrechtlichen Verkehrsrechts (durch Aufstellung von Verkehrsschildern nach der StVO), sondern durch das **Landes**straßenrecht ausgesprochen werden, sind wegen Verstoßes gegen Art. 72 Abs. 1 i.V.m. Art. 74 Nr. 22 GG verfassungswidrig. Der Gemeingebrauch kann auch durch eine (von vornherein) begrenzte Widmung oder durch eine (nachträgliche) Teileinziehung nicht auf den fließenden Verkehr unter Ausschluß des Parkens

---

169 *OLG Celle,* NJW 1975, S. 1894 ff.; NJW 1976, S. 204; *OLG Karlsruhe,* NJW 1976, S. 1360 ff.; *OLG Stuttgart,* DÖV 1978, S. 768 ff.; *BGH,* NJW 1979, S. 1610 ff.; *BVerwGE* 56, S. 56 ff.; *BVerwG,* NJW 1981, S. 472; *Pappermann/Löhr,* JuS 1980, S. 352; *Papier,* aaO (Fn. 3), S. 78 f.
170 *Kodal/Krämer,* aaO (Fn. 36), S. 510 ff. (Kapitel 24, Rdnrn. 48 ff); *Salzwedel,* DÖV 1963, S. 251; *Steiner,* JuS 1984, S. 6 ff.
171 *Kodal/Krämer,* aaO (Fn. 36), S. 511 ff. (Kapitel 24, Rdnrn. 49 ff); *Salzwedel,* DÖV 1963, S. 251; *Steiner,* JuS 1984, S. 7; *BVerwGE* 23, S. 325; 34, S. 320 ff.
172 *BVerwGE* 34, S. 320 (324); NJW 1982, S. 2332 f.
173 *Kodal/Krämer,* aaO (Fn. 36), S. 513 (Kapitel 24, Rdnr. 54); vgl. zur Frage des Abstellens von Fahrzeugen auch *VGH BaWü,* JA 1984, S. 698; *VGH Kassel,* NVwZ 1983, S. 48 f.; *OLG Düsseldorf,* NVwZ 1983, S. 119 f.; *BayObLG,* DÖV 1983, S. 297; *OLG Braunschweig,* NVwZ 1982, S. 63; *BayObLG,* NJW 1980, S. 1807 f.; *BayVGH,* BayVBl. 1979, S. 688; *Bismark,* BayVBl. 1983, S. 456 ff.; *Papier,* aaO (Fn. 3), S. 82 f.
174 *BVerfG,* DVBl. 1985, S. 49 ff.; *BVerwGE* 34, S. 241 ff.; 34, S. 320 (323); 44, S. 193 (194); 62, S. 376 ff.; *Steiner,* JuS 1984, S. 7; *Papier,* aaO (Fn. 3), S. 83 f.
175 Dazu *Steiner,* JuS 1984, S. 6 ff

bzw. Dauerparkens begrenzt werden. Der „Verkehr" ist in dieser Weise nicht in „fließend" und „ruhend" widmungsrechtlich aufspaltbar.

Zweifelhaft ist die Qualifizierung eines bestimmten Verhaltens als „Verkehrsgebrauch" im Sinne der straßengesetzlichen Gemeingebrauchsschranke, wenn objektiv zwar ein Verkehrsverhalten vorliegt, die Benutzung der öffentlichen Straße aber subjektiv einem anderen Zweck als dem der Fortbewegung dient. In diesen Fällen ist die Ortsveränderung lediglich der äußere Rahmen, ein Mittel zur Erreichung des eigentlich gewerblich-kommerziell, politisch oder künstlerisch motivierten Hauptzwecks. Beispiele sind der Verkauf aus Bauchläden oder aus parkenden Fahrzeugen, das Verteilen von Handzetteln oder Prospekten, der Einsatz von Lautsprechern, Werbung mit Hilfe abgestellter Fahrzeuge. Die Zulässigkeit dieser Verhaltensweisen ist differenziert zu beurteilen. Liegt ihnen eine gewerblich-kommerzielle Absicht zugrunde, sind diese Nutzungen nicht mehr vom Recht auf Gemeingebrauch erfaßt.[176] Gegenüber dem subjektiven Hauptzweck des Verhaltens tritt die Ortsveränderung völlig in den Hintergrund; der mit dem Gemeingebrauch verfolgte Zweck würde unterlaufen.

Gleiches sollte nach früher h.M. auch für die Inanspruchnahme der öffentlichen Straße zu politischen oder künstlerischen Zwecken gelten, auch soweit auf das Aufstellen fester Verkaufs- oder Werbestände und den Einsatz von Lautsprecheranlagen verzichtet wird.[177] In der neueren Rechtsprechung und Literatur hat sich die gegensätzliche Auffassung durchgesetzt.[178] Ausgangspunkt dieser Überlegungen ist die verfassungsrechtliche Rechtsprechung zum Schrankenvorbehalt des Art. 5 Abs. 2 GG.[179] Danach darf der Vorbehalt zugunsten der „allgemeinen Gesetze", an denen die Meinungs-, Presse- und Informationsfreiheit des Art. 5 Abs. 1 GG ihre Schranken findet, nicht im Sinne einer einseitigen Beschränkung der gewährten Grundrechte interpretiert werden. Er muß seinerseits im Lichte der besonderen wertsetzenden Bedeutung der Freiheitsrechte des Art. 5 Abs. 1 GG ausgelegt werden. Unter Zugrundelegung dieser verfassungsrechtlichen Vorgaben wird die Ansicht vertreten, politische Werbung halte sich noch im Rahmen des Gemeingebrauchs,[180] oder übersteige diesen zwar, sei jedoch erlaubnisfrei[181] oder höchstens anzeigepflichtig.[182] Die letzteren beiden Varianten gehen über den Wortlaut des Straßen- und Wegegesetzes, der die Grenze einer jeden Interpretation bildet, hinaus, da das Gesetz erlaubnisfreie und anzeigepflichtige Sondernutzungen grundsätzlich nicht vorsieht. Eine bestimmte Benutzung ist entweder Gemeingebrauch oder (erlaubnispflichtige) Sondernutzung. Richtigerweise ist daher, um der besonderen

---

176 *Papier*, aaO (Fn. 3), s. 84 f. m. w. Nachweisen; vgl. auch die Nachweise in Fn. 173.
177 *BVerwGE* 35, S. 326 (329); *OVG Münster*, DVBl. 1972, S. 509; ausführlich dazu *Papier*, aaO (Fn. 3), S. 85.
178 Nachweise bei *Papier*, aaO (Fn. 3), S. 85 in Fn. 65 und 66.
179 Grundlegend bei *BVerfGE* 7, S. 207 ff. — Lüth-Urteil.
180 *Papier*, aaO (Fn. 3), S. 87.
181 *OLG Düsseldorf*, NJW 1975, S. 1288; *OLG Celle*, NJW 1975, S. 1894 ff.
182 *Pappermann*, NJW 1976, S. 1341 (1343).

Bedeutung der Kommunikationsgrundrechte des Art. 5 Abs. 1 GG im Sinne der bundesverfassungsgerichtlichen Judikatur Rechnung zu tragen, bei der Auslegung des Verkehrsbegriffs anzusetzen. Dieser ist erweiternd dahingehend auszulegen, daß unter „Verkehr" auch Kommunikation und Kontaktaufnahme fallen können. Im innerörtlichen Bereich (City-Bereich) weisen öffentliche Straßen und Plätze eine über die bloße Fortbewegung und das umstandsbedingte Stehenbleiben hinausgehende Zweckbestimmung auf. Hier umfaßt die öffentliche Zweckbestimmung von Straßen und Plätzen grundsätzlich auch den Austausch von Informationen und Meinungen. Unter diesen weiteren „Verkehrsbegriff" fällt auch die politische Werbung, die daher vom Gemeingebrauch erfaßt sein kann. Gleiches gilt für die kirchliche „Werbungs"- und Informationstätigkeit (Art. 4 Abs. 1 S. 2 GG) und die Kunstausübung (Art. 5 Abs. 3 GG) — „kommunikativer Gemeingebrauch".[183]

(2) Im Rahmen der Widmung
Durch die Widmung kann die Benutzung der Straße hinsichtlich bestimmter Benutzungsarten, Benutzungszwecke oder Benutzerkreise eingeschränkt werden[184] mit der Folge, daß jede der Widmung zuwiderlaufende Nutzung der Straße nicht vom abstrakten Gemeingebrauch gedeckt ist.

(3) Im Rahmen der Verkehrsvorschriften
Diese Schranke wird durch das (bundesrechtliche) Straßenverkehrsrecht ausgefüllt, das nicht Gegenstand dieses Beitrages ist.

Durch das Straßenverkehrsrecht oder auf seiner Grundlage können nur solche Regelungen getroffen werden, die sich mit der Straßenbenutzung im **Rahmen der Widmung** befassen.[185] Unzulässig sind verkehrsrechtliche Regelungen, die den jeweiligen Widmungsrahmen **überschreiten** und Verkehrsarten zulassen, die von der straßenrechtlichen Widmung nicht umfaßt sind.[186] Im Falle einer straßenrechtlichen Teilentwidmung zur Einrichtung eines Fußgängerbereichs ist beispielsweise eine verkehrsregelnde Maßnahme auf der Grundlage des Straßenverkehrsrechts ausgeschlossen, die durch Zulassung weiterer Benutzungsarten, etwa eines beschränkten Fahrzeugverkehrs, jene wegerechtliche Widmungsbeschränkung faktisch rückgängig macht.[187]

Verkehrsregelnde Maßnahmen auf der Grundlage des Straßenverkehrsrechts dürfen grundsätzlich auch nicht den konkreten Widmungsrahmen **einengen**. Verkehrsrecht-

---

183 *Papier*, aaO (Fn. 3), S. 88f.; vgl. auch *BVerwG*, DÖV 1981, S. 342f.; *OLG Hamm*, NJW 1980, S. 1702f.; eingehend zu diesen Problemkreisen auch *Stock*, Straßenkommunikation und Gemeingebrauch, 1980; *Hufen*, DÖV 1983, S. 353ff.; *Bismark*, NJW 1985, S. 246ff.
184 Siehe oben III 1 g aa (b).
185 *BVerwGE* 62, S. 376 (378); *Steiner*, JuS 1984, S. 4; *Papier*, aaO (Fn. 3), S. 93f.
186 *BVerwGE* 62, S. 378f.
187 *BVerwGE* 62, S. 376ff.

liche Regelungen dürfen im Ergebnis keine dauerhaften Entwidmungen oder Widmungsbeschränkungen der Straße, d. h. dauerhafte Ausschlüsse bestimmter Verkehrsarten bewirken.[188] Die Einrichtung von Fußgängerzonen im Ortsstraßenbereich kann daher grundsätzlich nicht (allein) verkehrsrechtlich bewerkstelligt werden. Es geht vielmehr um (dauerhafte) Beschränkungen des abstrakten Verkehrsgeschehens, die allein durch die Widmung bzw. eine Teileinziehung bewirkt werden können.

Dieser Grundsatz gilt uneingeschränkt, soweit Fußgängerbereiche, -zonen oder -straßen primär aus **städtebaulichen Gründen** angelegt werden. Die Straßenverkehrsbehörden sind aufgrund des § 45 Abs. 1 b S. 1 Nr. 3 StVO nur ermächtigt, straßenrechtlich verfügte Widmungsbeschränkungen oder Teileinziehungen zu **kennzeichnen.**

In gewissem Umfang läßt § 45 StVO Verkehrsverbote und Verkehrsbeschränkungen **verkehrsrechtlicher** Art zu. Auf seiner Grundlage können aus Gründen der Sicherheit oder Ordnung des Straßenverkehrs Verkehrs- oder Benutzungsarten ausgeschlossen werden, die an sich innerhalb des widmungsrechtlichen Rahmens liegen. Die Grenzen zur (dauerhaften) Einziehung oder Teileinziehung, die nur auf der Grundlage des Straßenrechts erfolgen dürfen, sind unklar und umstritten.[189] Maßnahmen nach § 45 StVO sind auf jeden Fall nur zur Gefahrenabwehr zulässig und daher voraussetzungsgemäß wegen dieser finalen Ausrichtung situationsbedingt und deshalb regelmäßig nicht dauerhafter Natur.[190] Immerhin hat das Bundesverwaltungsgericht eine verkehrsrechtliche Anordnung für rechtens erachtet, die aus den engen Straßen einer historisch gewachsenen Innenstadt den Kraftfahrzeugverkehr „ausgliederte", weil infolge des Nebeneinanders von starkem Fußgängerverkehr und intensivem Fahrzeugverkehr eine Verkehrsgefährdung und eine Beeinträchtigung der Leichtigkeit und Flüssigkeit des Straßenverkehrs entstanden war.[191]

Bei der Anlegung sog. „verkehrsberuhigter Bereiche" erfolgt kein Ausschluß bestimmter Verkehrsarten vom Gemeingebrauch der Straße. Es geht vielmehr um die Schaffung einer spezifisch verkehrsrechtlichen Ordnung, so daß insoweit allein auf der Grundlage des Straßenverkehrsrechts vorgegangen werden kann (s. § 45 Abs. 1 b S. 1 Nr. 3 StVO).[192]

(4) Sonderregelungen durch Satzung
Gemäß § 19 StrWG NW können die Gemeinden durch Satzung bestimmte Sondernutzungen in den Ortsdurchfahrten und in den Gemeindestraßen von der Erlaubnispflicht befreien. Ist die Gemeinde nicht selbst Trägerin der Straßenbaulast, bedarf die Satzung

---

188 Siehe *Kodal/Krämer*, aaO (Fn. 36), S. 497 (Kapitel 24, Rdnr. 28.2); *Peine*, Rechtsfragen der Einrichtung von Fußgängerstraßen, 1979, S. 66ff.; *ders.*, DÖV 1978, S. 838; *Steiner*, JuS 1984, S. 5; *Papier*, aaO (Fn. 3), S. 93f.
189 Vgl. etwa *Steiner*, JuS 1984, S. 5; *Peine*, aaO (Fn. 188), S. 66ff.; *ders.*, DÖV 1978, S. 838; *Papier*, aaO (Fn. 3), S. 94f.
190 Siehe *Steiner*, JuS 1984, S. 5.
191 Vgl. *BVerwG*, DÖV 1980, S. 915f.
192 *Steiner*, JuS 1984, S. 6.

der Zustimmung des Straßenbaulastträgers. Eine entsprechende Ermächtigung ist den Gemeinden für die Ortsdurchfahrten im Zuge von Bundesstraßen erteilt (s. § 8 Abs. 1 S. 4 FStrG).

cc) Die rechtliche Stellung des Straßenanliegers

Die Nutzung der öffentlichen Straße im Sinne eines ausschließlichen Verkehrsgebrauchs durch den einzelnen Verkehrsteilnehmer wird als „schlichter Gemeingebrauch" bezeichnet.[193] Davon zu unterscheiden ist die Benutzung der Straße durch die Anlieger derselben, d. h. durch die Eigentümer oder Besitzer von Grundstücken, die an einer öffentlichen Straße gelegen sind.[194] Infolge ihres engen räumlichen Bezugs zur Straße haben sie gegenüber den sonstigen Straßenbenutzern ein gesteigertes Bedürfnis, die Straße zu benutzen.[195]

(1) Das selbständige Anliegerrecht[196]

Das Straßen- und Wegerecht kennt ein selbständiges Recht des Straßenanliegers auf Ausübung des Gemeingebrauchs nicht. Die Nutzung der Straße durch die Anlieger ist trotz des erhöhten wirtschaftlichen Interesses nichts anderes als Gemeingebrauch.[197] Aus der Erschließungsfunktion der Straße folgt jedoch ein Recht des Anliegers auf Erhaltung der Zugangsmöglichkeit vom Grundstück zur öffentlichen Straße und auf Erhaltung der Möglichkeit des Zutritts von Licht und Luft zu den an der Straße errichteten Gebäuden.[198] Dieses „Anliegerrecht" wurzelt im Grundeigentum bzw. im Recht am eingerichteten und ausgeübten Gewerbebetrieb und ist als Ausstrahlung des Eigentums durch Art. 14 GG geschützt. Eingriffe in die aus diesem Recht folgende Nutzbarkeit eines Grundstücks oder Gewerbebetriebes, die sich als eine Enteignung im Sinne des Art. 14 Abs. 3 GG darstellen, sind nur dann zulässig, wenn hierfür eine gesetzlich geregelte Entschädigung gewährt wird. Eine solche gesetzliche Regelung findet sich im § 20 Abs. 5, 6 und 8 StrWG NW. Auch der Anlieger hat daher keinen Anspruch auf Fortbestand einer bestimmten öffentlichen Straße. Der Gesetzgeber hat von der verfassungsrechtlich eröffneten Möglichkeit Gebrauch gemacht, den Eigentumsschutz des Anliegers von einer Bestands- auf eine Wertgarantie zu reduzieren[199]: Werden durch Änderung oder Einziehung einer Straße Zufahrten oder Zugänge zu Grundstücken auf Dauer unterbrochen oder wird ihre Benutzung erheblich erschwert und kann kein angemessener Ersatz geschaffen werden, so hat der Träger der Straßenbaulast dem Eigen-

---

193 *Kodal/Krämer*, aaO (Fn. 36), S. 477 (Kapitel 24, Rdnr. 1.1.).
194 *Kodal/Krämer*, aaO (Fn. 36), S. 477 f. (Kapitel 24, Rdnr. 1.1.); *Papier*, aaO (Fn. 3), S. 79.
195 Siehe dazu *Kodal/Krämer*, aaO (Fn. 36), S. 548 ff. (Kapitel 25); vgl. auch *Achterberg*, JA 1984, S. 216 ff.
196 Eingehend dazu *Peine*, aaO (Fn. 188), S. 172 ff.
197 *Peine*, aaO (Fn. 188), S. 173 m. w. Nachweisen in Fn. 13 und 14.
198 *Peine*, aaO (Fn. 188), S. 174; *Kodal/Krämer*, aaO (Fn. 36), S. 550 (Kapitel 25, Rdnrn. 10 ff.).
199 *Papier*, aaO (Fn. 3), S. 99.

tümer eine angemessene Entschädigung in Geld zu leisten (§ 20 Abs. 5 S. 1 StrWG NW). Entsprechendes gilt, wenn durch „vorübergehende Kontaktstörungen" infolge von Straßenarbeiten die wirtschaftliche Existenz eines anliegenden Gewerbebetriebes gefährdet wird (§ 20 Abs. 6 S. 1 StrWG NW).

Wird infolge der Planfeststellung der Zugang zu einem Grundstück ersatzlos unterbunden, muß bereits im Planfeststellungsbeschluß dem Grunde nach über eine Entschädigung befunden werden.[200]

(2) Der Anliegergebrauch

Der Anliegergebrauch ist ein „gesteigerter Gemeingebrauch".[201] Er verleiht dem Straßenanlieger die Befugnis, die an das Grundstück angrenzenden Straßenteile auch über den allgemeinen Verkehrsgebrauch hinaus, etwa für wirtschaftliche Zwecke, die sich auf dem Grundstück selbst abspielen, zu nutzen, § 14 a StrWG NW. Dieser gegenständliche Zugriff auf die öffentliche Straße zu sonstigen Zwecken übersteigt den „schlichten Gemeingebrauch".[202] Er ist in seinem Kerngehalt bereits unmittelbar durch Art. 14 Abs. 1 S. 1 GG geschützt, unabhängig davon, ob das Straßenrecht eine einfachgesetzliche Regelung vorsieht.[203] Dies folgt daraus, daß Art. 14 Abs. 1 S. 1 GG eine angemessene Nutzung des Grundstücks oder des eingerichteten und ausgeübten Gewerbebetriebes garantiert. Zum Inbegriff der wirtschaftlichen Nutzbarkeit eines Grundstücks oder Gewerbebetriebes gehört aber auch die Inanspruchnahme der öffentlichen Straße über die streng verkehrszweckgerichteten Verhaltensweisen hinaus, der sogenannte „Kontakt nach außen".[204] Dieser umfaßt die ortsübliche und gemeinverträgliche Nutzung der anliegenden Straße, soweit diese für eine angemessene wirtschaftliche Nutzung des Grundstücks oder Gewerbebetriebes erforderlich ist.

Der bereits verfassungsrechtlich fundierte Anliegergebrauch (Art. 14 Abs. 1 GG) ist für Nordrhein-Westfalen im § 14 a StrWG NW auch einfach-gesetzlich ausdrücklich geregelt. Danach dürfen die Straßenanlieger innerhalb der geschlossenen Ortslage die an die Grundstücke angrenzenden Straßenteile über den Gemeingebrauch hinaus „auch für Zwecke der Grundstücke benutzen", „soweit diese Benutzung zur Nutzung des Grundstücks erforderlich ist, den Gemeingebrauch nicht dauernd ausschließt oder erheblich beeinträchtigt oder in den Straßenkörper eingreift". Zum Anliegergebrauch gehören z. B. das Anbringen von Firmenschildern und Reklamevorrichtungen, das Be- und Entladen von Fahrzeugen auf der öffentlichen Straße, das Anbringen von Ladenmarkisen, das Aufstellen von Fahrradständern, die vorübergehende Lagerung von Bau-

---

200 *BVerwG*, NJW 1981, S. 1000f.; *BVerwGE* 58, S. 154, 158.
201 *Peine*, aaO (Fn. 188), S. 176.
202 *Papier*, aaO (Fn. 3), S. 79; vgl. auch § 14 a StrWG NW: „über den Gemeingebrauch hinaus".
203 *BVerwGE* 30, S. 238; 32, S. 225; 54, S. 1 ff.; *Papier*, aaO (Fn. 3) S. 80 m. w. Nachweisen in Fn. 32.
204 *Papier*, in: Maunz/Dürig, Kommentar zum GG, Art. 14 Rdnrn. 111 ff.

materialien, die vorübergehende Aufstellung von Baumaschinen, Bauzäunen oder Baugerüsten sowie das Bereitstellen von Müllkästen.[205]

Es gehört nicht mehr zum Anliegergebrauch, sondern stellt eine (erlaubnispflichtige) Sondernutzung dar, wenn der Anlieger seinen Gewerbebetrieb teilweise nach außen verlegt und insoweit auf der öffentlichen Straße abwickelt. Denn dann geht es nicht mehr nur um die Vermittlung eines Kontakts zwischen dem Geschäftslokal und der Öffentlichkeit. Die Aufstellung oder Anbringung eines Warenautomaten auf der öffentlichen Straße oder im öffentlichen Straßenraum sind demgemäß auch dann Sondernutzungen, wenn sie vom Anlieger selbst vorgenommen werden.[206] Entsprechendes gilt — im Gegensatz zur Eigenwerbung des Anliegers — für Einrichtungen der Fremdreklame.[207]

Ein Recht auf Aufrechterhaltung des Anliegergebrauchs besteht auch insoweit nicht, da der Gesetzgeber für enteignende Eingriffe eine Entschädigung vorgesehen hat (vgl. §§ 14 a Abs. 2, 20 Abs. 5 StrWG NW).[208] Gleichfalls besteht kein Recht auf Erhaltung von Lagevorteilen, welche die konkrete Verkehrsbedeutung oder der konkrete Zustand einer Staße für den Anlieger mit sich bringen. Die sich lediglich als ein Reflex aus der Verkehrsbedeutung, dem Zustand, etc. ergebende günstige Lage eines Anliegergrundstücks oder Anliegergewerbebetriebes stellt schon keine enteignungsfähige Rechtsposition im Sinne des Art. 14 Abs. 1 GG dar,[209] so daß selbst bei Existenzvernichtungen infolge diesbezüglicher Änderungen der realen Gegebenheiten keine Entschädigungsansprüche entstehen.[210] Veränderungen in der Verkehrsbedeutung und im realen Ausbaustand der Straße sind somit rechtlich ohne Relevanz, soweit die Kontaktmöglichkeit als solche überhaupt erhalten bleibt.

b) Die Sondernutzung

Soweit die Nutzung öffentlicher Straßen den Gemein- und Anliegergebrauch überschreitet, handelt es sich um Sondernutzungen, für die — vorbehaltlich abweichender satzungsrechtlicher Regelungen (vgl. § 19 StrWG NW) — eine Erlaubnis erforderlich ist, § 18 StrWG NW. Soweit die Sondernutzung den Gemeingebrauch beeinträchtigt, kommt allein diese nach öffentlichem Recht zu erteilende Sondernutzungserlaubnis in Betracht. Demgegenüber bedürfen den Gemeingebrauch nicht beeinträchtigende Sondernutzungen einer privatrechtlichen Gestattung (§ 23 StrWG NW). Die Rechtsnatur

---

205 Weitere Beispiele bei *Papier*, aaO (Fn. 3), S. 80 ff.
206 *BVerwG*, NJW 1975, S. 357; *BGH*, NJW 1973, S. 1281.
207 *BVerwG*, DÖV 1977, S. 605; DÖV 1978, S. 374; *OLG Hamm*, DÖV 1975, S. 577; *BGH*, NJW 1978, S. 2201.
208 Vgl. dazu auch oben Fn. 199.
209 *BGHZ* 48, S. 58; 55, S. 261; 66, S. 173 (177); 70, S. 212 (218 f.); *Ossenbühl*, Staatshaftungsrecht, 3. Aufl. 1983, S. 109.
210 *Papier*, in: Maunz/Dürig, Kommentar zum GG, Art. 14 Rdnr. 113.

der gemeingebrauchsüberschreitenden Straßennutzung richtet sich somit nach den Auswirkungen der Sondernutzung auf die öffentliche Zweckbestimmung der Straße.

aa) Gemeingebrauchsbeeinträchtigende Sondernutzungen

Die primäre Funktion der öffentlichen Straße, dem Verkehrsgebrauch zu dienen, charakterisiert ihre Ausrichtung auf Oberflächennutzungen. Daher ist grundsätzlich jede Oberflächennutzung, die sich jenseits der normativ oder durch Widmung festgelegten Gemeingebrauchsschranken vollzieht, eine gemeingebrauchsbeeinträchtigende Nutzung, unabhängig davon, ob im konkreten Einzelfall die Gemeingebrauchsausübung Dritter tatsächlich gefährdet ist.[211] Sondernutzung ist danach z. B. das Aufstellen von Tischen und Stühlen in einer Fußgängerzone, das Befahren derselben mit einem Auto etc.

(1) Die Erlaubniserteilung

Die sich nach öffentlichem Recht richtende Erlaubniserteilung kann entweder in Gestalt eines antragsbedingten begünstigenden Verwaltungsakts oder eines verwaltungsrechtlichen Vertrages erfolgen,[212] sofern nicht die Gemeinden für Ortsdurchfahrten und Gemeindestraßen bestimmte Sondernutzungen überhaupt von der Erlaubnispflicht befreit und die Ausübung generell geregelt haben (siehe oben III 2 a bb (d)).[213] Abgesehen von der letzteren Möglichkeit darf die Erlaubnis nur auf Zeit oder auf Widerruf erteilt werden, § 18 Abs. 2 S. 1 StrWG NW. Ihre Erteilung steht im pflichtgemäßen Ermessen der zuständigen Behörde; der einzelne hat nur einen Anspruch auf fehlerfreie Ausübung des Ermessens.[214] Die Behörde darf jedoch nicht alle denkbaren öffentlichen Interessen für eine Versagung der Sondernutzungserlaubnis heranziehen. Sie ist bei der Ausübung ihres Ermessens auf die Geltendmachung der aus ihrer wegehoheitlichen Funktion folgenden Gründe beschränkt.[215] Die Versagung der Erlaubnis ist ermessensmißbräuchlich, wenn sie weder aus Gründen eines Schutzes der Straßensubstanz, noch der Aufrechterhaltung eines störungsfreien Gemeingebrauchs für alle, noch der Gewährleistung der Sicherheit und Leichtigkeit des Straßenverkehrs gerechtfertigt ist.[216] Die Auffassung, eine Sondernutzungserlaubnis dürfe schon immer dann verweigert werden, wenn das Vorhaben des Antragstellers gesetzeswidrige Zwecke verfolge,[217] ignoriert den Sinn und Zweck des straßenrechtlichen Erlaubnisvorbehalts.

---

211 *Papier,* aaO (Fn. 3), S. 104; zu Ausnahmen siehe gleichfalls dort.
212 *Salzwedel,* aaO (Fn. 43), S. 639; *Wolff-Bachof,* aaO (Fn. 4), § 59 II b 2 (S. 518).
213 Vgl. auch *Walprecht/Cosson,* aaO (Fn. 49), Rdnrn. 180 f.
214 Siehe allgemein *Löhr,* NVwZ 1983, S. 20 ff.
215 *Papier,* aaO (Fn. 3), S. 105 ff.; *Salzwedel,* aaO (Fn. 43), S. 639; *Schmidt,* NVwZ 1985, S. 167; a.A. *Löhr,* NVwZ 1983, S. 21; *Wolff-Bachof,* aaO (Fn. 4), § 59 II b 2 (S. 518); *VGH Kassel,* NJW 1983, S. 2280 ff.
216 *Papier,* aaO (Fn. 3), S. 105 m.w.Nachw..
217 *VGH Kassel,* NJW 1983, S. 2280 ff.

(2) Benutzungsgebühren

Für die Sondernutzung einer Straße kann — neben der Verwaltungsgebühr für die Erteilung der Erlaubnis — eine Benutzungsgebühr erhoben werden, § 19 a Abs. 1 StrWG NW. Voraussetzung hierfür ist eine entsprechende Satzung, § 19 a Abs. 2 S. 1 StrWG NW. Die Höhe der Gebühr kann in den Grenzen des Äquivalenzprinzips insbesondere auch nach dem wirtschaftlichen Vorteil des Sondernutzungsberechtigten bemessen werden.[218]

(3) Erlaubnisbehörde

Die Sondernutzungserlaubnis wird von der Straßenbaubehörde erteilt, § 18 Abs. 1 S. 2 StrWG NW. Im Bereich der Ortsdurchfahrten ist die Gemeinde zuständig, unabhängig davon, ob sie auch Träger der Straßenbaulast ist. In diesem Fall bedarf die Erlaubnis jedoch der Zustimmung der Straßenbaubehörde, § 18 Abs. 1 S. 3 StrWG NW. Der Mitwirkung des Sacheigentümers — sofern Straßenbaulast und Sacheigentum nicht ohnehin schon in einem Rechtsträger vereinigt sind — bedarf es nicht. Dies gilt selbst dann, wenn es infolge der Sondernutzung (auch) zu Substanzeinwirkungen kommt. Nach der im Straßen- und Wegegesetz getroffenen Regelung kann eine privatrechtliche Gestattung nur dann Platz greifen, wenn keine gemeingebrauchsbeeinträchtigende Nutzung vorliegt. Entscheidendes Kriterium ist somit die Frage nach der Gemeingebrauchsbeeinträchtigung und nicht, ob daneben noch weitere Wirkungen der Nutzung zu verzeichnen sind. Liegt eine Beeinträchtigung des Gemeingebrauchs vor, bedarf es allein der öffentlich-rechtlichen Sondernutzungserlaubnis, privatrechtliche Gestattungen sind nicht erforderlich.[219]

(4) Das Verhältnis zu anderen öffentlichen Erlaubnissen und Genehmigungen[220]

Durch die Sondernutzungserlaubnis werden die nach anderen Verwaltungsgesetzen erforderlichen Erlaubnisse oder Genehmigungen nicht ersetzt, § 18 Abs. 7 StrWG NW. Andererseits substituieren eine nach Straßenverkehrsrecht erforderliche Erlaubnis für eine übermäßige Straßenbenutzung oder eine Ausnahmegenehmigung die Sondernutzungserlaubnis, § 21 StrWG NW. Gleiches kann durch ein Planfeststellungsverfahren erfolgen, da von diesem allgemein eine Konzentrationswirkung ausgeht.[221]

bb) Nicht gemeingebrauchsbeeinträchtigende Nutzungen

Im Gegensatz zu den „Oberflächennutzungen" beeinträchtigen Benutzungen der öffentlichen Straße „in der Tiefe des Straßenkörpers" den Gemeingebrauch nicht. Hierunter fallen insbesondere die Anlage und Unterhaltung von Versorgungsleitungen. Ent-

---

218 *Papier*, aaO (Fn. 3), S. 107; *Walprecht/Cosson*, aaO (Fn. 49), Rdnr. 184.
219 *Papier*, aaO (Fn. 3), S. 112; a.A. *Salzwedel*, aaO (Fn. 43), S. 640; *ders.*, aaO (Fn. 4), S. 431; vgl. auch *BayObLG*, JA 1981, S. 306.
220 Ausführlich *Papier*, aaO (Fn. 3), S. 107f.
221 Vgl. auch *Salzwedel*, aaO (Fn. 43), S. 639.

sprechende Benutzungsrechte können nur aufgrund einer privatrechtlichen Gestattung des Sacheigentümers eingeräumt werden, § 23 StrWG NW. Dies kann sowohl durch einen schuldrechtlichen Vertrag (Miete, Pacht, Leihe), als auch durch Einräumung dinglicher Rechte (Grunddienstbarkeit, beschränkte persönliche Dienstbarkeit) erfolgen.[222] Diese Vorschrift bleibt auch bei **vorübergehenden** Gemeingebrauchsbeeinträchtigungen maßgeblich, sofern diese zu Zwecken der öffentlichen Versorgung oder Entsorgung erfolgen (§ 23 Abs. 1 a.E. StrWG NW).

IV. Die Veränderung und Beendigung des öffentlichen Status

1. Veränderungen des öffentlichen Status

Die Widmung bestimmt sowohl die Reichweite des (abstrakten) Gemeingebrauchs als auch die Straßengruppe, zu der die Straße gehört.[223] Infolge tatsächlicher Veränderungen in der Benutzung der Straße, insbesondere in der Verkehrsbedeutung, kann es erforderlich werden, die einmal getroffenen Festlegungen auch rechtlich den geänderten Verhältnissen anzupassen. Zu diesem Zweck hält das Straßenrecht Rechtsinstitute bereit, die eine Anpassung erlauben oder erzwingen.

a) Veränderungen des Nutzungsumfangs

Änderungen im Nutzungsumfang können eine Erweiterung desselben zum Inhalt haben (z. B. die Zulassung weiterer Verkehrsarten oder Benutzerkreise) oder auf eine Beschränkung des einmal festgelegten Nutzungsumfangs hinauslaufen (z. B. die Umwandlung einer Fahrstraße in eine Fußgängerstraße[224]).

aa) Die Widmungserweiterung

Eine Erweiterung der Widmung stellt eine nachträgliche Änderung des Widmungsinhalts dar.[225] Diesbezüglich bestimmt nunmehr § 6 Abs. 4 S. 2 StrWG NW, daß solche Änderungen durch (erneute) Widmungsverfügung zu erfolgen haben. Hierdurch werden Rechte Dritter nicht berührt. Einerseits führt die Widmungserweiterung nicht zu einem Wechsel in der Baulastträgerschaft, zum anderen wird auch in Anliegerrechte nicht eingegriffen, diese bleiben vielmehr bestehen.

---

222 *Salzwedel*, aaO (Fn. 43), S. 640; *Wolff-Bachof*, aaO (Fn. 4), § 59 III b 2 (S. 522).
223 Siehe oben III 1 g aa (b).
224 Dazu *Peine*, aaO (Fn. 188); *Steiner*, Rechtliche Aspekte einer städtebaulich orientierten Verkehrsplanung, Forschung Straßenbau und Straßenverkehrstechnik, Heft 297, 1980; *Brohm*, Verkehrsberuhigung in Städten, Schriftenreihe des Lorenz-vom-Stein-Instituts, Bd. 6, 1984.
225 Vgl. auch *Walprecht/Cosson*, aaO (Fn. 49), Rdnr. 54.

bb) Die Teileinziehung
Nachträgliche Beschränkungen des Nutzungsumfangs auf bestimmte Verkehrsarten oder Benutzerkreise sind rechtlich als Teileinziehung der Straße einzuordnen, wie nunmehr §§ 6 Abs. 4 S. 1, 7 Abs. 1 S. 2 StrWG NW ausdrücklich klarstellen.[226]

(1) Voraussetzungen
Im Gegensatz zur Einziehung (dazu unten 2.) ist eine Teileinziehung nur aus überwiegenden Gründen des öffentlichen Wohles zulässig, § 7 Abs. 3 StrWG NW. Angesichts dieser klaren gesetzlichen Regelung kann die zum früheren Landesstraßengesetz vertretene Auffassung, die — vormals nicht kodifizierte — Teileinziehung folge in ihren Voraussetzungen dem Rechtsinstitut der Einziehung,[227] nicht mehr aufrechterhalten werden. Nach geltendem Recht ist die Teileinziehung nur (noch) unter den Voraussetzungen des § 7 Abs. 3 StrWG NW möglich.

Bei der Prüfung der Frage, ob überwiegende Gründe des öffentlichen Wohls vorliegen, können sämtliche öffentlichen Interessen berücksichtigt werden.[228] Diese sind im Rahmen einer Güterabwägung den für eine Aufrechterhaltung des bisherigen Nutzungsumfangs sprechenden Gründen (einschließlich privater Interessen) gegenüberzustellen. Auch diese Abwägung muß den bereits erwähnten rechtsstaatlichen Anforderungen genügen (vgl. oben III 1 b bb). Ergibt die Abwägung ein Überwiegen der für die Teileinziehung sprechenden Gründe, steht es im Ermessen der Behörde, ob sie diese verfügt.

(2) Verfahren
Zuständig zum Erlaß der Teileinziehungsverfügung ist die Straßenbaubehörde, § 7 Abs. 3 S. 1 StrWG NW.

Die Absicht der Teileinziehung ist von den Gemeinden, die durch die Straße berührt werden, mindestens drei Monate vorher ortsüblich bekanntzumachen, um Gelegenheit zur Erhebung von Einwendungen zu geben, § 7 Abs. 4 StrWG NW. Hieran anschließend hat ein Termin stattzufinden, in dem die Einwendungen zu erörtern sind. Obgleich ein solcher Termin vom Straßen- und Wegegesetz nicht ausdrücklich vorgesehen ist, ist die nachträgliche Erörterung als notwendiger Bestandteil eines jeden rechtsstaatlichen Verfahrens zwingend erforderlich.[229] Entschließt sich die Straßenbaubehörde für eine Teileinziehung, hat sie dieses mit Rechtsbehelfsbelehrung öffentlich bekanntzumachen, § 7 Abs. 1 S. 3 StrWG NW. Die Teileinziehung wird im Zeitpunkt der öffentlichen Bekanntmachung wirksam, § 7 Abs. 1 S. 3 StrWG NW.

---

226 Vgl. zur — im Ergebnis nicht abweichenden — Lage im alten Recht: *Peine,* aaO (Fn. 188), S. 92–96.
227 Vgl. *Peine,* aaO (Fn. 188), S. 98 ff.
228 *Walprecht/Cosson,* aaO (Fn. 49), Rdnrn. 62, 64.
229 *Kodal/Krämer,* aaO (Fn. 36), S. 256 (Kapitel 10, Rdnr. 11.2).

Nach 7 Abs. 5 StrWG NW kann die Teileinziehung auch bereits vorab in einem Planfeststellungsverfahren mit der Maßgabe verfügt werden, daß sie mit der Sperrung wirksam wird. Es handelt sich um eine Parallelvorschrift zu § 6 Abs. 7 StrWG NW.

(3) Rechtsnatur, Rechtswirkungen
Ebenso wie die Widmung ist die Teileinziehungsverfügung ein Verwaltungsakt („Allgemeinverfügung"), § 7 Abs. 1 S. 2 StrWG NW, § 35 S. 2 VwVfG NW. Im Umfang der Teileinziehung werden Gemeingebrauch und widerrufliche Sondernutzungen eingeschränkt, § 7 Abs. 7 S. 2 StrWG NW. Obwohl das Straßen- und Wegegesetz damit für die auf Zeit erteilten Sondernutzungserlaubnisse ausdrücklich keine Einschränkung des Nutzungsumfangs durch eine Teileinziehung vorsieht, muß auch für diese Sondernutzungen eine entsprechende Beschränkung angenommen werden. Auch die auf Zeit erteilten Sondernutzungserlaubnisse können nur in dem Umfang Bestand haben, als sie durch die Teileinziehung nicht berührt werden.[230] Das Gesetz bringt lediglich zum Ausdruck, daß die zum Zeitpunkt der Teileinziehung noch nicht durch Zeitablauf erloschenen Sondernutzungen der Sache nach weiterhin erhalten bleiben müssen. Dies allerdings nicht als öffentlich-rechtliche Sondernutzungen, sondern aufgrund einer anderweitigen Regelung.[231]

Eine Verletzung subjektiver Rechte der Gemeingebrauchsberechtigten durch die Teileinziehung ist ausgeschlossen, da diese keinen Anspruch auf Aufrechterhaltung des oder eines umfangmäßig bestimmten Gemeingebrauchs haben.[232] Gleiches gilt für die Sondernutzungsberechtigten, da auch ihre Rechtsstellung die Existenz einer öffentlichen Straße voraussetzt. Widerspruchs- und anfechtungsbefugt sind lediglich die Anlieger der Straße, da in ihre Rechtsstellung eingegriffen sein kann.

b) Die Änderung der Einstufung

Die Zugehörigkeit einer öffentlichen Straße zu einer bestimmten Straßengruppe ist durch das Straßen- und Wegegesetz selbst vorausbestimmt (vgl. § 3 StrWG NW) und wird durch die Widmung festgelegt.[233] Ändern sich die der erstmaligen Einstufung zugrundeliegenden normativen Zuordnungskriterien, muß neuerlich eine Einstufung in die Straßengruppe erfolgen, die der nunmehrigen tatsächlichen Verkehrsbedeutung der Straße entspricht. Die Anpassung an die nunmehr gesetzesadäquate Straßengruppe erfolgt durch die Umstufung, § 8 StrWG NW.

Im Gegensatz zum früheren Recht[234] ist die Umstufung jedoch nicht mehr allein ein Mittel der Reaktion auf bereits eingetretene Veränderungen in der Verkehrsbedeutung

---

230 *Kodal/Krämer,* aaO (Fn. 36), S. 263f, 252 (Kapitel 10, Rdnrn. 16, 7.4).
231 *Kodal/Krämer,* aaO (Fn. 36), S. 264, 252 (Kapitel 10, Rdnrn. 16, 7.4).
232 Vgl. *Papier,* aaO (Fn. 3), S. 97.
233 Dazu oben Fn. 128.
234 § 8 Abs. 1 LStrG NW a.F.; vgl. auch *Papier/Peine,* aaO (Fn. 34), S. 421 (Rdnr. 97).

einer Straße. Wie sich aus § 8 Abs. 1 StrWG NW ergibt, ist eine Umstufung „bei Änderung" der Verkehrsbedeutung einer öffentlichen Straße zulässig. Hieraus folgt, daß eine Straße auch dann umgestuft werden kann, wenn hierdurch eine Veränderung der Verkehrsbedeutung erst angestrebt wird.[235] Dies bietet die Möglichkeit, die besonderen Verhältnisse in Verdichtungsräumen und verkehrsschwachen Gebieten, funktional orientierte Zielsetzungen etc. zu berücksichtigen.[236] Nach geltendem Recht ist Voraussetzung einer Umstufung entweder eine bereits bestehende Veränderung der Verkehrsbedeutung einer öffentlichen Straße oder eine entsprechende Zielsetzung seitens der zuständigen Behörde.

Inhalt einer Umstufung kann sowohl die Aufstufung in eine Straßengruppe mit höherer Verkehrsbedeutung als auch die Abstufung in eine niedere Straßengruppe sein. Keine Umstufung ist jedoch die Umgruppierung innerhalb der Untergruppen der Gemeindestraßen, § 3 Abs. 4 Nr. 1–3 StrWG NW.[237]

aa) Zum Verfahren

Die Straßenbaubehörden sind verpflichtet, Veränderungen in der Verkehrsbedeutung einer Straße den Straßenaufsichtsbehörden anzuzeigen, § 8 Abs. 2 StrWG NW. Diese haben im Rahmen der sodann einzuleitenden Prüfung, ob eine Umstufung erforderlich ist, die beteiligten Träger der Straßenbaulast mit dem Ziel einer einvernehmlichen Regelung zu hören, § 8 Abs. 3 S. 2 StrWG NW. Ist eine Veränderung der Verkehrsbedeutung bereits eingetreten, **muß** eine Umstufung erfolgen, ansonsten **kann** mittels einer Umstufung eine Änderung der Verkehrsbedeutung angestrebt werden.[238] Die Umstufungsverfügung trifft die für die Straße höherer Verkehrsbedeutung zuständige Straßenaufsichtsbehörde, § 8 Abs. 3 S. 1 StrWG NW. Sie hat die Umstufung mit Rechtsbehelfsbelehrung öffentlich bekanntzumachen, § 8 Abs. 1 S. 2 StrWG NW. Die Umstufung ist so zu verfügen, daß sie mit Beginn des folgenden Haushaltsjahres wirksam wird und „soll" sechs Monate vorher angekündigt werden, § 8 Abs. 5 StrWG NW.

bb) Rechtsfolgen und Rechtsnatur

Im Regelfall hat die Umstufung einen Wechsel in der Straßenbaulastträgerschaft zur Folge. Eine Ausnahme besteht dann, wenn die Gemeinden nach § 44 StrWG NW für Ortsdurchfahrten von Landes- und Kreisstraßen Träger der Straßenbaulast sind und diese Straßen in Gemeindestraßen herabgestuft werden.

Gegenüber den beteiligten Trägern der Straßenbaulast ist die Umstufung ein belastender Verwaltungsakt, weil und soweit diese wechseln. Sie sind daher widerspruchs- und anfechtungsbefugt.[239] Etwas anderes gilt für den einzelnen Bürger. Da er nicht

---

235 *Walprecht/Cosson,* aaO (Fn. 49), Rdnr. 74.
236 *Walprecht/Cosson,* aaO (Fn. 49), Rdnr. 74.
237 *Walprecht/Cosson,* aaO (Fn. 49), Rdnr. 76.
238 *Walprecht/Cosson,* aaO (Fn. 49), Rdnr. 77.
239 *Papier/Peine,* aaO (Fn. 34), S. 422 (Rdnr. 100); *Walprecht/Cosson,* aaO (Fn. 49), Rdnr. 75.

Adressat des Verwaltungsakts ist und durch ihn nicht belastet wird, kann er diesen Verwaltungsakt wegen § 42 Abs. 2 VwGO nicht anfechten, obwohl die Umstufung mit Rechtsmittelbelehrung öffentlich bekanntzumachen ist.[240]

2. Die Beendigung des öffentlichen Status

a) Rechtsnatur und Rechtsfolgen der Einziehung

Die Beendigung des öffentlich-rechtlichen Sonderstatus erfordert ebenso wie dessen Entstehung einen Rechtsakt, der Entwidmung oder Einziehung genannt wird.[241] Dieser ist der actus contrarius zur Widmung, durch ihn verliert eine gewidmete Straße die Eigenschaft einer öffentlichen Straße, § 7 Abs. 1 S. 1 StrWG NW. Die Einziehung führt zum Erlöschen der öffentlich-rechtlichen Dienstbarkeit, Gemeingebrauch einschließlich des Anliegergebrauchs und etwaige (schlichte) Sondernutzungsbefugnisse entfallen, § 7 Abs. 7 S. 1 StrWG NW.[242] Es entsteht eine Privatstraße, über deren Benutzung der private Sacheigentümer (d. h. ein Bürger oder ein Träger öffentlicher Verwaltung) nach § 903 BGB entscheidet.

Die Einziehung ist ein Verwaltungsakt in Gestalt einer Allgemeinverfügung, § 7 Abs. 1 S. 1 StrWG NW, § 35 S. 2 VwVfG NW. Sie wirkt begünstigend gegenüber dem Träger der Straßenbaulast, der von seiner gesetzlichen Unterhaltungspflicht für die Straße befreit wird. Sie begünstigt ferner den privaten Sacheigentümer, da dessen Duldungspflicht erlischt. Die Einziehung belastet jedoch die Anlieger, in deren eigentumsrechtlich geschützte Rechtsstellung eingegriffen wird und die Sondernutzungsberechtigten.[243] Hingegen werden die Gemeingebrauchsberechtigten nicht belastet. Ihr Nutzungsrecht setzt eine öffentliche Straße voraus, endet also mit dem Wegfall des Gemeingebrauchs.[244] Die Einziehung ist somit ein Verwaltungsakt mit Doppelwirkung.[245] Anders als die Widmung ist sie jedoch kein zweiseitiger Verwaltungsakt, da es einer Zustimmung des Eigentümers nicht bedarf.

b) Voraussetzungen der Einziehung

Die Einziehung einer öffentlichen Straße ist zulässig, wenn sie keine Verkehrsbedeutung mehr hat oder überwiegende Gründe des öffentlichen Wohles für ihre Beseitigung vorliegen. Es besteht jedoch keine Rechtspflicht zur Einziehung, diese „soll" lediglich unter den genannten Voraussetzungen erfolgen, § 7 Abs. 2 StrWG NW.

---

240 *Papier/Peine*, aaO (Fn. 34), S. 422 (Rdnr. 100); *Walprecht/Cosson*, aaO (Fn. 49), Rdnr. 77.
241 *Kodal/Krämer*, aaO (Fn. 36), S. 210 (Kapitel 7, Rdnr. 20.1); *Papier*, aaO (Fn. 3), S. 51; *Wolff-Bachof*, aaO (Fn. 4), § 56 V a (S. 492).
242 Dies gilt auch für auf Zeit erteilte Sondernutzungserlaubnisse, vgl. dazu oben IV 1 a bb (c).
243 *Salzwedel*, aaO (Fn. 43), S. 629.
244 Siehe dazu auch oben IV 1 a bb (c).
245 *Salzwedel*, aaO (Fn. 43), S. 629.

Eine öffentliche Straße hat keine Verkehrsbedeutung mehr, wenn sie für sämtliche verkehrsgebundenen Zwecke entbehrlich geworden ist.[246] Dies kann z. B. bei einer Verlegung der Straße oder dann der Fall sein, wenn sie ihre Erschließungsfunktion verloren hat.[247]

Die Voraussetzung der „überwiegenden Gründe des öffentlichen Wohles" entspricht dem bei der Teileinziehung verwendeten Begriff.[248] Solche überwiegenden Gründe können z. B sein die Erleichterung der Straßenbaulast, die Durchführung neuer Bebauungspläne etc.[249]

Ob die Voraussetzungen der Einziehung gegeben sind, unterliegt der Kontrolle durch die Verwaltungsgerichte.

c) Zum Verfahren

Hinsichtlich des Einziehungsverfahrens ergeben sich keine Unterschiede zu dem der Teileinziehung.[250]

d) Rechtsschutz gegen die Einziehung

Der Verwaltungsakt der Einziehung belastet die Anlieger, indem er deren Rechte (selbständiges Anliegerrecht, Anliegergebrauch) beseitigt. Die Anlieger sind daher widerspruchs- und anfechtungsbefugt. Im Rahmen dieser Verfahren sind das Vorliegen der materiellen Voraussetzungen der Einziehung und die Einhaltung des Einziehungsverfahrens von der Widerspruchsbehörde und dem Gericht zu überprüfen. Sind diese Voraussetzungen im Einzelfall gegeben, ist die Einziehung rechtmäßig. Der Verlust der Anliegerrechte als solcher steht der Einziehung nicht entgegen. Führt die Einziehung zu enteignenden Eingriffen, haben die Anlieger einen Entschädigungsanspruch.[251]

Die Gemeingebrauchs- und Sondernutzungsberechtigten können − wie bei der Teileinziehung − Widerspruch und Anfechtungsklage nicht erheben, da ihre Rechtsposition nicht eigentumsrechtlich gesichert, sondern Gegenstand einer einfachgesetzlichen Gewährung ist, welche die Existenz einer öffentlichen Straße voraussetzt. Sie können jedoch Einwendungen im Rahmen des Verwaltungsverfahrens der Einziehung erheben.

---

246 *Walprecht/Cosson,* aaO (Fn. 49), Rdnr. 62.
247 Weitere Beispiele bei *Kodal/Krämer,* aaO (Fn. 36), S. 254 (Kapitel 10, Rdnrn. 9ff.); siehe auch *Walprecht/Cosson,* aaO (Fn. 49), Rdnr. 62.
248 Vgl. dazu und zum Verfahren der Abwägung oben IV 1 a bb (a).
249 Weitere Beispiele bei *Kodal/Krämer,* aaO (Fn. 36), S. 255f. (Kapitel 7, Rdnrn. 10ff); *Walprecht/Cosson,* aaO (Fn. 49), Rdnr. 62.
250 Vgl. dazu oben IV 1 a bb (b).
251 Vgl. dazu oben III 2 a cc (b).

e) Rechtsanspruch auf Einziehung?

Ebensowenig wie es einen Anspruch auf Anlegung einer öffentlichen Straße gibt, besteht ein Rechtsanspruch auf Einziehung einer Straße, da ein privates Interesse die Einziehung nicht rechtfertigen kann. Allenfalls kann dem Eigentümer oder sonst dinglich Berechtigten ein Anspruch auf ermessensfehlerfreie Entscheidung zustehen, wenn durch die Einziehung die Möglichkeit besteht, über das fragliche Stück Land wieder frei verfügen zu können.[252]

V. Das Nachbarrecht der öffentlichen Sachen

Das als öffentliche Straße genutzte Land ist anderen Grundstücken benachbart. Benachbarte Grundstücke stehen in einem Gemeinschaftsverhältnis zueinander, das durch die Notwendigkeit gegenseitiger Rücksichtnahme gekennzeichnet ist, da ansonsten eine angemessene Nutzung nicht möglich ist. Aufgrund des Verkehrs auf den öffentlichen Straßen werden die Nachbargrundstücke durch Immissionen beeinträchtigt. Ebenso kann der mit der öffentlichen Straße verfolgte Zweck durch von den Anliegergrundstücken ausgehende Immissionen berührt werden. Dasjenige Recht, das einen Ausgleich zwischen den durch die verschiedenen Nutzungen ausgelösten Kollisionen und Konflikten schafft, indem es Abwehransprüche gegen die von den Nutzungen ausgehenden Beeinträchtigungen, Ansprüche auf Vornahme von Schutzmaßnahmen, Duldungspflichten und Entschädigungsansprüche wegen Duldung der Beeinträchtigung normiert, ist das Nachbarrecht.

1. Die Rechtsnatur des Nachbarrechts der öffentlichen Straßen[253]

Von der Festlegung der Rechtsnatur des Nachbarrechts der öffentlichen Straßen hängt es ab, ob dieses Recht privatrechtlich oder öffentlich-rechtlich ausgestaltet ist. Allgemein lassen sich für Nachbarrechtskonflikte drei Kategorien erfassen: Bei privatrechtlich genutzten Grundstücken werden die von ihnen ausgehenden Immissionen allein nach dem privatrechtlichen Nachbarrecht des BGB beurteilt. Andererseits können die nachbarrechtlichen Beziehungen nur öffentlich-rechtlich ausgestaltet sein, wenn das emittierende Grundstück der Privatrechtsordnung völlig entzogen ist. Dies ist bei den im „öffentlichen Eigentum" eines Landes stehenden Straßen der Fall (vgl. oben I 1 b bb). Umstritten war jedoch lange Zeit, welchen Rechtscharakter das Nachbarrecht derjenigen öffentlichen Sachen hat, die — wie in Nordrhein-Westfalen die öffentlichen

---

252 Vgl. *Marschall/Schroeter/Kastner,* Bundesfernstraßengesetz, 4. Aufl. 1977, § 2 Rdnr. 6.5.
253 Vgl. dazu *Papier,* aaO (Fn. 3), S. 130 ff.; *Peine,* aaO (Fn. 188), S. 215 ff.

Straßen — einen dualistischen Rechtsstatus aufweisen. Aufgrund des an diesen Sachen fortbestehenden privaten Eigentums folgerte die frühere h. M., das Nachbarrecht der öffentlichen Sachen unterscheide sich nicht vom Nachbarrecht anderer Sachen, es gelte somit das Nachbarrecht des bürgerlichen Rechts, insbesondere der §§ 906 ff., 1004 BGB.[254]

Einer unterschiedslosen Anwendung des privaten Nachbarrechts auf Konfliktsituationen im Zusammenhang mit der Nutzung öffentlicher Straßen steht jedoch entgegen, daß nicht das Eigentum an der Straße als solches, sondern die auf dem Grundstück ausgeübten Nutzungen die vom Nachbarrecht zu bewältigenden Kollisionen hervorrufen. Diese Nutzungen werden nicht durch das Eigentum, sondern durch den Rechtsakt der Widmung bzw. „Erlaubnis" gestattet, an den das Straßen- und Wegegesetz Nordrhein-Westfalen die Benutzungsarten des Gemeingebrauchs und der Sondernutzung knüpft. Da Widmungen und (Sondernutzungs-)Erlaubnisse Akte des öffentlichen Rechts sind, müssen auch die Nutzungen bzw. die durch die Nutzungen verursachten nachbarlichen Beeinträchtigungen nach **öffentlichem** Recht beurteilt werden. Das Nachbarrecht der öffentlichen Straßen ist daher öffentlich-rechtlich, soweit die öffentlich-rechtliche Zweckbindung reicht, im übrigen ist es privatrechtlich.[255]

2. Der Inhalt des Nachbarrechts

Gegenüber Beeinträchtigungen, die auf einer öffentlich-rechtlichen Sachnutzung beruhen, stehen den betroffenen Nachbarn die privatrechtlichen Störungsabwehransprüche nicht zu. Da jedoch ein gesondertes öffentlich-rechtliches „Nachbarrecht der öffentlichen Straßen" nicht kodifiziert ist, erhebt sich die Frage der inhaltlichen Ausgestaltung dieses Nachbarrechts. Eine vollständige oder auch nur modifizierte Übertragung der privatrechtlichen Regelungen des Nachbarrechts, insbesondere des § 906 BGB, in das öffentliche Straßenrecht kommt regelmäßig nicht in Betracht.[256] Insbesondere die Vorschrift des § 906 BGB ist auf den Ausgleich im „kleinnachbarrechtlichen Raum" ausgerichtet.[257] Der dort herangezogene Maßstab der „Ortsüblichkeit" beruht auf dem Gedanken, benachbarte Grundstücke würden etwa einheitlich genutzt werden und Beeinträchtigungen würden daher für den Nachbarn grundsätzlich zumutbar sein. Bei den öffentlichen Straßen treffen diese Voraussetzungen nicht immer und nicht unein-

---

254 Vgl. z. B. *RGZ* 159, S. 129 ff.; 167, S. 14 ff.; s. ferner *RGZ* 58, S. 130; 170, S. 40 (44).
255 *BGHZ* 48, S. 98 (102); 54, S. 384 (388); 64, S. 220 (222); *OVG NW*, DÖV 1983, S. 1020; *Papier*, aaO (Fn. 3), S. 134.
256 Str.; vgl. *Papier*, aaO (Fn. 3), S. 138 f.; *ders.*, NJW 1974, S. 1799; *Martens*, Festschrift für F. Schack, 1966, S. 85 (93 f.); *Heyl*, DÖV 1975, S. 604; *OVG NW*, DÖV 1983, S. 1020 (1022).
257 Vgl. auch *Breuer*, Die Bodennutzung im Konflikt zwischen Städtebau und Eigentumsgarantie, 1976, S. 341 ff.

geschränkt zu. Dienen diese Anlagen dem durchlaufenden Verkehr, so sind sie nicht mehr auf enge Räume zugeschnitten. Je mehr sie den überörtlichen Verkehr aufnehmen, desto weniger können sie den Verhältnissen der jeweils benachbarten Grundstücke angepaßt, also unter Zugrundelegung der Besonderheit der jeweiligen Einzelregion „ortsüblich" sein.

Fehlt es an spezialgesetzlichen Regelungen des öffentlichen Nachbarrechts, kommen allein öffentlich-rechtliche Ansprüche der Nachbarn in Betracht, die ihre Grundlage in den Freiheitsrechten und hier speziell im Art. 14 GG haben.[258] Voraussetzung für die Anwendung speziell des Art. 14 GG ist, daß alle von der Straße, ihrer Herstellung oder Benutzung ausgehenden Einwirkungen unabhängig von der Person des unmittelbaren Verursachers (Verkehrsteilnehmer, Bauunternehmer) einem Träger öffentlicher Verwaltung, d.h. dem Träger der Straßenbaulast, zuzurechnen sind. Dies ist im allgemeinen der Fall, da der Straßenbaulastträger durch die Widmung die Möglichkeit der Beeinträchtigung des Nachbarn geschaffen hat. Die von der Benutzung der Straße ausgehenden Einwirkungen stellen also einen hoheitlichen Eingriff dar, der Unterlassungsansprüche, Duldungspflichten und Entschädigungsansprüche des öffentlichen Rechts auslösen kann. Entsprechendes gilt für die Maßnahmen des Baus und der Unterhaltung öffentlicher Straßen.

Entscheidend ist die Rechtswidrigkeit der konkreten Beeinträchtigungen. Ist die Beeinträchtigung rechtswidrig, hat der Nachbar einen öffentlich-rechtlichen Unterlassungsanspruch, da er sich gegen rechtswidrige Eingriffe der öffentlichen Gewalt in sein Eigentum mit Unterlassungs- und Beseitigungsansprüchen zur Wehr setzen kann. Entsprechendes gilt für rechtswidrige Eingriffe in seine durch Art. 2 Abs. 2 GG grundrechtlich geschützten Rechtsgüter Gesundheit und körperliche Integrität. Im Regelfall ist die Benutzung der Straße und damit die von dieser Nutzung ausgehende Beeinträchtigung rechtmäßig. Dann sind Unterlassungsansprüche nicht gegeben, da Voraussetzung eines Unterlassungsanspruchs immer ein rechtswidriges Handeln der öffentlichen Gewalt ist. Der Nachbar muß die Beeinträchtigung dulden. Dann stellt sich jedoch die weitere Frage, ob der Nachbar die ihm auferlegte Duldungspflicht entschädigungslos tragen muß oder ob er eine (Aufopferungs-) Entschädigung verlangen kann. Überschreitet die Beeinträchtigung die Grenze der Sozialbindung des Eigentums (Art. 14 Abs. 1 S. 2/ Abs. 2 GG) nicht, muß der Nachbar sie entschädigungslos dulden. Wird hingegen diese Opfergrenze überschritten, liegt eine schwere und unerträgliche Beeinträchtigung der nachbarlichen Grundstücksnutzung vor,[259] besteht ein Entschädigungsanspruch. Es handelt sich um einen „enteignenden Eingriff", der auf der Grundlage des gewohnheitsrechtlich geltenden Aufopferungsprinzips[260] zur Entschädigung führt.

---

258 *Bartlsperger,* Die Bundesfernstraßen als Verwaltungsleistung, 1969, S. 31; *Papier,* aaO (Fn. 3), S. 135 m. w. Nachweisen in Fn. 11 und 12.
259 Vgl. *BGHZ* 49, S. 148 (152); 54, S. 384 (391); *BVerwGE* 32, S. 173 (179); 36, S. 248 (249f); 44, S. 244 (246ff); 50, S. 282 (287f); 61, S. 295 (303).
260 Siehe *BGH,* NJW 1984, S. 1876 = DÖV 1985, S. 115; ferner *BGHZ* 90, S. 17ff.

Diese Fallkonstellation ist in der Regel insbesondere bei sehr starkem Verkehrslärm gegeben (dazu unten 3.).

3. Spezielles Nachbarrecht bei Planfeststellungsverfahren

In den Vorschriften des Planfeststellungsverfahrens (§ 39 Abs. 1 StrWG NW i.V.m. §§ 72 ff VwVfG NW) hat der Landesgesetzgeber verwaltungsrechtliche Spezialnormen des Nachbarschutzes und der nachbarlichen Duldungspflichten normiert.

a) Präklusionswirkung des Planfeststellungsbeschlusses

Öffentlich-rechtliche Störungsabwehransprüche der Nachbarn müssen grundsätzlich bis zum Eintritt der Unanfechtbarkeit in den vorgesehenen Verwaltungs- und verwaltungsgerichtlichen Verfahren geltend gemacht werden. Nach Unanfechtbarkeit des Planfeststellungsbeschlusses tritt eine Präklusionswirkung ein (§§ 39 Abs. 1 StrWG NW i.V.m. § 75 Abs. 2 VwVfG NW): Ansprüche auf Unterlassung des Vorhabens, auf Beseitigung oder Änderung der Anlagen oder auf Unterlassung der Benutzung sind nunmehr ausgeschlossen. Die Präklusionswirkung erfaßt auch Ansprüche auf **Änderung** festgestellter Anlagen. Insofern sind auch eingeschränkte Abwehrrechte, die auf Vornahme geeigneter und zumutbarer Schutzvorrichtungen abzielen, nach Eintritt der Unanfechtbarkeit grundsätzlich ausgeschlossen (vgl. dazu oben III 1 b cc). Auch diese Ansprüche sind im präventiven Verwaltungs- oder in dem gegen den erlassenen Planfeststellungsbeschluß gerichteten verwaltungsgerichtlichen Anfechtungsverfahren geltend zu machen. Sind diese Ansprüche begründet, führt das zu entsprechenden Auflagen im Planfeststellungsbeschluß (§ 39 Abs. 1 StrWG NW i.V.m. § 74 Abs. 2 VwVfG NW).

Der beeinträchtigte Nachbar kann allerdings auch noch nachträglich vom Träger der Straßenbaulast die Errichtung und Unterhaltung von Schutzvorrichtungen verlangen, wenn unvorhersehbare Wirkungen des Vorhabens oder der dem festgestellten Plan entsprechenden Anlagen auf die benachbarten Grundstücke erst nach Unanfechtbarkeit des Plans auftreten (siehe § 39 Abs. 1 StrWG NW i.V.m. § 75 Abs. 2 S. 2 VwVfG NW).

b) Der Anspruch auf Schutzanlagen und Entschädigung

Gemäß § 39 Abs. 1 StrWG NW i.V.m. § 74 Abs. 2 S. 2 VwVfG NW sind dem Träger des Vorhabens Vorkehrungen oder die Errichtung und Unterhaltung von Anlagen aufzuerlegen, die zum Wohl der Allgemeinheit oder zur Vermeidung nachteiliger Wirkungen auf Rechte anderer erforderlich sind. Die Ansprüche auf Vornahme von Schutzanlagen sind nach dem Gesetz jedoch ausgeschlossen, wenn solche Anlagen mit dem Vorhaben unvereinbar oder untunlich sind (§ 39 Abs. 1 StrWG NW i.V.m. § 74 Abs. 2 S. 3

VwVfG NW). Der betroffene Nachbar hat dann einen Anspruch auf angemessene Entschädigung in Geld (§ 39 Abs. 1 StrWG NW i.V.m. § 74 Abs. 2 S.3 VwVfG NW). Schutzgegenstand dieser Vorschrift ist nicht nur das Eigentumsrecht im Sinne des Art. 14 GG, erfaßt sind auch sonstige Rechte oder Rechtsgüter der Nachbarn, die bei der Benutzung der Grundstücke durch schädliche Einwirkungen der Straße nachteilig betroffen sein können, also etwa die in Art. 2 Abs. 2 GG geschützten Rechtsgüter wie Leben, Gesundheit, körperliche Unversehrtheit und persönliche Bewegungsfreiheit.[261] Auch soweit Eigentumsrechte betroffen sind, kommt der Schutzanspruch nicht erst in Betracht, wenn die Einwirkungen im **enteigungsrechtlichen** Sinne unzumutbar sind, also das Eigentum des Nachbarn „schwer und unerträglich" beeinträchtigt ist. Die fachplanungsrechtlichen Ansprüche auf Schutzvorkehrungen bzw. auf Entschädigung bewegen sich im „Vorfeld" des enteigungsrechtlichen Eigentumsschutzes.[262]

Für die nähere Bestimmung des Nachteilsbegriffs ist zunächst auf die bauplanungsrechtlich geprägte Situation der Nachbarschaft abzustellen. Reine oder allgemeine Wohngebiete im Sinne des Bebauungsrechts (vgl. §§ 3 und 4 BauNVO) genießen grundsätzlich einen höheren Lärmschutz als Industrie- oder Gewerbegebiete im Sinne der §§ 8 und 9 BauNVO. Zu berücksichtigen ist aber auch die konkrete, situationsbedingte Vorbelastung des jeweiligen Einwirkungsgebiets. Eine solche „Geräuschvorbelastung" kann beispielsweise für bebauungsrechtlich „reine" oder „allgemeine" Wohngebiete deshalb bestehen, weil diese wegen ihrer Lage in innerstädtischen Ballungsgebieten ohnehin einem erhöhten Dauerschallpegel ausgesetzt sind. Solche Gebiete sind nur insoweit schutzfähig, als gerade in der **Erhöhung** des Dauerschallpegels aufgrund des zu beurteilenden Straßenlärms eine (zusätzliche) nachteilige Einwirkung erheblichen Umfangs liegt. Die Vorbelastung des Einwirkungsgebiets kann ferner „plangegeben" sein. Erhöhte Lärmeinwirkungen können m.a.W. deshalb zumutbar sein, weil die Nutzung der Nachbargrundstücke in einer Zeit in Angriff genommen wurde, in der die Verkehrsbelastung für die Betroffenen aufgrund des Standes der Planung bereits voraussehbar war.[263]

Die Handhabung des § 74 Abs. 2 VwVfG NW (eine entsprechende Vorschrift findet sich für die Bundesfernstraßen im § 17 Abs. 4 FStrG) bereitet in der Praxis erhebliche Schwierigkeiten, weil der Gesetz- und Verordnungsgeber bisher keine jene Zumutbarkeits- oder Erheblichkeitsschwelle konkretisierenden Bestimmungen über Grenzwertregelungen getroffen hat. Unter bestimmten Voraussetzungen können nicht-rechtssatzmäßige Normierungen technischer Regeln (z.B. TA-Lärm) sowie VDI-Richtlinien oder DIN-Normen gewisse Anhaltspunkte liefern. Die Grenzwerte für den Lärm gewerblicher Anlagen können aber nur begrenzt für den Straßenlärm herangezogen

---

261 *Papier,* aaO (Fn. 3), S. 142.
262 *BVerwGE* 51, S. 6 ff, 15 ff, 35 ff.; 61, S. 295 (298 f); *Papier,* aaO (Fn. 3), S. 142; *BGH,* JZ 1986, S. 544 m. Anm. *Papier.*
263 Vgl. *Papier,* aaO (Fn. 3), S. 142 f.; *BVerwG,* DVBl. 1985, S. 896 (897 ff.).

werden, weil Verkehrslärm und Straßenlärm nur bedingt miteinander verglichen werden können.[264] Das Bundesverwaltungsgericht hat für ein Wohngebiet im Sinne der §§ 3, 4 BauNVO, das durch andere Störfaktoren bisher nicht vorbelastet ist, die Grenze des noch zumutbaren Straßenlärms bei einem äquivalenten Dauerschallpegel (Außenpegel) von etwa 55 dB(A) am Tage und von 45 dB(A) bei Nacht gezogen.[265] Für „Mischgebiete" hat der Baden-Württembergische VGH einen Grenzwert von 60/50 dB(A) und für planerisch stark vorbelastete Gebiete hat der Bayerische VGH einen Grenzwert von 75/65 dB(A) vertreten.[266]

c) Enteignend wirkende Planfeststellungen

Eine Planfeststellung kann zum einen dadurch eine Enteignungswirkung entfalten, daß die Festsetzungen des Planfeststellungsbeschlusses unmittelbar auf die Inanspruchnahme fremden Eigentums gerichtet sind. Enteignende Einwirkungen können zum anderen aber auch dadurch hervorgerufen werden, daß infolge der öffentlich-rechtlichen Zulassung des Vorhabens bzw. durch die darauf beruhende Ausführung sowie die Veränderungen der tatsächlichen Gegebenheiten eigentumsrelevante Nachteile zu Lasten der Nachbargrundstücke entstehen. Diese mittelbaren „drittbelastenden" Eigentumsbeeinträchtigungen der Planfeststellung können im Einzelfall eine solche Intensität entfalten und von solcher Eingriffstiefe sein, daß sie als materiell-enteignend zu qualifizieren sind. Diese Grenze zur enteignenden Einwirkung wird überschritten, wenn durch das Vorhaben Beeinträchtigungen bewirkt werden, welche die vorgegebene Grundstückssituation nachhaltig verändern und dadurch Nachbargrundstücke schwer und unerträglich treffen.[267] Über diese Tatsache des enteignenden Eingriffs und damit über die Enteignungsentschädigung muß – dem Grunde nach – schon im Planfeststellungsbeschluß selbst entschieden werden.[268]

Als Grundlage dieses Entschädigungsanspruchs kommen entweder der gewohnheitsrechtlich geltende Aufopferungsgrundsatz („enteignender Eingriff") oder die spezielle Entschädigungsnorm des straßenrechtlichen Fachplanungsrechts (vgl. § 39 Abs. 1 StrWG NW i.V.m. § 74 Abs. 2 VwVfG NW; § 17 Abs. 4 S. 2 FStrG) in Betracht. Diese Vorschriften betreffen allerdings – wie die Ausführungen zu 2. ergeben haben – nicht nur den enteignenden Eingriff.[269]

---

264 Siehe auch *Jarass,* NJW 1981, S. 721 ff. (725 f.); *ders.,* BImSchG, 1983, § 41 Rdnr. 8.
265 *BVerwGE* 51, S. 15 (34).
266 Siehe NJW 1980, S. 1012; DÖV 1981, S. 233 sowie *Blocher,* DÖV 1981, S. 660 ff
   m. Anm. 15 und 16; s. auch BGH, JZ 1986, S. 544 (546).
267 *BVerwGE* 32, S. 173 (179); 36, S. 248 (249 ff.); 44, S. 244 (246 ff.); 50, S. 282 (287 f.); 61,
   S. 295 (303); *BVerwG,* BRS 28 Nr. 118.
268 *BVerwGE* 61, S. 295 (304) = NJW 1981, S. 2137 ff.
269 Vgl. allgemein *Papier,* aaO (Fn. 3), S. 144.

d) Beeinträchtigungen ohne Kompensationsverpflichtungen[270]

Denkbar sind schließlich Einwirkungen auf das Eigentum sowie sonstige Rechte oder Rechtsgüter Dritter, die weder die Intensität eines enteignenden Eingriffs erreichen noch die fachplanungsgesetzlich speziell geregelte Kompensationsverpflichtung im Vorfeld der Enteignung auslösen. Hier handelt es sich um drittbelastende Einwirkungen, welche die im Fachplanungsrecht aufgestellte Grenze der Erheblichkeit oder Zumutbarkeit, erst recht aber auch nicht die enteignungsrechtlich relevante Zumutbarkeitsgrenze überschreiten. Dennoch dürfen solche planbedingten Einwirkungen nicht unberücksichtigt bleiben. Sie sind planerisch „zu bewältigen".[271] Die nicht unerheblichen Beeinträchtigungen des Eigentums oder sonstiger Rechte Dritter müssen in den planerischen Abwägungsprozeß einbezogen werden und in der Abwägung eine angemessene Berücksichtigung finden.[272] Nur im Rahmen einer gerechten Abwägung mit den *für* die konkrete Planung sprechenden (öffentlichen oder privaten) Belangen können die nachteilig betroffenen Nachbar- bzw. Eigentümerbelange in rechtlich einwandfreier Weise „überwunden" werden. Der straßenrechtliche Planfeststellungsbeschluß ist rechtswidrig und verwaltungsgerichtlich anfechtbar, wenn es an einer solchen sachgerechten und insoweit vollständigen Abwägung fehlt oder wenn die Abwägung der Sache nach von einer evidenten Fehlgewichtung oder Vernachlässigung der beeinträchtigten Nachbar- oder Eigentümerbelange geprägt ist.[273]

e) Verkehrslärmregelungen des Bundesrechts[274]

Regelungen über den von Straßen des Landesrechts ausgehenden Verkehrslärm enthält auch das Bundesrecht, auf das hier nur der Vollständigkeit halber kurz hingewiesen werden soll. Es geht um die Vorschriften der §§ 41–43, 50 BImSchG. Diese konstituieren ein dreistufiges Schutzsystem[275]:

(1) § 50 BImSchG verpflichtet den Plangeber, die Flächen einander so zuzuordnen, daß schädliche Umwelteinwirkungen auf ausschließlich oder überwiegend dem Wohnen dienende Gebiete sowie auf sonstige schutzwürdige Gebiete soweit wie möglich vermieden werden. Planfeststellungsbeschlüsse, die gegen diese Vorschrift verstoßen, sind rechtswidrig; Bebauungspläne, die Festsetzungen unter Mißachtung des § 50 BImSchG treffen, sind nichtig. Allerdings besitzt der § 50 BImSchG keine nachbarschützende Wirkung.[276]

---

270 Siehe dazu *Korbmacher*, in: Aktuelle Probleme des Enteignungsrechts, Speyerer Forschungsberichte 23 (1982), S. 20f.
271 *Papier*, aaO (Fn. 3), S. 145.
272 Siehe *BVerwGE* 59, S. 87 (98 u. 102f.); 61, S. 295 (302).
273 Siehe *Korbmacher*, aaO (Fn. 270), S. 21; *Papier*, aaO (Fn. 3), S. 145.
274 Vgl. auch *Stich*, UPR 1985, S. 265ff
275 Siehe *BGHZ* 64, S. 220 (224).
276 *BVerwG*, GewArch. 1982, S. 34; *Jarass*, BImSchG, 1983, § 50 Rdnr. 11.

(2) Kann durch die Trassenführung dem Lärmschutz nicht ausreichend Rechnung getragen werden, müssen die notwendigen Lärmschutzmaßnahmen beim Bau der Verkehrswege durch Lärmschutzwälle und ähnliches getroffen werden (§ 41 Abs. 1 BImSchG). Nach dieser Vorschrift müssen die nach dem Stand der Technik möglichen Lärmschutzmaßnahmen beim Bau der Verkehrswege getroffen werden (Beispiele: Lärmschutzwälle, -wände und -zäune, Tunnelung), soweit dies erforderlich ist, um „schädliche Umwelteinwirkungen" durch Verkehrsgeräusche zu vermeiden.

(3) Würden die für die (aktiven) Lärmschutzmaßnahmen aufzuwendenden Kosten außer Verhältnis zu dem angestrebten Zweck stehen, kann von den Lärmschutzmaßnahmen an den Verkehrswegen abgesehen werden (§ 41 Abs. 2 BImSchG). In diesem Fall ist der Träger der Straßenbaulast allerdings verpflichtet, den durch Lärm Betroffenen Ersatz für passive Schallschutzmaßnahmen an den Wohngebäuden zu leisten (§ 42 BImSchG). Auf diesen Enschädigungsanspruch ist der Nachbar mithin nur angewiesen, wenn trotz schädlicher Umwelteinwirkungen ein Störungsabwehranspruch nach § 41 BImSchG nicht besteht (§ 41 Abs. 2).

Nach § 43 BImSchG ist die Bundesregierung ermächtigt, die zur Durchführung der §§ 41 und 42 Abs. 1 BImSchG erforderlichen Vorschriften, insbesondere über die Immissionsgrenzwerte, zu erlassen, bei deren Überschreitung eine schädliche Umwelteinwirkung vorliegen soll. Der Entschädigungsanspruch ist nach der ausdrücklichen Regelung des § 42 Abs. 1 BImSchG von der Überschreitung der verordnungsrechtlich festgelegten Immissionsgrenzwerte abhängig. § 42 Abs. 1 BImSchG ist damit bis zum Erlaß der immer noch ausstehenden Rechtsverordnung über die Immissionsgrenzwerte keine anwendbare Norm.[277] Demgegenüber enthält § 41 BImSchG keine Verweisung auf die verordnungsrechtlich festzulegenden Grenzwerte. Sind sie fixiert, gelten sie sicherlich auch für § 41 BImSchG, dieser stellt aber auch ohne die auf § 43 BImSchG zu stützende Rechtsverordnung unmittelbar geltendes Recht dar.[278]

---

[277] Siehe auch *BVerwGE* 61, S. 295 (299 f.); *BVerwG*, DVBl. 1985, S. 896 (898).
[278] *Papier*, aaO (Fn. 3), S. 149; *BVerwG*, DVBl. 1985, S. 896 (897).

Wasserrecht des Landes Nordrhein-Westfalen

von Rüdiger Breuer

Gliederung:

I. Überblick über die normativen Grundlagen
II. Systematische Grundlagen
III. Sachlicher Geltungsbereich
   1. Oberirdische Gewässer
      a) Allgemeines
      b) Abgrenzung zwischen oberirdischen Gewässern und Abwasseranlagen
   2. Grundwasser
   3. Landesrechtliche Ausklammerungen
      a) Teiche
      b) Straßenseitengräben
      c) Solquellen
   4. Einleitungen in Abwasseranlagen
IV. Die allgemeine wasserwirtschaftsrechtliche Benutzungsordnung
   1. Die wasserwirtschaftlichen Benutzungen
      a) Erlaubnis- oder bewilligungspflichtige Benutzungen
      b) Wasserwirtschaftlicher Gemeingebrauch
      c) Eigentümer- und Anliegergebrauch
      d) Erlaubnis- und bewilligungsfreie Grundwasserbenutzungen
      e) Benutzungen aufgrund alter Rechte und alter Befugnisse
      f) Sonder- und Ausnahmebefugnisse zu erlaubnis- und bewilligungsfreien Gewässerbenutzungen
   2. Erlaubnis und Bewilligung
   3. Die wasserbehördliche Entscheidung über die Erteilung einer Erlaubnis oder Bewilligung
      a) Allgemeines
      b) Die immissionsbezogene Grundregel des § 6 WHG
      c) Die emissionsbezogenen Anforderungen an das Einleiten von Abwasser nach § 7a WHG
      d) Wasserwirtschaftliche Rahmenpläne und Bewirtschaftungspläne
         aa) Wasserwirtschaftliche Rahmenpläne
         bb) Bewirtschaftungspläne
      e) Die Anforderungen der EG-Richtlinien und der internationalen Übereinkommen zum Schutz des Rheins
      f) Zusätzliche Bewilligungsvoraussetzungen
      g) Nachbarschutz
      h) Benutzungsbedingungen und Auflagen
      i) Zusammentreffen von Erlaubnis- und Bewilligungsanträgen

4. Aufhebung und nachträgliche Beschränkung einer Erlaubnis oder Bewilligung
   a) Vorbehalt nachträglicher Anordnungen
   b) Widerruf der Bewilligung
   c) Nachträgliche Entscheidungen zugunsten Drittbetroffener
   d) Widerruf der Erlaubnis
   e) Ausgleichsverfahren
5. Rohrleitungen zum Befördern wassergefährdender Stoffe und Anlagen zum Umgang mit wassergefährdenden Stoffen
V. Gesteigerte wasserwirtschaftsrechtliche Benutzungsordnungen
   1. Festsetzung von Wasserschutzgebieten
   2. Reinhalteordnungen
VI. Wasserversorgung und Abwasserbeseitigung
VII. Abwasserabgabe
VIII. Sicherung und Ausbau der Gewässer
   1. Ausgleich der Wasserführung und Sicherung des schadlosen Wasserabflusses
   2. Gewässerausbau
   3. Sicherung des Hochwasserabflusses
IX. Gewässeraufsicht und Zwangsrechte
X. Organisation der Wasserbehörden, Verwaltungsverfahren und Wasserbücher
XI. Wasser- und Bodenverbände
   1. Allgemeine Rechtsgrundlagen
   2. Sondergesetzliche Wasserverbände

I. Überblick über die normativen Grundlagen

Unter den gleichbedeutenden Begriffen des „Wasserhaushalts" und der „Wasserwirtschaft" wird die „haushälterische Bewirtschaftung des in der Natur vorhandenen Wassers nach Menge und Güte" verstanden.¹ Die normative Regelung dieser Materie fällt unter die Rahmengesetzgebungskompetenz des Bundes nach Art. 75 Nr. 4 GG. Rahmengesetze des Bundes müssen der Ausfüllung durch Landesgesetze fähig und bedürftig sein.² Jenseits des bundesgesetzlichen Rahmens ist die normative Regelung des „Wasserhaushalts" oder der „Wasserwirtschaft" somit nach Art. 70 GG eine ausschließliche Angelegenheit des Landesgesetzgebers. Das geltende Wasserhaushalts- oder Wasserwirtschaftsrecht setzt sich folglich aus dem bundesgesetzlichen Rahmen und der landesgesetzlichen Ausfüllung zusammen. Die einschlägigen gesetzlichen Regelungen des Bundes und des jeweiligen Bundeslandes sind mithin aufeinander bezogen und aufeinander angewiesen. Erst aus dem Zusammenspiel der Vorschriften beider Gesetzgebungs-

---

1 BVerfGE 15, 1 (15).
2 Grundlegend: BVerfGE 4, 115 (128 ff.); ferner BVerfGE 7, 29 (41 f.); 25, 142 (152); 36, 193 (202); 43, 291 (343); *Stern*, Das Staatsrecht der Bundesrepublik Deutschland, Bd. I, 2. Aufl. 1984, S. 680 f.; *Hesse*, Grundzüge des Verfassungsrechts der Bundesrepublik Deutschland, 15. Aufl. 1985, Rdnr. 241.

ebenen ergibt sich ein vollzugsfähiges Wasserhaushalts- oder Wasserwirtschaftsrecht,[3] das üblicherweise mit dem verkürzten Begriff des Wasserrechts bezeichnet wird. Eine bundesgesetzliche, von Art. 74 Nr. 1 GG gedeckte Vollregelung haben allerdings die zivilrechtliche Gefährdungshaftung für die Wasserbeschaffenheit (§ 22 WHG) und das Wasserstrafrecht (im Rahmen der §§ 324 ff. StGB) gefunden; auf diese Materien ist hier nicht näher einzugehen. Für den wasserrechtlichen Vollzug ist nach den Art. 30, 83 GG ausschließlich die Landesverwaltung zuständig.

Der **Bund** hat von seiner Rahmengesetzgebungskompetenz nach Art. 75 Nr. 4 GG durch den Erlaß des **Wasserhaushaltsgesetzes** vom 27. 7. 1957 (BGBl. I S. 1110) Gebrauch gemacht. Dieses Gesetz ist in der Folgezeit mehrfach novelliert worden.[4] Besondere Bedeutung kommt der 4. Novelle zum WHG vom 26. 4. 1976 (BGBl. I S. 1109)[5] zu. Hierdurch ist das rechtliche Instrumentarium des Gewässerschutzes unter dem Eindruck der wasserwirtschaftlichen Krisensituation sowie im Zuge des modernen Umweltschutzes wesentlich erweitert und verschärft worden. Zuletzt ist auf Initiative der Bundesregierung[6] die 5. Novelle zum WHG vom 25. 7. 1986 (BGBl. I S. 1165) verabschiedet worden. Damit soll die Linie eines verstärkten Gewässerschutzes insbesondere im Hinblick auf die Einleitung von gefährlichen Stoffen und die Reinigung des Abwassers fortgesetzt werden.

Der **nordrhein-westfälische Landesgesetzgeber** hat den bundesrechtlichen Rahmen des WHG erstmals durch das Landeswassergesetz vom 22. 5. 1962 (GVBl. S. 235) ausgefüllt. Hierdurch ist älteres Landesrecht, insbesondere das preußische Wassergesetz vom 7. 4. 1913 (PrGS S. 53) aufgehoben worden. Das Landeswassergesetz von 1962 ist seinerseits durch das geltende **Wassergesetz für das Land Nordrhein-Westfalen** (Landeswassergesetz — LWG) vom 4. 7. 1979 (GVBl. S. 488)[7] abgelöst worden. Dieses Gesetz hat an die zwischenzeitlichen Änderungen und Ergänzungen des Bundesrahmenrechts angeknüpft und das Instrumentarium des verstärkten Gewässerschutzes auf der Landesebene fortentwickelt.

Durch das **Abwasserabgabengesetz** vom 13. 9. 1976 (BGBl. I S. 2721, ber. S. 3007)[8] hat der Bundesgesetzgeber, auf die Rahmengesetzgebungskompetenz nach Art. 75 Nr. 4 GG gestützt, im Interesse des Gewässerschutzes eine Sonderabgabe mit Lenkungs-, Antriebs- und Ausgleichsfunktion eingeführt.[9] Sie beruht auf dem umweltspezifischen

---

3 BVerfGE 15, 1 (17); *Salzwedel*, in: v.Münch (Hrsg.), Besonderes Verwaltungsrecht, 7. Aufl. 1985, S. 659.
4 Dazu *Breuer*, in: v. Mutius/Friauf/Westermann (Hrsg.), Handbuch für die öffentliche Verwaltung, Bd. 2, 1984, S. 442f. (Rdnr. 16).
5 Danach Neubekanntmachung (der ab 1. 10. 1976 geltenden Fassung) v. 16. 10. 1976 (BGBl. I S. 3017); zuletzt geändert durch Gesetz v. 28. 3. 1980 (BGBl. I S. 373).
6 BT-Drucks. 10/3973.
7 Zuletzt geändert durch Gesetz v. 6. 11. 1984 (GVBl. S. 663).
8 Zuletzt geändert durch Gesetz v. 14. 12. 1984 (BGBl I. S. 1515).
9 Vgl. BT-Drucks. 7/2272, S. 1f., 21 ff.; zur Intention des Abwasserabgabengesetzes auch *Salzwedel*, Studien zur Erhebung von Abwassergebühren, 1972, S. 52f.; *ders.*, RdWWi 18, 7ff.

Verursacherprinzip. Ihr Zweck geht dahin, daß über die bewirtschaftungsrechtlichen Verbote und Beschränkungen hinausgehende, aus der Kostenlast resultierende Anstöße den Einleiter zur Vermeidung oder Verringerung des Abwasseranfalls oder zur Reinigung des Abwassers drängen sollen. Zugleich sollen die aus der Gewässerverschmutzung erwachsenden Kosten internalisiert, d. h. als Faktor der betriebswirtschaftlichen Rechnung dem Einleiter auferlegt werden. Insoweit werden die herkömmlichen Wettbewerbsvorteile des gewässerverschmutzenden Einleiters ausgeglichen.

Das nordrhein-westfälische Landeswassergesetz enthält auch zu der Abwasserabgabe konkretisierende Ausfüllungsvorschriften (§§ 64 – 85 LWG). Im Gegensatz zu anderen Bundesländern[10] kennt Nordrhein-Westfalen kein gesondertes Landes-Abwasserabgabengesetz.

Das Landeswassergesetz ist nicht nur in den bundesgesetzlichen Rahmen eingebunden. Vielmehr gewinnen in zunehmendem Maße auch **Richtlinien der Europäischen Gemeinschaften** Bedeutung für die Ausgestaltung und den Vollzug des Wasserrechts in den Mitgliedstaaten. Die Zuständigkeit der Europäischen Gemeinschaften wird insoweit primär aus der Angleichungsklausel des Art. 100 EWGV und subsidiär aus der Lückenschließungsklausel des Art. 235 EWGV abgeleitet.[11] Hervorhebung verdienen die EG-Richtlinie vom 4. 5. 1976 betreffend die Verschmutzung infolge der Ableitung bestimmter gefährlicher Stoffe in die Gewässer der Gemeinschaft[12] und die EG-Richtlinie vom 17. 12. 1979 über den Schutz des Grundwassers gegen Verschmutzung durch bestimmte gefährliche Stoffe.[13] Nach dem Grundsatz des Art. 189 Abs. 3 EWGV sind Richtlinien zwar nicht für den Bürger, jedoch für die Mitgliedstaaten hinsichtlich des Zieles – nicht hinsichtlich der rechtlichen Mittel – verbindlich. Die Umsetzung der Richtlinien in nationales Recht vollzieht sich auf der Grundlage der internen Kompetenzordnung der Mitgliedstaaten. Auf dem Gebiet des Wasserrechts sind daher in der

---

Kloepfer, DÖV 1975, 593 ff.; *Boehm,* DÖV 1975, 597 f.; *Franke,* ZfW 1976, 195 ff.; *Berendes/Winters,* Das neue AbwAG, 1981, S. 4 f.

10 Landesabwasserabgabengesetz von Baden-Württemberg (AbwAG B-W) v. 6. 7. 1981 (GBl. S. 337);Bayerisches Gesetz zur Ausführung des Abwasserabgabengesetzes (BayAbwAG v. 21. 8. 1981 (GVBl. S. 344); Bremisches Abwasserabgabengesetz (BremAbwAG) v. 20. 10. 1980 (GVBl. S. 271); Hamburgisches Gesetz zur Ausführung des Abwasserabgabengesetzes (HbgAbwAG) v. 9. 7. 1980 (GVBl. I S. 121); Hessisches Ausführungsgesetz zum Abwasserabgabengesetz (HessAbwAG) v. 17. 12. 1980 (GVBl. I S. 540); Niedersächsisches Ausführungsgesetz zum Abwasserabgabengesetz (NdsAbwAG) v. 14. 4. 1981 (GVBl. S. 105); Landesgesetz von Rheinland-Pfalz zur Ausführung des Abwasserabgabengesetzes (AbwAG Rh-Pf) v. 22. 12. 1980 (GVBl. S. 258); Gesetz zur Ausführung des Abwasserabgabengesetzes von Schleswig-Holstein (AbwAG S-H) v. 28. 8. 1980 (GVBl. S. 260).

11 Vgl. *Zuleeg,* ZfW 1975, 133 ff.; *Behrens,* Rechtsgrundlagen der Umweltpolitik der Europäischen Gemeinschaften, 1976, S. 71 ff.; *Czychowski,* RdWWi 20, 22 ff.; *Riegel,* DVBl. 1977, 82 ff.; *ders.,* BayVBl. 1979, 97 ff.; *Steiger,* in: Salzwedel (Hrsg.), Grundzüge des Umweltrechts, 1982, S. 67 ff.; *Offermann-Clas,* ZfU 1983, 47 ff.

12 ABl. der EG Nr. L 129/23 v. 18. 5. 1976.

13 ABl. der EG Nr. L 20/43 v. 26. 1. 1980.

Bundesrepublik Deutschland innerhalb des bundesgesetzlichen Rahmens auch die Länder verpflichtet, die einschlägigen EG-Richtlinien in bürgerverbindliche Rechtsnormen umzusetzen.[14]

Von der Materie des „Wasserhaushalts" oder der „Wasserwirtschaft" ist die Materie „Schiffahrt und Wasserwege" zu unterscheiden. Bei dieser geht es um die Verkehrsfunktion der Gewässer. Insoweit verfügt der Bund über eine konkurrierende, vollinhaltliche Gesetzgebungskompetenz für die Hochsee-, Küsten- und Binnenschiffahrt, die Seewasserstraßen und die dem allgemeinen Verkehr dienenden Binnenwasserstraßen (Art. 74 Nr. 21 GG). Auf dieser Grundlage hat der Bund für die Bundeswasserstraßen, nämlich für die dem allgemeinen Verkehr dienenden Binnenwasserstraßen des Bundes und die Seewasserstraßen, im **Bundeswasserstraßengesetz** vom 2. 4. 1968 (BGBl. II S. 173)[15] eine abschließende Regelung der Verkehrsfunktion getroffen. Soweit sonstige Gewässer schiffbar sind, fehlt eine bundesgesetzliche Regelung ihrer Verkehrsfunktion. Die Schiffahrt auf solchen Gewässern unterliegt in Nordrhein-Westfalen ausschließlich § 37 LWG. Eine Verwaltungskompetenz hat der Bund ohnehin nur für die Bundeswasserstraßen (Art. 89 Abs. 2 Satz 1 GG).

Selbst für die Bundeswasserstraßen hat der Bund eine konkurrierende, vollinhaltliche Gesetzgebungskompetenz sowie eine Vollzugskompetenz nur in verkehrlicher, nicht in wasserwirtschaftlicher Hinsicht.[16] Auch die Verwaltungskompetenz des Bundes für die Bundeswasserstraßen betrifft nur deren Verkehrsfunktion, nicht dagegen die wasserwirtschaftliche Funktion eines Wasserspenders und Vorfluters.[17] Wasserwirtschaftliche Maßnahmen in bezug auf eine Bundeswasserstraße unterliegen den allgemeinen Normen des WHG und des jeweiligen Landeswassergesetzes sowie der ausschließlichen Verwaltungskompetenz des betreffenden Landes (Art. 30, 83 GG). Mit dieser Kompetenzlage sind wasserwirtschaftliche Verwaltungsakte des Bundes hinsichtlich einer Bundeswasserstraße nicht vereinbar.

Eigenständige Rechtsgrundlagen gelten für die **Wasser- und Bodenverbände.** Hierbei handelt es sich um Körperschaften des öffentlichen Rechts mit wichtigen wasserwirtschaftlichen Aufgaben. Ihre allgemeine Rechtsgrundlage besteht in dem (Reichs-)Gesetz über Wasser- und Bodenverbände vom 10. 2. 1937[18] und in der hierauf gestütz-

---

14 Vgl. hierzu *Czychowski*, RdWWi 20, 21 ff.; *Salzwedel*, in: Dokumentation zur wissenschaftlichen Fachtagung 1979 der Gesellschaft für Umweltrecht, 1980, S. 139 ff.; *Gieseke/Wiedemann/Czychowski*, WHG, 4. Aufl. 1985, Einl. X 2 b; grundsätzlich auch *Riegel*, DVBl. 1979, 250, der jedoch — insoweit abweichend — aus Art. 24 Abs. 1 GG eine subsidiäre Ersatzkompetenz des Bundes ableitet.
15 Zuletzt geändert durch Gesetz v. 1. 6. 1980 (BGB. I. S. 649).
16 BVerfGE 15, 1.
17 Vgl. hierzu BVerfGE 21, 312; zu daraus erwachsenden Einzelfragen: OVG Koblenz, ZfW 1975, 56; VG Koblenz, DVBl. 1974, 301; *Salzwedel*, DÖV 1968, 103 ff.; *Breuer*, DVBl. 1974, 268 ff.; *Friesecke*, ZfW 1975, 29 ff.
18 RGBl. I S. 188.

ten Ersten Wasserverbandverordnung vom 3. 9. 1937.[19] Bestritten ist, ob diese Rechtsnormen nach Art. 125 Nr. 1 GG als Bundesrecht fortgelten oder Landesrecht geworden sind.[20] Das BVerfG[21] hat entschieden, daß die Vorschriften der Wasserverbandverordnung über Gründung, Organisation, Umgestaltung und Auflösung von Wasser- und Bodenverbänden jedenfalls insoweit Bundesrecht geworden sind, als sie Wasserbeschaffungsverbände betreffen. Hierfür entnimmt das BVerfG eine konkurrierende Gesetzgebungskompetenz des Bundes aus Art. 74 Nr. 17 GG. Darüber hinaus sieht das BVerwG[22] die gesamte Wasserverbandverordnung als Bundesrecht an. Dabei geht das BVerwG von einer konkurrierenden Gesetzgebungskompetenz des Bundes nach Art. 74 Nr. 11, 17, 18 und 21 GG aus. Dieser Rechtsprechung wird man zustimmen müssen. In Nordrhein-Westfalen gibt es indessen eine Reihe bedeutender Wasserverbände, die ihre Rechtsgrundlage nicht in den erwähnten allgemeinen Normen, sondern in speziellen Landesgesetzen finden.[23] Hierbei handelt es sich zumeist um fortgeltende preußische Gesetze und im Falle des Großen Erftverbandes um ein nordrhein-westfälisches Sondergesetz vom 3. 6. 1958 (GVBl. S. 253).[24]

Das **Wassersicherstellungsgesetz** vom 24. 8. 1965 (BGBl. I S. 1225, ber. S. 1817)[25] ist als Bundesgesetz auf die ausschließliche Gesetzgebungskompetenz für die Verteidigung nach Art. 73 Nr. 1 GG gestützt. Es regelt die im Verteidigungsfall einsetzenden besonderen Anforderungen an die Wasserwirtschaft.

II. Systematische Grundlagen

Das geltende Wasserrecht bildet ein Schnittfeld des öffentlichen Sachenrechts und des Umweltschutzrechts.

Bei herkömmlicher Betrachtung gehört das Wasserrecht dem **öffentlichen Sachenrecht** an. Die oberirdischen Gewässer und die (in Nordrhein-Westfalen allerdings ausscheidenden) Küstengewässer (§ 1 Abs. 1 Nr. 1 und 1a WHG, § 1 Abs. 1 LWG) zählen zu den öffentlichen Sachen. Nach zutreffender, heute vorherrschender Rechtslehre werden sie in wasserwirtschaftlicher Hinsicht als öffentliche Sachen im Sondergebrauch

---

19 RGBl. I S. 933; zuletzt geändert durch Verordnung v. 18. 4. 1975 (BGBl. I S. 967).
20 Vgl. zum Streitstand *Kaiser/Linckelmann/Schleberger,* WVVO, 1967, S. 67 ff.; *Dornheim,* Das Recht der Wasser- und Bodenverbände, 2. Aufl. 1980, S. 24 f.; *Kaiser,* ZfW 1983, 65 (66 ff.); *Breuer,* in: Festgabe für Georg-Christoph v. Unruh, 1983, S. 856 ff.
21 BVerfGE 58, 45 (60 ff.).
22 BVerwGE 3, 1 (3 ff.) 7, 17 (19 ff.); 7, 30 (33); 7, 39; 10, 238 (239); 25, 151 (153 f.); 51, 115 (116); BVerwG, Buchholz 445.2 § 2 WVVO Nr. 2 S. 6.
23 Dazu unten XI 2.
24 Zuletzt geändert durch Gesetz v. 18. 9. 1979 (GVBl. 2. 552).
25 Zuletzt geändert durch Gesetz v. 14. 12. 1976 (BGBl. I S. 3341, ber. BGBl. 1977 I S. 667).

und im Hinblick auf die Verkehrsfunktion, d. h. in wasserwegerechtlicher Hinsicht, als öffentliche Sachen im Gemeingebrauch eingestuft.[26]

Das nordrhein-westfälische Landeswassergesetz folgt — ebenso wie die Wassergesetze der meisten anderen Bundesländer — dem traditionellen Dualismus des öffentlichen Sachenrechts.[27] Die betreffenden Sachen bleiben hiernach der privatrechtlichen Eigentumsordnung unterstellt. Das Eigentum wird jedoch von einer öffentlichrechtlichen Sachherrschaft überlagert. Dieser kommt der Vorrang zu. Soweit sie aufgrund der gesetzlichen Regelung reicht, verdrängt sie die privatrechtliche Eigentumsordnung. In diesem Sinne regeln die §§ 4 ff. LWG die Eigentumsverhältnisse an den oberirdischen Gewässern. Dazu gehören die Bestimmungen über die Zuweisung und die räumliche Begrenzung des Gewässereigentums sowie über die eigentumsrechtlichen Folgen der Verlandung, des Uferabrisses, der natürlichen Veränderung des Gewässerbettes und der Bildung von Inseln. Die Überlagerung der privatrechtlichen Eigentumsordnung durch die öffentlichrechtliche Sachherrschaft manifestiert sich vor allem in der Duldungspflicht nach § 13 LWG. Hiernach haben der Gewässereigentümer und der (sonstige) Nutzungsberechtigte die Gewässerbenutzung als solche unentgeltlich zu dulden, soweit eine Erlaubnis oder Bewilligung erteilt ist oder eine erlaubnisfreie Benutzung ausgeübt wird (§ 13 Satz 1 LWG). Diese Duldungspflicht wird lediglich durch enge Ausnahmen eingeschränkt: Sie gilt nicht für das Entnehmen fester Stoffe aus oberirdischen Gewässern, soweit dies auf den Zustand des Gewässers oder auf den Wasserabfluß einwirkt (§ 3 Abs. 1 Nr. 3 WHG) und für die erlaubnispflichtige Benutzung von künstlichen Gewässern und Talsperren (§ 13 Satz 2 LWG). Das Gewässereigentum unterliegt danach einer extremen Sozialpflichtigkeit. Dennoch stellt die dominierende Duldungspflicht des Gewässereigentümers aufgrund des öffentlichen Wasserrechts eine zulässige Inhalts- und Schrankenbestimmung des Eigentums i. S. des Art. 14 Abs. 1 Satz 2 GG dar.[28] Ausschlaggebend hierfür sind die faktischen Besonderheiten und die spezifische Gemeinwohlrelevanz der Wasserwirtschaft.

Aus neuerer Sicht präsentiert sich das Wasserrecht zugleich als **Teilgebiet des Umweltschutzrechts**. Im Gefüge dieses Rechtsgebiets ist es dem medialen Umweltschutz zuzuordnen, da es den spezifischen **Schutz des Umweltmediums Wasser** normiert.[29] Als Kern des Wasserrechts erweist sich auch aus dieser Sicht die wasserwirtschaftsrechtliche Benutzungsordnung gemäß den §§ 1a ff. WHG und den Ausfüllungsvorschriften der §§ 24 ff. LWG. Die rechtssystematische Basis der hiervon umfaßten Einzelregelungen besteht in einem repressiven Verbot unter dem Vorbehalt einer admi-

---

26 *Salzwedel*, in: Erichsen/Martens (Hrsg.), Allgemeines Verwaltungsrecht, 7. Aufl. 1985, § 47, vor I; *Papier*, Recht der öffentlichen Sachen, 2. Aufl. 1984, S. 19 ff.
27 Zu dieser dualistischen Konstruktion *Salzwedel* (FN 26), § 45 I 3; *Papier* (FN 26), S. 9 ff.
28 *Gieseke/Wiedemann/Czychowski* (FN 14), Einl. VIII 2 m.w.N.; a.A. *Salzwedel* (FN 3), S. 663 f.
29 *Breuer*, in: v. Münch (Hrsg.), Besonderes Verwaltungsrecht, 7. Aufl. 1985, S. 555.

nistrativen Befreiung.³⁰ Benutzungen der Gewässer – einschließlich des Grundwassers (§ 1 Abs. 1 Nr. 2 WHG, § 1 Abs. 1 LWG) – sind grundsätzlich nur als öffentlichrechtliche Sondernutzungen aufgrund einer Erlaubnis oder Bewilligung zulässig (§ 2 Abs. 1 WHG). Wenn die rechtsbegrifflichen Voraussetzungen (§§ 6, 7 a, 8 Abs. 1 WHG, §§ 27, 28 LWG) erfüllt sind, steht die Erteilung der Erlaubnis oder Bewilligung im Ermessen der Wasserbehörde.³¹ Die Gewässerbenutzungen sind aus dem privatrechtlichen Eigentum ausgeklammert. Befugnisse und Rechte zur Gewässerbenutzung ergeben sich prinzipiell nicht aus dem Grundeigentum (§ 1a Abs. 3 Nr. 1 WHG), sondern aus einer öffentlichrechtlichen Zuteilung. Das Wasserdargebot unterliegt somit einer strengen öffentlichen Bewirtschaftung.³² Das geltende Wasserrecht ermächtigt und verpflichtet die Wasserbehörden unter dem Vorzeichen des medialen Umweltschutzes zu einer restriktiven Ressourcenökonomie. Dabei sind die programmatischen Ziele der Wasserwirtschaft gemäß § 2 LWG zu verwirklichen. Die behördlichen Einzelfallentscheidungen sollen durch planmäßige Ermittlungen der maßgeblichen Tatsachen und Entwicklungen (§ 19 LWG) sowie vor allem durch die formalisierte Fachplanung in Gestalt der wasserwirtschaftlichen Rahmenpläne (§ 36 WHG, § 20 LWG) und der Bewirtschaftungspläne (§ 36b WHG, § 21 LWG) dirigiert und harmonisiert werden.

Durch diese Grundstruktur hebt sich das Wasserrecht nicht nur von der verdrängten privatrechtlichen Eigentumsordnung, sondern auch von der Nutzungsordnung anderer Teilgebiete des öffentlichen Umweltschutzrechts ab. So beruht z.B. im Rahmen des medialen Schutzes der Luft die Anlagengenehmigung nach den §§ 4ff. BImSchG auf einem präventiven Verbot unter dem Vorbehalt einer administrativen, rechtlich vollauf gebundenen Unbedenklichkeitserklärung.³³ Erst recht liegt der immissionsschutzrechtlichen Nutzungsordnung für nicht genehmigungsbedürftige Anlagen (§§ 22ff. BImSchG) das systematische Konzept einer rein ordnungsrechtlichen Kontrolle zugrunde.³⁴ Solche Vergleiche lassen die strukturelle Besonderheit der restriktiven, planerisch dirigierten Ressourcenökonomie der wasserwirtschaftsrechtlichen Benutzungsordnung noch deutlicher hervortreten.

---

30 *Sieder/Zeitler/Dahme*, WHG, Loseblatt-Komm., § 2 Rdnr. 2 a, b im Anschluß an die Terminologie in BVerfGE 20, 150 (157); *Gieseke/Wiedemann/Czychowski* (FN 14), § 2 Rdnr. 3; *Breuer*, Öffentliches und privates Wasserrecht, 1976, Rdnr. 31, 82.
31 BVerwGE 20, 219; OVG Münster, OVGE 18, 35; OVG Münster, ZfW 1974, 235 (236, 244 ff.); 1979, 58; ferner statt vieler: *Salzwedel*, RdWWi 15, 35 (49 ff.); *Gieseke/Wiedemann/Czychowski* (FN 14), § 6 Rdnr. 2 ff.; *Sieder/Zeitler/Dahme* (FN 30), § 6 Rdnr. 2; *Breuer* (FN 30), Rdnr. 82; *ders.*, in: Bitburger Gespräche, Jahrbuch 1983, S. 70 ff.; *Henseler*, Das Recht der Abwasserbeseitigung, 1983, S. 142 ff.
32 *Salzwedel* (FN 3), S. 661 ff.; *Breuer* (FN 30), Rdnr. 31; *Czychowski*, in: Festgabe aus Anlaß des 25jährigen Bestehens des BVerwG, 1978, S. 129 ff.
33 BVerwGE 55, 250 (253) = DVBl. 1978, 591 mit Anm. von *Breuer*; ferner *ders.* (FN 29), S. 568, 589 ff.
34 Dazu *Sellner/Löwer*, WiVerw. 1980, 221 ff.; *Kutscheidt*, NVwZ 1983, 65 ff.; *Breuer* (FN 29), S. 600 ff.

Lange Zeit war es streitig, ob die skizzierte wasserwirtschaftsrechtliche Benutzungsordnung auch insoweit **mit Art. 14 Abs. 1 GG vereinbar** ist, als sie den Inhalt des Grundeigentums im Verhältnis zum Grundwasser bestimmt.[35] Nach der Erkenntnis des BVerfG[36] steht es indessen mit dem Grundgesetz in Einklang, daß das WHG „das unterirdische Wasser zur Sicherung einer funktionsfähigen Wasserbewirtschaftung – insbesondere der öffentlichen Wasserversorgung – einer vom Grundstückseigentum getrennten öffentlichrechtlichen Benutzungsordnung unterstellt hat". Damit hat das BVerfG in überzeugender Weise die Konsequenzen aus den wasserwirtschaftlichen Fakten, dem spezifischen Schutzbedürfnis des Umweltmediums Wasser und der rechtsdogmatischen Möglichkeit einer öffentlichrechtlichen Inhalts- und Schrankenbestimmung des Eigentums gemäß Art. 14 Abs. 1 Satz 2 GG gezogen.

Die Einordnung des Wasserrechts in die systematische Kategorie des medialen Umweltschutzes scheint auf den ersten Blick die neueren Regelungen des Bundes- und Landesrechts über die Abwasserbeseitigung (§§ 7a, 18a, 18b WHG, §§ 51–63 LWG) zu vernachlässigen. Diese Vorschriften weisen Parallelen mit dem Recht der Abfallbeseitigung auf, die ihrerseits dem kausalen Umweltschutz zuzuordnen ist. Das wesentliche Merkmal des kausalen Umweltschutzes besteht darin, daß er nicht einem medienbezogenen, sondern einem stoffbezogenen Ansatz folgt.[37] Er sucht bestimmte Gefahrenquellen zu erfassen, indem er den Umgang mit ihnen reglementiert. Die genannten Regelungen über die Abwasserbeseitigung bewegen sich somit auf der Grenze zwischen den systematischen Ansätzen des medialen und des kausalen Umweltschutzes. Sie unterwerfen das Abwasser als umweltrelevanten Stoff entsorgungsspezifischen Geboten und Verboten im Vorfeld der Gewässerbenutzung. Dennoch bleiben diese Vorschriften dem medialen Schutz der Gewässer verhaftet. Zugleich unterscheiden sie sich damit vom Recht der Abfallbeseitigung.[38]

Erstens sind die gesetzlichen Anforderungen an die Abwasserbeseitigung in spezifischer Weise auf das Umweltmedium Wasser, auf die Wirkungen der Einleitung bestimmter Abwässer in ein Gewässer und somit auf die öffentliche Bewirtschaftung des Wasserdargebots bezogen. Der Gesetzgeber geht von der sachbedingten Affinität zwischen Wasser und Abwasser aus. Zweitens hat der Gesetzgeber am dualistischen System der Abwasserbeseitigung festgehalten; Abwasser kann nach Maßgabe des Was-

---

35 Bejahend: BVerwGE 55, 220 (230); NJW 1978, 2311 (2312); BayVGH, DVBl. 1976, 177; VGH B-W, ZfW 1981, 27 (28); *Sieder/Zeitler/Dahme* (FN 30), § 2 Rdnr. 2, 2a; *Gieseke/Wiedemann/Czychowski* (FN 14), Einl. VIII 1 und § 1a Rdnr. 27; *Sendler,* ZfW 1975, 1ff.; *ders.,* ZfW 1979, 65ff.; verneinend: BGH, NJW 1978, 2290; weitere Nachw. zum Streitstand bei *Breuer* (FN 4), S. 448 (Rdnr. 26).
36 BVerfGE 58, 300; dem BVerfG folgend nunmehr: BGHZ 84, 223 und 230; BGH, ZfW 1983, 23.
37 *Breuer* (FN 29), S. 669f.
38 Näheres hierzu bei *Breuer,* Die Abgrenzung zwischen Abwasserbeseitigung, Abfallbeseitigung und Reststoffverwertung, 1985, S. 14ff.

serrechts entweder direkt in ein Gewässer oder in die Abwasseranlage eines beseitigungspflichtigen Dritten, regelmäßig in die Kanalisation der Gemeinde (§ 53 Abs. 1 LWG), eingeleitet werden. Dagegen darf Abfall nach dem monistischen System des Abfallbeseitigungsrechts grundsätzlich nur in den dafür zugelassenen Abfallbeseitigungsanlagen behandelt, gelagert und abgelagert werden, damit sein umweltrelevantes Gefährdungspotential beseitigt oder sicher abgeschirmt wird (§ 4 Abs. 1 i.V.m. §§ 2, 3 AbfG). Eine Einleitung von flüssigem Abfall in ein Gewässer ist, abgesehen von engen Ausnahmen (§ 4 Abs. 2 und 4 AbfG), nicht zulässig. Ein Einbringen von festem Abfall in ein (oberirdisches) Gewässer ist bereits nach § 26 Abs. 1 WHG verboten. Drittens sind Abwasser und Abfall verschiedenen Beseitigungsanlagen zuzuführen und darin mit unterschiedlicher Zielsetzung zu behandeln. Abwasser ist grundsätzlich in Abwasseranlagen (§ 18 b WHG, §§ 57 – 61 LWG) nach den allgemein anerkannten Regeln der Abwassertechnik zu behandeln mit dem Ziel, die gereinigte Wassersubstanz im Wege des Einleitens, Versickerns, Verregnens oder Verrieselns in den Wasserhaushalt zurückzuführen.

Auch das Abwasserabgabenrecht des Bundes (AbwAG) und des Landes Nordrhein-Westfalen (§§ 64 – 85 LWG) fügt sich in den umrissenen Rahmen des medialen Schutzes der Gewässer ein. Es dient, wie bereits angedeutet,[39] ebenfalls in spezifischer Weise dem Schutz des Umweltmediums Wasser, indem es jenseits der bewirtschaftungsrechtlichen Schranken die Abwassereinleitungen durch den Druck der Kostenlast zu reduzieren sucht. Die restriktive Ressourcenökonomie wird hierdurch erweitert und verstärkt.

III. Sachlicher Geltungsbereich

Der sachliche Geltungsbereich des Wasserrechts wird durch den allgemeinen Begriff sowie die erfaßten und unterschiedenen Arten der Gewässer abgesteckt. Nach allgemeiner Definition sind unter den Gewässern alle Teile der Erdoberfläche zu verstehen, „die infolge ihrer natürlichen Beschaffenheit oder künstlichen Vorrichtungen nicht nur vorübergehend mit Wasser bedeckt sind, sowie die Teile des Erdinnern, die Wasser enthalten".[40] In Nordrhein-Westfalen gilt das Wasserrecht aufgrund der landesrechtlichen Präzisierung für oberirdische Gewässer und das Grundwasser sowie für Handlungen und Anlagen, die sich auf die Gewässer und ihre Nutzungen auswirken oder auswirken können (§ 1 Abs. 1 LWG i.V.m. § 1 Abs. 1 Nrn. 1 und 2 WHG).

---

39 Vgl. oben I mit FN 9.
40 *Sieder/Zeitler/Dahme* (FN 30), § 1 Rdnr. 4.

Wasserrecht

1. Oberirdische Gewässer

a) Allgemeines

Nach der Legaldefinition des § 1 Abs. 1 Nr. 1 WHG umfassen die oberirdischen Gewässer das „ständig oder zeitweilig in Betten fließende oder stehende oder aus Quellen wild abfließende Wasser". Das nordrhein-westfälische Landesrecht teilt die oberirdischen Gewässer in zwei Ordnungen ein (§ 3 Abs. 1 Satz 1 LWG). Nach der Gewässerordnung richten sich vor allem die Eigentumsverhältnisse und die Unterhaltungspflicht. Gewässer erster Ordnung sind die in der Anlage zu § 3 Abs. 1 Nr. 1 LWG aufgeführten Landesgewässer und Bundeswasserstraßen; die letzteren stehen im Eigentum des Bundes (Art. 89 Abs. 1 GG) und werden vom Bund unterhalten (§§ 7, 8 WaStrG), die ersteren stehen im Eigentum des Landes (§ 4 LWG) und unterfallen dessen Unterhaltungspflicht (§ 91 Abs. 1 Satz 1 Nr. 1 LWG). Gewässer zweiter Ordnung gehören in Nordrhein-Westfalen den Eigentümern der Ufergrundstücke (§ 5 Abs. 1 LWG) – vorbehaltlich einer abweichenden altrechtlichen Eigentumslage (§ 7 Abs. 1 LWG). Die Unterhaltung der fließenden Gewässer zweiter Ordnung obliegt den Anliegergemeinden (§ 91 Abs. 1 Satz 1 Nr. 2 LWG), eventuell an deren Stelle aufgrund einer einvernehmlichen Übernahme den Kreisen (§ 91 Abs. 1 Satz 2 LWG) oder aufgrund spezieller Gesetze oder Satzungen einem Wasserverband (§ 91 Abs. 2 LWG). Durch Vereinbarung sowie mit Zustimmung der allgemeinen Wasserbehörde kann die Unterhaltungspflicht mit öffentlichrechtlicher Wirkung von einem anderen übernommen werden (Gewässerunterhaltung durch Dritte, § 95 LWG). Eine solche Übernahme kommt namentlich bei Gewässern zweiter Ordnung seitens einzelner Interessenten, etwa bestimmter Grundstücks-, Anlagen- und Gewässereigentümer, in Betracht.

b) Abgrenzung zwischen oberirdischen Gewässern und Abwasseranlagen

Ein natürliches Gewässer gilt als solches auch nach künstlicher Veränderung (§ 3 Abs. 2 Satz 1 LWG). Insbesondere wird die Gewässereigenschaft nicht aufgehoben, wenn ein Bach streckenweise durch Rohre, Tunnel oder Düker geführt wird.[41] Auf der anderen Seite sind Anlagen zur Ableitung von Abwasser und gesammeltem Niederschlagswasser und das in ihnen vom natürlichen Wasserhaushalt abgesonderte Wasser keine Gewässer (§ 3 Abs. 1 Satz 2 LWG). Zweifel hinsichtlich der Gewässereigenschaft und des Geltungsbereichs des Wasserrechts sind jedoch aufgetaucht, wo Gemeinden vorgefundene Wasserläufe faktisch in die Ortskanalisation einbezogen haben.

Das OVG Münster[42] hat in einem (vom BVerwG[43] aufgehobenen) Urteil die früher herrschende Zwei-Naturen-Theorie[44] verworfen und den Standpunkt eingenommen,

---

41 BVerfGE 49, 293 (298 f.); OVG Lüneburg, NuR 1982, 267; *Gieseke/Wiedemann/Czychowski* (FN 14), § 1 Rdnr. 2, 2 b; *Sieder/Zeitler/Dahme* (FN 30), § 1 Rdnr. 8.
42 ZfW 1974, 251.
43 BVerwGE 49, 293.
44 So PrOVG, OVGE 94, 39 (42); OVG Lüneburg, OVGE 8, 385; LVG Düsseldorf, KStZ 1960, 142.

ein Gewässer könne nur entweder seinen wasserrechtlichen Status behalten oder zur ausschließlichen Abwasseranlage werden. Die bloße faktische Einbeziehung eines Wasserlaufs in die Ortskanalisation sei ebenso wie die Deklaration zur Abwasseranlage allein durch eine gemeindliche Satzung wegen eines Verstoßes gegen das Wasserrecht unwirksam. Geht man hiervon aus, bleiben sämtliche Einleitungen in den fraglichen „Wasserlauf" ungeschmälert der wasserwirtschaftsrechtlichen Benutzungsordnung, der wasserbehördlichen Aufsicht und der Gefährdungshaftung nach § 22 Abs. 1 WHG unterworfen. Kommunales Anstalts- und Abgabenrecht kann alsdann keine Anwendung finden. Das BVerwG[45] hat dem entgegengehalten, es sei nicht danach zu fragen, ob ein oberirdisches Gewässer „Teil" einer gemeindlichen Abwasseranlage sei, in eine solche Anlage „einbezogen" oder zu ihr „gehören" könne. Bundesrechtlich sei in den fraglichen Fällen nur zu entscheiden, ob ein von § 1 WHG erfaßtes oberirdisches Gewässer für die Zwecke einer Abwasseranlage nach § 2 WHG „benutzt" oder nach § 31 WHG „ausgebaut" werden dürfe. Damit hat das BVerwG indessen die Frage nach dem sachlichen Geltungsbereich des Wasserrechts nicht beantwortet, sondern – letztlich erfolglos – zu umgehen versucht. Die Anwendung des Wasserrechts setzt voraus, daß überhaupt noch ein Gewässer i. S. des § 1 Abs. 1 WHG vorhanden ist. Eine nähere Betrachtung zeigt, daß insofern verschiedene Fallsituationen unterschieden werden müssen.[46]

Falls ein Wasserlauf ganz oder streckenweise derart vollkommen und ununterscheidbar in die Ortskanalisation einbezogen worden ist, daß er faktisch seine Vorfluterfunktion gänzlich eingebüßt hat und ausschließlich die Funktion einer Abwasseranlage erfüllt, existiert kein Gewässer mehr, das unter die tatbestandlichen Merkmale der §§ 1 Abs. 1 WHG und 1 Abs. 1 LWG subsumiert werden könnte. Folglich kann auf diesen Zustand die wasserwirtschaftsrechtliche Benutzungsordnung nicht mehr angewandt werden.[47] In solchen Fällen muß entweder das rechtswidrig beseitigte Gewässer wiederhergestellt[48] oder die rechtswidrige Umwandlung nachträglich im Wege einer Planfeststellung oder Plangenehmigung nach § 31 WHG legalisiert werden.[49] Die Wiederherstellung kann von der Wasserbehörde angeordnet werden, dürfte aber regelmäßig auf unüberwindliche praktische Hindernisse stoßen. Die nachträgliche planerische Legalisierung heilt – mit Wirkung ex nunc – den bestehenden Rechtsmangel

---

[45] BVerwGE 49, 301 (304 f.).
[46] *Breuer*, Öffentliches und privates Wasserrecht, 1976, Rdnr. 14 ff.; *ders.*, NJW 1976, 1622 (1623).
[47] So auch BVerfGE 49, 293 (300); *Gieseke/Wiedemann/Czychowski* (FN 14), § 1 Rdnr. 2 b; *Czychowski*, ZfW 1974, 292 (294); *ders.* (FN 32), S. 126 f.; *Sieder/Zeitler/Dahme* (FN 30), § 1 Rdnr. 9 b.
[48] Vgl. dazu VGH Kassel, ZfW 1965, 41; *Gieseke/Wiedemann/Czychowski* (FN 14), § 31 Rdnr. 16.
[49] Zur Zulässigkeit einer nachträglichen Planfeststellung: BVerwG, VerwRspr. 23, 611; BayVGH, BayVBl. 1977, 86; *Gieseke/Wiedemann/Czychowski* (FN 14), § 31 Rdnr. 17; auch *Salzwedel*, ZfW 1974, 279 (285), der allerdings die Praktikabilität eines solchen Vorgehens bezweifelt.

und bildet die rechtliche Voraussetzung für die Anwendung des kommunalen Anstalts- und Abgabenrechts.

Falls hingegen ein Wasserlauf von einer Gemeinde lediglich durch Abwassereinleitungen benutzt, nicht jedoch durch technische Einrichtungen zum Bestandteil einer einheitlichen Ortskanalisation (mit Haupt- und Nebensammlern, Pumpwerken und Kläranlagen) gemacht worden ist, liegt nach wie vor ausschließlich ein Gewässer mit Vorfluterfunktion vor; zu einer Umfunktionierung des Wasserlaufs ist es alsdann nicht gekommen. Dieser bleibt unverändert dem geltenden Wasserrecht unterstellt. Für eine Anwendung des kommunalen Anstalts- und Abgabenrechts fehlt jegliche Grundlage.[50]

Am schwierigsten sind die zwischen den vorangestellten Extremen liegenden Fälle zu entscheiden, in denen ein oberirdisches Gewässer faktisch zum Bestandteil der Ortskanalisation gemacht worden ist, zugleich jedoch seine Vorfluterfunktion behalten hat, also eine faktische Doppelfunktion als Vorfluter und Abwasseranlage erfüllt. In solchen Fällen bleibt das oberirdische Gewässer i.S. des § 1 Abs. 1 Nr. 1 WHG erhalten. Es unterliegt weiterhin dem geltenden Wasserrecht, insbesondere der wasserwirtschaftsrechtlichen Benutzungsordnung. Die Einbeziehung in die Ortskanalisation stellt regelmäßig eine wesentliche Umgestaltung dar, die nach § 31 WHG einer Planfeststellung oder zumindest einer Plangenehmigung bedarf. Der Meinungsstreit konzentriert sich darauf, ob und inwieweit anstelle oder neben der wasserwirtschaftsrechtlichen Benutzungsordnung das kommunale Anstalts- und Abgabenrecht auf Abwassereinleitungen in den doppelfunktionalen Wasserlauf maßgebend ist.[51] Jedenfalls treten früher erteilte wasserrechtliche Erlaubnisse oder Bewilligungen nicht automatisch durch die Umgestaltung außer Kraft,[52] sondern erst durch einen Aufhebungsakt, etwa den Widerruf einer Erlaubnis, oder durch Fristablauf. Mit dieser Maßgabe behält der Begünstigte seine wasserrechtliche Benutzerstellung. Er unterfällt insoweit nicht dem kommunalen Anstalts- und Abgabenrecht.[53] Zudem bleibt die Wasserbehörde grundsätzlich imstande, nach der Einbeziehung des doppelfunktionalen Wasserlaufs in die Ortskanalisation einzelnen Benutzern — außerhalb der kommunalen Einleitungsbefugnis — neue Erlaubnisse für Abwassereinleitungen in diesen Wasserlauf zu erteilen.[54] Die Gemeinde kann indessen im Wege des Anschluß- und Benutzungszwangs wasserrechtlich zugelassene Einleitungen in Kanalbenutzungen verwandeln und damit dem kommunalen Anstalts-

---

50 So auch OVG Münster, KStZ 1962, 173; HessVGH, ESVGH 13, 115; *Abt*, ZfW 1964, 210 ff.; *Salzwedel*, ZfW 1974, 279 (281 ff.) m.w.N.
51 Dazu BVerwGE 49, 301 (305); auch OVG Münster, ZfW 1974, 251; BGH, DVBl. 1983, 1055 (1056); *Gieseke/Wiedemann/Czychowski* (FN 14), § 1 Rdnr. 2 a, 2 b; *Sieder/Zeitler/Dahme* (FN 30), § 1 Rdnr. 9 a, 9 b; *Czychowski* (FN 32), S. 127 ff.
52 So auch VG Saarlouis, ZfW-Sonderheft 1980 II Nr. 35 (insoweit dort nicht wiedergegeben).
53 *Salzwedel*, ZfW 1974, 279 (285 f.).; *Breuer*, NJW 1976, 1622 (1623).
54 *Salzwedel*, ZfW 1974, 279 (285 ff.); *Breuer*, NJW, 1976, 1622 (1623); a.A. VG Saarlouis, ZfW-Sonderheft 1980 II Nr. 35; *Gässler*, ZfW 1974, 203 (205 f.).

und Abgabenrecht unterstellen.[55] Als Kanalbenutzungen sind Einleitungen in den doppelfunktionalen Wasserlauf gerechtfertigt, wenn die Umgestaltung des Gewässers durch eine Planfeststellung oder Plangenehmigung nach § 31 WHG legalisiert ist und die jeweilige Einleitung im wasserwirtschaftsrechtlichen Außenverhältnis gegenüber der Wasserbehörde den Rahmen einer der Gemeinde erteilten Sammelerlaubnis und im kommunalrechtlichen Innenverhältnis das gemeindliche Satzungsrecht wahrt.[56]

2. Grundwasser

Unter dem Begriff des Grundwassers ist das gesamte unteriridische Wasser zu verstehen, soweit es nicht in Rohren, Leitungen oder auf ähnliche Weise künstlich gefaßt ist.[57] Falls unterirdisches Wasser zutage tritt, jedoch im natürlichen Zusammenhang mit der Gesamtheit des unterirdischen Wassers verbleibt, behält es seine Grundwassereigenschaft. Dies gilt z. B. für das Wasser, das gelegentlich aus Wiesen oder Feldern bei hohem Grundwasserspiegel hervortritt,[58] für vorübergehend freigelegtes Grundwasser, das nach kurzer Dauer wieder mit Erdreich bedeckt werden soll,[59] sowie für vorübergehend hingenommene Baggerseen, deren Wiederverfüllung von vornherein vorgesehen ist.[60] Etwas anderes gilt, wenn das zutage getretene Wasser den natürlichen Zusammenhang mit dem unterirdischen Wasser verloren hat. Alsdann kann es zum oberirdischen Gewässer werden — wie der dauerhaft hergestellte und deshalb nach § 31 WHG planfeststellungspflichtige Baggersee.[61] In anderen Fällen verliert das zutage getretene Wasser überhaupt die Gewässereigenschaft — wie das in eine Baugrube oder einen Keller eingedrungene Wasser.[62]

3. Landesrechtliche Ausklammerungen

Nach § 1 Abs. 2 WHG können die Länder kleine Gewässer von wasserwirtschaftlich untergeordneter Bedeutung sowie Quellen, die zu Heilquellen erklärt worden sind, von den Bestimmungen des WHG ausnehmen. Auch insoweit kann jedoch die Gefährdungshaftung nach § 22 WHG nicht abbedungen werden.

---

55 So auch *Salzwedel*, ZfW 1974, 279 (287ff.); a.A. *Gässler*, ZfW 1974, 203 (205f.).
56 Vgl. zur Sammelerlaubnis OVG Münster, VerwRspr. 29 Nr. 163; *Breuer*, NJW 1976, 1622 (1623); Bedenken bei *Gieseke/Wiedemann/Czychowski* (FN 14), § 1 Rdnr. 2 b, § 7 Rdnr. 15 m.w.N.
57 BVerwG, DVBl. 1968, 32 (33).
58 BVerwG, DÖV 1969, 755.
59 *Burghartz*, WHG und WG N-W, 2. Aufl. 1974, § 1 WHG Anm. 4, auch 2.1.
60 BayObLG, ZfW 1982, 378.
61 BVerwGE 55, 220 (223); BayVGH, VGHE n.F. 28, 94; vgl. auch OVG Koblenz, ZfW 1974, 174; VGH B-W, DÖV 1977, 331; HessVGH, ZfW 1984, 226 (227).
62 *Sieder/Zeitler/Dahme* (FN 30), § 1 Rdnr. 12; *Gieseke/Wiedemann/Czychowski* (FN 14), § 1 Rdnr. 9 a.

Wasserrecht

a) Teiche

Demgemäß sind nach §1 Abs. 2 Nr. 1 LWG „Grundstücke, die zur Fischzucht oder Fischhaltung oder zu sonstigen Zwecken mit Wasser bespannt sind und mit einem oberirdischen Gewässer nur durch künstliche Vorrichtungen in Verbindung stehen", aus dem Geltungsbereich des WHG (mit Ausnahme des §22 WHG) und des Landeswassergesetzes ausgeklammert. Hierunter fallen neben den Fischteichen z.B. auch Feuerlöschteiche, Pumpspeicher für die Stromerzeugung und Teiche für die Eisgewinnung oder den Anbau von Wasserpflanzen.[63] Die Ausklammerung gilt jedoch nur für die umschriebenen Teiche und deren Benutzung als solche. Wird hingegen einem Teich aus einem anderen Gewässer Wasser zugeführt oder das aus einem Teich abfließende Wasser einem anderen Gewässer zugeleitet, so liegt darin eine erlaubnispflichtige Benutzung des anderen Gewässers.[64]

b) Straßenseitengräben

Nach §1 Abs. 2 Nr. 2 LWG sind „Straßenseitengräben, wenn sie nicht der Vorflut der Grundstücke anderer Eigentümer dienen", ebenfalls aus dem Geltungsbereich des WHG (mit Ausnahme des §22 WHG) und des Landeswassergesetzes ausgeklammert. Bestritten ist, unter welchen Voraussetzungen ein Graben der Vorflut der Grundstücke anderer Eigentümer dient. Nach einer Auffassung[65] soll der ungeregelte Zufluß von angrenzenden Grundstücken außer Betracht bleiben. Nach anderer Auffassung[66] soll der geregelte ebenso wie der ungeregelte Zufluß rechtserheblich sein. Die praktische Bedeutung dieser Streitfrage dürfte indessen gering sein, da der ungeregelte Zufluß in aller Regel keine (erlaubnispflichtige) Einleitung darstellt.[67]

c) Solquellen

Nach §169 LWG findet auf Solquellen i.S. des Allgemeinen Berggesetzes nur der spezielle Heilquellenschutz gemäß §16 LWG Anwendung; im übrigen ist hiernach die Geltung des Landeswassergesetzes ausgeschlossen. Dasselbe gilt für mineralische Heilquellen und Kohlensäurequellen im ehemaligen Land Lippe. Diese Regelung entspricht der rechtshistorischen Tradition.[68]

---

63 *Burghartz* (FN 59), §1 LWG Anm. 5.
64 OLG Stuttgart, ZfW 1978, 252; OVG Münster, ZfW 1980, 250 (251); VGH B-W, RdL 1981, 23.
65 So OVG Münster, ZfW-Sonderheft 1974 II Nr. 124; *Burghartz* (FN 59), §1 LWG Anm. 3.
66 So *Gieseke/Wiedemann/Czychowski* (FN 14), §1 Rdnr. 10b; *Honert/Rüttgers*, LWG N-W, 1981, Erl. zu §1 (S. 16).
67 *Czychowski*, ZfW 1972, 288.
68 Vgl. z.B. §1 Abs. 1 des preußischen ABG; zum Begriff der Solquellen: RGZ 77, 293; ferner: *Gieseke/Wiedemann/Czychowski* (FN 14), §1 Rdnr. 4; *Burghartz* (FN 59), §132 LWG Anm. 1, 2.

4. Einleitungen in Abwasseranlagen

Der Grundsatz, daß das Wasserrecht nur auf Gewässer anwendbar ist und deshalb insbesondere die Einleitungen in Abwasseranlagen als sog. Indirekteinleitungen nicht dem Wasserrecht, sondern lediglich dem kommunalen Anstaltsrecht unterliegen,[69] ist durch § 59 LWG durchbrochen worden. Diese Vorschrift ermächtigt die oberste Landeswasserbehörde, durch ordnungsbehördliche Verordnung die Einleitung von wassergefährdenden Stoffen oder Stoffgruppen (§ 19g Abs. 5 WHG) in öffentliche Abwasseranlagen unter bestimmten Voraussetzungen zu untersagen oder einer widerruflichen Genehmigung durch die untere Wasserbehörde zu unterwerfen. Eine hiernach vorbehaltene Genehmigung kann im Interesse des Gewässerschutzes sowie zur Effektivierung der Überwachung mit Nebenbestimmungen, insbesondere mit Auflagen, verbunden werden (§ 59 Abs. 2 LWG).

In diese Richtung zielt auch die bundesrahmenrechtliche, durch die 5. Novelle zum WHG vom 25. 7. 1986 (BGBl. I S. 1165) nachgeschobene Vorschrift des § 7a Abs. 3 WHG. Danach stellen die Länder sicher, daß vor dem Einleiten von Abwasser mit gefährlichen Stoffen in eine öffentliche Abwasseranlage die erforderlichen Maßnahmen entsprechend den für Direkteinleitungen (in ein Gewässer) geltenden Anforderungen durchgeführt werden. Nicht Gesetz geworden ist eine im Entwurf der Bundesregierung[70] vorgesehene Erleichterung, die es den Ländern ermöglicht hätte zuzulassen, „daß gefährliche Stoffe in einer nachgeschalteten Abwasserbehandlungsanlage behandelt werden, wenn dadurch eine dem Stand der Technik entsprechende Verminderung der Menge und Schädlichkeit der Stoffe an der Einleitungsstelle in das Gewässer erreicht wird".

IV. Die allgemeine wasserwirtschaftsrechtliche Benutzungsordnung

Als öffentliche Sachen im Sondergebrauch sowie als Gegenstand einer strengen öffentlichen Bewirtschaftung im Rahmen des medialen Umweltschutzes unterliegen die Gewässer in wasserwirtschaftlicher Hinsicht einer allgemeinen Benutzungsordnung, die vom Grundsatz der erlaubnis- oder bewilligungspflichtigen Sondernutzung ausgeht.[71] Der restriktive Charakter dieser Benutzungsordnung zeigt sich in der Weite der erlaubnis- oder bewilligungspflichtigen Benutzungstatbestände sowie der Kontroll-, Regelungs- und Versagungsbefugnisse der Wasserbehörden.

---

69 So OVG Münster, ZfW-Sonderheft 1975 II Nr. 6; *Sieder/Zeitler/Dahme* (FN 30), § 3 Rdnr. 3, 17a; *Burghartz* (FN 59), § 3 WHG Anm. 1; *Salzwedel* (FN 3), S. 669; *Henseler* (FN 31), S. 276, auch 277 ff.; a. A. *Gieseke/Wiedemann/Czychowski* (FN 14), § 3 Rdnr. 34, 35.
70 BT-Drucks. 10/3973, S. 4, 12.
71 Vgl. oben II mit FN 30–32.

1. Die wasserwirtschaftlichen Benutzungen

a) Erlaubnis- oder bewilligungspflichtige Benutzungen

Nach § 2 Abs. 1 WHG bedarf eine Benutzung der Gewässer der behördlichen Erlaubnis oder Bewilligung, soweit sich nicht aus den Bestimmungen des WHG oder aus den in dessen Rahmen erlassenen landesrechtlichen Bestimmungen etwas anderes ergibt. Der Kreis der erfaßten wasserwirtschaftlichen Benutzungen ist weit gezogen.[72] Hierzu gehören das Entnehmen und Ableiten von Wasser aus oberirdischen Gewässern, das Aufstauen und Absenken von oberirdischen Gewässern, soweit dies auf den Zustand des Gewässers oder auf den Wasserabfluß einwirkt, das Einbringen und Einleiten von festen oder flüssigen Stoffen in oberirdische Gewässer, das Einleiten von flüssigen Stoffen in das Grundwassser sowie das Entnehmen, Zutagefördern, Zutageleiten und Ableiten von Grundwasser (§ 3 Abs. 1 WHG). Als erlaubnis- oder bewilligungspflichtige Benutzungen gelten auch das Aufstauen, Absenken und Umleiten von Grundwasser durch Anlagen, die hierzu bestimmt oder geeignet sind, sowie Maßnahmen, die geeignet sind, dauernd oder in einem nicht nur unerheblichen Ausmaß schädliche Veränderungen der physikalischen, chemischen oder biologischen Beschaffenheit des Wassers herbeizuführen (§ 3 Abs. 2 WHG). Einer Erlaubnis oder Bewilligung bedürfen schließlich auch Maßnahmen zur Unterhaltung eines oberirdischen Gewässers, soweit hierbei chemische Mittel verwendet werden (§ 3 Abs. 3 Satz 2 WHG).

b) Wasserwirtschaftlicher Gemeingebrauch

Demgegenüber ist der wasserwirtschaftliche Gemeingebrauch auf wenig bedeutsame Handlungen beschränkt. Nach § 23 Abs. 1 WHG darf jedermann oberirdische Gewässer in einem Umfang benutzen, wie dies nach Landesrecht als Gemeingebrauch gestattet ist, soweit nicht Rechte anderer entgegenstehen und soweit Befugnisse oder der Eigentümer- und Anliegergebrauch anderer dadurch nicht beeinträchtigt werden. § 33 Abs. 1 LWG beschränkt den Gemeingebrauch grundsätzlich auf natürliche oberirdische Gewässer mit Ausnahme von Talsperren. Der jedermann freistehende Gemeingebrauch umfaßt hiernach das Baden, Waschen, Viehtränken, Schwemmen, Schöpfen mit Handgefäßen, Eissport und Befahren mit kleinen Fahrzeugen ohne eigene Triebkraft, ferner die Entnahme von Wasser mittels fahrbarer Behältnisse sowie die Einleitung von Wasser aus einer erlaubnisfreien Bodenentwässerung landwirtschaftlich, forstwirtschaftlich oder gärtnerisch genutzter Grundstücke. Darüber hinaus kann die obere Wasserbehörde für einzelne Gebiete durch ordnungsbehördliche Verordnung bestimmen, daß das Entnehmen von Wasser in geringen Mengen für die Landwirtschaft, Forstwirtschaft oder den Gartenbau als Gemeingebrauch zulässig ist (§ 33 Abs. 1 Satz 3 LWG). Die obere Wasserbehörde kann zudem das Befahren mit kleinen elektrisch angetriebenen Fahr-

---

72 Dazu im einzelnen *Breuer,* Öffentliches und privates Wasserrecht, 1976, Rdnr. 34 ff.

zeugen und Segelbooten mit elektrischem Hilfsmotor auf nicht schiffbaren Gewässern als Gemeingebrauch zulassen (§ 33 Abs. 2 LWG).[73] Für künstliche Gewässer und Talsperren kann die obere Wasserbehörde im Einvernehmen mit dem Gewässereigentümer und den Benutzungsberechtigten bestimmen, ob und inwieweit hieran ein (die öffentliche Wasserversorgung nicht gefährdender) Gemeingebrauch zulässig ist (§ 33 Abs. 3 LWG). Ausgeschlossen ist der Gemeingebrauch in jedem Fall an Gewässern, die in Hofräumen, Gärten und Parkanlagen liegen (§ 33 Abs. 4 LWG). Zur Verhinderung einer Beeinträchtigung anderer oder des Wasserhaushaltes kann die allgemeine Wasserbehörde die Ausübung des Gemeingebrauchs regeln, beschränken oder verbieten (§ 34 LWG).

c) Eigentümer- und Anliegergebrauch

Auch der erlaubnis- und bewilligungsfreie Eigentümergebrauch ist nach § 24 Abs. 1 Satz 1 WHG wasserwirtschaftlich entschärft. Er umfaßt die Benutzung für den eigenen Bedarf, wenn dadurch andere nicht beeinträchtigt werden, keine nachteilige Veränderung der Eigenschaft des Wassers, keine wesentliche Verminderung der Wasserführung und keine andere Beeinträchtigung des Wasserhaushalts zu erwarten sind. Der eigene Bedarf erstreckt sich zwar nicht nur auf die persönliche Lebensführung, sondern auch auf die Land- oder Forstwirtschaft sowie einen Handwerks- oder Fabrikbetrieb.[74] Jedoch kann z.B. die Einleitung von Abwasser aus einem landwirtschaftlichen Nebenbetrieb[75] oder von ungenügend vorgeklärtem Fäkalabwasser[76] wegen der zu erwartenden wasserwirtschaftlichen Nachteile keinesfalls einen zulässigen Eigentümergebrauch darstellen.

Gemäß § 24 Abs. 2 WHG läßt § 35 LWG in den dargelegten Grenzen des Eigentümergebrauchs einen ebenfalls erlaubnis- oder bewilligungsfreien Anliegergebrauch der oberirdischen Gewässer zu. An Bundeswasserstraßen und an sonstigen Gewässern, die der Schiffahrt dienen oder künstlich errichtet sind, z.B. an Kanälen und Stauseen, ist der Anliegergebrauch indessen bundesrechtlich ausgeschlossen (§ 24 Abs. 3 WHG).

Nahezu einhellig wird anerkannt, daß der Anliegergebrauch den Charakter einer öffentlichrechtlichen Sondernutzung hat.[77] Auch der Eigentümergebrauch ist wegen

---

73 Vgl. OVG Lüneburg, VerwRspr. 22, 657 zu § 55 Abs. 2 NdsWG a.F. (§ 73 Abs. 2 NdsWG n.F.).
74 HessVGH, *Wüsthoff/Kumpf*, HDW, R 1104; VGH B-W, RdL 1981, 23 (24); VG Arnsberg, ZfW-Sonderheft 1971 II Nr. 21; *Gieseke/Wiedemann/Czychowski* (FN 14), § 24 Rdnr. 4; *Sieder/Zeitler/Dahme* (FN 30), § 24 Rdnr. 7.
75 OVG Münster, ZfW-Sonderheft 1962 II Nr. 9.
76 VG Arnsberg, ZfW-Sonderheft 1969 II Nr. 14.
77 *Gieseke/Wiedemann/Czychowski* (FN 14), § 24 Rdnr. 19; *Sieder/Zeitler/Dahme* (FN 30), § 24 Rdnr. 16; *Salzwedel*, ZfW 1962, 85; *Hundertmark*, Die Rechtsstellung der Sondernutzungsberechtigten im Wasserrecht, 1967, S. 31; a. A. *Riegel*, BayVBl. 1977, 108 (110).

des Zusammenhangs mit den übrigen, öffentlichrechtlich verankerten Benutzungsarten und des öffentlichrechtlichen Gesamtcharakters der wasserwirtschaftsrechtlichen Benutzungsordnung als subjektivöffentliches Benutzungsrecht zu verstehen.[78]

d) Erlaubnis- und bewilligungsfreie Grundwasserbenutzungen

Nach § 33 Abs. 1 WHG ist eine Erlaubnis oder Bewilligung nicht erforderlich für bestimmte, entweder übliche oder geringfügige Benutzungen des Grundwassers. Dies gilt für das Entnehmen, Zutagefördern, Zutageleiten oder Ableiten von Grundwasser, sofern es für den Haushalt, für den landwirtschaftlichen Hofbetrieb, für das Tränken von Vieh außerhalb des Hofbetriebes oder in geringen Mengen zu einem vorübergehenden Zweck (Nr. 1)[79] oder zum Zweck der gewöhnlichen Bodenentwässerung landwirtschaftlich, forstwirtschaftlich oder gärtnerisch genutzter Grundstücke (Nr. 2) geschieht. Die Länder können nach Maßgabe des § 33 Abs. 2 WHG abweichende oder ergänzende Regelungen treffen. Demgemäß ermächtigt § 44 Abs. 1 LWG die obere Wasserbehörde, für einzelne unter Landschaftsschutz gestellte Gebiete durch eine verschärfende ordnungsbehördliche Verordnung zu bestimmen, daß das Entnehmen, Zutagefördern, Zutageleiten oder Ableiten von Grundwasser zum Zweck der gewöhnlichen Bodenentwässerung landwirtschaftlich, forstwirtschaftlich oder gärtnerisch genutzter Grundstücke einer Erlaubnis der unteren Wasserbehörde bedarf. Andererseits kann die obere Wasserbehörde nach § 44 Abs. 2 LWG für einzelne Gebiete durch eine erleichternde ordnungsbehördliche Verordnung bestimmen, daß für das Entnehmen, Zutagefördern, Zutageleiten und Ableiten von Grundwasser in geringen Mengen für die Landwirtschaft, die Forstwirtschaft oder den Gartenbau über die in § 33 Abs. 1 WHG bezeichneten Zwecke hinaus eine Erlaubnis oder eine Bewilligung nicht erforderlich ist.

e) Benutzungen aufgrund alter Rechte und alter Befugnisse

Das WHG hat alte Rechte und alte Befugnisse zu Gewässerbenutzungen aus der Zeit der früheren Rechtslage in erheblichem Umfang aufrechterhalten und die hierauf gestützten Benutzungen weitgehend von der Erlaubnis- oder Bewilligungspflicht freigestellt, teils durch die Einräumung eines Bewilligungsanspruchs privilegiert (§§ 15 – 17 WHG). Dies gilt insbesondere für Benutzungen aufgrund von Rechten, die nach den früheren Landeswassergesetzen (z. B. nach dem preußischen Wassergesetz vom

---

78 So auch *Salzwedel*, ZfW 1962, 85; *ders.*, DÖV 1963, 241 (244); *ders.*, (FN 3), S. 677; zweifelnd *Gieseke/Wiedemann/Czychowski* (FN 14), § 24 Rdnr. 1 b; unklar *Sieder/Zeitler/Dahme* (FN 30), § 24 Rdnr. 1, 5.
79 Hierzu OVG Münster, ZfW 1964, 233; speziell zur Erlaubnisfreiheit der Grundwasserentnahme (nicht des Wiedereinleitens) für die Wärmepumpe einer Wohnhausheizung: VGH B-W, ZfW 1981, 29; VG Sigmaringen, RuS 1980, 5 mit Anm. von *Heers*; VG München NuR 1980, 173.

7. 4. 1913) erteilt oder durch diese aufrechterhalten worden waren, sowie für Benutzungen aufgrund einer nach der Gewerbeordnung erteilten Anlagengenehmigung (§ 15 Abs. 1 Nrn. 1 und 3 WHG).

Der volle Bestandsschutz dieser Vorschriften wird nur solchen alten Rechten und Befugnissen gewährt, die durch eine behördliche Einzelfallentscheidung verliehen worden sind, nicht hingegen Benutzungsrechten, die sich nach früherem Recht aus dem Gewässer- oder Grundstückseigentum oder aus einem anderen privaten Recht ergaben, und auch nicht Benutzungsbefugnissen infolge einer bloßen polizeilichen Erlaubnis.[80] In Fällen der zuletzt erwähnten Art liegt lediglich eine „andere alte Benutzung" vor, die „in sonst zulässiger Weise" ausgeübt werden durfte (§ 17 Abs. 1 Nr. 2, 2. Alternative WHG). Nach der zutreffenden Erkenntnis des BVerfG[81] ist § 17 WHG mit der Eigentumsgarantie des Art. 14 Abs. 1 GG vereinbar, soweit hiernach „andere alte Benutzungen" auf 5 Jahre seit dem 1. 3. 1960 befristet worden sind und kein Rechtsanspruch auf Erteilung einer Bewilligung (i. S. des § 8 WHG) eingeräumt worden ist, wenn die Benutzung (z. B. eine Naßauskiesung) nach Maßgabe des beim Inkrafttreten des WHG geltenden Landesrechts aufgrund des Eigentums am Grundstück ausgeübt worden ist.

f) Sonder- und Ausnahmebefugnisse zu erlaubnis- und bewilligungsfreien Gewässerbenutzungen

Nach § 17a WHG ist keine Erlaubnis oder Bewilligung, sondern nur eine vorherige Anzeige erforderlich für bestimmte Gewässerbenutzungen bei Übungen und Erprobungen, die Zwecken der Verteidigung einschließlich des Zivilschutzes (Satz 1 Nr. 1) oder der Abwehr von Gefahren für die öffentliche Sicherheit oder Ordnung (Satz 1 Nr. 2) dienen. Diese Freistellung gilt nur für das vorübergehende Entnehmen von Wasser aus einem Gewässer mittels beweglicher Anlagen sowie für das vorübergehende Einbringen von (festen) Stoffen in ein Gewässer. Begünstigt werden insoweit die Bundeswehr, der Bundesgrenzschutz, die im Bundesgebiet stationierten ausländischen Streitkräfte (Art. IX Nato-Truppenstatut), die Polizei der Länder, die Feuerwehren sowie andere Organisationen, die Aufgaben des Zivilschutzes wahrnehmen oder in sonstigen Not- und Unglücksfällen Hilfe leisten.[82]

Allerdings beziehen sich die Sonderbefugnisse nach § 17a WHG lediglich auf Übungen und Erprobungen der im Ernstfall zu ergreifenden Maßnahmen, nicht jedoch auf Gewässerbenutzungen, die im Verteidigungsfalle oder zur Abwehr wirklicher Gefahren von den genannten Stellen und Organisationen vorgenommen werden.[83] Insoweit grei-

---

80 BVerwG, DVBl. 1968, 597; BVerwGE 37, 103; OVG Münster, ZfW 1967, 128; OVG Münster, OVGE 32, 237; *Breuer* (FN 72), Rdnr. 74 ff.; *ders.* (FN 4), S. 452 (Rdnr. 33) m.w.N.
81 BVerfGE 58, 300 (350).
82 BT-Drucks. 7/1088, S. 15; 7/4546, S. 6.
83 *Gieseke/Wiedemann/Czychowski* (FN 14), § 17a Rdnr. 1.

fen jedoch im nordrhein-westfälischen Landesrecht die Sonder- und Ausnahmebefugnisse nach § 32 LWG ein. Erlaubnisfrei sind hiernach Maßnahmen, die in Notfällen für die Dauer der Gefahr getroffen werden; die allgemeine Wasserbehörde ist unverzüglich zu verständigen (§ 32 Abs. 1 LWG). Keiner Erlaubnis bedarf ferner im Rahmen von wasserwirtschaftlichen Ermittlungen das Entnehmen von Wasserproben und das Wiedereinleiten der Proben nach ihrer Untersuchung (§ 32 Abs. 2 LWG).

2. Erlaubnis und Bewilligung

Der wasserwirtschaftsrechtliche Grundsatz der erlaubnis- oder bewilligungspflichtigen Sondernutzung (§ 2 Abs. 1 WHG) verweist primär auf die Rechtsstellung des Erlaubnis- oder Bewilligungsinhabers. Die Erlaubnis gewährt die widerrufliche Befugnis, ein Gewässer zu einem bestimmten Zweck in einer nach Art und Maß bestimmten Weise zu benutzen; sie kann, muß aber nicht befristet werden (§ 7 Abs. 1 WHG). Dagegen gewährt die Bewilligung das unwiderrufliche, allerdings befristete Recht zu einer bestimmten Gewässerbenutzung; die Frist muß von der Wasserbehörde angemessen festgesetzt werden und darf nur in besonderen Fällen dreißig Jahre überschreiten (§ 8 Abs. 1 Satz 1 und Abs. 5 WHG).

Die **Bewilligung** sichert ihren Inhaber nicht nur gegenüber der Wasserbehörde, sondern auch gegenüber betroffenen Dritten ab. Sie schließt gesetzliche Ansprüche Betroffener auf Beseitigung einer Störung, Unterlassung der Benutzung, Herstellung von Schutzeinrichtungen oder Schadensersatz aus (§ 11 WHG). Dieser nachbarrechtsgestaltenden Wirkung entspricht das Erfordernis, daß die Bewilligung nur in einem förmlichen Verfahren und — bei der Erhebung von Einwendungen — nur unter Berücksichtigung von Einwirkungen auf Rechte und Interessen Dritter erteilt werden darf (§ 8 Abs. 3 und 4, §§ 9, 10 WHG).

In formellrechtlicher Hinsicht bestimmt das nordrhein-westfälische Landeswassergesetz, daß die Entscheidung über die Erteilung einer Bewilligung im förmlichen Verwaltungsverfahren nach Teil V Abschnitt 1 (§§ 63 ff.) VvVfG ergeht (§ 143 Abs. 1 Nr. 1 LWG). Ergänzend treten einige landesgesetzliche Spezialvorschriften für das Bewilligungsverfahren hinzu (§§ 147—149 LWG). In materiellrechtlicher Hinsicht sind nach § 26 Abs. 1 LWG auf die Ansprüche aus dem bewilligten Recht „die für die Ansprüche aus dem Eigentum geltenden Vorschriften des bürgerlichen Rechts" entsprechend anzuwenden. Gestützt auf den Landesrechtsvorbehalt nach Art. 65 EGBGB und über den bundesrahmenrechtlichen „Passivschutz" der Bewilligung hinausgehend, verleiht der Landesgesetzgeber damit dem Bewilligungsinhaber die privatrechtliche Aktivlegitimation für die Geltendmachung der Ansprüche aus den §§ 985 ff., 1004 BGB.[84]

---

[84] *Gieseke/Wiedemann/Czychowski* (FN 14), § 8 Rdnr. 7, 8; *Honert/Rüttgers* (FN 66), Erl. zu § 26 (S. 69); *Hofmann*, LWG N-W, in: *Wüsthoff/Kumpf*, HDW, D 711 E, § 26 Rdnr. 4.

In der Verwaltungspraxis bildet die widerrufliche **Erlaubnis** die Regel. Sie sichert ihren Inhaber nach der bundesrahmenrechtlichen Regelung des § 7 WHG weder gegenüber der Wasserbehörde noch gegenüber Dritten.

Außerhalb von Nordrhein-Westfalen haben die meisten Landeswassergesetze das Verhältnis der Erlaubnis zu den Rechten und Interessen Dritter in formell- und materiellrechtlicher Hinsicht modifiziert. Jene Bundesländer haben die Erlaubnis insofern auf unterschiedliche Weise — sei es allgemein[85] oder in der Spielart der „gehobenen Erlaubnis"[86] — der nachbarrechtsgestaltenden Bewilligung angeglichen. Dagegen hat das nordrhein-westfälische Landeswassergesetz das bundesrahmenrechtliche Institut der Erlaubnis unverändert gelassen. § 25 Abs. 1 LWG beschränkt sich auf eine punktuelle und fakultative Verfahrensvorschrift: Vor der Erteilung einer Erlaubnis kann der Antrag zur Ermittlung des Sachverhalts ortsüblich bekanntgemacht und mit den Beteiligten erörtert werden.

Erlaubnis und Bewilligung unterscheiden sich mithin nach der Art der vermittelten Rechtsstellung, grundsätzlich jedoch nicht nach der Art und dem Umfang der gestatteten Gewässerbenutzung. Davon gilt seit der 4. Novelle zum WHG vom 26. 4. 1976 (BGBl. I S. 1109) eine wichtige Ausnahme: Das Einbringen und Einleiten von Stoffen in ein Gewässer sowie Maßnahmen, die geeignet sind, dauernd oder in einem nicht nur unerheblichen Ausmaß schädliche Veränderungen der physikalischen, chemischen oder biologischen Beschaffenheit des Wassers herbeizuführen, dürfen nicht mehr durch eine Bewilligung, sondern nur noch durch eine Erlaubnis gestattet werden (§ 8 Abs. 2 Satz 2 WHG). Damit ist die wasserwirtschaftsrechtliche Benutzungsordnung vor allem für das Einleiten von Abwasser in ein Gewässer verschärft worden.

3. Die wasserbehördliche Entscheidung über die Erteilung einer Erlaubnis oder Bewilligung

a) Allgemeines

Die Entscheidung über die Erteilung einer Erlaubnis oder Bewilligung ist nur teilweise rechtlich gebunden und im übrigen ein im Ermessen der Wasserbehörde stehender Verwaltungsakt.[87] Ein Anspruch auf die Erlaubnis oder Bewilligung einer Gewässerbenutzung ist der wasserwirtschaftsrechtlichen Benutzungsordnung grundsätzlich fremd. Er steht lediglich unter bestimmten Voraussetzungen dem Inhaber eines erloschenen alten Rechts zu (§§ 16 Abs. 3, 17 Abs. 2 WHG) und kann darüber hinaus ausnahmsweise aus

---

85 So § 16 Abs. 1 BerlWG; § 11 Abs. 1 WG S-H; zum Streit über die Vereinbarkeit mit § 22 WHG *Henseler* (FN 31), S. 24.
86 So Art. 16, 17 BayWG; § 17, 17 a HessWG; §§ 10, 11 NdsWG; § 27 WG Rh-Pf; §§ 14, 18 SaarlWG.
87 Nachw. oben FN 31, 32.

übergeordneten verfassungsrechtlichen Gründen entstehen. So kann aus dem von der Eigentumsgarantie (Art. 14 Abs. 1 GG) gebotenen Bestandsschutz ein Anspruch auf erneute Erlaubnis oder Bewilligung einer Gewässerbenutzung erwachsen, wenn diese zur Aufrechterhaltung eines vorhandenen Gewerbebetriebes notwendig ist.[88] Auch der allgemeine Gleichheitssatz (Art. 3 Abs. 1 GG) kann einen Erlaubnis- oder Bewilligungsanspruch begründen, wenn die Wasserbehörde in ständiger rechtmäßiger Praxis gleichartigen Anträgen stattgegeben hat und seitdem weder neue Tatsachen oder Erkenntnisse noch allgemeine Wandlungen des administrativen Bewirtschaftungskonzepts eingetreten sind.[89] Mit derartigen Situationen ist in Zukunft – auf der Kehrseite der verschärften öffentlichen Bewirtschaftung – um so eher zu rechnen, je mehr die wasserwirtschaftlichen Ermittlungen und Erkenntnisse durch das Landesamt für Wasser und Abfall und die Staatlichen Ämter für Wasser- und Abfallwirtschaft gemäß § 19 LWG verbessert werden und je stärker die einschlägige Fachplanung in Gestalt der wasserwirtschaftlichen Rahmenpläne (§ 36 WHG, § 20 LWG) und der Bewirtschaftungspläne (§ 36 b WHG, § 21 LWG) fortschreitet. Von den genannten Ausnahmefällen abgesehen, ist die Wasserbehörde indessen lediglich in negativer Hinsicht gebunden: Unter bestimmten, näher darzulegenden rechtsbegrifflichen Voraussetzungen **muß** sie eine beantragte Erlaubnis oder Bewilligung versagen. In dem Versagungsbescheid darf die Behörde jedoch nicht offenlassen, ob sie die fragliche Gewässerbenutzung aus einem zwingenden Rechtsgrund oder aufgrund des Bewirtschaftungsermessens ablehnt.[90]

b) Die immissionsbezogene Grundregel des § 6 WHG

Die Grundregel sowohl für die negative und partielle Rechtsbindung als auch für das verbleibende Bewirtschaftungsermessen der Wasserbehörde findet sich in § 6 WHG. Danach sind die Erlaubnis und die Bewilligung zu versagen, soweit von der beabsichtigten Benutzung eine Beeinträchtigung des Wohls der Allgemeinheit, insbesondere eine Gefährdung der öffentlichen Wasserversorgung, zu erwarten ist, die nicht durch Auflagen oder durch Maßnahmen einer Körperschaft des öffentlichen Rechts verhütet oder ausgeglichen wird. Diese Grundregel bezieht sich auf die quantitativen und qualitativen Auswirkungen der fraglichen Benutzung auf die öffentliche Wasserversorgung oder ein anderes vom Wohl der Allgemeinheit umfaßtes Schutzgut. Sie ist – in Anlehnung an die immissionsschutzrechtliche Terminologie – als „immissionsbezogen" zu bezeichnen.[91] Überdies stellt sie – folgt man der im Immissionsschutzrecht entwickelten

---

88 OVG Münster, ZfW-Sonderheft 1971 II Nr. 24 (insoweit dort nicht wiedergegeben); hierzu *Salzwedel*, RdWWi 19, 47f.; als Möglichkeit bejaht auch von BVerwG, DÖV 1971, 426 (427).
89 Vgl. *Gieseke/Wiedemann/Czychowski* (FN 14), § 6 Rdnr. 5.
90 BVerwGE 55, 220 (231).
91 Vgl. *Salzwedel*, RdWWi 22, 53 (58 ff.); *Henseler* (FN 31), S. 33.

Unterscheidung zwischen dem Schutz- und dem Vorsorgeprinzip (§ 5 Abs. 1 Nr. 1 und 2 BImSchG) — eine Ausprägung des gefahrenbezogenen Schutzprinzips dar. Nach dem Maßstab des § 6 WHG ist insbesondere das Einleiten von Abwasser in oberirdische Gewässer nicht schlechthin unzulässig, sondern „bedingt" erlaubnisfähig.[92] Für den jeweiligen Einzelfall muß im Erlaubnisverfahren geprüft werden, ob in der konkreten Situation angesichts des Zustandes des betroffenen (oberirdischen) Gewässers, der Beschaffenheit des fraglichen Abwassers sowie der wasserwirtschaftlichen Verhältnisse im örtlichen und überörtlichen Rahmen eine Gefährdung der öffentlichen Wasserversorgung oder eine sonstige Beeinträchtigung des Gemeinwohls zu erwarten ist. Liegt ein zwingender Versagungsgrund nicht vor, ist also der rechtsbegriffliche Minimalschutz des Gemeinwohls gewahrt, so steht die Erteilung der beantragten Erlaubnis im Bewirtschaftungsermessen der Wasserbehörde. Insoweit hat die Behörde nach Maximen der Zweckmäßigkeit, des medialen Umweltschutzes und der restriktiven Ressourcenökonomie einen Optimierungsauftrag zu erfüllen.[93] Sprechen auf dieser Entscheidungsstufe öffentliche Interessen sowohl für die Erteilung der beantragten Erlaubnis (etwa zugunsten der gemeindlichen Abwasserbeseitigung) als auch für die Versagung der Erlaubnis (etwa mit Rücksicht auf die öffentliche Wasserversorgung), so hat die Wasserbehörde im Rahmen ihres Bewirtschaftungsermessens die divergierenden Belange gegeneinander abzuwägen.[94]

Ein striktes Verbot gilt jedoch insofern, als feste Stoffe in ein oberirdisches Gewässer nicht zu dem Zweck eingebracht werden dürfen, sich ihrer zu entledigen (§ 26 Abs. 1 WHG). Der rechtsbegriffliche Minimalschutz des Grundwassers ist durch ein verschärftes, von der Rechtsprechung[95] strikt praktiziertes Prognosepostulat vergleichsweise strenger ausgestaltet. Eine Erlaubnis für das Einleiten von (flüssigen) Stoffen in das Grundwasser darf nur erteilt werden, wenn eine schädliche Verunreinigung des Grundwassers oder eine sonstige nachteilige Veränderung seiner Eigenschaften nicht zu besorgen ist (§ 34 Abs. 1 WHG). Ergänzend tritt schließlich das abfallrechtliche Gebot hinzu, wonach Abfälle jedes Aggregatzustandes — vorbehaltlich enger Ausnahmen — nur in den dafür zugelassenen Abfallbeseitigungsanlagen behandelt, gelagert und abgelagert werden dürfen (§ 4 Abs. 1, 2 und 4 AbfG); diese Vorschriften gelten indessen nicht für Abwasser, soweit es in Gewässer oder Abwasseranlagen eingeleitet wird (§ 1 Abs. 3 Nr. 5 AbfG).[96]

---

92 BVerwGE 49, 301 (305 f.); *Salzwedel*, in: ders. (Hrsg.), Grundzüge des Umweltrechts, 1982, S. 579; *Henseler* (FN 31), S. 142 ff.
93 Vgl. VGH B-W, ZfW 1973, 180 (181 f.); *Salzwedel*, RdWWi 15, 35 (49 ff.); *Breuer* (FN 72), Rdnr. 85 f.; *ders.*, in: Bitburger Gespräche (FN 31), S. 72 f., 80 ff.; *Henseler* (FN 31), S. 31 f., 137 ff.
94 BVerwGE 49, 301 (306 f.).
95 So BVerwG, DVBl. 1966, 496; DÖV 1974, 207 (209); ZfW 1981, 87 (88 f.); VGH B-W, ZfW 1981, 160 (161); OVG Münster, OVGE 36, 110 (115).
96 Näheres hierzu bei *Breuer* (FN 38), S. 43 ff.; vgl. auch VG Köln, DÖV 1983, 254 mit Anm. von *Bickel;* OVG Münster, ZfW 1985, 195.

Eine Gefährdung der öffentlichen Wasserversorgung i. S. des §6 WHG ist auch zu erwarten, wenn das Zutageleiten oder Zutagefördern von Grundwasser durch eine Sand- oder Kiesgewinnung oder einen privaten Brunnen bei normalem Geschehensablauf mit hinreichender Wahrscheinlichkeit die Gefahr begründet, daß die Wassergewinnung in den Anlagen eines vorhandenen Versorgungsbetriebes quantitativ oder qualitativ beeinträchtigt wird.[97] Die deshalb gebotene Versagung der Erlaubnis hält sich im Rahmen der zulässigen und entschädigungsfreien Inhalts- und Schrankenbestimmung des Eigentums (Art. 14 Abs. 1 Satz 2 GG) kraft der öffentlichrechtlichen Gesetze des Wasserrechts. Ebenso muß die Erlaubnis für den mit einer Sand- oder Kiesgewinnung verbundenen Grundwasseraufschluß, die sog. Naßauskiesung, versagt werden, wenn potentiell gefährdete Wassergewinnungsanlagen noch nicht vorhanden sind, jedoch nach einer konkreten Bedarfsermittlung die Schaffung solcher Anlagen erforderlich ist, der Grundwasseraufschluß die künftige Bedarfsdeckung gefährdet und die drohende Beeinträchtigung nicht durch Auflagen, Benutzungsbedingungen oder Maßnahmen einer Körperschaft des öffentlichen Rechts verhütet oder ausgeglichen werden kann.[98] Das gleiche gilt für die sog. Trockenauskiesung oberhalb des Grundwasserspiegels, sofern die Verringerung der Bodendecke eine Verunreinigung oder eine sonstige schädliche Veränderung eines Grundwasservorkommens besorgen läßt, das für die öffentliche Wasserversorgung entweder bereits genutzt wird oder aufgrund einer konkreten Bedarfsermittlung für die künftige Versorgung vorgehalten werden muß.[99]

Darüber hinaus kann die Wasserbehörde aufgrund ihres Bewirtschaftungsermessens z. B. die Erlaubnis oder Bewilligung für eine gewerblichen Zwecken dienende Grundwasserbohrung ohne den konkreten Nachweis einer Gefährdung ablehnen, wenn behördlicherseits die begründete Sorge vor einer unübersehbaren wasserwirtschaftlichen Entwicklung in dem fraglichen Gebiet besteht.[100] Allerdings darf diese Sorge nicht abstrakt vorgeschützt werden. Sie bedarf vielmehr der sachlichen, räumlichen und zeitlichen Konkretisierung.

Grundsätzlich kann eine Erlaubnis oder Bewilligung nach §6 WHG nicht nur aus wasserwirtschaftlichen Gründen, sondern auch aus anderweitigen Gründen des Gemeinwohls versagt werden.[101] Das WHG beantwortet allerdings die Frage, unter welchen Voraussetzungen eine Beeinträchtigung des Wohls der Allgemeinheit zu erwarten ist, allein in wasserwirtschaftlichem Zusammenhang.[102] Ob das Gemeinwohl unter anderen rechtlichen Gesichtspunkten beeinträchtigt ist, muß nach den jeweils hierfür einschlägigen Fachgesetzen beurteilt werden. So ist die Wasserbehörde befugt,

---

97 BVerwGE 55, 220; BayVGH, DVBl. 1976, 177.
98 BayVGH, in: *Wüsthoff/Kumpf,* HDW, R 1137.
99 OVG Münster, ZfW 1973, 56; VG Würzburg, ZfW-Sonderheft 1973 II Nr. 5.
100 BVerwG, ZfW 1965, 98 (106, insoweit in BVerwGE 20, 219 ff. nicht abgedruckt).
101 VGH B-W, ESVGH 21, 48; ZfW 1980, 235; *Gieseke/Wiedemann/Czychowski* (FN 14), §6 Rdnr. 8; *Breuer,* in: Bitburger Gespräche (FN 31), S. 76 ff.
102 BVerfGE 58, 300 (348); BVerwGE 55, 220 (229).

die Erlaubnis für eine Gewässerbenutzung nach § 6 WHG zu versagen, weil die Benutzung im Einzelfall mit einem unzulässigen Eingriff in Natur und Landschaft i. S. der §§ 8 BNatSchG, 4 ff. LandschaftsG N-W verbunden ist.[103] Ferner hat die Wasserbehörde bei der Gemeinwohlprüfung nach § 6 WHG z. B. die Belange des Gesundheitsschutzes sowie gesundheitliche Gefahren zu berücksichtigen, die aus der Gewässerbenutzung und dem anschließenden Gebrauch oder Verbrauch des Wassers resultieren.[104]

Etwas anderes gilt jedoch, soweit für die Prüfung bestimmter nicht-wasserwirtschaftlicher Belange ein eigenes fachbehördliches Zulassungs- oder Anzeigeverfahren vorgesehen ist. Mit Rücksicht auf eine sinngerechte und funktionsfähige Kompetenz- und Entscheidungskoordination kann die Wasserbehörde nicht als befugt angesehen werden, solche Belange und die einschlägigen fachgesetzlichen Normen unter dem rechtsbegrifflichen „Aufhänger" einer Beeinträchtigung des Wohls der Allgemeinheit i. S. des § 6 WHG einer konkurrierenden und eventuell divergierenden Mehrfachprüfung zuzuführen. Dies gilt z. B. für das Verfahren und die materiellen Voraussetzungen der atom- wie auch der immissionsschutzrechtlichen Anlagengenehmigung. Jedenfalls darf die Erlaubnis für eine Gewässerbenutzung, die mit einer nach § 7 AtomG oder den §§ 4 ff. BImSchG genehmigungsbedürftigen Anlage verbunden ist, nicht unter Gesichtspunkten versagt werden, die im atom- oder immissionsschutzrechtlichen Genehmigungsverfahren zu prüfen und in einer zuvor rechtswirksam erteilten Anlagengenehmigung entschieden worden sind.[105] Darüber hinaus ist davon auszugehen, daß die Belange des nuklearen Strahlenschutzes sowie des Immissionsschutzes unabhängig von einer Vorentscheidung der Anlagengenehmigungsbehörde zu deren ausschließlichen Kompetenz- und Entscheidungsbereich gehören.[106]

c) Die emissionsbezogenen Anforderungen an das Einleiten von Abwasser nach § 7 a WHG

Nach § 7 a WHG, der durch die 4. Novelle vom 26. 4. 1976 (BGBl. I S. 1109) eingefügt und durch die 5. Novelle vom 25. 7. 1986 (BGBl. I S. 1165) geändert worden ist, unterliegt das Einleiten von Abwasser in ein Gewässer besonderen, über die immissionsbezogene Grundregel des § 6 WHG hinausgehenden Anforderungen. Eine Erlaubnis darf hierfür nach der geltenden Gesetzesfassung nur erteilt werden, wenn die Schadstofffracht des Abwassers so gering gehalten wird, wie dies bei Einhaltung der jeweils in Betracht kommenden, in allgemeinen Verwaltungsvorschriften der Bundesregierung festzulegenden Anforderungen, mindestens jedoch nach den allgemein anerkannten Regeln der Technik möglich ist (§ 7 a Abs. 1 Satz 1 WHG). Die genannten Verwaltungs-

---

103 OVG Münster, ZfW 1973, 56; VGH B-W, RdL 1981, 54 (56).
104 OVG Lüneburg, OVGE 27, 486 (489).
105 BVerwG, NJW 1980, 1406.
106 *Henseler*, DVBl. 1982, 390 ff.; *Breuer*, in: Umwelt — Verfassung — Verwaltung, Veröffentlichungen des Instituts für Energierecht an der Universität zu Köln, Bd. 50, 1982, S. 44 ff.; *ders.*, in: Bitburger Gespräche (FN 31), S. 78 ff.; jeweils m.w.N. zum Streitstand.

vorschriften werden von der Bundesregierung mit Zustimmung des Bundesrates erlassen. Sie enthalten Mindestanforderungen, die den allgemein anerkannten Regeln der Technik entsprechen; enthält Abwasser bestimmter Herkunft näher umschriebene „gefährliche Stoffe", müssen insoweit die Anforderungen in den allgemeinen Verwaltungsvorschriften dem Stand der Technik entsprechen (§ 7 a Abs. 1 Satz 3 WHG). Im Gegensatz zu der Grundregel des § 6 WHG sind die besonderen Anforderungen des § 7 a WHG emissionsbezogen, also von den Auswirkungen der Einleitung auf den Gewässerzustand, die öffentliche Wasserversorgung und sonstige Schutzgüter unabhängig.[107] Sie realisieren nicht das gefahrenbezogene Schutzprinzip, sondern das Vorsorgeprinzip. Hervorzuheben ist, daß sie sich nicht nur auf die Abwasserreinigung, sondern auch auf die vorgelagerten, den Abwasseranfall bedingenden Produktionsverfahren beziehen.[108]

Weder die Regeln der Technik noch die Verwaltungsvorschriften sind Rechtsnormen, die aus sich heraus den Bürger und die Gerichte binden könnten. Unter den allgemein anerkannten Regeln der Technik sind Prinzipien und Lösungen zu verstehen, die in der Praxis erprobt und bewährt sind und sich bei der Mehrheit der auf dem fraglichen Gebiet tätigen Techniker durchgesetzt haben.[109] Indem der Gesetzgeber auf die allgemein anerkannten Regeln der Technik verweist, rezipiert er außerstaatliche und nicht-normative Verhaltensregeln.[110] Die Verweisung ist flexibel und dynamisch. Durch sie wird der laufende Wandel der unter den Technikern herrschenden Auffassungen mitrezipiert. Verwaltungsvorschriften binden lediglich die untergeordneten Behörden.[111] Für den Bürger und die Gerichte sowie als Bestimmungsmodus der allgemein anerkannten Regeln der Technik haben die Verwaltungsvorschriften der Bundesregierung nach § 7 a Abs. 1 Satz 3 WHG an sich lediglich deklaratorische, gesetzesinterpretierende Bedeutung. Das Gesetz begründet auch keine Rechtsvermutung für die Übereinstimmung der Verwaltungsvorschriften mit den allgemein anerkannten Regeln der Technik i. S. des § 7 a Abs. 1 Satz 1 WHG.[112] In der Fassung der 5. Novelle verweist diese Vorschrift jedoch ihrerseits auf die Anforderungen der allgemeinen Verwaltungsvorschriften nach § 7 a Abs. 1 Satz 3 WHG, soweit der rechtsbegriffliche und justitiable Mindeststandard der allgemein anerkannten Regeln der Technik gewahrt ist. Darin wird man — oberhalb dieses Mindeststandards — die Einräumung eines begrenzten administrativen Standardisierungsspielraums sehen müssen.

107 Vgl. statt vieler: *Gieseke/Wiedemann/Czychowski* (FN 14), § 7 a Rdnr. 12, 16; *Sieder/Zeitler/Dahme* (FN 30), § 7 a Rdnr. 11; *Breuer* (FN 38), S. 91 m.w.N.
108 BT-Drucks. 7/4546, S. 6; *Gieseke/Wiedemann/Czychowski* (FN 14), § 7 a Rdnr. 12, 16; *Sieder/Zeitler/Dahme* (FN 30), § 7 a Rdnr. 11; *Breuer* (FN 38), S. 91 m.w.N.
109 *Schäfer*, Das Recht der Regeln der Technik, Diss. jur. Köln 1965, S. 48 ff.; *Breuer*, AöR 101 (1976), 67; *ders.*, Die Vierte Novelle zum WHG, Nachtrag zu: Öffentliches und privates Wasserrecht, o. J. (1977), Rdnr. 13 ff. *Marburger*, Die Regeln der Technik im Recht, 1979, S. 145 ff.; *Henseler* (FN 31), S. 39 ff.
110 *Breuer*, AöR 101 (1976), 66 f.; vgl. auch die übrigen Nachw. in FN 109.
111 Grundlegend: *Ossenbühl*, Verwaltungsvorschriften und Grundgesetz, 1969.
112 So aber *Sieder/Zeitler/Dahme* (FN 30), § 7 a Rdnr. 13.

Das Verfahren zum Erlaß solcher Verwaltungsvorschriften ist im Gesetz nicht geregelt. Die Bundesregierung hat 60 Arbeitsgruppen eingesetzt, die mit Vertretern der Verwaltung, der Wirtschaft und des naturwissenschaftlich-technischen Sachverstandes besetzt sind und jeweils auf einem bestimmten Sektor Vorschläge für entsprechende Verwaltungsvorschriften zu erarbeiten haben.[113] Auf dieser Grundlage hat die Bundesregierung in dem Zeitraum von 1979 bis Mai 1985 insgesamt 45 Verwaltungsvorschriften gemäß §7a Abs. 1 Satz 3 WHG erlassen.[114] Diese gelten jeweils für einen bestimmten Produktionszweig — ausgenommen die beiden inhaltlich weiterreichenden Verwaltungsvorschriften über Mindestanforderungen an das Einleiten von Abwasser durch Gemeinden (1. AbwasserVwV) und von Mischabwasser (22. AbwasserVwV). Insgesamt ist die Aufstellung der Verwaltungsvorschriften gemäß §7a Abs. 1 Satz 3 WHG wegen der branchen- und betriebsspezifischen Unterschiede, des vorgefundenen Mangels an Vorarbeiten und des bisherigen Defizits an einschlägigen technischen Regeln auf erhebliche Schwierigkeiten gestoßen.[115] Wegen dieser Umstände sowie der unzureichenden Formalisierung und Publizität des Aufstellungsverfahrens erscheint es gegenwärtig zumindest zweifelhaft, ob diese Verwaltungsvorschriften in einem gerichtlichen Verfahren als „antizipierte Sachverständigengutachten" i. S. der immissionsschutzrechtlichen Judikatur[116] verwertet werden können.[117]

Im einzelnen operieren die Verwaltungsvorschriften gemäß §7a Abs. 1 Satz 3 WHG mit unterschiedlichen Schädlichkeitsparametern und Emissionsgrenzwerten. Durchweg schreiben sie indessen vor, daß ein Emissionswert — mit Ausnahme des Wertes für Fischgiftigkeit — als eingehalten gilt, wenn das arithmetische Mittel der Ergebnisse aus den letzten fünf im Rahmen der staatlichen Gewässeraufsicht durchgeführten Untersuchungen diesen Wert nicht überschreitet.[118] Dadurch werden die unvermeidbaren Schwankungen im Ablauf einer Kläranlage weitgehend neutralisiert. Einzelne Grenzwertüberschreitungen sind insoweit unerheblich. Soweit die Verwaltungsvorschriften einen Wert für Fischgiftigkeit festlegen, gilt er als eingehalten, wenn die Ergebnisse der letzten fünf im Rahmen der staatlichen Gewässeraufsicht durchgeführten Untersuchungen diesen Wert in vier Fällen nicht überschreiten.[119]

Entsprechen beim Inkrafttreten der 4. Novelle zum WHG (am 1. 10. 1976) vorhandene Einleitungen von Abwasser nicht den Anforderungen nach §7a Abs. 1 WHG, so haben die Länder sicherzustellen, daß die erforderlichen Maßnahmen durchgeführt werden (§7a Abs. 2 Satz 1 WHG). Die Länder können für den Abschluß dieser Maß-

---

113 Vgl. zur Errichtung, zum Verfahren und zur Tätigkeit dieser Arbeitsgruppen *Salzwedel/Preusker,* KorrespAbw. 1981, 473 ff.
114 Abgedruckt bei *Wüsthoff/Kumpf,* HDW, C 40 ff.
115 Eingehend dazu *Henseler* (FN 31), S. 41 ff. m.w.N..
116 BVerwGE 55, 250 = DVBl. 1978, 591 mit Anm. v. *Breuer.*
117 Ablehnend *Henseler* (FN 31), S. 89 ff., insbes. S. 93 ff.
118 So z. B. Ziffer 2.5, Satz 1 der 1. AbwVwV v. 16. 12. 1982 (GMBl. S. 744, ber. 1983, S. 37); Ziffer 2.3, Satz 1 der 22. AbwVwV v. 19. 5. 1982 (GMBl. S. 295).
119 So z. B. Ziffer 2.3, Satz 2 der 22. AbwVwV (FN 118).

nahmen Fristen festlegen (§ 7a Abs. 2 WHG). Die nordrhein-westfälische Ausfüllungsvorschrift des § 52 Abs. 2 Satz 1 LWG bestimmt die rechtlichen Instrumente der gebotenen Anpassung von Alteinleitungen an die Anforderungen des geltenden Rechts: nachträgliche Festsetzungen von Nebenbestimmungen (§ 5 WHG) sowie Beschränkung, Rücknahme oder Widerruf des Rechts oder der Befugnis (§§ 12 und 15 Abs. 4 WHG, § 25 Abs. 2 LWG).

Der Gesetzentwurf der Bundesregierung für die 5. Novelle zum WHG[120] sah ursprünglich vor, daß der Rechtsbegriff des „Abwassers" in § 7a WHG durch den umfassenden Begriff der „Stoffe" ersetzt werden sollte. Dadurch wäre der Geltungsbereich der emissionsbezogenen Anforderungen dieser Vorschrift ausgedehnt und die schwierige Abgrenzung zwischen „Abwasser" und „Abfall" erübrigt worden. Die Bundesregierung hat jedoch diese Änderungsabsicht aufgegeben, nachdem der Bundesrat Einwendungen hiergegen erhoben hatte. Die verabschiedete Änderung des § 7a Abs. 1 WHG durch die 5. Novelle besteht vor allem darin, daß nicht mehr generell der Standard der „allgemein anerkannten Regeln der Technik" vorgeschrieben ist. Statt dessen ist nunmehr der „Stand der Technik" insoweit maßgebend, als Abwasser bestimmter Herkunft gefährliche Stoffe enthält. Hierunter sind nach der Legaldefinition des § 7a Abs. 1 Satz 2 WHG Stoffe oder Stoffgruppen zu verstehen, „die wegen der Besorgnis einer Giftigkeit, Langlebigkeit, Anreicherungsfähigkeit oder einer krebserzeugenden, fruchtschädigenden oder erbgutverändernden Wirkung als gefährlich zu bewerten sind". Dabei werden insbesondere die Stoffe aus der Liste I des Anhangs der EG-Richtlinie vom 4. 5. 1976 betreffend die Verschmutzung infolge der Ableitung bestimmter gefährlicher Stoffe in die Gewässer der Gemeinschaft,[121] aber auch einige Stoffe aus der Liste II des Anhangs dieser Richtlinie herangezogen werden können. Wegen der Begriffe der Stoffe mit krebserzeugender, fruchtschädigender oder erbgutverändernder Wirkung kann auf das Chemikalienrecht[122] zurückgegriffen werden. Die vorgesehene Verweisung auf den Stand der Technik verschärft aus Gründen der Vorsorge die emissionsbezogenen Anforderungen an das Einleiten gefährlicher Stoffe dergestalt, daß die Front des technischen Fortschritts den Maßstab des rechtlichen Vermeidungsgebots bildet.[123] Die Gesetzesfassung stellt jedoch sicher, daß der Stand der Technik bei Abwassereinleitungen mit derartigen gefährlichen Stoffen erst verlangt wird, wenn die Bundesregierung (mit Zustimmung des Bundesrates) die hierfür erforderlichen allgemeinen Verwaltungsvorschriften erlassen hat.[124] Die Bundesregierung bestimmt durch Rechtsverordnung mit Zustimmung des Bundesrates die Herkunftsbereiche des Abwassers, das gefährliche Stoffe enthält (§ 7a Abs. 1 Satz 4 WHG). Das Gesetz stellt ausdrücklich klar, daß die umrissenen emissionsbezogenen Anforderungen „auch für den Ort des Anfalls des Abwassers oder vor

---

120 BT-Drucks. 10/3973, S. 4, 9f., 18, 22; kritisch dazu auch *Sander*, ZfW 1985, 73f.
121 ABl. der EG Nr. L 129/23 v. 18. 5. 1976.
122 § 3 Nr. 3 Buchst. k, l, m ChemG; § 1 Abs. 1 Nr. 12, 13, 14 ChemG Gefährlichkeitsmerkmale-V.
123 Vgl. BVerfGE 49, 89 (135f.); *Breuer*, AöR 101 (1976), 67f.; kritisch in bezug auf § 7a WHG *Sander*, ZfW 1985, 74ff.
124 Stellungnahme des Bundesrates, BT-Drucks. 10/3973, S. 18.

seiner Vermischung mit anderen Stoffen festgelegt", also nicht erst an der Einleitungsstelle bestimmt werden können. Schließlich trifft der neue § 7a Abs. 3 WHG eine Rahmenregelung für sog. Indirekteinleitungen.[125]

d) Wasserwirtschaftliche Rahmenpläne und Bewirtschaftungspläne

Das wasserbehördliche, in § 6 WHG verankerte Bewirtschaftungsermessen wird zunehmend durch Fachplanungen eingeschränkt. Als solche stehen nach geltendem Bundes- und Landesrecht die wasserwirtschaftlichen Rahmenpläne (§ 35 WHG, § 20 LWG) und die Bewirtschaftungspläne (§ 36 b WHG, § 21 LWG) zur Verfügung.

aa) Wasserwirtschaftliche Rahmenpläne

Um die für die Entwicklung der Lebens- und Wirtschaftsverhältnisse notwendigen wasserwirtschaftlichen Voraussetzungen zu sichern, sollen für Flußgebiete oder Wirtschaftsräume oder für Teile solcher Gebiete wasserwirtschaftliche Rahmenpläne aufgestellt werden; sie sind der Entwicklung fortlaufend anzupassen (§ 36 Abs. 1 WHG). Inhaltlich müssen sie den nutzbaren Wasserschatz, die Erfordernisse des Hochwasserschutzes und die Reinhaltung der Gewässer berücksichtigen; die wasserwirtschaftliche Rahmenplanung und die Erfordernisse der Raumordnung sind miteinander in Einklang zu bringen (§ 36 Abs. 2 WHG).

Das Landesrecht regelt das Aufstellungsverfahren: Die oberste Wasserbehörde legt vorab die Flußgebiete, Wirtschaftsräume oder Teile solcher Gebiete fest, für die ein wasserwirtschaftlicher Rahmenplan aufzustellen ist; sie kann überdies bestimmen, daß ein Rahmenplan in sachlichen und räumlichen Teilabschnitten aufgestellt wird (§ 20 Abs. 1 LWG). Alsdann werden die wasserwirtschaftlichen Rahmenpläne von den Staatlichen Ämtern für Wasser- und Abfallwirtschaft erarbeitet und von den oberen Wasserbehörden nach Beteiligung der Bezirksplanungsräte gemäß § 7 Abs. 2 LPlG aufgestellt (§ 20 Abs. 2 LWG).

Der Rechtsnatur nach sind die wasserwirtschaftlichen Rahmenpläne weder Verwaltungsakte noch Rechtsnormen, sondern Verwaltungsvorschriften mit bloßer rahmensetzender Leitfunktion.[126] Sie sind lediglich „bei den behördlichen Entscheidungen als Richtlinie zu berücksichtigen" (§ 20 Abs. 4 LWG).

bb) Bewirtschaftungspläne

Soweit die Ordnung des Wasserhaushalts es erfordert, sind die Länder seit der 4. Novelle zum WHG vom 26. 4. 1976 (BGBl. I S. 1109) verpflichtet, zur Bewirtschaftung der Gewässer Pläne aufzustellen, die dem Schutz der Gewässer als Bestandteil des Naturhaushalts, der Schonung der Grundwasservorräte und den Nutzungserfordernissen Rechnung tragen (§ 36 b Abs. 1 Satz 1 WHG i.d.F. der 5. Novelle vom 25. 7. 1986,

---

125 Dazu oben III 4; BT-Drucks. 10/3973, S. 4, 8, 11 f.; kritisch *Sander*, ZfW 1985, 76.
126 *Gieseke/Wiedemann/Czychowski* (FN 14), § 36 Rdnr. 3 a m.w.N.; vgl. auch *Hofmann* (FN 84), § 20 Rdnr. 9.

BGBl. I S. 1165). Diese sog. Bewirtschaftungspläne sind der Entwicklung fortlaufend anzupassen (§ 36 b Abs. 4 WHG). Sie ergänzen als gewässerbezogene Fachpläne die emissionsbezogenen Anforderungen an das Einleiten von Abwasser (§ 7 a WHG). Zum einen sind sie für oberirdische Problemgewässer oder Teile hiervon aufzustellen, deren Nutzungen eine zu erhaltende oder künftige Wasserversorgung aus diesen Gewässern oder Gewässerteilen beeinträchtigen können; zum anderen müssen Bewirtschaftungspläne für oberirdische Gewässer oder Gewässerteile aufgestellt werden, bei denen es zur Erfüllung zwischenstaatlicher Vereinbarungen oder bindender Beschlüsse der Europäischen Gemeinschaften erforderlich ist (§ 36 b Abs. 2 WHG). Die letztgenannte Alternative stempelt die Bewirtschaftungspläne zum innerstaatlichen Durchsetzungsinstrument vor allem für die EG-Richtlinie vom 4. 5. 1976 betreffend die Verschmutzung infolge der Ableitung bestimmter gefährlicher Stoffe in die Gewässer der Gemeinschaft[127] sowie für die internationalen Übereinkommen zum Schutz des Rheins gegen Verunreinigung durch chemische Stoffe und Chloride vom 3. 12. 1976.[128]

In den Bewirtschaftungsplänen werden die Nutzungen, denen das Gewässer dienen soll, seine einzuhaltenden Merkmale, die hierfür erforderlichen Maßnahmen und Fristen sowie sonstige wasserwirtschaftliche Maßnahmen festgelegt (§ 36 b Abs. 3 WHG). Durchgesetzt werden die Bewirtschaftungspläne im Wege von Einzelfallentscheidungen der Wasserbehörden, insbesondere durch „zusätzliche Anforderungen", den Widerruf von Erlaubnissen, den totalen oder partiellen Widerruf von Bewilligungen, die Beschränkung oder Aufhebung von alten Rechten und alten Befugnissen sowie durch Ausgleichsverfahren, ferner im Wege von normativen Reinhalteordnungen oder sonstigen im Bewirtschaftungsplan festgelegten Maßnahmen (§ 36 b Abs. 5 Satz 1 i.V.m. den §§ 5, 7 Abs. 1, § 12, 15, 18 und 27 WHG). Soweit für ein Gewässer oder einen Gewässerteil ein Bewirtschaftungsplan nicht aufgestellt ist, darf das Einleiten von Stoffen, durch das eine im Hinblick auf die Nutzungserfordernisse nicht nur unerhebliche nachteilige Veränderung der Beschaffenheit dieses Gewässers oder Gewässerteiles zu erwarten ist, nur erlaubt werden, wenn dies überwiegende Gründe des Gemeinwohls erfordern (§ 36 b Abs. 6 WHG). Durch diesen Blockadeeffekt verstärkt das Gesetz den rechtlichen Zwang zur Aufstellung von Bewirtschaftungsplänen und zum Einsatz ihres Steuerungspotentials.[129]

Das Aufstellungsverfahren ist landesrechtlich geregelt: Die oberste Wasserbehörde legt vorab die Gewässer oder Gewässerabschnitte fest, für die ein Bewirtschaftungsplan aufzustellen ist; sie kann bestimmen, daß ein Bewirtschaftungsplan in sachlichen und räumlichen Teilabschnitten aufgestellt wird (§ 21 Abs. 1 LWG). Alsdann benennt die obere Wasserbehörde die dem Gewässer zugedachten Hauptnutzungsarten. Auf dieser

---

127 ABl. der EG Nr. L 129/23 v. 18. 5. 1976.
128 Gesetz v. 11. 8. 1978 (BGBl. II S. 1053); vgl. dazu *Riegel*, NJW 1976, 787; *Gieseke/Wiedemann/Czychowski* (FN 14), § 36 b Rdnr. 21 – 23.
129 Vgl. BT-Drucks. 7/4546, S. 9; *Riegel*, NJW 1976, 785 f.; *Breuer* (FN 109), Rdnr. 22; *ders.*, RdWWi 20, 102; *Henseler* (FN 31), S. 154.

Grundlage wird der Bewirtschaftungsplan vom Staatlichen Amt für Wasser- und Abfallwirtschaft erarbeitet und schließlich von der oberen Wasserbehörde im Benehmen mit dem Bezirksplanungsrat aufgestellt (§ 21 Abs. 2 LWG).

Ebenso wie die wasserwirtschaftlichen Rahmenpläne sind die Bewirtschaftungspläne weder Verwaltungsakte noch Rechtsnormen, sondern Verwaltungsvorschriften,[130] denen jedoch — im Gegensatz zu den wasserwirtschaftlichen Rahmenplänen — eine strikte verwaltungsinterne Bindungswirkung eigen ist. Sie sind „für alle behördlichen Entscheidungen verbindlich" (§ 21 Abs. 4 LWG im Anschluß an § 36 b Abs. 5 Satz 2 WHG). Abwassereinleitungen in ein Gewässer dürfen nicht erlaubt werden, wenn und soweit sie den in Bewirtschaftungsplänen festgelegten Grenzen nicht entsprechen (§ 52 Abs. 1 Satz 1 Buchst. a LWG). Eine mittelbare Außenwirkung gegenüber dem Bürger kann den Bewirtschaftungsplänen — wie auch den wasserwirtschaftlichen Rahmenplänen — ferner aufgrund des Gleichheitssatzes durch regelmäßige Anwendung oder aufgrund des Rechtsstaatsprinzips durch öffentliche und gezielte Propagierung zuwachsen.[131]

e) Die Anforderungen der EG-Richtlinien und der internationalen Übereinkommen zum Schutz des Rheins

Die Anforderungen der §§ 6 und 7a WHG werden durch (umsetzungsbedürftige) EG-Richtlinien sowie die internationalen Übereinkommen zum Schutz des Rheins konkretisiert und ergänzt. Soweit die Anforderungen der EG-Richtlinien strenger sind als die rechtsbegrifflichen Benutzungsvoraussetzungen des deutschen Rechts, müssen die Wasserbehörden diese strengeren Anforderungen durch eine restriktive Ausübung des Bewirtschaftungsermessens durchsetzen.[132] Das nordrhein-westfälische Landesrecht verbietet indessen strikt die Erlaubnis von Abwassereinleitungen, wenn und soweit diese gegen verbindliche zwischenstaatliche Vereinbarungen oder bindende Beschlüsse der EG über die Beschaffenheit von Abwassereinleitungen verstoßen (§ 52 Abs. 1 Satz 1 Buchst. d LWG).

Die EG-„Gewässerschutzrichtlinie" vom 4. 5. 1976[133] gilt für die oberirdischen Binnengewässer (sowie das Küstenmeer und die inneren Küstengewässer), nicht mehr hingegen für das Grundwasser (Art. 1, 4 Abs. 4). Für die besonders gefährlichen, im Anhang dieser Richtlinie aufgeführten Stoffe der Liste I ist vorgeschrieben, daß ihre „Ableitungen" in die erfaßten Gewässer und eventuell auch „Ableitungen" in die Kanalisation einer „vorherigen Genehmigung" bedürfen (Art. 3); in den Genehmigungen

---

130 *Gieseke/Wiedemann/Czychowski* (FN 14), § 36 b Rdnr. 3, 32; *Sieder/Zeitler/Dahme* (FN 30), § 36 b Rdnr. 10; *Breuer*, RdWWi 20, 89.
131 Vgl. *Breuer*, RdWWi 20, 112f. (m.w.N.).
132 *Gieseke/Wiedemann/Czychowski* (FN 14), § 7a Rdnr. 1.
133 ABl. der EG Nr. L 129/23 v. 18. 5. 1976 ; vgl. oben I bei FN 12.

sind „Emissionsnormen" hinsichtlich der höchstzulässigen Konzentration des ableitbaren Stoffes und der höchstzulässigen Schadstofffracht der Ableitungen festzusetzen (Art. 5). Der EG-Ministerrat legt auf Vorschlag der Kommission generelle emissionsbezogene Grenzwerte sowie gewässerbezogene Qualitätsziele für die Stoffe der Liste I fest (Art. 6). Die Grenzwerte für diese Stoffe werden anhand der Toxizität, Langlebigkeit und Bioakkumulation „unter Berücksichtigung der besten verfügbaren technischen Hilfsmittel" festgesetzt. Dieser Standard liegt höher als derjenige der „allgemein anerkannten Regeln der Technik" i. S. des § 7a WHG; er entspricht annähernd dem im deutschen Recht geläufigen „Stand der Technik".[134] Für die weiteren gefährlichen, im Anhang der Gewässerschutzrichtlinie aufgeführten Stoffe der Liste II haben die Mitgliedstaaten Sanierungsprogramme aufzustellen (Art. 7). Zu deren obligatorischen Instrumenten gehören das Erfordernis einer „vorherigen Genehmigung", die Festsetzung von „Emissionsnormen" in der Genehmigung, die Festlegung gewässerbezogener Qualitätsziele und die Bestimmung von Durchführungsfristen. Außerdem können die Sanierungsprogramme spezifische Vorschriften für die Zusammensetzung und Verwendung von Stoffen und Stoffgruppen sowie Produkten enthalten; dabei sind „die letzten wirtschaftlich realisierbaren technischen Fortschritte" zu berücksichtigen.

Die **EG-„Grundwasserschutzrichtlinie"** vom 17. 12. 1979[135] bezweckt, die Verschmutzung des Grundwassers durch bestimmte gefährliche, in den Listen I und II des Anhangs dieser Richtlinie aufgeführte Stoffe zu verhüten und die Folgen seiner bisherigen Verschmutzung soweit wie möglich einzudämmen oder zu beheben (Art. 1 Abs. 1). Die Richtlinie gilt nicht für Ableitungen von Haushaltsabwässern aus näher umschriebenen einzelstehenden Wohnstätten sowie für Ableitungen von unerheblichen Spuren der betreffenden Stoffe und von Substanzen, die radioaktive Stoffe enthalten (Art. 2). Die Ableitung von Stoffen aus der Liste I in das Grundwasser ist zu verhindern (Gebot der Null-Emission), die Ableitung von Stoffen aus der Liste II in das Grundwasser durch näher umschriebene Maßnahmen zu begrenzen (Art. 3 ff.). Die beiden Listen dieser Richtlinie entprechen weitgehend denjenigen der EG-Gewässerschutzrichtlinie.

Das internationale **Übereinkommen** vom 3. 12. 1976 **zum Schutz des Rheins gegen chemische Verunreinigung** (Chemie-Übereinkommen)[136] ist inhaltlich mit der EG-Gewässerschutzrichtlinie vom 4. 5. 1976 abgestimmt. Es schließt die Schweiz in das EG-rechtlich entwickelte Schutzsystem ein. Nach dem Übereinkommen ergreifen die Vertragsstaaten zur Verbesserung der Güte des Rheinwassers geeignete Maßnahmen, um die Verunreinigung der oberirdischen Gewässer des Rheineinzugsgebiets durch besonders gefährliche, im Anhang I des Übereinkommens aufgeführte Stoffe zu beseitigen und um die Verunreinigung des Rheinwassers durch weitere gefährliche, im Anhang II

---

134 Näheres hierzu bei *Czychowski*, RdWWi 20, 31 ff., *Salzwedel* (FN 92), S. 591; *Henseler* (FN 31), S. 123 ff.
135 ABl. der EG Nr. L 20/43 v. 26. 1. 1980; vgl. oben I bei FN 13.
136 Gesetz v. 11.8. 1978 (BGBl. II S. 1053); dazu *Czychowski*, ZfW 1977, 18 ff.

des Übereinkommens aufgeführte Stoffe zu verringern (Art. 1 Abs. 1). Die vereinbarten Instrumente bestehen für Stoffe aus dem Anhang I in einer „vorherigen Genehmigung", in zugleich mit dieser festzusetzenden „Emissionsnormen" sowie in generellen, nach einem näher geregelten Verfahren „unter Berücksichtigung der besten verfügbaren technischen Hilfsmittel" festzulegenden Grenzwerten (Art. 3 – 5). Für Stoffe aus dem Anhang II bestimmt das Übereinkommen, daß die Vertragsstaaten nationale Programme zur Verringerung der betreffenden Verunreinigungen aufstellen und diese Programme mit näher bezeichneten Mitteln durchsetzen (Art. 6).

Das internationale Übereinkommen vom 3. 12. 1976 zum Schutz des Rheins gegen Verunreinigung durch Chloride[137] regelt vor allem die Verpflichtung Frankreichs zur Verringerung der Einleitungen von Abfallsalzen in den Rhein, eine Kostenbeteiligung der übrigen Vertragsstaaten sowie eine allgemeine stand-still-Verpflichtung für Chlorideinleitungen in den Rhein. Danach ist die Erhöhung bestehender oder die Zulassung neuer Einleitungen nur aus zwingenden Gründen und nach Einholung einer Stellungnahme der Internationalen Rheinschutzkommission oder dann zulässig, wenn an anderer Stelle ein Frachtausgleich herbeigeführt wird.

f) Zusätzliche Bewilligungsvoraussetzungen

Die Bewilligung, die für die in § 8 Abs. 2 Satz 2 WHG genannten Gewässerbenutzungen überhaupt nicht erteilt werden darf, wird im übrigen durch zusätzliche rechtsbegriffliche Voraussetzungen erschwert. Sie darf nur erteilt werden, wenn erstens dem Unternehmer die Durchführung seines Vorhabens ohne eine gesicherte Rechtsstellung nicht zugemutet werden kann und zweitens die Benutzung einem bestimmten Zweck dient, der nach einem bestimmten Plan verfolgt wird (§ 8 Abs. 2 Satz 1 WHG). Mit der ersten Voraussetzung gibt das Gesetz dem erforderlichen Investitionsschutz Raum. Dabei kommt es darauf an, inwieweit im Einzelfall bei Erteilung einer Erlaubnis mit deren Widerruf, mit Unterlassungs- oder Schadensersatzansprüchen Dritter oder mit dem Hinzutritt kollidierender Gewässerbenutzungen gerechnet werden muß.[138] Außerdem muß grundsätzlich der Investitionsaufwand für das konkrete Vorhaben in Beziehung zur wirtschaftlichen Leistungsfähigkeit des Unternehmers gesetzt werden.[139] Unabhängig von solchen Umständen gibt es Investitionen, die bereits wegen ihrer absoluten

---

137 Gesetz v. 11. 8. 1978 (BGBl. II S. 1053); dazu *Czychowski,* in: Gewässerschutz-Wasser-Abwasser, 25 (1978), S. 80f.; in Kraft getreten am 5. 7. 1985 (vgl. Umwelt-BMI, Nr. 6/85, S. 30).
138 Vgl. BVerwGE 20, 219 (225 ff.); BVerwG, DÖV 1971, 426 (427); OVG Münster, ZfW 1968, 195 (197 f.); 1974, 235 (237 ff.); 1976, 243; OVG Lüneburg, BB 1964, 700; OVG Bremen, ZfW 1973, 115; VG Hamburg, ZfW 1973, 123; *Gieseke/Wiedemann/Czychowski* (FN 14), § 8 Rdnr. 27; *Sieder/Zeitler/Dahme* (FN 30), § 8 Rdnr. 17; *Salzwedel,* RdWWi 19, 41 f. 53; *Breuer* (FN 72), Rdnr. 95 ff.
139 Vgl. die Nachw. in FN 138.

Größenordnung die rechtliche Sicherung durch eine Bewilligung wirtschaftlich unverzichtbar erscheinen lassen.[140] Andererseits entfällt die Unzumutbarkeit von Investitionen ohne die gesicherte Rechtsstellung einer Bewilligung, wenn eine andere Möglichkeit zur Deckung des fraglichen Wasserbedarfs besteht.[141]

g) Nachbarschutz

Während die Erlaubnis ihrem Inhaber nach § 7 WHG und § 25 LWG keinen Nachbarschutz gewährt und demgemäß nicht an die Prüfung einer Beeinträchtigung von Rechten oder Interessen Dritter gebunden ist, kann die Erteilung einer Bewilligung mit Rücksicht auf deren Drittwirkung (§ 11 WHG) wegen nachteiliger Einwirkungen auf das Recht oder das rechtlich geschützte Interesse eines Betroffenen gesetzlichen Hindernissen begegnen.

Ein subjektives Recht des Betroffenen kann auf der öffentlichen oder der privaten Rechtsordnung beruhen. Subjektiv-öffentliche Rechte zur Gewässerbenutzung stehen einem Betroffenen zu, wenn er seinerseits Inhaber einer Bewilligung oder eines aufrechterhaltenen alten Rechts (§§ 15, 16 WHG) ist. Der Bewilligung haftet jedoch die Schwäche an, daß sie — ebenso wie die Erlaubnis — kein Recht auf Zufluß von Wasser bestimmter Menge und Beschaffenheit gibt (§ 2 Abs. 2 Satz 1 WHG). Ihr Inhaber muß nicht nur naturbedingte Änderungen, sondern grundsätzlich auch künstliche Verschlechterungen des Wasserzuflusses hinnehmen, wie sie insbesondere durch die spätere Zulassung anderer Benutzungen verursacht werden können.[142] Bereits an einem Recht des Betroffenen fehlt es, wenn die beeinträchtigte Benutzung lediglich auf eine Erlaubnis oder den Gemeingebrauch gestützt ist. Ein Eigentümergebrauch des Betroffenen (§ 24 Abs. 1 WHG) beruht zwar — unabhängig von der Einordnung als privates Eigentumsrecht oder als öffentlich-rechtliche Sondernutzung[143] — auf einem subjektiven Recht des Gewässereigentümers. Jedoch vermittelt auch der Eigentümergebrauch kein Recht auf Zufluß von Wasser bestimmer Menge und Beschaffenheit.[144] Entsprechendes gilt für den Anliegergebrauch (§ 24 Abs. 2 und 3 WHG, § 35 LWG).

Darüber hinaus steht den betroffenen Grundeigentümern oder Gewerbetreibenden ein Abwehrrecht i. S. des § 8 Abs. 3 WHG unmittelbar aus Art. 14 Abs. 1 GG zu.[145]

---

140 OVG Münster, ZfW 1974, 235 (238).
141 Vgl. dazu OVG Münster, ZfW 1974, 235 (237f.); VG Gelsenkirchen, ZfW-Sonderheft 1969 II Nr. 6.
142 So BGHZ 30, 382 (389); OVG Münster, DVBl. 1977, 930; VGH B-W, ZfW-Sonderheft 1979 II Nr. 11; *Gieseke/Wiedemann/Czychowski* (FN 14), § 2 Rdnr. 24; *Sieder/Zeitler/Dahme* (FN 30), § 2 Rdnr. 10, 10 a; *Salzwedel* (FN 3), S. 664f.; *ders.*, RdWWi 18, 99, 101, 102; *Breuer* (FN 72), Rdnr. 151 ff.; a.A. *Wernicke*, NJW 1967, 1950f.; *Hundertmark* (FN 77), S. 57, 102 ff.
143 Vgl. oben IV 1c mit FN 78.
144 *Gieseke/Wiedemann/Czychowski* (FN 14), § 8 Rdnr. 8; *Breuer* (FN 72), Rdnr. 154.
145 BVerwGE 36, 248 (250ff.); 41, 58 (66); OVG Lüneburg, ZfW-Sonderheft 1978 II Nr. 7; VGH B-W, ZfW-Sonderheft 1979 II Nr. 11; vgl. auch *Salzwedel*, RdWWi 18, 93 (101ff.); *Breuer* (FN 72), Rdnr. 154ff.; *ders.*, RdWWi 20, 102ff.

Voraussetzung hierfür ist allerdings eine qualifizierte Betroffenheit. Demgemäß muß der Bestand oder die aktuelle Nutzung des Grundeigentums oder des Gewerbebetriebes schlechthin auf dem Spiel stehen. Insbesondere liegt eine verfassungsrelevante Einwirkung auf den eingerichteten und ausgeübten Gewerbetrieb vor, wenn die hinzutretende Benutzung eines Gewässers „die wasserwirtschaftliche Situation nachhaltig verändern" und dadurch den Unternehmer als Unterlieger „schwer und unerträglich" treffen würde.[146]

Aufgrund der bundesrahmenrechtlichen Ermächtigung des § 8 Abs. 4 WHG kann nach § 27 LWG gegen die Erteilung einer Bewilligung auch Einwendungen erheben, wer infolge der fraglichen Benutzung bestimmte tatsächliche Nachteile zu erwarten hat, ohne dadurch in einem Recht verletzt zu sein. Die benutzungsbedingten Nachteile müssen daraus erwachsen, daß der Wasserabfluß verändert oder das Wasser verunreinigt oder sonst in seinen Eigenschaften verändert oder der Wasserstand verändert, die bisherige Nutzung eines Grundstücks des Betroffenen beeinträchtigt, seiner Wassergewinnungsanlage das Wasser entzogen oder geschmälert oder die ihm obliegende Gewässerunterhaltung erschwert wird (§ 27 Abs. 1 Satz 1 LWG). Geringfügige und solche Nachteile, die vermieden worden wären, wenn der Betroffene die ihm obliegende Gewässerunterhaltung ordnungsgemäß durchgeführt hätte, bleiben außer Betracht (§ 27 Abs. 1 Satz 2 LWG).

Ist zu erwarten, daß die fragliche Benutzung eines Gewässers auf ein Recht (§ 8 Abs. 3 WHG) oder ein rechtlich geschütztes Interesse (§ 8 Abs. 4 WHG i.V.m. § 27 LWG) eines Drittbetroffenen nachteilig einwirkt und erhebt dieser form- und fristgerecht Einwendungen, so müssen die Nachteile primär durch Auflagen oder Benutzungsbedingungen (§ 4 WHG) verhütet oder ausgeglichen werden. Falls dies nicht möglich ist, muß die Bewilligung grundsätzlich versagt werden.[147] Ausnahmsweise kann sie trotz einer solchen Sachlage aus Gründen des Gemeinwohls erteilt werden; der Betroffene ist alsdann zu entschädigen (§ 8 Abs. 3 Satz 2 und Abs. 4 Satz 2 WHG). Darin liegt wegen der nachbarrechtsgestaltenden Wirkung der Bewilligung (§ 11 WHG) eine entschädigungspflichtige Enteignung i. S. des Art. 14 Abs. 3 GG. Die Pflicht zur Entschädigung obliegt dem begünstigten Unternehmer (§ 26 Abs. 2 LWG).

Hat ein Betroffener gemäß § 8 Abs. 3 WHG oder § 8 Abs. 4 WHG i.V.m. § 27 LWG gegen die Erteilung einer Bewilligung Einwendungen erhoben und läßt sich zur Zeit der behördlichen Entscheidung nicht feststellen, ob und in welchem Maße nachteilige Wirkungen eintreten werden, so ist die Entscheidung über die deswegen festzusetzenden Auflagen und Entschädigungen einem späteren Verfahren vorzubehalten (§ 10 Abs. 1 WHG). Außerdem kann der Betroffene zu späterer Zeit eine nachträgliche Entscheidung über Auflagen oder Entschädigungen verlangen, wenn er eingetretene nach-

---

146 BVerwGE 36, 248 (250 ff.).
147 *Gieseke/Wiedemann/Czychowski* (FN 14), § 8 Rdnr. 52; *Sieder/Zeitler/Dahme* (FN 30), § 8 Rdnr. 29; *Hundertmark* (FN 77), S. 107.

teilige Wirkungen während des Bewilligungsverfahrens nicht voraussehen konnte (§ 10 Abs. 2 WHG).

Im Gegensatz zum öffentlichrechtlichen Nachbarschutz des Bewilligungsverfahrens, der im Streitfall in einen verwaltungsgerichtlichen Anfechtungs- oder Verpflichtungsprozeß mündet (§§ 40 Abs. 1, 42 VwGO), verweist die gesetzliche Regelung des Erlaubnisverfahrens (§§ 7 WHG, 25 LWG) den Drittbetroffenen in Nordrhein-Westfalen durchweg auf den privatrechtlichen Nachbarschutz. Da die Erlaubnis nach nordrhein-westfälischem Recht stets einer nachbarrechtsgestaltenden Wirkung entbehrt und das Erlaubnisverfahren demgemäß keine öffentlichrechtlichen Einwendungs- und Abwehrrechte kennt, verfügt der Drittbetroffene ausschließlich, aber auch uneingeschränkt über die privatrechtlichen Schutz- und Ausgleichsansprüche. Dazu gehören die Ansprüche auf Duldung einer älteren Gewässerbenutzung, Beseitigung einer Störung, Unterlassung der erlaubten Benutzung, Herstellung von Schutzeinrichtungen und Schadensersatz, gestützt auf die §§ 1004, 823 Abs. 1 und 2 BGB sowie die §§ 906 ff. BGB und ergänzende Vorschriften des LWG und des NachbRG N-W.[148] Diese Ansprüche werden durch die wasserbehördliche Erteilung einer Erlaubnis nicht berührt und sind ungeschmälert gemäß § 13 GVG im Zivilrechtsweg geltend zu machen.

h) Benutzungsbedingungen und Auflagen

Nach der bundesrahmenrechtlichen Vorschrift des § 4 Abs. 1 WHG können die Erlaubnis und die Bewilligung unter Festsetzung von Benutzungsbedingungen und Auflagen erteilt werden. Unter Benutzungsbedingungen sind alle inhaltlichen Beschränkungen und Nebenbestimmungen zu verstehen, welche die Art, den Umfang oder die Modalitäten der erlaubten oder bewilligten Gewässerbenutzungen regeln.[149] Darüber hinaus sieht § 4 Abs. 2 WHG Auflagen vor, die **mittelbar** nachteiligen Wirkungen der Gewässerbenutzung begegnen sollen; darunter fallen die Anordnung von Beobachtungsmaßnahmen, die Auflage zur Bestellung eines verantwortlichen Betriebsbeauftragten (soweit dessen Bestellung nicht bereits nach § 21 a WHG[150] vorgeschrieben ist oder angeordnet werden kann), die Anordnung von Maßnahmen zum Ausgleich eintretender Beeinträchtigungen der Wasserbeschaffenheit sowie die Auferlegung von Beiträgen zu den Kosten von Verhütungs- oder Ausgleichsmaßnahmen öffentlichrechtlicher Körperschaften. Ergänzend bestimmt § 24 Abs. 2 Satz 1 LWG, daß Nebenbestim-

---

148 Dazu im einzelnen *Breuer* (FN 72), Rdnr. 227 ff.; *ders.* (FN 4), S. 473 (Rdnr. 78).
149 So bereits der Ausschußbericht in BT-Drucks. II/3536, S. 9; ferner *Gieseke/Wiedemann/Czychowski* (FN 14), § 4 Rdnr. 4; *Sieder/Zeitler/Dahme* (FN. 30), § 4 Rdnr. 10 a.
150 Zu Aufgaben und Rechtsstellung des Betriebsbeauftragten für Gewässerschutz (§§ 21 a – 21 g WHG): *Stich*, GewArch. 1976, 145 ff.; *Breuer* (FN 109), Rdnr. 24 ff.; *Tettinger*, DVBl. 1976, 752 ff.; *Köhler*, ZfW 1976, 323 ff.; *Kahl*, Die neuen Aufgaben des Betriebsbeauftragten nach Wasser-, Immissionsschutz- und Abfallrecht, 1978; *Truxa*, ZfW 1980, 220 ff.; *Salzwedel* (FN 92), S. 607 f.

mungen einer Erlaubnis oder Bewilligung „insbesondere" zulässig sind, um nachteilige Wirkungen für das Wohl der Allgemeinheit zu verhüten oder auszugleichen und um sicherzustellen, daß die der Gewässerbenutzung dienenden Anlagen technisch einwandfrei gestaltet und betrieben werden. Subsidiär ist auch die allgemeine Regelung des § 36 Abs. 2 VwVfG N-W über die Zulässigkeit von Nebenbestimmungen bei Ermessensakten anwendbar.[151]

Zum Schutz eines Drittbetroffenen sind bei der Erteilung einer Bewilligung Benutzungsbedingungen und Auflagen nach Maßgabe des § 8 Abs. 3 und 4 WHG sowie des § 27 LWG geboten, damit Beeinträchtigungen eines Rechts oder eines rechtlich geschützten Interesses des Betroffenen verhütet oder ausgeglichen werden.[152] Insoweit bedarf § 24 Abs. 2 Satz 2 LWG, wonach Ansprüche gegen die Wasserbehörden auf Festsetzung von Nebenbestimmungen nicht bestehen, einer korrigierenden Lektüre. Im übrigen sind bei der Erteilung einer Bewilligung wie auch einer Erlaubnis Benutzungsbedingungen und Auflagen zum Schutz eines Drittbetroffenen dem pflichtgemäßen Ermessen der Wasserbehörden anheimgegeben, sofern der Betroffene Einwendungen erhoben hat.[153]

Insbesondere dürfen Auflagen einer Erlaubnis oder Bewilligung nur beigefügt werden, wenn sie der Verhütung oder dem Ausgleich von nachteiligen Wirkungen dienen, die von der erlaubten oder bewilligten Gewässerbenutzung ausgehen. Darüber hinaus kann aus Zurechnungsgründen einem Wasserversorgungsunternehmen, das nach den §§ 51 ff. LWG nicht zur Abwasserbeseitigung verpflichtet ist, nicht die Beseitigung von Straßenoberflächenwasser auferlegt werden.[154] Hingegen stellt eine sog. Heimfallklausel, wonach wasserbau- oder elektrotechnische Anlagen des Benutzers nach einer bestimmten Zahl von Jahren unentgeltlich dem Staat anheimfallen, grundsätzlich eine zulässige Auflage dar.[155]

i) Zusammentreffen von Erlaubnis- und Bewilligungsanträgen

Treffen konkurrierende Erlaubnis- und Bewilligungsanträge zusammen, die sich auch bei Festsetzung von Nebenbestimmungen ganz oder teilweise gegenseitig ausschließen, so ist für die erforderliche Prioritätsentscheidung allein die Bedeutung der beabsichtigten Gewässerbenutzungen für das Wohl der Allgemeinheit maßgebend (§ 28 LWG). Im Gegensatz zu den Wassergesetzen anderer Bundesländer[156] kennt das nordrhein-westfälische Recht keine sonstigen Prioritätskriterien.

---

151 OVG Münster, ZfW-Sonderheft 1982 Nr. 33; VGH B-W, ZfW-Sonderheft 1983 Nr. 42; *Hill*, GewArch. 1981, 155 (158 ff.).
152 Vgl. oben IV 3 g mit FN 147.
153 Vgl. OVG Münster, OVGE 22, 112; 30, 64; *Salzwedel* (FN 3), S. 673; *Breuer* (FN 72), Rdnr. 114, 115.
154 OVG Münster, ZfW-Sonderheft 1982 Nr. 33.
155 BVerwGE 36, 145 (149 ff.).
156 § 18 BerlWG; § 9 BremWG; § 79 Abs. 1 HbgWG; § 21 HessWG; § 30 WG Rh-Pf; § 17 SaarlWG; § 93 WG S-H.

4. Aufhebung und nachträgliche Beschränkung einer Erlaubnis oder Bewilligung

Die Strenge der wasserwirtschaftsrechtlichen Benutzungsordnung wird dadurch verstärkt, daß die öffentliche Bewirtschaftung der Gewässer betont flexibel gehalten ist. Das geltende Bundes- und Landesrecht sieht verschiedene Möglichkeiten der Aufhebung und der nachträglichen Beschränkung einer erteilten Erlaubnis oder Bewilligung vor.

a) Vorbehalt nachträglicher Anordnungen

Nach § 5 WHG stehen die Erlaubnis und die Bewilligung unter dem Vorbehalt, daß zu Lasten ihres Inhabers nachträgliche Anordnungen getroffen werden können. So kann die Wasserbehörde zum Wohl der Allgemeinheit nachträglich zusätzliche Anforderungen an die Beschaffenheit einzubringender oder einzuleitender Stoffe stellen, die Bestellung eines verantwortlichen Betriebsbeauftragten vorschreiben, Maßnahmen zum Ausgleich einer auf die Benutzung zurückführenden Beeinträchtigung der Wasserbeschaffenheit anordnen, Beiträge zu den Kosten von Verhütungs- oder Ausgleichsmaßnahmen einer öffentlichrechtlichen Körperschaft festsetzen sowie Maßnahmen für die Beobachtung der Wasserbenutzung und ihrer Folgen und für eine mit Rücksicht auf den Wasserhaushalt gebotene sparsame Verwendung des Wassers anordnen (§ 5 Abs. 1 Satz 1 WHG). Liegt der Benutzung eine Bewilligung zugrunde, so müssen die Maßnahmen für die Beobachtung der Wasserbenutzung und ihrer Folgen sowie für die sparsame Verwendung des Wassers „wirtschaftlich gerechtfertigt und mit der Benutzung vereinbar" sein (§ 5 Abs. 2 Satz 2 WHG). Im übrigen brauchen nachträgliche Anordnungen nach § 5 WHG lediglich den allgemeinen rechtsstaatlichen Postulaten der Geeignetheit, Erforderlichkeit und Verhältnismäßigkeit zu genügen.[157] Sämtliche Anordnungen nach § 5 WHG sind entschädigungsfrei.

b) Widerruf der Bewilligung

Soweit nicht schon nach § 5 WHG nachträgliche Anordnungen entschädigungsfrei zulässig sind, kann eine Bewilligung nach § 12 Abs. 1 WHG gegen Entschädigung ganz oder teilweise widerrufen werden, wenn von der uneingeschränkten Fortsetzung der Benutzung eine erhebliche Beeinträchtigung des Wohls der Allgemeinheit, insbesondere der öffentlichen Wasserversorgung, zu erwarten ist. Auch in diesem Fall ist der totale Widerruf der Bewilligung als härtester Eingriff nach dem rechtsstaatlichen Grundsatz der Erforderlichkeit nur zulässig, wenn eine bloße Beschränkung der Bewilligung zur Wahrung des Gemeinwohls nicht ausreicht.[158]

---

157 *Breuer* (FN 72), Rdnr. 127.
158 Vgl. zum Ganzen *Gieseke/Wiedemann/Czychowski* (FN 14), § 12 Rdnr. 2 ff.; *Sieder/Zeitler/Dahme* (FN 30), § 12 Rdnr. 18, 19; *Breuer* (FN 72), Rdnr. 130, 131.

Nach § 12 Abs. 2 WHG kann die Bewilligung **ohne Entschädigung**, soweit dies nicht schon nach § 5 WHG zulässig ist, nur in vier Fällen ganz oder teilweise widerrufen werden: erstens bei Erschleichung der Bewilligung, zweitens bei dauerhafter Nichtausübung der Benutzung, drittens bei planwidriger Änderung des Benutzungszwecks, viertens bei wiederholter und erheblicher Überschreitung des Bewilligungsrahmens oder der Nichterfüllung von Benutzungsbedingungen oder Auflagen. In den drei zuletzt genannten Fällen genügt die objektive Zuwiderhandlung; auf ein Verschulden des Unternehmers kommt es insoweit nicht an.[159]

c) Nachträgliche Entscheidungen zugunsten Drittbetroffener

Zugunsten eines Drittbetroffenen kann die Wasserbehörde gegenüber dem Inhaber einer Bewilligung in zwei Fällen nachträgliche Entscheidungen treffen, und zwar nach § 10 Abs. 1 WHG aufgrund eines Entscheidungsvorbehalts des Bewilligungsbescheides und nach § 10 Abs. 2 WHG wegen nicht voraussehbarer nachteiliger Wirkungen der bewilligten Gewässerbenutzung.[160] In beiden Fällen können die nachträglichen Entscheidungen in den Rechtsformen von Auflagen, Benutzungsbedingungen oder Entschädigungsfestsetzungen ergehen. Unter den rechtsbegrifflichen Voraussetzungen des § 10 Abs. 1 oder 2 WHG hat der Betroffene einen entsprechenden Anspruch auf eine nachträgliche, zu seinen Gunsten gebotene Entscheidung.[161]

d) Widerruf der Erlaubnis

Die Erlaubnis kann stets widerrufen werden, wenn die Fortsetzung der erlaubten Gewässerbenutzung das Wohl der Allgemeinheit oder überwiegende Belange Drittbetroffener beeinträchtigen würde. In diesem Sinne hat der Bundesgesetzgeber in § 7 Abs. 1 WHG eine Aufzählung konkreter Widerrufsgründe vermieden. Die Ausfüllungsvorschrift des § 25 Abs. 2 Satz 1 LWG regelt drei beispielhafte Widerrufsgründe. Danach kann die Erlaubnis ganz oder teilweise widerrufen werden, „insbesondere" wenn von der weiteren Benutzung eine Beeinträchtigung des Wohls der Allgemeinheit zu erwarten ist, die nicht durch nachträgliche Anordnungen verhütet oder ausgeglichen werden kann (Buchst. a), wenn die Erlaubnis aufgrund von Nachweisen, die in wesentlichen Punkten unrichtig oder unvollständig waren, erteilt worden ist (Buchst. b) oder wenn der Unternehmer den Zweck der Benutzung geändert, sie über den Rahmen der Erlaubnis hinaus ausgedehnt oder Nebenbestimmungen nicht erfüllt hat (Buchst. c). § 25 Abs. 2 Satz 2 LWG stellt klar, daß die allgemeinen Vorschriften über die Rücknahme und den Widerruf von Verwaltungsakten (§§ 48 – 50 VwVfG N-W) auf die wasserrechtliche Erlaubnis subsidiär anwendbar sind.

---

159 *Gieseke/Wiedemann/Czychowski* (FN 14), § 12 Rdnr. 6 – 8; *Breuer* (FN 72), Rdnr. 134 – 136.
160 Vgl. oben IV 3 g.
161 Näheres bei *Breuer* (FN 72), Rdnr. 183 ff.

Trotz ihrer grundsätzlichen, entschädigungsfreien Widerruflichkeit darf die Erlaubnis nur aus einem sachlichen, darlegungsbedürftigen Grund widerrufen werden.[162] Darüber hinaus ist der Widerruf nicht aus jedem sachlichen Grund ohne Rücksicht auf die wirtschaftlichen Belange des Erlaubnisinhabers zulässig. Vielmehr muß die Wasserbehörde auch beim Widerruf einer Erlaubnis die verfassungsrechtlichen Schranken beachten, die sich aus der Eigentumsgarantie (Art. 14 Abs. 1 GG) und dem hiervon umfaßten Bestands- und Investitionsschutz ergeben.[163]

e) Ausgleichsverfahren

Nach § 18 WHG können im Ausgleichsverfahren Art, Maß und Zeiten der Ausübung von Erlaubnissen und Bewilligungen wie auch von alten Rechten und alten Befugnissen auf Antrag eines Beteiligten oder von Amts wegen geregelt oder beschränkt werden, wenn das Wasser nach Menge und Beschaffenheit nicht für alle Benutzungen ausreicht oder sich diese beeinträchtigen und wenn das Wohl der Allgemeinheit, insbesondere die öffentliche Wasserversorgung, es erfordert. In diesem Verfahren können auch Ausgleichszahlungen im Verhältnis zwischen den Beteiligten festgesetzt werden (§ 18 Satz 2 WHG), jedoch keine Beschränkungen, die den Kern der zugelassenen Benutzung antasten oder die Wirtschaftlichkeit der Benutzungsanlage untergraben.[164] Die Ausfüllungsvorschrift des § 29 LWG stellt den Ausgleich von Rechten und Befugnissen nach § 18 WHG in das „billige" Ermessen der Wasserbehörde und verpflichtet diese, bei der gebotenen Interessenabwägung auch die erlaubnisfreien Benutzungen zu berücksichtigen.

5. Rohrleitungen zum Befördern wassergefährdender Stoffe und Anlagen zum Umgang mit wassergefährdenden Stoffen

Im Rahmen der allgemeinen wasserwirtschaftsrechtlichen Benutzungsordnung ist – neben der Erlaubnis- oder Bewilligungspflicht für die eigentlichen Gewässerbenutzungen – bundesgesetzlich vorgeschrieben, daß die Errichtung und der Betrieb von Rohrleitungsanlagen zum Befördern wassergefährdender Stoffe einer besonderen Genehmigung bedürfen (§§ 19 a – 19 f WHG).[165] Ferner müssen der Einbau, die Aufstellung, die Unterhaltung und der Betrieb von Anlagen zum Umgang mit wassergefährdenden Stoffen näher geregelten Anforderungen sowie mindestens den allgemein anerkannten

---

162 *Salzwedel* (FN 3), S. 674; *Breuer* (FN 72), Rdnr. 144.
163 OVG Münster, ZfW 1968, 195 (200); *Salzwedel*, RdWWi 19, 41 (46 ff., 56 ff.).
164 *Salzwedel* (FN 3), S. 675.
165 Dazu *Horster*, Die Zulassung von Mineralöl-Pipelines, Diss. jur. Bonn 1969.

Regeln der Technik entsprechen (§§ 19 g – 19 l WHG).[166] In diesem Zusammenhang bietet das Bundesrahmenrecht eine Umschreibung und eine beispielhafte, jedoch wegweisende Aufzählung wassergefährdender Stoffe (§ 19 g Abs. 5 WHG). Diese anlagen- und stoffbezogenen Spezialvorschriften eröffnen im Interesse eines zeitlich und sachlich vorgezogenen Gewässerschutzes eine Präventivkontrolle bestimmter Anlagen, die sich durch ein spezifisches, stoffbedingtes Gefährdungspotential auszeichnen.

Auf der Ebene des Landesrechts ergänzt § 18 LWG die Regelungen der §§ 19 a – 19 l WHG durch Verordnungsermächtigungen zur Begründung einer Anzeigepflicht sowie zu weiteren formell- und materiellrechtlichen Anforderungen. Auf die Ermächtigung des § 18 Abs. 2 LWG gestützt, hat der Landesminister für Ernährung, Landwirtschaft und Forsten im Einvernehmen mit den Landesministern für Arbeit, Gesundheit und Soziales sowie für Wirtschaft, Mittelstand und Verkehr die Verordnung über Anlagen zum Lagern, Abfüllen und Umschlagen wassergefährdender Stoffe (VAwS) vom 31. 7. 1981 (GVBl. S. 490) erlassen. Mit dem Inkrafttreten dieser Verordnung am 1. 1. 1982 ist, den Vorgaben des neueren Bundesrechts entsprechend, die nordrhein-westfälische Lagerbehälter-Verordnung vom 19. 4. 1968 (GVBl. S. 158)[167] abgelöst worden (§ 24 VAwS).

V. Gesteigerte wasserwirtschaftsrechtliche Benutzungsordnungen

1. Festsetzung von Wasserschutzgebieten

Soweit es das Wohl der Allgemeinheit erfordert, Gewässer im Interesse der derzeit bestehenden oder künftigen öffentlichen Wasserversorgung vor nachteiligen Einwirkungen zu schützen, das Grundwasser anzureichern oder das schädliche Abfließen von Niederschlagswasser sowie das Abschwemmen und den Eintrag von Bodenbestandteilen, Dünger oder Pflanzenbehandlungsmitteln in Gewässer zu verhüten, können Wasserschutzgebiete festgesetzt werden (§ 19 Abs. 1 WHG). Damit wird das betreffende Gebiet im Interesse der genannten Schutzziele einer gesteigerten wasserwirtschaftsrechtlichen Benutzungsordnung unterworfen. Zum einen können in den Wasserschutzgebieten bestimmte Handlungen verboten oder für nur beschränkt zulässig erklärt werden. Zum anderen können die Eigentümer und Nutzungsberechtigten von Grundstücken zur Duldung bestimmter Maßnahmen – etwa der Beobachtung des Gewässers und des Bodens – verpflichtet werden (§ 19 Abs. 2 WHG).

Die Festsetzung eines Wasserschutzgebiets erfolgt durch eine ordnungsbehördliche Verordnung der oberen Wasserbehörde (§ 14 Abs. 1 LWG). Die verbindlichen Anforderungen der Verordnung können nach Schutzzonen gestaffelt werden. Eine solche Gliederung in die Zonen I (Fassungsbereich, Stauraum mit Uferzone oder Entnahme-

---

166 Geändert durch die 5. Novelle zum WHG vom 25. 7. 1986 (BGBl. I S. 1165); vgl. im übrigen *Czychowski*, ZfW 1977, 84 ff.; zu Problemen der landesgesetzlichen Ausfüllung *Holtmeier*, ZfW 1981, 1 ff.; *Praml*, DÖV 1982, 842 ff.
167 Zuletzt geändert durch Verordnung v. 13. 12. 1973 (GVBl. 1974 S. 2).

bereich), II (engere Schutzzone) und III (weitere Schutzzone) ist in DVGW-Richtlinien[168] vorgesehen, in der Praxis üblich und weithin bereits durch das rechtsstaatliche Übermaßverbot vorgezeichnet.[169] Eine ordnungsbehördliche Verordnung, die ein Wasserschutzgebiet zum Schutze der öffentlichen Wasserversorgung festsetzt, tritt 40 Jahre nach ihrem Inkrafttreten außer Kraft (§ 14 Abs. 3 LWG). Formell fehlerhaft und deshalb unwirksam ist eine Wasserschutzgebietsfestsetzung, wenn Umfang und inhaltliche Ausgestaltung des veröffentlichten Entwurfs so erheblich von der später verkündeten Fassung abweichen, daß bei der entsprechenden Änderung einer schon wirksamen Verordnung ein neues förmliches Verfahren (§ 19 Abs. 4 WHG, §§ 143 Abs. 2, 150 LWG) durchgeführt werden müßte.[170]

Nicht endgültig geklärt ist die Frage, ob die zuständige Wasserbehörde bei der Festsetzung eines Wasserschutzgebiets über eine planerische Gestaltungsfreiheit oder einen sonstigen „Spielraum" verfügt[171] oder einer strikten Rechtsbindung unterliegt.[172] Diese Frage wird man differenziert beantworten müssen. Jedenfalls enthält § 19 Abs. 1 WHG rechtsbegriffliche und justitiable Festsetzungsvoraussetzungen. Soweit indessen ein Wasserschutzgebiet im Interesse der **künftigen** öffentlichen Wasserversorgung festgesetzt wird oder angesichts tatsächlicher Ungewißheiten in räumlicher oder inhaltlicher Hinsicht über das Minimum des unabweisbar „Erforderlichen" hinaus ausgedehnt wird, handelt es sich um einen Akt der planerischen Vorsorge.[173] Auch derartige Festsetzungen sind bei sinngerechter Gesetzesauslegung von der Ermächtigung des § 19 WHG sowie der §§ 14 und 15 LWG gedeckt, zumal selbst die Einzelfallentscheidungen über die Erteilung einer Erlaubnis oder Bewilligung im Bewirtschaftungsermessen der Wasserbehörde stehen. Soweit hingegen die tatsächlichen Verhältnisse keinen Anlaß zu planerischer Vorsorge geben, ist die Wasserbehörde bei der Gebietsfestsetzung rechtlich gebunden.

Die Schutzanordnungen nach § 19 Abs. 2 WHG wahren auf der Grundlage des Naßauskiesungsbeschlusses des BVerfG[174] im allgemeinen den Rahmen einer verfassungsmäßigen und entschädigungsfreien Inhalts- und Schrankenbestimmung des Eigentums gemäß Art. 14 Abs. 1 Satz 2 GG. Dies gilt z. B. für Beschränkungen der landwirtschaftlichen Bodennutzung, insbesondere Düngebeschränkungen,[175] sowie für Auskiesungsverbote.[176] Dagegen hält der BGH[177] daran fest, daß für rechtswidrige hoheitliche Ver-

---

168 DVGW-Regelwerk, Arbeitsblätter W 101, 102 und 103, jew. i.d.F. vom Februar 1975, abgedruckt in: *Wüsthoff/Kumpf*, HDW, D 30–32.
169 *Gieseke/Wiedemann/Czychowski* (FN 14), § 19 Rdnr. 16.
170 OVG Münster, ZfW 1982, 248; *Salzwedel*, NVwZ 1982, 601; VGH B-W, DVBl. 1964, 360 m. Anm. von *Müller*.
171 So OVG Münster, ZfW 1984, 291.
172 So BVerwG, DVBl. 1984, 342 = ZfW 1984, 294.
173 Ähnlich VGH B-W, ESVGH 33, 117 = DVBl. 1983, 638.
174 BVerfGE 58, 300; vgl. oben II mit FN 35, 36.
175 *Gieseke/Wiedemann/Czychowski* (FN 14), § 19 Rdnr. 82, 83; *Breuer*, Beilage II/1985 in AgrarR Heft 5/1985, S. 2 (9 f.).
176 Vgl. oben FN 35, 36; auch *Gieseke/Wiedemann/Czychowski* (FN 14), § 19 Rdnr. 71 ff.
177 BGHZ 90, 4 = DVBl. 1984, 391 mit Anm. von *Götz*.

bote des Sand- oder Kiesabbaus „nach den von der Rechtsprechung für den enteignungsgleichen Eingriff entwickelten Grundsätzen" Entschädigung zu leisten ist.
Soweit eine Schutzanordnung nach § 19 Abs. 2 WHG eine (rechtmäßige) Enteignung i. S. des Art. 14 Abs. 3 GG darstellt, ist dafür Entschädigung zu leisten (§ 19 Abs. 3 WHG). Der Umfang der Entschädigung bestimmt sich nach § 20 WHG und § 135 LWG. Wird ein Wasserschutzgebiet zum Schutze der öffentlichen Wasserversorgung festgesetzt, ist der begünstigte Unternehmer der Wassergewinnung zu bezeichnen (§ 15 Abs. 1 LWG). Dieser ist zur Entschädigung verpflichtet; jedoch tritt generell das Land in Vorlage, der begünstigte Unternehmer hat dem Land die aufgewandten Entschädigungsbeträge zu erstatten (§ 15 Abs. 2 LWG). Darüber hinaus sieht § 19 Abs. 4 WHG i. d. F. der 5. Novelle vom 25. 7. 1986 (BGBl. I S. 1165) einen „angemessenen Ausgleich nach Maßgabe des Landesrechts" für wirtschaftliche Nachteile vor, die der ordnungsgemäßen land- oder forstwirtschaftlichen Nutzung aus nichtenteignenden Schutzanordnungen nach § 19 Abs. 2 WHG erwachsen.

Heilquellenschutzgebiete bilden einen abgewandelten Sondertypus der Wasserschutzgebiete (§ 16 Abs. 3 LWG).

2. Reinhalteordnungen

Nach § 27 WHG i.V.m. § 17 LWG kann die obere Wasserbehörde durch Rechtsverordnung für oberirdische Gewässer oder Gewässerteile aus Gründen des Wohls der Allgemeinheit Reinhalteordnungen erlassen. Dies kommt z. B. in Betracht, wenn stark verunreinigte Gewässer saniert oder saubere Gewässer in diesem Zustand erhalten werden sollen.[178] Insbesondere können Reinhalteordnungen das Zuführen bestimmter Stoffe verbieten, Mindestanforderungen für das Zuführen bestimmter Stoffe aufstellen und die Abwehr sonstiger nachteiliger Einwirkungen auf die Wasserbeschaffenheit regeln.

Auch Reinhalteordnungen begründen eine gesteigerte wasserwirtschaftsrechtliche Benutzungsordnung. Sie bilden ein normatives Instrument einer ganzheitlichen und vorausschauenden Bewirtschaftung sowie einer vorsorglichen Restriktion der Gewässerbenutzungen im Hinblick auf deren „Summenwirkung", also einen Akt der planerischen Vorsorge.[179] In der Praxis sind allerdings bisher keine Reinhalteordnungen erlassen worden.

VI. Wasserversorgung und Abwasserbeseitigung

Das WHG enthält seit der 4. Novelle[180] eine entsorgungsspezifische Regelung der Abwasserbeseitigung (§§ 18 a, 18 b WHG). Diese Regelung wird in Nordrhein-Westfalen durch die Vorschriften über die Wasserversorgung und die Abwasserbeseitigung

---

178 BT-Drucks. 7/888, S. 20; 7/1088, S. 16.
179 Vgl. *Gieseke/Wiedemann/Czychowski* (FN 14), § 27 Rdnr. 1.
180 Gesetz v. 26. 4. 1976 (BGBl. I S. 1109).

(§§ 45 – 63 LWG) teils ausgefüllt, teils ergänzt. Ergänzenden (d. h. erweiternden) Inhalt haben die Vorschriften über die öffentliche Wasserversorgung, insbesondere über die Anforderungen an Wasserentnahmen zur öffentlichen Trinkwasserversorgung (§ 47 LWG) sowie den einzuhaltenden Standard der allgemein anerkannten Regeln der Technik beim Bau und Betrieb von Anlagen für die öffentliche Wasserversorgung (§ 48 LWG). Ausfüllenden Charakter im Verhältnis zu den §§ 18 a, 18 b WHG haben die landesrechtlichen Vorschriften über die Abwasserbeseitigung (§§ 51 – 63 LWG).

Abwasser ist so zu beseitigen, daß das Wohl der Allgemeinheit nicht beeinträchtigt wird. Der gesetzliche Begriff der Abwasserbeseitigung umfaßt das Sammeln, Fortleiten, Behandeln, Einleiten, Versickern, Verregnen und Verrieseln von Abwasser sowie das Entwässern von Klärschlamm in Zusammenhang mit der Abwasserbeseitigung (§ 18 a Abs. 1 WHG). Abwasser ist landesgesetzlich definiert als „das durch häuslichen, gewerblichen, landwirtschaftlichen oder sonstigen Gebrauch in seinen Eigenschaften veränderte und das bei Trockenwetter damit zusammen abfließende Wasser (Schmutzwasser) sowie das von Niederschlägen aus dem Bereich von bebauten oder befestigten Flächen abfließende Wasser (Niederschlagswasser)" (§ 51 Abs. 1 LWG). Darin kann keine Verengung des weiten historischen, vom WHG fortgeführten und somit bundesrechtlich vorgegebenen Abwasserbegriffs gefunden werden.[181] Dieser Begriff umfaßt sämtliches verunreinigte oder sonst in seinen Eigenschaften veränderte Wasser sowie sämtliche abgehenden Wassergemische ohne Rücksicht auf die Ursache, das Ausmaß und die Schädlichkeit der Veränderungen oder Beimischungen.[182] Die landesgesetzlichen Vorschriften über die Abwasserbeseitigung gelten indessen nicht für das in ländlichen Betrieben anfallende Abwasser, das auf landwirtschaftlich, forstwirtschaftlich oder gärtnerisch genutzte Böden aufgebracht wird, sofern das übliche Maß der landwirtschaftlichen Düngung nicht überschritten wird, ferner für unverschmutztes Abwasser, welches zur Gewinnung von Wärme abgekühlt wurde, sowie für Niederschlagswasser, welches auf überwiegend zu Wohnzwecken genutzten Gebieten anfällt und ohne Beeinträchtigung des Wohls der Allgemeinheit versickert, verregnet, verrieselt oder in ein Gewässer eingeleitet werden kann (§ 51 Abs. 2 LWG).

Träger der Abwasserbeseitigungpflicht muß grundsätzlich eine Körperschaft des öffentlichen Rechts sein (§ 18 a Abs. 2 WHG). In dem bundesrechtlichen Rahmen stellt das Landesrecht den Grundsatz auf, daß die Gemeinden das auf ihrem Gebiet anfallende Abwasser zu beseitigen haben (§ 53 Abs. 1 LWG). Dabei handelt es sich um eine Pflichtaufgabe der gemeindlichen Selbstverwaltung.[183] Zur Beseitigung von Niederschlagswasser, welches von Straßenoberflächen außerhalb im Zusammenhang bebauter Ortsteile anfällt, ist der Träger der Straßenbaulast verpflichtet (§ 53 Abs. 2 LWG). Im übrigen kann die zuständige Wasserbehörde die Gemeinde von der Beseitigungspflicht wider-

---

181 *Gieseke/Wiedemann/Czychowski* (FN 14), § 7 a Rdnr. 4, § 18 a Rdnr. 21; *Stortz*, ZfW 1978, 269; *Breuer* (FN 38), S. 65 ff. (m.w.N.).
182 Vgl. *Breuer* (FN 38), S. 47 ff., 69 ff. (m.w.N. zum Streitstand).
183 *Henseler* (FN 31), S. 226 ff.

ruflich freistellen, wenn das Abwasser auf Grundstücken außerhalb der im Zusammenhang bebauten Ortsteile anfällt oder, aus gewerblichen Betrieben oder anderen Anlagen stammend, zur gemeinsamen Fortleitung oder Behandlung in einer öffentlichen Abwasseranlage ungeeignet ist oder zweckmäßiger getrennt beseitigt wird (§ 53 Abs. 3 und 4 LWG). Anstelle der Gemeinden sind Abwasserverbände zur Beseitigung verpflichtet, soweit sie diese als Verbandsunternehmen übernehmen (§ 54 LWG). Ein Abwasserverband kann in die Rechtsform eines Wasser- und Bodenverbandes auf allgemeiner oder sondergesetzlicher Rechtsgrundlage oder in die Rechtsform eines kommunalrechtlichen Zweckverbandes gekleidet sein.[184]

Nach § 52 Abs. 1 Satz 2 Buchst. c LWG dürfen Abwassereinleitungen in ein Gewässer nicht erlaubt werden, wenn und soweit sie der ordnungsgemäßen Erfüllung der Abwasserbeseitigungspflicht nicht entsprechen. Die Erlaubnisvoraussetzung ordnungsgemäßer Erfüllung der Abwasserbeseitigungspflicht ist nach der Erkenntnis des OVG Münster[185] nur erfüllt, wenn die Einleitung von einem Beseitigungspflichtigen durchgeführt wird. Die bisher vor allem im Außenbereich weithin übliche Beseitigung häuslicher Abwässer durch individuelle Hauskläranlagen und die anschließende Untergrundverrieselung ist hiermit nicht vereinbar. Die tatsächliche und rechtliche Problematik dieses Ergebnisses[186] ist durch die großzügige, nachträglich eingefügte Übergangsregelung des § 53 a LWG entschärft worden: Kann die Gemeinde das Abwasser aus einem Gewerbebetrieb, einer anderen Anlage oder das Abwasser, das auf Grundstücken anfällt, in Erfüllung ihrer Verpflichtungen (§ 53 Abs. 1 LWG) erst später abnehmen, so ist bis zur Übernahme derjenige, bei dem das Abwasser anfällt, beseitigungspflichtig.

Die Länder sind verpflichtet, **Abwasserbeseitigungspläne** aufzustellen. In diesen Plänen sind insbesondere die Standorte für bedeutsame Anlagen zur Behandlung von Abwasser, ihr Einzugsbereich, Grundzüge für die Abwasserbehandlung sowie die Träger der Maßnahmen festzulegen (§ 18 a Abs. 3 WHG) und die Gewässerabschnitte auszuweisen, in die eingeleitet werden soll (§ 55 Abs. 1 Satz 1 LWG). Die obere Wasserbehörde legt vorab die maßgebenden Planungsräume fest (§ 56 Abs. 1 LWG). Nach dem Abschluß des Planerarbeitungsverfahrens stellt sie die Abwasserbeseitigungspläne durch ordnungsbehördliche Verordnung auf (§ 56 Abs. 2–5 LWG). Die Festlegungen der Pläne sind demgemäß für alle Beteiligten verbindlich (§ 56 Abs. 6 LWG).

Eine problematische Regelung trifft § 55 Abs. 2 LWG für den Fall, daß „zugunsten eines Unternehmens der Wassergewinnung für die Wasserversorgung besondere Maßnahmen der Abwasserbeseitigung vorgesehen" sind. Im Abwasserbeseitigungsplan ist hiernach eine pauschale Ausgleichszahlung festzusetzen, die der Träger der Wassergewinnung dem Träger der Abwasserbeseitigung zum Ausgleich für dessen erhöhten Auf-

---

184 *Henseler* (FN 31), S. 241 f., 245 ff.
185 RdL 1981, 304; ZfW-Sonderheft 1982 Nr. 160; RdL 1982, 543.
186 Dazu *Henseler*, BauR 1982, 1 (5 ff.); vgl. auch *Hofmann* (FN 84), § 53 a Rdnr. 2 ff.; *Salzwedel/Nacke*, NVwZ 1985, 717.

wand zahlen soll. Diese Regelung verstößt gegen das höherrangige Bundesrecht der §§ 4 und 6 WHG, das dem Verursacherprinzip folgt, indem es eine entsprechende Auflage zu Lasten des Wasserversorgungsunternehmens ausschließt und die Last der schadlosen Beseitigung — auch über die emissionsbezogenen Mindestanforderungen des § 7 a WHG hinaus — dem Abwasserbeseitigungspflichtigen auferlegt.[187]

Abwasseranlagen sind unter Berücksichtigung der Benutzungsbedingungen und Auflagen für das Einleiten von Abwasser (§§ 4 und 5 WHG) nach den allgemein anerkannten Regeln der Abwassertechnik zu errichten und zu betreiben (§ 18 b Abs. 1 WHG, § 57 Abs. 1 LWG). Nach Maßgabe des § 57 Abs. 2 LWG bedürfen die Errichtung und der Betrieb von Abwasseranlagen einer besonderen Genehmigung (§ 58 LWG). Dabei handelt es sich um einen gebundenen Verwaltungsakt. Die Genehmigung darf nur versagt oder mit Nebenbestimmungen verbunden werden, wenn das Wohl der Allgemeinheit es erfordert (§ 58 Abs. 3 LWG).

VII. Abwasserabgabe

Das Abwasserabgabengesetz des Bundes (AbwAG) vom 13. 9. 1976[188] ist am 1. 1. 1978 in Kraft getreten (§ 18 AbwAG). Nach der Zielsetzung des Gesetzgebers[189] soll die Abwasserabgabe Anreize setzen, in verstärktem Maße Kläranlagen zu bauen, den Stand der Abwasserreinigungstechnik zu verbessern, abwasserarme oder abwasserlose Produktionsverfahren zu entwickeln und einzusetzen und Güter, die nur abwasserintensiv hergestellt werden können, sparsamer zu verwenden. Zudem soll der frühere Wettbewerbsvorteil derjenigen, die kostenlos Gewässer verschmutzen und die knapp gewordene Umweltressource Wasser in Anspruch nehmen konnten, durch den Abgabehebel abgeschöpft werden. Aufgrund ihres Zwecks und ihrer gesetzlichen Ausgestaltung wird die Abwasserabgabe zutreffend als umweltpolitische Lenkungsabgabe gekennzeichnet. Rechtssystematisch betrachtet, stellt sie eine Sonderabgabe dar, die weder als Gebühr oder Beitrag noch als Steuer qualifiziert werden kann.[190]

Die Abwasserabgabe ist für das Einleiten von Abwasser in ein Gewässer i. S. des § 1 Abs. 1 WHG zu entrichten; sie wird von den Ländern erhoben (§ 1 AbwAG). Als Bewertungsgrundlage der Abgabe fungiert die Schädlichkeit des Abwassers, die unter Zugrundelegung der Abwassermenge, der absetzbaren Stoffe, der oxydierbaren Stoffe und der Giftigkeit des Abwassers in Schadeinheiten nach einer Tabelle bestimmt wird

---

187 Vgl. auch die Bedenken bei *Hofmann* (FN 84), § 55 Rdnr. 4 ff., der § 55 Abs. 2 LWG jedoch durch eine enge Auslegung zu entschärfen sucht; für eine weitergehende Anwendung des § 55 Abs. 2 LWG dagegen *Honert/Rüttgers* (FN 66), Erl. zu § 55 (S. 129 ff.).
188 Vgl. oben I mit FN 8.
189 Vgl. die Nachw. in FN 9.
190 So jetzt h.M.; vgl. HessVGH, DVBl. 1983, 949; *Henseler* (FN 31), S. 169 ff.; *Schröder*, DÖV 1983, 667 ff.; *Kloepfer*, JZ 1983, 742 ff.

(§ 3 AbwAG nebst Anlage, §§ 67, 68 LWG). Die Werte für die Ermittlung der Schadeinheiten sind grundsätzlich dem die Abwassereinleitung zulassenden Bescheid zu entnehmen (§ 4 AbwAG, §§ 69, 70 LWG). Der Bescheid muß demgemäß mindestens Angaben über die Jahresschmutzwassermenge sowie über die absetzbaren Stoffe, die oxydierbaren Stoffe und die Giftigkeit des Wassers enthalten, und zwar in Gestalt von Regel- und Höchstwerten. Der Verwaltungsaufwand für die insoweit erforderliche Umstellung der vorgefundenen wasserrechtlichen Bescheide erschien wesentlich geringer als der Aufwand, den generell durchzuführende Messungen der tatsächlichen Einleitungen verursacht hätten.[191] Die abgabenrechtlichen Regel- und Höchstwerte sind von den bewirtschaftungsrechtlichen, in den Verwaltungsvorschriften gemäß § 7 a Abs. 1 Satz 3 WHG und den Erlaubnisbescheiden festzulegenden Grenzwerten für die Abwassereinleitungen zu unterscheiden. Insbesondere können die Höchstwerte hinter den Einleitungsgrenzwerten zurückbleiben; umgekehrt dürfen die Höchstwerte keinesfalls die bewirtschaftungsrechtlichen Einleitungsgrenzwerte überschreiten.[192]

Auf die §§ 8, 9 Abs. 2 AbwAG gestützt, bestimmen die §§ 64, 65 LWG, daß die Gemeinden bei Kleineinleitungen von Schmutzwasser aus Haushaltungen und ähnlichem Schmutzwasser anstelle der Einleiter eine pauschalierte Abwasserabgabe (Kleineinleiterabgabe) zu entrichten und diese Abgabe durch „Gebühren" nach den §§ 6 und 7 KAG auf die Kleineinleiter abzuwälzen haben. Nach der Erkenntnis des OVG Münster[193] ist die von den Gemeinden zu entrichtende Kleineinleiterabgabe eine verfassungsrechtlich zulässige Sonderabgabe. Ebenso hat das OVG Münster[194] die im Wege der Abwälzung von den Kleineinleitern an die Gemeinde zu entrichtende Abgabe – entgegen der gesetzlichen Bezeichnung als „Gebühr" – als zulässige Sonderabgabe qualifiziert. Die abwälzbare Kleineinleiterabgabe kann jedoch nur an Einleitungstatbestände i. S. des § 2 Abs. 2 AbwAG geknüpft werden. Diese Voraussetzung ist nicht erfüllt, wenn Abwasser im Rahmen der landbaulichen Bodenbehandlung in den Untergrund verbracht wird (§ 2 Abs. 2, 2. Halbsatz AbwAG).[195] Aus dem gleichen Grunde kann eine abwälzbare Kleineinleiterabgabe nicht erhoben werden, wenn Grundstücksabwässer in einen gemeindlichen Entwässerungskanal abgeleitet werden, also eine Indirekteinleitung vorliegt.[196]

---

191 Vgl. *Dahme*, AbwAG, 1976, S. 34; *Berendes/Winters* (FN 9), S. 56 ff.
192 Streitig; wie hier: *Henseler* (FN 85), S. 202 ff. m.w.N.; zweifelnd *Salzwedel*, RdWWi 20, 57 (69 f.); anders *Berendes/Winters* (FN 9), S. 68 f.: der abgabenrechtliche Höchstwert könne den bewirtschaftungsrechtlichen Überwachungswert überschreiten, z. B. 120% des Überwachungswertes betragen; wieder anders, nämlich für Identität von Höchst- und Einleitungsgrenzwerten: *Bickel*, KorrespAbw. 1978, 227 (228); auch *ders.*, NuR 1982, 214 (215); *Winter*, DVBl. 1978, 523 (525).
193 OVGE 36, 291 = NVwZ 1984, 390; dazu *Salzwedel/Nacke*, NVwZ 1985, 718 f.
194 OVGE 36, 291 (295) = NVwZ 1984, 390 (391).
195 OVG Münster, NVwZ 1985, 777; vgl. auch OVG Münster, NVwZ 1985, 776.
196 OVG Münster, NVwZ 1985, 778.

Aufgrund Bundesrechts ist die Abgabepflicht ab 1. 1. 1981 entstanden. Der Abgabesatz betrug zunächst 12 DM je Schadeinheit, ist in mehreren Stufen erhöht worden und hat ab 1. 1. 1986 die vorgesehene Höchststufe von 40 DM je Schadeinheit erreicht (§ 9 Abs. 4 AbwAG). Eine Schadeinheit entspricht etwa dem ungereinigten Abwasser eines Einwohners. Der Abgabesatz wird für den sog. Restschmutz halbiert; dieser besteht aus den Schadeinheiten, die nicht vermieden werden, obwohl die an den allgemein anerkannten Regeln der Technik auszurichtenden Mindestanforderungen gemäß den Verwaltungsvorschriften nach § 7 a Abs. 1 Satz 3 WHG erfüllt werden (§ 9 Abs. 5 AbwAG).[197]

Veranlagungszeitraum der Abwasserabgabe ist das Kalenderjahr (§ 11 Abs. 1 AbwAG). Demgemäß wird die Abgabe jährlich durch Bescheid festgesetzt (§ 77 Abs. 1 LWG). Hierfür ist in Nordrhein-Westfalen das Landesamt für Wasser und Abfall als Festsetzungsbehörde zuständig (§ 76 LWG). Wegen des Charakters der Abwasserabgabe als Sonderabgabe mit umweltpolitischer Lenkungsfunktion war in Rechtsprechung und Lehre streitig geworden, ob dem Widerspruch und der Anfechtungsklage gegen den Festsetzungsbescheid nach dem Grundsatz des § 80 Abs. 1 VwGO aufschiebende Wirkung zukam[198] oder diese Wirkung nach § 80 Abs. 2 Nr. 1 VwGO abzulehnen war.[199] Der Bundesgesetzgeber hat diese Streitfrage positivrechtlich entschieden, indem er durch Änderungsgesetz vom 14. 12. 1984 (BGBl. I S. 1515) § 12 a AbwAG eingefügt hat. Danach haben Widerspruch und Anfechtungsklage gegen die Anforderung der Abwasserabgabe keine aufschiebende Wirkung. Dies gilt rückwirkend auch für früher erlassene Bescheide.

Das Aufkommen der Abwasserabgabe ist zweckgebunden für Maßnahmen, die der Erhaltung oder Verbesserung der Gewässergüte dienen (§ 13 AbwAG, §§ 81, 82 LWG). Darunter fällt insbesondere der Bau von Abwasserbehandlungsanlagen. Das Landesrecht trifft nähere Regelungen über die Vergabe der Mittel (§ 83, 84 LWG).

VIII. Sicherung und Ausbau der Gewässer

1. Ausgleich der Wasserführung und Sicherung des schadlosen Wasserabflusses

Die Pflicht zum Ausgleich der Wasserführung obliegt den Kreisen und kreisfreien Städten (§ 87 Abs. 1 LWG) oder — auf gesetzlicher oder satzungsrechtlicher Grundlage — einem Wasserverband (§ 87 Abs. 3 LWG). Diese Pflicht dient insbesondere der Erhal-

---

197 Zur Problematik dieser Regelung *Salzwedel* (FN 92), S. 629 f.; *Henseler* (FN 31), S. 215 ff.; *Schröder*, DÖV 1983, 673.
198 So HessVGH, DVBl. 1983, 949; *Schröder*, DÖV 1983, 672; *Kloepfer*, JZ 1983, 748.
199 So OVG Münster, NVwZ 1984, 394; BayVGH, ZfW-Sonderheft 1984 Nr. 140; VGH B-W, ESVGH 34, 141.

tung eines leistungsfähigen Naturhaushalts. Sie richtet sich vor allem auf den Bau, den Betrieb und die Unterhaltung von Anlagen zum Ausbau von Gewässern und von Rückhaltebecken. Die verpflichteten Körperschaften können den hierdurch entstehenden Aufwand nach Maßgabe des § 88 LWG umlegen.

Die Sicherung des schadlosen Wasserabflusses umfaßt insbesondere die Gewässerunterhaltung. Zu dieser gehört bei oberirdischen Gewässern kraft Bundesrechts die Erhaltung eines ordnunsgemäßen Zustandes für den Wasserabfluß und an schiffbaren Gewässern auch die Erhaltung der Schiffbarkeit (§ 28 Abs. 1 Satz 1 WHG, § 8 Abs. 1 WaStrG). Nach den Ausfüllungsvorschriften des Landesrechts erstreckt sich die Gewässerunterhaltung auf das Gewässerbett einschließlich der Ufer (§ 90 Abs. 1 Satz 1 LWG). Sie umfaßt u. a. Maßnahmen zur Verbesserung und Erhaltung der Selbstreinigungskraft des Gewässers (soweit nicht andere dazu verpflichtet sind), die Reinigung und Räumung des Gewässerbettes und der Ufer von Unrat sowie Maßnahmen, die erforderlich sind, um bei Hochwasser angetriebene Gegenstände einzusammeln und zur Abfallbeseitigung bereitzustellen (§ 90 Abs. 2 LWG). Wer Träger der Unterhaltungspflicht ist, bestimmt sich primär nach der Gewässerordnung (§ 91 LWG).[200] Eine Umlage des Unterhaltungsaufwands ist vorgesehen (§ 92 LWG).

2. Gewässerausbau

Die Herstellung, Beseitigung oder Umgestaltung eines Gewässers oder seiner Ufer bedarf als wasserwirtschaftlicher Ausbau grundsätzlich der vorherigen Planfeststellung (§ 31 WHG, §§ 100 – 104 LWG). Beim Ausbau sind in Linienführung und Bauweise nach Möglichkeit Bild und Erholungseignung der Gewässerlandschaft sowie die Erhaltung und Verbesserung der Selbstreinigungskraft des Gewässers zu beachten (§ 31 Abs. 1a WHG). Die Planfeststellung enthält eine umfassende Sachentscheidung und soll einen allseitigen Interessenausgleich herstellen (§ 31 Abs. 2 WHG, §§ 100, 101, 152 Abs. 1 LWG i.V.m. §§ 72 ff. VwVfG N-W).[201] Soll ein Ausbau oder Neubau von Bundeswasserstraßen zu Verkehrszwecken erfolgen, ist nach den §§ 14 ff. WaStrG eine vorherige Planfeststellung durch die zuständige Bundesverwaltung (Wasser- und Schiffahrtsdirektion) erforderlich.

Die Planfeststellung bewirkt zum einen eine Verwaltungskonzentration. Durch sie wird abschließend über die öffentlichrechtliche Zulässigkeit des Ausbauvorhabens entschieden. Neben ihr sind andere behördliche Entscheidungen wie öffentlichrechtliche Genehmigungen, Verleihungen, Erlaubnisse, Bewilligungen, Zustimmungen und Planfeststellungen nicht erforderlich (§ 152 Abs. 1 LWG i.V.m. § 75 Abs. 1 VwVfG N-W). Zum anderen gestaltet die Planfeststellung die Nachbarrechtslage. Ist sie unanfechtbar

---

200 Vgl. oben II.
201 *Breuer,* Die hoheitliche raumgestaltende Planung, 1968, S. 61 ff.; ders., ZfW 1969, 81 ff.; ders., RdWWi 20, 82 f., 92 ff., 105 ff.; jew. m.w.N.

geworden, schließt sie Ansprüche Dritter auf Unterlassung des Vorhabens, auf Beseitigung oder Änderung der Anlagen oder auf Unterlassung der Anlagenbenutzung aus; Ansprüche auf Schutzvorkehrungen oder Entschädigung läßt sie nur unter engen Voraussetzungen bestehen (§ 152 Abs. 1 LWG i.V.m. § 75 Abs. 2 und 3 VwVfG N-W).

Die Rechtsprechung[202] unterscheidet im Wasserrecht zwischen gemeinnützigen Planfeststellungen (zum Wohl der Allgemeinheit) und privatnützigen Planfeststellungen für Ausbauvorhaben, die — wie z.B. die Herstellung eines Baggersees im Zuge einer Auskiesung — allein im privaten Interesse durchgeführt werden. Während bei der gemeinnützigen Planfeststellung die Planrechtfertigung feststeht, ist diese bei der privatnützigen Planfeststellung darlegungsbedürftig. Demgemäß vermag eine privatnützige wasserrechtliche Planfeststellung Eingriffe in Rechte Dritter nicht zu rechtfertigen; sie muß außerdem versagt werden, wenn sie unter irgendeinem rechtlichen Gesichtspunkt zur Beeinträchtigung des Wohls der Allgemeinheit führen würde.[203]

Die Vorschriften über die wasserrechtliche Planfeststellung begründen für einen Dritten, der durch ein Ausbauvorhaben betroffen ist, kein subjektives öffentliches Recht auf Einleitung und Durchführung des objektivrechtlich gebotenen Planfeststellungsverfahrens.[204] Der Dritte kann sich jedoch gegen das Ausbauvorhaben mit öffentlichrechtlichen Abwehr- und Beseitigungsansprüchen zur Wehr setzen, wenn er durch das Vorhaben in seinen materiellen Rechten beeinträchtigt wird.[205]

3. Sicherung des Hochwasserabflusses

Deich- und Dammbauten, die den Hochwasserabfluß beeinflussen, stehen dem Gewässerausbau gleich. Sie bedürfen somit grundsätzlich ebenfalls einer vorherigen Planfeststellung (§ 31 Abs. 1 Satz 2 WHG, §§ 107, 152 Abs. 1 LWG). Für Überschwemmungsgebiete gelten Sondervorschriften zur Sicherung des schadlosen Hochwasserabflusses (§ 32 WHG, §§ 112–114 LWG).

IX. Gewässeraufsicht und Zwangsrechte

Die **Gewässeraufsicht** umfaßt die wasserbehördliche Überwachung in bezug auf die Gewässer und ihre Benutzung, die Beschaffenheit des Rohwassers für die öffentliche Trinkwasserversorgung, die Wasserschutzgebiete, die Überschwemmungsgebiete, die Tal-

---

202 BVerwGE 55, 220; BVerwG, NuR 1984, 242; BayVGH, ZfW 1980, 238; OVG Münster, ZfW 1981, 58.
203 BVerwGE 55, 220 (226f.); BVerwG, BayVBl. 1980, 759; vgl. auch *Gieseke/Wiedemann/Czychowski* (FN 14), § 31 Rdnr. 32ff., 39ff.; *Salzwedel* (FN 92), S. 609.
204 BVerwGE 62, 243.
205 BVerwGE 62, 243.

sperren und Rückhaltebecken, die Deiche sowie die Anlagen, die unter das WHG, das LWG oder die dazu erlassenen Vorschriften fallen (§ 116 Abs. 1 Satz 1 LWG). In diesem Rahmen greifen die Duldungspflichten im Hinblick auf die Überwachung der Gewässerbenutzungen nach § 21 WHG sowie die „besonderen" Duldungspflichten der Eigentümer und Nutzungsberechtigten nach § 117 LWG ein.[206] Besondere Überwachungsmaßnahmen sind in bezug auf Abwassereinleitungen (§ 120 LWG) sowie im Zusammenhang mit der Wasserschau (§ 121 LWG) und der Deichschau (§ 122 LWG) vorgeschrieben. In Fällen einer durch Hochwasser, Eisgang oder andere Ereignisse bedingten gegenwärtigen Wassergefahr kann die Wasserbehörde bestimmte Hilfeleistungen verlangen (§ 123 LWG).

Über die im Rahmen der Gewässeraufsicht eingreifenden Duldungspflichten der Eigentümer und Nutzungsberechtigten hinausgehend, normieren die §§ 124 ff. LWG spezielle **Zwangsrechte**, die durch die Wasserbehörde erteilt werden können (§ 133 LWG).

X. Organisation der Wasserbehörden, Verwaltungsverfahren und Wasserbücher

Die **Organisation** der Wasserbehörden ist dreistufig. Dabei fungiert der Landesminister für Ernährung, Landwirtschaft und Forsten als oberste Wasserbehörde, der Regierungspräsident als obere Wasserbehörde und der Kreis oder die kreisfreie Stadt als untere Wasserbehörde (§ 136 LWG). Allgemeine Wasserbehörde ist für die Gewässer erster Ordnung, Talsperren sowie andere herausgehobene Gewässer und Anlagen die obere Wasserbehörde und für die übrigen Gewässer die untere Wasserbehörde (§ 137 LWG). Die Wasserbehörden sind Sonderordnungsbehörden i. S. des § 12 OBG (§ 138 LWG).

Das **Verwaltungsverfahren** der Wasserbehörden bestimmt sich primär nach den Sondervorschriften der §§ 141–156 LWG. Danach ist ein förmliches Verwaltungsverfahren für die Erteilung einer Bewilligung, die Festsetzung von Wasserschutz- und Heilquellenschutzgebieten, das Ausgleichsverfahren (§ 18 WHG, § 29 LWG) und die Entscheidung über die Erteilung von Zwangsrechten (§§ 124–133 LWG) vorgeschrieben (§§ 143–151 LWG). Das förmliche Verwaltungsverfahren richtet sich nach den §§ 63 ff. VwVfG N-W (§ 143 LWG), soweit nicht wasserrechtliche Sondervorschriften gelten. Auf das wasserrechtliche Planfeststellungsverfahren sind die §§ 72 ff. VwVfG N-W anwendbar (§ 152 Abs. 1 LWG), auf das Entschädigungsverfahren die Sondervorschriften der §§ 154–156 LWG. Soweit wasserrechtliche Sondervorschriften fehlen, bestimmt sich das Verwaltungsverfahren der Wasserbehörden nach den allgemeinen Vorschriften

---

206 Vgl. *Gieseke/Wiedemann/Czychowski* (FN 14), § 21 Rdnr. 6 ff., 32 ff.; auch *Honert/Rüttgers* (FN 66), Erl. zu § 117 (S. 281).

des VwVfG N-W.[207] Dies gilt insbesondere für das Verfahren zur Erteilung einer wasserrechtlichen Erlaubnis.

Die Einrichtung und die Führung der in § 37 WHG vorgeschriebenen **Wasserbücher** erfolgen in einem speziellen Verwaltungsverfahren (§§ 157 – 160 LWG). Die Eintragungen im Wasserbuch haben keine rechtsbegründende oder rechtsändernde Wirkung (§ 158 Abs. 3 LWG). Sie begründen jedoch eine tatsächliche Vermutung.[208]

XI. Wasser- und Bodenverbände

1. Allgemeine Rechtsgrundlagen

Das Wasserverbandgesetz (WVG) und die Erste Wasserverbandverordnung (WVVO) aus dem Jahre 1937[209] bilden die allgemeine Rechtsgrundlage für die Gründung und die Tätigkeit der Wasser- und Bodenverbände. Zu deren Aufgaben können nach näherer Bestimmung der Verbandssatzung insbesondere die Herstellung, Änderung, Unterhaltung, Regulierung und Beseitigung der Gewässer und ihrer Ufer, die Herstellung und Unterhaltung von Stauanlagen und anderen Benutzungsanlagen, die Entwässerung und Bewässerung von Grundstücken, die Abwasserbeseitigung, die Beschaffung von Trink- und Brauchwasser sowie die Verbesserung des Bodens im Interesse der Landwirtschaft gehören (§ 2 WVG, § 2 WVVO). Mitglieder des Wasser- und Bodenverbandes können die jeweiligen Eigentümer von Grundstücken, Bergwerken und Anlagen als dingliche Mitglieder, die zur Gewässer- und Uferreinigung Verpflichteten und öffentlichrechtliche Körperschaften wie z. B. die Gemeinden und Kreise sein (§ 3 WVVO). Die Mitglieder haben dem Verband Beiträge zu leisten, wenn es zur Erfüllung seiner Aufgaben und seiner Verbindlichkeiten und zu einer ordentlichen Haushaltsführung erforderlich ist (§§ 71, 78 ff. WVVO). Die Beiträge haben die rechtliche Qualität öffentlicher Abgaben (§ 80 Abs. 1 WVVO).

2. Sondergesetzliche Wasserverbände

Auf der Grundlage preußischer Sondergesetze aus der Zeit zwischen 1904 und 1930 ist im Gebiet des heutigen Landes Nordrhein-Westfalen eine Reihe bedeutender, überwiegend fortbestehender Wasserverbände gebildet worden.[210] Von ihnen bestehen auf son-

---

207 Vgl. die Nachw. in FN 151.
208 BGH, ZfW 1979, 161; BVerwG, ZfW 1972, 163; *Gieseke/Wiedemann/Czychowski* (FN 14), § 37 Rdnr. 3 a.
209 Vgl. oben I mit FN 18 – 22.
210 Vgl. dazu *Dornheim* (FN 20), S. 87 ff.; *Breuer* (FN 20), S. 859 ff.

dergesetzlicher Grundlage noch heute die Emschergenossenschaft,[211] der Ruhrverband,[212] der Ruhrtalsperrenverein,[213] die Linksniederrrheinische Entwässerungsgenossenschaft[214] und der Lippeverband.[215] Hierbei handelt es sich um öffentlichrechtliche Selbstverwaltungskörperschaften mit wichtigen wasserwirtschaftlichen Aufgaben im Kern- und Randbereich des rheinisch-westfälischen Industriegebietes. Aus der Aufgabenstellung und der Planung der sondergesetzlichen Verbände ergibt sich teilweise eine wasserwirtschaftliche „Klassifizierung" der betroffenen Gewässer. So ist die Emscher der Abwasserbeseitigung und die Ruhr der Wasserversorgung des rheinisch-westfälischen Industriegebietes dienstbar gemacht worden.[216] Der im Jahre 1926 gegründete Lippeverband hat im Gegensatz zu den älteren sondergesetzlichen Verbänden umfassende wasserwirtschaftliche Aufgaben.[217]

Der preußischen Tradition entsprechend, ist durch nordrhein-westfälisches Sondergesetz vom 3. 6. 1958[218] der Große Erftverband gegründet worden. Ebenfalls in die Rechtsform einer Selbstverwaltungskörperschaft des öffentlichen Rechts gekleidet, hat dieser Verband die außergewöhnlichen wasserwirtschaftlichen Aufgaben wahrzunehmen, die durch den Tagebau des rheinischen Braunkohlebergbaus und die hiermit zusammenhängende Grundwasserabsenkung bedingt sind.[219] Zur Erfüllung seiner umfassenden wasserwirtschaftlichen Aufgaben hat der Große Erftverband insbesondere die wasserwirtschaftlichen Verhältnisse zu erforschen und zu beobachten, einem Mangel an Wasser zu begegnen und Maßnahmen zur Sicherung der gegenwärtigen und künftigen Versorgung der Bevölkerung, der Wirtschaft und des Bodens mit Wasser zu planen und durchzuführen, Abwasser unschädlich zu machen, die Vorflut zu erhalten und zu verbessern sowie sonstige Maßnahmen zu treffen, um die bezeichneten Aufgaben zu fördern.

211 Gesetz betreffend Bildung einer Genossenschaft zur Regelung der Vorflut und zur Abwasserreinigung im Emschergebiet v. 14. 7. 1904 (PrGS S. 175) i.d.F. des nordrhein-westfälischen Gesetzes v. 7. 11. 1961 (GVBl. S. 325); geändert durch Gesetz v. 1. 12. 1981 (GVBl. S. 698).
212 Ruhrreinhaltungsgesetz v. 5. 6. 1913 (PrGS S. 305), zuletzt geändert durch nordrhein-westfälisches Gesetz v. 1. 12. 1981 (GVBl. S. 698); vgl. zur wasserwirtschaftlichen Planung des Ruhrverbandes und des Ruhrtalsperrenvereins *Imhoff*, RdWWi 22, 127 ff.
213 Ruhrtalsperrengesetz v. 5. 6. 1913 (PrGS S. 317), zuletzt geändert durch nordrhein-westfälisches Gesetz v. 21. 10. 1969 (GVBl. S. 712); vgl. *Imhoff* (FN 212).
214 Entwässerungsgesetz für das linksniederrheinische Industriegebiet v. 29. 4. 1913 (PrGS S. 251) i. d. nordrhein-westfälischen Neufassung v. 19. 11. 1984 (GVBl. S. 759).
215 Lippegesetz v. 19. 1. 1926 (PrGS S. 13) i.d.F. des nordrhein-westfälischen Gesetzes v. 7. 11. 1961 (GVBl. S. 325), zuletzt geändert durch Gesetz v. 26. 6. 1984 (GVBl. S. 378).
216 § 1 Abs. 1 EmschergenossenschaftsG (FN 211); § 1 Abs. 1 RuhrreinhaltungsG (FN 212).
217 § 2 Abs. 1 LippeG (FN 215).
218 Gesetz über die Gründung des Großen Erftverbandes v. 3. 6. 1958 (GVBl. S. 253), zuletzt geändert durch Gesetz v. 18. 9. 1979 (GVBl. S. 552); zur Verfassungsmäßigkeit BVerfGE 10, 89; BVerwG, ZfW 1986, 220.
219 Vgl. zur wasserwirtschaftlichen Planung des Großen Erftverbandes *Stein*, RdWWi 22, 177 ff.

Das frühere Privileg, wonach u. a. die genannten sondergesetzlichen Wasserverbände zur Gewässerbenutzung einer Erlaubnis oder Bewilligung nicht bedurften (§ 133 Abs. 2 Satz 1 LWG 1962), ist aufgrund der §§ 170, 173 LWG (1979) entfallen.[220]

---

220 OVG Münster, ZfW 1984, 306.

Umweltschutzrecht

von Christoph Degenhart

Literatur

R. Breuer, Umweltschutzrecht, in: von Münch, Besonderes Verwaltungsrecht, 7. Aufl., Berlin 1985, S. 535 ff.; *C. Degenhart*, Kernenergierecht – Schwerpunkte, Entscheidungsstrukturen, Entwicklungslinien, 2. Aufl., Köln 1982; *W. Hoppe*, Staatsaufgabe Umweltschutz, VVDStRL 38 (1980), S. 211 ff.; *H. Jarass*, Bundes-Immissionsschutzgesetz, Kommentar, München 1983; *M. Kloepfer*, Zum Grundrecht auf Umweltschutz, Berlin, New York 1978; *Salzwedel* (Hrsg.), Grundzüge des Umweltrechts, Berlin 1982; *W. Schmitt Glaeser / J. W. Meins*, Recht des Immissionsschutzes, 1982.

Gesetzessammlung:

M. Kloepfer, Umweltschutz, Textsammlung des Umweltrechts der Bundesrepublik Deutschland, München 1981 ff. (Losebl.).

Landesgesetze NW:

Forstgesetz für das Land NW (LandesforstG) i.d.F. d. Bek. v. 24. 4. 1980, GVBl. S. 546; geändert durch G.v. 26. 6. 1984, GVBl. S. 730 (HR Nr. 117);
Gesetz zur Sicherung des Naturhaushalts und zur Entwicklung der Landschaft (LandschaftsG) i.d.F. d. Bek. v. 26. 6. 1980, GVBl. S. 734, in § 63 Abs. 3 Nr. 4 lit. b) nichtig erklärt durch U. d. BVerfG v. 3. 11. 1982, BGBl. I, 1595 (HR Nr. 119).
Abfallgesetz für das Land Nordrhein-Westfalen (LandesabfallG) v. 18. 12. 1973, GVBl. S. 562; zuletzt geändert durch G. v. 6. 3. 1979, GVBl. S. 94 (HR Nr. 127).
Gesetz zum Schutz vor Luftverunreinigungen, Geräuschen und ähnlichen Umwelteinwirkungen (Landes-ImmissionsschutzG) v. 18. 3. 1975, GVBl. S. 232; geändert durch G. v. 18. 9. 1979, GVBl. S. 552 (HR Nr. 158).

Gliederung

I. Das Recht des Umweltschutzes in Bund und Land- Überblick
  1. Sachbereiche des Umweltschutzes
  2. Gesetzgebungskompetenzen im Umweltschutz

Umweltschutzrecht

II. Verfassungsrechtliche Grundlagen
   1. Grundrechtliche Schutzgebote
      a) Art. 2. Abs. 2 S. 1 GG
         aa) Art. 2 Abs. 2 GG als Abwehrrecht
         bb) Art. 2 Abs. 2 GG als Maßstabsnorm — Schutzpflichten
         cc) Grenzen des grundgesetzlichen Schutzgebots
      b) Art. 14 GG
      c) Rechtsschutz und Verfahren
   2. Grundrecht auf Umweltschutz?
   3. Verfassungsrechtliche Schranken umweltpolitischer Forderungen
III. Immissionsschutzrecht NW
   1. Immissionsschutz als Gegenstand des Landesrechts
      a) Landeskompetenzen
      b) Geltungsbereich des LImSchG NW
   2. Zum Inhalt des LImSchG NW
      a) Überblick
      b) Insbesondere: verhaltensbezogene Gebots- und Verbotsnormen
         aa) Luftreinhaltung
         bb) Lärmschutz
            (1) Schutz der Nachtruhe, § 9 LImSchG
            (2) Tongeräte, § 10 LImSchG
            (3) Tierhaltung, § 12 LImSchG
            (4) Sonstige Lärmimmissionen
         cc) Zur immissionsschutzrechtlichen Grundregel des § 3 LImSchG
      c) Zuständigkeits- und Befugnisnormen des LImSchG NW
IV. Das Recht des Abfallbeseitigung
   1. Grundsätze des Abfallbeseitigungsrechts
   2. Insbesondere: zur Behandlung des „wilden Mülls"
   3. Ergänzende Regelungen der Beseitigungspflicht
   4. Satzungserlaß
   5. Insbesondere: zur abfallrechtlichen Behandlung von Autowracks
   6. Verfahrens- und Zuständigkeitsregelungen, Überwachung
V. Natur- und Landschaftsschutzrecht
   1. Natur- und Landschaftsschutz durch Bundes- und Landesrecht
   2. Allgemeine Grundsätze und Eingriffe in Natur und Landschaft
   3. Landschaftsplanung und Schutzgebiete
   4. Erholung in der freien Natur
   5. Weitere Bestimmungen

Abgesehen von den üblichen Abkürzungen, sind folgende Zeitschrtiften abgekürzt zitiert:
et: Energiewirtschaftliche Tagesfragen;
NuR: Natur und Recht;
UPR: Umwelt- und Planungsrecht;
WiVerw: Wirtschaft und Verwaltung.

I. Das Recht des Umweltschutzes in Bund und Land – Überblick

1. Sachbereiche des Umweltschutzrechts

Beim Recht des Umweltschutzes handelt es sich um kein geschlossenes, nach einheitlichen Prinzipien aufgebautes Rechtsgebiet.[1] Der Schutz der Umwelt, also die Bewahrung der natürlichen Existenzbedingungen des Menschen, seiner natürlichen Umgebung, die Vorsorge gegen Belastungen und Risiken und die Beseitigung eingetretener Schäden[2] wird vom Gesetzgeber sachbereichsspezifisch nach unterschiedlichen Grundsätzen geregelt. Zum einen werden – hierin liegt der Schwerpunkt staatlichen Umweltschutzes – bestimmte besonders umweltbelastende oder gefährliche Tätigkeiten, wird insbesondere auch die Errichtung und der Betrieb umweltbelastender Anlagen und der Umgang mit gefährlichen oder umweltbelastenden Stoffen reglementiert, überwacht und beschränkt. Man kann hier von „**kausalem**" Umweltschutz sprechen, da der Schutz der Umwelt hier bei den Ursachen von Umwelteingriffen ansetzt.[3] Hierzu zählen insbesondere das Recht des Immissionsschutzes, durch das vor allem Errichtung und Betrieb gefährlicher oder lästiger Anlagen geregelt werden, daneben auch unmittelbar das Verhalten von Personen, soweit es schädliche Umwelteinwirkungen verursachen kann (vgl. § 1 Abs. 1 LImSchG.). Zum Bereich des kausalen Umweltschutzes zählt auch das Atomrecht, durch das Errichtung und Betrieb von Nuklearanlagen und der Umgang mit radioaktiven Stoffen geregelt werden.[4] Zentrale Bereiche des kausalen Umweltschutzes sind weiterhin das Recht der Abfallbeseitigung, das Chemikaliengesetz;[5] auch Lebensmittel-, Futtermittel- und Arzneimittelrecht[6] mag man hierzu zählen.[7] – Werden demgegenüber nicht einzelne, spezifisch umweltrelevante Tätigkeiten geregelt, sondern bestimmte, besonders belastete Umweltmedien gegenüber Belastungen und nachteiligen Veränderungen auf Grund unterschiedlicher Ursachen umfassender geschützt, so bedeutet dies „**medialen**" Umweltschutz, der nicht primär bei der Quelle der Umweltbelastung ansetzt, sondern beim belasteten Umweltmedium.[8] Hierzu zählt vor allem der Gewässerschutz, weiterhin der Natur- und Landschaftsschutz, während der Schutz des Umweltmediums Luft im Immissionsschutzrecht primär bei

---

1 Anders z. T. *Breuer*, S. 554.
2 Definition etwa bei *Stern*, Staatsrecht I, § 21 II 3 i; *Kloepfer*, Ev. Staatslexikon, Sp. 2652 rechnet zum Umweltschutz auch den Schutz der „bebauten Umwelt" – z. B. Denkmalschutz –; doch gehen gerade auch von der „bebauten" Gefahren für die „natürliche" Umwelt aus.
3 *Breuer*, S. 556 ff.
4 Hierzu *Degenhart*, Kernenergierecht.
5 Vom 16. 9. 1980, BGBl. I, 1718; hierzu s. *Kloepfer*, NJW 1981, 17.
6 LebensmittelG v. 15. 8. 1974, BGBl. I, 1945; ArzneimittelG v. 24. 8. 1976, BGBl. I, 2445; FuttermittelG v. 2. 7. 1975, BGBl. I, 1745.
7 *Breuer*, S. 558.
8 *Breuer*, S. 555 ff.

den Belastungsquellen ansetzt, systematisch daher zum kausalen Umweltschutz gerechnet werden muß,[9] doch bestehen hier Überschneidungen, die letztlich dadurch bedingt sind, daß das Recht des Umweltschutzes kein in sich systematisch geschlossenes Rechtsgebiet darstellt. Dem Schutz bestimmter Elemente der natürlichen Umwelt dienen, ähnlich wie die vorgehend genannten Regelungen des sog. medialen Umweltschutzes auch Normen, deren Ziel der unmittelbare Schutz von Tierarten und Pflanzen ist; teilweise wird insoweit eine eigenständige Kategorie des „**vitalen**" Umweltschutzes unterschieden.[10] Abgesehen von derartigen Normbereichen primären, spezifischen Umweltschutzrechts finden sich umweltbezogene Zielsetzungen in zahlreiche weitere Gesetze einbezogen: „**integrierter**" Umweltschutz.[11] Hier sind z. B. Regelungen des Rechts der Raumplanung[12] und des Städtebaus zu nennen, die Erfordernisse des Umweltschutzes über ihre Einordnung als zu berücksichtigende **öffentliche Belange** als Zielvorgaben für staatliches Handeln normieren.

Umweltschutz verwirklicht sich also schwerpunktmäßig im Recht des Immissionsschutzes, im Atomrecht, im Recht gefährlicher Stoffe und im Abfallbeseitigungsrecht sowie im Recht des Natur- und Landschaftsschutzes wie auch des Gewässerschutzes; der letztere Bereich wird hier gesondert im Abschnitt über Wasserrecht behandelt. Dem Recht der Raumplanung kommt maßgebliche Bedeutung für vorsorgend-integrierte Umweltplanung zu.

2. Gesetzgebungskompetenzen im Umweltschutz

Ebensowenig, wie es sich beim Recht des Umweltschutzes um ein einheitliches, in sich geschlossenes Rechtsgebiet handelt, kennt das Grundgesetz umfassende Kompetenzzuweisungen für die Gesetzgebung im Bereich des Umweltschutzes. Soweit die Umweltverträglichkeit wirtschaftlichen Handelns — und damit auch die Kontrolle umweltbelastender Anlagen im Rahmen von Wirtschaftsbetrieben — in Frage steht, greift jedoch die weitgefaßte Kompetenznorm des Art. 74 Nr. 11 GG: hiernach hat der Bund die konkurrierende Gesetzgebungszuständigkeit für das „**Recht der Wirtschaft**", insbesondere für „**Bergbau, Industrie, Energiewirtschaft, Gewerbe**" — es sind vor allem diese unter den im Klammerzusatz des Art. 74 Nr. 11 GG beispielhaft[13] aufgeführten Wirtschaftszweige, die in besonderer Weise als umweltrelevant erscheinen. Art. 74 Nr. 24 GG verleiht dem Bund die konkurriende Gesetzgebungszuständigkeit auf dem Gebiet der Abfallbeseitigung, Luftreinhaltung und Lärmbekämpfung; die Bestimmung

---

9 Anders *Breuer* aaO: „*medialer*" Umweltschutz.
10 *Breuer*, S. 558f.
11 *Breuer*, S. 559ff.
12 Vgl. hierzu etwa *Schmidt-Aßmann*, DÖV 1979, 1.
13 *Rengeling*, BonnK, Art. 74, Rdnrn. 15f.

wurde durch das 30. Gesetz zur Änderung des Grundgesetzes vom 12. 4. 1972 (BGBl. I, 593) nachträglich eingefügt. Auf diese Kompetenzbestimmungen des Art. 74 Nr. 11 und 24 GG stützt sich insbesondere das Bundes-Immissionsschutzgesetz (Gesetz zum Schutz vor schädlichen Umwelteinwirkungen durch Luftverunreinigungen, Geräusche, Erschütterungen und ähnliche Vorgänge – BImSchG – vom 15. 3. 1974). Der Bund konnte hiernach den Immissionsschutz im Rahmen wirtschaftlicher Betriebe umfassend, im übrigen unter gegenständlicher Beschränkung auf Fragen der Lärmbekämpfung und Luftreinhaltung regeln. Er hat von seiner konkurrierenden Gesetzgebungszuständigkeit weitgehend Gebrauch gemacht; die verbleibenden Landeskompetenzen hat der Gesetzgeber für das Land Nordrhein-Westfalen teilweise durch das Landes-Immissionsschutzgesetz – LImSchG – vom 18. 3. 1975 ausgefüllt. – Auf Art. 74 Nr. 24 GG stützt sich das Gesetz über die Beseitigung von Abfällen (AbfallbeseitigungsG – AbfG) vom 7. 6. 1972 i. d. F. d. Bek. v. 5. 1. 1977; im verbleibenden Kompetenzbereich der Länder trifft das Abfallgesetz für das Land Nordrhein-Westfalen (Landesabfallgesetz – LAbfG) vom 18. 12. 1973 vornehmlich Regelungen der Zuständigkeit und des Verfahrens.

Für den Umweltschutz bedeutsame Zuständigkeitsnormen sind weiterhin enthalten in Art. 73 Nr. 6 GG – ausschließliche Bundeszuständigkeit für die Bundeseisenbahnen und den Luftverkehr –, in Art. 74 Nr. 21–23 (konkurrierende Zuständigkeit für Schiffahrt und Wasserstraßen, für Straßenverkehr und Kraftfahrtwesen und für nicht bundeseigene Schienenbahnen); auf Grund dieser Kompetenznormen konnten auch verkehrsbedingte Immissionen im BImSchG geregelt werden. Art. 74 Nr. 11 a GG weist dem Bund die konkurrierende Gesetzgebungskompetenz für das Kernenergierecht zu; Art. 74 Nr. 17 GG – Land- und Forstwirtschaft, Fischerei und Küstenschutz – kann Fragen des Umweltschutzes berühren.

In wichtigen Bereichen des Umweltschutzes hat der Bundesgesetzgeber die Rahmenkompetenz des Art. 75 GG, so insbesondere für Jagd, Naturschutz[14] und Landschaftspflege, Art. 75 Nr. 3 GG sowie für die Bodenverteilung, die Raumordnung und den Wasserhaushalt. Bundesgesetzlichen Regelungen von unterschiedlicher Regelungsdichte (BJagdG, BNaturschutzG, RaumordnungsG, WasserhaushaltsG) entsprechen rahmenausfüllende Landesgesetze in diesen Bereichen.

Es bestehen also nur begrenzte Gesetzgebungszuständigkeiten der Länder für den Umweltschutz. Das Umweltschutzrecht des Landes Nordrhein-Westfalen beschränkt sich in den wesentlichen Materien des Umweltschutzes auf ergänzende sowie organisatorische und verfahrensmäßige Regelungen des Immissionsschutzes und der Abfallbeseitigung, auf Regelungen des Natur- und Landschaftsschutzes, das Wasserrecht – das gesondert behandelt wird –, das Recht der Landesplanung – das hier schwerpunktmäßig ebenfalls in einem gesonderten Abschnitt dargestellt wird –, sowie auf durchführende Rechtsverordnungen auf Grund bundesgesetzlicher Ermächtigung.

---

14 Hierzu zählt *nicht*: Denkmalschutz; vgl. ebenso *von Münch*, Grundgesetz, Bd. 3, 2. Aufl., Art. 75, Rdnr. 27).

II. Verfassungsrechtliche Grundlagen

Weder das Grundgesetz, noch die Verfassung des Landes Nordrhein-Westfalen enthalten ein eigenständiges Umweltgrundrecht.[15] Ehe dahingehende verfassungspolitische Forderungen bewertet werden — dazu nachstehend 2. —, sind zunächst umweltbezogene Schutzgebote des geltenden Verfassungsrechts zu bestimmen.

1. Grundrechtliche Schutzgebote

a) Art. 2 Abs. 2 S. 1 GG

Zentrale verfassungsrechtliche Grundlage und Maßstabsnorm für Regelungen des Umweltschutzes, wie allgemeiner noch für umweltrelevante Maßnahmen, ist das Grundrecht auf Leben und körperliche Unversehrtheit aus Art. 2 Abs. 2 GG, das über Art. 4 Abs. 1 LV in unmittelbar geltendes Landesverfassungsrecht transformiert wird. Dieses Grundrecht weist mehrere, unterschiedliche umweltbezogene Schutzkomponenten auf.[16] Es ist zunächst und vorrangig, wie jedes Grundrecht, subjektives Abwehrrecht für den einzelnen.

aa) Art. 2 Abs. 2 GG als Abwehrrecht

Dies bedeutet, daß derjenige, der von den Auswirkungen eines umweltbelastenden Vorhabens unmittelbar betroffen ist — weil er z. B. in der Nachbarschaft eines Schadstoffe emittierenden Industriebetriebs wohnt —, sich im Fall einer Gesundheitsgefährdung auf das Grundrecht des Art. 2 Abs. 2 GG berufen, dieses gegenüber der Anlage im Wege der Nachbarklage geltend machen kann.[17] Der **Begriff der körperlichen Unversehrtheit,** wie ihn Art. 2 Abs. 2 GG verwendet, wirft dabei gewisse Definitionsprobleme auf.[18] Daß Schadstoffe, etwa chemischer Art, durch die unmittelbar Krankheiten verursacht werden können, die körperliche Unversehrtheit gefährden, bedarf keiner weiteren Begründung. Ebenso können Geräuschimmissionen[19] die Schwelle zur Gesundheitsbeeinträchtigung überschreiten, dies nicht nur im Fall unmittelbarer Gehörschäden, nicht nur bei Überschreiten der Schmerzschwelle, sondern auch bei anhaltender Schlafstörung oder im Fall nachhaltiger nervlicher Belastungen. Die Erkenntnisse der psychosomatischen Medizin sind also in den Gesundheitsbegriff des Art. 2 Abs. 2 S. 1 GG einzubeziehen.[20] Andererseits darf Gesundheit nicht umfassend als psychisches

---

15 Zur Problematik eines „Umweltgrundrechts" s. eingehend *Kloepfer,* Zum Grundrecht auf Umweltschutz, 1980; ferner etwa *Klein,* in: FS W. Weber, 1974, S. 643; *Rupp,* JZ 1971, 401; *Rehbinder,* ZRP 1970, 250; *Hoppe,* VVDStRL 38 (1980), 211, 220ff.
16 Hierzu näher *Schmidt-Aßmann,* AöR 106 (1981), 205.
17 Vgl. etwa *Schwerdtfeger,* NVwZ 1982, 59ff.; *Wahl,* JuS 1984, 577.
18 Hierzu und zum folgenden *Schmidt-Aßmann* aaO (Anm. 16).
19 Vgl. hierzu *BVerfGE* 56, 74.
20 Hierzu und zum folgenden *Schmidt-Aßmann* aaO (Anm. 16), 208ff.

oder gar „soziales" Wohlbefinden — was immer man darunter verstehen mag — aufgefaßt werden, soll der Schutzbereich des Grundrechts nicht jegliche Konturen verlieren; Art. 2 Abs. 2 S. 1 GG spricht ausdrücklich vom Recht auf Leben und **körperliche Unversehrtheit.** Zu fordern ist also eine objektiv festzustellende, regelwidrige und nachteilige Veränderung des körperlichen und geistigen Zustandes. Können Umweltbelastungen in diesem Sinn zu Gesundheitsbeeinträchtigungen führen, so greift der Schutz des Grundrechts nicht erst gegenüber der unmittelbar bevorstehenden, kausalen Verletzungshandlung ein, der Schutz des Art. 2 Abs. 2 S. 1 GG wird vielmehr vorverlegt bereits in das Stadium der **Gefährdung**[21] der grundrechtlichen Schutzgüter. Der Nachbar einer geplanten Industrieanlage kann also gegen die behördliche Genehmigung eine mögliche Gefährdung seiner Gesundheit durch die aus dem Betrieb der Anlage zu erwartenden Schadstoffabgaben einwenden; er kann hierauf eine **Nachbarklage** gegen die dem Betreiber erteilte Genehmigung stützen, die ihm gegenüber als **Eingriff** wirkt.

Methodisch ist hierfür jedoch anzumerken, daß im Rahmen der Begründung der Klagebefugnis (§ 42 Abs. 2 VwGO) zunächst mögliche Verstöße gegen drittschützende Normen des für die Genehmigung einschlägigen einfachen Gesetzesrechts zu substantiieren sind, dann erst unmittelbar auf das Grundrecht zurückgegriffen werden darf.

bb) Art. 2 Abs. 2 GG als Maßstabsnorm — Schutzpflichten

Das Grundrecht des Art. 2 Abs. 2 GG ist nicht nur Abwehrrecht gegen Einzeleingriffe, sondern darüber hinaus auch — und hierin liegt vor allem seine Bedeutung im Umweltrecht — grundlegende Wertentscheidung für staatliche Normsetzung im Umweltbereich. Die objektivrechtliche Komponente des Grundrechts ist gerade hier von besonderer praktischer Bedeutung.[22] Umweltbelastungen betreffen sehr häufig nicht bereits individualisierte Rechtsgüter im Sinn eines Einzeleingriffs, bewirken zunächst nur eine erhöhte **Gefährdung der Allgemeinheit,** ohne daß eine konkrete Gesundheitsbeeinträchtigung einzelner nachgewiesen werden kann.[23] Hier — im „Vorfeld" des Einzeleingriffs — vorsorgend Umweltbelastungen zu begrenzen, ist Aufgabe vor allem des Gesetzgebers. Auch bewirken Umweltrisiken, jeweils für sich gesehen, häufig noch keine im Sinn eines Grundrechtseingriffs relevante Beeinträchtigung oder Gefährdung der körperlichen Unversehrtheit, wohl aber in ihrem Zusammenwirken; auch hier ist es Aufgabe des Gesetzgebers, Grenzen der Belastung zu bestimmen. Schließlich können vor allem Schadstoffemissionen zu Gesundheitsrisiken führen, die zwar statistisch zu berechnen sind, für den einzelnen jedoch nicht mehr als eingriffsrelevantes Grundrechtsrisiko darstellbar sind. Auch hier ist der Gesetzgeber aufgerufen, durch Festset-

---

21 *Schmidt-Aßmann* aaO (Anm. 16), 211; *Degenhart,* Kernenergierecht, S. 146ff.; *BVerfGE* 49, 89, 141.
22 Vgl. *Schmidt-Aßmann* aaO (Anm. 16), 206ff., 216f.; *Degenhart,* Kernenergierecht, S. 151ff.; *BVerfGE* 49, 89, 140f.; 53, 30, 57ff.
23 Vgl. *Degenhart,* Kernenergierecht, S. 155ff.

zung etwa von Grenzwerten[24] das Risiko für die Allgemeinheit zu mindern. Hier hat der Staat also im Rahmen seiner Umweltgesetzgebung die Wertung des Art. 2 Abs. 2 S. 1 GG zu beachten, hat Gefährdungen der grundrechtlichen Schutzgüter entgegenzuwirken, sie darüber hinaus positiv vorsorgend zu schützen. Zutreffend wird daher von einer **Schutzpflicht des Staates** für die Rechtsgüter des Art. 2 Abs. 2 S. 1 GG[25] gesprochen: wenn einerseits deren Gefährdung staatlicherseits zugelassen wird, etwa durch Gestattung des Betriebs gefährlicher Anlagen, muß andererseits der Staat verpflichtet sein, Betroffenen, die derartigen Gefährdungen nicht ausweichen können, den Schutz ihrer Grundrechte zu gewährleisten.[26]

Aus den grundrechtlichen Schutzpflichten des Art. 2 Abs. 2 GG folgen in aller Regel keine subjektiven Rechte einzelner. Sie sind gleichwohl von unmittelbarer rechtlicher Bedeutung für den einzelnen im Zusammenhang mit der Abwehr von Umweltbelastungen: bei der Begründung subjektiver Abwehrrechte ist hier auch die Verpflichtung des Staates heranzuziehen, Grundrechtsbeeinträchtigungen von Seiten Dritter abzuwenden.

cc) Grenzen des grundrechtlichen Schutzgebots

Die Grundrechtsnorm des Art. 2 Abs. 2 GG kann und will **keinen „absoluten" Schutz** gegen jegliches Risiko gewähren, auch keinen absoluten Schutz gegen Risiken der Technik.[27] Die Nutzung jeglicher Technik ist mit gewissen, unvermeidbaren Risiken verbunden; diese sind grundsätzlich vom einzelnen als sog. **„sozialadäquate Grundrechtslasten"** im Rahmen des Art. 2 Abs. 2 S. 1 GG hinzunehmen.[28]

Demgemäß durfte der Gesetzgeber mit der Verabschiedung des Atomgesetzes die friedliche Nutzung der **Kernenergie** im Grundsatz für zulässig erklären. Ein bei aller Schadensvorsorge nicht gänzlich auszuschließendes **„Restrisiko"** ist, so auch das **BVerfG** in seinem **„Kalkar"-Beschluß** (*BVerfGE* 49, 89), vom Bürger hinzunehmen; es handelt sich hierbei um „sozialadäquate Grundrechtslasten". Doch erfordert Art. 2 Abs. 2 GG in Anbetracht des erheblichen Gefährdungspotentials von Nuklearanlagen ein besonders hohes Maß an Vorsorge gegen Schäden: nukleare Schadensfälle müssen nach dem vom *BVerfG* so genannten „*Maßstab der praktischen Vernunft*" ausgeschlossen sein. Dies ist im Rahmen der Genehmigungsvoraussetzung des §7 Abs. 2 Nr. 3 AtG – nach dem Stand von Wissenschaft und Technik erforderliche Schadensvorsorge – darzutun; hierauf können Dritte, die im Einwirkungsbereich der Anlage leben, sich grundsätzlich berufen. Das grundrechtliche Schutzgebot des Art. 2 Abs. 2 GG bestimmt hier also die Anwendung des für die Genehmigung der Anlage maßgeblichen einfachen Rechts, bestimmt die Tragweite der hieraus sich ergebenden Schutzanforderungen, begrenzt sie jedoch gleichzeitig: absolute Risikofreiheit kann nicht gefordert werden, Restrisiken sind hinzunehmen.

---

24 Hierzu etwa *Götz*, Zur Verfassungsmäßigkeit der Dosisgrenzwerte, in: Lukes (Hrsg.), 4. Deutsches Atomrechtssymposium, 1976, S. 177ff.
25 *BVerfGE* 53, 30, 57ff.; hierzu einerseits *Rauschning*, DVBl 1980, 831; andererseits *Degenhart*, Kernenergierecht, S. 2, 148ff.; *Schmidt-Aßmann* aaO (Anm. 16), 215.
26 *BVerfG* aaO
27 Hierzu und zum folgenden *Degenhart*, Kernenergierecht, S. 146ff. sowie DVBl 1983, 926; s. aber auch *Hofmann*, BayVBl 1983, 33.
28 *BVerfGE* 49, 89, 143.

Der Gesichtspunkt der sozialadäquaten Grundrechtslasten erlangt also Bedeutung für die Zulassung risikobehafteter Techniken, wenn hierbei ein begrenztes **Restrisiko** hinzunehmen ist.

In einem weiteren Zusammenhang greift der Gesichtspunkt der Sozialadäquanz im Schutzbereich des Art. 2 Abs. 2 GG ein: dann, wenn für die Beurteilung nachteiliger Umwelteinwirkungen auf deren Situationsbedingtheit[29] abgestellt wird. In Gebieten, die industriell vorgeprägt sind, müssen hierdurch bedingte Immissionen weitergehend hingenommen werden, als etwa in ländlich geprägten Gebieten, wo andererseits die für landwirtschaftliche Betriebe typischen Geräuschimmissionen grundsätzlich hinzunehmen sind.

b) Art. 14 GG

Der Gesichtspunkt der Situationsbedingtheit von Belastungen erlangt erhöhte Bedeutung noch in bezug auf die Eigentumsgarantie des Art. 14 Abs. 1 GG, die wiederum über Art. 4 Abs. 1 LV als Bestandteil des Landesverfassungsrechts gilt. Umweltbelastungen berühren den Schutzbereich der Eigentumsgarantie für das Eigentum an Grundstücken, wenn sie gegebene Nutzungsmöglichkeiten beschränken; sie können dann auch unter Berufung unmittelbar auf Art. 14 GG – sofern nicht bereits drittschützende Normen des einfachen Rechts eingreifen – abgewehrt werden, wenn sie die vorgegebene Grundstückssituation schwer und nachhaltig beeinträchtigen.[30] Auch die Schutzwirkung der Eigentumsgarantie gegenüber Umweltbelastungen ist mithin situationsbedingt; dies gilt für das Eigentum an Grundstücken[31] in gleicher Weise, wie etwa für das Eigentum am Gewerbebetrieb.[32]

c) Rechtsschutz und Verfahren

Die grundrechtliche Bedeutsamkeit umweltbelastender Vorhaben wirkt sich zugunsten des Drittbetroffenen auch verfahrensrechtlich aus. Art. 19 Abs. 4 GG gewährleistet Rechtsschutz durch die Gerichte, fordert dabei auch **wirksamen Rechtsschutz**.[33] Auf Bedenken stößt daher die gerade bei umweltrelevanten Großvorhaben (Verkehrsbauten, Anlagen zur Energieversorgung) häufig geübte Praxis, die sofortige Vollziehbarkeit von Genehmigungsbescheiden bzw. Planfeststellungsbeschlüssen anzuordnen, da hier während des laufenden Gerichtsverfahrens vollendete Tatsachen[34] entstehen können. Stellt daher der Drittbetroffene den Antrag auf Aussetzung der sofortigen Vollziehbar-

---

29 Vgl. *Schmidt-Aßmann* aaO (Anm. 16), 208, 212 ff.
30 Vgl. *Schwerdtfeger*, NVwZ 1982, 5, 6 ff.; *Papier*, Maunz/Dürig, Grundgesetz, Art. 14, Rdnr. 85.
31 Vgl. *Papier* aaO (Anm. 30), 324 ff.
32 Das ebenfalls durch Schadstoffimmissionen betroffen sein kann; Beispiel: Gärtnerei.
33 Vgl. *Degenhart*, Staatsrecht I (Schwerpunkte, Bd. 13), Heidelberg 1984, Rdnr. 296 ff.
34 *Degenhart*, AöR 103 (1978), 163 ff.

keit nach § 80 Abs. 5 VwGO, so ist das Interesse des Betroffenen, nicht durch Schaffung vollendeter Tatsachen an wirksamer Verfolgung seiner Rechte gehindert zu werden, das auch durch die Rechtsschutzgarantie des Art. 19 Abs. 4 GG geschützt wird, in Abwägung zu bringen mit den Vollzugsinteressen der Behörde und auch des Begünstigten; entscheidendes Abwägungskriterium ist hierbei auch die Chance des Antragstellers, in der Hauptsache zu obsiegen: überwiegen seine Aussichten auf Erfolg in der Hauptsache, so überwiegt regelmäßig auch sein Interesse an Wiederherstellung der aufschiebenden Wirkung seiner Rechtsbehelfe; erscheint die Klage nach einer ersten, pauschalen „An-Prüfung" als offensichtlich unzulässig oder unbegründet, so besteht insoweit kein schutzwürdiges Interesse an der Aussetzung des Sofortvollzugs.[35]

Der Erkenntnis, daß nachträglicher Rechtsschutz durch die Verwaltungsgerichte nicht immer effektiven Rechtsschutz bedeutet, entspricht die gesteigerte Bedeutung von Vorschriften des **Verwaltungsverfahrens**. Berührt ein umweltbelastendes Vorhaben Grundrechte Dritter, so muß der Schutz dieser Grundrechte bereits im Verwaltungsverfahren ansetzen: dies vor allem ist die wesentliche Aussage der vielzitierten bundesverfassungsgerichtlichen Formel von der **Grundrechtsrelevanz des Verwaltungsverfahrens**.[36] Der Dritte, der durch ein geplantes Vorhaben in seinen Grundrechten — aus Art. 14 Abs. 1 und vor allem aus Art. 2 Abs. 2 GG — potentiell betroffen erscheint, erlangt ein auch grundrechtlich fundiertes Recht auf Wahrung der auch in seinem Interesse bestehenden Verfahrenserfordernisse. Grundrechtssichernd sind in diesem Sinn vor allem verfahrensrechtliche Bestimmungen, die Dritten ein Recht auf **Teilhabe am Verwaltungsverfahren** einräumen, so § 10 Abs. 3, 5, 6 BImSchG und §§ 5ff AtVfV.[37]

Einwendungsbefugnissen, die dergestalt für förmliche Verwaltungsverfahren gerade bei umweltrelevanten Vorhaben eröffnet sind, — und die sich nicht auf den Kreis der in ihren subjektiven Rechten verletzten Dritten beschränken — entsprechen typischerweise auch Einwendungslasten. Insbesondere sind Einwendungen hinreichend substantiiert und fristgerecht vorzubringen. Für den Fall der Fristversäumung ordnen § 10 Abs. 3 BImSchG und § 7 Abs. 1 AtVfV die **Präklusion von Einwendungen** an. Hierbei handelt es sich um einen Fall der materiellen Präklusion; d.h., der Verlust von Einwendungen wirkt auch für das verwaltungsgerichtliche Verfahren, mit der Folge, daß im Umfang der eingetretenen Präklusion die Klage abzuweisen ist (ob als unzulässig, oder als unbegründet, ist str.) Dies ist mit **Art. 19 Abs. 4 GG** vereinbar: das Beschreiten des Rechtsweges kann von der Wahrung von Fristen abhängig gemacht werden; diese sind im übrigen hier auch gerechtfertigt durch das Interesse der Genehmigungsempfänger, nach Abschluß des Anhörungsverfahren nicht mit nachträglichen Einwendungen gegen das Vorhaben konfrontiert zu werden.[38]

---

35 Vgl. *Degenhart,* Kernenergierecht, S. 92 ff.
36 *BVerfGE* 53, 30, 62 ff. mit Sondervotum, 69 ff.; vgl. ferner *Ossenbühl,* DVBl 1981, 65 ff.; *Bethge,* NJW 1982, 1; *Lorenz,* AöR 105 (1980), 623 ff.; *Degenhart,* DVBl 1982, 872, 874 f., 876 f.
37 S. *BVerfGE* 53, 30, 62 ff.
38 Zur Problematik s. etwa *BVerwGE* 60, 297; *BVerfG,* NJW 1982, 2173; *Papier,* NJW 1980, 313; *Stober,* AöR 106 (1981), 41; *Degenhart,* in: Festschrift Menger, 1985, 621 ff.; dort auch zur Unzulässigkeit bzw. Unbegründetheit einer Klage.

2. Grundrecht auf Umweltschutz?

Verfassungspolitisch wird mitunter die Aufnahme eines eigenen „Umweltgrundrechts" in den Grundrechtskatalog des Grundgesetzes und der Landesverfassungen erörtert.[39] Ob hierdurch die auf den Umweltschutz gerichteten Aussagen des geltenden Verfassungsrechts in ihrer Wirkkraft maßgeblich verstärkt würden, erscheint jedoch zweifelhaft. Als klassisches **Abwehrrecht**[40] könnte ein derartiges Grundrecht auf eine menschenwürdige Umwelt, als das ein Umweltgrundrecht diskutiert wird, dem einzelnen gegenüber Umweltbelastungen keine entscheidend weitergehenden Abwehrbefugnisse vermitteln, als sie über die Vorverlagerung des Grundrechtsschutzes in das Stadium der Grundrechtsgefährdung bereits aus Art. 2 Abs. 2 GG abgeleitet werden.[41] Als **Leistungsgrundrecht**,[42] gerichtet auf die Schaffung einer menschenwürdigen Umwelt, bzw. die Herstellung von Umweltbedingungen, die eine ungefährdete Existenz ermöglichen, müßte ein Umweltgrundrecht sich primär an den Gesetzgeber richten, könnte damit aber keine durchsetzbaren subjektiven Rechte einzelner begründen, wäre zudem, im Hinblick auch auf konkurrierende anderweitige Staatsaufgaben, nur beschränkt justitiabel. Der normative Gehalt eines Umweltgrundrechts erschiene daher reduziert auf den eines **Programmsatzes**, einer Zielbestimmung für staatliches Handeln. Gegenüber der Aufnahme derartiger Programmsätze in das Verfassungsrecht aber ist Zurückhaltung geboten, da sie einerseits kaum geeignet sind, die tatsächliche Entwicklung relevant zu beeinflussen, andererseits aber Erwartungen an die Verfassung begründen, die diese nicht einlösen kann, damit aber den Geltungsanspruch der Verfassung selbst mindern. Gegenüber verfassungspolitischen Forderungen nach der Aufnahme eines Umweltgrundrechts in die Verfassungen des Bundes und der Länder erscheint mir mithin Zurückhaltung geboten. Der Umweltschutz würde hierdurch keinen höheren verfassungsrechtlichen Stellenwert erlangen, als ihm bereits nach den positiven grundrechtlichen Forderungen des Art. 2 Abs. 2 GG, ggf. i.V. m. Art. 1 Abs. 1 GG (Verpflichtung des Staates zur Wahrung bzw. Herstellung menschenwürdiger Existenzbedingungen auch im Blick auf die Umwelt) zukommt.

3. Verfassungsrechtliche Schranken umweltpolitischer Forderungen

Rechtspolitische, auch verfassungsrechtlich fundierte Forderungen nach einer Effektuierung staatlichen Umweltschutzes können nicht isoliert von anderweitigen Verfassungsaussagen gesehen werden, die mit der Realisierung umweltbezogener Forderungen

---

39 S. hierzu die Nw. o. Anm. 15.
40 Zu den unterschiedlichen Dimensionen eines Umweltgrundrechts s. *Kloepfer* aaO (Anm. 15), S. 13 ff., 23 ff.
41 *Degenhart*, Kernenergierecht, S. 160.
42 Hierzu insbesondere auch *Klein* aaO (Anm. 15), S. 646 ff.

möglicherweise kollidieren. Dies betrifft sowohl entgegenstehende Rechte Privater, als auch öffentliche Belange als Zielsetzung für staatliches Handeln. Umweltschutzbezogene Auflagen etwa für gewerbliche Betriebe können mit der **Eigentumsgarantie** des Art. 14 GG kollidieren, wenn sie in bestandsgeschützte Rechtspositionen eingreifen, über die Ertragsfähigkeit des Betriebs auch dessen wirtschaftliche Substanz beeinträchtigen.

Häufig kann in derartigen Fällen jedoch mit der Rechtsfigur des „**latenten Störers**" gearbeitet werden, wie sie vom BGH in den – im Wortsinn berüchtigten – Schweinemästerfällen[43] entwickelt wurde: eine Schweinemästerei, mit deren Betrieb erhebliche Geruchsbelästigungen verbunden waren, war zunächst weitab von jeder Wohnbebauung gelegen, so daß sich niemand belästigt fühlte. Mit näherrückender Wohnbebauung jedoch wurden Abwehransprüche geltend gemacht, die praktisch auf einen Zwang zur Betriebsverlegung bzw. -aufgabe hinausliefen. Der Betriebsinhaber konnte sich demgegenüber nicht auf sein Eigentum am Gewerbebetrieb berufen, da die Emissionen des Betriebs als „Störung" – im ordnungsrechtlichen Sinn – gewertet wurden; die Störereigenschaft des Betriebs sei von Anfang an latent vorhanden gewesen und lediglich im Zuge der nachrückenden Wohnbebauung aktualisiert worden. Das „störende" Eigentum jedoch ist nicht grundrechtlich geschützt.

Nicht nur private Belange können der Realisierung staatlicher Umweltschutzziele entgegenstehen, auch für das staatliche Handeln selbst bestehen hier potentielle Zielkonflikte. Umweltschutz ist nur eines der dem Staat vorgegebenen Handlungsziele. Das Sozialstaatsprinzip, wie auch die aus Art. 109 GG vorgegebene Staatszielbestimmung des gesamtwirtschaftlichen Gleichgewichts, verpflichten zur **Vorsorge für wirtschaftliches Wachstum**,[44] die jedoch – ungeachtet verbaler Harmonisierungsbemühungen – mit Bestrebungen zum Schutz der Umwelt durchaus in Konflikt geraten kann. Die Entscheidung in derartigen Zielkonflikten ist zunächst und vorrangig vom Gesetzgeber auf der politischen Ebene zu treffen; sie ist nur bedingt verfassungsrechtlich vorgegeben – auch dies ein Gesichtspunkt, der gegen die Aufnahme eines eigenständigen Umweltgrundrechts in die Verfassung spricht.

III. Immissionsschutzrecht NW

1. Immissionsschutz als Gegenstand des Landesrechts

a) Landeskompetenzen

Art. 74 Nr. 24 GG verleiht dem Bund die konkurrierende Gesetzgebungskompetenz[45] auf dem Gebiet der Luftreinhaltung und Lärmbekämpfung. Hiervon wird die Immissionsschutzgesetzgebung in bezug auf **Luftverunreinigungen** und **Geräuschimmissio-**

---

43 *BGH* NJW 1977, 146; hierzu s. *Rengeling*, AöR 105 (1980), 423, 459 ff.
44 Vgl. *Degenhart*, Kernenergierecht, S. 172 ff.
45 Zu den Gesetzgebungskompetenzen im Immissionsschutzrecht vgl. *Jarass*, BImSchG, 1983, Einl., Rdnrn. 3 ff.

nen erfaßt, nicht aber in bezug auf **sonstige Immissionen,** wie z.B. Erschütterungen, Licht, Wärme. Soweit diese sonstigen Immissionen jedoch von Anlagen ausgehen, die im Rahmen **wirtschaftlicher Unternehmen** (dies sind nicht nur gewerbliche Unternehmen, sondern auch sonstige Unternehmen, die wirtschaftlich verwertbare Leistungen erbringen, z.B. Betriebe der gemeindlichen Daseinsvorsorge, wie etwa Heizkraftwerke)[46] betrieben werden, ergibt sich die Bundeskompetenz für den Immissionsschutz jedoch aus **Art. 74 Nr. 11 GG** (Recht der Wirtschaft – s.o. I. 2); für Immissionen, die von Fahrzeugen ausgehen, greifen die Kompetenzzuweisungsnormen der Art. 73 Nr. 6, 74 Nr. 21–23 GG (s.o. I. 2) ein.

Der Bund hat damit auf dem Gebiete des Immissionsschutzes umfassende Gesetzgebungskompetenzen in bezug auf Immissionen gewerblicher und sonstiger im Rahmen wirtschaftlicher Unternehmen betriebener Anlagen sowie in bezug auf Verkehrsimmissionen; im übrigen beschränken sich seine Kompetenzen auf Immissionen durch Geräusche und Luftverunreinigungen. Der **Landesgesetzgeber** bleibt zum einen zuständig im Bereich von **Kompetenzlücken,**[47] für die von vornherein keine Bundeskompetenz besteht; dies betrifft vor allem schädliche Umwelteinwirkungen durch „sonstige" Immissionen – also nicht Luftverunreinigungen und Geräusche – außerhalb wirtschaftlicher Unternehmungen. Der Landesgesetzgeber bleibt weiterhin zuständig, soweit der Bundesgesetzgeber von seiner konkurrierenden Zuständigkeit (noch) keinen Gebrauch gemacht hat, die **Sperrwirkung** der bundesgesetzlichen Regelung mithin noch nicht eingetreten ist. Dies gilt, da sich das BImSchG i.w. auf anlagenbedingte Immissionen beschränkt, vor allem für Immissionen aus dem Verhalten von Personen.[48]

b) Geltungsbereich des LImSchG NW

Das **LImSchG NW** erstreckt seinen Geltungsbereich in § 1 Abs. 1 sowohl auf den Betrieb von Anlagen, als auch auf das Verhalten von Personen, soweit hierdurch schädliche Umwelteinwirkungen hervorgerufen werden können, wobei gemäß § 2 S. 1 die Legaldefinitionen des § 3 BImSchG auch für das Landesrecht zugrundezulegen sind, der Anlagenbegriff des § 3 Abs. 5 BImSchG jedoch insofern erweitert wird, als auch Fahrzeuge als Anlagen gelten. Soweit § 1 Abs. 1 LImSchG sich auf das **Verhalten von Personen** bezieht, ist von der grundsätzlichen Kompetenz des Landesgesetzgebers auszugehen, da das BImSchG insoweit keine Regelungen enthält, mithin auch für Gegenstände der konkurrierenden Gesetzgebung (Immissionen durch Lärm und Luftverunreinigungen sowie generell im Bereich wirtschaftlichen Handelns) keine Kompetenzsperre für den Landesgesetzgeber besteht. Nur beschränkte Landeskompetenzen bestehen dem-

---

46 Zum Begriff s. *Jarass*, BImSchG, § 4, Rdnr. 7.
47 Hierzu s. besonders *Sellner/Löwer,* WiVerw 1980, 221 ff.
48 Vgl. *Sellner/Löwer* aaO (Anm. 47).

gegenüber für den **anlagenbezogenen Immissionsschutz**. Hier muß davon ausgegangen werden, daß der Bundesgesetzgeber mit den Regelungen für genehmigungsbedürftige Anlagen in §§ 4—21 sowie für nicht genehmigungsbedürftige Anlagen in §§ 22—25 BImSchG eine **umfassende Regelung** innerhalb seines Zuständigkeitsbereichs treffen wollte.[49] Der Landesgesetzgeber ist insoweit von eigenem Tätigwerden ausgeschlossen, er ist beschränkt auf Regelungen für nicht-gewerbliche bzw. nicht im Rahmen wirtschaftlicher Unternehmungen verwendete Anlagen, die sich weder auf Luftverunreinigungen, noch auf Geräusche beziehen. Mit dieser Maßgabe sind die Bestimmungen des LImSchG, soweit hiervon Anlagen betroffen sind, kompetenzgerecht auszulegen. Gleiches gilt in bezug auf verkehrsbedingte Immissionen. Fahrzeuge (Kraftfahrzeuge, Luft-, Schienen- und Wasserfahrzeuge) werden nach § 2 S. 2 LImSchG als Anlage im Sinn des Landesimmissionsschutzrechts behandelt, doch werden Beschaffenheit und Betrieb von Fahrzeugen durch §§ 38—40 BImSchG umfassend geregelt. Öffentliche Verkehrswege werden vom Anlagenbegriff des BImSchG wie auch des LImSchG NW ausgenommen, vgl. § 3 Abs. 5 Nr. 3 BImSchG; Lärmimmissionen durch Straßen- und Schienenwege werden jedoch durch §§ 41—43 BImSchG erfaßt.

Der Geltungsbereich des LImSchG NW erstreckt sich also i. w. auf verhaltensbedingte Immissionen, nur ausnahmsweise auf Immissionen aus Anlagen. Doch ist die Abgrenzung im Einzelfall[50] nicht unproblematisch: so sind z. B. Tonwiedergabegeräte Anlagen i. S. v. § 3 Abs. 5 Nr. 2 BImSchG, doch wird ihr Betrieb mit Überlautstärke zur Unzeit als verhaltensbedingte Geräuschimmission gewertet, da nicht notwendig betriebsbedingt, sondern aus dem Fehlverhalten des Betreibers resultierend.[51] Der Landesgesetzgeber konnte daher in § 10 LImSchG die Benutzung von Tongeräten regeln.

2. Zum Inhalt des LImSchG NW

a) Überblick

Das LImSchG NW legt in § 1 Abs. 1 zunächst seinen Geltungsbereich fest, ist hierin jedoch, wie vorstehend ausgeführt, kompetenzgerecht auszulegen.[52] § 1 Abs. 2 legt das Verhältnis zum Recht der Gefahrenabwehr fest: die der allgemeinen Gefahrenabwehr dienenden Vorschriften des OBG und des PolG NW werden durch das LImSchG NW nicht berührt (dazu s. im folgenden b)). § 2 LImSchG enthält die notwendigen Begriffsbestimmungen und verweist hierfür auf die Legaldefinitionen des § 3 Abs. 1 bis 5 BImSchG, mit der Maßgabe, daß auch Fahrzeuge als Anlagen im Sinn des LImSchG eingestuft werden (zur insoweit beschränkten Kompetenz des Landesgesetzgebers s. o. 1. b).

---

49 *Sellner/Löwer* aaO. (Anm. 47).
50 Hierzu näher *Sellner/Löwer* aaO (Anm. 47).
51 Vgl. zu diesem Abgrenzungskriterium *Feldhaus*, BImSchR, § 22, Rdnr. 19.
52 So insbesondere *Sellner/Löwer* aaO (Anm. 47).

Durch §§ 1, 2 LImSchG NW wird also der **Anwendungsbereich des Gesetzes** grundsätzlich festgelegt.

Unmittelbare Verhaltenspflichten für den Bürger enthält zum einen die **Grundregel des** § 3 LImSchG NW, wonach jeder sich so zu verhalten hat, daß schädliche Umwelteinwirkungen, soweit dies nach den Umständen des Einzelfalls möglich und zumutbar ist, vermieden werden. Wenngleich ein Verstoß gegen diese Grundpflicht in § 17 LImSchG nicht als Ordnungswidrigkeit geahndet wird, dürfte es sich doch um die Festlegung einer unmittelbar geltenden **Rechtspflicht** handeln, mit der Folge, daß deren Verletzung als Störung der öffentlichen Sicherheit zu werten ist. Entsprechend der beschränkten Regelungskompetenz des Landesgesetzgebers kann § 3 LImSchG nur auf **verhaltensbedingte Umwelt**belastungen bezogen werden, wie dies auch der Wortlaut nahelegt. Auch enthält für den Betrieb von **Anlagen** § 13 LImSchG eine entsprechende Grundsatznorm, wonach schädliche Umwelteinwirkungen zu verhindern bzw. zu minimieren sind, durch Verweisung auf § 22 Abs. 1 S. 1 BImSchG.

Spezielle Verhaltenspflichten enthält das LImSchG NW in seinem zweiten Teil (§§ 7 – 13). Sie betreffen das **Verbrennen von Gegenständen im Freien,** § 7 LImSchG, wobei der praktisch bedeutsame Fall des Verbrennens von Abfällen jedoch wiederum bundesgesetzlich im AbfG geregelt ist; die Wahrung der Nachtruhe und die Benutzung von Tongeräten, §§ 9, 10 LImSchG; das Abbrennen von Feuerwerkskörpern, § 11 LImSchG und das Halten von Tieren, § 12 LImSchG. § 13 LImSchG erklärt für Anlagen nicht-wirtschaftlicher Art die Bestimmungen des BImSchG über nicht genehmigungspflichtige Anlagen entsprechend anwendbar, soweit es um die Abwehr anderer Immissionen als Luftverunreinigungen und Geräusche geht, füllt also die dem Landesgesetzgeber für Anlagen verbliebene Kompetenzlücke aus. Verstöße gegen die Verhaltenspflichten des zweiten Teils sind durch § 17 LImSchG durchweg als Ordnungswidrigkeiten sanktioniert.

Das LImSchG NW enthält weiterhin eine Reihe von **Ermächtigungsnormen.** Dabei bedarf die Verordnungsermächtigung des § 4 LImSchG einschränkender Auslegung insoweit, als hiernach der Betrieb nicht nach BImSchG genehmigungsbedürftiger Anlagen durch Rechtsverordnung der Landesregierung untersagt werden kann.[53] Die Regelungen der §§ 22 ff. BImSchG sind, wie dargelegt, als abschließende Normierung zu sehen.[54] Die Verordnungsermächtigung des § 4 LImSchG kann sich also in bezug auf Anlagen nur auf nicht-wirtschaftliche Anlagen und auch für diese nur auf die Abwehr anderer Immissionen als Luftverunreinigungen und Geräusche beziehen.[55]

---

53 Hierzu näher *Hansmann,* in: Boissere/Oels/Hansmann, Immissionsschutzrecht, C II, § 4 LImSchG; *Sellner/Löwer* aaO (Anm. 47).
54 So auch *Feldhaus* aaO (Anm. 51), Rnr. 20.
55 Die einschränkende Formulierung in § 4 LImSchG NW, wonach Anlagen, deren Betrieb untersagt werden soll, *wegen ihrer Verbreitung* in besonderem Maße schädliche Umwelteinwirkungen müssen hervorrufen können, schließt die unzulässige Konkurrenz zu den Regelungen der §§ 22 ff. BImSchG noch nicht aus: die Problematik stellte sich auch für den Bun-

§ 5 LImSchG NW enthält eine Ermächtigung für die Gemeinden zum Erlaß von **Ortsrecht**, die in kompetenzmäßiger Hinsicht auf § 49 Abs. 3 BImSchG gestützt wird. Dies erscheint nicht unproblematisch, denn nach dieser Vorschrift **bleiben** entsprechende landesrechtliche Ermächtigungen unberührt; § 5 LImSchG NW wurde jedoch erst **nach** Inkrafttreten des BImSchG erlassen.[55a]

§ 8 LImSchG ermächtigt gemäß § 47 Abs. 3 BImSchG zur Verbindlicherklärung von Luftreinhalteplänen.

§ 15 LImSchG ermächtigt als **Befugnisnorm** zum Erlaß von Einzelanordnungen, § 16 normiert Betretungs- und Ermittlungsbefugnisse. Die Zuständigkeit regelt § 14; eine Verpflichtung der Gebietskörperschaften zur Ermittlung schädlicher Umwelteinwirkungen wird in § 6 LImSchG aufgestellt.

Im vierten Teil des LImSchG NW sind **Straf- und Bußgeldvorschriften** enthalten; der Verstoß gegen die Verhaltenspflichten nach §§ 7 ff. LImSchG und gegen Rechtsverordnungen wie gegen Einzelanordnungen auf Grund des Gesetzes wird hiernach als Ordnungswidrigkeit geahndet, § 17 LImSchG, in bestimmten Fällen gemäß § 18 als Vergehen.

b) Insbesondere: verhaltensbezogene Gebots- und Verbotsnormen

aa) Luftreinhaltung

§ 7 LImSchG enthält ein unmittelbares Verbot des Verbrennens oder Abbrennens von Gegenständen im Freien, soweit die Nachbarschaft oder die Allgemeinheit hierdurch erheblich belästigt werden können. Für das Verbrennen von Abfällen gilt jedoch das AbfG. **Abfälle** sind nach dessen § 1 Abs. 1 bewegliche Sachen, deren sich der Besitzer entledigen will (subjektiver Abfallbegriff) **oder** deren geordnete Beseitigung im Interesse der Allgemeinheit geboten ist (objektiver Abfallbegriff). Unter § 7 LImSchG kann z.B. das Abbrennen von Böschungen und Feldern fallen, oder auch das Ausbrennen ausrangierter Eisenbahnwaggons, um die ausgebrannten Wracks dann der Verschrottung zuzuführen.

Doch ist für § 7 LImSchG zu beachten, daß **Grundstücke**, auf denen derartige Arbeiten durchgeführt werden, unter den Anlagenbegriff des § 3 Abs. 3 BImSchG fallen, wenn die entsprechenden Tätigkeiten wesentliche Zweckbestimmung des Grundstücks sind.[56]

[Fortsetzung Fußnote 55]
desgesetzgeber, ohne daß dieser jedoch in §§ 22 ff. BImSchG ein generelles Verbot des Anlagenbetriebs vorgesehen hätte; wie hier *Sellner/Löwer*, aaO (Anm. 47), anders *Hansmann* aaO (Anm. 53), Anm. 3: dem Landesgesetzgeber sei es um die Abwehr summierter Immissionen gegangen; als Beispiel werden Geräuschimmissionen durch Freizeitgeräte genannt (Klappern), — die praktische Relevanz sei dahingestellt.

55a Vgl. hierzu *Jarass*, § 49, Rdnr. 23: Abs. 3 gilt auch für *neue* Ermächtigungen, da Normzweck unverändert aktuell.
56 *Jarass*, § 3, Rdnr. 52.

bb) Lärmschutz

(1) Schutz der Nachtruhe, § 9 LImSchG

Als unmittelbar wirkende Verbotsnorm untersagt § 9 Abs. 1 LImSchG für die Zeit von 22 bis 6 Uhr Betätigungen, die die Nachtruhe zu stören geeignet sind.[57]
  Die Bestimmung wirkt unmittelbar als Verbotsnorm, bedarf also insoweit keiner konkretisierenden Untersagungsverfügung, vgl. § 17 Abs. 1 Lit. d. LImSchG, wonach der Verstoß gegen § 9 Abs. 1 eine Ordnungswidrigkeit darstellt.
  Während die Feststellung des Tatbestands des § 9 Abs. 1 LImSchG idR keine Schwierigkeiten in rechtlicher Hinsicht bereiten dürfte, bedarf der **Anwendungsbereich der Vorschrift** näherer Bestimmung. Für **verkehrsbedingte Geräuschimmissionen** als praktisch wohl bedeutsamste Störungsquelle für ungestörte Nachtruhe gilt § 9 Abs. 1 LImSchG gemäß Abs. 4 nur **subsidiär**. Für **anlagenbedingte Immissionen** ist zweifelhaft, ob der Landesgesetzgeber im Hinblick auf die **kompetenzielle Sperrwirkung des BImSchG**[58] eigene Vorschriften erlassen durfte. Auch dies betrifft einen praktisch sehr bedeutsamen Ausschnitt aus dem Bereich möglicher Störungsquellen, bedenkt man, daß auch technische Geräte Anlagen i. S. v. § 3 Abs. 5 Nr. 2 BImSchG sind,[59] die störenden Geräusche einer elektrischen Schreibmaschine oder eines Haushaltsgeräts bereits als anlagenbedingte Immissionen einzuordnen sind. Hierfür aber hat der Bundesgesetzgeber von seiner konkurrierenden Zuständigkeit Gebrauch gemacht; grundsätzlich ist, wie dargelegt, davon auszugehen, daß das BImSchG den Schutz vor Immissionen aus dem Betrieb von Anlagen abschließend regeln wollte. Der Gesetzgeber des LImSchG geht jedoch von der Geltung von dessen § 9 für nicht genehmigungspflichtige — und auch für genehmigungspflichtige, tatsächlich aber nicht genehmigte — Anlagen aus. Dies ergibt sich aus Abs. 4 S. 2, wonach die Bestimmung für Anlagen, für die eine Genehmigung nach § 4 BImSchG erteilt **ist** (wie auch im Fall einer bergrechtlichen Betriebsplanzulassung), keine Anwendung findet.
  Vom **OVG Münster** wird die hiernach vom Landesgesetzgeber statuierte Geltung des § 9 LImSchG für nicht genehmigungspflichtige Anlagen gerechtfertigt aus § 22 Abs. 2 BImSchG, wonach neben den Anforderungen des BImSchG für diese Anlagen weitergehende öffentlich-rechtliche Vorschriften unberührt **bleiben**.[60]

Weitergehend, so **OVG Münster,** sei eine Vorschrift dann, wenn sie strengere Anforderungen bezüglich der Anlage normiere. Dies wird für § 9 LImSchG bejaht. Denn die Regelungen des BImSchG enthielten engere Voraussetzungen für das Einschreiten der Behörde. Insbesondere die gänzliche oder teilweise Betriebsuntersagung sei nach § 25 BImSchG nur unter bestimmten, differenzierten Voraussetzungen zulässig: zum einen dann, wenn eine vollziehbare Auflage nach § 24 BImSchG nicht erfüllt wird, der Betreiber also zunächst seiner Verpflichtung, vermeidbare schäd-

---

57 Zu § 9 LImSchG NW s. grundsätzlich *OVG Münster* DVBl 1979, 317.
58 S. vorstehend 1. a).
59 *Jarass*, § 3, Rdnr. 51.
60 *OVG Münster* DVBl 1979, 317, 318 f.

Umweltschutzrecht

liche Umwelteinwirkungen zu verhindern, unvermeidbare Umwelteinwirkungen auf ein Mindestmaß zu beschränken, nicht nachgekommen ist, die Behörde dann Anordnungen nach § 24 BImSchG getroffen hat und der Betreiber auch diesen Anordnungen nicht nachgekommen ist, vgl. § 25 Abs. 1; zum anderen „soll" eine gänzliche oder teilweise Betriebsuntersagung bei Gefährdung von Leben, Gesundheit oder bedeutenden Sachgütern erfolgen, wenn ausreichender Schutz nicht anderweitig gewährleistet werden kann. § 9 LImSchG sehe demgegenüber keine derartig differenzierte Stufenfolge hoheitlichen Einschreitens vor, auch seien die materiellen Voraussetzungen geringer und auch einfacher festzustellen (Störung der Nachtruhe). § 9 LImSchG NW sei daher für die Beschränkung bzw. zeitweise Untersagung des Betriebs eine weitergehende Vorschrift i.S.v. § 22 Abs. 2 BImSchG.

Die Auslegung des § 22 Abs. 2 BImSchG durch das **OVG Münster** begegnet gewissen Bedenken: gerade **weil** die §§ 22 ff. BImSchG eine differenzierte Stufenfolge hoheitlichen Einschreitens entwickeln, kann der Vorbehalt des § 22 Abs. 2 schwerlich als Ermächtigung an den Landesgesetzgeber aufgefaßt werden, die differenzierte Regelung des BImSchG zu überspielen.[61] M. E. erscheint es daher naheliegender, § 22 Abs. 2 nicht als immissionsschutzrechtliche Kompetenzzuweisung im Bund-Länder-Verhältnis (wie etwa § 23 Abs. 2 BImSchG) aufzufassen, sondern als Vorbehalt zugunsten weitergehender öffentlich-rechtlicher Bestimmungen außerhalb des eigentlichen Immissionsschutzrechts.[62]

Beispiel: Bestimmungen des Gaststättenrechts, auf Grund derer Lärmschutzmaßnahmen (schallisolierende Fenster) und zeitliche Betriebsbeschränkungen angeordnet werden können, vgl. § 5 Abs. 1 Nr. 3 GastG.

Festzuhalten ist gleichwohl die Position des **OVG Münster**, wonach § 9 LImSchG auf nicht genehmigungspflichtige Anlagen Anwendung findet.

Auf **genehmigungspflichtige**, tatsächlich jedoch **nicht genehmigte** Anlagen kann m. E. jedoch § 9 LImSchG entgegen dessen Abs. 4 nicht angewendet werden; hier jedenfalls müssen die §§ 4 ff. BImSchG als abschließende Sonderregelung gewertet werden. Für **verkehrsbedingte Immissionen** enthalten §§ 38 ff. BImSchG keine abschließende Regelung. § 38 BImSchG stellt insbesondere bestimmte Anforderungen an die Umweltverträglichkeit bei **bestimmungsgemäßem Betrieb** auf. Geräuschimmissionen, die nicht hieraus resultieren, werden also durch § 9 Abs. 1 LImSchG erfaßt.

Beispiele: unnötiges Laufenlassen des Motors, sog. „Kavalierstarts", lautes Türenschlagen u. ä. zur Nachtzeit.

In diesen Fällen dürfte es sich wohl bereits um **verhaltensbedingte** Geräuschimmissionen handeln, da aus menschlichem Fehlverhalten resultierend.

---

61 Dahingehende Bedenken auch bei *Sellner/Löwer*, WiVerw 1980, 221, 226 f.
62 So wohl auch *Sellner/Löwer* aaO (Anm. 61); Vorschriften des Landesimmissionsschutzrechts bezieht demgegenüber *Hansmann* aaO (Anm. 53), C I, § 22 BImSchG, Anm. 4; *Jarass*, § 22 Rdnr. 12 und 14 will zwar einerseits dem Landesgesetzgeber keine beliebigen weitergehenden Regelungen gestatten, sieht aber andererseits gleichfalls Vorschriften des Landesimmissionsschutzrechts als weitergehende Vorschriften i.S.v. § 22 Abs. 2 BImSchG; s. auch *Kutscheidt*, NVwZ 1983, 65, 69 f.

Immissionsschutzrecht NW

Ausnahmen vom Verbot des § 9 Abs. 1 LImSchG sieht Abs. 2 für den Einzelfall vor; allgemeine Ausnahmen können durch ordungsbehördliche Verordnung der Gemeinden nach Abs. 2 in den dort genannten Fällen (Messen, Märkte, Volksfeste u. ä. sowie Silvesternacht) zugelassen werden.

Fallbeispiel:[63]
S betreibt ein Speditionsunternehmen mit Zweigniederlassung in der Stadt A (NW). Auf Klagen der Anwohner des Betriebsgrundstücks führte das Gewerbeaufsichtsamt A zur Nachtzeit Messungen durch, die beim Ein- und Ausfahren eines Lastzugs Einzelgeräusche um 65 dB(A) und Spitzenwerte von 85 dB(A) ergaben. Daraufhin wurde durch Verfügung nach § 15 LImSchG NW dem S der Betrieb von Lastkraftwagen auf dem Betriebsgrundstück in der Zeit von 22 bis 6 Uhr untersagt. S wendet ein, es finde jeweils pro Nacht nur **ein** Fahrvorgang mit Be- und Entladen statt; bei der Ladung handle es sich um verderblichen Frischfisch von der Küste, der rasch umgeschlagen werden müsse; wenn sein Betriebsgrundstück in A nachts nicht mehr angefahren werden könne, müsse die Zweigniederlassung geschlossen werden, was den Verlust von 12 Arbeitsplätzen bedeute. − Rechtmäßigkeit der Verfügung?

Zuständigkeit: Da Verfügung gestützt auf § 15 LImSchG, sachliche Zuständigkeit nach § 14;
hiernach für Maßnahmen zum Schutz der Nachtruhe grundsätzlich zuständig: Ordnungsbehörde, vgl. S. 1;
da hier aber Betrieb einer **Anlage** (Grundstück, auf dem regelmäßig Arbeiten durchgeführt werden, die mit Geräuschemissionen verbunden, vgl. § 3 Abs. 5 Nr. 3 BImSchG), gilt S. 3: Zuständigkeit der staatlichen Gewerbeaufsichtsämter;

materielle Rechtmäßigkeit
− **Befugnisnorm:** § 15 i. V. m. § 9 LImSchG.
Verstoß gegen § 9 Abs. 1 **tatbestandlich** gegeben, da lt. SV Ladebetrieb geeignet, Nachtruhe zu stören; damit Maßnahme nach § 15 LIm SchG eröffnet: Ladebetrieb als Zustand, der im Widerspruch zu § 9 Abs. 1 LImSchG; Untersagungsverfügung auf Beseitigung dieses Zustands gerichtet.
§ 9 Abs. 1 LImSchG lt. **OVG Münster** DVBl 1979, 317 auf nicht genehmigungspflichtige Anlagen anwendbar;
− aber möglicherweise Anspruch auf Ausnahmegenehmigung nach § 9 Abs. 2 LImSchG; dann Untersagungsverfügung zur Herstellung rechtmäßiger Zustände nicht erforderlich;
vom **OVG Münster** a. a. O. wird Anspruch bejaht, da einerseits auf Seiten der Anwohner nur geringe und kurzfristige Überschreitung der Störungsschwelle

---

63 Nach *OVG Münster* DVBl 1979, 317.

durch die eine Fahrt; andererseits überwiegendes Interesse des Unternehmens, wenn Existenz des Zweigbetriebs von Erteilung der Ausnahmegenehmigung abhängig.
— Verfügung damit rechtswidrig.
Lehnt man hier die Anwendbarkeit des § 9 LImSchG ab, kommt als Befugnisnorm nur § 25 BImSchG in Betracht, da hier eine teilweise Betriebsuntersagung in Frage steht; Voraussetzungen des § 25 Abs. 2 BImSchG (Abs. 1 nicht einschlägig) aber angesichts der relativen Geringfügigkeit der Beeinträchtigung wohl zu verneinen. Die Bestimmung des § 9 LImSchG ist **drittschützend;**[64] — im Fallbeispiel zugunsten der in ihrer Nachtruhe potentiell gestörten Anwohner des Betriebsgrundstücks.

(2) Tongeräte, § 10 LImSchG

§ 10 LImSchG NW beschränkt die Benutzung von **Geräten zur Schallerzeugung.** Sie dürfen nur in solcher Lautstärke betrieben werden, daß Unbeteiligte nicht gestört werden; auf öffentlichen Verkehrsflächen, in Anlagen, Verkehrsräumen und Verkehrsmitteln, die der allgemeinen Benutzung dienen, sowie in öffentlichen Badeanstalten ist ihr Betrieb gänzlich verboten. Ausnahmen können auch hier zugelassen werden.

Geräte in diesem Sinn sind sowohl Tonwiedergabegeräte (auch Fernsehgeräte), als auch Musikinstrumente. Bei ersteren handelt es sich um Anlagen i.S.v. § 3 Abs. 5 Nr. 2 BImSchG (ortsveränderliche **technische** Einrichtungen);[65] gleichwohl dürfte der Landesgesetzgeber hier tätig werden, da ihr **störender** Gebrauch aus menschlichem Fehlverhalten resultiert, daher als verhaltensbedingte Immission zu werten ist.[66] Für die Fälle des Abs. 2 trifft das BImSchG im vierten Teil keine Regelung.

Beispiele:
Straßenmusikant in Fußgängerzone: Verstoß gegen § 10 Abs. 2 S. 1 LImSchG, da auf öffentlicher Verkehrsfläche Betrieb von Geräten nach Abs. 1 generell verboten; — hier immer Möglichkeit der Störung Unbeteiligter;
Cassetten-Recorder im städt. Freibad: verboten nach § 10 Abs. 2 S. 1 LImSchG, ebenso im städt. Linienbus; nicht aber im Bundesbahnabteil: für Bundeseisenbahnen ausschließliche Bundeskompetenz, Art. 73 Nr. 6 GG;
sog. „walk-man" in Fußgängerzone: nach dem Wortlaut der Bestimmung Verstoß gegen § 10 Abs. 2 S. 1 i.V.m. Abs. 1 LImSchG; hier aber wohl einschränkende Auslegung nach dem Normzweck geboten: Geräte, die auch bei abstrakter Betrachtungsweise keine Geräuschimmissionen verursachen, dürften aus dem Anwendungsbereich des LImSchG auszunehmen sein.
Musik„berieselung" mit eingestreuten Werbespots im Bahnhof der städt. U-Bahn: § 10 Abs. 1, 2 nach Abs. 5 nicht anwendbar: Geräte im Rahmen eines öffentlichen Verkehrsbetriebs.

(3) Tierhaltung, § 12 LImSchG

Nach § 12 LImSchG sind **Tiere** so zu halten, daß niemand durch deren Lärm „mehr als nur geringfügig" gestört wird. In der Frage der **Geringfügigkeit** dürfte allerdings auf

---

64 *OVG Münster* aaO (Anm. 63).
65 *Jarass,* § 3, Rdnr. 51.
66 S. vorstehend Anm. 51.

örtliche Gegebenheiten abzustellen sein: in ländlichen Bereichen sind gewisse Geräusche als situationsbedingt weitergehend hinzunehmen.[67]

Dies ist zu vergegenwärtigen in den die Rspr. zunehmend beschäftigenden Fällen jener Großstadtflüchtigen, die ihren Traum vom Leben auf dem Lande durch Hähnekrähen und ähnliche Geräusche beeinträchtigt sehen.

Sehr häufig jedoch wird es sich in den Fällen des § 12 LImSchG um **anlagenbedingte Immissionen handeln:**[68] Stallungen, Hundezwinger, aber auch zur Tierhaltung genutzte Grundstücke sind Anlagen i. S. v. § 3 Abs. 5 Nr. 1 bzw. 3 BImSchG. Hier ergeben sich wiederum die bereits für § 9 LImSchG dargelegten Kompetenzfragen.

Zu einer einschränkenden Bestimmung des Anlagenbegriffs gelangt hier jedoch der **VGH Baden-Württemberg** (DÖV 1975, 608): keine Anlage, da keine Auffang- oder Übermittlungsfunktion der baul. Anlagen; — m. E. ist dies nicht überzeugend, geht man aus vom weitgefaßten Anlagenbegriff des BImSchG, der ja bereits Grundstücke umfaßt.[69]

(4) Sonstige Lärmimmissionen

Für Lärmimmissionen, die durch die Regelung der §§ 9-12 LImSchG (für Feuerwerkskörper s. noch § 11) nicht erfaßt werden, verbleibt es bei der Regelung des BImSchG, soweit es sich um anlagenbedingte Immissionen handelt. Bei nicht genehmigungsbedürftigen Anlagen kann dann nach Maßgabe der §§ 22 ff. BImSchG eingeschritten werden. Geht der störende Lärm von den Benutzern der Anlage aus, kann gleichwohl nur gegen den Betreiber der Anlage eingeschritten werden.

Beispiel: Geräuschimmissionen durch Betrieb eines Parkplatzes: keine verhaltensbedingten Immissionen, da nicht aus Fehlverhalten, sondern im Zusammenhang mit bestimmungsgemäßem Betrieb einer **Anlage;** Maßnahmen dann nur möglich gegen Betreiber des Parkplatzes.[70]

Die Problematik des Lärmschutzes bei nicht genehmigungspflichtigen Anlagen hat die Rspr. verschiedentlich im Zusammenhang mit **Kinderspielplätzen**[71] beschäftigt.

Zweifelhaft erscheint hier jedoch bereits, ob der Anlagenbegriff des § 3 Abs. 5 Nr. 3 BImSchG erfüllt ist: es müßte sich dann beim Spielplatz um ein Grundstück handeln, auf dem **Arbeiten** durchgeführt werden, die Emissionen hervorzurufen geeignet sind. Hierunter mögen nach allgemeinem Sprachgebrauch generell Grundstücksnutzungen fallen,[72] doch erscheint im Fall des Kinderspielplatzes eine derart extensive Interpretation bereits vom Wortlaut der Bestimmung nicht mehr gedeckt. Sie widerspricht aber vor allem, worauf **VG Münster** NVwZ 1982, 327 zutr. hinweist, evident dem **Schutzzweck des BImSchG,** der Bekämpfung von Umweltgefahren und der Verbesserung des Umweltschutzes, wobei für den Gesetzgeber im Vordergrund der Schutz

---

67 S.o. Anm. 29.
68 *Jarass,* § 2, Rdnr. 10.
69 So auch *Engelhardt,* DÖV 1975, 609.
70 *Jarass,* § 3, Rdnr. 52.
71 Vgl. *VG Münster* NVwZ 1982, 327; *OVG Münster,* NVwZ 1983, 356; *Sellner/Löwer* WiVerw 1980, 232; *Dürr,* NVwZ 1982, 297.
72 *Jarass,* § 3, Rdnr. 52.

vor Gefahren der Technik in einem hochindustrialisierten Staat gestanden habe, nicht aber sei bezweckt worden, die Möglichkeiten kindgerechter Lebensbedingungen in dicht besiedelten Gebieten zu beschneiden.
Damit sind die §§ 22 ff. BImSchG auf Kinderspielplätze nicht anwendbar;[73] das LImSchG NW schützt zwar in § 9 vor Störungen der Nachtruhe, in § 12 vor Tierlärm, nicht aber vor Kinderlärm.

Die Klage besonders geräuschempfindlicher Nachbarn auf Beseitigung eines Kinderspielplatzes wurde daher abgewiesen; die an sich drittschützenden Bestimmungen der §§ 22 ff. BImSchG griffen nicht ein (auch die Erheblichkeit der Geräusche i.S.v. § 3 Abs. 1 BImSchG wäre zweifelhaft gewesen); die gleichfalls drittschützenden Lärmschutzbestimmungen des LImSchG NW enthielten keine diesbezügliche Regelung; eine schwere und unerträgliche Beeinträchtigung des Eigentums der Nachbarn wurde unter Hinweis auf die **Situationsbedingtheit** der von Spielplätzen in Wohngebieten ausgehenden Lärmbeeinträchtigungen abgelehnt.
OVG Münster NVwZ 1983, 357 läßt die Anlageneigenschaft offen, verneint jedoch die Erheblichkeit der Lärmeinwirkungen.[74]

cc) Zur immissionsschutzrechtlichen Grundregel des § 3 LImSchG

Die generalklauselartige Bestimmung des § 3 LImSchG NW verpflichtet als **Grundregel** zu umweltverträglichem Verhalten. Wie aus § 14 S. 2 i. V. m. § 15 LImSchG deutlich wird, handelt es sich hierbei um eine echte **Rechtspflicht**, deren Einhaltung von der Behörde überwacht und ggf. durch Einzelanordnungen durchgesetzt werden kann.

Der aktuelle Anwendungsbereich des § 3 LImSchG ist jedoch erheblich eingeschränkt: soweit das in Frage stehende Verhalten im Betreiben einer Anlage besteht, ist nach §§ 4 ff. bzw. nach §§ 22 ff. BImSchG (bei genehmigungspflichtigen bzw. genehmigungsfreien Anlagen) vorzugehen; soweit nach § 22 Abs. 1 S. 2 die Regelungen der §§ 22 ff. BImSchG nicht gelten, sind sie doch gemäß § 15 LImSchG NW entsprechend anwendbar. Für verhaltensbedingte Immissionen wird der Schutz vor Luftverunreinigungen und Geräuschen durch §§ 7 – 12 LImSchG geregelt; sind die Vorraussetzungen für behördliches Einschreiten nicht erfüllt, darf insoweit **nicht** mehr auf die Generalklausel des § 3 zurückgegriffen werden.

Im vorgenannten Beispielsfall − Kinderspielplatzlärm − darf also § 3 LImSchG nicht angewandt werden: da es hier um Schutz vor Geräuschen geht, sind die Regelungen der §§ 9 – 12 LImSchG anwendbar. Deren tatbestandliche Voraussetzungen sind nicht erfüllt. Auf den Tatbestand des § 3 LImSchG darf dann nicht mehr zurückgegriffen werden.

§ 3 LImSchG wird mithin **nur** aktuell für **verhaltensbedingte Immissionen**, die **nicht** in **Geräuschen** und **Luftverunreinigungen** bestehen.

---

73 A.M. *Jarass*, § 2, Rdnr. 10; vor § 22, Rdnr. 6.
74 S. aber für „Bolzplätze" *OVG Münster* NVwZ 1984, 530; zu Sportstätten s. *Papier*, UPR 1985, 73.

c) Zuständigkeits − und Befugnisnormen des LImSchG NW

Eine Befugnisnorm für behördliche Einzelanordnungen enthält § 15 LImSchG. Hiernach dürfen Anordnungen für den Einzelfall erlassen werden, um Zustände, die im Widerspruch zu Rechtspflichten aus dem LImSchG − sowie gegen untergesetzliches Recht auf der Grundlage des LImSchG − stehen, zu **beseitigen**. § 15 LImSchG greift also im Fall der bereits eingetretenen Störung ein. Besteht demgegenüber die Gefahr einer Zuwiderhandlung gegen Bestimmungen des LImSchG sowie gegen die auf dessen Grundlage erlassenen Rechtsvorschriften, so greifen die allgemeinen Befugnisnormen des Sicherheitsrechts (Ordnungsbehördengesetz und Polizeigesetz) ein, die ja gemäß § 1 Abs. 2 LImSchG unberührt bleiben. Denn der Verstoß gegen Rechtspflichten nach dem LImSchG bedeutet eine Störung der öffentlichen Sicherheit, die ja auch die Unversehrtheit der Rechtsordnung umfaßt; der Verstoß gegen die Rechtspflichten nach §§ 7, 9−12 LImSchG sowie gegen vollziehbare Anordnungen nach § 13 LImSchG i.V.m. §§ 22ff. BImschG und nach § 15 LImSchG wird zudem nach näherer Maßgabe des § 17 LImSchG als Ordnungswidrigkeit bzw. Vergehen geahndet und erfüllt daher als Voraustatbestand die Voraussetzungen für sicherheitsrechtliches Einschreiten. Ist also ein derartiger Verstoß gegen Rechtspflichten nach dem LImSchG zu besorgen, können Einzelanordnungen der Ordnungsbehörde nach OBG und im Fall der Unaufschiebbarkeit auch der Polizei nach PolG ergehen.

Eine Sonderbefugnisnorm enthält § 16 LImSchG für das Betreten von Grundstücken.

§ 14 LImSchG regelt die Zuständigkeiten für Maßnahmen nach LImSchG; grundsätzlich sind hiernach entweder die Ordnungsbehörden oder die staatlichen Gewerbeaufsichtsämter zuständig; i. e. kann hierfür auf den Wortlaut der Bestimmung verwiesen werden. Zu beachten ist, daß die Zuständigkeiten für die Anwendung des **BImSchG** nicht etwa im LImSchG geregelt sind, sondern durch Rechtsverordnung der Landesregierung vom 6. 2. 1973 (GVBl. 66), zuletzt geändert durch VO vom 3. 11. 1981 (GVBl. 636).

IV. Das Recht der Abfallbeseitigung

1. Grundsätze des Abfallbeseitigungsrechts

Das Recht der Abfallbeseitigung ist auf der Kompetenzgrundlage des Art. 74 Nr. 24 GG weitgehend bundesgesetzlich[75] geregelt. Als Gegenstand der Landesgesetzgebung verbleiben i.w. ausführende Detailregelungen vor allem verfahrensrechtlicher Natur. Sie

---

75 S. Abfallbeseitigungsgesetz i.d.F. d. Bek. v. 5. 1. 1977, BGBl. I, 41, ber. 288, zuletzt geändert durch G. v. 4. 3. 1982, BGBl. I, 281.

sind aus sich heraus nicht aussagekräftig, daher in ihrem Bezug zu den bundesgesetzlichen Regelungen darzustellen.

§ 1 AbfG enthält die Legaldefinition für Abfall, hierbei differenzierend zwischen einem subjektiven und einem objektiven Abfallbegriff:[76] Abfall sind zum einen bewegliche Sachen, deren sich der Besitzer entledigen **will**, zum anderen bewegliche Sachen, deren geordnete Beseitigung, unabhängig vom Willen des Besitzers, im Interesse der Allgemeinheit geboten ist.[77] Den Begriff der Abfall**beseitigung** enthält Abs. 2: sie beginnt bereits beim Einsammeln der Abfälle und reicht bis zum (endgültigen) Ablagern. Abs. 3 umreißt den sachlichen Geltungsbereich des Gesetzes und nimmt insbesondere bestimmte Abfallarten von dessen Anwendung aus. Diese Bestimmungen des § 1 AbfG sind auch der landesgesetzlichen Regelung zugrundezulegen, ebenso wie die Grundsatznorm für die Beseitigung von Abfällen in § 2 AbfG, durch die die Anforderungen an eine geordnete, mit dem Wohl der Allgemeinheit verträgliche Beseitigung umrissen werden.

§ 3 AbfG enthält die grundsätzliche Regelung der **Beseitigungspflicht,** die im Landesrecht durch Zuständigkeitsnormen ergänzt wird. Der Besitzer von Abfällen (i. S. v. § 1 Abs. 1 AbfG) hat diese gemäß § 3 Abs. 1 AbfG dem Beseitigungspflichtigen zu überlassen; beseitigungspflichtig sind gemäß § 3 Abs. 2 AbfG die nach Landesrecht zuständigen Körperschaften des öffentlichen Rechts. Die Bestimmung der Zuständigkeit enthält § 1 LAbfG NW: es sind dies grundsätzlich die kreisfreien Städte und Kreise, Abs. 1, während die kreisangehörigen Gemeinden verpflichtet sind, den in ihrem Gebiet anfallenden Abfall einzusammeln und zu den Abfallbeseitigungsanlagen zu befördern. Die Beseitigungspflicht ist mithin für die kreisangehörigen Gemeinden aufgespalten: das **Einsammeln** der Abfälle, das nach § 1 Abs. 2 AbfG bereits zur Beseitigung zählt, obliegt den Gemeinden, ebenso der Transport; die weitere Behandlung und Lagerung des Abfalls den Kreisen.

2. Insbesondere: Zur Behandlung des „wilden Mülls"

Zweifelsfragen ergeben sich im Zusammenhang mit der Beseitigungspflicht nach § 3 AbfG, § 1 LAbfG NW mitunter für die Behandlung des sog. **„wilden Mülls",**[78] also von Abfall, der ohne Einwilligung des Grundstückseigentümers auf allgemein zugänglichen Grundstücken abgelagert wird.

Zunächst wird auch dieser „wilde Müll" von der Beseitigungspflicht nach § 3 Abs. 2 AbfG erfaßt; d. h., die Gemeinden haben ihn nach § 1 Abs. 1, 2 LAbfG NW einzusammeln.

---

[76] Hierzu *Breuer,* S. 612; *Altenmüller,* DÖV 1982, 27 ff.; *Franßen,* in: Salzwedel, Grundzüge, S. 408 ff.; *OVG Münster* NVwZ 1983, 561.
[77] Hierzu *Breuer,* S. 612.
[78] Grundsätzlich zur Problematik *OVG Münster* NuR 1981, 32; BVerwG NuR 1983, 233; *Breuer,* S. 613.

"Einsammeln" bedeutet dabei, wie das **OVG Münster**[79] klarstellt, keineswegs nur das Abholen der ordnungsgemäß zur Müllabfuhr bereitgestellten Abfälle, sondern auch der ordungswidrig in der Landschaft verstreuten Abfälle. Gerade im Hinblick auf das Problem des wilden Mülls habe der Gesetzgeber, so das OVG, für § 1 Abs. 2 AbfG den Begriff „sammeln" in „**ein**sammeln" geändert. Die Definition der „Beseitigung" von Abfällen in § 1 Abs. 2 AbfG hat jedoch für das gesamte Gesetz und auch für die landesrechtliche Regelung Gültigkeit, so daß § 2 Abs. 2 S. 2 LAbfG NW nur klarstellende Funktion hat.

Nun besteht aber in derartigen Fällen der **Ablagerung „wilden Mülls"** typischerweise ein berechtigtes Interesse des Beseitigungspflichtigen — also der kreisangehörigen Gemeinde i.F.d. § 1 Abs. 2 LAbfG, der kreisfreien Gemeinde i.F.d. Abs. 1 —, denjenigen, der die Abfälle als wilden Müll abgelagert hat, als Handlungsstörer, bzw. den Grundstückseigentümer, auf dessen Grundstück der wilde Müll lagert, als Zustandsstörer heranzuziehen; regelmäßig letzteren, da ersterer nicht greifbar sein wird.

Maßnahmen gegen den Verursacher erwähnt § 1 Abs. 2 S. 2 LAbfG: die kreisangehörigen Gemeinden sind hiernach zum Einsammeln des wilden Mülls insbesondere dann verpflichtet, wenn Maßnahmen gegen den Verursacher nicht möglich oder nicht vertretbar sind. Ob und unter welchen Voraussetzungen derartige Maßnahmen möglich sind, darüber besagt jedoch § 1 Abs. 2 LAbfG nichts. Die Frage stellt sich im übrigen ebenso für kreisfreie Gemeinden, zu deren aus § 3 Abs. 2 AbfG i. V. m. § 1 Abs. 1 LAbfG folgender Beseitigungspflicht das Einsammeln von wildem Müll ja nach der Legaldefinition des § 1 Abs. 2 AbfG gleichermaßen gehört.

Eine Befugnisnorm, die es gestatten würde, dem Grundstückseigentümer die Säuberung seines Grundstücks aufzugeben, ist jedoch weder im AbfG des Bundes noch im LAbfG NW enthalten; gleiches gilt im Hinblick auf ein Vorgehen gegen den Verursacher, der den wilden Müll abgelagert hat. Hier hat nun **OVG Münster** den Rückgriff auf das allgemeine Sicherheitsrecht — konkret auf § 14 OBG — im Grundsatz für zulässig erklärt.[80]

Der Oberstadtdirektor einer kreisfreien Stadt hatte dem Eigentümer eines Grundstücks, auf dem „wilder Müll" im dargelegten Sinn abgelagert worden war, durch Ordnungsverfügung nach §§ 1, 14 und 18 OBG die Säuberung des Grundstücks von Abfällen aufgegeben. Dies wurde vom OVG Münster im Ergebnis für unzulässig erklärt, doch wurde grundsätzlich der Rückgriff auf § 14 OBG zugelassen.

Auch wilder Müll falle unter die Beseitigungspflicht des § 3 Abs. 2 AbfG (s. bereits vorstehend zum Begriff des „Einsammelns"), doch stellten die Regelungen des AbfG insoweit keine abschließende Sonderregelung dar, durch die der Rückgriff auf das allgemeine Recht der öffentlichen Sicherheit und Ordnung ausgeschlossen werde. Werde die Pflicht der beseitigungspflichtigen Körperschaft zum Einsammeln des wilden Mülls als abschließende Regelung gewertet, so würde hierdurch ein Vorgehen gegen denjenigen, der die Abfälle ordnungswidrig abgelagert hat, unmöglich gemacht, — dieses Ergebnis sei aber weder vom Gesetzgeber gewollt, noch würde es eine angemessene Regelung darstellen.

---

79 NuR 1981, 33.
80 *OVG Münster* aaO (Anm. 78).

Damit kann grundsätzlich nach § 14 OBG vorgegangen werden. Gegen den **Handlungsstörer** ist dabei ein Vorgehen nach § 14 Abs. 2 OBG i. V. m. § 4 Abs. 1 AbfG eröffnet, da die Ablagerung von Abfall auf einem allgemein zugänglichen Grundstück einen Verstoß gegen letztere Vorschrift und nach § 18 Abs. 1 Nr. 1 AbfG eine Ordnungswidrigkeit darstellt.

Gegen den Eigentümer des Grundstücks als **Zustandsstörer** ist auf dieser Grundlage ein Einschreiten nicht eröffnet, da der Begriff des „**Lagerns**" i.s.v. § 4 AbfG ein „**zweckgerichtetes Verhalten**" voraussetzt, das beim Eigentümer, auf dessen Grundstück gegen seinen Willen Abfall abgeladen wird, nicht vorausgesetzt werden kann. Gegen ihn kann dann allenfalls nach § 14 Abs. 1 OBG vorgegangen werden. Ob eine hierauf gestützte Maßnahme vom Tatbestand her eröffnet wäre, ließ das OVG Münster offen. Sie wäre dann unstatthaft, wenn die Regelung des § 14 Abs. 2 OBG i. V. m. § 4 Abs. 1 AbfG als abschließende Sonderregelung zu betrachten wäre, was m. E. jedoch zu verneinen sein dürfte: § 4 AbfG betrifft allein den zweckgerichteten Umgang mit Abfall i. S. v. § 1 AbfG; auch anderweitig sind jedoch ordnungswidrige Zustände denkbar, die ein Erfordernis der Beseitigung von Abfall begründen (**Beispiel:** Eigentümer läßt seinen Besitz fahrlässig verkommen).

Jedenfalls aber wäre ein Vorgehen gegen den Eigentümer auf der Grundlage des § 14 Abs. 1 OBG **ermessensfehlerhaft**: gemäß §§ 3 Abs. 2, 1 Abs. 2 AbfG i.V.m. **§ 1 Abs. 1 LAbfG NW** sind Kreis bzw. kreisfreie Gemeinden beseitigungspflichtig. Bei diesem Konkurrenzverhältnis zwischen der Beseitigungspflicht der öffentlich-rechtlichen Körperschaft und einer Zustandsstörerhaftung des Grundstückseigentümers muß auch nach dem Grundgedanken des Abfallbeseitigungsrechts erstere vorrangig sein.

Für den Fall des **§ 1 Abs. 2 LAbfG** wird dies vom Gesetzgeber ausdrücklich bestätigt: die Verpflichtung der **kreisangehörigen** Gemeinde erstreckt sich auf das Einsammeln auch wilden Mülls, soweit Maßnahmen gegen den **Verursacher** nicht möglich oder nicht vertretbar (aus tatsächlichen oder rechtlichen Gründen) sind.

3. Ergänzende Regelungen der Beseitigungspflicht

Die Beseitigungspflicht nach § 3 Abs. 2 AbfG kann nach Abs. 3 dann ausgeschlossen werden, wenn Abfälle nach Art **oder** Menge nicht mit dem Haushaltsmüll beseitigt werden können (sog. „**Sondermüll**"[81]); in diesen Fällen fällt die Beseitigungspflicht auf den Besitzer zurück. Der Ausschluß von der Beseitigung gemäß § 3 Abs. 3 AbfG wird näher geregelt in § 4 LAbfG NW: er kann durch Entscheidung **im Einzelfall** (die gegenüber dem Besitzer als Verwaltungsakt zu qualifizieren sein dürfte) **oder** im Wege einer generellen Regelung **durch Satzung** erfolgen, hierbei die bezeichneten Abfälle gänzlich oder teilweise erfassen. Zuständig für den Ausschluß von der Beseitigung ist die beseitigungspflichtige Körperschaft, die Zustimmung der „**zuständigen Behörde**" ist erforderlich; dies ist nach § 17 LAbfG der **Regierungspräsident**.

---

[81] S. hierfür auch § 10 LAbfG NW.

Ein möglicher Ausschluß von der Beseitigungspflicht kann auch für sog. „wilden Müll" erfolgen; zweifelhaft kann dann sein, ob der Eigentümer, wenn die Ablagerung ohne sein Wissen erfolgte, wie auch gegen seinen Willen, als **„Besitzer"** bezeichnet werden kann.

Die Abfallbeseitigungspflicht nach § 3 Abs. 2 AbfG i. V. m. § 1 Abs. 1 LAbfG geht auf **Abfallbeseitigungsverbände** als Körperschaften des öffentlichen Rechts über, vgl. § 1 Abs. 3 S. 2 LAbfG, wenn diese nach Maßgabe des § 2 LAbfG durch den Zusammenschluß Beseitigungspflichtiger i. S. v. § 3 Abs. 2, 4 AbfG gebildet werden; der Zusammenschluß erfolgt gemäß § 2 LAbfG nach dem Gesetz über kommunale Gemeinschaftsarbeit; er kann gemäß § 1 Abs. 4 LAbfG zwangsweise erfolgen. In den Abfallbeseitigungsverbänden können sowohl die gemäß § 3 Abs. 2 AbfG i. V. m. § 1 Abs. 1 beseitigungspflichtigen Kreise und kreisfreien Gemeinden zusammengefaßt werden, als auch die Besitzer von Abfällen, die nach § 3 Abs. 3 AbfG von der Beseitigung ausgeschlossen sind, mit der Folge der Beseitigungspflicht der Besitzer (s. aber § 2 Abs. 2 LAbfG).

4. Satzungserlaß

Die zur Abfallbeseitigung verpflichteten Körperschaften (kreisfreie Gemeinden und Kreise sowie ggf. Abfallbeseitigungsverbände, s. aber für letztere § 5 Abs. 1 S. 1 LAbfG) sind zum Satzungserlaß befugt und verpflichtet. Die notwendigen Regelungen einer Satzung über die Abfallbeseitigung sind in § 5 Abs. 1 S. 2 LAbfG genannt; die Festlegung eines **Anschluß- und Benutzungszwangs** ist nach § 5 Abs. 1 S. 3 LAbfG zulässig.

§ 19 GO NW ist entsprechend anzuwenden. Dies bedeutet, daß für alle **Grundstücke** im Gebiet der Körperschaft Anschluß- und Benutzungszwang vorgeschrieben werden kann (und damit auch für die Grundstückseigentümer und nicht etwa nur die Besitzer von Abfällen. Vgl. hierzu den instruktiven Fall von **OVG Münster** DVBl. 1980, 83).

Bei der Ausgestaltung der Regelungen der Abfallbeseitigung hat der Satzungsgeber **Ermessen**, kann hierbei insbesondere die besonderen örtlichen Bedürfnisse berücksichtigen, muß jedoch die Grundsätze des § 2 AbfG hinsichtlich der geordneten Abfallbeseitigung wahren; auch sind die begrifflichen Vorgaben des § 1 AbfG für ihn verbindlich; er kann also nicht etwa den Begriff des Abfalls bzw. der Beseitigung eigenständig definieren.

Zu Einzelfällen s. z. B. **OVG Münster** UPR 1982, 387: bestimmtes **Müllbehältervolumen pro Kopf** kann verbindlich vorgeschrieben werden; **OVG Münster** ZMR 1981, 63 zur erforderlichen Häufigkeit der Müllbehälter-Entleerung.

5. Insbesondere: zur abfallrechtlichen Behandlung von Autowracks

§ 5 Abs. 1 AbfG bestimmt, daß auch **Autowracks** den Bestimmungen des AbfG insoweit unterliegen, als diese auf Anlagen, die der Lagerung oder Behandlung von Autowracks dienen (Autofriedhöfe und Autoverwertungsbetriebe) entsprechend anwendbar sind. Denn die Abfalleigenschaft kann hier jedenfalls zweifelhaft sein, wenn die Verwertung beabsichtigt ist.[82] Autofriedhöfe bzw. -verwertungsbetriebe u. ä. unterliegen daher den Vorschriften insbesondere der §§ 6 – 10 AbfG über die Zulassung von Abfallbeseitigungsanlagen.[83] Dies hat zur Folge, daß sich die behördlichen Zuständigkeiten nach §§ 17 – 19 LAbfG NW richten.[84]

Dies wurde mehrfach bedeutsam in Fällen, in denen bauaufsichtlich gegen illegale Betriebe eingeschritten worden war, s. z. B. **OVG Münster** OVGE 33, 56: die Anordnung auf Stillegung und Räumung eines illegalen „Autofriedhofs" – der ohne die erforderliche Genehmigung bzw. Planfeststellung nach § 7 AbfG betrieben wurde – war, gestützt auf § 14 OBG i. V. m. § 16 Abs. 1 LAbfG, gemäß § 17 LAbfG vom Regierungspräsidenten als Sonderordnungsbehörde zu treffen; hierdurch wurde die Zuständigkeit der **Bauaufsichtsbehörden** ausgeschlossen; diese konnte **keine baurechtliche Beseitigungsanordnung** erlassen, auch in bezug auf die **Nebengebäude**; – zu letzteren **OVG Münster** GewArch 1979, 136: auch Nebengebäude unterliegen den Bestimmungen der §§ 6 ff. AbfG, und damit den Zuständigkeitsnormen der §§ 17 ff. LAbfG, soweit sie in einer dauerhaften betriebstechnischen und räumlichen Beziehung zum Lagerungs- und Verwertungsvorgang stehen, was für Räume zur Unterbringung des Personals und zur Wartung der Geräte bejaht wurde.

6. Verfahrens- und Zuständigkeitsregelungen, Überwachung

Abfallbeseitigungsanlagen bedürfen der **Zulassung** im Wege der Planfeststellung, i.F.d. § 7 Abs. 2 AbfG auch nur im einfachen Genehmigungsverfahren; die Bestimmungen der §§ 7 – 8 AbfG werden ergänzt durch §§ 11 – 13 LAbfG. In einem **Abfallbeseitigungsplan** sind nach § 6 AbfG Standorte festzulegen (zum weiteren Inhalt s. § 6 Abs. 1 S. 4 AbfG); das Verfahren für diese **Fachpläne** regeln §§ 6 und 7 AbfG. § 8 sieht im Einklang mit § 6 Abs. 1 S. 5 AbfG die Verbindlicherklärung durch **Rechtsverordnung** vor, mit der Folge, daß die vorgesehenen Standorte, aber auch die Zuweisung bestimmter Abfallbeseitigungsanlagen für die Beseitigungspflichtigen zwingend vorgegeben sind, aber auch die Verbringung von Abfällen in das Plangebiet gemäß § 9 LAbfG der Genehmigung bedarf.

Altanlagen genießen nach Maßgabe des § 9 AbfG Bestandsschutz; doch gilt dies nicht für formell und materiell illegal betriebene Anlagen, deren Betrieb daher ohne die Beschränkungen des § 9 Abs. 2 AbfG untersagt werden kann.[85]

Eine Beseitigungs- und Räumungsanordnung ist dann gemäß § 16 Abs. 1 LAbfG als ordnungsbehördliche Maßnahme zu erlassen, gestützt also auf OBG, s. z. B. BVerwG NVwZ 1983, 409: Untersagung eines formell und illegal betriebenen Autofriedhofs als **ordnungsbehördliche Maßnahme** (keine bauaufsichtlichen Maßnahmen, s. o. 5.).

82 Vgl. *OVG Münster* DÖV 1978, 48; NuR 1983, 126; 1983, 243.
83 Vgl. hierzu *OVG Münster* OVGE 33, 56; GewArch 1979, 136; *VG Köln* UPR 1983, 130; s. auch *BVerwG* NuR 1983, 188, 189.
84 *OVG Münster* aaO.
85 *BVerwG* NVwZ 1983, 409.

Die **Zuständigkeiten** für Maßnahmen nach dem AbfG bzw. LAbfG sind gemäß § 19 AbfG durch Landesgesetz zu regeln; entsprechende Bestimmungen enthalten §§ 17 – 19 LImSchG. „**Zuständige Behörde**" ist nach § 17 Abs. 1 LAbfG grundsätzlich der Regierungspräsident, in den Fällen des Abs. 2 sind die Kreise bzw. kreisfreien Städte zuständig. Die Zuständigkeit anderer Behörden wird für den Anwendungsbereich des AbfG hierdurch verdrängt (Ausnahmen: s. § 18 LAbfG) ; aus diesem Grund konnte für den illegalen Autoverwertungsbetrieb keine baurechtliche Beseitigungsanordnung ergehen.[86]

Die nach § 19 AbfG, 17 LAbfG zuständigen Behörden werden gemäß § 16 Abs. 1 LAbfG als **Sonderordnungsbehörden** i. S. v. § 12 OBG tätig.[87] Für ein behördliches Einschreiten bei Verstößen gegen AbfG bzw. LAbfG ist daher auf OBG zurückzugreifen, soweit keine besonderen Befugnisnormen in den spezialgesetzlichen Regelungen des Abfallbeseitigungsrechts enthalten sind.

Die Beseitigung des **illegalen Autoverwertungsbetriebs** konnte daher nach § 14 Abs. 2 OBG i.V.m. §§ 4, 5 AbfG durch die gemäß § 17 Abs. 2 Nr. 5 LAbfG zuständige Ordnungsbehörde angeordnet werden; nicht konnte dem Betreiber aufgegeben werden, die auf dem Grundstück gelagerten Abfälle zu einer Abfallbeseitigungsanlage zu befördern, da dem die Beseitigungspflicht der zuständigen Körperschaft nach § 3 Abs. 2 AbfG entgegenstand (es sei denn, die Abfallbeseitigungspflicht wäre insoweit nach § 3 Abs. 2 AbfG ausgeschlossen worden); wohl aber konnte eine entsprechende Anordnung für die Autowracks – wiederum gestützt auf OBG – ergehen, da es sich hierbei nicht um Abfälle handelte[88] (Wiederverwendung durch Verschrottung vorgesehen); – instruktiv **BVerwG** NVwZ 1983, 409.

V. Natur- und Landschaftsschutzrecht

1. Natur- und Landschaftsschutz durch Bundes- und Landesrecht

Der Schutz von Natur- und Landschaft als zentraler Bereich des „**medialen**" Umweltschutzes wie auch der Artenschutz („**vitaler**" Umweltschutz) ist schwerpunktmäßig geregelt im Gesetz über Naturschutz und Landschaftspflege des Bundes vom 20. 12. 1976[89] (Bundesnaturschutzgesetz – **BNatSchG**) als **Rahmenregelung** auf der Grundlage des Art. 75 Nr. 3 GG und in dem den bundesgesetzlichen Rahmen ausfüllenden Gesetz zur Sicherung des Naturhaushalts und zur Entwicklung der Landschaft des Landes Nordrhein-Westfalen (**Landschaftsgesetz NW** – LG) i.d.F. d. Bek. v. 26. 6. 1980. Daneben ist zu verweisen auf das Bundeswaldgesetz[90] und das Landesforstgesetz.

---

86 *OVG Münster* OVGE 33, 56 und GewArch 1979, 36.
87 Vgl. hierzu *BVerwG* NVwZ 1983, 409 und *OVG Münster* aaO (Anm. 86).
88 Vgl. Anm. 82
89 BGBl. I, 3574; ber. BGBl. 1977 I, 650; geänd. durch G.v. 1. 6. 1980, BGBl. I, 649.
90 Vom 2. 5. 1975, BGBl. I, 1037.

Dabei unterscheiden sich die modernen Naturschutzgesetze des Bundes und der Länder vom traditionellen Naturschutzrecht dadurch, daß wesentliches Ziel der Regelungen nicht die Erhaltung einzelner, herausragender Naturdenkmäler ist, die Aufgaben des Naturschutzes vielmehr umfassender, gestalterischer und planerischer Natur sind.[91]

Die bundesrechtliche Rahmenregelung im BNatSchG wie die Regelung des LG NW beziehen sich auf gleiche Regelungskomplexe.

Zunächst werden **Ziele** und **Grundsätze** des Naturschutzes und der Landschaftspflege festgelegt; bundesrechtlich durch die unmittelbar geltenden §§ 1, 2 BNatSchG, für das Land durch die wortgleichen §§ 1, 2 LG NW. Die Anforderungen des § 8 BNatSchG an **Eingriffe** in Natur und Landschaft werden durch die §§ 4 ff. LG wiederholt und konkretisiert. Die Rahmenregelungen für die **Landschaftsplanung** im zweiten Abschnitt des BNatSchG (§§ 5, 6) sowie über die Festsetzung von Schutzgebieten im vierten Abschnitt (§§ 12 – 19) werden ausgefüllt durch §§ 15 – 48 des LG NW. Der **Artenschutz** wird geregelt im 5. Abschnitt des BNatSchG sowie durch §§ 60 – 68 LG NW. Das Recht auf Erholung in der freien Natur regeln §§ 27, 28 BNatSchG und §§ 49 – 59 LG. Beide Gesetze enthalten Befreiungsklauseln (§ 31 BNatSchG und § 69 LG); das LG auch Zuständigkeits- und Verfahrensvorschriften; letztere im Rahmen der Gesetzgebungskompetenz des Bundes auch das BNatSchG (s. z.B. § 9 zum Verfahren bei Beteiligung von Behörden des Bundes). Besonders hinzuweisen ist auf die neuartige Regelung der **Verbandsbeteiligung** in § 29 BNatSchG.[92]

2. Allgemeine Grundsätze und Eingriffe in Natur und Landschaft

Die Ziele des Naturschutzes und der Landschaftspflege, wie sie in § 1 BNatSchG und in § 1 LG NW gleichlautend definiert werden, sind als Abwägungsdirektiven bei allen Maßnahmen in diesem Bereich zugrundezulegen (vgl. § 1 Abs. 2 BNatSchG bzw. LG).

Für einen wichtigen Teilbereich setzt sich das Gesetz allerdings von vornherein de facto selbst außer Kraft: indem die **„ordnungsgemäße"** (d.h. **den jeweiligen agrarwissenschaftlichen Erkenntnissen entsprechende) Land- und Forstwirtschaft** als in der Regel den Zielen des Gesetzes dienend anerkannt wird, vgl. § 1 Abs. 3 BNatSchG bzw. LG NW, wird bereits auf eine Prüfung von Maßnahmen in diesem Bereich auf ihre Vereinbarkeit mit Erfordernissen des Gesetzes verzichtet. In konsequenter Durchführung dieser sog. **„Landwirtschaftsklausel"** legt § 4 Abs. 3 Nr. 1 LG – entspr. § 8 Abs. 7 BNatSchG – fest, daß Maßnahmen im Rahmen ordnungsgemäßer land-, forst- und fischereiwirtschaftlicher Bodennutzung nicht als Eingriffe in Natur und Landschaft gelten – auch wenn sie in der Praxis zu erheblichen, nachhaltigen Veränderungen der Landschaft führen (intensive Bodennutzung, großräumige, „maschinengerechte" Umgestaltung der Landschaft).[93]

---

91 *Müller*, NJW 1977, 925.
92 Zur Verbandsbeteiligung *Rehbinder*, NVwZ 1982, 666; *Breuer*, S. 584.
93 Zur Landwirtschaftsklausel im Naturschutzrecht S. *von Mutius/Henneke*, BayVBl 1983, 545; *Soell*, NuR 1984, 8; s. aber BVerwG DVBl 1983, 897: Wechsel von der landwirtschaftlichen zur forstwirtschaftlichen Nutzung fällt nicht unter § 8 Abs. 7 BNatSchG.

Die „Ziele" des § 1 (BNatSchG bzw. LG) werden durch die „**Grundsätze**" des § 2 näher umschrieben und konkretisiert; diese Grundsätze sind zu verwirklichen, soweit dies im Einzelfall „erforderlich, möglich und unter Abwägung aller Anforderungen nach § 1 Abs. 2 angemessen" ist; das Gesetz eröffnet hier Abwägungsspielräume und ist in seinen Grundsätzen nur beschränkt justitiabel. Für **Eingriffe in Natur und Landschaft**, die in § 4 Abs. 1 – 3 LG (entspricht § 8 Abs. 1, 7 BNatSchG) benannt werden, enthalten §§ 4 Abs. 4 – 6, 5 ff. LG nähere Anforderungen[94]: Derartige Eingriffe sind, soweit sie **vermeidbar** sind, zu unterlassen. Soweit sie **nicht vermeidbar** sind, sind sie vom Verursacher **auszugleichen**, § 4 Abs. 4 S. 1, 2. HS und S. 2 LG.

Beispiel: Wiederauffüllung und Rekultivierung nach durchgeführtem Abbau von Bodenschätzen im Tagebau.

Unvermeidbare und nicht ausgleichbare Eingriffe sind zu **untersagen**, sofern im Rahmen einer **Abwägung** Belange des Natur- und Landschaftsschutzes vorgehen. Andernfalls **kann** die Behörde den Verursacher zu **Ersatzmaßnahmen** an anderer Stelle verpflichten.

Dabei bedürfen in verfahrensmäßiger Hinsicht Eingriffe nach § 4 LG keiner eigenen behördlichen Genehmigung im Rahmen etwa eines naturschutzrechtlichen Verfahrens; vielmehr ist, wenn **nach anderen Vorschriften** eine behördliche Entscheidung über die Zulassung erforderlich ist (z. B. eine Baugenehmigung, eine Genehmigung nach BImSchG, eine wasserrechtliche Erlaubnis, eine Planfeststellung), hierbei von der für diese Genehmigung (bzw. Erlaubnis, Bewilligung, Planfeststellung) zuständigen Behörde im Einvernehmen mit der Landschaftsbehörde (§ 8 LG) über den Eingriff und über etwaige Ausgleichs- und Ersatzmaßnahmen zu entscheiden. Da für die in § 4 Abs. 2 Nrn. 1 – 10 LG aufgezählten Maßnahmen in aller Regel eine behördliche Zulassung oder jedenfalls bei genehmigungsfreien Vorhaben eine Anzeige an die Behörde erforderlich sein wird (vgl. für anzeigenpflichtige Vorhaben § 6 Abs. 1 S. 1, letzte Variante LG), ist für diese Fälle eine behördliche Überprüfung gewährleistet; das Verfahren bei Eingriffen, die vom Staat selbst oder von sonstigen öffentlich-rechtlichen Körperschaften vorgenommen werden, regelt § 6 Abs. 3 LG (entspr. § 8 Abs. 6 BNatSchG).

Methodischer Hinweis:

Die Zulässigkeit eines Eingriffs nach Naturschutzrecht ist also zu prüfen im Rahmen der für die fragliche Maßnahme erforderlichen behördlichen Entscheidung, hier bei dem Punkt: **Vereinbarkeit** mit **sonstigen öffentlich-rechtlichen Vorschriften**; hierbei sind folgende Gesichtspunkte zu beachten:

– **Eingriff** gemäß § 4 Abs. 1 – 3 LG?
Eine Legaldefinition des Eingriffs enthält Abs. 1, Abs. 2 zählt die Fälle auf, die als Eingriff „gelten". Angesichts der unterschiedlichen Formulierung in Abs. 1 („Eingriffe ... sind") und Abs. 2

---

94 *Breuer*, S. 585 f.

muß den Bestimmungen eigenständige Bedeutung zuerkannt werden, d.h., in den Fällen des Abs. 2 ist stets vom Vorliegen eines Eingriffs auszugehen; im übrigen ist ein Eingriff gegeben, wenn die Voraussetzungen des Abs. 1 vorliegen, sofern nicht nach der Fiktion des Abs. 3 die Eingriffswirkung zu verneinen ist.

— **Eingriff zulässig** gemäß § 4 Abs. 4 – 5, § 6 LG?

Eingriff vermeidbar? — wenn ja, dann unzulässig; wenn nein,

Ausgleichsmaßnahmen möglich ? — wenn ja, sind diese, soweit erforderlich zur Verwirklichung der Ziele des Gesetzes (§§ 1, 2), anzuordnen (durch Auflage); wenn nicht möglich:

Abwägung: Belange des Naturschutzes vorrangig, dann Eingriff zu untersagen;
wenn andere Belange (öffentliche Interessen, aber auch Belange des Antragstellers) vorrangig: Maßnahme zu gestatten (durch Erteilung der Genehmigung, Planfeststellung etc.);
dann Entscheidung nach § 5 LG über Ausgleichsmaßnahmen (**Ermessen** der Behörde).

Bei **genehmigungsfreiem** Vorhaben: wenn anzeigepflichtig, Prüfung, ob zulässiger Eingriff; ggf. Maßnahmen der Behörde nach dem für das Vorhaben einschlägigen Gesetz.

3. Landschaftsplanung und Schutzgebiete

Im **Landschaftsplan** (§ 6 BNatSchG, §§ 16 – 26, 27 – 42 LG)[95] als dem wesentlichsten Instrument einer vorsorgenden Natur- und Landschaftsplanung werden zur Verwirklichung von Naturschutz und Landschaftspflege — und damit der in § 1 LG umrissenen Zielvorgaben — die Ziele der Landschaftsentwicklung im Plangebiet dargestellt (s. § 18 LG). Der Landschaftsplan wird **als Satzung** beschlossen, § 16 Abs. 2 LG, und ist damit **rechtsverbindlich;** die rechtlichen Wirkungen sind in §§ 33 ff. LG für die einzelnen Festsetzungen des Plans abgestuft festgelegt.

Die im Landschaftsplan dargestellten Entwicklungsziele „**sollen**" im Rahmen der einschlägigen Vorschriften bei allen behördlichen Maßnahmen beachtet werden, § 33 Abs. 1 LG, entfalten damit keine unmittelbaren Rechtswirkungen im Verhältnis zum Bürger. Für behördliche Maßnahmen nach § 6 LG (s.o. 2.) gilt § 33 Abs. 2 LG. Die Wirkungen des Landschaftsplans verbleiben also zunächst im verwaltungsinternen Bereich, sie können für den Bürger mittelbar bedeutsam werden, wenn etwa im Rahmen einer behördlichen Entscheidung ihm gegenüber öffentliche Belange bedeutsam werden; hierunter können auch die Entwicklungsziele eines Landschaftsplans fallen.[96]

Für im öffentlichen Interesse besonders schutzwürdige Bereiche sehen die §§ 19 ff. LG die **Festsetzung von Schutzgebieten** vor; hierbei wird unterschieden zwischen Naturschutzgebieten, Landschaftsschutzgebieten, Naturdenkmälern und geschützten

---

[95] Zur Landschaftsplanung in NW s. näher *Hoppe/Schlarmann,* NuR 1981, 17 ff.
[96] S. auch *OVG Münster* NuR 1980, 127: zu den *sonstigen öffentlichen* Belangen i.S.v. § 34 BBauG gehört auch der durch förmlichen Rechtssatz angeordnete Landschaftsschutz; s. auch NuR 1981, 140.

Landschaftsbestandteilen. Die rechtlichen Wirkungen dieser Schutzausweisungen sind abgestuft in § 34 LG festgelegt. Hiernach sind Handlungen, die dem Schutzgebietscharakter zuwiderlaufen, nach Maßgabe näherer Bestimmungen im Landschaftsplan mit unmittelbarer Wirkung **verboten**.

So kann durch den Landschaftsplan z.B. das Fällen von Bäumen von bestimmter Größe an verboten bzw. von einer behördlichen Genehmigung abhängig gemacht werden,[97] wenn ein wertvoller Baumbestand als Naturdenkmal festgesetzt wird.

Gemäß § 26 LG sind im Landschaftsplan Entwicklungs-, Pflege- und Erschließungsmaßnahmen festzusetzen, soweit dies zur Verwirklichung der Ziele des Plans i.S.v. § 18 LG erforderlich ist. Zu deren Durchführung sind juristische Personen des öffentlichen Rechts gemäß § 37 LG verpflichtet, private Grundstückseigentümer und -besitzer dann, wenn eine diese Maßnahmen erfordernde **Störung** von seinem Grundstück ausgeht, § 38 Abs. 1 LG. Derartige positive Handlungspflichten berühren an sich den Schutzbereich der **Eigentumsgarantie des Art. 14 GG**, doch gilt dies nicht i.F.d. § 38 Abs. 1 LG, da hier der „störende" Eigentümer sich außerhalb seiner grundrechtlichen Befugnisse bewegt, in deren Schranken zurückverwiesen wird.

Demgegenüber dürften die geringfügigeren Verpflichtungen nach § 38 Abs. 2, 3 LG als Ausfluß der Sozialbindung des Eigentums anzusehen sein, ebenso wie grundsätzlich die Verbotswirkungen des § 34 LG, durch die typischerweise die Situationspflichtigkeit des Grundeigentums realisiert wird. Dies gilt auch für die Duldungspflicht des § 46 LG. Wird jedoch i.F.d. § 34 dem Eigentümer eine in zulässiger Weise ausgeübte oder doch sich aufdrängende, in diesem Sinn „situationsgerechte" Nutzung seines Grundstücks abgeschnitten, so kann ein enteignender Eingriff gegeben sein, der die Entschädigungspflicht des § 7 LG auslöst.[98]

Das Verfahren bei Aufstellung eines Landschaftsplans regeln §§ 27 ff. LG. — Die überörtlichen Ziele des Naturschutzes und der Landschaftspflege werden gemäß § 5 BNatSchG, § 15 LG in einem Landschaftsrahmenplan dargestellt, dessen Funktionen für NW der Gebietsentwicklungsplan erfüllt. Ergänzende Vorschriften für Schutzmaßnahmen im besiedelten Bereich enthält § 45 LG, für den großräumigen Schutz besonders schutzwürdiger Gebiete durch die Erklärung zum **Nationalpark** § 43 LG, für Naturparke § 44 LG.

---

97 Hierzu auch *OLG Hamm* NuR 1981, 75: grundsätzlich im Rahmen der Sozialpflichtigkeit des Eigentums.
98 Zu Eigentumsbeschränkungen im Natur- und Landschaftsschutz s. grundsätzlich *Papier*, Maunz/Dürig Komm. zum GG, München 1985 Art. 14, Rdnrn. 366 ff; *Badura*, HdBVfR, S. 686 ff.; aus der RSpr. grundsätzlich *BGHZ* 23, 30; 57, 178; 60, 126; s. auch *BVerfGE* 58, 300; *BVerwG* DVBl 1983, 897; *von Schalburg*, NJW 1978, 303; *Soell*, NuR 1984, 185.

4. Erholung in der freien Natur

§§ 49 ff. LG NW regeln auf der Grundlage der Rahmenvorschrift des § 27 BNatSchG das **Recht auf Erholung in der freien Landschaft**. Dabei räumt § 49 LG dem einzelnen ein unmittelbar gegen den Grundstückseigentümer wirkendes Recht auf das Betreten privater Wege und unbewirtschafteter Flächen ein; § 49 Abs. 2 erstreckt diese Befugnis auf Radfahrer, § 50 grundsätzlich auch auf Reiter.[99] In §§ 50 ff. werden diese Rechte näher ausgestaltet. Dabei waren vom Gesetzgeber unterschiedliche Belange in Ausgleich zu bringen: zum einen das berechtigte Interesse des einzelnen auf Erholung in der Natur, andererseits aber auch das Interesse des Grundstückseigentümers, Beeinträchtigungen insbesondere in der wirtschaftlichen Nutzung seines Eigentums durch das Betretungsrecht der Erholungssuchenden abzuwehren, schließlich aber auch kollidierende Interessen anderer Erholungssuchender, und nicht zuletzt Belange des Naturschutzes, die einer übermäßigen Beanspruchung der freien Natur zu Freizeitzwecken entgegenstehen.

Letzteren Gesichtspunkten trägt § 50 Abs. 5 LG Rechnung, wenn im Hinblick auf Beeinträchtigungen anderer Erholungssuchender wie auch auf mögliche Schäden in der Natur das Reiten in der freien Landschaft auf bestimmte Wege beschränkt werden kann, ebenso wie das Reiten im Wald, § 50 Abs. 2 LG. Generelle Grenzen für die Rechte aus §§ 49 und 50 LG legt § 53 LG fest. Hiernach dürfen weder die Belange anderer Erholungssuchender, noch die Rechte der Eigentümer unzumutbar beeinträchtigt werden, Abs. 1. Den Schutz des Eigentümers verwirklicht auch Abs. 2, der ein Betretungsrecht für den privaten Wohnbereich sowie betriebliche Flächen ausschließt, wie schließlich auch § 54, der dem Eigentümer den Ausschluß des Betretungsrechts gestattet. Die Sperrung, zu deren Durchsetzung der Eigentümer auch tatsächlich Sperren[100] errichten kann (s. § 54 Abs. 1 S. 2 **„tatsächlich ausgeschlossen"**), bedarf der Genehmigung durch die Landschaftsbehörde, auf die ein Rechtsanspruch besteht i. F. d. Abs. 2 S. 1, also bei unzumutbarer Nutzungsbeschränkung oder Beschädigung. In diesen Fällen würde ein Betretungsrecht für die Allgemeinheit einen im Hinblick auf seine Intensität die Grenzen der Sozialpflichtigkeit überschreitenden Eigentumseingriff darstellen. Im übrigen darf die Genehmigung für die Sperrung nur bei Vorliegen eines wichtigen Grundes und unter Abwägung mit Interessen der Allgemeinheit erteilt werden (Ermessensentscheidung). Hier ist zu vergegenwärtigen, daß öffentliche Interessen gerade auch des Naturschutzes auch **für** die Sperrung sprechen können, wenn durch Anzahl oder Verhalten der Erholungssuchenden Natur und Landschaft beeinträchtigt werden.

Eigentümerische Nutzungsbefugnisse – zu denen auch der Ausschluß Dritter vom privat genutzten Grundstück zählt – kollidieren mit Interessen der Allgemeinheit im Fall des § 56 Abs. 2 LG, wonach die Freigabe von Uferstreifen für Erholungssuchende und die Beseitigung von Zugangshindernissen (z. B. Zäunen) verlangt werden kann. Der Konflikt wird vom Gesetzgeber durch Verweisung auf die Entschädigungsklausel des § 7 LG gelöst, vgl. § 54 Abs. 2 S. 2 LG, doch dürfte für den unmittelbaren Wohnbereich

---

99 Hierzu s. *OVG Münster* DVBl 1978, 715; *VG Köln*, DVBl 1978, 716.
100 Zum Begriff des „Sperrens" s. *OVG Münster* NuR 1979, 125.

Art. 14 GG bereits dem Freigabeverlangen der Behörde entgegenstehen; dies ist im Rahmen des Angemessenheitserfordernisses des S. 1 zu berücksichtigen. Flächen im Besitz der öffentlichen Hand sind nach Maßgabe des Abs. 1 zugänglich zu machen, s. auch § 28 BNatSchG. Als Folge aus der Situationspflichtigkeit des Grundeigentums, die bei Grundstücken in der freien Natur besonders ausgeprägt ist, erscheint das Bauverbot an Gewässern nach § 57 LG, das bei Erteilung einer Baugenehmigung im Rahmen der Vereinbarkeit des Vorhabens mit sonstigen öffentlich-rechtlichen Vorschriften zu prüfen ist.

5. Weitere Bestimmungen

Die Vorschriften über den **Artenschutz**, §§ 20 ff. BNatSchG, §§ 60 ff. LG NW unterscheiden zwischen einem allgemeinen Artenschutz, s. §§ 61, 62 LG, der sich auf wildlebende Pflanzen und Tiere jeder Art bezieht, und dem besonderen Artenschutz für bestimmte Arten, vgl. § 63 LG.[101]

Für alle Verbote im LG wie auch in den auf Grund des LG erlassenen Verordnungen und Landschaftsplänen ist die **Befreiungsklausel** des § 69 LG zu beachten.

Verstöße gegen das Gesetz und auf dessen Grundlage erlassene Rechtsvorschriften sind **Ordnungswidrigkeiten** nach Maßgabe des § 63 LG.

---

101 Zur Verfassungswidrigkeit von § 63 Abs. 3 NR. 4 lit. b LG NW s. *BVerfG* NJW 1983, 439.

Öffentliches Wirtschaftsrecht

von *Franz-Joseph Peine*

Literatur

Ein Überblick über das öffentliche Wirtschaftsrecht des Landes Nordrhein-Westfalen existiert nicht. An dieser Stelle wird deshalb ein Hinweis auf Darstellungen des allgemeinen Wirtschaftsverwaltungsrechts gegeben, dessen Kenntnis vorausgesetzt wird. Soweit zu den einzelnen Materien des Landesrechts Literatur vorhanden ist, wird auf sie in den Anmerkungen verwiesen.

H.-W. Arndt, Wirtschaftsverwaltungsrecht, in: Arndt/Köpp/Oldiges/Schenke/Seewald/Steiner, Besonderes Verwaltungsrecht, Heidelberg 1984, S. 477; *P. Badura,* Wirtschaftsverwaltungsrecht, in: v. Münch (Hrsg.), Besonderes Verwaltungsrecht, 7. Aufl., Berlin 1985, S. 255 ff.; *U. Battis/ C. Gusy,* Öffentliches Wirtschaftsrecht, Heidelberg 1983; *V. Götz,* Recht der Wirtschaftssubventionen, München 1969; *W. Henke,* Das Recht der Wirtschaftssubventionen als öffentliches Vertragsrecht, Tübingen 1979; *H. D. Jarass,* Wirtschaftsverwaltungsrecht und Wirtschaftsverfassungsrecht, 2. Aufl., Frankfurt a. M. 1984; *H.-J. Papier,* Grundgesetz und Wirtschaftsordnung, in: Benda/Maihofer/Vogel (Hrsg.), Handbuch des Verfassungsrechts, Berlin 1983, S. 609 ff.; *ders.,* Fälle zum Wahlfach Wirtschaftsverwaltungsrecht, 2. Aufl., München, 1984; *U. Scheuner* (Hrsg.) Die Staatliche Einwirkung auf die Wirtschaft, Frankfurt a. M. 1971; *R. Stober,* Wirtschaftsverwaltungsrecht, 3. Aufl., Stuttgart 1984; *F. v. Zezschwitz,* Einführung in das Wirtschaftsverfassungs- und Wirtschaftsverwaltungsrecht, JA 1979, S. 247 ff.

Gliederung

I. Wirtschaftsverfassungsrecht
II. Wirtschaftsverwaltungsrecht
  1. Zuständigkeiten
    a) Gesetzgebung
    b) Rechtsverordnungen
    c) Verwaltungszuständigkeiten
  2. Die Organisation der Wirtschaftsverwaltung
    a) Wirtschaftsverwaltung durch Landesbehörden und Beliehene
    b) Selbstverwaltung der Wirtschaft
  3. Materiell-rechtliche Regelungen
    a) Gewerberecht
    b) Land-, Forst- und Weinwirtschaft, Fischereirecht
    c) Dienstleistungen
    d) Sonstiges

I. Wirtschaftsverfassungsrecht

Die Verfassung bildet den Maßstab für die einfache Gesetzgebung.[1] Enthält sie — entweder explizit oder als Ergebnis des Zusammenspiels einer Reihe von Normen — eine „Wirtschaftsverfassung", so ist diese für den einfachen Gesetzgeber verbindlich. „Wirtschaftsverfassung" meint die Summe der Verfassungsbestimmungen, die die Ordnung des Wirtschaftslebens festlegen,[2] wobei „Wirtschaft" als Summe der Einrichtungen und Maßnahmen zur planvollen Deckung des menschlichen Bedarfs an Gütern zu verstehen ist.[3]

Das Grundgesetz enthält zwar keinen mit „Wirtschaftsverfassung" betitelten Abschnitt, aber eine Vielzahl von Normen, die sich auf die Wirtschaft im explizierten Sinne bezieht. Den von ihnen gesteckten Rahmen müssen die gesetzgeberischen Maßnahmen zur Regelung der Wirtschaft beachten, anderenfalls sind sie verfassungswidrig. Angesichts der Erkenntnis von Ökonomen, daß zwei im Grundsätzlichen differierende „Wirtschaftssysteme" existieren: die durch den Liberalismus geprägte Verkehrswirtschaft und die vom Merkantilismus bzw. Sozialismus gekennzeichnete Zentralverwaltungswirtschaft[4] ist des öfteren, freilich wohl zeitlich beschränkt auf die Frühzeit der Geltung des Grundgesetzes, versucht worden, dem Grundgesetz eine Entscheidung des Verfassunggebers für eines der beiden Modelle zu entnehmen, und sei es auch in einer modifizierten oder beide Modelle miteinander kombinierenden Form in Gestalt der sozialen Marktwirtschaft.[5] Diese Versuche waren und sind zum Scheitern verurteilt. Denn das Grundgesetz enthält keine eigene ausdrückliche Regelung der Wirtschaftsordnung, weil im Zeitpunkt der Beratungen des Grundgesetzes innerhalb der politischen Machtfaktoren keine Einigkeit über ihre Gestaltung bestand.[6] Das Grundgesetz enthält nur insoweit Aussagen über ihr „Aussehen", als sich seine Aussagen (auch) auf die Wirt-

---

1 Dazu im einzelnen *Wahl*, Der Staat 1981, S. 485 ff.
2 Vgl. statt aller *Stober*, Wirtschaftsverwaltungsrecht, S. 39; hier auch der Hinweis, daß der Begriff „Wirtschaftsverfassung" in einem engeren und einem weiteren Sinn verstanden werden kann.
3 *Stober*, Wirtschaftsverwaltungsrecht, S. 26.
4 Darstellung dieser Lehren bei *Stober*, Wirtschaftsverwaltungsrecht, S. 31 ff; *Jarass*, Wirtschaftsverwaltungsrecht, S. 40 ff; *Eucken*, Die Grundlagen der Nationalökonomie, 8. Aufl., Berlin 1965, S. 78 ff; s. auch *Papier*, in: Benda u.a. (Hrsg.), S. 611.
5 *Nipperdey*, Soziale Marktwirtschaft und Grundgesetz, 3. Aufl., Köln 1965; *Huber*, DÖV 1956, S. 97,135,172,200; dazu aus heutiger Sicht z.B. *Kriele*, ZRP 1974, 105 ff; *Rupp*, Grundgesetz und „Wirtschaftsverfassung", Tübingen 1974; *Ballerstedt*, Art. Wirtschaftsverfassung, in: Evangelisches Staatslexikon, 2. Aufl., Stuttgart 1975, Sp. 2962; *Rinck*, Wirtschaftsrecht, 5. Aufl., Köln 1977, 2. Kap.; *Badura*, JuS 1976, S. 205.
6 Abgeordneter Dr. *Schmid*, in: Parlamentarischer Rat, Sten. Ber., 2. Sitzung v. 8.9.1948, S. 14; Abgeordneter v. *Mangoldt*: „... die Regelung der Sozialordnung aber (muß) der Zukunft überlassen werden", seinen Beitrag im Parlamentarischen Rat zitierend in *ders.*, Das Bonner Grundgesetz, Hamburg 1953, Art. 12 Anm. 3; *ders.*, AöR 1949/50, S. 275. Zur Debatte der Wirtschaftsverfassung im Parlamentarischen Rat *Kunert*, JuS 1979, 327.

schaft beziehen lassen. Diese Aussagen sind die Entfaltungsfreiheit der Person (Art. 2 Abs. 1 GG), die Vereinigungs- und Koalitionsfreiheit (Art. 9 GG), die Berufsfreiheit (Art. 12 GG), Eigentum und Erbrecht (Art. 14 GG), Sozialisierung (Art. 15 GG), Sozialstaatsklausel (Art. 20 Abs. 1, 28 Abs. 1 GG), Rechtsstaatsprinzip (Art. 20 Abs. 1, 28 Abs. 1 GG), Demokratieprinzip (Art. 20 Abs. 1 GG), Vermögen des Deutschen Reiches (Art. 134, 135 GG). Diesen Aussagen läßt sich unabhängig vom Willen des Verfassunggebers eine Entscheidung für eine bestimmte Wirtschaftsordnung nicht entnehmen. Damit sichert das Grundgesetz insbesondere nicht die soziale Marktwirtschaft verfassungsrechtlich ab, sondern erlaubt Modifikationen oder auch grundsätzliche Änderungen, soweit diese nicht gegen die Verfassung verstoßen. In diesem Sinne ist das Grundgesetz wirtschaftspolitisch neutral.[7] In den Worten des Bundesverfassungsgerichts: „Das Grundgesetz garantiert weder die wirtschaftspolitische Neutralität der Regierungs- und Gesetzgebungsgewalt noch eine nur mit marktkonformen Mitteln zu steuernde soziale Marktwirtschaft: Die ‚wirtschaftspolitische Neutralität' des Grundgesetzes besteht lediglich darin, daß sich der Verfassunggeber nicht ausdrücklich für ein bestimmtes Wirtschaftssystem entschieden hat. Dies ermöglicht dem Gesetzgeber die ihm jeweils sachgemäß erscheinende Wirtschaftspolitik zu verfolgen, sofern er dabei das Grundgesetz beachtet. Die gegenwärtige Wirtschafts- und Sozialordnung ist zwar eine nach dem Grundgesetz mögliche Ordnung, keineswegs aber die allein mögliche. Sie beruht auf einer vom Willen des Gesetzgebers getragenen wirtschafts- und sozialpolitischen Entscheidung, die durch andere Entscheidungen ersetzt oder durchbrochen werden kann."[8]

Demgegenüber enthält die Verfassung des Landes Nordrhein-Westfalen im vierten Abschnitt ihres zweiten Teils (Art. 24–29) Aussagen über „Arbeit und Wirtschaft". Art. 24 Abs. 1 stellt das Wohl des Menschen in den Mittelpunkt des Wirtschaftslebens und legt fest, daß der Schutz der Arbeitskraft Vorrang vor dem Schutz materiellen Besitzes hat. Jedermann hat ein Recht auf Arbeit. Absatz 2 postuliert den leistungsgerechten Lohn, der den angemessenen Lebensbedarf des Arbeitenden und seiner Familie decken muß. Gleiche Tätigkeit und gleiche Arbeit ist gleich zu bezahlen, was auch für Frauen und Jugendliche gilt. Art. 26 anerkennt und gewährleistet das Recht der Arbeitnehmer auf gleichberechtigte Mitbestimmung bei der Gestaltung der wirtschaftlichen und sozialen Ordnung. Art. 27 Abs. 1 fordert, Großbetriebe der Grundstoffindustrie und Unternehmen, die wegen ihrer monopolartigen Stellung besondere Bedeutung haben, in Gemeineigentum zu überführen und gebietet, Zusammenschlüsse zu verbieten, die ihre wirtschaftliche Macht mißbrauchen. Art. 28 stellt eine Förderungspflicht

---

[7] Heute allgemeine Auffassung, neben der in Anm. 5 zitierten jüngeren Literatur s. noch *Jarass*, Wirtschaftsverwaltungsrecht, S. 63; *Stober*, Wirtschaftsverwaltungsrecht, S. 41; den durch die Verfassung gesteckten Rahmen untersucht *Papier*, in: Benda u.a. (Hrsg.), S. 614 ff.
[8] *BVerfGE* 4,7 ff; s. auch E 7,400; 14,23; 30,315; 50,337: „Das Grundgesetz enthält keine unmittelbare Festlegung und Gewährleistung einer bestimmten Wirtschaftsordnung."

für Klein- und Mittelbetriebe in Landwirtschaft, Handwerk, Handel und Gewerbe sowie für freie Berufe auf und gebietet eine Unterstützung der genossenschaftlichen Selbsthilfe.

Die Bedeutung des Art. 24 Abs. 1 VerfNW ist darin zu sehen, daß er, wenngleich auch in deutlich komprimierter und äußerst skizzenhafter Form, den Versuch unternimmt, eine Wirtschafts- und Sozialordnung verbindlich festzulegen.[9] Er knüpft damit an alte Traditionen an, z. B. an Art. 157 ff. WRV. Die Norm drückt die Absicht des Verfassunggebers aus, dem schrankenlosen Wirtschaftsliberalismus älterer Prägung eine endgültige Absage zu erteilen.[10]

Fraglich ist indes, inwieweit diese Konzeption, die verbal im Grundgesetz keine Parallele findet, Rechtswirksamkeit entfaltet. Die Frage nach der Rechtswirksamkeit, die sich auch für die anderen zitierten Bestimmungen der Landesverfassung stellt, ist unter Berücksichtigung dreier Gesichtspunkte zu beantworten: erstens unter dem Aspekt der Verbindlichkeit der Normen selbst, gefragt wird nach ihrem eigenen „Anspruch"; zweitens unter dem Aspekt des Verhältnisses von Bundesrecht und Landesrecht, also des Art. 31 GG, der lapidar bestimmt, daß Bundesrecht Landesrecht bricht; und drittens unter dem Aspekt der Möglichkeit des Landesgesetzgebers, im Wege der Landesgesetzgebung die Konzeption der Wirtschafts- und Sozialordnung zu verwirklichen.

Zur Verbindlichkeit der landesverfassungsrechtlichen Normen als solcher ist festzustellen: Die Art. 24 Abs. 1, 2 und 28 enthalten Programmsätze: programmatische Weisungen an den Gesetzgeber.[11] Nach der Lehre von den Programmsätzen[12] besteht für den Gesetzgeber keine Pflicht zum Tätigwerden i. S. des Programms; zwingend gibt es deshalb auch insoweit kein subjektiv-öffentliches Recht auf Gesetzeserlaß. Das Programm verpflichtet den Gesetzgeber nur zu einem ihm entsprechenden Handeln, wenn er tätig wird. Diese Reduktion des Anspruchs hat im einzelnen zur Folge, daß ein Bürger des Landes NW weder gegen den Staat noch gegen einen Unternehmer ein Recht auf Beschäftigung hat; ebensowenig haben die Bürger einen Anspruch gegen den Staat, dafür zu sorgen, daß ein leistungsgerechter und angemessener Lohn bezahlt wird; daß Lohngleichheit herrscht, also nach Geschlecht und Alter nicht differenziert wird. Auch haben Klein- und Mittelbetriebe keinen Anspruch auf direkte Förderung, etwa in Form von Subventionen, gegen das Land.[13] – Das Mitbestimmungsrecht des Art. 26 ist aus-

---

9 *Geller-Kleinrahm,* Die Verfassung des Landes Nordrhein-Westfalen, 3. Aufl., Göttingen, 1977, Art. 24 Anm. 2.
10 Ebenda (Fn. 9), Anm. 3a.
11 Ebenda (Fn. 9), Anm. 3a; Art. 28, Anm. 2.
12 Z.B. *Herdemerten,* in: v. Münch (Hrsg.), Grundgesetz-Kommentar, 2. Aufl., München, 1983, Art. 1, RdNr. 41.
13 Ebenso *Geller-Kleinrahm,* Verf.NW, Art. 24, Anm. 4a (zum „Recht auf Arbeit": Aufforderung an den Staat, alle Möglichkeiten zur Schaffung von Arbeitsplätzen auszuschöpfen); Anm. 5a (Lohngestaltung); Anm. 6 (Lohngleichheit); Anm. 28, Anm. 2 (Förderungspflicht als ein „freundliches Wort an die Klein- und Mittelbetriebe", so Protokolle 15/395C,396B).

weislich der Entstehungsgeschichte von vornherein auf eine erwartete bundesgesetzliche Regelung ausgerichtet und lediglich für den Fall des Ausbleibens einer solchen Regelung als eine programmatische Direktive an den Landesgesetzgeber zur Verwirklichung der Mitbestimmung gedacht.[14]

Nach alledem sind die wirtschaftsverfassungsrechtlichen Aussagen der Landesverfassung von geringer Verbindlichkeit und genügen ihrem eigenen Anspruch: der Festlegung einer Wirtschafts- und Sozialordnung, kaum. Das zeigt sich auch daran, daß sie praktisch politisch weitgehend nicht relevant geworden sind.

Mit Blick auf das Verhältnis des Landesrechts zum Bundesrecht ist festzustellen: Art. 31 GG steht der Wirksamkeit des Art. 27 Abs. 1 VerfNW entgegen, der sich mit der Sozialisierung befaßt. Als sicheres Ergebnis des Streits um die Reichweite des Art. 31 GG darf festgehalten werden, daß dem Grundgesetz entgegenstehendes Landesrecht unwirksam ist.[15] Hiervon ist die Sozialisierungsvorschrift betroffen. Als Objekte der Sozialisierung werden solche ab einer bestimmten Größenordnung betrachtet, nicht nur Industrieunternehmen, sondern auch Dienstleistungsunternehmen mit monopolartiger Stellung. Art. 27 Abs. 1 garantiert aber keine Entschädigung. Er ist mit der in Art. 15 GG ausgesprochenen Verpflichtung zur Zahlung einer Entschädigung im Falle der Sozialisierung unvereinbar und somit nichtig.[16] Im übrigen dürften die Programmsätze mit dem Grundgesetz vereinbar sein. Sie sind aber zum großen Teil praktisch bedeutungslos. Denn, und damit wird der dritte Aspekt angesprochen, das Land besitzt kaum Gesetzgebungskompetenzen auf dem Gebiete der Wirtschaft. Deshalb läuft Art. 27 Abs. 2 leer, der den Gesetzgeber verpflichtet, im Wege der Gesetzgebung, also über ein gesetzliches Verbot, den Mißbrauch wirtschaftlicher Macht zu verhindern. Denn für das Kartellrecht ist der Bund Gesetzgeber (Art. 74 Nr. 16 GG). Das gilt auch für das Arbeits- und Arbeitsschutzrecht (Art. 74 Nr. 12 GG) und das Mitbestimmungsrecht.

Insgesamt zeigt sich, daß die „Wirtschaftsverfassung" des Landes Nordrhein-Westfalen weitgehend leerläuft. Sie vermag gesetzgeberische Akte kaum inhaltlich zu steuern. Diese Steuerungsleistung ist Sache des Grundgesetzes. Für die Auslegung des Landesrechts könnte die Verfassung freilich Bedeutung erlangen. Da der Anteil des Landesrechts, gemessen am Gesamt der wirtschaftsverwaltungsrechtlichen Normen, aber gering ist, kommt auch diese Funktion praktisch nicht zum Tragen. Soweit ersichtlich gibt es keine veröffentlichte Entscheidung der Judikatur, die auf diese Verfassungsbestimmungen zur Inhaltsbestimmung von Wirtschaftsverwaltungsrecht des Landes Nordrhein-Westfalen zurückgreift.

14 Ebenda (Fn. 13), Art. 26, Anm. 2 a.E.
15 Siehe dazu *Gubelt*, in: v. Münch (o. Anm. 12), Art. 31, RdNr. 15 ff., 23.
16 Ebenso *Geller-Kleinrahm*, Verf.NW, Art. 27, Anm. 4 a.E.; *Isensee*, DöV 1978, S. 233, 238, Fn 44.

II. Wirtschaftsverwaltungsrecht

1. Zuständigkeiten des Landes

a) Gesetzgebung

Aufgrund der grundgesetzlichen Verteilung der Gesetzgebungskompetenzen sind für den Erlaß der Gesetze die Länder zuständig, es sei denn, der Bund besitzt entweder die ausschließliche Gesetzgebungskompetenz – dann dürfen die Länder niemals tätig werden –, oder aber die konkurrierende Gesetzgebungskompetenz – dann dürfen die Länder nur so lange tätig werden, wie der Bund von seinem Recht noch keinen Gebrauch gemacht hat (Art. 70–74a GG). Auch die Rahmengesetzgebungskompetenz (Art. 75 GG) ist für den untersuchten Gegenstand bedeutsam.

Dem Bund ist durch das Grundgesetz eine umfassende Gesetzgebungszuständigkeit zur Regelung der zu behandelnden Sachmaterie eingeräumt worden. „Basisnorm" ist Art. 74 Nr. 11 GG, der dem Bund die Kompetenz zur Normierung des Wirtschaftsrechts verleiht. Die in dieser Norm aufgezählten Materien sind nur beispielhaft. Weil der Verfassunggeber vermeiden wollte, daß einzelne der Wirtschaft zuzurechnende Sondermaterien den Ländern zur Regelung vorbehalten bleiben,[17] sind unter „Recht der Wirtschaft" alle das wirtschaftliche Leben und die wirtschaftliche Betätigung als solche regelnde Normen zu verstehen, die sich in irgendeiner Weise auf die Erzeugung, Herstellung und Verteilung von Gütern des wirtschaftlichen Bedarfs beziehen.[18] Alle das Wirtschaftsleben ordnenden und lenkenden Gesetze fallen in diesen Kompetenzbereich, soweit es sich nicht um die Auferlegung von Steuern und die Pflicht zur Zahlung von Beiträgen zu den Sozialversicherungsträgern handelt – beide Pflichten haben auf das Wirtschaftsleben erheblichen Einfluß –, denn diese Gesetzgebungskompetenzen regeln die Art. 74 Nr. 12 und 105 GG. Neben der „Generalermächtigung" des Art. 74 Nr. 11 GG besitzt der Bund noch Gesetzgebungszuständigkeiten für das Waffenrecht (Art. 74 Nr. 4a), das Kernenergiewesen (Art. 74 Nr. 11a), die Überführung von Naturschätzen und Produktionsmitteln in Gemeineigentum (Art. 74 Nr. 15), die Verhütung des Mißbrauchs wirtschaftlicher Machtstellung (Art. 74 Nr. 16), die Förderung der land- und forstwirtschaftlichen Erzeugung (Art. 74 Nr. 17), die Hochsee- und Küstenschiffahrt (Art. 74 Nr. 21) und für den Umweltschutz (Art. 74 Nr. 24). Aufgrund einer „Annexkompetenz kraft Sachzusammenhangs" besitzt er Zuständigkeiten für die Regelung des Rechts der öffentlichen Sicherheit, wenn aufgrund der „Natur" einer Sach-

---

17 *BVerfGE* 41, 344, 352f.; *Stober*, Wirtschaftsverwaltungsrecht, S. 61.
18 *BVerfGE* 29, 409. Ausgenommen bleibt das öffentlich-rechtliche Versicherungswesen vor allem mit monopolartigem Charakter: *BVerfGE* 41, 344 – Badisches Gebäudeversicherungsmonopol –; s. dazu Fall 1 bei *Papier*, Fälle zum Wirtschaftsverwaltungsrecht; *Obermayer-Steiner*, NJW 1969, S. 1457ff.

materie der Erlaß von Normen dieses Charakters sinnvoll ist, wie z. B. im Gewerberecht.[19]

Ausschließlich kompetent ist der Bund gem. Art. 73 Nr. 4 GG für das Währungs- und Gewichtswesen, gem. Art. 73 Nr. 5 GG für die Einheit des Zoll- und Handelsgebietes, die Handels- und Schiffahrtsverträge, die Freizügigkeit des Warenverkehrs usw., gem. Art. 73 Nr. 9 für den gewerblichen Rechtsschutz, das Urheberrecht und das Verlagsrecht. Gem. Art. 75 GG besitzt der Bund eine Rahmengesetzgebungskompetenz für das Recht der Bodenverteilung, das Presserecht, das Recht der Raumordnung und der Wasserwirtschaft.

Von seinen Gesetzgebungsmöglichkeiten hat der Bund weitgehend Gebrauch gemacht. Das hat zur Folge, daß das Land nur in sehr geringem Maße durch eigene Gesetzgebung auf die Wirtschaft Einfluß nehmen kann. Jedoch bedeutet das nicht generell eine nur geringe praktische Relevanz des Landesrechts. Dies zeigt ein Blick auf die hier zu behandelnden Landesgesetze:

Aufgrund originärer Zuständigkeit des Landes sind folgende Wirtschaftsverwaltungsgesetze ergangen: das SparkassenG[20], das HeilberufeG[21], das LandeseisenbahnG[22], das SubventionsG,[23] das ArchitektenG,[24] das LandwirtschaftskammerG[25], das FischereiG[26],

---

19 *BVerfGE* 8, 149 f.
20 Gesetz über die Sparkassen sowie über die Girozentrale und Sparkassen- und Giroverbände, i.d.F. der Bekanntmachung v. 2. Juli 1975, GVNW S. 498, abgedruckt in: *v. Hippel-Rehborn*, Gesetze des Landes Nordrhein-Westfalen (i.f. vH-R), Nr. 140. Literatur zum Sparkassenrecht: *Brzoska*, Die öffentlich-rechtlichen Sparkassen zwischen Staat und Kommune, Berlin 1976; *Clausen*, Der Einfluß der Gemeinde auf die kommunale Sparkasse, 1964; *Etsch-Oberbillig*, Sparkassenrecht in der Bundesrepublik 1970; *Frick*, Die Staatsaufsicht über die kommunalen Sparkassen, Berlin 1962; *Heinevetter*, Sparkassengesetz NW, Lose-Blatt-Kommentar, 2. Aufl., Köln, ab 1978; *Poullain*, Die Sparkassenorganisation, Frankfurt a.M. 1972; *Ruthe*, Kommentar, 3. Aufl. 1976; *Stern-Burmeister*, Die kommunalen Sparkassen, Stuttgart 1972; *Stern-Nierhaus*, Rechtsfragen der Neuordnung des Sparkassenwesens als Folge kommunaler Neugliederung, München 1976; *Wolff/Henke*, Sparkassenrecht im Lande Nordrhein-Westfalen, 4. Aufl. Lose-Blatt-Sammlung.
21 Gesetz über die Kammern, die Berufsausübung, die Weiterbildung und die Berufsgerichtsbarkeit der Ärzte, Apotheker, Tierärzte, Zahnärzte (Heilberufegesetz), i.d.F. der Bekanntmachung v. 30. Juli 1975, GVNW S. 520, vH-R Nr. 152.
22 Landeseisenbahngesetz v. 5. Februar 1957, GVNW S. 11, vH-R Nr. 144.
23 Gesetz über die Vergabe von Subventionen nach Landesrecht v. 24. März 1977, GVNW S. 136.
24 Gesetz über die Führung der Berufsbezeichnung „Architekt" und die Errichtung einer Architektenkammer im Lande Nordrhein-Westfalen v. 4. Dezember 1969, GVNW S. 888, vH-R Nr. 151.
25 Gesetz über die Errichtung von Landwirtschaftskammern im Lande Nordrhein-Westfalen v. 11. Februar 1949, GSNW S. 706, vH-R Nr. 111.
26 Fischereigesetz für das Land Nordrhein-Westfalen v. 11. Juli 1972, GVNW S. 226, vH-R Nr. 121; Literatur: *Trahms*, Fischereirecht in NRW, Lose-Blatt, Düsseldorf 1960; *Scheuer*, Kommentar 1979.

das FeiertagsG[27], das Gesetz über die Freizeitgewährung für Frauen mit eigenem Hausstand[28], das SportwettenG[29], das KlassenlotterieG[30], das LandesplanungsG[31]; aufgrund der unvollständigen Ausschöpfung der konkurrierenden Gesetzgebungszuständigkeit durch den Bund: das LandesimmissionsschutzG,[32] das MarkscheiderG[33], das Industrie- und HandelskammerG[34], das Gesetz zur Ausführung des ViehseuchenG[35], das AusführungsG zum FlurbereinigungsG[36] und das LandesforstG[37]; als Rahmenausfüllungsgesetze sind ergangen das LandschaftsG[38] und das WasserG[39]. Diese Regelungen, auch die den Markscheider[40] betreffenden, sind — ebenso wie im allgemeinen auch die anschließend zu behandelnden Rechtsverordnungen — von großer praktischer Bedeutung, wenngleich sie auch — was zugegeben werden muß — nicht gerade den Mittelpunkt des Wirtschaftsverwaltungsrechts bilden.

27 Gesetz über Sonn- und Feiertage i.d.F. der Bekanntmachung v. 22. Februar 1977, GVNW S. 98, vH-R Nr. 155. Literatur: *Dirksen*, Das Feiertagsrecht, Göttingen 1961.
28 Gesetz über die Freizeitgewährung für Frauen mit eigenem Hausstand v. 27. Juli 1948, GS NW S. 833, vH-R Nr. 156. Dieses Gesetz gewährt gem. § 1 nur den Frauen bei Erfüllung der gesetzlichen Voraussetzungen einen Hausarbeitstag. Das BVerfG hat durch Beschluß v. 13.11.1979 — BvR 631/78 — das Gesetz insoweit für verfassungswidrig erklärt, als es nicht auch Männern in gleicher Lage einen Hausarbeitstag gewährt.
29 Sportwettengesetz v. 3. Mai 1955, GS NW S. 672, vH-R Nr. 157.
30 Gesetz über die Einführung einer gemeinschaftlichen Klassenlotterie mit den Ländern Niedersachsen, Schleswig-Holstein, Freie und Hansestadt Hamburg, Freie Hansestadt Bremen und dem Saarland v. 2. Oktober 1947, GS NW S. 672, vH-R Nr. 157a.
31 Landesplanungsgesetz i.d.F. der Bekanntmachung v. 28 November 1978, GV NW S. 878, vH-R Nr. 94.
32 Gesetz zum Schutz vor Luftverunreinigungen, Geräuschen und ähnlichen Umwelteinwirkungen v. 18. März 1975, GV NW S. 232, vH-R Nr. 158.
33 Gesetz über die Zulassung als Markscheider vom 27. Juli 1961, GV NW S. 240. Aufgrund von § 6 dieses Gesetzes ist ergangen die Verordnung über die Ausbildung und Prüfung für den höheren Staatsdienst im Markscheidefach vom 22. April 1975, GV NW S. 392.
34 Gesetz über die Industrie- und Handelskammern im Lande Nordrhein-Westfalen vom 23. Juli 1957, GV NW S. 187, vH-R Nr. 145.
35 Gesetz zur Ausführung des Viehseuchengesetzes vom 30. Juli 1973, GV NW S. 392, vH-R Nr. 114.
36 Gesetz zur Ausführung des Flurbereinigungsgesetzes des Bundes i.d.F. vom 16. März 1976 und zur Anpassung von Vorschriften des Landeskulturrechts und des Rechts der Wasser- und Bodenverbände an die Vorschriften des Flurbereinigungsrechts vom 11. Juli 1978, GV NW S. 739, vH-R Nr. 107.
37 Forstgesetz für das Land Nordrhein-Westfalen i.d.F. der Bekanntmachung vom 24. April 1980, GV NW S. 546, vH-R Nr. 117.
38 Gesetz zur Sicherung des Naturhaushalts und zur Entwicklung der Landschaft i.d.F. der Bekanntmachung vom 26. Juni 1980, GV NW S. 734, vH-R Nr. 119.
39 Wassergesetz für das Land Nordrhein-Westfalen vom 4. Juli 1979, GV NW S. 488, vH-R Nr. 125.
40 Der Markscheider stellt für bergmännische Zwecke Aufnahmen und rißliche Darstellungen über und unter Tage her, § 1 Abs. 1 MarkscheiderG.

b) Rechtsverordnungen

Mit Blick auf das Landesverwaltungsrecht sind zwei Gruppen von Rechtsverordnungen mit materiell-rechtlichem Gehalt zu unterscheiden: zum einen diejenigen, die erlassen worden sind aufgrund eines Bundesgesetzes, zum anderen die auf ein Landesgesetz gestützten.

Aufgrund von bundesgesetzlichen Ermächtigungen sind im wesentlichen in NW folgende Verordnungen ergangen: die Verordnung über die Organisation der technischen Überwachung (§ 24c Abs. 4 GewO)[41]; die GebrauchtwarenVO (§ 38 Satz 1 Nr. 1 und 3 GewO)[42]; die ReisebüroVO (§ 38 Satz 1 Nr. 7 GewO)[43]; die Auskunft- und DetekteiVO (§ 38 Satz 1 Nr. 4 GewO)[44]; die HeimVO (§ 38 Abs. 1 Nr. 10 Satz 2 und 3 GewO)[45]; die GaststättenVO (§ 4 Abs. 3,14,18 Abs. 1,21 Abs. 2,30 GastG)[46]; die VO zur Durchführung des Weingesetzes (§§ 2 Abs. 2 und 4, 3 Abs. 4, 4 Abs. 2 und 3, 5 Abs. 1,7,9,10 und 56 Abs. 2 WeinG[47]; die VO über Einigungsstellen (§ 27a Abs. 11 GWB)[48]; die Lebensmittel-Hygiene-VO (§ 10 Abs. 2 LebensmittelG);[49] die VO über die Ausführung von Schornsteinfegerarbeiten (§ 1 Abs. 2 SchornsteinfegerG)[50]; die VO über die Gebühren und Auslagen der Bezirksschornsteinfegermeister (§ 24 Abs. 1 SchornsteinfegerG)[51]; die VO über den Handel mit unedlen Metallen und über den Kleinhandel mit Schrott (§ 10 UMG)[52].

---

41 Vom 2. Dezember 1959, GV NW S. 174, vH-R Nr. 148.
42 Verordnung über die Buchführungs- und Auskunftspflicht im Handel mit gebrauchten Waren und mit Edelmetallen vom 10. Dezember 1974, GV NW S. 1562, vH-R Nr. 149.
43 Vom 14. Mai 1963, GV NW S. 197, vH-R Nr. 149 c.
44 Verordnung über die Buchführungs- und Auskunftspflicht von Auskunfteien und Detekteien vom 25. Januar 1972, GV NW S. 22, vH-R Nr. 149e.
45 Verordnung über den gewerbsmäßigen Betrieb von Altenheimen, Altenwohnheimen und Pflegeheimen vom 25. Februar 1969, GV NW S. 142. Die Ermächtigungsgrundlage ist aufgehoben worden. Sie findet sich jetzt im HeimG vom 7. August 1974, BGBl I S. 1873.
46 Verordnung zur Ausführung des Gaststättengesetzes vom 20. April 1971, GV NW S. 119, vH-R Nr. 159.
47 Verordnung zur Durchführung des Weingesetzes vom 19. Juni 1973, GV NW S. 398; Zuständigkeiten geregelt in der Verordnung vom 16. Oktober 1973, GV NW S. 468.
48 Verordnung über Einigungsstellen zur Beilegung von Wettbewerbsstreitigkeiten in der gewerblichen Wirtschaft vom 15. April 1958, GV NW S. 141, vH-R Nr. 145a.
49 Verordnung über die hygienische Behandlung von Lebensmitteln tierischer Herkunft vom 30. November 1982, GV NW S. 765, vH-R Nr. 66.
50 Verordnung vom 5. Mai 1970, GV NW S. 339.
51 Gebührenordnung vom 1. Dezember 1981, GV NW S. 691; die Kehrordnung ebenda S. 690.
52 Vom 10. Dezember 1974, GV NW S. 1566, vH-R Nr. 149a. Die Ermächtigungsgrundlage ist durch Gesetz vom 25. 7. 1984, BGBl I, S. 1008, angehoben worden. S. jetzt § 38 Nr. 3 GewO.

Aufgrund von landesgesetzlichen Ermächtigungen sind insbesondere die ordnungsbehördlichen Verordnungen, so z. B. die GiftVO[53] und die SmogVO[54] ergangen; die weiteren Verordnungen sind nicht von großem wirtschaftsverwaltungsrechtlichem Interesse, das gilt z. B. für die LotterieVO.[55]

c) Verwaltungszuständigkeiten

Eine intensive Rechtsetzungstätigkeit des Landes existiert auf dem Gebiete der Bestimmung der Zuständigkeiten für die Durchführung des Wirtschaftsverwaltungsrechts. Gem. Art. 83 GG führen die Länder die Bundesgesetze als eigene Angelegenheiten aus; daß sie ihr Landesrecht als eigene Angelegenheit ausführen, ist selbstverständlich. Demzufolge existiert eine Vielzahl von Normen in wirtschaftsverwaltungsrechtlichen Bundes- und Landesgesetzen, die das Land ermächtigen, im Wege der Rechtsverordnung zu regeln, welche Behörde zur Durchführung des jeweiligen Gesetzes zuständig ist. Die zuvor genannten Landesgesetze und Verordnungen enthalten jeweils Zuständigkeitsregelungen. An Verordnungen, die ausschließlich Zuständigkeitsfragen beinhalten, sind zu nennen: die VO zur Regelung von Zuständigkeiten auf dem Gebiete des Arbeits-, Immissions- und technischen Gefahrenschutzes, welche aufgrund einer Vielzahl von Ermächtigungsgrundlagen erlassen wurde, so z. B. § 155 Abs. 4 GewO;[56] die VO zur Regelung von Zuständigkeiten auf dem Gebiete der Gewerbeüberwachung (§ 155 Abs. 2 GewO);[57] die VO über die Zuständigkeiten nach der HandwerksO (§§ 4 Abs. 4 Satz 1, 16 Abs. 3 Satz 4, 113 Abs. 2 Satz 3 HandwO);[58] die VO über die Zuständigkeit im Schornsteinfegerwesen (§§ 1 Abs. 2, 16 Abs. 2 Satz 2, 24 Abs. 1, 52 SchornsteinfegerG).[59]

---

53 Ordnungsbehördliche Verordnung über den Schutz von Mensch, Tier und Umwelt beim Handel mit Giften und bei der Anwendung von Giften vom 1. Februar 1984, GV NW S. 66, vH-R Nr. 65. — Siehe auch die unter den Ordnungsziffern 62a—67 abgedruckten weiteren Verordnungen.
54 Verordnung zur Verhinderung schädlicher Umwelteinwirkungen bei austauscharmen Wetterlagen vom 29. Oktober 1974, GV NW S. 1432.
55 Verordnung über die Genehmigung öffentlicher Lotterien und Ausspielungen vom 1. Juni 1955, GS NW S. 672, vH-R Nr. 157b.
56 Vom 6. Februar 1973, GV NW S. 66; die Umstellung auf das BISchG erfolgte durch die Änderung vom 11. Juni 1974, GV NW S. 184. Die Verordnung ist in der Zwischenzeit vielfach geändert worden, zuletzt am 7.11.1983, GV NW S. 548. Sie ist — freilich nach dem Stand von 1978 — abgedruckt bei *Ule*, BImSchG, Neuwied 1974 ff., Rechtsvorschriften der Länder, N-W 01.
57 Vom 10. Dezember 1974, GV NW S. 1588; mehrfach geändert, zuletzt am 13. Mai 1980, GV NW S. 562.
58 Verordnung über die Zuständigkeiten nach der Handwerksordnung vom 16. November 1979, GV NW S. 872.
59 Verordnung vom 5. Mai 1970, GV NW S. 339.

2. Die Organisation der Wirtschaftsverwaltung

Im Hinblick auf die Organisation der Wirtschaftsverwaltung lassen sich prinzipiell vier Typen unterscheiden: Verwaltung der Wirtschaft durch den Bund unmittelbar oder mittelbar, durch das Land, im Wege der Selbstverwaltung der an der Wirtschaft Beteiligten und durch beliehene Private. Der erste Fall spielt hier keine Rolle; vorliegend interessiert die Wirtschaftsverwaltung des Landes selbst, die Selbstverwaltung und die Verwaltung durch Beliehene.

a) Die Wirtschaftsverwaltung durch Landesbehörden und Beliehene

Darzustellen ist für die wichtigsten Bereiche des Wirtschaftsverwaltungsrechts, welche Landesbehörden für seinen Vollzug zuständig sind. Die Behördenorganisation des Landes NW ist durch das Gesetz über die Organisation der Landesverwaltung geregelt.

Oberste Landesbehörden sind gem. §3 LOG die Landesregierung, der Ministerpräsident und die Landesminister. Die Landesminister sind in der Regel Träger von Aufsichtsfunktionen. So ist z. B. der Minister für Wirtschaft, Mittelstand und Verkehr Aufsichtsbehörde für die Industrie- und Handelskammern gem. §2 Abs. 1 IHKG. Aufgrund dieses Gesetzes besitzt er auch die Kompetenz, Industrie- und Handelskammern zu errichten, aufzulösen oder ihre Zuständigkeitsbezirke zu verändern. Die Errichtung oder Auflösung von Sparkassen bedarf der Genehmigung des Ministers für Wirtschaft, Mittelstand und Verkehr, §1 Abs. 1 SparkG, der auch nach §28 Abs. 2 Satz 1 oberste Aufsichtsbehörde ist. Gem. §64 ArchitektenG ist der Innenminister Aufsichtsbehörde über die Architektenkammer, die jeweiligen Fachminister sind gem. §22 Abs. 1 HeilBerG Aufsichtsbehörde für die Ärzte-, Apotheker-, Zahnärzte- und Tierärztekammern. Genehmigungsbehörde ist die oberste Landesbehörde z. B. gem. §24 Abs. 2 AtG für die in dieser Vorschrift näher bezeichneten Maßnahmen und Planfeststellungsbeschlüsse.

Die Landesoberbehörden sind in §6 LOG aufgezählt. Von ihnen sind für die Wirtschaftsverwaltung bedeutsam das Landesamt für Agrarordnung, das Landesamt für Ernährungswirtschaft, das Landesamt für Wasser und Abfall, die Landeseichdirektion und das Landesoberbergamt. Ihre Kompetenzen bestehen im Vollzug der in ihren Sachbereich fallenden Gesetze und in der Aufsichtsführung über ihnen unterstellte Behörden. So besitzt z. B. das Landesamt für Agrarordnung Kompetenzen auf dem Bereich der Flurbereinigung und die Landeseichdirektion in Köln ist gem. §2 der VO vom 3. Februar 1976[60] zuständig für die Anerkennung von Prüfstellen i. S. des §6 Abs. 2 Satz 1 EichG.

Landesmittelbehörden sind, soweit sie hier zu behandeln sind, die Regierungspräsidenten, §7 LOG. Sie sind befugt zur Entscheidung über die Untersagung des Betriebs genehmigungsbedürftiger Anlagen wegen Unzuverlässigkeit nach §20 Abs. 3 BImSchG. Sie sind ebenfalls höhere Verwaltungsbehörde i. S. der HandwerksO.

---

60 GV NW S. 58.

Untere Landesbehörden sind z. B. die Oberkreisdirektoren, die Ämter für Agrarordnung, die Bergämter und die Staatlichen Gewerbeaufsichtsämter, § 8 LOG. Ihre Zuständigkeiten ergeben sich, soweit sie hier interessieren, aus den VO vom 6. Februar 1973, vom 10. Dezember 1974 und vom 16. November 1979. Die Staatlichen Gewerbeaufsichtsämter sind zuständig für Arbeitsschutz und Umweltschutz, z. B. für die Untersagung des Betriebs sowie Stillegung und Beseitigung genehmigungsbedürftiger Anlagen gem. § 20 Abs. 1 und 2 BImSchG. Ihre Errichtung ist notwendig gem. § 139b GewO, der vorschreibt, daß die Überwachung der Einhaltung von arbeitsschutzrechtlichen Normen besonderen Beamten vorbehalten bleibt.

Die Ordnungsbehörden sind zur Ausführung der Gesetze befugt, soweit die Zuständigkeit einer anderen Behörde nicht begründet ist. Sie sind z. B. zuständig für die Ausführung des GaststättenG.

Das Landesrecht kennt auch die Verwaltung durch Beliehene. Denn das Recht der Anerkennung von Personen und Organisationen, die überwachungsbedürftige Anlagen i. S. von § 24 Abs. 3 GewO prüfen dürfen, ist in der Verordnung über die Organisation der technischen Überwachung geregelt. § 1 Abs. 3 stellt eine Reihe von Voraussetzungen auf, bei deren Vorliegen der örtlich zuständige Regierungspräsident die Anerkennung von Personen als Prüfer aussprechen darf. Die gem. § 6 mögliche Anerkennung für Organisationen spricht der Arbeits- und Sozialminister aus (§ 12), wenn die aufgestellten Voraussetzungen erfüllt sind. Nur die nach dieser Verordnung anerkannten Sachverständigen dürfen die Prüfung nach § 24 Abs. 3 GewO vornehmen, § 1 Abs. 1.

b) Selbstverwaltung der Wirtschaft

Die Selbstverwaltung der Wirtschaft geschieht in Form von „Kammern", das sind Körperschaften des öffentlichen Rechts, also vom Wechsel der Mitglieder unabhängige, mit Hoheitsgewalt ausgestattete Verwaltungsträger, die Verwaltungsaufgaben erledigen und die der Staatsaufsicht in Form von Rechts- und Fachaufsicht unterliegen und Beiträge sowie Gebühren erheben dürfen. Sie zählen zur mittelbaren Staatsverwaltung. Diese Zwangszusammenschlüsse sind: die Industrie- und Handelskammern, die Handwerkskammern; die Landwirtschaftskammern sind keine Zwangszusammenschlüsse. Daneben gibt es die Kammern der freien Berufe: die Rechtsanwaltskammern, die Notarkammern, die Ärzte-, Tierärzte- und Zahnärztekammern, die Apothekerkammern und die Architektenkammern. Durch Landesrecht ist folgendes geregelt:[61]

Aufgrund des LandwirtschaftskammerG sind entsprechend seinem § 1 die Landwirtschaftskammern Rheinland und Westfalen-Lippe errichtet worden. Gem. § 2 Abs. 1 haben sie die Aufgabe, die Landwirtschaft und die in ihr Berufstätigen zu fördern und zu betreuen. Dazu zählen nach den in der Norm vorgenommenen Spezifizierungen

---

[61] Siehe auch die Verordnung zur Ausführung der Bundesnotarordnung vom 14. März 1961, GV NW S. 163, vH-R Nr. 178.

z. B. die Steigerung der landwirtschaftlichen Erzeugung sowie die beratende Mitwirkung in Fragen der Regelung des Absatzes landwirtschaftlicher Erzeugnisse. Die Landwirtschaftskammer besitzt als Organe die Hauptversammlung (§ 13), den Präsidenten (§ 16), den Hauptausschuß (§ 17) und den Direktor (§ 18). Die Hauptversammlung wird von den Inhabern landwirtschaftlicher Betriebe und den landwirtschaftlichen Arbeitnehmern sowie ihnen gleichgestellte Personen gewählt (§ 5). Wählbar ist jede im Landwirtschaftskammerbezirk wohnende und über 18 Jahre alte Person (§ 6). Die Hauptversammlung hat eine Satzung mit bestimmten Inhalten (§ 19) zu beschließen, den Präsidenten, seine Stellvertreter sowie den Direktor zu wählen (§ 14). Die Landwirtschaftskammer ist untergliedert in Kreisstellen (§ 24), die Ortsstellen unterhalten (§ 25).

Das Recht der Heilberufe hat seine Ausgestaltung, soweit es durch Landesrecht regelbar ist, in dem Gesetz über die Kammern, die Berufsausübung, die Weiterbildung und die Berufsgerichtsbarkeit der Ärzte, Apotheker, Tierärzte und Zahnärzte erfahren. Nach § 1 werden für jede Berufsgruppe die Kammern Nordrhein und Westfalen-Lippe errichtet. Die den Beruf Ausübenden sind nach § 2 Abs. 1 Zwangsmitglieder. Die Kammern haben neben anderem die Aufgabe, die beruflichen Belange der Kammerangehörigen wahrzunehmen, für die Erhaltung eines hochstehenden Berufsstandes zu sorgen und die Erfüllung der Berufspflichten zu überwachen (§ 5). Insbesondere haben sie eine Berufsordnung sowie eine Weiterbildungsordnung zu erlassen (§§ 25,36). Organe sind die Kammerversammlung, der Kammervorstand und der Präsident (§ 6). Die Zwangsmitglieder sind aktiv und passiv wahlberechtigt (§§ 7,8).

Das Gesetz enthält des weiteren eine Verfahrensordnung für die Ausübung der Berufsgerichtsbarkeit (§§ 46 ff.); in einem berufsgerichtlichen Verfahren ist als höchste Strafe der Spruch möglich, daß der Beschuldigte unwürdig sei, seinen Beruf auszuüben (§ 47 Abs. 1e).

Das Recht der Architekten regelt das Gesetz über die Führung der Berufsbezeichnung „Architekt" und die Errichtung einer Architektenkammer im Lande Nordrhein-Westalen. Es erfaßt das Recht der Architekten, Innenarchitekten, Garten- und Landschaftsarchitekten. Der Titel ist gesetzlich geschützt, führen dürfen ihn nur diejenigen, die die gesetzliche Voraussetzung erfüllen: Eintragung in eine Architektenliste, die nur möglich ist bei Vorliegen bestimmter Bedingungen, unter anderem eines Studiums (§§ 2ff.). Die in die Liste Eingetragenen sind Zwangsmitglieder (§ 8) der Architektenkammer Nordrhein-Westfalen (§ 7). Sie hat u. a. die Aufgaben, die beruflichen Belange zu wahren, die Erfüllung der beruflichen Pflichten zu überwachen und die Baukultur zu fördern (§ 9). Ihre Organe sind die Vertreterversammlung (§ 10), zu der alle Architekten aktiv und passiv wahlberechtigt sind (§ 11), und der Vorstand (§ 10), denen Aufgaben übertragen sind, die das Gesetz im einzelnen regelt. Die Berufsgerichtsbarkeit wird durch ein beim VG Düsseldorf gebildetes Berufsgericht ausgeübt (§ 21), das als höchste Strafe die Löschung der Eintragung in die Architektenliste aussprechen kann (§ 22 Abs. 1f.). Das Gesetz enthält des weiteren eine Verfahrensordnung für das berufsgerichtliche Verfahren.

3. Materiell-rechtliche Regelungen

a) Gewerberecht

Gewerberecht ist im wesentlichen Bundesrecht. Der Begriff des Gewerbes hat eine positiv-rechtliche Bestimmung nicht erfahren, er wird in § 1 GewO vorausgesetzt. Es ist deshalb Aufgabe von Wissenschaft und Praxis, einen Gewerbebegriff zu erarbeiten. „Gewerbe" wird heute expliziert als jede erlaubte Tätigkeit, die auf Gewinnerzielung ausgerichtet ist, selbständig ausgeübt wird und auf eine gewisse Dauer angelegt sein muß.[62]

aa) § 1 GewO erklärt den Zugang zu jedem Gewerbe im zuvor explizierten Sinne für frei. Mit Bundesrecht unvereinbar ist deshalb jede landesrechtliche Regel, die Zugangshindernisse errichtet,[63] es sei denn, sie sind ausdrücklich erlaubt. Somit kollidieren landesgesetzliche Normen, die aufgrund einer Ermächtigung durch die Gewerbeordnung oder andere gewerberechtliche Gesetze erlassen wurden oder im Bundesrecht enthaltene Lücken schließen und solche Zugangshindernisse errichten, mit Bundesrecht nicht. In concreto handelt es sich um das MarkscheiderG,[64] die GiftVO und die HeimVO.

Diese Normen schreiben im wesentlichen vor, unter welchen Voraussetzungen das spezielle Gewerbe ergriffen werden darf, insbesondere welche speziellen Kenntnisse, die die Gewerbeordnung nicht fordert, bei dem Gewerbetreibenden vorliegen müssen. Der Markscheider muß ein Studium als Markscheider abgeschlossen und eine Referendarzeit absolviert haben. Gemäß § 3 GiftVO ist der Handel mit Giften außerhalb der Apotheke erlaubnispflichtig; die Erlaubnis darf nur erteilt werden, wenn der Gewerbetreibende die Giftprüfung abgelegt hat und die für den Handel mit Giften erforderliche Zuverlässigkeit besitzt. Aufgrund der HeimVO muß das als Heim dienende Gebäude bestimmten Ansprüchen genügen, auch müssen die Beschäftigten die für ihre Tätigkeit erforderliche Zuverlässigkeit besitzen.

bb) Dem Landesgesetzgeber ist hingegen durch § 1 GewO keine Sperre gesetzt für Regelungen, die die Ausübung des Gewerbes betreffen. Jedoch sind solche Regelungen dann nichtig, wenn sie mit Ausübungsregelungen in Bundesgesetzen kollidieren oder gegen die Gesetzgebungskompetenz des Bundes verstoßen. Das wichtigste Bundesgesetz dieser Art ist das BImSchG. Probleme stellen sich bezüglich des Verhältnisses von BImSchG und LImSchG deshalb, weil das LImSchG gem. § 1 Abs. 1 auch für die Errichtung und den Betrieb von Anlagen i. S. des BImSchG gilt.

Das LImSchG enthält und erlaubt Regelungen, die über das BImSchG hinausgehen. So postuliert §3, daß jeder sich so zu verhalten hat, daß schädliche Umwelteinwirkungen vermieden werden, soweit das nach den Umständen des Einzelfalls möglich und

---

62 Statt aller *Stober,* Wirtschaftsverwaltungsrecht, S. 181.
63 *BVerwGE* 38,109.
64 Siehe oben in Anm. 33.

zumutbar ist. Diese lex generalis ist von ihrem Wortlaut ausgehend auf das Verhalten von Personen und nicht auf das Errichten und Betreiben genehmigungsbedürftiger und nicht genehmigungsbedürftiger Anlagen hin orientiert, für die die §§ 5, 22 BImSchG entweder Regelungen gleichen Inhalts (§ 5) oder weniger anspruchsvolle Regelungen aufgestellt haben (§ 22). Die Generalklausel ist deshalb auf Anlagen unanwendbar. Insoweit stellt sich kein Kollisionsproblem.

Problematisch ist hingegen die Anwendbarkeit des § 9 Abs. 1 LImSchG, der Betätigungen verbietet, die die Nachtruhe zu stören geeignet sind. Diese Norm geht über die §§ 5, 22 BImSchG hinaus. Indes stellt sich mit Blick auf den **Betrieb genehmigungsbedürftiger Anlagen** das Kollisionsproblem deshalb nicht, weil gem. § 9 Abs. 4 LImSchG das Verbot des § 9 Abs. 1 LImSchG nicht für genehmigungsbedürftige Anlagen gilt, wenn eine Genehmigung nach § 4 BImSchG erteilt worden ist. Somit ist ein Kollisionsproblem erfolgreich vermieden.

Ein solches stellt sich für das **Errichten genehmigungsbedürftiger Anlagen**. Die Anwendbarkeit des § 9 Abs. 1 LImSchG ist durch eine Regelung des LImSchG nicht ausgeschlossen. Es ist zu untersuchen, ob das BImSchG insoweit eine abschließende Regelung enthält. Ist das der Fall, dann verstoßen über das BImSchG hinausgehende Regelungen – wovon bei § 9 Abs. 1 LImSchG auszugehen ist – gegen die Art. 70 Abs. 1, 72 Abs. 1 GG. Das Problem, ob eine Regelung abschließend ist oder nicht, kann mit Hilfe zweier Kriterien entschieden werden: mit Hilfe des Zwecks des Gesetzes und mit Hilfe von im Gesetz vorhandenen Äußerungen der Art, daß weitergehende Vorschriften unberührt bleiben.

Gem. § 1 BImSchG ist Zweck des Gesetzes ein umfassender Umweltschutz in den Bereichen, die es erfaßt.[65] Dazu zählt ausdrücklich der Schutz des Menschen vor Lärm durch die Errichtung genehmigungsbedürftiger Anlagen (§ 1 Abs. 1, 3 Abs. 2 BImSchG). Der Zweck des Gesetzes umfaßt somit den durch § 9 Abs. 1 LImSchG mitgeregelten Fall. Deshalb ist der Schutz der Nachtruhe mit Hilfe einer entsprechenden Anwendung des BImSchG zu sichern. Insoweit hat der Landesgesetzgeber seine Kompetenz überschritten. § 9 Abs. 1 LImSchG ist deshalb verfassungskonform in der Weise zu interpretieren, daß die Errichtung genehmigungsbedürftiger Anlagen ihm nicht unterfällt.

§ 9 Abs. 1 LImSchG gilt jedoch für die Errichtung und den Betrieb nicht genehmigungsbedürftiger Anlagen. Dieses Ergebnis ist nicht unmittelbar einsichtig. Denn das BImSchG hat auch – dies ist die verwirklichte Absicht des Gesetzgebers – eine abschließende Regelung getroffen für die durch die Errichtung und den Betrieb nicht genehmigungsbedürftiger Anlagen entstehenden Emissionen. Das bedeutet ein Verbot für den Landesgesetzgeber, insoweit schärfere rechtliche Anforderungen zu normieren. Zu diesem Ergebnis steht § 22 Abs. 2 BImSchG, der weitergehende öffentlich-rechtliche Vorschriften sowohl bundes- wie landesrechtlicher Provenienz erlaubt, nur scheinbar

---

65 Siehe statt vieler *Ule*, BImSchG, Kommentar, § 1, II.

in Widerspruch. Diese Bestimmung sollte der Klarstellung dienen, hat aber eher das Gegenteil erreicht. Soll diese Norm nicht sinnlos werden, so ist sie in Einklang mit dem Willen des Gesetzgebers folgendermaßen zu interpretieren: Im Rahmen der gesetzlichen Gesamtkonzeption meint § 22 Abs. 2 BImSchG nicht solche Normen, die sich speziell auf die Errichtung und den Betrieb von Anlagen beziehen, sondern solche, die ohne Rücksicht auf die Art der Emissionsquelle dem Schutz spezieller Rechtsgüter vor Emissionen dienen. Deshalb sind landesrechtliche Normen zum Schutz der Nacht- und Feiertagsruhe auf nicht genehmigungsbedürftige Anlagen anwendbar.[66] § 9 Abs. 1 LImSchG ist deshalb insoweit wirksam und begegnet keinen verfassungsrechtlichen Bedenken.

Diese Feststellung gilt auch für § 4 LImSchG. Er ermächtigt die Landesregierung, durch Rechtsverordnung bestimmte Tätigkeiten oder den Betrieb bestimmter nicht genehmigungsbedürftiger Anlagen ganz oder teilweise zu untersagen, wenn sie wegen ihrer Verbreitung in besonderem Maße schädliche Umwelteinwirkungen hervorrufen können und der Schutzzweck durch eine Rechtsverordnung nach § 23 BImSchG nicht erzielt werden kann. Diese Norm erlaubt mithin ein Tätigwerden des Landes im Falle unzureichenden Schutzes der Umwelt durch die im Bund Zuständigen. Es ist zulässig, da es dem Vorbehalt des § 22 Abs. 2 BImSchG unterfällt.

Daneben enthält das LImSchG noch einige Aussagen von wirtschaftsverwaltungsrechtlichem Interesse. § 5 ermöglicht u. a. ortsrechtliche Bestimmungen des Inhalts, daß im Gemeindegebiet oder in Teilen desselben bestimmte Anlagen nicht oder nur beschränkt betrieben werden dürfen. § 7 Abs. 1 verbietet das Verbrennen von Gegenständen im Freien zum Zwecke der Rückgewinnung einzelner Bestandteile, soweit die Nachbarschaft oder die Allgemeinheit hierdurch erheblich belästigt werden können.

Zuständigkeiten und Rechte der Behörden sind in den §§ 14 ff. LImSchG geregelt.

cc) Kollisionen zwischen Bundesrecht und Landesrecht existieren nicht in den Fällen, in denen Gewerbetreibenden spezielle Buchführungs- und Ausführungspflichten auferlegt sind, die die Gewerbeordnung und ihre Nebengesetze nicht enthalten.[67] Eine Kollision ist ebenfalls nicht zu verzeichnen im Hinblick auf die GaststättenVO. Neben Zuständigkeitsregelungen (§ 1 und 2) enthält sie z.B. spezielle Vorschriften für die im GaststättenG enthaltenen Erlaubnisverfahren: es ist ein schriftliches Verfahren vorgeschrieben, in dem bestimmte Angaben erforderlich sind (§ 4 GastVO); ferner regelt die VO das Recht der Sperrzeiten (§ 16 – 19) sowie die Pflicht zum Anzeigen der im Betrieb beschäftigten Personen, wenn dies im Einzelfall zur Aufrechterhaltung der Sittlichkeit oder zum Schutz der Gäste erforderlich ist, § 20 GastVO. Die Kollision ist schließlich ausgeschlossen bei Normen, die aufgrund spezieller Gesetze oder des Ordnungsrechts erlassen wurden und die die Gewerbeausübung unter hygienischen Aspekten regeln:

---

66 Siehe statt vieler *Martens*, DVBl. 1981, S. 607.
67 Siehe die unter Anm. 42 – 45 genannten Verordnungen.

neben der schon genannten Lebensmittel-HygieneVO sind hier noch erwähnenswert die Back- und KonditoreiwarenVO[68] und die Friseur-HygieneVO.[69]

Die Lebensmittel-Hyg-VO gilt gem. § 2 Abs. 1 für alle Betriebe und Personen, die gewerbsmäßig oder für Genossenschaften und ähnliche Vereinigungen Lebensmittel (Begriffsbestimmung in § 1 Abs. 1) behandeln (Begriffsbestimmung in § 1 Abs. 2), ferner für Einrichtungen zur Gemeinschaftsverpflegung (z. B. Mensa), öffentliche Schlachthöfe und Märkte sowie für landwirtschaftliche Betriebe. Der Anwendungsbereich der VO ist somit enorm weit gefaßt und deshalb sowie angesichts der großen praktischen Bedeutung der geregelten Materie von nicht zu unterschätzender Relevanz. Die VO enthält Vorschriften über den Umgang mit Lebensmitteln, Schlachtvorschriften, Vorschriften über die Beschaffenheit von Räumen, in denen Lebensmittel behandelt werden, sowie Normen, die die Beförderung und den Verkauf von Lebensmitteln regeln. Die sehr detaillierten Normen enthalten freilich auch eher Kurioses: so ist z. B. gem. § 24 Abs. 3 Satz 3 Personen, die Lebensmittel behandeln, das Rauchen, auch das Kaltrauchen (!) sowie das Schnupfen und Tabakkauen während des Behandelns von Lebensmitteln verboten. Die Back-VO enthält die Anforderungen an die hygienischen Bedingungen, unter denen Backwaren hergestellt und in den Verkehr gebracht werden dürfen. Sie ist, ebenso wie die Lebensmittel-Hyg-VO, aus Gründen der Gesundheit der Bevölkerung für die Praxis bedeutungsvoll. Diese Feststellung läßt sich für andere, die Ausübung von Handwerksberufen regelnde Verordnungen nicht treffen. Ein Beispiel: Nach der Friseur-Hyg-VO darf gem. § 2 Nr. 1 der Friseur in seinen Geschäftsräumen nicht schlafen, auch darf gem. § 7 Abs. 1 Satz 2 die beim Rasieren vorzusteckende Serviette nicht schon einmal benutzt worden sein.

b) Land-, Forst- und Weinwirtschaft, Fischereirecht

Auf diesem Sektor gibt es eine Vielzahl EG- und bundesrechtlicher Bestimmungen, so daß dem Land nur geringer Raum für Rechtsetzungstätigkeit verbleibt. Vorgestellt seien folgende landesgesetzlichen Aussagen:

aa) Auf dem Gebiet der Landwirtschaft ist das LandschaftsG von Interesse. Dieses umfangreiche Gesetz, dessen Ziel im Schutz, in der Pflege und der Entwicklung von Natur und Landschaft besteht (§ 1 Abs. 1), stellt im § 1 Abs. 3 fest, daß der ordnungsgemäßen Land- und Forstwirtschaft für die Erhaltung der Kultur- und Erholungslandschaft eine zentrale Rolle zukomme; in der Regel dienten sie den Zielen des Gesetzes. In der Regel ist somit dem herkömmlich betriebenen intensiven Ackerbau mit seinen für die Natur folgenreichen Konsequenzen wie z. B. dem Entzug von Nahrung für

---

68 Verordnung über den Verkehr mit Back- und Konditoreiwaren vom 23. März 1967, GV NW S. 45, vH-R Nr. 66b.
69 Verordnung über die Hygiene bei der Ausübung des Friseurhandwerks vom 27. Mai 1966, GV NW S. 346, vH-R Nr. 66a.

bestimmte Vogelarten durch Einsatz von Pestiziden und Herbiziden nicht beizukommen, weil infolge der Legaldefinition in § 1 Abs. 3 darin Natur- und Landschaftsschutz zu sehen ist. Demzufolge errichtet dieses Gesetz keine Barrieren für die Landwirtschaft.

bb) Gleiches gilt auch für die Forstwirtschaft. Sie hat ihre Regelung im BundeswaldG erfahren; dieses Gesetz hat jedoch Lücken, die der Ausfüllung durch Landesrecht bedürfen, dies ist durch das LandesforstG geschehen. Es regelt neben wirtschaftsverwaltungsrechtlich irrelevanten Materien das Recht der Förderung der Forstwirtschaft sowie das Recht der Erhaltung und Vermehrung des Waldbestandes.

cc) Auf dem Gebiete der Weinwirtschaft existiert eine Verordnung, die das Problem löst, welche Rebsorten in Nordrhein-Westfalen zur Herstellung von Qualitätsweinen benutzt werden dürfen. Sie enthält ferner die sogenannte Herbstordnung (Schließung der Weinberge und Weinlese). Sie schreibt u. a. in § 8 vor, die Anwendung von Verfahren der Entsäuerung und Süßung – eine angesichts der klimatischen Bedingungen in Nordrhein-Westfalen wichtige Vorschrift – dem chemischen Untersuchungsamt Nordrhein-Westfalen monatlich zu melden. Durch die Verordnung wird eine Weinbergsrolle eingerichtet und das Verfahren der Eintragung und Löschung geregelt. Alle in Nordrhein-Westfalen vorhandenen Rebflächen gehören zum Bereich „Siebengebirge". Die VO setzt schließlich natürliche Mindestalkoholgehalte für die verschiedenen Qualitätsstufen des bekannten „Siebengebirglers" fest.

dd) Das umfängliche FischereiG regelt u. a. Inhalt und Ausübung des Fischereirechts, die Bildung von Fischereigenossenschaften sowie die Voraussetzungen, bei deren Erfüllung gefischt werden darf.

c) Dienstleistungen

Das Recht der Sparkassen, Girozentrale und Sparkassen- und Giroverbände ist Landesrecht. Nach § 2 SparkG sind die Sparkassen rechtsfähige Anstalten des öffentlichen Rechts, die von Gemeinden oder Gemeindeverbänden errichtet werden dürfen und die die Aufgabe haben, die kreditwirtschaftliche Versorgung sicherzustellen, § 3. Das Gesetz regelt die Verwaltung einer Sparkasse, das Recht der Rechnungslegung sowie die Aufsicht über die Sparkassen. Organe der Sparkasse sind der Verwaltungsrat, der Kreditausschuß und der Vorstand, § 7. Die Zusammensetzung der Organe sowie ihre Kompetenzen sind detailliert geregelt. Das Gesetz enthält ferner ab § 34 das Recht der Westdeutschen Landesbank Girozentrale (WestLB). Sie ist eine rechtsfähige Anstalt des öffentlichen Rechts mit Sitz in Düsseldorf und Münster, die die Aufgaben einer Staats- und Kommunalbank sowie einer Sparkassenzentralbank hat. Sie kann auch Bankgeschäfte anderer Art sowie andere Geschäfte betreiben (§ 36 Abs. 1). In letzterer Beziehung ist die WestLB ebenso wie andere Landesbanken besonders hervorgetreten. Die Organisation der WestLB, die Rechnungslegung sowie die Aufsicht sind in den §§ 38 –

44 geregelt. Das Gesetz bestimmt schließlich, daß die beiden Sparkassen- und Giroverbände in Düsseldorf und Münster Körperschaften des öffentlichen Rechts sind und die Aufgabe zu erfüllen haben, das Sparkassenwesen zu fördern, Prüfungen bei den Mitgliedskassen durchzuführen und die Aufsichtsbehörde gutachtlich zu beraten.

Das LandeseisenbahnG regelt die Rechtsverhältnisse der nicht zum Netz der Deutschen Bundesbahn gehörenden Eisenbahnen sowie der Anschlußbahnen, Berg- und Seilschwebebahnen des öffentlichen Verkehrs (§ 1). Das Eisenbahnunternehmungsrecht wird auf Antrag und zeitlich begrenzt an natürliche und juristische Personen verliehen (§§ 2,5,6) und beinhaltet das ausschließliche Recht zum Bau und Betrieb einer Eisenbahn sowie von Nebenbetrieben (§ 3). Es kann nur unter bestimmten Voraussetzungen, zu denen auch das Vorhandensein eines Verkehrsbedürfnisses gehört, verliehen werden (§ 7). Ein Rechtsanspruch auf Betreiben einer Eisenbahn besteht nicht. Die Verleihung wird mit der Aushändigung einer Urkunde, die bestimmte Inhalte haben muß, wirksam (§§ 11,12). Das Gesetz enthält sodann das Recht der Planfeststellung einer Eisenbahn, das Bau- und Unterhaltungsrecht und weitere Details.

d) Sonstiges

Das SportwettenG regelt die Voraussetzungen, unter denen Sportwetten durchgeführt werden dürfen. Es erfaßt aber nicht Pferderennen, bei denen mit Hilfe eines Totalisators gewettet wird. Die Zuständigkeit des Landes für die Regelung dieser Wetten ergibt sich aus § 33h GewO. Das Subventionsgesetz erfaßt entgegen seinem Namen nicht das Recht der Subventionsvergabe, sondern erklärt für landesrechtliche Subventionen i. S. des § 264 StGB die §§ 2 – 6 des Gesetzes gegen mißbräuchliche Inanspruchnahme von Subventionen, BGBl. I 1976, S. 2034, für anwendbar. Die VO über Einigungsstellen normiert Einrichtung, Organisation und Verfahren von Einigungsstellen zur Beilegung von Wettbewerbsstreitigkeiten in der gewerblichen Wirtschaft. Sie sind bei 19 Industrie- und Handelskammern eingerichtet. Sie haben einen Vorsitzenden und weitere Beisitzer, die in einem quasi-gerichtsförmigen Verfahren über die Anträge entscheiden.

Schul- und Hochschulrecht

von Prof. Dr. Fritz Ossenbühl

Literatur

A. Schulrecht

I. allgemein

E.-W. Böckenförde, Elternrecht − Recht des Kindes − Recht des Staates, in: Essener Gespräche zum Thema Staat und Kirche, Bd. 14, 1980, S. 54 ff.; *W. Boppel, U. Kollenberg*, Mitbestimmung in der Schule 1981; *R. Brockmeyer, P. Hamacher (Hrsg.)*, Schule zwischen Recht, Politik und Planung, 1982; *A. von Campenhausen*, Erziehungsauftrag und staatliche Schulträgerschaft, 1967; *H. Denzer*, Schulträgerschaft − Schulentwicklung, in: G. Püttner (Hrsg.), HdbKWP, Bd. 4, 2. Aufl. 1983, S. 145 ff.; *Deutscher Juristentag, Kommission Schulrecht*, Schule im Rechtsstaat, Bd. 1: Entwurf für ein Landesschulgesetz, 1981; Bd. 2: Gutachten von Gunter Kisker, Rupert Scholz, Hans Bismark und Hermann Avenarius, 1980; *H.-U. Evers*, Die Befugnis des Staates zur Festlegung von Erziehungszielen in der pluralistischen Gesellschaft, 1979; *H.-U. Evers, E.-W. Fuß*, Verwaltung und Schule, in: VVDStRL 23 (1966), S. 147 ff., 199 ff.; *U. Fehnemann*, Die Bedeutung des grundgesetzlichen Elternrechts für die elterliche Mitwirkung in der Schule, AöR 105 (1980), 529 ff.; *E. Friesenhahn*, Religionsunterricht und Verfassung, in: Essener Gespräche zum Thema Staat und Kirche, Bd. 5, 1971, S. 67 ff.; *J. A. Frowein*, Zur verfassungsrechtlichen Lage der Privatschulen unter besonderer Berücksichtigung der kirchlichen Schulen, 1979; *W. Geiger*, Die Einschulung von Kindern verschiedenen Bekenntnisses in eine öffentliche Bekenntnisschule, 1980; *H. Heckel*, Schulverwaltung, in: H. Peters (Hrsg.), HdbKWP, Bd. 2, 1957, S. 110 ff.; *H. Heckel/ H. Armarius*, Schulrechtskunde, 6. Aufl. 1986; *Chr. Link*, Religionsunterricht, in: HdbStKR, Bd. 2, 1975, S. 503 ff.; *Max-Planck-Institut für Bildungsforschung* (Hrsg.), Bildung in der Bundesrepublik Deutschland, 2 Bde., 1980; *F. Müller*, Das Recht der Freien Schule nach dem Grundgesetz, 2. Aufl. 1982; *F. Müller/B. Pieroth/L. Fohmann*, Leistungsrechte im Normbereich einer Freiheitsgarantie, untersucht an der staatlichen Förderung Freier Schulen, 1982; *K. Nevermann/I. Richter* (Hrsg.), Rechte der Lehrer, Rechte der Schüler, Rechte der Eltern, 1977; *N. Niehues*, Schul- und Prüfungsrecht, 2. Aufl. 1983; *Th. Oppermann*, Nach welchen rechtlichen Grundsätzen sind das öffentliche Schulwesen und die Stellung der an ihm Beteiligten zu ordnen?, Gutachten C zum 51. DJT, 1976; *F. Ossenbühl*, Rechtliche Grundfragen der Erteilung von Schulzeugnissen, 1978; *ders.*, Das elterliche Erziehungsrecht im Sinne des Grundgesetzes, 1981; *A. Schmitt-Kammler*, Elternrecht und schulisches Erziehungsrecht, 1983; *I. Richter*, Bildungsverfassungsrecht, 1973; *D. Siebenborn*, Schulaufsicht und kommunale Selbstverwaltung, in: G. Püttner (Hrsg.), HdbKWP, Bd. 4, 2. Aufl. 1983, S. 177 ff.; *E. Stein*, Elterliches Erziehungsrecht und Religionsfreiheit, in: HdbStKR, Bd. 2, 1975, S. 455 ff.; *M. Stock*, Pädagogische Freiheit und politischer Auftrag der Schule, 1971; *J. P. Vogel/ H. Knudsen (Hrsg.)*, Bildung und Erziehung in freier Trägerschaft, Loseblatt, Stand Oktober 1985.

II. speziell zu NRW

R. Bernhard, DVBl. 1983, 299 ff.; *J. A. Frowein,* Das Verfassungsgebot des gegliederten Schulwesens in Nordrhein-Westfalen, in: FS für H. P. Ipsen, 1977, S. 31 ff.; *H. Görg,* Schulrecht und Kulturpflege, in: W. Loschelder/J. Salzwedel (Hrsg.), Verfassungs- und Verwaltungsrecht des Landes Nordrhein-Westfalen, 1964, S. 305 ff.; *F. Geller/K. Kleinrahm,* Die Verfassung des Landes Nordrhein-Westfalen, Kommentar, 2. Aufl. 1963, 3. Aufl. (Loseblatt), Stand 1982; *H. Heckel/ P. Seipp,* Schulrechtskunde, 5. Aufl. 1976; *F. W. Heinrichs,* Schulreform in Nordrhein-Westfalen, 1968; *Chr. Jülich,* Die Entwicklung des Schulrechts in NRW 1977–1980, RdJB 1981, 74 ff.; *Chr. Jülich,* Die Entwicklung des Schulrechts in NRW 1981–1982, RdJB 1983, 90 ff.; *Chr. Jülich/ W. Rombey,* Die Schulpflicht in Nordrhein-Westfalen, Kommentar zum Schulpflichtgesetz, 1980; *Chr. Jülich/W. Rombey,* Die neue Allgemeine Schulordnung in Nordrhein-Westfalen (ASchO), 4. Aufl. 1980; *L. Th. Lemper/R. Graf v. Westphalen,* Privatschulen im öffentlichen Schulwesen, 1982; *M. Lieberich/W. Rombey,* Schülerfahrkosten und Schülerbeförderung in Nordrhein-Westfalen, Kommentar, 1980; *D. Margies/K. Roeser,* Schulverwaltungsgesetz, Kommentar, 1980; *H. Meyerhoff/T. Pünder/H.-J. Schäfer,* Schulverwaltungsgesetz und Schulfinanzgesetz Nordrhein-Westfalen, 2. Aufl. 1968; *F. Ossenbühl,* Verfassungsrechtliche Probleme der kooperativen Schule, 1977; *B. Petermann,* Schulmitwirkungsgesetz, Kommentar, 10. Aufl. 1984; *H. Pöttgen/ W. Jehkuhl/W. Esser,* Allgemeine Schulordnung, Kommentar, 3. Aufl. 1980; *G. Rieger,* Schülerpresserecht in NRW, RdJB 1982, 454 ff.; *H. Roewer/F. Hoischen,* Entspricht die Allgemeine Schulordnung von Nordrhein-Westfalen dem verfassungsrechtlichen Demokratie- und Rechtsstaatsgebot?, DVBl. 1979, 900 ff; *H. Roewer/F. Hoischen,* Schulordnungsgesetz, Kommentar, 1982; Schulmitwirkung und Schulorganisation in Nordrhein-Westfalen, Loseblatt, Stand Mai 1985; Schulrecht. Ausgabe für das Land Nordrhein-Westfalen, Loseblatt, Stand Dezember 1985; *E. Sebbel,* (Hrsg.), Die Reform der gymnasialen Oberstufe in Nordrhein-Westfalen, 1976; *E. Sebbel/ D. Acker,* Ausbildungs- und Prüfungsordnung für die Oberstufe des Gymnasiums, Kommentar, 1981.

B. Hochschulrecht

I. allgemein

H. Avenarius, Hochschulen und Reformgesetzgebung, 1979; *H. Bahro,* Das Hochschulzulassungsrecht in der Bundesrepublik Deutschland, Kommentar, 1981; *H. Bartsch,* Die Studentenschaften in der Bundesrepublik Deutschland, 2. Aufl. 1971; *P. Dallinger/Chr. Bode/F. Dellian,* Hochschulrahmengesetz, Kommentar, 1978; *E. Denninger,* Hochschulrahmengesetz, Kommentar, 1984; *K. D. Deumeland,* Hochschulrahmengesetz, Kommentar, 1979; *H. J. Faller,* Schutz der Wissenschaftsfreiheit in der Gruppenuniversität, in: FS für E. Stein, 1983, S. 25 ff.; *Chr. Flämig,* Alternative Stiftungsuniversität?, WissR 8 (1975), 1 ff; *Chr. Flämig/V. Grellert,* (Hrsg.), Handbuch des Wissenschaftsrechts, 2 Bde., 1982; *A. Gallas,* Die Staatsaufsicht über die wissenschaftlichen Hochschulen, 1976; *R. Grawert,* Wahlrechtsgrundsätze für Hochschulwahlen, WissR 14 (1981), 193 ff.; *P. Großkreutz/K. Hailbronner/K. Ipsen/H. Walter,* Kommentar zum Hochschulrahmengesetz, Loseblatt, Stand Oktober 1979; *K. Hailbronner,* Hochschullehrerbegriff und Hochschullehreramt, in: FS H. J. Faller, 1984, S. 249 ff.; *J. Heidtmann,* Grundlagen der Privathochschulfreiheit, rechtswiss. Diss., Berlin 1980; *U. Karpen/F.-L. Knemeyer,* Verfassungsprobleme des Hochschulwesens, 1976; *O. Kimminich,* Wissenschaft, in: I. v. Münch (Hrsg.), Besonderes Verwaltungsrecht, 7. Aufl. 1985, S. 749 ff.; *N. Kluge,* Studienreform in den Ländern, hrsg. vom BMBW, 1984; *K. A. Ludwig,* Die Stellung des Kanzlers an den wissenschaftlichen Hochschulen, WissR 17 (1984), 24 ff; *E. G. Mahrenholz,* Über Probleme des Numerus clausus, in: FS für E. Stein, 1983, S. 199 ff.; *H. J. Maitre,* Die Privatuniversität 1973; *H. v. Mangoldt,* Universität und Staat. Zur Lage nach dem Hochschulrahmengesetz, 1979; *A. Reich,* Hochschulrahmengesetz, Kommentar, 2. Aufl. 1979;

H. H. Rupp, Hochschulische Selbstverwaltung, in: Festgabe für G.-Chr. v. Unruh, 1983, S. 919 ff.; *H. Schiedermair,* Die deutsche Universitätsreform im Jahre 1983, in: FS für H. J. Faller, 1984, S. 217 ff.; *H.-G. Schultz-Gerstein,* Verfassungs- und verwaltungsrechtliche Aspekte der Einheitsverwaltung an den Hochschulen, WissR 17 (1984), 270 ff.; *P. Tettinger,* Hausrecht und Ordnungsgewalt in der Hochschule, WissR 16 (1983), 221 ff.; *W. Thieme,* Deutsches Hochschulrecht, 1956; *A. Weber,* Stellung und Begriff des Hochschullehrers in der Rechtsprechung des BVerfG, in: FS für H. J. Faller, 1984, S. 287 ff.; *W. Zeh,* Finanzverfassung und Autonomie der Hochschule, 1973.

II. speziell zu NRW

P. Bohnen, Erwartungen nur zum Teil erfüllt. Das neue Fachhochschulgesetz in NRW, DUZ 1979, 738 ff; *H. Bremer,* Die Ausgewogenheit im Lehrkörper an den Gesamthochschulen in NRW und ihre gerichtliche Nachprüfbarkeit, WissR 10 (1977), 1 ff.; *F. Geller/K. Kleinrahm,* Die Verfassung des Landes Nordrhein-Westfalen, s. oben sub A II; *D. Leuze,* Das Hochschulgesetz von Nordrhein-Westfalen. Gesamthochschulen, Gruppenuniversität und Geltungsbereich, MittHV 1980, 31 ff.; *ders.,* Fragen des Haushalts und Verteilung der Mittel. Der Kanzler als Beauftragter für den Haushalt, MittHV 1981, 5 ff.; *ders.,* Leitungsprobleme innerhalb der Hochschulverwaltung. Einheitsverwaltung statt Kuratorialverwaltung, MittHV 1981, 147 ff; *ders.,* Die Gesamthochschule als Ziel, RdJB 1985, 23 ff.; *D. Leuze/G. Bender,* Gesetz über die wissenschaftlichen Hochschulen des Landes Nordrhein-Westfalen, Kommentar, Loseblatt, Stand Mai 1986; *D. Scheven/N. Pelzner,* Hochschulrechtliche Aspekte der Gesamthochschulen in NRW, WissR 6 (1973), 44 ff.; *M. Schröder,* Hochschulgesetz von NRW auf dem Prüfstand, MittHV 1983, 93 ff.

Gliederung

I. Schulrecht
1. Rechtsgrundlagen und Grundprobleme
   a) Verfassungsrecht
      aa) Das Erziehungsmandat
      bb) Der Anspruch auf Erziehung und Bildung
      cc) Das elterliche Erziehungsrecht
      dd) Verantwortung und Sorgepflicht der staatlichen Gemeinschaft
      ee) Aufbau und Gliederung des Schulwesens
      ff) Die institutionelle Garantie der Privatschulen
      gg) Schule und Religion
   b) Einfaches Landesrecht
2. Aufbau und Gliederung des Schulwesens
   a) Schulstufen und Schulformen
      aa) Schulstufen
      bb) Schulformen
   b) Sonderschulen
   c) Besondere Einrichtungen des Schulwesens
   d) Schulversuche und Versuchsschulen
   e) Weltanschauliche Gliederung der Grund- und Hauptschulen
3. Schulverfassung
   a) Grundlagen
   b) Schulleitung
   c) Schulmitwirkung
      aa) Ziele

                bb) Formen und Grenzen
                cc) Beteiligte und Mitwirkungsgremien
            d) Überschulische Mitwirkung
        4. Die Rechtsstellung der Schüler
            a) Schulverhältnis als Besonderes Gewaltverhältnis
            b) Pflichten des Schülers
            c) Rechte des Schülers
                aa) Grundrechte
                bb) Sonstige Rechte
                cc) Rechtsschutz
            d) Schülerpresse
            e) Lernmittelfreiheit
        5. Die Rechtsstellung der Eltern
            a) Grundlagen
            b) Rechte der Eltern
                aa) Informationsanspruch
                bb) Bestimmung der Schullaufbahn
                cc) Bestimmung der religiösen Erziehung
                dd) Anhörrechte
            c) Pflichten der Eltern
        6. Die Rechtsstellung des Lehrers
            a) Rechtsstatus
            b) Die pädagogische Freiheit und Verantwortung
        7. Schulverwaltung und Schulaufsicht
            a) Begriffliches
            b) Verwaltung der öffentlichen Schulen
                aa) Schulträger
                bb) Schulentwicklungsplanung
                cc) Schulbau und Schulfinanzierung
                dd) Errichtung, Änderung und Auflösung von Schulen
                ee) Schulbezirke und Schuleinzugsbereiche
            c) Schulaufsicht
                aa) Formen der Schulaufsicht
                bb) Schulaufsichtsbehörden
        8. Das Recht der Privatschulen (Schulen in freier Trägerschaft)
            a) Verfassungsrechtliche Grundlagen
            b) Arten von Privatschulen
            c) Errichtung von Privatschulen
            d) Rechtsstellung der Privatschulen
                aa) Öffentlichkeitsrechte
                bb) Privatschulfreiheit und Schulaufsicht
            e) Privatschulfinanzierung
                aa) Verfassungsrechtliche Grundlagen
                bb) System der Ersatzschulfinanzierung
II. Hochschulrecht
    1. Rechtsgrundlagen
        a) Bundesrecht
        b) Landesrecht
    2. Hochschularten und Hochschulaufgaben
    3. Wissenschaftliche Hochschulen und Fachhochschulen in staatlicher Trägerschaft

a) Hochschulverfassung und Hochschulorgane
   aa) Gruppenuniversität
   bb) Die Zentralebene
       (1) Rektor
       (2) Rektorat
       (3) Senat
       (4) Konvent
       (5) Kuratorium
   cc) Die Fachbereichsebene
   dd) Die dritte Ebene
b) Die Hochschulmitglieder und ihre Rechtsstellung
   aa) Allgemeines
   bb) Das Hochschulpersonal
       (1) Professoren
       (2) Sonstige Lehrkräfte
       (3) Hochschulassistenten, wissenschaftliche Mitarbeiter und wissenschaftliche Hilfskräfte
       (4) Sonderregelungen im Fachhochschulbereich
       (5) Nichtwissenschaftliche Mitarbeiter
   cc) Die Studenten
       (1) Der Eintritt in die Hochschule
       (2) Die Studentenschaft
       (3) Das Studium
       (4) Prüfungen und Hochschulgrade
c) Staat und Universität
4. Hochschulen in privater Trägerschaft

I. Schulrecht

1. Rechtsgrundlagen und Grundprobleme

a) Verfassungsrecht

Das Schulrecht ist in wichtigen Fragen sowohl durch das Grundgesetz (insbes. Art. 6 Abs. 2 und Art. 7) wie auch durch die Landesverfassung (Art. 7 bis 15) vorgeprägt. Die relativ breite verfassungsrechtliche Basis des Schulrechts hat eine bedeutsame verfassungspolitische Funktion. Sie soll Grundprinzipien und Grundlagen der staatlichen Schulerziehung auf einen breiten Konsens stellen und dem Wechsel der Mehrheitsverhältnisse sowie einer mit ihr verbundenen „Schaukelpolitik" im Schulwesen entziehen.[1]

Grundgesetzliche und landesverfassungsrechtliche Verbürgungen stehen nebeneinander.[2] Sie ergänzen und verstärken sich gegenseitig.

---

1 Vgl. *Heckel*, Schulverwaltung, in: H. Peters (Hrsg.), HdbKWP, Bd. 2, 1957, S. 110 (126).
2 Vgl. Art. 142 GG, Art. 4 Abs. 1 LV und BVerfGE 36, 342.

aa) Das Erziehungsmandat

Aus der Sicht des Grundgesetzes stellt sich die zentrale verfassungsrechtliche Problematik des Schulrechts in der Spannungslage zwischen dem elterlichen Erziehungsrecht (Art. 6 Abs. 2 GG) einerseits und dem staatlichen Erziehungsmandat (Art. 7 Abs. 1 GG) andererseits. „Der Erziehungsauftrag des Staates ist eigenständig und dem Erziehungsrecht der Eltern gleichgeordnet, weder dem Elternrecht noch dem Erziehungsauftrag des Staates kommt ein absoluter Vorrang zu."[3]

Im Zentrum dieser Spannungslage steht der Anspruch des Kindes auf Erziehung und Bildung, den Art. 8 Abs. 1 S. 1 LV mit Recht an die Spitze stellt. So kommt das verfassungsrechtliche Fundament des Schulrechts in Art. 8 Abs. 1 LV treffend zum Ausdruck, wenn dort (in dieser Reihenfolge) verbürgt werden
- der Anspruch des Kindes auf Erziehung und Bildung,
- das natürliche Recht der Eltern, die Erziehung und Bildung ihrer Kinder zu bestimmen,
- das Mandat der staatlichen Gemeinschaft, Sorge zu tragen, daß das Schulwesen den kulturellen und sozialen Bedürfnissen des Landes entspricht.

Elterliches Erziehungsrecht und staatliche Sorgepflicht stehen treuhänderisch im Dienste der Erziehung und Bildung des Kindes. Das Grundproblem besteht darin, elterliche und staatliche Erziehungsvorstellungen zu koordinieren und in ein „System der erzieherischen Gewaltenbalance"[4] zu bringen.

bb) Der Anspruch auf Erziehung und Bildung

Der Anspruch des Kindes auf Erziehung und Bildung umfaßt namentlich den Zugang zu den staatlichen Bildungseinrichtungen. Keinem Kind darf wegen des religiösen Bekenntnisses die Aufnahme in eine öffentliche Schule verweigert werden, falls keine entsprechende Schule vorhanden ist (Art. 13 LV). Jedoch wird der Zugang nach Maßgabe der Begabung und Leistung gewährt. Zulässig ist danach eine negative Auslese.[5] Erziehung und Bildung außerhalb der Schulpflicht stehen überdies unter einem Prioritäts- und Kapazitätsvorbehalt. Das Grundrecht auf Bildung findet seine natürliche Grenze an den vorhandenen Kapazitäten und Ressourcen, deren Verteilung Aufgabe des Gesetzgebers ist.[6]

Dem Anspruch auf Erziehung und Bildung korrespondiert die verfassungsrechtliche Statuierung der Schulpflicht (Art. 8 Abs. 2 LV) als Grundpflicht.

cc) Das elterliche Erziehungsrecht

Die Verfassungen verbürgen das Elternrecht als **individuelles** Grundrecht (Art. 6 Abs. 2 S. 1 GG, Art. 8 Abs. 1 S. 2 LV). Als solches beinhaltet das Elternrecht die Befugnis, die

---

3 BVerfGE 52, 223 (236).
4 Vgl. *Isensee*, Demokratischer Rechtsstaat und staatsfreie Ethik, in: Essener Gespräche zum Thema Staat und Kirche, Bd. 11 (1977), S. 115 ff.
5 Vgl. *Ossenbühl*, Das elterliche Erziehungsrecht im Sinne des Grundgesetzes, S. 122.
6 BVerfGE 33, 303 (333) (numerus clausus).

Schullaufbahn des Kindes zu bestimmen, d. h. unter den Schularten und Schulformen, die der Staat zur Verfügung stellt, jene auszuwählen, die die Eltern für ihr Kind für die beste halten.[7] Nach Art. 8 Abs. 1 S. 2 LV bildet dieses Elternrecht die „Grundlage des Erziehungs- und Schulwesens". Dies bedeutet, daß der Landesgesetzgeber von Verfassungs wegen verpflichtet ist, durch eine Differenzierung des Schulwesens dem elterlichen Bestimmungsrecht Raum zu eröffnen. Insoweit enthält Art. 8 Abs. 1 S. 2 LV eine Organisationsdirektive an den Gesetzgeber.[8]

Das Elternrecht hat auch eine **kollektive** Komponente. Sie betrifft die Mitbestimmung der Eltern in schulischen Fragen, die alle Schüler und Eltern in gleicher Weise betreffen und angehen. In diesem Sinne bestimmt Art. 10 Abs. 2 LV, daß die Erziehungsberechtigten durch Elternvertretungen an der Gestaltung des Schulwesens mitwirken.[9] In welcher Weise dies zu geschehen hat, ist im Schulmitwirkungsgesetz des Näheren bestimmt.

Der Gegenüberstellung von individuellem und kollektivem Elternrecht korrespondiert die sachgegenständliche Unterscheidung von **konfessionellem** und **pädagogischem** Elternrecht. Das konfessionelle Elternrecht umfaßt die Befugnis der Eltern, die religiöse und weltanschauliche Erziehung ihrer Kinder zu bestimmen. Dies muß der Staat bei der Organisation des Schulwesens ebenfalls beachten, was Art. 12 LV durch Grundsätze zur religiösen und weltanschaulichen Gliederung des Schulwesens ausdrücklich unterstreicht. Das konfessionelle Elternrecht ist seit einigen Jahren zugunsten des pädagogischen Elternrechts in den Hintergrund getreten. Das Bestreben richtet sich gegenwärtig nicht in erster Linie auf die Angemessenheit der religiösen Gliederung des Schulwesens, sondern auf die umfassende Mitbestimmung der Eltern in Fragen der schulischen Erziehung. Insoweit ist die elterliche Mitwirkung „Ausdruck einer notwendigen Erziehungsgemeinschaft zwischen Schule, Schulverwaltung und Familie".[10]

dd) Verantwortung und Sorgepflicht der staatlichen Gemeinschaft

Nach Art. 7 Abs. 1 GG steht das gesamte Schulwesen unter der Aufsicht des Staates. Der Begriff der „Staatsaufsicht" ist nicht in einem juristisch verengten technischen Sinne zu verstehen. „Art. 7 Abs. 1 GG gibt dem Staat die Befugnis zur Planung und Organisation des Schulwesens mit dem Ziel, ein Schulsystem zu gewährleisten, das allen jungen Bürgern gemäß ihren Fähigkeiten die dem heutigen gesellschaftlichen Leben entsprechenden Bildungsmöglichkeiten eröffnet."[11] Art. 8 Abs. 1 S. 3 LV konkretisiert diese Befugnis durch das Mandat des Staates, dafür „Sorge zu tragen, daß das Schulwesen den kulturellen und sozialen Bedürfnissen des Landes entspricht".

---

7 Vgl. *Ossenbühl,* aaO (Fn 5), S. 122; BVerfGE 59, 360 (379).
8 Vgl. *Ossenbühl,* aaO (Fn 5), S. 125 ff.
9 Nach BVerfGE 59, 360 (380) folgt das kollektive Elternrecht nicht aus Art. 6 Abs. 2 S. 1 GG; zu Gegenstimmen: vgl. *Fehnemann,* AöR 105 (1980), 529 ff.
10 *Stein,* Elterliches Erziehungsrecht und Religionsfreiheit, in: HdbStKR II, 1975, S. 455 (461).
11 BVerfGE 53, 185 (196).

Das staatliche Erziehungsmandat in der Schule erfordert die Bereitstellung und Gewährleistung bestimmter sachlicher, persönlicher und ideeller Voraussetzungen. Diese werden zur Substantiierung und Stützung des Erziehungsmandates in der LV teilweise explizit angesprochen.

(1) Zum staatlichen Gestaltungsbereich gehört auch die „inhaltliche Festlegung der Ausbildungsgänge und Unterrichtsziele".[12] In diesem Sinne bestimmt Art. 7 LV die **Erziehungsziele**. Diese sind freilich auf einem Abstraktionsniveau formuliert, auf dem sie kaum Substanz für grundsätzliche Meinungsverschiedenheiten enthalten. Besonders betont wird die Aufgabe zur Vermittlung sozialer Tugenden („Geist der Mitmenschlichkeit", „Duldsamkeit", „Achtung vor der Überzeugung des andern"), was der Integrationsfunktion[13] des staatlichen Erziehungsauftrages entspricht und durch Art. 11 LV konkret ergänzt wird, indem diese Verfassungsvorschrift in allen Schulen Staatsbürgerkunde als Lehrgegenstand und staatsbürgerliche Erziehung als verpflichtende Aufgabe vorschreibt.

(2) Das personale Moment eines ordnungsgemäßen Schulwesens ist in Art. 15 LV vergleichsweise dürftig angesprochen. Dort ist lediglich vorgesehen, daß die **Ausbildung der Lehrer** in der Regel an wissenschaftlichen Hochschulen erfolgt, die Bedürfnisse der Schulen berücksichtigen und sicherstellen muß, daß die Befähigung zur Erteilung des Religionsunterrichtes erworben werden kann.

(3) Nach Art. 8 Abs. 3 S. 2 LV steht das gesamte Schulwesen unter der Aufsicht des Landes. Die **Schulaufsicht** wird durch hauptamtlich tätige, fachlich vorgebildete Beamte ausgeübt.

(4) Die Pflicht, Schulen zu errichten und zu fördern, obliegt sowohl dem Land wie auch den Gemeinden (Art. 8 Abs. 3 S. 1 LV). Näheres über die **Schulträgerschaft** ist im Schulverwaltungsgesetz geregelt.

ee) Aufbau und Gliederung des Schulwesens

Aufbau und Gliederung der Schulen sind in verschiedenen Artikeln vorgezeichnet (Art. 10 Abs. 1 S. 1 und 2, Art. 12 LV). Art. 10 Abs. 1 S. 1 bestimmt, daß das Schulwesen auf einer für alle Kinder verbindlichen Grundschule aufbaut, die Teil der Volksschule ist. Des weiteren wird die allgemein gehaltene Formulierung aufgenommen, daß die Gliederung des Schulwesens durch die Mannigfaltigkeit der Lebens- und Berufsaufgaben bestimmt wird.

Wichtige und konkretere Direktiven für die Schulorganisation resultieren aus Art. 12 LV, der seine derzeit geltende Fassung durch die Schulreform im Jahre 1968 erhalten hat.[14] Eins ihrer Anliegen war die Teilung von Grund- und Hauptschule. Die Haupt-

---

12 BVerfGE 53, 185 (196).
13 Vgl. *Böckenförde,* Elternrecht — Recht des Kindes — Recht des Staates. Zur Theorie des verfassungsrechtlichen Elternrechts und seiner Auswirkung auf Erziehung und Schule, in: Essener Gespräche zum Thema Staat und Kirche, Bd. 14 (1980), S. 54 (84).
14 Vgl. *Heinrichs,* Schulreform in Nordrhein-Westfalen.

schule bleibt zwar Teil der „Volksschule", sie gehört aber jetzt zu den „weiterführenden Schulen", die sich an die „Grundschule als Unterstufe des Schulwesens" anschließen. Im übrigen werden aber die „weiterführenden Schulen" nicht des Näheren konkretisiert. Es fehlt ein ausdrücklicher Verweis auf das mittlere und höhere Schulwesen, der in der Weimarer Reichsverfassung enthalten war. Eine verfassungsrechtliche Gewährleistung der Realschule und des Gymnasiums enthält die Landesverfassung also nicht.[15]

Anders steht es hingegen mit der Hauptschule. Sie ist kraft Art. 12 Abs. 1 und 2 LV durch eine institutionelle Garantie verfassungsrechtlich abgesichert.[16] Diese institutionelle Garantie gewährleistet die Hauptschule nicht nur in ihren Bildungszielen, sondern auch als eigenständigen Bildungsgang. Verfassungsrechtlich gewährleistet sind jedoch nur die „wesentlichen Elemente der Hauptschule".[17] Dazu rechnet der VerfGH NW auch eine „hinreichende organisatorische Selbständigkeit". Sie erfordert jedoch nicht den Bestand der Hauptschule als „selbständige Schule im Sinne des Schulverwaltungsgesetzes". Vielmehr kann diese verfassungsgebotene Selbständigkeit auch dann gewahrt sein, wenn die Hauptschule mit anderen Schulformen verbunden wird.

Art. 12 Abs. 3 bis 6 LV betrifft die religiös-weltanschauliche Gliederung des Schulwesens. Die Landesverfassung unterscheidet zwischen Gemeinschaftsschulen, Bekenntnisschulen und Weltanschauungsschulen. Grundschulen sind Gemeinschaftsschulen, Bekenntnisschulen oder Weltanschauungsschulen. Hauptschulen hingegen sind von Amts wegen als Gemeinschaftsschulen zu errichten. Eine Errichtung als Bekenntnisschule oder als Weltanschauungsschule ist jedoch unter bestimmten Voraussetzungen auf Antrag der Erziehungsberechtigten möglich.

ff) Die institutionelle Garantie der Privatschulen

In Art. 7 Abs. 4 und 5 GG ist die Privatschule als Institution, als essentielles und prägendes Element einer freien Staats- und Gesellschaftsordnung verfassungsrechtlich geschützt.[18] Diese Privatschulgarantie wird durch Art. 8 Abs. 4 S. 1 LV zum Bestandteil auch der Landesverfassung erklärt. Der Anspruch der Privatschulen auf Gewährung öffentlicher Zuschüsse, den das BVerwG schon aus Art. 7 Abs. 4 GG abgeleitet hat,[19] wird in Art. 8 Abs. 4 S. 3 LV ausdrücklich verfassungsrechtlich gewährleistet. Diese Gewährleistung wird durch Art. 9 Abs. 2 S. 3 LV in wichtigen Punkten ergänzt. Danach können, wenn der Staat Schulgeldfreiheit gewährt, auch die Privatschulen zu Lasten des Staates auf die Erhebung von Schulgeld verzichten. Ferner sind den Privatschulen bei Lehr- und Lern-

---

15 Vgl. *Frowein,* Das Verfassungsgebot des gegliederten Schulwesens in Nordrhein-Westfalen, in: FS für H.P. Ipsen, 1977, S. 31 (37).
16 Vgl. *Ossenbühl,* Verfassungsrechtliche Probleme der Kooperativen Schule, S. 36; VerfGH NW, DÖV 1984, 379 = NVwZ 1984, 781.
17 VerfGH NW, DÖV 1984, 379 (380).
18 Vgl. *Müller,* Das Recht der Freien Schule nach dem Grundgesetz, 2. Aufl., S. 95; BVerfGE 6, 309 (355).
19 BVerwGE 23, 347; 27, 360.

mittelfreiheit entsprechende Lehr- und Lernmittel in gleicher Weise zur Verfügung zu stellen wie den öffentlichen Schulen.

gg) Schule und Religion

Es entspricht einer deutschen Tradition, den in konfessioneller Gebundenheit erteilten Religionsunterricht als ein wesentliches Element der Jugenderziehung zu betrachten und den Religionsgemeinschaften diese Möglichkeit der Auswirkung in der öffentlichen Schule zu eröffnen.[20] Dementsprechend wird in Art. 7 Abs. 3 GG der Religionsunterricht als institutionelle Garantie verbürgt.[21] Religionsunterricht ist danach in den öffentlichen Schulen mit Ausnahme der bekenntnisfreien Schulen ordentliches Lehrfach. Diese institutionelle Garantie wird in Art. 14 LV angereichert und ergänzt. Danach sind Lehrpläne und Lehrbücher für den Religionsunterricht im Einvernehmen mit der Kirche oder Religionsgemeinschaft zu bestimmen. Ferner haben die Kirchen und Religionsgemeinschaften das Recht, sich durch Einsichtnahme zu vergewissern, daß der Religionsunterricht in Übereinstimmung mit ihren Lehren und Anforderungen erteilt wird. Die kirchliche Einflußnahme auf die Auswahl der Religionslehrer wird in Art. 14 Abs. 1 S. 2 LV ausdrücklich betont.

Der institutionellen Garantie wird ein Grundrecht dahingehend angefügt, daß vom Religionsunterricht Befreiung erlangt werden kann.

b) Einfaches Landesrecht

Das Bild der schulrechtlichen Rechtsquellen in Nordrhein-Westfalen ist verwirrend. Die Gründe hierfür liegen in verschiedenen Umständen: der Zersplitterung der Vorschriften, ihrer historischen Bedingtheit, der ständigen Veränderung und Anpassung und schließlich ihrer unterschiedlichen Rechtsqualität.[22] Eine Kodifikation des Schulrechts in einem einheitlichen Gesetz fehlt. Vielmehr bestehen mehrere Gesetze mit teilweise sich überlagernden Regelungen nebeneinander.

Die wichtigsten Rechtsvorschriften sind:

Erstes Gesetz zur Ordnung des Schulwesens im Lande Nordrhein-Westfalen (Schulordnungsgesetz — SchOG) vom 8. April 1952 (GV. 61), zuletzt geändert durch Art. 6 Rechtsbereinigungsgesetz 1984 (RBG 84) vom 18. Dezember 1984 (GV. 806).
Schulverwaltungsgesetz (SchVG) in der Fassung der Bekanntmachung vom 18. Januar 1985 (GV. 155), geändert durch Art. II des Gesetzes zur Änderung des Schulpflichtgesetzes und des Schulverwaltungsgesetzes vom 19. März 1985 (GV. 288).

---

20 *Friesenhahn*, Religionsunterricht und Verfassung, in: Essener Gespräche zum Thema Staat und Kirche, Bd. 5 (1971), S. 67 (69f.).
21 *Friesenhahn*, aaO (Fn 20), S. 67; *Link*, Religionsunterricht, in: HdbStKR II, S. 503ff.
22 Vgl. *Jülich*, Einführung in das Schulrecht Nordrhein-Westfalen, in: Seipp/Haugg (Hrsg.), Schulrecht NRW, Losebl. G, Vorwort, S. 1.

Gesetz über die Mitwirkung im Schulwesen (Schulmitwirkungsgesetz – SchMG) vom 13. Dezember 1977 (GV. 448), geändert durch Art. 37 des Dritten Gesetzes zur Funktionalreform (3. FRG) vom 26. Juni 1984 (GV. 370).
Gesetz über die Schulpflicht im Lande Nordrhein-Westfalen (Schulpflichtgesetz – SchpflG) in der Fassung der Bekanntmachung vom 2. Februar 1980 (GV. 164), zuletzt geändert durch Art. I des Gesetzes zur Änderung des Schulpflichtgesetzes und des Schulverwaltungsgesetzes vom 19. März 1985 (GV. 288).
Gesetz über die Finanzierung der öffentlichen Schulen (Schulfinanzgesetz – SchFG) in der Fassung der Bekanntmachung vom 17. April 1970 (GV. 288), zuletzt geändert durch Art. 4 des Dritten Gesetzes zur Funktionalreform (3. FRG) vom 26. Juni 1984 (GV. 370).
Gesetz über die Finanzierung der Ersatzschulen (Ersatzschulfinanzgesetz – EFG) vom 27. Juni 1961 (GV. 230), zuletzt geändert durch Art. 18 des Zweiten Gesetzes zur Funktionalreform (2. FRG) vom 18. September 1979 (GV. 552); weitere Änderung durch Art. 3 Haushaltsfinanzierungsgesetz vom 16. Dezember 1981 (GV. 732), die jedoch durch Urteil des VerfGH NW vom 3. Januar 1983 (GV. 11) für nichtig erklärt wurde.
Lernmittelfreiheitsgesetz (LFG) in der Fassung der Bekanntmachung vom 24. März 1982 (GV. 165).
Gesetz über die Ausbildung für Lehrämter an öffentlichen Schulen (Lehrerausbildungsgesetz – LABG) in der Fassung der Bekanntmachung vom 28. August 1979 (GV. 586), zuletzt geändert durch Art. 7 des Dritten Gesetzes zur Funktionalreform (3. FRG) vom 26. Juni 1984 (GV. 370).
Allgemeine Schulordnung (ASchO) vom 8. November 1978 (GV. 552), zuletzt geändert durch die Dritte Verordnung zur Änderung der Allgemeinen Schulordnung (ASchO) vom 13. Februar 1985 (GV. 212).

Hinzu tritt eine Fülle von Rechtsverordnungen, Verwaltungsvorschriften, Richtlinien etc. Alle von der Landesregierung veröffentlichten Rechts- und Verwaltungsvorschriften für den Schul- und Weiterbildungsbereich sind in der Bereinigten Amtlichen Sammlung der Schulvorschriften des Landes Nordrhein-Westfalen (BASS) zusammengefaßt, die als gebundene Jahresbeilage zum Gemeinsamen Amtsblatt des Kultusministeriums und des Ministeriums für Wissenschaft und Forschung erscheint. Die 1. Ausgabe BASS '84 nach dem Stichtag vom 1. März 1984 ist inzwischen durch zahlreiche Neubekanntmachungen von Gesetzen überholt.

Nur einige markante Etappen und Ereignisse der Schulrechtsentwicklung in NRW seien genannt.[23]

Die erste Phase der schulrechtlichen Entwicklung bis in die 60er Jahre war geprägt von dem Kampf um die konfessionelle Ausrichtung der Schule und der Lehrerbildung. Die erste einfachgesetzliche Konkretisierung der Schulrechtsartikel der LV durch das Schulordnungsgesetz (SchOG) vom 8. April 1952 war durch eine starke Stützung der Konfessionsschule und der Privatschulen geprägt. Ende 1954 gab es in NRW 6027 Volksschulen. Davon waren 3514 katholische und 1690 evangelische Bekenntnisschu-

---

23 Vgl. näheres bei *Margies*, in: Margies/Roeser, SchVG, Einl. Rdnrn. 1 – 116; *Roewer/Hoischen*, SchOG, Einl. Rdnr. 1 – 27; *Jülich*, Schulgesetzgebung in Nordrhein-Westfalen. Ein Rückblick, in: Brockmeyer/Hamacher (Hrsg.), Schule zwischen Recht, Politik und Planung (Schule und Weiterbildung, Band 13), S. 20 ff.; *ders.*, RdJB 1983, 90 ff.; RdJB 1983, 90 ff.

len, während nur 823 Gemeinschaftsschulen registriert wurden.[24] Das Schulordnungsgesetz war nicht als abschließende Regelung gedacht, sondern ergänzungsbedürftig. Demzufolge erging im Jahre 1958 ergänzend zum SchOG das Schulverwaltungsgesetz (SchVG), welches das Thema Schule erschöpfend regeln wollte.

Nach einigen eher marginalen Änderungen fand im Jahre 1968 eine tiefdringende Schulreform statt, die mit einer wesentlichen Änderung des Art. 12 LV verbunden war, also von einer breiten Mehrheit getragen wurde. Die Volksschule wurde in die Grundschule und in die Hauptschule aufgegliedert, die Hauptschule als weiterführende Schule neben Realschule und Gymnasium etabliert. Zugleich wurde für die Hauptschule das Erfordernis eines „geordneten Schulbetriebes" aufgestellt. Dies bedeutete für die Schulorganisation im Lande die Auflösung von „Zwergschulen", insbesondere in den ländlichen Gebieten, und die Avancierung der Gemeinschaftsschule zur Regelschule.[25] Der Konfessionsstreit in der Schule hatte sich erledigt.[26]

Eine wichtige und einschneidende Änderung bahnt sich wenige Jahre später mit der Entwicklung zur **Stufung des Schulwesens** an. Sie soll die überkommene **horizontale** Schulgliederung (Hauptschule, Realschule, Gymnasium etc.) durch einen **vertikalen** Aufbau des Schulwesens in Schulstufen ablösen. Um die Voraussetzungen für die Einführung des Organisationsprinzips des Stufenbaus im Schulrecht zu schaffen, wurde in einem ersten Schritt die Schulträgerschaft neu geordnet: die öffentlichen schulischen Einrichtungen gingen auf die Gemeinden und Gemeindeverbände über.[27] Durch die Zuordnung zu einem Träger derselben Verwaltungsstufe soll die Realisierung der Stufenschule erleichtert werden. Die normative Festlegung des Stufenprinzips erfolgte dann durch Gesetz vom 18. März 1975, welches darauf abzielt, die verschiedenen Schulformen in der Sekundarstufe I zusammenzuführen.[28]

Durch Gesetz vom 8. November 1977[29] wurde schließlich das Konzept der Kooperativen Schule eingeführt, in der mehrere Schulformen aufgehen und die eine schulformunabhängige Orientierungsstufe umfassen soll.[30] Gegen dieses Gesetz kam jedoch ein Volksbegehren gem. Art. 68 LV zustande.[31] Um einer politischen Niederlage zu entgehen, empfahl die Landesregierung daraufhin dem Landtag, das Gesetz vom 8. November 1977 aufzuheben. Der Landtag kam dieser Empfehlung durch Gesetz vom 25. April 1978[32] nach.

---

24 Vgl. *Köhler*, Des Landes Lebenslauf, in: Wilhelm Lenz (Hrsg.), Mensch und Staat in NRW, 25 Jahre Landtag von Nordrhein-Westfalen, 1971, S. 41 (53).
25 Vgl. *Roewer/Hoischen*, SchOG, Einl. Rdnr. 11; verfassungsrechtlich für unbedenklich erklärt durch BVerfGE 41, 88.
26 Vgl. allgemein *Bryde*, DÖV 1982, 661 (664).
27 Gesetz vom 06.11.1973 (GV. 492).
28 GV. 245.
29 GV. 378.
30 Vgl. *Ossenbühl*, aaO (Fn 16) passim.
31 LT-Drs. 8/3150.
32 GV. 177.

Zu nennen sind noch drei bedeutsame legislative Schritte betreffend die Schulorganisation. Durch Gesetz vom 5. Juli 1977[33] erfolgte eine Novellierung verschiedener Schulgesetze. Durch diese als „Rechtsgrundlagengesetz" apostrophierte Novelle sollten die praktischen Konsequenzen aus der Anfang 1970 einsetzenden Rechtsprechung zum Gesetzesvorbehalt im Schulrecht[34] gezogen und die entsprechenden gesetzlichen Grundlagen geschaffen werden. Ob dies verfassungsrechtlich einwandfrei gelungen ist, steht nicht außer Zweifel.[35] — Am 30. November 1977[36] beschloß der Landtag das Schulmitwirkungsgesetz (SchMG), welches nach jahrelangen Beratungen das Miteinander von Lehrern, Eltern, Schülern, Schulträger und Schulaufsicht im Schulbereich auf eine neue Grundlage stellt. Durch das Gesamtschulgesetz vom 21. Juli 1981[37] wurde die integrierte Gesamtschule als eine reguläre Schulform in das nordrhein-westfälische Schulsystem eingeführt (§ 4e SchVG). Die gegen das Gesetz erhobene Normenkontrollklage der Opposition beim VerfGH NW führte zu einem Teilerfolg.[38] Er besteht darin, daß die Hauptschule als Institution erhalten bleiben muß und nicht in der integrierten Gesamtschule aufgehen darf.

2. Aufbau und Gliederung des Schulwesens

a) Schulstufen und Schulformen

Das Schulwesen in NRW ist vertikal nach Schulstufen aufgebaut und horizontal in Schulformen gegliedert.[39] Damit sind zwei der Idee nach unterschiedliche Organisationssysteme miteinander vermischt. Die horizontale Gliederung in Schulformen (Volksschule, Realschule, Gymnasium) bildet das Gerüst der traditionellen Schulorganisation. Sie wurde in der schulpolitischen Diskussion als Spiegel der bestehenden Gesellschaftsstruktur gedeutet und als „Versäulung" der Ausbildungswege kritisiert. Der

---

33 GV. 284.
34 Vgl. *Niehues*, DVBl. 1980, 465; *Lerche*, Bayerisches Schulrecht und Gesetzesvorbehalt, 1981; *Heußner*, Vorbehalt des Gesetzes und „Wesentlichkeitstheorie", in: FS für E. Stein, 1983, S. 111; *Jülich*, Kooperativer Bildungsföderalismus und Gesetzesvorbehalt im Schulrecht, in: FS für Scupin, 1983, S. 755 ff; *Erichsen*, Schule und Parlamentsvorbehalt, in: FS z. 125jährigen Bestehen der Juristischen Gesellschaft zu Berlin, 1984, S. 113.
35 Vgl. *Ossenbühl*, DÖV 1977, 801 (804); *Roewer/Hoischen*, DVBl. 1979, 900; *Bryde*, DÖV 1981, 193 (197); *Grumbach*, RdJB 1981, 332 (333).
36 GV. 448.
37 GV. 402.
38 VerfGH NW, DÖV 1984, 379 = NVwZ 1984, 781.
39 § 4 SchVG. Neben den Begriffen der „Schulstufen" und „Schulformen" wird im Rahmen der weltanschaulichen Gliederung des Schulwesens (Art. 12 LV, §§ 16—28 SchOG) von „Schularten" und im Rahmen einer weiteren Differenzierung innerhalb der Schulformen von „Schultypen" (z.B. der verschiedenen Sonderschulen oder berufsbildenden Schulen, § 9 Abs. 1 SchVG) gesprochen. — An Stelle von „Schulstufen" verwenden andere Länderregelungen den Begriff „Schulbereiche" (vgl. z.B. § 4 Abs. 1 Schulgesetz Ns).

Aufbau nach Schulstufen soll demgegenüber unter Berücksichtigung des Entwicklungsstandes des Schülers und mit dem Ziel der Durchlässigkeit unter den Schulformen die Bildungswege und Bildungschancen des Einzelnen vervielfachen.[40]

aa) Schulstufen

Schulstufen sind die Primarstufe, die Sekundarstufe I und die Sekundarstufe II. In der **Primarstufe** existiert als einzige Schulform die Grundschule als Grundstufe des Bildungswesens. Nach dem Besuch der Grundschule besuchen alle Kinder eine weiterführende allgemeinbildende Schule (§ 30 Abs. 1 ASchO). Zu den „weiterführenden Schulen"[41] der **Sekundarstufe I** gehören die Hauptschule und die Realschule sowie das Gymnasium und die Gesamtschule bis Klasse 10. Die Sekundarstufe I beginnt in den Klassen 5 und 6 der Hauptschule, der Realschule und des Gymnasiums mit der sog. **Erprobungsstufe** (§ 5a SchVG). Sie hat das Ziel, in einem Zeitraum der Erprobung, der Förderung und der Beobachtung in Zusammenarbeit mit den Erziehungsberechtigten die Entscheidung der Schule über die Eignung des Schülers für die gewählte Schulform sicherer zu machen. Die Einrichtung der Erprobungsstufe findet auf die Gesamtschule keine Anwendung. Die **Sekundarstufe II** umfaßt die Bildungsgänge nach der Klasse 10, d.h. die Jahrgangsstufen 11 bis 13 der gymnasialen Oberstufe (§ 4c SchVG) an Gymnasium und Gesamtschule sowie die Schulformen des berufsbildenden Schulwesens (Berufsschule, Berufsfachschule, Berufsaufbauschule und Fachoberschule). Vom Stufenbau ausgenommen sind die Sonderschulen. Sie können einen eigenen Stufenbau haben (§ 4 Abs. 6 SchVG).

bb) Schulformen

Die **Grundschule** vermittelt die allgemeinen Grundlagen für die weitere Bildung (§ 16 Abs. 1 SchOG). Als weiterführende Schule bereitet die **Hauptschule** auf die Berufsreife als qualifizierten Abschluß vor; zugleich eröffnet sie den Zugang zu weiteren Bildungswegen (§ 16 Abs. 2 SchOG). Die **Realschule** ermöglicht einen mittleren Bildungsabschluß, der die Fachoberschulreife vermittelt. Bei besonderen Leistungen ist auch der Übergang in die gymnasiale Oberstufe möglich (Fachoberschulreife mit Qualifikationsvermerk).[42]

Da sich die Realschule zeitlich in die Sekundarstufe I völlig einfügt, bestehen hier zwischen Schulstufe und Schulform keine existentiellen Friktionen. Dies ist bei den **Gymnasien** anders; sie werden in ihrer herkömmlichen Struktur durch die Sekundarstufen I und II „durchschnitten". Die früher übliche Gliederung des Gymnasiums nach Typen (z.B. humanistisches, neusprachliches, mathemathisch-naturwissenschaftliches

---

40 Vgl. *Roeser,* in: Margies/Roeser, SchVG, § 4 Rdnr. 3.
41 Der Begriff wird mehrfach in der LV verwendet: Art. 9 Abs. 2, Art. 12 Abs. 1.
42 § 31 Abs. 3 S. 3, § 3 Ausbildungs- und Prüfungsordnung für die Oberstufe des Gymnasiums; dazu der Kommentar von *Sebbel/Acker.*

Gymnasium) ist entfallen. Das Gymnasium soll eine erweiterte und vertiefte Allgemeinbildung vermitteln, die zu einem Hochschulstudium befähigt.

Zu den Schulformen im strengen Sinne kann nicht die **Gesamtschule** gerechnet werden, weil sie in einem differenzierten Unterrichtssystem Bildungsgänge ermöglicht, die ohne Zuordnung zu unterschiedlichen Schulformen zu allen Abschlüssen der Sekundarstufe I führen. Die Gesamtschule ist gerade jene Institution, mit deren Etablierung die herkömmlichen Schulformen überwunden werden sollen. Gleichwohl wird sie in der Praxis als eigengeartete Schulform neben Hauptschule, Realschule und Gymnasium angesprochen.[43] Nach einer mehr als zehnjährigen Experimentierphase ist die Gesamtschule seit 1982 Regelschule und zwar als **integrierte Gesamtschule (§ 4 Abs. 1 SchVG).**[44] Gesamtschulen sollen in der Regel als Schulen der Sekundarstufen I und II geführt werden.

Die **Berufsschule** ist Pflichtschule für alle Jugendlichen nach Beendigung der in der Regel zehnjährigen Vollzeitschulpflicht (§ 9 SchpflG). In ihr wird ein die praktische Ausbildung begleitender Unterricht erteilt. Die Berufsschule ist nach Typen gegliedert (Technik, Wirtschaft und Verwaltung, Ernährungs- und Hauswirtschaft etc.).

„**Berufsfachschulen** sind Schulen mit Vollzeitunterricht von mindestens einjähriger Dauer, für deren Besuch keine Berufsausbildung oder berufliche Tätigkeit vorausgesetzt wird. Sie haben die Aufgabe, allgemeine und fachliche Lerninhalte zu vermitteln und den Schüler zu befähigen, den Abschluß in einem anerkannten Ausbildungsberuf oder einem Teil der Berufsausbildung in einem oder mehreren anerkannten Ausbildungsberufen zu erlangen, oder ihn zu einem Berufsausbildungsabschluß zu führen, der nur in Schulen erworben werden kann."[45] In Nordrhein-Westfalen ist durch Gesetz vom 19. März 1985[46] das Konzept der differenzierten Berufsfachschule realisiert worden (§ 4f SchVG). Mit diesem Konzept ist das Prinzip der doppelqualifizierenden Bildungsgänge verbunden, so daß wesentliche Elemente des noch nicht abgeschlossenen Kollegschulversuchs[47] vorweggenommen werden.[48] Nach der neuen Regelung kann der Schüler einer Berufsfachschule unter bestimmten Voraussetzungen und entsprechend einer zeitlichen Staffelung der Schuldauer die Fachoberschulreife, die Fachhochschulreife und die allgemeine Hochschulreife erwerben. Daneben erwirbt er berufliche Kenntnisse und in der dreijährigen höheren Berufsfachschule „einen Berufsabschluß nach Landesrecht" (§ 4f Abs. 5 SchVG).

Die im Jahre 1977 gesetzlich eingeführte **Berufsaufbauschule** vermittelt eine über das Ziel der Berufsschule hinausgehende allgemeine und fachtheoretische Bildung und

---

43 Vgl. *Jülich,* aaO (Fn 22), G II, S. 8.
44 Vgl. VerfGH NW, DÖV 1984, 379 (381); die integrierte Gesamtschule ist nur als „Angebotsschule" zulässig (vgl. *Clemens,* NVwZ 1984, 65 (69)).
45 Beschluß der KMK v. 08.12.1975, zitiert bei *Roeser,* aaO (FN 40), § 4 Rdnr. 26.
46 GV. 288.
47 Dazu unten sub 4.
48 Vgl. LT-Drs. 9/4058, S. 19ff. (Bericht des Ausschusses für Schule und Weiterbildung v. 21. 2. 1985).

führt zur Fachoberschulreife (§ 4d Abs. 1 SchVG). Der Besuch der Berufsaufbauschule dauert 1 1/2 Jahre und setzt eine abgeschlossene Berufsausbildung voraus.

Die **Fachoberschule,** die im Jahre 1969 als neue Schulform eingeführt wurde, baut auf der Fachoberschulreife oder einem als gleichwertig anerkannten Abschluß auf und vermittelt fachtheoretische und fachpraktische Kenntnisse und Fähigkeiten, die zur Fachhochschulreife führen.

b) **Sonderschulen**

Die Sonderschulen sind für Schüler eingerichtet, die wegen persönlicher Behinderungen und Beeinträchtigungen auf den anderen Schulen nicht hinreichend gefördert werden können. Dazu gehören die Schulen für Blinde, Gehörlose, Geistigbehinderte, Körperbehinderte, Kranke, Lernbehinderte, Schwerhörige etc. (§ 4 Abs. 6 SchVG). Sonderschulen bilden „stufenübergreifend ein eigenes System, weil sie in den Bildungsbereichen mehrerer Schulformen unterrichten".[49]

c) **Besondere Einrichtungen des Schulwesens**

Zu den besonderen Einrichtungen des Schulwesens gehören die Abendrealschule, das Abendgymnasium und das Kolleg (Institut zur Erlangung der Hochschulreife), die Fachschule und die Höhere Fachschule (§ 4a SchVG). Sie lassen sich in den allgemeinen Stufenbau der Schulen nicht einordnen, weil sie sich an berufstätige Erwachsene mit unterschiedlichem Alter und verschiedener Vorbildung wenden. Die gesetzlich noch vorgesehenen Höheren Fachschulen gibt es im öffentlichen Schulwesen NRW nicht mehr, seitdem sie in Fachhochschulen umgewandelt und in den Hochschulbereich einbezogen worden sind (1971).[50]

d) **Schulversuche und Versuchsschulen**

Insbesondere seit den 60er Jahren wird im Bereich schulischer Erziehung mit Intensität experimentiert, um zu neuen pädagogischen Erkenntnissen zu kommen, die für die staatliche Schulerziehung ausgewertet werden können. Hierfür schafft § 4b SchVG die erforderliche gesetzliche Grundlage.[51] Unterschieden wird danach zwischen „Schulversuchen" und „Versuchsschulen". Der Begriff „Schulversuche" wird als Sammelbezeichnung für neue, zur Erprobung stehende Schulformen wie auch für die Erprobung neuer

---

49 *Jülich,* aaO (Fn 22), G II, S. 4.
50 Vgl. *Jülich,* aaO (Fn 22), G II, S. 14.
51 Vgl. *Säcker,* RdJB 1972, 13 ff.; *ders.,* DVBl. 1972, 312 ff.; *Pirson,* Vorläufige und experimentelle Rechtsetzung im Schulrecht und Hochschulrecht, in: FS für H. Jahrreiß, 1974, S. 181 ff., *Stober,* DÖV 1978, 518.

Unterrichts- und Erziehungsmethoden verwendet. Von „Versuchsschulen" ist die Rede, wenn die Schulversuche in Schulformen stattfinden, die pädagogisch und organisatorisch von den gesetzlich vorgesehenen Schulformen abweichen. Schulversuche bedürfen der Genehmigung des Kultusministers (§ 4b Abs. 1 S. 2 SchVG). Sie müssen das elterliche Erziehungsrecht beachten.[52]

Die früher in § 4 Abs. 2 SchVG a.F. vorgesehenen Schulversuche mit Gesamtschulen sind abgeschlossen. Die integrierte Gesamtschule ist seit 1982 Regelschule (§ 4e SchVG). Seit Anfang der 70er Jahre laufen Schulversuche mit Kollegschulen (§ 4b Abs. 2 SchVG). Derzeit bestehen 21 Kollegschulen (berufsbildende Schulen und Gymnasien) ohne einheitliche Organisationsstruktur.[53] Ziel der Kollegschule nach dem gesetzlichen Auftrag ist es, daß „Schülern in einem differenzierten Unterrichtssystem ohne Zuordnung zu unterschiedlichen Schulformen studien- und berufsbezogene Bildungsgänge zu Abschlüssen der Sekundarstufe II ermöglicht werden". Die Kollegschule bietet auch die Möglichkeit der Doppelqualifikation (studienbezogener **und** berufsqualifizierender Abschluß).

e) Weltanschauliche Gliederung der Grund- und Hauptschulen

Die weltanschauliche Gliederung des Schulwesens in verschiedene Schularten tritt gegenüber der Differenzierung in Schulstufen und Schulformen an Bedeutung zurück, nachdem sie in den 50er Jahren den Hauptstreitpunkt des Schulkampfes gebildet hatte.[54] Das Prinzip der weltanschaulichen Gliederung beschränkt sich auf die Grundschule und die Hauptschule.

Zu unterscheiden sind folgende drei Schularten (Art. 12 LV, §§ 19 – 21 SchOG):

„In **Gemeinschaftsschulen** werden Kinder auf der Grundlage christlicher Bildungs- und Kulturwerte in Offenheit für die christlichen Bekenntnisse und für andere religiöse und weltanschauliche Überzeugungen gemeinsam unterrichtet und erzogen.
In **Bekenntnisschulen** werden Kinder des katholischen oder des evangelischen Glaubens oder einer anderen Religionsgemeinschaft nach den Grundsätzen des betreffenden Bekenntnisses unterrichtet und erzogen.
In **Weltanschauungsschulen,** zu denen auch die bekenntnisfreien Schulen gehören, werden die Kinder nach den Grundsätzen der betreffenden Weltanschauung unterrichtet und erzogen" (Art. 12 Abs. 6 LV).

Grundschulen sind Gemeinschaftsschulen, Bekenntnisschulen oder Weltanschauungsschulen. Die jeweilige Schulart wird von den Erziehungsberechtigten bestimmt (§ 17 Abs. 2 S. 2, § 23 SchOG). **Hauptschulen** werden im Gegensatz zu den Grundschulen von Amts wegen als Gemeinschaftsschulen errichtet (Art. 12 Abs. 4 S. 1 LV, § 18 Abs. 1 S. 1 SchOG). Auf Antrag der Erziehungsberechtigten sind sie als Bekenntnis- oder

---

52 Vgl. *Ossenbühl,* aaO (Fn 5), S. 180 ff; *Clemens,* NVwZ 1984, 65 (70) mit weiteren Nachweisen.
53 *Jülich,* aaO (Fn 22), G II, S. 13.
54 Vgl. dazu in diesem Band: *Schlaich,* Staatskirchenrecht, S. 704 ss.

Weltanschauungsschulen zu errichten, soweit ein geordneter Schulbetrieb bei der beantragten Hauptschule und der Besuch einer Gemeinschaftsschule in zumutbarer Weise gewährleistet sind (Art. 12 Abs. 4 S. 2 LV, § 18 Abs. 2 SchOG). Eine Umwandlung der Hauptschulen kommt jedoch nur in Richtung Gemeinschaftsschule in Betracht (Art. 12 Abs. 5 LV, § 18 Abs. 3 SchOG). Eine solche Umwandlung setzt den Antrag von Erziehungsberechtigten voraus, die ein Drittel der Schüler vertreten.

Die Gemeinschaftsschule ist infolge der vorgenannten Regelungen der Schulreform 1968 dominierend. Nach der Schulstatistik 1983/84 gibt es im Lande NRW 2037 Gemeinschaftsgrundschulen, 1240 katholische und 121 evangelische Grundschulen; 1241 Gemeinschaftshauptschulen, 70 katholische Hauptschulen und eine evangelische Hauptschule.[55] Das schul- und staatskirchenrechtliche Minderheitenproblem[56] ist damit nicht beseitigt, aber doch erheblich entschärft.

3. Schulverfassung

a) Grundlagen

Nach ihrer rechtlichen Organisationsform sind die Schulen nichtrechtsfähige öffentliche Anstalten (§ 6 SchVG). Da sie demzufolge nicht zu den juristischen Personen des öffentlichen Rechts zählen, können sie auch keine Organe und ebensowenig eine Verfassung im herkömmlicherweise verstandenen rechtstechnischen Sinne haben. Gleichwohl nehmen die Schulen wegen ihrer institutionellen und funktionellen Eigenart eine Sonderstellung im Gefüge der Verwaltungsorganisation ein. Der Sonderstatus der Schule ist in seiner Eigenständigkeit zwar nicht bis zur Qualität einer Selbstverwaltungseinheit gediehen, trägt aber weithin Züge, die an Selbstverwaltungsformen erinnern.[57] Dies hängt mit der Eigenart der Aufgabe zusammen, die in der Schule zu bewältigen ist. Die Schule als „Bildungsstätte" (§ 1 SchVG) ist der Ort zwischenmenschlicher Begegnung und Zusammenarbeit. Erziehung und Bildung leben von den Persönlichkeiten, die an ihr mitwirken. Bildung ist ohne Freiräume individueller Entfaltung undenkbar. Schulehalten steht deshalb funktionell in einem Gegensatz zum weisungsgebundenen Gesetzesvollzug. Überdies führt die Schule verschiedene Personen und Gruppen dauerhaft zusammen. Dadurch unterscheidet sie sich wesensmäßig von anderen anstaltlichen Benutzungsverhältnissen des öffentlichen Rechts. Die unterschiedlichen Gruppen, Personen und Interessen im Raum der Schule mit dem Ziele einer möglichst optimalen Erziehung zueinander in Balance zu bringen, ist die große Organisationsaufgabe im Schul-

---

55 Vgl. *Jülich,* aaO (Fn 22), G II, S. 2.
56 Dazu in diesem Band: *Schlaich,* Staatskirchenrecht, S. 704ss.
57 Vgl. *Hennecke,* Schule und Selbstverwaltung — Schülermitverwaltung und Elternmitwirkung in der Schulorganisation, in: Selbstverwaltung im Staat der Industriegesellschaft, 1983, S. 931 ff.

bereich. Diese Organisation als Ganzes läßt sich mit gutem Grund als **Schulverfassung** bezeichnen. Ihr Kern ist im Schulmitwirkungsgesetz (SchMG) von 1977 geregelt.

b) Schulleitung

Wie jede Verwaltungseinheit braucht die Schule eine leitende Exekutivinstanz, die durch ihre Präsenz und Permanenz die Funktionsfähigkeit der Schule gewährleistet. Dies ist der Schulleiter (§ 20 SchVG) und im Verhinderungsfalle dessen ständiger Vertreter oder der dienstälteste Lehrer (§ 21 SchVG). Der Schulleiter ist zugleich Lehrer der Schule und weisungsgebundener Beamter. Er trägt die Verantwortung für die Durchführung der Bildungs- und Erziehungsarbeit und die Verwaltung der Schule. Ihm obliegen ferner die üblichen Aufgaben eines Behördenleiters: Erledigung der laufenden Angelegenheiten, Wahrnehmung des Hausrechts, Vertretung nach außen. Der Schulleiter ist auch der Vorgesetzte aller an der Schule tätigen Personen. Er leitet die Beratungen der Schulkonferenz (§ 4 Abs. 6 SchMG), bereitet deren Beschlüsse vor und führt sie aus (§ 13 Abs. 2 SchMG). Konferenzbeschlüsse, die gegen Rechts- oder Verwaltungsvorschriften verstoßen, hat der Schulleiter zu beanstanden. Notfalls muß er eine Entscheidung der Schulaufsichtsbehörde herbeiführen (§ 13 Abs. 4 SchMG). In Angelegenheiten, die keinen Aufschub dulden, entscheidet der Schulleiter nach Beratung mit dem ständigen Vertreter allein (§ 13 Abs. 3 SchMG).

c) Schulmitwirkung

aa) Ziele

Den Kern der inneren Organisation der Schule bildet die Schulmitwirkung. Die Erziehung der Kinder ist ein Prozeß, an dem Elternhaus und Schule einverständlich mitwirken müssen. Diesen Zusammenhang hat das BVerfG in seiner bekannten Kooperationsformel häufig betont: „Die gemeinsame Erziehungsaufgabe von Eltern und Schule, welche die Bildung der **einen** Persönlichkeit des Kindes zum Ziel hat, läßt sich nicht in einzelne Kompetenzen zerlegen. Sie ist vielmehr in einem sinnvoll aufeinander bezogenen Zusammenwirken zu erfüllen".[58]

Um diese Zielvorstellung in die praktische Schularbeit umzusetzen, ist im Jahre 1977 das Schulmitwirkungsgesetz erlassen worden, welches darauf abzielt, die am Erziehungsprozeß Beteiligten, d. h. Lehrer, Eltern und Schüler institutionell und funktionell zusammenzuführen und „die Eigenverantwortung in der Schule zu fördern" (§ 1 Abs. 1 SchMG).

bb) Formen und Grenzen

Die **Formen** der Mitwirkung sind unterschiedlich intensiv ausgeprägt (§ 1 Abs. 2 SchMG). Die Mitwirkung umfaßt die Entscheidung, die Beteiligung und die dazu erfor-

---

58 BVerfGE 34, 165 (183); 47, 46 (74); dazu *Ossenbühl,* aaO (Fn 5), S. 117 ff.

derliche Information. Die Beteiligung umfaßt Anhörungs-, Beratungs-, Anregungs- und Vorschlagsrechte.

Die (schulinterne) Mitwirkung findet ihre **Grenzen** dort, wo auch die Schule als Einheit der staatlichen Verwaltungsorganisation rechtlich gebunden ist. Zu diesen Eingrenzungen gehören die Rechtsvorschriften, aber auch die Verwaltungsvorschriften[59] der Schulaufsichtsbehörden, namentlich die Richtlinien für den Unterricht, die Lehrpläne, die Stundentafeln sowie die allgemeinverbindlichen Richtlinien über den Schulbau und das Schulbauprogramm (§ 3 Abs. 1 SchMG). Eine weitere Grenze bildet die pädagogische Verantwortung des Lehrers,[60] die nicht durch Konferenzbeschlüsse unzumutbar eingeschränkt werden darf (§ 3 Abs. 2 SchMG). Daraus wird deutlich, daß das Mitwirkungsmodell des SchMG vom Vorrang des Staates bei der Gestaltung des Schulwesens ausgeht. Ein Vorrang des Elternrechts gegenüber den staatlichen Erziehungsrechten wird nicht anerkannt.[61]

cc) Beteiligte und Mitwirkungsgremien

Beteiligte nach dem SchMG sind Lehrer, Erziehungsberechtigte und Schüler. Das Gesetz versteht jedoch diese Beteiligten nicht als gesonderte Gruppen mit spezifischen eigenen Gruppeninteressen, sondern als Verantwortungsträger, die in Rollendifferenzierung bei der Erfüllung einer gemeinsamen Aufgabe zusammenwirken. Eine Gruppenschule als Parallele zur Gruppenuniversität ist nicht das Konzept des SchMG.[62] Gleichwohl gibt es — mehr oder weniger — gruppenhomogene und integrierte Organe, in denen sich alle Beteiligten repräsentiert finden.

Das zentrale oberste Mitwirkungsgremium in der Schule ist die **Schulkonferenz** (§ 4 SchMG). Die Einrichtung dieses „Mitwirkungsorgans" gilt als Kern und eigentlicher Fortschritt des SchMG. In der Schulkonferenz sind Lehrer, Erziehungsberechtigte und Schüler nach einem für die einzelnen Schulstufen differenzierten Paritätenschlüssel vertreten. Die Lehrervertreter nehmen durchweg die Hälfte der Sitze ein. Die andere Hälfte wird von den Erziehungsberechtigten und/oder Schülern besetzt.[63] Den Vorsitz führt der Schulleiter. Er kann Anträge stellen und Sachbeiträge leisten, hat aber grundsätzlich kein Stimmrecht. Nur bei Stimmengleichheit gibt die Stimme des Schulleiters den Ausschlag.

Die Schulkonferenz empfiehlt Grundsätze zur Ausgestaltung der Unterrichtsinhalte und zur Anwendung der Methoden, zur Unterrichtsverteilung und zur Einrichtung

---

59 Vgl. zum Begriff *Ossenbühl,* Quellen des Verwaltungsrechts, in: Erichsen/Martens (Hrsg.), Allgemeines Verwaltungsrecht, 7. Aufl. 1986, S. 84 ff.
60 Dazu unten sub VI 2.
61 *Petermann,* SchMG, Kommentar, S. 60.
62 *Petermann,* aaO (Fn 61), S. 57.
63 Z.B. sind in der Primarstufe **nur** die Eltern, in besonderen Einrichtungen nach § 4a SchVG (Abendrealschule, Abendgymnasium usw.) **nur** die Schüler, in der Sekundarstufe II beide zu gleichen Teilen vertreten..

von Kursen sowie zur einheitlichen Anwendung der Vorschriften über die Leistungsbewertung, Beurteilung, Prüfung und Versetzung (§ 5 Abs. 1 SchMG). Angesichts der insoweit bestehenden Vorgaben an Rechts- und Verwaltungsvorschriften dürfte sich nur geringer Raum für eine praktische Realisierung solcher Empfehlungen ergeben.

Wesentlicher ist jedoch, daß die Schulkonferenz über einen Katalog von Entscheidungsrechten verfügt (§ 5 Abs. 2 SchMG). Dazu rechnen u. a. die Entscheidungen über die Einführung von Lernmitteln an der Schule sowie die Ausleihe und Übereignung von Lernmitteln, die Verteilung des Unterrichts auf fünf oder sechs Wochentage, die Verwendung der der Schule zur Verfügung gestellten Mittel im Rahmen des im Haushalt festgelegten Verwendungszwecks, die Anregung zur Besetzung der Stelle des Schulleiters und des ständigen Vertreters, den Erlaß einer Schulordnung etc. Die Schulkonferenz kann Teilkonferenzen bilden und mit Entscheidungsbefugnissen ausrüsten (§ 5 Abs. 4 SchMG).

Die weiteren Mitwirkungsgremien der Zentralebene sind „gruppenrein" organisiert. Dazu gehören die **Lehrerkonferenz** (§ 6 SchMG), die **Schulpflegschaft** (§ 10 SchMG) als Vertretung der Erziehungsberechtigten und der **Schülerrat** (§ 12 Abs. 3 SchMG), dem die Sprecher der Klassen und Jahrgangsstufen angehören. Aus diesen drei Gremien werden die Vertreter für die Schulkonferenz gewählt. Die Lehrerkonferenz hat Entscheidungsrechte in enumerierten Fällen, die ganz oder überwiegend den Status der Lehrer betreffen, wie z. B. Grundsätze für die Unterrichtsverteilung und Aufteilung von Stunden- und Aufsichtsplänen, Richtlinien für die Vertretung von Lehrern, Angelegenheiten der Lehrerfortbildung etc. (§ 6 Abs. 4 SchMG). Sie ist ferner neben der Klassenkonferenz zuständiges Beschlußorgan für Ordnungsmaßnahmen (§ 26a Abs. 5 SchVG). Die Schulpflegschaft ist ein Beratungsgremium. Sie vertritt die Interessen der Eltern bei der Gestaltung der Bildungs- und Erziehungsarbeit. Der Schülerrat kann schulpolitische Belange wahrnehmen, die im Rahmen des Auftrags der Schule liegen (§ 12 Abs. 2 SchMG). Ein allgemeinpolitisches Mandat kommt der Schülervertretung ebensowenig zu wie der verfaßten Studentenschaft.[64] Der Schülerrat wählt bis zu drei Lehrer für die Dauer eines Schuljahres als „Verbindungslehrer", die die Schülervertretung bei der Planung und Durchführung ihrer Aufgaben unterstützen (§ 12 Abs. 8 SchMG).

Neben der Lehrerkonferenz gibt es für die Gruppe der Lehrer noch weitere Mitwirkungsgremien: Die **Fachkonferenzen** (§ 7 SchMG) und den **Lehrerrat** (§ 8 SchMG). Die *Fachkonferenzen* werden von der Lehrerkonferenz eingerichtet und bestehen aus den Lehrern einer Schule, die die Lehrbefähigung für das entsprechende Fach besitzen oder darin unterrichten. Die Fachkonferenzen entscheiden in ihrem Fach über Grundsätze zur fachmethodischen und fachdidaktischen Arbeit sowie zur Leistungsbewertung, über Anregungen an die Lehrerkonferenz zur Einführung von Lernmitteln und Anschaffung von Lehrmitteln sowie über Vorschläge für den Aufbau von Sammlungen sowie für die Einrichtung von Fachräumen und Werkstätten (§ 7 Abs. 3 SchMG). Der *Lehrerrat* ist ein vermittelndes Mitwirkungsgremium ohne Entscheidungskompeten-

---

64 Dazu BVerwGE 59, 231; OVG NW, OVGE 33, 130.

zen. Er besteht aus drei bis fünf Lehrern und soll den Schulleiter in Angelegenheiten der Lehrer beraten und bei Konfliktfällen in dienstlichen Angelegenheiten der Lehrer, aber auch der Schüler auf Wunsch vermitteln.

Auf der **Ebene der einzelnen Schulklassen** existieren zwei Mitwirkungsgremien: die **Klassenkonferenz** (§ 9 SchMG) und die **Klassenpflegschaft** (Jahrgangsstufenpflegschaft) (§ 11 SchMG). Die *Klassenkonferenz* ist die Lehrerkonferenz für die jeweilige Klasse. Mitglieder sind die Lehrer, die in der Klasse unterrichten. Der Vorsitzende der Klassenpflegschaft und ein weiterer Erziehungsberechtigter sowie — ab Klasse 7 — der Klassensprecher nehmen an den Sitzungen der Klassenkonferenz mit beratender Stimme teil. Die Klassenkonferenz entscheidet über die Erziehungs- und Bildungsarbeit in der Klasse. Eine Enumerierung der insoweit anfallenden Aufgaben gibt das Gesetz nicht. Die Klassenkonferenz ist neben der Lehrerkonferenz zuständiges Beschlußgremium für Ordnungsmaßnahmen (§ 26a Abs. 5 SchVG).

Die *Klassenpflegschaft* ist der Ort, an dem sich das Zusammenwirken zwischen Lehrern, Eltern und Schülern für jeden Beteiligten unmittelbar vollzieht. Sie besteht aus den Eltern der Schüler einer bestimmten Klasse und mit beratender Stimme dem Klassenlehrer sowie ab Klasse 7 dem Klassensprecher und seinem Stellvertreter. Zu den Aufgaben der Klassenpflegschaft gehört die Beratung über Fragen der Hausaufgaben, Leistungsüberprüfungen, Lernmittel, Auswahl der Unterrichtsinhalte, Einrichtung von Arbeitsgemeinschaften, Planung von Schulveranstaltungen etc.

Die Mitwirkung in Gremien der bisher genannten Art bedeutet eine Aktualisierung des **kollektiven** Elternrechts. Gegenstand solcher Gremienbeschlüsse, die mit Mehrheit gefaßt werden, können nur Angelegenheiten sein, die Eltern und Schüler gemeinsam angehen. Daneben gibt es Angelegenheiten, die nur den einzelnen Schüler oder einzelne Eltern betreffen wie beispielsweise persönlich bedingte Lernschwierigkeiten, einzelne Fehlbeurteilungen oder individuelle Lernumstände. Wichtig ist, daß das SchMG auch Instrumente und Verfahren bereitstellt, um solche individuellen Sorgen und Interessen zur Geltung zu bringen. Dazu gehören namentlich das Recht des Schülers, vom Lehrer eine Erörterung der Leistungsbeurteilungen zu verlangen (§ 9 Abs. 3 S. 3 SchMG), das Recht der Eltern, am Unterricht und an Schulveranstaltungen der Klassen teilzunehmen, die von ihren Kindern besucht werden (§ 11 Abs. 10 SchMG), und die Einrichtung des Elternsprechtages, der der persönlichen Beratung der Eltern dient und halbjährlich durchgeführt werden soll (§ 11 Abs. 11 SchMG).

d) Überschulische Mitwirkung

Was die Mitwirkung außerhalb und oberhalb der Schulebene anbetrifft, regelt das SchMG zwei Fälle: die Mitwirkung beim Schulträger (§ 15) und die Mitwirkung beim Kultusminister (§ 16). Die **Mitwirkung beim Schulträger**,[65] im Regelfall der Gemeinde,

---

65 Siehe unten sub VII 2 a.

besteht in Beteiligungsrechten der Schule bei den für sie bedeutsamen Angelegenheiten, insbesondere Teilung, Zusammenlegung, Änderung und Auflösung der Schule, Aufstellung von Schulentwicklungsplänen, Festlegung von Schulbezirken und Schuleinzugsbereichen, Baumaßnahmen, Schulwegsicherung etc. Die **Mitwirkung beim Kultusminister** besteht in der Beteiligung von Verbänden und Organisationen an schulischen Angelegenheiten von allgemeiner und grundsätzlicher Bedeutung, insbesondere Entwicklung von Richtlinien und Lehrplänen, Änderung der Struktur und Organisation des Schulwesens, Ausbildungs-, Prüfungs- und Versetzungsordnungen etc. Schwierigkeiten ergeben sich bei der Frage, welche Verbände und Organisationen zu beteiligen sind. Denn die Mitwirkung ober- oder außerhalb der Schule regelt das SchMG nicht. Damit ist dieser Raum der gesellschaftlichen Initiative überlassen. Demzufolge haben sich auf Landesebene unterschiedliche Organisationen der Eltern und Schüler gebildet. Beteiligungsberechtigt sind nur Verbände und Organisationen „von erheblicher Bedeutung" (§ 2 Abs. 4 Nr. 2 und 3 SchMG), eine ähnlich problematische Charakterisierung wie die „gesellschaftlich relevante Gruppe", die im binnenpluralistisch organisierten Rundfunk repräsentationsberechtigt ist.[66] Zu den anerkannten Elternverbänden gehören u. a. die Landeselternschaft Gymnasien, der Elternverein NW, der Landeselternrat Hauptschule, der Landeselternrat Gesamtschule und der Progressive Elternverband.[67]

4. Die Rechtsstellung der Schüler[68]

a) Schulverhältnis als Besonderes Gewaltverhältnis

In den öffentlichen Schulen steht der Schüler zur Schule als einer Institution der Hoheitsgewalt in einem durch gegenseitige Rechte und Pflichten in besonderer Weise geprägten Rechtsverhältnis, welches einen Sonderstatus des Schülers begründet. Dieses Schulrechtsverhältnis gehört zur Kategorie der Besonderen Gewaltverhältnisse; es ist herkömmlicherweise neben dem Beamtenverhältnis geradezu der Prototyp des Besonderen Gewaltverhältnisses. Die Auffassung, das Besondere Gewaltverhältnis sei inhaltlich überholt und von der Rechtsprechung verabschiedet worden, beruht auf einem Mißverständnis. Daß das Besondere Gewaltverhältnis ein Rechtsverhältnis darstellt und nach der verfassungsrechtlichen Entwicklung in einem neuen Licht gesehen werden muß, bestreitet niemand. Der Begriff als solcher ist sowenig anstößig oder mißverständlich wie der der Staatsgewalt schlechthin.[69] Das Besondere Gewaltverhältnis ist

---

66 Vgl. z. B. *Lerche,* in: Bullinger/Kübler (Hrsg.), Rundfunkorganisation und Kommunikationsfreiheit, 1979, S. 72 ff.
67 *Jülich,* aaO (Fn 22), G III, S. 13, Anm. 47.
68 *Pieroth/Schürmann,* VR 1981, 373 ff.
69 Vgl. *Detlef Merten,* Grundrechte und Besonderes Gewaltverhältnis, in: FS für K. Carstens, Bd. 2, 1984, S. 721 ff.

eine unverzichtbare Kategorie des Verwaltungsrechts,[70] mit welcher vergleichbare Rechtsverhältnisse des öffentlichen Rechts eingefangen werden, die sich durch eine besondere Dichte spezifischer Rechte und Pflichten zwischen einem Hoheitsträger und dem Bürger auszeichnen. Dazu gehört auch das Schulverhältnis. Wie für jedes Besondere Gewaltverhältnis stellt sich für die rechtliche Ausgestaltung des Schulverhältnisses das Problem dahin, wie das Geflecht der gegenseitigen Rechte und Pflichten beschaffen sein muß, um dem Ziel und Zweck des Schulverhältnisses zu dienen und die Funktionsfähigkeit des Schulbetriebes zu gewährleisten. Aus dieser Sicht drehen sich die rechtlichen Erörterungen im wesentlichen um drei Fragen: erstens um die Reichweite des Gesetzesvorbehaltes (Wer muß das Schulverhältnis regeln?), zweitens um die Geltung der Grundrechte im Schulverhältnis (Inwieweit muß die Grundrechtsausübung wegen der Erhaltung der Funktionsfähigkeit der Schule zurücktreten?), drittens um die Kontrolldichte bei schulischen Entscheidungen und den Rechtsschutz des Schülers.

Nach mehreren Mahnungen der Gerichte[71] sind inzwischen die notwendigen gesetzlichen Grundlagen für das Schulverhältnis geschaffen. Ob sie verfassungsrechtlich durchweg ausreichen, muß mit Fragezeichen versehen werden.[72] Die grundlegenden gesetzlichen Vorschriften enthalten die §§ 25 – 28 SchVG, die durch Rechtsverordnungen ergänzt werden. Die wichtigste ist die Allgemeine Schulordnung (ASchO).

Rechte und Pflichten des Schülers im Schulverhältnis bestehen in seiner Person. Fraglich ist aber, ob und inwieweit er sie selbst ausüben resp. erfüllen kann. Insoweit ist für minderjährige Schüler das elterliche Erziehungsrecht hinzuzudenken. Die Regeln der zivilrechtlichen Geschäftsfähigkeit sind jedoch nicht ohne Modifikation auf öffentlich-rechtliche Rechtsverhältnisse anwendbar. Das öffentliche Recht kann auch einem Minderjährigen (im Sinne des Zivilrechts) eine partielle Handlungsfähigkeit zuerkennen.[73] Ob ein Schüler in diesem Sinne handlungsfähig ist, also Rechte ohne Hilfe der Eltern ausüben kann, hängt nicht nur von der jeweiligen Rechtsbegründungsnorm, sondern gewiß auch vom geistigen Entwicklungszustand des Schülers ab. Nur zum Teil existieren insoweit ausdrückliche Regelungen.[74]

b) Pflichten des Schülers

§ 25 SchVG und § 3 ASchO stellen an die Spitze Aussagen über die **Rechte** des Schülers, nicht über dessen **Pflichten**. Dies ist eine modernistischen Tendenzen entsprechende Täuschung, die leider oft bei Schülern (und Lehrern) dazu führt, die Prioritäten falsch

---

70 Vgl. *Ronellenfitsch*, DÖV 1981, 933 f.
71 Vgl. z. B. OVG NW, JZ 1976, 273 mit Anm. *Evers*; OVG NW, NJW 1977, 826.
72 Vgl. oben Fn 33.
73 Vgl. *Erichsen/Martens* in: Erichsen/Martens, (Fn 59), S. 145.
74 Z. B. § 5 des Gesetzes über die religiöse Kindererziehung, wonach der 14jährige über sein religiöses Bekenntnis entscheiden kann; für die gerichtliche Klage gegen Versetzungsentscheidungen gilt § 62 VwGO, der im Grundsatz an die Regeln des BGB zur Geschäftsfähigkeit anknüpft.

zu setzen. Die Grundlage des Schulverhältnisses ist und bleibt jedoch die hoheitlich begründete Pflicht des Schülers, eine Schule zu besuchen und regelmäßig und pünktlich am Unterricht teilzunehmen (§ 8 ASchO).

Die **Schulpflicht** umfaßt die Pflicht zum Besuch einer Vollzeitschule (Vollzeitschulpflicht) und die Pflicht zum Besuch der Berufsschule (Berufsschulpflicht) (§ 1 Abs. 1 SchpflG). Die Vollzeitschulpflicht beginnt mit dem 6. Lebensjahr und dauert zehn Schuljahre. Die Berufsschulpflicht dauert bis zur Vollendung des 18. Lebensjahres resp. bis zur Beendigung der Berufsausbildung (§ 11 SchpflG). Verletzungen der Schulpflicht sind Ordnungswidrigkeiten und als solche mit Geldbuße bedroht (§ 20 SchpflG). Daneben besteht die Möglichkeit des sog. Schulzwangs, d.h. der zwangsweisen Zuführung des Schulpflichtigen als hoheitliche Zwangsmaßnahme (§ 19 SchpflG).

Die Schulpflicht besteht in erster Linie darin, am Unterricht und an sonstigen Schulveranstaltungen pünktlich und regelmäßig teilzunehmen (§ 8 ASchO). Schülerstreiks sind damit rechtswidrig.[75] Ferner existiert für den Schüler eine Reihe von stabilisierenden „Nebenpflichten", die sich aus seinem Sonderstatus im Besonderen Gewaltverhältnis ergeben: Gehorsamspflicht gegenüber Schulleiter und Lehrpersonen, Einhaltung der Schulordnung, Unterlassung von Störungen einer geordneten Unterrichts- und Erziehungsarbeit, pflegliche Behandlung des Schuleigentums (§ 3 Abs. 4 Nr. 2 – 4 ASchO). Pflichtverletzungen sowie Verstöße gegen Schulordnung, Hausordnung oder andere schulische Anordnungen können durch Ordnungsmaßnahmen geahndet werden, wenn andere erzieherische Einwirkungen nicht ausreichen. Die Ordnungsmaßnahmen reichen je nach der Schwere des Verstoßes vom Verweis durch die Klassenkonferenz bis zur Verweisung von allen öffentlichen Schulen des Landes durch die obere Schulaufsichtsbehörde (§ 26a SchVG). Als selbständige Pflicht kommt schließlich hinzu, sich im Rahmen der Schulgesundheitspflege untersuchen zu lassen (§ 29 Abs. 2 S. 1 SchVG), § 41 Abs. 5 ASchO).

c) Rechte des Schülers

aa) Grundrechte

Die wichtigsten Rechte des Schülers zählt § 3 ASchO auf. An der Spitze steht der verfassungsmäßige Anspruch jedes Kindes auf Erziehung und Bildung (Art. 8 Abs. 1 S. 1 LV). Ob sich daraus auch ein „Recht auf unverkürzten Unterricht" entsprechend Fächerkatalog und Stundentafel ergibt, erscheint zweifelhaft.[76] Die Geltung der Meinungsfreiheit und der Pressefreiheit im Schulverhältnis wird in § 25 Abs. 1 und 2 SchVG besonders hervorgehoben, aber sogleich in Abs. 3 unter den Vorbehalt näherer Bestimmung durch die ASchO gestellt. Die praktischen Probleme in Konfliktlagen lassen sich jedoch

---

75 Vgl. *Pieroth/Schürmann*, VR 1981, 373 (377).
76 Vgl. *Bryde*, DÖV 1982, 661 (673).

kaum normativ einfangen. Dies hat der Streit um das Plakettentragen in der Schule deutlich gezeigt.[77]

bb) Sonstige Rechte

Entsprechend seiner Teilnahmepflicht hat der Schüler das Recht, am Unterricht und an sonstigen Schulveranstaltungen teilzunehmen und an der Auswahl der Unterrichtsinhalte beteiligt zu werden (§ 12 Abs. 4 SchMG). Ferner hat er das Recht, in Fragen der Schullaufbahn beraten zu werden (§ 3 Abs. 3 Nr. 4 ASchO).

cc) Rechtsschutz

Was den Rechtsschutz des Schülers im Schulverhältnis anbetrifft, so wird man den gerichtlichen Rechtsschutz einerseits und den schulinternen Rechtsschutz andererseits unterscheiden müssen.

Im schulinternen Rechtsschutz werden verschiedene Möglichkeiten eröffnet. Zunächst hat der Schüler ein **Informationsrecht** gegenüber der Schule über alle ihn betreffenden wesentlichen Angelegenheiten (§ 3 Abs. 3 Nr. 2 ASchO). Auf seinen Wunsch ist er jederzeit über seinen Leistungsstand zu unterrichten (§ 21 Abs. 5 ASchO). Jeder Schüler hat das Recht, sich beim **Schulleiter** zu beschweren, wenn er sich in seinen Rechten beeinträchtigt sieht (§ 50 Abs. 2 ASchO). Darüberhinaus steht ihm die Möglichkeit der Aufsichtsbeschwerde offen, die über den Schulleiter der **Schulaufsichtsbehörde** zur Entscheidung zuzuleiten ist (§ 50 Abs. 3 ASchO). Auch kann sich der Schüler im Vorfeld von Rechtsbehelfen an den Lehrerrat wenden und um Vermittlung bitten (§ 8 Abs. 3 SchMG).

Entscheidungen der Schule, die Verwaltungsakte darstellen, könen von den Eltern oder den volljährigen Schülern im Widerspruchsverfahren angegriffen und mit der anschließenden Klage vor dem Verwaltungsgericht angefochten werden (§ 50 Abs. 4 ASchO). Zu beachten ist jedoch, daß Prüfungsentscheidungen und pädagogische Beurteilungen „persönlichkeitsbedingte Werturteile" darstellen, die nur partiell nachvollziehbar und nach dem Maß ihres Rationalitätsdefizits einer gerichtlichen Kontrolle entzogen sind.[78] Die gerichtliche Kontrolle kann sich nur darauf erstrecken, ob das Verfahren ordnungsgemäß durchgeführt worden ist, ob die Prüfer von falschen Tatsachen ausgegangen sind, ob sie allgemein anerkannte Bewertungsmaßstäbe nicht beachtet haben, ob sie sich von sachfremden Erwägungen haben leiten lassen und ob die Bewertung unter keinem erdenklichen wissenschaftlichen oder pädagogischen Gesichtspunkt gerechtfertigt sein kann und daher willkürlich ist.

---

77 Vgl. dazu etwa VGH Baden-Württemberg, DVBl. 1976, 638; BayVGH, NJW 1984, 457; VG Karlsruhe, RdJB 1978, 471; *Niehues,* Schul- und Prüfungsrecht, Rdnr. 227.
78 Vgl. *Niehues,* aaO (Fn 77), Rdnr. 470 ff.

d) Schülerpresse[79]

§ 25 Abs. 2 SchVG garantiert das Recht, Schülerzeitungen auf dem Schulgrundstück zu verbreiten. **Schülerzeitungen** sind „periodische Druckschriften, die von Schülern einer oder mehrerer Schulen für deren Schüler gestaltet oder herausgegeben werden. Sie unterliegen nicht der Verantwortung der Schule" (§ 37 Abs. 1 S. 2 und 3 ASchO). Dies unterscheidet sie von den **Schulzeitungen**, die unter der Verantwortung der Schule stehen (§ 37 Abs. 8 ASchO). „Die Schülerzeitung dient dem Gedankenaustausch und der Auseinandersetzung mit schulischen, kulturellen, wissenschaftlichen, gesellschaftlichen und politischen Problemen" (§ 37 Abs. 2 S. 1 ASchO). Als Teil der Presse unterliegen die Schülerzeitungen dem Landespressegesetz.

Herausgabe und Vertrieb der Schülerzeitungen bedürfen keiner Genehmigung. Eine Zensur ist unzulässig (§ 25 Abs. 2 S. 2 SchVG, § 37 Abs. 3 ASchO). Jedoch findet das Recht der Schülerpressefreiheit seine Grenze in der Gewährleistung des Bildungs- und Erziehungsauftrages der Schule.[80] Eine Beeinträchtigung des Bildungs- und Erziehungsauftrags der Schule sowie ein Verstoß gegen allgemeine Gesetze oder gegen gesetzliche Bestimmungen zum Schutze der Jugend oder eine Verletzung des Rechts der persönlichen Ehre berechtigt den Schulleiter, den Vertrieb der Schülerzeitung auf dem Schulgrundstück zu untersagen (§ 37 Abs. 5 ASchO). Dasselbe gilt für Flugblätter (§ 37 Abs. 6 ASchO). Ein Vertriebsverbot kann jedoch nur dann rechtzeitig ausgesprochen werden, wenn der Schulleiter von dem Inhalt der Schülerzeitung **vor** dem Vertrieb Kenntnis erhält. Eine solche Pflicht zur Kenntnisgabe ist mit dem Zensurverbot vereinbar,[81] bedarf aber der besonderen Regelung.

e) Lernmittelfreiheit

Art. 9 Abs. 2 S. 1 LV statuiert die Regelung der Schulgeldfreiheit sowie der Lehr- und Lernmittelfreiheit für alle Schulen als Verfassungspflicht des Gesetzgebers. Die verfassungsrechtlich geforderte Regelung trifft das LFG[82] sowie die dazu ergangene Rechtsverordnung vom 24. März 1982 (GV. 166). Danach werden den Schülern öffentlicher Schulen und der privaten Ersatzschulen Schulbücher und sonstige Lernmittel auf Kosten des Schulträgers zum befristeten Gebrauch unentgeltlich überlassen oder, soweit dies wegen der Art der Lernmittel erforderlich ist, zum dauernden Gebrauch übereignet.

---

79 Dazu *Niehues*, aaO (Fn 77), Rdnr. 229 ff; *Pieroth/Schürmann*, VR 1981, 373 (378 ff.); *Rieger*, RdJB 1982, 454 ff.; *Jarass*, DÖV 1983, 609 ff.
80 Vgl. *Pieroth/Schürmann*, VR 1981, 373 (379).
81 Vgl. *Jarass*, DÖV 1983, 609 (614 f.).
82 Lernmittelfreiheitsgesetz i.d.F.d. Bekanntmachung v. 24. März 1982 (GV. 165).

5. Die Rechtsstellung der Eltern

a) Grundlagen

Das Fundament der Rechtsstellung der Eltern in der Schule ist das verfassungsrechtlich verbürgte elterliche Erziehungsrecht (Art. 6 Abs. 2 S. 1 GG, Art. 8 Abs. 1 S. 2 LV). Zu unterscheiden sind zwei Komponenten des Elternrechts in der Schule: das Elternrecht als Individualrecht und das Elternrecht als Kollektivrecht, d. h. als von allen Eltern gemeinschaftlich auszuübendes Recht.[83] Nach Meinung des BVerfG verbürgt Art. 6 Abs. 2 S. 1 GG das elterliche Erziehungsrecht nur als Individualrecht. Kollektive elterliche Mitwirkungsbefugnisse in der Schule lassen sich danach aus Art. 6 Abs. 2 S. 1 GG nicht herleiten.[84] Für Nordrhein-Westfalen wird das kollektive Elternrecht in Art. 10 Abs. 2 LV jedoch verfassungsrechtlich ausdrücklich garantiert. Danach wirken die Erziehungsberechtigten durch Elternvertretungen an der Gestaltung des Schulwesens mit. Auf welche Weise dies geschieht, ist im SchMG im einzelnen geregelt.[85] Im folgenden geht es in erster Linie um die einfachrechtlichen Konkretisierungen des Elternrechts als Individualrecht. Wie sich zeigen wird, kommt jedoch auch außerhalb des SchMG die kollektive Komponente des Elternrechts zum Vorschein, wie namentlich bei der Bestimmung der Schulart, die ein bestimmtes Quorum der Elternstimmen voraussetzt.

b) Rechte der Eltern

aa) Informationsanspruch

Den Eltern steht gegen die Schule ein umfassender Informationsanspruch zu.[86] Das BVerfG leitet diesen Informationsanspruch aus Art. 6 Abs. 2 S. 1 GG in Verbindung mit der im Förderstufen-Urteil verwendeten Kooperationsformel her.[87] Danach sind das individuelle elterliche Erziehungsrecht und der staatliche Erziehungsauftrag der Schule nach dem Grundsatz praktischer Konkordanz aufeinander abzustimmen mit dem Ziel, die **eine** Persönlichkeit des Kindes zu bilden. Ein solches aufeinander bezogenes Zusammenwirken von Eltern und Schule ist jedoch ohne gegenseitige Unterrichtung nicht sinnvoll möglich. Die Schule ist deshalb verpflichtet, die Eltern über alle Vorgänge zu unterrichten, die das elterliche Erziehungsrecht berühren können. Dazu gehören insbesondere auch Informationen über Leistungen und Verhalten des Kindes und im Zusammenhang damit auftretende Schwierigkeiten. Zur Erfüllung der Informa-

---

83 Vgl. dazu *Ossenbühl,* aaO (Fn 5), S. 96; *Fehnemann,* AöR 105 (1980), 529 (536 ff., 545 ff.).
84 BVerfGE 59, 360 (380); ebenso *Schmitt-Kammler,* Elternrecht und schulisches Erziehungsrecht, 1983, S. 60; über die zahlreichen Gegenstimmen unterrichtet *Fehnemann,* AöR 105 (1980), 545 ff.; vgl. ferner *Ossenbühl,* aaO (Fn 5), S. 98 ff.
85 Vgl. oben III.
86 Vgl. *Ossenbühl,* Rechtliche Grundfragen der Erteilung von Schulzeugnissen, S. 21 ff.
87 BVerfGE 59, 360 (381).

tionspflicht der Schule (§ 39 Abs. 1 ASchO) sind gem. § 11 Abs. 11 SchMG Elternsprechstunden durch die Lehrer abzuhalten. Ferner soll zur persönlichen Beratung der Eltern je Schulhalbjahr ein Elternsprechtag abgehalten werden. Nach vorheriger Vereinbarung sollen die Lehrer in Ausnahmefällen aber auch außerhalb der Elternsprechstunden zur Verfügung stehen (§ 39 Abs. 2 S. 2 ASchO). Der Information dient auch das Recht der Eltern, am Unterricht und an Lehrveranstaltungen, die ihre Kinder besuchen, teilzunehmen (§ 11 Abs. 10 SchMG).

bb) Bestimmung der Schullaufbahn

„Der Staat ist verpflichtet, in der Schule die Verantwortung der Eltern für den Gesamtplan der Erziehung ihrer Kinder zu achten und für die Vielfalt der Anschauungen in Erziehungsfragen soweit offen zu sein, als es sich mit einem geordneten Schulsystem verträgt".[88]

Zur Verantwortung der Eltern für den „Gesamtplan der Erziehung ihrer Kinder" gehört auch das aus Art. 6 Abs. 2 S. 1 GG resultierende Recht, den Bildungsweg des Kindes zu bestimmen. Demgemäß steht die Wahl der Schulform den Eltern zu (§ 4 Abs. 2 ASchO). Dieses Wahlrecht darf der Staat „nicht mehr als notwendig begrenzen".[89] Die integrierte Gesamtschule als einzige Schulform wäre mit dem elterlichen Bestimmungsrecht verfassungsrechtlich unvereinbar.[90]

cc) Bestimmung der religiösen Erziehung

Den Eltern steht ferner das Recht zu, im Rahmen des organisatorisch Möglichen die religiöse Erziehung ihrer Kinder in der Schule zu bestimmen. Zu diesem Zweck ist ihnen die Befugnis eingeräumt, außer der Schulform auch die **Schulart** zu wählen (§ 26 Abs. 2 SchOG, § 4 Abs. 1 und 2 ASchO). Das Wahlrecht der Eltern hinsichtlich der Schulart wird dadurch verstärkt, daß sie bei der Errichtung, Teilung und Zusammenlegung von Grundschulen die Schulart bestimmen (§ 17 Abs. 2 SchOG). Grundschulen sind in Gemeinschaftsschulen, Bekenntnisschulen oder Weltanschauungsschulen umzuwandeln, wenn Eltern, die zwei Drittel der die Schule besuchenden Schüler vertreten, dies beantragen (§ 17 Abs. 3 SchOG). Das Bestimmungsrecht der Eltern hinsichtlich der Schulart wird in einem geheimen Abstimmungsverfahren und in einem Anmeldeverfahren ausgeübt (§ 23 Abs. 2 SchOG); es steht unter dem sachlichen Vorbehalt der Gewährleistung eines „geordneten Schulbetriebes" (Art. 12 Abs 3 S. 2 LV). Sind die Voraussetzungen eines geordneten Schulbetriebes nicht erfüllt, so ist eine Gemeinschaftsschule einzurichten (§ 24 SchOG). Zu den Voraussetzungen eines geordneten Schulbetriebes gehört in der Regel, daß Grundschulen mindestens einzügig und Hauptschulen in den Klassen 5 bis 9 mindestens zweizügig gegliedert sind (§ 16a Abs. 2 SchOG).

---

88 BVerfGE 59, 360 (380).
89 BVerfGE 59, 360 (379).
90 Vgl. *Clemens*, NVwZ 1984, 65 (69).

Hauptschulen sind zwar von Amts wegen als Gemeinschaftsschulen zu errichten (Art. 12 Abs. 4 S. 1 LV). Auf Antrag der Erziehungsberechtigten sind Hauptschulen jedoch als Bekenntnis- oder Weltanschauungsschulen zu errichten, soweit ein geordneter Schulbetrieb gewährleistet ist und die übrigen Kinder eine Gemeinschaftsschule in zumutbarer Weise erreichen können (Art. 12 Abs. 4 S. 2 LV, § 18 Abs. 2 SchOG). Eine Umwandlung von Hauptschulen in Bekenntnis- und Weltanschauungsschulen scheidet jedoch aus (Rückschluß aus § 18 Abs. 3 SchOG).

Die Eltern religionsunmündiger[91] Kinder können schließlich bestimmen, daß ihr Kind vom Religionsunterricht befreit wird (Art. 14 Abs. 4 LV, § 34 SchOG, § 11 Abs. 3 ASchO).

dd) Anhörrechte

Schließlich haben die Eltern in bestimmten Fällen das Recht der Anhörung oder der Stellungnahme, etwa bei der Zurückstellung vom Schulbesuch (§ 4 Abs. 1 SchpflG), bei der Entscheidung über die Pflicht zum Besuch einer Sonderschule oder Anstalt (§§ 7, 8 SchpflG), bei der Verhängung von Ordnungsmaßnahmen (§ 26a Abs. 7 SchVG) usw.

c) Pflichten der Eltern

Die Eltern sind verpflichtet, bei der Erfüllung des Bildungs- und Erziehungsauftrages der Schule mitzuwirken. Dies geschieht kollektiv in den Formen der Mitwirkung nach dem SchMG. Daneben haben die Eltern individuelle Pflichten, die ausschließlich ihr Kind betreffen. Die Eltern sind verpflichtet, die Schule bei der Erfüllung ihrer Aufgaben zu unterstützen (§ 40 Abs. 1 S. 1 ASchO). Insbesondere haben sie ihre schulpflichtigen Kinder bei der zuständigen Schule an- und abzumelden, dafür Sorge zu tragen, daß sie am Unterricht und an sonstigen Schulveranstaltungen regelmäßig teilnehmen, und sie haben ihre Kinder für den Schulbesuch ordnungsgemäß auszustatten (§ 16 SchpflG, § 40 Abs. 1 S. 2 ASchO). Über Schulversäumnisse haben die Eltern die Schule spätestens am zweiten Unterrichtstag zu benachrichtigen (§ 9 Abs. 1 ASchO). Die Eltern sollen von ihrem Informations- und Beratungsanspruch aus § 39 Abs. 1 ASchO Gebrauch machen (§ 40 Abs. 3 ASchO).

6. Die Rechtsstellung des Lehrers

a) Rechtsstatus

Die Lehrer an öffentlichen Schulen des Landes, der Gemeinden und Gemeindeverbände sind im Regelfall Bedienstete des Landes und ihrem Rechtsstatus nach Beamte (§ 22 SchVG). Nur in Ausnahmefällen können Lehrkräfte im Angestelltenverhältnis oder

---

[91] Religionsmündigkeit tritt mit Vollendung des 14. Lebensjahres ein, § 5 des Gesetzes über die religiöse Kindererziehung.

nebenberuflich beschäftigt werden (§ 24 SchVG). Als Beamter unterliegt der Lehrer den geltenden beamtenrechtlichen Vorschriften. Seine Rechte und Pflichten sind dem Landesbeamtengesetz[92] zu entnehmen. Seine spezifischen Dienstpflichten ergeben sich aus den speziellen schulrechtlichen Vorschriften. Die Tätigkeit in den Mitwirkungsgremien der Schule gehört zu seinen dienstlichen Obliegenheiten (§ 18 Abs. 7 S. 1 SchMG).
Lehrer kann nur werden, wer die Befähigkeit zu einem Lehramt erworben hat. Die vormals an den verschiedenen Schulformen (Volksschule, Realschule, Gymnasium) orientierten Lehrämter knüpfen heute an die verschiedenen Schulstufen an (§ 4 LABG). Damit kennt Nordrhein-Westfalen den sog. Stufenlehrer. Sein Lehramt bezieht sich z. B. auf die Primarstufe, Sekundarstufe I oder Sekundarstufe II oder auf die Sonderpädagogik. Ein Lehrer kann auch die Lehrbefähigung für zwei Lehrämter erwerben. Die Befähigung für die Lehrerlaufbahnen wird nach den Vorschriften des LABG bzw. der Laufbahnverordnung[93] erworben (§ 50 LVO).

b) Die pädagogische Freiheit und Verantwortung[94]

Der Rechtsstatus des Lehrers ist gekennzeichnet durch eine Doppelrolle. Der Lehrer ist seinem **Status** nach Angehöriger des öffentlichen Dienstes, im Regelfalle Beamter; seiner **Funktion** nach ist er Erzieher und Wissensvermittler. Als **Beamter** unterliegt er der Gehorsamspflicht; er ist weisungsgebunden. Als Erzieher hingegen lebt er weitgehend von der Eigendynamik seiner Persönlichkeit, muß er der Eigengesetzlichkeit der Pädagogik überlassen bleiben. Diese Inkongruenz zwischen dem Beamten*status* und der Erziehungs*funktion* des Lehrers macht die der Rechtsstellung des Lehrers eigene Problematik und Spannungslage aus.[95] Begrifflich wird diese Spannungslage durch die Kategorie der „pädagogischen Freiheit" eingefangen. Mit ihr soll die eigenartige Mischung von Bindung und Freiheit des Lehrerberufs zum Ausdruck gebracht werden.

Der Sache nach hat die pädagogische Freiheit ihren normativen Niederschlag erstmals in der Schulgesetzgebung für das Land Nordrhein-Westfalen gefunden.[96] Heute ist die pädagogische Freiheit in § 3 Abs. 2 S. 1 SchMG verbürgt, wo es heißt: „Die Lehrer unterrichten und erziehen die Schüler in **Freiheit und Verantwortung** im Rahmen der geltenden Vorschriften und Konferenzbeschlüsse." Das Gesetz verwendet die Begriffe „Freiheit" und „Verantwortung" nebeneinander. Entsprechend wechselhaft ist die Nomenklatur in anderen Ländergesetzen und im Schrifttum.[97] Dies hängt mit der Eigenart des Sachverhaltes zusammen, der mit diesen Begriffen erfaßt werden soll.

---

92 Landesbeamtengesetz i.d.F.d. Bekanntmachung v. 1. Mai 1981 (GV. 234).
93 Vom 9. Januar 1973, seitdem mit zahlreichen Änderungen versehen, s. v. *Hippel/Rehborn*, Gesetze des Landes NRW, Nr. 39.
94 Vgl. *Niehues*, aaO (Fn 77), Rdnr. 303 ff.; *Ossenbühl*, DVBl. 1982, 1157 m.w.N.
95 Vgl. *Ossenbühl*, DVBl. 1982, 1157.
96 § 20 Abs. 3 S. 1 und 2 SchVG v. 03.06.1958 (GV. 241).
97 Vgl. *Ossenbühl*, DVBl. 1982, 1157 (1158).

„Pädagogische Freiheit ist in ihrem Kern keine personale, sondern auf den Schulzweck und damit auf das Interesse des Kindes bezogene Freiheit".[98] „Ähnlich wie das Elternrecht ist die pädagogische Freiheit der sachlichen Begründung nach, wenn auch nicht im technischen Rechtssinn, eine Art **Treuhänderschaft,** sie hat fiduziarischen Charakter".[99] Gegenüber dem Schüler besteht die „Verantwortung", gegenüber Einwirkungen von dritter Seite die „Freiheit" des erziehenden Lehrers.[100]

Versuche einer Begründung der pädagogischen Freiheit aus dem Grundgesetz (Art. 5 Abs. 3 S. 1) haben sich nicht durchsetzen können.[101] Pädagogische Freiheit besteht nach Maßgabe des einfachen Gesetzesrechts; eine verfassungsrechtliche Verbürgung existiert nicht. Die rechtliche Schwierigkeit der Erfassung der pädagogischen Freiheit besteht in ihrer inhaltlichen Substantiierung (Definitionsproblem) und in der Frage ihrer Realisierung (Geltungs- und Sanktionsproblem).[102] Was die inhaltliche Substantiierung anbetrifft, so ist mit pauschalen Charakterisierungen, etwa dem „Verbot einer totalen Durchnormierung des Unterrichts" nichts anzufangen. Ein versierter Kenner des Schulrechts schreibt: „Eine inhaltliche Definition dürfte schwer möglich sein. Sie müßte an allen in Schulunterricht und Schulerziehung vorkommenden Tatbeständen gemessen und erprobt werden".[103] Ein anderer Weg ist in der Tat nicht gangbar, wenn man zu substantiellen Aussagen kommen will. Die pädagogische Freiheit ist an die Adresse der Schulmitwirkungsorgane (§ 3 Abs. 2 S. 2 SchMG), in noch stärkerem Maße aber an die Schulaufsicht (§ 14 Abs. 3 S. 2 SchVG) gerichtet.

Durchmustert man einzelne Bereiche, in denen sich pädagogische Freiheit bewähren muß, so zeigen sich sogleich die Schwierigkeiten der Eingrenzung. Schon die Gleichsetzung von pädagogischer Freiheit und Methodenfreiheit ist unzulässig, weil die Schulaufsicht aus übergeordneten legitimierenden Gründen in die Methodik muß eingreifen können, etwa um eine zwingend gebotene Vereinheitlichung des Schulwesens zu realisieren oder eine Gefährdung der Ausbildungsinteressen der Schüler zu verhindern. Der Bereich der pädagogischen Freiheit ist der Raum der situationsgerechten Umsetzung im täglichen Unterricht. Auch bei der Festlegung des Unterrichtsstoffs sind die Grenzziehungen schwer. Im Sexualkundeurteil hat das BVerfG[104] sich — unvermeidlicherweise — auf die Feststellung beschränkt, stoffliche Festlegungen müßten immer daraufhin geprüft werden, ob sie der pädagogischen Freiheit genügend Raum lassen, ob dem Lehrer im Unterricht auch der Spielraum verbleibt, den er braucht, um seiner pädagogischen Verantwortung gerecht werden zu können.

---

98 *Evers*, VVDStRL 23 (1966), 147 (181).
99 *Stock*, Pädagogische Freiheit und politischer Auftrag der Schule, S. 244; *Starck*, DÖV 1979, 269 (273).
100 Vgl. *Ossenbühl*, DVBl. 1982, 1157 (1159).
101 Vgl. *Ossenbühl*, DVBl. 1982, 1157 (1160).
102 Vgl. *Ossenbühl*, DVBl. 1982, 1157 (1161 ff.).
103 *Heckel*, ZBR 1965, 129 (130).
104 BVerfGE 47, 83.

Problematisch ist der fachfremde Einsatz des Lehrers,[105] der in der Praxis offenbar weit verbreitet ist. Mit der Lehrbefähigung ist der **sachliche** Rahmen des pädagogischen Amtes abgegrenzt, das dem Lehrer zugewiesen ist und das seinen Tätigkeitsbereich umreißt. Die Lehrbefähigung erstreckt sich prinzipiell nicht auf den Unterricht in einer Schulstufe schlechthin, sondern ist darüberhinaus sachlich begrenzt durch die Unterrichtsfächer, die der Lehrer studiert und in denen er seine Prüfungen abgelegt hat. Fachfremder Einsatz ist nur zeitlich begrenzt und nur in Ausnahmefällen zulässig, wobei die Ausnahmesituation durch die personelle Notsituation, die zeitliche Begrenzung des Einsatzes und die Fachverwandtschaft markiert wird.

Unproblematisch ist die innerschulische Beurteilung und Kontrolle des Lehrers in seiner Tätigkeit. Eine Beeinträchtigung der pädagogischen Freiheit kann darin nicht erblickt werden. Pädagogische Freiheit impliziert Lehrermacht. Sie schließt die Möglichkeit ein, in einem der Öffentlichkeit nicht zugänglichen Raum tiefgehenden Einfluß auf junge Menschen auszuüben. Dieser wichtige und prinzipiell der Transparenz entzogene Raum darf nicht auch noch der Kontrolle entzogen werden. − In diesem Zusammenhang ist des weiteren zu betonen, daß der Lehrer von seinem Grundrecht der Meinungsfreiheit nur einen dem pädagogischen Zweck und seiner Aufgabe entsprechenden Gebrauch machen darf. Manipulation, Indoktrination, Agitation, Missionierung usw. sind durch die Meinungsfreiheit des Lehrers nicht abgedeckt.[106] Vielmehr hat der Lehrer seine Aufgaben unparteiisch wahrzunehmen. Dies schließt die politische Meinungsäußerung des Lehrers im Unterricht nicht aus, erlegt ihm jedoch eine besondere Pflicht zu ausgewogener Darstellung und zur Zurückhaltung auf (§ 35 Abs. 3 ASchO).

Kein Problem der pädagogischen Freiheit bildet die Schülerbeurteilung, denn hierbei geht es nicht um eine Maßnahme des Erziehungsprozesses, sondern vielmehr um die Bewertung des Erziehungsergebnisses. Dem Lehrer steht bei der Schülerbeurteilung nicht, wie es für das Wesen der pädagogischen Freiheit kennzeichnend ist, ein Raum freier Gestaltung zur Verfügung, den er eigenschöpferisch auszufüllen hätte; vielmehr hat der Lehrer hier die Aufgabe, ein gerechtes pädagogisches Fachurteil abzugeben. Da jedoch nur der Lehrer über die Kenntnis der notwendigen Grundlagen für eine abschließende Beurteilung verfügt, fällt die Leistungsbeurteilung in seine Verantwortung (§ 9 Abs. 3 S. 3 SchMG). Diese Vorschrift des SchMG weist zunächst jedoch nur Einmischungsversuche der Klassenkonferenz zurück. Eine andere Frage ist die, ob und inwieweit die Schulaufsichtsbehörde Lehrerbeurteilungen aufheben oder korrigierend abändern kann. Diese Frage ist nach wie vor ein umstrittenes Thema und in § 14 SchVG nicht ausdrücklich geregelt.[107]

Eine letzte Bemerkung betrifft die Frage, ob die pädagogische Freiheit in irgendeiner Weise sanktioniert ist. Dies wäre nur dann in wirksamer Form der Fall, wenn die päd-

---

105 Dazu § 66 Abs. 3 Entwurf für ein Landesschulgesetz, Schule im Rechtsstaat I, Bericht der Kommission Schulrecht des DJT, 1981.
106 Vgl. *Ossenbühl,* AöR 98 (1973), 361 (381 f.) mit Nachweisen aus der Rechtsprechung.
107 Vgl. *Ossenbühl,* DVBl. 1982, 1157 (1163 f.).

agogische Freiheit als subjektiv-öffentliches Recht des einzelnen Lehrers ausgeprägt wäre. Von der Existenz eines solchen subjektiv-öffentlichen Rechts kann nach der Gesetzeslage in NRW nicht ausgegangen werden. § 3 Abs. 2 S. 1 SchMG ist eine Aufgaben- und Pflichtzuweisungsnorm, in der die pädagogische Freiheit und Verantwortung als Leitlinie erscheint, aber nicht als persönlicher Lehreranspruch ausgeformt ist.

7. Schulverwaltung und Schulaufsicht

a) Begriffliches

Schulverwaltung und Schulaufsicht sind keine disparaten Begriffe oder Bereiche. Der Begriff der Schulaufsicht ist ein herkömmlicher Verfassungsbegriff. Er fand sich schon in Art. 144 WRV und wird in Art. 7 Abs. 1 GG ebenso verwendet wie in Art. 8 Abs. 3 S. 3 LV. Unter dem Begriff der staatlichen Schulaufsicht versteht man den „Inbegriff der staatlichen Herrschaftsrechte über die Schule, nämlich die Gesamtheit der staatlichen Befugnisse zur Organisation, Planung, Leitung und Beaufsichtigung des Schulwesens".[108] Der Begriff der Schulaufsicht ist also ein Sammelbegriff für verschiedenartige administrative Funktionen und Aufgaben. „Zur Schulaufsicht im Sinne des Art. 7 Abs. 1 GG gehört jedenfalls die Befugnis des Staates zur zentralen Ordnung und Organisation des Schulwesens mit dem Ziel, ein Schulsystem zu gewährleisten, das allen jungen Bürgern gemäß ihren Fähigkeiten die dem heutigen gesellschaftlichen Leben entsprechenden Bildungsmöglichkeiten eröffnet. Dem Staat steht die Schulplanung und die Möglichkeit der Einwirkung auf Errichtung, Änderung und Aufhebung der einzelnen öffentlichen Schule zu".[109] Zum staatlichen Gestaltungsbereich gehört ebenso die Festlegung der Ausbildungsgänge und Unterrichtsziele.[110]

Besteht demgemäß in der Frage, was der Staat gegenüber der Gesellschaft im Schulwesen tun darf, weithin Einigkeit, so erhebt sich andererseits das Problem der Abgrenzung der Kompetenzen im Schulwesen zwischen Staat und Gemeinden.[111] Die herkömmliche Auffassung versucht, das Grenzziehungsproblem in dieser Frage durch die schon in § 179b der Preußischen Städteordnung vorgesehene Trennung zwischen „inneren" und „äußeren" Schulangelegenheiten zu bewältigen. Die in der staatlichen Kompetenz stehenden „inneren" Schulangelegenheiten umfassen die eigentliche Erziehungs- und Bildungsarbeit, nämlich die Festlegung der Erziehungs- und Lernziele, Schulbesuchspflicht, Schulordnung, Stellung der Lehrer etc., während sich die in der Zuständigkeit der Gemeinden stehenden „äußeren" Schulangelegenheiten auf die Beschaf-

---

108 BVerfGE 26, 228 (238); 34, 165 (182); 47, 46 (71).
109 BVerfGE 26, 228 (238).
110 BVerfGE 34, 165 (182).
111 Vgl. dazu *v. Campenhausen*, Erziehungsauftrag und staatliche Schulträgerschaft, S. 91 ff.; *Kloepfer*, DÖV 1971, 837 ff.; *Oppermann*, Gutachten C zum 51. DJT, 1976, S. 69 ff.; *Niehues*, aaO (FN 77), Rdnr. 129 ff.

Schul Verf G   § 10a   IV
  (Bedürfnis)   Elternwille

                              Vos Gem.
Schließung   § 8 ⇒ Abs. VI
          u.a.
schriftl. + Gen. des MK
         bzw. best. Schulaufs.beh.

Schulbezirke   § 9

                                    Lobbyarbeit
                                    Vgl. Gebäude
                                    etc. Eltern

Sch Verf G + RVO

fung und Bereitstellung der sächlichen Mittel beziehen, die Schule erst ermöglichen (Schulbauten, Lehr- und Lernmittel etc.). Diese Zweiteilung hat ihren plastischen Ausdruck gefunden in dem vielzitierten Satz von *Gerhard Anschütz:* „Die Gemeinde baut, als Trägerin der äußeren Schulverwaltung, das Haus; Herr im Hause aber ist der Staat".[112] Diese Grundstruktur der Aufgabenteilung zwischen Staat und Gemeinden findet sich auch im geltenden Recht wieder, wobei die „äußeren" Schulangelegenheiten hier im Schwerpunkt unter dem Thema „Schulverwaltung", die „inneren" Schulangelegenheiten unter dem Stichwort „Schulaufsicht" dargestellt werden.

b) Verwaltung der öffentlichen Schulen

aa) Schulträger

Die öffentlichen Schulen sind nichtrechtsfähige öffentliche Anstalten des Schulträgers (§ 6 SchVG). Den Schulen kommt also keine eigene Rechtssubjektivität zu. Schulträger hingegen können nur juristische oder natürliche Personen sein (§ 2 Abs. 2 SchVG). Schulträger ist, wer für die Errichtung, Organisation und Verwaltungsführung der einzelnen Schule rechtlich unmittelbar die Verantwortung trägt und zur Unterhaltung der Schule eigene Leistungen erbringt (§ 2 Abs. 1 SchVG).[113]

Die Schulträgerschaft im Lande Nordrhein-Westfalen ist durch Gesetz vom 6. November 1973[114] grundlegend neu geregelt worden. Durch eine Vereinheitlichung der Schulträgerschaft sollte ein wichtiges Teilstück der angestrebten Verwaltungsreform verwirklicht, zugleich aber auch die organisatorische Voraussetzung für die Fortentwicklung der Stufung des Schulwesens geschaffen werden.[115] Zu diesem Zweck ist die Trägerschaft für alle öffentlichen schulischen Einrichtungen auf die Gemeinden und Gemeindeverbände übertragen worden. Demzufolge sind die Gemeinden verpflichtet, Grundschulen und Hauptschulen zu errichten und fortzuführen (§ 10 Abs. 1 und 2 SchVG). Dieselbe Verpflichtung trifft die kreisfreien Städte und die Kreise in Bezug auf die Berufsschulen (§ 10 Abs. 3 S. 1 SchVG). Darüberhinaus sind die Gemeinden verpflichtet, Realschulen, Gymnasien und Gesamtschulen zu errichten und fortzuführen, wenn ein Bedürfnis dafür besteht. Dasselbe gilt für die Errichtung und Fortführung von berufsbildenden Schulen durch die kreisfreien Städte und Kreise.

---

112 Die Verfassung des Deutschen Rechts vom 11. August 1919: ein Kommentar für Wissenschaft und Praxis, 1933, unveränderter Nachdruck 1965, Art. 143 Erl. 2.
113 Vgl. zum Begriff des Schulträgers ferner *Jürgen Staupe*, Strukturen der Schulträgerschaft und Schulfinanzierung, in: Max-Planck-Institut für Bildungsforschung (Hrsg.), Bildung in der Bundesrepublik Deutschland, Bd. 2, 1980, S. 868 ff.; *Denzer*, Schulträgerschaft – Schulentwicklung, in: Püttner (Hrsg.), HdbKWP, Bd. 4, S. 145 ff.
114 GV. 492.
115 Vgl. *Margies*, aaO (Fn 23), Einl. Rdnr. 74 f.

Die Frage des Bedürfnisses hängt von der Zahl der Schüler ab (§ 10a SchVG). Bei der Festsetzung des Bedürfnisses ist auch der Wille der Erziehungsberechtigten zu berücksichtigen (§ 10 Abs. 4 SchVG). Unter Heranziehung der §§ 17, 18 und 23 SchOG ist § 10 Abs. 4 SchVG verfassungskonform in dem Sinne auszulegen, daß die Befragung der Eltern in einem förmlichen Verfahren erfolgen muß.[116]

Die Gemeinden und Gemeindeverbände können sich zur Erfüllung der ihnen obliegenden Aufgaben aus der Schulträgerschaft auch zu Schulverbänden als Zweckverbänden nach den dafür geltenden Bestimmungen zusammenschließen oder zusammengeschlossen werden. Maßgeblich sind die §§ 4 ff. des Gesetzes über die kommunale Gemeinschaftsarbeit in der Fassung der Bekanntmachung vom 1. Oktober 1979 (GV. 621).

Das Schulverwaltungsgesetz enthält in § 10 Abs. 5 ff. weitere detaillierte Regelungen betreffend die Schulträgerschaft für Sonderschulen und Versuchsschulen, in die auch die Landschaftsverbände und das Land als potentielle Schulträger einbezogen sind.

bb) Schulentwicklungsplanung[117]

Gemeinden und Kreise sind als Schulträger verpflichtet, einen Schulentwicklungsplan aufzustellen und fortzuschreiben. Einzelheiten zur Schulentwicklungsplanung regeln § 10b SchVG und die dazu ergangene Rechtsverordnung (SEP-VO) vom 14. Juni 1983.[118] Der Schulentwicklungsplan dient der Sicherung eines gleichmäßigen und alle Schulformen umfassenden Bildungs- und Abschlußangebotes in allen Landesteilen. Er ist dem Regierungspräsidenten zur Kenntnis zu geben (§ 10 Abs. 3 SchVG) und beim Schulträger zur Einsicht auszulegen (§ 10 Abs. 4 SchVG). Der Schulentwicklungsplan ist als mittelfristiger Zielplan für einen Zeitraum von fünf Jahren aufzustellen. Er muß darüberhinaus die langfristigen Entwicklungsvorstellungen erkennen lassen (§ 5 Abs. 1 SEP-VO).

cc) Schulbau und Schulfinanzierung

Der Schulträger ist verpflichtet, die für einen ordnungsgemäßen Unterricht erforderlichen Schulanlagen, Gebäude, Einrichtungen und Lehrmittel bereitzustellen und ordnungsgemäß zu unterhalten sowie das für die Schulverwaltung notwendige Personal zur Verfügung zu stellen (§ 30 Abs. 1 SchVG). Neue Gebäude sind mit Ausnahme der Primarstufe im Rahmen eines Schulzentrums zu errichten. Diese Vorschrift dient der Kostenersparnis, aber auch der Effektuierung der Stufenorganisation des Schulwesens.

---

116 VerfGH NW, DÖV 1984, 379 (380); Aufweichung dieser Entscheidung in OVG NW, NVwZ 1984, 804.
117 *Brockmayer/Hansen,* Problem der Schulentwicklungsplanung am Beispiel Nordrhein-Westfalen, in: Max-Planck-Institut für Bildungsforschung (Hrsg.), Bildung in der Bundesrepublik Deutschland, Bd. 2, 1980, S. 817 ff.
118 Verordnung zur Schulentwicklungsplanung (SEP-VO) vom 14. Juni 1983 (GV. 256); zuletzt geändert durch VO vom 1. März 1985 (GV. 306).

Der Kultusminister kann im Einvernehmen mit den beteiligten Fachministern Richtlinien über den Umfang und die Ausgestaltung der Schulgrundstücke und Schulgebäude sowie über die Einrichtung des Schulgebäudes und über die Ausstattung der Schule mit Lehrmitteln erlassen (§ 31 SchVG).

Die entstehenden Sachausgaben der öffentlichen Schulen trägt der Schulträger (§ 2 SchFG). Die Personalausgaben für die Lehrer an öffentlichen Schulen trägt das Land (§ 3 Abs. 1 SchFG). Die Personalausgaben für die Bediensteten, die nicht Lehrer sind, trägt der Schulträger (§ 3 Abs. 2 SchFG).

dd) Errichtung, Änderung und Auflösung von Schulen

Der Schulträger beschließt über die Errichtung, Änderung und Auflösung von Schulen (§ 8 Abs. 1 SchVG). Als Änderung einer Schule sind der Aus- und Abbau bestehender Schulen, der Wechsel des Schulträgers, die Änderung der Schulform, des Schultyps und der Schulart zu behandeln (§ 8 Abs. 4 SchVG).

Der Beschluß des Schulträgers ist schriftlich festzulegen und bedarf der Genehmigung des Kultusministers oder der von ihm durch Rechtsverordnung bestimmten Schulaufsichtsbehörde (§ 8 Abs. 2 SchVG). Das Gesetz stellt ausführliche Voraussetzungen für positive und negative Versagungsgründe auf. Sie beziehen sich namentlich auf die Bedürfnisfrage, den geordneten Schulbetrieb und das Vorhandensein ausreichender und geeigneter Schulräume. Im übrigen erscheint es schwierig, die Genehmigung der Schulaufsichtsbehörde zu klassifizieren. Im Grundsatz wird man die Genehmigung als Ausdruck eines staatlich-kommunalen Kondominiums[119] zu verstehen haben, weil sich bei den Entscheidungen über Errichtung, Änderung und Auflösung öffentlicher Schulen „innere" und „äußere" Schulangelegenheiten untrennbar vermischen. Bei Errichtungsgenehmigungen wird man überdies auf die Belastung des Landes mit Personalkosten hinweisen müssen, die ihrerseits ein Mitspracherecht erfordert und eine Qualifikation der Genehmigung als rechtliches Unbedenklichkeitsattest eher ausschließt.

Schulen des Landes werden von den obersten Landesbehörden im Rahmen ihres Geschäftsbereichs errichtet (§ 14 Abs. 1 LOG).

ee) Schulbezirke und Schuleinzugsbereiche

Für jede öffentliche **Grundschule** und **Berufsschule** wird durch Rechtsverordnung ein räumlich abgegrenztes Gebiet als Schulbezirk gebildet (§ 9 Abs. 1 SchVG). Die Rechtsverordnung erläßt der Schulträger nach den für Satzungen geltenden Vorschriften. Bei den Schulen, deren Träger eine Innung, eine Handwerkskammer, eine Industrie- und Handelskammer oder eine Landwirtschaftskammer ist, erläßt die Rechtsverordnung die obere Schulaufsichtsbehörde.

---

119 OVG NW, OVGE 19, 192; *Rauball/Pappermann/Roters*, Gemeindeordnung für das Land Nordrhein-Westfalen, Kommentar, 3. Aufl. 1981, § 9 Rdnr. 2, § 112 Rdnr. 3 ff.

Für **andere öffentliche Schulen** kann getrennt nach Schulform, Schulart und Schultyp durch Rechtsverordnung ein **Schuleinzugsbereich** festgelegt werden. Soweit solche Schuleinzugsbereiche bestehen, kann die Aufnahme eines Schülers abgelehnt werden, der nicht im Einzugsbereich wohnt.

c) Schulaufsicht

aa) Formen der Schulaufsicht

Das gesamte Schulwesen steht unter der Aufsicht des Landes (Art. 7 Abs. 1 GG, Art. 8 Abs. 3 S. 2 LV, § 14 Abs. 1 S. 1 SchVG). Die Schulaufsicht wird in zwei Formen ausgeübt: als allgemeine Aufsicht und als Schulaufsicht. Die **allgemeine Aufsicht** ist die Staatsaufsicht über die Gemeinden und Gemeindeverbände als Schulträger nach den dafür geltenden gesetzlichen Vorschriften, also nach den Vorschriften der §§ 106 ff. der Gemeindeordnung für Nordrhein-Westfalen. Die **Schulaufsicht** umfaßt die Dienstaufsicht[120] und Fachaufsicht,[121] die staatliche Ordnung, Förderung und Pflege des Schulwesens (§ 14 Abs. 3 SchVG). Weitere Konkretisierungen der Aufgaben der Schulaufsicht ergeben sich aus anderen Vorschriften, beispielsweise aus § 15 Abs. 3 S. 3 SchVG, wonach dem Regierungspräsidenten als oberer Schulaufsichtsbehörde „insbesondere die Sicherung der fachlichen Anforderungen im Unterricht" obliegt. Den Schulaufsichtsbehörden wird ferner allgemein die Aufgabe gestellt, die pädagogische Selbstverantwortung zu pflegen, Schulträger, Schulleiter, Lehrer und Schüler zur Erfüllung der ihnen obliegenden Pflichten anzuhalten und das Interesse der kommunalen Selbstverwaltung an der Schule zu fördern (§ 14 Abs. 3 SchVG). Die Schulaufsicht wird durch hauptamtlich tätige, fachlich vorgebildete Beamte ausgeübt (Art. 8 Abs. 3 S. 3 LV, § 14 Abs. 5 SchVG).

bb) Schulaufsichtsbehörden

§ 15 SchVG, der Aufbau und Funktion der Schulaufsichtsbehörden regelt, ist durch das Dritte Gesetz zur Funktionalreform vom 26. Juni 1984 (GV. 370) wesentlich geändert worden. Geblieben ist ein dreistufiger Aufbau:
— der Kultusminister als oberste Schulaufsichtsbehörde,
— der Regierungspräsident als obere Schulaufsichtsbehörde,
— das Schulamt als untere Schulaufsichtsbehörde.

Grundlegend neugeordnet worden ist jedoch die Mittelstufe. Hier bestanden noch, aus der preußischen Verwaltung überkommen, bei den Regierungspräsidenten in Düsseldorf und Münster die Schulkollegien als Sonderaufsichtsbehörden für die Gymnasien, Abendgymnasien und Kollegs, die jeweils für mehrere Regierungsbezirke zustän-

---

120 Vgl. § 12 LOG.
121 Vgl. § 13 LOG.

dig waren. Nachdem die verschiedenen Schulformen in Schulstufen aufeinander bezogen worden sind und die Verpflichtung haben, schulfachlich und schulorganisatorisch zusammenzuwirken (§ 5 SchVG), erschien auch eine Vereinheitlichung der Schulaufsicht geboten. Zugleich wurde das Bestreben verfolgt, die Vielzahl der Sonderbehörden abzubauen.[122] Demgemäß wurden die Schulkollegien als Sonderaufsichtsbehörden abgeschafft; die gymnasiale Schulaufsicht wurde in die Schulabteilungen des Regierungspräsidenten integriert. Beibehalten und ausgedehnt wurde jedoch das **Kollegialprinzip**. Nach § 17 SchVG nimmt der Regierungspräsident die Aufgaben der Schulaufsicht durch eine Schulabteilung wahr, die aus schulfachlichen und verwaltungsfachlichen Schulaufsichtsbeamten besteht. Die Grundsätze für die schulfachlichen Entscheidungen der Schulabteilung werden unbeschadet des Weisungsrechts des Kultusministers durch Kollegialbeschluß der Schulaufsichtsbeamten festgelegt.

Das Schulamt als untere Schulaufsichtsbehörde übt die Schulaufsicht über die in seinem Gebiet liegenden Grundschulen, Hauptschulen und prinzipiell auch über die Sonderschulen aus. Durch Verordnung des Kultusministers können den Schulämtern auch weitere allgemeine Angelegenheiten für alle Schulformen und Schulstufen zugewiesen werden (§ 15 Abs. 3 SchVG). Schulämter werden in den kreisfreien Städten und in den Kreisen eingerichtet (§ 18 Abs. 1 SchVG). Das Schulamt besteht aus dem Oberstadtdirektor resp. Oberkreisdirektor und dem schulfachlichen Schulaufsichtsbeamten. Der schulfachliche Schulaufsichtsbeamte ist Landesbeamter (§ 18 Abs. 7 S. 1). Der Aufgabenbereich des Schulamtes ist dreifach gegliedert: in den schulfachlichen, den verwaltungsfachlichen und den gemeinsamen Dienstbereich. Der schulfachliche Dienstbereich wird vom schulfachlichen Schulaufsichtsbeamten wahrgenommen, der verwaltungsfachliche Dienstbereich vom Oberstadtdirektor/Oberkreisdirektor. Zum verwaltungsfachlichen Dienstbereich gehören namentlich die verwaltungsrechtlichen und die haushaltsrechtlichen Angelegenheiten. Jeder entscheidet in seinem Dienstbereich selbständig. Angelegenheiten im gemeinsamen Dienstbereich werden gemeinsam entschieden. Falls keine Einigung erzielt wird, entscheidet der Regierungspräsident (§ 18 Abs. 3 SchVG).

8. Das Recht der Privatschulen (Schulen in freier Trägerschaft)

a) Verfassungsrechtliche Grundlagen

Die verfassungsrechtliche Gewährleistung der Privatschulen hat eine lange Tradition.[123] Im gegenwärtigen Verfassungsrecht sind die Privatschulen sowohl in Art. 7 Abs. 4 und 5 GG wie auch in Art. 8 Abs. 4 LV unter den Schutz der Verfassung gestellt. Art. 7

---

122 LT-Drs. 9/2972, S. 88 ff.
123 Vgl. RdJB 1983, 170; *Lemper/v. Westphalen,* Privatschulen im öffentlichen Schulwesen, schulgeschichtliche, verfassungsrechtliche und bildungspolitische Analysen zur Lage in Nordrhein-Westfalen.

Abs. 4 S. 1 GG enthält eine Absage an ein staatliches Schulmonopol. Mit der **Gründungsfreiheit** verbindet Art. 7 Abs. 4 S. 1 GG zugleich eine **Garantie der Privatschule als Institution,** die der Privatschule verfassungskräftig eine ihrer Eigenart entsprechende Verwirklichung sichert.[124] Damit anerkennt der Verfassunggeber die Privatschule als eine unverzichtbare Institution unserer Gesellschaftsordnung. Freie Schulen ergänzen und effektuieren andere Grundrechtspositionen, namentlich die Glaubens- und Gewissensfreiheit (Art. 4 GG), das Elternrecht (Art. 6 Abs. 2 GG) und die freie Entfaltung der Persönlichkeit (Art. 2 Abs. 1 GG). Insoweit bildet die Privatschulgewährleistung eine Komplementärgarantie zu fundamentalen Grundrechtsverbürgungen. Überdies stehen die Freien Schulen in einem innigen Konnex zu grundgesetzlich vorgegebenen Staatszielbestimmungen, deren Realisierung sie dienen sollen. Zu ihnen gehört das Prinzip der Freiheit im Bildungswesen, die Neutralität des Staates sowie Toleranz im Bildungs- und Erziehungswesen.

Die Institutionsgarantie der Privatschule umfaßt eine Existenz- und eine Funktionsgarantie.[125] Danach ist der Staat verpflichtet, den Privatschulen einen Freiraum für Lehrziele, Lehrmethoden, Auswahl des Lehrpersonals usw. zu belassen. Darüberhinaus hat das BVerwG aus Art. 7 Abs. 4 S. 1 GG auch einen **Leistungsanspruch** des Privatschulunternehmers gegen den Staat abgeleitet.[126] Dieser Anspruch richtet sich auf Subventionierung der Privatschulen, die im Regelfalle ohne staatliche Zuwendungen nicht lebensfähig wären.

Für Nordrhein-Westfalen ist dieser Leistungsanspruch gegen den Staat in Art. 8 Abs. 4 S. 3 LV besonders ausgeprägt. Nach dieser Verfassungsvorschrift haben die Privatschulen „Anspruch auf die zur Durchführung ihrer Aufgaben und zur Erfüllung ihrer Pflichten erforderlichen öffentlichen Zuschüsse". Damit hat das „subjektive Recht der Privatschulen auf staatliche Leistungen Verfassungsrang". Wegen der Unbestimmtheit des Begriffs „erforderlich" und der Notwendigkeit, das Verfahren zu gestalten, in dem die Höhe der Zuschüsse ermittelt wird, bedarf das verfassungsrechtlich gewährleistete Recht einer näheren gesetzlichen Bestimmung.[127]

Art. 8 Abs. 4 LV übernimmt im übrigen den Inhalt des Art. 7 Abs. 4 und 5 GG als Landesverfassungsrecht, indem er diese Grundgesetzvorschriften ausdrücklich zum „Bestandteil dieser Verfassung" erklärt. Ferner werden den genehmigten Privatschulen (Ersatzschulen) die gleichen Berechtigungen garantiert wie den entsprechenden öffentlichen Schulen.

---

124 BVerfGE 27, 195 (200).
125 Vgl. auch *Vogel,* DÖV 1984, 541 (542): „Errichtungs- und Betriebsgarantie".
126 Vgl. BVerwGE 23, 347; 27, 360; BVerwGE 70, 290; BayVGH, NVwZ 1985, 481; dazu *J. P. Vogel,* DVBl. 1985, 1214; weitere Nachweise bei *Müller/Pieroth/Fohmann,* Leistungsrechte im Normbereich einer Freiheitsgarantie, untersucht an der staatlichen Förderung Freier Schulen, S. 29 ff.
127 VerfGH NW, DÖV 1983, 335 (336) = NVwZ 1984, 95; abw. *Petermann,* NVwZ 1982, 543 (545).

b) Arten von Privatschulen

Privatschulen sind alle Schulen, die weder vom Land, von Gemeinden oder Gemeindeverbänden unterhalten werden, noch nach Bundes- oder Landesrecht als öffentliche Schulen gelten (§ 36 Abs. 1 SchOG, § 3 Abs. 4 SchVG). Privatschulen sind Ersatzschulen oder Ergänzungsschulen (§ 36 Abs. 2 SchOG). **Ersatzschulen** sind Privatschulen, die nach dem mit ihrer Errichtung verfolgten Gesamtzweck als Ersatz für eine im Lande vorhandene oder grundsätzlich vorgesehene öffentliche Schule dienen sollen. Sie unterscheiden sich damit von den **Ergänzungsschulen**, für die vergleichbare öffentliche Schulen in der Regel nicht bestehen und in denen der Schulpflicht nicht genügt werden kann.[128]

Diese Unterscheidung ist für die Rechtsstellung der Schulen und der Beteiligten wesentlich. Nur die Ersatzschulen unterliegen einer staatlichen Genehmigungspflicht und einer Staatsaufsicht. Diese Einbeziehung der Ersatzschulen in die staatliche Kontrolle hat ihren Grund darin, daß die Ersatzschulen „als Ersatz für öffentliche Schulen" (so Art. 7 Abs. 4 S. 2 GG) dienen. Diese Ersatzfunktion erfordert eine gewisse Angleichung zwischen öffentlichen Schulen und Privatschulen. Die rechtliche und praktische Problematik liegt darin, daß die notwendige Angleichung nicht in eine unterschiedslose Gleichschaltung entartet und die Privatschulen dadurch ihre Selbständigkeit und ihren Charakter verlieren.[129]

c) Errichtung von Privatschulen

Die Errichtung von **Ergänzungsschulen** bietet keine rechtlichen Probleme. Eine staatliche Genehmigung ist nicht erforderlich. Jedoch ist die Errichtung von Ergänzungsschulen der Schulaufsichtsbehörde „alsbald nach der Errichtung anzuzeigen" (§ 45 Abs. 1 SchOG). Nach § 45 Abs. 3 SchOG bleibt die nähere Ordnung der Rechtsverhältnisse der Ergänzungsschulen besonderer gesetzlicher Regelung vorbehalten. Eine solche Regelung ist bis heute jedoch nicht ergangen und auch nicht in Sicht.

Die **Ersatzschulen** hingegen unterliegen der Genehmigung des Staates. Zuständig ist der Kultusminister (§ 37 Abs. 1 SchOG). Was die Genehmigungsvoraussetzungen betrifft, so knüpft die landesgesetzliche Regelung an die Bestimmungen des Art. 7 Abs. 4 S. 3 und 4 GG an. Nach diesen verfassungsrechtlichen Vorgaben ist die Genehmigung zu erteilen, wenn die privaten Schulen in ihren Lehrzielen und Einrichtungen sowie in der wissenschaftlichen Ausbildung ihrer Lehrkräfte nicht hinter den öffentlichen Schulen zurückstehen und eine Sonderung der Schüler nach den Besitzverhältnissen der Eltern nicht gefördert wird. Die Genehmigung ist zu versagen, wenn die wirtschaftliche und rechtliche Stellung der Lehrkräfte nicht genügend gesichert ist. Diese Verfassungs-

---

[128] BVerfGE 27, 195 (201 f.); *Niehues,* aaO (Fn 77), Rdnr. 159a.
[129] Vgl. BVerfGE 27, 195 (208 f.).

kriterien werden gem. § 37 Abs. 3 SchOG hinsichtlich der Anforderungen an Lehrziele und Einrichtungen sowie der Ausbildung der Lehrkräfte durch den Maßstab der „Gleichwertigkeit" konkretisiert.

Bis zur Feststellung der Gleichwertigkeit kann die **vorläufige Erlaubnis** zum Betriebe der Schule erteilt werden (§ 37 Abs. 4 SchOG). Einzelheiten des Antrags- und Genehmigungsverfahrens regelt die Dritte Verordnung zum SchOG vom 10. Juli 1959 (GV. 125).

Neben den sachlichen Voraussetzungen der Gleichwertigkeit muß der Privatschulunternehmer weitere persönliche Voraussetzungen erfüllen. Er muß die erforderliche persönliche Zuverlässigkeit besitzen und die Gewähr dafür bieten, daß er nicht gegen die verfassungsmäßige Ordnung verstößt (§ 38 SchOG).

Besondere Vorschriften gelten gem. Art. 7 Abs. 5 GG für die Zulassung privater Volksschulen. Eine private Volksschule ist nur zuzulassen, wenn die Unterrichtsverwaltung ein besonderes pädagogisches Interesse anerkennt oder, auf Antrag von Erziehungsberechtigten, wenn sie als Gemeinschaftsschule, als Bekenntnis- oder Weltanschauungsschule errichtet werden soll und eine öffentliche Volksschule dieser Art in der Gemeinde nicht besteht. Auf diese Vorschrift wird in § 43 SchOG verwiesen.

d) Rechtsstellung der Privatschulen

Eine ausführliche Darstellung der Rechtsstellung der Privatschulen müßte nach den verschiedenen Rechtsverhältnissen differenzieren. Zwischen Privatschule und Schülern sowie Privatschule und Lehrern sind die Rechtsbeziehungen prinzipiell zivilrechtlich geregelt, wobei jedoch diese zivilrechtlichen Beziehungen durch öffentlich-rechtliche Bindungen und durch Mitspracherechte des Staates überlagert sind.[130] Im folgenden interessiert namentlich das Verhältnis der Privatschulen zum Staat.

aa) Öffentlichkeitsrechte

Die Ersatzschulen haben gem. Art. 8 Abs. 4 S. 2 LV die „gleichen Berechtigungen" wie die entsprechenden öffentlichen Schulen. Diese Verfassungsgarantie wird in § 37 Abs. 5 SchOG ausgeprägt. Danach haben die Ersatzschulen mit der staatlichen Genehmigung das Recht, mit gleicher Wirkung wie öffentliche Schulen Zeugnisse auszustellen und unter Vorsitz eines staatlichen Prüfungsleiters Prüfungen abzuhalten. Damit ist die im Schrifttum bestehende Kontroverse, ob der Anspruch auf Genehmigung der Ersatzschule auch die Öffentlichkeitsrechte automatisch umfaßt,[131] für Nordrhein-Westfalen ohne praktischen Belang. Öffentlichkeitsrechte kommen nicht ohne weiteres auch den privaten Versuchsschulen zu. Vielmehr können ohne die Berechtigung zur Erteilung von Zeugnissen mit Öffentlichkeitswirkung auch Privatschulen genehmigt werden, die

---

130 Dazu weiter im Text.
131 Vgl. BVerfGE 27, 195 (204 f.).

versuchen wollen, wertvolle pädagogische Reformgedanken zu verwirklichen („Ersatzschulen eigener Art") (§ 37 Abs. 6 SchOG).

bb) Privatschulfreiheit und Schulaufsicht

Das Kernproblem des Rechts der Privatschulen kristallisiert sich in der Spannungslage zwischen der Privatschulfreiheit einerseits und der Staatsaufsicht über das Schulwesen andererseits. Diese Spannungslage ist bereits in den verfassungsrechtlichen Gewährleistungen angelegt (Art. 7 Abs. 1 zu Abs. 4 GG; Art. 8 Abs. 3 S. 2 zu Abs. 4 LV), aber nur zum Teil durch entsprechende Verfassungsdirektiven aufgelöst (Art. 7 Abs. 4 und 5 GG; Art. 8 Abs. 4 LV). Im übrigen ist es Aufgabe der Schulgesetzgebung und der Unterrichtsverwaltungen, die gegebene Spannungslage verfassungsgerecht aufzulösen und Privatschulfreiheit und staatliche Schulaufsicht zur Konkordanz zu bringen.

Zu den drei Privatschulfreiheiten gehören die Freiheit der Unterrichtsgestaltung, die Freiheit der Lehrerwahl und die Freiheit der Schülerwahl. Was die freie Schülerwahl anbetrifft, so sind gesetzliche Einschnürungen nicht vorgesehen.[132] Auch die Personalhoheit über Lehrer an Ersatzschulen steht ausschließlich den Schulträgern zu. Ihnen allein obliegt deshalb auch die Personalauswahl. Jedoch bedürfen Leiter und Lehrer von Ersatzschulen zur Ausübung ihrer Tätigkeit der Genehmigung der staatlichen Schulaufsichtsbehörde (§ 41 Abs. 2 SchOG).

Die Maßstäbe für diese Genehmigung ebenso wie die Erstreckung der Staatsaufsicht über die Privatschulen im übrigen hängen von den verfassungsrechtlich und gesetzlich festgelegten Grenzen der Privatschulfreiheit ab. Die staatliche Schulaufsicht über die Privatschulen ist Rechtsaufsicht.[133] Verwaltungsvorschriften und sonstige interne schulaufsichtliche Anordnungen können als solche die Privatschulfreiheit nicht begrenzen oder einengen.[134] Freilich ist nicht zu verkennen, daß Stil und Maß der staatlichen Schulaufsicht sich nur in groben Zügen gesetzlich fixieren lassen.[135] Die dehnbaren Maßstäbe der Gleichwertigkeit lassen die Grenze zwischen rechtlichen Beanstandungen und fachlichen Weisungen verschwimmen.[136] Hinzu kommt, daß auch die Bemessungskriterien für öffentliche Zuschüsse interpretationsbedürftig sind. Ob sich staatliche Schulaufsicht und Zuschußpolitik hier privatschulfreundlich oder privatschulfeindlich auswirken, hängt weitestgehend von der Einstellung der Schulaufsichtsbehörden ab.

---

132 Bei der Schülerauswahl müssen die Privatschulen jedoch die staatlichen Prüfungs- und Versetzungsordnungen beachten; vgl. BVerwGE 68, 185.
133 Vgl. *Frowein*, Zur verfassungsrechtlichen Lage der Privatschulen unter besonderer Berücksichtigung der kirchlichen Schulen, S. 18 ff.; umfassend *Müller*, aaO (Fn 18), S. 205.
134 *Niehues*, aaO (FN 77), Rdnr. 159b (S. 110).
135 Eine ausführliche Darstellung von Einzelfragen der unterverfassungsrechtlichen Gesetzgebung und Exekutivpraxis in Nordrhein-Westfalen findet man bei *Müller*, aaO (Fn 18), S. 121 – 363.
136 Vgl. auch *Blau*, JA 1984, 463 (465).

Die für die staatliche Schulaufsicht geltenden Rechtsmaßstäbe werden überdies dadurch relativiert und verunsichert, daß es für wesentliche Bereiche an privatschulspezifischen Regelungen fehlt und für öffentliche Schulen konzipierte Vorschriften auf Privatschulen für entsprechend anwendbar erklärt werden. Dies gilt beispielsweise für § 2 Abs. 6 SchMG, wonach das SchMG auf Ersatzschulen „sinngemäß Anwendung" findet oder für § 1 Abs. 3 ASchO, der bestimmt, daß die ASchO auch auf Ersatzschulen anwendbar ist, „soweit die Gleichwertigkeit es erfordert".

e) Privatschulfinanzierung[137]

Die Finanzierung von **Ergänzungsschulen** ist gesetzlich nicht geregelt. Eine Verpflichtung des Staates zur Finanzierung von Ergänzungsschulen ergibt sich auch nicht aus der Verfassung. Im folgenden geht es lediglich um die Finanzierung der **Ersatzschulen**.

aa) Verfassungsrechtliche Grundlagen

Wie schon bemerkt, ist die Privatschulfinanzierung sowohl in Art. 7 Abs. 4 S. 1 GG wie auch in Art. 8 Abs. 4 S. 3 LV verfassungsrechtlich gewährleistet.

Der aus Art. 7 Abs. 4 S. 1 GG resultierende bundesverfassungsrechtliche Leistungsanspruch der Privatschulen ist nach der Rechtsprechung des BVerwG eine Konsequenz aus der verfassungsrechtlichen Institutsgarantie der Privatschulen.[138] Der Grund für die finanzielle Leistungspflicht des Staates liegt danach in der durch die tatsächliche Entwicklung im Bereich des Schulwesens entstandenen Gefährdung für den Fortbestand des als Institution garantierten Ersatzschulwesens insgesamt. Aus Art. 7 Abs. 4 S. 1 GG folgt demnach keine Bestandsgarantie der einzelnen Privatschule. Anspruch auf staatliche Hilfe besteht deshalb nur in dem Maße, wie dies zur Erhaltung der Institution als solcher vonnöten ist. Der ihr als Teil der Institution zustehende Leistungsanspruch ist folglich seinem Umfang nach auf das für die Erhaltung des Bestands der Institution Erforderliche beschränkt.[139]

Der staatliche Leistungsanspruch bezieht sich ferner nicht auf die Errichtungskosten. Staatliche Zuschüsse können deshalb nicht den Zweck haben, eine von vornherein nicht ausreichende solide Existenzbasis auszugleichen. „Art. 7 Abs. 4 GG dient ... nicht dazu, ein nicht vorhandenes Schulträgervermögen zu ersetzen; die in dieser Vorschrift zum Ausdruck kommende Gewährleistung soll nicht die Grundrechtsausübung durch Arme ermöglichen oder erleichtern ..., sondern hat nur die Funktion, das Privatschulwesen angesichts veränderter Rahmenbedingungen für die staatlichen Schulen zu stabilisieren."[140] Entsprechend dem herkömmlichen Bild der Privatschule ist es gerechtfer-

---

137 Vgl. ausführlich *Müller*, aaO (Fn 18), S. 383 ff.; *Petermann*, NVwZ 1982, 543; *Bernhard*, DVBl. 1983, 299; *Vogel*, DÖV 1984, 541; *Niehues*, aaO (Fn 77), Rdnr. 159 d.ff.
138 Zuletzt BVerwGE 70, 290 (292).
139 BVerwGE 70, 290 (292).
140 BVerwGE 70, 290 (295).

tigt, „den Ersatzschulen eine ihren Interessen an der Verfolgung eigener Ziele und Vorstellungen angemessene Eigenleistung und ein dementsprechendes Unternehmerrisiko aufzubürden".[141] Schwierigkeiten bestehen in der Quantifizierung dieses Unternehmerrisikos.

Diese Schwierigkeiten der Quantifizierung tauchen in der Formulierung des Art. 8 Abs. 4 S. 3 LV in anderer sprachlicher Gestalt auf, nämlich in der Fixierung der „erforderlichen" öffentlichen Zuschüsse, auf die nach der Landesverfassung ein Anspruch besteht. Nach Auffassung des VerfGH NW muß der Landesgesetzgeber den unbestimmten Verfassungsbegriff „erforderlich" durch Maßstäbe konkretisieren, aus denen sich mit genügender Bestimmtheit und Voraussehbarkeit ergibt, in welcher Höhe, nach welchen Kriterien und nach welchem Verfahren die Privatschulen Zuschüsse zu ihren Gesamtkosten zu erwarten haben.[142] Damit ist aber freilich noch nicht gesagt, wie weit die legislative Gestaltungsfreiheit reicht und inwieweit aus dem Verfassungsbegriff „erforderlich" für den Gesetzgeber zwingende Vorgaben folgen, die als Verfassungsmaßstäbe einer verfassungsgerichtlichen Kontrolle von Gesetzen zugrunde gelegt werden können.[143]

bb) System der Ersatzschulfinanzierung

Das System der Ersatzschulfinanzierung beruht gem. § 5 Abs. 1 des Gesetzes über die Finanzierung der Ersatzschulen (Ersatzschulfinanzgesetz − EFG) vom 27. Juni 1961 auf dem Bedarfsdeckungsprinzip. Danach werden die staatlichen Zuschüsse nach dem Haushaltsfehlbetrag der Ersatzschule bemessen. Die Schulträger von Privatschulen sind verpflichtet, für jedes Rechnungsjahr einen Haushaltsplan aufzustellen, der die fortdauernden Einnahmen und die fortdauernden Ausgaben für die Schule enthält (§ 4 EFG). Dabei dürfen fortdauernde Ausgaben nur in der Höhe der Aufwendungen vergleichbarer öffentlicher Schulen veranschlagt werden, es sei denn, daß die oberste Schulaufsichtsbehörde ein besonderes pädagogisches Interesse anerkannt hat (§ 7 EFG). Als Eigenleistung hat der Schulträger 15 v. H. der fortdauernden Ausgaben der Ersatzschule aufzubringen. Auf diese Eigenleistung sind die Bereitstellung der Schulräume mit 7 v. H. und der Schuleinrichtung mit 2 v. H. der Ausgaben der Ersatzschule anzurechnen, wenn hierfür Miet- und Pachtzinsen oder ähnliche Vergütungen nicht in dem Haushaltsplan veranschlagt sind (§ 6 Abs. 1 und 2 EFG). Danach verbleiben also im Regelfalle 6 v. H. der fortdauernden Ausgaben beim Schulträger der Ersatzschule; 94 v. H. der Ausgaben der Ersatzschule trägt das Land. Im Zusammenhang mit der Sparpolitik hatte der Landesgesetzgeber § 6 EFG durch Art. 3 des Haushaltsfinanzierungsgesetzes (HFG) vom 16. Dezember 1981 (GV. 732) dahin geändert, daß der Schulträger anstatt wie bisher 15 v. H. noch 10 v. H. Eigenleistung zu tragen habe. Da andererseits die Anrech-

---

141 BVerwGE 70, 290 (293).
142 VerfGH NW, DÖV 1983, 335 (336).
143 Vgl. zum Problem: *Bernhard,* DVBl. 1983, 299 ff.

nung der Bereitstellung von Schulräumen mit 7 v.H. und der Schuleinrichtung mit 2 v.H. entfiel, wurde die Eigenleistung von bisher 6 auf 10 v.H. erhöht. Der VerfGH NW hat Art. 3 HFG für unvereinbar mit Art. 8 Abs. 4 LV erklärt.[144] Entscheidend war dabei die Feststellung, daß zu den zur Durchführung der Aufgaben und zur Erfüllung der Pflichten der Ersatzschulen erforderlichen Gesamtausgaben auch Rücklagen der Privatschulträger für die dauernde Unterhaltung der zur Verfügung gestellten Schulgebäude und Schuleinrichtungen rechnen. Diese Rücklagen sind deshalb in die Berechnung der Zuschußhöhe einzubeziehen.

Nach § 6 Abs. 4 EFG kann die verbleibende Eigenleistung auf Antrag des Schulträgers durch die obere Schulaufsichtsbehörde bis auf 2 v.H. der Ausgaben herabgesetzt werden, „wenn dem Schulträger unter Berücksichtigung seiner sonstigen Einkünfte und Verpflichtungen eine höhere Eigenleistung nicht zuzumuten ist" (§ 6 Abs. 4 EFG). Schwierigkeiten macht insoweit die Feststellung der „zumutbaren Eigenleistung". Dazu gibt der Runderlaß des Kultusministers vom 14. Dezember 1979 (sog. Sphärenerlaß) (GABl. NW 1980 S. 2) unter Nr. 2.7 umstrittene Auslegungsanweisungen, die auch in der Rechtsprechung bereits eine Rolle gespielt haben. Nach dem genannten Erlaß kann juristischen Personen als Schulträgern eine Ermäßigung der Eigenleistung dann nicht gewährt werden, wenn zu ihren Mitgliedern Personen des öffentlichen Rechts gehören (Kommunen, Industrie- und Handelskammern, Kirchen usw.), weil sie gehalten sind, die „ihrer Sphäre zuzurechnenden Haushalte der öffentlich-rechtlichen Mitglieder" als „naheliegende Hilfsquellen" auszuschöpfen. Das gleiche soll gelten, wenn diese Personen des öffentlichen Rechts keine Mitglieder des Schulträgers sind, „aber die Ersatzschule ihrer Sphäre zuzurechnen ist".

Das OVG NW hat die „Sphärentheorie" der Zurechnung für zweifelhaft erklärt, aber nicht grundsätzlich beanstandet.[145] Das BVerwG hingegen äußert sich deutlicher. Im Bereich des bundesverfassungsrechtlich gewährleisteten Leistungsanspruchs gem. Art. 7 Abs. 4 GG dürfe bei der Prüfung, ob der Schulträger hilfsbedürftig sei, zwar „die Ausnutzung und naheliegende Erschließung sonstiger Hilfsquellen" in Rechnung gestellt werden; dies sei aber nicht so zu verstehen, als ob es insoweit um die „funktionelle, soziale und finanzielle Einbettung der Schule" ... im Sinne einer gesellschaftlichen Sphäre gehe, deren wie immer zu bestimmende Leistungskraft dem Schulträger zugerechnet werden müßte. „Eine derart konturenlose Zurechnung ermangelt der rechtlichen Substanz; sie kann daher keine der staatlichen Leistungspflicht gem. Art. 7 Abs. 4 GG immanente Begrenzung darstellen".[146] Das Problem der „armen" Träger schwelt also weiter.[147]

---

144 VerfGH NW, DÖV 1983, 335.
145 OVG NW, DVBl. 1983, 358 = NVwZ 1982, 572.
146 BVerwGE 70, 290 (294).
147 Siehe auch *Schlaich*, in diesem Band, S. 704 ss.

II. Hochschulrecht

1. Rechtsgrundlagen

a) Bundesrecht

Nach Art. 75 Nr. 1a GG hat der Bund das Recht, unter den Voraussetzungen des Art. 72 GG Rahmenvorschriften über die „allgemeinen Rechtsverhältnisse des Hochschulwesens" zu erlassen. Hiervon hat der Bund durch Erlaß des Hochschulrahmengesetzes (HRG) vom 26. Januar 1976[148] Gebrauch gemacht. Das HRG enthält Regelungen zu den Aufgaben der Hochschulen, über Studium und Lehre, Forschung, über die Mitglieder der Hochschule sowie deren Organisation und Verwaltung; es setzt Ziele namentlich hinsichtlich der Neuordnung des Hochschulwesens und der Personalstruktur. Die nähere Ausführung und Ausfüllung dieser Ziele und Grundsätze ist den Ländern überlassen, die das Landesrecht inzwischen dem HRG angepaßt haben.[149] Das Dritte Gesetz zur Änderung des Hochschulrahmengesetzes vom 14. November 1985[150] enthält wesentliche Korrekturen hinsichtlich der ursprünglich intendierten Reformvorstellungen, die im HRG ihren Ausdruck gefunden haben. Das Gesetz ist am 23. November 1985 in Kraft getreten. Die Länder sind verpflichtet, das Landesrecht bis zum 23. November 1987 dem neuen HRG anzupassen (§ 72 Abs. 1 S. 2 HRG).

Wesentliche inhaltliche Vorformungen erhält das Hochschulrecht durch die Grundrechtsgewährleistungen der Art. 5 Abs. 3 S. 1 GG (Freiheit von Forschung und Lehre) und Art. 12 Abs. 1 GG (Berufsfreiheit). Beide Vorschriften hat das BVerfG in mehreren Entscheidungen speziell im Hinblick auf Zulassungs- und Organisationsfragen im Hochschulbereich konkretisiert.[151]

Der Ausbau und Neubau von Hochschulen einschließlich der Hochschulkliniken ist gem. Art. 91a Abs. 1 Nr. 1 GG eine Gemeinschaftsaufgabe von Bund und Ländern.

b) Landesrecht

Auch die Verfassung des Landes Nordrhein-Westfalen enthält einige Vorschriften, die die Hochschulen betreffen. Art. 16 Abs. 1 LV garantiert den Universitäten und denjenigen Hochschulen, die ihnen als Stätten der Forschung und Lehre gleichstehen, das

---

148 BGBl. I 185, geändert am 6. März 1980 (BGBl. I 269), am 10. Mai 1980 (BGBl. I 561), am 25. Juli 1984 (BGBl. I 995), am 28. März 1985 (BGBl. I 605), am 14. November 1985 (BGBl I 2090).
149 Einen Überblick über die Anpassung gibt *Avenarius*, Hochschulen und Reformgesetzgebung.
150 BGBl. I 2090; dazu BT-Drs. 10/2883 v. 21.02.1985; *Maier*, Jura 1985, 281 ff.; *Karpen*, ZRP 1985, 177 ff.
151 Vgl. *Faller*, Schutz der Wissenschaftsfreiheit in der Gruppenuniversität. Eine Bestandsaufnahme zehnjähriger Rechtsprechung des Bundesverfassungsgerichts, in: FS für E. Stein, S. 25 ff.

Recht der Selbstverwaltung. Art. 16 Abs. 2 LV gewährleistet den Kirchen und Religionsgemeinschaften das Recht, eigene Anstalten mit Hochschulcharakter zu errichten und zu unterhalten.

Das HRG wird auf der Ebene des einfachen Landesrechts ausgefüllt durch das Gesetz über die wissenschaftlichen Hochschulen des Landes Nordrhein-Westfalen (WissHG) vom 20. November 1979[152] und durch das Gesetz über die Fachhochschulen im Lande Nordrhein-Westfalen (Fachhochschulgesetz — FHG) vom 20. November 1979.[153] Der ursprüngliche Plan, ein drittes Gesetz für die Kunsthochschulen zu erlassen, ist nicht mehr realisiert worden.[154] Die Kunsthochschulen sind in den Geltungsbereich des WissHG einbezogen (§ 1 Abs. 4). Nordrhein-Westfalen ist also nicht den Weg gegangen, den andere Länder beschritten haben, ein Einheitsgesetz für alle Hochschularten zu erlassen. Von den weiteren Rechtsgrundlagen des nordrhein-westfälischen Hochschulrechts sind zu nennen:

— Gesetz über die Führung akademischer Grade vom 7. Juni 1939 (SGV NW 221), zuletzt geändert durch das 2. AnpG vom 3. Dezember 1974 (GV. 1504),
— Gesetz über die Studentenwerke im Lande NRW (Studentenwerkgesetz — StWG) vom 27. Februar 1974 (GV. 71), zuletzt geändert durch Gesetz vom 21. Juli 1981 (GV. 408),
— Gesetz über die Zusammenführung der Pädagogischen Hochschulen mit den anderen wissenschaftlichen Hochschulen des Landes NRW vom 19. Dezember 1978 (GV. 650), geändert durch Gesetz vom 29. Januar 1980 (GV. 84),
— Gesetz zum Staatsvertrag zwischen den Ländern vom 23. Juni 1978 über die Vergabe von Studienplätzen vom 27. März 1979 (GV. 112); hierzu die Kapazitätsverordnung (KapVO) vom 1. April 1980 (GV. 456), zuletzt geändert durch Verordnung vom 2. August 1985 (GV. 505) und die Vergabeverordnung (VergabeVO) vom 20. Mai 1980 (GV. 566), zuletzt geändert durch VO vom 4. Juni 1985 (GV. 470),
— Gesetz zur Änderung hochschulrechtlicher Bestimmungen vom 21. Juli 1981 (GV. 408), geändert durch Gesetz vom 13. Juli 1982 (GV. 342),
— Hochschulgebührengesetz i.d.F.d. Bekanntmachung vom 26. Januar 1982 (GV. 70),
— Hochschulbibliotheksgebührengesetz i.d.F.d. Bekanntmachung vom 26. Januar 1982 (GV. 71),
— Gesetz zur Förderung des wissenschaftlichen und künstlerischen Nachwuchses des Landes NRW (Graduiertenförderungsgesetz NRW — GrFG NW) vom 26. Juni 1984 (GV. 363) nebst VO über die Durchführung des Graduiertenförderungsget-

---

152 GV. 926, geändert am 25. März 1980 (GV. 248), am 17. Mai 1983 (GV. 165), am 26. Juni 1984 (GV. 366), am 18. Dezember 1984 (GV. 800), am 17. Dezember 1985 (GV. 765).
153 GV. 964, geändert am 25. März 1980 (GV. 248), am 21. Juli 1981 (GV. 408), am 17. Mai 1983 (GV. 165), am 29. Mai 1984 (GV. 303), am 26. Juni 1984 (GV. 366), am 18. Dezember 1984 (GV. 800).
154 Vgl. *Leuze*, in: Leuze/Bender, WissHG NW, Stand Mai 1986, § 1 Rdnr. 2, 6; LT-Drs. 8/3880, S. 147 (A 2); 8/4551, S. 78 (A 2).

zes (Graduiertenförderungsverordnung NRW — GrFV-NW) vom 17. Juli 1984 (GV. 416, ber. 1985 S. 121).
Die wichtigsten Vorschriften sind im „Handbuch Hochschulen NRW", hrsg. vom MWF des Landes NRW, Stand Oktober 1984, abgedruckt.

2. Hochschularten und Hochschulaufgaben

Gem. §1 HRG, §1 Abs. 1 WissHG und §1 Abs. 1 FHG ist zwischen staatlichen und staatlich anerkannten Hochschulen in privater Trägerschaft zu unterscheiden. Eine Definition des Begriffes „Hochschule" und eine inhaltliche Umschreibung unterschiedlicher Hochschultypen fehlen. Stattdessen verweist §1 HRG schlicht auf das Landesrecht. Ein „Federstrich des Landesgesetzgebers" genügt jedoch nicht, die Merkmale einer Hochschule als wissenschaftlich zu bestimmen.[155] Maßgebende Kriterien für den Status einer wissenschaftlichen Hochschule sind vielmehr ein Mindestmaß an Fächerbreite und eine nicht nur durch vordergründige Nützlichkeitsaspekte der Ausbildung bestimmte Wissenschaftlichkeit der Lehre im herkömmlichen Hochschulniveau.[156]

§1 Abs. 2 WissHG nennt 15 Einrichtungen, die als staatliche „wissenschaftliche Hochschulen" der Geltung des WissHG unterstellt werden. Hierzu zählen die seit langem bestehenden 9 wissenschaftlichen Hochschulen (Technische Hochschule Aachen, die Universitäten Bielefeld, Bochum, Bonn, Dortmund, Düsseldorf, Köln, Münster und die Deutsche Sporthochschule Köln) und die in den 70er Jahren gegründeten Gesamthochschulen[157] Duisburg, Essen, Hagen, Paderborn, Siegen und Wuppertal, denen das Gesetz die Bezeichnung „Universität" verleiht. Damit hat der nordrhein-westfälische Gesetzgeber die vorausgegangenen Streitigkeiten um den Charakter und Namen der Gesamthochschulen kurzerhand abgeschnitten.[158]

Als „wissenschaftliche Hochschulen i.w.S.", die nur in einigen der an ihnen vertretenen Fachgebiete Forschung mit universitärem Standard betreiben und im übrigen vorwiegend Ausbildungsfunktionen wahrnehmen, sind auch die vier Kunsthochschulen des Landes NRW anzusehen: die Staatliche Kunstakademie Düsseldorf sowie die Staatlichen Hochschulen für Musik Rheinland in Köln, Ruhr in Essen und Westfalen-Lippe in Detmold. Sie unterfallen gem. §1 Abs. 4 dem Anwendungsbereich des WissHG. Zu den „wissenschaftlichen Hochschulen i.w.S." zählen schließlich Pädagogische Hoch-

---

155 BVerfGE 61, 210 (237) (betr. Gesamthochschulen in NRW).
156 BVerfGE 61, 210 (238); dazu *Schröder*, Hochschulgesetz von Nordrhein-Westfalen auf dem Prüfstand, MittHV 1983, 93; ferner *Krüger*, Grundtypen der Hochschulen, in: HdbWissR, Bd. 1, 1982, S. 121 ff.
157 Vgl. die Schrift „10 Jahre Gesamthochschulen in Nordrhein-Westfalen", hrsg. vom Minister für Wissenschaft und Forschung NRW; *Leuze*, RdJB 1985, 23 ff.; *Scheven/Pelzner*, Hochschulrechtliche Aspekte der Gesamthochschulen in NRW, WissR 6 (1973), 44 ff.
158 Dazu BVerfGE 61, 210 (237 ff.).

schulen.¹⁵⁹ Eigenständige Bildungseinrichtungen dieses Typs existieren aber in NRW nicht mehr, denn die alten Pädagogischen Hochschulen wurden durch das politisch stark umstrittene Gesetz über die Zusammenführung der Pädagogischen Hochschulen mit den anderen wissenschaftlichen Hochschulen des Landes NRW vom 19. Dezember 1978 (GV. 650) aufgelöst und in die Unversitäten integriert.¹⁶⁰

Von den genannten staatlichen wissenschaftlichen Hochschulen, zu denen sich die staatlich anerkannte Private Hochschule Witten-Herdecke gesellt, sind Fachhochschulen als „sonstige Hochschulen" abzuheben. In NRW existieren elf staatliche Fachhochschulen, für die nicht das WissHG, sondern das FHG gilt. Dazu gehören die Fachhochschulen in Aachen, Bielefeld, Bochum, Dortmund, Düsseldorf, Hagen, Köln, Lippe in Lemgo, Münster, Niederrhein in Krefeld und die Fachhochschule für Bibliotheks- und Dokumentationswesen in Köln. Daneben bestehen vier staatlich anerkannte Fachhochschulen in privater Trägerschaft, auf die das FHG in modifizierter Form Anwendung findet (§ 1 Abs. 1), sowie die Fachhochschule des Bundes für öffentliche Verwaltung in Köln, die ebenfalls als staatlich anerkannte Fachhochschule i.S.d. FHG gilt.¹⁶¹

Schließlich gibt es drei verwaltungsinterne Fachhochschulen des Landes (für Finanzen in Nordkirchen, für Rechtspflege in Bad Münstereifel, für öffentliche Verwaltung in Gelsenkirchen), die nicht dem FHG unterfallen, sondern den Sonderbestimmungen des Gesetzes über die Fachhochschulen für den öffentlichen Dienst im Lande NRW (Fachhochschulgesetz öffentlicher Dienst-FHGöD) vom 29. Mai 1984 (GV. 303).

Wissenschaftliche Hochschulen und Fachhochschulen, die vom HRG hinsichtlich ihrer Rechtsstellung und Organisation weitgehend gleichgestellt werden, unterscheiden sich in der jeweils spezifischen Aufgabenstellung. § 2 HRG fixiert zwar den Rahmen möglicher hochschulischer Aufgaben, überläßt aber die Verteilung der unterschiedlichen Funktionen auf die einzelnen Hochschulen den Ländern (§ 8 Abs. 8). Dementsprechend bestimmt § 3 WissHG, daß die wissenschaftlichen Hochschulen neben ihrem Aus- und Weiterbildungsauftrag vor allem der „Pflege und Entwicklung der Wissenschaften durch Forschung, Lehre und Studium" zu dienen haben. Im Unterschied dazu sollen die Fachhochschulen vornehmlich „durch anwendungsbezogene Lehre" auf berufliche Tätigkeiten vorbereiten, die eine wissenschaftliche oder künstlerische Ausbildung verlangen (§ 3 FHG). Nur im Rahmen dieser primären Ausbildungsfunktion ordnet § 3 Abs. 1 S. 2 FHG den Fachhochschulen auch „Forschungs- und Entwicklungsaufgaben und künstlerisch-gestalterische Aufgaben" zu. Wissenschaft und Kunst sollen also an den Fachhochschulen ihre „besondere Ausprägung im Anwendungsbezug" finden, während die Grundlagenforschung nicht dem fachhochschulischen Aufgabenbereich

---

159 Vgl. *Krüger*, aaO (FN 156), S. 127 ff.
160 Aufgrund eines von der CDU-Fraktion beim VerfGH NW in Gang gebrachten Normenkontrollverfahrens kam es zum Änderungsgesetz vom 21. Januar 1980 (GV. 84).
161 Vgl. die Begründung zum Reg.-E. des FHG, LT-Drs. 8/4551, S. 84 (zu § 1).

zugerechnet wird. Bei den Fachhochschulen steht daher der Ausbildungsauftrag beherrschend im Vordergrund.[162]

Aus alldem ergibt sich, daß das Bild der gegenwärtigen Hochschullandschaft durch ein breites Spektrum nebeneinander stehender unterschiedlicher Hochschulen mit verschiedenartigen Funktionen geprägt ist. Nach dem Reformkonzept des Hochschulrahmengesetzes 1976 sollte das Hochschulwesen in der Weise neu geordnet werden, daß die verschiedenen Hochschularten als Gesamthochschulen ausgebaut, zusammengeschlossen oder verbunden werden (integrierte oder kooperative Gesamtschulen) (§ 5 Abs. 1 HRG a. F.). Nach dem Dritten Gesetz zur Änderung des HRG von 1985 ist die Gesamthochschule als verbindliches Organisationsziel aufgegeben und der Differenzierung des Hochschulwesens Raum verschafft worden.

3. Wissenschaftliche Hochschulen und Fachhochschulen in staatlicher Trägerschaft

a) Hochschulverfassung und Hochschulorgane

aa) Gruppenuniversität

Die Hochschulmitglieder sind in Gruppen zusammengefaßt. Nach § 13 Abs. 1 WissHG bestehen vier Gruppen: 1. Professoren, 2. Hochschulassistenten, wissenschaftliche Mitarbeiter und Lehrkräfte für besondere Aufgaben (Gruppe der wissenschaftlichen Mitarbeiter), 3. nichtwissenschaftliche Mitarbeiter und 4. Studenten. § 9 I FHG nennt drei Gruppen: 1. Professoren, 2. Lehrkräfte für besondere Aufgaben, fachpraktische Mitarbeiter und weitere sonstige Mitarbeiter sowie 3. Studenten.

In Anlehnung an die Rechtsprechung des BVerfG stellen § 38 Abs. 1 S. 1 HRG, § 13 Abs. 2 S. 1 WissHG und § 9 Abs. 2 S. 1 FHG sodann den allgemeinen Grundsatz auf, daß sich Art und Umfang der mitgliedschaftlichen Mitwirkung sowie die zahlenmäßige Zusammensetzung der verschiedenen Gremien nach deren Aufgaben sowie der Qualifikation, Funktion, Verantwortung und Betroffenheit der einzelnen Gruppen richten. Konkretisierende Vorschriften über das Stimmrecht und besondere Mehrheiten finden sich in § 14 WissHG und § 10 FHG, die den verbindlichen Leitlinien des § 38 Abs. 3 – 6 HRG folgen. Danach haben nichtwissenschaftliche Mitarbeiter (bzw. in den Fachhochschulen Angehörige der 2. Gruppe) grundsätzlich nur das Recht zur beratenden Mitwirkung, soweit es um Entscheidungen geht, die Forschung, künstlerische Entwicklungsvorhaben, Lehre oder die Berufung von Professoren unmittelbar berühren.[163]

---

162 Vgl. BVerwGE 56, 336 (340f.).
163 Dies gilt aber nur für Berufungsangelegenheiten ausnahmslos. Im übrigen soll eine Ausnahme, über die der Gremienvorsitzende zu befinden hat, dann gelten, wenn der betreffende Mitarbeiter entsprechende Funktionen in der Hochschule wahrnimmt und über besondere

bb) Die Zentralebene

Nach § 61 Abs. 1 HRG sind die Entscheidungsbefugnisse der Universität prinzipiell auf die Organe zweier Ebenen verteilt: der Zentralebene und der Fachbereichsebene.[164]

§ 18 WissHG und § 14 FHG bestimmen für die Zentralebene vier Organe: Rektor, Rektorat, Senat und Konvent.

(1) Rektor

Der Rektor vertritt die Hochschule nach außen (§ 19 Abs. 1 WissHG, § 15 Abs. 1 FHG) und übt das Hausrecht aus (§ 19 Abs. 2 S. 3 WissHG, § 15 Abs. 2 S. 3 FHG). Er wird durch einen oder mehrere Prorektoren vertreten. Vertreter des Rektors in Rechts- und Verwaltungsangelegenheiten ist der **Kanzler** (§ 19 Abs. 2 WissHG, § 15 Abs. 2 FHG). Der Rektor ist ferner geborener Vorsitzender des Rektorates (§ 20 Abs. 5 S. 1 WissHG, § 16 Abs. 5 S. 1 FHG) und des Senates (§ 21 Abs. 3 Nr. 1 WissHG, § 17 Abs. 3 Nr. 1 FHG).

Der Rektor wird vom Konvent aus dem Kreis der an der Hochschule tätigen Professoren, die im Beamtenverhältnis auf Lebenszeit stehen, für die Dauer von vier Jahren gewählt. Wiederwahl ist zulässig, eine Abwahl jedoch ausgeschlossen (§ 19 Abs. 3 WissHG, § 15 Abs. 3 FHG). Der Senat schlägt dem Konvent einen oder zwei Bewerber zur Wahl vor (§ 19 Abs. 4 S. 1 WissHG, § 15 Abs. 4 S. 1 FHG). Der Gewählte wird durch den Minister für Wissenschaft und Forschung ernannt und unter Fortdauer seines Beamtenverhältnisses auf Lebenszeit in ein Beamtenverhältnis auf Zeit berufen (§ 19 Abs. 5 WissHG, § 15 Abs. 5 FHG).

(2) Rektorat

Das Rektorat leitet die Hochschule. Ihm obliegen alle Angelegenheiten der Hochschule, für die im WissHG, FHG oder in der Grundordnung nicht ausdrücklich andere Zuständigkeiten festgelegt sind (§ 20 Abs. 1 S. 1 WissHG, § 16 Abs. 1 S. 1 FHG). Mit dieser Regelung hat sich Nordrhein-Westfalen im Unterschied zu fast allen übrigen Bundesländern für die Rektoratsverfassung nach § 62 Abs. 1 S. 1 Nr. 1 HRG und gegen die Präsidialverfassung nach § 62 Abs. 1 S. 1 Nr. 2 HRG entschieden.

Dem Rektorat gehören an: der Rektor als Vorsitzender, bis zu vier (an Fachhochschulen bis zu drei) Prorektoren und der Kanzler (§ 20 Abs. 5 WissHG, § 16 Abs. 5 S. 1 FHG).

[Fortsetzung Fußnote 163]

Erfahrungen im jeweiligen Bereich verfügt (so §§ 38 Abs. 4 S. 2 HRG, 14 Abs. 1 S. 2 WissHG, 10 Abs. 1 S. 2 FHG); verfassungsrechtliche Bedenken in diesem Punkt äußert *Leuze,* aaO (FN 154), § 13 Rdnr. 3 (sub 3.), § 14 Rdnr. 4.

164 Dieses sog. „Zwei-Ebenen-Prinzip" des HRG löst die überkommene Struktur mit vier Entscheidungsebenen (Lehrstuhl, Institut, Fakultät, Universität) ab; vgl. *Schrimpf,* in: Denninger (Hrsg.), HRG, 1984, § 61 Rdnr. 2 ff.

Das Rektorat hat neben seiner Zuständigkeit für „alle Angelegenheiten der Hochschule" darauf hinzuwirken, daß die übrigen Organe, Gremien und Funktionsträger ihre Aufgaben wahrnehmen. Es legt einen jährlichen Rechenschaftsbericht über die Erfüllung der Aufgaben der Hochschule vor. Dem Rektorat steht ferner ein Beanstandungsrecht bei rechtswidrigen Beschlüssen, Maßnahmen und Unterlassungen anderer Hochschulorgane, der Organe der Fachbereiche, der Gremien und Funktionsträger zu. Zur Erfüllung seiner Aufgaben gibt ihm das Gesetz ein umfassendes Informationsrecht (§ 20 WissHG, § 16 FHG).

(3) Senat
Der Senat ist für solche Angelegenheiten in Forschung, Lehre und Studium zuständig, die die gesamte Hochschule oder zentrale Einrichtungen betreffen oder von grundsätzlicher Bedeutung sind. Diese Generalkompetenz wird durch eine Enumeration einzelner Aufgaben, die „insbesondere" zur Zuständigkeit des Senates gehören, in zwölf Nummern (im FHG in elf Nummern) konkretisiert (§ 21 Abs. 1 WissHG, § 17 FHG).
  Zur Vorbereitung von Beschlüssen des Senats und zur Beratung des Rektorats bildet der Senat folgende **ständige Kommissionen:** Kommission für Lehre, Studium und Studienreform, Kommission für Forschung und wissenschaftlichen Nachwuchs, Kommission für Planung und Finanzen. Vorsitzende der Kommissionen sind die Prorektoren (§ 22 WissHG, 18 FHG). Daneben kann der Senat **beschließende Ausschüsse** einsetzen, denen jederzeit widerrufliche Entscheidungsbefugnisse für bestimmte Aufgaben übertragen werden (§ 21 Abs. 6 WissHG, § 17 Abs. 6 FHG). Die ständigen Kommissionen sind also gesetzlich notwendige, obligatorische Beratungsgremien, die beschließenden Ausschüsse fakultative Beschlußgremien. Trotz der Aufgabendifferenzierungen für den Senat ergeben sich angesichts der pauschalen Aufgabenzuweisungen für Rektorat und Senat Zuständigkeitsprobleme. Bei Zuständigkeitszweifeln entscheidet der Senat, welches Organ zuständig ist (§ 21 Abs. 2 WissHG, § 17 Abs. 2 FHG).
  Dem Senat gehören an: der Rektor als Vorsitzender, ferner Professoren, wissenschaftliche Mitarbeiter und nichtwissenschaftliche Mitarbeiter im Verhältnis 6:2:2:1. Nach § 38 Abs. 3 S. 2−4 HRG i.d.F. der Dritten Novelle von 1985 kommen als weitere Senatsmitglieder die Fachbereichssprecher (Dekane) hinzu. Das Landesrecht muß festlegen, ob ihnen ein Stimmrecht oder lediglich ein Mitberatungsrecht zusteht. Prorektoren, Kanzler und der Vorsitzende des Allgemeinen Studentenausschusses nehmen an den Senatssitzungen mit beratender Stimme teil. Die Mitglieder des Senats werden von den Hochschulmitgliedern gewählt (§ 21 Abs. 3−5 WissHG, § 17 Abs. 3−5 FHG).

(4) Konvent
Als weiteres zentrales Organ besteht der Konvent. Ihm gehören Professoren, wissenschaftliche Mitarbeiter, Studenten und nichtwissenschaftliche Mitarbeiter im Verhältnis 2:1:1:1 (§ 23 Abs. 2 S. 1 WissHG) bzw. Professoren, Mitarbeiter und Studenten im Verhältnis 2:1:1 (§ 19 Abs. 2 S. 1 FHG) an. Sie werden von den Hochschulmitgliedern

gewählt. Nach § 63 Abs. 1 S. 2 HRG i.d. F. von 1985 ist den Professoren durch Änderung des Landesrechts die absolute Mehrheit der Sitze und Stimmen einzuräumen.

Der Konvent beschließt auf Vorschlag des Senats die Grundordnung (§ 23 Abs. 1 S. 1 Nr. 1 WissHG, § 19 Abs 1 S. 1 Nr. 1 FHG). Diese Vorschrift ist in verfassungskonformer Auslegung dahin zu verstehen, daß das Vorschlagsrecht des Senats in wissenschaftsrelevanten Angelegenheiten für den Konvent bindend ist.[165] Dem Konvent obliegt ferner die Wahl des Rektors und der Prorektoren, die Entgegennahme des jährlichen Rechenschaftsberichts des Rektorats und die Stellungnahme zum Hochschulentwicklungsplan. Beschlüsse über die Grundordnung bedürfen der Mehrheit von zwei Dritteln der Mitglieder des Konvents.

(5) Kuratorium
Die Grundordnung kann die Bildung eines Kuratoriums vorsehen, dessen Aufgaben und Zusammensetzung in der Grundordnung zu bestimmen sind (§ 24 WissHG, § 20 FHG).

cc) Die Fachbereichsebene

Die Hochschule gliedert sich in Fachbereiche. Sie sind die organisatorischen Grundeinheiten der Hochschule (§ 64 Abs. 1 S. 1 HRG, § 25 Abs. 1 S. 2 WissHG, § 21 Abs. 1 S. 2 FHG). Der äußere Zuschnitt der Fachbereiche wird durch das Gesetz nicht näher bestimmt. Es wird lediglich gesagt, daß Größe und Abgrenzung der Fachbereiche gewährleisten müssen, daß die dem einzelnen Fachbereich obliegenden Aufgaben angemessen erfüllt werden können (§ 25 Abs. 1 S. 3 WissHG, § 21 Abs. 1 S. 3 FHG). Die Beschlußfassung über die Errichtung, Änderung und Aufhebung von Fachbereichen obliegt dem Senat (§ 21 Abs. 1 S. 2 Nr. 5 WissHG, § 17 Abs. 1 S. 2 Nr. 5 FHG). Erforderlich ist desweiteren die Genehmigung des Ministers (§ 108 Abs. 2 Nr. 1 WissHG, § 73 Abs. 2 Nr. 1 FHG).

Die Fachbereiche erfüllen unbeschadet der Gesamtverantwortung der Hochschule und der Zuständigkeiten der zentralen Hochschulorgane und Gremien für ihr Gebiet die Aufgaben der Hochschule. Sie haben die Vollständigkeit und Ordnung des Lehrangebots zu gewährleisten (§ 25 Abs. 2 WissHG, § 21 Abs. 2 FHG).

Organe des Fachbereichs sind der Dekan und der Fachbereichsrat. Der **Dekan** vertritt den Fachbereich innerhalb der Hochschule und führt die Geschäfte des Fachbereichs in eigener Zuständigkeit. Soweit der Fachbereich als teilrechtsfähiges Rechtssubjekt[166] betroffen ist, erstreckt sich das Vertretungsrecht des Dekans jedoch auch auf das Außenverhältnis. Der Dekan ist Vorsitzender des Fachbereichsrates. Er entscheidet nach Maßgabe der Ausstattungspläne über den Einsatz der wissenschaftlichen und

---

165 Vgl. BVerfGE 61, 260 (288 ff.).
166 Vgl. m.w.N. auch zu abweichenden Auffassungen *Wolff/Bachof,* Verwaltungsrecht II, 4. Aufl. 1976, § 93 V c 1; *Leuze,* aaO (FN 154), § 25 Rdnr. 4.

nichtwissenschaftlichen Mitarbeiter und der wissenschaftlichen Hilfskräfte des Fachbereichs, soweit diese nicht einer Einrichtung zugewiesen sind. Gegenüber rechtswidrigen Beschlüssen steht ihm ein Beanstandungsrecht zu (§ 27 Abs. 1 WissHG, § 23 Abs. 1 FHG). Der Dekan wird durch den Prodekan vertreten. Dekan und Prodekan werden vom Fachbereichsrat aus dem Kreis der dem Fachbereich angehörenden Professoren gewählt (§ 27 Abs. 2 und 3 WissHG, § 23 Abs, 2 und 3 FHG).

Dem **Fachbereichsrat** obliegt die Beschlußfassung über alle Angelegenheiten des Fachbereichs, für die nicht die Zuständigkeit des Dekans oder eine andere Zuständigkeit bestimmt ist (§ 28 Abs. 1 S. 1 WissHG, § 24 Abs. 1 S. 1 FHG). Dazu gehören namentlich alle Angelegenheiten der Forschung und Lehre sowie die Beschlußfassung über die Fachbereichssatzung und die sonstigen Ordnungen für den Fachbereich. – Dem Fachbereichsrat gehören an: der Dekan als Vorsitzender sowie Professoren, wissenschaftliche Mitarbeiter, Studenten und nichtwissenschaftliche Mitarbeiter im Verhältnis 8:3:3:1, bei den Fachhochschulen Professoren, Mitarbeiter und Studenten im Verhältnis 8:3:4, ferner mit beratender Stimme der Prodekan. Nach § 38 Abs. 3 S. 2 HRG i.d.F. von 1985 verfügen die Professoren über die absolute Mehrheit der Sitze und Stimmen. Das Landesrecht muß insoweit geändert werden. Die Mitglieder des Fachbereichsrates werden von den Mitgliedern des Fachbereichs für zwei Jahre gewählt, die Amtszeit der Studenten beträgt ein Jahr (§ 28 Abs. 3 WissHG, § 24 Abs. 3 FHG). In Angelegenheiten, die die Berufung von Professoren, die Promotion oder die Habilitation unmittelbar berühren, können alle Professoren des Fachbereichs an den Beratungen teilnehmen und schriftliche Sondervoten abgeben (§ 28 Abs. 4 S. 2 und 3 WissHG, § 24 Abs. 4 S. 3 und 4 FHG). Nach § 38 Abs. 4 S. 5 HRG i.d.F. von 1985 ist allen Professoren des Fachbereichs die Möglichkeit einzuräumen, nach näherer Bestimmung des Landesrechts stimmberechtigt mitzuwirken. Der Fachbereichsrat kann beschließende Ausschüsse, mehrere Fachbereichsräte sollen für übergreifende Angelegenheiten gemeinsame beschließende Ausschüsse bilden (§ 28 Abs. 5 WissHG, § 24 Abs. 5 FHG).

dd) Die dritte Ebene

Das WissHG entscheidet sich im Prinzip für einen zweistufigen organisatorischen Aufbau: Zentralebene und Fachbereichsebene. Indessen bietet das WissHG auch Ansätze einer organisatorischen Gliederung unterhalb der Fachbereichsebene. Zu ihnen gehören die wissenschaftlichen Einrichtungen und die Betriebseinheiten der Fachbereiche (§§ 29, 30 WissHG; § 25 FHG betrifft nur Betriebseinheiten und fachbereichsübergreifende Einrichtungen). **Wissenschaftliche Einrichtungen (Institute und Seminare)** können unter der Verantwortung des Fachbereichs gebildet werden, soweit und solange für die Durchführung einer Aufgabe auf dem Gebiet von Forschung und Lehre in größerem Umfang Personal und Sachmittel des Fachbereichs ständig bereitgehalten werden müssen (§ 29 Abs. 1 S. 1 WissHG). Über die Errichtung entscheidet auf Vorschlag der Fachbereiche der Senat (§ 29 Abs. 2 WissHG). Die wissenschaftlichen Einrichtungen haben einen Vorstand. Sie entscheiden über den Einsatz des ihnen zugewiesenen

Personals und der ihnen zugewiesenen Sachmittel. Die **Betriebseinheiten** unterscheiden sich von den wissenschaftlichen Einrichtungen durch die Aufgabenstellung. Sie haben die Aufgabe, Dienstleistungen zu erbringen (z.B. Krankenversorgung, Materialprüfung etc.). Die Betriebseinheit kann einem oder mehreren Fachbereichen zugeordnet sein.

b) Die Hochschulmitglieder und ihre Rechtsstellung

aa) Allgemeines

Das Hochschulrecht unterscheidet zwischen einem weiteren Kreis der Hochschul**angehörigen** und einem engeren Kreis der Hochschul**mitglieder,** der im folgenden behandelt werden soll. Hochschulmitglieder sind gem. § 36 Abs. 1 HRG zunächst die an der Hochschule hauptberuflich tätigen Angehörigen des öffentlichen Dienstes. Hierzu zählen neben Rektor, Kanzler, Professoren und Lehrkräften für besondere Aufgaben an den wissenschaftlichen Hochschulen die Hochschulassistenten, die wissenschaftlichen Mitarbeiter und die sonstigen nichtwissenschaftlichen Mitarbeiter (§ 11 Abs. 1 Nr. 1 – 7 WissHG), an den Fachhochschulen die fachpraktischen und weiteren sonstigen Mitarbeiter (§ 7 Abs. 1 Nr. 1 – 5 FHG). Mitglieder sind gem. § 36 Abs. 1 HRG, § 11 Abs. 1 Nr. 8 WissHG, § 7 Abs. 1 Nr. 6 FHG weiterhin die eingeschriebenen Studenten sowie gem. § 36 Abs. 2 HRG, § 11 Abs. 2 S. 1 WissHG, § 7 Abs. 2 FHG sonstige Personen, die mit Zustimmung des nach der Grundordnung zuständigen Organs hauptberuflich an der Hochschule tätig sind.

Nach Maßgabe des § 11 Abs. 2 S. 2 WissHG kann der Minister für Wissenschaft und Forschung darüberhinaus auf Vorschlag der Hochschule auch außerhalb der Hochschule tätigen Wissenschaftlern die mitgliedschaftliche Stellung eines Professors einräumen. Professorenvertreter und Gastprofessoren i.S.d. § 48 Abs. 2 S. 4 WissHG, § 31 Abs. 2 S. 4 FHG genießen einen mitgliedschaftsähnlichen Status. Die Hochschulmitglieder haben das Recht und die Pflicht an der Selbstverwaltung der Hochschule mitzuwirken (§ 12 WissHG, § 8 FHG).

bb) Das Hochschulpersonal

(1) Professoren

Als Hochschullehrer ist unabhängig von den Abgrenzungen der beamtenrechtlichen Vorschriften „der akademische Forscher und Lehrer zu verstehen, der aufgrund der Habilitation oder eines sonstigen Qualifikationsnachweises mit der selbständigen Vertretung eines wissenschaftlichen Faches in Forschung und Lehre betraut ist. Diese Hochschullehrer prägen aufgrund ihrer Vorbildung, ihrer meist langjährigen Tätigkeit und Erfahrung in Forschung und Lehre in erster Linie die Hochschule als wissenschaftliche Einrichtung. Sie tragen kraft ihres Amtes und Auftrages erhöhte Verantwortung für die Funktionsfähigkeit und den wissenschaftlichen Rang der Universität; sie sind nach ihrem Status und ihrer Funktion zur Forschung und Lehre sowie deren Organisation oder Mitorganisation in ihrem Fachbereich verpflichtet und daher mit der Sache der Wissenschaft besonders eng verbunden".[167] Diese an sich selbstverständlichen Feststellungen des BVerfG haben die im Personalbereich angestrebten Gleichmachereien gebremst. Die gesetzliche Gleichstellung von Hochschullehrern an wissenschaftlichen Hochschulen und Fachhochschullehrern hat das BVerfG für verfassungswidrig erklärt, weil sie mit dem vom Gericht in ständiger Rechtsprechung geprägten **materiellen Hochschullehrerbegriff** nicht vereinbar war.[168] Für verfassungswidrig ist inzwischen auch die ohne Unterschied hinsichtlich Qualifikation und Funktion allen Lehrern an Hochschulen verliehene Amtsbezeichnung „Professor" erklärt worden.[169] Dieses Einheitsetikett überdeckt nur die bestehenden vielfältigen Unterschiede; ein einheitliches Amt des Professors gibt es nicht.

Zu den Dienstaufgaben der Professoren an den wissenschaftlichen Hochschulen gehören das Recht und die Pflicht, in den von ihnen vertretenen Fächern zu forschen, zu lehren und Prüfungen abzunehmen (§ 48 WissHG). Diesem Aufgabenkreis müssen die Einstellungsvoraussetzungen entsprechen (§ 49 WissHG). Der reguläre Qualifikationsakt ist die Habilitation, die durch „gleichwertige wissenschaftliche Leistungen" ersetzt werden kann (§ 49 Abs. 2 WissHG). Auch wenn nach der Gesetzesfassung Habilitation und gleichwertige wissenschaftliche Leistungen alternativ angeführt werden, so ist doch unübersehbar, daß die materielle Qualifikationshöhe durch die Habilitationsleistung markiert wird. Daß auch Nichthabilitierte zu Professoren ernannt werden, ist im Hochschulrecht kein Novum. Neu war im Zuge der Hochschulreform der 70er Jahre nur, daß dies ohne entsprechende Qualifikation möglich war.

Im Fachhochschulbereich bildet der berufspraktische Qualifikationsweg den Regelfall (§ 32 FHG). Entsprechend modifiziert sind die Beschreibungen der Dienstaufgaben des Fachhochschulprofessors (§ 31 FHG).

Die Professoren werden auf Vorschlag der Hochschule durch den Minister für Wissenschaft und Forschung berufen. Dem Vorschlag geht ein mehrstufiges Auswahlverfahren voraus (§§ 50, 51 WissHG, §§ 33, 34 FHG).

(2) Sonstige Lehrkräfte

Zu ihnen rechnen die **Honorarprofessoren** (§ 54 WissHG, § 37 FHG), die **Lehrkräfte für besondere Aufgaben** (§ 55 WissHG, § 38 FHG) (z.B. Sprachunterricht, Werkstattlehre, Anleitung zum Gebrauch von Musikinstrumenten) und die **Lehrbeauftragten** (§ 56 WissHG, § 39 FHG).

---

[167] BVerfGE 35, 79 (126f.).
[168] BVerfGE 61, 210 (240); zum materiellen Hochschullehrerbegriff außerdem *Weber,* Stellung und Begriff des Hochschullehrers in der Rechtsprechung des Bundesverfassungsgerichts, in: FS Hans Joachim Faller, S. 287 ff.; *Hailbronner,* Hochschullehrerbegriff und Hochschullehreramt, ebd., S. 249 ff.
[169] BVerfGE 64, 323 (Verstoß gegen Art. 33 Abs. 5 GG).

(3) Hochschulassistenten, wissenschaftliche Mitarbeiter und wissenschaftliche Hilfskräfte

Das durch das HRG eingeführte Konzept des **Hochschulassistenten**[170] soll der Förderung des wissenschaftlichen Nachwuchses dienen. Hochschulassistenten sind mit dem Ziel tätig, sich für eine Tätigkeit als Professor zu qualifizieren. Sie haben zu diesem Zweck die zum Nachweis der Eignungsvoraussetzungen erforderlichen Leistungen in Forschung und Lehre zu erbringen (§ 47 Abs. 1 HRG, § 57 Abs. 1 WissHG). Hochschulassistenten sind nicht einem bestimmten Lehrstuhlinhaber, sondern dem Fachbereich zugeordnet, werden aber aufgrund eines Auftrags des Fachbereichsrates von einem Professor wissenschaftlich betreut (§ 47 Abs. 2 HRG, § 57 Abs. 2 WissHG). Die Einstellungsvoraussetzungen für Hochschulassistenten ergeben sich aus § 58 WissHG, der – über § 47 Abs. 4 HRG hinausgehend – verlangt, daß aufgrund der bereits vorhandenen wissenschaftlichen Bewährung des Bewerbers die Qualifikation als Professor in höchstens sechs Jahren erwartet werden kann. – Dieses Modell des Hochschulassistenten hat sich wie viele andere Elemente der Hochschulreform 1976 als verfehlt erwiesen. Deshalb wird durch § 47 HRG i.d.F. von 1985 die bewährte Figur des „alten" **wissenschaftlichen Assistenten** wieder eingeführt, der im Beamtenverhältnis auf Zeit einem Professor zugeordnet ist.

Den **wissenschaftlichen Mitarbeitern** an den wissenschaftlichen Hochschulen[171] obliegen wissenschaftliche Dienstleistungen in Forschung, Lehre und Krankenversorgung. Hierzu gehört auch die Unterrichtung von Studenten, soweit dies zur Vervollständigung des Lehrangebotes erforderlich ist. Dabei steht die Wahrnehmung von Lehraufgaben unter der fachlichen Verantwortung eines Professors. Selbständige Lehraufgaben können den wissenschaftlichen Mitarbeitern nur durch Lehraufträge übertragen werden. Die wissenschaftlichen Mitarbeiter sind den Fachbereichen, wissenschaftlichen Einrichtungen oder Betriebseinheiten zugeordnet und können sowohl im Beamten- als auch im privatrechtlichen Dienstverhältnis auf Dauer oder auf Zeit beschäftigt sein. Dienstleistungen in Forschung und Lehre werden an den wissenschaftlichen Hochschulen außerdem gemäß § 61 WissHG von **wissenschaftlichen Hilfskräften** erbracht, denen daneben Tutorenaufgaben i.S. des § 57 HRG übertragen werden können.

(4) Sonderregelungen im Fachhochschulbereich

Das FHG kennt keine Hochschulassistenten, wissenschaftlichen Mitarbeiter und wissenschaftlichen Hilfskräfte. Entsprechend der besonderen Funktion der Fachhochschulen sieht das FHG in §§ 40 f. nur fachpraktische Mitarbeiter und studentische Hilfskräfte

---

170 *Perschel,* Hochschulassistenten und sonstiger wissenschaftlicher Nachwuchs, in: HdbWissR, Bd. 1, 1982, S. 502 ff.
171 *Reich,* Wissenschaftliche Mitarbeiter und andere Lehrende in: HdbWissR, Bd. 1, 1982, S. 531 (534 ff.).

vor. Den fachpraktischen Mitarbeitern, die in der Regel ein abgeschlossenes Fachhochschulstudium aufweisen müssen, obliegen fachpraktische Dienstleistungen im Rahmen der Lehre, bei Forschungs- und Entwicklungsvorhaben sowie bei der praktischen Ausbildung der Studenten. Die studentischen Hilfskräfte erfüllen im Fachhochschulbereich ähnliche Funktionen wie die wissenschaftlichen Hilfskräfte im Bereich der wissenschaftlichen Hochschulen.

(5) Nichtwissenschaftliche Mitarbeiter
Für sie gelten gemäß § 62 Abs. 2 WissHG, § 40 Abs. 3 FHG die allgemeinen dienstrechtlichen Vorschriften.[172]

cc) Die Studenten

(1) Der Eintritt in die Hochschule
Die Studenten, deren Rechtsposition grundrechtlich vor allem durch Art. 12 Abs. 1 GG gestützt wird,[173] erlangen den Status eines Hochschulmitgliedes mit der Immatrikulation und für deren Dauer (§ 64 Abs. 1 S. 1 WissHG, § 43 Abs. 1 S. 1 FHG). Bei der Frage der Studienqualifikation[174] ist zwischen wissenschaftlichen Hochschulen und Fachhochschulen zu differenzieren. Zum Studium an **wissenschaftlichen Hochschulen** sind gem. § 65 Abs. 1 WissHG grundsätzlich nur Inhaber der allgemeinen oder fachgebundenen Hochschulreife berechtigt. Sie kann — entsprechend dem in § 27 Abs. 2 HRG normierten Grundsatz — entweder durch eine erfolgreich abgeschlossene Schulausbildung oder durch eine als gleichwertig anerkannte in- oder ausländische Vorbildung erworben werden. Welche Vorbildungen als gleichwertig anzusehen sind, ist gem. § 65 Abs. 3 WissHG durch Rechtsverordnung zu regeln.[175] Abweichendes gilt gem. § 65 Abs. 2 WissHG für das Studium in integrierten Studiengängen: Hier genügt auch die Fachhochschulreife oder eine als gleichwertig anerkannte Vorbildung.[176] An den **Fach-**

---

172 *Hanau,* Nichtwissenschaftliche Mitarbeiter, in: HdbWissR, Bd. 1, 1982, S. 590 ff.
173 Grundrechtsträger i.S.d. Art. 5 Abs. 3 GG sind die Studenten nur, soweit sie selbständig forschen, vgl. *Scholz* in: Maunz/Dürig, Grundgesetz, Kommentar, Stand Oktober 1984, Art. 5 Abs. 3, Rdn. 121: *P. Krause,* in: HdbWissR, Bd. 1, 1982, S. 617, der im übrigen eine ausführliche Schilderung des studentischen Rechtsverhältnisses bietet (S. 613 ff.).
174 Zur Frage der Studienvoraussetzungen: *Roellecke,* in: HdbWissR, Bd. 1, 1982, S. 721 ff.
175 S. hierzu die VO über die Gleichwertigkeit von Vorbildungsnachweisen mit dem Zeugnis der Hochschulreife (Qualifikationsverordnung — QVO) vom 22. Juni 1983 (GV. 260), geändert durch Art. 2 der VO zur Anpassung und Aufhebung schulrechtlicher Vorschriften vom 15. November 1984 (GV. 752); sowie die VO über die Gleichwertigkeit ausländischer Vorbildungsnachweise mit Zeugnis der Hochschulreihe (Qualifikationsverordnung über ausländische Vorbildungsnachweise — AQVO) vom 22. Juni 1983 (GV. 261), geändert durch Art. 3 der VO zur Anpassung und Aufhebung schulrechtlicher Vorschriften vom 15. November 1984 (GV. 752).
176 S. die VO über den Erwerb der fachgebundenen Hochschulreife während des Studiums in integrierten Studiengängen vom 23. September 1981 (GV. 596), geändert durch VO vom 2. Mai 1984 (GV. 300) — sog. „Brückenkursverordnung".

hochschulen kann gem. § 44 FHG studieren, wer das Zeugnis der Fachhochschulreife oder eine als gleichwertig anerkannte in- oder ausländische Vorbildung besitzt.[177]

Die Immatrikulation erfolgt nur, wenn keine Zugangshindernisse vorliegen. In diesem Zusammenhang sind objektive, kapazitätsbedingte Zugangshindernisse von sonstigen Versagungsgründen abzuheben. § 29 f. HRG enthalten zwingende Vorgaben im Bezug auf die Ermittlung und Festsetzung der vorhandenen Ausbildungskapazitäten sowie für die Festsetzung von Zulassungszahlen, während § 31 ff. HRG die zentrale Vergabe der Studienplätze in Numerus-clausus-Fächern sowie Art und Weise des Vergabeverfahrens regeln. Weitere Einzelheiten werden im Staatsvertrag zwischen den Ländern über die Vergabe von Studienplätzen vom 23. Juni 1978 geregelt.[178] Das kapazitätsorientierte Hochschulzulassungsrecht zeigt demgemäß keine landesspezifischen Ausprägungen.[179] § 67 WissHG und § 46 FHG nennen jedoch neben dem Versagungsgrund der fehlenden Zulassung in einem zulassungsbeschränkten Studiengang weitere Zugangshindernisse.

(2) Die Studentenschaft
Gestützt auf § 41 HRG fassen § 71 WissHG und § 50 FHG alle in einer Hochschule eingeschriebenen Studenten in der Studentenschaft zusammen.[180] Sie ist als rechtsfähige Gliedkörperschaft der Hochschule mit dem Recht zur Selbstverwaltung sowie zur Beitragserhebung ausgestattet. Das FHG verzichtet im übrigen auf weitere Regelungen und verweist stattdessen auf die entsprechenden Vorschriften des WissHG. Danach fungiert die Studentenschaft als Interessenvertretung für ihre Mitglieder (vgl. § 71 Abs. 2

---

177 S. hierzu die auf § 44 Abs. 2 FHG gestützte VO über die Gleichwertigkeit ausländischer Vorbildungsnachweise mit dem Zeugnis der Fachhochschulreife (AQVO-FH) vom 28. Juni 1984 (GV. 411), geändert durch Art. 4 der VO zur Anpassung und Aufhebung schulrechtlicher Vorschriften vom 15. November 1984 (GV. 752); eine VO über die Gleichwertigkeit inländischer Vorbildungsnachweise steht zur Zeit noch aus.
178 S. hierzu das Gesetz zum Staatsvertrag zwischen den Ländern vom 23. Juni 1978 über die Vergabe von Studienplätzen vom 27. Mai 1979 (GV. 112) nebst Veröffentlichung des Staatsvertrages (in der Anlage); in Ausführung hierzu die VO über die Kapazitätsermittlung, die Curricularnormwerte und die Festsetzung von Zulassungszahlen (Kapazitätsverordnung – KapVO) vom 1. April 1980 (GV. 456), geändert durch VO vom 5. Oktober 1983 (GV. 440); sowie die VO zur Durchführung des Gesetzes zum Staatsvertrag zwischen den Ländern vom 23. Juni 1978 über die Vergabe von Studienplätzen (Vergabeverordnung – VergabeVO) vom 20. Mai 1980 (GV. 566), zuletzt geändert durch VO vom 5. Juni 1984 (GV. 351).
179 Vgl. für weitere Einzelheiten *Bahro*, Das Hochschulzulassungsrecht in der Bundesrepublik Deutschland, *Becker/Hauck*, NVwZ 1983, 77 ff., 204 ff., 328 ff., 589 ff.; *dies*., NVwZ 1984, 81 ff.; *dies*., NVwZ 1985, 316 ff.; s. auch *Mahrenholz*, Über Probleme des Numerus clausus, in: FS Erwin Stein, S. 199 ff.; sowie zu Fragen der Kapazitätsermittlung und des Vergabeverfahrens *Mattonet* und *Rauschning*, in: HdbWissR, Bd. 1, 1982, S. 742 ff., 768 ff.
180 Vgl. zur Entwicklung *Bartsch*, Die Studentenschaften in der BRD; ausführlich zum Folgenden außerdem *Krüger*, Studentische Selbstverwaltung, in: HdbWissR, Bd. 1, 1982, S. 636 ff.; kritisch *Wahlers*, NVwZ 1985, 804.

und 3 WissHG). Ein allgemeinpolitisches Mandat kommt ihr nicht zu.[181] Entsprechend der hochschulischen Fachbereichsstruktur gliedert sich die Studentenschaft in Fachschaften (§ 71 Abs. 4 WissHG) und untersteht der Rechtsaufsicht des Rektorats (§ 71 Abs. 6 WissHG). Organe der Studentenschaft sind das Studentenparlament als oberstes beschlußfassendes Organ und der Allgemeine Studentenausschuß, der die Studentenschaft vertritt, die Beschlüsse des Studentenparlaments ausführt und die Geschäfte der laufenden Verwaltung erledigt, sowie fakultativ ein Ältestenrat als Beratungs- und Schlichtungsorgan (vgl. § 73 ff. WissHG). Hinzu treten auf Fachschaftsebene der Fachschaftsrat und fakultativ als weitere Organe der Fachschaft eine Fachschaftsvertretung und eine Fachschaftsvollversammlung (§ 76 WissHG). Grundsätze über die Wahlen der Studentenschaft sind in § 77 WissHG niedergelegt. Das Nähere regeln eine vom Studentenparlament zu beschließende Wahlordnung und eine Rechtsverordnung.[182] Vorschriften über das Vermögen der Studentenschaft, die Beitragserhebung sowie die Haushalts- und Wirtschaftsführung werden in § 78 f. WissHG getroffen.[183] Weitere Regelungen im Bezug auf die Organe, die Struktur, den Haushalt der Studentenschaft etc. bleiben im übrigen gem. § 72 WissHG einer von der Studentenschaft zu erlassenden Satzung vorbehalten.[184]

(3) Das Studium
Jede Hochschule bietet unterschiedliche Studiengänge an, die jeweils auf einen berufsqualifizierenden Abschluß oder ein bestimmtes Ausbildungsziel gerichtet sind. Nach Maßgabe von § 81 WissHG, § 52 FHG haben alle Studenten das Recht zum Besuch von Lehrveranstaltungen auch außerhalb der von ihnen gewählten Studiengänge. Die Studiengänge im einzelnen werden durch Studien- und Prüfungsordnungen geregelt, die von den Hochschulen als Satzungen zu erlassen sind.[185]

---

181 BVerwGE 59, 231; OVG NW, OVGE 33, 130.
182 S. die VO über die Grundsätze des Wahlverfahrens und der Verwaltungshilfe für die Wahl der Studentenparlamente, Fachschaftsvertretungen und Fachschaftsräte an den wissenschaftlichen Hochschulen und Fachhochschulen des Landes NRW i.d.F.d. Bekanntmachung v. 26. Januar 1980 (GV. 96).
183 S. hierzu außerdem die VO über die Haushalts- und Wirtschaftsführung der Studentenschaften der wiss. Hochschulen einschließlich Gesamthochschulen und Fachhochschulen des Landes NRW vom 2. April 1979 (GV. 232); nebst Erlaß vom 18.10.1979, abgedr. in: Handbuch Hochschulen in NRW, hrsg. vom MWF, 1984, S. 434 ff.
184 Über weitere studentische Vereinigungen, zu denen neben den zentralen Studentenverbänden, den politischen Studentengruppen und den Korporationen auch die Studentenwerke gerechnet werden können, informiert *Folz*, in: HdbWissR, Bd. 1, 1982, S. 658 ff.; s. zu den Studentenwerken ferner *Röken*, Soziale Förderung und Sicherung der Studenten, ebd., S. 677 (688 ff.), sowie das Gesetz über die Studentenwerke im Lande NRW (Studentenwerksgesetz – StWG) v. 27. Februar 1974 (GV. 71), geändert am 25. April 1978 (GV. 180) und am 21. Juli 1981 (GV. 408).
185 Hierzu eingehend *Salzwedel*, in: HdbWissR, Bd. 1, 1982, S. 790 ff.

Nach nordrhein-westfälischem Recht müssen die Hochschulen jeder Studienordnung einen Studienplan beifügen, der den Studenten als Empfehlung für einen sachgerechten Aufbau des Studiums dienen soll (§ 85 Abs. 6 WissHG, § 56 Abs. 6 FHG).

(4) Prüfungen und Hochschulgrade
Am Ende eines Studienganges steht in der Regel eine hochschulische, staatliche oder kirchliche Prüfung,[186] in der der Studierende nachweisen muß, daß er das Studienziel erreicht hat (§ 15 Abs. 1 und 2 HRG, § 90 Abs. 1 und 2 WissHG, § 60 Abs 1 und 2 FHG mit einer Ausnahmeregelung für das Studium der Freien Kunst). Kandidaten, die mit der Hochschulabschlußprüfung einen berufsqualifizierenden Abschluß erworben haben, wird gem. § 18 S. 1 HRG, § 93 Abs. 1 WissHG, § 63 Abs. 1 FHG von der Hochschule ein Diplomgrad verliehen.[187] Dabei ist stets die Fachrichtung und auf Antrag auch der Studiengang anzugeben. Näheres bleibt der Regelung durch Rechtsverordnung gem. § 93 Abs. 2 WissHG, § 63 Abs. 2 FHG überlassen.[188]

Wissenschaftliche Hochschulen haben überdies die Möglichkeit, mit Zustimmung des MWF weitere akademische Grade (z. B. Magister)[189] zu verleihen (§ 18 S. 2, 3 HRG, § 93 Abs. 3 und 4 WissHG). Zu den Wesensmerkmalen der wissenschaftlichen Hochschulen zählt schließlich das den Fachhochschulen nicht zustehende Promotions- und Habilitationsrecht. Näheres regeln § 94 f. WissHG sowie die hochschulischen Promotions- und Habilitationsordnungen.

c) Staat und Universität

Die Hochschulen sind „Körperschaften des öffentlichen Rechts und zugleich Einrichtungen des Landes" (§ 58 Abs. 1 S. 1 HRG, § 2 Abs. 1 S. 1 WissHG, § 2 Abs. 1 S. 1 FHG). In dieser Charakterisierung kommt der seit langem bestehende, für die Rechts-

---

186 Ausführlich hierzu *Salzwedel,* aaO, S. 810 ff.
187 S. zum Vergleich mit den sonstigen, z. T. rahmenrechtswidrigen Regelungen in anderen Bundesländern *Bender,* in: Leuze/Bender, WissHG NW, § 93 Rdn. 1.
188 S. die VO über die Bezeichnung der nach Abschluß eines Studiums an einer wissenschaftlichen Hochschule zu verleihenden Diplomgrade und die Zuordnung der Diplomgrade zu den Fachrichtungen und Studiengängen (Dipl.VO-WissH) vom 26. Februar 1982 (GV. 150), geändert mit VO v. 17. Mai 1984 (GV. 349), sowie die VO über die Bezeichnung der nach Abschluß eines Fachhochschulstudiums zu verleihenden Diplomgrade und die Zuordnung der Diplomgrade zu den Fachrichtungen und Studiengängen (Dipl.VO-FH) vom 8. Oktober 1980 (GV. 884), zuletzt geändert durch VO vom 17. März 1984 (GV. 217).
189 Hierzu näher *Bender,* aaO (Fn 187), § 93 Rdnr. 3, 11; vgl. im übrigen das als Landesrecht fortgeltende Gesetz über die Führung akademischer Grade vom 7. Juni 1939 (SGV NW Nr. 221); ausführlich zu akademischen Graden, Titeln und Würden *Karpen,* in: HdbWissR, Bd. 1, 1982, S. 854 ff.; vgl. zur Führung eines ausländischen akademischen Grades auch BVerwG, KMK-HSchR 1985, 66 ff.; OVG NW, OVGE 29, 131 ff.; OVG NW, KMK-HSchR 1985, 70 f.; zum Recht des Arbeitgebers, dem Diplomgrad des Arbeitnehmers im geschäftlichen Verkehr ein „(FH)" hinzuzufügen BAGE 45, 111.

stellung der deutschen Universität und Hochschule typische Dualismus zum Ausdruck.[190] Die Hochschulen haben das verfassungsrechtlich gewährleistete Recht der Selbstverwaltung;[191] zugleich sind sie aber in den Staat integriert, selbst „Einrichtungen des Staates" und insoweit Träger von Staatsaufgaben und Gegenstand der staatlichen Verwaltung. Dieses „janusköpfige Organisationsprinzip"[192] wird jedoch im Bereich der Hochschulen durch das Prinzip der Einheitsverwaltung modifiziert. Die Erfüllung der Selbstverwaltungsangelegenheiten und der staatlichen Angelegenheiten wird danach innerhalb der Hochschule durch eine „Einheitsverwaltung" wahrgenommen (§2 Abs. 2 S. 2 WissHG, §2 Abs. 2 S. 2 FHG). An der Spitze der Hochschulverwaltung steht der **Kanzler**. Er leitet die Hochschulverwaltung einschließlich der Verwaltung der Medizinischen Einrichtungen (§47 WissHG, §30 FHG). Der Kanzler ist Beauftragter für den Haushalt und Mitglied des Rektorats. Er wird von der Landesregierung ernannt und muß die Befähigung zum Richteramt oder zum höheren Verwaltungsdienst haben.

Die Abgrenzung zwischen den akademischen Selbstverwaltungsaufgaben und den staatlichen Angelegenheiten ist für die Einwirkung des Staates auf die Unversitätsverwaltung entscheidend. In **Selbstverwaltungsangelegenheiten** unterliegen die Hochschulen nur einer **Rechts**aufsicht des Ministers. Ihm stehen insoweit die klassischen Instrumente der Körperschaftsaufsicht zur Verfügung: Beanstandungsrecht, Recht der Ersatzvornahme, Auflösung von Gremien bei dauernder Beschlußunfähigkeit, Bestellung eines Kommissars (§106 WissHG, §71 FHG). Bei der Wahrnehmung **staatlicher Angelegenheiten** unterstehen die Hochschulen der **Fach**aufsicht des Ministers (§107 Abs. 1 WissHG, §72 Abs. 1 FHG). Die Fachaufsicht erstreckt sich auf die rechtmäßige **und** zweckmäßige Wahrnehmung der Aufgaben (§13 Abs. 1 LOG). Vor einer Weisung soll der Hochschule Gelegenheit zur Stellungnahme gegeben werden. Der Kreis der staatlichen Angelegenheiten wird in §107 Abs. 2 WissHG, §72 Abs. 2 FHG aufgezählt. Zu ihnen gehören: die Personalverwaltung, die Haushalts- und Wirtschaftsangelegenheiten, die Krankenversorgung, die Aufgaben bei der Ermittlung der Ausbildungskapazität, das Gebühren-, Kassen- und Rechnungswesen, die Aufgaben der Berufsbildung nach dem Berufsbildungsgesetz.

Weitere Bereiche des Zusammenwirkens zwischen Staat und Hochschule zählen in Anlehnung an §60 HRG sowohl §108 WissHG wie auch §73 FHG auf. Danach bedürfen die Universitätssatzungen der Genehmigung des Ministers. Sonstige Ordnungen sind lediglich dem Minister anzuzeigen; dies gilt grundsätzlich auch für Studienordnungen. Der Genehmigung bedürfen ferner die Errichtung, Änderung und Aufhebung von Fachbereichen, wissenschaftlichen Einrichtungen und Betriebseinheiten sowie die Ein-

---

190 Vgl. *Oppermann/Doderer,* Selbstverwaltung und Staatsverwaltung, in: HdbWissR, Bd. 1, 1982, S. 251 ff.
191 Art. 16 Abs. 1 LV; ob dieses Recht schon aus Art. 5 Abs. 3 GG folgt, hat das BVerfG (E 35, 79 (116)) offen gelassen; vgl. ferner *Rupp,* Hochschulische Selbstverwaltung, in: Festgabe für v. Unruh, 1983, S. 919 ff.
192 *Wolff/Bachof* (Fn 166), §93 IV b 1.

führung, Änderung und Aufhebung von Studiengängen einschließlich der Studienfächer. Die Genehmigungsvoraussetzungen und Versagungsgründe sind gesetzlich im einzelnen detailliert und spezifiziert. Diese Detaillierungen legen Zeugnis davon ab, wie schwierig der Grenzverlauf zwischen akademischem Selbstverwaltungsbereich und staatlichem Aufgabenbereich festzustellen ist.

4. Hochschulen in privater Trägerschaft

§ 114 ff. WissHG und § 74 ff. FHG regeln, den Vorgaben des § 70 HRG folgend, die Frage der staatlichen Anerkennung privater Hochschulen.[193] Die Voraussetzungen für eine solche Anerkennung, die gem. § 115 WissHG, § 75 FHG auf Antrag vom Minister für Wissenschaft und Forschung auszusprechen ist und befristet sowie mit Auflagen versehen werden kann, ergeben sich detailliert und über das Bundesrecht hinausgehend aus § 114 WissHG und § 74 FHG. Danach muß die betreffende Hochschule nicht nur hinsichtlich Aufgabenstellung, Studienzielen und -anforderungen, Fächerangebot, Qualifikationsanforderungen bei Studenten und Lehrpersonal, Prüfungsgestaltung und Mitwirkungsrechten einer staatlichen Hochschule vergleichbar, sondern auch in wirtschaftlicher und personeller Hinsicht gesichert sein. Anerkannte Privathochschulen haben nach näherer Maßgabe von § 116 WissHG, § 76 FHG einen ähnlichen Status wie die staatlichen Hochschulen. Sie verlieren diesen Status wieder, wenn der Studienbetrieb nicht fristgerecht aufgenommen bzw. mindestens ein Jahr unterbrochen wird; ferner, wenn Anerkennungsvoraussetzungen wegfallen oder Auflagen nicht erfüllt werden (§ 117 WissHG, § 77 FHG). Sonderregelungen für kirchliche Hochschulen[194] finden sich in § 118 WissHG, während § 78 FHG besondere Vorschriften über die Bezuschussung privater Fachhochschulen durch den Staat trifft.

In NRW existiert – neben einigen staatlich anerkannten privaten Fachhochschulen – die bislang einzige wissenschaftliche Privathochschule der Bundesrepublik. Sie hat ihren Sitz in Witten-Herdecke, begann den Studienbetrieb im SS 1983 und bietet z. Z. fünf Studiengänge an. Träger ist der Universitätsverein Witten-Herdecke e. V.[195]

---

193 Ausführlich zu diesem Thema *Heidtmann*, Grundlagen der Privathochschulfreiheit, rechtswiss. Diss., Berlin 1980; *Lorenz*, in: HdbWissR, Bd. 2, 1982, S. 1131 ff.; *Flämig*, WissR 8 (1975), 1 ff.; *Maître*, Die Privatuniversität.
194 Hierzu näher *Baldus*, in: HdbWissR, Bd. 2, 1982, S. 1101 ff.; sowie die Schrift „Hochschulen der Religionsgemeinschaften" (Beiheft WissR Nr. 8), 1983, und den Beitrag *Schlaich*, in diesem Band.
195 Nähere Einzelheiten sind dem Handbuch „Hochschulen in NRW", hrsg. v. MWF, 1984, S. 62 ff., zu entnehmen.

Medienrecht

von Martin Stock

Literatur

ARD (Hrsg.), ARD-Jahrbuch 85, Hamburg 1985; *J. Aufermann* u.a. (Hrsg.), Fernsehen und Hörfunk für die Demokratie, 2. Aufl. Opladen 1981; *H. Bausch*, Rundfunkpolitik nach 1945, 2 Bde., München 1980; *W. Bierbach*, Der neue WDR. Dokumente zur Nachkriegsgeschichte des Westdeutschen Rundfunks, Köln 1978; *M. Bullinger*, Kommunikationsfreiheit im Strukturwandel der Telekommunikation, Baden-Baden 1980; *ders.*, Elektronische Medien als Marktplatz der Meinungen, AöR 108 (1983), S. 161—215; *W. Först* (Hrsg.), Nach fünfundzwanzig Jahren. Beiträge zu Geschichte und Gegenwart des WDR, Köln 1980; *E. W. Fuhr* u. a., ZDF-Staatsvertrag, 2. Aufl. Mainz 1985; *H. C. Greene*, Entscheidung und Verantwortung, Hamburg 1970; *R. Groß*, Presserecht, Wiesbaden 1982; *H. von Hartlieb*, Handbuch des Film-, Fernseh- und Videorechts, 2. Aufl. München 1984; *G. Herrmann*, Fernsehen und Hörfunk in der Verfassung der Bundesrepublik Deutschland, Tübingen 1975; *R. Hoffmann*, Rundfunkorganisation und Rundfunkfreiheit, Berlin 1975; *W. Hoffmann-Riem*, Innere Pressefreiheit als politische Aufgabe, Neuwied 1979; *ders.*, Massenmedien, in: E. Benda u.a. (Hrsg.), Handbuch des Verfassungsrechts der Bundesrepublik Deutschland, Berlin 1983, S. 389—469; *ders.*, Medienfreiheit und der außenplurale Rundfunk, AöR 109 (1984), S. 304—368; *E. König*, Die Teletexte, München 1980; *G. G. Kopper*, Massenmedien. Wirtschaftliche Grundlagen und Strukturen, Konstanz 1982; *ders.* (Hrsg.), Marktzutritt bei Tageszeitungen — zur Sicherung von Meinungsvielfalt durch Wettbewerb, München 1984; *W. B. Korte*, Neue Medien und Kommunikationsformen — Auswirkungen auf Kunst und Kultur, München 1985; *F. Kübler*, Kommunikation und Verantwortung, Konstanz 1973; *ders.*, Medienverantwortung als Rechtsproblem, in: W. Hassemer (Hrsg.), Grundrechte und soziale Wirklichkeit, Baden-Baden 1982, S. 105—125; *B.-P. Lange/U. Pätzold*, Medienatlas Nordrhein-Westfalen, 3 Bde., Düsseldorf 1983; *P. Lerche*, Landesbericht Bundesrepublik Deutschland, in: M. Bullinger/F. Kübler (Hrsg.), Rundfunkorganisation und Kommunikationsfreiheit, Baden-Baden 1979, S. 15—107; *ders.*, Verfassungsfragen zum Entwurf der Landesregierung Nordrhein-Westfalen eines Gesetzes über den „Westdeutschen Rundfunk Köln" (WDR-Gesetz), AfP 1984, S. 183—201; *M. Löffler*, Presserecht, 3. Aufl., Bd. I, München 1983; *M. Löffler/R. Ricker*, Handbuch des Presserechts, München 1978; *W. Meyer* u.a., Kabelrundfunk, Kabelfernsehen und Satellitenrundfunk, Satellitenfernsehen, Losebl. Percha 1985; *D. Ratzke*, Handbuch der Neuen Medien, 2. Aufl. Stuttgart 1984; *W.-D. Ring*, Deutsches Presse- und Rundfunkrecht, Losebl. München 1976ff.; *M. Schmidbauer*, Satellitenfernsehen in der Bundesrepublik Deutschland, Berlin 1983; *M. Schmidbauer/P. Löhr*, Die Kabelpilotprojekte in der Bundesrepublik Deutschland, München 1983; *F.-W. Frhr. von Sell*, Rundfunkrecht und Rundfunkfreiheit, München 1982; *D. Stammler*, Die Presse als soziale und verfassungsrechtliche Institution, Berlin 1971; *ders.*, Kabelfernsehen und Rundfunkbegriff, AfP 1975, S. 742—751; *K. Stern* u.a., Programmauftrag und Wirtschaftlichkeit der öffentlich-rechtlichen Rundfunkanstalten, München 1984; *M. Stock*, Medienfreiheit als Funktionsgrundrecht, München 1985; *ders.*, Marktmodell kontra Integrationsmodell? AöR 110 (1985),

Medienrecht

S. 219—254; WDR/Kabelfunk Dortmund (Hrsg.), Projektbuch, Losebl. Dortmund 1984f.; K. *Wehmeier*, Die Geschichte des ZDF, Teil I, Mainz 1979; *J. Wilke* (Hrsg.), Pressefreiheit, Darmstadt 1984; E. *Witte/J. Senn*, Zeitungen im Medienmarkt der Zukunft, Stuttgart 1984; ZDF (Hrsg.), ZDF Jahrbuch 84, Mainz 1985.

Gliederung

I. Bundes- und Landesgrundrechte
II. Entwicklungsperspektiven des Medienrechts
III. Das Landespressegesetz
  1. Vorausgegangene Regelungen und Entstehungsgeschichte
  2. Der Pressebegriff
  3. Pressefreiheit und „öffentliche Aufgabe" der Presse
  4. Das pressespezifische Marktmodell
  5. Presseordnungsrecht, Sonstiges
IV. Das WDR-Gesetz 1985
  1. Vorausgegangene Regelungen und Entstehungsgeschichte
  2. Der Rundfunkbegriff
  3. Rundfunkfreiheit und Rundfunkaufgabe
  4. Das rundfunkspezifische Integrationsmodell
  5. Sonstiges
V. Das Kabelversuchsgesetz
  (Kabelpilotprojekt Dortmund)
VI. Das Gesetz über die vorläufige Weiterverbreitung von Rundfunkprogrammen in Kabelanlagen (Vorschaltgesetz zum Landesmediengesetz)

I. Bundes- und Landesgrundrechte

Mediengesetze beruhen im heutigen Verfassungsstaat in erheblichem Umfang auf verfassungsrechtlichen Vorgaben. Das einfache Medienrecht erhält sein Gepräge durch die einschlägigen Grundrechte. Nach Bundes- wie auch nach nordrhein-westfälischem Landesrecht sind dies die Kommunikations- und Mediengrundrechte des Grundgesetzes. Vermöge des Art. 4 Abs. 1 LVerf. sind die Grundrechte des Art. 5 Abs. 1 GG auch Bestandteil der Landesverfassung und unmittelbar geltendes Landesrecht.[1] Demnach enthält — was selten bemerkt wird — auch das Landesstaatsrecht Garantien der Informations-, der Meinungsbildungs- und der Meinungsäußerungs- und -verbreitungsfreiheit. Es weist auch Gewährleistungen der Presse-, der Rundfunk- und der Filmfreiheit auf.

1 Dazu allg. *Dickersbach*, in: Geller u.a., Die Verfassung des Landes N.-W., 3. Aufl. 1977ff., Art. 4 Anm. 2 aff. Zu den Konsequenzen für Rechtswegfragen ebd. Anm. 3 c: Ggf. Doppelzuständigkeit von BVerfG und n.-w. VerfGH. Ebenso *Bethge*, BayVBl. 1985, S. 257 (259). Zu Art. 31 und Art. 142 GG jüngst *Sachs*, DÖV 1985, S. 469ff. m. w. N. Siehe auch *Grimm*, in diesem Band S. 1ss.

Mit alledem entfaltet das Landesrecht freilich keine nennenswerte Eigendynamik, vielmehr folgt es inhaltlich dem Gang der Dinge auf Bundesebene. Auch an dem dortigen interpretativen Verfassungswandel nimmt es teil, einschließlich der Beiträge des Bundesverfassungsgerichts zur Präzisierung der Grundrechtsinhalte. So, wie sich die Freiheitsrechte des Art. 5 Abs. 1 GG kraft Karlsruher Richterrechts jeweils näherhin darstellen, so stellen sie sich auch als Landesgrundrechte dar.[2] Für eigene landesrechtliche Wege bleibt hiernach wenig Raum, zumal die bundesrechtlichen Vorgaben ohnehin unmittelbar maßgeblich sind. Zu einer eigenständigen medienrechtlichen Grundrechtsjudikatur ist es denn auch in Nordrhein-Westfalen bisher kaum gekommen.

Die bundesrechtliche Verfassungsrechtsprechung zum Medienrecht ihrerseits hat im Lauf der Zeit einen beträchtlichen Umfang und eine beachtliche Intensität erreicht.[3] Sie steht gegenwärtig im Zeichen der Erprobung und Einführung neuer elektronischer Informations- und Kommunikationstechniken und hat es mit einer entsprechenden im einzelnen überaus vielgestaltigen Kodifikationswelle in den Ländern zu tun.[4] Dabei handelt es sich in der Hauptsache um neuerliche gesetzgeberische Konkretisierungen der Rundfunkfreiheit; mittelbar sind aber auch Presse- und Filmfreiheit involviert.[5] Im folgenden kann auf Grundrechtsaspekte der alten und neuen Medien nur beiläufig eingegangen werden. Im Vordergrund stehen die einfachgesetzlichen Befunde auf Landesebene. Auch Nordrhein-Westfalen nimmt an dem heutigen bundesweiten Entwicklungsschub teil, wobei hier einiges erst seit kurzem in Gang gekommen ist. Es ist auch ein Blick auf die einschlägige rechtspolitische Diskussion zu richten.

II. Entwicklungsperspektiven des Medienrechts

Das Medienrecht hat sich nach 1945 zunächst *zweispurig* entwickelt: Im Pressebereich hat sich ein auf der privatwirtschaftlichen Pressestruktur beruhendes, außenpluralistisches **Marktmodell** etabliert, im Rundfunkbereich hingegen ein öffentlich-rechtlich

---

2 Vgl. *Dickersbach*, aaO, Anm. 2 b und d.
3 Dazu sei auf die neuere Kommentarliteratur verwiesen.
4 Textsammlungen: *Ring*, Dt. Presse- und Rundfunkrecht, 1976 ff., Teil F; *Meyer* u. a., Kabelrundfunk, Kabelfernsehen und Satellitenrundfunk, Satellitenfernsehen, 1985. Dazu die Bestandsaufnahme (Stand: Okt. 1984) bei *Stock*, Medienfreiheit als Funktionsgrundrecht, 1985, S. 378 ff. Zur Sachlage in N.-W. dort S. 424 ff. Näher *ders.*, Landesmedienrecht im Wandel, 1986.
5 Der *Filmfreiheit* gebührt unter den neuen Bedingungen vermehrte Beachtung. Die Filmbranche rückt mit dem Rundfunk zusehends enger zusammen. Auch ihr scheinen weitreichende Transformationen bevorzustehen. Vgl. die Hinweise bei *Stock*, Medienfreiheit, S. 286 f. Im übrigen *von Hartlieb*, Handbuch des Film-, Fernseh- und Videorechts, 2. Aufl. 1984, S. 1 ff., 59 ff. Zur Filmförderung auf Landesebene ebd. S. 114 ff. Das kann hier nur ein Merkposten sein. Obige Darstellung muß i. wes. auf Presse- und Rundfunkrecht beschränkt bleiben.

organisiertes, binnenpluralistisches **Integrationsmodell**. In der gegenwärtigen Umbruchsphase macht sich nun eine durchgehende, auch die elektronischen Medien erfassende Zeitströmung bemerkbar, die sich überschlägig mit Stichworten wie „Deregulierung",[6] „Individualisierung"[7] kennzeichnen läßt. Angesichts der neuen Möglichkeiten vermehrter Diversifizierung und Ausdifferenzierung des Medienangebots wird in näherer oder fernerer Zukunft gelegentlich so etwas wie eine „freie Meinungsmarktwirtschaft"[8] erwartet. Daraus ergibt sich ein gewisser die ältere Zweispurigkeit in Frage stellender **Vereinheitlichungstrend**.[9]

Die Liberalisierungs- und Privatisierungsbewegung der achtziger Jahre speist sich zumal aus dem bisherigen *presserechtlichen* Formenfundus. Das Pressewesen ist seinen entstehungsgeschichtlichen Wurzeln nach[10] dem historischen Dualismus von Staat und Gesellschaft weit stärker verhaftet als das — sehr viel jüngere[11] — Rundfunkwesen. Auch seinen ökonomischen Grundlagen nach[12] fällt es in eine andere Rubrik, desgleichen hinsichtlich seiner überkommenen publizistisch-modellmäßigen und sozialen Prämissen.[13] Diesen markanten Unterschieden entspricht ein je eigenes rechtliches Herkommen auf einfachgesetzlicher Ebene.[14] Die Grundrechtstypik betreffend sind die beiden Massenmedien unter dem Grundgesetz zunächst ebenfalls getrennte Wege gegangen — ein Nebeneinander, das vermöge der sog. **publizistischen Gewaltenteilung** jahrzehntelang schiedlich-friedlich verlaufen ist.[15]

---

6 Vgl. die Trendanalyse von *Hoffmann-Riem*, MP 1985, S. 181 ff.
7 *Bullinger*, Kommunikationsfreiheit im Strukturwandel der Telekommunikation, 1980, S. 30, 57 ff.
8 Vgl. *Bullinger*, AöR 108 (1983), S. 161 (198).
9 Näher *Stock*, AöR 110 (1985), S. 219 ff.
10 Dazu *Lindemann*, Dt. Presse bis 1815, 1969; *Fischer*, Handbuch der polit. Presse in Dtld. 1480—1980, 1981. In intermediär-vergleichender Sicht *Roegele/Glotz* (Hrsg.), Presse-Reform und Fernseh-Streit, 1965.
11 *Lerg*, Die Entstehung des Rundfunks in Dtld., 2. Aufl. 1970; *ders.*, Rundfunkpolitik in der Weimarer Republik, 1980; *ders./Steininger* (Hrsg.), Rundfunk und Politik 1923—1973, 1975. Zur Nachkriegsgeschichte umfassend *Bausch*, Rundfunkpolitik nach 1945, 1980.
12 Dazu *Kopper*, Massenmedien. Wirtschaftl. Grundlagen und Strukturen, 1982. Zur Rundfunkökonomie vergleichsweise *ders.*, MP 1983, S. 769 ff.
13 Danach stellt sich die polit. Zeitungs- und Zeitschriftenpresse nicht als Integrations-, sondern als *Tendenzmedium* dar. Das war und ist freilich in neuerer Zeit nicht mehr unumstritten. Näher *Stock*, Medienfreiheit, S. 43 ff.
14 Zur Geschichte des Presserechts *Löffler/Ricker*, Handbuch des Presserechts, 1978, S. 20 ff.; *Löffler*, Presserecht, 3. Aufl., Bd. I, 1983, S. 34 ff.; *Groß*, Presserecht, 1982, S. 25 ff. Historische Dimensionen des Rundfunkrechts behandelt *Fessmann*, Rundfunk und Rundfunkrecht in der Weimarer Republik, 1973. Dazu die oben Anm. 11 Genannten. Zuletzt *Herrmann*, UFITA 97 (1984), S. 1 ff.
15 Zur früheren Handhabung der publ. Gewaltenteilung *Herrmann*, Fernsehen und Hörfunk in der Verfassung der Bundesrepublik Dtld., 1975, S. 255 ff. m.w.N. Nach h. L. hat dieser Grundsatz keinen Verfassungsrang. Siehe aber jüngst *Kübler*, Medienverflechtung, 1982, S. 15, 106 und passim; *Schmidt*, Rundfunkvielfalt, 1984, S. 81 ff.

Damit hat es erst in der Ära der neuen Techniken definitiv ein Ende. Nunmehr beginnt die pressepezifische Tradition auf den Rundfunkbereich überzugreifen, und zwar den Rechtsformen wie auch den Realien nach, nämlich in Gestalt von **Medienverflechtung, presseeigenem Rundfunk, Kooperations- und Konkurrenzmodellen** etc.[16] In der medienrechtlichen Literatur wird bisweilen der *Staatsvertrag über Bildschirmtext vom 18. 3. 1983*[17] zum neuen Leitbild erhoben. Ein derartiges streng marktwirtschaftliches System wird als genereller Richtwert der Medienentwicklung ins Auge gefaßt, mit der Folge, daß sich Rundfunkbegriff und Rundfunkverfassung nach und nach auflösen müßten; statt dessen sollen externalisierte Strukturen und private „Jedermannsmedien" Platz greifen.[18] Von anderer Seite wird dieses Entwicklungskonzept als unrealistisch erachtet und abgelehnt.[19] Solche Gegensätzlichkeiten kehren auch in den programmatischen Verlautbarungen der politischen Parteien wieder. Auch dort finden sich bald Optionen für marktmäßige oder weitgehend marktnahe Generallösungen,[20] bald solche zugunsten des − ggf. um Elemente von Gruppen- und Bürgerrundfunk ergänzten − Integrationsmodells.[21]

16 Als Kooperationsmodelle werden gegenwärtig verschiedenartige Formen der Zusammenarbeit von Unternehmen der Presse- und Filmwirtschaft mit bisherigen Rundfunkanstalten (ARD/ZDF) unter dem Dach der letzteren bezeichnet. Darin wird mitunter eine dauerhafte Alternative zu Konkurrenzmodellen i. S. dualer Systeme erblickt. „Kooperation statt Konfrontation" proklamiert z. B. seitens des ZDF *Stolte*, Publizistik 1983, S. 221 ff.
17 Bekanntgemacht u. a. als Anlage zu dem n.-w. Zustimmungsgesetz vom 21. 6. 1983 (GVBl. S. 227) (im folg.: Btx-StV). Dazu die n.-w. Btx-Zuständigkeitsverordnung vom 5. 7. 1983 (GVBl. S. 273). Kommentare: *Ring/Hartstein*, Bildschirmtext heute, 1983; *Bartl*, Handbuch Btx-Recht, 1984. Die Entstehungsgeschichte des Btx-StV war von Unsicherheiten in der Frage bestimmt, ob und inwieweit bei Btx der *Rundfunkbegriff* des Art. 5 Abs. 1 Satz 2 GG einschlägig ist bzw. ein rundfunk*ähnlicher* Regelungsbedarf besteht. Vorausgegangen war der Feldversuch in Düsseldorf/Neuss auf dem Boden des Btx-Versuchsgesetzes N.-W. vom 18. 3. 1980 (GVBl. S. 153). Auf Grund dessen setzte sich hier nun erstmals ein presseähnliches Marktprinzip durch. Dieser Ansatz ist jedoch verfassungsrechtlich nach wie vor strittig. Siehe *Stock*, Medienfreiheit, S. 379 f. m.w.N.
18 Vgl. *Bullingers* Arbeiten (Anm. 7, 8). Zuletzt *ders.*, NJW 1984, S. 385 ff.; *ders.*, in: ders. u.a., Die elektronische Herausforderung, 1985, S. 63 ff. *Bullingers* Lehre wird i. S. einer langfristigen Zielsetzung, mit erheblichen Abstrichen in concreto, rezipiert z. B. von *Starck*, in: von Mangoldt u. a., Das Bonner Grundgesetz, Bd. 1, 3. Aufl. 1985, zu Art. 5 Abs. 1 und 2.
19 Siehe etwa *Hoffmann-Riem*, in: Benda u. a. (Hrsg.), Handbuch des Verfassungsrechts der Bundesrepublik Dtld., 1983, S. 389 ff.; *ders.*, in: Kommentar zum Grundgesetz (Reihe Alternativkommentare, hrsg. von Wassermann), 1984, Bd. 1, zu Art. 5 Abs. 1 und 2; *ders.*, AöR 109 (1984), S. 304 ff.; *Stock*, Medienfreiheit, S. 11 ff.
20 Vgl. die Zusammenstellung neuerer Erklärungen von Parteigremien bei *Meyer* u. a., Kabelrundfunk, unter F 3.1 ff. Als landespolitisch relevant seien genannt die von der Düsseldorfer CDU-Landtagsfraktion am 24. 7. 1984 vorgelegten Grundlinien einer neuen Rundfunkordnung für N.-W. Noch deutlicher marktorientiert zeigen sich heutige FDP-Dokumente. Siehe den FDP-Grundsatzkatalog 1984 zu den Neuen Medien, mit einem auf N.-W. abzielenden Mustergesetzentwurf (Anlage).
21 Vgl. das medienpolitische Aktionsprogramm 1984 der SPD in der Essener Fassung vom 19. 5. 1984. Darauf basiert i. wes. auch das von Ministerpräsident *Rau* vorgelegte Thesenpapier:

Die medienwirtschaftlichen Tatsachen ihrerseits sprechen bislang kaum für die Annahme, auf den jeweiligen relevanten Märkten werde es in absehbarer Zeit zu größeren Anbieterzahlen und zu einem funktionsfähigen Wettbewerb der Privaten untereinander kommen. Was sich heute abzeichnet, ist in erster Linie ein *ökonomischer und publizistischer Wettbewerb eines hochkonzentrierten, durch Pressegemeinschaftsunternehmen und Multi-Media-Verbundstrukturen geprägten*[22] *Presserundfunks mit den bisherigen Anstalten (ARD/ZDF).* Demgemäß tritt das außenpluralistische Strukturprinzip in der jetzigen Privatrundfunkgesetzgebung zusehends hinter labilen, eher binnenpluralistisch beginnenden Mischformen zurück. Unterdessen ist zum medienpolitischen Hauptstreitpunkt die nähere Ausgestaltung des heraufkommenden **dualen Systems** geworden. Dabei geht es einerseits um reale Gründungs- und Entfaltungsmöglichkeiten für einen werbefinanzierten Privatrundfunk, andererseits um die sog. Bestands- und Entwicklungsgarantie für den vorhandenen öffentlich-rechtlichen Anstaltsrundfunk.[23]

Ein so geartetes duales System wird weitläufige Auswirkungen auf Medienstrukturen und Medienmärkte im Rundfunk-, aber auch im Pressebereich haben. Es sind letztlich wohl Rundfunk- und Pressewesen und Rundfunk- und Presserecht älterer Provenienz überhaupt, die hier in neuer Formation gegeneinanderstehen und um die Vorherrschaft zu ringen beginnen, mit kaum kalkulierbaren Folgen für Kommunikations- und Medienfreiheit in diesem Lande. Das mag schließlich auf eine die bisherige Zweispurigkeit ausschließende und beendende, auch das duale System ablösende schlichte Alternative hinauslaufen: Integrations- oder Marktmodell hier wie dort. Vor diesem Hintergrund ist es zunächst das geltende Landespresserecht, das besonderes Interesse verdient, auch in seiner Eigenschaft als etwaiger Formenfundus eines künftigen Rundfunkrechts.

[Fortsetzung Fußnote 21]
  Rundfunk in N.-W., MP 1984, S. 660 ff. In der n.-w. SPD wird auch ein lokales „Bürgerradio" als echtes „Jedermannsradio" diskutiert, wobei die nähere modellmäßige Ausgestaltung noch offen ist. Dazu *Büssow*, in: Rau/von Rüden (Hrsg.), Die neuen Medien − eine Gefahr für die Demokratie? 1984, S. 27 (40 ff.); *ders.*, in: Jarren/Widlok (Hrsg.), Lokalradio für die Bundesrepublik, 1985, S. 215 ff.; *Pasch*, Medium 1985, Heft 2, S. 20 ff.
22 Vgl. etwa *Pätzold/Röper*, RuF 1984, S. 193 ff.; *Röper*, MP 1985, S. 24 ff., 120 ff.; *Huber/Werner*, ebd. S. 32 ff.
23 Auf Grund der Bremerhavener Beschlüsse der Ministerpräsidentenkonferenz vom 17./19. 1984, MP 1984, S. 791 ff., verhandeln die Länder z. Zt. über einen entspr. *Staatsvertrag zur Neuordnung des Rundfunkwesens.* Vgl. den Vertragsentwurf (Stand: 14. 12. 1984) in MP 1985, Dok. II, S. 45 ff. (im folg.: E III NeuO-StV). Dazu die in pressespezifischer Perspektive artikulierten Einwände *Schmitt Glaesers*, BayVBl. 1985, S. 97 ff. Aus ARD-Sicht über bedenkliche Aspekte einer intramediären Konkurrenz von Markt- und Integrationsmodell demgegenüber *Kiefer*, MP 1984, S. 193 ff.; *dies.*, MP 1985, S. 15 ff.

III. Das Landespressegesetz

1. Vorausgegangene Regelungen und Entstehungsgeschichte

Die Nachkriegsgeschichte des Presserechts beginnt mit dem von den westlichen Besatzungsmächten eingeführten System der Lizenzpresse. Im Sommer 1949 wurde sodann der Lizenzzwang aufgehoben. Die Neuordnung des Pressewesens ging in deutsche Hände über, was zunächst zu einer den Marktgesetzlichkeiten zuwiderlaufenden Rechtszersplitterung führte. In Nordrhein-Westfalen kam es zu einer provisorischen berufsrechtlichen Teilregelung;[24] ergänzend galt vorerst das Bismarcksche Reichspressegesetz fort.[25]

Zu jener Zeit wie auch in späteren Jahren gab es mancherlei Versuche, die Bundeskompetenz nach Art. 75 Nr. 2 GG auszuschöpfen und zu einem Presserechtsrahmengesetz zu gelangen. Jedoch blieben diese Bemühungen vergeblich. Gleichwohl wurde eine Harmonisierung der Landesgesetzgebung weithin als notwendig erachtet. Diese nahm nun ihren Ausgang von dem von der Ständigen Innenministerkonferenz der Länder verabschiedeten *Modellentwurf 1963*.[26] Auf Grund dessen entstanden in den Ländern – bis auf Bayern – in den Grundzügen und teilweise auch im Wortlaut übereinstimmende neue Landespressegesetze. Dazu gehört auch das *Pressegesetz für das Land Nordrhein-Westfalen vom 24. 5. 1966 (GVBl. S. 340)* (im folg.: LPrG).[27] Dieses Mediengesetz hält sich noch ganz und gar in den Bahnen der liberalen Tradition. Es will das seit dem Reichspressegesetz gewachsene Recht neu kodifizieren und weiterentwickeln.

2. Der Pressebegriff

Das LPrG knüpft in § 1 ausdrücklich an die bundesrechtliche Verfassungsgarantie der Pressefreiheit an. Der Rechtsbegriff „*Presse*" als tatbestandliches Fundament der Freiheitsgarantie bleibt in Art. 5 Abs. 1 Satz 2 GG *undefiniert*. Auch der Landesgesetzgeber

---

24 Gesetz über die Berufsausübung von Verlegern, Verlagsleitern und Redakteuren vom 17. 11. 1949 (GVBl. S. 293). Das Gesetz statuiert die Zulassungsfreiheit sowie eine Anzeigepflicht und sieht eine administrative Untersagung der Berufsausübung u. a. im Fall des Mißbrauchs der Pressefreiheit „gegen die freiheitl. demokrat. Grundordnung" vor (§ 4). Letztere Vorschrift wurde vom BVerfG 1959 wegen Verstoßes gegen Art. 18 GG für nichtig erklärt, BVerfGE 10, S. 118ff.
25 Reichsgesetz über die Presse vom 7. 5. 1874 (RGBl. S. 65). Dazu etwa *Häntzschel*, Reichspreßgesetz, 1927. Näher *Löffler*, Presserecht, 3. Aufl., Bd. I, S. 34ff. Zur kompetenziellen Seite allg. ebd. S. 26ff. m. w. N.
26 Abgedruckt bei *Thiele*, Pressefreiheit, 1964, S. 33ff.
27 Zuletzt geändert durch § 56 des neuen WDR-Gesetzes vom 19. 3. 1985 (GVBl. S. 237) (im folg.: WDR-G). Wegen einiger im folg. nicht behandelter Gesetzesdetails sei auf den überregional gehaltenen, an dem Musterentwurf orientierten Kommentar von *Löffler* (Anm. 14) verwiesen. Rechtspolit. Aspekte einschl. aktueller rundfunkrechtl. Bezüge werden besonders deutlich herausgearbeitet von *Groß* (Anm. 14).

hat von einer Legaldefinition abgesehen; der Begriff soll traditional bestimmt werden und nichtsdestoweniger entwicklungs- und wandlungsfähig bleiben, „weil die Presse sich technische Fortschritte dienstbar macht".[28] Mittlerweile hat sich ergeben, daß besondere Schwierigkeiten hier in der Abgrenzung zum *Rundfunk* sowie zu rundfunk- bzw. presseähnlichen, in gewissem Umfang der Typik der *Individualkommunikation* angenäherten neuen Diensten liegen.[29]

Bislang orientiert sich die presserechtliche Praxis bei der Handhabung des Pressebegriffs an dem für das sog. Presseordnungsrecht (§§ 8 ff. LPrG) einschlägigen Begriff des „**Druckwerks**" (vgl. § 7 LPrG). Darunter werden neben Zeitungen und Zeitschriften — den in der Judikatur im Vordergrund stehenden „periodischen Druckwerken" (§ 7 Abs. 4 LPrG) — sowie Büchern, Plakaten und Flugblättern auch Medienprodukte gebracht, von denen die Gutenberg-Ära noch nichts wußte, wie Schallplatten, bespielte Ton- und Videobänder etc. Die Grenze zum Rundfunkbegriff soll durch die Unterscheidung von „*körperhaften*" und „*körperlosen*" massenmedialen Reproduktionen von Sinngehalten abgesteckt werden.[30] Dieser Weg erscheint jedoch angesichts des Vordringens elektronischer Techniken und der damit einhergehenden Mischformen und Unschärfeprobleme zunehmend ungangbar. Auch die beiderseitigen Abgrenzungsschwierigkeiten in Richtung Individualkommunikation lassen sich so kaum noch ausräumen.

Unter diesen Umständen empfiehlt es sich, nicht nur auf das jeweilige technische Substrat und Vehikel der Medientätigkeit abzustellen, sondern auch auf den jeweiligen *massenkommunikativen Sachzusammenhang*. Entsprechende *funktionale* Kriterien haben sich im Rundfunkrecht seit längerem eingebürgert. Dafür mag bereits auf den Verfassungsbegriff der „Berichterstattung" (Art. 5 Abs. 1 Satz 2 GG) rekurriert werden.[31] Jedenfalls sind dafür — auf einfachgesetzlicher Ebene — die herkömmlichen Aufgaben- und Programmnormen ergiebig. Demgemäß wird dort nach einem „der Funktion der Rundfunkfreiheit entsprechenden" Rundfunkbegriff gesucht, wobei man sich an den „normativen Funktionszweck" hält.[32] In ähnlichem Sinn ist in früheren Jahren gelegentlich auch die Konkretisierung des Schutzbereichs der Pressefreiheit in Angriff

---

28 So der Regierungsentwurf des LPrG, LT-Drucks. 5/286 vom 12. 11. 1963, Begr. zu § 1 Abs. 1.
29 Vgl. nur die Zuordnungsproblematik des Btx-Systems (Anm. 17). Zu den Teleschriftformen näher *König*, Die Teletexte, 1980. Z. T. abweichend *Scherer*, NJW 1983, S. 1832 ff.; *ders.*, Der Staat 1983, S. 347 ff. Zur Systematik des Art. 5 Abs. 1 GG *Bismark*, Neue Medientechnologien und grundgesetzliche Kommunikationsverfassung, 1982, mit m. E. fragwürdigen Thesen i. S. des Vereinheitlichungstrends (oben II).
30 Vgl. *Löffler*, Presserecht, S. 4, 9 f., 41, 69 ff.
31 Mit diesem die Medienfunktion betreffenden tatbestandlichen Anknüpfungspunkt unterscheidet sich die Rundfunkfreiheit von der Pressefreiheit. Dazu *Wieland*, Die Freiheit des Rundfunks, 1984, S. 80 ff.
32 Vgl. OVG Münster DVBl. 1977, S. 207 ff. = OVGE 32, S. 126 ff. (Auszug, obige Passagen fehlen dort). Zu diesem Urteil *Stock*, Medienfreiheit, S. 310 ff. Das BVerfG hat sich des Rundfunkbegriffs noch nicht explizit angenommen.

genommen worden,[33] wofür einfachgesetzlich auf die Gesetzesaussagen über die „öffentliche Aufgabe" der Presse (§ 3 LPrG) abgehoben werden könnte.
Das hat sich indessen nicht durchgesetzt. Die Verfassungsrechtsprechung bedient sich des Ausdrucks „Funktion" zwar für beide Medien, und sie gelangt hier wie dort zu prägnanten Beschreibungen kommunikativer Obliegenheiten.[34] Sie kennt auch eine „der Presse zufallende ‚öffentliche Aufgabe'".[35] Daraus werden jedoch für den Pressebegriff keine faßbaren Konsequenzen gezogen. Der Begriff wird vielmehr „weit und formal" verstanden.[36] Darin drücken sich Eigentümlichkeiten des Presserechts aus, welche sich nicht nur auf den Begriff der Presse, sondern auch auf den der Presse*freiheit* auswirken.

3. Pressefreiheit und „öffentliche Aufgabe" der Presse

In § 1 Abs. 1 LPrG folgt auf das lapidare „**Die Presse ist frei**" sogleich eine Inpflichtnahme auf die freiheitliche demokratische Grundordnung. § 3 LPrG sucht den Konnex von Freiheit und konstitutioneller „*Aufgabe*" im Blick auf die Jedermannsgrundrechte des Art. 5 Abs. 1 Satz 1 GG von der diesbezüglichen journalistischen Zubringer- und Vermittlungsfunktion aus zu verdeutlichen: Die Presse erfüllt diese Funktion „*insbesondere dadurch, daß sie Nachrichten beschafft und verbreitet, Stellung nimmt, Kritik übt oder auf andere Weise an der Meinungsbildung mitwirkt*". Auf die informierende und analytisch-kritische journalistische Tätigkeit beziehen sich auch zahlreiche weitere Gesetzesregelungen, so z. B. die Bestimmungen über das **Informationsrecht** der Presse (§ 4 LPrG)[37] und über deren **Sorgfaltspflicht** (§ 6 LPrG).[38] Alles dies sind funktionale Gesichts-

---

33 Das OVG Münster hat 1962 auch für den Pressebegriff auf die Wahrnehmung einer konkreten „öff. Funktion" abgehoben. So OVGE 17, S. 230 (232), in Abgrenzung von „einem bloßen Geschäftsinteresse". Daraufhin hat das OVG geschäftlichen Druckschriften den Schutz der Pressefreiheit abgesprochen, unter Berufung auf *von Mangoldt/Klein*, Das Bonner Grundgesetz, 2. Aufl., Bd. I, 1957, Art. 5 Anm. VI 3. Anders in der 3. Aufl. des Kommentars nunmehr *Starck*, Art. 5 Abs. 1 und 2 Rdnr. 39. Für einen durchgehenden funktionalen definitorischen Ansatz zuletzt *Hoffmann-Riem*, in: Kommentar zum Grundgesetz (Anm. 19), Art. 5 Abs. 1 und 2 Rdnr. 123.
34 Über „die Funktion der freien Presse im demokratischen Staat" beredt und farbig BVerfGE 20, S. 162 (174f.). Ähnlich für den Rundfunk BVerfGE 35, S. 202 (222).
35 So BVerfGE 20, S. 175 u. ö., zuletzt BVerfGE 66, S. 116 (133).
36 Vgl. ebd. S. 134. Zu dem formalen Konzept eingehend *Herzog*, in: Maunz/Dürig, Grundgesetz, 6. Aufl. 1983 ff., Art. 5 I und II Rdnrn. 129 ff.
37 Dazu *Löffler*, Presserecht, S. 226 ff.; *Groß*, Presserecht, S. 141 ff. Nach § 26 Abs. 1 LPrG gilt § 4 für den Rundfunk entsprechend. Zu der Streitfrage, ob und inwieweit der Informationsanspruch Verfassungsrang hat, eingehend VGH Mannheim NJW 1982, S. 668 ff. und BVerwGE 70, S. 310 ff. = AfP 1985, S. 72 ff. m. Anm. *Kull* = JZ 1985, S. 624 ff. m. Anm. *Hoffmann-Riem*.
38 Dazu *Löffler*, Presserecht, S. 302 ff.; *Groß*, Presserecht, S. 38 ff.

punkte, welche sich dem ersten Anschein nach ohne weiteres für eine tatbestandliche Konkretisierung der Freiheitsgarantie nutzbar machen lassen. Näher angesehen, verlieren sich hier jedoch die Konturen alsbald ins Ungewisse.

a) Der Gesetzgeber will weder den Begriff der Presse noch den der Pressefreiheit definieren. In § 1 Abs. 1 Satz 1 LPrG will er nur ein „feierliches Bekenntnis" zur Pressefreiheit ablegen, und zwar im Hinblick auf deren für den Verfassungsstaat „schlechthin konstituierenden" Charakter. Dabei setzt er die Karlsruher Rechtsprechung über „die institutionelle Eigenständigkeit der Presse von der Beschaffung der Information bis zur Verbreitung der Nachricht und der Meinung" voraus.[39] Mit der Pflichtenklausel des § 1 Abs. 1 Satz 2 LPrG will er zum Ausdruck bringen, daß dieser Sonderstatus der Presse „gerade wegen ihrer meinungsbildenden Funktion im Interesse einer freien Demokratie" zukommt.[40] Mit § 3 LPrG will er das bekräftigen, was das Bundesverfassungsgericht über das Verhältnis von Meinungs- und Pressefreiheit ausgesagt hat: Art. 5 Abs. 1 Satz 2 GG bezweckt auch „die institutionelle Sicherung der Presse als eines der Träger und Verbreiter der öffentlichen Meinung"; damit wächst die Pressefreiheit über den bloßen „Unterfall-"Status hinaus.[41] Daraus folgen jedoch weiter keine den Schutzumfang der Pressefreiheit präzisierenden, für die einzelnen Presseunternehmen binnenstrukturell wirksamen Maßgaben. Auch für externe, das jeweilige relevante Gesamtangebot übergreifende Dachstrukturen nach Art heutigen Privatrundfunkrechts[42] enthält das Gesetz keinerlei Ansatzpunkte. Zwischen Pressefunktion und Pressestruktur stellt es keine nachvollziehbare, operationalisierbare Verbindung her.

b) Damit spiegelt das Landespresserecht tatbestandliche Unsicherheiten und Halbheiten der Karlsruher Rechtsprechung wider. Es handelt sich hier um genauere Auskünfte über das Verhältnis von allgemeiner Meinungsverbreitungs- und Pressefreiheit.

An den eben vor Augen geführten dinglich-formalen, produktbezogenen Pressebegriff werden in der presserechtlichen Judikatur Vorkehrungen zum Schutz des gesamten Prozesses der Entstehung und Publikation von Informationen und Meinungen

---

39 So zuerst BVerfGE 10, S. 121 („mehr als nur ein Unterfall der Meinungsfreiheit").
40 Vgl. LT-Drucks. 5/286, Begr. zu § 1 Abs. 1. Der Irrweg entspr. administrativer Sanktionen (Anm. 24) wird nunmehr gemieden. Der liberale Impetus macht sich auch in der konsequenten *Zulassungsfreiheit* des § 2 LPrG geltend, ferner in der *Absage an korporative Einbindungen und Verkammerungen* i.S. der nat.-soz. Vorgeschichte (§ 1 Abs. 4 LPrG).
41 Vgl. LT-Drucks. 5/286, Begr. zu § 3, wieder unter Hinweis auf BVerfGE 10, S. 121. Über das objektivrechtliche „Institut ›Freie Presse‹" ähnlich BVerfGE 20, S. 175 und seither ständig, zuletzt BVerfGE 66, S. 133.
42 Prototyp dieses sog. *Koordinationsmodells* war die Ludwigshafener Anstalt für Kabelkommunikation. Siehe das rh.-pf. Landesgesetz über einen Versuch mit Breitbandkabel vom 4. 12. 1980 (GVBl. S. 229), geändert durch Gesetz vom 20. 12. 1984 (GVBl. S. 241) (im folg.: AKK-G). Dazu *Stock*, Medienfreiheit, S. 383 ff., 461 ff. Zum FRAG-Urteil BVerfGE 57, S. 295 (319 ff.) insoweit ebd. S. 325 ff., 475 ff. m. w. N.

angeknüpft. Dabei wird wohl von der Einsicht ausgegangen, daß sich die Pressefreiheit in organisatorisch-betrieblichen Implementierungen der Meinungsfreiheit von Verlegern, Herausgebern, Redakteuren etc. nicht erschöpfen kann. Die Verfassungsrechtsprechung ist nicht bei der älteren Vorstellung von der Presse als bloßem *Instrument privater Meinungsverbreitung* stehengeblieben. Sie berücksichtigt nicht nur den sog. *Meinungs-*, sondern auch den sog. *Informationsjournalismus*, letzterer verstanden als professionell betriebene Beschaffung, journalistische Aufarbeitung und Vermittlung von Nachrichten und sonstigen Sachinformationen, z. B. über Meinungen außenstehender Dritter (als „Tatsachen" sui generis). Ansatzweise kennt die Rechtsprechung auch schon eine eher fremdnützig-mediale geartete, an der Meinungs*bildungs*freiheit im *Publikum* orientierte Transport-, Bündelungs-, Forumsfunktion der Presse. Sie weiß bereits etwas von jenen Aufbereitungs-, Objektivierungs- und Umsetzungsvorgängen, wie sie im Blick auf den Rundfunk mit dem Begriffspaar **„Medium und Faktor"** gekennzeichnet werden.[43] Dergleichen kehrt dann auch im einfachen Recht wieder. §3 LPrG gibt andeutungsweise eine Beschreibung des so verstandenen Journalistenberufs. §6 Satz 1 LPrG schärft der Presse entsprechende standesethische Regeln und Standarde ein; in diesem Zusammenhang erscheint als Richtwert des Nachrichtenjournalismus der Begriff **„Wahrheit"**, was sogar auch eine gewisse Nähe des journalistischen Metiers zu Art. 5 Abs. 3 GG indiziert.[44]

Diese rundfunkähnlichen, an das Integrationsmodell erinnernden Teilaspekte der Pressetätigkeit werden jedoch noch nicht als der wesentliche Inhalt der Pressefreiheit wahrgenommen; sie werden noch nicht als das *tatbestandliche Spezifikum* von Medienfreiheit (auch im Pressebereich) anerkannt. Informationsvermittlung und presseeigene Meinungsaktivitäten werden zunächst irgendwie nebeneinandergestellt.[45] Sodann tritt ein der Pressefreiheit innewohnender, in den einzelnen Gazetten selbst verankerter unspezifischer Meinungsfaktor in den Vordergrund, und zwar vorerst als „das Recht der im Pressewesen tätigen Personen ..., ihre Meinung ... ebenso frei und ungehindert zu äußern und zu verbreiten wie jeder Bürger".[46] Insoweit wird die Pressefreiheit „ebenso" behandelt wie die schlichte private Meinungsfreiheit, d. h. sie bleibt der Sache nach eben doch deren *„Unterfall"*.

---

43 Zuerst BVerfGE 12, S. 205 (260). Dann std. Rspr., zuletzt BVerfGE 60, S. 53 (64). Dazu etwa *Lerche*, in: Bullinger/Kübler (Hrsg.), Rundfunkorganisation und Kommunikationsfreiheit, 1979, S. 15 (48 ff., 84 ff.). Zur heutigen Schlüsselbedeutung der berühmten Formel, auch bezüglich des Privatrundfunkrechts, *Stock*, Medienfreiheit, S. 70 ff., 213 ff., 333 ff. Näher unter IV 3.
44 Vgl. *Kübler*, Kommunikation und Verantwortung, 1973. Näher *Stock*, Medienfreiheit, S. 87 ff., 114 ff. Die praxisübliche presserechtliche Handhabung des Wahrheitsbegriffs ist allerdings relativ eng. Siehe *Löffler*, Presserecht, S. 308 ff. m.w.N.
45 Vgl. BVerfGE 52, S. 283 (296): „Aufgabe" der Presse ist es, „umfassende Information zu ermöglichen, die Vielfalt der bestehenden Meinungen wiederzugeben und selbst Meinungen zu bilden und zu vertreten".
46 Vgl. wiederum BVerfGE 10, S. 121 u. ö., etwa noch BVerfGE 60, S. 234 (239 f.); 62, S. 230 (243).

Der Grundrechtsbefund verändert sich weiter, wenn dann schließlich der Schritt von der Meinungs- zur sog. **Tendenzfreiheit** ansteht. Art. 5 Abs. 1 Satz 2 GG umfaßt nach der Judikatur zur politischen Aktualpublizistik auch die Freiheit, „die Tendenz einer Zeitung festzulegen, beizubehalten, zu ändern und diese Tendenz zu verwirklichen". Unter der „Tendenz" — insbesondere als Schutzgut des arbeitsrechtlichen Tendenzschutzes — wird dabei eine herrschaftlich vorgegebene, im redaktionellen Alltag unverfügbare mehr oder minder enge meinungsmäßige *„Grundrichtung"* der jeweiligen Zeitung verstanden.[47] Herkömmlich wird das Konzept richtungsmäßiger Festlegung und Bindung auf die unternehmerische Entscheidungsautonomie zurückgeführt; es wird *verlegerzentriert* gehandhabt.[48] In dieser instrumentellen Ausprägung kann die Meinungs- bzw. Pressefreiheit je nach den Umständen zur Herausbildung höchst verschiedenartiger Zeitungsprofile führen, vom klassischen, mit erheblichen inneren Bandbreiten und relativ strengen Rationalitätsmaßstäben arbeitenden Informationsjournalismus bis zur „missionarischen" Richtungs- und Kampfpresse.[49]

Heutige pressespezifische Grundrechtsdoktrin fußt im wesentlichen wohl noch auf letzterem Typus. Sie orientiert sich dabei an historischen Vorbildern oder Idealwerten. Die dementsprechend stilisierte Pressefreiheit wird dann auch auf das einfache Recht projiziert. Das führt in der Regel dazu, daß die *„öffentliche Aufgabe"* mit ihren journalistisch-fachlichen Komponenten mitsamt den entsprechenden externen Systemdimensionen und Verfassungsbezügen im Auslegungsweg *minimiert* wird. So wird etwa gesagt, dabei handele es sich um einen unbestimmten Rechtsbegriff, aus dem sich für die Presse zwar berufsethische, aber keine rechtlichen Verpflichtungen ergäben.[50] In der Verfassungsrechtsprechung bedeutet die Rede von der „öffentlichen Aufgabe" nach weitverbreiteter Ansicht lediglich „ein Gemisch aus Realitätsbeschreibung und ethi-

---

47 Vgl. BVerfGE 52, S. 296; 59, S. 231 (258).
48 Statt aller *Hoffmann-Riem*, in: Kommentar zum Grundgesetz (Anm. 19), Art. 5 Abs. 1 und 2 Rdnr. 160, auch über andere Möglichkeiten.
49 Ein derartiger polit. Konfessionalismus kann sich auf engen Märkten als absatzmindernd erweisen. Heute begegnen zunehmend auch andere Vielfaltvarianten, z. B. der mehr farblose sog. *Generalanzeigertypus* oder die verdeckte und subkutane, im Gewand scheinbar *„meinungsfreier"* Unterhaltung auftretende Tendenz. In diesem Zusammenhang macht sich der Umstand bemerkbar, daß das LPrG den Zeitungen und Zeitschriften keinerlei qualifizierten Informationsauftrag i.S. einer Verbindung von *meinungsmäßiger und gegenständlicher innerer Vielfalt* vorgibt. Über Aufgabenbereiche wie Bildung und Unterhaltung (auch als „Erbauung", „Lebenshilfe" u. ä.) *Löffler*, Presserecht, S. 257 ff. Dort wird die Eindimensionalität des geltenden Presserechts — auch als Mutterboden eines presseeigenen Unterhaltungsrundfunks — besonders deutlich.
50 So *Löffler*, Presserecht, S. 243. Einen Rechtsbegriff stellt die fragliche Wendung hiernach nur insofern dar, als aus ihr mannigfache *„Schutzrechte"* hervorgehen sollen, vgl. ebd. S. 231 ff. Von anderer Seite wird darin eine Mißbalance erblickt: Privilegierungen zögen notwendig rechtsrelevante Inpflichtnahmen nach sich, folglich gehe *Löffler* mit den Privilegien zu weit. In diesem Sinn *Rüthers*, AfP 1984, S. 84 (86). Näher *Stock*, Medienfreiheit, S. 206 ff.

schen Forderungen".⁵¹ Danach fehlen operationalisierbare funktionale Gesichtspunkte auch hinsichtlich des § 3 LPrG. Sie fehlen hinsichtlich Begriff sowie Freiheit und „Aufgabe" der Presse überhaupt, einschließlich aller denkbaren strukturellen Weiterungen.

4. Das pressespezifische Marktmodell

Pressefreiheit stellt sich nach dem eben erhobenen Befund in erster Linie als Derivat und Verlängerung der Meinungsverbreitungsfreiheit der im Pressewesen tätigen Personen dar; im Vordergrund steht dabei die verlegerische Tendenzfreiheit. In ihrer anderen denkbaren Ausprägung, nämlich als journalistische Freiheit auf dem Boden des „Medium- und Faktor-"Prinzips, ist die Pressefreiheit unentwickelt geblieben. Medienfreiheit in letzterem engeren, an der massenkommunikativen Vermittlungsfunktion orientierten Sinn wird durch die Tendenzfreiheit überlagert, dominiert und hintangehalten. Wo die tieferen Gründe dieses Sachverhalts liegen, wird alsbald erkennbar, wenn wir einen Blick auf die einfachgesetzlichen **medienstrukturellen Prämissen** der Pressefreiheit richten. In diesem Punkt besagt das LPrG auf den ersten Blick wenig. Es enthält da und dort, zumal in § 2 (Zulassungsfreiheit), einzelne einschlägige Aussagen. Seine Grundentscheidung trifft es im übrigen konkludent durch **Nichtregulierung.** Dabei bezieht es sich wiederum auf bestimmte von der Verfassungsrechtsprechung herausgearbeitete Grundsätze.

a) Die Karlsruher Judikatur geht für den Pressebereich von einem *reinen Marktmodell* folgender Art aus: Es existiert „eine relativ große Zahl von selbständigen und nach ihrer Tendenz, politischen Färbung oder weltanschaulichen Grundhaltung miteinander konkurrierenden Presseerzeugnissen".⁵² Die Presseunternehmen „arbeiten nach privatwirtschaftlichen Grundsätzen und in privatwirtschaftlichen Rechtsformen. Sie stehen miteinander in geistiger und wirtschaftlicher Konkurrenz ..."⁵³

Dieses **ökonomisch-publizistische Konkurrenzmodell** wird zunächst als — landesrechtlich nach 1945 wieder implizit abgesichertes, auf entsprechende gesetzgeberische Entscheidungen zurückgehendes — Faktum im gesellschaftlichen Raum behandelt. Das Hauptaugenmerk der Rechtsprechung gilt dabei der Aktualpublizistik, vor allem den überregionalen Tageszeitungen. Die dortige Marktlogik wird in ihrer Leistungsfähigkeit keineswegs überschätzt und apologetisch überhöht. Es finden sich vielmehr mancherlei zögernde und reservierte Bemerkungen über Schwierigkeiten des Marktzutritts,⁵⁴ über

---

51 So *Starck*, in: Das Bonner Grundgesetz (Anm. 18), Art. 5 Abs. 1 und 2 Rdnr. 49. Siehe zuletzt BVerfGE 66, S. 133.
52 Vgl. zuerst BVerfGE 12, S. 261. Ähnlich jüngst BVerfGE 52, S. 296.
53 BVerfGE 20, S. 175 u. ö., zuletzt BVerfGE 66, S. 133.
54 Über reale Grenzen der Gründungsfreiheit bereits BVerfGE 12, S. 261. Wie sich versteht, darf hier nicht nur auf überregionale Märkte abgestellt werden. Über fehlende Zutrittschancen von Neuverlegern auf regionalen und lokalen Zeitungsmärkten *Kopper*, MP 1983, S. 145 ff.

„eine begrenzte Vielfalt",[55] über drohende „Bildung von Meinungsmonopolen"[56] u. ä. Das presseübliche Ineinander von „geistiger und *wirtschaftlicher*" Konkurrenz als solches wird allerdings wohl noch nicht als problematisch empfunden.[57] Das Ergebnis bleibt gleichwohl verhalten. Es geht dahin, „daß es heute zur umfassenden Information ... durch die Presse grundsätzlich genügen mag, Bestehendes zu gewährleisten".[58] Demzufolge werden die marktmäßigen Fakten im Prinzip hingenommen: Dieser Modus der Marktsteuerung stellt sich als verfassungsrechtlich *mögliche*[59] organisatorische Grundlage der Pressefreiheit dar.

Dieser marktorientierte Ansatz schlägt dann mehr oder minder weitgehend auf Inhalt und Typik der Pressefreiheit durch. Es ist vor allem die unternehmerische Tendenzfreiheit, die nun zur tragenden Säule wird. Sie bezieht sich auf das gedachte außenpluralistische Wettbewerbsmodell. In dessen Rahmen soll sie die Marktreagibilität sichern und damit letztlich auch den Publikumsrechten gerecht werden.[60] Das dabei

[Fortsetzung Fußnote 54]
    Ausführlich *ders.* (Hrsg.), Marktzutritt bei Tageszeitungen − zur Sicherung von Meinungsvielfalt durch Wettbewerb, 1984.
55 Vgl. den skeptischen Ton des FRAG-Urteils BVerfGE 57, S. 322f., dort in rundfunkrechtlichem Zusammenhang. Zur Zahlen- und sonstigen Datenlage bei der Tagespresse und zu deren verlegerischer und redaktioneller Struktur *Schütz*, MP 1985, S. 497ff., 564ff., auch zur Situation in N.-W. Ferner *Diederichs*, ebd. S. 615ff. Eine breit angelegte Bestandsaufnahme enthält die im Auftrag der Landesregierung N.-W. erstellte, eine Gesamtanalyse des landesinternen Kommunikationsgefüges im Blick auf die neuen Techniken bezweckende Untersuchung: *Lange/Pätzold*, Medienatlas N.-W., 3. Bde., 1983. Zu den Zeitungsmärkten Bd. 1, S. 154ff. sowie Bd. 2 (Tabellenbd.), S. 141ff. Erläuternd *Pätzold/Röper*, MP 1984, S. 98ff., 237ff. Im übrigen etwa *Klaue* u. a. (Hrsg.), Probleme der Pressekonzentrationsforschung, 1980. Zuletzt *Kiefer*, MP 1985, S. 727ff.
56 Vgl. BVerfGE 20, S. 176. Jene vielzitierte Passage des Spiegelurteils (1966) stand am Anfang der damaligen Debatten über Maßnahmen zur Konzentrationsbekämpfung. Siehe etwa *Dittrich*, Pressekonzentration und Grundgesetz, 1971; *Kunert*, Pressekonzentration und Verfassungsrecht, 1971; *Lerche*, Verfassungsrechtliche Fragen zur Pressekonzentration, 1971; *Lange*, Pressefreiheit und Pressekonzentration, 1972.
57 Vgl. die harmonisierenden oder ausweichenden Ausführungen über Werbung und Werbefinanzierung, BVerfGE 21, S. 271 (278f.); 64, S. 108 (114). Ähnlich *Ricker*, Anzeigenwesen und Pressefreiheit, 1973. Ganz anders für den Rundfunk BVerwGE 39, S. 159 (169). Siehe auch BVerfGE 57, S. 323f.
58 Vgl. ebd. S. 323.
59 Ob die privatwirtschaftliche Pressestruktur auch verfassungs*geboten* ist, ist bis heute umstritten. Die h. L. optiert bezüglich der Presse für die private Medien*unternehmer*freiheit. Siehe *Brodmann*, Arbeitskampf und Pressefreiheit, 1982, S. 77ff. m.w.N. Zu den hier evtl. intervenierenden Grundrechten der Art. 12 Abs. 1 und Art. 14 Abs. 1 GG *Degen*, Pressefreiheit, Berufsfreiheit, Eigentumsgarantie, 1981.
60 Vgl. *Scholz*, in: Studienkreis für Presserecht und Pressefreiheit (Hrsg.), Presserecht und Pressefreiheit. Festschrift für Löffler, 1980, S. 355ff. Hiergegen *Hunziker*, Das Publikum als Marktpartner im „publizistischen Wettbewerb", 1981. Der Marktkonnex der Tendenzfreiheit wird herausgearbeitet und eher unkritisch gewürdigt z. B. in BVerfGE 52, S. 296.

vorausgesetzte Konzert der vielen Stimmen stellt sich in der Hauptsache als *Tendenzwettbewerb* dar; dieser soll von *ökonomischem Wettbewerb* flankiert und getragen sein. Daneben kann es sich auch um einen Wettstreit auf dem Gebiet des redaktionellen oder fensterartigen Transfers fremder Meinungen, der Beibringung von Tatsachenmaterial und Vernunftgründen in Nachrichten, Berichten und Hintergrundanalysen etc. handeln, d. h. um einen *journalistischen Qualitätswettbewerb*. Indessen sind für Pressemodell und Pressefreiheit eben nicht der vermittelnde Charakter und der innere Wahrheitsbezug des Journalistenberufs, sondern die Merkmale der älteren Tendenzpresse typusbestimmend geworden und geblieben.

b) Die Leitidee ist hier wohl nach wie vor die der sog. klassischen Öffentlichkeit, also des grundsätzlich unbegrenzten „**chancengleichen, fairen Meinungsmarkts**".[61] Wenn sich eine gewisse Zahl ideeller Grundrichtungen am Markt befindet und wenn die Marktkräfte frei zum Zuge kommen, stellen sich der Idee nach ein breites Meinungsspektrum und ein umfassendes Informationsangebot wie von selbst ein. Dabei sind allerdings folgende Schwierigkeiten zu bedenken:

Soweit das pressespezifische Marktmodell auf der Tendenzfreiheit des jeweiligen Medienträgers und auf einer entsprechenden Vielzahl von Tendenzen beruht, ist es auf bloßen „*Meinungskampf*" angelegt. Es vernachlässigt Gesichtspunkte wie den der gegenständlichen und meinungsmäßigen **Universalität und Offenheit**; die darauf sich beziehenden journalistischen Obliegenheiten kommen schon aus Gründen der Modellogik zu kurz. Zudem muß das Modell de facto in der Regel mit einigen wenigen oder gar nur mit einer einzigen blattintern festgeschriebenen, gewissermaßen zum institutionalisierten Vorurteil gewordenen Meinung (Tendenz) auskommen. Unter diesen Umständen kann der erwünschte umfassende Publizitäts- und Forumseffekt nur zu leicht ausbleiben.

Die Informations- und Kommunikationsfunktion solcher Märkte läßt sich nun mangels eines geeigneten funktionalen Ansatzes bei *den einzelnen Presseorganen* nicht dingfest machen. Jeder einzelne Anbieter kann sich auf einen mehr oder minder engen Meinungssektor beschränken. Wegen abweichender Meinungen und wegen der Deckung von Informationsdefiziten kann er das Publikum immer auch auf etwaige andere Anbieter verweisen (et vice versa). Dadurch kann sich jeder Anbieter je für sich von den Pflichtkomponenten der „öffentlichen Aufgabe" freizeichnen: Es ist nur *der relevante Markt insgesamt,* der dafür einzustehen hat. Dieser höherstufige Inbegriff ist denn auch wohl gemeint, wenn § 3 LPrG die fragliche öffentliche Funktion „*der Presse"* — nicht aber einzelnen Publikationen und Periodika, für sich gesehen — zuschreibt.[62]

---

61 Vgl. *Arndt,* in: Löffler (Hrsg.), Die öffentliche Meinung, 1962, S. 1 (19). Auf *Arndt* dürfte auch die im FRAG-Urteil begegnende Rede vom „Meinungsmarkt" zurückgehen, BVerfGE 57, S. 323.
62 So durchweg auch die Rechtsprechung, zuletzt BVerfGE 66, S. 133. In der presserechtl. Lit. zur „öff. Aufgabe" wird an obigen Strukturfragen mitunter vorbeigegangen. Daraufhin können die Auseinandersetzungen über Rechtsrelevanz und inhaltl. Bedeutung der Aufgabenklausel bekenntnishafte Züge annehmen.

Der Markt als solcher indessen bleibt im Pressewesen ebenfalls konstitutionell ungreifbar, er bleibt medienrechtlich konturen- und wesenlos. Ein qualifiziertes „**Gesamtprogramm**" nach rundfunkrechtlichen Vorbildern[63] gibt es hier nicht. Ein entsprechendes das Gesamtangebot übergreifendes rundfunkähnliches Trägergebilde wird gescheut und vermieden. Die hiesige liberale, auf Staatsfreiheit eingestimmte Grundrechtstradition kehrt sich auch gegen gesellschaftlich-öffentliche Dachkonstruktionen. Statt dessen vertraut sie auf die Motorik *marktmäßiger Selbstregulierung* von Angebot und Nachfrage. Daraufhin bleibt die „öffentliche Aufgabe" (und mit ihr Meinungsbildungs- und Medienfreiheit) rechtlich gesehen im einzelnen wie auch im ganzen gleichsam anonym. Sie kann überall und nirgends wahrgenommen werden. Sie bleibt freischwiefend und institutionell unbehaust, d.h. sie wird „dem Zufall oder dem freien Spiel der Kräfte anheimgegeben".[64] Auch bei Einrichtungen einer privaten freiwilligen Selbstkontrolle[65] oder bei den Kartellbehörden kann sie nicht heimisch werden; letztere können die fehlenden Dachanstalten nicht ersetzen.[66] Wir haben es also mit einer schlechterdings immateriellen, unwägbaren Größe zu tun. Die freie Presse ist ein „Institut" ohne Institution.

c) Daß eine so beschaffene Marktsteuerung zu Beengtheiten führen kann, liegt auf der Hand.[67] Daraus erklären sich denn auch eine Reihe älterer und neuerer *Reformvorstöße*. Unter dem Eindruck rückläufiger Vielzahl und Vielfalt wurden um 1970 mannigfaltige Anläufe zu einer Presserechtsreform unternommen.[68] Den diesbezüglichen Denkschriften, Resolutionen, Gesetzentwürfen etc. lag bald ein eher extern-marktkonformer, bald ein eher intern-kompensatorischer, auf die Durchsetzung von Elementen des *Integra-*

---

63 Vgl. zuerst BVerfGE 12, S. 263. Dann etwa BVerfGE 59, S. 258; 60, S. 64. Dort handelt es sich um den binnenplur. Integrationsrundfunk. Auf den (partiell) außenplur. Koordinationsrundfunk wird der Begriff des „Gesamtprogramms" übertragen in BVerfGE 57, S. 323.
64 Vgl. ebd. S. 327. Für einen privaten, auch für einen Presserundfunk wäre dies nach dem FRAG-Urteil unstatthaft. Die marktstrukturell bedingten Schwierigkeiten einer Inpflichtnahme einzelner Anbieter bzw. des gesamten Anbieterfelds kehren allerdings auch im Privatrundfunkrecht wieder. Siehe *Stock*, Medienfreiheit, S. 520f. m.w.N.
65 Einen derartigen, von dem Verbot des sog. Standeszwangs (Anm. 40) unberührten Zusammenschluß stellte der von den Berufsverbänden der Verleger und Journalisten 1956 gegründete Dt. Presserat dar. Vgl. die Dokumente bei *Ring*, Dt. Presse- und Rundfunkrecht, unter B III. Näher *Löffler*, Presserecht, S. 120ff. Ein langwieriger Streit um den Abdruck von Rügen in davon betroffenen Blättern führte 1981 dazu, daß der Presserat seine Tätigkeit einstellte. Wiederbelebungsversuche führten Ende 1985 zu einem Teilerfolg. Das Gremium konstituierte sich neu, jedoch blieb ihm eine der beiden entsendungsberechtigten Journalistenorganisationen (DJU) fern.
66 Näher *Groß*, Presserecht, S. 93ff. m.w.N.
67 Siehe nur *Hoffmann-Riem*, in: Handbuch des Verfassungsrechts (Anm. 19), S. 443ff.
68 Vgl. als erste substantielle Gesamtwürdigung *Stammler*, Die Presse als soziale und verfassungsrechtliche Institution, 1971. Zum weiteren Fortgang *Papier*, Der Staat 1974, S. 399ff.; *ders.*, Der Staat 1979, S. 422ff. m.w.N. Siehe auch oben Anm. 56.

tionsmodells auch im Pressebereich abzielender Ansatz zugrunde. Unter letztere Rubrik fällt z. B. das Bemühen um sog. *Öffnungsklauseln*,[69] ferner das Bestreben, zu gesetzgeberischen Gewährleistungen *innerer Pressefreiheit* zu gelangen. Letzteres Desiderat richtete sich zumeist darauf, zwischen Tendenzfreiheit und journalistischer Freiheit eine Art schiedlich-friedliches verlags- und redaktionsinternes Arrangement zustande zu bringen.[70] Zuweilen wurde für den Fall definitiven Versagens des Marktmodells auch schon die Errichtung *binnenpluralistischer öffentlich-rechtlicher Medienträger* in Betracht gezogen.[71] Abkürzend sei vermerkt: Diese Versuche, *Presserechtsreform vom Rundfunkrecht aus* zu betreiben, sind durchweg — nicht zuletzt an aus dem Marktkonnex der Tendenzfreiheit hergeleiteten verfassungsrechtlichen Einwänden — gescheitert.

Das einfache Presserecht gilt im wesentlichen auch heute noch in der Form fort, die es seit den sechziger Jahren aufweist. Es beruht nach wie vor auf den oben genannten marktwirtschaftlichen Prämissen. Damit hat es die Periode der sog. inneren Reformen überdauert. Heute noch einmal auf jene Reformpostulate zurückzukommen, gilt im politischen Raum weithin als untunlich. Die ältere Traditionslinie setzt sich im Pressebereich nun wieder ungestört fort. Von dort aus greift sie mittlerweile auf den Rundfunkbereich über: Heute ist es eine *Rundfunkrechtsreform vom Presserecht aus*, die allenthalben auf der Tagesordnung steht. Der eingangs beschriebene Vereinheitlichungstrend scheint letztlich auf ein *monistisches System* i.S. einer universellen Durchsetzung eines presseähnlichen Marktmodells im gesamten Medienwesen hinauszulaufen.

5. Presseordnungsrecht, Sonstiges

Als „Presseordnung" (vgl. § 22 LPrG, Überschrift) wird herkömmlich ein Normenkomplex bezeichnet, welcher die eben behandelten tieferliegenden Strukturfragen des Pressewesens nur am Rande berührt. In seiner heutigen Ausgestaltung (§ 7 i.V.m. §§ 8 ff. LPrG) stellt das Presseordnungsrecht eine Sammelrubrik für verschiedenartige, durchaus heterogene Schrankenregelungen dar. Verfassungsrechtlich gesehen, handelt

---

[69] Dazu eher defensiv *von Münch*, Öffnungsklauseln bei Zeitungen und Zeitschriften, 1977. Anders zuletzt *Hoffmann-Riem*, in: Kommentar zum Grundgesetz (Anm. 19), Art. 5 Abs. 1 und 2 Rdnrn. 143 ff., auch zur analogen Problematik im Privatrundfunkrecht.

[70] Siehe etwa *Kübler*, in: Verhandlungen des 49. DJT, Bd. I, 1972, S. D 1 ff.; *Lerche*, Verfassungsrecht. Aspekte der „inneren Pressefreiheit", 1974; *Branahl/Hoffmann-Riem*, Redaktionsstatute in der Bewährung, 1975. Zu den Entwürfen eines (Bundes-)*Presserechtsrahmengesetzes* eingehend· *Hoffmann-Riem/Plander*, Rechtsfragen der Pressereform, 1977, S. 21 ff., Dok. ebd. S. 193 ff. Zuletzt *Hoffmann-Riem*, Innere Pressefreiheit als polit. Aufgabe, 1979. Im LPrG findet sich dazu nichts.

[71] Vgl. *Stock*, Zur Theorie des Koordinationsrundfunks, 1981, S. 93 ff. m.w.N. Gerade auch hieraus erwuchs der Streit über den Verfassungsrang der privatwirtschaftl. Pressestruktur (Anm. 59). Zusammenfassend zu alledem ebd. S. 77 ff., auch zur rundfunkrechtl. Nutzanwendung. Dazu auch *Groß*, Presserecht, S. 58 ff., 114 ff.

es sich dabei nicht um eine gesetzliche „Ausgestaltung" und „Gewährleistung" der Pressefreiheit auf dem Boden des Art. 5 Abs. 1 Satz 2, sondern um deren *„Beschränkung" nach Art. 5 Abs. 2 GG.*[72] Der Vorbehalt der „allgemeinen Gesetze"[73] ist vom Presserechtsgesetzgeber bislang recht behutsam in Anspruch genommen worden. Neben dem Presseordnungsrecht gehören hierher noch einige weitere im Pressealltag dann und wann relevante Teilmaterien, so die pressespezifischen Strafrechts- und strafprozessualen Bestimmungen der §§ 13 ff. LPrG.

a) Für jedes Druckwerk gemäß § 7 Abs. 1 und 2 LPrG — also nicht für die (aus dem Druckwerksbegriff eximierten) amtlichen und die sog. harmlosen privaten Druckwerke nach § 7 Abs. 3 LPrG — gilt die **Impressumspflicht** des § 8 LPrG. Sie richtet sich auf die Nennung von Name oder Firma und Anschrift des Druckers und des Verlegers, bei Zeitungen, Zeitschriften und sonstigen periodischen Druckwerken auch des verantwortlichen Redakteurs.[74] Die auf die Anfänge des Pressewesens zurückgehende Vorschrift will eine „Flucht in die Anonymität" verhindern. Sie will Behörden und Dritte instand setzen, die für den Inhalt des Presseerzeugnisses Verantwortlichen jederzeit presse-, zivil- und strafrechtlich haftbar zu machen. Darüber hinaus hat die Norm heute auch eine allgemeine verfassungsrechtliche Dimension: Sie dient der Transparenz des öffentlichen Meinungs- und Willensbildungsprozesses. Das Publikum soll über Herkunft und Zurechenbarkeit von Presseprodukten ins Bild gesetzt werden.[75]

b) Eine Reihe *persönlicher Anforderungen an den* **verantwortlichen Redakteur** normiert § 9 Abs. 1 LPrG.[76] Diese allgemein gehaltenen Anforderungen (inländischer ständiger Aufenthalt, Fähigkeit zur Bekleidung öffentlicher Ämter, Vollendung des 21. Lebensjahres, Geschäftsfähigkeit, unbeschränkte strafrechtliche Verfolgbarkeit) haben ihre

72 Vgl. obige Begriffe in BVerfGE 57, S. 319 ff., wo hinsichtl. der grundlegenden Vorschriften der Rundfunkgesetze die gegenteilige Konstruktion gewählt wird. Dazu etwa *Bethge*, DVBl. 1983, S. 369 (374 ff.). Zu der „positiven Ordnung" i.S. des FRAG-Urteils gibt es im LPrG kein Gegenstück. Dafür mögen allenfalls § 3 und § 6 Satz 1 in Frage kommen, soweit deren Anforderungen nicht durch das Marktprinzip überlagert und inhibiert werden.
73 Dazu statt aller *Hoffmann-Riem*, in: Kommentar zum Grundgesetz (Anm. 19), Art. 5 Abs. 1 und 2 Rdnrn. 39 ff.; *Starck*, in: Das Bonner Grundgesetz (Anm. 18), Art. 5 Abs. 1 und 2 Rdnrn. 120 ff.
74 Überschlägig ausgedrückt ist das derjenige, der zur Entscheidung über Aufnahme oder Zurückweisung von Beiträgen ermächtigt ist. Näher *Löffler*, Presserecht, S. 441 ff. — Auf die Identität des *Verfassers* des jeweiligen Beitrags erstreckt sich die Impressumspflicht nur beim Selbstverlag, soweit dort nicht statt dessen ein Herausgeber genannt wird.
75 Eine weitergehende, auch die *Eigentumsverhältnisse* umfassende *Offenlegungspflicht* statuierte szt. für periodische Druckschriften § 2 Abs. 2 des Gesetzes vom 15. 11. 1949 (Anm. 24). In der nachfolg. Kodifikationen hat dies nur in Bayern und Hessen Eingang gefunden. Vgl. *Löffler*, Presserecht, S. 397 ff., 427 ff. Die Thematik kehrt gegenwärtig im Privatrundfunkrecht wieder. Dazu *Bethge*, JZ 1985, S. 308 (314); *Groß*, DVBl. 1985, S. 353 (361).
76 Nach § 26 Abs. 1 LPrG gilt § 9 Abs. 1 für den Rundfunk entsprechend.

Wurzeln ebenfalls in früheren Perioden der Verfassungsgeschichte. Mit ihrem lediglich haftungsrechtlichen Ansatz und mit ihrer Beschränkung auf den *verantwortlichen Redakteur* lassen sie die Beengtheit des überkommenen Presseordnungsrechts besonders deutlich erkennen. Medienspezifische, auf wissenschaftlicher Ausbildung und Fortbildung beruhende *berufliche Qualifikationen* des Journalistenstands kennt das geltende Presserecht nicht. Es huldigt noch zeitgenössischen Vorstellungen von Journalismus als „Begabungsberuf" und weiß noch nichts von den — heute offen zu Tage liegenden — *Professionalisierungsproblemen.*[77] Demgemäß kennt es auch keinerlei statusrechtlich gesicherte verlags- und redaktionsinterne *journalistische Eigenverantwortung.*

c) Mit dem Gebot der **Kennzeichnung entgeltlicher Veröffentlichungen** (§ 10 LPrG) berührt das Gesetz einen medienstrukturell wichtigen medienökonomischen Fragenkomplex. Dabei geht es um das Verhältnis von Werbe- und Publikumsmärkten und um **Werbefinanzierung** als wesentliches Merkmal der privatwirtschaftlichen Pressestruktur.[78] Mit dem Gebot der Trennung von Text- und Anzeigenteil und dem Verbot redaktioneller Werbung[79] sucht der Gesetzgeber die „öffentliche Aufgabe" gegen sachfremde kommerzielle Interessen und Einflüsse abzuschirmen. Ausschnittweise handelt es sich auch hier wieder um die Integrität der publizistischen Vermittlungsfunktion und um die Autonomiefrage. Das Trennungsprinzip erfaßt die finanzwirtschaftlich bedingte Abhängigkeitsproblematik freilich nur an der Oberfläche. Diese Problematik betrifft sämtliche erwerbswirtschaftlich orientierten, auf größtmögliche Werbeeinnahmen abzielenden Massenmedien. Sie kehrt bei dem gegenwärtig sich entwickelnden ausschließlich werbefinanzierten Marktrundfunk in verschärfter Form wieder.

d) § 11 LPrG enthält eine differenzierte Regelung des pressespezifischen Rechts der **Gegendarstellung.**[80] Dieses Rechtsinstitut bezieht sich auf das Verhältnis der Presseberichterstattung zu den jeweiligen personalen Berichtsobjekten und zum großen Publikum. Derjenigen Person oder Stelle, die durch eine in einem periodischen Druckwerk aufgestellte, ihrer Ansicht nach unrichtige Tatsachenbehauptung betroffen ist, wird ein gesetzlicher Anspruch auf Abdruck einer Gegendarstellung eingeräumt, welche sich auf

---

77 Vgl. *Stock,* Medienfreiheit, S. 84f. m.w.N.
78 Oben Anm. 57. Das Anzeigengeschäft ist mit durchschnittlich 66 v. H. die Haupteinnahmequelle der Zeitungspresse. Siehe *Witte/Senn,* Zeitungen im Medienmarkt der Zukunft, 1984, S. 17; *Ricker,* Rundfunkwerbung und Rundfunkordnung, 1985, S. 20.
79 Vgl. *Löffler,* Pressrecht, S. 479ff. m.w.N., auch zu den hier bestehenden Querverbindungen zum Wettbewerbsrecht. Dazu zuletzt OLG Hamburg AfP 1985, S. 41f.; OLG Hamm ebd. S. 43f.; OLG Frankfurt NJW 1985, S. 1647f.
80 § 26 Abs. 1 und 2 LPrG sahen urspr. eine analoge Geltung des § 11 für den Rundfunk vor. Diese Teile des § 26 sind jüngst durch § 56 WDR-G gestrichen worden. Das WDR-G weist in § 9 nunmehr eine eigene, rundfunkspezifische Ausgestaltung des Gegendarstellungsrechts auf. In den Grundzügen stimmen die beiden Regelungen jedoch überein.

tatsächliche Angaben beschränken muß. Insoweit erhält der Betroffene eine gleichwertige Publizitätschance, über das (presserechtlich ungeregelte, de facto wenig effiziente) Instrument des Leserbriefes hinaus. Dem liegt — unabhängig von Wahrheitskriterien nach Art des § 6 Satz 1 LPrG — die Maxime „*audiatur et altera pars*" zugrunde, d. h. einschlägig ist immer auch das Leserinteresse an vielfältiger Information und unabhängiger Meinungsbildung. Vor dem Forum der Öffentlichkeit soll derjenige, dessen Angelegenheiten in der Presse erörtert werden, auch mit seiner eigenen Version der fraglichen Fakten zu Wort kommen können. Nach heute herrschender Ansicht hat der medienspezifische Gegendarstellungsanspruch ein verfassungsrechtliches Fundament in dem *allgemeinen Persönlichkeitsrecht* nach Art. 2 Abs. 1 i.V.m. Art. 1 Abs. 1 GG.[81] Mitunter wird dafür zusätzlich auf das Grundrecht der *freien Meinungsverbreitung* nach Art. 5 Abs. 1 Satz 1 GG — hier als Vehikel von Tatsacheninformationen — zurückgegriffen.[82] Mit im Spiel sind dann notwendig auch noch weitere Kommunikationsgrundrechte (Informations-, Meinungsbildungsfreiheit, mittelbar auch die Medienfreiheit). In alledem klingt auch die Thematik der sonstigen, generellen *Öffnungsklauseln* an. Wir haben es mit einem Sonderfall unmittelbarer Selbstartikulation Außenstehender im Rahmen von Fensterstrukturen zu tun.[83]

e) Die **Ablieferungspflicht** des § 12 LPrG[84] hat polizeistaatliche historische Wurzeln. Im Zeichen des Zensurverbots des Art. 5 Abs. 1 Satz 3 GG ist diese althergebrachte Pflicht nicht entfallen, sie ist jedoch auf kulturstaatliche Bedürfnisse umgestellt worden. Heute dient sie der bibliotheksmäßig-dokumentarischen Erfassung von Presseerzeugnissen als „geistigem und kulturellem Allgemeingut".[85] Demzufolge hat der Verleger

---

81 So jetzt auch BVerfGE 63, S. 131 (142f.) = JZ 1983, S. 492ff. m. Anm. *Kübler*, dort in rundfunkrechtl. Anwendung. Näher *Seitz* u. a., Der Gegendarstellungsanspruch in Presse, Film, Funk und Fernsehen, 1980; *Löffler*, Presserecht, S. 527ff.
82 So *Löffler/Ricker*, Handbuch des Presserechts, S. 110f.; *Groß*, Presserecht, S. 159 (mittelbare Drittwirkung).
83 Dabei wird vorausgesetzt, daß das jeweilige Presseorgan die fragliche Angelegenheit erst einmal *von sich aus thematisiert* (wozu es keineswegs verpflichtet ist). Gegen Informationsdefizite, welche nicht auf entstellender Berichterstattung, sondern auf gänzlicher *Weglassung* eines Sujets beruhen, bietet das Gegendarstellungsrecht keine Abhilfe. Zudem betrifft es *nur Fakten, nicht aber Meinungen*; in Fällen meinungsmäßiger Einseitigkeit greift es nicht. Das Problem *allgemeiner* Zugänglichkeit des Mediums läßt sich so nicht lösen. Mit Hilfe von Fensterstrukturen läßt sich letzterem Problem nur zum kleineren Teil beikommen. Es hat seinen Schwerpunkt im redaktionellen Bereich.
84 Über Ausnahmen § 12 Abs. 2 LPrG sowie die Verordnung über die Ablieferung von Druckwerken vom 26. 9. 1967 (GVBl. S. 181).
85 Vgl. BVerfGE 58, S. 137 (148f.). Die Entscheidung betraf die szt. hess. Parallelregelung, die eine Kostenerstattung ausnahmslos ausschloß. Darin erblickte das Gericht im Hinblick auf mit großem Aufwand und in geringer Auflage hergestellte Werke einen verfassungswidrigen Eigentumseingriff. Davon ist N.-W. nicht betroffen. § 12 Abs. 3 LPrG enthält insoweit eine Entschädigungsregelung.

von jedem im Lande verlegten Druckwerk ein Pflichtexemplar an die Universitätsbibliotheken Bonn bzw. Münster abzuliefern.

f) Im weiteren befaßt sich das LPrG eingehend mit dem Recht der **Pressebeschlagnahme** (§§ 13 ff.), dem **Pressestrafrecht** (§§ 21 ff., 25) und dem **journalistischen Zeugnisverweigerungsrecht** (§ 24). Auf diese pressespezifisch ausgestalteten straf- und strafprozeßrechtlichen Materien sei hier nicht eingegangen, vielmehr sei dazu auf die Kommentarliteratur verwiesen.[86]

IV. Das WDR-Gesetz 1985

1. Vorausgegangene Regelungen und Entstehungsgeschichte

a) Im Rundfunkbereich hat sich nach 1945 jene hierzulande damals neuartige Medienstruktur herausgebildet, für die sich hernach die Bezeichnung „**Integrationsmodell**" eingebürgert hat. Presseähnliche außenpluralistische Marktelemente kennt dieses Organisationsmodell in seiner reinen Form nicht. Es leitet sich aus einer andersartigen konstitutionellen Idee her. Für die Länder der britischen Besatzungszone war Ausgangspunkt der Nachkriegsentwicklung ein auf englische Traditionen und Errungenschaften zurückgehender Reformimpuls, nämlich der von *H. C. Greene* unternommene Versuch, etwas von dem Autonomiekonzept der *British Broadcasting Corporation (BBC)* auf den unter der Schirmherrschaft der Militärregierung wiederentstehenden, nach und nach in deutsche Hände übergehenden Rundfunk zu übertragen.

Die angelsächsisch inspirierte Gründungsidee wirkte in erheblichem Umfang auf den 1948 errichteten, auf besatzungsrechtlichen Rechtsgrundlagen beruhenden *Nordwestdeutschen Rundfunk (NWDR)* ein.[87] Dieser Autonomiegedanke geriet freilich schon bald zwischen die neu sich formierenden parteipolitischen Fronten. Auch machten sich in Nordrhein-Westfalen Bestrebungen bemerkbar, der Hamburger Vorherrschaft zu entgehen und das NWDR-Funkhaus Köln aufzuwerten. Daraus ergab sich schließlich eine Auflösung des ursprünglichen Verbundsystems. 1955 wurde der NWDR durch

---

86 Statt aller *Löffler*, Presserecht, S. 624 ff. (Beschlagnahme), 766 ff. (Pressedelikte und Ordnungswidrigkeiten), 902 ff. (Verjährung), 848 ff. (Zeugnisverweigerungsrecht). Nach § 26 Abs. 1 und 3 LPrG a. F. galt § 24 LPrG für den Rundfunk entsprechend. Auch dies ist durch § 56 WDR-G gestrichen worden.

87 Vgl. *Greene*, Entscheidung und Verantwortung, 1970, S. 43 ff. Über diese Pioniergestalt und ihr westdt. Engagement als Chief Controller und erster Generaldirektor des NWDR *Tracey*, Das unerreichbare Wunschbild, 1982; ders., Sir Hugh Greene, 1984. Dazu die Dok. bei *Bierbach*, Der neue WDR, 1978, S. 75 ff. Siehe auch *Roß*, RuF 1981, S. 82 ff.

zwei selbständige Anstalten ersetzt.[88] Die Funktionsnachfolge traten für die drei beteiligten norddeutschen Länder der *Norddeutsche Rundfunk (NDR)*[89] und für Nordrhein-Westfalen der *Westdeutsche Rundfunk (WDR)*[90] an. Das Erbe des NWDR, d. h. mittelbar auch der BBC, wirkte in NDR und WDR gleichwohl weiter, es trug zur Entstehung des hiesigen rundfunkrechtlichen Formenfundus wesentlich bei.

b) Das WDR-Gesetz 1954 hielt als rechtliches Fundament der Rundfunkfreiheit im Lande dreißig Jahre lang vor. In dieser Zeit gelangte der WDR zu seinem eigenen Gesicht und entfaltete weitläufige programmliche Aktivitäten. Als größter der in der *Arbeitsgemeinschaft der öffentlich-rechtlichen Rundfunkanstalten der Bundesrepublik Deutschland (ARD)*[91] zusammengeschlossenen Sender wurde er zu einem prosperierenden gemeinnützigen Rundfunkunternehmen.[92] Im Fernsehbereich teilt er sich die Aufgabe der Versorgung des Sendegebiets seit 1963 mit dem im großen und ganzen ähnlich gearteten *Zweiten Deutschen Fernsehen (ZDF)*.[93] Im übrigen findet er sich heute in

---

88 Näher *Brack*, in: ders. u. a., Organisation des Rundfunks in der Bundesrepublik Dtld. 1948— 1962, 1962, S. 35 ff.; *Schaaf*, in: Rundfunk und Politik 1923—1973 (Anm. 11), S. 295 ff.; *Hoffmann*, Rundfunkorganisation und Rundfunkfreiheit, 1975, S. 31 ff., 48 ff.; *Bausch*, Rundfunkpolitik nach 1945, S. 46 ff., 204 ff.

89 Staatsvertrag über den Norddt. Rundfunk vom 16. 2. 1955, bekanntgemacht u. a. als Anlage zu dem nieders. Zustimmungsgesetz vom 19. 4. 1955 (GVBl. S. 167) (im folg.: NDR-StV a. F.).

90 Gesetz über den „Westdt. Rundfunk Köln" vom 25. 5. 1954 (GVBl. S. 151), zuletzt geändert durch Gesetz vom 9. 7. 1974 (GVBl. S. 251) (im folg.: WDR-G a. F.). Das Gesetz hat dem NDR-StV a. F. als Vorbild gedient, was sich z. B. in der Wortgleichheit der Programmgrundsätze ausdrückt. Ergänzend erging die Satzung des Westdt. Rundfunks Köln vom 27. 1. 1956 (GVBl. S. 107), zuletzt geändert durch Beschluß des Rundfunkrats vom 26. 1. 1982 (GVBl. S. 78).

91 Die ARD-Statuten sind zusammengestellt bei *Ring*, Dt. Presse- und Rundfunkrecht, unter C—V. Zu Entstehung und Arbeitsweise dieser relativ lockeren Konföderation, insb. zu dem ARD-Gemeinschaftsprogramm „*Deutsches Fernsehen*", *Brack*, in: Organisation des Rundfunks (Anm. 88), S. 11 ff.; *Bausch*, aaO. (Anm. 88), S. 239 ff. Dazu § 5 WDR-G a. F., ähnlich § 7 Satz 1 WDR-G.

92 Vgl. § 1 Abs. 1 Satz 1 WDR-G a. F. Näher zu Programmangebot und sonstiger Datenlage: Medienatlas N.-W. (Anm. 55), Bd. 1, S. 106 ff., 120 ff. und Bd. 2, S. 125 ff. Siehe auch die Angaben in: ARD (Hrsg.), ARD-Jahrbuch 84, 1984, S. 260 ff., 284, 287 ff. Ferner die instruktiven Beiträge zu Geschichte und Gegenwart des WDR in dem Sammelband: *Först* (Hrsg.), Nach fünfundzwanzig Jahren, 1980.

93 Staatsvertrag über die Errichtung der Anstalt des öff. Rechts „Zweites Dt. Fernsehen" vom 6. 6. 1961, mit Zustimmungsbeschluß des Landtags N.-W. bekanntgemacht am 9. 8. 1961 (GVBl. S. 269) (im folg.: ZDF-StV). Das ZDF ist aus den 1961 mit BVerfGE 12, S. 205 ff. beendeten Bund-Länder-Kontroversen hervorgegangen. Siehe *Hillig*, in: Organisation des Rundfunks (Anm. 88), S. 93 ff.; *Wehmeier*, Die Geschichte des ZDF, Teil I, 1979; *Bausch*, aaO. (Anm. 88), S. 305 ff., 447 ff. Die in Mainz ansässige Anstalt fungiert im jeweiligen Bundesland, so auch in N.-W., als *zusätzliche Landesrundfunkanstalt*. Beheimatet ist der ZDF-StV allerdings auf der länderübergreifenden Ebene des koop. Föderalismus. Er verkörpert westdt.-

einer stark veränderten medienpolitischen Landschaft wieder und schickt sich an, an dem derzeit anstehenden Entwicklungsschub auch seinerseits teilzunehmen.

c) Die jetzt beginnende Wachstumsphase steht in Nordrhein-Westfalen im Zeichen der Frage, ob sich das vorhandene, im Prinzip als bewährt erachtete Konzept von Rundfunkautonomie auch in Zukunft behaupten kann: Läßt es sich so praktizieren und weiterentwickeln, daß es — mindestens auf dem öffentlich-rechtlichen Sektor — auch fernerhin mithalten, also auch unter den Bedingungen eines *dualen Systems* und *intramediärer Modellkonkurrenz (Marktmodell kontra Integrationsmodell)* Bestand haben kann? Oder muß die WDR-Traditionslinie über kurz oder lang abreißen und derjenigen von Presse und Presserundfunk Platz machen?

Angesichts solcher Fragestellungen gedachte man sich in Düsseldorf zunächst in gemessenem Tempo voranzubewegen, beginnend mit dem *Kabelpilotprojekt Dortmund* als zeitlich und örtlich begrenztem Experimentalprojekt.[94] Dann bekam man es mit einem bundesweit sich verstärkenden Trend in Richtung auf alsbaldige definitive Lösungen zu tun. Man suchte daraufhin auch schon den Einstieg in eine auf Dauer angelegte Privatrundfunkgesetzgebung. Für 1986/87 wurde ein nordrhein-westfälisches *Landesmediengesetz* angekündigt, das sich wahrscheinlich dem Aufbau eines territorial mehrstufigen, von der nationalen bis zur lokalen Ebene reichenden dualen Systems widmen wird.[95] Im Vorgriff darauf kam 1985 ein *Vorschaltgesetz* zustande, mit dem außerhalb des Landes veranstaltetem privatem Satellitenrundfunk der Zugang zu den landesinternen Kabelanlagen eröffnet wurde.[96] Mit dieser als Erprobungsgesetz konzipierten Einspeisungsregelung sind der Sache nach schon die Würfel gefallen: Es etabliert sich ein Konkurrenzmodell von nationaler Reichweite, wobei die private Seite äußerst freizügig und weitgehend marktmäßig operieren kann. Vor diesem Hintergrund versteht sich nun auch eine *Neufassung des WDR-Gesetzes*, mit der der Landesgesetzgeber 1985 in einige Turbulenzen geriet.

---

gemeindt. Rundfunkrecht nach dem Stand von 1961 und weist weiter keine bemerkenswerten medienstrukturellen Neuerungen auf. Deshalb mag hier eine eigene Darstellung unterbleiben. Statt dessen sei auf den Kommentar von *Fuhr* u. a., ZDF-Staatsvertrag, 2. Aufl. 1985, verwiesen. Empirisches Material enthalten die ZDF-Jahrbücher, zuletzt: ZDF (Hrsg.), ZDF Jahrbuch 84, 1985.
94 Gesetz über die Durchführung eines Modellversuchs mit Breitbandkabel vom 20. 12. 1983 (GVBl. S. 640) (im folg.: KabVersG). Dazu unten V.
95 Vgl. die Dok. oben Anm. 20 und 21, insb. die von *Rau* am 29. 8. 1984 vorgestellten Eckwerte für ein Landesmediengesetz, MP 1984, S. 662f. Näher dann *ders.* in einer Grundsatzerklärung anläßlich der 10. Stendener Medientage am 24. 3. 1985. Siehe die Berichte FK Nr. 13 vom 29. 3. 1985, S. 1f. und KuR Nr. 25 vom 30. 3. 1985, S. 10 und 12.
96 Gesetz über die vorläufige Weiterverbreitung von Rundfunkprogrammen in Kabelanlagen vom 19. 3. 1985 (GVBl. S. 248) (im folg.: VorlWvG). Das Gesetz orientiert sich i. wes. an dem E III NeuO-StV und sieht für die n.-w. Kabelinseln ein ineffizientes *außenplur. Koordinationsmodell* vor. Dazu unten VI.

d) Eine Veränderung des anstaltsinternen Organ- und Kompetenzgefüges mit Rücksicht auf die neuere Verfassungsrechtsprechung galt seit einer Reihe von Jahren ohnehin als notwendig.[97] Die darauf abzielenden Initiativen und Vorstöße liefen in gewissem Umfang parallel mit dem Bestreben, eine „Linkslastigkeit" zu beseitigen, wie sie beim WDR[98] von mancher Seite seit längerem wahrgenommen und beklagt worden war. Die WDR-Reform wurde nun von der Regierungsmehrheit anhand eines Gesetzentwurfs[99] in Angriff genommen, der der Anstalt eine neue Gremienstruktur verschrieb. Damit wurde eine *breitere und festere Verankerung des Senders im gesellschaftlich-kulturellen Humus des Landes* bezweckt. Zugleich zeigte man sich auf eine Stärkung seiner *publizistischen Eigenverantwortung* bedacht. Dieses Revitalisierungsvorhaben setzte sich sodann fort in dem Bemühen, dem WDR im Hinblick auf die jetzige und künftige Konkurrenzlage zu einer profunden *Bestands- und Entwicklungsgarantie* zu verhelfen.

Hier zeichnete sich u. a. ein WDR-eigenes bzw. WDR-nahes, auf einem *Kooperationsmodell Rundfunk — Presse — Film* beruhendes TV-Satellitenprogramm ab,[100] welches vielfach auch als Gegengewicht zu dem pressenahen privaten Fernsehprogramm „SAT 1" gesehen wurde.[101] Ferner spielte in diesem Zusammenhang das in Luxemburg lizen-

---

97 Darauf richteten sich zumal kath.-kirchl. Wünsche und Interventionen. Vgl. *Janssen*, FK Nr. 28 vom 13. 7. 1984, S. 1 ff. Leitmotiv war dabei die Zurückdrängung des — nach der bis dahin bestehenden Regelung und Praxis beträchtlichen — Einflusses der großen polit. Parteien, u. a. zugunsten vermehrten Verbandseinflusses. Eher für ein „Amtsmodell" demgegenüber *Böckenförde/Wieland*, AfP 1982, S. 77 (82 ff.). Zuletzt *Wieland*, Die Freiheit des Rundfunks, S. 250 ff.
98 Ähnlich wie in den siebziger Jahren beim NDR. Vgl. *Stock*, RuF 1977, S. 1 ff. Dort endeten die heftigen „Ausgewogenheits-"Dispute mit der Ersetzung des NDR-StV a. F. durch den Staatsvertrag über den Norddt. Rundfunk vom 20. 8. 1980, bekanntgemacht u. a. als Anlage zu dem nieders. Zustimmungsgesetz vom 10. 12. 1980 (GVBl. S. 481) (im folg.: NDR-StV). Zu dem neuen Vertrag *Berg*, in: Faber/Schneider (Hrsg.), Nieders. Staats- und Verwaltungsrecht, 1985, S. 545 (551 ff.). Die Dreiländeranstalt geriet dadurch in ein Klima der Stagnation und Beengtheit. Dazu trug auch die 1982 beginnende Privatrundfunkgesetzgebung bei. Damit wurde das Erbe des NWDR in Norddtld. zunehmend relativiert und gefährdet.
99 Regierungsentwurf LT-Drucks. 9/3712 vom 28. 9. 1984. Erste Lesung: Plenarprot. 9/105 vom 25. 10. 1984, S. 6501 ff.
100 Ein derartiges Projekt kam 1984/85 unter dem Namen „*liberaler Programmanbieter*" ins Gespräch. Als evtl. Partner des WDR wurden die „Westdt. Allg. Zeitung" (WAZ) und die von *Kluge* gegründete Arbeitsgemeinschaft für Kabel- und Satellitenprogramme (AKS) genannt. Vgl. *Frhr. von Sell* (Interview), KuR Nr. 92 vom 21. 11. 1984, S. 3 ff. Dazu oben Anm. 16.
101 „SAT 1" wird von einem presse- und filmwirtschaftl. Konsortium betrieben. Nachrichtensendungen i.V.m. Unterhaltung und Wirtschaftswerbung steuert die Hamburger Aktuell Presse-Fernsehen GmbH & Co. KG (APF) bei. Zur Charakteristik dieser Sendungen *Krüger*, MP 1985, S. 50 ff., 232 ff., 257 ff., 479 ff., mit dem Befund richtungsmäßiger Beengtheit und kommerzieller Verflachung. „SAT 1" wird den Rechtsformen nach koordiniert durch die Ludwigshafener AKK, und zwar auf dem Boden des labilen außenplur. Reglements der §§ 27 ff. AKK-G n. F. Das Programm wird seit Jan. 1985 über den Fernmeldesatelliten ECS 1 ausgestrahlt und hat vermöge des VorlWvG inzwischen auch Zugang zu den n.-w. Kabelanlagen erhalten.

sierte, voll werbefinanzierte Fernsehprogramm „RTL-Plus" eine Rolle.[102] Auf der öffentlich-rechtlichen Seite waren außerdem noch das ZDF-Satellitenprogramm „3 SAT"[103] und das ARD-Projekt „Eins plus"[104] mit im Spiel. Mithin kündigte sich auf diesem Schauplatz eine weitläufige Gigantomachie an. In der Tat kam es alsbald zu einer ersten harten Konfrontation von Marktrundfunk und Integrationsrundfunk bisheriger Provenienz, nämlich zu einem schon im legislatorischen Vorfeld anhebenden Ringen um die — beiderseits als knapp erachteten — finanziellen Ressourcen und die entsprechenden Entwicklungschancen. Es war zumal die jetzt einsetzende inter- und intramediäre Konkurrenz um die Anteile am „Werbekuchen",[105] die das Bild bestimmte.

Die Gesetzesberatungen standen unter dem Vorzeichen überregionaler medienökonomischer Verteilungskämpfe und medienpolitischer Prinzipienkonflikte. Das Gegeneinander von Markt- und Integrationsmodell setzte sich auf der parlamentarisch-politischen Ebene fort, und zwar unter häufigem Rückgriff auf verfassungsrechtliche Argumentationen. Die Regierungsmehrheit hielt an ihrem auf innere und äußere Kräftigung des WDR gerichteten Kurs fest. In diesem Zusammenhang schälte sich eine bislang singuläre öffentlich-rechtliche Reformphilosophie heraus. Den sozialdemokratisch regierten Ländern war es 1984/85 nicht mehr gelungen, den Privatrundfunk bundes-

---

102 An „RTL-Plus" sind Radio Télé-Luxembourg (RTL) und der Bertelsmann-Konzern beteiligt. Zum Profil dieses Programms *Krüger* (Anm. 101) sowie die ORF-Inhaltsanalyse MP 1984, S. 781 ff. Aus der Sicht von Bertelsmann *Lahnstein*, RuF 1984, S. 289 ff. Für „RTL-Plus" wird ein inneres Forumsprinzip deklariert, das aber z. Zt. von den Eigengesetzlichkeiten des Werbemarkts („fröhliche Welle") überlagert und eingeschränkt wird. Das Programm wird seit August 1985 über den ECS 1 ausgestrahlt und in N.-W. eingespeist. Urspr. war die Bertelsmann AG auch als möglicher Partner des WDR ins Gespräch gebracht worden. Solchen Erwägungen erteilte der — auf größere Freiheitsgrade bedachte — Gütersloher Konzern jedoch Ende 1984 eine Absage. Die WAZ-Gruppe scheint neuerdings ebenfalls von dem Kooperationskonzept (Anm. 100) abzurücken. Sie hat auch mit „RTL-Plus" Verhandlungen geführt; diese sind 1986 fortgesetzt worden.
103 Mit diesem unter österr. und Schweizer Beteiligung (ORF, SRG) entwickelten experimentellen Kulturprogramm will das ZDF dem Verlegerfernsehen Paroli bieten. Siehe *Stolte*, Medium 1984, Heft 2, S. 12 ff.; *v. Hagen*, in: ZDF Jahrbuch 84, S. 111 ff.; *Schwaderlapp*, ebd. S. 159 ff. Das Programm läuft gleichfalls über den ECS 1 und wird bereits in die n.-w. Kabelanlagen eingespeist.
104 Vgl. das Programmdesign MP 1984, S. 152 ff. Mit diesem Kulturprogramm will die ARD unter Schweizer Beteiligung ab Frühjahr 1986 mithalten. Dafür ist ihr ein Fernsehkanal auf dem Fernmeldesatelliten Intelsat V zugedacht. Näher zu den komplexen Verhältnissen auf dem Gebiet des Satellitenrundfunks *Stock*, Medienfreiheit, S. 446 ff. Hier war 1984/85 der E III NeuO-StV einschlägig, der auch für das WDR-Kooperationsvorhaben einigen Raum ließ.
105 Zum Sachstand 1984 insoweit *Steinbach*, MP 1985, S. 332 ff. Hinsichtlich der bisherigen Anstalten, zumal des WDR, hatte sich auf Grund der Bremerhavener Beschlüsse eine restriktive Linie herausgebildet. Vgl. Art. 4 und 5 E III NeuO-StV. Von dem neuen WDR-G befürchtete sich die Gegenseite jedoch größere Freizügigkeit bei der Werbefinanzierung *auch für den WDR*.

weit auf einen qualifizierten Programmauftrag, ungefähr nach dem Bilde von ARD/ ZDF, festzulegen und ihn in diesbezügliche rechtlich zwingende Mindeststandarde einzubinden. Statt dessen setzte man nun in Düsseldorf — gleichsam hilfsweise — für den WDR auch seinerseits vermehrte aufgabenimmanent-*unternehmerische* Akzente, was auf eine eigene nordrhein-westfälische Variante des dualen Systems hinauslaufen mag.[106] Daraus ging das *Gesetz über den „Westdeutschen Rundfunk Köln" vom 19. 3. 1985 (GVBl. S. 237)* (weiterhin: WDR-G) hervor. Es trat am 23. 3. 1985 in Kraft. Zugleich trat das WDR-Gesetz 1954 nach dreißigjähriger Geltung außer Kraft (§ 57 WDR-G).[106a]

Hiermit waren die rechtlichen Auseinandersetzungen freilich nicht zu Ende. Vielmehr befaßte die CDU-Landtagsfraktion damit nunmehr den *Landesverfassungsgerichtshof*.[107] Die CDU/CSU-Bundestagsfraktion wandte sich in gleicher Sache mit einem Normenkontrollantrag an das *Bundesverfassungsgericht*.[108] Insoweit scheint es sich um ein Pendant zu dem in Karlsruhe bereits anhängigen Normenkontrollantrag der SPD-Bundestagsfraktion betreffend das Niedersächsische Landesrundfunkgesetz[109] zu han-

106   Diese neuartige, mit gewissen Marktelementen arbeitende Abwehrstrategie trat im Parlament nach und nach hervor. Sie entbehrt noch eines anspruchsvolleren modelltheoretischen Bezugsrahmens. Unter verfassungsrechtlichen Gesichtspunkten kam sie genauer vor Sprache auf einer vom Hauptausschuß des Landtags veranstalteten umfänglichen Anhörung von Sachverständigen, Institutionen und Verbänden, Ausschußprot. 9/1462 vom 10. 1. 1985 und 9/1470 vom 11. 1. 1985. Dazu legte *Lerche* ein im Auftrag des Verbands rh.-westf. Zeitungsverleger erstelltes Rechtsgutachten vor, abgedr. AfP 1984, S. 183ff. Im weiteren kam es zu einzelnen Abänderungen des Regierungsentwurfs, wie sie sich in Bericht und Beschlußempfehlung LT-Drucks. 9/1430 vom 8. 3. 1985 dokumentieren. Zweite Lesung: Plenarprot. 9/121 vom 11. 3. 1985, S. 7685ff. Dritte Lesung und Annahme des Entwurfs in der Ausschußfassung (gegen die Stimmen der CDU-Fraktion): Plenarprot. 9/122 vom 12. 3. 1985, S. 7784ff.

106a Die WDR-Satzung 1956 wurde sodann mit Wirkung vom 1. 1. 1986 durch die Satzung des Westdt. Rundfunks Köln vom 26. 11. 1985 (GVBl. S. 769) abgelöst.

107   Normenkontrollantrag nach Art. 75 Nr. 3 LVerf. Der namens von 89 Abg. durch *Ricker* und *Lerche* gestellte Antrag baut auf das *Lerche*sche Gutachten (Anm. 106) auf und richtet sich auf Feststellung der Nichtigkeit einiger exponierter Gesetzesbestimmungen (dazu unten 2ff.). Angeregt wird die Kassation des WDR-G insgesamt gemäß § 47 Satz 2 VerfGHG. Gerügt werden u. a. Verstöße gegen Art. 4 Abs. 1 LVerf. i.V.m. Art. 5 Abs. 1 Satz 2 und Art. 12 Abs. 1 GG (Presse-, Rundfunk-, Berufsfreiheit). Vgl. KuR Nr. 33 vom 27. 4. 1985, S. 8f. In diesem Verfahren scheint die landesrechtliche Rezeption der Grundrechte des GG (oben I) erstmals in größerem Umfang zur Sprache zu kommen.

108   Antrag nach Art. 93 Abs. 1 Nr. 2 GG, namens von 220 Unions- sowie 16 FDP-Abg. durch *Lerche* und *Ricker* gestellt, inhaltlich i. wes. parallel zu dem Münsteraner Antrag. Vgl. KuR Nr. 101 vom 21. 12. 1985, S. 10.

109   Gesetz vom 23. 5. 1984 (GVBl. S. 147). Der diesbezügliche Antrag nach Art. 93 Abs. 1 Nr. 2 GG ist namens von ca. 200 Abg. von *Hoffmann-Riem* gestellt worden. Anfang 1986 ist dann auch das Landesmediengesetz Baden-Württ. vom 16. 12. 1985 (GBl. S. 539) zum Gegenstand von Verfassungsprozessen geworden (Verfassungsbeschwerde des Süddt. Rundfunks, Normenkontrollantrag der SPD-Bundestagsfraktion). Das BVerfG wird sich nun mit ver-

deln. In alledem wird der überregional-exemplarische Charakter des hiesigen Grundsatzstreits vollends sichtbar.

e) Als Randerscheinung sei noch ein weiterer, mittlerweile erledigter Streitpunkt erwähnt. Aus Anlaß der Neufassung des WDR-G wurde eine Verlängerung der Amtszeiten der Anfang 1985 amtierenden WDR-Kollegialorgane bis zur Konstituierung der Organe nach neuem Recht erforderlich. Dazu erging das *WDR-Vorschaltgesetz vom 20. 2. 1985 (GVBl. S. 154)*. Unterdessen war eine darin enthaltene, 1985 vakant werdende Direktorenposten betreffende Interimsklausel zum Gegenstand einer erregten öffentlichen Diskussion geworden.[110] Durch das daraus erwachsene *WDR-Vorschaltänderungsgesetz vom 5. 3. 1985 (GVBl. S. 169)* wurde die umstrittene Klausel von ihren eigenen Vätern alsbald wieder aufgehoben. Damit fand dieses hektische Intermezzo sein Ende.

2. Der Rundfunkbegriff

a) Der verfassungsrechtliche Rundfunkbegriff ist gegenwärtig von Unsicherheiten und Unschärfeproblemen affiziert, welche ihren Grund insbesondere in dem *Individualisierungspotential neuer Kommunikationstechniken* haben.[111] Gleiches gilt für das einfache Recht. § 3 Abs. 1 WDR-G übernimmt eine auf frühere Dekaden und einfachere Verhältnisse zurückgehende, in gebührenrechtlichem Zusammenhang entstandene[112] Rundfunkdefinition, die den derzeit sich stellenden Abgrenzungsfragen kaum gerecht wird. Angesichts der heraufkommenden neuen Techniken war diese pragmatische und globale Definition in den siebziger Jahren zum Gegenstand emsiger Kasuistik gewor-

---

fasssungsrechtl. Aspekten der Entwicklung einmal des privaten, zum andern des öff.-rechtl. Rundfunks zu beschäftigen haben. Dazu oben Anm. 23. Die zu erwartenden Leitentscheidungen werden über die ersten in BVerfGE 57, S. 295 ff. getroffenen Festlegungen hinausgehen müssen. Davon wird evtl. auch das n.-w. Landesmediengesetz tangiert werden.

110 Nach § 4 des Gesetzes durften Verträge mit Direktoren während der Übergangszeit nur mit einer Befristung bis zum 31. 10. 1985 abgeschlossen werden. Definitive Direktorenwahlen sollten dem im Herbst 1985 neu zu beschickenden Rundfunkrat vorbehalten bleiben. Der amtierende WDR-Intendant *Frhr. von Sell* hatte überraschend seinen vorzeitigen Rücktritt mit Wirkung vom Juni 1985 erklärt. Der szt. schon gewählte neue Intendant *Nowottny* weigerte sich nun, sein Amt unter der Geltung der genannten Klausel anzutreten. Er sah darin eine unzumutbare Einschränkung seiner personellen Dispositionsfreiheit. Vgl. KuR Nr. 12 vom 13. 2. 1985, S. 8.

111 Oben II und III 2.

112 Z. Zt. enthalten in Art. 1 des Staatsvertrags über die Regelung des Rundfunkgebührenwesens vom 5. 12. 1974, bekanntgemacht u. a. als Anlage zu dem n.-w. Zustimmungsgesetz vom 8. 4. 1975 (GVBl. S. 278).

den.[113] Neuerdings hat man es nun auch mit jenen Stimmen zu tun, die sich für eine nachhaltige Abschwächung und Zurücknahme des Rundfunkbegriffs aussprechen. In diese schwierigen Fragen verwickelt sich jetzt auch das WDR-G.

Das Gesetz räumt dem WDR in § 3 Abs. 3 Satz 2 die Möglichkeit ein, im Rahmen der Anstaltsaufgaben[114] *„neue Dienste mittels neuer Techniken"* anzubieten. Damit ist das technische Instrumentarium der *Satellitenkommunikation* (Fernmelde-, Direktempfangs- und sonstige Satelliten) sowie der *Breitbandkabelkommunikation* (Koaxial- und Glasfaserkabel) gemeint. Mit dem unbestimmten Begriff „neue Dienste" beabsichtigt man dem WDR „alle Betätigungsmöglichkeiten offenzuhalten", u. a. auch auf dem Gebiet der *Teletexte* (Videotext, Bildschirmtext, Kabeltext).[115] Neben den Teleschriftformen soll der WDR auch Programmbeiträge gegen Einzel- oder nutzungsabhängige Pauschalgebühr *(Spartenprogramme)* verbreiten können (§ 3 Abs. 6 i.V.m. § 33 Abs. 2 Nr. 4 WDR-G).[116] Damit wird der Anstalt der Einstieg in die Individualisierungsproblematik in beträchtlicher Breite freigegeben. Mit *Zugriffs- und Abrufdiensten* der zuletzt erwähnten Art kann der WDR in einer *Grauzone zwischen Rundfunk- und Individual- oder Pressekommunikation* operieren. Die denkbaren strukturellen Weiterungen — außenpluralistische Elemente, eventuell bis über die Grenze des bisherigen Rundfunkbegriffs hinaus? — werden indes noch nicht ausdrücklich behandelt.

Je weiter die Anstalt in die terra incognita zwischen Rundfunk und Nichtrundfunk eindringt, um so mehr läuft sie Gefahr, dort auf fremde, z. B. pressewirtschaftliche Besitzstände und Anwartschaften zu stoßen und mit gegenläufigen Marktschließungsinteressen zu kollidieren. Dem pflegt der Verfassungsrechtsstreit auf dem Fuße zu folgen. Die Risiken werden besonders deutlich im Fall des § 3 Abs. 7 WDR-G: Der WDR kann auch „Druckwerke mit vorwiegend programmbezogenem Inhalt" veröffentlichen, wenn dies zur Erfüllung seiner Aufgaben erforderlich ist. Mit hauseigenen *Programm-*

---

113 Vgl. die Dok. bei *Ring*, Dt. Presse- und Rundfunkrecht, unter F-I 1.5 und 1.6. Dabei handelt es sich um Absprachen der Länder auf Referentenebene (ohne Rechtssatzcharakter). Zu einer rigorosen Lesart des Rundfunkbegriffs war im Hinblick auf einen von einem Amateur betriebenen, als gemeinnützig konzipierten lokalen Anstaltsfunk 1976 noch das OVG Münster gelangt, DVBl. 1977, S. 207 ff. (Anm. 32). Dazu dann das Referentenpapier vom 10. 9. 1981, bei *Ring*, unter F-I 1.5.1. Im übrigen *Lieb*, Kabelfernsehen und Rundfunkgesetze, 1974; *Stammler*, AfP 1975, S. 742 ff.
114 Übergreifende „Aufgabe" des WDR ist nach § 3 Abs. 1 WDR-G eben die Veranstaltung und Verbreitung von *„Rundfunk"* i. S. der dortigen Definition. Damit ist das mögliche Aufgabenfeld in einer Weise abgesteckt, die sich auch auf die nachfolg. Absätze auswirken muß.
115 Vgl. LT-Drucks. 9/3712, Begr., Allg., S. 35 f. und zu § 3. Zum Rundfunkcharakter solcher Dienste oben Anm. 17, 29. Zu den verschiedenen medientechnischen Sachverhalten etwa *Kaiser*, in: Verhandlungen des 54. DJT, Bd. II, 1982, S. H 9 ff. Zu dem bei Videotext bislang praktizierten Kooperationsmodell Rundfunk — Presse *Ehlers*, MP 1985, S. 471 ff m.w.N.
116 Vorläufer dieser Dauerregelung war § 4 Abs. 2 Satz 2 und Abs. 4 Satz 3 i.V.m. den §§ 11 und 12 KabVersG. In Dortmund experimentiert der WDR bereits mit derartigen auch das *gebührenrechtliche* Integrationsmodell hinter sich lassenden Spartenprogrammen.

zeitschriften[117] betätigt er sich ggf. auf einem Gebiet, auf dem obiger, auf „körperlos-" elektronische Vermittlung von Sinngehalten beschränkter Rundfunkbegriff keinesfalls einschlägig ist. Pressemäßige Programminformationen lassen sich der Rundfunkfreiheit nur mittelbar (annexweise) zuordnen, mit der Folge, daß sich Rundfunk- und Presserecht in diesem Bereich überschneiden und aneinander reiben.[118]

Ähnliche Komplikationen können sich bei der Handhabung derjenigen Bestimmungen ergeben, in denen das gedachte *Kooperationsmodell* angelegt ist. Das Gesetz ermöglicht dem WDR *Produktions- und Verwertungs-* sowie *Veranstaltungs- und Verbreitungskooperationen* mit „Dritten" (§ 3 Abs. 8 und 9 i.V.m. § 47 WDR-G). Alles dies versteht sich vor dem Hintergrund der oben umrissenen neuen Reformphilosophie. Die Düsseldorfer Variante der Bestands- und Entwicklungsgarantie kommt in besonders prägnanter Weise zum Ausdruck in der aufgabenimmanent-unternehmerischen Generalermächtigung des § 3 Abs. 3 WDR-G.[119] Hier wird es sich überall als notwendig erweisen, von der übergreifenden, auf den Rundfunkbegriff zentrierten Rundfunkaufgabe gemäß 3 Abs. 1 WDR-G auszugehen. Die neuen Dienste und die sonstigen vielfältigen Agenden des § 3 Abs. 3 ff. WDR-G werden anhand einer entsprechenden in sich schlüssigen Aufgabendoktrin auf einen gemeinsamen Nenner gebracht werden müssen.

---

117 Gegenwärtig aktuell in Gestalt des jetzigen „*ARD-Magazins*". Diese vierteljährlich erscheinende gemeinsame Zeitschrift der ARD-Anstalten soll u.a. auf herausragende Programmangebote hinweisen und rundfunkpolit. und ARD-Themen behandeln. Sie soll keine Werbung enthalten und kostenlos an Interessenten verteilt werden (Startauflage: 250 000). Bei Verlegern und Unionspolitikern stieß das Vorhaben sogleich auf heftige Kritik sowie Androhung rechtlicher Schritte. Siehe KuR Nr. 37 vom 11. 5. 1985, S. 9 ff. Über ähnliche ZDF-Absichten KuR Nr. 38/39 vom 15. 5. 1985, S. 9 f.

118 Das beginnt damit, daß der Druckwerksbegriff des § 3 Abs. 7 WDR-G demjenigen des § 7 LPrG entspricht. So LT-Drucks. 9/3712, Begr. zu § 3. Als Gegenstand der Vorschrift werden dort auch Programmzeitschriften aufgeführt. Auf diesen Punkt richten sich die verlegerischen Einwände und die Verfassungsklagen der Unionsparteien mit besonderer Verve. Vgl. *Scholz*, Rundfunkeigene Programmpresse? 1982; *Lerche*, AfP 1984, S. 195 f.; *Schmitt Glaeser*, BayVBl. 1985, S. 100. Anders *Hoffmann-Riem*, RuF 1983, S. 381 ff. Siehe auch *Stock*, Medienfreiheit, S. 474 f. Der *Erforderlichkeitsvorbehalt* des § 3 Abs. 7 WDR-G wird unter dem Gesichtspunkt einer „*Notwehrsituation*" von WDR/ARD zu interpretieren sein, wie sie sich aus der Interessenbefangenheit der privaten Programmpresse im Zeichen konkurrierenden Presserundfunks ergeben kann. Im übrigen werden sich rundfunkeigene Programmpublikationen als *öff.-rechtl.* „*Integrationszeitschriften*" *sui generis* mühelos legitimieren lassen. Dazu zuletzt *Kübler*, Rundfunkauftrag und Programminformation, 1985.

119 An dieser Stelle sowie bei § 33 Abs. 2 Nr. 2 WDR-G (Werbefinanzierung) liegt denn auch der hauptsächliche verfassungsrechtl. Streitstoff. Vgl. *Lerche*, AfP 1984, S. 183 ff. Auf dem Hearing (Anm. 106) gingen die Ansichten in diesen Fragen weit auseinander. Siehe einerseits *Lerche*, Ausschußprot. 9/1462, S. 43 ff. und *Ricker*, ebd. S. 47 ff., andererseits *Kübler*, ebd. S. 22 ff. Verwandt *Denninger* in einer unveröff. Expertise vom 27. 2. 1985. Differenzierend und z.T. skeptisch unter dem Gesichtspunkt der Modellkonsistenz *Hoffmann-Riem*, ebd. S. 7 ff. Ähnlich *Stock*, ebd. S. 42. Ferner *ders.*, AöR 110 (1985), S. 242, 250 f.

Medienrecht

b) Dem Gesetz liegt anscheinend die Absicht zugrunde, die bisher in Übung befindliche, ebenso umfassende wie farblose Rundfunkdefinition fürs erste weiterzuverwenden, deren Weiterungen für den Aufgabenkatalog und deren Reichweite in concreto in der Schwebe zu halten und unterdessen eine Reihe speziellerer und ergänzender rundfunkmäßiger bzw. rundfunkähnlicher Aufgabentatbestände und Annexzuständigkeiten zu schaffen, wobei eine experimentelle und eindeutig expansive Note zu bemerken ist. Daß sich der Gesetzgeber mit dem künftigen WDR bis in die Nähe des *Btx-Modells* vorwagen will, ist allerdings nicht anzunehmen. Die Anstalt wäre auch nicht gut beraten, wollte sie nun aus freien Stücken in jene Richtung aufbrechen und sich von jenem Idol in den Bann schlagen lassen.

Von etwaigen ihrerseits durch die Rundfunkfreiheit legitimierten Ausnahmefällen und Grenzüberschreitungen nach Art des § 3 Abs. 7 WDR-G abgesehen, wird man gut daran tun, die hinzugewonnenen Anstaltszwecke konsequent *im eigenen angestammten Bereich zu halten und dem Regime des § 3 Abs. 1 und der §§ 4 ff. WDR-G zu unterstellen.* Die Entwicklungsgarantie betrifft auch schon die Frage einer angemessenen Fortschreibung des Rundfunkbegriffs. Das Entwicklungsmotiv läßt sich unbedenklich nur dann verfolgen, wenn der WDR dabei *auf dem Boden der bisherigen Grundentscheidungen* bleibt. Wohlgemerkt ist dies auch ein ultra-vires-Problem mit verfassungsrechtlichen Dimensionen. § 3 WDR-G ist im Lichte des Art. 5 Abs. 1 Satz 2 GG zu lesen und nötigenfalls verfassungskonform zu präzisieren. Eine verfassungsgemäße Weiterentwicklung von Rundfunkbegriff und Rundfunkfunktion wird auf dem vorhandenen soliden Fundament aufbauen und zur Konzentration auf das modellmäßig Wesentliche führen müssen; sie wird auch die dafür benötigten näheren Direktiven und Maßgaben erbringen müssen.

c) Unter diesen Umständen ist es angezeigt, von neuem den *funktionalen* Ansatz der rundfunkrechtlichen Grundrechtsjudikatur in Erinnerung zu rufen. Dieser Ansatz unterscheidet sich heute recht deutlich von dem *marktorientierten* Ansatz der presserechtlichen Rechtsprechung.[120] Dazu nochmals einige Stichworte:

Die neuere Judikatur zeigt sich auf einen Rundfunkbegriff bedacht, welcher der verfassungsrechtlich vorgegebenen „Funktion" der Rundfunkfreiheit[121] entsprechen soll. Die Judikatur stellt auch bereits einen Zusammenhang zwischen Rundfunkbegriff, Rundfunkfunktion und Rundfunkstruktur her: Der Rundfunkbegriff soll der Rundfunkfreiheit den Weg bereiten — einer Freiheit, die auf eine gesetzlich gewährleistete,

---

120 Vgl. oben III 4. Zum Verhältnis von Rundfunk- und Pressebegriff dort unter 2. Näher *Stock*, Medienfreiheit, S. 310ff., 481f. Zuletzt *ders.*, AöR 110 (1985), S. 220ff./230ff.
121 Vgl. nur BVerfGE 35, S. 221. In BVerfGE 57, S. 319ff. wird der Rundfunkfreiheit dann eine massenkommunikative „*Aufgabe*" zugeschrieben, wobei Freiheit und Aufgabe genauer erläutert und von innen heraus in Verbindung gebracht werden, ganz anders als im Fall der „öff. Aufgabe" der Presse. Daraus resultiert das Erfordernis einer „positiven Ordnung" (unten 3).

funktionsgerecht ausgestaltete Rundfunkverfassung angewiesen ist. Die Rundfunkdefinition muß mithin so lauten, daß sie es erlaubt, den diesbezüglichen Regelungsbedarf zu befriedigen. Sie muß immer dort greifen, wo es mit Nichtregulierung bzw. Deregulierung nicht getan wäre, wo es vielmehr einer funktionstüchtigen Rundfunkstruktur bedarf. Überall dort kann und muß in dem umgebenden gesellschaftlich-kulturellen Substrat ein „Rundfunk" i.S. des Art. 5 Abs. 1 Satz 2 GG verankert werden. Der hiesige Rundfunkbegriff ergibt sich gleichsam nebenbei, wenn die Frage weiter gefaßt und dahin gestellt wird, was unter „Freiheit der Berichterstattung durch Rundfunk" näherhin zu verstehen ist. Das sei noch etwas weiter ausgeführt.

3. Rundfunkfreiheit und Rundfunkaufgabe

a) Hinsichtlich der Funktion, deren freie Wahrnehmung hier zum Grundrechtsinhalt wird, pflegt das Bundesverfassungsgericht bei näheren Aussagen über den verfassungsrechtlich erwünschten Verlauf von Meinungs- und Willensbildungsprozessen anzusetzen. Dem Rundfunk wird eine Vermittlungs- und aktive Unterstützungstätigkeit bei der Entstehung und fortdauernden Regeneration der öffentlichen Meinung zugedacht.[122] Zur genaueren Kennzeichnung dieser auf die Grundrechte des Art. 5 Abs. 1 Satz 1 GG bezogenen Obliegenheiten verwendet das Gericht das Begriffspaar „*Medium und Faktor*".[123]

Daraus ergeben sich Konsequenzen für den Rundfunkbegriff und für die Freiheitsgarantie des Art. 5 Abs. 1 Satz 2 GG, als die Basisnorm einer jeden mit dem Grundgesetz übereinstimmenden Landesrundfunkverfassung. Die „Aufgabe eines ‚Mediums' und ‚Faktors'"[124] des öffentlichen Kommunikationsprozesses prägt die Rundfunkfreiheit und läßt sie zur *Medienfreiheit* in einem besonderen, so im Presserecht nicht geläufigen Sinn werden: Sie wird der Kommunikationsfreiheit von *jedermann*, also insgesamt *aller* (der „*Allgemeinheit*" nach § 3 Abs. 1 und § 4 Abs. 1 Satz 1 WDR-G) funktional zugeordnet. Dergestalt wird sie als den Publikumsrechten − zuoberst der Meinungsbildungsfreiheit − „*dienende* Freiheit" ausgewiesen und als prinzipiell fremdnützig (gemeinnützig) verstanden.[125] Damit unterscheidet sie sich grundsätzlich von der schlichten privaten Meinungsverbreitungsfreiheit und wird dieser gegenüber zu einem *aliud;* von der

---

122 Vgl. BVerfGE 35, S. 222, wo auch schon der entspr. Konnex von Rundfunkfreiheit und Informations-, Meinungsbildungs- und Meinungsäußerungs- und -verbreitungsfreiheit (als Freiheiten *Dritter*) erkennbar wird. Leitbild ist dabei der sog. *handlungskompetente Bürger*, im Gesamtaspekt: die *orientierungs-, handlungs-, politikfähige Demokratie*. Zu dem Begriff „Berichterstattung" insoweit oben Anm. 31.
123 Siehe oben Anm. 43.
124 So in Kurzform BVerfGE 59, S. 257.
125 Vgl. BVerfGE 57, S. 319ff. Dazu *Stock*, Medienfreiheit, S. 325ff. m.w.N., auch zu abweichenden, eher presserechtlich inspirierten Deutungen des FRAG-Urteils.

älteren, unentwickelten „Unterfall-"Doktrin kommt sie hier nun wirklich frei. Sie unterscheidet sich zumal von der (durchaus eigennützigen) pressespezifischen Tendenzfreiheit und gelangt auf eine höhere, sämtliche von Fall zu Fall vorfindlichen Meinungen übergreifende Ebene. Sie wird auf den jeweiligen „*Meinungsmarkt*" *im ganzen* bezogen, und sie soll bewerkstelligen, daß daraus ein qualifiziertes „*Gesamtprogramm*" wird.[126]

Der engere „*Medium-*"Charakter bedingt eine im Prinzip unbegrenzte Offenheit und Durchlässigkeit des Programms von der äußeren Zugangs- und Einzugsseite aus. Er zieht ein pluralistisch und dialogisch geartetes Konstitutionsprinzip nach sich, nämlich jenen *Forumsgedanken*, der sich neuerdings in der Karlsruher Rede vom „Meinungsmarkt" verkörpert. Allerdings ist hier zugleich immer auch der „*Faktor-*"Charakter einschlägig. Dieser impliziert eine Art Marktordnung als „positive Ordnung". Dabei soll der Rundfunk als marktübergreifende Plattform fungieren. Er soll auf das jeweils vorfindliche Gesamtangebot in regulativischer Absicht einwirken. Bei seinen Zugangs-, Bemessungs-, Plazierungsentscheidungen etc. soll er darauf hinarbeiten, daß aus den äußeren Meinungen alles in allem eine „*gleichgewichtige Vielfalt*" entsteht, und er soll diese Meinungen in „*sachgerechte, umfassende und wahrheitsgemäße*" Information umsetzen.[127] Dieser Durchlaufs- und Umschlagsprozeß erfordert neben medialer Offenheit ein beträchtliches *interpretatorisches und analytisch-kritisches Vermögen* derjenigen, die die Zirkulation in Gang setzen und in Gang halten. Dadurch gelangt die Rundfunkfreiheit — wiederum anders als die Pressefreiheit — zu einem ausgeprägten genuinen Wahrheitsbezug analog Art. 5 Abs. 3 Satz 1 GG.[128]

b) Die rundfunkrechtliche Judikatur hat ihre diesbezüglichen Aussagen von vornherein auf die herkömmliche sog. *Aufgabentrias (Information, Bildung, Unterhaltung) im ganzen* bezogen; davon werden auch scheinbar „meinungsfreie" Unterhaltungsprogramme erfaßt.[129] Damit wird der Alltagsbedeutung medienvermittelter Massenkommunikation in angemessener Weise Rechnung getragen. Dieser breitere Ansatz erlaubt heute auch weitere Erhellungen der gesellschaftlich-*kulturellen* Dimension der Rundfunktätigkeit überhaupt. Dabei geht es einmal um den engeren künstlerisch-kulturellen Sektor,[130]

---

126 Zu letzteren Schlüsselbegriffen oben Anm. 61, 63.
127 Vgl. erneut BVerfGE 57, S. 319 ff.
128 Siehe oben Anm. 44.
129 Zuerst BVerfGE 12, S. 260. Bestätigt u. a. in BVerfGE 35, S. 222; 57, S. 319; 59, S. 258. Näher *Stock*, Medienfreiheit, S. 227 ff., 493 ff. Zu dem presserechtlichen (ungelösten) Parallelproblem oben Anm. 49. Jenes Problem kehrt mittlerweile beim Presserundfunk wieder. Weder der E III NeuO-StV noch das n.-w. VorlWvG waren imstande, Großanbieter wie „SAT 1" und „RTL-Plus" mit einem Programmauftrag zu versehen, wie er durch das FRAG-Urteil m.E. geboten ist.
130 Um Kulturpflege und Kulturförderung i.e.S. haben sich die bisherigen Anstalten, gerade auch der WDR, in vielfältiger Weise verdient gemacht. Dazu *Steiner*, in: Baumgärtel u. a. (Hrsg.), Festschrift für Hübner, 1984, S. 799 ff. m.w.N. Der private Satelliten- und Kabelrundfunk hat bisher keinerlei gleichwertige Angebote aufzuweisen. Vgl. *Korte*, RuF 1985,

zum anderen aber auch um einen erweiterten Kulturbegriff, welcher diesen Aufgabensektor überschreitet; er umfaßt und durchzieht die gesamte Aufgabentrias und hält sie von innen heraus zusammen. Durch sämtliche Programmbereiche und Sparten hindurch soll sich der Rundfunk als „Medium und Faktor" dessen betätigen, was neuerdings gern als *„Kommunikationskultur"* bezeichnet wird.[131] Das ist auch eine species *politischer Kultur*. Was dabei in Rede steht, ist „die Integration der Gemeinschaft in allen Lebensbereichen",[132] nämlich rundfunkspezifische Integration als *Identitätsbildung*.[133] Jenes kommunikativ-kulturelle Gemeinwohl, um das es hier überall geht, ist nicht gleichsam naturwüchsig existent, es tritt nicht ohne weiteres auf wettbewerblich-marktmäßigen Wegen hervor, sondern es bedarf der Hilfestellung durch entsprechende Dienstleistungseinrichtungen. Eben darauf richtet sich die *Medienverantwortung*.[134]

c) Damit wird auch schon erkennbar, daß und inwiefern Medienverantwortung Medien*freiheit* voraussetzt. Die eigentliche Antriebskraft einer so verstandenen Medienfunktion und -struktur muß ein hochentwickelter *Vermittlungsprofessionalismus* auf dem Boden des „Medium- und Faktor-"Prinzips sein. Andeutungsweise war etwas Derartiges auch schon in der oben referierten presserechtlichen Judikatur sichtbar geworden. Im Rundfunkrecht kann der journalistische Beruf nun gewissermaßen zu sich selbst kommen. Die professionell-publizistische Seite ist ihrem gesellschaftlichen Gegenüber so zuzuordnen, daß eine *relative publizistische Autonomie* gewährleistet bleibt, ungefähr nach dem Bilde sonstiger kultureller Sachbereiche. So läßt sich die Medienfreiheit als Inhalt des Art. 5 Abs. 1 Satz 2 GG dingfest machen. Auf dem so gewonnenen Terrain läßt sich die Aufgabe der Rundfunkfreiheit gesetzgeberisch operationali-

---

S. 21 ff.; *ders.*, Neue Medien und Kommunikationsformen — Auswirkungen auf Kunst und Kultur, 1985; *Schöneberger/Weirich*, Kabel zwischen Kunst und Konsum, 1985. Zur Frage der sog. *Quotierungen* im Hinblick auf *Eigenproduktionen* und deren Verhältnis zu ausld. Kaufproduktionen als Billigprogrammen zuletzt *Wiesand*, MP 1985, S. 191 ff. Art. 8 Abs. 2 E III NeuO-StV enthält insoweit eine zaghaft formulierte Angemessenheitsklausel. In Art. 8 Abs. 1 ebd. klingt die Vorstellung an, „Eins plus" und „3 SAT" könnten den privaten Rundfunk von höheren Anforderungen entlasten und eine „kulturelle Grundversorgung" bewirken; „leichte" Unterhaltung könne dann vorwiegend den Privaten zufallen. Darauf läßt sich § 4 Abs. 2 WDR-G nicht ein.
131 Vgl. *Frhr. von Sell*, KuR Nr. 14/15 vom 23. 2. 1985, S. 17 ff. Näher *Fabris*, Medium 1985, Heft 6, S. 4 ff. Siehe auch *Grimm*, VVDStRL 42 (1983), 1984, S. 46 (68 ff.).
132 BVerfGE 35, S. 222.
133 Vgl. *Stolte*, RuF 1985, S. 161 ff.; *Schardt*, in: ZDF Jahrbuch 84, S. 51 ff. Ähnlich aus WDR-Perspektive *Jenke*, in: Hermann/Heygster (Hrsg.), Sprache im Fernsehen, 1981, S. 35 ff.
134 Dazu zuerst BVerfGE 35, S. 221. Näher *Kübler*, in: Hassemer (Hrsg.), Grundrechte und soziale Wirklichkeit, 1982, S. 105 ff.; *Stock*, Medienfreiheit, S. 299 ff. Zur sog. Medienökologie zuletzt *Lüscher/Wehrspaun*, Zeitschr. f. Sozialisationsforschung und Erziehungssoziologie 1985, S. 187 ff.

sieren. Sie läßt sich in angemessene programm-, organisations-, verfahrens- und personalrechtliche Detailregelungen umsetzen.[135]

d) Dieses Grundrechtskonzept ist, wie es scheint, in der neueren Judikatur in den Grundlinien vorgezeichnet. Es findet darin bereits vielerlei Anknüpfungspunkte und Abstützungen. Bei gegebenem Anlaß mag das Bundesverfassungsgericht den Gesichtspunkt der Professionalität der Berichterstattung dann auch einmal als „gleichsam positives Ziel"[136] aufgreifen und im einzelnen verifizieren. Unterdessen besteht in dieser Richtung ein ergänzender *parlamentarisch-politischer Gestaltungsspielraum*.[137] Im Ergebnis steht es dem Gesetzgeber jedenfalls frei, sich dem eben skizzierten Verhältnis von Rundfunk und Umwelt mit Reformschritten anzunähern. Das legislatorische Konzept der Rundfunkfreiheit, das einem Rundfunkgesetz innewohnt, ist sodann für alles weitere vorgreiflich. Im WDR-Gesetz 1985 kommt nun in der Tat die Absicht zum Ausdruck, den „Rundfunk für alle"[138] in dieser Richtung ein Stück voranzubringen. Damit eröffnet sich der Zugang zu einem vertieften Verständnis zahlreicher wichtiger Gesetzesbestimmungen, beginnend mit dessen Aufgaben- und Programmnormen.

Ausgangspunkt ist hier die Fundamentalnorm des § 4 Abs. 1 Satz 1 WDR-G, wonach der WDR bei der Veranstaltung und Verbreitung von Rundfunk „*als Medium und Faktor des Prozesses freier Meinungsbildung*" und „*als Sache der Allgemeinheit*" fungiert. Damit wird dem „Medium- und Faktor-"Prinzip in gebührender Weise Tribut gezollt, mitsamt allen eben berührten Implikationen und Weiterungen für Funktion, Struktur und Entwicklung einer öffentlich-rechtlichen Rundfunkanstalt. Diese beiden richterrechtlichen Schlüsselbegriffe werden erstmals einfachgesetzlich rezipiert. Mit der Charakterisierung des Rundfunks als „Sache der Allgemeinheit" wird ebenfalls ein Karls-

---

135 So die fortgeschrittene Lesart der objektivrechtlich-„*institutionellen*" Freiheit nach BVerfGE 12, S. 261. Vgl. BVerfGE 57, S. 320; 59, S. 259; 60, S. 64. Einschlägig ist hier nicht Art. 5 Abs. 2, sondern *Art. 5 Abs. 1 Satz 2* GG (Anm. 72). Daneben weist das Rundfunkrecht allerdings auch echte Schrankenregelungen auf. So z. B. § 6 und §§ 9 ff. WDR-G. In § 5 Abs. 1 Satz 2 WDR-G werden die Schutzgüter des Art. 5 Abs. 2 GG generell vorbehalten. Zur Praxisbedeutung solcher Klauseln *Cromme*, NJW 1985, S. 351 (353 f.) m.w.N.
136 Vgl. „das gleichsam negative Ziel, zu verhindern, daß der Rundfunk einer oder einzelnen Gruppen ausgeliefert wird", nach BVerfG RuF 1982, S. 535 f. Als *Rundumfreiheit* – auch mit Wirkung gegen parteipolit. und verbandsgesellschaftl. Instrumentalisierungen – hat das Gericht die Rundfunkfreiheit schon sehr deutlich herausgearbeitet. Siehe etwa BVerfGE 59, S. 258; 60, S. 64 ff. Damit ist älteren Lehren vom Gruppenrundfunk eine Absage erteilt worden. Anders zuletzt *Geiger*, AfP 1984, S. 136 ff. *Geigersche* Vorstellungen klangen häufig auch noch in den Verbandsstellungnahmen auf dem Hearing (Anm. 106) an. Der Gesetzgeber ist ihnen nicht gefolgt, siehe sogleich.
137 Vgl. BVerfGE 57, S. 321 ff.
138 Vgl. *Pross*, in: Thomas (Hrsg.), Die Verteidigung der Rundfunkfreiheit, 1979, S. 121 ff.

ruher Leitmotiv aufgenommen.[139] Dies bezieht sich auf die gesamte Aufgabentrias nach
§ 4 Abs. 2 WDR-G.
Daraus ergibt sich wie von selbst die ergänzende Grundnorm des § 4 Abs. 1 Satz 2
WDR-G: „Die im Sendegebiet bedeutsamen politischen, weltanschaulichen und gesellschaftlichen Kräfte und Gruppen" wirken dergestalt mit, daß sie die *„eigenverantwortliche"* Erfüllung der gesetzlichen Aufgaben durch den WDR *„gewährleisten".* Dadurch
werden Medium und Umwelt, wie vorhin postuliert, zueinander in eine klare funktionale Beziehung gesetzt. Die gesellschaftliche Kontrolle wird nicht etwa als medienfremdes, latent dysfunktionales Machtpotential nach Art früherer Gruppenrundfunkdoktrinen ins Spiel gebracht. Sie wird aber auch nicht nur in defensiver und distanzierender
Absicht in den Anstaltsorganismus einbezogen und mit Vorsicht und Reserve behandelt. Vielmehr wird von der Vorstellung ausgegangen, der medienvermittelte öffentliche Kommunikationsprozeß beruhe an nächster Stelle auf gewissen *fachspezifischen
Eigengesetzlichkeiten* des Rundfunkmetiers, wobei die Meinungsbildungsfreiheit den obersten Richtpunkt und Leitstern darzustellen habe. Das klingt in dem Ausdruck „eigenverantwortlich" an.[140] Damit wird an anderweitige kulturrechtliche Vorbilder angeknüpft.[141] Die Kontrollorgane werden dann in ihrer diesbezüglichen *Garantiefunktion*
angesprochen,[142] d. h. auch ihnen wird ein „positives Ziel" vorgegeben, Profession und
Gesellschaft werden i. S. der gedachten „positiven Ordnung" zusammengebracht.
Bestand und Entwicklung des WDR sollen dadurch gesichert werden, daß die Medien-

---

139 Siehe BVerfGE 31, S. 327. Dazu *Stock*, AöR 104 (1979), S. 1 (40 f.), auch über die gleichsinnige Formel vom Rundfunk als „Eigentum der Bürger", vgl. *Frhr. von Sell*, Rundfunkrecht und Rundfunkfreiheit, 1982, S. 43 ff. Der hiesige Allgemeinheitsbegriff ist mit demjenigen des § 3 Abs. 1 WDR-G zusammenzusehen – ein weiterer Beleg für die Annahme, daß der Rundfunkbegriff vom Rundfunkauftrag aus zu präzisieren ist.
140 Die Wortwahl erinnert nicht zufällig an die „Verantwortung" des *Intendanten* nach § 25 Abs. 1 Satz 1 WDR-G. Auf das innere Organgefüge der Anstalt bezogen, zielt § 4 Abs. 1 Satz 2 auf die Intendantenverantwortung ab. Das Thema kehrt auf anderer Ebene noch einmal wieder in Gestalt der „eigenen journalistischen Verantwortung" der *Programmitarbeiter* nach § 32 Satz 2 WDR-G; letztere besteht „im Rahmen der Gesamtverantwortung der Anstalt". Der systematische Zusammenhang dieser Gesetzesbestimmungen läßt sich von § 4 Abs. 1 aus erschließen, desgl. deren Verhältnis zu den §§ 15 ff. WDR-G. Näher unten 4 b cc, dd.
141 In derartigen Wendungen pflegen sich gesetzgeberische Entscheidungen zugunsten einer „grundsätzlichen Respektierung geistigen Schaffens in seiner Eigengesetzlichkeit" auszudrücken, vgl. *Oppermann*, Kulturverwaltungsrecht, 1969, S. 512 ff. Näher *Stock*, Medienfreiheit, S. 114 ff. Zur gesellschaftl. Kontrolle ebd. S. 361 ff., 373 ff.
142 Womit auf den Ausdruck „gewährleistet" in Art. 5 Abs. 1 Satz 2 GG zurückgegriffen wird. Damit spricht das GG zunächst den Gesetzgeber an, sodann aber auch die (gesetzlich zu konstituierende) lfd. Programmaufsicht seitens der Kontrollgremien. Einfachgesetzlich ist dafür insb. § 16 Abs. 3 und 4 WDR-G einschlägig. Gemäß § 4 Abs. 1 Satz 2 soll auch der Rundfunkrat für die publizistische Integrität des Programmangebots eintreten. Dabei kommt es gerade auch auf die *legitimierende* und *stützende* Wirkung gesellschaftl. Repräsentanz an. Näher unten 4 b aa.

freiheit zum dauerhaften Fundament der Anstalt gemacht wird.[143] Anhand dessen läßt sich das Ganze von neuem justieren.

4. Das rundfunkspezifische Integrationsmodell

Rundfunk als „Medium und Faktor des Prozesses freier Meinungsbildung" – das war der Sache nach auch schon die Essenz der bisherigen WDR-Verfassung. Diese Funktionsbeschreibung wird nun für den heutigen WDR, auch im Blick auf künftige Konkurrenzlagen,[144] ohne Abstriche beibehalten; sie wird mit zusätzlichem normativem Nachdruck versehen und ausdrücklich im Gesetz niedergelegt. Dabei handelt es sich um einen das Gestern, Heute und Morgen des Landesrundfunkrechts übergreifenden und verbindenden konstitutionellen Grundgedanken. § 4 Abs. 1 WDR-G enthält gewissermaßen das Markenzeichen und Gütesiegel des **Integrationsrundfunks**. Darin liegt dessen Eigenart und Unverwechselbarkeit beschlossen, einschließlich jener Merkmale, durch die er sich von dem pressespezifischen Marktmodell unterscheidet. Diese Grundnorm muß bei der Auslegung und praktischen Handhabung der Aufgabentatbestände des § 3 WDR-G und der nachfolgenden Detailbestimmungen gebührend beachtet und ausgeschöpft werden. Wird sie bei der Gesetzesanwendung ernstgenommen und mit Leben erfüllt, so ist dies auch die beste Bestands- und Entwicklungsgarantie, die es für den WDR geben kann. Die Anstalt wird dann guten Muts in das Zeitalter des dualen Systems eintreten können. Wo hier die detailgesetzlichen Nervenpunkte liegen, ist in dem bisher Gesagten schon verschiedentlich erkennbar geworden. Eine eingehendere Kommentierung der einschlägigen, im einzelnen recht komplexen Neuregelungen ist an dieser Stelle nicht möglich.[145] Es sei nur noch kurz auf einige weitere wichtige Punkte hingewiesen.

---

143 Für obige Auslegung lassen sich auch *entstehungsgeschichtliche* Umstände anführen. Im Regierungsentwurf waren die jetzigen §§ 4 Abs. 1 und 32 WDR-G noch nicht enthalten. Sie entstammen der Ausschußfassung und gehen auf Ergänzungsvorschläge zurück, welche vom Verf. aus Anlaß des Hearings (Anm. 106) vorgelegt und im oben dargelegten Sinn begründet worden waren. Vgl. LT-Drucks. 9/4130, S. 64ff.

144 Die langjährige Oligopolsituation *WDR/ARD – ZDF* klingt noch an in § 1 Abs. 3 WDR-G. Über Koordination und Kontrast im Verhältnis ARD – ZDF § 22 Abs. 4 ZDF-StV. Dazu *Fuhr*, in: Heygster/Schwaderlapp (Hrsg.), Vielfalt und Wettbewerb der Programme, 1980, S. 79 ff. Das Ende dieses Oligopols kündigt sich an in § 1 Abs. 2 WDR-G, der bereits *„andere Rundfunkunternehmen"* ins Auge faßt und insoweit den Gesetzesvorbehalt i.S. von BVerfGE 57, S. 321 bekräftigt. Für landesexterne Veranstalter wie das „SAT 1"-Konsortium ist mittlerweile das VorlWvG einschlägig. Zur früheren Rechtslage OVG Münster OVGE 32, S. 126ff. Zur Bedeutung der Entscheidung im Vorfeld des FRAG-Urteils *Stock*, Medienfreiheit, S. 312ff.

145 Dazu *Stock*, Landesmedienrecht im Wandel, unter IV 4ff.

a) In **programmrechtlicher** Hinsicht wird die Tradition des WDR-Gesetzes 1954 durch die Neufassung fortgesetzt und ergänzt. Hinzugekommen sind einige zumeist aus anderen neueren Kodifikationen sowie aus der Verfassungsrechtsprechung entlehnte Standardformeln und nähere Aussagen.

aa) Altbewährte *streitbare Elemente* enthält § 5 Abs. 1 Satz 1 und Abs. 3 WDR-G. Konkrete Grundrechtsbezüge journalistischer Arbeit berührt § 5 Abs. 2 WDR-G, der bis auf Satz 3 neu ist.[146] Gleichfalls neuartig und in ihrer programmlichen Tragweite noch unausgelotet ist die ausdrückliche Bindung der Anstalt an einen aus Art. 3 Abs. 2 GG entnommenen Verfassungsauftrag: Der WDR soll „zur Verwirklichung der Gleichberechtigung von Männern und Frauen beitragen" (§ 5 Abs. 3 WDR-G.)[147]

bb) Altes und Neues findet sich auch in den Bestimmungen über die binnenpluralistische Vielfaltstruktur. Das Gesetz rezipiert zunächst den für den Integrationsrundfunk grundlegenden richterrechtlichen Begriff des *„Gesamtprogramms"* (§ 5 Abs. 4 Satz 1 WDR-G). Dieser Begriff betrifft das Gesamtangebot unter Vielfaltaspekten verschiedener Art.

Hervorgehoben sei zunächst der Gesichtspunkt der *gegenständlichen* Pluralität (nach Programmsparten o. ä.). In § 4 Abs. 2 Satz 2 WDR-G wird die herkömmliche Aufgabentrias explizit festgeschrieben. Die Aufgabenelemente *„Information, Bildung und Unterhaltung"* wohnten der Sache nach auch schon dem WDR-G a. F. inne. Die drei Ausdrücke bezeichnen in erster Linie je verschiedene Programmbereiche. Neben diesem engeren, ressortmäßigen Sinn kommt ihnen aber auch noch eine umfassendere Bedeutung zu: Die Trias ist als *Einheit im „Dreiklang"*[148] zu verstehen, wobei jedes Element auch ein durchgehendes Programmprinzip verkörpert. *„Information"* i.w.S. stellt dabei einen vorrangigen *Oberbegriff* dar, d.h. der Informationsauftrag muß auch den Bildungs- und den Unterhaltungssektor prägen.[149] Letzteres ist gerade auch im Hinblick auf die künftige Konkurrenzsituation wesentlich. Dadurch wird einerseits die sog. schleichende Selbstkommerzialisierung ausgeschlossen, andererseits aber auch ein

---

146 Zum Geltungsmodus solcher Bestimmungen *Cromme*, NJW 1985, S. 532f. Einen Konfliktfall im Bereich religiöser Überzeugungen betrifft der Beschluß des VG Mainz NVwZ 1985, S. 136f. Im übrigen *Ossenbühl*, in: Rundfunkrecht (Schriften der Gesellschaft für Rechtspolitik, Bd. 1), 1981, S. 1ff.; *Stein*, ebd. S. 71ff., auch zum folg. Die beiden Gutachten untersuchen Möglichkeiten und Grenzen einer vermehrten Verrechtlichung der Rundfunktätigkeit vom Programmrecht aus, wobei die Ergebnisse z.T. auseinandergehen.
147 Verwandt § 6 a Abs. 4 Satz 1 der Gemeindeordnung für das Land N.-W., eingefügt durch die Novelle vom 29. 5. 1984 (GVBl. S. 314).
148 Vgl. *Schmid-Ospach*, Medium 1973, Heft 7, S. 4f.
149 Das ergibt sich aus der anderen von der Rechtsprechung herausgearbeiteten Begriffsvariante: Das „Gesamtprogramm" im gegenständlichen Sinn − durch alle einzelnen Programmbereiche hindurch − auch als Substrat *meinungsmäßiger* Vielfalt (oben 3 b). Hingewiesen sei ferner auf die bereichsspezifischen Pluralismusgebote des § 5 Abs. 4 Satz 1 Nr. 1 WDR-G, betr. Religion, Politik, Wissenschaft, Kunst.

Rückzug des WDR aus der massenattraktiven „leichten" Unterhaltung und eine Beschränkung auf „gehobene" kulturelle Kompensationsleistungen verhindert. Unter diesem Blickwinkel verstehen sich auch die WDR-Obliegenheiten, „Beiträge zur Kultur, Kunst und Beratung" anzubieten und der „kulturellen Vielfalt" des Landes Rechnung zu tragen (§ 4 Abs. 2 Satz 3 und Abs. 3 WDR-G). Überhöht und für „alle Lebensbereiche" zusammengefaßt wird dies durch die Generalklausel des § 4 Abs. 2 Satz 1 WDR-G.[150]

Das „Gesamtprogramm" in dem so bezeichneten gegenständlichen Sinn wird nun in § 5 Abs. 4 WDR-G unter weiteren, zumal *meinungsmäßigen* Vielfaltaspekten angesprochen. Es wird als Bezugsgröße diesbezüglicher Pluralismus-, „Vollständigkeits-", Fairneßgebote etc. ins Spiel gebracht. Es soll umstrittene Themen nicht einseitig, sondern mehrseitig und tendenziell allseitig präsentieren, und zwar auch forumsartig-kontrovers; alles in allem soll es *„umfassend"* informieren. Kehrseite des Einseitigkeitsverbots des § 5 Abs. 4 Satz 1 Nr. 3 ist ein Gebot der „Ausgewogenheit" oder *„gleichgewichtigen Vielfalt"* i. S. der Judikatur.[151] Die *„Nachrichtengebung"* wird in § 5 Abs. 5 WDR-G zum Gegenstand zusätzlicher Regulative: Sie muß „allgemein, unabhängig und sachlich" sein. „Kommentare" sind davon zu trennen und eigens als solche auszuweisen.[152] Damit werden die auf diesem Gebiet üblichen strengeren Rationalitätskriterien übernommen und weiterentwickelt. Die Regelung der *journalistischen Sorgfaltspflicht* in § 5 Abs. 5 Satz 2 WDR-G entspricht derjenigen des § 6 Satz 1 LPrG.

cc) § 5 Abs. 4 Satz 1 Nr. 2 WDR-G räumt den im Sendegebiet „bedeutsamen gesellschaftlichen Kräften" die Chance unmittelbarer *Selbstartikulation* ein. Das kann breiter Direktbeteiligung dienen und den Informationsertrag für das Publikum vergrößern, dies allerdings nur dann, wenn daraus nicht ein engräumiger, vermachteter „Verlautbarungsjournalismus" wird. Auch diese Bestimmung ist im Lichte des § 4 Abs. 1 WDR-G zu lesen. Folglich ist zu betonen, daß es sich auch hierbei um sog. *redaktionelle* Sendun-

---

150 Darin und in § 4 Abs. 3 deutet sich ein *territorial mehrstufiges* Paradigma (international/national/regional) an. Für die *Regionalisierung* ist außerdem § 2 Abs. 2 WDR-G einschlägig. Zu deren bisheriger Entwicklung *Klenke* (Interview), Medium 1983, Heft 10, S. 25 ff.; *Casdorff*, in: Först (Hrsg.), Rundfunk in der Region, 1984, S. 359 ff. Mit dem Kabelpilotprojekt Dortmund hat der WDR auch schon die Ebene der Lokalkommunikation betreten. Letzterer Ansatz ist im WDR-G jedoch nicht explizit verallgemeinert worden.
151 Zu der diesbezüglichen Diskussion in Rechtslehre und Anstaltspraxis *Ossenbühl* (Anm. 146), S. 30 ff.; *Cromme*, NJW 1985, S. 354 m.w.N. Über Meßbarkeitsprobleme *Stock*, Medienfreiheit, S. 82, 504.
152 Zu dem Trennungsgrundsatz des § 5 Abs. 5 Satz 3 WDR-G findet sich in dem (dem Modell der Tendenzpresse verpflichteten) LPrG kein Gegenstück. Näher *Cromme*, NJW 1985, S. 354 f.; *Stock*, Medienfreiheit, S. 206 ff., 217 ff. Zu der tieferliegenden generellen Objektivitätsproblematik *Bentele/Ruoff* (Hrsg.), Wie objektiv sind unsere Medien? 1982. Das Objektivitätsgebot des § 4 Abs. 1 Satz 5 WDR-G a. F. ist mit dem jetzigen Sachlichkeitsgebot deckungsgleich. Solche Anforderungen sind in der Vergangenheit manchmal vorschnell als illusionär ausgegeben und zugunsten eifernder Attitüden vernachlässigt worden.

gen handelt, zum Unterschied von den *Drittsendungstatbeständen und Fensterstrukturen* des § 8 WDR-G (Regierungs-, Kirchen- und Parteiensendungen).[153] Einen drittsendungsähnlichen Typus stellen wohl auch die „Eigenbeiträge nicht erwerbswirtschaftlich orientierter Dritter" nach § 3 Abs. 5 WDR-G dar.[154] Demnach sollen neben den Gruppenmeinungen auch schlichte Bürgermeinungen Zugang behalten. Unter diesem Gesichtspunkt gewinnt § 5 Abs. 4 Satz 1 Nr. 1 WDR-G an Gewicht. Danach hat der WDR sicherzustellen, daß „die Vielfalt der bestehenden Meinungen ... im Gesamtprogramm in möglichster Breite und Vollständigkeit Ausdruck findet". Dazu müssen auch extern erkennbare Minderheitsmeinungen gezählt werden. Noch nicht „bestehende", aber im Publikum *mögliche* Meinungen dürfen durch den Vermittlungsmodus nicht inhibiert werden.

dd) Mithin bedarf es auch einer informatorischen Offenheit, wie sie sich immer nur *unabhängigem Journalismus* verdanken kann. In den Fragen der „Bedeutsamkeit" einer Kraft oder Gruppe,[155] der angemessenen Bandbreite und Tiefenschärfe im Gesamtresultat, der Bemessung und inneren Ausgestaltung der jeweiligen Bezugsgrößen von Vielfaltprinzipien etc. muß nach § 4 Abs. 1 WDR-G stets auch die professionelle Fachkompetenz mitveranschlagt werden. Unter dem Gesichtspunkt der Revitalisierung und Vorbereitung des WDR auf das Überleben im dualen System[156] kommt es letztlich auf ein Doppeltes an: Einmal auf größtmögliche Zugangsoffenheit, umfassende Interessen-

---

153 Bei der Detailregelung der *Parteiensendungen* hat sich der Gesetzgeber an die Münsteraner und Karlsruher Rechtspr. angelehnt, LT-Drucks. 9/3712, Begr. zu § 8. Vgl. OVG Münster OVGE 31, S. 75ff. und 84ff.; 32, S. 133ff.; DVBl. 1983, S. 338f.; BVerfGE 7, S. 99ff. u. ö., zuletzt BVerfGE 65, S. 227ff. Zu letzterer Sache (CSU-Wahlwerbung in N.-W.) *Neumann/Wesener*, DVBl. 1984, S. 914 (919f.). Dafür ist künftig § 8 Abs. 2 Satz 1 WDR-G maßgeblich. Näher *Stock*, Medienfreiheit, S. 294ff., 405, 512f.
154 Die Vorschrift lehnt sich an § 4 Abs. 3 Satz 3 KabVersG an. Die Anstaltsorgane bleiben auch in diesem Bereich für das Programm voll verantwortlich, so LT-Drucks. 9/3712, Begr. zu § 3. Partizipationsformen wie die WDR-Sendereihe „Hallo Ü-Wagen" lassen erkennen, daß der Integrationsrundfunk direkte gesellsch. Programmbeteiligung ohne weiteres erlaubt und verträgt. Vgl. *Thomas*, Hallo Ü-Wagen, 1984. Zu der etwas anders beschaffenen Dortmunder Konstellation *Stock*, Medienfreiheit, S. 428ff. Dort wird − den Rechtsformen nach unter voller Wahrung der Programmhoheit des WDR − mit Abwandlungen des Integrationsmodells durch Elemente eines *nichtkommerziellen Marktmodells* experimentiert (unten V). Erste Schritte in diese Richtung mag § 3 Abs. 5 WDR-G nun auch allg. ermöglichen. Hier geht die Thematik der WDR-Reform in diejenige des Landesmediengesetzes über.
155 Zum Verhältnis von *gesellsch.* und *publizistischer* „Relevanz" und zur Frage der Indikatoren *Schmidt*, RuF 1979, S. 239ff. Programmrechtliche „Bedeutsamkeit" kann auch unabhängig von den *organisationsrechtlichen* Katalogen des § 15 WDR-G gegeben sein. Zu einem nur programmlichen „Relevanz-"Konflikt OVG Hamburg NVwZ 1985, S. 124ff. unter Rückgriff auf BVerfGE 60, S. 53ff.; BVerwG JZ 1985, S. 957f.
156 Sollte der WDR anhand eines *Kooperationsmodells* in die − im Verhältnis zu Dritten gleichwohl beginnende − Konkurrenz eintreten, so ist auch dann § 5 zu beachten (§ 3 Abs. 9 Satz 2 WDR-G). Darin liegt ein Gebot der Modellkonsistenz beschlossen.

und Meinungsberücksichtigung, Bürgerbeteiligung, gesellschaftliche Akzeptanz,[157] zum andern aber auch auf eine analytisch-kritische Komponente (vgl. § 5 Abs. 4 Satz 3 WDR-G) und ein Durchdringungsvermögen, wie es in § 5 Abs. 3 WDR-G anklingt; früher war es besonders deutlich in § 4 Abs. 2 Satz 1 WDR-G a. F. („**nur der Wahrheit verpflichtet**") zum Ausdruck gekommen.[158] Die „Medium-"Eigenschaft läßt sich am besten durch eine Stärkung des „Faktor-"Vermögens gewährleisten. Beides muß gleichermaßen im Auge behalten werden.

b) Auch **Organisations-, Verfahrens- und Personalrecht** müssen an Rundfunkfreiheit und Rundfunkaufgabe ausgerichtet werden. Sie müssen dem Programmrecht folgen. Das „Gesamtprogramm" muß auf einer Organisation beruhen, in der sich die gleiche Idee verkörpert; das institutionelle Gehäuse muß gleichsam kongenial konzipiert sein. Für den WDR ist man 1985 bei der darauf angelegten bewährten Form der *gemeinnützigen öffentlich-rechtlichen Anstalt mit Selbstverwaltungsrecht* (§ 1 Abs. 1 WDR-G)[159] unter *staatlicher Rechtsaufsicht* (§ 53 WDR-G)[160] geblieben. Bei den Anstaltsorganen (§ 13 Abs. 1 WDR-G) und ihrem Zusammenspiel hat es jedoch einige bemerkenswerte Veränderungen gegeben.

aa) Der **Rundfunkrat** vertritt im WDR „die Interessen der Allgemeinheit"; dabei ist „die Vielfalt der Meinungen der Bürger" zu berücksichtigen (§ 16 Abs. 1 Satz 1 WDR-G). Das Gremium soll sicherstellen, daß der WDR seine Aufgaben im Rahmen der Gesetze in eigener publizistischer Verantwortung (§ 4 Abs. 1 WDR-G) erfüllt. Es soll also nicht etwa nur partikulare Gruppeninteressen verfolgen, den jeweiligen Gruppenwillen addieren, in irgendwelche starren Proporzschemata umsetzen und kompromißhaft bündeln etc. Vielmehr soll es – gewissermaßen mit Wirkung für und gegen alle – die Medienfreiheit gewährleisten.[161]

In § 16 Abs. 2 WDR-G werden dem Rundfunkrat zahlreiche wichtige *Aufgaben* zugewiesen, beginnend mit der Generalklausel des Satzes 1. Der Katalog der Beispiele des

---

157 Neue Möglichkeiten direkter Rückkoppelung sind in § 10 WDR-G (*Eingaben und Anregungen, Programmbeschwerden*) angelegt. Dazu § 33 WDR-Satzung n. F.

158 So auch noch § 5 Abs. 3 n. F. nach dem Regierungsentwurf. In Ausschuß- und Endfassung ist die rigorose, noch auf die *Greene*sche und NWDR-Tradition zurückgehende Formel leider verändert worden: Das „nur" ist entfallen. Ebenso 1980 in § 7 Abs. 1 Satz 1 NDR-StV (demgegenüber § 4 Abs. 2 Satz 1 NDR-StV a.F.). Gleichwohl gilt auch hier das oben 3 a a. E. Gesagte.

159 Zur hiesigen Ausprägung des Anstaltsbegriffs unter dem Gesichtspunkt der *Staatsferne Herrmann*, AöR 90 (1965), S. 286 ff. Siehe auch *Scherer*, RuF 1980, S. 322 ff. m.w.N. Auch die – heute in s Kreuzfeuer geratene – Bezeichnung „Rundfunk*unternehmen*" hat der WDR seit Anbeginn mitgetragen (Anm. 92).

160 § 53 entspricht i. wes. § 24 a.F. In § 53 Abs. 4 wird im Anschluß an die neuere Rechtspr. der *subsidiäre* Charakter der Staatsaufsicht gegenüber der anstaltsinternen gesellsch. Aufsicht herausgestellt. Siehe *Stock*, Medienfreiheit, S. 377 m.w.N.

161 § 16 Abs. 1 WDR-G ist § 18 Abs. 1 NDR-StV nachgebildet, der in BVerfGE 60, S. 65 ff. in obigem Sinn präzisiert worden ist (Anm. 136).

Satzes 2 umfaßt u. a. Satzunggebung, Kreation anderer Organe und Unterorgane, Aufgaben- und mittelfristige Finanzplanung, Haushaltswesen, Grundsatzfragen der Personalwirtschaft und der Rundfunktechnik. Zu den hier aufgeführten mittelbar programmrelevanten Angelegenheiten von weitreichender Bedeutung gehören auch die Intendanten- und die Direktorenwahl. Unmittelbar programmrelevant sind sodann die laufenden Beratungs- und Überwachungsaufgaben nach § 16 Abs. 3 und 4 WDR-G. In letzterem Punkt hat der neue Rundfunkrat den — nunmehr entfallenen — Programmbeirat und den Verwaltungsrat alter Art (vgl. § 18 Abs. 1 und § 14 Abs. 4 WDR-G a. F.) beerbt. Die direkte Programmaufsicht wird nach wie vor als *Kontrolle* (nicht: konkurrierende Leitung) konzipiert. Sie wird als anstaltsinterne Rechtsaufsicht ausgestaltet und auf Programmauftrag und Programmgrundsätze nach den §§ 4 ff. bezogen (§ 16 Abs. 4 Satz 1 WDR-G). Die sog. Vorvisionierung von Sendungen vor deren Ausstrahlung wird ausdrücklich ausgeschlossen (ebd. Satz 3). Nimmt der Rundfunkrat einen Rechtsverstoß wahr, so kann er diesen förmlich feststellen. Zugleich kann er den Intendanten anweisen, den Verstoß „nicht fortzusetzen oder künftig zu unterlassen". Feststellung wie auch Anweisung bedürfen ggf. schriftlicher Begründung (ebd. Satz 2). Damit wird dem Umstand Rechnung getragen, daß in derartigen Fällen unterschiedliche Lesarten der Rundfunkfreiheit eine Rolle zu spielen pflegen und daß es dabei um den verbindlichen Letztentscheid in concreto geht. Daraus erklärt sich auch die Schärfe der Kontrollinstrumente.[162]

Die Neuerungen in Organgefüge und Aufgabenkatalogen müssen mit der Neuregelung der *Zusammensetzung* des Rundfunkrats (§ 15 WDR-G) zusammengesehen werden. Der organisatorische Grundgedanke des Gesetzes geht dahin, das Übergewicht des bisherigen Verwaltungsrats abzubauen, den staatlichen und parteipolitischen Einfluß auf die Kontrollorgane überhaupt zu verringern und statt dessen das gesellschaftliche Verbändewesen sowie dritte kulturelle Sachbereiche als hauptsächliche stabilisierende Elemente in der Anstalt anzusiedeln. Damit reagiert der Gesetzgeber auf vielstimmige Kritik an dem früheren staatsnahen Rekrutierungsverfahren (§ 8 Abs. 2 WDR-G a. F.) und an der Kompetenzschwäche des Rundfunkrats alter Art.[163] Er will nun einerseits

---

[162] Näher *Berg* (Anm. 98), S. 553f.; *Cromme*, NJW 1985, S. 355ff. m.w.N. Zum früheren Rechtszustand *Stern/Bethge*, Die Rechtsstellung des Intendanten der öff.-rechtl. Rundfunkanstalten, 1972, S. 30ff. Eine Feststellung des WDR-Verwaltungsrats nach § 14 Abs. 4 WDR-G a. F. betrifft das Urteil des OVG Münster OVGE 35, S. 229ff. Vgl. nunmehr auch § 10 WDR-Satzung n. F.

[163] Oben Anm. 97. Vgl. LT-Drucks. 9/3712, Begr., Allg., S. 35f. unter Anknüpfung an BVerfGE 57, S. 325. Über *Parteieinfluß* als Korrumpierungsfaktor statt aller *Riese*, Der Griff nach der vierten Gewalt, 1984. Das entspr. Distanzierungserfordernis besteht wohlgemerkt gegenüber *allen* Parteien. Zu Art. 21 Abs. 1 Satz 1 GG in diesem Zusammenhang *Grimm*, in: Handbuch des Verfassungsrechts (Anm. 19), S. 317 (365ff.) m.w.N. Im übrigen ist auch *Verbandseinfluß* nicht ohne weiteres ein geeignetes Remedium. Die Schwierigkeiten werden alsbald deutlich, wenn das engere rundfunkrechtl. Thema mit der allg. Verbändeproblematik in Verbindung gebracht wird. Siehe *Grimm*, ebd. S. 373ff.; *Steinberg* (Hrsg.), Staat und

effizienten Gruppeneinfluß sicherstellen und andererseits auch den Eigengesetzlichkeiten des Integrationsrundfunks gerecht werden. Denn er will sich eben nicht auf instrumentalistische Auslieferungsbegehren einlassen und damit womöglich einem ärmlichen Multi-Tendenzfunk als Gruppenfunk nahekommen.

Durch die Neufassung wird der Rundfunkrat von 21 auf 41 Mitglieder vergrößert (§ 15 Abs. 1 Satz 1 WDR-G). Das Gesetz nimmt dann eine *Vierteilung* mit folgenden Bänken und Quoten vor: Die sog. *Staatsbank* besteht aus zwölf vom Landtag nach den Grundsätzen der Verhältniswahl gewählten Mitgliedern, darunter maximal sieben Parlamentariern (§ 15 Abs. 2 i.V.m. § 13 Abs. 3 Sätze 1 und 2 WDR-G). Die sog. *Verbändebank* wird von bestimmten im Gesetz erschöpfend aufgezählten gesellschaftlichen Gruppen und Institutionen im Weg der Direktentsendung mit siebzehn Mitgliedern beschickt (§ 15 Abs. 3 WDR-G). Die sog. *Kulturbank* wird nach Maßgabe eines zweiten Katalogs von den „Bereichen Publizistik, Kultur, Kunst und Wissenschaft" mit neun Mitgliedern besetzt (§ 15 Abs. 4 WDR-G). Die auf die Einbeziehung schwach organisierter Interessen angelegte, schließlich sehr bescheiden ausgefallene sog. *Bürgerbank* (Alte, Behinderte, Ausländer) besteht aus drei Mitgliedern (§ 15 Abs. 5 WDR-G). Hinzu kommt die dem Quotensystem vorgeschaltete, weiter nicht ausgearbeitete allgemeine Frauenklausel des § 15 Abs. 1 Satz 2 WDR-G.

Das System der mehreren Bänke hat gegenüber der alten Regelung mancherlei Vorteile. Es erlaubt z. B. eine deutliche Abtrennung des (der Höhe nach unbedenklichen) staatlich-parlamentarischen Anteils von dem gesellschaftlichen Anteil. Was die mindestens fünf vom Landtag zu wählenden Nichtparlamentarier betrifft, so können auf diesem Weg die sonstigen, enumerativ festgeschriebenen „Relevanz-"Kataloge fallweise ergänzt und neu hervortretenden Erfordernissen angepaßt werden. Im übrigen ist die Gremienstruktur auf Direktentsendungsrechte umgestellt worden, was der *Staats- und Parteienferne* der Anstalt zustatten kommen und sie in ihrer publizistischen Eigenverantwortung stärken kann. Dies allerdings nur dann, wenn sich der Parteienproporz aus dem staatlichen Sektor nicht doch wieder in den gesellschaftlichen fortpflanzt und zu durchgängigen dysfunktionalen Lagerbildungen und machtpolitischen Konfrontationen führt.

Derartige Mißstände lassen sich nun möglicherweise anhand der Aufgliederung des gesellschaftlichen Sektors in *Verbandsrepräsentation* und *kulturelle Komponenten i.e.S.* vermeiden. Die Kulturbank macht ein gutes Fünftel der Rundfunkratssitze aus und wird nach näherer Maßgabe des § 15 Abs. 4 WDR-G von Organisationen der Schriftsteller, der Musiker, der bildenden Künstler, der Bühnenangehörigen, der Filmschaffen-

---

[Fortsetzung Fußnote 163]
   Verbände, 1985; *Schmidt*, Rundfunkvielfalt, S. 44 ff. Über die ältere ev.-kirchl. Losung „*Engagement ohne Eigennutz*" *Stock*, AöR 104 (1979), S. 8 ff., auch zu OVG Lüneburg OVGE 34, S. 439 ff. Als *Rundumfreiheit* (Anm. 136) bedarf die Rundfunkfreiheit angesichts heutiger verbandsegoistischer rundfunkpolit. Zielsetzungen auch einer gewissen *Verbändeferne*.

den, der Journalisten, der Volkshochschulen sowie von den wissenschaftlichen, Kunst-, Musik- und Fachhochschulen des Landes beschickt. Sie wird der Verbändebank als selbständige, korrespondierende Größe zugesellt. Diese Aufwertung wird mit einer „*besonderen Sachnähe*" der fraglichen kulturellen Bereiche zum Rundfunk begründet.[164] Es handelt sich hier um ein Kriterium *funktioneller* „*Relevanz*",[165] das sich mühelos mit dem funktionsorientierten Grundgedanken der Judikatur in Übereinstimmung bringen läßt. Einleuchtend erscheint auch die Idee, den WDR (eine publizistische Institution) mit dem Sachbereich Publizistik im ganzen zurückzukoppeln. Mithin ist dies ein gelungener Wurf des Reformgesetzgebers.[166]

bb) Auch der **Verwaltungsrat** wird durch die Neufassung umorganisiert. Kompetenziell wird er anderweitigen Standarden angeglichen. Seine *Aufgaben* (§ 21 WDR-G) liegen vor allem in Finanz- und Personalwesen. Ferner hat er die gesamte Geschäftsführung des Intendanten *mit Ausnahme der* „*Programmentscheidungen*" zu überwachen (ebd. Abs. 1). Auch seine Beratungsbefugnisse erstrecken sich nicht auf die „Programmangelegenheiten" (ebd. Abs. 2 Nr. 1). Letztere Agenden hat er, wie gezeigt, an den Rundfunkrat abgeben müssen. Die Verlagerung beschränkt sich allerdings auf die sog. *unmittelbaren* Programmangelegenheiten. Die verbleibenden Kompetenzen, etwa in Personalsachen, sind indes in großem Umfang *mittelbar* programmrelevant. Das liegt in der Natur der Sache und ist im Prinzip unvermeidlich. Einzelheiten des Aufgabenkatalogs mögen hier auf sich beruhen.

Die *Zusammensetzung* des neuen Verwaltungsrats weicht von derjenigen nach § 12 WDR-G a.F. deutlich ab. Das Gremium besteht nunmehr aus neun Mitgliedern. Sieben Mitglieder werden vom *Rundfunkrat* gewählt. Darunter dürfen bis zu zwei Parlamentarier sein; im übrigen werden politische Amts- und Mandatsträger hier ebenso konsequent ausgeschlossen wie beim neuen Rundfunkrat selbst (§ 20 Abs. 1 Sätze 1, 2 und 4 i.V.m. § 13 Abs. 3 Sätze 1 und 2 WDR-G). Darin drückt sich wiederum das Bemühen aus, parteipolitisch-parteienstaatliche Einflüsse zurückzudrängen. Zwei Mitglieder werden vom WDR-*Personalrat* entsandt (§ 20 Abs. 1 Satz 3 WDR-G). Diese Mitglieder haben bei Entscheidungen, welche „unmittelbar den Programmbereich betreffen",

---

164 LT-Drucks. 9/3712, Begr. zu § 14. Darin kehrt noch etwas von dem Charme des alten Programmbeirats wieder.
165 Vgl. *Schneider*, RuF 1982, S. 425 (435 ff.); *Steiner* (Anm. 130), S. 806; *Stock*, Medienfreiheit, S. 361, 534.
166 Anders die Bewertung einiger von pressespezifischen Vorstellungen ausgehender Kritiker auf dem Hearing (Anm. 106). § 15 WDR-G war auch unter den Landtagsfraktionen heftig umstritten und ist mittlerweile ebenfalls Gegenstand der Normenkontrollanträge (Anm. 107, 108). In die einschlägige, i.e. sehr diffizile Kasuistik sei hier nicht eingetreten. Vielmehr sei noch einmal auf das „gleichsam negative Ziel" der Rundumfreiheit (Anm. 136) hingewiesen. Das BVerfG geht insoweit in dem Beschluß RuF 1982, S. 525 f. von einem beträchtlichen gesetzgeberischen Gestaltungsspielraum aus. Auch dadurch wird der genannten Kritik der Boden entzogen.

kein Stimmrecht; sie haben dabei nur ein Anhörungsrecht (§ 22 Abs. 3 Satz 2 WDR-G). Mit der so limitierten Beteiligung von Vertretern der Beschäftigten nähert sich das Gesetz ähnlichen Regelungen in Berlin, Bremen und Hessen in vorsichtiger Weise an. Gleichwohl sind damit auch die in früheren Jahren andernorts geführten einschlägigen verfassungsrechtlichen Debatten in Nordrhein-Westfalen wieder aufgelebt.[167]

Die Gesetzesfassung ist klar mißraten. Sie nötigt dazu, die Aufgaben nach § 21 WDR-G wie folgt zu unterteilen: Nur *die „unmittelbar" programmrelevanten mittelbaren Programmangelegenheiten* entziehen sich der Mitbestimmung der Beschäftigtenvertreter. Diese sprachlich mühselige Abgrenzung kann auch der Sache nach einige Schwierigkeiten bereiten. Mehr oder minder deutliche indirekte Programmbezüge wird so gut wie jede Personal-, Haushaltsangelegenheit etc. aufweisen. De facto mag das getroffene Arrangement einer *nur beratenden* Teilnahme der Beschäftigtenvertreter an den Sitzungen des Verwaltungsrats (so für den Rundfunkrat § 15 Abs. 13 Satz 1 WDR-G) nahekommen. Im übrigen stellt sich ein allgemein-arbeitsrechtlich ansetzendes Mitbestimmungsrecht nach den hier zugrunde gelegten funktionalen Prämissen ohnehin als fernliegend dar. Als eng begrenzter Ausnahmetatbestand wird sich etwas Derartiges als gemeinverträglich begründen lassen.[168] Konsequenter wäre es aber m. E. gewesen, von vornherein zu einer nur beratenden Teilnahme überzugehen.

cc) Stellung und Aufgaben des **Intendanten** haben sich nach dem Gesetzeswortlaut (§§ 24 ff. WDR-G) nur unwesentlich verändert. § 25 Abs. 1 Satz 1 WDR-G schreibt die Intendantenverantwortung umfassend fest und hebt, wie schon § 21 Abs. 1 WDR-G a. F., die *„Selbständigkeit"* der entsprechenden Leitungsgewalt hervor.[169] Genauer angesehen, haben sich die Akzente dennoch verschoben. Innerhalb des Organgefüges ist wichtigster Partner und Kontrapunkt des Intendanten heute nicht mehr der Verwaltungs-, sondern der Rundfunkrat. Das äußert sich u. a. in dem weit gefaßten, generalklauselartigen Zustimmungsvorbehalt des § 16 Abs. 5 Satz 1 WDR-G. Damit sind die äußerst weitläufigen weiteren Aufgaben und Befugnisse des Rundfunkrats zusammen-

---

167 Vgl. *Ipsen*, Mitbestimmung im Rundfunk, 1972; *Bethge*, Verfassungsrechtsprobleme der Reorganisation des öff.-rechtl. Rundfunks, 1978, S. 33 ff.; *Hoffmann-Riem*, Rundfunkfreiheit durch Rundfunkorganisation, 1979, S. 66 ff.; *ders.*, in: J. Aufermann u. a. (Hrsg.), Fernsehen und Hörfunk für die Demokratie, 2. Aufl. 1981, S. 127 ff. Dieser Punkt ist in den Normenkontrollantrag (Anm. 107) gleichfalls einbezogen worden.
168 Vgl. *Hoffmann-Riem*, Rundfunkfreiheit, S. 80 ff., wo auch das Erfordernis genauerer Differenzierung nach Fallgruppen hervortritt.
169 Damit ist das Verhältnis dieses Spitzenamts zur gesellsch. Kontrolle angesprochen. Der Intendant ist ein „Zwischenwesen" mit doppelter Loyalität, nämlich gegenüber Kontrollgremien und Programmitarbeitern. So *Schneider*, RuF 1981, S. 261 ff. In beiden Richtungen drückt sich im Gesetz der Wunsch nach einem *„starken Intendanten"* aus, vgl. *Rau*, Plenarprot. 9/121, S. 7706. Ähnlich LT-Drucks. 9/3712, Begr. zu § 24. *Journalisten* als Intendanten – wie z. Zt. beim WDR – sind mittlerweile selten geworden. Dazu *Fischer* (Hrsg.), Rundfunk-Intendanten – Kommunikatoren oder Manager? 1979. Im übrigen *Stern/Bethge* (Anm. 162).

zusehen, dies vor dem Hintergrund seiner neuen Struktur als eine Art Gruppenparlament. Vermehrter Gruppeneinfluß ist nicht eo ipso funktionsverträglich.
Um so mehr kommt es darauf an, den in § 4 Abs. 1 WDR-G niedergelegten Grundgedanken auch an dieser Stelle konsequent einzulösen. Das Verhältnis von professioneller Leitung und gesellschaftlicher Kontrolle muß so ausgependelt werden, daß der richtige Mittelwert zwischen absoluter Autonomie und unumschränkter Verbandsherrschaft getroffen wird. Das wird denn auch wohl der tiefere Sinn der Verselbständigung der Organisations-, Personal- und Sachweisungsgewalt des Intendanten sein. § 25 Abs. 1 Satz 1 WDR-G findet seine näheren Maßstäbe in dem Prinzip der „*Eigenverantwortlichkeit*" nach § 4 Abs. 1 Satz 1 WDR-G.

dd) In diesem Zusammenhang bedarf auch das Verhältnis von Intendant und **Programmmitarbeitern** besonderer Aufmerksamkeit. Auch dafür ist § 4 Abs. 1 WDR-G maßgeblich: Die professionell-publizistische Seite — organschaftlich durch den Intendanten verkörpert — muß gegenüber der gesellschaftlichen Seite — organschaftlich durch die übrigen Organe nach den §§ 13 ff. WDR-G, zumal durch den Rundfunkrat, verkörpert — einen Gestaltungsspielraum besitzen, wie er durch Programmauftrag und Programmgrundsätze vorgezeichnet wird. Es muß hier ein Zuordnungsmodus gefunden werden, welcher die gedachte „positive Ordnung" bewirkt und überschießende, medienfremde Machtambitionen beiderseits fernhält. Der „Medium- und Faktor-"Charakter des Rundfunks setzt auch organisationsintern ein gewisses Maß an fachlicher Autonomie voraus. Im Verhältnis zu den Kontrollorganen stellt § 25 Abs. 1 Satz 1 WDR-G den entscheidenden Stützpunkt dieser Idee dar. Ein weiteres Novum liegt nun darin, daß dieser regulativische Ansatz auch auf das Innenverhältnis von Anstalt und Anstaltspersonal erstreckt wird, soweit es sich dabei um Programmitarbeiter i.S. des § 30 Abs. 1 Satz 2 WDR-G handelt. In den §§ 30–32 knüpft das Gesetz an die in den siebziger Jahren gepflogene Diskussion über Fragen der *inneren Rundfunkfreiheit*[170] an und gelangt zu einem beachtlichen, bundesweit singulären Neubeginn.

Ausgangspunkt ist hier eine endgültige Abkoppelung der Redakteursbeteiligung vom Personalvertretungsrecht.[171] Das Gesetz wendet sich an dieser Stelle von allgemein-

---

170 Jene Debatte lief z.T. parallel mit derjenigen über innere Pressefreiheit (Anm. 70). Die Anfänge der sog. Statutenbewegung sind dokumentiert bei *Skriver*, Schreiben und schreiben lassen, 1970, S. 45 ff., 134 f. (WDR). Zur organisations-, verfahrens- und personalrechtlichen Seite näher *Hoffmann-Riem*, Redaktionsstatute im Rundfunk, 1972; *ders.*, RuF 1972, S. 255 ff.; *ders.*, Ruf 1973, S. 247 ff. Später *ders.*, Rundfunkfreiheit, S. 21 ff.; *ders.*, in: Fernsehen und Hörfunk für die Demokratie (Anm. 167), S. 127 ff.; *ders.*, in: Handbuch des Verfassungsrechts (Anm. 19), S. 432 ff. Eher restriktiv demgegenüber OVG Münster OVGE 35, S. 229 ff. im Anschluß an *Bethge*, UFITA 58 (1970), S. 117 ff. Zustimmend *Bethge*, AfP 1981, S. 386 ff. Zusammenfassend *Stock*, Zur Theorie des Koordinationsrundfunks, S. 49 ff.; *ders.*, Medienfreiheit, S. 126 ff.
171 Personalvertretungsgesetz für das Land N.-W. vom 3. 12. 1974 (GVBl. S. 1514), zuletzt geändert durch Gesetz vom 18. 12. 1984 (GVBl. 1985, S. 29). Das Gesetz bleibt einschlägig,

arbeitsrechtlichen Mitbestimmungspostulaten ab und wählt einen engeren, funktionsspezifischen Einstieg. Es setzt individualrechtlich-statusrechtlich an und gewährleistet jedem Programmitarbeiter eine objektivrechtlich relevante *„eigene journalistische Verantwortung" „im Rahmen der Gesamtverantwortung der Anstalt"* (§ 32 Satz 2 WDR-G). Darauf bauen sich dann organisations- und verfahrensrechtliche Implementierungen auf, wie sie so dem bisherigen Rundfunkrecht ebenfalls unbekannt waren. Als sondergesetzliche „Berufsgruppenvertretung" wird eine von der *Redakteurversammlung* zu wählende *Redakteurvertretung* geschaffen (§ 30 Abs. 1 WDR-G). Intendant und Redakteurvertretung stellen einvernehmlich ein *Redakteurstatut* auf, das der Zustimmung des Rundfunkrats bedarf (§ 31 WDR-G). Die Redakteurvertretung hat „vor allem" die Aufgabe, sich nach Maßgabe des Statuts um eine Einigung bei Konflikten zu bemühen, die in „Programmfragen" zwischen Programmitarbeitern und deren Vorgesetzten entstehen (§ 30 Abs. 2 WDR-G). Kann ein Programmkonflikt zwischen Intendant und Redakteurvertretung nicht beigelegt werden, so tritt auf Antrag ein paritätischer, der Einigungsstelle des Personalvertretungsrechts nachgebildeter *Schlichtungsausschuß* zusammen. Dieser kann nur eine Empfehlung an den Intendanten beschließen. Folgt der Intendant der Empfehlung nicht, so hat er seine abweichende Entscheidung vor dem Ausschuß zu begründen (§ 30 Abs. 3 WDR-G). Der empfindliche Mechanismus wird durch wechselseitige „unberührt-"Klauseln abgesichert (§ 25 Abs. 1 Satz 3 und § 30 Abs. 4 WDR-G).

Die Neuerungen sollen den Programmitarbeitern ermöglichen, „eigene Sachkunde und Belange einzubringen".[172] Darin kommt ein Sachverstand und Interesse verbindender, auf kommunikative Vermittlung und gesteigerte Verfahrensrationalität angelegter Grundgedanke zum Ausdruck. Im Ergebnis bleibt die Intendantenverfassung unangetastet: Am „starken Intendanten" wird festgehalten. Weiterreichende Binnenkonstitutionalisierungen werden gemieden, wohl aufgrund der Annahme, daß andernfalls der programmliche und organisatorische Gesamtkonnex (sc. „Gesamtprogramm") in Frage gestellt wäre. In der Tat könnte der Integrationsrundfunk in diesem Fall unversehens funktionsuntüchtig werden. Würde man hier eine volle, auch institutionell abgesicherte sachliche Unabhängigkeit garantieren, so könnten eventuell *außenpluralistische* Elemente Platz greifen. Der WDR könnte sich von der Redakteursseite aus in einen *Koordinationsrundfunk* verwandeln, nicht grundsätzlich anders als im Fall einer exzessiven Gruppenherrschaft im Rundfunkrat. Die getroffene Regelung hingegen erscheint maß-

---

[Fortsetzung Fußnote 171]
soweit Programmkonflikte zugleich *Personalkonflikte* sind. Vgl. die Querverbindung nach § 30 Abs. 2 Satz 2 WDR-G. Dem Personalrat ist aber eine *programmliche* Mitbestimmung — bis auf den Sonderfall der §§ 20ff. WDR-G — aus guten Gründen verwehrt. In Personalangelegenheiten von Beschäftigten, die „maßgeblich an der Programmgestaltung beteiligt" sind, sieht § 55 WDR-G zusätzliche Einschränkungen vor.
172 LT-Drucks. 9/3712, Begr., Allg., S. 36.

voll und sachgerecht, sie verbürgt auch im Anstaltsinnern Modellkonsistenz.[173] Das ist der Schlußstein der WDR-Reform.

5. Sonstiges

a) Einige Originalität bezeugt das Gesetz auch bezüglich bestimmter Erscheinungsformen des **Schulrundfunks**. Dabei handelt es sich um die *„Bildungssendungen mit Schulcharakter"* gemäß § 3 Abs. 4 WDR-G. Die gesetzliche Definition dieser neuen Programmgattung (ebd. Satz 3) zielt auf schulspezifisch-intentionale, zu schulischen Abschlüssen führende Unterrichtsprogramme ab. Gemeint sind Sendereihen, die ein Äquivalent zur staatlichen Schule unter Einschluß von Prüfungen darstellen, nämlich „Telekolleg I" und „Telekolleg II" als Wege zur Fachoberschul- bzw. Fachhochschulreife. Diese Sendungen sind „organisatorisch getrennt vom übrigen Rundfunkbetrieb" zu veranstalten. Sie müssen den staatlichen Unterrichtsrichtlinien entsprechen und mit der staatlichen Schulverwaltung „abgestimmt" werden (ebd. Sätze 2 und 3). Sie bleiben für den WDR fakultativ. Die auslösende Ob-Entscheidung fällt ggf. zunächst in die Kompetenz des Rundfunkrats (ebd. Satz 1). Sofern der WDR solche Kursusprogramme veranstaltet, ist im übrigen die Konstituierung eines zusätzlichen neuen Anstaltsorgans namens *„Schulrundfunkausschuß"* erforderlich (§ 13 Abs. 1 Nr. 4 und §§ 27 ff. WDR-G, näher §§ 23 ff. WDR-Satzung n. F.). Das Gremium ist den Stimmgewichten nach paritätisch aus Vertretern des WDR und der Landesregierung zusammengesetzt. Die Veranstaltung der fraglichen Sendungen bedarf dann des Einvernehmens dieses Ausschusses. Auch hinsichtlich der laufenden Programmkontrolle ist der Ausschuß dem Rundfunkrat mit gewissen eigenen Rechten vorgeschaltet. Die staatliche wie auch die Rundfunkseite haben im Ergebnis eine Vetoposition. In die subtil ersonnene, im Rundfunkrecht präzedenzlose Konstruktion ist ein Einigungszwang eingebaut worden.

Dieses relativ staatsnahe programmliche und organisatorische Sonderregime wird in Düsseldorf deshalb für notwendig gehalten, weil Bildungsrundfunk mit Schulcharakter einen merkwürdigen Doppelstatus hat: Das Sujet unterfällt einerseits der — prinzipiell „staatsfrei" zu haltenden — Rundfunkfreiheit, andererseits aber auch der *staatlichen Schulhoheit* (Art. 7 Abs. 1 GG, Art. 8 Abs. 3 Satz 2 LVerf.). Daraus entstehen Überlagerungs- und Kollisionsprobleme, wie sie im Lande auch in früheren Jahren schon mehrfach erörtert worden waren.[174] Der Regierungsentwurf war auch in diesem

---

173 Näher *Stock*, Landesmedienrecht im Wandel, unter IV 5 e.
174 Die Thematik ist auf Ansuchen der Düsseldorfer Staatskanzlei erstmals gründlich untersucht worden durch *Lerche*, Rechtsgutachten zu verfassungsrechtl. Fragen des Bildungsrundfunks (unveröff.), 1973. Im Zusammenhang damit sind hernach entstanden die Stellungnahmen von *Jarass*, in: Popper/Wolny (Hrsg.), Beiträge zum Medienrecht, 1978, S. 35 ff., und in: *ders.*, Die Freiheit des Rundfunks vom Staat, 1981, S. 75 ff. Siehe auch *von Bismarck* u. a., Bildungsprogramme im Hörfunk und im Fernsehen, 1974, bes. *Herrmann*,

Punkt von vornherein heftig umstritten. Die Kritiker machten geltend, hier liege eine verfassungswidrige Modifikation des Integrationsrundfunks in Richtung *Staatsrundfunk* vor. In Ausschuß- und Endfassung hat sich der Gesetzgeber zu erheblichen Abmilderungen des Staatseinflusses verstanden.[175] Nichtsdestoweniger sind auch diese Bestimmungen von der Unionsseite in die erwähnten Verfassungsprozesse einbezogen worden. In der Tat steht die verfassungsrechtliche Zulässigkeit der getroffenen Regelung keineswegs außer Frage.[176]

b) Auch in dem Abschnitt „Finanzwesen" (§§ 33 ff. WDR-G) finden sich Neuregelungen von beträchtlicher Tragweite. Diese knüpfen an die Aufgabentatbestände des § 3 WDR-G an und stehen bereits deutlich im Zeichen des künftigen dualen Systems. Der Gesetzgeber greift damit von neuem das Leitmotiv der Funktionsgarantie als *Bestands- und Entwicklungsgarantie* auf und entfaltet es auch in finanzwirtschaftlicher Hinsicht. Im Hinblick auf die Konkurrenz von bisherigem Rundfunk und privaten Veranstaltern bemüht er sich um gewisse Grundlagen und Eckwerte einer *Finanzgarantie*. Der WDR soll sich „vorrangig" aus *Rundfunkgebühren* der bislang geläufigen Art finanzieren (§ 33 Abs. 2 Nr. 1 WDR-G). Künftige Entscheidungen über Gebührenerhöhungen sollen durch frühzeitige und umfassende Information des Landtags unter Einschaltung einer unabhängigen Sachverständigenkommission (§ 46 WDR-G) erleichtert werden. Als weitere Einnahmequellen nennt das Gesetz u. a. die individualisierten Gebühren für Spartenprogramme (§ 33 Abs. 1 Nr. 3 i.V.m. § 3 Abs. 6 WDR-G) sowie *Werbeerlöse* (§ 33 Abs. 1 Nr. 2 WDR-G).[177] Die Haushaltswirtschaft der Anstalt erhält in den §§ 33 ff.

[Fortsetzung Fußnote 174]
S. 25 ff. Die jetzige Gesetzesregelung geht zurück auf die vom Hauptausschuß des Landtags N.-W. erbetene, auf Abklärungen in einer interministeriellen Arbeitsgruppe gestützte Ausarbeitung des Ministers für Bundesangelegenheiten: Bericht über die verfassungsrechtl. Problematik von Bildungssendungen des Rundfunks, Landtag N.-W., Vorlage 7/1935 vom 4. 2. 1975 (in Bezug genommen in LT-Drucks. 9/3712, Begr. zu § 3). Näher zum Ganzen unter überregionalem Blickwinkel *Stock*, Medienfreiheit, S. 240 ff.

175 Vgl. die Einwände und Bedenken in der Anhörung (Anm. 106) und die daraufhin vorgenommenen Präzisierungen und Streichungen laut LT-Drucks. 9/4130. Zur Begr. ebd. S. 61, 63, 65.
176 Näher *Stock*, Landesmedienrecht im Wandel, unter IV 6.
177 Zur WDR-Perspektive in puncto Werbefinanzierung *Frhr. von Sell*, in: ARD-Jahrbuch 84, S. 88 ff. Hier besteht ein prekärer Zusammenhang mit der Gebührenfinanzierung. Siehe *Büssow*, FRep. Nr. 25 vom 20. 6. 1985, S. 4 f.: In Ermangelung künftiger der Funktionsgarantie genügender Gebührenerhöhungen müßten die Anstalten das Recht erhalten, entstehende Deckungslücken durch Ausweitung ihrer Werbezeiten zu schließen. Vor diesem Hintergrund erscheint die spärliche o.g. Gesetzesregelung bedenklich. Vgl. *Bullinger*, ZUM 1985, S. 121 ff. Die Regelung ist mit den Art. 4 ff. E III NeuO-StV zusammenzusehen; jener Staatsvertrag ist aber bisher nicht zustandegekommen. § 3 WDR-Satzung n.F. statuiert zusätzlich den allg. Trennungsgrundsatz und regelt das Verhältnis von WDR und Westdt. Werbefernsehen GmbH. Zur Problematik der sog. Mischfinanzierung im übrigen *Fuhr/Crone*, AfP 1984, S. 141 ff. Siehe auch *Bethge*, MP 1983, S. 690 ff.; *Rühl*, MP 1984, S. 589 ff. Zuletzt *Seidel*, RuF 1985, S. 428 ff.

unter dem Gesichtspunkt sparsamer und wirtschaftlicher Mittelverwendung einen neuen gesetzlichen Ordnungsrahmen.[178]

Als durchgehender Grundgedanke der WDR-Reform erweist sich auch hier wieder die Absicht, den binnenpluralistischen öffentlich-rechtlichen Rundfunk für den Wettbewerb mit erwerbswirtschaftlich orientierten Satellitenfernsehprogrammen wie „SAT 1" und „RTL-Plus" zu ertüchtigen. In diesem Zusammenhang werden dem WDR im Rahmen seiner allgemeinen Aufgabenstellung zusätzliche *privatwirtschaftlich-unternehmerische* Aktionsfelder erschlossen (§ 3 Abs. 3 WDR-G), womit auch gegenläufige Interessen von Printmedien, Film- und AV-Branche berührt werden. Hierunter fallen insbesondere auch die *Produktions- und Verwertungskooperationen* sowie die *Veranstaltungs- und Verbreitungskooperationen* nach § 3 Abs. 8 und 9 i.V.m. § 47 WDR-G. Ein geradezu exemplarischer Fall eines Interessenkonflikts zwischen Rundfunk und Presse ist derjenige des § 3 Abs. 7 WDR-G *(rundfunkeigene Programmzeitschriften)*. Auf diesen Gebieten liegt, wie gezeigt,[179] der hauptsächliche medienpolitische und verfassungsrechtliche Streitstoff.

Besonderer Aufmerksamkeit bedarf das neuartige, sowohl Kooperation als auch Konkurrenz implizierende Verhältnis von Integrationsrundfunk und Presse/Presserundfunk, wie es sich in den genannten Bestimmungen abzeichnet. Beim Schulrundfunk ging es um eventuell übermäßige Annäherungen an ein *Staatsmodell*. Den eben genannten Vorschriften hingegen wohnt möglicherweise ein Veränderungspotential in der entgegengesetzten Richtung inne. Bei ungünstigem Verlauf könnte aus ihnen ein gewisser auch den WDR selbst erfassender privatisierender Drall hervorgehen. Mithin wird es an dieser Stelle auf die spezifische Differenz und auf den nötigen Abstand von Integrations- und *Marktmodell* ankommen. Der Schlüssel zur Lösung dieser Probleme liegt wiederum in § 4 Abs. 1 WDR-G.[180]

V. Das Kabelversuchsgesetz (Kabelpilotprojekt Dortmund)

Im Zusammenhang mit der Thematik der WDR-Reform und des dualen Systems verdient besonderes Interesse ein 1985 in Dortmund in Gang gekommenes, vom WDR unter Beteiligung des ZDF betriebenes Experiment mit Rundfunkversuchsprogram-

---

178 Näher zu diesem Problemkreis etwa *Stern* u. a., Programmauftrag und Wirtschaftlichkeit der öff.-rechtl. Rundfunkanstalten, 1984; *Lüder* (Hrsg.), Rundfunk im Umbruch: Stand und Entwicklung der finanziellen und wirtschaftl. Situation der öff.-rechtl. Rundfunkanstalten, 1985. Zu den verfassungsrechtlichen Prämissen einer Finanzgarantie *Hoffmann-Riem*, in: Handbuch des Verfassungsrechts (Anm. 19), S. 446 ff., 459 ff.; *Fuhr/Crone* (Anm. 177) m.w.N.
179 Oben 2.
180 Näher *Stock*, Landesmedienrecht im Wandel, unter IV 7. Zur Theorie des dualen Systems insoweit *ders.*, AöR 110 (1985), S. 248 ff.

men verschiedener Art (Spartenprogramme und Kabeltext, Lokalrundfunk, Offene Kanäle). Das *Kabelpilotprojekt Dortmund*[181] entstammt der medienpolitischen Such- und Orientierungsphase der mittleren siebziger Jahre. Es gehört zu dem im Mai 1978 von den Bundesländern beschlossenen gemeinsamen Experimentalprogramm „Kabelfernsehen und Breitbandkommunikation".[182] Mit jenem Versuchsvorhaben sollte der — auch damals schon aufgetretene — modellmäßige Prinzipienkonflikt überbrückt und für einen Zeitraum von etwa fünf Jahren in länderübergreifende Praxistests und Lernvorgänge übergeleitet werden.

Die Verwirklichung des gemeinsamen Vorhabens zögerte sich jedoch aus vielerlei Gründen so lange hinaus, daß es doch wieder in den Strudel der medienpolitischen Polarisierung geriet. Schließlich wurde es von der heutigen, auf Dauerregelungen abzielenden Kodifikationswelle überholt. Die ersten Feldversuche (beginnend mit dem Kabelpilotprojekt Ludwigshafen) mündeten auch ihrerseits in kaum noch rückholbare, mehr oder minder definitive Lösungen ein. Diese disparate, den ursprünglichen Plänen zuwiderlaufende Entwicklung führte in Nordrhein-Westfalen dazu, daß das Dortmunder Projekt erst Ende 1983 eine Gesetzesgrundlage erhielt. Der Landesgesetzgeber hatte dabei bereits konventionell-kommerzielle, weitgehend marktmäßige Ansätze á la Ludwigshafen und München vor Augen. Er wollte dazu nun eine Art Kontrast- und streng öffentlich-rechtliches Alternativmodell schaffen. Er gedachte eine Reihe denkbarer Erweiterungen und Varianten des gemeinnützigen Anstaltsrundfunks zu testen, insbesondere Konzepte größerer Bürgernähe und lokalen Bürgerrundfunks. Über etwaige landesweite Umsetzungen und Verallgemeinerungen der Versuchsergebnisse wollte er erst nach Ablauf und wissenschaftlicher Auswertung des örtlichen Experiments entscheiden, d. h. er wollte nach der Devise „Versuch macht klug" verfahren. Daraus ging nach längeren vor- und innerparlamentarischen Vorarbeiten das *Gesetz über die Durchführung eines Modellversuchs mit Breitbandkabel vom 20. 12. 1983 (GVBl. S. 640)* (weiterhin: KabVersG) hervor.[183]

---

181 Dazu einführend *Stock*, Koordinationsrundfunk im Modellversuch, 1981, S. 108 ff.; *ders.*, Medienfreiheit, S. 425 ff. Siehe auch *Schmidbauer/Löhr*, Die Kabelpilotprojekte in der Bundesrepublik Dtld., 1983, S. 95 ff.

182 Beschl. der Ministerpräsidentenkonferenz vom 11. 5. 1978, bei *Ring*, Dt. Presse- und Rundfunkrecht, unter F-III 1.1. Dazu die ergänzenden Beschlüsse vom 14. 11. 1980 und 19. 5. 1983, ebd. unter F-III 1.3 und 1.5 (betr. gemeinschaftl. Finanzierung und wiss. Begleitung). Das gemeinsame Länderprogramm umfaßt neben dem Dortmunder Feldversuch die Kabelpilotprojekte *Ludwigshafen* (Anm. 42, 101), *Berlin* und *München*. Zum Sachstand Ende 1984 insoweit *Stock*, Medienfreiheit, S. 382 ff., 390 ff., 393 ff.

183 In Ausführung des Gesetzes ergingen die Versuchsgebietsverordnung vom 15. 6. 1984 (GVBl. S. 401), die Versuchsgebührenordnung vom 15. 6. 1984 (GVBl. S. 401), geändert durch Verordnung vom 6. 3. 1985 (GVBl. S. 289), und die Versuchsbeginnverordnung vom 6. 3. 1985 (GVBl. S. 289). Dazu die Satzung des WDR „Kabelpilotprojekt Dortmund" vom 28. 8. 1984 (GVBl. S. 600) und die Satzung des WDR für den „Offenen Kanal Dortmund" vom 18. 1. 1985 (GVBl. S. 115). Diese Texte auch in: WDR/Kabelfunk Dortmund (Hrsg.),

Im weiteren begann man allerdings auch in Düsseldorf an dem Kabelpilotprojekt vorbei zu legiferieren. Der Start des Projekts[184] — dessen wissenschaftlicher Ertrag erst etwa 1988 einzustreichen sein wird — fiel ungefähr mit der Verabschiedung des neuen WDR-Gesetzes zusammen. Auch das Landesmediengesetz wird demnächst auf der Tagesordnung des Landtags stehen. Dazu erging Anfang 1985 mit dem VorlWvG ein Vorschaltgesetz, das auch den mittlerweile im Orbit befindlichen vollkommerziellen privaten Satellitenfernsehprogrammen Einlaß in die Dortmunder Kabelanlagen verschaffte. Die Prämissen des Vorhabens haben sich also inzwischen erheblich verschoben.

Bei günstigem Verlauf kann der Versuch gleichwohl einigen Innovationen den Weg bereiten, auch mit Wirkung für das künftige Programmgebaren des WDR sowie für den strukturpolitischen Zuschnitt des Landesmediengesetzes. Als *Modell*versuch (vgl. § 1 Abs. 1 und 2 KabVersG) versteht sich das Projekt dahin gehend, daß das *Integrationsmodell* auf dem Rundfunksektor grundsätzlich maßgeblich bleiben soll; es soll aber durch gewisse *direkt-partizipative Elemente* versuchsweise abgewandelt und programmlich geöffnet werden. Die heute geläufigen Vielfaltkonstrukte werden nicht in ihrer ganzen Bandbreite ausgekostet und nachvollzogen. Das Gesetz beharrt auf dem Prinzip einer ausschließlich „öffentlich-rechtlichen Trägerschaft" und verbietet — von einer rechtsförmlichen Auflockerung bei den Offenen Kanälen abgesehen — die Überlassung von Sendezeit an private Dritte zur „eigenverantwortlichen Gestaltung". Es trifft im wesentlichen eine binnenpluralistische Option, und zwar in der Weise, daß Veranstaltung und Verbreitung von Rundfunkdiensten WDR und ZDF vorbehalten werden (§ 1 Abs. 5 Nr. 1, näher ausgeführt in den §§ 4, 10 und 11 KabVersG).[185] Wegen der Einzelheiten sei auf anderweitige Untersuchungen verwiesen.[186]

Projektbuch, 1984f., unter 7. Dort sind ferner abgedr. die Richtlinien für die Programmrahmenplanung (Beschl. des WDR-Rundfunkrats vom 28. 8. 1984) sowie die Programmrahmenplanung 1985 (Beschl. des WDR-Rundfunkrats vom 20. 12. 1984). Letztere Dok. geben näheren Aufschluß über Programmstruktur und Programminhalte. Das Projektbuch informiert in umfassender Weise über den Versuch. Angaben zur Begleitforschung ebd. unter 6. Siehe auch *Pätzold*, MP 1983, S. 849 ff.

184 Versuchsbeginn war gemäß der Verordnung vom 6. 3. 1985 der 1. 6. 1985. Vgl. die begleitende Analyse von *Pätzold*, MP 1985, S. 450 ff. Der Versuch ist auf drei Jahre befristet (§ 1 Abs. 5 Nr. 5 Sätze 1 und 2 KabVersG).

185 Diese Bestimmungen — einschl. der Verbreitungskompetenz des WDR nach § 4 Abs. 1 KabVersG — werden jetzt überlagert durch das landeszentral konzipierte, außer Reichweite des KabVersG angesiedelte Einspeisungsreglement des VorlWvG. Werbung und Werbefinanzierung werden für die projektinternen Versuchsprogramme ausgeschlossen (§ 1 Abs. 5 Nr. 2 KabVersG). Anders hins. eingespeister externer Programme (§ 2 Abs. 3 und 4 VorlWvG). Insoweit ist die urspr. erstrebte öff.-rechtl. Laborsituation von vornherein in die Ernstfallsituation des dualen Systems eingebettet. Das läuft für das Dortmunder Publikum auf einen speziellen Mündigkeitstest hinaus: *„mehr Dortmund"* oder *„mehr Dallas"*?

186 *Stock*, Landesmedienrecht im Wandel, unter V 2 und 3.

VI. Das Gesetz über die vorläufige Weiterverbreitung von Rundfunkprogrammen in Kabelanlagen (Vorschaltgesetz zum Landesmediengesetz)

Das WDR-Gesetz 1985 und das Kabelversuchsgesetz beziehen sich der Sache nach schon so gut wie überall auf eine künftige, heute unter vielen Wirrnissen im Werden begriffene Neuordnung von Medienwesen und Medienrecht. Die Reformgesetzgebung befindet sich zur Zeit ungefähr auf halbem Wege. Das nächste und wichtigste Thema wird das *Landesmediengesetz* sein.[187] Der jetzige Entwicklungsschub hat ein erhebliches *Privatisierungspotential* freigesetzt. Er schafft zusehends Raum für medienökonomische Marktdynamiken, zumal für ein rundfunkwirtschaftliches Engagement der Printmedien und für die entsprechenden großen Geleitzüge, Konsortien und Networkstrukturen. Es sind aber auch gegenteilige, auf die Fortschreibung der öffentlich-rechtlichen Rundfunktradition und auf eine „*erweiterte Öffentlichkeit*"[188] gerichtete Bestrebungen zu verzeichnen; in Nordrhein-Westfalen scheint auch letztere Strömung zu beträchtlicher, bundesweit einmaliger Breite und Intensität zu gelangen. In der derzeitigen Übergangslage stehen alte und neue Techniken, alte und neue Medien und Medienmodelle, öffentliche und private Interessen, gemeinnützige und erwerbswirtschaftliche Nutzungskonzepte etc. auf zahlreichen Ebenen neben- und gegeneinander, vom Satelliten-TV mit nationaler und europäischer Reichweite bis zum „Nahradio" über sog. low-power-stations. In Düsseldorf will man einerseits am bisherigen, als bewährt erachteten Integrationsrundfunk festhalten und ihn um Elemente des Bürgerrundfunks ergänzen. Andererseits will man aber auch marktwirtschaftlichen Kräften Raum geben und Konzepte des Presserundfunks aufgreifen. Man richtet sich auf ein *territorial mehrstufiges duales System* ein und beginnt sich nunmehr auch mit dem Privatrundfunk (als dessen zweiter Säule) zu beschäftigen.

Der kommerziell-marktmäßigen Entwicklungslinie hat sich der Landesgesetzgeber vorab mit dem erwähnten, als Vorschaltgesetz zu dem Landesmediengesetz fungierenden *Gesetz über die vorläufige Weiterverbreitung von Rundfunkprogrammen in Kabelanlagen vom 19. 3. 1985 (GVBl. S. 248)* zugewandt. Das Gesetz hat die Weiterverbreitung landesextern veranstalteter, über Fernmeldesatellit bzw. Fernkabel/Richtfunk herangeführter Rundfunkprogramme in nordrhein-westfälischen Kabelanlagen[189] zum

---

187 Siehe oben Anm. 20, 21, 95.
188 Vgl. *Glotz*, KuR Nr. 100 vom 21. 12. 1983. Dok. S. 1 (10) unter Rückgriff auf den emphatischen Öffentlichkeitsbegriff *Kluges*. Dazu jüngst *Kluge*, in: von Bismarck u. a., Industrialisierung des Bewußtseins, 1985, S. 51 ff.
189 Vgl. die vom Bundespostministerium veröff. Tabelle zum Verkabelungsgrad (Stand: Nov. 1985), KuR Nr. 97 vom 7. 12. 1985, S. 13. Danach waren in N.-W. szt. ca. 180000 Wohneinheiten (Kabelhaushalte) angeschlossen. Zu Entwicklung und Stand des Einspeisungsrechts *Groß*, MP 1983, S. 789 ff.; *ders.*, NJW 1984, S. 409 ff.; *Hoffmann-Riem*, in: Broda u. a. (Hrsg.), Festschrift für Wassermann, 1985, S. 455 ff.; *Stock*, Medienfreiheit, S. 462 ff. m.w.N. Anders *Ricker*, Die Einspeisung von Rundfunkprogrammen in Kabelanlagen aus verfassungsrechtl. Sicht, 1984.

Gegenstand. Es gestattet die Einspeisung herangeführter Programme unter dem Gesichtspunkt der „Erprobung der Nutzung neuer Kommunikationstechniken" und gilt bis zu seiner Ablösung durch das Landesmediengesetz, längstens bis zum 31. 12. 1987 (§ 1 Abs. 2). Das Erprobungsgesetz trifft eine außerordentlich großzügige, wenig effiziente außenpluralistisch-koordinationsrechtliche Regelung für die Kabelkopfstationen (§ 2 ff.).

Dieses erste nordrhein-westfälische Privatrundfunkgesetz ist Bestandteil eines unions- und SPD-regierte Länder übergreifenden Netzwerks provisorischer Einspeisungsnormen. Im Hinblick auf „SAT 1" zentriert sich das Ganze gegenwärtig auf Rheinland-Pfalz und auf die Ludwigshafener Anstalt für Kabelkommunikation. Aus der funktionellen Interdependenz und Verflechtung von AKK-G und VorlWvG ergeben sich zahlreiche schwierige, zur Zeit noch nicht befriedigend gelöste Rechtsprobleme.[190] Wir befinden uns hier in einem Grenzbereich zwischen Regulierung und Deregulierung. Möglicherweise etabliert sich bereits ein presseähnliches Marktmodell neuer Art, nämlich ein innerdeutsches free-flow-Modell nach völkerrechtlichen Vorbildern. Unter diesen Umständen stehen Verfassungsrechtsprechung und Landesgesetzgebung vor vielerlei ungeklärten Grundsatz- und Detailfragen, gerade auch was die nähere Ausgestaltung des dualen Systems betrifft.

Ein mediengerechter, auch verfassungsrechtlich unbedenklicher modus vivendi von Marktmodell und Integrationsmodell ist noch nicht gefunden. An neuen Themen für das Landesmediengesetz fehlt es nicht. Solange dieses Gesetz nun noch aussteht, muß auch die Darstellung des Landesmedienrechts unvollständig bleiben. Sie muß auch ihrerseits auf halbem Weg stehenbleiben und mit einem Fragezeichen enden.

---

[190] Vgl. *Groß*, MP 1984, S. 45 ff.; *ders.*, MP 1985, S. 289 ff.; *Frhr. von Sell*, RuF 1984, S. 185 ff.; *ders.*, in: Festschrift für Hübner (Anm. 130), S. 765 ff. Eingehend zum VorlWvG und zu dessen bundesstaatlichen Bezügen *Stock*, Landesmedienrecht im Wandel, unter VI. Zum Landesmediengesetz ebd. unter VII.

Staatskirchenrecht

von Klaus Schlaich

Literatur

Nordrhein-Westfalen:
J. Bauer, Das Verhältnis von Staat und Kirche im Lande Nordrhein-Westfalen, jur. Diss. Münster 1968; *W. Haugg,* Staat und Kirche in Nordrhein-Westfalen, Berlin/Neuwied 1960; *A. Herzig,* Die Systematik und Problematik des konkordatären Rechts in Nordrhein-Westfalen, jur. Diss. Köln 1965; *H. Marré/P. Hoffacker,* Das Kirchensteuerrecht im Lande Nordrhein-Westfalen, Münster 1965; *P. Mikat,* Das Verhältnis von Kirche und Staat im Lande Nordrhein-Westfalen in Geschichte und Gegenwart (1966), in: ders., Religionsrechtliche Schriften, Berlin 1974, S. 181 ff.; *ders.,* Grundfragen des Kirchensteuerrechts unter besonderer Berücksichtigung der Verhältnisse in Nordrhein-Westfalen (1967), aaO S. 547 ff.

Rechtsquellen: *N. Becker u. a.* (Hrsg.), Staat und Kirche in Nordrhein-Westfalen. Ergänzbare Sammlung von Rechtsquellen, sonstigen Bestimmungen und Verlautbarungen, Luchterhand Neuwied (Loseblatt).

Allgemein:
A. Frhr. v. Campenhausen, Staatskirchenrecht, 2. Aufl., München 1983; *E. Friesenhahn/U. Scheuner* (Hrsg.), Handbuch des Staatskirchenrechts der Bundesrepublik Deutschland, 1. und 2. Bd., Berlin 1974 und 1975; *J. Krautscheidt/H. Marré* (Hrsg.), Essener Gespräche zum Thema Staat und Kirche, Bd. 1 ff., Münster 1965 ff.; *H. Kunst/R. Herzog/W. Schneemelcher* (Hrsg.), Evangelisches Staatslexikon, 2. Aufl., Stuttgart und Berlin 1975 (EvStLex); *P. Mikat* (Hrsg.), Kirche und Staat in der neueren Entwicklung, Darmstadt 1980; *W. Weber* (Hrsg.), Die deutschen Konkordate und Kirchenverträge der Gegenwart, Bd. I und Bd. II, Göttingen 1962 und 1971.

Gliederung

I. Kirchen und Religionsgemeinschaften in Nordrhein-Westfalen
II. Die Normen des Staatskirchenrechts in Nordrhein-Westfalen und deren Relevanz
III. Systematischer Grundriß der verfassungsrechtlichen Grundlagen des Staatskirchenrechts
IV. Einzelne Beziehungsfelder
    1. Vermögensverwaltung, staatliche Aufsicht, Kirchenvorstand
    2. Kirchenaustritt, Meldewesen
    3. Finanzierung der Kirche mit staatlicher Hilfe
    4. Die Kirchen im Schul- und Hochschulwesen
        a) Die Gemeinschafts- und Bekenntnisschule; der Religionsunterricht
        b) Mitwirkungsrechte

c) Privatschulen
   d) Theologische Fakultäten und kirchliche Hochschulen
5. Die karitative Tätigkeit der Kirchen
6. Denkmalpflege
7. Öffentliches Wirken der Kirchen und Religionsgemeinschaften

Staatskirchenrecht ist Staatsrecht. Es ist staatlich gesetztes Recht, das die Beziehungen zwischen dem Staat und den Kirchen und den anderen Religionsgemeinschaften regelt. Mit dieser Feststellung ist die ältere, in der Nachkriegszeit erneut vertretene Koordinationslehre verworfen, wonach Staat und Kirche verfassungsrechtlich im Verhältnis der Gleichrangigkeit stehen, so daß Rechtsbeziehungen zwischen ihnen nur kraft Vereinbarung entstehen könnten.[1] — Vom Staatskirchenrecht ist das von den Kirchen zur Regelung ihrer eigenen Angelegenheiten gesetzte **Kirchenrecht**[2] zu unterscheiden.

I. Kirchen und Religionsgemeinschaften in Nordrhein-Westfalen

1. Vielzahl kirchenrechtlicher Einheiten

Das Land Nordrhein-Westfalen hat es mit einer Vielzahl von kirchenrechtlichen Einheiten zu tun.[3]

Auf **katholischer Seite** ist nicht „die katholische Kirche" als solche eine Größe des Staatskirchenrechts von Nordrhein-Westfalen. Vielmehr besitzen fünf Diözesen als Körperschaften des öffentlichen Rechts Rechtsfähigkeit. Es handelt sich um die beiden Erzbistümer Köln (Erzbistum seit dem 8. Jahrhundert) und Paderborn (Kirchenprovinz und Erzbistum seit 1929) und um die zur Kirchenprovinz Köln gehörenden Bistümer Münster (im 8. Jahrhundert gegründet), Aachen (seit 1929 erneut Bistum) und Essen (1956 errichtet). Praktische Schwierigkeiten der Koordinierung werden dadurch gemildert, daß die Diözesen ein gemeinsames „Katholisches Büro" am Sitz der Landesregierung unterhalten (ohne damit allerdings ein einheitliches Rechtssubjekt bzw. einen einzigen Vertragsabschlußpartner zu schaffen). In der Sache bilden die fünf Diözesen nach außen weithin eine Einheit: Sie alle gehören der Deutschen Bischofskonferenz und als Teilkirchen der römisch-katholischen Weltkirche an.

---

1 Vgl. die schon dem Titel nach programmatischen Referate von *M. Heckel* und *Hollerbach*, Die Kirchen unter dem Grundgesetz, VVDStRL 26 (1968), S. 5 ff., 57 ff.

2 *Listl/Müller/Schmitz* (Hrsg.), Handbuch des katholischen Kirchenrechts, 1983; *Stein*, Evangelisches Kirchenrecht, 1980; *Erler*, Kirchenrecht, 5. Aufl. 1983; *S. Grundmann*, Art. Kirchenrecht, in: EvStLex Sp. 1206 ff.

3 Guter Überblick bei *Bauer*, Das Verhältnis von Staat und Kirche in Nordrhein-Westfalen, jur. Diss. 1968, S. 65 ff., sowie *Schlief* und *Hammer*, Die Organisationsstruktur der Kirchen und Religionsgemeinschaften, in: HdbStKirchR I, S. 299 ff., 327 ff.

Auf **evangelischer Seite** handelt es sich um drei selbständige evangelische Landeskirchen: Die Evangelische Kirche im Rheinland, die Evangelische Kirche von Westfalen und die Lippische Landeskirche (mit Sitz der Kirchenleitungen in Düsseldorf, Bielefeld und Detmold). Es sind dies die Landeskirchen der drei Gebiete – Rheinprovinz, Provinz von Westfalen und Land Lippe –, aus denen das Land NW nach 1945 gebildet wurde. Die rheinische und die westfälische Kirche haben eine gemeinsame Tradition: Seit 1815 waren sie Kirchenprovinzen der preußischen Landeskirche und hatten in der Kirchenordnung von 1835 eine gemeinsame Verfassung. Diese Homogenität der Kirchenverfassungen dauert bis heute fort. Beide Kirchen haben ein uniertes Bekenntnis (mit lutherischen, reformierten oder unierten Gemeinden) und gehören dem Zusammenschluß unierter Kirchen in der Evangelischen Kirche der Union (EKU) an. Die (kleine) Lippische Landeskirche dagegen hat ein reformiertes Bekenntnis und gehört dem Reformierten Bund an. Alle drei Landeskirchen sind Gliedkirchen der Evangelischen Kirche in Deutschland (EKD). Sie unterhalten gemeinsam ein „Evangelisches Büro" am Sitz der Landesregierung.[4]

Etwa 90% der Bevölkerung in Nordrhein-Westfalen gehören je zur Hälfte – mit einem kleinen Übergewicht der katholischen Kirche – den beiden großen Kirchen an.

Etwa 5% der Bevölkerung des Landes gehören **sonstigen Religionsgemeinschaften** an, die wie die Kirchen und die Diözesen die Rechtsstellung von Körperschaften des öffentlichen Rechts haben (Art. 140 GG i.V. mit Art. 137 V WRV).[5]

Bereits aus preußischer Zeit haben in NW die folgenden Religionsgemeinschaften den Status einer Körperschaft des öffentlichen Rechts: Die Evangelisch-lutherische (altlutherische) Kirche, das Bistum der Altkatholiken in Deutschland (mit Bischofssitz in Bonn und dem einzigen an einer deutschen Universität bestehenden Lehrstuhl für altkatholische Theologie an der Universität Bonn), der Bund Evangelisch-Freikirchlicher Gemeinden in Deutschland, die Methodistenkirche in Deutschland, die Evangelische Gemeinschaft in Preußen und die Russisch-Orthodoxe Diözese des Orthodoxen Bischofs von Berlin und Deutschland. Durch Gesetze des Landes NW erhielten die Körperschaftsrechte: die Neuapostolische Kirche im Lande NW, der Bund Freier Evangelischer Gemeinden in Deutschland, die Freireligiöse Landesgemeinde NW, die Gemeinschaft der Sieben-Tags-Adventisten in NW, die Mennonitengemeinde zu Krefeld, die Heilsarmee in Deutschland, die Evangelisch-Methodistische Kirche in Nordwestdeutschland, die Kirchenbezirke und Kirchengemeinden der Selbständigen Evangelisch-lutherischen Kirche in NW, die Griechisch-Orthodoxe Metropolie von Deutschland, die Christengemeindeschaft in NW, die Evangelisch-Freikirchliche Gemeinde (Baptistengemeinde) Bochum und die Evangelisch-Freikirchliche Gemeinde Gelsenkirchen.

---

4 Die Diözesen und Landeskirchen haben Teile ihrer Gebiete auch in den umliegenden anderen Bundesländern liegen. So liegt die Ev. Kirche im Rheinland mit jeweils kleinen Gebieten auch in Hessen, Rheinland-Pfalz und im Saarland.
5 *Solte,* Die Organisationsstruktur der übrigen als öffentliche Körperschaft organisierten Religionsgemeinschaften und ihre Stellung im Staatskirchenrecht, in: HdbStKirchR I, S. 341ff. Die folgende Aufzählung auch in Nr. 89a bei *Hippel-Rehborn,* Gesetze des Landes Nordrhein-Westfalen.

Die Verleihungen des Status einer Körperschaft des öffentlichen Rechts an Religionsgemeinschaften erfolgen gesondert durch jedes Land und nur für dessen Bereich. In NW gibt es kein allgemeines Körperschaftsgesetz. Deshalb erfolgen die Verleihungen hier jeweils durch besonderes Landesgesetz. Das ist jedenfalls dann unangemessen, wenn die betreffende Religionsgemeinschaft lediglich aus einzelnen Gemeinden besteht.[6] Nur die Jüdischen Kultusgemeinden (Synagogengemeinden) erlangen die Körperschaftsqualität durch Entscheidung des Kultusministeriums im Einvernehmen mit dem Justizminister. Diese Verwaltungsentscheidung ergeht auf Grund des besonderen Gesetzes über die jüdischen Kultusgemeinden im Lande NW von 1951.[7] — Neben den Religionsgemeinschaften, die kraft staatlichen Rechts Körperschaften des öffentlichen Rechts sind, gibt es privatrechtlich organisierte Religionsgemeinschaften der verschiedensten Art.

Die folgende Darstellung muß sich im wesentlichen auf die beiden großen Kirchen beschränken. Es ist aber wichtig, sich die Namen und die Zahl der Religionsgemeinschaften, die in NW öffentlich-rechtlich organisiert sind, zu vergegenwärtigen, um das „Staatskirchenrecht" nicht vorschnell auf die beiden großen Konfessionen zu beschränken und um die volle Kulturverantwortung, die das Land hier wahrnimmt, zu erkennen.

2. Geschichtliche Wurzeln

Wohl kein Land der Bundesrepublik Deutschland hatte eine solche Vielfalt geschichtlicher Strukturelemente im Verhältnis von Staat und Kirchen zu integrieren wie NW[8]. Es ist ein Land mit einer seit langem konfessionell gemischten Bevölkerung.

Ein ausgeprägtes Staatskirchentum bestand in dem geistlichen Fürstentum Kurköln und in den Fürstbistümern Paderborn und Münster. Deren Fürstbischöfe behielten ihre unangefochtene, zugleich kirchliche und weltliche Stellung bis zum Beginn des 19. Jahrhunderts. Zu Beginn der Neuzeit allerdings bildeten sich am Niederrhein auch mächtigere weltliche Fürsten- bzw. Herzogtümer heraus (im wesentlichen das heutige rheinisch-westfälische Industriegebiet umfassend). Jülich-Berg blieb überwiegend

---

[6] Zur verfassungsrechtlichen Problematik der Verleihung durch Gesetz vgl. *Bauer*, Verhältnis (Anm. 3), S. 761 f.

[7] GVBl S. 424. Die Besonderheit geht auf entsprechende preußische Regelungen zurück. Ein Reichsgesetz von 1938 hatte der jüdischen Kultusgemeinde die Rechtsfähigkeit entzogen.

[8] Das Folgende nach der klassischen Darstellung von *Mikat*, Das Verhältnis von Kirche und Staat im Lande Nordrhein-Westfalen in Geschichte und Gegenwart (1966), in: *ders.*, Religionsrechtliche Schriften, 1. Bd. 1974, S. 181 ff. Auch *Scheuner*, Die Beschlüsse des Weseler Konvents in ihrer Auswirkung auf die Entwicklung der Kirchenordnung in Rheinland-Westfalen (1968), in: *ders.*, Schriften zum Staatskirchenrecht, 1973, S. 521 ff. und *Petri/Droege*, Rheinische Geschichte, Bd. 2: Neuzeit, 1976.

katholisch, Kleve-Mark wurde stärker evangelisch. Die katholische Kirche stand in diesen Gebieten unter der Herrschaft der weltlichen Landesherren, die aber — entgegen dem bekannten Sprichwort: „Dux Cliviae papa est in terris suis" — nicht von besonderer Schärfe war. Nach der Übernahme von Gebietsteilen am Niederrhein durch Brandenburg-Preußen nahm der protestantische Fürst dort den landesherrlichen Summepiskopat auch über die katholischen Untertanen wahr. — Völlig andere Beziehungen beherrschten zunächst das Verhältnis der Landesherren zu den evangelisch gewordenen Gemeinden und Kirchen. Es kam hier, anders als in den reformatorischen Stammgebieten, nicht alsbald nach der Reformation zu einheitlich neugläubigen Territorien und zu Landeskirchen. Es wuchsen vielmehr einzelne reformierte und lutherische Gemeinden anfänglich ohne landesherrlichen Schutz heran. Sie widersetzten sich der konfessionellen Bestimmungsmacht (cuius regio eius religio) der altgläubig gebliebenen Landesherrn (sogen. „Kirchen unter dem Kreuz" am Niederrhein). Sie schlossen sich untereinander in Generalsynoden zusammen (Synodalverfassung). Mit der Zeit, insbesondere mit der bereits genannten Eingliederung von Gebietsteilen in den brandenburgisch-preußischen Herrschaftsbereich, kam es auch hier zu verstärkter landesherrlicher Einwirkung. Die Landstände hatten sich allerdings in Verträgen, u. a. mit Brandenburg, die freie Religionsausübung zum Teil gesichert. — Nach der Säkularisation der geistlichen Fürstentümer durch den Reichsdeputationshauptschluß von 1803 und nach dem Wiener Kongreß von 1815 fielen sämtliche Gebiete des heutigen Landes NW (außer Lippe) unter preußische Herrschaft.[9] Es galt nun das staatskirchenrechtliche System des preußischen Allgemeinen Landrechts von 1794. Der preußische Staat nahm strenge Hoheitsrechte auch über die katholische Kirche wahr (ius circa sacra), z.B. bei der Bischofswahl. Die katholische Bevölkerung („rheinischer Katholizismus") unterstützte die kirchliche Auflehnung gegen diese preußische Bevormundung. Die evangelischen Provinzkirchen im Rheinland und von Westfalen standen unter der Führung der preußischen Könige. Nach langen Kämpfen um die tradierte kirchliche Eigenständigkeit kam es im Jahre 1835 zum Erlaß der schon erwähnten gemeinsamen „Kirchenordnung für die evangelischen Gemeinden der Provinz Westfalen und der Rheinprovinz"; diese Verfassung hielt auf der Gemeindeebene die hergebrachte presbyteriale Ordnung fest; auf der Ebene der Leitung der Provinzialkirche aber kam es zu einer weitgehenden Beschränkung der synodalen Organe zugunsten des landesherrlichen Kirchenregiments und dessen Konsistorien. Nach 1945 verselbständigten sich die beiden evangelischen Kirchen im Rheinland und von Westfalen. Ihre Kirchenverfassungen („Kirchenordnungen") von 1952 und 1953 verwirklichen die presbyterial-synodale Ordnung auf allen Ebenen der Kirche. — In der Lippischen Landeskirche gilt heute die Verfassung von 1931.

9 Darstellung und Material zum 19. Jahrhundert bei *Huber*, Deutsche Verfassungsgeschichte seit 1789, 7 Bde. 1957 ff.; *Huber/Huber*, Staat und Kirche im 19. und 20. Jahrhundert, Dokumente zur Geschichte des deutschen Staatskirchenrechts, 3 Bde, 1973 ff.

II. Die Normen des Staatskirchenrechts in Nordrhein-Westfalen und deren Relevanz

Materiell besteht heute — nicht zuletzt auf Grund der Rechtsprechung der Bundesgerichte, insbesondere des BVerfG[10] — in allen Ländern der Bundesrepublik Deutschland eine weithin homogene staatskirchenrechtliche Lage. Auch NW weist darin keine herausragenden Besonderheiten auf.

Die Normen des Staatskirchenrechts aber sind weithin Landesrecht:
1. Zunächst überlagert das **Verfassungsrecht des Bundes** das Staatskirchenrecht des Landes. Das GG legt die Grundzüge des Staatskirchenrechts in den Ländern fest. Dabei ist auffällig, daß das GG die zentralen staatskirchenrechtlichen Normen der Weimarer Verfassung von 1919 (Art. 136, 137, 138, 141 WRV) rezipiert (Art. 140 GG). Diese rezipierten Normen sind vollgültiges Verfassungsrecht[11] — nicht anders, als ob sie selbst im GG stünden.

Die Landesverfassung von NW aus dem Jahre 1950 entfaltete einen großen Eifer in der Aufnahme staatskirchenrechtlicher Regelungen. Dies ist etwas überraschend, denn es geschah dies in fast wörtlicher Übereinstimmung mit dem Grundgesetz von 1949, dessen staatskirchenrechtlichen Regelungen ohnehin im Lande unmittelbar gelten.[12] Die Landesverfassung garantiert — parallel zu Art. 140 GG i.V. mit Art. 137 II, III WRV — die Freiheit und Selbstbestimmung der Kirchen und Religionsgemeinschaften (Art. 19 VerfNW) und erklärt die Grundrechte des GG und Art. 140 GG zu Bestandteilen der Landesverfassung und zu unmittelbar geltendem Landesrecht (Art. 4, 22 VerfNW). Die Religionsfreiheit und die zentralen staatskirchenrechtlichen Regelungen gelten also in NW sowohl als Bundesverfassungs- wie auch als Landesverfassungsrecht (Art. 142 GG).[13]

Diese doppelte Sicherung ist in NW ohne größeren praktischen Effekt. In anderen Ländern hat sie die Funktion, daß Verfassungsbeschwerde sowohl beim BVerfG, nämlich unter Berufung auf die Grundrechte des Grundgesetzes, wie auch beim Landesverfassungsgericht, nämlich unter Berufung auf die Grundrechte der Landesverfassung, erhoben werden kann. Dies entfällt in NW, da es hier die Verfassungsbeschwerde zum VerfGH NW nicht gibt. Aber immerhin ist eine derar-

---

10 *Hollerbach*, AöR 92 (1967) S. 99ff.; 106 (1981), S. 218ff.
11 BVerfGE 19, 206 (219).
12 Zu den unterschiedlichen Regelungstypen der Landesverfassungen vgl. *Hollerbach*, Die verfassungsrechtlichen Grundlagen des Staatskirchenrechts, in: HdbStKirchR I, S. 232.
13 Art. 142 GG gilt auch für Grundrechte in der Landesverfassung, die nach Erlaß des GG in der Landesverfassung formuliert wurden. Und Art. 142 GG schließt die Weitergeltung parallelen Landesverfassungsrechts außerhalb der Grundrechtsvorschriften — z. B. Art. 19 VerfNW im Blick auf Art. 140 GG — nicht aus, denn nach Art. 31 GG bricht Bundesrecht nur kollidierendes, nicht aber paralleles bzw. weitergehendes Landesrecht. Vgl. BVerfGE 36, 342 (366), *v. Münch,* RdNr. 1, 11 zu Art. 142, in: v. Münch, GGK Bd. 3, 2. Aufl. 1983; *Geller/Kleinrahm,* Die Verfassung des Landes NW, 3. Aufl. 1977, Art. 4 Anm. 2. Mit dem Grundgesetz kollidierende staatskirchenrechtliche Normen finden sich in der Landesverfassung nicht.

tige Verfahrenskonkurrenz bei der abstrakten (Art. 93 I Nr. 2 GG, Art. 75 Ziff. 3 VerfNW, § 45 VerfGHG) und der konkreten (Art. 100 I GG, § 48 VerfGHG) Normenkontrolle möglich. Solche Verfahren fanden allerdings vor dem VerfGH NW im Bereich des Staatskirchenrechts bislang nicht statt.[14] Die Antragsteller ziehen offenbar den Weg zum Bundesverfassungsgericht vor, dessen Rechtsprechung bislang für die Kirchen recht günstig war.

Einige Regelungen der Landesverfassung gehen über das Grundgesetz hinaus. Sie betreffen die Schulen (Art. 7ff. VerfNW), die Universitäten (Art. 16 VerfNW), die Anstaltsseelsorge (Art. 20 VerfNW), die Staatsleistungen (Art. 21 VerfNW), den Bestand der Kirchenverträge (Art. 23 VerfNW) und den Schutz der Sonn- und Feiertage (Art. 25 VerfNW). Auf die Einzelheiten wird zurückzukommen sein.[15] Atmosphärisch fällt ein verbaler Unterschied auf: Die Landesverfassung spricht nicht wie das Grundgesetz nivellierend nur von Religionsgesellschaften bzw. von Religionsgemeinschaften, sondern von den „Kirchen und Religionsgemeinschaften". Einen sachlichen Unterschied macht diese Hervorhebung der Kirchen allerdings nicht. Die Landesverfassung redet auch nicht nur wie das Grundgesetz in der Präambel von Gott: Nach Art. 7 VerfNW zielt die Erziehung auf die „Ehrfurcht vor Gott" und nach Art. 25 I VerfNW sind die Sonntage auch als „Tage der Gottesverehrung" geschützt. Hieraus hat man gefolgert, die Kulturordnung der Landesverfassung dokumentiere „die Intention, ein christliches Staatsbild zu verwirklichen".[16] Diese Feststellung wird durch die Entstehungsgeschichte der Verfassung gestützt: Die Kirchen nahmen erheblich und erfolgreich Einfluß auf die Verfassungsberatungen; SPD, FDP und KPD lehnten die Verfassung nicht zuletzt wegen der vorgesehenen Bekenntnisschule ab und forderten die Gemeinschaftsschule als Regelschule; und die Kirchen riefen schließlich beim Volksentscheid das Volk zur Annahme der Verfassung auf, weil sie auf christlichem Fundament beruhe. Die Entstehungsgeschichte zeigt so in der Tat eine „dem christlichen Staatsbild verpflichtete Verfassung".[17] Diese Charakterisierung der Verfassung kollidiert aber mit den Grundprinzipien der säkularen, weltanschaulich neutralen und pluralistischen Ordnung des Grundgesetzes und kann deshalb normativ keinen Bestand haben. Der Bezug auf Gott in der Präambel der Landesverfassung macht das Land NW nicht zum christlichen Staat.[18] Die Landesverfassung bringt zum Ausdruck, daß sie den Kirchen

---

14 Vgl. *v. Campenhausen*, Das Staatskirchenrecht in der Rechtsprechung der Landesverfassungsgerichte, in: Starck und Stern (Hrsg.), Landesverfassungsgerichtsbarkeit, Teilband III, 1983, S. 403 ff.
15 Unten IV.
16 *Beutler*, Das Staatsbild in den Länderverfassungen nach 1945, 1973, S. 187; aaO S. 173–188 zur VerfNW.
17 *v. Schewick*, Die katholische Kirche und die Entstehung der Verfassungen in Westdeutschland 1945–1950, 1980, S. 64; aaO S. 31–64 Material zur Entstehungsgeschichte der Landesverfassung.
18 Ebenso zur entsprechenden Präambel des Grundgesetzes *v. Mangoldt/Klein/Starck*, GG, 1985, Präambel RdNr. 25.

und Religionsgemeinschaften Freiheit und öffentliche Wirksamkeit einräumen will. Dabei ist aber nicht zu übersehen, daß andere Landesverfassungen (z.B. Art. 41 VerfRhldPf. von 1947) die öffentliche Bedeutsamkeit der Kirchen ausdrücklich hervorheben. Die Landesverfassung NW hat dies vermieden.

2. Im Bereich des **einfachen Rechts** haben viele Bundesgesetze staatskirchenrechtliche Relevanz. Die Gesetzgebungszuständigkeit für das Staatskirchenrecht selbst liegt aber bei den Ländern (Art. 140 GG i.V. mit Art. 137 VIII WRV).[19] Das Staatskirchenrecht als Teil des Kulturverfassungs- und Kulturverwaltungsrechts ist eine Domäne der Länder. Das wird bei der Behandlung der einzelnen Beziehungsfelder deutlich werden. Hingewiesen sei auf die gelegentliche Schwierigkeit, den Bestand und die Fortgeltung des älteren preußischen Rechts festzustellen. Das hat dazu geführt, daß gerade die staatskirchenrechtlichen Vorschriften aus dem Gesetz zur Bereinigung des in NW geltenden preußischen Rechts von 1961 ausgenommen und in die Sammlung des bereinigten Gesetzes- und Verordnungsblattes für das Land NW nicht aufgenommen wurden.[20]

3. Schließlich gibt es als dritte, für das Staatskirchenrecht besonders kennzeichnende Rechtsquelle das **Vertragsstaatskirchenrecht**.[21]

Das Reichskonkordat mit dem Heiligen Stuhl von 1933 bleibt hier außer Betracht. Es hat für das Staatskirchenrecht in NW keine große praktische Bedeutung; es räumt in Art. 2 dem PrKonk. von 1929 Vorrang ein.[22]

Die vertragsstaatskirchenrechtliche Lage des Landes ist übersichtlich: Für die katholischen Diözesen gilt das Preußische Konkordat mit dem Hlg. Stuhl vom 14. Juni 1929 (PrKonk.). Die Frage seiner Fortgeltung und Verbindlichkeit für NW nach 1945 wird in der Begründung kontrovers diskutiert, ist aber im Ergebnis heute völlig unbestritten.[23] Art. 23 VerfNW anerkennt die Fortgeltung für das Gebiet des Landes. Auch haben spätere Vereinbarungen darauf Bezug genommen. Das Konkordat betrifft u.a. die Diözesanorganisation und -zirkumskription, Dotations- und Eigentumsfragen, die Besetzung der Bischofssitze, die Ausbildung der Geistlichen und die katholisch-theologischen Fakultäten. Durch Vertrag des Landes NW mit dem Hlg. Stuhl von 1956 wurde das Bistum Essen errichtet, der Kirchenprovinz Köln zugeteilt und mit einer Dotation

---

19 *Hollerbach,* Verfassungsrechtliche Grundlagen (Anm. 12), S. 265. Vgl. auch *Hesse,* JöR n.F. 10 (1961) S. 19ff. und *Kästner,* JöR 27 (1978) S. 239ff.
20 § 4 Nr. 6 (GVBl S. 325). Zu unterscheiden von dem Gesetz zur Bereinigung des neueren(!) Landesrechts von 1957 (GVBl S. 119).
21 Generell *Hollerbach,* Die vertragsrechtlichen Grundlagen des Staatskirchenrechts, in: HdbStKirchR I, S. 267ff.; *Frhr. von Campenhausen,* Staatskirchenrecht, 2. Aufl., 1983, S. 105ff. Vertragstexte u.a. bei *Weber* (Hrsg.), Die deutschen Konkordate und Kirchenverträge der Gegenwart, 2 Bde. Göttingen 1962/1971.
22 Zur Fortgeltung des Reichskonkordats vgl. BVerfGE 6, 309.
23 *Herzig,* Die Systematik und Problematik des konkordatären Rechts in Nordrhein-Westfalen, jur. Diss. 1965, S. 77ff.; *Mussinghof,* Theologische Fakultäten im Spannungsfeld von Staat und Kirche, 1979, S. 391ff.

versehen.[24] Mit diesem Vertrag war NW das erste deutsche Land, das nach Abschluß des Reichskonkordats von 1933 mit dem Hlg. Stuhl wieder einen Vertrag schloß.[25] Und schließlich wurden durch einen Vertrag des Landes mit dem Hlg. Stuhl von 1984[26] Fragen der Lehrerausbildung und der katholischen Theologie an staatlichen Hochschulen ergänzend geregelt. Neben den Landeskonkordaten mit dem Hlg. Stuhl gibt es auch Vereinbarungen des Landes NW mit Diözesen (sog. Bischofsvereinbarungen).

Auf evangelischer Seite stellt der Preußische Staatskirchenvertrag des Freistaats Preußen mit den Evangelischen Landeskirchen in Preußen von 1931 (PrStKiVertr.) das paritätische Gegenstück zum PrKonk. dar. Auch dessen Fortgeltung anerkennt Art. 23 VerfNW. Er regelt u.a. Aufsichtsrechte, Dotationen, die Bestellung des Vorsitzenden einer Kirchenleitung, die Ausbildung und Anstellungsvoraussetzungen der Geistlichen, die evangelisch-theologischen Fakultäten. Durch Vertrag des Landes mit den beiden großen Landeskirchen von 1957 wurden die staatlichen Dotationen für die Landeskirchen im Rheinland und von Westfalen paritätisch an die zusätzlichen Leistungen des Staates für das Bistum Essen angepaßt. Durch Vertrag des Landes mit der Lippischen Landeskirche von 1958 wurden die Regelungen des PrStKiVertr. von 1931 für diese Kirche übernommen.[27] 1984 wurde ein für die katholische Seite schon erwähnter Vertrag zur Lehrerausbildung und Theologie an den staatlichen Hochschulen mit den drei Landeskirchen geschlossen.

Neben den genannten Verträgen gibt es eine ganze Reihe weiterer Vereinbarungen mit den Diözesen bzw. Landeskirchen.

Das PrKonk. von 1929 und der PrStKiVertr. von 1931, die in NW fortgelten, sind in ihrem Regelungsumfang zurückhaltender als die Kirchenverträge, die andere Länder in der Nachkriegszeit mit den evangelischen Landeskirchen in Niedersachsen (1955), Schleswig-Holstein (1957), Hessen (1960) und Rheinland-Pfalz (1962) abgeschlossen haben. Diese jüngeren Kirchenverträge stellen das Staat-Kirche-Verhältnis auf eine neue Grundlage, nicht zuletzt mit den bekannten Formeln von der Eigenständigkeit der Kirche (statt bloßer Selbstverwaltung bzw. Autonomie), von dem staatlich anerkannten „Öffentlichkeitsauftrag der Kirche" und von der „gemeinsamen Verantwortung" von Staat und Kirche für den evangelischen Teil der Bevölkerung. Diese Tiefe erreicht das ältere nordrhein-westfälische Vertragsstaatskirchenrecht nicht.

---

24 Dazu *Hilling,* AkKR 128 (1957/58) S. 329ff.
25 *Haugg,* Staat und Kirche in NW, 1960.
26 GVBl S. 582. Dazu *Dehnen* und *Winterhoff,* ZevKR 30 (1985) S. 29ff.
27 *v. Hanstein,* ZevKR 6 (1957/58) S. 299ff.

III. Systematischer Grundriß der verfassungsrechtlichen Grundlagen des Staatskirchenrechts

Auf eine eingehendere Darstellung der verfassungsrechtlichen Grundlagen des Staatskirchenrechts kann hier verzichtet werden, da es mehrere vorzügliche (Kurz-)Darstellungen gibt.[28] Dort sind auch Rechtsprechung und Literatur nachgewiesen. Einige Hinweise müssen genügen:

— **Religionsfreiheit** (Art. 4 I, II GG, Art. 140 GG i.V. mit Art. 136 WRV; Art. 4 VerfNW): Sie ist die Grundlage allen staatskirchenrechtlichen Argumentierens. Sie umfaßt negativ das Recht, sich von der Religion fernzuhalten, darüber zu schweigen und mit religiösen Fragen nicht behelligt zu werden, und positiv das Recht, eine religiöse Überzeugung zu haben, sie zu äußern und die Religion allein oder gemeinsam in Vereinigungen ungestört ausüben zu können. Art. 140 GG i.V. mit Art. 137 II WRV und Art. 19 VerfNW gewährleisten speziell die Freiheit zur Bildung religiöser Vereinigungen. Die negative und die positive Religionsfreiheit liegen in einer vom Christentum geprägten, inzwischen säkularen Gesellschaft im Konflikt und bedürfen durch den *pluralen Staat als dem Hüter der Toleranz* des neutralen Ausgleichs. Der Staat, der die Religionsfreiheit seiner Bürger anerkennt, ist „Heimstatt aller Bürger" (Bundesverfassungsgericht). Religionsfreiheit begründet nach ihrer objektiven Seite hin die religiöse und weltanschauliche Neutralität des Staates.

— **„Es besteht keine Staatskirche"** (Art. 140 GG i.V. mit Art. 137 I WRV; Art. 22 VerfNW): Dieser Satz bringt die grundsätzliche Trennung von Staat und Kirche zum Ausdruck. Der Staat ist frei von kirchlicher und konfessioneller Bindung. Eine Identifikation mit einer religiösen oder weltanschaulichen Richtung ist ihm verwehrt.

— **Das Selbstbestimmungsrecht der Kirchen und Religionsgemeinschaften** (Art. 140 GG i.V. mit Art. 137 III WRV; Art. 19 und 22 VerfNW): Die Kirchen sind ihrerseits frei von staatlicher Bevormundung, sie regeln „ihre Angelegenheiten selbständig". Dies ist die „lex regia" (Martin Heckel) des Staatskirchenrechts. Die Freiheit ist nicht ohne Schranken: Das „für alle geltende Gesetz" haben die Kirchen zu beachten. Es handelt sich dabei um einen qualifizierten Gesetzesvorbehalt: Nicht jedes Gesetz bildet eine verfassungsmäßige Schranke, sondern nur ein Gesetz, das der Gesetzgeber nach Abwägung zwischen den Interessen der Kirchen und Religionsgemeinschaften und den öffentlichen Interessen für erforderlich hält und halten darf. Es gilt hier Ähnliches wie zu Art. 5 II GG. Diese Auslegung der Schrankenformel ist allerdings heftig umstritten. Die Brisanz des Streits ergibt sich daraus, daß Art. 137 III WRV nach heutiger Auslegung nicht nur die Freiheit innerkirchlichen Handelns und Organisierens, sondern

---

28 Wahlweise sei verwiesen auf: *v. Campenhausen*, Staatskirchenrecht S. 51—104; jüngste Darstellung *ders.*, Staatskirchenrecht, in: NdsStVwR 1985, S. 574—584; *Hesse*, Art. Kirche und Staat, EvStLex Sp. 1157—1165; *Hollerbach*, Verfassungsrechtliche Grundlagen (Anm. 12) S. 250—265.

auch die *Freiheit der öffentlichen Wirksamkeit* und dies einschließlich des diakonischen und karitativen Handelns kirchlicher Einrichtungen schützt. Die Hauptprobleme der Abwägung zwischen kirchlicher Freiheit und staatlichen Erfordernissen liegen heute auf Gebieten, die — abgesehen von den nach wie vor schwierigen Rechtswegfragen — die traditionellen Materien des Staatskirchenrechts überschreiten[29]: im Arbeitsrecht (Kündigungsschutz, Verhältnis Kirchen — Gewerkschaften), im Bereich der sozialen Tätigkeit der Kirchen (Freiheit trotz der Inanspruchnahme öffentlicher Mittel) und im Bereich der neuen Religionen. — In Konkordaten und Kirchenverträgen können die Kirchen auf Teile ihrer Eigenständigkeit verzichten. Im PrKonk. und PrStKiVertr. ist dies in erheblichem Maße geschehen. So wird z.B. nach Art. 6 I PrKonk. der Heilige Stuhl niemanden zum Bischof bestellen, gegen den die Landesregierung „Bedenken politischer Art" äußert („Politische Klausel").

— **Kirchen und Religionsgemeinschaften als Körperschaften des öffentlichen Rechts** (Art. 140 GG i.V. mit Art. 137 V WRV): Die Religionsgemeinschaften, die vor 1919 in einem Lande schon Körperschaften des öffentlichen Rechts waren (sogen. altkorporierte Religionsgesellschaften), haben diesen Status behalten; andere können ihn nach Landesrecht erwerben, wenn sie durch ihre Verfassung und die Zahl der Mitglieder die Gewähr der Dauer bieten. Die Zuständigkeit zur Gesetzgebung und zur Verleihung im Einzelfall durch Gesetz oder Verwaltungsakt liegt bei den Ländern. Die Religionsgemeinschaften, die den öffentlichrechtlichen Status in NW haben, wurden oben aufgezählt. Es ist aber hinzuzufügen, daß nicht nur die Diözesen und Landeskirchen selbst diese Rechtsform haben: Jede Kirchengemeinde ist Körperschaft des öffentlichen Rechts,[30] weshalb die Bildung und Veränderung von Kirchengemeinden der staatlichen Anerkennung bedarf.[31] Auch Zusammenschlüsse der Kirchengemeinden auf Kreisebene sind Körperschaften des öffentlichen Rechts (Art. 137 V S. 2 WRV). Die Kirchen können weitere selbständige Organisationseinheiten bilden und mit staatlicher Anerkennung zu Rechtspersonen des öffentlichen Rechts erklären. So sind in NW eine kirchliche Zusatzversorgungskasse und eine Evangelische Fachhochschule kraft staatlichen Gesetzes als Anstalten des öffentlichen Rechts anerkannt worden. Smend sprach bezüglich der Rechtsform der Körperschaft des öffentlichen Rechts für Religionsgemeinschaften von einem „rätselhaften Ehrentitel". Rätselhaft ist der Titel aber nur, wenn bzw. weil man zu viel in ihn hineingeheimnist. Der Titel verleiht den Kirchen nicht einen generellen materiell-öffentlichen Gesamtstatus; er ordnet ihr Handeln im

---

29 *Weber*, NJW 1983, S. 2541 ff.
30 Vgl. z.B. OLG Hamm, Rpfleger 1980, S. 148 = ZevKR 27 (1982) S. 179 (184).
31 Art. 3 S. 2 PrKonk. und Art. 4 S. 2 PrStKiVertr. und § 6 Vereinbarung über die staatliche Mitwirkung bei der Bildung und Veränderung katholischer Kirchengemeinden vom 21. Nov. 1960 (GVBl S. 426). Dazu OVG Münster, NJW 1983 S. 2592. Auf evangelischer Seite fehlt noch eine entsprechende Vereinbarung; vgl. Art. 4 EvKirchVerfG vom 8. April 1924 (PrGS S. 221); sehr enge Interpretation bei *Becker*, Die Kirchenordnung der Ev. Kirche im Rheinland mit Erläuterungen (Loseblatt), Art. 11 Anm. 4.

Gottesdienst, ihre öffentlichen Äußerungen, ihre karitative Tätigkeit auch nicht grundsätzlich dem öffentlichen Recht zu.[32] Die Kirchen sind kraft Art. 137 V WRV nicht Körperschaften im verwaltungsrechtlichen Sinne. Deshalb geraten sie durch diese Rechtsform nicht wie andere Körperschaften des öffentlichen Rechts im verwaltungsrechtlichen Sinne unter staatliche (Rechts-)Aufsicht; §§ 18 ff. LOG gelten für sie nicht. Das VwVfG (§ 2 I VwVfG NW) findet ebensowenig Anwendung wie das LBG (§ 1 II LBG). Die Kirchen sind durch diesen Status nicht ihrer Grundrechtsfähigkeit beraubt[33]. Der Körperschaftsstatus eröffnet den Kirchen vielmehr kraft jeweiliger gesetzlicher Regelung *„öffentlich-rechtliche Konstruktionsmöglichkeiten"* (v. Campenhausen): für öffentlich-rechtliche Dienstverhältnisse von Pfarrern und Kirchenbeamten, für eine kirchliche Disziplinargewalt, für die Abnahme von Eiden und die Widmung der res sacrae, für die Steuerhoheit usw. Darüber hinaus wird man noch sagen können, daß durch Art. 137 V WRV dem Staat die polemische Devise „Religion ist Privatsache" verwehrt ist: Er darf Religion und Kirchen nicht in den Bereich des bloß Privaten und Innerkirchlichen abzudrängen versuchen, solange das Grundgesetz den Religionsgemeinschaften diesen Titel des öffentlichen Rechts gibt. Insofern festigt Art. 137 V WRV das Recht zu *öffentlicher Wirksamkeit,* das sich schon aus Art. 4 I, II GG und aus Art. 137 III WRV ergibt.

— Das alles gilt nicht nur für die beiden Kirchen, sondern für alle Religionsgemeinschaften, die den Status der Körperschaft des öffentlichen Rechts haben. Die Auslegung des Art. 137 V WRV muß dies berücksichtigen. Art. 140 GG i.V. mit Art. 137 V WRV ermächtigt zu sachgerechten Differenzierungen zwischen Religionsgemeinschaften öffentlichrechtlicher und privatrechtlicher Art; solche Differenzierungen finden sich häufig im Landesrecht (z. B. im Sammlungsrecht).

— Als weitere Konstitutionsprinzipien im Verhältnis von Staat und Kirchen werden die Grundsätze der **Parität,** also der Gleichbehandlung aller Bekenntnisse und Religionsgemeinschaften, und der **Neutralität des Staates** im Sinne der Unabhängigkeit des Staates von den Religionen und ihren Gemeinschaften und seiner Offenheit für deren auch gesellschaftliche Wirksamkeit genannt. Beide Grundsätze sind Leitlinien bei der Auslegung und Anwendung des Rechts, sie bedürfen aber der wechselnden Konkretisierungen nach der jeweiligen Rechtslage und Sachmaterie.

— **„Freundschaftlicher Ausgleich":** Das Land NW und die Kirchen haben in ihre Konkordate und Kirchenverträge — zuletzt in den Verträgen von 1984 — Freundschaftsklauseln eingefügt: Die Vertragspartner wollen Meinungsverschiedenheiten aus den Verträgen „auf freundschaftliche Weise beseitigen".[34] Dies ist eine Maxime im Ver-

---

32 So aber jüngst BVerwGE 68, 62 — Glockengeläut; kritisch *Goerlich,* JZ 1984, S. 221 ff.
33 BVerfGE 19, 1 (5); 24, 236 (246 f.); LG Bielefeld, KirchE 13, 220 = ZevKR 19 (1974) S. 367.
34 Art. 13 PrKonk., Art. 12 PrStKiVertr., Art. X Vertrag zwischen dem Land und dem Hlg. Stuhl vom 26. 3. 1984 (GVBl S. 582), Art. IX Vertrag zwischen dem Land und der ev. Kirche vom 29. 3. 1984 (GVBl S. 592), Art. 13 Lippischer KiVertr. Zu dieser allgemein üblichen Freundschaftsklausel *Hollerbach,* Die Verträge zwischen Staat und Kirche in der Bundesrepublik Deutschland, 1965, S. 249 ff.

hältnis zwischen Staat und Kirchen. Die Einrichtungen des „Katholischen Büros" und des „Evangelischen Büros" sollen dies von kirchlicher Seite aus fördern.[35] Einen rechtlich eigens institutionalisierten, regelmäßigen Kontakt zwischen Staat und Kirchen gibt es in NW nicht; faktisch findet er statt. Die Freundschaftsformel läßt das Verfahren der Einigung offen; sie schließt auch andere Verfahren der Streiterledigung, wie z.b. den gerichtlichen Ausgleich, nicht aus.

IV. Einzelne Beziehungsfelder im Lande[36]

1. Vermögensverwaltung, staatliche Aufsicht, Kirchenvorstand

Die Verwaltung des kirchlichen Vermögens ist eine **kirchliche Angelegenheit;** sie fällt unter die Selbstbestimmungsgarantie des Art. 140 GG i.V. mit Art. 137 III WRV. Für die Wirksamkeit ihrer Rechtsgeschäfte, z.B. für die Eigentumsübertragung, sind die Kirchen dadurch allerdings nicht von der Einhaltung des allgemeinen bürgerlichen Rechts befreit.[37] Art. 140 GG i.V. mit 138 II WRV schützt das Kirchengut der Religionsgemeinschaften über Art. 14 GG hinaus gegen weitere Säkularisationen.[38] Im ganzen ist es heute auch in Nordrhein-Westfalen so, daß die Kirchen über ihre Einkünfte und über ihr Vermögen frei verfügen, ohne vom Staat hinsichtlich der Zwecke und der Höhe wesentlich beeinflußt zu werden. Daß die Kirchen – auch in Vermögensangelegenheiten – entgegen einer jahrhundertealten Tradition keiner Staatsaufsicht mehr unterliegen, wurde schon unter der WRV geltend gemacht und ist unter dem GG eine Selbstverständlichkeit geworden. Folglich sind sie auch gemäß § 55 I HGrG und § 111 III LHONW von der Prüfung durch die Rechnungshöfe des Bundes und des Landes freigestellt.

Die Rechtslage im einzelnen ist in NW allerdings noch durch mancherlei **staatliche Aufsichtsrechte** bestimmt. Das staatliche preußische „Gesetz über die Verwaltung des katholischen Kirchenvermögens" (KathVermVerwG) von 1924 und das parallele „Staatsgesetz, betreffend die Kirchenverfassungen der evangelischen Landeskirchen" (EvKirchVerfG) von 1924[39] sehen vor, daß zu bestimmten Vermögensgeschäften (Dar-

---

35 Vgl auch *Kunst* und *Wöste*, Verbindungsstellen zwischen Staat und Kirchen, HdbStKirchR II, S. 273 ff. und S. 285 ff.
36 Behandelt werden Beziehungsfelder, die ihr Schwergewicht im Landesrecht haben, nicht aber z. B. die höchst aktuellen arbeitsrechtlichen Fragen oder die Rechtswegfragen.
37 OLG Düsseldorf, KirchE 2, 214; OLG Hamm, Rpfleger 1980, S. 148 = ZevKR 27 (1982) S. 179 (187 f.); dazu auch BVerfG (Richterausschuß), ZevKR 27 (1982) S. 188.
38 *Wehdeking*, Die Kirchengutsgarantien, Jus Ecclesiasticum Bd. 12, 1971, S. 13 ff.
39 PrGS, S. 12 und S. 107. Zum pr. Vermögensverwaltungsgesetz vgl. *Marx*, Das Kirchenvermögens- und Stiftungsrecht im Bereich der katholischen Kirche in der Bundesrepublik Deutschland und Westberlin ... jur. Diss. 1974. – Das EvKirchVerfG, das wie das KathVerm-

lehensaufnahme, Verwendung des Kirchenvermögens zu anderen als den bestimmungsmäßigen Zwecken) der Kirchengemeinden eine staatliche Genehmigung erforderlich ist. Der Staat kann in die Vermögensverwaltung Einsicht nehmen und Gesetzeswidrigkeiten beanstanden und bei Pflichtverletzungen der kirchlichen Behörde notfalls Maßnahmen sogar durch staatliche Bevollmächtigte selbst treffen (bis hin zur Eintragung gesetzlich gebundener Leistungen in den landeskirchlichen Haushalt). Die Gesetze sehen weiter das Erfordernis der staatlichen Bestätigung bestimmter kirchlicher Gesetze vor, formulieren innerkirchliche Genehmigungsvorbehalte und ermächtigen zum Zusammenschluß von Kirchengemeinden zu Verbänden. Diese weitgehenden, unter Protest der katholischen Bischöfe zustandegekommenen staatlichen Einwirkungsrechte kraft staatlichen Gesetzes haben das PrKonk. und der PrStKiVertr. im wesentlichen unberührt gelassen; in anderen Ländern haben Kirchenverträge der Nachkriegszeit diese staatlichen Aufsichtsrechte weitgehend abgeschafft.[40] In NW werden sie heute im allseitigen Einvernehmen praktiziert.

Diese Vorschriften sind, soweit sie über die Regelung der vermögensrechtlichen Vertretung hinausgehen,[41] heute wegen Verstoßes gegen Art. 140 GG i. V. mit Art. 137 III WRV verfassungswidrig und nichtig.[42] Einzelne Gerichte haben die Verfassungswidrigkeit ausgesprochen.[43] Die Mehrzahl der Gerichte aber hat diese Gesetze — zum Teil kommentarlos — akzeptiert und angewandt.[44] Die frühere Begründung, das Aufsichtsrecht des Staates korreliere mit der Körperschaftsstellung der Kirchen (sogen. Korrelationstheorie), ist nicht aufrechtzuerhalten. Die Begründung kann nur darin liegen, daß die Gesetze seit 1924 einvernehmlich angewandt werden. Die Kirchen haben offenbar gegen eine gewisse (sich auch innerkirchlich positiv auswirkende) staatliche Hilfe durch Kontrolle nichts einzuwenden und der Staat ist zu dieser Hilfe bereit. Dies findet seine Bestätigung auch darin, daß der Landtag das KathVermVerwG auch noch unter dem

---

VerwG auch die Vermögensverwaltung regelt, trägt seinen heute seltsam klingenden Titel von seinem Art. 1 her, in dem es an den Erlaß der Kirchenverfassungen (nach Wegfall des landesherrlichen Kirchenregiments) anknüpft, frühere einschlägige Staatsgesetze im Hinblick auf diese Kirchenverfassungen aufhebt und letztere staatlicherseits anerkennt, soweit sie die Vertretung und Verwaltung des Vermögens sowie das Steuer- und Umlagerecht regeln. Auf katholischer Seite fehlt naturgemäß insofern das Pendant.

40 *Meyer*, Kirchenvermögens- und Stiftungsrecht (der ev. Kirche) in: HdbStKirchR II, S. 95.
41 *Marx*, Kirchenvermögens- und Stiftungsrecht (der katholischen Kirche), in: HdbStKirchR II, S. 125.
42 Vgl. nur *Mikat*, Kirchen und Religionsgemeinschaften (1960), in: *ders.*, Religionsrechtliche Schriften (Anm. 8), S. 106; *Marx*, Kirchenvermögens- und Stiftungsrecht (Anm. 41), S. 129, 134; Zweifel melden an *Geller/Kleinrahm*, Verfassung (Anm. 13), 2. Aufl. Art. 19, Anm. 3a) aa) S. 143f.
43 LG Dortmund, KirchE 5, 337 (340); vgl. auch VG Schleswig ZevKR 3 (1953/54) S. 419. Das OVG Münster, DVBl 1978 S. 921 (923) mit Anm. von *Tammler* = KirchE 16, 166, hat Bedenken gegen die Verfassungsmäßigkeit angemeldet, sie aber dahingestellt sein lassen.
44 Vgl. nur OLG Hamm, Rpfleger 1980, S. 148 = ZevKR 27 (1982) S. 184.

Grundgesetz abgeändert und damit akzeptiert hat und daß die Diözesen ihrerseits die parallelen Änderungen ihrer Genehmigungsvorschriften vorgenommen haben.[45] So kann die Weitergeltung „als gewohnheitsrechtliche lex canonizata" behauptet werden.[46]

Die Fortgeltung des KathVermVerwG läßt im Bereich der katholischen Kirche auch den durch dieses staatliche Gesetz eingesetzten **Kirchenvorstand** fortbestehen. Dieser verwaltet das Vermögen der Kirchengemeinde und vertritt die Gemeinde. Er besteht u. a. aus dem Pfarrer und aus auf 6 Jahre gewählten Mitgliedern und hat zwischen 6 und 16 Mitglieder. Wahlberechtigt sind die Mitglieder der Gemeinde, die über 18 Jahre alt sind. Dieses demokratische Verfahren und Organ hat der preußische Staat im Wege der Kulturkampfgesetzgebung im Jahre 1875 der katholischen Kirche aufgedrängt. Das katholische Kirchenverfassungsrecht kannte weder diese rechtliche Selbständigkeit und Verantwortlichkeit der Kirchengemeinde noch diese Form der Mitwirkung der Kirchengemeindeglieder. Der Codex Juris Canonici von 1983 (CIC) sieht einen sogen. Vermögensverwaltungsrat nun auch als Einrichtung nach kirchlichem Recht vor, allerdings nach wie vor mit erheblich weniger weitreichenden Kompetenzen als nach dem KathVermVerwG (can. 537, 1282). – Auf der Gemeindeebene gibt es heute also zwei von den Gemeindegliedern gewählte Organe: den mit umfassender Zuständigkeit ausgestatteten, in der Verbindlichkeit seiner Beschlüsse für Pfarrer und Gemeinde aber eingeschränkten Pastoralrat bzw. Pfarrgemeinderat nach kirchlichem Recht (can. 536 CIC) und den Kirchenvorstand bzw. Vermögensverwaltungsrat nach staatlichem und teilweise auch kirchlichem Recht, der nur für Vermögensangelegenheiten zuständig ist, dessen mehrheitliche Beschlußfassung aber die Kirchengemeinde unmittelbar bindet.[47] Diese seltsame Situation wird hingenommen und gehört mittlerweile materiell zum Bestand der kirchlichen Verfassung der Diözesen in Nordrhein-Westfalen.

Auf evangelischer Seite gab es schon kraft der Kirchenordnung von 1835 das gewählte Presbyterium in der Ortsgemeinde; dieses hatte (und hat) weit über die Vermögensverwaltung hinausgehende Kompetenzen für das gesamte Gemeindeleben. So brauchte das EvKiVerfG von 1924 diese Einrichtung nicht staatlicherseits zu verfügen.

Die katholischen Kirchengemeinden wählen noch heute ihren Kirchenvorstand auf Grund des staatlichen KathVermVerwG und einer kirchlichen Wahlordnung, die auf der staatlichen Ermächtigung in § 21 I KathVermVerwG beruht, und sie organisieren die gemeindliche Vermögensverwaltung und die diesbezügliche Vertretung der

---

45 Gesetz vom 13. 7. 1982 GVBl. S. 342 und Änderung der kirchlichen Vorschrift GVBl 1982, S. 477.
46 *Marx*, Kirchenvermögens- und Stiftungsrecht (Anm. 41), S. 134. Die rechtlichen Probleme sind dadurch nicht gelöst. Soll es sich um verfassungsrechtliches Gewohnheitsrecht handeln? Das OVG Münster, DVBl 1978, S. 921 (923) erwägt die Geltung „infolge seiner Tolerierung und Ausführung seitens der Kirche als kirchliches Gewohnheitsrecht". Dazu *Engelhardt*, JZ 1972, S. 740.
47 In can. 535, 536 CIC ist von „Pastoralrat" und „Vermögensverwaltungsrat" die Rede.

Gemeinde nach staatlichem Recht. Die ganze Verflechtung und Verwirrung der Kompetenzen und Interessen auf diesem Gebiet wird an der Streitfrage deutlich, ob fehlerhafte Kirchenvorstandswahlen vor den staatlichen Verwaltungsgerichten angefochten werden können. Dies ist für die Wahlen nach kirchlichem Recht zum Pfarrgemeinderat bzw. zum Presbyterium selbstverständlich nicht der Fall, da eine öffentlich-rechtliche Streitigkeit i.S. des § 40 I VwGO nicht vorliegt. Das OVG Münster[48] hält auch die Wahl zum Kirchenvorstand für eine innerorganisatorische Angelegenheit der Kirche ohne Außenwirkung, für die die staatlichen Gerichte nicht zuständig seien. Daran ändere nichts, daß die Wahl durch staatliches Gesetz geregelt sei: Die äußere Form, in der eine Angelegenheit geregelt sei, könne für die Frage, ob der Rechtsweg zu den staatlichen Gerichten offenstehe, nicht entscheidend sein. Das VG Aachen[49] kam zu einem anderen Ergebnis. Es stellt darauf ab, daß die Kirchengemeinde hier in ihrer Eigenschaft als Körperschaft des öffentlichen Rechts und auf Grund staatlicher Rechtsnormen tätig werde. Keine der Begründungen ist dogmatisch im Rahmen des § 40 VwGO durchschlagend. Es findet hier ein innerkirchlicher Akt kraft staatsgesetzlicher Anordnung statt. Meines Erachtens muß der staatliche Rechtsweg gegeben sein, solange die Kirche die Kirchenvorstandswahl nicht kraft eigener Entscheidung und kraft eigenen Rechts durchführt. Mit Hilfe der Rechtswegfrage kann man die meines Erachtens wünschenswerte volle Integration des Kirchenvorstands in das kirchliche Recht nicht vorwegnehmen.

Es wurde hier ausführlich berichtet, um zu zeigen, daß die Praxis im Verhältnis von Kirche und Staat nach dem einfachen Recht anders sein kann, als es die großen Prinzipien der Trennung von Staat und Kirche und der Selbstbestimmung der Kirchen erwarten lassen.

Eine freiheitliche Regelung hat dagegen das **kirchliche Stiftungswesen** im StiftG NW von 1977 erfahren. Das Gesetz überläßt die Regelungen weithin dem kirchlichen Gesetz. Die staatliche Genehmigung kirchlicher Stiftungen, die in § 2 IV StiftG NW definiert werden, bedarf gemäß § 4 III StiftG NW der Zustimmung einer kirchlichen Behörde. Auch vor anderen staatlichen Entscheidungen sind die kirchlichen Behörden zu hören bzw. ist ihr Einverständnis einzuholen (§§ 4 III, 13 IV, 27 I 1 HS 2, 30 S 2 StiftG NW). Die kirchlichen Stiftungen sind weitgehend von der staatlichen Stiftungsaufsicht zugunsten einer kircheneigenen Aufsicht befreit (vgl. §§ 11, 17 StiftG NW).[50]

---

48 OVG Münster, DVBl 1978, S. 921. So auch VG Köln, KirchE 14, 307.
49 VG Aachen, NJW 1972, S. 787 = KirchE 12, 355. Zum ganzen *Tammler*, AkKR 149 (1980) S. 64 ff. Vgl. auch *Marx*, Kirchenvermögens- und Stiftungsrecht (Anm. 41), S. 135.
50 *Zilles*, AkKR 150 (1981) S. 158 ff.

2. Kirchenaustritt, Meldewesen

a) Mit einem anderen Instrument — dem Kirchenaustritt nach staatlichem Gesetz und vor staatlichen Behörden — greift der Staat nur scheinbar in eine innerkirchliche Angelegenheit, die Kirchenmitgliedschaft, ein. Das **staatliche Kirchenaustrittsrecht** ist zwar in seiner heutigen Form ebenfalls durch den Kulturkampf veranlaßt worden (preußisches Gesetz von 1873), hatte im Kulturkampf aber nicht eigentlich seinen Grund.[51] Damals wie heute hat es seine Legitimation in der staatlich zu gewährleistenden Religionsfreiheit. Das nordrhein-westfälische „Gesetz zur Regelung des Austritts aus Kirchen, Religionsgemeinschaften und Weltanschauungsgemeinschaften des öffentlichen Rechts" (KiAustrG) von 1981[52] sieht den „Austritt aus einer Kirche ... mit Wirkung für den staatlichen Bereich durch Erklärung bei dem Amtsgericht" (§ 1) vor.

Die staatlich geregelte und vom Staat in Empfang genommene Erklärung des „Kirchenaustritts" bewirkt nicht wirklich und rechtlich einen Austritt aus einer Kirche. Ein solcher ist nach der Trennung von Staatsrecht und Kirchenrecht allein Sache des Kirchenrechts, nicht des Staates.[53] Kleinere Religionsgemeinschaften kennen einen solchen Austritt durch Erklärung. Die evangelischen Landeskirchen knüpfen das Ende der Mitgliedschaft zur Landeskirche und zur Gemeinde ihrerseits an die Austrittserklärung nach staatlichem Recht.[54] Das katholische Kirchenrecht kennt einen Kirchenaustritt nicht, das staatliche Recht kann ihn ihr auch nicht aufzwingen. Der sogen. Kirchenaustritt nach staatlichem Recht hat vielmehr lediglich **„Wirkung für den staatlichen Bereich"**, wie es in § 1 KiAustrG richtig heißt: Es geht um die Rechtsfolgen, die das staatliche Recht an die kirchliche Mitgliedschaft in einer Kirche knüpft und die der Bürger durch Erklärung vor dem Amtsgericht jederzeit beenden kann. § 4 KiAustrG formuliert dies noch eindeutiger: „Mit der Wirksamkeit der Austrittserklärung entfallen für den Bereich des staatlichen Rechts sämtliche Rechte und Pflichten, die auf der persön-

---

51 *Gallenkämper,* Die Geschichte des preußischen Kirchenaustrittsrechts und Aspekte seiner heutigen Anwendung, jur. Diss. 1981, S. 116, 122 ff.
52 GVBl 1981, S. 260. Das Gesetz löste das preuß. KiAustrG von 1920 (PrGS. S. 63) ab. Zum Kirchenaustritt gibt es eine Fülle von Literatur; vgl. nur *Mikat,* Grundfragen des staatlichen Kirchenaustrittsrechts (1961), in: *ders.,* Religionsrechtliche Schriften Bd. 1, 1974, S. 483 ff. *Engelhardt,* Der Austritt aus der Kirche, 1972; *Hollerbach,* Kirchensteuer und Kirchenbeitrag, in: Handbuch des katholischen Kirchenrechts (Anm. 2), S. 896; *v. Campenhausen,* Staaatskirchenrecht (Anm. 21) S. 157 f. (mit Nachw.); *Link,* Art. Kirchengliedschaft, EvStLex Sp. 1171 ff.; *Weber,* Gelöste und ungelöste Probleme (Anm. 29), S. 2546.
53 Zutreffend FG Münster, KirchE 12, 32 (34); BVerfGE 30, 415 (422).
54 § 10 Kirchengesetz der Evangelischen Kirche in Deutschland über die Kirchenmitgliedschaft, das kirchliche Meldewesen und den Schutz der Daten der Kirchenmitglieder von 1976 (ABl EKD S. 389): „Die Kirchenmitgliedschaft endet mit dem Wirksamwerden der nach staatlichem Recht zulässigen Austrittserklärung."

lichen Zugehörigkeit zu der Kirche ... beruhen."[55] Es entfallen durch den „Austritt" diese Rechte und Pflichten im Bereich des staatlichen Rechts, aber auch nur diese! Solche Rechte und Pflichten bestehen bei der Kirchensteuer, soweit sie der Staat einzieht und durch staatliches Gesetz das Kirchenmitglied zur Leistung verpflichtet, beim Religionsunterricht als ordentlichem Lehrfach (unbeschadet der besonderen Abmeldemöglichkeit auch ohne „Kirchenaustritt"), beim Besuch einer Bekenntnisschule und bei der Unterrichtung an einer solchen u. a. Auf diesen Feldern knüpft das staatliche Recht an die bestehende kirchliche Mitgliedschaft an, und die daraus entstehenden Rechtsfolgen kann das Kirchenmitglied in seiner Eigenschaft als Staatsbürger jederzeit durch die Austrittserklärung für sich beenden.

Grund für die gesetzliche Regelung ist, wie gesagt, die negative **Religionsfreiheit** nach Art. 4 I GG. Der Staat verweist den Bürger nicht an die Kirchen, weil insbesondere die katholische Kirche eine innerkirchliche Austrittserklärung, die im staatlichen Bereich die Folgen einer sogen. Austrittserklärung nach staatlichem Recht hätte, nicht entgegennimmt. Der Staat könnte auf ein eigenes „Kirchenaustrittsrecht", jedenfalls auf die staatliche Stelle als Empfänger der „Austrittserklärung", verzichten, wenn jede Kirche und Religionsgemeinschaft, an deren Mitgliedschaft sich Rechtsfolgen nach staatlichem Recht knüpfen, bereit wäre, Austrittserklärungen in einer Art. 4 I GG entsprechenden Weise ohne jeden Vorbehalt entgegenzunehmen und diese dem Staat zu melden. Mit dem „Kirchenaustritt" nach staatlichem Recht setzt der Staat sein säkulares Freiheitsverständnis für den Bereich, für den er verantwortlich ist, durch. Das staatliche Gesetz fragt nicht nach den Gründen für die Austrittserklärung. Erforderlich ist lediglich die Religionsmündigkeit (§ 2 I KiAustrG), nicht erforderlich ist, daß der Austritt aus Glaubensgründen oder gar aus Religionsfeindlichkeit erfolgt. Das Gesetz verbietet andererseits in § 3 IV KiAustrG Vorbehalte, Bedingungen und Zusätze. Damit ist die leidige Diskussion um den sogen. „modifizierten Kirchenaustritt", der die Gerichte auch in NW beschäftigt hat,[56] beendet. Austrittserklärungen waren mit dem Zusatz abgegeben und zum Teil auch protokolliert worden, sich weiterhin der Glaubensgemeinschaft zugehörig zu fühlen, also „nur" aus der steuerberechtigten Körperschaft des öffentlichen Rechts, nicht aber aus der Kirche im eigentlichen Sinne austreten zu wollen. Das BVerwG hat mittlerweile bestätigt, daß das Gesetz die Wirksamkeit der Austrittserklärung davon abhängig machen darf, daß sie solche oder andere Zusätze nicht enthält.[57] Dies darf allerdings nicht darüber hinwegtäuschen, daß schon von Rechts wegen die „Austrittserklärung" lediglich den Inhalt jener Zusätze bzw. Modifikationen hat: „mit bloß bürgerlicher Wirkung". Für die katholische Kirche bleibt auch nach der

---

55 Die bekanntere ältere Formulierung in § 1 PrKiAustrG von 1873 lautet: „Der Austritt aus einer Kirche mit bürgerlicher Wirkung"; Text bei *Huber/Huber,* Staat und Kirche im 20. Jahrhundert Bd. II, 1976, S. 610.
56 Vgl. LG Münster, KirchE 14, 36. OLG Hamm, NJW 1977 S. 1299 = KirchE 16, 64.
57 BVerwG, NJW 1979 S. 2322 = KirchE 17, 183.

Unterbindung modifizierter bzw. eingeschränkter Austrittserklärungen die Frage, wie sie auf die „Austrittserklärung", die die Mitgliedschaft nicht beendet, angemessen reagieren soll.

Die Ablösung des bis dahin geltenden PrKiAustrG von 1920 durch das KiAustrG von 1981 ist durch Entscheidungen des BVerfG[58] veranlaßt worden. Die Austrittserklärung wird nun mit Ablauf des Tages der Abgabe der Erklärung wirksam (§ 4 II KiAustrG). Das BVerfG hatte die vorher geltende einmonatige Überlegungsfrist („Deliberationsfrist"), in der sich der Austretende die Sache nochmals überlegen können sollte und die Kirche Gelegenheit hatte, auf ihn einzuwirken, für verfassungswidrig erklärt; der Gedanke einer Fürsorge des Staates in Glaubensangelegenheiten mit dem Zweck, übereilten Schritten zu wehren, sei dem Grundgesetz fremd. Speziell die Kirchensteuerpflicht endet allerdings erst mit Ablauf des folgenden Monats (§ 4 III KiAustrG und § 3 II KiStG i.d.F. von 1981). Auch darin folgt die Neufassung des Gesetzes der Entscheidung des BVerfG, das die vorher geltende Nachbesteuerung von Nichtmitgliedern bis zum Ende des laufenden Kalenderjahres („Karenzzeit") für unzulässig erklärt hatte. Die Notwendigkeit einer geordneten Verwaltung erlaube eine Einschränkung der Glaubens- und Bekenntnisfreiheit in der Form der „Nachbesteuerung" in zeitlich nur sehr geringem Maße; der Zeitpunkt des folgenden Monats sei für die Umstellung der kirchlichen Bücher bzw. Computer ausreichend und hinnehmbar.

Staatliche Kircheneintrittsgesetze gibt es nicht. Undenkbar wäre dies — wiederum beschränkt auf die Wirkungen für den staatlichen Bereich — nicht. Der Staat knüpft, soweit die Kirchenzugehörigkeit nach staatlichem Recht relevant ist, an das kirchliche Recht an; danach ist die Taufe (neben dem Wohnsitz) der entscheidende kirchenmitgliedschaftsbegründende Tatbestand.[59] Die sorgeberechtigten Eltern können hier wie sonst stellvertretend für ihr Kind handeln.

b) Die Kirchen, insbesondere die Kirchengemeinden sind zur Erfüllung ihres seelsorgerlichen und diakonischen Auftrags und zur Erhebung bzw. Abrechnung der Kirchensteuer darauf angewiesen, eine möglichst vollständige Übersicht über ihre Mitglieder und deren soziales Umfeld zu haben. Deshalb verpflichten die Kirchen ihre Mitglieder durch kirchliche Rechtssätze zur **Meldung der erforderlichen Daten.** Dieses Verfahren ist aber nicht von der erforderlichen Effizienz. Deshalb sind die Kirchen interessiert, von den staatlichen Meldebehörden die erforderlichen Daten zu erhalten. Die Meldebehörden sind gemäß Art. 140 GG i. V. mit Art. 136 III S. 2 WRV befugt, nach der Zugehörigkeit zu einer Religionsgesellschaft zu fragen. § 32 Meldegesetz für das Land NW von 1982 (MG NW) sieht deshalb entsprechend § 19 Melderechtsrahmengesetz (MRRG) vor, daß die kommunalen Meldebehörden den öffentlich-rechtlichen

---

[58] BVerfGE 44, 37 und 44, 59.
[59] Dazu BVerfGE 30, 415; BVerwGE 21, 330. Interessant zur Anknüpfung staatlicher Stellen und Gerichte an die innerkirchliche Mitgliedschaft OVG Münster, NJW 1976 S. 1550.

Religionsgesellschaften unter genau spezifizierten Voraussetzungen die Meldedaten ihrer Mitglieder übermitteln. Auch von Familienangehörigen ihrer Mitglieder, die nicht derselben oder keiner öffentlich-rechtlichen Religionsgesellschaft angehören, darf die Meldebehörde einige wenige Daten (Name, Geburtstag, Geschlecht, Zugehörigkeit zu einer öffentlich-rechtlichen Religionsgesellschaft, Sterbetag) übermitteln; der Betroffene hingegen kann verlangen, daß seine Daten nicht übermittelt werden. Auch nach § 11 II Datenschutzgesetz NW von 1978 ist die Übermittlung personenbezogener Daten an öffentlich-rechtliche Religionsgesellschaften zulässig. Ob diese Zurverfügungstellung personenbezogener Daten ihre Legitimation schon darin findet, daß die Kirchen und Religionsgemeinschaften als Körperschaften des öffentlichen Rechts öffentliche Aufgaben erfüllen, so daß sich die Übermittlung als Amtshilfe darstellt, und ob gar ein verfassungskräftiger Anspruch der Kirchen auf diese Datenhilfe besteht, wird diskutiert. Die Übermittlung der Daten speziell von Nichtmitgliedern ist in ihrer verfassungsrechtlichen Zulässigkeit zusätzlich umstritten.[60] Voraussetzung für jegliche Übermittlung ist, daß die Kirchen und Religionsgemeinschaften selbst ausreichende Datenschutzmaßnahmen treffen. Deshalb haben diese, obwohl sie den Datenschutzgesetzen des Bundes und des Landes nicht unterfallen, selbst entsprechende datenschutzrechtliche Vorschriften erlassen und Datenschutzbeauftragte ernannt.[61] — Auf die schwierige Frage, wieweit dies alles auch für die privatrechtlich organisierten Einrichtungen der kirchlichen Diakonie und Caritas gilt, kann hier nicht eingegangen werden.

3. Finanzierung der Kirchen mit staatlicher Hilfe[62]

Die Kirchen und Religionsgemeinschaften sind zur Sicherung ihres Finanzbedarfs in erheblichem Maße auf staatliche Unterstützung angewiesen.

a) Spenden und Sammlungen

Ein kleinerer Teil der kirchlichen Einkünfte stammt aus privatwirtschaftlichem Vermögen und aus Spenden. Deren Verwaltung und Organisation ist — mit den oben besprochenen Einschränkungen — Sache allein der Kirchen. Aus dem Landesrecht ist auf die Sonderstellung der Kirchen und Religionsgemeinschaften im **Sammlungsrecht** hin-

---

60 Vgl. *Meyer-Teschendorf*, Die Weitergabe von Meldedaten an die Kirche, in: Essener Gespräche zum Thema Staat und Kirche, Heft 15, 1981, S. 46ff. (staatskirchenrechtliche Legitimation nur für „mitgliedschaftsakzessorische Meldedatenhilfe"); *Schatzschneider*, Kirchenautonomie und Datenschutzrecht, 1984, S. 49; *ders.*, NJW 1983 S. 2554ff.
61 Vgl. nur *Lorenz*, Datenschutzrecht im kirchlichen Bereich, in: Essener Gespräche (Anm. 60), S. 84ff.
62 Guter Überblick von *Isensee*, JuS 1980 S. 94ff. und *Marré*, Die Kirchenfinanzierung in Kirche und Staat der Gegenwart, 1982.

zuweisen.[63] Nach § 12 I Sammlungsgesetz NW i.d.F. von 1972 (SG) bedürfen Kirchen und alle Religionsgemeinschaften für Sammlungen in Kirchen und für Hausammlungen bei ihren Angehörigen keiner Erlaubnis. Zusätzlich können nach § 12 II SG von den Kirchen und von den öffentlich-rechtlich organisierten Religionsgemeinschaften[64] Sammlungen auf eigenem Grund (Kirchenvorplätzen usw.) oder im örtlichen Zusammenhang mit religiösen Veranstaltungen erlaubnisfrei veranstaltet werden. Und schließlich ist den Kirchen in Spezialgesetzen bzw. in Kirchenverträgen noch eine jährliche Haussammlung ohne Erlaubnis und ohne Beschränkung auf ihre Angehörigen erlaubt.[65] Für darüber hinausgehende Sammlungen bedürfen auch die Kirchen der Erlaubnis. So dekliniert allein das Sammlungsrecht eine ganze Skala staatskirchenrechtlicher Instrumentarien und Abstufungen durch. Diese Regelungen konkretisieren insofern Art. 4 I, II GG, als Sammlungen für karitative Zwecke ein Stück Religionsausübung sind.[66] So bleibt auch der Zugang zu den eigenen Angehörigen erlaubnisfrei, während andere Bürger durch den staatlichen Erlaubnisvorbehalt auch vor Sammlungen der Kirchen geschützt werden. Den öffentlich-rechtlich organisierten Religionsgemeinschaften und Kirchen wird zudem zugetraut, daß sie die polizeilichen Zwecke des Sammlungsrechts (ordnungsgemäße Durchführung der Sammlung, einwandfreie Verwendung des Ertrags) ein Stück weit selbst erfüllen.

b) Kirchensteuer

Über 80% ihres (unmittelbaren[67]) Finanzbedarfs decken die Kirchen durch die von ihren Mitgliedern erhobene Kirchensteuer. Das Kirchensteuerrecht[68] ist teils Kirchenrecht, teils Landesrecht. Das „Gesetz über die Erhebung von Kirchensteuern im Land Nordrhein-Westfalen" i.d.F. der Bekanntmachung von 1975 (KiStG)[69] folgt dem in anderen Ländern üblichen Standard.

---

63 Dazu *Knievel*, Das Verhältnis von Staat und Kirche auf dem Gebiete des Sammlungswesens, jur. Diss. 1966 (S. 203 ff. zu NW) und *Stolleis*, Kirchliches Sammlungswesen, in: HdbStKirchR II, S. 437 ff. (S. 445 zu NW).
64 Vgl. zu dieser Differenzierung BGH St NJW 1980 S. 462 und *Schatzschneider*, NJW 1980 S. 2118 f.
65 § 28 II KathVermVerwG, Art. 6 II EvKiVerfG, Art. 12 LippKiVertr.
66 BVerfGE 24, 236 — Aktion Rumpelkammer.
67 Also ohne die Haushalte der Caritas und Diakonie. Vgl. z.B. die Aufstellungen bei *Marré*, Kirchenfinanzierung (Anm. 62), S. 68 ff. für das Bistum Essen.
68 Vgl. nur *Marré/Hoffacker*, Das Kirchensteuerrecht im Lande Nordrhein-Westfalen, 1969; *Mikat*, Grundfragen des Kirchensteuerrechts unter besonderer Berücksichtigung der Verhältnisse in Nordrhein-Westfalen (1967), in: *ders.*, Religionsrechtliche Schriften, I S. 547 ff.; *Marré*, Das kirchliche Besteuerungsrecht, HdbStKirchR II S. 5 ff.; *Link*, Art. Kirchensteuer, EvStLex. Sp. 1238 ff.; *v. Campenhausen*, Staatskirchenrecht (Anm. 21), S. 159 ff. Einzelheiten bei *Giloy*, Kirchensteuerrecht und Kirchensteuerpraxis in den Bundesländern, 1978.
69 Zuletzt geändert durch Gesetz vom 22. 11. 1983 (GVBl S. 558).

Das Grundgesetz verleiht den Kirchen und Religionsgemeinschaften des öffentlichen Rechts in Art. 140 GG i. V. mit Art. 137 VI WRV das Hoheitsrecht, selbst Steuern zu erheben, und dies nach Maßgabe der bürgerlichen Steuerlisten. Klar ist, daß dieses staatlich verliehene Hoheitsrecht den Kirchen nur gegenüber ihren eigenen Mitgliedern verliehen werden kann, obgleich dies in Art. 137 VI WRV nicht ausdrücklich geregelt ist.[70] Schon darin kommt zum Ausdruck, daß die Kirchen nicht eine (zweckgebundene) staatliche Steuer erheben, sondern einen eigenen **Mitgliedsbeitrag in der Form der Steuer**. Auch das Landesrecht weist die Kirchensteuer als Kirchen- bzw. Mitgliedssteuer aus: Nach § 1 KiStG sind es die Kirchen, die „auf Grund eigener Steuerordnung" Kirchensteuer erheben. Über die Höhe der Steuer beschließen die Kirchen selbst (§ 2 III KiStG) und nach § 3 KiStG sind es die nach kirchlichem Recht zu bestimmenden Angehörigen der Kirchen, die steuerpflichtig sind, soweit sie nicht nach dem KiAustrG den „Kirchenaustritt" erklärt haben (§ 3 II KiStG). Art. 137 VI WRV regelt nicht die unten zu besprechende Beitreibung der Kirchensteuer durch das staatliche Finanzamt, er verleiht den Kirchen selbst das Hoheitsrecht zur Beitreibung der von ihnen festgesetzten Beiträge im Wege der Steuer und mit Hilfe der staatlichen Steuerlisten. Wegen dieser staatlich verliehenen Möglichkeit hoheitlicher Beitreibung setzt der Staat den Kirchen einen gewissen Rahmen,[71] zu dem auch schon die Eröffnung der Möglichkeit der Austrittserklärung nach dem staatlichen KiAustrG gehört. Das Kirchensteuerrecht ist so eine gemeinsame Angelegenheit von Staat und Kirchen.

Im Rahmen des KiStG regeln die **kirchlichen Steuerordnungen**[72] der Landeskirchen und Diözesen die Einzelheiten. Die Diözesen erheben die Kirchensteuer als Diözesankirchensteuer, die beiden großen Landeskirchen als Ortskirchensteuer, die Lippische Landeskirche als Kirchengemeinde- und Landeskirchensteuer. Die Höhe der Kirchensteuer wird in den Diözesen von dort geschaffenen, mehrheitlich mit gewählten Laien besetzten Kirchensteuerräten festgesetzt. In den Landeskirchen geschieht dies — auch soweit die Kirchensteuer als Ortskirchensteuer erhoben wird — nicht, wie man erwarten würde, von den Kirchengemeinden, sondern einheitlich und verbindlich für die Kirchengemeinden von den Landessynoden. Denn wegen der staatlichen Verwaltung der Kirchensteuer (s. u.) müssen alle kirchlichen Hebesätze im Lande einheitlich festgesetzt werden. Der Hebesatz beträgt z. Z. 8 % der Lohn- bzw. Einkommensteuer, die das steuerpflichtige Kirchenmitglied dem Staat schuldet. Auch als Zuschlag zur Vermögens- und Grundsteuer kann Kirchensteuer erhoben werden (§ 4 KiStG). Die Kirchen erheben die Steuer also nicht nach einem eigenen Tarif, sondern aus Gründen der Praktikabilität „auf Grund der bürgerlichen Steuerlisten" (Art. 140 GG i. V. mit

---

70 BVerfGE 19, 206 (216); 44, 37 (50).
71 *Marré*, Besteuerungsrecht (Anm. 68), S. 18. Weitergehend BVerfGE 19, 253 (258).
72 Vgl. die jeweils gleichlautenden Kirchensteuerordnungen der Diözesen (z. B. Amtsblatt des Erzbistums Köln 1978 S. 94) und der beiden Landeskirchen (z. B. Kirchl. Amtsblatt der Ev. Kirche im Rheinland 1977 S. 68) sowie die Kirchensteuerordnung der Lippischen Landeskirche von 1970 (GVBl der Lipp. Landeskirche Bd. 5 S. 254).

Art. 137 VI WRV) als Zuschlag- oder Annex-Steuer. Die Problematik dieser Anknüpfung an den nicht nach kirchlichen Kriterien gebildeten staatlichen Steuertarif kann hier nicht diskutiert werden. Die Kirchen koppeln sich gelegentlich davon ab. So erlassen sie auf Antrag im Einzelfall Kirchensteuerpflichten, die infolge eines hohen Einkommens und der staatlichen Steuerprogression unzumutbar hoch erscheinen (sogen. Kappung). In NW gibt es für diesen Steuererlaß allerdings keine Rechtsgrundlage. Kirchenmitglieder, die Kirchensteuer in „normaler" Höhe schulden, diese aber aus vielleicht auch guten Gründen sparen wollen oder müssen, sind dagegen zum „Kirchenaustritt" nach staatlichem Recht gezwungen.[73] Auch die steuerliche Berücksichtigung des Aufwands für Kinder nach staatlichem Recht bzw. die Umstellung auf die Zahlung von Kindergeld zwang die Kirchen zu Sonderregelungen (vgl. § 4 II KiStG). Die Kirchen leiden durch die Anbindung an die Einkommens- bzw. Lohnsteuer darunter, daß diese Steuer relativ gesehen sinkt, während die Umsatz- bzw. Mehrwertsteuer, an der die Kirchen nicht partizipieren, steigt. Immer mehr Bürger zahlen zwar erhebliche Verbrauchssteuern, aber infolge steigender Freibeträge keine Lohnsteuer. Diese Bürger tragen so zur Finanzierung ihrer Kirche im Wege der Steuer nicht mehr bei. Die Kirchen können von ihnen nach einem eigenen Tarif ein sogen. Kirchgeld als Mindeststeuer erheben; in der Praxis spielt dieses aber (noch) keine große Rolle.

Nach §§ 16 I, 17 I KiStG bedürfen die Kirchensteuerbeschlüsse der Kirchen, also auch die jährlichen Festsetzungen der Hebesätze, der staatlichen „Anerkennung" durch Kultus- und Finanzminister. Diese Anerkennung kann auf Widerruf generell ausgesprochen werden (§ 17 I, II KiStG). Das KiStG sagt über die Kriterien für die Anerkennung seltsamer- und bedenklicherweise nichts. Nach §§ 9, 10 KiStG-DVO von 1962 setzt die Anerkennung voraus, daß im kirchlichen Haushaltsplan der durch die Kirchensteuer zu deckende „Fehlbetrag" dargetan ist. Es kann sich dabei nur um eine Mißbrauchskontrolle handeln, ob der Höhe der Kirchensteuer ein Fehlbedarf im kirchlichen Haushalt entspricht. Eine staatliche Kontrolle der Bestimmung der kirchlichen Aufgaben und der entsprechenden Bedarfsfestsetzung darf daraus aber nicht folgen. Diese sind und bleiben trotz der Kirchensteuer eine innerkirchliche Angelegenheit, die der kirchlichen Selbstbestimmungsgarantie nach Art. 140 GG i.V. mit Art. 137 III WRV unterliegt. Der Staat darf das Erfordernis der Anerkennung der kirchlichen Hebesätze nicht als Hebel benutzen, um die Kirchen in der Bestimmung ihrer Aufgaben zu begrenzen. Er kann also nicht beanstanden, wenn Kirchen es als ihre Aufgabe ansehen, Kirchensteuermittel beispielsweise auch für die Entwicklungshilfe oder für ausländische politische Organisationen einzusetzen. Der Staat könnte allenfalls – weitergehend – seine Hilfe bei der Verwaltung der Kirchensteuer durch Änderung des KiStG oder gar seine Gewährung des Steuerzwangs an die Kirchen durch Änderung des Grundgesetzes zurückziehen. Die Genehmigung der Hebesätze aber kann nur eine Rechtskontrolle bezüglich der Übereinstimmung mit der Kirchensteuerordnung und mit dem kirchlichen Haus-

---

73 Dazu BFH, KirchE 13, 19.

haltsplan, nicht aber eine Zweckmäßigkeitskontrolle beinhalten. Auch unterliegt staatlicher Kontrolle, ob der kirchliche Hebesatz nicht die Leistungsfähigkeit der Steuerpflichtigen im ganzen überfordert und ob er das staatliche Steueraufkommen (über die Absetzbarkeit der Kirchensteuer) nicht in unvertretbarem Maße mindert. In anderen Ländern wurden die Kriterien der Anerkennung in dieser Weise mittlerweile konkretisiert; in NW ist dies nicht der Fall. In Niedersachsen gelten die Hebesätze als genehmigt, solange sie 10% der Einkommenssteuer nicht übersteigen.[74]

Auf Grund eines staatlichen Angebots an die Kirchen, das diese angenommen haben, liegt die **Verwaltung der Kirchensteuer bei den staatlichen Finanzämtern** (§§ 9 ff. KiStG). Diese Form ist im Grundgesetz nicht garantiert; sie beruht allein auf dem einfachen Landesrecht. Bei Religionsgemeinschaften, die Körperschaften des öffentlichen Rechts sind, ist Voraussetzung, daß sie mindestens 40 000 Angehörige im Land haben und die gleichen Steuersätze wie die beiden Kirchen erheben (§ 15 II KiStG). Die Verwaltung der Kirchensteuer geschieht im Lohnsteuerabzugsverfahren. Die Arbeitgeber sind verpflichtet, die Kirchensteuer mit der Lohnsteuer einzubehalten und an das Finanzamt abzuführen (§ 10 I KiStG). Sie haben sich dabei an die Eintragung über die Kirchenzugehörigkeit auf der Lohnsteuerkarte zu halten.[75] Ein Richterausschuß des Bundesverfassungsgerichts hat darin keinen Verstoß gegen die Grundrechte des Arbeitgebers aus Art. 4 I und 12 I GG gesehen, da dieser nicht für die Kirchen, sondern als Beauftragter des Finanzamtes in Pflicht genommen werde.[76] Das Finanzamt führt das Aufkommen getrennt an die Kirchen ab. Die jeweilige innerkirchliche Verteilung bleibt diesen überlassen. Die Tätigkeit der Finanzämter wird von den Kirchen so vergütet (§ 9 S. 4 KiStG), daß sie für den Staat als gewinnbringend gilt.

Gegen die Heranziehung zur Kirchensteuer ist der Einspruch zu den zuständigen kirchlichen Stellen (Diözese, Kirchengemeinde) gegeben (§ 14 I KiStG).[77] Diese Stellen sind auch für Stundung und Erlaß zuständig. Es findet in diesem kirchlichen Verfahren die AO Anwendung. Gegen die Entscheidungen der kirchlichen Stellen steht aber der Finanzrechtsweg offen (§ 14 IV KiStG).

Die beträchtlichen Mittel aus der Kirchensteuer verschaffen den Kirchen erheblichen finanziellen Handlungsspielraum. Der Staat stellt dieses Instrument auf Grund seiner Kulturverantwortung zur Verfügung. Die theologische Legitimität dieser vom Gedanken des Opfers so weit ablenkenden Kirchensteuer wie die Übereinstimmung dieser engen Kooperation von Staat und Kirchen mit den staatskirchenrechtlichen Grundprinzipien des GG werden immer wieder bezweifelt. Die Rechtsprechung hat

---

74 Vgl. die Darstellung von *Marré*, Besteuerungsrecht (Anm. 68), S. 19 ff. Vgl. noch FG Münster, KirchE 12, 32 (34); BVerwG, KirchE 10, 408; VGH BaWü., KirchE 16, 428.
75 BVerfGE 49, 375 (Richterausschuß).
76 BVerfGE 44, 103. Auch *v. Campenhausen/Maunz/Scheuner/Scholtissek*, Die Mitwirkung der Arbeitgeber bei der Erhebung der Kirchensteuer, 1971.
77 Vgl. FG Düsseldorf, KirchE 8, 250.

für ihren Teil solche Zweifel – mit geringfügigen Einschränkungen – nicht gelten lassen.[78]

c) Staatsleistungen, Subventionen, Steuervergünstigungen

Die sogen. **Staatsleistungen** an die Kirchen dienen „der Erfüllung historisch fundierter Unterhaltsleistungen".[79] Im Ansatz sollen sie den Ausgleich für die gewaltigen staatlichen Säkularisationen des Kirchenguts in der Reformationszeit und im Reichsdeputationshauptschluß von 1803 bringen, die die Kirchen (jedenfalls damals) ihrer wirtschaftlichen Grundlage beraubten. Art. 140 GG i. V. mit Art. 138 I WRV und Art. 21 VerfNW garantieren diese Staatsleistungen so lange, bis sie durch die Landesgesetzgebung abgelöst werden. Der Bund muß dafür die Grundsätze aufstellen; dieses Grundsätzegesetz des Bundes ist allerdings heute so wenig wie nach 1919 in Sicht. Art. 21 VerfNW erweitert die Garantie über das Grundgesetz hinaus auf Leistungen auch der politischen Gemeinden. Die Staatsleistungen des Landes NW an die Kirchen sind in den Konkordaten, Kirchenverträgen und weiteren Vereinbarungen summenmäßig festgelegt. Das Land behandelt die Kirchen paritätisch. Die Leistungen, insbesondere die Pfarrbesoldungszuschüsse, an die Diözesen sind wegen der historisch verschiedenen Umstände summenmäßig höher. Die Staatsleistungen machen nur wenige Prozent der kirchlichen Gesamthaushalte aus.

Zu den Staatsleistungen zählen auch zahlreiche sogen. **Kirchenbaulasten.**[80] Es handelt sich meist um Verpflichtungen der Kommunen, ein für gottesdienstliche Zwecke bestimmtes Gebäude oder ein Wohngebäude kirchlicher Bediensteter zu errichten, zu erweitern, instandzuhalten oder wiederherzustellen bzw. die dafür erforderlichen Geldleistungen zu erbringen. Diese Baulasten gehen auf ältere gesetzliche Bestimmungen, auf Vereinbarungen, auf Ersitzung, Unvordenklichkeit oder Gewohnheitsrecht zurück.[81] Insoweit gilt in NW auch das PrALR von 1792/94 fort. Kirchenbaulasten wurden als Entschädigung für den Einzug von Kirchengut oder auch als Vergütung für von der Kirche geleistete Dienste (Kirchturmuhr, Glockengeläut im öffentlichen Interesse) übernommen.

---

78 BVerfGE 19, 206; 19, 248. Zu NW BFH, KirchE 14, 163.
79 *Isensee,* Finanzquellen (Anm. 62), S. 97. *Grundmann,* Art. Säkularisation, EvStLex. Spalte 2230 ff.
80 *Sperl,* Art. Baulast, EvStLex. Sp. 125 ff.; *Scheuner,* Der Bestand staatlicher und kommunaler Leistungspflichten an die Kirchen, in: Mikat (Hrsg.), Kirchen und Staat in der neueren Entwicklung, Wege der Forschung, Bd. 566, 1980, S. 267 ff.; *Sperling,* ZevKR 27 (1982) S. 384 f.; *Wiesenberger,* Kirchbaulast politischer Gemeinden und Gewohnheitsrecht, Staatskirchenrechtliche Abhandlungen, Bd. 14, 1981; *Schmitt,* AkKR 152 (1983) S. 503 ff.
81 Z. B. BVerwGE 28, 179.

Strittig war, ob solche Kirchenbaulasten wegen völliger Veränderung der Verhältnisse erlöschen konnten. Das OVG Münster[82] hat im Jahre 1969 entschieden, solche Lasten der Kommunen zugunsten einer Konfession — der im Entstehungszeitpunkt am jeweiligen Ort meist einzigen Konfession — verstießen heute gegen die Grundsätze der Parität und der weltanschaulichen Neutralität des Staates; es würden dadurch auch die Kirche nicht angehörenden Bürger (mittelbar) zur Finanzierung kirchlicher Gebäude herangezogen; zudem habe das Kirchensteuersystem überkommene Baulastverpflichtungen unter dem Gesichtspunkt der clausula rebus sic stantibus entfallen lassen. Das OLG Hamm[83] hatte aber schon vorher entschieden, daß auch diese Baulasten nach Art. 21 VerfNW gewährleistet und deshalb ablösungspflichtig seien. Auch das BVerwG hat auf die Revision gegen eine Entscheidung des OVG Münster hin den Fortbestand von Baulasten bestätigt.[84] Und schließlich hat auch der VerfGH NW in der bisher einzigen Entscheidung dieses Gerichts im Bereich des Staatskirchenrechts die verfassungsrechtliche Gewährleistung gemeindlicher Kirchenbaulasten bestätigt.[85]

Die Kirchen genießen zahlreiche finanzielle Vergünstigungen (sogen. **negative Staatsleistungen**). Nach dem Bundessteuerrecht sind die Kirchen von der Körperschaftssteuer, Vermögenssteuer, Umsatzsteuer,[86] Grundsteuer und Erbschaftssteuer befreit. Im Landessteuerrecht findet sich die Befreiung von der Grunderwerbssteuer beim Erwerb von Grundstücken für unmittelbar kirchliche Zwecke nach § 1 I 2 GrEStGemG NW.[87] Gebührenfreiheit besteht für die Kirchen und Religionsgemeinschaften des öffentlichen Rechts nach § 8 I Nr. 5 GebG NW, § 5 VI Nr. 3 KAG, soweit die Leistung der Verwaltung unmittelbar der Durchführung kirchlicher Zwecke i. S. des § 54 AO dient. Diese Privilegierung verstößt weder gegen den Gleichheitsgrundsatz[88] noch steht der Beschränkung auf Rechtshandlungen, die unmittelbar kirchlichen Zwecken dienen, die Selbstbestimmungsgarantie der Kirchen und Religionsgemeinschaften entgegen.[89] Die Gerichte mußten sich vielfach mit der Frage beschäftigen, wieweit Straßenbaumaßnahmen und Straßenverbesserungen für Grundstücke mit kirchlicher Zweckbindung (z. B. einen Friedhof) einen wirtschaftlichen Vorteil i. S. von § 8 II KAG NW bedeuten, so daß ein Straßenbaubeitrag fällig wird. Das OVG Münster hat dies generell und sogar auch für res sacrae bejaht, obwohl diese praktisch nicht veräußerungsfähig

---

82 OVG Münster, KirchE 11, 44 = ZevKR 15 (1970) S. 275; vgl. auch OVG Münster, KirchE 8, 32; OVG Münster, ZevKR 23 (1978) S. 301; anders dazu OVG Münster, DÖV 1976, S. 677 = KirchE 15, 169 zur „Paderborner Observanz".
83 OLG Hamm, KirchE 2, 390.
84 BVerwG, DÖV 1979, S. 116 = KirchE 17, 47; auch BVerwG, VerwRspr. 26 (1975) 75 (LS) = KirchE 13, 419; BVerwG, ZevKR 29 (1984) S. 626.
85 VerfGH NW, DÖV 1983, S. 28 mit Anm. von *Rüfner* — im Verfahren der Kommunalverfassungsbeschwerde.
86 Vgl. BVerfGE 19, 129.
87 Dazu FG Münster, KirchE 11, 86 und KirchE 17, 117.
88 VG Köln, KirchE 6, 314.
89 BVerwG, KirchE 16, 140. Z. B. OVG Münster, KirchE 15, 29 und mehrere Urteile vom 22. 1. 1979, KirchE 17, 162, 165, 167, 170: Befreiung bei Bauvorhaben im religiösen Bereich (Pfarrhaus, Pfarrheim), nicht im Bereich der allgemeinen Bildung (Schulgebäude).

sind, so daß ihnen kein Veräußerungswert zukommt.[90] Solche Gebührenfreiheiten werden — im Gegensatz zu Steuerfreiheiten — von der Rechtsprechung nicht der verfassungsrechtlichen Garantie der Staatsleistungen unterworfen.[91]

Neben den spezifisch staatskirchenrechtlichen Staatsleistungen erhalten die Kirchen vielfältige **Subventionen** für Schulen, Krankenhäuser, Behindertenwerkstätten, Erwachsenenbildung usw.

4. Die Kirchen im Schul- und Hochschulwesen

Nach Art. 7 I GG steht das gesamte Schulwesen „unter der Aufsicht des Staates". Damit ist — und dies gilt seit dem Ende des 18. Jahrhunderts — gesagt, die Schule solle nicht länger in kirchlicher Regie stehen. Dennoch haben die Kirchen natürlich das allergrößte Interesse an Verkündigungs- und Mitwirkungsmöglichkeiten in der Schule, und der Staat kann und will die christlichen Bildungs- und Kulturwerte nicht von den Schülern fernhalten. Art. 7 VerfNW und § 1 II 1 SchOG erklären „Ehrfurcht vor Gott, Achtung vor der Würde des Menschen und Bereitschaft zum sozialen Handeln" zu den vornehmsten Zielen der Erziehung. Für die Verwirklichung dieser Zielsetzungen ist der Staat auf die Mitwirkung auch der Kirchen und Religionsgemeinschaften angewiesen.

Erwähnt sei, daß Art. 17 VerfNW auch die Kirchen als Träger von Einrichtungen der Erwachsenenbildung anerkennt.

a) Die Gemeinschafts- und Bekenntnisschule; der Religionsunterricht

Der Kampf um die Bekenntnisschule bzw. um die spezifische Christlichkeit der Gemeinschaftsschule bestimmte wesentlich die Auseinandersetzungen um die Annahme der Verfassung im Jahre 1950. Die CDU und das Zentrum setzten sich mit einer Regelung durch, nach der in den Volksschulen Bekenntnis-, Gemeinschafts- und Weltanschauungsschulen gleichberechtigt nebeneinander standen (keine sogen. Regelschule). Den Erziehungsberechtigten war die Bestimmung der Schulart überlassen; die Wahl einer Bekenntnisschule war auch möglich, wenn dies zu einer weniggegliederten oder gar zu einer ungeteilten Schule (sogen. Zwergschule) führte. Die Schulreform des Jahres 1968 hat dann im wesentlichen das gebracht, was die Opposition im Jahre 1950 gefordert hatte.

---

90 OVG Münster, KStZ 1979, S. 73 = DÖV 1979, S. 182 (nur LS) = KirchE 17, 55; OVG Münster KirchE 17, 59. Vgl. auch VG Düsseldorf, ZMR 1979, S. 93 = KirchE 16, 103.

91 BVerfGE 19, 12 (16); BVerwG, KirchE 16, 140 (141f.); OVG Münster, KirchE 15, 29 (35).

Das zentrale Ziel der Schulreform von 1968 war die Abschaffung der Zwergschule. Dadurch wurde die Bekenntnisschule stark zurückgedrängt[92]; NW hat aber trotzdem noch einen relativ hohen Bestand an Bekenntnisschulen. Nach der Reform von 1968 ist die Hauptschule von Amts wegen Gemeinschaftsschule; nur auf Antrag der Erziehungsberechtigten sind hier Bekenntnisschulen einzurichten. Die Grundschule ist nach wie vor Gemeinschafts-, Bekenntnis- oder Weltanschauungsschule (Art. 12 III VerfNW, §§ 17, 18 SchOG). Die Erziehungsberechtigten können mehrheitlich durch Antrag und Abstimmung die Schulart bestimmen. Allerdings ist das Wahlrecht nun stark eingeschränkt, und dies gilt auch für die Möglichkeit der Eltern zur Abwahl der Regelschule auf der Ebene der Hauptschule[93]: Alle Schulen müssen ein- bzw. zweizügig (mindestens je Jahrgang eine oder zwei Klassen) gegliedert sein („geordneter Schulbetrieb" i.S. von § 16a SchOG). Ist dies bei Einrichtung einer Bekenntnisschule nicht möglich, so ist auch entgegen einer entsprechenden Wahl der Eltern eine Gemeinschaftsschule einzurichten (§ 24 SchOG). Schließlich soll auch kein Kind gezwungen sein, die Schule eines fremden Bekenntnisses zu besuchen. So führt die rechtliche Regelung unter den gegebenen Verhältnissen einer konfessionell stark gemischten Bevölkerung in den meisten Gebieten des Landes zwangsläufig zur Bevorzugung der Gemeinschaftsschule.[94]

Das BVerfG[95] hat die Verfassungsmäßigkeit der Reform von 1968 bestätigt: Die rechtliche und faktische Beschränkung des Elternrechts bezüglich der Wahl der Bekenntnisschule sei zulässig, denn das Land sei ohnedies nicht verpflichtet, eine Bekenntnisschule vorzusehen. Aber auch die Einrichtung der Gemeinschaftsschule als Regelschule wird gebilligt. Diese Schulart sei offen für christliche und andere religiöse Bekenntnisse und Überzeugungen, sie verletze deshalb die weltanschauliche Neutralität des Staates nicht. Diese Feststellung des Gerichts nimmt die Definition der Gemeinschaftsschule in Art. 12 VI VerfNW und § 19 SchOG wörtlich und ernst. Danach werden die Kinder in der Gemeinschaftsschule „auf der Grundlage christlicher Bildungs- und Kulturwerte in Offenheit für die christlichen Bekenntnisse und für andere religiöse und weltanschauliche Überzeugungen gemeinsam unterrichtet und erzogen". Das Gericht folgert dar-

---

92 Zur Kritik von katholischer Seite vgl. BVerfGE 41, 88 (104).
93 Das Wahlrecht ist detailliert geregelt, allerdings nur in einer Rechtsverordnung (4. Verordnung zur Ausführung des Ersten Gesetzes zur Ordnung des Schulwesens im Lande Nordrhein-Westfalen i.d.F. vom 7. 5. 1984, GVBl S. 300).
94 Gute, knappe Darstellung der Rechts- und Sachlage in BVerfGE 41, 88 (90 – 95). Vgl. auch OVG Münster, OVGE 1975 S. 310 = KirchE 14, 125 (126). – Der Streit um Art. 23 RK spielt auch in NW keine Rolle mehr.
95 BVerfGE 41, 88 (106ff.) unter Verweis auf BVerfGE 41, 29 (52). Dazu *Heckel*, ZRG 97 KanAbt. (1980) S. 14ff. Vgl. *Maunz*, Schule und Religion in der Rechtsprechung des BVerfG, in: FS für H. J. Faller, 1984 S. 175ff. Vgl. auch BVerwG DÖV 1972 S. 617 (nur LS) = VerwRspr. 24 (1973), S. 405 = KirchE 12, 465.

aus, daß die Gemeinschaftsschule die Offenheit gegenüber dem Pluralismus weltanschaulich-religiöser Anschauungen wahren müsse: sie dürfe keine missionarische Schule sein, sich nicht an einem geschlossenen christlichen Weltbild ausrichten (keine bi-konfessionelle Schule) und nicht eine Verbindlichkeit christlicher Glaubensinhalte beanspruchen. „Die Bejahung des Christentums in den profanen Fächern bezieht sich in erster Linie auf die Anerkennung des prägenden Kultur- und Bildungsfaktors, wie er sich in der abendländischen Geschichte herausgebildet hat, nicht auf die Glaubenswahrheit, und ist damit auch gegenüber dem Nichtchristen durch das Fortwirken geschichtlicher Gegebenheiten legitimiert". Dem entspricht es übrigens, daß das nordrhein-westfälische Schulrecht nicht, wie es andere Länder noch tun, von der „christlichen Gemeinschaftsschule", sondern lediglich von der „Gemeinschaftsschule" spricht.

Die Schulreform von 1968 hat das nordrhein-westfälische Schulrecht von staatskirchenrechtlichen **Minderheitenproblemen**[96] nicht völlig befreit. In Bekenntnisschulen sind nicht nur Kinder des betreffenden Bekenntnisses aufzunehmen. Das ergibt sich auch aus Art. 13 VerfNW. Die Aufnahme „andersgläubiger" Kinder, so meint das OVG Münster mit einer etwas gewagten Auffassung, gefährde den mit der Bekenntnisschule verfolgten schulpolitischen Zweck nicht, weil die Bekenntnisschule in NW nicht von der bekenntnismäßigen Homogenität der Schüler und Lehrer, sondern durch den bekenntnismäßigen Charakter der Schulerziehung geprägt sei.[97] Evangelische Kinder, die in zumutbarer Entfernung eine Gemeinschaftsschule erreichen können, haben keinen Anspruch auf Aufnahme in die katholische Bekenntnisschule und werden durch den Zwang zum Besuch der Gemeinschaftsschule nicht in einen unzumutbaren Gewissenskonflikt gebracht.[98] − Die genannten Probleme stellen sich bei den Lehrern ebenso (vgl. Art. 15 VerfNW und § 22 SchOG).

Auch der bekannte Streit um die Zulässigkeit eines **Schulgebets** außerhalb des Religionsunterrichts, der durch eine radikale, die negative Bekenntnisfreiheit absolut setzende Entscheidung des hessischen StGH[99] veranlaßt war, schlug in NW Wellen. Wie der hess. StGH haben auch das VG Aachen und OVG Münster entschieden:[100] In Gemeinschaftsschulen NWs sei das gemeinsame Schulgebet schon bei Widerspruch auch nur eines Kindes bzw. seines Erziehungsberechtigten unzulässig. Das BVerwG ist diesen Entscheidungen entgegengetreten. Der betunwillige Schüler müsse allerdings die

---

[96] Vgl. *Listl,* Das Grundrecht der Religionsfreiheit in der Rechtsprechung der Gerichte der Bundesrepublik Deutschland, 1971 S. 258 ff.
[97] OVG Münster, OVGE 33, 252 = KirchE 17, 63 (65 f.). Zur Kritik vgl. *Schlaich,* Neutralität als verfassungsrechtliches Prinzip, 1972 S. 98, 189 f. Auch VG Köln, KirchE 17, 269: Die Bekenntnisminderheit in der Bekenntnisschule hat auch Anspruch auf Erteilung von Religionsunterricht (§ 22 III SchOG). Vgl. *Kraegeloh,* VerwRdsch 4/1981 S. 119. Kritisch *Türke,* DVBl 1979 S. 903 ff.: Ablehnung einer „bi-konfessionellen Konfessionsschule".
[98] BVerwGE, NJW 1983 S. 2583 = ZevKR 29 (1984) S. 487 ff.
[99] HessStGH, Urt. ESVGH 16, 1 = DÖV 1966 S. 51.
[100] VG Aachen, KirchE 10, 393; OVG Münster, KirchE 13, 399 = ZevKR 18 (1973) 296.

Möglichkeit haben, sich in zumutbarer Weise dem Schulgebet zu entziehen.[101] Diese Entscheidung hat das BVerfG bestätigt:[102] In der Gemeinschaftsschule sei ein freiwilliges, überkonfessionelles Schulgebet zulässig. Den Konfliktfall des betunwilligen Schülers will auch das BVerfG pragmatisch nach Lage des Einzelfalls gelöst sehen. Dabei verlangt es von beiden Seiten — mit Betonung auch von den „Außenseitern" — Beachtung des Toleranzgebots.

Bezüglich des **Religionsunterrichts** folgt das nordrhein-westfälische Landesrecht dem von Art. 7 II, III GG geprägten allgemeinen Standard.[103] Art. 7 III GG, Art. 14 VerfNW und §§ 31 ff. SchOG garantieren den Religionsunterricht als ordentliches Lehrfach für alle Schulen mit Ausnahme der (bekenntnisfreien) Weltanschauungsschulen.[104] Der Religionsunterricht steht als ordentliches Lehrfach in der staatlichen Verantwortung. Der schulische Bildungsauftrag erstreckt sich auf die Entfaltung der ganzen Persönlichkeit des Schülers. Der Religionsunterricht, der benotet wird (§ 26 IV Allg. Schulordnung NW), wird von Lehrern der Schule oder von Geistlichen erteilt. Die ersteren bedürfen der kirchlichen Bevollmächtigung (Vokation, missio canonica[105]), sie üben ein konfessionell gebundenes Staatsamt aus. Die Lehrpläne und Lehrbücher für den Religionsunterricht sind im Einvernehmen mit den Kirchen bzw. Religionsgemeinschaften zu bestimmen (§ 33 II SchOG). Denn die Grundsätze für die Erteilung des Unterrichts legen die Kirchen und Religionsgemeinschaften in freier Selbstbestimmung fest (Art. 7 III GG; Art. 14 III VerfNW: „in Übereinstimmung mit ihren Lehren und Anforderungen"). Daraus folgt auch deren Recht zur Einsichtnahme in den Religionsunterricht (Art. 14 III VerfNW und § 33 IV SchOG). So ist der Religionsunterricht von Verfassungs wegen notwendig ein konfessionell gebundener und getrennter Unterricht. Die Teilnahme eines bekenntnisfremden Kindes am Religionsunterricht und die Abhaltung eines gemeinsamen Religionsunterrichts sind möglich, bedürfen aber der Entscheidung bzw. Zustimmung der betroffenen Religionsgemeinschaften.[106] Nur im Einvernehmen mit den Religionsgemeinschaften sind auch die vielfältigen Fragen zu lösen, die sich aus der Reform der Oberstufe der Gymnasien ergeben; Vereinbarungen hierzu zwischen Staat und Kirchen fehlen im Gegensatz zu anderen Ländern in NW. —

---

101 BVerwGE 44, 196.
102 BVerfGE 52, 223 (244). Vgl. *Böckenförde,* DÖV 1980 S. 323 und dazu *Scheuner,* DÖV 1980 S. 513 und *Böckenförde,* DÖV 1980 S. 515.
103 Generell *Link,* Religionsunterricht, in: HdbStKirchR II S. 503 ff.; *Pieroth,* Art. Religionsunterricht, EvStLex Sp. 2191 ff.
104 Der Religionsunterricht blieb wie der gesamte Schulbereich aus dem PrKonk. und PrStKi-Vertr. ausgeklammert; deshalb gilt Art. 21 RK weiter. Die zahlreichen Vereinbarungen zwischen Staat und Kirchen bezüglich des Religionsunterrichts aus der Zeit nach 1945 können nicht hier nicht aufgezählt werden.
105 Vgl. VG Aachen, DÖV 1973 S. 682 = KirchE 12, 503; VG Münster, KirchE 16, 160.
106 Vgl. BVerwG, NJW 1983 S. 2585 = JZ 1985 S. 36 mit Anm. von *Link. Listl* (Hrsg.), Der Religionsunterricht als bekenntnisgebundenes Lehrfach, Staatskirchenrechtliche Abhandlungen, Bd. 15, 1983.

Im Hinblick auf Art. 4 I GG ist der Religionsunterricht sowohl bezüglich der Erteilung durch die Lehrer wie bezüglich der Teilnahme der Schüler freiwillig (Art. 7 II, III 3 GG, Art. 14 I 3, IV VerfNW, §§ 32 III, 34 SchOG). Ein Ersatz in Form eines Ethikunterrichts oder dergleichen für abgemeldete Schüler ist in NW nicht vorgeschrieben.

Religionsunterricht ist einzurichten — nach dem Gesetz unabhängig von einem Antrag[107] —, wenn mindestens 12 Kinder eines Bekenntnisses in einer Schule sind (§ 35 I SchOG). Dabei stellt das Gesetz nicht auf die Öffentlichrechtlichkeit der dahinterstehenden Religionsgemeinschaft ab, es setzt aber voraus, daß die betreffende Religionsgemeinschaft Grundsätze für den Religionsunterricht zu formulieren vermag und diese unter allgemein schulischen Gesichtspunkten akzeptabel sind. Hier liegen die aktuellen Fragen bezüglich der Möglichkeit eines Religionsunterrichts in öffentlichen Schulen für Muslime.[108]

b) Mitwirkungsrechte

Die genannte Ausrichtung der Erziehungsziele in den staatlichen Schulen führt nicht nur zur Einrichtung der verschiedenen Schularten und des Religionsunterrichts, sondern auch zu Mitwirkungsrechten der Kirchen: in den Schulausschüssen der Schulträger (Gemeinden, Kreise, Verbände) mit je einem Geistlichen mit beratender Stimme (§ 12 II 2 SchVG) und beim Kultusminister in schulischen Angelegenheiten von allgemeiner und grundsätzlicher Bedeutung (§§ 2 IV Nr. 4, 16 SchMG).

c) Privatschulen[109]

Das nordrhein-westfälische Landesrecht konkretisiert das in Art. 7 IV GG, Art. 8 IV VerfNW garantierte Grundrecht auf Errichtung und Besuch privater Schulen (§§ 36 ff. SchOG). Insoweit wird auf die besondere Darstellung des Schulrechts verwiesen. In NW sind von knapp 400 Privatschulen fast 300 in kirchlicher Trägerschaft.

Nach Art. 8 IV 3 VerfNW haben die freien Träger Anspruch auf die zur Durchführung ihrer Aufgaben erforderlichen öffentlichen Zuschüsse.

Eine Änderung des Ersatzschulfinanzierungsgesetzes (EFG) im Jahre 1981 führte zu dem Ergebnis, daß der Schulträger statt bislang 6% nunmehr 10% der laufenden Ausgaben beizutra-

---

107 VG Düsseldorf, KirchE 17, 282.
108 Vgl. *Eiselt*, DÖV 1981 S. 205; *Albrecht*, Religionspolitische Fragen angesichts der Präsenz des Islam in der Bundesrepublik Deutschland, und *Loschelder*, Der Islam in der religionsrechtlichen Ordnung des Grundgesetzes, in: Essener Gespräche (Anm. 60), Heft 20, 1985 (demnächst).
109 Unter besonderer Berücksichtigung von NW vgl. *Müller*, Das Recht der freien Schulen nach dem Grundgesetz, Staatskirchenrechtliche Abhandlungen, Bd. 12, 1980; aaO S. 105 ff. zu den staatskirchenrechtlichen Fragen; *Lemper* u. a., Privatschulen im öffentlichen Schulwesen. Analysen zur Lage in NW, 1982.

gen hat. Der VerfGH NW erklärte diese gesetzliche Minderung der staatlichen Subventionsleistungen für nichtig.[110]
Eine weitere Beunruhigung löste der sogen. Sphärenerlaß des Kultusministers vom 14. November 1979[111] zur Auslegung und Anwendung des EFG aus: Nach § 6 IV EFG können die regelmäßigen Eigenleistungen des Trägers von Privatschulen herabgesetzt und die staatliche Subvention entsprechend erhöht werden, wenn dem Schulträger unter Berücksichtigung seiner sonstigen Einkünfte und Verpflichtungen eine höhere Eigenleistung nicht zuzumuten ist. Der „Sphärenerlaß" will für die Bemessung der Zumutbarkeit dem Träger der Schule − z. B. einem e. V. mit einigen wenigen Mitgliedern − die Finanzkraft seiner öffentlich-rechtlichen Mitglieder (Kommune, Industrie- und Handelskammer, Kirchen) zurechnen. Eine Kirche z. B. soll also nicht einen „armen Träger" schaffen dürfen, um erhöhte staatliche Zuwendungen zu erreichen, den eigenen Säckel dadurch aber zu schonen. Der „Sphärenerlaß" nennt keine deutlichen Kriterien, nach welchen die Zurechnung des armen Trägers zu der dahinterstehenden, oft steuer- oder gebührenberechtigten Finanzkapazität erfolgen soll. Das OVG Münster hat diesen Sphärenerlaß in seinem Fall unbeanstandet gelassen, das BVerwG aber hat die „konturenlose Zurechnung" im Sphärenerlaß und seine mangelnde rechtliche Substanz jedenfalls insoweit gerügt, als es um Privatschulsubventionierungen in der von Art. 7 IV GG garantierten Höhe geht. Für die Heranziehung der Kirche als Hilfsquelle des „armen Trägers" reiche nicht schon der Umstand aus, daß eine private Schule nach ihrem Selbstverständnis ein Stück des Auftrags der Kirche im Geiste des kirchlichen Bekenntnisses wahrnehmen wolle.[112] Die Frage nach der Rechtmäßigkeit des „Sphärenerlasses" ist mit diesen Entscheidungen noch nicht voll geklärt. Die Sachfrage hat erhebliche Bedeutung auch für die freien Träger im sozialen Bereich.

d) Theologische Fakultäten und kirchliche Hochschulen[113]

Das Land unterhält an den staatlichen Universitäten Bochum, Bonn und Münster je eine evangelisch-theologische und eine katholisch-theologische Fakultät. An zahlreichen weiteren Hochschulen bzw. Gesamthochschulen findet die Ausbildung von Religionslehrern statt.

Im Bereich der **theologischen Fakultäten** (bzw. Fachbereiche) kommt es zu einer besonders engen Interessenverflechtung zwischen Staat und Kirchen. Der Reigen der Fakultäten der Universität wäre unvollständig ohne die Theologie; es ist die staatliche Kulturverantwortung, die die Pflege der Theologie als Wissenschaft zur auch staatlichen Aufgabe macht. Den Kirchen stehen die Fakultäten zur Ausbildung ihrer künftigen

---

110 VerfGH NW, DÖV 1983 S. 335; vgl. − auch zu den Zahlen − *Avenarius*, Privatschulen und Staatskirchenrecht, in: FS Erwin Stein, 1983 S. 1 ff.
111 GemABL KM/MWF 1980 I S. 2.
112 OVG Münster, DÖV 1983 S. 865 = ZevKR 29 (1984) S. 487 mit Anm. von *Meinck* aaO. S. 463 ff. BVerwG, NVwZ 1985 S. 111. Vgl. *Link*, ZevKR 29 (1984) S. 291 ff.
113 *v. Campenhausen*, Theologische Fakultäten/Fachbereiche, in: Handbuch des Wissenschaftsrechts, Bd. 2, 1982 S. 1018 ff.; *Solte*, Theologie an der Universität, Jus ecclesiasticum Bd. 13, 1971. *Heckel*, Die theologischen Fakultäten zwischen Trennungsprinzip und Freiheitsgarantie, in: FS Otto Bachof, 1984 S. 19 ff.; *Hollerbach*, Theologie an der Universität, Essener Gespräche, Heft 16, 1982 S. 69 ff. (mit Diskussion); *Mussinghof*, Theologische Fakultäten (Anm. 23).

Pfarrer zur Verfügung. „Die theologischen Fakultäten gehören zu den gemeinsamen Angelegenheiten von Staat und Kirche. In ihnen treffen staatliche und kirchliche Rechtspositionen zusammen. Für deren Abgrenzung ist maßgebend, in welchem Umfang jeweils die weltlichen und geistlichen Aspekte ihres Aufgabenbereichs berührt sind. Der Anteil des Kirchlichen an ihnen — ihr geistlicher Aspekt — fällt in den Schutzbereich der Verfassungsgarantie kirchlicher Selbstbestimmung (Art. 140 GG i.V. mit Art. 137 III WRV), an der auch die theologischen Fakultäten teilhaben."[114] So haben die theologischen Fakultäten einen Doppelstatus nach staatlichem und kirchlichem Recht.

Diese Kooperation von Staat und Kirche auf dem Sektor der theologischen Forschung und Lehre läßt sich nur durch Vertrag regeln. Hier gilt in NW die berühmte Regelung des PrKonk. von 1929, die sich sachgemäß modifiziert im PrStKiVertr. von 1931 wiederfindet. Diese Verträge wurden durch das WissHG nicht berührt (§ 142 I WissHG). Eine Garantie der theologischen Fakultäten in der Landesverfassung fehlt.

Nach dem Schlußprotokoll zu Art. 12 PrKonk. erfolgt die Anstellung eines Hochschullehrers an der katholisch-theologischen Fakultät nur, wenn der zuständige Bischof keine Einwendungen gegen die Lehre und den Lebenswandel des Berufenen erhebt („nihil obstat"). Beanstandet der Bischof nach dessen Ernennung einen Lehrer der Theologie, so wird der Minister „Abhilfe leisten, insbesondere für einen dem Lehrbedürfnis entsprechenden Ersatz sorgen". Dabei ist unstrittig, daß der Minister einerseits einen neuen, vom Bischof nicht zu beanstandenden Lehrer berufen muß und daß andererseits der Beanstandete seine beamtenrechtliche Stellung an der Universität nicht verliert. Strittig war, ob der Minister den Beanstandeten aus der katholisch-theologischen Fakultät herausnehmen und in eine andere Fakultät versetzen muß. Der nordrhein-westfälische Wissenschaftsminister hat sich in dieser Frage entschieden. In einem in seiner rechtlichen Qualifizierung offenbar absichtsvoll unbestimmt gehaltenen Schreiben an das „Katholische Büro Nordrhein-Westfalen" vom 23. 3. 1979 machte er sich die Ergebnisse einer kirchlich-staatlichen Arbeitsgruppe zu eigen. Danach obliegt es ihm bei einer Beanstandung „zu veranlassen, daß der Beanstandete aus der katholisch-theologischen Fakultät (Fachbereich) ausscheidet".[115] Das Schreiben enthält eine Selbstbindung des Ministers. — Die evangelisch-theologische Fakultät hat in ihrer Kirche eine andere Stellung als die katholisch-theologische Fakultät. Sie nimmt selbständig, neben und nicht unter der Kirchenleitung die Verantwortung für die rechte kirchliche Lehre wahr. Diese Auffassung ist heute allerdings umstritten. Der PrStKiVertr. sieht in seinem Schlußprotokoll zu Art. 11 das Recht der zuständigen Kirchenleitung vor, sich gutachtlich zu Bekenntnis und Lehre eines zu berufenden Theologieprofessors zu äußern. Das kirchliche Gutachten, das Bedenken äußert, ist für den Minister aber nicht bindend. Er muß eigenverantwortlich unter Berücksichtigung der von der Kirchenlei-

---

114 So jüngst VGH Mannheim, NVwZ 1985 S. 126.
115 Veröffentlicht in AkKR 148 (1979) S. 568 ff.

tung vorgetragenen Bedenken entscheiden. Ein nachträgliches Beanstandungsrecht in bezug auf einen bereits ernannten Lehrer ist für die evangelische Kirche nicht vorgesehen. Zu Recht. Es ist Sache der evangelischen Fakultät, für die rechte Lehre in den eigenen Reihen zu sorgen. Ihr steht in extremen Fällen der Irrlehre (nur) das Disziplinarrecht gemäß §§ 52 I, 63 WissHG zur Verfügung.

Diese Grundsätze des preußischen Konkordats- und Kirchenvertragsrechts sind im Jahre 1984 in Verträgen des Landes mit dem Heiligen Stuhl und mit den Landeskirchen[116] bestätigt und konkretisiert und auch für die Neugründung der theologischen Fachbereiche in Bochum für anwendbar erklärt worden.[117] Die Verträge dehnen die Regelungen auch aus auf die Professoren für Theologie außerhalb der theologischen Fakultäten im Bereich der Ausbildung der Religionslehrer, die ehedem den Pädagogischen Hochschulen oblag und die seit 1980 in die Universitäten bzw. Hochschulen integriert ist. Und das Schlußprotokoll zu Art. II und III des Vertrags mit dem Heiligen Stuhl dehnt diese Regelung auch auf Hochschullehrer der Theologie aus, die nicht Priester, sondern Laien sind. Auch diese müssen also nicht nur in der Lehre, sondern auch in ihrem Lebenswandel den kirchlichen Vorstellungen entsprechen. Darin folgt der Vertrag dem Arbeitsergebnis der genannten Arbeitsgruppe und der erwähnten Selbstbindung des Ministers. Dort ist darüber hinaus auch noch festgelegt worden, daß bereits die Beantragung der Laisierung seitens eines geweihten Theologieprofessors einen Grund zur Beanstandung durch den Bischof mit der Folge der Abberufung durch den Minister darstellt. Diese kirchenfreundlichen Regelungen sind nicht unumstritten geblieben, zumal sie auf evangelischer Seite kein Pendant haben.

Art. V des Vertrags von 1984 mit dem Heiligen Stuhl und Art. IV des entsprechenden Vertrags mit den Landeskirchen machen die ministerielle Genehmigung von Studien-, Prüfungs- und Habilitationsordnungen in der Theologie von dem Einvernehmen der Kirchenleitungen abhängig. Dies entspricht § 142 III WissHG, greift aber hinsichtlich der Habilitationsordnungen in die Autonomie jedenfalls der evangelisch-theologischen Fakultäten in unzulässiger Weise ein und verstößt deshalb gegen Art. 5 III 1 GG. – Die Verträge regeln auch die Religionslehrerausbildung im einzelnen; das Land gewährleistet ein ausreichendes Angebot.

Die Regelungen zur Theologie an staatlichen Universitäten zeigen ein hohes Maß an staatskirchenrechtlicher Kunstfertigkeit: Der neutrale Staat rechnet es seiner Kulturverantwortung zu, Theologie im Rahmen der Wissenschaften zu treiben. Dabei berücksichtigt er die von beiden Konfessionen bejahte, aber in verschiedener Weise konkretisierte innere Bindung der wissenschaftlichen Theologie an die biblische Offenbarung und die Funktion der theologischen Fakultäten als Ausbildungsstätten der Geistlichen.

---

116 GVBl 1984 S. 582 und S. 592. *Dehnen/Winterhoff,* ZevKR 30 (1985) S. 29 ff.
117 Der Notenwechsel zwischen dem Land und dem Apostolischen Nuntius in Deutschland vom 20./29. Dezember 1967 über die Katholisch-Theologische Abteilung der Universität Bochum bleibt unberührt (Schlußprotokoll zu Art. II).

Die Eigenständigkeit der Kirchen nach Art. 140 GG i.V. mit Art. 137 III WRV erstreckt sich auch auf Lehre und Ausbildung an den theologischen Fakultäten. Andererseits binden sich auch die Kirchen in den Verträgen und Konkordaten an die theologischen Fakultäten: Sie sagen ihrerseits zu, zum Geistlichen in der Regel nur zu bestellen, wer drei Jahre an einer staatlichen Fakultät Theologie studiert hat (sogen. Triennium; Art. 9 PrKonk., Art. 8 PrStKiVertr.). Diese Regelung entspringt dem Mißtrauen des auf Liberalität bedachten Staates im 19. Jahrhundert gegenüber einer nur innerkirchlichen Ausbildung, zumal wenn diese im Ausland stattfinden sollte.

Erwähnt sei, daß die Stiftungsurkunde der Universität Bonn von 1818 wenigstens eine katholische Kirchenrechtsprofessur in der juristischen Fakultät und einen Professor der Philosophie mit katholischer Konfession neben einem solchen mit evangelischer Konfession vorsieht. Nach einer Kabinettsordre von 1853 hat es auch im Fach Geschichte eine konfessionelle Doppelbesetzung zu geben. Diese Regelungen sind geltendes Recht.[118]

Fernab von der erregten Diskussion um private Universitäten betreiben die Kirchen staatlich anerkannte **kirchliche Hochschulen**.[119] Art. 16 II VerfNW sieht das zum Zwecke der Pfarrerausbildung vor. Nach § 118 I 1 WissHG (vgl. § 70 II HRG) sind ohne Prüfungsverfahren die (katholische) Theologische Fakultät Paderborn (dazu auch Art. 12 II PrKonk.) und die (evangelischen) Kirchlichen Hochschulen in Bethel und Wuppertal staatlich anerkannte Hochschulen. Andere kirchliche Hochschulen können nach § 118 I 2 WissHG in einem vereinfachten Prüfungsverfahren anerkannt werden, wenn die Gleichwertigkeit des Studiums gewährleistet ist. So sind im Jahre 1983 die Phil.-Theol. Hochschulen der Franziskaner und Kapuziner in Münster, der Redemptoristen in Hennef/Sieg und der Steyler Missionare in Sankt Augustin[120] anerkannt worden. Gemäß §§ 74 II, 87 I FHG anerkannte kirchliche Fachhochschulen sind die Evangelische Fachhochschule Rheinland-Westfalen-Lippe in Bochum und die Katholische Fachhochschule Nordrhein-Westfalen in Köln (beide für Sozialwesen, Heilpädagogik und Religionspädagogik).

---

118 § 7 I Verfassung der Universität Bonn von 1969; *Solte,* Theologie (Anm. 113) S. 220.
119 *Baldus,* Kirchliche Hochschulen, in: Handbuch des Wissenschaftsrechts (Anm. 113), Bd. 2 S. 1101 ff. Sonderheft Hochschulen der Religionsgemeinschaften, Beiheft 8 WissR 1983 (mit Beiträgen von *Solte, Baldus, Mussinghof, Meier, Schuster* und *Conrad*).
120 Abdruck der Erlasse in AkKR 152 (1983) S. 584 ff. Vgl. auch die Einräumung der Berechtigung in Art. 12 II PrKonk., § 6 Vertrag des Landes mit dem Heiligen Stuhl von 1956, Art. 1 Nr. 6 Lippischer Kirchenvertrag von 1958.

5. Caritas, Diakonie und Anstaltsseelsorge

Die karitative und diakonische Tätigkeit[121] gehört zu den traditionellen Aufgaben der Kirchen. Die Notwendigkeit der Armenfürsorge, nicht zuletzt angesichts der sozialen Probleme des frühen Industriezeitalters, rief im 19. Jahrhundert die kirchliche Aktivität hervor; sie geschah organisatorisch außerhalb der Amtskirchen und führte zur Bildung der protestantischen Inneren Mission (heute: Diakonisches Werk) und des katholischen Caritasverbands. Mittlerweile sind weitere „freie Träger" der Sozialhilfe hinzugekommen. Heute überwiegt – gestützt auch auf das Sozialstaatsprinzip gemäß Art. 20 I, 28 I GG – die staatliche Sozialarbeit.

Die Einrichtungen der freien, auch kirchlichen Wohlfahrtspflege werden vor allem in der Gesundheitshilfe (Krankenhäuser, Behindertenheime und -werkstätten, Erholungseinrichtungen), der Jugendhilfe (Säuglings-, Kinder- und Jugendheime, Kindergärten, Sonderschulen, Erziehungsheime, Studentenwohnheime), der Altenhilfe und der Sozialarbeit im engeren Sinn (Sozialstationen, Ehe- und Familienberatung, Gefährdeten- und Nichtseßhaftenhilfe) tätig. Der Staat ist heute auf die karitative Tätigkeit der freien Wohlfahrtsverbände in hohem Maße angewiesen, da diese etwa ein Drittel aller Einrichtungen tragen, wobei davon wiederum der größte Anteil auf die Einrichtungen der beiden großen Kirchen entfällt. Anzahl und Dichte kirchlicher Einrichtungen ist im Bundesgebiet regional verschieden; NW zeichnet sich durch einen besonders hohen Anteil kirchlicher Einrichtungen, insbes. im Krankenhauswesen, aus.[122]

Die „freien Träger" sind in den **„Verbänden der freien Wohlfahrtspflege"**[123] zusammengeschlossen. Auf Bundesebene sind hier die Arbeiterwohlfahrt, der Deutsche Caritasverband, der Deutsche Paritätische Wohlfahrtsverband, das Deutsche Rote Kreuz, das Diakonische Werk der Evangelischen Kirche in Deutschland und die Zentralwohlfahrtsstelle der Juden in Deutschland zu nennen.[124] Die Wohlfahrtsverbände der beiden Kirchen sind in regionale Zusammenschlüsse untergliedert, die sich an den Grenzen der Landeskirchen bzw. der Diözesen orientieren. In NW gibt es daher drei

---

121 Einige der in diesem Abschnitt gemachten Angaben und Aufzählungen nach *Stolleis*, Staatskirchenrecht, in: HessStVwR, S. 356 ff.
122 In NW betreibt die Caritas u. a. 257 Krankenhäuser mit 76703 Betten, 349 Jugendhilfeheime mit 21208 Plätzen, 2940 Tageseinrichtungen der Jugendhilfe mit 190038 Plätzen, 586 Altenheime mit 37296 Plätzen, 79 Behindertenheime mit 8321 Plätzen, und dies mit insgesamt 135000 Vollbeschäftigten (1983).
Die Diakonischen Werke Westfalen und Rheinland haben insgesamt über 82000 Vollbeschäftigte im Bereich NW und betreiben u. a. 145 Krankenhäuser mit 27483 Betten, 162 Jugendhilfeheime mit 8242 Plätzen, 387 Altenheime mit 36285 Plätzen, 61 Behindertenheime mit 7220 Plätzen.
Quellen: Caritas Korrespondenz 1985/2, S. 25 ff. und Angaben der Diakonischen Werke der Ev. Kirche von Westfalen und im Rheinland.
123 Z. B. in §§ 10, 93 BSHG, § 66 AO; § 4 Nr. 18 UmsatzstG, § 17 III SGB I; vgl. auch § 2 IV AGJWG NW, § 8 KgG NW.
124 S. die eingehenden Beschreibungen bei *Flierl*, Wohlfahrtspflege, 1982, S. 25 ff.; *Bauer*, Wohlfahrtsverbände in der Bundesrepublik, 1978, S. 117 ff.

selbständige diakonische Werke der drei Landeskirchen und fünf Diözesan-Caritasverbände.

a) Das Verhältnis zwischen freier und staatlicher Wohlfahrtspflege

Die schwierige und komplexe, für die Landesverwaltung wichtige Frage nach dem Verhältnis der freien Wohlfahrtspflege zum Staat[125] — exemplarisch kann auf das BSHG und das JWG[126], die Krankenhausgesetzgebung in Bund und Ländern[127] und die Werkstättenverordnung zum Schwerbehindertengesetz von 1980[128] hingewiesen werden — wird häufig unter dem Gesichtspunkt des Subsidiaritätsprinzips[129] und neuerdings unter dem Begriff der Partnerschaft[130] thematisiert. Das Subsidiaritätsprinzip, das nicht verfassungsrechtlich verankert, aber auf einfachgesetzlicher Ebene vor allem in § 10 IV BSHG normiert ist, löst die Frage des Verhältnisses von freier Wohlfahrtspflege und Staat zugunsten eines **Vorrangs der freien Träger:** Wird die Hilfe oder eine Einrichtung im Einzelfall durch einen freien Träger gewährleistet, so soll der staatliche oder kommunale Träger von eigenen Maßnahmen absehen. Eine ähnliche Regelung findet sich in § 8 III, IV KgG NW, wobei hier im Kindergarten das Elternrecht eine zusätzliche Rolle spielt. Die Maßstäbe der Aufgabenverteilung zwischen öffentlichen und freien Trägern sind aber mit pauschalen Formeln kaum zu gewinnen. Das Wahlrecht der Betroffenen sollte grundsätzlich im Mittelpunkt stehen. An die oben dargestellte Diskussion zur Bekenntnisschule sei erinnert.

Zudem werden die Einrichtungen auch der freien Wohlfahrtspflege zum größten Teil unmittelbar durch die Übernahme von Investitionskosten und mittelbar durch die Sozialversicherung (vereinbarte Pflegesätze) vom Staat finanziert. So hat der Staat den Hebel für eine Einflußnahme auf die Tätigkeit der freien Träger in der Hand. Rechtstechnisch erfolgt die Einflußnahme durch sog. Lenkungsauflagen, die Nebenbestimmungen i.S. von § 36 II VwVfG sind,[131] durch Aufsicht (z. B. §§ 38 ff. AGJWG NW) oder durch Vereinbarungen, zu deren Abschluß — wie beispielsweise nach § 93 II

---

125 Vgl. *Wegener,* Staat und Verbände im Sachbereich Wohlfahrtspflege, 1978; *Rinken* und *v. Tiling,* Die karitative Betätigung der Kirchen und Religionsgemeinschaften, HdbStKirchR II, S. 345 ff. und *v. Campenhausen/Erhardt* (Hrsg.), Kirche — Staat — Diakonie, 1982, mit Aufsätzen von v. Campenhausen, Richardi, Scheuner und Stolleis.
126 BVerfGE 22, 180.
127 BVerfGE 53, 366 — KHG NW.
128 BGBl I, S. 1365. Hier ist eine Verfassungsbeschwerde beim BVerfG derzeitig anhängig. Vgl. *Stolleis,* Behindertenwerkstätten zwischen freier Wohlfahrtspflege und staatlicher Arbeitsverwaltung, 1980.
129 *Isensee,* Subsidiaritätsprinzip und Verfassungsrecht, 1968.
130 Vgl. *Wegener,* Staat und Verbände (Anm. 125), S. 227 ff. und *Schultz,* Von der Subsidiarität zur Partnerschaft, 1981.
131 *Leisner,* Die Lenkungsauflage. Staatsangleichende Förderung freier Wohlfahrtseinrichtungen, 1982.

BSHG — ein Zwang besteht. Die Pflegesatzvereinbarungen spielen hier eine besondere Rolle. Angesichts der Finanzknappheit der öffentlichen Hand drängt gegenwärtig eine staatliche Verwendungs- und Rechnungskontrolle immer weiter in den Bereich der freien Träger hinein. Die oben bei der Privatschule behandelte Frage der „armen Träger" kommt auch hier hinzu. Hier liegt eines der großen gesellschaftspolitischen und staatskirchenrechtlichen Probleme der Gegenwart offen auf der Hand. Die Notwendigkeit einer umfassenden staatlichen Planung der sozialen Einrichtungen und die Abhängigkeit der freien Träger von der staatlichen Finanzierung sind nicht zu bestreiten und nicht zu übersehen. Es geht aber darum, daß die freien Träger ihre **Freiheit, die Hilfe nach eigenen Vorstellungen zu gewähren,** trotzdem bewahren können. Der Verzicht auf öffentliche Förderung und eine damit wieder erlangte rechtliche Freiheit der freien Träger (vgl. z. B. § 27 KHG NW) ist keine reelle Möglichkeit; die freien Träger müssen allerdings tendenziell in diese Richtung einer stärkeren finanziellen Autarkie gehen. Aber auch beim jetzigen Zustand verschafft staatliche Planung und Finanzierung dem Staat nicht eine pauschale Eingriffsermächtigung in dem geschützten Bereich der „freien" Träger. Die staatliche Finanzmacht hat der gesellschaftlichen Freiheit, nicht ihrer Austrocknung zu dienen.[132]

Die **karitative Tätigkeit der Kirchen** ist rechtlich noch in besonderem Maße geschützt. Sie wird vom BVerfG in den Schutzbereich der Religionsfreiheit einbezogen: „Nach dem Selbstverständnis der katholischen und evangelischen Kirche umfaßt die Religionsausübung nicht nur den Bereich des Glaubens und des Gottesdienstes, sondern auch die Freiheit zur Entfaltung und Wirksamkeit in der Welt, wie es ihrer religiösen und diakonischen Aufgabe entspricht. Hierzu gehört insbesondere das karitative Wirken. Die tätige Nächstenliebe ist eine wesentliche Aufgabe für den Christen und wird von den christlichen Kirchen als kirchliche Grundfunktion verstanden"; sie gehört zum „Wesen des christlichen Bekenntnisses" und hat so einen „spezifisch religiösen Gehalt".[133] Dies ist auch in der Literatur allgemein anerkannt.[134] Damit sind „nicht nur die organisierte Kirche und deren rechtlich selbständige Teile, sondern alle der Kirche in bestimmter Weise zugeordneten Einrichtungen, ohne Rücksicht auf ihre Rechtsform" in ihrer Selbstbestimmung nach Art. 140 GG i.V. mit Art. 137 III WRV sowie Art. 22 VerfNW geschützt. Eine institutionelle Verbundenheit zwischen den freien Einrichtungen der Wohlfahrtspflege, die großenteils rechtlich selbständig und organisa-

---

[132] v. Campenhausen/Christoph, DVBl 1985, S. 266 ff.
[133] BVerfGE 53, 366 (392 f.); in BVerfGE 57, 220 (221 ff.) findet sich eine ausführliche Darlegung des kirchlichen Standpunktes.
[134] Vgl. nur *Leisner,* Das kirchliche Krankenhaus im Staatskirchenrecht der Bundesrepublik Deutschland, in: Essener Gespräche zum Thema Staat und Kirche Heft 17 (1983), S. 9 ff. (11 ff.). *Scheuner,* Die karitative Tätigkeit der Kirchen im heutigen Sozialstaat, in: Essener Gespräche Heft 8, 1974, S. 43 ff. (58 ff.) und *Stolleis,* ZevKR 18 (1973) S. 376 ff. (387 ff.) (beide in: v. Campenhausen/Erhardt, Kirche – Staat – Diakonie (Anm. 125); *Listl,* Das Grundrecht der Religionsfreiheit (Anm. 96), S. 354 ff.

torisch nicht in die Kirchen eingegliedert sind und dies gerade auch nicht wollen, und den Kirchen und Religionsgemeinschaften ist dafür nicht notwendig.[135]

Die Rechtssprechung des BVerfG zur karitativen Tätigkeit der Kirchen ist entscheidend durch Fälle aus dem Lande NW geformt worden.[136]

Auch in diesem Bereich kirchlicher Tätigkeit sind der Religions- und der Kirchenfreiheit Schranken durch die Grundrechte anderer und durch andere von der Verfassung ausdrücklich geschützte Rechtsgüter gezogen. Der Schrankenvorbehalt des „für alle geltenden Gesetzes" in Art. 140 GG i.V. mit Art. 137 III WRV verleiht dem Gesetzgeber zudem die Regelungsbefugnis zum Schutz anderer für das Gemeinwesen bedeutsamer Rechtsgüter. Der Wechselwirkung von Kirchenfreiheit und Schrankenzweck ist nach der nicht unumstrittenen Rechtsprechung des BVerfG durch eine Güterabwägung Rechnung zu tragen.[137]

b) **Speziellere Regelungen**

Die nordrhein-westfälische Verfassung enthält zum Bereich der kirchlich-sozialen Tätigkeit lediglich die Garantie der Anstaltsseelsorge in Art. 20 VerfNW. Diese Garantie geht insoweit über Art. 140 GG i.V. mit Art. 141 WRV hinaus, als die dortige Einschränkung „soweit das Bedürfnis nach Gottesdienst und Seelsorge besteht", nicht übernommen wurde.

Die einfachgesetzlichen Regelungen im Sozialbereich finden sich im Bundesrecht und Landesrecht. Sie sind in staatskirchenrechtlicher Sicht weitgehend „für alle geltende Gesetze" im Sinne von Art. 19 II und 22 VerfNW und Art. 140 GG i.V. mit Art. 137 III WRV. Die betreffenden Normen lassen der kirchlichen Wohlfahrtspflege in der Regel hinreichend Raum zur eigenverantwortlichen Tätigkeit und Gestaltung. Die kirchlichen Träger partizipieren an der Rechtsstellung der „freien" Träger insgesamt. Das Bundesverfassungsgericht hat aber in der Entscheidung zum KHG NW[138] einige Vorschriften dieses allgemeinen Gesetzes speziell und nur für kirchlich getragene Krankenhäuser für unanwendbar erklärt. Es räumt diesen Krankenhäusern also einen größeren Spielraum ein. Die Entscheidung betrifft Regelungen des Gesetzes, die eine aus drei Personen bestehende Betriebsleitung, einen ärztlichen Vorstand und die Koordinierung des ärztlichen Dienstes, die Bestellung des leitenden Arztes u.a. in bestimmter Weise vorschreiben. Das BVerfG meint, diese Organisationsnormen verletzten die kirchliche Eigenständigkeit, ohne daß hinreichende öffentliche Belange dies rechtfertigen würden.

---

135 BVerfGE 53, 366 (391); vgl. auch 24, 236 (246f.); 46, 73 (85ff.); 57, 220 (242f.); *v. Campenhausen*, Staat – Kirche – Diakonie, in: ders./Erhardt, Kirche – Staat – Diakonie (Anm. 125), S. 10ff. (33); *Heckel*, Die Kirchen unter dem Grundgesetz (Anm. 1), S. 5ff. (40f.).

136 Insbes. BVerfGE 46, 73 – Goch, karitative Einrichtung und BetrVerfG; 53, 366 – KHG NW; 57, 220 – Volmarstein (gewerkschaftliches Zutrittsrecht zu kirchlichen Einrichtungen).

137 BVerfGE 53, 366 (400f.); anders BVerfGE 42, 312 (333). Dazu *Geiger*, ZevKR 26 (1981) S. 156ff. und *Schlaich*, JZ 1980, S. 214.

138 BVerfGE 53, 366.

Man mag bezweifeln, daß die genannten Regelungen des KHG NW gerade den spezifisch religiösen Gehalt der karitativen Krankenpflege verletzen.[139] Das generell Interessante an dieser Entscheidung ist, daß das BVerfG das KHG NW insoweit auf kommunale und andere freie Krankenhäuser für anwendbar, speziell auf kirchliche Krankenhäuser aber für unanwendbar erklärte.

Nur wenige spezialgesetzliche Bestimmungen des Landes heben die karitative Tätigkeit gerade der kirchlichen Träger schon selbst in einer Weise, wie sie das BVerfG für erforderlich hält, heraus. Die beiden Kirchen und die jüdische Kultusgemeinde stellen gem. § 14 I Ziff. 6 JWG i.V. mit § 3 I Ziff. 5 AGJWG je ein beratendes Mitglied des Jugendwohlfahrtsausschusses. Zum anderen stellen die Kirchen indirekt über die freien Vereinigungen der Jugendwohlfahrt stimmberechtigte Mitglieder gem. § 14 I Ziff. 2 JWG i.V. mit § 2 IV AGJWG. NW hat im Gegensatz zu anderen Bundesländern auch Gebrauch von der Ermächtigung des § 21 III 3 JWG gemacht und in § 12 I Ziff. 7 AGJWG bei der Besetzung des Landesjugendwohlfahrtsausschusses je einen Vertreter der beiden Kirchen und der jüdischen Kultusgemeinde als beratende Mitglieder vorgesehen. Als stimmberechtigte Mitglieder wirken wiederum Vertreter der freien Jugendwohlfahrtsverbände gem. § 21 III 1 und 2 JWG i.V. mit § 11 II AGJWG mit.[140]

Schließlich ist aus dem Bereich der sog. Sonder- bzw. Anstaltsseelsorge allein die Polizeiseelsorge Gegenstand von Vereinbarungen zwischen den evangelischen Landeskirchen bzw. den katholischen Diözesen und dem Land,[141] während die übrigen Sonderseelsorgen – Krankenhaus, Gefängnis u. a. – in NW außer der verfassungsrechtlichen Absicherung in Art. 20 VerfNW keine besonderen staatlichen Regelungen erfahren haben.

6. Denkmalpflege[142]

Die in Art. 18 II VerfNW gesicherte staatliche Denkmalpflege kann mit den liturgischen Interessen der Kirchen kollidieren. In anderen Ländern sind verschiedene Figuren zur Gewährleistung der kirchlichen Freiheit auf dem Felde des staatlichen Denk-

---

139 So *Friesenhahn*, Kirchliche Wohlfahrtspflege unter dem Grundgesetz für die Bundesrepublik Deutschland, in: FS für H.R. Klecatsky, 1980, S. 268.
140 Zu diesem Komplex *Belemann*, Kirchliche Beteiligung an staatlichen Einrichtungen, jur. Diss. 1967, S. 53 ff.
141 Vereinbarung über die Wahrnehmung der evangelischen Polizeiseelsorge im Lande Nordrhein-Westfalen v. Juli 1962, MinBl 1962, 1353 und Vereinbarung über die Wahrnehmung der katholischen Polizeiseelsorge im Lande Nordrhein-Westfalen v. Juli 1962, MinBl 1962, 1352.
142 *Heckel*, Staat, Kirche, Kunst. Rechtsfragen kirchlicher Kulturdenkmäler, 1968; *Albrecht*, Kirchliche Denkmalpflege, in: HdbStKirchR II, S. 205 ff.; aaO. S. 222 zu NW und zu § 15 Ziff. 1 KathVermVerwG und Art. 6 Ziff. 1 EvKiVerfG.; *Maurer*, Denkmalschutz im kirchlichen Bereich, in: Autonomie der Kirche. Symposium für A. Füllkrug, 1979, S. 88 ff.; *Eberl*, DÖV 1983, S. 455.

malschutzes entwickelt und in die Denkmalschutzgesetze oder in die neueren Kirchenverträge aufgenommen worden (Exemtion kirchlicher Denkmäler aus dem staatlichen Schutz, Überlassung derselben an einen eigenen kirchlichen Denkmalschutz, vorrangige Beachtung gottesdienstlicher bzw. kirchlicher Belange bei staatlichen Genehmigungen). In NW findet sich nichts dergleichen. Hier besagt § 38 Denkmalschutzgesetz von 1980 lediglich, die Zusammenarbeit mit den Kirchen und Religionsgemeinschaften solle fortgesetzt werden und bei Entscheidungen über Denkmäler, die der Religionsausübung dienen, hätten „die Denkmalsbehörden die von den Kirchen und Religionsgemeinschaften festgestellten Belange der Religionsausübung zu beachten". Dem in anderen Ländern erreichten Standard einer zumindest „vorrangigen Beachtung" bzw. teilweisen Freistellung der Kirchen wird diese Regelung nicht gerecht.

7. Öffentliches Wirken der Kirchen und Religionsgemeinschaften

Das nordrhein-westfälische Landesrecht enthält keine generelle Norm über das öffentliche Wirken der Kirchen. Die Nachkriegskirchenverträge mit anderen evangelischen Landeskirchen wie zuletzt auch der vereinbarte Briefwechsel mit beiden Kirchen von Berlin haben den **Öffentlichkeitsauftrag der Kirchen**[143] anerkannt. Aber auch unabhängig davon ist das öffentliche Wirken der Kirchen in Gottesdienst, Medien, (Denk-)Schriften, Veranstaltungen und in ihrem sozialen Dienst durch das Grundgesetz und die Landesverfassung gewährleistet: kraft der allgemeinen Meinungsfreiheit in Art. 5 GG, der speziellen Verbürgungen der Religionsfreiheit in Art. 4 I, II GG und Art. 4 VerfNW und kraft der kirchlichen Selbstbestimmungsgarantie nach Art. 140 GG i.V. mit Art. 137 III WRV und Art. 19 II VerfNW, die auch das öffentliche Wirken der Kirchen umfaßt. Die Kirchen wirken im öffentlichen Prozeß der Meinungsbildung und nehmen politische Mitverantwortung wahr. Hier kann auch auf die seit 1965 vom Bischof von Essen jährlich veranstalteten und publizierten „Essener Gespräche zum Thema Staat und Kirche" hingewiesen werden. Der freiheitlich-demokratische und freiheitlich-säkulare Verfassungsstaat ist auf die Mitwirkung der gesellschaftlichen geistigen Kräfte angewiesen. Er ist offen für die verschiedenen Wertvorstellungen in der Gesellschaft. Eine Identifikation mit einer Richtung ist ihm verwehrt. So kommt dem Wort der Kirchen keine privilegierte Verbindlichkeit im öffentlichen Meinungs- und im staatlichen Entscheidungsbildungsprozeß zu. Das OVG Münster hatte dies in einer viel diskutierten Entscheidung für einen katholischen Wahlhirtenbrief anders sehen wollen: Der theologisch begründete Öffentlichkeitsanspruch der Kirchen bewirke in Verbindung mit der öffentlichrechtlichen Privilegierung der Kirchen eine von den Kirchen mit einem solchen Hirtenbrief ausgeübte „staatskirchenrechtlich innerhalb gewis-

---

[143] *Pirson*, Art. Öffentlichkeitsanspruch, EvStLex. Sp. 1658 ff.; *Schlaich*, Der Öffentlichkeitsauftrag der Kirchen, in: HdbStKirchR II, S. 231 ff.

ser Grenzen anerkannte öffentliche Gewalt." Das BVerwG ist darüber zu Recht hinweggegangen.[144]

Die Kirchen haben im landeseigenen **Rundfunk** — dem Westdeutschen Rundfunk — die Gelegenheit zu eigenen Sendungen (Verkündigungssendungen, insbes. Übertragungen von Gottesdiensten und sonstige Sendungen der Kirchenfunkredaktion[145]). Das bis ins Jahr 1985 geltende Gesetz über den Westdeutschen Rundfunk Köln (WDR-G) von 1954 sah allerdings lediglich vor, daß in allen Sendungen auch die weltanschaulichen Richtungen zu berücksichtigen und die religiöse Überzeugung der Bevölkerung zu achten sind; der WDR darf danach auch nicht einseitig einem Bekenntnis dienen (§ 4 WDR-G). Dieses Gesetz gehörte aber zu jenen Rundfunkgesetzen, die kirchliche Sendungen nicht besonders erwähnen und die Ausgewogenheit des Programms institutionell nur schwach absichern: Die Kirchen hatten nicht wie bei anderen Rundfunkanstalten einen Vertreter in dem Leitungsorgan Rundfunkrat, sondern gem. § 17 III WDR-G i.V. mit §§ 19, 21 Satzung WDR je ein Mitglied im Programmbeirat, in den auch die jüdische Kultusgemeinde einen Vertreter entsandte. Dieser Programmbeirat hatte aber lediglich eine den Intendanten beratende Funktion. Anders ist dies bislang schon nach dem ZDF-Staatsvertrag, dem der Landtag des Landes NW im Jahre 1961 zugestimmt hat.[146] Und anders ist dies nun nach dem WDR-Gesetz vom 19. Mai 1985.[147] Danach sind den Kirchen und öffentlichrechtlichen Religionsgemeinschaften angemessene Sendezeiten zur Übertragung gottesdienstlicher Handlungen sowie sonstiger religiöser Sendungen einzuräumen (§ 8 WDR-Gesetz). Das Programm hat auch darüber hinaus die gesellschaftlichen Kräfte zu Wort kommen zu lassen (§ 5 IV Nr. 2). Die beiden Kirchen und die jüdische Kultusgemeinde haben je einen Vertreter im Rundfunkrat, der aus 41 Mitgliedern besteht (§ 15) und der über alle Fragen von grundsätzlicher Bedeutung für die Rundfunkanstalt beschließt (§ 16).

Ein Ausdruck für die öffentliche Wirksamkeit der Kirchen und Religionsgemeinschaften ist auch der gesetzliche Schutz der **Sonn- und Feiertage.** Art 25 VerfNW schützt diese Tage nicht nur wie Art. 140 GG i.V. mit Art. 139 WRV als Tage der Arbeitsruhe und der seelischen Erhebung, sondern auch „als Tage der Gottesverehrung". Das Feiertagsgesetz NW i.d.F. von 1977 enthält Arbeits- und Veranstaltungsverbote. Letztere gelten zum Teil gerade während der Gottesdienstzeit. Das BVerwG stellte in einer das OVG Münster bestätigenden Entscheidung fest, es sei zulässig, daß §§ 5 I 1 b, 10 FeiertagsG NW öffentliche Tanzveranstaltungen in Räumen mit Schankbetrieb während der Gottesdienstzeit auch unabhängig davon verbieten, ob dadurch der Gottesdienst konkret gestört wird. Solcherlei Tanzveranstaltungen seien mit

---

144 OVG Münster, OVGE 18, 1 (7, 10); BVerfGE 18, 14. Vgl. auch BVerwGE 37, 345.
145 Generell *Link/Pahlke,* AöR 108 (1983) S. 248 ff.; *v. Mangoldt/Klein/Starck,* GG (Anm. 18) Art. 4 RdNr. 10, 87.
146 GVBl S. 269.
147 GVBl S. 237.

der Zweckbestimmung der Sonntage und Feiertage als Tage der seelischen Erhebung und der Gottesverehrung unvereinbar; diese Zweckbestimmung aber dürfe der Staat schützen.[148] Andere Veranstaltungen sind nur verboten, soweit sie den Gottesdienst stören. Spezielle kirchliche und jüdische Feiertage werden nach §§ 8 und 9 zusätzlich geschützt. Die Anwendung des Gesetzes macht verschiedentlich das Einvernehmen der örtlichen Ordnungsbehörde mit der Kirche bzw. der Kultusgemeinde erforderlich. Über das FeiertagsG hinaus gewährt das Land Angehörigen religiöser Minderheiten Befreiung von der Schulpflicht für einzelne Tage aus besonderen religiösen Gründen.[149]

---

[148] BVerwG NJW 1982, S. 899 = AkKR 150 (1981) S. 587.
[149] Vgl. OVG Münster, DVBl. 1972, S. 288 = KirchE 11, 125 und BVerwG, DÖV 1974, S. 285 (nur LS) = KirchE 13, 221.

Stichwortverzeichnis

Abbruchverfügung 274
Abfälle 548
Abfallbeseitigung 486, 555
Abfallbeseitigungsanlagen 560
— pflicht 559
— plan 560
Abgeordneter 22, 25, 27, 28, 29, 30, 32, 35, 38, 41
Abordnung 209, 215
Abschleppen 295
Abschleppmaßnahmen 287
Abstandsflächen 390
Abstimmung 328, 341
Abstimmungsgebot 328
— pflicht 317, 329, 331
— verpflichtung 327, 328
Abstufung 467
Abwägung 320, 321, 324, 325, 326, 333, 334, 343, 355, 356, 360, 367, 372, 476
Abwägungsadressaten 325
— ausfall 441
— defizit 441
— disproportionalität 441
— fehleinschätzung 441
— gebot 320, 321, 324, 331, 371, 439
Abwasser 501, 522
— abgabe 524
— abgabengesetz 480
— Anforderungen an das Einleiten von 503
— anlagen 488, 524
— Einleitungen in 493
— beseitigung 486, 521
— beseitigungspläne 523
Alimentationsanspruch 224
— grundsatz 203, 228, 230
— prinzip 203
Allgemeiner Studentenausschuß 647
Allgemeines Persönlichkeitsrecht 670
Allgemeinverfügung 446, 466, 468
Altanlagen 560
Alternativentwurf (AE PolG) 241

Altersbeförderung 213
— grenze 219, 229
— urlaub 224
Amt 208, 209, 214, 215
— abstrakt-funktional 209, 214, 215
— konkret-funktional 209, 212, 215, 216
Ämterstabilität 233
Amtsbezeichnung 208, 212, 218, 220, 222
Amtsführung, unmittelbare 285
Amtsführungspflicht 223
— haftung 297
— hilfe 78, 79, 723
— pflichtverletzung 228, 233
— verschwiegenheit 217, 221
Anfechtungsklage 295, 450
Angemessenheit 279
Angrenzer 405
Anhörung 78
Anhörungsbehörde 437, 438
— pflicht 231
— rechte 235
— verfahren 437
Anlagen, Errichtung und Betrieb 581 f.
— zum Lagern, Abfüllen und Umschlagen wassergefährdender Stoffe 518
Anlagengenehmigung
— immissionsschutzrechtliche 503
— atomschutzrechtliche 503
Anlegerrecht 459, 469
Anlieger 495
Anliegergebrauch 454, 460, 461, 469
Anordung sofortiger Vollziehbarkeit 295
— und Ersatzvornahme 182
Anordnungen, nachträgliche 516
Anpassungspflicht 341, 363, 372, 373
— der Gemeinden 376, 377
Anscheinsgefahr 259, 260, 297
Anschluß- und Benutzungszwang 138, 139, 140, 141, 142, 170, 173, 559
Anspruch auf Erziehung und Bildung 592
Anspruch auf Nutzung 134, 136

Stichwortverzeichnis

Anspruch auf Verschaffung der Nutzung 135
Anspruch gegen ein anderes Rechtssubjekt 135
Anstalt 177, 690
Anstaltsgebrauch 431
– seelsorge 135
Anstellung 212
Antragsrecht 232
– und Beschwerderecht 222
Anwärter-, Besoldungs- oder Versorgungsbezüge 222
Apothekerkammer 579
Äquivalenzprinzip 463
Arbeitsschutz 235
Arbeits- und Arbeitsschutzrecht 572
Arbeitszeit 223
ARD 672
Art der Aufgabenwahrnehmung 192, 193
Artenschutz 562, 567
Arten von Privatschulen 627
Auffangzuständigkeit 162
Aufgaben
– ergänzende 122
– freiwillige 169
Aufgabenmonismus 117, 119, 126, 127
– normen 242, 243
Aufgabentrias 682, 687
Auflagen 473, 514
Aufopferungsgrundsatz 475
Aufrechterhaltung und Fortführung 135
Aufsicht
– allgemeine 164, 180, 184, 185
– präventive 180
Aufsichtsrechte, staatliche 716
Auftragsangelegenheiten 117, 126, 127
Ausgewogenheit 88, 674
Ausgleich landesplanerischer Schäden 375, 378
Ausgleichsaufgaben 122
– funktion 122
– und Ergänzungsfunktion 121
– verfahren 508, 518
Auskunftspflicht 292
Aussagegenehmigung 221
Ausschüsse s. Rat, Landtag
Außenbereich 436
Außenrecht 66
Austausch von Informationen und Meinungen 457
Ausübung des Gewerbes 581

Auswahlermessen 261, 273
– verfahren 213

Back- und Konditoreiwaren VO 584
Bauaufsicht 403
Bauaufsichtsbehörde 401
Bauaufsichtsbehörde, Ermächtigungsgrundlage für Maßnahmen 412
Baueinstellung 415
Baufreiheit 385, 415
Baugenehmigung 403, 408
Baugesetzbuch 383, 384
Baulast 393
Bauleitpläne 376, 377
Bauleitplanung 309, 310, 330, 331, 338, 343, 348, 352, 377
Bauliche Anlagen 387
Bauordnungsrecht 243, 399
– Generalklausel 389
Bauplanungshoheit 194
Bauplanungsrecht 336
Baurechtliche Verantwortlichkeit 399
Bauschein 408
– überwachung 410
– voranfrage 404
– wiche 390
– zustandsbesichtigung 410
Beamtenverhältnis 204, 207, 216, 219, 220, 231
– Aufstieg 213
– auf Lebenszeit 207, 209, 212, 219, 224
– auf Probe 207, 212, 217, 220, 228
– auf Widerruf 207, 210, 211, 212, 217, 218
– auf Zeit 207, 209, 212, 217, 219
– Beendigung 216
– Begriff 207
– Einstellung 209
– Ernennung 208, 209, 210, 212, 233
– Ernennungsurkunde 210
– Lebenszeitprinzip 203, 216, 217, 227
– Pflicht 221
– Probezeit 209
– Rechtsquellen 199
– Statusrechtliches Amt 208, 212, 215
– Stellenausschreibungsverfahren 210
– Umsetzung 209, 215, 228, 233
– Umwandlung 209, 212
– Urlaub 222, 226
– Vergütungen 229
– Verlust der Beamtenrechte 220
– Versetzung 209, 214, 228

Stichwortverzeichnis

- Versorgung 228
- Vorgesetzter 208
- Wartezeiten 213
- Zulagen 229

Beanstandung 167, 172
Beanstandungen eines Ratsbeschlusses 164
- des Gemeinde- oder Oberkreisdirektors 171

Beanstandungsrecht des Gemeindedirektors 159
- Beanstandung und Aufhebung 182

Bebauungsgenehmigung 404
- Bebauungsplan 436, 442, 443

Befangenheit 148
Beförderung 210, 212, 216
Beförderungsverbote 213
Befugnisnormen 242, 243, 246
Begnadigung 220
Begriff „Raumordnung und Landesplanung" 308
Behörde der Gemeinde 158
Behörden der Landesplanung 345
Behördenzuständigkeiten 303
Beihilfe 222, 230
Beirat für Raumordnung 317
Beistandspflicht 231
Bekanntgabe der Widmung 450
Bekenntnisschule 710, 730
Beliehene 579
Benehmen 78
Benutzungen
- erlaubnis- oder bewilligungspflichtige 494
- wasserwirtschaftliche 494

Benutzungsarten 447
Benutzungsbedingungen 514
Benutzungsgebühren 463
Benutzungsgenehmigung 404
Benutzungszwecke 448
beobachtende Fahndung-„Befa" 292
Beratung 181, 318
Berechtigungsschein 291
Bereitschaftspolizei 301
Bericht der Bundesregierung 317
Berufsaufbauschule 601
Berufsbeamtentum 201, 216, 225, 229, 233
Berufsfachschule 601
Berufsschule 601
Berufsständische Selbstverwaltung 101
Beschlußfähigkeit 154
Beschwerderecht 232
Besitzeinweisung 442
Besoldung 229

Bestandsschutz 414, 500
Bestands- und Entwicklungsgarantie 674, 698
Bestellung eines Beauftragten 183
Bestimmung der religiösen Erziehung 615
Beteiligungsfähigkeit 166
Beteiligungsrechte der Einwohner 128
Betrieb 373
- genehmigungsbedürftiger Anlagen 582

Betriebspläne 371, 372
Betriebsverhältnis 75
Bewegungsfreiheit 474
Bewerber, anderer 207, 211
Bewilligung 498, 511, 513
- Rücknahme 508, 516

Bewirtschaftungspläne 485, 507
Bezirksplanung 350, 363
Bezirksplanungsbehörde 340, 341, 344, 345, 346, 347, 349, 350, 351, 352, 363, 364, 366, 367, 368, 377
Bezirksplanungsrat 340, 341, 344, 345, 346, 347, 348, 349, 350, 351, 364, 366, 367, 368, 371, 376, 377, 378
Bezirksvertretungen 155
Bildschirmtext 655, 678
Bildung 59, 60, 61
Bildungssendungen mit Schulcharakter 697
Bindung der Gemeinden 330
Bindungswirkung 326, 327, 330, 333, 335, 362, 366, 371
- der Raumordnungsgrundsätze 326

Bodenrecht 314, 315
Braunkohlenausschuß 345, 350, 351, 352, 372
Braunkohlenpläne 345, 346, 350, 351, 354, 356, 357, 369—374
Breitbandkabelkommunikation 678
Buchführungs- und Ausführungspflichten 583
Bürger 128, 129, 143, 144
Bürgerbeteiligung 435, 443
Bürgermeister 150, 151, 152, 153, 161
Bürgerrundfunk 700, 702
Bundesautobahnen 432
Bundesfernstraßengesetz 432
Bundesgesetz 120, 184
Bundesgesetzgeber 126
Bundesplanung 309, 310, 314
Bundesrecht 633
Bundesstraßen 432, 459
Bundesverfassungsgericht 709
Bundeswaldgesetz 585
Bundeswasserschutzgesetz 482

Stichwortverzeichnis

Bundeswasserstraßen 482, 495
Bundesverfassungsgericht 709

Caritasverband 739

Daseinsvorsorge 113, 130, 174, 176, 194
Datenabgleich 292
Datenschutz 6, 46, 54, 56, 57, 58, 723
Datenschutzgesetz NW 723
Dauerbeurlaubung 224
Dauerparken 455
Delegation 71, 155, 162, 163
Deliberationsfrist 722
Demokratie 14, 15, 16, 22, 25, 28, 29, 33, 35, 41, 44, 47
— plebiszitäre 5, 16, 18, 43
Denkmalpflege 743
Dereliktion 271
Dezentralisation 77, 104
Diäten 29
Diakonisches Werk 739
Dienstaufsicht 79, 93, 302
Dienstbefreiung 222, 223
Dienstbezüge 229
Diensteid 217, 221
Dienstherr 208, 214, 215, 217, 228, 230, 231, 233
Dienstkleidung 221, 222
Dienstleistungspflicht 223, 224
Dienstliche Beurteilungen 213
Dienstposten 209
Dienstrechtsreform 205
Dienststelle 234
Dienst- und Treuepflicht 221
Dienstunfähigkeit 218, 219, 229
Dienstvergehen 220, 222, 227, 233
Dienstverhältnis 204
Dienstvorgesetzter 208, 233
Dienstweg 232
Dienstzeugnis 217, 222
Dinglicher Verwaltungsakt 446, 449
DIN-Normen 474
Diözesen 705
Direktoren der Landwirtschaftskammer 94
Disziplinargericht 220, 227, 233
Disziplinarrecht 227
Disziplinnarverfahren 218, 220, 227, 233
Dringender öffentlicher Zweck 176, 178
Deutscher Presserat 666
Duales System 656, 673, 686, 698, 702

Dualistische Gemeindeverfassungstypen 144
— Konstruktion 430
Dualistisches Aufgabenmodell 126
Düngebeschränkungen 520
Duldungsverfügung 279, 286, 290, 293
Durchsuchung 245, 293, 294

EG-Richtlinien 481, 509
— Gewässerschutzrichtlinie 509, 510
Ehe 59
Ehrenbeamter 208
Eigenbetrieb 131, 132, 177
Eigentumsgarantie 541, 544, 565
Eigentumsrecht 474
Eilentscheidung 153, 157, 162
Eilzuständigkeit 71, 244
Einfache Geschäfte der laufenden Verwaltung 155, 158, 163
Einfacher Dienst 209
Eingangsamt 212
Eingriff in Natur und Landschaft 503
Eingriffsaufsicht 181
Einigungsstelle 234
Einleitung gefährlicher Stoffe 506
Einschränkung des passiven Wahlrechts 144
Einschreitermessen 260, 263
Einstufung 447
Einstweiliger Ruhestand 220
Einwendungen 441, 445, 465, 469
Einwohner 118, 120, 121, 128 — 134, 141, 142, 143, 147, 160, 169, 194
Einziehung 458, 468, 469
Eisenbahnen 586
Eltern, Rechtsstellung der 614
Elternpflicht 616
Elternrecht 59, 61, 614, 731
Emissionen, Schutz spezieller Rechtsgüter 583
Endiviensalat-Entscheidung 282
Enteignender Eingriff 472, 475, 476
Enteignend wirkende Planfeststellungen 475
Enteignungsrechtliche Planfeststellung 444
Enteignungsverfahren 434, 441, 442, 445
Entfernung aus dem Dienst 220
Entlassung 217, 228
Entpolizeilichung 241
Entschädigung 276, 297, 460, 473, 474
Entschädigungsregelungen 375, 376
Entscheidungen, nachträgliche 513, 517
Entwidmung 468
Erforderlichkeit 279

Stichwortverzeichnis

Ergänzungsschulen 627
Erkennungsdienstliche Maßnahmen 291
Erlaubnisse, freie 281
— gebundene 281
Ermächtigung 70
Erprobungsstufe 600
Ersatzschulen 627
Ersatzschulfinanzierungsgesetz 734
Ersatzvornahme 285—289, 298, 299
Ersatzzwangshaft 288, 299
Erstattungsanspruch 296
Erziehung 59, 60, 61
Erziehungsgemeinschaft 593
Erziehungsrecht, elterliches 592
Erziehungsziel 59, 594
Evangelische Kirche von Westfalen 706
— von Rheinland-Pfalz 706
EvKirchVerfG, Staatsgesetz betreffend die Kirchenverfassung der evangelischen Landeskirchen 716
Existenzaufgaben 118, 192
Existenz und Kapazität der Einrichtung 135

Fachaufsicht 79, 93, 302
Fachbereiche 640
Fachbereichsrat 641
Fachhochschulgesetz 634
Fachhochschulreife 646
Fachkonferenzen 607
Fachoberschule 602
Fachplanung 316, 343, 367
Fachplanungsrecht 310, 338
Fachschaftsrat 647
Fachschaftsvollversammlung 647
Fachweisungsrecht 183
Fakultäten, theologische 735
Familie 59
Feiertagsgesetz 746
Fernbleiben vom Dienst 221
Feststellungsklage 375
Filmfreiheit 652, 653
Finaler Todesschuß 288
Finanzhoheit 194
Finanzminister 91, 95, 96
Finanzvermögen 429
Finanzwesen, Kontrolle 47
Fischereirecht 585
Förderalismus 5, 13, 47, 53
Förderungspflicht 231
Folgenbeseitigungsanspruch 296

Forstwirtschaft 584
Fortsetzungsfeststellungsklage 296
FRAG-Urteil 660, 666, 681
Fraktionen 28, 31, 32, 33, 38, 41
Fremdgefährdung 251
Fremdreklame 461
Friseur-Hygiene VO 584
Fürsorgepflicht 203, 221, 224
— und Schutzpflicht 202, 230
Funktionalreform 112, 119
Funktionenordnung 81
Funktionstrennung 80, 81
Funktionskompetenz 70
Funktionsvorbehalt 199, 202, 210
Fußgängerzone 552
— Einrichtung 458

Garagendispensvertrag 392
Gebietsentwicklungspläne 341, 345, 346, 349, 354, 356, 357, 360, 364—369, 371, 373, 374, 377
Gebietsentwicklungsplanung 345, 364
Gebietskörperschaften 112, 120, 133, 143, 169, 179, 187
Gebot der Rücksichtnahme 420
Gebührenfinanzierung 698
Gefahrenabwehr 238, 240, 243, 245, 246, 248, 250, 252, 256, 258, 263, 264, 284, 388, 433
— Kommunalisierung 242
— Kosten 272, 298
Gefahr
— Begriff 260
— abstrakte 258, 278, 282
— gegenwärtige 257, 275, 286
— konkrete 257, 282, 291
Gefahrenerforschungsmaßnahmen 259
Gefahrenverdacht 258, 259, 260
— Wahrscheinlichkeit 258
Gegendarstellung 669
Gegenstromprinzip 318, 320, 321, 331, 332, 349, 365
Gehobener Dienst 209
Gehorsamspflicht 215, 217
Gemeinde 38, 45, 315, 326, 328, 329, 341, 349, 350, 351, 352, 363, 368, 369, 374, 377, 378, 437
— Gebiet 118
— Leistungsfähigkeit 118
— Verfassung 97

751

Stichwortverzeichnis

Gemeinde [Fortsetzung]
- Planungsgebot 376, 377
- Rechtsfähigkeit 112, 113, 114
- Wirtschaftliche Betätigung 173, 175—179
Gemeindedirektor 98, 147, 150, 155 — 158, 160, 163, 167, 182
Gemeindestraßen 432, 434, 436, 437, 444, 458, 462, 467
Gemeindeverbände höherer Art 98
Gemeindliche Selbstverwaltungsträger 340
Gemeingebrauch 431, 452
- abstrakter 452
- gesteigerter 460
- individueller 453
- institutionelle Garantie 454
- kommunikativer 457
- Recht 452, 454
Gemeingebrauchsbeeinträchtigende Sondernutzungen 462
Gemeingebrauchsschranken 452
Gemeinschaftsschule 710, 730
Genehmigungsvorbehalte 180
Generalklausel 242, 243, 245, 246, 247, 252, 261, 270, 283, 290, 292
Geräuschimmissionen 544
Gerichte 38
Gesamtplanungsrecht 310
Gesamtprogramm 666, 682, 687
Gesamtschule 601
Gesamtwirtschaftliches Gleichgewicht 544
Geschäfte der laufenden Verwaltung 162, 163
Geschäftsleitungs- und Organisationsgewalt 159
Geschäftsordnung 30, 31, 41, 87, 156
Geschäftsverteilungsplan 66, 67
Gesellschaftliche Kontrolle 685
Gesetz 18, 19, 21, 34, 37, 38, 41, 42, 43, 46, 48, 55, 56
- allgemein 456
Gesetzesvorbehalt 40, 81, 115, 116, 120, 141, 152
Gesetzesvorbehalt des Art. 28 Abs. 2 GG 192
Gesetzgeber 51, 55, 57
Gesetzgebung 16, 17, 23, 40, 42, 43, 44, 45, 48
Gesetzgebungskompetenz 109, 147
Gesetzgebungszuständigkeit 711
Gestuftes Aufgabenmodell 120
Gesundheit 472, 474, 538
Gewässer 430, 431, 487
- Aufsicht 528
- Ausbau 527
- Oberirdische 488

Gewaltenteilung 16, 20
Gewaltverhältnis
- allgemeines 74, 75
- besonderes 74, 75, 204
Gewerbebegriff 581
Gewerbebetrieb 541
Gewerbeuntersagung 248
Gewillkürte Delegation 155
Gleichheitssatz 500
Grenzwerte 540
Großer Erftverband 531
Grundeigentum 486
Grundgehalt 212, 229
Grundrechte, 2, 3, 5, 19, 40, 49 — 59, 204, 222, 223, 254, 264, 265, 284
Grundrechtsfähigkeit der Gemeinden und Gemeindeverbände 114
Grundrechtliche Schutzgebote
- körperliche Integrität 472
- körperliche Unversehrtheit 474, 538
Grundrechtsschutz 254, 281
Grundrechtsrelevanz des Verwaltungsverfahrens 542
Grundsatz, hergebrachter 227, 228, 230
- des Berufsbeamtentums 202, 223
Grundschule 594, 600, 731
Grundverhältnis 75, 207
Grundwasser 486, 491, 519
- Benutzung, erlaubnis und bewilligungsfreie 496
Gruppenprinzip 234
Gruppenrundfunk 684, 692
Gruppenuniversität 637
Gymnasien 600

Haftung 206, 222, 228
Handel mit Giften 581
Handlungsfreiheit, allgemeine 454
Handwerkskammern 579
Hauptschule 595, 600
Haushalt 23, 41, 42, 47, 48
Hausrecht 151, 152
Heilquellenschutzgebiete 521
HeimVO 581
Herbstordnung 585
Hilfsbeamte der Staatsanwaltschaft 243, 246
Hingabe 221
Hinterbliebenenversorgung 230
Hochschulangehörige 642
Hochschularten 635

752

Stichwortverzeichnis

Hochschulassistenten 644
Hochschulaufgaben 635
Hochschulen 100
– in privater Trägerschaft 650
– kirchliche 738
Hochschulgrade 648
Hochschullehrer 211, 223
– Begriff 643
– der Theologie 737
Hochschulmitglieder 642
Hochschulorgane 637
Hochschulpersonal 642
Hochschulrahmengesetz 633
Hochschulrecht 633
Hochschulreife 645
Hochschulverfassung 637
Hochschulverwaltung 649
Hochwasserabfluß 528
Hochzonung von Aufgaben 112, 194
Höchstalter 211
Höchstpersönlichkeit 275
Höherer Dienst 209
Homogenitätsgebot 80
Honorarprofessoren 643

Identitätsfeststellungen 266, 291, 293
Immatrikulation 645
Immissionen 470
– anlagebedingte 549
– sonstige 545
– verhaltensbedingte 554
Immissionsgrenzwerte 477
Immissionsschutz
Immissionsschutz, anlagenbedingter 546
Immissionsschutzrecht 249
Immunität 30
Impressumspflicht 668
Indemnität 30
Indienststellung 446, 451
Indirekteinleitungen 493
Industrie- und Handelskammern 578, 579
Informationsanspruch 614
Informationsfreiheit 652
Informationsrecht der Presse 659
Ingewahrsamnahme 245, 290, 292, 293, 294
Inkompatibilität 145
Innenminister 89, 93, 94, 95
Innenrecht 66
Institutionelle Garantie 187, 189, 190
Institutionelle Rechtssubjektsgarantie 189, 192

Integrationsmodell 654, 671, 686
Integrationsrundfunk 666, 686
Intendanten 694
Internationales Übereinkommen zum Schutze
 des Rheins 509
– gegen chemische Verunreinigung 510, 511
Investitionsschutz 511
ius circa sacra 708

Journalistische Eigenverantwortung 669, 696
Journalistische Freiheit 663
Journalistische Sorgfaltspflicht 688
Jülich-Berg 707
Jubiläumszuwendung 222
Jugend 59
Jugendwohlfahrtsausschuß 743
Justizminister 89, 95, 99
Justizvollzugsämter 94

Kabelpilotprojekt Dortmund 673, 699
Kammern 579
– Architekten 578, 579
– Ärzte 578, 579
– Apotheker 578
– Landwirtschaft 579
– Tierärzte 578, 579
– Zahnärzte 578, 579
Kanzler 638, 649
Kappung 726
Karenzzeit 722
Kartellrecht 572
Katholische Kirche 705
Katholisches Büro 705
Katholizismus, rheinischer 708
KathVermVerwG, Gesetz über die Verwaltung
 des katholischen Kirchenvermögens 716
Kernenergie 540
Kinderspielplätze 553
Kirchen 59, 60, 705
Kirchen, Armenträger 735
Kirchengemeinden 714
Kirchenvermögen 716
Kirchenvorstand 718
Kirchen, Öffentlichkeitsauftrag 744
Kirchenaustritt 720
Kirchenaustritt, modifizierter 721
Kirchenaustrittsrecht 720
Kirchenbaulast 728
Kirchenordnung für die evangelischen Gemeinden
 der Provinz Westfalen und der Rheinprovinz 708

Stichwortverzeichnis

Kirchenrecht 61, 705
Kirchensteuerrecht 724
Klagebefugnis 441
Klagerecht 222
Klassenkonferenz 608
Klassenpflegschaft 608
Kleve-Mark 708
Kommunalaufsicht 72, 158, 179, 180
– präventive 181
Kommunalbeamter 207
Kommunale Neugliederung 111, 118
Kommunale Selbstverwaltung 97
– Kernbereich 195
Kommunaler Wahlbeamter 207, 210, 220
Kommunales Satzungsrecht 284
Kommunales Vertretungsverbot 147
Kommunalrecht 5
Kommunalverfassung 109, 143, 144
Kommunale Verfassungsbeschwerde 187, 195, 374
Kommunalverfassungsstreit 159, 164, 165
– Verfahren 168
Kommunalwahlrecht für Ausländer 145, 146
Kommunen 46, 331
Kommunikations- und Mediengrundrechte 652
Kompensationsmodell 194
Kompensationsverpflichtung im Vorfeld der Enteignung 476
Kompetenzkonflikte 72
Kompetenznormen, negative 116
Kompetenzregelungen 314
Komplementäre Aufgaben 122
Konkurrentenklage 213, 233
Konstruktives Mißtrauensvotum 36
Konvent 639
Konzentrationswirkung 440
Kooperationsmodelle 655, 679
Koordinationsmodell 673
– außenpluralistisch 673
– koordinationsrechtlich 703
Koordinationsrundfunk 666
Körperschaften des öffentlichen Rechts 706, 714
Körperschaftsaufsicht, besondere 80
Kostenerstattung 286, 288
Kreis 437
– ausschließliche Zuständigkeit 122
– Gebiet 121
– „kreisintegrale" Aufgaben 121

– Leistungsfähigkeit 121
– Sitz der Kreisverwaltung 121
– Verfassung 98
Kreisausschuß 124, 144, 160, 161, 162, 164, 165
Kreisfreie Städte 437
Kreisstraßen 436, 437
Kreistag 160, 161, 162, 163, 165, 167
– Zugriffsrecht 162
– Zuständigkeit 161
Kreuzbergurteil 395
Kriminalhauptstellen 301
Kulturverfassungsrecht 711
Kulturelle Sachbereiche 683, 693
Kultusminister 89, 93, 95, 96
Kunst 59
Kunstausübung 457
Kunsthochschulen 634
Kuratorium 640

Lärmimmissionen 553
Lärmschutz 477
Lärmschutzwälle 477
Landesbeauftragte für den Datenschutz 92
Lagevorteile 461
Landesamt für Agrarordnung 578
Landesentwicklung 342
– Gleichrangigkeit der Pläne 361
– Plan 341, 354, 356, 357, 360, 361, 362, 364, 365, 371, 373, 374, 377
– Planung 341, 342, 345, 354, 360, 361, 363, 365
– Programm 311, 341, 345, 354, 355, 360, 361, 365
Landesentwicklungsprogrammgesetz (LEPro) 341, 354, 356, 360, 364, 373, 377
Landesentwicklungs- und Gebietsentwicklungspläne 308
– Ziele 356
Landesforstgesetz 585
Landesgesetzliche Übertragung von Aufgaben 119
Landesherrliches Kirchenregiment 708
Landeskirchen
– evangelische 706
– lippische 706
Landeskriminalamt 301
Landesmediengesetz 673, 702
Landesminister 35, 81, 83, 84, 88, 89
Landespersonalausschuß 212, 213, 235

Stichwortverzeichnis

Landesplanung 309, 310, 325, 329, 331, 332, 342, 343, 344
- Abwägung 313
- Aufgabe 342
- Behörde 340, 341, 344—351, 362, 363, 366, 367, 368, 377, 378
- Gesetz NW 31, 340
- hochstufig 309, 310, 331
- Verwaltung 340
- Recht 308

Landespressegesetz 657
Landesrecht 633
Landesrechungshof 92
Landesregierung 17, 18, 21, 22, 23, 27, 31, 32, 34—38, 41, 42, 43, 45, 48, 81—87, 92
- Kontrolle 38

Landesstraßen 437
Landesverfassung 3, 4, 5, 11, 14, 15, 16, 17, 19, 20, 22, 23, 25, 27, 29, 31—37, 40, 43, 44, 46, 47, 48, 49, 52, 53, 59, 60, 62
- von NW 709

Landesverfassungsgericht 52, 53
Landesverfassungsrecht 2, 21
Landschaftsplanung 562
Landschaftsverbände 437, 438
Landstraßen 436
Landtag 8, 9, 10, 17, 18, 21—27, 29—38, 41, 42, 43, 45, 48, 161, 165
- Auflösung 27, 32, 43
- Ausschüsse 30, 31, 32, 38, 41, 45
- Kontrolle 30, 31, 32

Land- und Forstwirtschaft 562
Landwirtschaft 584
Landwirtschaftsklausel 562
Laufbahn 209
- Befähigung 213
- Bewerber 207, 211
- Gruppen 209, 213
- Gruppenprinzip 213
- Prinzip 203, 209
- Wechsel 209

Lautsprecheranlagen 456
Lebensmittel-HygieneVO 584
Legalisierungswirkung 249, 270
Legalitätsprinzip 260
Lehrbeauftragte 643
Lehrer, Rechtstellung des 616
Lehrerkonferenz 607
Lehrerrat 607
Lehrkräfte für besondere Aufgaben 643

Leistungsfunktion 76
Leistungsgrundsatz 213, 233, 235
Leistungsprinzip 199, 203, 213
Lernmittelfreiheit 613
Letztverursacher 269
Lokalrundfunk 700
Lohn, leistungsgerechter 571
- Gleichheit 571
Luftverunreinigung 544, 559
Luftreinhaltung 548

Mandat 27, 28, 29, 30, 217, 221, 226
- freies 146
Markscheider 581
Marktmodell 653, 663, 689, 703
Medienfreiheit 681
Medienrecht 651
Medienverantwortung 683
Medienverflechtung 655
Medium und Faktor 661, 681, 684
Meinungsäußerungsfreiheit 652
Meinungsbildungsfreiheit 652, 661
Meinungsmarkt 665, 682
Meinungsmonopole 664
Meinungsverbreitungsfreiheit 652
Meldegesetz 722
Melderechtsrahmengesetz 722
Melde-, Paß- und Ausweiswesen 243
Minderheiten 732
Minderheitsregierung 36
Mindestalter 211
Minister 36, 37, 38, 46
- Anklagen 37
- für Arbeit, Gesundheit und Soziales 90, 95, 96
- für Bundesangelegenheiten 91
- für Stadtentwicklung, Wohnen und Verkehr 91, 97
- für Wirtschaft, Mittelstand und Technologie 90, 95, 96
- für Wissenschaft und Forschung 90, 96
- für Umwelt, Raumordnung und Landwirtschaft 91, 95, 96

Ministerpräsident 21, 23, 35, 36, 37, 38, 81, 83, 87, 88
Mitbestimmungsrecht 571, 572
Mitteilungs- und Auskunftspflicht 318
Mittelbarer Landesbeamter 207
Mittlere Landesbehörden 93
Mittlerer Dienst 209

755

Stichwortverzeichnis

Mitwirkungsgremien 606
Mitwirkungsverbot 148
Modifizierende Auflage 407, 417
Monistische Gemeindeverfassungstypen 144
Müll, wilder 556, 557

Nachbarklage 538, 539
Nachbarrecht 470, 471
Nachbarschutz 418, 512
Nachtruhe 549, 551, 554
Namensrecht von Gemeinden und Gemeindeverbänden 115
Naßauskiesung 502, 520
Natur- und Landschaftsschutz 585
Nebentätigkeit 221, 223
Nebentätigkeitsrecht 206, 221
Neutralität 715
– des Staates, weltanschauliche 731
Niederschlagswasser 519, 522
Nichtwissenschaftliche Mitarbeiter 645
Normenkontrolle 38, 53, 295
– § 47 Abs. 1 VwGO 142, 173
– Verfahren 443
Notarkammer 579
Notverordnungen 37, 44, 45
Numerus-clausus 646
Nutzung, Anspruch auf Verschaffung 135
Nutzungsverbot 415
Nutzungsverhältnis 136, 137, 141, 142

Oberbürgermeister 150
Obere Landesbehörden 92
Oberfinanzdirektionen 94
Oberflächennutzungen 462
Oberkreisdirektor 87, 94, 124, 160, 162–165
– Aufgaben 163
Oberstadtdirektor 156
Oberste Landesbehörde 82
Objektive Rechtsinstitutionsgarantie 190
Observation 292
Öffentliche Einrichtungen 129–135, 138, 141, 142
Öffentliche Ordnung 252, 253, 254, 255, 265
Öffentlicher Dienst 201
Öffentliche Sachen 427
Öffentliches Eigentum 429, 470
Öffentliche Sicherheit 250, 251, 252, 283
Öffentliche Straße, (Doppel) Status der 451
Öffentlich-rechtliche Dienstbarkeit 430
Öffentlich-rechtliche Interessenschaften 103

Öffentlich-rechtlicher Status 131
Öffentlich-rechtlicher Sonderstatus 428
Öffentlich-rechtlicher Unterlassungsanspruch 472
Öffentlich-rechtliche Sachherrschaft 430
Öffentlich-rechtliches Amtsverhältnis 217
Öffentlich-rechtliches Dienst- und Treueverhältnis 202, 203, 204, 208, 221
Öffentlich-rechtliches Dienstverhältnis 217
Örtliche Zuständigkeit 70, 303, 304
Offene Kanäle 700
Opportunitätsprinzip 260, 263
Opposition 32
Ordnungsamt 300
Ordnungsbehörden 244, 245, 246, 284, 285, 299, 302, 303
– Erlaubnisse 280
– Verordnung 282, 283, 284, 285, 295, 300
Ordnungsrecht 151
Ordnungsverfügung 277, 278, 285
Ordnungswidrigkeit 243, 248, 283
Organbildungsbefugnis 67
Organe 3, 20, 21, 22, 23, 30, 34, 35, 38, 40, 52, 68
Organeinrichtungsbefugnis 67
Organisationsgewalt der Länder 332, 333
Organisationsverfügung 215, 228
Organklage 33
Organstreit 33, 38
Organleihe 94, 301, 302, 303
Organwalter 69
Ortsdurchfahrten 432, 437, 458, 462, 463
Ortsstraßen 432
Ortsüblichkeit 471
Ortsveränderung 454
Ortszuschlag 229

Pädagogische Freiheit 617
Pädagogische Hochschulen 737
Parlament 28–37, 40–42, 44, 46—48
– Vorbehalt 170
Parität 715
Parken 455
Parkplatz 553
Parteien 5, 21–25, 27, 28, 29, 35, 38, 41, 46
Parteieneinfluß 691
Parteiensendungen 689
Parteilinie 32
Pastorat 718
Personalakten 206, 217, 222, 231
Personalien, Feststellung von 252

Personalrat 210, 213, 214, 215, 234
- Mitbestimmung 210, 213, 214, 215, 216, 218, 228, 234
- Mitwirkung 234
Personalversammlung 234
Personalvertretung 234
Personalvertretungsrecht 234, 695
Petitionsrecht 232
Pfarrgemeinderat 718
Pflichtaufgaben zur Erfüllung nach Weisung 127, 147, 164, 169, 183, 185, 284, 300
Pflichtausschüsse 154
Pflichtige Aufgabenerfüllung nach Weisung 242
Pflichtigkeit 268, 275
Pflichtsatzungen 170
- bedingt 170, 177
Planung
- grenzüberschreitende 345
- integrierte 76
Planaufsicht 376
Planauslegung 438
Planbegleitung 378
Planerische Gestaltungsfreiheit 441
Planfeststellungsbehörde 438
Planfeststellungsbeschluß 436, 438, 439, 440, 443, 476
Planfeststellungsverfahren 434, 436, 473
Plansicherung 338, 375
Planstelle 209, 211
Planungsaufgabe 355
Planungsaufsicht 344, 345, 352, 377
Planungsermessen 438
- planerischer Abwägungsprozeß 476
Planungsfunktion 75
Planungsgebote 315, 378
Planungshoheit 315, 441
Planungspflicht 309, 329, 330, 331, 341, 372, 377
Planverwirklichung 375, 376
Planvorbereitung und Planbegleitung 375, 378
Platzverweisung 290, 292
Politische Betätigung 224
Politischer Beamter 208, 220
Politische Klauseln 714
Politische Planungsentscheidung 434, 435
Polizeibegriff, formeller 239
- materieller 238, 239, 240, 247
Polizeibehörden 243, 244, 299, 301, 303
Polizeibeiräte 302

Polizeigefahr 255, 259, 272
Polizeigesetz, Musterentwurf 241
Polizeigewalt 239, 240
Polizeiliches Ermessen 247, 261, 262, 280, 281, 296
Polizeiliche Kontrollstellen 291
Polizeilicher Notstand 266, 268, 275, 276, 284
Polizeiliche Schutzgüter 250, 256
Polizeiliche Verantwortlichkeit 267, 270
Polizeipflicht, materielle 266, 268, 275
- Rechtsträger 267
- Rechtsnachfolge 274
Polizeipflichtige Personen 266
Polizei- und Ordnungsverfügungen, Geeignetheit 279
Polizeirecht 5
Polizeiseelsorge 743
Polizeiverfügung 277, 278
Präklusion 441, 542
Präklusionswirkung 440, 473
Presbyterium 718
Presse, Begriff 657
- öffentliche Aufgabe 659
- privatwirtschaftliche Pressestruktur 664, 667
Presseeigener Rundfunk 655
Pressefreiheit 652, 659
- „innere" 667
Presseordnungsrecht 667
- verantwortlicher Redakteur 668
Presserechtsrahmengesetz 667
Presserundfunk 656, 682, 702
Preußisches Allgemeines Landrecht von 1794 708
Preußisches Enteignungsgesetz 445
Preußisches Konkordat 711
Preußischer Staatskirchenvertrag 712
Primarstufe 600
Prinzip der Allzuständigkeit
- Gemeinde 117
- Kreis 161
- Rat 156
Private Einrichtung 130, 131
Private Rechte 252
Privates Baurecht 380
Privatrechtliches Handeln 113
Privatrechtliches Nachbarrecht 470
Privatrechtliche Unternehmensformen 178
Privatrechtsförmige Verwaltung 103

Stichwortverzeichnis

Privatrundfunk 702
Privatrundfunkgesetz 703
Privatschulen 734
- Errichtung 627
- Finanzierung 630
- Garantie 595, 626
- Recht 625
- Rechtsstellung 628
Privatschulfreiheit und Schulaufsicht 629
Probebeamte 218
Professoren 642
Programmitarbeiter 695
Programmsätze 571
Programmzeitschriften 678, 679, 699
Prozeßführungsbefugnis 168
Prüfungen 648
Publizistische Gewaltenteilung 654

Querschnittsaufgabe 342
Querschnittspläne 354, 356
Querschnittsplanung 310

Rahmengesetzgebungskompetenz 316
Rahmenkompetenz 314, 316
Rastede-Urteil 123
Rasterfahndung 292
Raumbedeutsame Planungen und Maßnahmen 333, 335, 340, 341, 345, 357, 364, 376
- Abstimmung 345
Rat 144, 146, 152—157, 159, 171, 182
- Auflösung 183
- Ausschüsse 153, 154, 155, 157, 159, 164, 182
- einfache (schlichte) Ratsbeschlüsse 154
- freiwillige Ausschüsse 154
- Gruppe von Ratsmitgliedern 146
- Pflicht 129
- Pflichtausschüsse (bedingte) 154
- Rückholrecht 158
- Unterrichtung 182
- Vorsitz 150
- Vorbehaltsaufgaben 155
Raumordnungsbericht 378
Raumordnungsgesetz des Bundes 311
Raumordnungsgrundsätze 327, 329
Raumordnungsklauseln 327, 335, 336, 338, 339
Raumordnungsplan 353, 354
- hochstufige Raumordnungspläne 354
- hochstufige Raumordnungsplanung 360
Raumordungsprogramm 309, 354

Raumordungs- und Landesplanung
- Aufgaben und Ziele 317, 318
- Grundsätze 312, 320, 321, 324—328, 330, 333, 334, 336, 340, 341, 353—357, 360, 367
- Instrumente 353
- Oberziel 313, 318
- Pläne 309, 326, 328, 330, 333, 334, 343, 353
- Planung 307, 310, 342
- Programme 309, 326, 328, 330, 333, 334, 343, 353
- sektorialisierte Pläne 354
- sonstige Erfordernisse 333, 335
- Teilpläne 330
- Teilprogramme und Pläne 330
- Ziel 309, 320, 326—331, 333—337, 339, 341, 345, 350, 352—354, 356, 357, 360, 362, 364, 367, 369, 370—372
- Zielbekanntgabeverfahren 341, 376, 377
- Zielnormen 312
Realschule 600
Rechnungshof 49
Recht auf Beschäftigung 570
Recht der Architekten 580
Recht der Heilberufe 580
Recht der Wirtschaft 573
Recht des Einwohners 129
Rechtsanwaltskammern 579
Rechtsetzungsfunktion 76
Rechtsverhältnis 69, 73
Rechtsordnung 73, 74
Rechtstheorie 73
Rechtsprechung 46
Rechtsschutz 204, 232, 295, 373, 541
- des Bauherrn 416
Rechtsstaat 14, 16, 18, 19, 20, 41, 46
Referendare 235
Regeln der Technik, allgemein anerkannte 394, 503, 504, 510
Regiebetrieb 131, 132, 177
Regierung 42, 44, 45, 46, 47
Regierungsakte 435
Regierungspräsident 93, 437
Regionale Raumordnungspläne 354
Regionalisierung 688
Regionalplanung 309, 310, 325, 329, 331, 332, 344, 347, 348, 349, 364, 367
Reinhalteordnung 508, 521
Reisekosten- und Umzugskostenvergütung 222
Rektor 638

Stichwortverzeichnis

Rektorat 638
Religion 59, 60
Religionsfreiheit 713
Religionsgemeinschaften 705, 706, 715
Religionskonkordat 711
Religionslehrer 737
Religionsunterricht 59, 733
Remonstrationspflicht 221, 226
Ressortkompetenz 70
Restrisiko 540, 541
Richtlinien der Politik 87
Rohbau- und Schlußabnahme 411
Rohleitungen zum Befördern wassergefährdender Stoffe 518
Rückholrecht 162
Rüge eines Bürgers 172
— eines Dritten 171
Ruhegehalt 230
Ruhestand 216, 218, 219
Ruhestandsbeamter 227
Rumpfsatzungen 141
Rundfunk 745
— Aufgabe 681
— Aufgabentrias (Information, Bildung, Unterhaltung) 682, 687
— Begriff 655, 677
— Freiheit 652, 681, 684
— Gebühren 698
— innere Rundfunkfreiheit 695
Rundfunkrat 690
Rundfunkrecht 5

Sacheigentümer 448, 450, 463, 464
Sachenrecht, öffentliches 483
„Sachkundige Einwohner" 129
Sachliche Zuständigkeit 69
Säkularisation 708
Sammlungsrecht 723
Sasbach-Entscheidung 114
Satellitenkommunikation 678
Satzung 133, 138, 140, 142, 149, 154, 156, 169, 170—173, 458
— freiwillige 170
Schadensabwendungspflicht 231
Schallschutzmaßnahmen, passive 477
Scheingefahr 259, 260
Schiffahrt 482
Schmutzwasser 522
Schulart 603, 730
Schulaufsicht 620, 624

Schulaufsichtsbehörden 624
Schulauflösung 623
Schulbau 622
Schulbezirke 623
Schule 10, 17, 44, 59, 61, 730
— kooperative 598
Schuleinzugsbereich 624
Schulentwicklungsplanung 622
Schule und Religion 596
— Schulgebet 732
Schulfinanzierung 622
Schulformen 600
Schulhoheit 697
Schulkonferenz 606
Schullaufbahn 615
Schulleitung 605
Schulmitwirkung 605
Schulmitwirkungsgesetz 593
Schulpflegschaft 607
Schulpflicht 611
Schulrecht 5, 39, 40, 60, 61
— Entwicklung 597
— Rechtsquellen 596
Schulreform von 1968 731
Schulrundfunk 697
Schulrundfunkausschuß 697
Schulstufen 600
Schulträger 621
Schulversuche 602
Schulverfassung 604
Schulverwaltung 620
Schulwesen 594, 599
Schüler
— Pflichten 610
— Rechte 611
— Rechtsschutz 612
— Rechtsstellung 609
Schülerpresse 613
Schülerrat 607
Schußwaffengebrauch 245, 250, 288
Schutzanlagen 473
— Teiche 492
Schutz der Nachtruhe 582
Schutz der Volksgesundheit 139
Schutzgebiete 564
Schutzgewahrsam 293
Schutzgüter 252
Schutznormlehre 419
Schutznormtheorie 179
Schutzpflicht 540

Stichwortverzeichnis

Schutzpolizei 301
Schwarzbau 414
Schwerbehinderte 211, 219
Sekundarstufe 600
Selbstbestimmung, informationelle 58
Selbstbestimmungsrecht der Kirchen 713
Selbsteintrittsrecht 72
Selbstgefährdung 251
Selbstmord 251
Selbstverwaltung 80, 81, 97, 111, 112, 115, 117, 118, 119, 160, 187, 188, 190–194
– sonstige 99
– Recht 124, 125, 186–190, 195
– Theorie der „funktionalen" Selbstverwaltung 123
Selbstverwaltungsangelegenheiten 125, 126, 127, 128, 147, 164, 169, 181, 185
– freiwillige 180, 183
– Pflichten 125, 127, 128, 169, 180, 183
Selbstverwaltungsaufgaben 125
– freiwillige 125, 197
Selbstverwaltungsträger im Bereich des Rechts der Sozialen Sicherheit 102
– im Medienrecht 102
Selbstverwaltungsverständnis, funktionales 191
Senat 639
Sicherstellung 245, 294, 295, 298
Sicherungsinstrumente 316
Sicherungsmittel der Untersagung 341
Sistierung 252
Situationsbedingtheit 541
Sofortige Vollziehbarkeit 286, 541
Sofortvollzug 286, 287, 289, 290, 295, 296, 298
– Wahrscheinlichkeit 257
Solquellen 492
Sonderaufsicht 164, 183, 184, 185, 302, 303
Sonderaufsichtsbehörden 184
Sondergebrauch 431
Sondernutzung 453, 455, 458, 461
Sondernutzungserlaubnis 461, 462, 463
Sonderordnungsbehörden 244, 247, 248, 299, 300
Sonderschulen 602
Sonn- und Feiertage 745
Sorgfaltspflicht 659
Sozialadäquate Grundrechtslasten 540, 541
Soziale Marktwirtschaft 569
Sozialisierung 572
Sozialhilfe 739

Sozialstaat 14, 20, 61
Sozialstaatliche Funktionen 399
Sozialstaatsprinzip 544
Sparkassen 578
– Recht 585
Spartenprogramme 678, 698, 700
Spenden 723
Sperrzeiten 583
Sportwetten 586
Sprungbeförderung 213
Staat und Kirche 705
Staatskirchenrecht 705
Staatskirchentum 707
Staatliche Gewerbeaufsichtsämter 579
Staatliches Erziehungsmandat 592
Staatliche Sorgepflicht 592
Staatsaufgaben 35, 126
Staatsaufsicht 593
– über die juristischen Personen des öffentlichen Rechts 80
Staatsbild 710
Staatsferne 690, 692
Staatskanzlei 88
Staatskirche 713
Staatsoberhaupt 21
Staatsorgane 22
Staatsleistungen
– an die Kirche 728
– negative 729
Staatszielbestimmungen 5, 13, 14
Staat und Universität 648
Stadtbezirke 118
Stadtdirektor 156
Stammdienststelle 215
Standermächtigung 266
Standardmaßnahmen 242, 245, 288, 290, 295, 296
Stand der Technik 477
Stellenpläne 67
Stellplatzpflicht 392
Stiftungswesen, kirchliches 719
Störer 267, 268, 270, 273, 276, 284, 286, 297, 298, 299
– Polizeirecht 272
– Umweltschutzrecht 544
Störungen der öffentlichen Sicherheit oder Ordnung 256
Strafverfolgung 243, 246, 249, 260
Straßenanlieger 459
Straßenaufsichtsbehörde 467

Stichwortverzeichnis

Straßenbaubeitrag 729
Straßenbaubehörden 446, 448, 465
Straßenbaulast 437
Straßenbaulastträger 448
Straßengruppe 447, 466
Straßenklasse 437
Straßenlärm 474, 475
Straßenrecht 431, 432
Straßenseitengräben 492
Straßen- und Wegerecht
– Aufstufung 467
– Sachbegriff 428
– politische Information 455
– politische Werbung 456
– Straßen- und Wegegesetz 433
– Zufahrten 459
– Zugang 460
Straßenverkehr, Regelung des 244
Straßenverkehrsrecht 432, 433, 457
Streikverbot 202, 203
Strukturentwicklung 322
Studenten 645
Studentenparlament 647
Studentenschaft 646
Studium 647
Stufenvertretung 235
Subdelegation 71
Subsidiarität
– Grundsatz 124
– der Kommunalverfassungsbeschwerde 188
– Prinzip 116, 117, 175, 740
Subventionen 571
Subventionsgesetz 586

TA-Lärm 474
Tatsächliche öffentliche Sachen 429
Technische Regeln 474
Technische Überwachung 579
Teilbaugenehmigung 404
Teileinziehung 458, 465, 466
Teilzeitbeschäftigung 224
Teletexte 658, 678
Tendenzfreiheit 662
Tendenzschutz 662
Tierhaltung 552
Theologie an staatlichen Universitäten 737
Träger der Straßenbaulast 437, 446, 449, 450, 459, 472, 477
Trennungsentschädigung 230
Trennungssystem 241

Treuepflicht 202, 230
– allgemeine 202
– allgemeine und politische 202, 203
– gegenüber der Gemeinde 147
– politische 202
Treueverhältnis 230
Trialistische Kommunalverfassung 144
Trockenauskiesung 502

Übereinkommen, internationale 510, 511
Übergemeindliche Aufgaben 121, 122
Übermaßverbot 116, 119, 151, 193, 195, 279
Überörtliche Angelegenheiten 120, 121, 123
Überschulische Mitwirkung 608
Umstufung 466, 467
Umverteilungsfunktion 76
Umwelt 62
Umwelteinwirkungen, schädliche 476, 477
Umweltgrundrecht 543
Umweltschutz 6, 324, 356, 370, 582
– integrierter 536
– klausaler 535
– medialer 535, 561
– vitaler 536
Umweltschutzrecht 484
Umzugskostenvergütung 230
Unentgeltlichkeit des Gemeingebrauchs 454
Unfallfürsorge 222, 230
Universitäten 735
Unmittelbarer Landesbeamter 207
Unmittelbarer Zwang 250, 285, 287, 288, 289, 290, 293, 298, 299
Unselbständige Verfügungen 278
Untere Landesbehörde 94
Untersagung 318, 338, 339, 340, 375, 376
– des Betriebs genehmigungsbedürftiger Anlagen 578
– raumordnungswidriger Planungen und Maßnahmen 338
Untersuchung 291
Untersuchungsausschüsse 32
Unversehrtheit der Rechtsordnung 252
Unvordenkliche Verjährung 446
Unzulängliche Mitwirkung, Rechtsfolgen 149
Urkundsprinzip 210

VDI-Richtlinien 474
Veränderungssperre 438
Verantwortung, eigene 125

761

Stichwortverzeichnis

Verbändeproblematik 691
Verbandskompetenz 69, 113, 115, 120, 129, 150, 151, 174, 182
Verbot mit Erlaubnisvorbehalt 280, 281
Verbringungsgewahrsam 293
Verbandskompetenz, örtliche Begrenzung 118
Verdichtung 322, 323, 356
Vereinigungsfreiheit 222
Verfassungsänderung 45
Verfassungsauftrag 186, 187
Verfassungsbeschwerde 37, 38, 295, 709
Verfassungsgerichtshof 17, 21, 22, 26, 37, 38, 39, 43, 47
Verfassungsrechtliche Festschreibung der Verwaltungsorganisation in den Ländern 186
Verfassungsrechtliche Gewährleistung der kommunalen Selbstverwaltung 186
Verfassungsrechtliche Grundlagen 312
Verfassungstreuepflicht 211, 221, 224, 225
Verfügungen, selbständige 278
Verhältnismäßigkeit 246, 258, 280, 281, 287, 288
Verhältnis von BImSchG und LImSchG 581
Verhaltenspflichten 547
Verhaltensverantwortlichkeit 269
Verkehr 454, 455
Verkehrsberuhigte Bereiche 458
Verkehrsgebrauch 456, 459, 460
Verkehrslärm 473
Verkehrslärmregelungen 476
Verkehrsrecht 453
Verkehrssicherheit 449
Verkehrsvorschriften 457
Verkehrswirtschaft 569
Verkehrszeichen 278, 287, 295
Verkehrszweck 452
Vermutung 134
Vermutungsregel 133
Verordnung 44, 45
Versammlungsfreiheit 265
Versammlungsverbot 249, 276
Versammlungs-, Waffen-, Munitions- und Sprengstoffwesen 244
Versorgungsleitungen 463
Versuchsschule 602
Vertragsstaatskirchenrecht 711
Verunstaltungsschutz 395
Verwahrung 245, 298
Verwaltung 34, 35, 45, 46, 48
- Dekonzentration 77, 82
- Konzentration 77

Verwaltungsakt 133, 136, 137, 149, 152, 154, 158, 168, 185, 186, 440, 445, 449
- Einvernehmen 77, 86
- Zustimmung 77
Verwaltungsaufgaben 75
Verwaltungsgebrauch 431
Verwaltungsgerichte 21
Verwaltungsgerichtsbarkeit 20
Verwaltungsprivatrecht 113
Verwaltungsorganisation 67, 68
- Organisationsbefugnis 65, 66
- Organisationsfunktion 75
- Ordnungsfunktion 76
- Richtlinien 88
Verwaltungsrat 693
Verwaltungsrechtsverhältnisse 74
Verwaltungstechnische Hilfestellung 129
Verwaltungsverfahren 542
Verwaltungsverfahrensgesetz 436
Verwaltungsvorschriften 504
Verwaltungszwang 285, 287, 289, 290, 294, 295
- Festsetzung des Zwangsmittels 289
- Fristsetzung 236
Videotext 678
Volksbegehren 17, 18, 37, 38, 43, 45
Volksentscheid 17, 18, 27, 37, 38, 43, 45
Volkssouveränität 15, 16
Vollziehende Funktion 81
Vollzugsdienstkräfte 285, 288
Vollzugshilfe 285, 288
Vorbehaltsaufgaben 161
Vorbelastung des Einwirkungsgebietes 474
Vorbereitungsdienst 209, 211, 218
Vorfeldbefugnisse 291
Vorführung 292, 294
Vorladung 290, 291, 292
Vorläufiger Rechtsschutz 423
Vorrang des Straßenverkehrsrechts 455
Vorrang gemeindlicher Verbandskompetenz 123
Vorverfahren 440

Wahlen nach kirchlichem Recht 718
Wahlrecht 22, 24, 25, 26, 37, 43
Warenautomaten 461
Wasser- und Bodenverbände 482, 530
Wasserabfluß, schadloser 526
Wasserbehörde 529
- Bewirtschaftungsermessen 500, 501, 502, 509
Wasserbücher 530

Wasserführung, Ausgleich der 526
Wassergesetz für das Land Nordrhein-Westfalen 480
Wasserhaushalt 479
Wasserhaushaltsgesetz 480
Wasserschutzgebiet 519
Wasserschutzpolizei 301
Wassersicherstellungsgesetz 483
Wasserversorgung, öffentliche 519, 520, 521
– Gefährdung 500, 502
Wasserwege 431
Wasserwirtschaft 479
– alte Rechte 496, 508
– Rahmenpläne 485, 506
– Stand der Technik 506, 510
Wasserwirtschaftliche Benutzungen
– Eigentümer 495
– Erlaubnis 498, 499
Wasserwirtschaftlicher Gemeingebrauch 494
Weimarer Verfassung von 1919 709
Weinbergsrolle 585
Weinheimer Entwurf 110, 117, 126
Weinwirtschaft 585
Weisungsrecht 128
Weisungs- und Aufsichtsrecht 127, 183
Weiterverbreitung von Rundfunkprogrammen in Kabelanlagen 702
Werbefinanzierung 669, 698, 701
Westdeutscher Rundfunk (WDR) 102, 672
– WDR-Gesetz 1985 671
– WDR-Reform 674
Wettbewerbsstreitigkeiten 586
Widerruf 228
– der Erlaubnis 508, 517
Widerspruch 450
– nach § 39 Abs. 1 GO 151, 153
Widerspruchsrecht 153
– des Bürgermeisters 159
Widmung 131, 133, 134, 136, 429, 430, 434, 446, 447, 457, 458
– Inhalt 447

– Rechtsfolgen 448
– Rechtsnatur 449
– Voraussetzung 447
Widmungsbeschränkungen 448
Widmungserweiterung 464
Wirtschaft 10, 61
Wirtschaftliche Betätigung 174
Wirtschaftspolitische Neutralität des Grundgesetzes 570
Wirtschaftsverfassung 569
Wissenschaft 59
Wissenschaftliche Hilfskräfte 644
– Mitarbeiter 644
WissHG, Gesetz über die wissenschaftlichen Hochschulen des Landes Nordrhein-Westfalen 634
Wohlfahrtspflege, freie 740
– freie Träger 739, 740
– Verbände 739
Wohl der Allgemeinheit 500

ZDF 672
Zentralebene 638
Zentraler Ort 322
Zentralisation 77, 82
Zentralverwaltungswirtschaft 569
Zonenrandgebiet 321, 323
Zurückstellung von Baugesuchen 341, 375, 376
Zusammensetzung der Ausschüsse 154
Zuständigkeitsprorogation 71
Zustandsverantwortlichkeit 271, 274
Zustimmung des Eigentümers 451
Zwangsgeld 287, 288
Zwangspensionierungsverfahren 219
Zwangsrecht 529
Zweckaufgaben 117
– gesetzesfester Kernbereich 193, 194
Zweckveranlasser 269, 270
Zweckveranlassung 299
Zweckverbände 99
Zwergschule 730

Alfred Metzner Verlag

Verwaltungsrecht der Länder – bei Metzner

Meyer/Stolleis (Hrsg.)
Hessisches Staats- und Verwaltungsrecht
Herausgegeben von Professor Dr. iur. Hans Meyer und Professor Dr. iur. Michael Stolleis, beide Frankfurt.
2. Auflage 1986. – XVI. 492 Seiten. – Kartoniert: DM 39,80

Faber/Schneider (Hrsg.)
Niedersächsisches Staats- und Verwaltungsrecht
Herausgegeben von Professor Dr. iur. Heiko Faber und Professor Dr. iur. Hans-Peter Schneider, beide Hannover.
1985. – XVI, 613 Seiten. – Kartoniert: DM 59,–

Grimm/Papier (Hrsg.)
Nordrhein-Westfälisches Staats- und Verwaltungsrecht
Herausgegeben von Professor Dr. Dieter Grimm und Professor Dr. Hans-Jürgen Papier, beide Bielefeld.
1986. – Kartoniert.

Krause/Schröder (Hrsg.)
Rheinland-Pfälzisches Staats- und Verwaltungsrecht
Herausgegeben von Professor Dr. iur. Peter Krause und Professor Dr. iur. Meinhard Schröder, beide Trier.
In Vorbereitung.

v. Mutius/Delbrück (Hrsg.)
Schleswig-Holsteinisches Staats- und Verwaltungsrecht
Herausgegeben von Professor Dr. iur. Albert von Mutius und Professor Dr. iur. Jost Delbrück, beide Kiel.
In Vorbereitung.

Hoffmann-Riem/Koch (Hrsg.)
Hamburgisches Staats- und Verwaltungsrecht
Herausgegeben von Professor Dr. iur. Wolfgang Hoffmann-Riem und Professor Dr. iur. Hans-Joachim Koch, beide Hamburg.
In Vorbereitung.

Alfred Metzner Verlag · 6000 Frankfurt am Main 1 · Postfach 97 01 48 · Tel. 0 69 / 79 30 09 · 0